IM ANGESICHT DES TODES · Ein interdisziplinäres Kompendium I

PIETAS LITURGICA 3

Interdisziplinäre Beiträge zur Liturgiewissenschaft
herausgegeben von Hansjakob Becker

Die Reihe »Pietas liturgica« erscheint in Zusammenarbeit mit
»**KULTUR — LITURGIE — SPIRITUALITÄT e. V.**«
Interdisziplinäre Vereinigung zur
wissenschaftlichen Erforschung und Erschließung
des christlichen Gottesdienstes.

Die Redaktion dieser beiden Bände wurde unterstützt durch die
gemeinnützige Vereinigung der »**Freunde der Universität Mainz e. V.**«
und die **Johannes Gutenberg-Universität Mainz.**

Hansjakob Becker · Bernhard Einig · Peter-Otto Ullrich (Hgg.)

Im Angesicht des Todes

Ein interdisziplinäres Kompendium I

EOS VERLAG ERZABTEI ST. OTTILIEN

1987

CIP-Kurztitelaufnahme der Deutschen Bibliothek

Im Angesicht des Todes: ein interdisziplinäres Kompendium / Hansjakob Becker ... (Hgg.). — S[ank]t Ottilien: EOS Verlag
NE: Becker, Hansjakob [Hrsg.]
1 (1987).
   (Pietas liturgica; 3)
   ISBN 3-88096-283-9
NE: GT

© EOS Verlag Erzabtei St. Ottilien, 1987
Gesamtherstellung: EOS Druck, D-8917 St. Ottilien
Schrift: 10/12 und 8/9 Punkt Times

Zum Titelbild:
Aus den »Grandes Heures de Rohan«: Paris, BN. lat. 9471, fol. 159, Frankreich um 1430(?)

Inhalt

Band 1

P.-O. Ullrich / H. Becker / B. Einig, »Im Angesicht des Todes« 1

I. PHILOSOPHIE

Hans-Michael Baumgartner, Ist der Mensch absolut vergänglich? . 3

Josef Manser, Der Tod des Menschen. Deutungen des Todes in der Philosophie des 20. Jahrhunderts 19

II. HUMANWISSENSCHAFTEN

1. Ethnologie/Volkskunde

Klaus E. Müller, Sterben und Tod in Naturvolkkulturen 49

Jakob Baumgartner, Christliches Brauchtum im Umkreis von Sterben und Tod 91

2. Religionswissenschaft

Patricia Steines, Jüdisches Brauchtum um Sterben, Tod und Trauer 135

Peter Antes, Tod und Trauer im Islam 155

3. Soziologie

Hans-Kurt Boehlke, Kirchhof — Gottesacker — Friedhof. Wandlungen der Gesellschaft — Wandlungen der Pietät 163

Gerhard Schmied, Die Sterbe- und Totenliturgie nach dem II. Vaticanum. Anmerkungen eines Soziologen 181

Karl-Fritz Daiber, Reinkarnationsglaube als Ausdruck individueller Sinnsuche 207

Klemens Richter, Toten-»Liturgie«. Der Umgang mit Tod und Trauer in den Bestattungsriten der Deutschen Demokratischen Republik (DDR) 229

4. Psychologie

Uwe Steffen, Archetypische Bilder des Todes. Kampf — Überfahrt — Heimat 261

5. Medizin

Heinrich Schipperges, Sterbebeistand und Trauerarbeit in medizinhistorischer Sicht 283

Markus Mäurer, Thanatologie. Eine Skizze im Umfeld der Sterbeliturgie 303

III. KUNST

1. Dichtung

Fidel Rädle, »Dies irae« 331

Regina Pfanger-Schäfer, »Mein Los ist Tod, hast du nicht andern Segen?« Todeserfahrung und Lebensverheißung am Beispiel eines Neuen Geistlichen Liedes von Huub Oosterhuis 341

2. Musik

Eberhard Maria Zumbroich, Das russische Totengeläut 365

Norbert Bolin, »Sang- und klanglos«? Musikalische Tradition, gesellschaftliche Kontexte und gottesdienstliche Praxis der Gesangskultur bei Sterben und Begräbnis 381

August Gerstmeier, Der »Actus tragicus«. Bemerkungen zur Darstellung des Todes in der Musik Johann Sebastian Bachs 421

Hartmut Möller, KZ — Atomtod — Ewiges Licht. Das Angesicht des Todes in Musik der Gegenwart 453

3. Darstellende Kunst

Gabriele Bartz/Eberhard König, Die Illustration des Totenoffiziums in Stundenbüchern 487

4. Film

Hermann Kurzke, Über die Frivolität, das Sterben zu filmen. Bemerkungen zu »Nick's Film« von Wim Wenders 529

IV. GESCHICHTE

Wilhelm Gessel, Bestattung und Todesverständnis in der Alten Kirche. Ein Überblick 535

Norbert Ohler, Sterben, Tod und Grablege nach ausgewählten mittelalterlichen Quellen 569

Philippe Ariès (†), Le Purgatoire 593

Bernhard Lang, »Heaven on Stone«. Eighteenth- and Nineteenth-Centure Ideas about Life after Death as Reflected in American Cemeteries 603

Rainer Volp, Der unverfügbare Tod. Todesanschauungen und Bestattungsrituale zwischen Aufklärung und Industriekultur 621

V. BIBLISCHE THEOLOGIE

1. Altes Testament

Diethelm Michel, »Ich aber bin immer bei dir«. Von der Unsterblichkeit der Gottesbeziehung 637

2. Neues Testament

Wolfgang Trilling, Lebenszusage und Todesgeschick bei Jesus von Nazareth 659

Otto Böcher, Die ausgebliebene Parusie. Und die Toten in Christus? Enderwartung und Jenseitshoffnung im Neuen Testament 681

Band 2

VI. SYSTEMATISCHE THEOLOGIE

Otto Hermann Pesch, Theologie des Todes bei Martin Luther 709

Alois Moos, »Krankensalbung« oder »Letzte Ölung«? Stellungnahme in einer Kontroverse 791

Franz-Josef Nocke, Wandel eschatologischer Modelle. Vier Beispiele von Korrelation zwischen Glaubensüberlieferung und neuer Erfahrung 813

Jürgen Moltmann, Liebe — Tod — Ewiges Leben. Entwurf einer personalen Eschatologie 837

VII. Praktische Theologie

1. Religionspädagogik

Johannes van der Ven, Kindern den Tod vermitteln. Der Tod in religionspädagogischer Sicht 855

2. Pastoraltheologie

Hans Duesberg, Mit Sterbenden beten 867

Ellen Ullrich, Volk Gottes unterwegs — ohne Wegzehrung? 889

Ludwig Bertsch SJ, Befähigung zur Trauer. Die kirchliche Liturgie zu Sterben, Begräbnis und Totengedächtnis — eine Möglichkeit der Trauerarbeit der Angehörigen 903

Erhard Bertel/Wolfgang Welke, Pflege daheim statt Pflegeheim. Die Arbeit der Sozialstation — Angebot einer Begleitung auch zum Sterbenkönnen? 921

Jörg Splett, Abschied von Ungeborenen. Ein Vorschlag bzw. Antrag 933

Ottmar Fuchs, Klage. Eine vergessene Gebetsform 939

3. Homiletik

Gert Otto, Predigt — Im Angesicht des Todes 1025

Franz Kamphaus, »Im Kreuz ist Heil, im Kreuz ist Leben, im Kreuz ist Hoffnung«. Gepredigte Hoffnung im Angesicht des Todes 1037

4. Liturgiewissenschaft

Hermann Ühlein, Mysterion an den heiligen Entschlafenen. Das Begräbnisritual bei Dionysius Areopagita 1043

Karl Christian Felmy, Die Verwandlung des Schmerzes. Sterbebegleitung und Totengedächtnis in der östlich-orthodoxen Kirche 1087

Bruno Bürki, Die Feier des Todes in den Liturgien des Westens. Beispiele aus dem 7. und 20. Jahrhundert 1135

Hans-Joachim Ignatzi, Umgang mit dem Tod. Untersuchungen zur Reform der Begräbnisliturgie bei Ignaz Heinrich von Wessenberg (1774—1860) 1165

Jerzy Stefański, Aus der Werkstatt der Liturgiereform. Zur Genese der Sterbeliturgie im Rituale Romanum P. Pauls VI. 1199

Jochen Heckmann, Das Sterbegebet »Deus, apud quem omnia morientia vivunt.«. Ursprung — Entwicklung — Rezeption 1217

Gabriele Röhrig, Die Heimholung der Toten. Christliche Ahnen(ver)ehrung bei den Shona in Zimbabwe 1227

Hansjakob Becker, Feier im Angesicht des Todes? Liturgische Skizzen 1249

Bernhard Einig, »Somnus est imago mortis«. Die Komplet als allabendliches »Memento mori« 1299

5. Spiritualität

Bardo Weiss, »Kostbar ist in den Augen des Herrn das Sterben seiner Heiligen«. Vom Sterben und vom Trost der Heiligen............. 1321

Balthasar Fischer, »Ars moriendi«. Der Anselm von Canterbury zugeschriebene Dialog mit einem Sterbenden. Ein untergegangenes Element der Sterbeliturgie und der Sterbebücher des Mittelalters 1363

Philipp Harnoncourt, Die Vorbereitung auf das eigene Sterben. Eine verlorene Dimension spiritueller Bildung 1371

EPILOG

Ernesto Grassi, Tod und Schmerz. Zu einer Interpretation von Meister Eckhart 1391

Karl Rahner (†), »Von der Erfahrung der Erwartung des ›Kommenden‹« 1421

Verzeichnis der Mitarbeiter 1424

Verzeichnis der Abkürzungen 1426

Register

   A. Schriftstellen 1437

   B. Initien — Formeln — Epitaphien 1447

   C. Personen 1455

   D. Sachen 1463

   E. Handschriften 1476

In Ergänzung zu diesem Kompendium erscheint eine kommentierte Edition der Sterbe- und Begräbnisliturgie der orientalischen, lateinischen und reformatorischen Kirchen.

Herzlich gedankt sei allen Autoren, die in großer Uneigennützigkeit an diesem Kompendium mitgearbeitet haben. Entscheidender Dank gebührt vor allem dem EOS Verlag St. Ottilien mit seinem Direktor P. Dr. Bernhard Sirch OSB, der, wie bereits bei den ersten beiden Bänden der Reihe »Pietas liturgica« (»Liturgie und Dichtung I + II, hg. v. *H. Becker* und *R. Kaczynski,* St. Ottilien: EOS 1983«), sich ohne Zögern des neuen Projektes »Im Angesicht des Todes« annahm. Schließlich sei all jenen nachdrücklich gedankt, die im Vorfeld des Erscheinens wesentlich zur Entstehung dieses Kompendiums beigetragen haben: Frau Waldtraud Appel, Mechthild Bitsch, Günay Sari, Edith Sauerbier, Christiane Weber, Claudia Wehrle sowie Herrn Bernhard Boch und Eberhard Bons. Ohne ihr unermüdliches Engagement und ihre sorgfältige Arbeit wäre dieses Werk nicht zustande gekommen.

Die Herausgeber

»HERR, LEHRE UNS BEDENKEN,
　　　DASS WIR STERBEN MÜSSEN,
　　　AUF DASS WIR KLUG WERDEN.«

(Ps 90, 12)

»Im Angesicht des Todes«

»Für Kinder eine Geschichte über den Tod zu schreiben, ist die schwerste Aufgabe, die ich mir überhaupt vorstellen kann. Versuchen zu wollen, sie zu lösen, würde einen genialen Einfall voraussetzen. Ich verfüge nicht über diesen Einfall«, schrieb uns Reiner Kunze vor bald zwei Jahren auf unsere Einladung, zu dem vorliegenden interdisziplinären Kompendium eine Erzählung für Kinder beizutragen. Ist seine Absage nicht eine Absage überhaupt an das ganze Projekt? Bleibt die Aufgabe, über den Tod zu schreiben, nicht auch dann die schwerste, wenn nicht eine Erzählung gestaltet werden will und es auch nicht um eine Geschichte für Kinder geht? Oder widerlegt die Fülle der trotz vielfältiger Schwierigkeiten eingetroffenen Zusagen eine solche Vermutung, auch wenn mancher Beitrag die Kraft selbst erfahrener Autoren aufs äußerste anspannte?

Die hier versammelten Wissenschaften stoßen nicht bloß an die Grenzen des Gebietes feststellbarer Tatsachen, sondern auch an die Grenzen ihrer Interpretation, ja Deutungsmöglichkeit überhaupt.

Über den Tod schreiben ist unmöglich. Schreiben darum *im Angesicht des Todes*. Keine Lösung, nur ein Standhalten. Ein Versuch, sich zu stellen, nicht mehr auszuweichen, den Tod als Bedingung des Lebens anzunehmen.

So war schon die Tagung des Seminars für Liturgiewissenschaft der Universität Mainz und der Rabanus Maurus-Akademie im Oktober 1982 konzipiert, auf die der Plan zu diesem Kompendium zurückgeht. Weder damals noch hier konnten alle Disziplinen beteiligt werden, die zum Thema etwas beizutragen haben. Die Interessen der Liturgiewissenschaft leiteten die Auswahl. Gefragt war, wie Menschen sterben; wie sie sich zu ihrer Sterblichkeit verhalten; wer helfen kann bei Sterben und Trauer und was der Liturgie bei alledem zukommt als ihr Teil.

Darin besteht das Besondere dieses Kompendiums: daß es die liturgische Praxis und ihre wissenschaftliche Reflexion sind, von denen her Frageimpulse und Inspirationen auf die hier versammelten Wissenschaften ausgehen — und auf jene Bereiche, die wir ebenso gerne vertreten sähen, wie etwa die Literatur und die Literaturwissenschaft, um nur ein einziges Beispiel zu geben. Auf sie wird indes auch der Leser verzichten müssen, weil nicht alles sich nach Wunsch und Plan realisieren ließ.

Jeder Autor mußte seinen Beitrag auf einen vielstimmigen Dialog von Wissenschaften im Angesicht des Todes ausrichten. Ein Dialog, der leben hilft: durch Zugänge zum Leben und Sterben anderer Menschen, zur Trauer von Hinterbliebenen. Kein Autor, der nicht mitbetroffen wäre. Keiner, der sich distanzieren, sich des Urteils enthalten könnte. Deshalb hoffen wir, daß die gebieterische Macht des Themas die inneren Bezüge auch dort deutlich macht, wo sie nicht in eine explizite Gestalt gebracht wurden.

Was ist aus diesem vierjährigen, zuletzt zu einem Großunternehmen sich auswachsenden Projekt geworden? — Vom Äußeren her gesehen ein Werk, das den beiden ersten Bänden der Reihe PIETAS LITURGICA sehr ähnlich ist (Liturgie und Dichtung, 2 Bde., St. Ottilien: EOS 1983). — Auch von innen betrachtet zeigt sich eine Entsprechung. Wieder bietet sich dem Leser nicht nur ein Spektrum von Wissenschaften, sondern eine Lebenskunst — dort eine Ars orandi, hier nun eine Ars moriendi.

Freilich besteht ein großer Unterschied zwischen jener »Kunst« und dem tatsächlichen Sterben. Dem Lebenden begegnet der Tod entweder in der Reflexion — als Reflexion über ihn — oder als »Sensation«, im Miterleben und Mitfühlen des Sterbens anderer. Bringen beide uns vor den eigenen Tod, so daß wir wüßten, was in jener Stunde ansteht? Oder bleibt jene letzte Auslieferung, die unwiderrufliche Übergabe nicht doch unvorstellbar, außerhalb jeder Möglichkeit der Einübung? Möglich nur vom wirklichen, erleidenden Vollzug her, das heißt in ihm?

Die unüberschreitbaren Grenzen jeder Annäherung bleibend vor Augen, ist unser Wunsch an den Leser, seine Auseinandersetzung mit diesem Werk möge sich fruchtbar erweisen.

Mainz, am »Dies traditionis«, Gründonnerstag 1986

Hansjakob Becker, Bernhard Einig, Peter-Otto Ullrich

Ist der Mensch absolut vergänglich?

Über die Bedeutung von Platons Argumenten im Dialog »Phaidon«*

Hans-Michael Baumgartner

Unsere spätneuzeitliche Lebenswelt ist geprägt nicht nur durch Technik und Wissenschaft, sondern durch deren umfassende Organisation, d.h. durch Bürokratie. Wir leben in einer organisierten, verwalteten Welt, die noch unsere tiefsten Erfahrungen nivelliert und zu Objekten einer allgemeinen Registratur veräußerlicht. Kein Wunder, daß auch der Tod des Menschen fast nur noch als Gegenstand der Buchführung, des Sterberegisters, als Datum des Ablebens erscheint; eine Tatsache, die in eigentümlich genauer Weise dem herrschenden Bewußtsein entspricht: der Tod sei nichts anderes als das biologisch bedingte und zugleich absolute Ende des Lebens.[1]

Welche Chancen kann eine philosophische Betrachtung des Todes angesichts dieses Sachverhalts besitzen? Kann ein Rückgriff auf Platon mehr bedeuten als eine staunende Erinnerung und Vergegenwärtigung obsolet gewordener Ansichten? Ich meine schon. Zunächst freilich ist anzuerkennen: Philosophische Reflexion hat sich den Vorstellungen der Zeit zu stellen; aber dazu ist Distanz nötig, die sie in exemplarischer Weise durch Besinnung auf ihre eigene Tradition gewinnen kann. In diesem Sinne wird Tradition ein mögliches Korrektiv der Gegenwart. Dies bedeutet für uns: Philosophie hat das Selbstverständnis der wissenschaftlich verwalteten Welt zu analysieren und im Lichte der Fragen, die ihrer eigenen Geschichte entspringen, zu prüfen. Fragen wir daher zuerst: Was können die Wissenschaften über den Tod des Menschen aussagen? Wesentlich scheint mir, daß die Wissenschaften den Tod als krudes und äußerliches Faktum, den Tod der anderen, behandeln, nicht den Tod, den der den Tod feststellende, analysierende und empirisch erforschende Wissenschaftler selber erst noch vor sich hat. Was erforscht

---

* Dieser Text gibt die für die Fragestellung nach der Vergänglichkeit des Menschen wesentlichen Partien einer früheren Abhandlung zu Platon wieder, die unter dem Titel: Die Unzerstörbarkeit der Seele. Platons Argumente wider den endgültigen Tod des Menschen im Dialog »Phaidon«: *N. A. Luyten (Hg.)*, Grenzfragen 10, Freiburg/München 1980, 67—110, erschienen ist.

[1] Vgl. *W.Schulz*, Wandlungen der Einstellung zum Tode: *J.Schwartländer (Hg.)*, Der Mensch und sein Tod, Göttingen 1976, 94—107, insbes. 100.

wird, ist nicht das auf das Ende vorgreifende, dadurch betroffene und diese Betroffenheit verarbeitende Bewußtsein des Todes, das wir alle in den Stunden, in denen wir mehr sind als Wissenschaftler, haben und zugleich sind, wenn es unseren eigenen Tod betrifft. Der Tod, den die Wissenschaften zum Gegenstand haben, ist nicht der je eigene Tod, sondern der der Sterbenden und Toten, der anderen. Diese Einstellung ist nicht ein zufälliges Versagen, sondern Folge des methodischen Zwanges, der Methoden empirischen Wissens überhaupt. Empirie, Beobachtung, Experiment, Hypothese, Theorie und Verifikation sind jene methodischen Elemente wissenschaftlichen Wissens, die es verständlich werden lassen, daß der Tod nicht anders thematisiert werden kann denn als von außen. Die Innenseite bleibt dieser Betrachtung verschlossen.

Durch die empirischen Wissenschaften kann eine Besinnung auf den Tod in seiner wirklichen und umfassenden Bedeutung als Erfahrung des Bewußtseins nicht geleistet werden. Können sie auch Leben in bestimmten Grenzen verlängern, so sind sie doch nicht in der Lage, Leben und Tod angemessen als Problem zu begreifen.

Aber, so müssen wir fragen: Ist die Philosophie in der Lage, mehr zu sagen, als die Beschränktheit der Wissenschaften in dieser Frage festzustellen? Ist denn nicht der Begriff der Seele als Erkenntnisobjekt bereits durch Kants Aufweis eines transzendentalen Paralogismus und d.h. unabhängig von der geschichtsphilosophischen Behauptung eines Endes der Metaphysik wirksam kritisiert worden? Bleibt so am Ende nicht doch nur die Möglichkeit, die absolute Vergänglichkeit des Menschen zu behaupten?[2] Mögen immerhin die Wissenschaften sich selbst mißverstehen oder überschätzen, mag die Rede vom Ende der Metaphysik aufgrund einer inneren Selbstwidersprüchlichkeit überzogen sein, so bleibt doch jedenfalls die durch Kant, aber auch durch die nachidealistische Entwicklung der Philosophie gerechtfertigte Erkenntnis, daß die menschliche Vernunft endlich und beschränkt, in Grenzen eingeschlossen ist, die ihr einen kognitiv einlösbaren Ausgriff auf das Absolute, auf die Dimension des Transzendenten verwehren. Aber genau hier ist wiederum Vorsicht angebracht: wenn nämlich die menschliche Vernunft als beschränkt anzusehen ist, ist dann die Rede von der absoluten Vergänglichkeit des Menschen nicht ihrerseits eine Anmaßung der Vernunft, der die Philosophie mit Skepsis begegnen muß? Muß Philosophie sich dann nicht darauf beschränken, ihr diesbezügliches Nichtwissen einzugestehen? Mir scheint, die Rede von der absoluten Vergänglichkeit des Menschen ist ebenso

---

[2] Vgl. *Schulz*, Wandlungen 105f.

überschwänglich und bedarf ebenso der Kritik wie die Rede von einer unsterblichen Seelensubstanz. Was können wir in dieser Sache von Platon lernen?

I. Einleitende Bemerkungen zum Dialog »Phaidon«

Der Dialog »Phaidon« vergegenwärtigt die letzten Stunden im Leben des Sokrates und schildert die Gespräche, die Sokrates im Angesicht des Todes mit seinen Schülern geführt hat. Mitunterredner sind die beiden Pythagoreer aus Theben, Simmias und Kebes; Berichterstatter des gesamten Geschehens ist Phaidon, der auf dem Heimweg nach Elis in der Stadt Phlius wiederum einem Pythagoreer, Echekrates, den Hergang der Gespräche schildert. Der Dialog über die Unsterblichkeit der Seele kommt in Gang, als Sokrates dem nicht anwesenden Dichter Euenos durch Kebes bestellen läßt, »er solle glücklich leben und, wenn er weise ist, mir nachfolgen — so schnell wie möglich, so schnell wie möglich« (61).[3] Auf das Erstaunen der Mitunterredner hin stellt Sokrates die Gegenfrage, ob denn Euenos nicht Philosoph sei, unterstellend, daß zur Philosophie wesensnotwendig eine Bereitschaft zum Tode gehöre. Auf die Einwürfe von Simmias und Kebes und auf die ausdrückliche Bitte des Simmias hin erklärt sich Sokrates bereit, Rechenschaft darüber zu geben, warum es ihn billig dünke, »daß ein Mann, der sich ernstlich sein ganzes Leben lang mit Philosophie beschäftigt hat, mutig sterben und der frohen Hoffnung sein dürfe, höchster Güter dort nach seinem Tode teilhaftig zu werden« (63/64).

Aus dieser Eröffnungsszene wird deutlich: Platons Lehre von der Unsterblichkeit der Seele ist auf die existentielle Situation des bevorstehenden Todes bezogen; sie ist nicht ein philosophisches Theorem unter anderen, sondern ein theoretischer Versuch, die Todesbereitschaft und die ihr zugrunde liegende Hoffnung auf ein jenseitiges Leben zu erklären und gegen mögliche Einsprüche zu verteidigen. Es ist Sokrates, der angesichts des ihm unmittelbar bevorstehenden Todes seine Zuversicht zu begründen unternimmt und gegenüber Pythagoreern argumentiert, in deren Tradition erstmals der aus der orphischen Religiosität stammende Seelenbegriff übernommen und philosophisch reflektiert wurde. Daß Platon darauf Wert legt, Sokrates gerade gegen Pythagoreer argumentieren zu lassen, macht deutlich, daß der Autor

---

[3] Diese und die folgenden in Klammern stehenden Seitenangaben beziehen sich auf die Stephanus-Numerierung der Werke Platons. Die dt. Übersetzung entstammt der Ausgabe: *Platon, Phaidon*, in der Übersetzung von *R. Kassner*, Frankfurt a. Main 1979.

sich nicht nur von der pythagoreischen Tradition abzusetzen versucht, sondern eine besondere kritische Absicht damit verbindet. Es zeigt sich darüber hinaus, daß der von Platon verwendete Begriff der Philosophie, als Streben nach dem wahrhaft Seienden, eine innere Affinität sowohl zu den Begriffen Seele, Idee und Unsterblichkeit wie zum Geschehen des Sterbens bzw. des Todes besitzt.

II. Die einzelnen Argumentationsschritte

Es war davon die Rede, daß Sokrates sich zunächst bereiterklärt hatte, seine Botschaft an Euenos und damit seine eigene Todesbereitschaft aus einer Bestimmung des Wesens der Philosophie zu rechtfertigen. Die Bestimmung der Philosophie als Sterbenlernen, darin eingeschlossen die Befreiung des geistigen Erkennens aus den Behinderungen des Körpers — eingeführt als notwendige Bedingung einer reinen Erkenntnis der Ideen —, war nur durch eine Voraussetzung möglich geworden, die Sokrates auch ausdrücklich formulierte: daß nämlich der Tod die radikale Trennung von Körper und Seele sei. Erst durch eine Voraussetzung dieser Art läßt sich ja die Behauptung rechtfertigen, daß Tod mit der Selbstbefreiung des Geistes aus der Sinnlichkeit in Verbindung zu bringen, daß das Ziel der Philosophie in vollkommener Weise erst nach dem Tode zu erreichen sei. Eben diese Voraussetzung, daß der Tod Befreiung der Seele ist, wird' von Kebes aufgegriffen und in Frage gestellt.

Immerhin könnte die Seele bei dieser Trennung sich doch auflösen und in alle Winde zerstreut werden. Wenn Sokrates also seine Todesbereitschaft ernsthaft verteidigen wolle, so müsse genau diese Voraussetzung geklärt werden, ob denn die Seele im Tode und über den Tod hinaus fortexistieren könne oder nicht. Auf dieses Problem antwortet Sokrates zunächst mit zwei Argumentationen, die jedoch den Mitunterrednern noch nicht genügen. Aber auch die daran anschließende dritte Argumentationsreihe kann die Zweifel von Simmias und Kebes nicht beseitigen. Ihre Einwände nötigen Sokrates zu einer vierten und letzten Folge von Argumenten, die den Abschluß der philosophischen Erörterung des Phaidon bilden.

Die erste Argumentationsreihe bezieht sich auf eine alte Tradition, die sowohl mythische wie begriffliche Elemente aus der vorsokratischen Philosophie enthält. Unschwer wird man dabei an den Mythos von Dionysos denken, der als Symbol des unzerstörbaren kosmischen Lebens zugleich das Urbild des Kreislaufs des Kosmos selbst repräsentiert. Aber auch das todlose ἄπειρον (das Grenzenlos-Unbestimmte) des Anaximander, und deutlicher noch die Vorstellung des ewig lebendigen Feuers bei Heraklit, das nach Maßen erglimmt und nach Maßen erlischt, sind Bestandteile, Ausdrucksformen dieser Tradition. Schließlich ist es der vorsokratische Gedanke der ἀρχή selbst, aus der alles hervorgeht, und in die hinein alles zurückkehrt, der das Modell dieses ersten Argumentationszusammenhanges abgibt. Gleichzeitig erinnert Sokrates an die pythagoreische Vorstellung von der Seelenwanderung, daß die Seelen nach dem Tod in die Unterwelt eintreten, dort verweilen und nach einer bestimmten Zeit auf die Erde zurückkehren, um in einem anderen Körper wiedergeboren zu werden. Eine Wiedergeburt ist aber nur möglich, wenn die Seelen nach dem Tode weiter existieren. Diesen Zusammenhang begründet Sokrates nun ausdrücklich mit dem auf die genannten Traditionslinien zurückgehenden Theorem, daß alles, was wird bzw. entsteht, aus seinem Gegensatz wird bzw. entsteht. Zu jedem Paar von Gegensätzen gibt es darum, so argumentiert Sokrates, zwei Arten des Werdens oder der Entstehung: das eine wird zum anderen und umgekehrt wird das andere wieder zu jenem. Da Leben und Tod bzw. Sterben entsprechende Gegensätze sind, muß man annehmen, daß auch zwischen ihnen ein zweifaches Werden stattfindet, und d.h. daß aus dem Lebendigen das Tote und aus dem Toten das Lebendige wird. Das erste ist unmittelbar einsichtig, das zweite ist begründet in der Anschauung des kosmischen Kreislaufs. Die Natur, so meint Sokrates, könne doch nicht auf der einen Seite »lahmen«. Im übrigen würde sonst schließlich alles dem Tod verfallen sein, was der Vorstellung eines ewigen Kosmos widerspräche. Die Folgerung, die Sokrates daraus zieht, daß die Seelen der Verstorbenen leben, ist jedoch nur unter einer stillschweigenden Voraussetzung möglich; unter der Voraussetzung, daß nicht schlechterdings Lebendiges Totes und Totes Lebendiges wird, sondern daß Totsein und Lebendigsein als Zustände eines *Substratum*, eines ὑποκείμενον, gedacht werden und daher das *Substratum* selbst nicht in seinem Wesen betreffen. Dieses *Substratum* ist die Seele. Sie ist also die Substanz, die dem Gegensatz von Leben und Tod noch vorausliegt und in dem doppelten Werdegang von, so muß man jetzt sagen, leiblicher Geburt und leiblichem Tod erhalten bleibt. Tod und Leben sind gemäß dieser ersten Argumentation verschiedene und einander ablösende Zustände, Bestimmungen, der Seele. Wie aber läßt sich die Seele, die im Wechsel der Zustände Tod und Leben erhalten bleibt, näher bestimmen? Kann ein solcher naturphilosophisch begündeter Gedanke den Philosophen im Angesicht seines eigenen Todes trösten, kann er insbesondere die Todesbereitschaft, die durch diese Argumentation ja gerechtfertigt werden soll, verständlich machen?

Aber auch die andere Frage drängt sich auf: Ist es wirklich die Seele der Verstorbenen, wie Sokrates formulierte, oder nur eine Substanz überhaupt, von der man noch nicht einmal recht weiß, warum sie Seele heißen soll? Aus diesem Grunde wohl führt der Mitunterredner Kebes mit dem Begriff »Erinnerung« ein neues Stichwort ein, das ausdrücklich den Bezug zum Dialog »Menon« und zu der darin erörterten Anamnesislehre herstellt. Diese Lehre soll erneut das soeben behauptete Wiederaufleben der menschlichen Seele begründen. Im Kontext der bisherigen Argumentation muß dieser Neueinsatz vom Interpreten so verstanden werden, daß es bei der Seele und ihrer Unsterblichkeit nicht nur um eine bloße Substanz geht, die den Tod überdauert, sondern vielmehr um die erkennende Seele des Menschen. Der Kerngedanke dieser Argumentation liegt in folgendem: daß Dinge unserer Sinnenwelt einander ähnlich oder auch gleich sind; daß etwas gut, schön, gerecht ist; dies können wir nicht den sich stets verändernden Gegenständen unserer Sinnenwelt selbst entnehmen, wir müssen vielmehr das, was das Gleiche ansich, das Gerechte ansich, das Gute ansich etc. ist, bereits zur Kenntnis genommen haben, sollen wir es in der Sinnenwelt an Gegenständen repräsentiert finden können. Außerdem besitzen wir z.B. in der Mathematik notwendige und allgemeingültige Erkenntnisse und erkennen Gesetzmäßigkeiten, die sich aus den sinnlich wahrgenommenen Verhältnissen nicht herleiten lassen. Wenn sich nun zeigen läßt, wie es Platon im Menon versucht hat, daß jedermann Erkenntnisse dieser Art nachvollziehen kann, dann muß angenommen werden, daß die erkennende Seele sich vor ihrer Geburt ein Wissen angeeignet hat, dessen sie sich, nachdem es bei der Geburt verloren wurde, in der jetzigen Existenz wieder erinnert. Denn weder die genannten Begriffe noch die Allgemeingültigkeit der Erkenntnis können aus der Erfahrung stammen. Ein Wissen um Ideen und um gesetzmäßige Zusammenhänge, das nicht zugleich mit der Geburt erst gegeben sein kann, da es sonst zum selben Zeitpunkt zugleich gegeben und wieder genommen würde, kann demnach nur so erklärt werden, daß die erkennende Seele selbst bereits vor der Geburt des menschlichen Leibes erkennen konnte und darum vorhanden war. So erklärt die Anamnesislehre den Tatbestand, daß unser Erkennen sowohl apriorische Bedingungen hat als auch allgemeingültige Erkenntnisse gewinnen kann, durch die Präexistenz der menschlichen Seele, d.h. durch das Theorem, daß die Seele vor ihrem Eintritt in den Leib bereits existiert und erkannt hat: Die Präexistenz der Seele ist als notwendige Bedingung gültiger Erkenntnis auf diese Weise selbst als gültig erwiesen. Welche Bedeutung kommt diesem zweiten Argumentationszusammenhang im Kontext des Ganzen zu? Die Mitunterredner Simmias und Kebes akzeptieren die Anamnesislehre insoweit, als sie die Folgerung zugeben, daß die menschliche Seele vor der Geburt aus Gründen möglicher Erkenntnis als existierend angesehen werden müsse. Beide aber sind zugleich der Meinung, daß damit noch nicht gezeigt sei, daß die Seele auch nach dem Tode fortdauern werde. Da die Seele immer noch nach dem Tode des Menschen sich auflösen und zerstreuen könne, sei der Beweis bisher nur zur Hälfte gelungen. Sokrates jedoch verweist auf den Zusammenhang der beiden ersten Argumentationsschritte: daß die Seele als erkennende und geistige Seele vor der Geburt existiere, ist durch die Wiedererinnerungslehre bewiesen, daß sie auch nach dem Tode existieren müsse: dies garantiert das Theorem des Kreislaufs der Natur. Was die Mitunterredner jedoch zögern läßt und auch Sokrates — angesichts der noch nicht verstummten Angst, es könnte schließlich doch mit dem Tod die Seele in alle Winde zerstreut werden — geneigt macht, den Zusammenhang genauer zu prüfen, dies liegt in der sachlichen Unangemessenheit des Kreislauftheorems. Es kann nämlich nicht eigentlich begründen, daß es die Vernunftseele ist, die als Substanz nach dem Tode weiterexistiert. Sokrates muß also bei einer tieferen Begründung nachweisen, daß die Vernunftseele nicht nur als allgemeine Seelensubstanz, sondern als sie selber, d.h. als erkennende Seele weiterexistiert. Die jetzt zu beantwortende Fragestellung, warum die Seele als Vernunftseele sich nicht auflösen könne, muß also die Widerlegung der Auflösbarkeit so zu begründen suchen, daß dabei gleichzeitig der Vernunftcharakter der Seele mitberücksichtigt wird.

Dies geschieht in der Tat: denn der jetzt versuchte Nachweis bezieht sich in seiner Kernargumentation auf das Verhältnis der Seele zu den Ideen. Auflösen kann sich nur, was aus Teilen zusammengesetzt ist. Einer Auflösung nicht unterworfen ist das Einfache. Da die Ideen in sich selber ruhen, mit sich selbst identisch, von bleibender Gestalt und unveränderlich sind, sind sie einfach und können nicht zerfallen. Die sinnliche Welt dagegen, der κόσμος ὁρατός, ist im Gegensatz zur unsichtbaren intelligiblen Welt, dem κόσμος νοητός, der Veränderung, dem Wandel, dem Zerfall unterworfen. Da die Seele jedoch durch ihre Erkenntnis genau auf dieses Unwandelbare und Beständige ausgerichtet ist, muß sie im Gegensatz zum Körper, der selber der Veränderung und dem Wandel unterliegt, der Welt der Ideen zugeordnet werden. Dafür spricht auch, daß die Seele, wenn sie sich bei der Erkenntnis auf ihre Sinne verläßt, dem Veränderlichen und Schwankenden der Sinnenwelt ausgeliefert ist und sich in ihrer Erkenntnis verwirrt; umgekehrt, daß sie sich in ihrer Zuwendung zu Ideen, dem Ewigen und Unveränderlichen, also in der Besinnung auf das ihr eigentümliche Erkenntnisobjekt, aus dem Irrtum befreit und zur Ruhe kommt. In ihrer Zuordnung zum Unvergänglichen der Ideen ist die Seele also dem Ewigen und Göttlichen verwandt, der Körper dagegen gehört in die Ordnung des Sterblichen. Aufgrund dieser konstatierten Ähnlichkeit der Seele mit dem Göttlichen, dem Unsterblichen, durch Vernunft Erkennbaren, dem Eingestaltigen, dem Unauflöslichen und dem, was stets unveränderlich sich selber gleichbleibt, folgert Sokrates, daß die Seele im Vergleich mit dem Leib, der dem Gesetz der Auflösung unterliegt, »völlig oder doch nahezu unauflöslich« (80 c) sein muß. Die Abschwächung, die in diesem gelegentlich auch mit »zum Teil« wiedergegebenen »nahezu« ausgesprochen wird, ist bedenkenswert: sie kann bedeuten, daß die gesamte Argumentation, da sie auf dem Begriff der Ähnlichkeit von Seele und Ideenwelt ruht, nicht in letzter Linie als schlüssig angesehen wird; dieser Einschätzung der Abschwächung scheint jedoch zu widersprechen, daß Platon an dem alten Axiom, daß Gleiches nur durch Gleiches erkannt werden könne, festhält. Sie könnte auch bedeuten, daß, unterstellt man die Lehre von den drei Seelenteilen, die Seele nur mit Rücksicht auf das $\lambda o\gamma\iota\sigma\tau\iota\kappa\acute{o}\nu$ an der Unsterblichkeit teilhat, die übrigen Seelenteile daher mit dem Körper zugleich absterben; eine Auffassung, der jedoch zweifellos das Gleichnis vom Seelenwagen im Dialog »Phaidros« widersprechen dürfte. Mir will scheinen, daß Platon die Abschwächung zunächst einmal im Vorblick auf die vierte und letzte Argumentationsreihe eingeführt hat und an dieser Stelle zur Kenntnis bringt, daß ein wirklicher Beweis aufgrund der bloßen Affinität von Seele und Idee nicht möglich ist.

Allerdings nehmen die unmittelbar folgenden Erörterungen über das Jenseitsschicksal der Seele und über die Bestimmung der philosophischen Lebensform keinen Bezug auf diese Abschwächung. So lautet denn die Conclusio: Im Tod trennen sich Leib und Seele, der Leib ist dem Zerfall ausgesetzt, die Seele geht ein in das ihr angestammte, unsichtbare, göttliche und ewige Reich der Vernunft, sofern sie sich nicht während ihres Lebens im Leibe verunreinigt hat. In jedem Falle ist der Tod eine Befreiung der Seele aus der Vergänglichkeit des Leibes. Die Philosophie ihrerseits ist die Vorbereitung dieser befreienden Trennung, indem durch sie die Seele sich in sich selbst sammelt, in sich zurückgeht und in der Schau und Erkenntnis der Ideen ihr wahres Wesen erreicht. Indem Philosophie den Menschen schon beizeiten auf das Unsichtbare, Ewige, Unvergängliche hinleitet, ist sie ein Sterbenlernen, eine allmähliche Loslösung der Seele aus der Welt der sinnlichen Erscheinung. Daß Philosophieren ein Sterbenlernen ist, erscheint an dieser Stelle nun endgültig gerechtfertigt, und damit auch die die Anwesenden zunächst so irritierende Haltung des Sokrates. Zugleich ergibt sich durch die Gegenüberstellung von reiner und verunreinigter Seele wenn nicht eine zusätzliche Bedeutung der Philosophie, so doch jedenfalls ein Gesichtspunkt, der die erste Argumentation aus dem Theorem des Kreislaufs in eigenartiger Weise in Frage stellt. Denn nur die unreinen Seelen unterliegen dem Kreislauf von Tod und Wiedergeburt, die reinen Philosophenseelen jedoch können das Rad der Wiedergeburt verlassen und in das ewige Reich der Vernunft einkehren, in dem sie dann endgültig und mit den Göttern leben. Unsterblich im Sinne der Unzerstörbarkeit sind alle Seelen; eine endgültige Befreiung vom Leib jedoch und von der Sinnenwelt wird nur den philosophischen Seelen zuteil, die sich in diesem Leben bereits auf die Ideenschau vorbereitet haben: Unsterblichkeit also für alle, Erlösung jedoch nur für Philosophen?

Wegen ihrer Beziehung auf die Welt der Ideen hat sich die Seele als dem Unsichtbaren und Unvergänglichen verwandt erwiesen, sie ist daher einfach, nicht zusammengesetzt und kann sich nicht auflösen. Diese Schlußfolgerung scheint so durchschlagend, daß die Problemfrage des gesamten Dialoges damit offensichtlich als endgültig geklärt und beantwortet gelten kann. Die beiden Mitunterredner Simmias und Kebes jedoch geben zu erkennen, daß sie mit der Argumentation des Sokrates noch nicht zufriedengestellt sind. Sokrates seinerseits hat dies bemerkt und ermuntert die beiden, ihre Fragen und Einwände vorzutragen, »solange Athens Richter noch Zeit lassen«. In der Tat sind die nun vorgetragenen Einwände von so entscheidender Bedeutung, daß sie das bisher von Sokrates Vorgetragene von Grund auf problematisieren. Simmias und Kebes, denen beiden das bisher Gesagte für einen gründlichen Beweis nicht ausreichend erscheint, akzeptieren freilich, daß die Seele etwas Unkörperliches, Unsichtbares, Schönes und Göttliches sei. Kebes insbesondere gibt des weiteren zu, daß die Seele, wenn sie einmal im Leibe existiert, nicht nur als präexistent, sondern auch als postexistent gedacht werden müsse. Keineswegs sei jedoch gezeigt, so meinen beide, daß die Seele schlechthin unvergänglich sei. Es wäre ja immerhin denkbar — hier erinnert man sich unschwer an ein Kantisches Bedenken —, daß die Seele schlechterdings aufhören und wie Feuer erlöschen könnte. Was hindert daran, sich vorzustellen, daß die Seele schließlich doch zu einem bestimmten Zeitpunkt sterben wird. Dies ist die Überlegung, die Simmias und Kebes dazu veranlaßt, erneut das Ganze in Zweifel zu ziehen.

Simmias argumentiert wie folgt: Die der Seele zugeschriebenen Bestimmungen, unsichtbar, unkörperlich, schön und göttlich zu sein, ließen sich doch auch dadurch deuten, daß die Seele nach Art eines Musikinstrumentes als Harmonie aufgefaßt werden könne. Versucht man dies, dann sieht man leicht ein, daß eine solche Harmonie mit der Zerstörung des ihr zugrundeliegenden Instrumentes ebenfalls zu existieren aufhört. Offensichtlich steht dieses Argument in der pythagoreischen Tradition, zugleich bezweifelt es aber die dem Pythagoras zugeschriebene Auffassung einer ihrem Wesen nach leibfreien und unabhängig existierenden Seele. Denn in der Version des Pythagoreers Simmias ist der Harmoniegedanke gleichsam naturalisiert und zu einer vom Körper abhängigen funktionalen Größe transformiert worden. Womit sich der platonische Sokrates also auseinandersetzt, sind darum nicht so sehr

Pythagoras selbst und Philolaus, sondern naturalistische Fortentwicklungen der pythagoreischen Tradition. Seine Widerlegung des Simmias geschieht in drei Schritten:

1. Wer wie Simmias die Anamnesislehre akzeptiert, befindet sich mit der These, die Seele sei vom Körper abhängige Harmonie, sie sei bloße Funktion des Körpers, in einem Selbstwiderspruch, da die Harmoniethese bestreiten muß, was mit der Lehre von der Wiedererinnerung behauptet wird: daß nämlich die Seele vor dem Eintritt in den Körper bereits bestehe.
2. Die Harmoniethese ist nicht in der Lage, die Tatsache zu erklären, daß die Vernunft zu den Begierden des Körpers in Widerspruch treten und so kraft ihrer Möglichkeit des Widerstandes die Funktion eines Führungsorgans übernehmen kann.
3. Eine vom körperlichen Substrat abhängige Harmonie läßt graduelle Unterschiede, in Platons Sprechweise: ein »Mehr oder Minder«, zu. Wollte man an der Vorstellung einer funktional abhängigen Harmonie festhalten, so würde dies zu der unüberwindlichen Schwierigkeit führen, daß dann eine Seele mehr oder weniger Seele wäre als eine andere. Die Konsequenz, die Sokrates daraus zieht, lautet: Der Harmoniegedanke läßt sich auf die Seele anwenden, jedoch nicht hinsichtlich ihres substantiellen Wesens, sondern nur zur Bestimmung möglicher qualitativer Verhältnisse.

Halten wir einen Moment inne und vergegenwärtigen wir uns den Argumentationskern, so fällt auf, daß diese gegenüber Simmias formulierte Kritik eines bloß funktionalen Verständnisses der menschlichen Seele zweifellos aktuelle Bedeutung besitzt: bezieht sie sich doch auf das sittliche Selbstverständnis des Menschen und auf eine Auslegung desselben, die sowohl die mögliche Führungsrolle des durch Vernunft bestimmten Willens als auch die sittliche Wertung menschlicher Handlungen in Rechnung stellt. Der Tatbestand, daß Menschen überhaupt nein sagen können, ist zweifellos noch immer nicht funktional, d.h. durch Rekurs auf körperliche oder physiologische Ursachen oder dergleichen zu erklären.

Der Einwand des anderen Gesprächspartners ist für Sokrates wesentlich schwerer zu bewältigen, da das von Kebes vorgetragene Argument ganz auf dem Boden des bisher Erörterten steht. Kebes akzeptiert, daß die Seele sowohl vor der Geburt als auch nach dem Tod existieren könne, daß sie dem Leib durchaus an Kraft und zeitlicher Dauer überlegen sei; jedoch bestreitet er, daß Langlebigkeit gleichzusetzen sei mit Unsterblichkeit. Er verdeutlicht dies in einem Bild: Wie ein Weber viele seiner selbstgewebten Anzüge überlebt, schließlich aber doch von einem oder mehreren überlebt wird, so könne es auch mit der Seele des Menschen und den Körpern, die sie durchwandert, geschehen. Die Behauptung der Unsterblichkeit der Seele fordere deshalb einen Beweis, der zu zeigen vermag, daß die Seele grundsätzlich ἀθάνατος, zugleich todlos und unvergänglich ist. Sokrates ist dadurch herausgefordert, in einem alles entscheidenden Beweisgang zu begründen, daß die Seele an ihr selbst unvergänglich sei. Der Kern seiner Argumentation gegen Kebes bezieht sich auf den Nachweis, daß die Seele wesentlich am εἶδος »Leben« teilhat und so als Ursprung des Lebens unvergänglich ist. Seine Begründung hängt an zwei Voraussetzungen der Ideenlehre: Einmal daran, daß keine Idee in ihren eigenen Gegensatz übergehen könne; m.a.W., daß in unserem Falle das εἶδος »Leben« keinerlei Gemeinschaft mit dem εἶδος »Tod« besitze. Zum anderen daran, daß wesentliche Eigenschaften eines Gegenstandes nicht durch Eigenschaften ersetzt werden können, die sich zu den ersteren in einem Gegensatz befinden. Wenn also das Leben wesentlich zur Seele gehört — denn nur die Seele lebt, während der Körper lediglich als lebendig anzusehen ist —, dann kann die Seele das εἶδος des Todes nicht annehmen. Beim Herantreten des Todes kann darum die Seele auch nicht zugrunde gehen, sie wird nur gezwungen, zu entweichen. Die Seele ist daher ἀθάνατος in einem doppelten Sinne: todlos, weil sie am εἶδος des Lebens, das keine Gemeinschaft mit dem εἶδος des Todes besitzt, teilhat; und unvergänglich, weil sie an diesem εἶδος nicht per accidens, sondern per se, d.h. wesentlich teilhat.

Damit stehen wir am Ende der Argumentation des Phaidon. Indem die Seele wesentlich am εἶδος des Lebens teilhat, kann sie niemals das εἶδος des Todes an sich haben oder aufnehmen, sie ist also unvergänglich. Daß die Seele eine unzerstörbare Existenz besitzt, folgt in einem gleichsam »ontologischen« Beweis aus ihrem Wesensbegriff. Zu bedenken bleibt nur, daß in der letzten Argumentationsreihe des Phaidon, und damit gleichsam als sein letztes Wort, nicht die erkennende Seele, die Seele als Prinzip des Erkennens, Ausgang und Ziel der Argumentation ist, sondern die Seele als Prinzip des Lebens, die Seele als kosmologisches Prinzip. Wie beide Seelenbegriffe zusammenhängen, muß wohl als ein offen gebliebenes Problem angesehen werden.[4]

---

[4] Vgl. auch *O.Gigon*, Einleitung zum Phaidon: *Platon*, Klassische Dialoge. Phaidon, Symposion, Phaidros, übertragen von *R.Rufener*, mit einer Einleitung von *O.Gigon*, (dtv 6039), München 1975, VII—VXXXVI, insbes. XXXII.

III. Die Beurteilung der Argumentationen

Am Ende des Durchgangs durch die Argumentationen des Phaidon seien einige Gesichtspunkte herausgestellt, die für eine zusammenfassende Beurteilung von Bedeutung sind:

1. Die Argumentationen sind uneinheitlich mit Bezug auf den vorausgesetzten Begriff der Seele. Es ist zu bezweifeln, daß der Beweis für die Unzerstörbarkeit der Seele, verstanden als Lebensprinzip, zugleich den Nachweis einschließen kann, daß die Seele als erkennendes Wesen unvergänglich ist. Umgekehrt erscheint es fraglich, ob ihrerseits die Erkenntnisbeziehung der Seele auf die Welt der Ideen die Unsterblichkeit der Vernunftseele garantiert.
2. Durch keine der vorgeführten Argumentationen ist eine im strengen Sinne gedachte individuelle Fortexistenz der Seele begründet. Zu offensichtlich scheint die Idee der Wiederverkörperung der Vorstellung einer personalen Identität zu widersprechen. Man wird zwar einräumen, daß gerade die sittliche Beurteilung der Seele, die bei Platon der Seelenwanderung zugrunde liegt, einen ersten und wichtigen Schritt darstellt, Personalität von moralischer Individualität her zu denken. Gleichwohl fehlt der für personale Identität wesentliche Selbstbezug der Seele, die sich doch in allen ihren Verkörperungen als dieselbe erfahren müßte.
3. Tod ist für Platon als Trennung der Seele vom Leib ein ephemeres Geschehen im Kreislauf der Seelenwanderung. Er tangiert nicht das Wesen der Seele, wohl aber das Wesen des Menschen. Seine höchste Qualität und Gestalt gewinnt er im Tod des Philosophen, insofern dieser Tod keinen weiteren mehr im Gefolge hat. Der Tod des Philosophen befreit die Seele vom Kreislauf und läßt sie in der Schau des Wahren, Guten und Schönen ihre Heimat finden. Alle anderen Tode werden um dieses höchsten Todes willen gestorben, der zum wahren Leben befreit.

Nicht außer acht lassen darf eine wie auch immer skizzenhafte Würdigung des Phaidon die für ein Gesamtverständnis wesentliche Frage, welche Bedeutung Platon selbst seinen Argumentationen im Sinne einer philosophisch stringenten Beweisführung zumißt. Drei Texthinweise sind in diesem Zusammenhang von besonderer Bedeutung:

a) Am Schluß der letzten Argumentationsreihe bekennt Simmias, daß er für den Moment nicht wisse, wie er nach den Ausführungen des Sokrates noch zweifeln könne, fährt aber dann in charakteristischer Weise fort: »Infolge der großen Bedeutung des Themas ... und in Anbetracht der menschlichen Schwäche bin ich freilich genötigt, bei mir selbst über das Gesagte noch einige Zweifel zu hegen« (107 a/b). Sokrates ist nun keineswegs darüber enttäuscht, sondern stimmt Simmias sogar zu: »Nicht nur das, Simmias, sondern wie du darin recht hast, so müssen auch unsere Voraussetzungen, so sicher sie uns scheinen mögen, doch noch genauer geprüft werden. Habt ihr sie dann genügend überdacht, so werdet ihr, glaube ich, dem Gedanken folgen, soweit es einem Menschen nur möglich ist, ihm zu folgen. Und wenn euch das klar geworden ist, dann werdet ihr nicht mehr weiter suchen« (107 b). Offenkundig schätzt Sokrates sein letztes und, wie es scheint, stärkstes Argument nicht als stringenten Beweis ein. Auch wenn die Voraussetzungen genauer geprüft sind, kann man sich des Gedankens, von dem die Rede ist, nicht absolut sicher sein; man wird ihm folgen können, soweit es Menschen überhaupt möglich ist, solchen Gedanken zu folgen. Man wird aber auch nicht weiter suchen in dem Moment, in dem man sieht, daß das Äußerste, was Menschen hier möglich ist, erreicht wurde. Es geht um die Einsicht, so wird man hinzufügen dürfen, daß die Argumentation hier eine Grenze erreicht, daß es keinen Beweis der Unsterblichkeit gibt, aber auch keine einsichtige Widerlegung. Die Beziehung der Vernunftseele auf die Wahrheit trägt über diese Situation hinweg und erlaubt es, dem Gedanken zu folgen.

b) Die eben skizzierte abschließende Bewertung der Argumentationen bezieht sich inhaltlich zurück auf eine frühere Äußerung des Simmias, in der er seine Zweifel bekennt und rechtfertigt: »Ich glaube nämlich — und vermutlich bist auch du dieser Meinung, Sokrates —, daß über diese Frage ein sicheres Wissen in diesem Leben hier unmöglich oder doch nur schwer zu erlangen ist; ... in diesen Dingen sollte man doch eines erreichen: entweder lernen, wie es sich damit verhält, oder es selbst herausfinden. Ist das nicht möglich, dann muß man sich eben unter den menschlichen Ansichten die beste aneignen und diejenige, die am schwersten zu widerlegen ist. Mit dieser muß man dann, wie auf einem Floß, die Fahrt durchs Leben wagen, falls man nicht sicherer und gefahrloser auf einem festeren Fahrzeug, etwa mit einem göttlichen Wort, fahren kann« (85 c/d). Sokrates antwortet darauf: »Vielleicht hast du recht« (85 e). Auf das Ganze des Dialoges gesehen, scheint mir diese Äußerung des Simmias auch die Ansicht des platonischen Sokrates wiederzugeben, daß wir in der Tat in diesen Dingen keinen sicheren Beweis finden, sondern nur die beste Ansicht ausfindig machen können, die sich dadurch auszeichnet, daß sie allen jeweils bekannten Widerlegungsversuchen standhält. Bei dieser Ansicht darf man sich beruhigen, wenn man nicht auf ein göttliches

Wort vertrauen will. Alle von Sokrates vorgetragenen Argumentationen scheinen in dieser Perspektive dadurch gekennzeichnet zu sein, daß sie die Unwiderleglichkeit der Annahme, die Seele sei unzerstörbar, dartun wollen: Sie begründen einen Glauben und nicht ein Wissen.

c) Auffällig in diesem Zusammenhang ist auch der Schluß des Dialogs, das letzte Wort des Sokrates an Kriton: »Ich bin dem Asklepios noch einen Hahn schuldig, vergiß nicht, ihn zu opfern!« (118 b). Darf man dieses Wort nicht so deuten, daß angesichts des Todes der Sterbende, auch wenn er Philosoph ist und die subtilsten Argumentationen für eine begründete Hoffnung durchzuführen weiß, in die ebenso ergreifende wie schlichte Übung eines religiösen Brauchs zurückkehrt? Die philosophische Spekulation, so meine ich interpretieren zu dürfen, kann die Unsterblichkeit der Seele als möglich denken, sie kann Hoffnung in dem Sinn begründen, daß sie sämtliche widerlegenden Instanzen ausräumt, aber sie kann diese Hoffnung nur in einem religiösen Akt in angemessener Weise zum Ausdruck bringen und vollziehen. Dies scheint mir die an den Texten belegbare Aussage des Phaidon über die Unsterblichkeit der menschlichen Seele zu sein. Eine Aussage, die bis hin zu Kant und über Kant hinaus Geltung beanspruchen kann.

IV. Platons Aktualität

Abschließend stelle ich noch die Frage, ob und in welcher Weise Platons Ansatz auch heute noch Bedeutung beanspruchen kann. Sicher werden wir in der gegenwärtigen Situation des Denkens zwei jener Voraussetzungen, die Platon für seine Argumentationen benutzte, nicht oder nicht mehr ohne weiteres teilen können: die Vorstellung einer in ihren Eigenschaften erkennbaren Seelensubstanz sowie die Annahme eines eigenen Gegenstandsbereiches subsistierender Ideen, deren Erkenntnis uns über die wirklichen Beschaffenheiten der Dinge a priori verfügen ließe. Beide Voraussetzungen sind in der Geschichte der Philosophie, die erste durch Kant, die zweite bereits durch Aristoteles, mit einem unaustilgbaren Fragezeichen versehen worden. Andererseits zeigt sich in Platons Zugang zum Problem der Unsterblichkeit, in seinem primären philosophischen Ansatz, ein Selbstverständnis des erkennenden und handelnden Menschen, und damit eine doppelte Fragerichtung, auf die wir nicht verzichten können, ohne Philosophie selbst preiszugeben. Die eine Fragerichtung läßt sich neuzeitlich formulieren als Analyse der Möglichkeitsbedingungen wahrer Erkenntnis überhaupt; die andere als die

Frage nach den Voraussetzungen des Neinsagenkönnens, wiederum neuzeitlich formuliert, die Frage nach den Bedingungen des moralischen Selbstverständnisses handelnder Wesen. In beiderlei Hinsicht, wenn auch nicht in den Platon eigentümlichen Begriffen, bleibt Platons Ansatz paradigmatisch: Er nötigt uns stets zur freilich zeitspezifischen Kritik eines wissenschaftlichen, näherhin naturalistischen Selbstverständnisses des Menschen, und er kann uns zeigen, daß das Thema Unsterblichkeit ein immer wieder neu zu bedenkendes, weil einheimisches Problem der menschlichen Vernunft ist. Es gehört so sehr zur menschlichen Vernunft, daß es sogar geeignet ist, die ihr eigene Struktur zum Ausdruck zu bringen: Die menschliche Vernunft ist nicht zu verstehen als ein Subjekt, das unter anderem auch Hoffnungen hat, sondern das Hoffnung ist. In dieser Perspektive gehört auch Platons Lehre vom Eros, kantisch formuliert, die der Vernunft immanente Suche nach dem Unbedingten, noch zum Grundbestand auch der gegenwärtigen philosophischen Reflexion.

Nimmt man dies zur Kenntnis, dann läßt sich nicht so ohne weiteres mit Walter Schulz feststellen, »die Metaphysik« — ich füge hinzu: vor allem, wenn sie Platon und Kant mitumfassen soll — »mit ihren Vorstellungen vom Fortleben und persönlicher Unsterblichkeit liegt hinter uns. Für uns ist die biologisch orientierte Vorstellung vom natürlichen Tod grundgebend«[5]. Jedenfalls dürfte man zögern, »das allgemeine Los der Vergänglichkeit«[6] als die abschließende Auskunft der Philosophie anzusehen. Schon die Folgerung nämlich, die Schulz daraus ziehen zu können meint, daß dies »auf die Möglichkeit einer allgemeinen Sympathie« hindeute, beruht offenkundig auf der tieferliegenden Voraussetzung, daß noch das Mitleiden einen Sinn hat. Die Behauptung einer absoluten Vergänglichkeit muß vor diesem Hintergrund noch als dogmatisch erscheinen. Das Verhältnis von Vernunft und Vergänglichkeit ist deswegen nicht als dialektisch zu bezeichnen, weil diese Vernunft sich sonst selbst als vergänglich begreifen müßte. Weil sie dies nicht vermag, den Grund ihrer Vergänglichkeit zu erfassen, deshalb ist es gerade in ihrem eigenen Sinne von Vernunft vernünftiger, auf Unsterblichkeit zu hoffen, als das Gegenteil anzunehmen. Daß angesichts dieser Lage weder Beweise, noch praktische Postulate, noch Pascals Idee der Wette weiterführen können, ist evident. Im Scheitern dieser Möglichkeiten tritt ein Unverfügbares der menschlichen Existenz hervor: und dies ist nicht ein objektiver Sachverhalt, sondern die Vernunft an ihr selbst.

---

[5] *Schulz*, Wandlungen 104.
[6] Ebd. 106.

Bibliographie

Baumgartner, H. M., Von der Möglichkeit, das Agathon als Prinzip zu denken. Versuch einer transzendentalen Interpretation zu Politeia 509b: *K. Flasch (Hg.)*, Parusia (FS J.Hirschberger), Frankfurt 1965, 89—101.

Barth, H., Die Seele in der Philosophie Platons, Tübingen 1921.

Friedländer, P., Platon III: Die Platonischen Schriften. 2. und 3. Periode, Berlin ²1960, 29—54.

Guardini, R., Der Tod des Sokrates, Berlin 1943; Neuausgabe: (rowohlts deutsche enzyklopädie 27), Hamburg 1956, 98—190.

Jaspers, K., Plato. Augustin. Kant. Die Gründer des Philosophierens, München 1957, 11—99.

Martin, G., Platon in Selbstzeugnissen und Bilddokumenten, (rowohlts monographien 150), Hamburg 1969.

Platon, Phaidon, übers. von *R.Kassner*, mit einem Nachwort von *K.Hielscher,* (it 379), Frankfurt a.Main 1979.

Platon, Klassische Dialoge. Phaidon, Symposion, Phaidros, übertr. von *R.Rufener*, mit einer Einl. von *O.Gigon,* (dtv 6039), München 1975.

Platon, Sämtliche Werke, in der Übersetzung von *Friedrich Schleiermacher* mit der Stephanus-Numerierung, 6 Bde., hg. von *W. F. Otto/E. Grassi/G. Plamböck,* Hamburg 1957.

Der Tod des Menschen

Deutungen des Todes in der Philosophie des 20. Jahrhunderts

Josef Manser

Der Tod des Menschen ist ein derart zentrales Ereignis im Leben, wo so viele Fäden des menschlichen Daseins zusammenlaufen, ein Ereignis also, das so folgenreiche Fragen an den Menschen und an den Sinn seines Daseins stellt, daß es geradezu Pflicht werden kann und muß, immer wieder und immer neu zu versuchen, ihn als Rätsel, d. h. nicht als Geheimnis, zu entschlüsseln und seine Herausforderung anzunehmen. Dabei droht leicht die Gefahr, daß der Mensch der Täuschung erliegt, den Tod in wohlgewählten Formulierungen, in allseitig imponierenden Interpretationen oder in beachtenswerten spekulativen Gedankengängen in den Griff zu bekommen, etwas über sein innerstes Wesen auszusagen, was leicht zu einer überheblichen Selbsteinschätzung des Menschen oder gar zu Vermessenheit führen kann. Dieser erkannten Gefahr muß sich jeder, der über den Tod etwas aussagen will, bewußt sein.

In jeder Zeit jedoch haben Menschen versucht, in ihrem entsprechenden gesellschaftlichen, denkerischen und glaubenden Kontext die Herausforderung durch den Tod anzunehmen. In jeder Zeit versuchten Menschen, den ihr Dasein so gefährdenden Tod zu verstehen und zu bewältigen. Es liegt deshalb nahe, daß im Zusammenhang unseres Themas sehr viele philosophische und theologische Gedankengänge von Interesse wären. Neben einer geschichtlichen Einordnung heutigen Sprechens vom Tod (A.) soll das Augenmerk vor allem auf der Problematik des Sprechen-Könnens vom Tod (B.) und den gewichtigsten philosophischen Deutungen im 20. Jahrhundert liegen (C.), um von dort her schließlich einige Implikationen für das theologische Denken über den Tod aufzuzeigen (D.). Es handelt sich hierbei um einen kritischen Überblick über hauptsächliche Linien heutigen Denkens vom und Sprechens über den Tod, also um eine Art Bestandsaufnahme, wie Philosophen versuchen, heute denkend der Herausforderung des Todes zu begegnen.

A. Die geschichtliche Einordnung heutigen Sprechens vom Tod

Der Versuch, etwas über ein so existentiell betreffendes Phänomen wie den Tod aussagen zu wollen, ist immer von dem geschichtlichen und philosophischen Denken einer Zeit geprägt. Es ist deshalb sinnvoll, nicht einfach nur dem heutigen Verständnis des Todes nachzuspüren, sondern dessen geschichtliche Verflochtenheit mit früheren Verständnisweisen aufzuzeigen und auf ihre oft verdeckten, aber nachhaltig wirkenden Einflüsse auf das heutige Denken hinzuweisen. Ein Blick in die Geschichte des Todesverständnisses mag dazu dienlich sein[1].

Schematisiert lassen sich drei große Perioden der Geschichte des Todesverständnisses aufzeigen, in denen zugleich große geistige Entscheidungen gefallen sind, die die Menschen in ihrem Denken und Leben wesentlich geprägt haben[2].

I. Die mythisch-magische Periode

Für das mythisch-magische Verständnis des Todes ist wichtig, zu sehen, daß das Bewußtsein des Individuums sich noch nicht von dem der Sippe abgelöst hat[3]. »Nicht das einzelne Individuum, sondern die konkrete Lebensgemeinschaft in Familie oder Stamm ist das Primäre, ihr bleiben selbst die Toten zugeordnet. Der Angriff der Todesmacht trifft deshalb nicht primär den einzelnen, er trifft die Sippe oder den Stamm in einem ihrer Glieder«[4].

---

[1] Vgl. *H.R.Müller-Schwefe*, Der Mensch — das Experiment Gottes, Gütersloh 1966, 133.
[2] Vgl. *H.U.v.Balthasar*, Der Tod im heutigen Denken: Anima 11 (1956) 292—299; *J.Choron*, Der Tod im abendländischen Denken, Stuttgart 1967, bietet einen sehr informations- und materialreichen Streifzug durch die ganze abendländische Denkgeschichte über den Tod; *G.Condrau*, Der Mensch und sein Tod. Certa moriendi condicio, Einsiedeln 1984; *W.Fuchs*, Todesbilder in der modernen Gesellschaft, Frankfurt 1973, 50—82, zeigt die Einflüsse alter Vorstellungen auf das heutige Denken auf; *S. und Chr.Grof*, Jenseits des Todes. An den Toren des Bewußtseins, München 1984, versuchen neuerdings, Verbindungslinien zwischen mythischen Vorstellungen und heutigen psychologischen Erkenntnissen herzustellen; *A.Hügli*, Zur Geschichte der Todesdeutung: StPh 32 (1972) 1—28; *Müller-Schwefe*, Der Mensch 132—145 und *A.Peters*, Der Tod in der neueren theologischen Anthropologie: NZSTh 14 (1972) 29—67, geben einen kurzen Überblick über die verschiedenen Verständnisweisen des Todes. *F.J.v.Rintelen*, Philosophie der Endlichkeit. Als Spiegel der Gegenwart, Meisenheim 1951, 251—267, versucht, zu einzelnen Epochen etwas differenzierter sechs verschiedene Antworten auf das Problem des Todes herauszuarbeiten; *G.Schmid*, Einstellungen zu Tod und Unsterblichkeit in den westlichen Industriegesellschaften: Stichwort: Tod. Eine Anfrage, hg. v. Rabanus-Maurus-Akademie, Frankfurt 1979, 37—56; *W.Schulz*, Wandlungen der Einstellung zum Tod: *J.Schwartländer (Hg.)*, Der Mensch und sein Tod, Göttingen 1976, 94—107.
[3] Vgl. *v.Balthasar*, Der Tod im heutigen Denken 293.
[4] *Peters*, Der Tod 32

Die ganze Stammesgemeinschaft stellt sich in ihren Kulten, Riten, Beschwörungen der Macht des Todes entgegen. Die Lebenskraft des Toten ist zwar gebrochen, dieser wirkt jedoch auf mysteriöse Art und Weise in der Gemeinschaft weiter. Das Totenreich ist ein Schattenreich. Die weitere Existenz bleibt ohne Hoffnung und Trost[5]. Durch die Herauslösung des Menschen aus der vorgegebenen Gemeinschaft fühlt er sich nicht mehr geborgen, sondern entfremdet vom eigentlichen Ursprung und unter das Geschick des Todes versklavt[6].

II. Erste Versuche, den Tod philosophisch zu denken

Ein zweiter Versuch »epochemachenden« Todesverständnisses setzt mit der Überwindung des Mythos durch die griechische Naturphilosophie ein und findet bei Sokrates und Plato einen ersten Höhepunkt[7]. Wesentliches wird jetzt erkannt: »Des Menschen Wesen ist Geist, und dieser ist so kostbar, daß er — der Grieche sieht das! — vom Tod nicht angefochten werden kann. Es ist nicht wahr, daß der Mensch stirbt. Der Mensch ist Geist, der Geist aber ist unsterblich; was stirbt, ist der Leib, der äußerlich, ›widerrechtlich‹ mit dem Geist verbunden worden ist, auf Grund eines ›Sündenfalls‹, einer Selbstentfremdung des Geistes, von der er (wenn er es richtig macht) durch den Tod wieder ledig werden kann«[8]. Gewiß, man hat schon in Indien gewußt, daß das Innerste, der geistige Kern ewig ist, aber dort hat man die menschliche Seele mit dem All gleichgesetzt. Bei den Griechen zeigt sich zum ersten Mal, daß ein »Selbst« als eine geistige Individualität ewig gesetzt wird[9]. Der Tod wird dementsprechend als Durchgang zur eigentlichen Existenz verstanden. Diese Auffassung hat dazu geführt, daß der Leib in seiner Bedeutung entwertet wurde, um die Seele zu retten.

Ein solches Verständnis des Todes beeinflußte denn auch das ganze abendländische Denken und die christlichen Todeseinstellungen. In der abendländischen Tradition werden sowohl diese vergängliche Welt als auch das sittlich

---

[5] Vgl. die Einflüsse dieser Vorstellungen für die Abwertung des Totenreiches im Alten Testament. »Zwar verbleiben ... die Toten unter Gottes hoheitlicher Gewalt, aber sie sind abgeschnitten von seiner Heilsmacht, von seinem Lobe, vom Leben unter seinem Gnadenantlitz« (*Peters*, Der Tod 33 f). Vgl. auch Ps 6,6; 30,10; 88,11 f.; 115,17; Jes 38,18 f.; Ijob 14,22.

[6] Vgl. *Peters*, Der Tod 34.

[7] Vgl. *N. Aberg*, Antike Todesauffassung: Maurus 21 (1929) 13–25; *E. Hoffmann*, Leben und Tod in der stoischen Philosophie, Heidelberg 1946; *J. Leipolt*, Der Tod bei den Griechen und Juden, Leipzig 1942.

[8] *v. Balthasar*, Der Tod im heutigen Denken 294.

[9] Vgl. ebd.

verantwortliche Leben des einzelnen vom Gesichtspunkt des »wahren Lebens« her gesehen. Der Tod wird somit positiv gewertet als die Durchgangspforte zur wahren Existenz[10].

Im Mittelalter etwa verstand der Mensch das Leben und den Tod weniger von der Welt als vielmehr von Gott her. Gott ist der Herr über Leben und Tod. Kriege, Seuchen und Tod werden als Diener Gottes verstanden[11].

Erst im späteren Mittelalter zeichnet sich nach und nach ein Wandel ab. So ergibt sich der Ackermann von Böhmen nicht einfach mehr dem Tod, sondern ringt mit ihm. »In der Wandlungsgeschichte des Todesgedankens und des Todesbegriffes bildet das Gedicht einen tiefen Einschnitt, und hier vielleicht noch mehr als auf anderen Gebieten enthüllt sich das unerhört Neue und Überwältigende, Staunenswürdige dieses kleinen Dialogs; es ist die erste Gestaltung des Todesgedankens aus neuzeitlichem Geist heraus, wie es die Totentänze aus mittelalterlichem sind; mehr noch und über dies hinaus: es ist überhaupt die erste *künstlerische* Formung des Todesgedankens in der deutschen Geistesgeschichte«[12]. Deutlich weist auch Martin Luther auf die Vereinzelung im Tod hin, wenn er von der Unvertretbarkeit des Todes spricht[13].

In beiden Zeugnissen meldet sich das selbstbewußte Subjekt. Der Tod wird nicht mehr nur als ein individuell hinzunehmendes Schicksal verstanden, sondern der Mensch kann und will sich zu ihm verhalten.

Seit der Aufklärung löst sich die Lehre vom unsterblichen Geist sowohl aus jenem theozentrischen als auch aus dem »eschatologisch-christologischen Koordinatengefüge«[14] heraus. Der Tod wird als ein natürliches Phänomen verstanden. »Der Mensch gerät nun in den Konflikt: einerseits den Tod als

---

[10] Vgl. *Peters,* Der Tod 38.
[11] Ein Volkslied drückt das naiv aus:
»Es ist ein Schnitter, heißt der Tod,
hat Gwalt vom höchsten Gott.
Heut wetzt er das Messer,
es schneid't schon viel besser,
bald wird es drein schneiden,
wir müssen's nur leiden.
Hüt dich, schön Blümelein!«
(zitiert nach *Müller-Schwefe,* Der Mensch 133).
[12] *W.Rehm,* Der Todesgedanke in der deutschen Dichtung vom Mittelalter bis zur Romantik, Darmstadt ²1967, 116f; *Ders.,* Zur Gestaltung des Todesgedankens bei Petrarca und Johann von Saaz: *E.Schwarz,* Der Ackermann von Böhmen des Johannes von Tepl und seiner Zeit, Darmstadt 1968, 31—59. Vgl. auch *Johannes Saaz,* Der Ackermann von Böhmen, hg. v. *G.Jungbluth,* Heidelberg 1969.
[13] Vgl. *Martin Luther* zu Beginn seiner Invocavitpredigten März 1522 (WA 10, 3, 1).
[14] *Peters,* Der Tod 38.

natürlich zu nehmen, andererseits doch durch das Christentum — aber auch schon durch Plato im Sinne der Unsterblichkeit des Geistes — auf Ewigkeit, d. h. Leben ohne Tod angesprochen zu sein«[15]. Mit der Hereinnahme des Todes in das Leben beginnt eine Entwicklung, die erst in unserem Jahrhundert zu ihrem Ziel gekommen ist. In der Zwischenzeit gibt es verschiedene Lösungsversuche, die sich aber abnutzen: Rationalismus und Naturalismus versuchen den Tod zu »versachlichen«. Für den Idealismus wirkt er als Widerspruch zum Leben tragisch; nur in einer höheren Synthese erfolgt eine Versöhnung. Die Romantik sieht Leben und Tod in ein größeres Ganzes eingebettet.

III. Die existentiale Verstehensweise des Todes

Die existentiale Periode des Todesverständnisses schließlich bahnt sich — wie wir bereits gesehen haben — in dem Moment an, als der Mensch beginnt, »aus der ihn umgebenden und überragenden ›Schale‹ des Kosmos hervorzutreten«[16]. Der Mensch wird nicht mehr — wie bei Plato — als ein aus verschiedenen Teilen Zusammengesetzter verstanden, sondern vielmehr als Einheit. Das moderne Denken versucht eine dualistische Aufspaltung des Menschen zu vermeiden. Der ganze Mensch muß im Angesicht seines Todes leben. »Hier wird der Tod nicht wie von außen gesehen, hier wird auch das menschliche Selbst, welches dem Sterben ausgesetzt ist, nicht mehr quasi dinghaft als eine unzerstörbare Seele fixiert, hier werden die Verstorbenen nicht mehr metaphysisch an quasi räumlichen Standorten festgenagelt; vielmehr konzentriert sich alles auf das Hineinragen des Todes in die Struktur unseres Daseins«[17]. So wird der Tod zum Existential, zur inneren Bestimmung der Existenzstruktur des Menschen[18]. »Der Tod ist nicht nur das Ende des Lebens, wie die Spitze das Ende eines Stockes ist; er ist in jedem Lebensaugenblick enthalten«[19]. Eine große Spannung muß ausgehalten werden: der Mensch als das höchste Wesen, das die Welt beherrscht, lebt angesichts des Todes. In diesem Verständnis des Todes ist eine Verbindung zu demjenigen des Alten Testamentes unverkennbar, denn auch der alttestamentliche Mensch bleibt lange Zeit beim Tod stehen und versucht, ihn in seiner schmerzlichen Unbegreiflichkeit zu denken und zu bestehen.

---

[15] *Müller-Schwefe,* Der Mensch 134.
[16] *v.Balthasar,* Der Tod im heutigen Denken 295.
[17] *Peters,* Der Tod 39.
[18] Vgl. *M.Heidegger,* Sein und Zeit, Tübingen ¹¹1967, 231—267.
[19] *Müller-Schwefe,* Der Mensch 135.

IV. Mögliche zukünftige Entwicklungen des Todesverständnisses

Wenn heute vom Tod gesprochen oder über ihn nachgedacht wird, muß dies zunächst auf dieser existentialen Ebene geschehen.

Es zeigen sich aber auch neue Ansätze, die in ganz andere Richtungen eines Todesverständnisses weisen als jedes bisherige Denken über den Tod.

Im folgenden sollen kurz einige wenige, vor allem in jüngster Zeit entworfene Gedanken skizziert werden.

1. Der biologische Tod

Die These vom biologischen Tod betont als Gegenposition zur traditionellen Vorstellung der Unsterblichkeitslehren, daß der Tod das absolute Ende sei[20].

Grundlage für eine solche, auch philosophisch verstandene Vorstellung ist eine rein biologische Orientierung, was Leben und Tod angeht. Es gilt wohl, die Tatsache der menschlichen und natürlichen Vergänglichkeit anzuerkennen. Der Mensch aber darf nicht einseitig nur als ein naturhaftes Wesen verstanden werden, da er sich zu seinem Tod verhalten kann und sich dadurch aus dem rein Naturhaften heraushebt. Es stellt sich die Frage: Warum soll — wenn doch zugegeben wird, daß der Mensch das rein Biologische übersteigt —, ausgerechnet sein Ende, sein Tod, als etwas ausschließlich Biologisches verstanden werden?[21]

2. Der katastrophische Tod

Der Tod ist eine Katastrophe, durch die ein Lebewesen, das eine Zeit lang gelebt hat, für alle Zukunft zu leben aufhört. Der Tod vernichtet irgendwann jedes Lebewesen ohne einen Ausblick auf ein ewiges Leben[22]. Dieser katastrophische Tod kann noch verschärft in den Blick kommen, wenn er als anonyme Macht den Menschen betrifft[23]. Heute zeigt sich diese typische »Todeserfahrung« als Mord, Verbrechen, als Vernichtung von Völkern oder als Unfall auf der Straße und am Arbeitsplatz. Ein solcher Tod verliert sein Gesicht.

Bei dieser Position, die vor allem von W. Kamlah[24] vertreten wird, fehlt

---

[20] Vgl. *Schulz*, Wandlungen 94. 100.
[21] Vgl. *G.Scherer*, Das Problem des Todes in der Philosophie, Darmstadt 1979, 31 f.
[22] Vgl. ebd.
[23] Vgl. *F.Ulrich*, Leben in der Einheit von Leben und Tod, Frankfurt 1973, 26 f; *Müller-Schwefe*, Der Mensch 138; *J.Hofmeier*, Die heutige Erfahrung des Sterbens: Conc(D) 10 (1974) 238—240.
[24] *W.Kamlah*, Meditatio Mortis, Stuttgart 1977, 12 f.

freilich eine entscheidende Dimension im Verständnis des Menschen: die personale und dialogische Dimension.

3. Der »natürliche« Tod

Die Diskussion um Euthanasie, um Suizid, um Sterbebeistand, um ethische Probleme in diesen Bereichen führen viele Menschen zur Vorstellung vom »natürlichen« Tod[25], verstanden als jener Tod, der dem alternden menschlichen Leben ein selbstverständliches Ende setzt. Er ist das natürliche biologische Ende des Menschen, ein »friedliches, gewaltloses Verlöschen«[26]. Es sollen denn auch nach dieser These gesellschaftliche Umstände hergestellt werden, damit es keinen gewaltsamen Tod für den Menschen mehr gibt, sondern der Tod aus natürlicher Ursache erfolgt[27].

Diese Tendenz im Denken über den Tod ist zunächst eine phantastische, aber bei genauerem Hinsehen auch eine Illusion, die zu einem Verhalten dem Tod gegenüber leiten kann, die dem Verdrängen des Todes nahe kommt.

Zusammenfassend ist zu solchen heute durchaus in der Luft liegenden Verständnisweisen des Todes zu sagen, »daß der Mensch um seinen Tod weiß und sich zu ihm verhalten muß, so daß der Tod allein dadurch nicht mehr als ein bloß biologisches Geschehen verstanden werden kann, so sehr er natürlich immer auch biologisch bedingt ist«[28].

Die vielseitigen Verständnisweisen vom Tod haben sich im Lauf der Zeit geändert und werden sich wohl auch in Zukunft noch ändern. Der kurze Überblick hat gezeigt, daß das Todesverständnis eine Geschichte hat, und daß der Tod in stets wandelbaren Gesichtern auftreten kann[29]. Eine Wurzel dieser Geschichte liegt sicher in der Undurchschaubarkeit des Todes[30].

---

[25] Vgl. *Fuchs,* Todesbilder 63—84.
[26] Ebd. 76.
[27] Vgl. ebd. 71.
[28] *Scherer,* Das Problem des Todes 41.
[29] Vgl. *G.Hennemann,* Der Tod in der Philosophie der Neuzeit: Univ. 3 (1948) 285—296; *N.Smart,* Der Tod in der Philosophie: *A.Toynbee (Hg.),* Vor der Linie. Der moderne Mensch und der Tod, Frankfurt 1970, 28—43; *Ders.,* Kritische Anmerkungen zum neueren christlichen Denken über den Tod: Ebd. 181—190; *Ders.,* Der Tod und der Rückgang des Glaubens in der westlichen Gesellschaft: Ebd. 191—200; *Ders.,* Traditionelle Einstellungen zum Tod: Ebd. 75—124; *Ders.,* Wandlungen des Verhältnisses zum Tod in der heutigen westlichen Welt: Ebd. 167—182.
[30] Vgl. *R.Leuenberger,* Der Tod. Schicksal und Aufgabe, Zürich 1971, 9; vgl. auch *G.Siefer,* Sterben und Tod im Bewußtsein der Gegenwart: HerKorr 27 (1973) 581—586; *Hofmeier,* Die heutige Erfahrung des Sterbens 235—240.

B. Die Problematik des Redens vom Tod

Auf diesem Hintergrund stellt sich die Frage neu: Wie können wir heute als Menschen vom Tod reden? Dabei stellen sich Fragen über Fragen. Es soll deshalb ein tastender Weg zu heutigem Sprechen vom Tod versucht werden, ein Weg, der von menschlichen Erfahrungen ausgeht.

I. Erfahrungen

Vor wenigen Jahren stand ich am Grab eines 19jährigen Leiters unserer Pfadfinder, der beim Spiel durch Stromschlag verbrannte. Mit ihm verbanden mich etwa sechs Jahre intensive Zusammenarbeit, und daraus erwuchs eine tiefe Beziehung zu ihm. In unzähligen Gesprächen habe ich mit ihm zusammen an seiner Persönlichkeit gearbeitet. Er war ein junger Mensch mit ungeheuer viel Lebendigkeit und Lebensfreude. Wir alle hatten ihn gern. Und jetzt? Unerwartet, plötzlich, von einer Minute zur anderen, ist er nicht mehr bei uns. Und dabei muß jeder sagen: Das hätte nicht sein müssen. Fassungslos, restlos gelähmt, im Tiefsten des Herzens getroffen, standen wir an seinem Grab. Wozu? Warum? waren die einzigen Fragen, die alle beschäftigten.

Nur wenige Tage danach stand ich wieder am Grab eines Menschen. Die Situation war eine völlig andere. Diesmal begleitete ich einen 85jährigen, sehr liebenswürdigen und gelassenen Mann zu Grab. Ich habe ihn in den letzten Monaten seines Lebens oft besucht, und wir haben dabei offen über sein Sterben und seinen nahestehenden Tod gesprochen. Er durfte auf ein farbiges, gelungenes, und damit auch zufriedenes Leben zurückblicken. »Jetzt«, sagte er, »fehlt nur noch das Sterben zu meinem Leben. Dann ist mein Leben erfüllt. Wissen Sie, ich hätte noch gerne gelebt, aber ich sterbe auch gerne.« Wieder stand ich zutiefst getroffen am Grab, freilich anders diesmal. Es konnte sich in die Trauer hinein etwas Freude vermischen.

Zwei Erfahrungen, Erfahrungen, wie sie wahrscheinlich jeder Mensch machen kann. Erfahrungen, die den Menschen zum Nachdenken bringen, zum Nachdenken über das Woher und Wohin des Lebens, über den Sinn des Lebens, über das Leben selbst, über den Tod. Und zuweilen, in stillen Stunden, fängt jeder Mensch an, über Leben und Tod zu philosophieren, spürt jeder, daß der Tod das Denken und gelegentlich noch mehr das Glauben herausfordert. In solchen Erfahrungen spürt der Mensch vielleicht, wie sehr Leben und Tod einander zugeordnete Wirklichkeiten des menschlichen Daseins sind. Wen wundert es dann, daß aus einer Zuordnung Fragen wachsen: Was ist der Tod? Ist er die Trennung von Leib und Seele? Bedeutet der Tod das

Ende der Lebenskurve, das Ende der persönlichen Identität? Ist der Tod das letzte Ende, oder gibt es eine Hoffnung? Wie verhalten sich Menschen zum Tod? Sollen sie ihn verdrängen? Ist der Tod ein Übel oder gar eine Befreiung des Menschen? Ist er absolute Absurdität oder gar Vollendung? Welchen Sinn hat der Tod?

Die Frage nach dem Tod ist nun einmal eine Frage, die der Mensch stellt, bewußter oder unbewußter.

So fragt ein Kind nach dem Tod, wenn es seine Katze verliert. So fragt ein junger, mitten im Leben stehender Mensch, warum mußte ein Mitarbeiter oder Freund so früh sterben? So fragt ein alter Mann nach dem Sinn seines Sterbens und Todes. So fragt der Arzt nach dem Sinn des Todes, wenn er mit seiner Kunst am Ende ist. Und selbst Theologen und Philosophen tun sich mit dieser Frage nach dem Tod schwer, auch wenn sie versuchen, stammelnd Antworten zu buchstabieren.

Diese Erfahrungen zeigen, der Mensch weiß um seine Sterblichkeit, um seinen Tod, und dieses Wissen um den eigenen Tod macht ihn gerade zum Menschen. Der Mensch kann gar nicht leben, ohne die Gewißheit bewußt oder unbewußt in sich mitzutragen: Ich muß sterben, ich bin ein sterblicher Mensch. »Was wir tun und unterlassen, welche Ziele wir uns setzen, was wir für wertvoll oder nichtig halten, mit welcher Intensität wir leben, das alles hängt immer auch davon ab, wie wir uns selbst angesichts des sicher bevorstehenden Todes verstehen«[31]. Eines geht aus solchen Erfahrungen hervor: der Tod bestimmt unser Leben, der Tod bestimmt das menschliche Denken und das menschliche Glauben. Und deshalb kann und darf keine Philosophie und keine Theologie den Tod als Frage an den Menschen und auch als Frage an sich selbst ausklammern.

II. Schwierigkeiten, über den Tod etwas auszusagen

Philosophie und Theologie sollen verantwortet etwas über den Tod aussagen. Dies ist allerdings eine Forderung, die rasch gestellt ist, aber nur schwerlich eingelöst werden kann, denn es ergibt sich die Frage, wie der Mensch etwas über den Tod auszusagen vermag, da doch kein Mensch, der den Tod bestanden hat, danach etwas über diese letzte Erfahrung aussagen kann[32]. Dem reflektierenden Vordringen zum Phänomen »Tod« stellen sich wiederum viele Fragen. Wie kann über etwas eine Aussage gemacht werden,

---

[31] *Scherer,* Das Problem 2.
[32] Zu diesen Überlegungen vgl. *J. Manser,* Der Tod des Menschen. Zur Deutung des Todes in der gegenwärtigen Philosophie und Theologie, Bern 1977, 103 ff.

das niemand von den Lebenden erfahren hat? Ist der Tod nicht ein Phänomen, das man nicht vorzeigen kann? Kann der Mensch überhaupt ernsthaft über den Tod reden? Zeigt sich angesichts des Todes nicht eine ungeheure menschliche Unbeholfenheit, wie sonst bei keinem anderen Geheimnis des Lebens? »Wer vom Tod verbindlich und gewissenhaft reden will, muß ihn kennen«, sagt E. Jüngel[33]. Wird der Mensch aber den Tod jemals kennen können? Stehen wir nicht letztlich vor der traurigen Bilanz, viele Fragen und keine Antworten vor uns zu haben? Der Mensch scheint vor einem hoffnungslosen Versuch zu stehen, der von vornherein zum Scheitern verurteilt ist. Vorstellungen vom Tod als Knochenmann, als Sensenmann, als Parze, die den Lebensfaden abschneidet, sind Bilder, die heute weitgehend nicht mehr als Beschreibungen des Todes angenommen werden, schon gar nicht als philosophische. So muß festgestellt werden: »Was die Philosophie über den Tod aussagen kann, erscheint als geringfügig gegenüber den reichhaltigen, blühenden, beseligenden und angsterweckenden Schilderungen, welche der Mythos vom Totenland gibt«[34].

Eines zeigt sich: Der Tod kann nicht befragt werden. Kann aber das Leben über den Tod Auskunft geben? Diese Frage mag paradox klingen, und doch dürfen wir sie vorsichtig bejahen. Besonders M. Heidegger hat in »Sein und Zeit« auf Augustinus[35] und auf mehrere philosophische Gedankengänge vor ihm (S. Kierkegaard, G. Simmel, M. Scheler) zurückgreifend, versucht, den Tod als Grundbestimmung des lebendigen Daseins zu deuten. Damit ist aber Wesentliches ausgesagt. Der Tod wurde in die Struktur des Lebens als ein Existential hineingenommen und gibt uns dadurch die Möglichkeit, das Leben über den Tod zu befragen. Es folgt eine erste Erkenntnis aus diesen Überlegungen: den Tod nur im Horizont des menschlichen Lebens verstehen zu können und zwar als das, was er ist. Nur solange sich der Mensch zu seinem Leben verhält, verhält er sich auch zu seinem Tod. Damit ist erst gesagt: *daß* der Tod ist. *Was* dieser Tod ist, das wird sehr viel schwieriger zu beantworten sein. Eines läßt sich jedoch mit Jüngel sagen, daß »jetzt die Frage nach dem Was des Todes als eine sinnvolle Frage«[36] angesehen werden kann.

So soll denn nun versucht werden, zu dem, was das Daß des Todes über ein Was aussagen kann, einen Weg zu finden.

---

[33] *E. Jüngel*, Tod, (Themen der Theologie 8), Stuttgart 1971, 17.
[34] *E. Fink*, Tod und Metaphysik, Stuttgart 1969, 57.
[35] Vgl. *Augustinus*, Die Gottesbürgerschaft [De Civitate Dei] XIII, 9—12, hg. v. *H.U. v. Balthasar*, Frankfurt 1960.
[36] *Jüngel*, Tod 25.

Wenn Philosophie nicht nur ein Entwerfen einfallsreicher Gedankenkonstruktionen, ein Weiterdenken von Erkenntnissen, Fragestellungen und Voraussetzungen der Wissenschaften, nicht nur ein Reflektieren von Gedanken und Thesen anderer Philosophen, sondern auch ein Nachdenken und Nachfragen großer Denker ist, die in ihrem Fragen und Denken ganz von bestimmten Grunderfahrungen geleitet wurden, so ergibt sich auch für die Erhellung der Grunderfahrung des menschlichen Todes die gleiche Forderung, nämlich über das eigene Vorverständnis hinauszudringen und nach den je eigenen, hinter solchen Fragen stehenden Erfahrungen zu fragen. Eine philosophische Erörterung des Menschentodes kann darum nirgendwo anders ansetzen, als bei ursprünglicher Erfahrung des Todes. Versucht werden soll deshalb die Besinnung auf solch ursprüngliche Erfahrungen des Todes, um sich ihnen denkend zu stellen. Ursprüngliche Erfahrungen — und das gilt auch von ursprünglichen Erfahrungen des Todes — zeigen sich nie an der Oberfläche des Lebens, sondern es muß tiefer gefragt werden. Es muß von vielen vordergründigen und uneigentlichen Erfahrungen abgesehen werden. Alltäglich gemachte Erfahrungen müssen hinterfragt werden, um zu ursprünglicher Erfahrung vorzustoßen, um so dem Phänomen »Tod« etwas näher zu kommen.

C. Wege philosophischen Denkens, dem Tod näher zu kommen

Ein Blick in die Philosophie unseres Jahrhunderts läßt drei verschiedene Wege erkennen, wie sich der Mensch zu ursprünglicher Todeserfahrung vortastet und versucht, den Tod in seiner Rätselhaftigkeit etwas zu erhellen. Einige Philosophen versuchen aufzuzeigen, daß der Mensch in seinem je eigenen Leben als einem Sein-zum-Tod schon etwas wie eine ursprüngliche Erfahrung des Todes machen kann, während andere in der Erfahrung des Todes eines geliebten Mitmenschen Ansätze zu solch ursprünglicher Todeserfahrung gegeben sehen. Schließlich meint in jüngster Zeit H. Ebeling, daß heute gar nicht mehr der individuelle Tod, weder der meine, noch der deine, zum Ort ursprünglicher Todeserfahrung werden kann, sondern der jeder Zeit mögliche kollektive Katastrophentod, der vom Menschen für Menschen hergestellt wird.

Wenn im folgenden einige leitende Gedanken und Entwürfe vorgestellt werden sollen, dann kann dies nur mit sehr starken Vereinfachungen der Gedanken geschehen, da die Gedanken zum Tod meist nur im Zusammenhang mit dem Gesamtwerk eines Philosophen differenziert zu verstehen sind. Sollen leitende Gedanken zum Sprechen kommen, müssen hochdifferenzierte und teilweise sehr abstrakte Gedanken beinahe unverantwortlich vereinfacht und verkürzt und somit, Mißverständnisse erweckend, wiedergegeben werden. Dies zu wagen aber ist notwendig, sollen die Verständlichkeit und der Überblick leitend sein.

I. Die Erfahrung des je eigenen Todes als ursprüngliche Erfahrung des Todes

Eine ganze Reihe von Philosophen versucht den Tod nicht als ein ungewisses, irgendwann einmal kommendes Ende des Lebens zu verstehen, sondern nimmt ihn als ein dauerndes Sein-zum-Ende in das ganze Leben hinein. Konkret heißt das: daß schon im Leben die Nichtigkeit des Todes erfahren wird, die in unserem Leben dauernd »in Schmerz, Krankheit, Alter, aber auch Verlust, Enttäuschung, Untreue, Scheitern, Abschied und allen Formen von Entzug, in jeder Entscheidung zwischen Möglichkeiten, sofern sie als Wahl zwischen diesen immer wesentlich ein Ab-schneiden und Ab-sterben von den nicht ergriffenen bedeutet; daß wir [ihr] › ins Auge sehen ‹ in unmittelbarer Todesgefahr, -furcht und -angst, aber auch in Sehnsucht und Streben nach Endgültigkeit, Erfülltheit, Dauer von Seligkeit und Glück — und auch im Genuß des flüchtig gewährten Augenblickglücks, dessen Köstlichkeit gerade in seiner Einmaligkeit und Unwiderbringlichkeit, weil Vergänglichkeit und Todgeweihtheit erfahren wird: Gipfelglück ist Abschiedsglück«[37]. Der Tod ist nicht ein einmaliges Ereignis, kein bloßes Zu-Ende-sein, das noch aussteht, aber bestimmt eintreten wird. Der Tod ist nach Auffassung dieser Philosophen vielmehr eine Weise, wie der Mensch zu sein hat. Er kann sich dem Tod gegenüber verhalten. So nimmt das menschliche Dasein den Tod auf sich, der ihn das ganze Leben hindurch wesentlich bestimmt. »In unserem endgültigen Hinscheiden wird nur manifest, was bereits unser ganzes Leben durchherrsche, aber nicht als Gedanke, sondern als reales, dem Leben immanentes Todesgeschehen«[38].

Wenn M. Heidegger diese Erfahrung des je eigenen Todes auch auf die berühmt gewordene Formel »Sein-zum-Ende« brachte, so war der Sache nach der Gedanke schon vor ihm bekannt. Er prägte in zunehmendem Maß das philosophische Denken unseres Jahrhunderts.

Einige Stationen dieses Denkens sollen kurz nachgezeichnet werden.

---

[37] *F. Wiplinger*, Der personal verstandene Tod. Todeserfahrung als Selbsterfahrung, Freiburg 1970, 28.
[38] *V. E. Freiherr v. Gebsattel*, Prolegomena einer medizinischen Anthropologie, Göttingen 1954, 397.

1. Sören Kierkegaard: Der Ernst des Todes

Für S. Kierkegaard[39] geht es dem Menschen darum, ein Selbst zu gewinnen. Dieses Selbst gewinnt er, »wenn er sich so zu sich selbst verhält, daß er sich als eine Synthese von Unendlichkeit und Endlichkeit, Zeitlichem und Ewigem, von Freiheit und Notwendigkeit realisiert«[40]. Dadurch bekommt das Verhältnis von Zeit und Ewigkeit, und wie der Mensch sich dazu verhält, eine ungemein starke Bedeutung. Der Tod kann dann nicht mehr etwas Äußeres und Allgemeines bleiben in dem Sinne »Alle Menschen müssen einmal sterben«, sondern verweist auf den Ernst, der im Inneren liegt. Der Ernst des Todes ist keine äußere Begebenheit, sondern das macht den Ernst des Todes aus, sich selbst mit dem Tod zusammen zu denken, seinen eigenen Tod zu denken. So formuliert er: »Sich selbst tot denken ist der Ernst, Zeuge sein bei eines anderen Tod ist Stimmung«[41]. Dann nämlich verliert der Tod den Charakter des Allgemeinen: Die Menschen müssen einmal sterben. Der Tod wird zu einem inneren Begleitmoment des Lebens. Das gedankliche Vorwegholen des Todes zeigt sehr deutlich, daß der Mensch, wenn er den Tod als sein eigenes Los und seine Bestimmung denkt, sagt, »daß er ist, und daß der Tod ist«[42]. Für Kierkegaard ist deshalb nicht der Tod, sondern der Gedanke an den Tod die Spitze des Ernstes. Dieser Gedanke an den Tod ist verbindlich, da wir uns zu uns verhalten und jederzeit mit dem Tod für uns rechnen, auch wenn die Ungewißheit bleibt, wann er mich trifft.

Das Leben hat selbst den Tod in sich. In einem trefflichen Bild sucht Kierkegaard seinen Gedanken zusammenzufassen: »Es dünkt mich, ich sei ein Galeerensklave, zusammengekettet mit dem Tod, wenn immer das Leben sich rührt, rasselt die Kette und der Tod läßt alles hinwelken — und das geschieht jede Minute«[43]. In solchem Vorlaufen in den eigenen Tod, in seinen Tod, das durch die Unbestimmtheit des Wann stets wachgehalten wird, gewinnt der Mensch seine Gegenwart, ergreift er die Bedeutung des Hier und Jetzt. Jeder Tag soll deshalb gelebt werden, als wäre er der letzte. »Der im Ernst gedachte Gedanke an den Tod ermöglicht erst wahres, wirklich geleb-

---

[39] Vgl. *S. Kierkegaard*, An einem Grab: *Ders.*, Religiöse Reden, übersetzt von *Th. Haecker*, München 1950, 141—173; *Ders.*, Die Krankheit zum Tode. Eine christliche psychologische Erörterung zur Erbauung und Erweckung: *Ders.*, Gesammelte Werke 24. und 26. Abt., übersetzt von *E. Hirsch*, Düsseldorf 1954; *Ders.*, Der Liebe tun, eines Verstorbenen zu gedenken: *Ders.*, Gesammelte Werke 19. Abt., übersetzt von *H. Gerdes*, Düsseldorf 1966, 378—392.
[40] *Scherer*, Das Problem 49.
[41] *Kierkegaard*, An einem Grab 145.
[42] Ebd. 146.
[43] *S. Kierkegaard*, Tagebücher: *Ders.*, Gesammelte Werke, übersetzt von *H. Gerdes*, Düsseldorf 1962, 164.

tes und gerichtetes Leben«[44]. Mit diesem Gedanken dürfte Kierkegaard eine bedeutsame Grundlage für das existentiale Todesverständnis gegeben haben, das in der Folge verschiedene Akzentuierungen erfahren hat.

2. Max Scheler: Die intuitive Todesgewißheit

Für M. Scheler[45] gibt es eine intuitive Todesgewißheit, aus der heraus jeder Mensch, ohne sich auf äußere Erfahrung abzustützen, weiß, daß er sterblich ist, auch wenn er noch nie die Erfahrung eines Menschentodes gemacht hätte. Er nimmt an, daß das Leben ein Prozeß mit einer ganz bestimmten Richtung ist, und so ist auch der Tod im Wesen des Lebens als Prozeß mitgegeben. Die Struktur des Lebensprozesses, sowohl in seiner Ganzheit als auch in einer beliebigen Phase, enthält drei eigenartige Erstreckungen:
- unmittelbares Gegenwärtigsein,
- unmittelbares Vergangensein,
- unmittelbares Zukünftigsein.

Diesen Erstreckungen entsprechen drei Aktarten:
- unmittelbares Wahrnehmen,
- unmittelbares Erinnern,
- unmittelbares Erwarten.

Das Verhältnis der genannten Erstreckungen der Zeit verteilt sich mit dem objektiven Fortschreiten des Lebensprozesses in einer ganz bestimmten Richtung stets neu. Es findet also eine ständige Neuverteilung des Gesamtgehaltes statt. Die Menge des Erlebenkönnens verringert sich ständig, während die Menge des Vergangenheitsgehaltes stets wächst. Und gerade in diesem Erlebnis der bestimmten Richtung des Wechsels begegnet dem Menschen das Erlebnis der Todesrichtung. Der Umfang der Zukunftserstreckung ist im endgültigen Tod zu Null geworden. Der Tod am Ende des Lebens bringt nur das manifest vor Augen, was immer schon intuitiv gewiß war, was ihn immer schon mitbestimmte. Aus dieser Analyse der Lebensstruktur ergibt sich für uns folgendes: Das Wissen vom Tod kann nicht empirischer Bestandteil der äußeren Erfahrung sein, da der Tod zu jener Struktur gehört, in der allein jegliches Leben gegeben ist. Der Tod ist in seinem Wesen intuitiv erschaut und prinzipiell erschaubar an jeder gerade gegenwärtigen Verteilung des Gesamtgehaltes meines Lebensprozesses[46]. Mein Wissen vom eigenen Tod ist

---

[44] *M.Theunissen*, Der Begriff Ernst bei Sören Kierkegaard, Freiburg 1958, 144.
[45] *M.Scheler*, Tod und Fortleben: Ders., Schriften aus dem Nachlaß I, Bern ²1957, 9—64, bes. 13—27.
[46] Vgl. *E.Ströcker*, Der Tod im Denken Max Schelers: Der Mensch und die Künste (FS H.Lützeler zum 60. Geburtstag), Düsseldorf 1962, 74—87.

deshalb intuitives Wissen, entstammend der Wesenserfahrung meiner eigenen Wesensstruktur.

Es läßt sich aber Scheler gegenüber fragen, ob die Erfahrung der dauernden Neuverteilung des Gesamtgehaltes zugunsten des Vergangenheitsgehaltes wirklich zum Wissen um den Tod führen kann, wenn wir nicht doch aus der allgemeinen Erfahrung um den Tod anderer wüßten. »Wüßten wir nicht, daß wir sterben müßten, wüßten wir auch nicht, daß der ›Vorrat‹ erlebbarer Zeit, in der wir noch unsere Möglichkeiten ergreifen können, immer geringer wird«[47].

Das Problematische und das Widersprüchliche am Tod wird leicht überspielt, wenn seine evidente Gewißheit so stark betont wird. Auch das konkrete »Verhalten-zu« und »Begegnen-mit« dem Tod müßte stärker berücksichtigt werden. Wird hier vom Tod nicht zu abstrakt gesprochen? Durchaus zeigt sich auch etwas Problematisches, wenn in seinem Gedankengang Altern und Sterben doch sehr in die Nähe gerückt werden. Während Altern eher ein biologisches Faktum ist, so ist Sterben doch ein spezifisch menschliches Ereignis.

Die bleibende Bedeutung Schelers Todesanalyse liegt wohl im Hinweis auf die Todesrichtung unseres Lebens, die zu den Strukturen der menschlichen Existenz gehört.

3. Martin Heidegger: Das Sein-zum-Ende

M. Heidegger[48] hat für den Tod die bekannte Formulierung geprägt: »Sein-zum-Ende«. Er hat das Vorlaufen in den Tod aus der »Sorge« gedacht. In der »Sorge« geht es dem Dasein in seinem Sein immer um dieses Sein in seiner Ganzheit. Dem Dasein (das ist der existentialontologisch gedachte Begriff für den Menschen) geht es immer darum, sich selber bis zu seinem Ende zu seinem Seinkönnen zu verhalten. In diesem Verhältnis fehlt immer noch etwas, denn im Wesen der Grundverfassung des Daseins liegt eine ständige Unabgeschlossenheit. Es steht immer noch etwas bevor. Solange wir

---

[47] *Scherer,* Das Problem 46.
[48] *Heidegger,* Sein und Zeit, bes. 235—267. Zur Auseinandersetzung mit Heideggers Todesverständnis vergleiche: *Choron,* Der Tod im abendländischen Denken 239—249; *J. M. Demske,* Sein, Mensch und Tod. Das Todesproblem bei Martin Heidegger, Freiburg 1963; *F.W.von Hermann,* Die Selbstinterpretation Martin Heideggers, Meisenheim 1964; *K.Lehmann,* Der Tod bei Heidegger und Jaspers, Heidelberg 1938; *K.Lehmann,* Vom Ursprung und Sinn der Seinsfrage im Denken Martin Heideggers. Versuch einer Ortsbestimmung LXVIII, (Diss. phil.) Rom 1962; *v. Rintelen,* Philosophie der Endlichkeit; *A.Sternberger,* Der verstandene Tod. Eine Untersuchung zu Martin Heideggers Existenzialontologie, Leipzig 1934; *J.Wach,* Das Problem des Todes in der Philosophie unserer Zeit, (PhG 49), Tübingen 1934.

sind, haben wir unsere Ganzheit nie erreicht. Es besteht ein Ausstand an Sein-können. Solcher Seins-Ausstand bestimmt uns bis zum Ende. Erst wenn der Tod uns erreicht, haben wir nichts mehr vor uns, haben wir das In-der-Welt-sein verloren. Der Gewinn der Ganzheit wird also zum Verlust des In-der-Welt-seins. Im Tod des anderen, meint Heidegger, wird diese Ganzheit des Daseins nicht erfahrbar. Jeder muß deshalb seinen eigenen Tod selbst sterben. Der Tod ist stets der jemeinige und nie der Tod des anderen. Heidegger versucht das Ganz-sein des Daseins vom Tod her zu verstehen, indem er die besondere Weise des »Endens« untersucht. Dieses »Enden« ist nicht Aufhören, ist nicht ein Fertigwerden, auch nicht Vollendung. Das Dasein ist aber ständig, solange es ist, immer schon Noch-nicht. Es existiert immer im Vor-sich-weg. »Ist es aber als Dasein immer ein Noch-nicht, dann ist es › auch schon immer sein Ende ‹. Daher bedeutet das › mit dem Tod gemeinte Enden ... kein Zu-Ende-Sein des Daseins, sondern ein Sein zum Ende dieses Seienden ‹«[49]. Der Tod ist also eine Weise, zu sein, die das Dasein übernimmt, sobald es ist, und so kann sich der Mensch zu seinem eigenen Tod verhalten. Das Jetzt der Gegenwart ist als ein Hineingehaltensein in den Tod verstanden. »Ist der Tod ein Seinkönnen, ja sogar das eigenste Seinkönnen, so ist er eine Möglichkeit der Existenz, d. h. eine Weise des Sichverhaltens, des Sichergreifens, des Selbstseins. In dieser Möglichkeit ist der Mensch ganz › auf sein eigenstes Seinkönnen verwiesen ‹. Er fällt darin ganz auf sich selbst zurück, so daß › alle Bezüge zu anderem Dasein sowie alles Besorgen des Zuhandenen ‹ gelöst sind. Außerdem vermag keine andere Möglichkeit die des Todes zu überholen. Sie ist daher zugleich die äußerste. › So enthüllt sich der Tod als die eigenste, unbezügliche, unüberholbare Möglichkeit. Als solche ist er ein ausgezeichneter Bevorstand ‹«[50].

So läßt sich der Tod als ein »Bevorstand« bezeichnen, ein ausgezeichneter Bevorstand sogar, weil in ihm das Dasein selbst in seinem eigensten Seinkönnen bevorsteht. Und im Vorlaufen in die eigenste, unbezügliche und unüberholbare Möglichkeit des Todes gelangt das Dasein zur Todesgewißheit.

Solch aufgezeigte Todeserfahrung am je eigenen Tod vermag einige Momente einer ursprünglichen Todeserfahrung aufzuzeigen: Unausweichlichkeit, Unüberholbarkeit, Einsamkeit, Betroffenheit. Es zeigen sich also Momente am Tod, die sich beschreiben lassen, die es ermöglichen, wenigstens etwas über den Tod auszusagen. Vielleicht mag das der Grund sein, daß in den heutigen philosophischen Versuchen über den Tod dieser erste Weg mit einer gewissen Selbstverständlichkeit beschritten wird.

---

[49] *Scherer,* Das Problem 53 f.
[50] Ebd. 55.

Heideggers Todesanalyse kommt eine große Bedeutung für das heutige Denken über den Tod zu. Wie kaum jemand zuvor vermag er das Spezifische am menschlichen Tod herauszustreichen. Der Mensch allein ist im Gegensatz zu allen anderen Lebewesen fähig und entschlossen, sich nichts mehr vorzumachen, das alltägliche »man stirbt auch einmal« zu hinterfragen und dem Ernst des Todes bewußt ins Auge zu sehen. Der Mensch allein weiß um seine Sterblichkeit als eine existentiale Bestimmung, kann sich zu ihr verhalten, und sie läßt sein ganzes Leben zu einem Sterben werden, zu einem Sterben im Sinn eines »Seins-zum-Tod«. Es gilt aber, deutlich zu sehen, daß Heidegger mit seiner Todesanalyse kein anthropologisches Interesse verfolgt. Diese steht im Horizont seiner universalen Seinsfrage. Das mag auch die Abstraktheit der Analyse begründen und läßt einen solchen Entwurf von seinem hypothetischen und experimentierenden Charakter her in seiner Einseitigkeit verstehen[51]. Doch besteht in einem solchen Entwurf, der das Ganzseinkönnen des Daseins ontologisch aufzuweisen versucht, leicht die Gefahr einer ungeschichtlichen Sicht des Todes. Zeigt sich der Tod nicht eher als eine einmalige Konstruktion, wenn die vorangehenden, konkreten Möglichkeiten in ihrer Bedeutung entwertet werden?

Oder es stellt sich die Frage: Wie komme ich überhaupt zu einer solchen vorlaufenden Entschlossenheit, mir jetzt schon das Äußerste des Daseins vorgeben zu lassen? Der Mensch ist aber doch wohl in seinem Alltag überfordert oder gar völlig unfähig, immerwährend in einem solchen Vorlaufen zu leben. Ein solches Vorlaufen in den Tod kann nur in ganz wenigen, großen Stunden gelingen.

Heideggers Konzeption von der dauernden Gegenwart des Todes im menschlichen Dasein mag zu wenig den abschließenden und konkreten Tod unserer persönlichen End-Zeit berücksichtigen. »Man kann geradezu von einer Depotenzierung des eigentlichen Todes sprechen«[52]. Wird in seiner Todesanalyse wirklich der Tod analysiert?[53] »Tod« und »Ende« haben in dieser Analyse wohl nicht mehr viel zu tun mit einem Todesbegriff, den der unbefangene Leser mitbringt[54].

---

[51] Es kann sich hier in keinster Weise um eine Auseinandersetzung mit dem Todesverständnis Heideggers handeln. Eine Kritik müßte vom Gesamtentwurf von »Sein und Zeit« ausgehen und bedürfte deshalb weit differenzierterer Untersuchungen, als das hier zu leisten ist. Vergleiche dazu die vielen kritischen Fragen, die Lehmann an die Todesanalyse stellt, und zwar von seiner ins Detail gehenden Arbeit her (*Lehmann*, Vom Ursprung und Sinn der Seinsfrage 671—681).
[52] *Freiherr von Gebsattel,* Prolegomena 402.
[53] Vgl. ebd. 674.
[54] Es stellt sich die Frage: Wird der Tod nicht durch die völlige Ontologisierung verharmlost, so daß in diesem verstandenen Tod der fremde und unbezügliche Charakter des Todes eingebüßt

Doch mag man auch sehen, daß ein Denken, das sich in solcher Weise vom herkömmlichen Todesverständnis unterscheidet, seine neue Begrifflichkeit, die notgedrungen teilweise noch undifferenziert oder zweideutig verbleibt, erst schaffen muß, und das vermindert in keiner Weise die ungeheure Bedeutung dieser Todesanalyse für unser Denken — auch wenn sie nicht überbewertet werden darf. Der Tod ist, so darf man sagen, durch diese Gedanken in einer Weise ernst und gewichtig geworden, daß er nicht mehr so leicht übersprungen werden kann.

II. Der Tod des Menschen als Ort ursprünglicher Todeserfahrung

Es gibt nur wenige philosophische Versuche, dem Phänomen des Todes sich anzunähern, die den Weg der Erfahrungen des Todes des Mitmenschen beschritten haben. Sie fragen, ob nicht in einem eigentlichen Mit-sein der Tod ursprünglich erfahren werden könne, d. h. aus der personalen Liebe heraus. Der Tod eines geliebten Mitmenschen läßt im Menschen eine Welt zusammenbrechen, trifft ihn bis in sein Innerstes, in seinem Selbstsein, wirft ihn um oder verwandelt ihn grundsätzlich[55].

1. Gabriel Marcel: Der Tod des geliebten Mitmenschen

Wenn G. Marcel die Betroffenheit durch den Tod vom Tod des Mitmenschen, den wir lieben, her zu interpretieren versucht, so geschieht dies auf dem Hintergrund, daß sich sein Leben unter dem Zeichen des Todes des Nächsten entwickelt hat[56]. Ausgangspunkt ist für ihn die Erfahrung einer enthumanisierten Welt, einer Welt ohne Liebe, die für ihn eine Welt des Todes ist[57]. Je nach dem Maß der Beziehung zum geliebten Mitmenschen trifft der Tod. Je tiefer also ein Mensch einem Mitmenschen verbunden ist, um so tiefer in seiner Existenz trifft ihn dessen Tod. So formuliert er in ei-

---

wird? Eine Auseinandersetzung mit solchen von *Sternberger,* Der verstandene Tod 30—31. 66—67. 81. 85. 133, gestellten Fragen wagt *J.M.Demske,* Sein, Mensch und Tod 64—73, und beantwortet sie in den etwas differenzierteren Gedankengängen meist zugunsten Heideggers. Er kommt zu Heidegger gerechter werdenden Antworten, wobei er die Doppeldeutigkeit mancher Begriffe im Blick behalten kann.

[55] Vgl. *Wiplinger,* Der personal verstandene Tod 32. Zum ersten Mal findet sich dieser Gedanke — ziemlich unsystematisch dargestellt — in den Werken Marcels: *G.Marcel,* Geheimnis des Seins, Wien 1952, 464—486, bes. 475ff; *Ders.,* Gegenwart und Unsterblichkeit, Frankfurt 1961, 285—305, bes. 297f; *Ders.,* Tod und Unsterblichkeit: *Ders.,* Auf der Suche nach Wahrheit und Gerechtigkeit, Frankfurt 1964, 66—86, bes. 77ff. Vgl. des weiteren Hinweise in: *Ders.,* Tragische Weisheit zur gegenwärtigen Situation des Menschen, Wien 1974, 131—144.
[56] Vgl. *Marcel,* Gegenwart und Unsterblichkeit 287.
[57] Vgl. *Ders.,* Geheimnis des Seins 468.

nem Streitgespräch (mit Léon Brunschwicq): »Was zählt, ist weder mein Tod noch der Ihre, sondern der Tod dessen, den wir lieben«[58]. Der Tod wird also für Marcel zum tiefen Problem aus dem Konflikt von Liebe und Tod heraus. Der Tod eines anderen, den wir sehr lieben, kann uns so treffen, daß es zur Tragödie des Überlebenden kommen kann. Diese tritt ein, wenn wir beim Tod eines Menschen sagen müssen: Sein Tod ist mein Tod[59]. Diese Verbindung von Tod und Liebe prägt alles, was Marcel über den Tod aussagt: »Ist in mir eine unerschütterliche Gewißheit vorhanden, so die, daß eine Welt, die von der Liebe verlassen ist, im Tod«[60] versinkt. So sind die einzig wirklich Toten nur die, die wir nicht lieben.

2. Fridolin Wiplinger: Das Mit-sein als Fundament ursprünglicher Todeserfahrung

Diesen in seinem Werk nirgends systematisch abgehandelten Gedanken Marcels, daß der Tod zunächst und zutiefst im Tod eines Menschen, den wir lieben, erfahren wird, gibt F. Wiplinger ein anthropologisches Fundament. Er fragt, ob nicht in einem eigentlichen Mit-sein der Tod ursprünglich erfahren werden könne, d. h. »in der personalen Liebe, in der wir dem anderen gerade nicht um irgend etwas anderen ..., sondern einzig um seiner selbst willen verbunden sind, in der er überhaupt nicht mehr bloß neutral › der Andere ‹, nicht mehr › er ‹ ist, sondern ein Du — genauer: in der du-selbst in deiner unverwechselbaren und unvertretbaren Einmaligkeit gemeint bist —, aus und in der es aber auch überhaupt erst ein Ich gibt, genauer: ich als von dir geliebter ich-selbst bin, noch genauer: aus und in der wir beide erst wirselbst sind und uns als Selbst erfahren, zugleich damit dieses unser Gegenüber, die Gegenwart und Offenheit des einen für den anderen als unser wahres Selbst-sein, den Sinn dieses Seins«[61]. In der liebenden Begegnung der Menschen wird Selbsterfahrung in die Wirerfahrung eingebunden. Dann bricht im Tod eines geliebten Menschen eine Welt zusammen, sterbe ich ein Stück weit mit, weil ich selbst nur in diesem Mit-sein, in der Liebe ich selbst sein kann. »Tod ist Trennung von dem, den wir lieben«[62].

So erahnen wir, daß der Tod eines geliebten Mitmenschen eine Welt zusammenbrechen läßt, ihn bis ins Innerste trifft, ihn in seinem Selbstsein trifft und ihn grundsätzlich verwandeln kann. Ich werde mit hinein- und hinabge-

---

[58] Ebd. 287.
[59] Vgl. *Scherer*, Das Problem 60.
[60] *Marcel*, Gegenwart und Unsterblichkeit 287.
[61] *Wiplinger*, Der personal verstandene Tod 32.
[62] Ebd. 45.

rissen in seinen Tod, erfahre den Verlust jeglichen Halts, Verlust an Sein, verstanden als Mit-sein, absolute Haltlosigkeit, Nichten des Nichts[63].

Auch dieser zweite Weg über die Erfahrung des Todes des geliebten Mitmenschen kann bedeutende Phänomene am Tod aufdecken: Fassungslosigkeit, Gewißheit, Nichtigkeit, Einmaligkeit, Unersetzbarkeit, Endgültigkeit, Absurdität.

Schon in diesen wenigen Gedankengängen zeigt sich, wie weitreichend die Impulse Marcels und Wiplingers sein können. Ganz neue Aspekte und Probleme, die lange nicht genügend ihre Beachtung gefunden haben, kommen ins Blickfeld.

Sowohl Marcel wie Wiplinger versuchen eine Betrachtung des Todes auf einer phänomenologischen Ebene. Es mag aber die Frage gestellt werden, ob sich der Tod und die Frage nach dem Sinn des Todes zureichend nur mit rein »deskriptiver Methodik«[64] begreifen lassen.

Es besteht weiter leicht die Gefahr, daß die Frage nach dem Tod in der Erfahrung des Todes am geliebten Mitmenschen, am geliebten Du zu idealistisch gestellt wird, und der Tod in dieser Sicht der Realität der alltäglich zu machenden Todeserfahrung widerspricht. Die Alltäglichkeit des Mitseins dürfte gegen eine solche personale Todeserfahrung sprechen, die nur wenige Menschen jeweils erfahren können, will sie eine ursprüngliche Erfahrung sein.

Wird weiter nicht die Grenze zwischen ursprünglicher Erfahrung des Todes im Tod des geliebten Menschen und Erfahrung von momentaner Wehmut und Stimmung als psychologisch zu erklärende Momente unscharf, und werden diese verschiedenen Ebenen nicht leicht verwechselt? Schließlich, wenn ein Mitmensch in der Liebe dem Tod nicht verfallen soll, wie ist eine solche geheimnisvolle Existenz und Gegenwart über den Tod hinaus zu denken? Beide Philosophen geben darauf keine zufriedenstellende Antwort, die in der absurden Situation des Todes eines geliebten Menschen helfende Dienste leisten könnte.

Immer wieder geraten Vertreter der einen Richtung mit Vertretern der anderen Richtung in Streit darüber, auf welchem Weg der Tod nun adäquater verstanden werden kann. Diese dargelegten Gedanken zeigen aber deutlich, daß es gilt, beide Wege als eigene Wege stehen zu lassen, daß sie nicht als einander konkurrierend angesehen werden dürfen, sondern vielmehr als einander ergänzend verstanden werden könnten, da jeder Weg auf seine Weise Momente am Phänomen des Todes aufzeigen kann, die der andere weniger

---

[63] Vgl. ebd. 44.
[64] *H.Holz*, Philosophische Gedanken über den Tod: NZSTh 13 (1971) 140.

deutlich sieht. G. Scherer faßt diese Auseinandersetzung gut zusammen, wenn er sagt: Es soll »unbestritten bleiben, daß das Vorlaufen in den Tod im Sinne Kierkegaards und Heideggers eine Möglichkeit darstellt, zu einem Wissen um den Tod zu gelangen, in welchem wesentliche Momente dessen, als was wir den Tod auf uns zukommen sehen, enthalten sind: Verlust des In-der-Welt-Seins, Verlust der Möglichkeit, sich zu sich selbst und zu allem anderen zu verhalten, Unheimlichkeit des Nichts, Aufruf zur Frage nach sich selbst und nach dem Sinn von Sein. Solche Aussagen über den Tod sind sowohl im Anschluß an den im Sinne Heideggers ›verstandenen‹ Tod wie im Anschluß an die Todeserfahrung im Horizont der Interpersonalität möglich. Das Vorlaufen in den eigenen Tod und die Erfahrung eines Todes eines geliebten anderen Menschen bringen uns vor denselben Abgrund! Überhaupt scheint es nicht nur eine, sondern mehrere Weisen zu geben, der Unausweichlichkeit des Todes so inne zu werden, daß sozusagen unser ganzes Leben in seinen Schatten fällt und er nicht bloß ein irgendwann einmal eintretendes Ende ist, um welches wir durch Induktion wissen. Die Flüchtigkeit des gelebten Augenblicks, die Richtungstendenz der Zeit im Sinne Schelers, das Überholtwerden der Sinnerfahrungen durch solche der Absurdität, das Ausschließen bestimmter Möglichkeiten meines Seins, welches ich vorziehe, wenn ich andere ergreife, das Kommen und Gehen der Tage, all das kann uns — auf dem Hintergrund des bloß induktiven Wissens um den Tod — etwas von dem ahnen lassen, was im Tod auf uns zukommt, ja mitten in unserem Leben schon immer anwesend ist. Gerade auf den Höhepunkten unseres Daseins vermag diese Erfahrung durchzuschlagen: Alles ist, indem es ist, auch schon in den Tod gehalten. Wenn es z. B. wahr ist, daß erfüllte Interpersonalität die höchste Seinsmöglichkeit des Menschen darstellt, dann trifft uns der Konflikt von Liebe und Tod im Sinne Marcels nicht erst beim Tode des geliebten Menschen, sondern durchschneidet unsere Gegenwart füreinander schon zu Lebzeiten. So müssen wir einen Pluralismus der verschiedenen Todeserfahrungen anerkennen«[65].

III. Der mögliche selbstproduzierte Kollektivtod als Ort heutiger ursprünglicher Todeserfahrung

Einen völlig neuen Weg, der noch viel zu diskutieren geben wird, heutige Todeserfahrungen zu machen, geht H. Ebeling. Er sieht vollständig vom individuellen, »eigentlichen« und unbezüglichen Tod ab, sei es die Erfahrung des

---

[65] *Scherer,* Das Problem 69 f.

je eigenen oder die Erfahrung des Todes eines meiner Mitmenschen, und stellt die These auf, daß die erste und ursprüngliche Todeserfahrung heute der mögliche Kollektivtod sei als gemeinsame und verbindliche Herausforderung der Menschheit[66]. Bevor steht nicht mehr der je meine Tod, wie das bei Heidegger noch der Fall war, sondern der allgemeine und gemeinsam geteilte Tod durch kollektive Selbstvernichtung, in der sich die Willkür und Unsinnigkeit des Todes zeigt[67]. Tod wird verstanden als bestiales Tun, das Menschen Menschen antun, indem sie es sind, die anderen den Tod als Ware schicken. Der Tod ist das bedeutendste Ereignis der Menschheit geworden seit der bedrohlichen Möglichkeit der kollektiven Selbstvernichtung der Menschheit. Der Tod ist machbar geworden. Ebeling versteht denn auch den Tod als Ware, einen Grundgedanken von J. Schuhmacher aufgreifend[68]. Krieg wird »bezahlt, geplant, geprobt, spekuliert, exportiert, verzinst, kapitalisiert, abgeschrieben«[69]. Der mögliche Holozid ist der eigentliche Horizont heutiger Todeserfahrung, und es gilt die »Einheit von fremd- und selbstproduziertem Tod neu zu begreifen und daraus Folgerungen abzuleiten«[70]. Das moderne Zeitalter ist zum Zeitalter der Todesproduktion geworden. Das Zeitalter der Massenvernichtung beginnt. »An der Schwelle des Dritten, wirklich und tatsächlich Allerletzten Welt-Krieges ist erkennbar geworden: der Tod ist nun das eigentliche Produkt gesellschaftlicher Arbeit jedenfalls in unserer Kultur«[71]. Während viele einzelne Tode vorübergehen, der Tod des Holozid setzt den endgültigen Tod durch. »Er zerstört mit der Wirklichkeit der menschlichen Gattung die Möglichkeit jeder Erinnerung«[72]. Vorbereitet wird dieser endgültige Kollektivtod durch das entsetzliche Verdrängen des Todes. Noch darf dieser Tod nicht aufregen. Er wird restlos ignoriert. Weiter läßt sich dieser Tod als Massenvernichtung, als der absurde und sinnlose charakterisieren, da er der »Aufgabe der Vernunft widerstrebt, die Sterblichkeit zu absorbieren«[73]. Weil er unvernünftig ist, ist er unmensch-

---

[66] Vgl. Der Tod in der Moderne, hg. und eingel. von *Hans Ebeling*, Hanstein 1979; *H. Ebeling*, Selbsterhaltung und Selbstbewußtsein. Zur Analytik von Freiheit und Tod, Freiburg 1979; *Ders.*, Rüstung und Selbsterhaltung, Paderborn/München 1983. An dieser Stelle vgl.: Der Tod in der Moderne 31.
[67] Vgl. *H. Ebeling*, Die Willkür des Todes und der Widerstand der Vernunft: *Ders.*, Rüstung und Selbsterhaltung 92.
[68] *J. Schuhmacher*, Die Angst vor dem Chaos. Über die falsche Apokalypse des Bürgertums, Frankfurt 1978, 147.
[69] Ebd.
[70] Der Tod in der Moderne 31.
[71] *Ebeling*, Die Willkür des Todes 85.
[72] Ebd. 93.
[73] Ebd. 94.

lich. Es bleibt für Ebeling erstaunlich, daß unsere Gesellschaft diese bedrohlichste aller Bedrohungen, die vorbereitete Selbstvernichtung, nicht als Wirklichkeit anzuerkennen bereit ist[74]. Der Tod als Holozid ist der allgemeinste Tod, weil es in ihm keine Typen verschiedenen Todes mehr gibt. Er ist der einzige Typ des Todes, weil er alle anderen in sich verschlingt.

Dieser Willkür, dieser ernsthaftesten aller Bedrohungen gilt es durch die Vernunft Widerstand zu leisten. Der Vernunftwiderstand wird gegen den vernunftlosen Tod gefordert. Wir können nicht genug an die Vernunft als ethisch-praktische Vernunft appellieren und von ihr nicht mehr lassen, um aus Friedensbewegungen Freiheitsbewegungen werden zu lassen. »Die Absicht der Vernunft ist es, den Tod gleichwohl und trotz allem zu überbieten«[75]. Es kommt darauf an, diesen kollektiven Tod der Menschheit zu verhindern.

Ebeling vermag die dauernde Bedrohtheit, die Endgültigkeit, die Absurdität, die Brutalität und Sinnlosigkeit des Todes durch seine Überlegungen beeindruckend aufzuzeigen. Jedoch läßt sich fragen, wie der Mensch der Belastung solcher stets drohender Brutalität des Todes standzuhalten vermag, ohne nicht restlos mutlos zu werden und zu resignieren. Ist von daher nicht die beinahe globale Verdrängung dieses endgültigen Kollektivtodes, wenn nicht gerechtfertigt, so doch verständlich? Ist der Mensch nicht restlos der militärischen Todesmaschinerie ausgeliefert, solange nur einzelne in sich Abwehrkräfte entwickeln, die große Masse der Menschen jedoch die Bedrohtheit nicht sieht, nicht sehen will? Als Mahner und Rufer in ernster Stunde vermag Ebeling bestimmt einen wertvollen Beitrag zu leisten, zumal jeder, der sich seinen Gedanken aussetzt, im Vorlaufen wirklich etwas von möglicher ursprünglicher — wenn auch letztendgültiger — Todeserfahrung zu erahnen beginnt.

Wenn der Tod aber auf diese Weise objektiviert wird, wird er dann auch angemessen begriffen? Stirbt letztlich nicht auch in einem kollektiven Tod jeder ganz allein für sich seinen eigenen Tod? Diese Anfrage bleibt stehen.

D. Philosophische Implikationen für die Theologie

Abschließend sollen kurz einige Implikationen aus den beschriebenen philosophischen Gedankengängen für das theologische Denken vom Tod angedeutet werden.

---

[74] Vgl. ebd. 95.
[75] Ebd. 98.

I. Der Tod als Tat des ganzen Lebens

Solche großen und aus denkerischer Schöpfungskraft herauswachsende Gedanken hatten denn auch auf das theologische Denken ihren Einfluß. Sie vermochten das theologische Nach-denken über den Tod erneut in Gang zu setzen, das die klassisch theologische Beschreibung des Todes als Trennung von Leib und Seele, der ein entsprechendes Menschenverständnis zugrunde liegt, im Horizont neuer philosophischer Gedanken überholt und den Tod im konkreten heutigen Denken zu verstehen sucht. So vermochte das Gespräch zwischen Philosophen und Theologen über den Tod die Einseitigkeit des bloß passiven Erleidenscharakters des Todes durch das Verständnis des Todes als eine das Leben prägende Tat zu ergänzen als ein bewußtes Sein-zum-Ende hin, das vom Menschen übernommen werden kann.

L. Boros[76] versuchte das menschliche Aktiv-sein und die tätige Dimension des Todes noch allzu punktuell nicht vor und nicht nach dem Tod, sondern unmittelbar im Moment des Todes selbst zu orten, in dem sich dem Menschen die Möglichkeit zum ersten vollpersonalen Akt eröffnet, wo er sich in einer herausragenden Gottesbegegnung letztendgültig und frei entscheiden kann, um so sein endgültiges Schicksal festzulegen.

Vor allem aber vermag K. Rahner[77], zweifelsohne von M. Heidegger beeinflußt, den Tod als eine das Leben lang andauernde Tat, ja als *die* Tat des Lebens zu verstehen. Der Tod ist ein Geschehen, das den ganzen Menschen in seinem ganzen Leben betrifft. Freilich sieht Rahner im Tod nicht einseitig die Aktivität, die freie Weise, wie der Mensch das dauernde Sterben annimmt, allein, sondern sieht auch das radikale Betroffenwerden durch den Tod. So muß der Tod beides sein: »Das Ende des Menschen als Geistperson ist tätige Vollendung von innen, ein aktives Sich-zur-Vollendung-Bringen, aufwachsende, das Ergebnis des Lebens bewährende Auszeugung und totales Sich-in-Besitz-Nehmen der Person, ist Sich-selbst-gewirkt-Haben und Fülle der frei getätigten personalen Wirklichkeit. Und der Tod des Menschen als Ende des biologischen Lebens ist gleichzeitig in unauflösbarer und das Ganze des Menschen betreffenden Weise Abbruch von außen, Zerstörung, Parzenschnitt, Widerfahrnis, das den Menschen unberechenbar von außen trifft, so daß sein ›eigener Tod‹ von innen durch die Tat der Person selbst gleichzeitig das Ergebnis der radikalsten Entmächtigung des Menschen ist, Tat und Leiden in einem«[78]. Indem der Mensch sein freies Ja zum Tod als Erleiden

---

[76] *L. Boros*, Mysterium Mortis, Olten 1959.
[77] *K. Rahner*, Zur Theologie des Todes, Freiburg 1958.
[78] Ebd. 30.

sagen kann, wird der Tod zu einer Tat von innen. Der Mensch muß zwar den Tod in Freiheit sterben, jedoch wie er ihn stirbt, darüber kann er frei entscheiden. Rahner versuchte also das klassische Verständnis vom Tod als der Trennung von Leib und Seele mit dem Heideggerschen Gedanken des Seins-zum-Ende hin zu verbinden, indem er den biologisch und existential sich ankündigenden Tod (als betreffender) in der Tat der Freiheit annehmen und gestalten läßt und zwar als übernommener Tod.

Mit diesen Rahnerschen Gedanken zum Tod hat die Philosophie wohl ihren bedeutendsten Einfluß auf die Theologie ausgeübt, wenngleich zu sehen ist, daß die theologischen Versuche jüngster Zeit wohl auf dem Hintergrund des Verständnisses des Todes als Freiheitstat wieder stärker sich den biblischen Zeugnissen zuwendet, um von dort für eine Theologie neue Impulse zu bekommen[79].

II. Die Einheit von Leben und Tod

Diese philosophischen Entwürfe haben eine andere theologische Vorstellung zu korrigieren vermocht, nämlich jene, daß der Tod nicht nur am Ende des Lebens als biologischer Tod verstanden werden kann, sondern daß Leben und Tod eine untrennbare Einheit bilden, die sich theologisch mit dem St. Galler Mönch Notker Balbulus zusammenfassen läßt: »Mitten im Leben sind wir vom Tod umfangen«. Wer diese Einheit ernst nimmt, wird im Leben Tag für Tag Spuren des Todes entdecken können. Tod als ein dauerndes Sein-zum-Ende, Tod als dauerndes Sterben heißt dann, daß schon im Leben etwas von der Nichtigkeit, von der Sterblichkeit, von der Endlichkeit in vielfältigsten Weisen erfahren werden kann, überall dort, wo der Mensch an seine Grenzen stößt. Der Mensch erlebt in solchen Erfahrungen ein mehr oder weniger deutliches Nicht. Im endgültigen Tod wird dann eigentlich nur deutlich, was sich bereits ein ganzes Leben lang vorbereitet hat. Modell für diese Erfahrung dürfte auch der Tod Jesu sein, der eine Zusammenfassung seines lebenslangen Sich-Hingebens-für-die-Menschen ist.

III. Der Tod als Verweis auf die Geschöpflichkeit des Menschen

Ein weiterer Gesichtspunkt, der aus der Auseinandersetzung mit den philosophischen Erörterungen dieses Jahrhunderts erwachsen ist, dürfte das

---

[79] Vgl. *Jüngel*, Tod; *R. Pesch/H. A. Zwergel*, Kontinuität in Jesus. Zugänge zu Leben, Tod und Auferstehung, Freiburg 1974; *H. J. Venetz*, Das Ärgernis des Todes und die Hoffnung des Christen. Vom Sinn des Todes, Fribourg 1980, 53—73; *F. J. Nocke*, Eschatologie, Düsseldorf 1982.

Verständnis des Todes als radikales Ernstnehmen der menschlichen Endlichkeit sein. Kündet sich in erfahrenem Unvermögen, begrenzten Möglichkeiten, gesellschaftlich, sozial und familiär bedingten Eingebundenheiten, in Schuld, Krankheit und Leiden die Endlichkeit des Menschen an, so findet im Tod die Aufgipfelung oder das Einsammeln des Menschen in seiner ganzen Endlichkeit statt. Im Tod wird die Macht der Endlichkeit manifest. Und eben diese radikale Endlichkeit verweist den Menschen weiter auf den Geber des menschlichen Lebens, auf Gott als den Schöpfer des Lebens, und weist den Menschen, sich in seiner Geschöpflichkeit anzunehmen.

IV. Der Ernst des Todes

S. Kierkegaard, M. Scheler, M. Heidegger werden nicht müde, die Ernsthaftigkeit des Todes zu betonen, vor der es kein Ausweichen, keine Flucht, kein Bagatellisieren gibt. Damit fällt der Blick des sich mit diesen Gedanken auseinandersetzenden Theologen wieder vermehrt auf das biblische Verständnis des Todes, das zeigt, daß sowohl im Alten Testament, als auch im Tod Jesu der Tod nicht billig relativiert, sondern radikal ernst genommen wird. Christliche Theologie muß deshalb nicht vorschnell den Tod verharmlosen. Weil zum Beispiel Jesus die absolute und radikale Vereinzelung des Menschen im Tod durchsteht, weil er diese hoffnungslose und absurde Situation durchleidet, bleibt der Tod einerseits in seinem Ernst gewahrt, aber andererseits ist er nicht einfach zur Sinnlosigkeit verurteilt. Gerade im Ernstnehmen des Todes wird Gottes Tat der Auferweckung auch wieder in ihrer ganzen Einmaligkeit und Dynamik sichtbar. Ein christlicher Realismus erlaubt dem Menschen, menschlich traurig zu sein nach einem Verlust eines lieben Menschen, und doch ist diese Traurigkeit nicht einfach leere und dumpfe Traurigkeit, sondern getröstete Traurigkeit.

V. Die Liebe als Modell für die Vorstellung des Ewigen Lebens

Erstaunlich bleibt, daß die Gedanken G. Marcels in theologischen Überlegungen zum Tod bisher wenig aufgegriffen und durchdacht wurden. Freilich bildet die Aussage: ›Einen Menschen lieben, heißt sagen: du wirst nicht sterben‹ einen anthropologischen Ansatz, von dem her verantwortet aus dem Glauben vom Ewigen Leben gesprochen werden kann. Wenn der Mensch bereits im zwischenmenschlichen Bereich weiß, daß ein Mensch, den er liebt, für ihn nicht endgültig sterben wird, dann darf vielleicht doch der entscheidende Schritt gewagt werden, zu sagen, daß der, der sich im Glauben von Gott geliebt weiß, letztlich nie endgültig wird sterben müssen, nie gänzlich aus der Liebe Gottes herausfallen wird. Bei diesem Ansatz könnte die ganze Dialektik des Schmerzes und der Nichtigkeit des Todes in der Liebe einerseits und einer verantworteten aus der christlichen Botschaft von der Liebe Gottes erwachsene »tröstliche Hoffnung« aufrecht erhalten werden, und müßte nicht das eine auf Kosten des anderen allzu billig eingeebnet werden.

VI. Der machbare und bedrohliche Kollektivtod als Herausforderung an die Theologie

Überhaupt noch nicht aufgegriffen wurden die Gedanken von H. Ebeling vom Tod als der todbringenden Ware, die Menschen einander bringen. Eine Theologie des Todes aber wird sich sicherlich mit diesen Gedanken auseinandersetzen müssen, da zweifelsohne schwerwiegende Erwartungen an sie gestellt werden dürfen und sollen. Eine Theologie des Todes müßte angesichts des kollektiven Massentodes — um nur wenige mögliche Linien aufzuzeigen — das Todesbewußtsein und die radikale Bedrohtheit des Menschen durch den fabrizierten Tod unermüdlich wachhalten. Oder aber sie wird kritisch für die Wahrung eines menschlichen Lebens und der menschlichen Person, seines menschenwürdigen Lebens und seines menschenwürdigen Sterbens, mit all ihren Kräften eintreten müssen.

Sie wird die unbedingte Verantwortbarkeit des Menschen dem Mitmenschen gegenüber unerbittlich anrufen müssen, wenn sie den Gott des Lebens verkündet. So müßte das Ernstnehmen des machbaren und drohenden kollektiven Todes als ursprünglicher (durchaus auch vorausholbarer) Todeserfahrung zur Triebfeder konkreten und mächtigen Protests und Handelns gegen solche Entwicklungen werden, um so Zeugen des lebendigen Gottes zu werden, der nicht den Tod, sondern das Leben des Menschen will.

Sie wird die Botschaft vom Reich Gottes, die Botschaft von der neuen Welt der Gerechtigkeit und des Friedens, mit der Möglichkeit des Holocaust in Verbindung bringen müssen, um den Menschen zum menschlichen und nicht bestialischen Tun anzuleiten.

Wir spüren in diesen Gedanken: Eine Theologie des Todes müßte angesichts des drohenden kollektiven und machbaren Todes konkret werden, die Würde des Menschen und die Verantwortung des Menschen restlos und radikal ernst nehmen. Dazu ist ein weit intensiveres Gespräch zwischen den Philosophen und den Theologen über den Tod notwendig im Dienst eines menschenwürdigen Lebens und damit eines menschenwürdigen Todes.

E. Bibliographie

Da die Zahl der Veröffentlichungen zum Thema Tod unter philosophischen und theologisch-systematischen Gesichtspunkten ins beinahe Unüberschaubare geht, sei hier nur eine Auswahl der wichtigsten Werke angeführt. Für viele Aufsätze und kleinere Beiträge zu einzelnen Themen verweise ich auf die umfangreiche Bibliographie in: *Josef Manser*, Der Tod des Menschen. Zur Deutung des Todes in der gegenwärtigen Philosophie und Theologie, Bern/Frankfurt 1977, 303—328.

I. Philosophische Werke

Altner, G., Tod, Ewigkeit und Überleben, Heidelberg 1981.

Ariès, Ph., Studien zur Geschichte des Todes im Abendland, München 1976.

Ders., Geschichte des Todes, München 1980.

Balthasar, H.U.v., Der Tod im heutigen Denken: Anima 11 (1956) 292—299.

Berlinger, R., Das Nichts und der Tod, Frankfurt o.J.

Biser, E., Dasein auf Abruf. Der Tod als Schicksal, Versuchung und Aufgabe, Düsseldorf 1981.

Bollnow, O.F., Der Tod des anderen Menschen: Univ. 19 (1964) 1257—1264.

Condrau, G., Der Mensch und sein Tod. Certa moriendi condicio, Einsiedeln 1984.

Choron, J., Der Tod im abendländischen Denken, Stuttgart 1967.

Demske, J.M., Sein, Mensch und Tod. Das Todesproblem bei Martin Heidegger, Freiburg/München 1963.

Ebeling, H., Über Freiheit zum Tod. Freiburg 1967.

Ders., Selbsterhaltung und Selbstbewußtsein. Zur Analytik von Freiheit und Tod, Freiburg/München 1979.

Ders., Rüstung und Selbsterhaltung. Kriegsphilosophie, Paderborn/München 1983.

Ebeling, H. (Hg.), Der Tod in der Moderne, Hanstein 1979.

Ferber, Ch. v., Soziologische Aspekte des Todes: ZEE 7 (1963) 338—360.

Fetscher, I., Der Tod im Lichte des Marxismus: *A. Paus (Hg.)*, Grenzerfahrung Tod, Graz 1976.

Fink, E., Metaphysik und Tod, Stuttgart 1969.

Fuchs, W., Todesbilder in der modernen Gesellschaft, Frankfurt 1969.

Görtz, H.J., Tod und Erfahrung. Rosenzweigs »erfahrende Philosophie« und Hegels »Wissenschaft der Erfahrung des Bewußtseins«, Düsseldorf 1984.

Gadamer, H.G., Die Unbegreiflichkeit des Todes. Philosophische Überlegungen zur Transzendenz des Lebens: EK 7 (1974) 661—667.

Grabsch, R., Identität und Tod. Zum Verhältnis von Mythos, Rationalität und Philosophie, Frankfurt 1982.

Girardi, G., Der Marxismus zum Problem des Todes: Conc(D) 10 (1974) 297—300.

Hahn, A., Einstellungen zum Tod und ihre soziale Bedingtheit. Eine soziologische Untersuchung, Stuttgart 1968.

Heidegger, M., Sein und Zeit, Tübingen [11]1967.

Holz, H., Philosophische Gedanken über den Tod: NZSTh 13 (1971) 139—163.

Jaspers, K., Psychologie der Weltanschauungen, Berlin [4]1954, 229—280.

Ders., Philosophie II. Existenzerhellung, Berlin 1932, 201—254.

Kamlah, W., Meditatio Mortis. Kann man den Tod »verstehen«, und gibt es ein »Recht auf den eigenen Tod«?, Stuttgart 1976.

Kierkegaard, S., An einem Grab: *Ders.,* Religiöse Reden, übersetzt von *Th. Haecker,* München 1950, 141—173.

Ders., Die Krankheit zum Tod. Eine christliche psychologische Erörterung zur Erbauung und Erweckung: *Ders.,* Gesammelte Werke, übersetzt von *E. Hirsch,* Düsseldorf 1954, 24. und 25. Abt.

Landsberg, P., Die Erfahrung des Todes, Nachwort von *A. Metzger,* Frankfurt 1973.

Lehmann, K., Der Tod bei Heidegger und Jaspers, Heidelberg 1938.

Machovec, M., Marxismus und Tod. Eine marxistische Theorie der Kommunikation (IV): Neues Forum 14 (1967) 737—739.

Manser, J., Der Tod des Menschen. Zur Deutung des Todes in der gegenwärtigen Philosophie und Theologie, Bern/Frankfurt 1977.

Marcel, G., Methaphysisches Tagebuch, Wien 1955.

Ders., Gegenwart und Unsterblichkeit, Frankfurt 1961.

Ders., Auf der Suche nach Wahrheit und Gerechtigkeit, Frankfurt 1964, 66—68.

Ders., Tragische Weisheit. Zur gegenwärtigen Situation des Menschen, Wien 1974.

Metzger, A., Freiheit und Tod, Freiburg ²1972.

Ormea, F., Marxisten angesichts des Todes: IDZ 3 (1970) 98—114.

Paus, A. (Hg.), Grenzerfahrung Tod, Graz 1976.

Pieper, J., Tod und Unsterblichkeit, München 1968.

Reisinger, F., Der Tod im marxistischen Denken heute. Schaff — Kolakowski — Machovec — Prucha, München 1977.

Rintelen, F.J. v., Philosophie der Endlichkeit. Als Spiegel der Gegenwart, Meisenheim 1951.

Scheler, M., Tod und Fortleben: *Ders.,* Gesammelte Werke X. Schriften aus dem Nachlaß I, Bern 1957, 9—64.

Scherer, G., Der Tod als Frage an die Freiheit, Essen 1971.

Ders., Das Problem des Todes in der Philosophie, Darmstadt 1979.

Schlemmer, J. (Hg.), Was ist der Tod? Elf Beiträge und eine Diskussion, München 1969.

Schulz, W., Zum Problem des Todes: *A. Schwan (Hg.),* Denken im Schatten des Nihilismus (FS W. Weischedel), Darmstadt 1975, 313—333.

Ders., Wandlungen der Einstellung zum Tode: *J. Schwartländer (Hg.),* Der Mensch und sein Tod, Göttingen 1976, 94—107.

Simmel, G., Lebensanschauung. Vier metaphysische Kapitel, Leipzig 1918, 99—153.

Ders., Zur Metaphysik des Todes: *M. Landmann (Hg.),* Brücke und Tür. Essays des Philosophen zur Geschichte, Religion, Kunst und Gesellschaft, Stuttgart 1957, 29—87.

Smart, N., Der Tod in der Philosophie: *A. Toynbee (Hg.),* Vor der Linie. Der moderne Mensch und der Tod, Frankfurt 1970, 28—43.

Sternberger, D., Über den Tod, Frankfurt 1981.

Ströcker, E., Der Tod im Denken Max Schelers: Der Mensch und die Künste (FS Heinrich Lützeler zum 60. Geburtstage), Düsseldorf 1962, 29—87.

Tod — Preis des Lebens?, hg. von *Norbert A. Luyten,* (Grenzfragen 9), Freiburg/München 1980.

Tod — Ende oder Vollendung?, (Grenzfragen 10), Freiburg/München 1980.

Ulrich, F., Philosophische Meditation über die Einheit von Leben und Tod: ArztChr 15 (1969) 166—197.

Ders., Leben in der Einheit von Leben und Tod, Frankfurt 1973.

Wasmuth, E., Vom Sinn des Todes, Heidelberg 1959.

Wiplinger, F., Der personal verstandene Tod. Todeserfahrung als Selbsterfahrung, Freiburg 1970.

II. Theologisch-systematische Werke

Boros, L., Mysterium Mortis, Olten 1959.

Ganoczy, A., Der Tod — und was dann? Der Tod im Verständnis christlichen Glaubens: GuL 46 (1973) 363—370.

Glorieux, P., Endurcissement final et grâces dernières: NRTh 59 (1932) 865—892.

Ders., In hora mortis: MSR 6 (1949) 185—216.

Greshake, G., Bemühungen um eine Theologie des Sterbens: Conc(D) 10 (1974) 270—278.

Ders., Stärker als der Tod, Mainz 1976.

Hünermann, P. (Hg.), Sterben, Tod und Auferstehung. Ein interdisziplinäres Gespräch, Düsseldorf 1984.

Jüngel, E., Tod, (Themen der Theologie 8), Stuttgart 1971.

Leuenberger, R., Der Tod. Schicksal und Auftrag, Zürich 1970.

Lohfink, G., Der Tod ist nicht das letzte Wort, Freiburg 1976.

Lotz, J.B., Tod als Vollendung. Von der Kunst und Gnade des Sterbens, Frankfurt 1976.

Manser, J., Tod und ewiges Leben aus der Sicht des christlichen Glaubens. Theologische Bemerkungen: *Rabanus-Maurus-Akademie (Hg.),* Stichwort: Tod, Frankfurt 1979, 138—170.

Pesch, R., Zur Theologie des Todes: BiLe 10 (1969) 9—16.

Rahner, K., Zur Theologie des Todes, (QD 2), Freiburg 1958.

Ders., Zu einer Theologie des Todes: *Ders.,* Schriften zur Theologie X, Einsiedeln 1972, 181—199.

Ratzinger, J., Zur Theologie des Todes: *Ders.,* Dogma und Verkündigung, München 1973, 281—294.

Schmalenberg, E., Tod, Gericht und Sterblichkeit, Suttgart 1972.

Ders., Tod und Tötung, Stuttgart 1976.

Schunack, G., Das hermeneutische Problem des Todes. Im Horizont von Römer 5 untersucht, Tübingen 1967.

Semmelroth, O., Der Tod — wird er erlitten oder getan? Die Lehre von den Letzten Dingen als christliche Interpretation des Todes, (ThAk 9), Frankfurt 1972, 9—26.

Stichwort: Tod. Eine Anfrage, hg. v. Rabanus-Maurus-Akademie, Frankfurt 1979.

Thielicke, H., Tod und Leben. Studien zur christlichen Anthropologie, Tübingen 1946.

Ders., Leben mit dem Tod, Tübingen 1980.

Volk, H., Das christliche Verständnis des Todes, Münster 1957.

Vorgrimler, H., Der Tod im Denken und Leben des Christen, Düsseldorf 1978.

Welte, B., Der Ernstfall der Hoffnung. Gedanken über den Tod, Freiburg 1980.

Wohlgschaft, H., Hoffnung angesichts des Todes. Das Todesproblem bei Karl Barth und in der zeitgenössischen Theologie des deutschen Sprachraums, München/Paderborn 1977.

Sterben und Tod in Naturvolkkulturen

Klaus E. Müller

A. Vom Ursprung des Todes

Zu allen Zeiten bildete der Tod für die Menschen fraglos ein »Problem«. Ein Mann oder eine Frau, die den Ehepartner verloren, Eltern, denen ein Kind, von dem sie sich Hilfe und Tröstung im Alter versprachen, eine Familie, der ein erwachsenes Mitglied entrissen wurde, sahen sich einer Situation konfrontiert, die sie nicht nur in Verzweiflung stürzte, sondern oft auch unmittelbar vor die Existenzfrage stellte. Es mußten daher, schon um des bloßen Überlebens willen, Wege gefunden werden, sich in irgendeiner Weise mit dem Schrecklichen auseinanderzusetzen, d.h. nach einer *Erklärung* zu suchen, die dann den Anhalt für ein entsprechendes Handeln bot.

Es besteht Grund zu der Annahme, daß derartige Rationalisierungsversuche des Todesphänomens sogar zu den *ältesten* Vorstellungen der Menschheit zählen. Nach der Auffassung des großen englischen Ethnologen Edward Burnett Tylor (1832—1917) lösten neben Träumen an sich vor allem solche, in denen Verstorbene auftraten, den *Seelenglauben* aus, den er mit Gründen, die auch heute noch an Stichhaltigkeit nichts eingebüßt haben, zur Basisidee aller religiösen Anschauung erklärte (Theorie des »*Animismus*«).[1] Auf jeden Fall aber bildet er die Voraussetzung für den Glauben an eine postmortale Existenz. So gesehen, ließe sich der bekannten Feststellung Schopenhauers, daß jegliche Philosophie sich am Todesproblem entzünde, faßt man den Begriff »Philosophie« nur ein wenig weiter, gleichsam »universale« Gültigkeit zusprechen.

Wann erstmals die Vorstellung von der Existenz einer Seele — sowie überhaupt spiritueller Wesenheiten — und ihrem Weiterleben nach dem Tode, also ihrer »Unsterblichkeit« feste Gestalt annahm, verliert sich natürlich im Dunkel der Geschichte. Die ältesten sicheren Zeugnisse dafür reichen jedoch immerhin bis in die Zeit um 70000 v. Chr., d.h. bis zu den *Neandertalern* zurück: Sie nämlich scheinen als erste ihre Toten *pfleglich bestattet* zu haben. Gewöhnlich *begrub* man sie offenbar, meist in Hockerstellung, d.h. mit

---

[1] *Edward B. Tylor*, Primitive culture. Researches into the development of mythology, philosophy, religion, art, and custom, 2 Bde., London 1871; vgl. *Klaus E. Müller*, Art. »Antimismus«: HWP 1 (1971), 315—319.

scharf angezogenen Knien, und wie im Schlaf auf der Seite liegend. Häufig befanden sich die Gräber in Höhlen oder unter Felsüberhängen — also ebendort, wo die Verstorbenen, mit den Ihren zusammen, auch ihr Leben verbracht hatten. Im Falle eines Kindergrabes von Teshik Tash in Uzbekistan war der Leichnam mit einem Kranz von Bergziegenhörnern umgeben, in anderen hatte man ihn mit ganzen Schädeln von Tieren umsäumt. Daneben finden sich vereinzelt auch bereits gesonderte Beisetzungen lediglich des Kopfes des Toten; in einer Höhle am Monte Circeo in Italien war ein derartiger Schädel auf einem kleinen, von Knochen umgebenen Steinkranz deponiert. Die Sonderbehandlung ließe sich, darf man aus rezenten Vorkommen schließen, daraus erklären, daß der Kopf als Hauptsitz der Seele, genauer: der Freiseele (s. unten), galt. Sind alles dies schon Anzeichen dafür, daß man die Bestattung auf eine irgendwie *zeremonielle* Weise beging, was ja gleichzeitig darauf hindeutet, daß sich mit ihr auch der Glaube an eine *postmortale Fortexistenz* des Toten verband, so verdichten noch weitere Indizien die Vermutung fast zur Gewißheit: Man bestreute den Leichnam etwa mir rotem Ocker (d. h. suchte dem Verstorbenen neue Lebenskraft zu vermitteln) und gab ihm Gebrauchsgegenstände, Waffen und Nahrungsmittel mit ins Grab. Bei La Ferrassie in Frankreich trug ein Grab sogar einen größeren Stein mit eingehauenem Näpfchen, das vielleicht noch für spätere Speisungen gedacht war. Schließlich ein einzelner, glücklicher Fundumstand vermittelt in geradezu anrührender Weise einen sehr lebendigen Eindruck von den Empfindungen, mit denen man Abschied von seinen dahingeschiedenen Angehörigen nahm: In einer Höhle bei Shanidar im irakischen Kurdistan hatte man den Toten ganze Bündel von Lichtnelken, Traubenhyazinthen und Malven, also ebenso farbenprächtige wie aromatisch duftende Blumen mit ins Grab gelegt![2]

Wie schon diese frühesten Zeugnisse zeigen, pflegte man bei der Behandlung der Toten, wie dann in der Folgezeit allgemein, offensichtlich bewußt zu *differenzieren*. So etwas wie der »Tod an sich« wäre für die Naturvölker eine von ihren Lebens- und Anschauungsvoraussetzungen her kaum faßliche Vorstellung. Das Ableben kann sich sinnvoll nur in unmittelbarer Abhängig-

---

[2] Das ergaben entsprechende Pollenanalysen. Vgl. zum Ganzen *Karl J. Narr,* Urgeschichte der Kultur, (Kröners Taschenausgabe 213), Stuttgart 1961, 79—81; *Günter Smolla,* Epochen der menschlichen Frühzeit, Freiburg/München 1967, 60; *Marvin Harris,* Culture, man, and nature. An introduction to general anthropology, New York 1971, 164; *V. P. Alekseev,* Vozniknovenie čeloveka i obščestva: Pervobytnoe obščestvo. Oznovnye problemy razvitija, Moskva 1975, 28; *Theya Molleson,* The archaeology and anthropology of death. What the bones tell us: *S. C. Humphreys/Helen King (Hgg.),* Mortality and immortalilty. The anthropology and archaeology of death, London 1981, 16 f; *Rupert Riedl,* Die Strategie der Genesis. Naturgeschichte der realen Welt, München/Zürich ³1984, 293 f.

keit zur Altersstufe, auf der sich der Sterbende befindet, zu seinem Geschlecht, zu seinem Beruf, seinem Status, Ansehen usw. vollziehen; jeder stirbt so in der Tat seinen eigenen, allerdings weniger individuellen als *zustandsspezifischen* Tod, und alle Angehörigen einer eigenständigen Gemeinschaft sterben darüber hinaus *gemeinsam* den Tod, werden auf eine Weise bestattet und blicken einem Schicksal im Jenseits entgegen, wie das jeweils den Traditionen *ihrer Kultur* entspricht und sich gewöhnlich mit einiger Deutlichkeit abhebt vom Brauchtum der benachbarten Gruppen.

Dennoch aber besitzen die Vorstellungen von Sterben und Tod und die damit verbundenen Handlungsweisen und Rituale überall auf der Welt auch ganz bestimmte grundlegende *Gemeinsamkeiten,* die offensichtlich Folge und Ausdruck der übereinstimmenden elementaren Seinsprobleme sind, vor die alle Menschen sich, eben als Menschen, gestellt sehen.

Ethnische Einheiten mit weithin intakter Identität tendieren so z. B. in aller Regel dahin, ihre überkommene Lebens- und Seinsordnung für *sakrosankt* zu erklären. Sie folgen damit nur einer Notwendigkeit: Ihre Kultur liefert ihnen die Orientierungssysteme, ohne deren gesicherte Stabilität und Verläßlichkeit sie schwerlich existenzfähig wären. Beides garantieren einige wenige, allgemein übliche Wirkmechanismen, bzw. Vorstellungs- und Verhaltensprinzipien. Die Schöpfung, durch die »eigenen« Götter und Urheroen ins Werk gesetzt, *begründet, legitimiert und heiligt* die geltende Ordnung; das weitgehende Gleichverhalten aller Gruppenmitglieder *bestätigt* fortwährend ihre Gültigkeit; die *Dogmatisierung* der zentralen Anschauungen, die *Ritualisierung* der wichtigsten Handlungsvollzüge liefern die Hauptstützen zu ihrer Stabilisierung; endlich ihre *Verabsolutierung* hat die Funktion, sie als vollends unanfechtbar erscheinen zu lassen: man erhebt sie zur einzig vernünftigen, bestausgebildeten und so auch allein vertretbaren Möglichkeit, zum Nonplusultra menschlicher Daseinsverwirklichung überhaupt (Ethnozentrismus bzw. Kultursubjektivismus).

Daraus folgt aber gleichzeitig auch, daß alles, was sich ringsum in der Außenwelt an *Andersgeartetem* findet, nur abwertend beurteilt, d.h. durch *Negationen* bestimmt zu werden vermag, und zwar direkt proportional zum Maße der Abweichung von den Werten der eigenen Erfahrungswelt, im Extremfall bis hin zur totalen *Verkehrung* — unbekannte Landschaften erscheinen furchteinflößend und häßlich, fremdartige Gebrauchsgüter unzweckmäßig, ungewohnte Verhaltensweisen absonderlich, grob, unmoralisch, anormal usw., die Menschen selbst, die sich ihrer bedienen, muten entweder als sorglos-verspielte, kindliche Wesen oder grausame und tückische Bestien an und werden entsprechend als »Primitive«, »Wilde« und dergleichen mehr aufgefaßt.

Gleichwohl aber gab es immer auch *Ähnliches* oder gar Übereinstimmendes, sei es im Gerätebesitz, in den Hausformen, im Wirtschaften, im Aufbau der Familien- und Verwandtschaftsorganisation oder in einzelnen Ritualen, ja Vorstellungen. Und derartige — echte oder vermeintliche — Gemeinsamkeiten dienten dann als *Vermittlungsinstanzen*. Getreu den Kriterien der ethnozentrischen Optik *identifizierte* man sie mit dem, was ihnen an Analogem in der Eigenwelt entsprach, und besaß so gewissermaßen eine Brücke über den Acheron in die Fremdwelt.

Demzufolge baut sich also die Weltanschauung geschlossener Gruppen mit stabiler Identität allgemein auf der Basisstruktur eines dualistischen *Zwei-Sphären-Konzepts* auf: Die binnenweltliche *Endosphäre* wird rings von einer fremdweltlichen Außen- oder *Exosphäre* umschlossen, die überall dort, wo der Mensch sich nur kaum noch oder gar nicht mehr zu bewegen vermag — auf dem Grund der Gewässer, in der Luft, unter der Erde, im tiefen Dickicht usw. — gleichzeitig immer auch in die Transzendenz, die »*Jenseitigkeit*«, übergeht. Auch diese stellt, konsequenterweise, eine Art Antiwelt zur innerweltlichen »Diesseitigkeit« dar. Sie trägt *positive,* d.h. die endosphärische Eigenwirklichkeit teils stark idealisierende Züge, wo sie diese, kraft des Identifizierungsprinzips, in die Transzendenz hinein übersteigert — in Gestalt der Ahnen und Götter insbesondere, die den Ihren hienieden wohlgesonnen, ihre traditionelle Seinsordnung aufrechtzuerhalten und ihnen Gesundheit, Wohlfahrt und Frieden zu bescheren bemüht sind. Sonst aber erscheint sie weithin von *negativen* Merkmalen charakterisiert und wird eben insofern als Unwelt begriffen, in der quasi tierhaft lebende, »wilde« Menschen hausen und Hexen, bösartige Zauberer, tückische Gnomen, grobschlächtige Riesen, Ogern und andere Schreckensgestalten ihr Unwesen treiben. Dem geschlossenen Ganzen der Endosphäre, die göttlichem Willen gemäß die vollkommene Schöpfungsordnung repräsentiert und als Hort des Guten, Rechten und Wahren gilt, steht so ringsum die Exosphäre mit ihren Kräften der Zerstörung und des Chaos gegenüber, die alles, auf das sie Einfluß gewinnt, gleichsam mit dem Gifthauch des Bösen infiziert und mit Unheil und Verderben zu überziehen droht.[3]

Alles Böse besitzt demnach seinen Ursprung *in der Außenwelt bzw. Transzendenz*. Ihm erfolgreich zu wehren, kann daher immer nur heißen, die eigenweltliche, uranfängliche Schöpfungsordnung nach Kräften *stabil zu erhalten*, d.h. auf das strikteste den traditionellen Verhaltensvorschriften zu fol-

---

[3] Vgl. *Klaus E. Müller,* Grundzüge des menschlichen Gruppenverhaltens: Biologie von Sozialstrukturen bei Tier und Mensch, (Veröffentlichungen der Joachim Jungius-Gesellschaft der Wissenschaften Hamburg 50), Göttingen 1983, 99—105.

gen, damit sozusagen keine »undichten« Stellen in den kulturellen Sicherungssystemen entstehen, durch die Exosphärisches einströmen könnte. Und entsprechend noch konzentriertere Aufmerksamkeit erscheint an den eo ipso bestehenden »Offenstellen« — wie Türen, Toren und Grenzübergängen, bei Geburten und Hochzeiten (bei denen ein Kind bzw. ein Ehepartner neu in die Gesellschaft aufgenommen wird) oder während der Intervallphasen zwischen zwei Zeitabschnitten (Neujahr, Wechsel im Herrscheramt usw.) — geboten, bei deren Passieren das Verhalten denn auch stets auf besonders rigorose Weise ritualisiert, d. h. *festgelegt* ist, um jedem denkbaren Risiko nach Möglichkeit schon a priori zu begegnen.

Indessen, alles dies vermag zwar vieles, aber doch nicht alles; das Böse in der Welt ist der Beweis dafür. Jemand begeht während einer Kulthandlung, vielleicht nur aus Unachtsamkeit, einen Fehler; ein anderer vergißt, seinen Ahnen das fällige Opfer zu bringen, oder unterläßt auch einmal die ihm lästig erscheinende Pflicht ganz bewußt. Beider Verhalten hat gleichsam einen Riß ins Netz gerissen, hat sie dem Exosphärischen umittelbar nahegerückt: Prompt trifft sie der Unmut der Jenseitigen (der Manen oder auch Götter), die sie mit Krankheit, Mißerfolg oder sonst einem Übel, unter Umständen gar dem Tod zur Rechenschaft ziehen. Ein dritter gar bewegt unlautere Gedanken im Herzen, begehrt seines Nächsten Weib oder Habe und öffnet sich so und gibt sich wehrlos den Einwirkungen bösartiger Geistmächte preis, die nicht zögern, die Gelegenheit zu nutzen und ihn zu den entsprechenden Untaten zu verleiten, die dann womöglich noch ein soziales Desaster größeren Ausmaßes nach sich ziehen. Schließlich ein vierter ist aufgrund irgendwelcher anderer Umstände unter den Einfluß übelwollender Mächte geraten und zum Schwarzmagier oder Hexer geworden, der anderen ihren Erfolg und ihre Wohlhabenheit neidet und sie nach Kräften zu schädigen, ja zu vernichten sucht.

Der Anlaß an sich liegt also traditioneller naturvölkischer Anschauung nach bei den Menschen selbst, die durch irgendeine Abweichung im Denken oder Verhalten »Schwachstellen« im System entstehen lassen, durch die dann das Unheil, sei es als Strafmaßnahmen verhängt durch die guten, sei es als Missetaten angestiftet durch die bösen Mächte des Jenseits, Zugang zur Endospähre erhält.

Auch der Tod ist ein Übel, ja eigentlich »das Übel schlechthin«;[4] er stellt die *radikalste Negation des Lebens,* das gleichsam die Summation alles Posi-

---

[4] *Theo Sundermeier,* Todesriten und Lebenssymbole in den afrikanischen Religionen: *Gunther Stephenson (Hg.),* Leben und Tod in den Religionen. Symbol und Wirklichkeit, Darmstadt 1980, 256.

tivwertigen der endosphärischen Eigenwelt bildet, dar. So erscheint es nur konsequent, daß man auch ihn in der Regel auf *exogene* Einwirkungen zurückführt: auf die strafende Hand der Ahnen und Götter oder die Machenschaften bösartiger Geister, Hexen und Zauberer, wobei man die letzteren zwar auch in der eigenen, eher aber noch bei benachbarten Fremdgruppen sucht.[5] Die Anlässe dazu liegen freilich auch hier wieder bei den Betroffenen selbst: Durch Nachlässigkeiten im Kult, unziemliche Wünsche, einen Tabubruch usw. mehr hatten sie die Jenseitigen herausgefordert oder zumindest veranlaßt, ihnen ihren Schutz zu entziehen, so daß die Mächte des Unheils unmittelbar Einfluß auf sie zu gewinnen vermochten.[6] Aber wie dem auch sei, der Tod bleibt generell »etwas Fremdes«,[7] das von außen her, heimtückisch und mit vernichtender Gewalt, in die Lebenswelt einbricht. In europäischen Märchen tritt er nicht selten in der Gestalt eines »hageren, *unheimlichen Fremden*« auf![8]

Einen — nach »aufgeklärtem« Verständnis — »natürlichen« Tod ließ man in Naturvolkkulturen lediglich sozusagen ausnahmsweise gelten. Gewöhnlich billigte man ihn nur sehr alten Menschen zu, deren Lebenslicht langsam und stetig, d. h. ohne jede dramatische Wende, in der man ein Indiz für ein äußeres Einwirken hätte sehen können, erlosch.[9] Ihre Stunde, die letztlich allen Menschen gesetzt ist, war dann einfach gekommen. Denn Unsterblichkeit ist lediglich den übermenschlichen Jenseitsmächten beschieden.

Auch dies aber muß, wie alles Seiende, seine Begründung letztlich im *Schöpfungsgeschehen* finden. Damals, so berichten die Mythen aller Völker nahezu ausnahmslos, geriet durchaus nicht alles gleich und ganz so, wie es in der Absicht der Schöpfermächte lag — eben darin ist die Ursache für die

---

[5] *F. Scherke*, Über das Verhalten der Primitiven zum Tode, (Pädagogisches Magazin 938), Langensalza 1923, 15 ff; *Konrad Theodor Preuß*, Tod und Unsterblichkeit im Glauben der Naturvölker, (Sammlung gemeinverständlicher Vorträge und Schriften aus dem Gebiet der Theologie und Religionsgeschichte 146), Tübingen 1930, 4; *Meyer Fortes*, Bewußtsein: Institutionen in primitiven Gesellschaften, (Edition Suhrkamp 195), Frankfurt 1967, 106; *Klaus E. Müller*, Einführung: Ders. (Hg.), Menschenbilder früher Gesellschaften. Ethnologische Studien zum Verhältnis von Mensch und Natur, Frankfurt 1983, 45.

[6] *Müller*, Einführung 41 f. 45; vgl. *Jack Goody*, Death, property and the ancestors. A study of the mortuary customs of the LoDagaa of West Africa, London 1962, 209.

[7] *Horst Bürkle*, Der Tod in den afrikanischen Gemeinschaften. Zur Frage theologisch- relevanter Aspekte im afrikanischen Denken: Leben angesichts des Todes (FS Helmut Thielicke), Tübingen 1968, 249.

[8] *Lutz Röhrich*, Der Tod in Sage und Märchen: *Stephenson (Hg.)*, Leben und Tod in den Religionen 169.

[9] *Müller*, Einführung 45; vgl. *Goody*, Death, property and the ancestors 208 f; *A. A. Popov*, Duša i smert' po vozrenijam nganasanov: *I. S. Vdovin (Hg.)*, Priroda i čelovek v religioznych predstavlenijach narodov Sibiri i severa (vtoraja polovina XIX — načalo XX v.), Leningrad 1976, 34 f.

Unzulänglichkeiten im Dasein der Menschen, für ihre Sterblichkeit und überhaupt das Böse in der Welt zu sehen.

Ursprünglich nämlich hatten die Götter auch den Menschen die Unsterblichkeit zugedacht, dem Gegenstand aber offensichtlich keine größere Aufmerksamkeit geschenkt. So kam es, daß dieses hohe Gut den Menschen, fast möchte man sagen auf beinahe beiläufige Weise, verlorenging. Manchmal war lediglich eine Ungeschicklichkeit, manchmal ein Vergehen, für das der Tod dann als Strafe über die Menschen verhängt wurde, manchmal eine bloße Laune des Schöpfers, manchmal ein schieres Versehen der Grund. Einer Überlieferung von Celebes nach verscherzten sich die ersten Menschen die Unsterblichkeit z. B. dadurch, daß sie im entscheidenden Augenblick die falsche Wahl trafen. Gott hatte ihnen nämlich an einem Strick einen Stein und eine Banane aus dem Himmel herabgelassen; statt jedoch nach dem Stein, der ihnen Unvergänglichkeit garantiert hätte, griffen sie nach der Banane und handelten sich so das Geschick ein, gleich dieser immer wieder erneut zu erstehen, zu reifen, Früchte zu tragen und zu vergehen.[10] Einem bedachten Eingriff des Allerhöchsten dagegen, der über ihr Verhalten verstimmt war, dankten sie die Sterblichkeit nach einer Mythe der Jhoria im indischen Bundesstaat Orissa:

> »Es gab eine Zeit, da lagen Menschen und Götter miteinander in Streit. Mahaprabhu [der Hochgott] schickte die Götter auf die Erde, aber die Menschen schlugen sie und trieben sie fort. Daraufhin berief Mahaprabhu eine Ratsversammlung ein, zu der er beide Parteien einlud. Zuvor füllte er in eine Kalebasse das Wasser der Unsterblichkeit, in eine andere das Wasser des Todes. Unter den Menschen, die zu der Versammlung kamen, befand sich ein alter Bursche, der keine Ohren hatte. Der begab sich mit unsicheren Schritten zu den Kalebassen und griff sich die mit dem Wasser der Unsterblichkeit. Er nahm einen Schluck, mußte ihn aber, da Mahaprabhu ihm rasch mit einem Pferdeschweif in den Mund fuhr, sogleich wieder ausspucken. Mahaprabhu gab nun das Wasser der Unsterblichkeit den Göttern, das des Todes den Menschen. Auf diese Weise lernten die Menschen, wie man spuckt, begannen aber auch zu sterben.«[11]

In anderen Fällen wieder wird die Vergänglichkeit des Stoffs, aus dem die Menschen gemacht sind (Lehm oder Holz etwa), für ihre Sterblichkeit verantwortlich gemacht oder der Grund schließlich auch in Umtrieben des Tricksters gesehen, eines Widersachers Gottes, der auf alle mögliche Weise versuchte, die Absichten des Schöpfers zu durchkreuzen. Nach einer Überlieferung der Mbayá im Gran Chaco im zentralen Südamerika überzeugte er Gott auch davon, daß es richtiger sei, die Menschen sterben zu lassen, weil die Erde sonst bald übervoll von ihnen wäre.[12]

---

[10] *Preuß*, Tod und Unsterblichkeit 9f.
[11] *Verrier Elwin*, Tribal myths of Orissa, London 1954, 510, vgl. 507—511.
[12] *Maria Susana Cipolletti*, Jenseitsvorstellungen bei den Indianern Südamerikas, Berlin 1983, 29—44; vgl. auch *Uno Harva*, Die religiösen Vorstellungen der altaischen Völker, (FFC 125), Helsinki 1938, 122—127; *Hans Abrahamsson*, The origin of death. Studies in African mythology, (Studia Ethnographica Upsaliensia 3), Uppsala 1951, passim.

B. Das Leben

Gleichwohl aber lebten die Menschen *in ihrer Gesamtheit* von ihrer Erschaffung an bis zum heutigen Tage *kontinuierlich* fort und besitzen insofern doch eine gewisse Unsterblichkeit, die den Schrecken des Todes immerhin um einiges zu relativieren vermag. Da dies für die genealogische, d. h. quasi »historische« Tiefenbegründung der Identität einer Gruppe von großer Bedeutung war, mußten dafür auch überzeugende Erklärungen zur Hand sein. Um präziser fassen zu können, was die Naturvölker unter Sterben und Tod verstehen, erscheint es daher unerläßlich, wenigstens kurz der Frage nachzugehen, wie sie sich das *Leben,* und insbesondere seine stetige Fortpflanzung, denken.

Den gängigen traditionellen *Zeugungstheorien* zufolge baut sich der Fetus, rein stofflich zunächst, aus Sperma und Menstruationsblut auf. Letzteres wird duch den Geschlechtsakt gewissermaßen zum »Koagulieren« gebracht. Aus ihm entwickeln sich die flüssigen und weicheren, also *vergänglicheren* Bestandteile des Körpers, aus dem Sperma dagegen die festeren, d. h. *beständigeren,* wie in der Hauptsache Knochen, Zähne, Haare und Nägel. Sein Leben jedoch empfängt das Kind erst durch die *Beseelung,* die sich gewöhnlich auf zweierlei Weise vollzieht: Einmal nämlich durch die Übermittlung der *Vitalseele* (oder »Lebenskraft«), die dem Fetus Zug um Zug über das Medium des männlichen Samens, zu einem geringeren Teil auch über das mütterliche Blut zugeführt wird und deren Aufgabe es im wesentlichen ist, die rein organische Funktionsfähigkeit des Leibes sicherzustellen, zum andern durch die Inkorporation der — leibunabhängigen, in höherem Maße spirituellen — *Freiseele,* die dem Jenseits (etwa dem Totenreich) entstammt, also von der Art der Geistmächte ist.[13]

Mit der Zeugung wird im Grunde nur immer wieder *der Schöpfungsakt des Menschen perpetuiert.* In den meistüblichen anthropogonischen Mythen nämlich ist die Rede davon, daß der Schöpfer den ersten Menschen entweder selbst — mit einem weiblichen Urzeitwesen oder auch auf eine andere, weniger »konventionelle« Weise — erzeugte oder seinen Leib zunächst aus irgendeinem Werkstoff (in der Regel Erde bzw. Lehm) nach seinem Ebenbilde formte und dann durch Zugaben von Sperma, Blut, Speichel oder Schweiß, d. h. typischen Trägersubstanzen der Vitalseele, belebte, um ihm zuletzt

---

[13] *Klaus E. Müller,* Die bessere und die schlechtere Hälfte. Ethnologie des Geschlechterkonflikts, Frankfurt 1984, 70—93.

schließlich die Freiseele, beispielsweise durch Einblasen seines Odems, zu verleihen.[14]

Durch das — so gut wie allgemein gültige — Gebot zur *ethnischen Endogamie* wird dann sichergestellt, daß die Vitalkraft, die der Urahn einstmals vom Schöpfer empfing, kontinuierlich in den Adern seiner Nachfahren fortrollt und so der Gruppe insgesamt erhalten bleibt, während die Freiseelen gleichsam zwischen der diesseitigen und der jenseitigen Welt zirkulieren: Beim Tode wechseln sie über in die Gemeinschaft der Ahnen oder begeben sich, wie bei Wildbeutern oftmals, unter die Obhut des Hochgottes, um sich nach Verlauf einer gewissen Frist erneut unter den Lebenden zu reinkarnieren.

Auf diese Weise besitzt zwar der einzelne nicht, wohl aber die *Gruppe,* die bei Naturvölkern ohnehin mehr als das Individuum zählt, tatsächlich zumindest eine Art »*gebrochener*« Unsterblichkeit.

Für die unmittelbare, organische Lebensfähigkeit ist also vor allem die Vitalseele, eben die »*Lebenskraft*«, von entscheidender Bedeutung. Die Erfahrung mit dem eigenen Körper lehrte, daß sie keine quasi absolute Größe darstellt, sondern sich offenkundig beeinflussen, d.h. *ebenso stärken wie schwächen* läßt. Von Geburt an kam es daher darauf an, alles zu tun, um sie gehörig zu kräftigen, bzw. dafür Sorge zu tragen, daß nichts geschah, was ihren Entfaltungsprozeß zu beeinträchtigen vermochte. Dazu wandte man die verschiedensten magischen Stärkungsmaßnahmen auf (von denen im einzelnen hier nicht gehandelt werden kann) und ergriff andere, um die Kinder vor schädigenden Einflüssen zu schützen. Mit besonderem Bedacht, d.h. auf verstärkt rituelle Weise, wurden diese Anstrengungen jeweils zu den »*Wendezeiten*«, von denen schon kurz die Rede war, unternommen — also etwa anläßlich des ersten bzw. zweiten Zahnens, der Namengebung, zu Jahresanfang oder sonst einem wichtigeren persönlichen oder allgemeinen Zeiteinschnitt. Dann nämlich herrschte traditioneller Vorstellung nach ein gewissermaßen labiler, instabiler, »*offener*« Zustand, der einerseits zwar den Bestand der alten Ordnung bedrohte (und entsprechende Gegenmaßnahmen erforderlich machte), gleichzeitig aber eben auch die Möglichkeit bot, aktiv Einfluß auf den Verlauf der Folgeentwicklung zu nehmen.

---

[14] Vgl. etwa *Hermann Baumann,* Schöpfung und Urzeit des Menschen im Mythus der afrikanischen Völker, Berlin 1936, 204; *Elwin,* Tribal myths of Orissa 421—438; *Kirk Endicott,* Batek Negrito religion. The world view and rituals of a hunting and gathering people of peninsular Malaysia, Oxford 1979, 89 f; *Otto Zerries,* Yanoama: Müller (Hg.), Menschenbilder früher Gesellschaften 152—158; *Klaus E. Müller,* Vorderasien: Ebd. 299—301.

Einen besonders bedeutungsvollen derartigen Wendepunkt im Leben des Menschen bildete der Eintritt der *Pubertät*. Die Vitalkraft schien nunmehr ausgereift, die Sexualität erwachte, der Körper zeigte sich sozusagen imstande, »überschüssige« Lebenskraft freizusetzen: die Knaben wurden zeugungs-, die Mädchen konzeptionsfähig. In zahlreichen Kulturen beging man daher diesen wichtigen Lebenseinschnitt auch auf eine besondere, festlich-zeremonielle Weise. Die bekanntesten — weil ungewöhnlich elaboriert und komplex ausgebildeten — Beispiele dafür stellen die Pubertäts- bzw. Reifefeiern oder »Initiationen« der tropischen Pflanzervölker Melanesiens, Afrikas und Südamerikas dar. Ziel war es auch hierbei vor allem, den gewonnenen Vitalkraftbesitz, also die »*Fruchtbarkeit*«, die Leben und Kontinuität der Gruppe garantierte, auf entsprechende magisch-rituelle Weise sowohl zu stabilisieren als auch nach Möglichkeit noch weiter zu kräftigen. Gleichzeitig wurden die Weihlinge — durch profane und religiöse Unterweisungen, Übungen und dergleichen mehr — auf ihr künftiges Erwachsenendasein vorbereitet.

Das Ganze vollzog sich nach einem im wesentlichen gleichbleibenden Strukturmodell, dessen Ritenfolge, nach dem französischen Ethnologen Arnold van Gennep (1873—1957) als »*Passage*-« oder »*Übergangsriten*« (»rites de passage«) bezeichnet[15], sich in die drei Phasen der »*Trennungs*-« (»séparation«), der »*Umwandlungs*-« (»marge«) und der »*Wiederaufnahmeriten*« (»agrégation«) gliedert. Einer weitverbreiteten Auffassung nach werden Übergänge von einem in einen anderen Seinszustand nämlich im Sinne einer *Wieder- bzw. Neugeburt* begriffen. Die Trennungsriten entsprachen hier also — und analog in allen vergleichbaren Fällen — dem »*Ableben*« der Initianden, die Umwandlungsriten ihrem »*Totsein*« und die Wiederaufnahme- oder Reintegrationsriten ihrer erneuten *Auferstehung zum Leben*« — was jeweils dann auch in dramatisch-sinnfälliger Weise zum Ausdruck gebracht wurde. Entscheidende Bedeutung kam dabei dem Mittelteil zu: Die Initianden waren ins Totenreich zu den Ahnen eingegangen, die ihnen vor allem von ihrer Kraft mitteilten und sie in die Mysterien des sakralen Geheimwissens einweihten. So wahrhaft umgewandelt zu neuen, nunmehr eben »volljährigen« Menschen, besaßen sie die erforderlichen Voraussetzungen, in die Gesellschaft zurückzukehren und dort *als Erwachsene* ein neues Dasein aufzunehmen.

Einen weiteren wichtigen Zustandswechsel, der so ebenfalls gemeinhin als rituelle Wiedergeburt begriffen und entsprechend dramatisiert wurde, stellte

---

[15] *Arnold Van Gennep*, Les rites de passage, Paris 1909.

dann auch die *Verehelichung* dar, die nunmehr in noch konkreterer Weise die Gewähr für das Fortleben und die Kontinuität der Gruppe zu liefern hatte. Ein Erwachsener, der nicht heiratete (und seiner »Fortpflanzungspflicht« nicht gerecht wurde), galt daher in Naturvolkgesellschaften geradezu als Asozialer.[16] Eines der vorrangigsten Ziele bildete demzufolge auch hier, die Vitalität, d. h. die Potenz bzw. Fruchtbarkeit der Eheleute nach Kräften zu stärken. Wie bei den Initiationen fielen die Hauptanstrengungen dazu — vielfältige magische, häufig auch ausgesprochen sexualmagische Akte — in die zentrale Phase der Umwandlungsriten.

Der Todesgedanke war also den Menschen, wenn es tatsächlich ans Sterben kam, an sich nicht fremd. Der Tod stellte lediglich den *Extremfall einer Kette von Struktur und Inhalt her wesentlich gleichgearteter Umwandlungsprozesse* im Leben dar. Als fremd, d. h. exogenen Urspungs, faßte man, wie schon ausgeführt wurde, nur die *verursachenden* Kräfte und Agenzien auf, denen man meinte das Ableben eines Menschen jeweils zuschreiben zu müssen.

Die Blütezeit seines Lebens erreichte ein Mensch im — fortgeschrittenen — *Erwachsenenalter,* und zumal, wenn er auf eine stattliche Kinderzahl herabblicken konnte, vielleicht auch mehrere Frauen besaß, wenn seine Felder reiche Erträge abwarfen und er überhaupt in florierenden Verhältnissen lebte. Alles dies war Ausweis dafür, daß seine Lebenskraft sich auf dem Höhepunkt ihrer Entfaltung befand — freilich nur, sofern er sich gleichzeitig immer auch einer anhaltend guten Gesundheit erfreute und noch keinerlei Anzeichen von Hinfälligkeit erkennen ließ.

In Gesellschaften, in deren Lebensumständen sich kaum je ein grundlegender Wandel vollzog, zählte zudem *Erfahrung* sehr viel. Die Älteren wußten hier zwangsläufig immer mehr als die Jüngeren, und dies nicht allein in profaner, sondern auch, was eher noch wichtiger war, in *spiritueller* Beziehung, also in Dingen, die sich auf die eigentlichen Voraussetzungen, die transzendenten *Beweggründe* alles Geschehens hienieden bezogen. Die langen Jahre religiöser Praxis, eine Vielzahl von Traumgesichten, Offenbarungserlebnisse und dergleichen mehr hatten ihnen Sicherheit und Versiertheit im Umgang mit den Jenseitsmächten verliehen. Zudem begannen sich mit dem fortschreitenden Alterungsprozeß die Bindungen der Freiseele an den Leib allmählich zu »lockern«, so daß es ihr zunehmend leichter wurde, *Transzendentes wahrzunehmen.* Allgemein schrieb man den Alten — d. h. Männern (weniger

---

[16] Vgl. *Klaus E. Müller,* Grundzüge der agrarischen Lebens- und Weltanschauung: Paideuma 19/20 (1973/1974) 92; *Ders.,* Einführung 35 f.

Frauen) etwa ab dem 50. Lebensjahr — daher mehr Einsicht und »Weisheit« zu. Sie besaßen in deutlich höherem Maße als Jüngere das Vermögen, Geister zu sehen und ihnen, handelte es sich um solche böswilliger Art, erfolgreich entgegenzutreten.[17] Sie standen den Ahnen, und damit den Geistmächten überhaupt, unter den Lebenden am nächsten und begannen so gleichsam bereits, deren höheres Wissen zu teilen; sie hatten, wie etwa die Gola im Westen Liberias das treffend umschreiben, »ihre Köpfe« schon halbwegs »in der anderen Welt«.[18]

Alledem zufolge erschien es nur legitim, daß die Alten immer auch Anspruch auf besondere — sakrale wie politische — *Privilegien* besaßen: Familienväter, Sippenälteste und »Älteste« allgemein führten gewöhnlich alle wichtigeren religiösen Riten, und namentlich solche, die auf die Stärkung der Vitalkräfte zielten, durch, eröffneten alle bedeutsameren Tätigkeiten, wie Aussaat und Ernte oder die Inangriffnahme eines größeren Bauvorhabens, vermittelten in Streitfällen, bzw. übten die Gerichtsbarkeit aus, nahmen so gut wie alle führenden Positionen, geistliche wie weltliche, ein und bürgten so insgesamt für die Fruchtbarkeit von Land, Vieh und Menschen, den sozialen Frieden und überhaupt die Lebensfähigkeit und Wohlfahrt ihrer Gruppe.

Mehrten sich freilich die Anzeichen des *Altersverfalls,* traten Senilität oder gar Debilität ein, konnte sich das alles binnen kurzem ändern. Man glaubte nun davon ausgehen zu dürfen, daß sich der Verbund von Leib, Vital- und Freiseele endgültig zu lösen begann und es sich insofern bei dem Betreffenden nicht eigentlich mehr um einen Menschen im *vollgültigen Sinne* handelte. Wer sich in einem derartigen Zustand befand, büßte daher unter Umständen nicht nur seine Position, sondern sehr rasch auch seine Autorität ein und konnte vielleicht lediglich noch auf die Barmherzigkeit seiner Angehörigen hoffen.

C. Ableben und Tod

Leben bedeutete für den naturvölkischen Menschen, daß *beide* Seelen, die Vital- und die Freiseele, aufs engste und fest mit dem Körper verbunden waren und alle drei Größen eine einzige, dicht geschlossene *Funktionseinheit* bildeten. Allerdings zeigten die Seelen dabei, aufgrund ihrer unterschiedli-

---

[17] Vgl. z. B. *Franz Kröger,* Übergangsriten im Wandel. Kindheit, Reife und Heirat bei den Bulsa in Nord-Ghana, (Kulturanthropologische Studien 1), Hohenschäftlarn 1978, 144.
[18] W. L. d' Azevedo, Uses of the past in Gola discourse: JAfH 3 (1962) 33; vgl. *Emiko Ohnuki-Tierney,* Ainu illness and healing. A symbolic interpretation: American Ethnologist 7 (1980) 137; *Müller,* Einführung 20. 42 f.

chen Natur, charakteristische Divergenzen in ihrem Verhalten, die auf der einen Seite zwar Chancen für die Entwicklung des Organismus boten, andererseits aber immer auch spezifische Risiken für den Bestand des Gesamtsystems einschlossen: Die Vitalseele ließ sich, wie schon gesagt, ebenso stärken wie *schwächen,* die Freiseele vermag sich auch während der Lebenszeit durchaus *vom Körper* (und der Vitalseele) *zu lösen* — wie beispielsweise allnächtlich im Traum. Gängiger naturvölkischer Vorstellung nach verläßt sie dann nämlich den Körper und begibt sich gleichsam auf Reisen, sei es nur in die nähere Umgebung des Schläfers oder selbst bis in die jenseitige Welt. Was sie dabei sieht und erlebt, bildet den Inhalt der Traumgesichte.[19] Nachts aber sind bevorzugt auch Hexen und Unheilsgeister unterwegs, und zwar nicht zuletzt in der Absicht, die Freiseele eines Träumenden in ihre Gewalt zu bringen — was, wenn es glückt, dessen alsbaldigen Tod zur Folge hat. Der Schlaf bzw. die Nächte boten also dem Menschen zwar spezielle Erkenntnismöglichkeiten, stellten gleichzeitig aber auch eine besondere Gefahrenquelle dar, die ihn unter Umständen das Leben kosten konnte.

Hexen, Zauberer, böswillige Geister oder welch andere Mächte auch immer, die man in der Hauptsache ja für den Tod eines Menschen verantwortlich machte, vermochten sich indessen auch auf mancherlei andere Weise in den Besitz einer Freiseele zu setzen oder bei der Vitalseele anzugreifen und sie zu vernichten drohen. Anzeichen dafür waren eben Krankheiten oder Unfälle und schließlich der Tod. Bildete die Vitalseele den Ansatzpunkt, so konnte sie das, blieben alle Gegenmaßnahmen erfolglos, auf die Dauer in einem Maße schwächen, daß sie nicht mehr imstande war, die Funktionsfähigkeit des Organismus aufrechtzuerhalten, so daß zuletzt auch die Freiseele gleichsam keinen Halt mehr besaß und sich vom Körper löste. War sie selbst das Opfer des Anschlags, d. h. wurde sozusagen gewaltsam »entführt« und länger von ihrem Körper getrennt gehalten, zeigte sich das vor allem etwa in Ohnmachtsanfällen, Geistesverwirrung, Umnachtungszuständen oder dauernder Bewußtlosigkeit. Der Mensch hatte dann sein geistiges »Steuerungsorgan« verloren und befand sich nicht mehr in der Lage, seine Vitalseele in der erforderlichen Weise — durch eine angemessene Ernährung, ein entsprechendes Verhalten, bestimmte Schutzmaßnahmen usw. mehr — bei Kräften zu halten, so daß der Tod schließlich auch hier die unvermeidliche Folge war. Gewissermaßen »klinisch« gesehen, bildete er nur den *Extremfall der Krankheit.* Beide werden daher oft nicht von ungefähr mit ein und demselben Ausdruck bezeichnet.[20]

---

[19] Vgl. *Müller,* Einführung 18 f.
[20] Vgl. *Cipolletti,* Jenseitsvorstellungen 16 f.

Aus welchen Gründen der Tod aber auch immer erfolgte, sein *Eintritt* vollzog sich stets auf gleichbleibende Weise: Die Vitalseele bzw. Lebenskraft zersetzte sich und *strahlte* gewissermaßen in die Umwelt *ab* — der Organismus erstarb und begann in Verwesung überzugehen.[21] Lediglich jene seiner Bestandteile, die über eine festere Konsistenz verfügten und in denen man daher ja auch die Vitalkraft stärker potenziert glaubte, also vor allem Knochen, Zähne, Haare und Nägel, vermochten der Vergänglichkeit länger zu trotzen, d. h. enthielten offensichtlich noch »Rückstände« der Lebenskraft des Verstorbenen und fanden so auch vielfach als Amulette oder Talismane und im Reliquienkult Verwendung. Die Freiseele endlich löste sich (sofern sie nicht bereits abwesend war und sich etwa in der Gewalt eines Unheilsgeistes befand) vollends aus den zerfallenden Banden des Leibes, verweilte aber zunächst noch meist bis zum Abschluß der Beisetzungsfeierlichkeiten bei ihren Angehörigen, um dann endgültig die Reise ins Totenreich anzutreten. Ihr allein ist Unsterblichkeit beschieden, und einzig um ihr Geschick rankt sich daher auch der Totenglaube, nur ihr gelten die Gräberpflege, die Opfergaben, Gedenkfeiern und überhaupt der gesamte Totenkult.

Wie bereits erwähnt wurde, hing die Bedeutung, die man dem Tod in den einzelnen Fällen beimaß, vom *Zustand,* bzw. der *Lebensreife und dem Status* des Verstorbenen ab.[22]

Säuglinge und Kleinkinder etwa befanden sich gerade erst im Anfangsstadium, fast noch im Embryonalzustand ihrer menschlichen Existenz. Ihre Lebenskraft war noch unausgebildet, gewissermaßen erst keimhaft entwickelt, ihre Freiseele noch nicht heimisch im Körper und lediglich locker mit ihm verbunden, so daß sie sich jederzeit, wie später dann auch bei den Hochbetagten, leicht wieder aus seinen Banden zu lösen vermochte — ein Umstand übrigens, mit dem man die hohe Kindersterblickeit zu begründen pflegte.[23] Eine Bestätigung dafür glaubte man vielfach in den Fontanellen, d. h. den Lücken, die während der ersten Wochen nach der Geburt noch zwischen den einzelnen Knochenpartien des Schädeldachs bestehen, vor allem aber in der Hauptfontanelle zwischen Stirnbein und Scheitelbeinen sehen zu können, die sich erst nach 9—16 Monaten schließt und so der Freiseele, deren Sitz man zudem meist im Kopf vermutete, eine bequeme Möglichkeit zum Wiederaus-

---

[21] Vgl. *Preuß,* Tod und Unsterblichkeit 19.

[22] S. a. *Sundermeier,* Todesriten und Lebenssymbole 255.

[23] *Forrest E. Clements,* Primitive concepts of disease: University of California Publications in American Archaeology and Ethnology 32 (1932) 233 f; vgl. *Ian Hogbin,* The island of menstruating men. Religion in Wogeo, New Guinea, Scranton/London/Toronto 1970, 141 f; *Henny H. Hansen,* The Kurdish woman's life. Field research in a Muslim society, Iraq, (Nationalmuseets Skrifter. Etnografisk Raekke 7), Kφbenhavn 1961, 100.

tritt bot[24] — und »draußen« konnte sie dann nur allzu leicht eine Beute der dort schon begierig lauernden Schadensmächte werden.

Während dieser ersten kritischen Phase ihres Lebens wurden die Kinder daher in der Regel, entsprechend wieder den Altersschwachen und Hochbejahrten, noch nicht als »richtige«, d. h. als Menschen im *eigentlichen, vollgültigen Sinne* aufgefaßt. Sie befanden sich in einem prekären, quasi labilen *Übergangszustand,* der sie auch so angreifbar machte: Sie zählten weder mehr zur Ahnenwelt, die sie gerade verlassen, noch auch bereits zur Gemeinschaft der Lebenden, in der sie kaum erst Fuß gefaßt hatten.[25] Insofern pflegte man auch Kinder, die in dieser Zeit starben, gewöhnlich *nicht zu betrauern;*[26] ja es bestanden, aus derselben Einstellung heraus, auch keine Bedenken, Kinder, die aus welchen Gründen auch immer unerwünscht waren (vor allem Krüppel und Bastarde), kurzerhand zu *töten,* bzw. zuvor schon *abzutreiben.*[27]

Fester in der diesseitigen Welt gewissermaßen »Wurzel zu schlagen« vermochte das Kind, wie man glaubte, erst, nachdem es im Rahmen einer oder auch mehrerer entsprechender Feierlichkeiten Zug um Zug mehr *offiziell Aufnahme in der Gesellschaft* gefunden hatte. Anlässe dazu konnten die

---

[24] *Clements,* Primitive concepts of disease 233 f; vgl. *John Henry Hutton,* A primitive philosophy of life, (The Frazer Lecture 1938), Oxford 1938, 9; *T. O. Beidelman,* The Kaguru. A matrilineal people of East Africa, (Case Studies in Cultural Anthropology 44), New York 1971, 100; *R. H. Barnes,* Kédang. A study of the collective thought of an eastern Indonesian people, (Oxford Monographs on Social Anthropology 10), Oxford 1974, 154 f.

[25] Vgl. z. B. *Hans Findeisen,* Viehzüchter- und Jägervölker am Baikalsee, im Flußgebiet des Bureja und im Amurlande: Baessler-Archiv 14 (1930/1931) 27; *B. W. Aginsky,* Population control in the Shanel (Pomo) tribe: American Sociological Review 4 (1939) 215; *Asko Vilkuna,* Die Ausrüstung des Menschen für seinen Lebensweg, (FFC 179), Helsinki 1959, 113; *Goody,* Death, property and the ancestors 149. 208; *Juha Pentikäinen,* The dead without status: Temenos 4 (1969) 98 f; *Françoise Loux,* Das Kind und sein Körper. Volksmedizin — Hausmittel — Bräuche, Stuttgart 1983, 229.

[26] Vgl. etwa *Goody,* Death, property and the ancestors 149; *James Woodburn,* Social dimensions of death in four African hunting and gathering societies: *Maurice Bloch/Jonathan Parry (Hgg.),* Death and the regeneration of life, Cambridge 1982, 191.

[27] *Hermann Heinrich Ploß,* Das Kind in Brauch und Sitte der Völker. Anthropologische Studien II, Stuttgart 1876, 172—191; *Nathan Miller,* The child in primitive society, London 1928, 29 ff 47 f; vgl. z. B. *Richard Thurnwald,* Black and white in East Africa. The fabric of a new civilization. A study in social contact and adaptation of life in East Africa, London 1935, 296; *Aginsky,* Population control 209 ff; *Joseph Henninger,* Die Familie bei den heutigen Beduinen Arabiens und seiner Randgebiete. Ein Beitrag zur Frage der ursprünglichen Familienform der Semiten: Internationales Archiv für Ethnographie 42 (1943) 102. 130 f; *C. M. Garber,* Eskimo infanticide: The Scientific Monthly 64 (1947) 99 f; *George Devereux,* A study of abortion in primitive societis. A typological, distributional, and dynamic analysis of the prevention of birth in 400 preindustrial societies, New York 1955, 11 f 18; *Pentikäinen,* The dead without status 99; *Yolanda Murphy/Robert F. Murphy,* Women of the forest, New York/London 1974, 101; *Ruth Vermot-Mangold,* Die Rolle der Frau bei den Kabre in Nord-Togo, (Basler Beiträge zur Ethnologie 17), Basel 1977, 125; *Günther Schlee,* Das Glaubens- und Sozialsystem der Rendille, Kamelnomaden Nord-Kenias, (Marburger Studien zur Afrika- und Asienkunde. Serie A: Afrika 16), Berlin 1979, 134. 290.

Rückkehr von Mutter und Säugling aus der Geburtshütte ins Wohnhaus, das erste Zahnen oder eben das Zusammenwachsen der Hauptfontanelle etwa nach Verlauf eines Jahres bieten, wobei dann das Kind zumeist auch seinen (ersten) Namen erhielt.[28]

Ein Mensch im tatsächlich vollen Sinn des Begriffs war es freilich auch dann gemeinhin noch nicht. Gewöhnlich dachte man sich, wie ja schon angesprochen wurde, den Reifeprozeß des Kindes bzw. Jugendlichen erst mit dem Eintritt der *Pubertät* oder auch dem *Eheschluß,* ja nicht selten der *Geburt des ersten eigenen Kindes* abgeschlossen. Davor galten die Kinder den Winnebago z. B., einer Sioux-Gruppe im westlichen Wisconsin, wie in einem noch halbbewußten, quasi träumerischen Zustand befindlich,[29] während die Thonga im Süden von Moçambique zu ihrer Bezeichnung entsprechend Ausdrücke wie *shilo,* »Ding«, oder *khuna,* »unfertiges Wesen«, verwandten.[30] Insofern wurde der Tod eines älteren Kindes oder Jugendlichen zwar durchaus als sehr schmerzlich empfunden und entsprechend beklagt,[31] aber doch nicht in dem Maße und im Rahmen aufwendiger Trauerfeierlichkeiten, wie das allgemein bei Erwachsenen der Fall war.[32]

Starb nämlich ein vollausgereifter, auf dem Höhepunkt seiner Lebensentfaltung stehender Mensch, dann handelte es sich in der Tat um eine echte *Katastrophe,* die alle unmittelbar Betroffenen wahrhaft in Erschütterung versetzte. Kinder verloren Vater oder Mutter, Gatten den Lebensgefährten, die Familie eine ihrer Hauptstützen im Kampf ums Überleben, die Gruppe vielleicht ein seiner Erfahrung, seines Wissens, seiner Gerechtigkeit wegen geschätztes Mitglied; Bindungen waren mit einem Male zerrissen, dringende Tätigkeiten blieben unerledigt, wichtige religiöse Riten konnten nicht mehr vollzogen werden, kurz: die bestehende Ordnung drohte ins Wanken zu geraten.[33] Starb gar ein König, die »tragende Säule«, die Mikro- und Makrokos-

---

[28] Vgl. z. B. *Alice Werner,* The natives of British Central Africa, London 1906, 102; *Ferdinand Freiherr von Reitzenstein,* Der Kausalzusammenhang zwischen Geschlechtsverkehr und Empfängnis in Glaube und Brauch der Natur- und Kulturvölker: ZE 41 (1909) 664; *Sarat Chandra Roy,* The Birhors. A little known jungle tribe of Chota Nagpur, Ranchi 1925, 238 ff; *Miller,* The child 70 f; *D. N. Majumdar,* A tribe in transition. A study in culture pattern, London 1937, 73 ff; *John S. Mbiti,* Afrikanische Religion und Weltanschauung, Berlin/New York 1974, 150.
[29] *Paul Radin,* The autobiography of a Winnebago Indian: University of California Publications in American Archaeology and Ethnology 16 (1920) 385, Anm. 4.
[30] *H. A. Junod,* The life of a South African tribe I, Neuchatel 1912, 56; vgl. *Hutton Webster,* Primitive secret societies. A study in early politics and religion, New York ²1932, 25; *Lucien Lévy-Bruhl,* Das Denken der Naturvölker, Wien/Leipzig 1921, 313 f; *Beidelman,* The Kaguru 100.
[31] Vgl. z. B. *Ploß,* Das Kind II 184; *Aginsky,* Population control, 213 f; *R. Rose,* Living magic. The realities underlying the psychical practices and beliefs of the Australian aborigines, London 1957, 77.
[32] Vgl. etwa *Goody,* Death, property and the ancestors 149.
[33] *Pentikäinen,* The dead without status 94.

mos miteinander verband, so glaubte man gleich den Bestand der Welt gefährdet.[34] Wildbeutergruppen konnte der Tod eines erwachsenen Mitglieds immerhin noch um den Jagderfolg bringen.[35] Vertreter der funktionalistischen Ethnologie, wie Bronislaw Malinowski (1884—1942) und Meyer Fortes (1906—1983), sahen daher im Tod »die *größte Krise des Lebens*« und maßen entsprechend den Ritualen, die zu seiner Bewältigung aufgewandt werden, einen hohen analytischen, ja geradezu einen *Schlüsselwert* zum Verständnis einer Gesellschaft bzw. ihrer Kultur bei.[36]

Allerdings hingen Charakter und Ausmaß der Bedrohung stets auch sehr wesentlich von der *Art des Todes* ab. Erwachsene konnten nämlich, abgesehen von den erwähnten spezielleren Divergenzen nach Alter, Geschlecht und Status, generell auf zweierlei Weise sterben: Man unterschied allgemein zwischen einem quasi »normalen«, von den schon genannten Ursachen ausgelösten und einem sogenannten »*Schlimmen Tod*«, von dem man dann glaubte ausgehen zu müssen, wenn sich das Ableben auf eine unverwartete, *sehr plötzliche* und unter Umständen auch *ungewöhnliche* Weise — etwa durch Blitzschlag, die Attacke eines Raubtiers oder sonst einen irgendwie »eigenartigen« Unfall — vollzog. Die Unmittelbarkeit und Härte des Schlages galt hier als sicheres Indiz dafür, daß die Ursache nur in einem *besonders schwerwiegenden* Fehlverhalten gesucht werden konnte — beispielsweise im Diebstahl eines bestimmten Wertgegenstandes, in Hexerei, gefährlicheren Akten von Schadensmagie, einem Meineid, in Betrug, Mord, Inzest oder einem besonders gravierenden unmittelbaren Vergehen wider Ahnen, Geister und Götter. In derartigen Fällen kam zu der üblichen Verunsicherung und Erschütterung noch ein *hohes Maß an Verunreinigung* hinzu, wie sie naturvöl-

---

[34] Vgl. etwa Altiran: *Sextus Empiricus,* Adversus mathematicos 2, 33: Sexti Empirici opera 3, hg. von *J. Mau,* Leipzig 1954; Judäa zur Römerzeit: *Flavius Josephus,* Bellum Judaicum 2, 4, 1 f (dt.: *F. Josephus,* Geschichte des Jüdischen Krieges, übers. und mit Einl. und Anm. versehen von *Heinrich Clementz,* Köln 1959; Lakher, Assam: *Nevill Edward Parry,* The Lakhers, London 1932, 206. 208; Lobedu, Südafrika: *E. Jensen Krige/J. D. Krige,* The realm of a rain-queen. A study of the pattern of Lovedu society, London/New York/Toronto 1947, 167f; Lugbara, Uganda: *John Middleton,* Lugbara religion. Ritual and authority among an East African people, London 1960, 202 ff; Gurunsi, Obervolta: *Kunz Dittmer,* Die sakralen Häuptlinge der Gurunsi im Obervolta-Gebiet; (Mitteilungen aus dem Museum für Völkerkunde in Hamburg 27), Hamburg 1961, 88 b. 101 b; Südäthiopien: *Eike Haberland,* Untersuchungen zum äthiopischen Königtum, (Studien zur Kulturkunde 18), Wiesbaden 1965, 268. 306—308; Afrika generell: *Hermann Baumann,* Afrikanische Plastik und sakrales Königtum. Ein sozialer Aspekt traditioneller afrikanischer Kunst: Sitzungsberichte der Bayerischen Akademie der Wissenschaften, phil.-hist. Klasse 1968, 5 (1969) 11.
[35] *Woodburn,* Social dimensions of death 193. 196, vgl. 203.
[36] *Bronislaw Malinowski,* Magic, science and religion and Other essays, (Anchor A 23), New York ²1954, 47—53; *Fortes,* Bewußtsein 105 f.

kischem Glauben zufolge überhaupt durch jede Art von Normenverletzung (bzw. letztlich durch exosphärische Einwirkungen), d. h. also durch *Versehrung*, ausgelöst wird. Aller eines Schlimmen Todes Verstorbenen suchte man sich daher möglichst rasch und ohne viel Aufhebens zu entledigen. Sie wurden weder — zumindest nicht offiziell — betrauert noch in der üblichen, zeremoniellen Weise beigesetzt. Danach hatten sich die engeren Angehörigen, die gewöhnlich die heikle Angelegenheit allein unter sich ausmachten, unter Umständen aber auch alle Mitglieder der Gemeinschaft entsprechender *Reinigungsriten* zu unterziehen. Später soll davon, und namentlich dem Geschick, dem sich die Seelen derartiger Toter dann im Jenseits ausgesetzt sahen, noch einmal kurz die Rede sein.

Der »*normale*« *Tod* trat demgegenüber sozusagen auf ganz »gewöhnliche« Weise und zudem auch kaum unerwartet ein. Der Verlauf der Krankheit, die etwa seine Ursache bildete, ließ Erfahrene — und vielfach auch den Sterbenden selbst — in der Regel mit einiger Sicherheit absehen, wann mit dem Ende zu rechnen war. Außerdem kamen häufig auch noch bestimmte, untrügliche *Vorzeichen* hinzu. Nach Anschauung der Anuak z. B., die im südlichen Grenzbereich zwischen der Republik Sudan und Äthiopien leben, kündigt sich der Tod eines Mannes etwa dadurch an, daß bestimmte Vögel, wie die Eule, über seinem Gehöft erscheinen und in einer charakteristischen Weise schreien, daß er über längere Zeit hin keinen Erfolg beim Fischen und Jagen hat, daß er sich fortwährend müde und schwach fühlt, daß die Läuse seine Kleider verlassen oder die Hunde ihn zu meiden beginnen. Bei Höhergestellten greifen die Zeichen entsprechend auf die gesamte Natur, ja den Kosmos über. Ihrem Tod können u. a. verheerende Unwetter, ausgedehnte Überschwemmungen, Rattenplagen oder besondere Himmelserscheinungen wie Sternschnuppen und Kometen vorausgehen.[37]

Sobald man sich sicher ist, daß die letzte Stunde unmittelbar bevorsteht, werden zunächst alle näheren Angehörigen, vor allem aber die *Blutsverwandten* des Sterbenden, die sein Tod ja am unmittelbarsten betrifft, verständigt.[38] Sofern sie in derselben Siedlung oder in nicht allzu weiter Entfernung leben, finden sie sich unverzüglich ein und versammeln sich um sein Lager, um ihm in der Abschiedsstunde nahe zu sein. Das alles geschieht, wie Augenzeugen immer wieder berichten, mit großer emotionaler Beherrschung, Ruhe und Würde. Der Sterbende selbst zeigt gewöhnlich die gleiche

---

[37] *Godfrey Lienhardt*, The situation of death. An aspect of Anuak philosophy: *Mary Douglas* (Hg.), Witchcraft confessions and accusations, (A. S. A. Monographs 9), London 1970, 281.
[38] Vgl. etwa *Goody*, Death, property and the ancestors 49.

Gefaßtheit; seine Anschauung lehrt ihn, daß sein Schicksal unabänderlich ist und es daher in höchstem Maße unschicklich wäre, sich dagegen zu wehren (eine Einstellung, die von Europäern oft gründlich als quasi »fatalistischer« Gleichmut mißverstanden wurde). Zudem hat er oft noch letzte Anordnungen zu treffen, etwa bestimmte, mehr persönliche Erbschaftsangelegenheiten zu regeln, spricht Ermahnungen aus oder sucht einen langjährigen Streit, der die notwendige Solidarität der Verwandten gefährlich beeinträchtigte, endgültig beizulegen. Handelt es sich um einen Familienvater, wird er schließlich auch nicht versäumen, seine Kinder zu *segnen,* d. h. ihnen von seiner Lebenskraft noch einmal, ehe sie sich auflöst, mitzuteilen. Ebensogut freilich kann er die Stunde auch zum Anlaß nehmen, einen Sohn oder eine Tochter mit seinem *Fluch* zu belegen.

Das Dahinscheiden eines Menschen reißt eben eine Lücke auf in der Abfolge seiner Daseinsphasen und läßt so wieder eine »offene« Situation entstehen, die es möglich macht, Einfluß auf das Geschehen der Folgezeit zu nehmen. Und gleichzeitig tun sich durch den Aufbruch der endosphärischen Schranken auch gleichsam »die Himmel auf«: Der Sterbende wird, wie man oftmals glaubt, quasi *hellsichtig* — seine Freiseele beginnt sich, wie im Traum oder ekstatischen Zuständen,[39] allmählich vom Körper zu lösen. Was er sagt, wünscht oder prophezeit, besitzt einen hohen Wahrheitsgehalt und fordert entsprechende Berücksichtigung.[40] Nach dem Glauben der Bewohner des Hunza-Tales im hohen Norden von Pakistan sieht der Sterbende seine Vorfahren auf sich zukommen, um ihn ins Totenreich zu geleiten;[41] nach Vorstellungen der Apinayé, einer Ge-Gruppe in Ostbrasilien, versammeln sie sich um sein Lager und speisen mit ihm, um ihm den Übergang zu erleichtern.[42] Zieht sich der Todeskampf hin und erscheint mühsam und quälend, suchen ihm mitunter auch seine lebenden Angehörigen behilflich zu sein. Da man annehmen muß, daß der Grund in Schwierigkeiten der Freiseele liegt, sich aus den Fesseln des Leibes zu befreien, setzt man ihn etwa auf, wobei ihn, wie bei den LoDagaa im Westsudan z. B., eine nahe Verwandte vielleicht stützend im Arm hält,[43] oder knetet ihm, wie das die Zuñi im Südwesten

---

[39] Die Übereinstimmung ist durchaus bewußt: Vgl. z. B. *Cipolletti,* Jenseitsvorstellungen 17f.
[40] Vgl. *Lienhardt,* The situation of death 284.
[41] Nach einer mündlichen Auskunft von Irmtraud Müller-Stellrecht, die in den Jahren 1978—1982 in Hunza gearbeitet hat. Eine entsprechende Anschauung ist auch aus neuerer Zeit noch für Irland bezeugt: *Hans Hartmann,* Der Totenkult in Irland. Ein Beitrag zur Religion der Indogermanen, Heidelberg 1952, 79f.
[42] *Cipolletti,* Jenseitsvorstellungen 131.
[43] *Goody,* Death, property and the ancestors 49.

der Vereinigten Staaten zu tun pflegten, kräftig den Magen, die Lippen und die Augenlider durch.[44] Allerdings sind auch nicht wenige Gruppen bekannt, denen der Vorgang soviel Grauen einflößte, bzw. konkreter: die sich vor den Zerfallskräften, die er vermeintlich freisetzte (namentlich im »brechenden Blick«), derart ängstigten, daß sie den Sterbenden flohen und in seinem Todeskampf allein ließen.[45] In Fällen, in denen die Art der Lebensführung das erlaubte, wie vor allem bei wild- und feldbeuterischen Gesellschaften, bestattete man dann unter Umständen den Verstorbenen auch erst gar nicht, sondern räumte sofort die Unheilsstätte und verlegte das Lager bzw. die Siedlung ganz einfach woandershin.[46]

D. Trauer und Beisetzung

Sobald feststand, daß der Tod eingetreten war, änderte sich die Szene meist geradezu schlagartig. Die anwesenden *Frauen* brachen in laute, häufig auch ganz bestimmte, schrilltönende Klageschreie aus und taten damit gleichzeitig der Nachbarschaft kund, was geschehen[47] und daß eine *neue Situation* entstanden war, die den gewohnten Alltag gewissermaßen *aufbrach* und ein entsprechendes Verhalten erforderte. Boten wurden ausgesandt, um die entfernter wohnenden Verwandten zu verständigen, während im Sterbehaus die Totenklage, verstärkt durch Hinzukommende, anhielt. Sie blieb auch weiterhin fast ausschließlich Sache der Frauen[48]; von den Männern beteiligten sich höchstens die allerengsten Angehörigen des Verstorbenen daran, aber auch dann nur in deutlich *moderaterer* Form. Die Hadza, eine Wildbeutergruppe im mittleren Tansania, begründeten dies dem amerikanischen Ethnologen James Woodburn gegenüber damit, daß Frauen den Tod tiefer und elementarer empfinden würden.[49] Tatsächlich aber dürfte dem Usus wohl eher das weltweit verbreitete (und gezielt diskriminierende) männliche Vorurteil zugrunde liegen, demzufolge Frauen emotionaler veranlagt sind, sich leichter

---

[44] *Scherke*, Über das Verhalten der Primitiven zum Tode 14.
[45] Ebd. 13 f.
[46] Ebd. 59. 67. 88; *B. Mörner*, Tinara. Die Vorstellungen der Naturvölker vom Jenseits, Jena 1924, 103 f; *Woodburn*, Social dimensions of death, 195. 197.
[47] Vgl. *Bronislaw Malinowski*, Das Geschlechtsleben der Wilden in Nordwest-Melanesien. Liebe, Ehe und Familienleben bei den Eingeborenen der Trobriand-Inseln, Britisch-Neu-Guinea, Leipzig/Zürich 1927, 105; *Goody*, Death, property and the ancestors 51.
[48] *Maurice Bloch*, Death, women and power: *Bloch/Parry (Hgg.)*, Death and the regeneration of life 215. 226.
[49] *Woodburn*, Social dimensions of death 189 f.

von ihren Gefühlen beherrschen lassen und daher eher zu unkontrollierten, exzessiven Formen der Verhaltensäußerung neigen.[50]

Einen Toten indessen *allzusehr* zu beklagen, war gewöhnlich wider die Sitte. Nicht selten bestand sogar die ausgesprochene Regel, keinerlei — oder nur wenige — Tränen zu vergießen bzw. nicht *allzu lange* um den Dahingeschiedenen zu weinen. Man befürchtete, daß es ihm dadurch nur schwerer würde, sich von seinen Angehörigen zu lösen und seinen Weg ins Totenreich zu finden.[51] Erzählungen berichten gelegentlich davon, daß der Verstorbene in derartigen Fällen zurückkehrte und den Trauernden, der seines Kummers nicht Herr zu werden vermochte, mit sich ins Grab zog.[52] Vor allem Kindern, die sich, wie man meinte, auch im Jenseits noch nicht so recht zu helfen wußten, glaubte man auf diese Weise ernstlich zu schaden. Auch in Europa herrschten derartige Vorstellungen. Bekannt sind die Märchen vom »Kind mit dem Tränenkrüglein« oder »Das Totenhemdchen« (Grimm Nr. 109)[52a], in denen Kinder im Grab keine Ruhe finden können, weil ihre Mutter ohne Unterlaß um sie weint. Im letzteren erscheint schließlich das Kind seiner Mutter und bittet sie: »Ach Mutter, höre doch auf zu weinen, sonst kann ich in meinem Sarge nicht einschlafen, denn mein Totenhemdchen wird nicht trocken von deinen Tränen, die alle darauffallen«[53].

Als ausgesprochen *gefährlich* betrachtete man die Situation nach Eintritt des Todes dann ganz konkret auch insofern, als der Verfallsprozeß, wie jede Art von Versehrung, dem schon erwähnten — und tatsächlich weltweit verbreiteten — Glauben zufolge eine *zerstörerische Wirkkraft* freisetzte, die bereits mit Krankheit und Siechtum spürbar zu werden und nunmehr ihre höchste Intensität zu entfalten begann. Sie strahlte gleichsam von dem Leichnam aus, umgab ihn, wie die Ngadju-Dajak im südlichen Borneo es ausdrücken, gleich einer »Wolke aus Unreinheit«[54], die alles, was sich in ihrem näheren

---

[50] Vgl. *Müller,* Die bessere und die schlechtere Hälfte 19—23. 88. 96. 113 f. 122. 124 f. 130. 163 f. 229. 242. 302—310. 369. 376 f. 384. 391.

[51] Vgl. z. B. *Julius Klaproth,* Reise in den Kaukasus und nach Georgien, unternommen in den Jahren 1807 und 1808, Bd. I, Halle/Berlin 1812, 602; *E. Lilek,* Volksglaube und volksthümlicher Cultus in Bosnien und der Hercegovina 4 (1896) 405; *Krige/Krige,* The realm of a rain-queen 289; *Bürkle,* Der Tod in den afrikanischen Gemeinschaften 251; *Pentikäinen,* The dead without status 97.

[52] Vgl. etwa *Beatrice Blyth Whiting,* Paiute sorcery. Sickness and social control: *David Landy* (Hg.), Culture, disease, and healing. Studies in medical anthropology, New York 1977, 213 a; *Röhrich,* Der Tod in Sage und Märchen 178.

[52a] Kinder- und Hausmärchen, ges. durch die Brüder Grimm, Bd. II (1955), 468 f.

[53] Vgl. *Kröger,* Übergangsriten im Wandel 59; *Röhrich,* Der Tod in Sage und Märchen 178 f; *Loux,* Das Kind und sein Körper 232.

[54] *Robert Hertz,* Death and The right hand, London 1960, 37 f.

Diffusionsbereich befand, affizierte bzw. »*verunreinigte*« und mit Zerstörung bedrohte. Um den Schaden möglichst gering zu halten, wurden der Tote und diejenigen seiner Angehörigen, die unmittelbar mit ihm zu tun hatten, also gewöhnlich seine engsten Verwandten, von der Gesellschaft *separiert,* d. h. mit einem Wall von *Distanzierungstabus* umgeben. Besonders gefährdete Personen, wie vor allem Kinder und schwangere Frauen, durften dem Bannbereich unter gar keinen Umständen nahekommen.[55]

An sich war auch dies nur Ausdruck der spezifischen *Ausnahmesituation,* in die sich die Familie, ja gewöhnlich, zumindest in kleineren Lager- bzw. Siedlungsgemeinschaften, auch die Gesamtgesellschaft durch das Ableben eines der Ihren versetzt sahen. Der Tod hatte in die sozialen Beziehungen der Menschen eine Lücke gerissen, hatte exosphärischen Kräften den Zugang zur Binnewelt der Gruppe eröffnet, die deren Ordnung nunmehr mit Erschütterung bedrohten. Es bestand ein gefährlicher, labiler, von »Unreinheit« infizierter Zustand, dem wirksam zu begegnen in der Regel offenbar hieß, daß man versuchte, ihn gewissermaßen durch »*rituelle Objektivierung*« unter Kontrolle zu bringen. In der Zeit bis zur Beisetzung herrschten daher oftmals quasi *anarchische* Verhältnisse: Die Arbeit ruhte, die Menschen wuschen und pflegten sich nicht mehr, man ging nackt oder in schmutzigen Lumpen, sonst übliche Formen der Verhaltensetikette blieben unbeachtet, Sexualtabus wurden gebrochen u. a. mehr. Bei den Zulu in Südafrika gar verrichtete man, was man sonst mit der rechten Hand tat, nunmehr mit der linken; im Haus nahmen die Frauen die Männerseite (rechts) und die Männer die Frauenseite (links) ein[56] — noch gründlicher ließ sich die Verkehrung kaum demonstrieren. Starb ein bedeutender Mann oder König, steigerte sich das Ganze unter Umständen zu einem einzigen theatralischen *Chaos.* Die Menschen schienen vor Verzweiflung gebrochen, Verwahrlosung und Sittenlosigkeit griffen um sich, Magie, Zauberei und Gewaltakte aller Art nahmen überhand, ohne geahndet zu werden[57]: Die Welt stand gleichsam auf dem Kopf, die Festen des Kosmos waren ins Wanken geraten.

---

[55] Vgl. z. B. *Roy,* The Birhors 263 ff; *Parry,* The Lakhers 403 f; *A. P. Elkin,* Beliefs and practices connected with death in north-eastern and western South Australia: Oc. 7 (1937) 278; *Wilfrid Grigson,* The Maria Gonds of Bastar, Oxford ²1949, 275 f; *Gerhard von Rad,* Theologie des Alten Testaments I. Die Theologie der geschichtlichen Überlieferungen Israels, München 1957, 274 f; *Hertz,* Death and The right hand 37 f; *John Beattie,* Other culteres. Aims, methods and achievements in social anthropology, London ²1965, 215; *Alan Harwood,* Witchcraft, sorcery, and social categories among the Safwa, Glasgow 1970, 64; *Jane C. Goodale,* Tiwi wives. A study of the women of Melville Island, North Australia, Seattle/London 1971, 261 ff; *Endicott,* Batek Negrito religion 119; *Sundermeier,* Todesriten und Lebenssymbole 256 f; *Woodburn,* Social dimensions of death 192.

[56] *Sundermeier,* Todesriten und Lebenssymbole 252.

[57] Vgl. dazu die Angaben in Anm. 34.

Schließlich während der *Bestattungsfeierlichkeiten* erreichte die allgemeine Regellosigkeit dann ihren dramatisch übersteigerten Höhepunkt. Es wurde ausgiebigst gegessen und mehr noch gezecht, es fanden Maskentänze (zur mimischen Veranschaulichung der anwesenden Geistmächte) und Scheinkämpfe statt, die Geschlechter tauschten die Kleider (ritueller Transvestismus), die sexuelle Schrankenlosigkeit gipfelte nicht selten in einer wahren Orgie, bei der es unter Umständen selbst zu inzestuösen Verbindungen kam.[58] Allerdings war gerade mit letzterem noch ein zweiter, namentlich für agrarische Völker sehr wesentlicher Aspekt verknüpft: Der Einbruch, den der Tod bedeutete, stellte ja ganz besonders immer auch eine Bedrohung der *Lebenskraft* (Fruchtbarkeit) der Gruppe dar, die eine der Hauptvoraussetzungen ihrer Existenzfähigkeit war. Sie neu zu kräftigen und für die Folgezeit sicherzustellen, mußte daher ein vitales Anliegen sein. Eben diesem Zweck diente die orgiastische Entfaltung der Gruppensexualität *auch*.[59]

Vor der Beisetzung selbst pflegte man jedoch, zumindest in seßhaft lebenden Gemeinschaften, noch einmal gewissermaßen letzte Hand an den Toten zu legen, um ihn gebührend unter die Erde zu bringen. Das war in der Hauptsache wieder Aufgabe der *Frauen* — Frauen nämlich gelten in traditionellen Gesellschaften weithin als *unrein*[60], so daß es für sie weniger bedenklich schien, direkt mit dem Leichnam in Berührung zu kommen.[61]

Solche Zurüstungen konnten z. B. darin bestehen, daß man den Toten zunächst einmal wusch, also — auch — rituell reinigte, dann vielleicht, etwa mit roter Farbe (um ihm magisch Lebenskraft zu verleihen), bemalte, ihn mit bestimmten wohlriechenden Essenzen einrieb, seine Haare ordnete, ihm eine spezielle, manchmal eine sehr altertümliche (den Ahnen zuliebe), manchmal auch seine beste Kleidung anlegte, daß man ihn schmückte und ihm Gebrauchsgüter, die für sein Geschlecht, Alter und Status typisch oder ihm

---

[58] Vgl. etwa *K. F. Neumann*, Rußland und die Tscherkessen, Stuttgart/Tübingen 1840, 39; *E. Shortland*, Traditions and superstitions of the New Zealanders, London ²1856, 149; *Arnold van Gennep*, Tabou et totémisme à Madagascar. Etude descriptive et théoretique, Paris 1904, 158; *Junod*, The life of a South African tribe I, 160; *W. Müller (Wismar)*, Yap I: Georg Thilenius (Hg.), Ergebnisse der Südsee-Expedition 1908 bis 1910, Bd. II, (Ethnographie B, Mikronesien 2), Hamburg 1917, 269; *Edward E. Evans-Pritchard*, Some collective expressions of obscenity in Africa: The Journal of the Royal Anthropological Institute of Great Britain and Ireland 59 (1929) passim; *Robert Bleichsteiner*, Roßweihe und Pferderennen im Totenkult der kaukasischen Völker, (Wiener Beiträge zur Kulturgeschichte und Linguistik 4), Wien 1936, 440; *Middleton*, Lugbara religion 203 f; *Kröger*, Übergangsriten im Wandel 285.
[59] *Müller*, Grundzüge der agrarischen Lebens- und Weltanschauung 95 f; *vgl. Bloch*, Death, women and power 226.
[60] *Müller*, Die bessere und die schlechtere Hälfte 101—106.
[61] *Scherke*, Über das Verhalten der Primitiven zum Tode 127; *Müller*, Grundzüge der agrarischen Lebens- und Weltanschauung 95; *Bloch*, Death, women and power 215.

auch nur besonders teuer gewesen waren, in die Hand gab.[62] Wo man seinen »gebrochenen« Blick meinte besonders fürchten zu müssen, konnte die Leichentoilette etwa auch einschließen, daß man ihm die Augen nicht lediglich zudrückte, sondern herausnahm und durch künstliche ersetzte, wie das bei den Bewohnern einzelner Inseln in der Torres-Straße zwischen Neuguinea und Australien Usus war, daß man ihm wie einstmals bei den Mongolen üblich, die Lider vernähte oder auch überhaupt das gesamte Gesicht verhüllte.[63]

War der Leichnam dergestalt hergerichtet, wurde er gewöhnlich noch bis zu seiner »letzten Fahrt« im Hause oder an einer bestimmten anderen Stelle feierlich aufgebahrt, um ihn an den Trauerfeierlichkeiten gleichsam noch mit teilhaben zu lassen und seinen Verwandten, Nachbarn und Freunden Gelegenheit zu geben, endgültig Abschied von ihm zu nehmen.

Zur Beisetzung dann trug man ihn häufig nicht durch die Tür, sondern beförderte ihn etwa durch einen Hintereingang, durch ein Fenster oder durch eine eigens dazu geschlagene Öffnung in der Rückwand des Hauses hinaus. Als Grund dafür wird üblicherweise angegeben, man wolle dem Toten so gewissermaßen die Orientierung nehmen und an der Rückkehr verhindern. Mindestens ebenso sinnvoll, ja eigentlich logischer erscheint jedoch, daß er aufgrund der *Inversionssituation,* die seit seinem Ableben herrschte, ganz einfach einen »*verkehrten*« Weg nehmen *mußte*.

Die *Bestattung* selbst leitete schließlich seinen *Übertritt in die jenseitige Welt* ein. Wie bei allen komplizierteren Grenzüberschreitungsprozessen hing das Gelingen sehr wesentlich davon ab, daß alle dazu erforderlichen Verrichtungen möglichst exakt und vollständig, d. h. peinlich genau auf die übliche, *altüberlieferte* Weise durchgeführt wurden. Nur wer eine Bestattung erhielt, die allen traditionellen Regeln entsprach, kam, wie man glaubte, auf den richtigen Weg und fand Eingang ins Totenreich. Versäumte man auch nur eine Kleinigkeit, riskierte man, daß der Verstorbene sein Ziel verfehlte, ruhelos »zwischen den Welten« umherirrte und schließlich zurückkehrte, um sich an seinen Hinterbliebenen für ihre Nachlässigkeit zu rächen.[64]

Daraus folgt, daß die *Art der Bestattung* notwendig abhängig war von den Vorstellungen, die man sich jeweils vom Totenreich — seiner Lage, dem Weg dahin, seiner Beschaffenheit usw. — machte. Auf diese Zusammenhänge kann hier im einzelnen nicht eingegangen werden; es sei nur vermerkt, daß

---

[62] Vgl. *Scherke,* Über das Verhalten der Primitiven zum Tode 19 ff.
[63] Ebd. 28.
[64] *Mörner,* Tinara 123 ff.

sich im wesentlichen fünf Hauptformen der Beisetzungspraxis unterscheiden lassen, nämlich:

— die *Erdbestattung* (in Gräbern, unter Stein- oder Erdhaufen, in Höhlen usw.),
— die *Wasserbestattung* (in Flüssen, Seen und im Meer),
— die *Feuerbestattung* (mit anschließender Sonderbestattung der Asche, etwa in Urnen),
— die *Luftbestattung* (Aussetzen des Leichnams, Beisetzung auf Plattformen, Bäumen u. ä.)
— und der sogenannte »*Endokannibalismus*«, von dem unten noch kurz die Rede sein wird.

Vielfach war auch eine *Doppelbestattung* üblich: Man begrub, verbrannte oder setzte den Leichnam aus und ließ dann eine gewisse Zeitlang (häufig etwa ein Jahr) verstreichen, bis die Weichteile vergangen, bzw. von Tieren gefressen waren, um nunmehr die *Knochen* noch einmal und endgültig beizusetzen, oder auch teilweise — insbesondere den Schädel! — als Reliquien bei sich aufzubewahren und zu magischen Zwecken, namentlich im Fruchtbarkeitszauber, zu nutzen.[65] Es war schon die Rede davon, daß Haare, Nägel, Zähne und Knochen ihrer großen Widerstandsfähigkeit wegen als in besonders hohem Maße *vitalkrafthaltig* galten. Auch wenn man die Toten verzehrte (Endokannibalismus), erfuhren Knochen und Schädel zumeist eine derartige Sonderbehandlung.[66]

Wesentlich war auch, *wo genau* die Verstorbenen ihre letzte Ruhestätte fanden. Als unabdingbar galt generell, daß sie *innerhalb des Gruppenterritoriums* beigesetzt wurden. Starb jemand in der Fremde oder ging sein Leichnam aus sonst einem Grunde, beispielsweise durch Ertrinken, verloren, veranstaltete man, etwa mit einer Puppe oder einem Kleidungsstück des Toten, eine *Ersatzbestattung*, die zum Ziel hatte, zumindest seine Freiseele »heimzuholen« und ins eigene Totenreich zu überführen.[67] Bei seßhaften, also vor

---

[65] *Scherke*, Über das Verhalten der Primitiven zum Tode 74 ff; *Mörner*, Tinara 136 ff. 164; *Hertz*, Death and The right hand 41 ff; vgl. *A. Playfair*, The Garos, London 1909, 110 f; *Mbiti*, Afrikanische Religion und Weltanschauung 200; *Andrew Strathern*, Wichcraft, greed, cannibalism and death. Some related themes from the New Guinea Highlands: *Bloch/Parry* (Hgg.), Death and the regeneration of life 117.

[66] Vgl. *Heinrich Bamler*, Magische und religiöse Denkformen und Praktiken der Keyagana, Kanite, Yate und Fore im östlichen Hochland von Neuguinea: Baessler-Archiv 36 (1963) 125 f.

[67] Vgl. z. B. *P. R. Gurdon*, The Khasis, London ²1914, 136; *Friedrich Albert*, Die Waldmenschen Udehe. Forschungsreisen im Amur- und Ussurigebiet, Darmstadt 1956, 197; *Goody*, Death, property and the ancestors 55; *V. G. Lar'kin*, Oroči (istoriko-ètnografičeskij očerk s serediny XIX v. do našich dnej), Moskva 1964, 106; *T. Sinha*, The psyche of the Garos, Calcutta 1966, 34; *Bürkle*, Der Tod in den afrikanischen Gemeinschaften 249 f.

allem agrarischen Völkern, bei denen gewöhnlich eine sehr enge Beziehung zwischen Lebenden und Verstorbenen besteht (von der unten noch die Rede sein wird), legte man besonderen Bedacht darauf, seine Toten möglichst *nahe bei sich* zu haben. Häufig wurden sie etwa, wie bereits seit dem Neolithikum belegt,[68] unter dem Fußboden des Hauptraumes im Hause, irgendwo innerhalb des Gehöftareals oder auch zwischen den Häusern des Dorfes, also immerhin noch inmitten des engeren Siedlungsbereichs, bestattet. Daneben aber waren immer auch eigene, separate *Friedhöfe* üblich.[69] Sinnvoll für Empfinden und Vorstellung vom Bodenbau lebender Menschen erscheint auch, daß man die Toten verschiedentlich, dem Saatgut (Körnern bzw. Stecklingen) der Nahrungspflanzen vergleichbar, *zerstückelt im Ackerland* vergrub. Ihre Vitalkräfte gingen damit ein in den Boden, teilten sich den heranreifenden Fruchtpflanzen mit und gelangten so wieder zurück in die Leiber der Lebenden.[70]

Der Wunsch, den Kräftekreislauf innerhalb der Gruppe ungebrochen zu halten, ließ sich indessen auf noch unmittelbarere Weise realisieren: dann nämlich, wenn man die Verstorbenen — bzw. bei Brandbestattung ihre Asche — verzehrte. Ebendies meint der Ausdruck »*Endokannibalismus*«. Der Brauch besaß in der Tat denn auch eine zwar nicht durchgängige, aber doch weltweite Verbreitung und wurde nicht von ungefähr auch von nomadischen Gruppen praktiziert, die ihrer unsteten Lebensweise wegen nicht imstande waren, eine kontinuierliche Beziehung zu den Bestattungsplätzen ihrer Toten aufrechtzuerhalten, gleichwohl aber einen entwickelten Totenglauben kannten. Im einzelnen ist die Praxis z.B. von zahlreichen Stämmen Australiens, im Hochland von Neuguinea, in Teilen Melanesiens, des antiken Zentralasien (Massageten u.a.) und selbst Alteuropas sowie von Gruppen an der Nordwestküste Nordamerikas und im nordwestlichen Südamerika belegt. Dabei wurden die Leichname entweder vollständig oder nur bestimmte Teile von ihnen (etwa Fett, Herz und Leber) verzehrt, meist gekocht, manchmal auch im Rohzustande. Aß man auch — oder nur — die *Knochen,* so pflegte man sie zunächst zu Asche zu verbrennen, bzw. weichzukochen oder mit einem Mörser zu Mehl zu zerstampfen und dann, wie in Südamerika in der Regel, mit einem berauschenden Getränk, etwa Maisbier, zu versetzen und so zu genießen. In jedem Falle nahmen an der Mahlzeit nur die engeren An-

---

[68] *Gordon Childe,* Stufen der Kultur. Von der Urzeit zur Antike, Stuttgart/Zürich/Salzburg 1952, 79; *Narr,* Urgeschichte der Kultur 195. 264; *Hermann Müller-Karpe,* Jungsteinzeit: *Ders.,* Handbuch der Vorgeschichte II, München 1968, 63. 74. 202. 259. 349. 350. 351. 353.
[69] Vgl. *Müller,* Grundzüge der agrarischen Lebens- und Weltanschauung 97f.
[70] Vgl. *Scherke,* Über das Verhalten der Primitiven zum Tode 29; *Müller,* Grundzüge der agrarischen Lebens- und Weltanschauung 96f.

gehörigen, d. h. die *Familie bzw. die Bluts- und teilweise die Schwiegerverwandten* des Verstorbenen, seltener auch die Mitglieder der gesamten Lokalgruppe, teil.[71]

Alle diese verschiedenen Beisetzungsweisen waren in Fällen eines quasi »normalen« Ablebens Erwachsener üblich. Aber die Verstorbenen konnten ja Männer wie Frauen sein, sich zum Zeitpunkt ihres Todes in einem ganz bestimmten Seinszustand befinden und vor allem einen unterschiedlichen Status besitzen. Und danach galt es dann eben, worauf ja schon hingewiesen wurde, bei den Trauerfeierlichkeiten und der Bestattung *entsprechend zu differenzieren* — nicht so sehr, um ihnen in schuldiger Weise die letzte Reverenz zu erweisen, als vielmehr im Hinblick auf ihr künftiges Dasein im Totenreich, in dem ihnen die Aufnahme und den ihnen gebührenden Platz zu sichern ja die Hauptaufgabe der Beisetzungsriten war. Und so kannte man denn in der Regel auch differierende Bestattungspraktiken etwa für Männer und Frauen, Schamanen, Priester, Oberhäupter und andere wichtiger Amtsträger.

Differenzierungen lediglich nach dem *Geschlecht* beziehen sich zumeist nur auf Anordnungs- und Ausstattungsfragen. Frauen werden z. B. auf der *linken,* Männer auf der *rechten* Seite zu Grabe gelegt; beide erhalten unterschiedliche, eben geschlechterspezifische Beigaben und oft auch einen unterschiedlichen Grabschmuck, etwa kleinere oder größere oder sonstwie abweichend gestaltete Grabsteine bzw. Erinnerungsmale. *Schamanen* in Sibirien wurden immer auf eine besondere, deutlich andere und zeremoniellere Weise als die übrigen Sterblichen bestattet. Setzte man diese z. B. auf gemeinschaftlichen Friedhöfen bei, so jene einzeln weit draußen in der Taiga auf einem Plattformgerüst, in bestimmten Bäumen oder auf dem Gipfel eines Berges.[72]

---

[71] Vgl. *Herodot,* Historia I 216 (dt.: *Herodot,* Historien. Deutsche Gesamtausgabe, übers. von *A. Horneffer,* neu hg. und erl. von *H. W. Haussig,* [Kröners Taschenausgabe 224], Stuttgart 1963); *Strabo,* Geographica 11, 8, 6 (dt.: Strabo's Erdbeschreibung, übers. und erl. von *A. Forbiger,* 2 Bde., [Langenscheidtsche Bibliothek sämtlicher griech. und röm. Klassiker], Berlin/Stuttgart 1856/1860; *Porphyrios,* De abstinentia 4. 21 (dt.: *Porphyrius,* Vier Bücher von der Enthaltsamkeit, übers. und erl. von *E. Baltzer,* Leipzig 1879); *Scherke,* Über das Verhalten der Primitiven zum Tode 13. 53 f; *Phyllis M. Kaberry,* Death and deferred mourning ceremonies in the Forrest River tribes, North-West-Australia: Oc. 6 (1935) 37; *Elkin,* Beliefs and practices 283 ff; *Ursula H. Mcconnel,* Mourning ritual among the tribes of Cap York Peninsula: Oc. 7 (1937) 346 f; *Hartmann,* Der Totenkult in Irland 18; *Hertz,* Death and The right hand 44; *Bamler,* magische und religöse Denkformen 124 ff; *Irving Goldman,* The Cubeo Indians of the North-West Amazon, (Illinois Studies in Anthropology 2), Urbana 1963, 220; *Ute Bödinger,* Die Religion der Tukano im nordwestlichen Amazonas, (Kölner Ethnologische Mitteilungen 3), Köln 1965, 186 f; *Hans-Peter-Hasenfratz,* Der moderne nordamerikanische Totenkult als religionsgeschichtliches Problem: Numen 24 (1977) 69 f.

[72] Vgl. *G. Sandschejew,* Weltanschauung und Schamanismus der Alaren-Burjaten: Anthropos 22 (1927) 984; *Horst Nachtigall,* Die erhöhte Bestattung in Nord- und Hochasien: Anthr. 48 (1953) 68; *I. A. Lopatin,* The cult of the dead among the natives of the Amur Basin, (Central Asiatic Studies 6), 'S-Gravenhage 1960, 82.

Für *Oberhäupter und Könige* war ebenfalls oft eine spezielle Art der Bestattung üblich. Statt sie schlichtweg zu begraben oder einzuäschern, errichtete man ihnen etwa geräumige, manchmal palastartige und entsprechend kostspielig ausgestattete Mausoleen, in denen sie dann, vielleicht noch mumifiziert, in Särgen und Sarkophagen aus Stein oder Edelmetall aufgebahrt wurden. Die begleitenden Trauerfeierlichkeiten hoben sich durch Umfang und Aufwand deutlich von den sonst üblichen ab. Reichliche Beigaben an Nahrungsmitteln, Gebrauchsgegenständen, Wertgütern, kostbarem Schmuck, Tieren und nicht selten auch Menschen folgten den privilegierten Toten ins Grab und sollten die Gewähr dafür bieten, daß es ihnen auch »drüben« an nichts gebrach und sie auf die gewohnte Weise hofhalten und ihren herrscherlichen Pflichten genügen konnten; denn zumindest in sozialer Beziehung stellte das jenseitige Dasein eine getreuliche Fortsetzung des diesseitigen dar.

Neben den »normalen« gab es indessen, worauf ja desgleichen bereits hingewiesen wurde, auch »*anormale*« Arten des Ablebens: vor allem den Tod von *Kindern*, die man ja noch nicht als Menschen im eigentlichen Sinne begriff, und im Erwachsenenalter dann den sogenannten »*Schlimmen Tod*«, der die Betroffenen ihrer erheblichen Verfehlungen wegen, für die sie die Jenseitigen eben zur Rechenschaft gezogen hatten, aus der Gemeinschaft der Gruppe, der Lebenden wie der Toten, *ausschloß*. Und natürlich mußte auch dies seine Konsequenzen für die Bestattungspraxis haben.

Säuglinge und Kleinkinder (und entsprechend zumeist auch Früh- und Totgeburten) wurden z. B. *ohne jede zeremonielle Feierlichkeit* und gewöhnlich *im oder nahe beim Haus*, etwa in den Ästen der umstehenden Bäume oder, wie auch in Frankreich noch,[73] im Garten beigesetzt. Man ging dabei von der Überlegung aus, daß die betreffende Freiseele noch nicht so recht Fuß in dem Körper des verstorbenen Kindes zu fassen vermocht hatte, und wollte sie in der Nähe halten, um ihr die Möglichkeit zu einem erneuten Versuch zu geben.[74] Eines Schlimmen Todes Verstorbene würdigte man gemeinhin *gar keiner* oder zumindest keiner »ordentlichen« Bestattung: Man warf sie entweder igendwo in den Busch oder verscharrte sie dort nur ganz flüchtig — d. h. man *exkommunizierte* sie auch als Tote und überantwortete sie der

---

[73] *Loux*, Das Kind und sein Körper 232.
[74] Vgl. *Findeisen*, Viehzüchter- und Jägervölker am Baikalsee 17. 27; *Kaberry*, Death and deferred mourning ceremonies 39; *J. Sonnen*, Die Beduinen am See Genesareth. Ihre Lebensbedingungen, soziale Struktur, Religion und Rechtsverhältnisse, (Palästinahefte des Deutschen Vereins vom Heiligen Lande 43–45), Köln 1952, 77; *Lopatin*, The cult of the dead 80; *Pentikäinen*, The dead without status 93. 98 ff; *Popov*, Duša i smert' 41; *Kröger*, Übergangsriten im Wandel 59 ff.

antiweltlichen Exosphäre.[75] Das gleiche Schicksal teilten übrigens oft auch eingefleischte Junggesellen, Impotente, kinderlose Frauen, notorische Kriminelle und andere, etwa kranke Individuen, deren abweichendes Verhalten man eben als im strengsten Sinne *asozial* auffaßte.[76]

E. Rückkehr ins Leben

Mit dem Tod eines Menschen war ein Bruch im Lebenslauf seiner Angehörigen, ja oft auch der gesamten Siedlungsgemeinschaft entstanden. Die Zeit stand gleichsam still; Unheilskräfte strömten aus der Exosphäre in die Binnenwelt der Gruppe ein, Chaos griff um sich. Das Verhalten der Trauernden stellte die Reaktion darauf, d. h. das Bemühen dar, der kritischen Situation Herr zu werden.

Gleichzeitig aber galt es, den Blick über die Gegenwart hinaus in die Zukunft zu richten, kam es darauf an, *heil* über die gefährliche »Krise« zu kommen und den Fortgang der Entwicklung, bzw. die *Kontinuität der Gruppe* sicherzustellen. Wie schon ausgeführt, bildeten das gängige Mittel zur Überwindung derartiger Bruchphasen »Übergangs-« oder »Seinswechselriten« nach dem Vorstellungsmodell der *rituellen Wiedergeburt*. Die Trauerriten stellen da keine Ausnahme dar. Sie folgen dem Schema sogar, aus dem Ernst der Lage heraus, besonders strikt.[77]

Das bedeutete, daß die Menschen das Ableben eines der Ihren zunächst einmal quasi *teilten:* »Stirbt jemand aus der eigenen Sippe«, so der Ethnologe Josef Franz Thiel zu den entsprechenden Auffassungen in afrikanischen Pflanzergesellschaften, »so sterben die Sippenmitglieder symbolisch mit. Je näher man dem Verstorbenen steht, desto stärker wird das symbolische Mitsterben sich äußern.«[78] Gatten und Nächstverwandte (Eltern, Kinder, Geschwister) hatten sich den Riten also besonders gewissenhaft zu unterziehen;[79] in gewissem Umfang jedoch nahmen sie zumeist auch die übrigen Gruppenmitglieder wahr. Dauer und Strenge hingen dabei wieder vom Alter, Geschlecht und Status des Verstorbenen ab.

---

[75] Vgl. *Mörner*, Tinara 125 ff; *Pentikäinen*, The dead without status 93; *Müller*, Einführung 46.

[76] Vgl. *Ernst Haaf*, Die Kusase. Eine medizinisch-ethnologische Studie über einen Stamm in Nordghana, (Gießener Beiträge zur Entwicklungsforschung, Reihe II/1), Stuttgart 1967, 104; *Müller*, Grundzüge der agrarischen Lebens- und Weltanschauung 92 f.

[77] *Pentikäinen*, The dead without status 95.

[78] *Josef Franz Thiel*, Tod und Jenseitsglaube in Bantu-Afrika: *Joachim Klimkeit (Hg.)*, Tod und Jenseits im Glauben der Völker, Wiesbaden 1978, 45.

[79] Vgl. auch *Goody*, Death, property and the ancestors 49.

Die *Trennungsriten* fanden unmittelbar Ausdruck in der Totenklage, den verschiedenen Formen des Abschiednehmens und schließlich der Beisetzung selbst.[80] Die Übergangs- oder *Umwandlungsriten*, die den rituellen Todeszustand der Gruppe markierten, konnten z. B. darin bestehen, daß sämtliche Feuer in der Siedlung ausgelöscht wurden, daß man die Kleidung ablegte, bzw. nur ganz bestimmte Stücke oder Lumpen trug, sich weiß (Totenfarbe!) bemalte oder mit Lehm und Asche beschmierte, sich das Haupthaar schor, daß man spezielle Speisetabus beobachtete und überhaupt ein Verhalten an den Tag legte, das in deutlichem *Gegensatz* zu dem sonst, zu »normalen« Zeiten üblichen stand: Das Chaos hatte die Menschen gleichsam in seinen Strudel gezogen und in den ihm gemäßen Zustand, eben die *Umkehrung des Lebens* bzw. den »Tod«, versetzt. Endlich die *Wiederaufnahmeriten* schlossen vor allem umfängliche Reinigungszeremonien, das Wiederanlegen der üblichen Alltagstracht oder auch neuer Kleider, eventuell eine abermalige Haarschur, die Aufhebung der speziellen Speise- und Verhaltenstabus, das Wiederentfachen der Feuer und ein allgemeines Abschlußfest ein, bei dem man gemeinsam aß und trank, sang und tanzte und sich so der *Restituierung der Ordnung* und seiner *neugewonnenen Lebensfähigkeit und Identität* versicherte.[81]

Noch genauer indessen nahmen es, wie gesagt, die Hauptleidtragenden, also die engeren Blutsverwandten und vor allem Gatte und Gattin damit, die der Tod ja auch am unmittelbarsten betraf. Für sie bedeutete die Folgezeit tatsächlich ein »neues Leben«. Alles hing daher — ganz wie im Falle der Bestattung für die Toten — entscheidend davon ab, daß sich der Eintritt in dieses ihr künftiges Dasein, ihre »Wiedergeburt«, möglichst *regelmäßig* vollzog.

Das »*Absterben*« zunächst konnte seinen Ausdruck auf besonders drastische Weise in gewissen *Selbstverstümmelungen* finden — im Zerkratzen des Gesichtes z. B., im Einschneiden der Ohrläppchen, im Herausbrechen von Zähnen, dem Abschlagen einzelner Fingerglieder und anderen mehr. Der große Entdecker James Cook (1728—1779) berichtet in dieser Hinsicht etwa von den Tonga-Insulanern:

»Nichts vermag den eigentlichen Charakter dieses Volkes besser zu kennzeichnen als die Achtung, die sie ihren Toten gegenüber an den Tag legen. Sie besteht nicht in Worten, sondern in Taten. Denn mit Ausnahme der Tupi, der Könige, versehen sie ihre Gesichter mit Brandmalen, schlagen sich mit Steinen die Zähne aus, zerfetzen sich mit Haizähnen die Haut, so daß das Blut fließt, stechen sich Speere in die Innenseite der Oberschenkel und Achselhöhlen und durchsto-

---

[80] Vgl. *Scherke*, Über das Verhalten der Primitiven zum Tode 118. 125 ff.
[81] Vgl. z. B. *Roy*, The Birhors 263 ff; *Vincenzo Petrullo*, The Yaruros of the Capanaparo River, Venezuela, (Smithsonian Institution. Bureau of American Ethnology. Anthropological Papers 11), Washington 1939, 226; *Bamler*, Magische und religiöse Denkformen 123; *Thiel*, Tod und Jenseitsglaube 45; *Sundermeier*, Todesriten und Lebenssymbole 257.

ßen sich die Wangen. Das geschieht mit solcher Inbrunst, daß sie dies entweder aus wirklicher Überzeugung oder in argem Aberglauben befangen tun.«[82]

Den Zustand des »*Todes*« selbst markierte dann wieder eine strikte *Seklusion*. Die Trauernden zogen sich für eine bestimmte Dauer in einen Winkel des Hauses, in eine eigens dafür vorgesehene Hütte (die über dem Grab des Verstorbenen errichtet sein konnte) oder auch irgendwohin in den Busch zurück. Hier, im »Jenseits«, vollzog sich nunmehr ihre *Umwandlung*. Als »Tote« hatten sie dabei die schon bekannten, typischen Verhaltensweisen zu beobachten: Sie stellten die Körperpflege ein, ließen Haupt- und Barthaar ungestutzt wachsen, bestrichen sich Gesicht und Leib mit — in der Regel — weißen oder schwarzen (mit Asche versetzten) Pasten, zerrissen ihre Kleider und blieben entweder völlig nackt oder legten eine spezielle, gewöhnlich wieder weiße oder dunkelfarbige, oft nur aus Lumpen bestehende Trauertracht an. Verschiedentlich verhüllte man sich auch das Haupt oder verschleierte zumindest das Gesicht. Die Bewegung wurde auf ein Minimum reduziert, in bestimmten Phasen hatten die Trauernden sogar absolut bewegungslos zu verharren. Meist herrschte auch ein striktes Schweigegebot. Hinzu kamen weiter rigorose Speisetabus und vielfach noch eine Reihe anderer, teils sehr empfindlicher Verhaltenseinschränkungen. Und schließlich galten die Trauernden während dieser Zeit natürlich auch wieder als *unrein*.

Der Wiedereintritt ins Leben setzte dann gewöhnlich zunächst mit einer schrittweisen Lockerung der Trauervorschriften ein. Die »Neugeborenen« begannen sich etwa mehr und mehr zu bewegen und erlangten so allmählich die Herrschaft über ihre Glieder zurück. Hinsichtlich der Nahrungsaufnahme war es vielleicht, wie bei den Zulu, üblich, daß sie »zunächst nur weiche Nahrung wie ein Baby zu sich nehmen« durften und erst »nach und nach an festere Speisen gewöhnt« wurden.[83] Endlich hatten sie sich den üblichen Reinigungsprozeduren zu unterziehen, schoren sich das Haupthaar und rasierten sich, legten neue Kleider an und erhielten nicht selten auch einen neuen Namen, bis schließlich das Ganze mit einer entsprechenden Festlichkeit im Familien- oder Verwandtschaftskreis seinen Abschluß fand: Die vom Verlust ihres Angehörigen gleichsam »zu Tode Gebrochenen« waren *ins Leben zurückgekehrt*; das bedeutete auch, daß eine Witwe bzw. ein Witwer fortan eine neue Ehe eingehen konnten.[84]

---

[82] Nach *Mörner,* Tinara 101.
[83] *Sundermeier,* Todesriten und Lebenssymbole 257.
[84] Vgl. *Scherke,* Über das Verhalten der Primitiven zum Tode 107 ff. 121 ff; *Mörner,* Tinara 97 ff. 163 f; *Roy,* The Birhors 33. 265; *Hertz,* Death and The right hand 37 f. 48 f; *Goody,* Death, property and the ancestors 189; *Bamler,* Magische und religiöse Denkformen 123; *Haaf,* Die Kusase 110 ff; *Thiel,* Tod und Jenseitsglaube 45; *Sundermeier,* Todesriten und Lebenssymbole 253.

Aber auch für die Verstorbenen hob ein neues Leben an, in das sie entsprechend erst *hineingeboren* werden mußten. Allerdings war der Transformationsprozeß hier radikalerer Art: aus ihrer irdisch-körpergebundenen Existenz gingen sie über in ein rein spirituelles Dasein im Jenseits — »was nach unserem Tode geboren wird«, sagt Paracelsus, »das ist die Seele«[85].

Während ihres Ablebens und der anschließenden Trauerfeierlichkeiten nahmen die Toten ihrerseits *Abschied* von den Ihren und begaben sich, durch das Bestattungsritual in der erforderlichen Weise dazu gerüstet, gleichsam auf die Reise ihrer *Umwandlung;* denn auf ihrem Weg in die Ahnenwelt hatten sie allerhand Fährnisse und Proben zu bestehen, an deren Ende erst ihre »Wiedergeburt«, ihre Aufnahme in die Gemeinschaft der Ahnen stand. Da galt es z. B. karge, hitzestarrende Einöden, schroffe Gebirge, unwegsame Schluchten, Sümpfe und dergleichen Schreckenslandschaften mehr zu durchwandern, wie man sie eben für die Extrembereiche der exosphärischen Welt meinte voraussetzen zu müssen. Nach dem Glauben der Caga (Djaga) im nordöstlichen Tansania hatte die Seele etwa eine gefährliche Wüste zu durchqueren, was sie volle neun Tage kostete. Um ihr die Strapazen ein wenig zu erleichtern, fettete man den Leichnam vor der Grablegung ein, goß ihm Milch in den Mund und hüllte ihn noch dazu in schützende Häute.[86] Oft war auch ein gewaltiger, reißender Strom, der in dem Falle zumeist die eigentliche Grenzscheide zur Unterwelt bildete, zu überwinden — sei es auf unsicheren Brücken oder mit Hilfe eines Fährmanns, der mit seinem Boot dort wartete und die Toten dann, gewöhnlich gegen ein gewisses Entgelt (z. B. Münzen, die man ihnen dazu mit ins Grab gab), in ihre künftige Heimat übersetzte. Und nicht zuletzt lauerten ihnen überall auch bösartige Geistmächte und bizarre Ungeheuer auf, die auf alle mögliche Weise bestrebt waren, sie in die Irre zu führen. Bei vielen Völkern — insbesondere in Sibirien und Südamerika[87] — nahm man daher bei der »letzten Reise« die Hilfe eines Schamanen in Anspruch, dessen Freiseele, in der Geographie der Unterwelt bestens bewandert, den Toten sicher durch alle Gefahren hindurch zu seinen Ahnen geleitete. Manchmal taten denselben Dienst auch früher Verstorbene aus seiner Verwandtschaft, die ihm dann schon entgegenkamen, um ihn abzuholen, oder auch bestimmte hilfreiche Geistmächte bzw. Gottheiten.

---

[85] *Paracelsus,* Über das Ens der Geister: *Bernhard Aschner (Hg.),* Paracelsus. Sämtliche Werke I, Jena 1926, 47.

[86] *Mbiti,* Afrikanische Religion und Weltanschauung 201.

[87] Vgl. *E. D. Prokofeva,* Kostjum sel'kupskogo (ostjako-samoedskogo) šamana: Sbornik Muzeja Antropologii i Etnografii 11 (1949) 338, Fußn. 341; *Adolf Friedrich,* Das Bewußtsein eines Naturvolkes von Haushalt und Ursprung des Lebens: Paideuma 6 (1955) 48 f; *Lopatin,* The cult of the dead 44; *A. V. Smoljak,* Ul'či. Chozjajstvo, kul'tura i byt v prošlom i nastojaščem, Moskva 1966, 127 ff; *Cipolletti,* Jenseitsvorstellungen 63. 70 f.

Endlich im Totenreich angelangt, reinigte er sich zunächst auf das gründlichste, ordnete seine Haare, legte vielleicht eine bestimmte Bemalung an und fand schließlich, im Rahmen eines feierlichen Begrüßungsfestes mit dem üblichen gemeinsamen Mahl, offiziell *Aufnahme in der Ahnengemeinschaft*.[88]

Über die *Lage des Totenreichs* können bei den einzelnen Völkern teils recht unterschiedliche Auffassungen bestehen. Meist denkt man es sich irgendwo unter der Erde, oft auch, wie bei Wildbeutern häufig, im Himmel, mal auf einem entlegenen und hohen Berg, mal in einem abgeschiedenen, düsteren Tal, mal im Westen und mal im Osten, mal auf einer fernen Insel im Meer, mal auf dem Grund von Flüssen oder Seen gelegen.[89]

Allerdings befindet es sich immer in der — transzendenten — *Exosphäre*, so daß die Vorstellungen, die man sich vom Dasein daselbst macht, teilweise zumindest, dem *Prinzip der Negation* unterliegen, was heißt, daß dort gleichsam »verkehrte« Verhältnisse herrschen — wie ja auch der Tod schon die Negation oder »Umkehrung« des Lebens hienieden darstellt. Das kann z. B. bedeuten, daß, wenn es auf Erden Tag oder Sommer ist, in der Unterwelt Nacht bzw. Winter herrschen, daß statt der Sonne der Mond scheint, die linke der rechten Seite entspricht und manchmal auch die Männer zu Frauen und die Frauen zu Männern (vgl. den Transvestismus bei den Trauerfeierlichkeiten!), Alte wieder jung und Jungverstorbene zu Greisen bzw. Greisinnen werden. Anders als die Lebenden, lieben die Toten auch das düstere Dunkel und die Regen- oder Winterzeit, betreten die Häuser von hinten (vgl. die Entfernung der Leiche aus dem Haus!) und besitzen in ihren Dörfern etwa, wie nach dem Glauben der Krahó in Brasilien, keine zentralen Versammlungs- und Festplätze.[90] Eine alte Zulu-Frau erklärte dies einem europäischen Gesprächspartner ebenso treffend wie anschaulich in der Weise, daß sie auf ihre offene Hand wies und sagte: »So leben *wir*.« Dann drehte sie die Hand um, so daß die Innenfläche nach unten zeigte, und setzte hinzu: »So leben die Ahnen.«[91]

Auf der anderen Seite aber handelt es sich bei den Toten ja um *eigene Angehörige*, die man bestens kannte und noch lange gut in Erinnerung behält,

---

[88] Vgl. *Cipolletti*, Jeseitsvorstellungen 73 f.
[89] *Preuß*, Tod und Unsterblichkeit 30; *Thiel*, Tod und Jenseitsglaube 46; *Cipolletti*, Jenseitsvorstellungen 12 f. 49.
[90] Vgl. *Stepan Krascheninnikow*, Beschreibung des Landes Kamtschatka, Lemgo 1766, 246; *Parry*, The Lakhers 395. 487; *Wilhelm E. Mühlmann*, Das Mythologem von der verkehrten Welt: KZS 13 (1961) 614; *L. V. Chomič*, Predstavlenija nencev o prirode i čeloveke: *Vdovin* (Hg.), Priroda i čelovek, 24; *Manuela Carneiro da Cunha*, Eschatology among the Krahó. Reflection upon society, free field of fabulation: *Humphreys/King* (Hgg.), Mortality and immortality 164—169; *Cipolletti*, Jenseitsvorstellungen 83.
[91] *Sundermeier*, Todesriten und Lebenssymbole 256.

so daß auch das *Identifizierungsprinzip* den Ahnenglauben in ganz entscheidender Weise mitprägen muß. Außerdem gilt es, das *Kontinuitätspostulat*, das für die Identität der Gruppe von so wesentlicher Bedeutung ist, zu wahren. Das hat vor allem zur Folge, daß gemeinhin die Auffassung herrscht, daß die *Verwandten* auch im Jenseits *zusammenbleiben*, d. h. etwa ein und dasselbe Gehöft oder Dorfviertel, wenn nicht eine eigene Siedlung bewohnen, und daß, in der Regel jedenfalls, sowohl in *sozialer* als auch in *ökonomischer* Hinsicht *keinerlei Veränderung* gegenüber dem Dasein im Diesseits eintritt — daß also, wie der afrikanische Religionsethnologe John S. Mbiti das in bezug auf traditionelle Gesellschaften Afrikas erläutert, »die Persönlichkeit des Menschen erhalten bleibt, der soziale und politische Rang weiter gilt, die Unterscheidung der Geschlechter nach wie vor besteht, die menschlichen Tätigkeiten jeweils ihr Gegenstück im Jenseits haben, Reichtum oder Armut des einzelnen unabänderlich bleiben, kurz, daß das Jenseits auf mancherlei Weise eine Kopie des gegenwärtigen Lebens ist«.[92]

Verschiedentlich allerdings war man auch überzeugt, daß einen »drüben« ein *besseres* Los als hienieden erwarte.[93] Nach den Vorstellungen der — wildbeuterischen — Semang auf der Halbinsel Malakka sahen die Toten einem ebenso mühe- wie beschwerdelosen Dasein entgegen, das weder Krankheiten und Tod noch irgendwelche Gefahren oder Schrecken kannte.[94] Die Nanai (Golden), eine Fischer- und Jägerbevölkerung am unteren Amur in Ostsibirien, glaubten entsprechend, daß im Jenseits ewiger Friede, heitere Glückseligkeit und an allem, namentlich an Fisch und Wild, reichlicher Überfluß herrsche, so daß es kaum besonderer Mühewaltung bedürfe, seinen Unterhalt zu bestreiten.[95]

Seltener dagegen war man der pessimistischeren Ansicht, daß man es in der Unterwelt *schlechter* als auf Erden haben werde. Man befürchtete dann z. B., daß es an ausreichender Kleidung fehle, die Nahrung knapp und miserabel sei und das Leben keinerlei Abwechslung biete, so daß schreckliche Langeweile herrsche.[96]

Weder die eine noch die andere Auffassung hatte jedoch etwas mit *Vergeltung* zu tun. Die Vorstellung, daß die Toten, etwa vor einem göttlichen Richter, Rechenschaft für ihre Taten im Leben ablegen müssen und anschließend

---

[92] *Mbiti*, Afrikanische Religion und Weltanschauung 204; vgl. *Preuß*, Tod und Unsterblichkeit 31; *Cipolletti*, Jenseitsvorstellungen 78 ff.
[93] *Preuß*, Tod und Unsterblichkeit 31.
[94] Ebd.
[95] *Lopatin*, The cult of the dead 44; vgl. *James George Frazer*, The fear of the dead in primitive religion, New York ²1966, 13 (Thonga, Sambia).
[96] Vgl. *Günter Wagner*, The Bantu of North Kavirondo I, London/New York/Toronto 1949, 166.

entsprechend belohnt bzw. bestraft werden, ist den Naturvölkern weitgehend fremd.[97] Verfehlungen wurden in der Regel ja, auch von den Jenseitsmächten, bereits im Diesseits geahndet — durch Krankheit, Mißgeschick, Verarmung oder Tod. Allerdings hatte das auch seine ganz bestimmten Folgen für das nachtodliche Los der Betreffenden.

Das Kontinuitätspostulat konnte nur glaubhaft erscheinen, wenn gesichert war, daß alle, die für den Fortbestand der Gruppe bürgten, hienieden wie im Jenseits, unverrückbar zur *Tradition* standen. Daraus folgte, daß Sünder, die ihre Schuld im Leben noch nicht — durch entsprechende Sühneleistungen und Opfer — hatten abgelten können oder deren Vergehen gar noch vollends ungesühnt waren, *keinesfalls Einlaß ins Totenreich fanden*. Ihre Seelen gingen unfehlbar in die Irre, stürzten von der Brücke, die über den Totenfluß führt, fielen aus dem Nachen des Fährmanns oder wurden von einem der unterweltlichen Ungeheuer verschlungen.[98] Nach dem Glauben der Yekuaná im südöstlichen Venezuela gelangten die Seelen derer, die sich in blutschänderische Beziehungen eingelassen hatten, in einen Topf, der sich beim Hochgott im Himmel befand, und wurden darin verschrotet.[99] Verschiedentlich herrschte auch die Auffassung, daß die Sünder gewissermaßen dazu »verdammt« seien, sich nach ihrem Tod in Tieren — im alten Mittelmeerraum und in Teilen Westafrikas handelte es sich dabei vor allem um Haustiere[100] — zu reinkarnieren. »Da sie rücksichtslos gegen die Menschen waren«, pflegten die Cubeo in Kolumbien in derartigen Fällen zu sagen, »können sie auch nach dem Tode nicht unter den Seelen der Menschen leben«.[101] Manchmal indessen kannte man auch ein eigenes Totenreich für die Sünder, also bereits eine Art *»Hölle«*, der dann, neben dem gewöhnlichen Aufenthaltsort der Toten, auch ein *»Paradies«* gegenüberstehen konnte. So mußten nach dem Glauben der Assiniboin in Nordamerika die Seelen der Übeltäter mit einem freudlosen Dasein auf einer ferngelegenen, einsamen Insel vorliebnehmen, während die der Tugendhaften in elysische Jagdgefilde eingingen, wo es eine Überfülle an Büffeln und Frauen gab.[102] Häufiger jedoch blieben die ausge-

---

[97] *Frazer*, The fear of the dead 4; *Mbiti*, Afrikanische Religion und Weltanschauung 203.
[98] Vgl. *Mbiti*, Afrikanische Religion und Weltanschauung 201.
[99] *Theodor Koch-Grünberg*, Vom Roroima zum Orinoco. Ergebnisse einer Reise in Nordbrasilien und Venezuela in den Jahren 1911—1913, Bd. III (Ethnographie), Stuttgart 1923, 379; vgl. *Preuß*, Tod und Unsterblichkeit 32 f. 35.
[100] *Hermann Baumann*, Die Wiedergeburtsideen in Afrika und ihre kulturhistorische Wertung: Réincarnation et vie mystique en Afrique Noire. Colloque de Strasbourg (16—18 mai 1963), Paris 1965, passim; *Klaus E. Müller*, Kulturhistorische Studien zur Genese pseudoislamischer Sektengebilde in Vorderasien, (Studien zur Kulturkunde 22), Wiesbaden 1967, 343—351.
[101] *Goldman*, The Cubeo Indians 259 f.
[102] *Mörner*, Tinara, 54 f; vgl. 58.

sprochenen paradiesischen Jenseitsbereiche ganz bestimmten privilegierten Toten, wie großen Jägern oder Schamanen und insbesondere ruhmreichen Helden, vorbehalten (vgl. auch die Walhall der Germanen).[103]

Eine gewisse Sonderstellung nahmen gewöhnlich die eines *Schlimmen Todes Gestorbenen* ein, die sich traditionellem Glauben nach ja in extremer, d.h. nicht mehr zu sühnender Weise schuldig gemacht hatten. Ihre Seelen gelangten noch nicht einmal bis an die Schwelle zum Totenreich und irrten infolgedessen ruhelos in den — räumlichen wie zeitlichen — *Grenzbereichen* zwischen den Welten (in Wald und »Busch«, bei Nacht, während der Bruchphasen) umher. Sie bildeten einen Großteil der *Unheilsgeister,* ständig von dem Verlangen getrieben, sich an den Lebenden für ihr unseliges Schicksal zu rächen.[104] Das gleiche Los teilten häufig auch wieder *Ledige* und *kinderlos Verstorbene,* also Unfruchtbare, die man ja, wie schon gesagt, nicht minder als jene, die sich schwerwiegender Normenverletzungen schuldig gemacht hatten, für ausgesprochen asozial hielt. Fanden sie Eingang in die Unterwelt, so nur in bestimmte, marginale und besonders düstere Bereiche, in denen sie dann mitunter wahre Straf- oder Sisyphosarbeiten verrichten mußten.[105]

Auf unheilvolle Weise glaubte man schließlich auch *Säuglinge* und *Kinder* gestorben, die der Tod dahingerafft hatte, noch ehe die Möglichkeit gegeben war, sie offiziell — durch eine entsprechende Feier, etwa anläßlich des Zahnens, durch die Namengebung, die Taufe usw. — in die Gesellschaft aufzunehmen. Ihre Seelen schienen gleichsam »aus der Bahn« geworfen. Wie bereits erwähnt wurde, pflegte man sie überwiegend im oder nahe beim Haus beizusetzen, in der Erwartung, daß ihre Seele dann alsbald einen zweiten Versuch unternehmen und sich erneut — meist in derselben Frau — inkarnieren würde. Manchmal jedoch war auch derartigen, an sich ja schuldlosen Totenseelen ein eigener, meist irgendwo im *Übergangsbereich zwischen Diesseits und Jenseits* gelegener Aufenthaltsort (vgl. den christlichen Limbus, bzw. die »Vorhölle«) bestimmt, wo es ihnen mal gut, mal weniger gut ging. Nach dem Glauben der Andamanen-Insulaner (im Golf von Bengalen) handelte es sich dabei beispielsweise um ein mit dichtem Dschungel überzogenes Land, in dem sich die Kinderseelen damit die Zeit vertrieben, Schattengebilden von Vögeln und Kleintieren nachzujagen — entsprechend der konkreten Tätigkeit der Kinder auf Erden. Für die Allerkleinsten stand sogar ein Fei-

---

[103] Vgl. ebd. 56 ff; *Cipolletti,* Jenseitsvorstellungen 50.
[104] Vgl. *Mörner,* Tinara 85; *Pentikäinen,* The dead without status 93. 97; *Röhrich,* Der Tod in Sage und Märchen 174; *Cipolletti,* Jenseitsvorstellungen 62 f. 119.
[105] Vgl. *Mörner,* Tinara 92 f; *Müller,* Grundzüge der agrarischen Lebens- und Weltanschauung 92 f.

genbaum bereit, dessen Zweige so tief herabhingen, daß sich die Früchte ohne den Beistand Erwachsener erreichen ließen.[106] War ihr Los indessen weniger glücklich, konnten sich auch Kinderseelen in gefährliche Unheilsgeister verwandeln.[107]

Nach einer gewissen Zeit »*starben*«, wie man oftmals glaubte, auch die *Toten* — was eben nichts anderes bedeutete, als daß sich die betreffenden Freiseelen bereitmachten, die Unterwelt zu verlassen und sich erneut unter den Ihren auf Erden zu *reinkarnieren*. Manchmal allerdings dachte man sich diesen Kreislauf der Seelen zwischen Diesseits und Jenseits offenbar nur von begrenzter Dauer. Man nahm dann an, daß sich der Wechsel vielleicht maximal sieben- bis achtmal vollziehe und die Seele darauf zunächst in ein Tier, später eine Pflanze und schließlich in bloße Materie übergehe, um sich so zuletzt gleichsam irgendwie in der Natur zu »verlieren«.[108]

Bei einer Reihe von — namentlich sibirischen, also *wildbeuterischen*, und teils auch nordostindischen — Völkern glaubte man auch gar nicht an eine Wiedergeburt, sondern war der Überzeugung, daß die Totenseelen nach Ablauf einer bestimmten Frist, die etwa ihrer Lebenszeit auf Erden entsprechen konnte, abermals »starben« und sich in Insekten (Fliegen, Schmetterlinge, Heuschrecken, Käfer u.a.) oder auch Würmer verwandelten — worauf sich ihre Spur wieder gewissermaßen in der weiten Natur verlor; jedenfalls zeigte man dann keinerlei Interesse mehr an ihrem weiteren Geschick.[109] Nur ganz gelegentlich ist der Glaube bezeugt, daß sie sich nach dieser Metamorphose doch wieder unter den Menschen (d.h. innerhalb ihrer ursprünglichen Gruppe) reinkarnieren würden.[110]

Derartige Vorstellungen lassen natürlich die für das Kontinuitätspostulat an sich ja grundlegende Frage offen, woher denn immer wieder die »neuen« — und notwendig gruppeneigenen! — Freiseelen kommen.

---

[106] *Mörner*, Tinara 82f.
[107] Vgl. *Hartmann*, Der Totenkult in Irland 188f; *Loux*, Das Kind und sein Körper 229; *Röhrich*, Der Tod in Sage und Märchen 177.
[108] *Scherke*, Über das Verhalten der Primitiven zum Tode 139f; *Preuß*, Tod und Unsterblichkeit 25f. 26f. 30; *Hertz*, Death and The right hand 68.
[109] Vgl. *William Carlson Smith*, The Ao Naga tribe of Assam. A study in ethnology and sociology, London 1925, 108; *Parry*, The Lakhers 395; *Prokofeva*, Kostjum sel'kupskogo šamana 340; *B. K. Shukla*, The Daflas of the Subansiri region, Shillong 1959, 121; *Lopatin*, The cult of the dead 68; *Chomič*, Predstavlenija nencev 24.
[110] So u.a. etwa bei Samojeden (Sibirien) und Lushai (südliches Assam): *Heinrich Ufer*, Religion und religiöse Sitte bei den Samojeden, (Veröffentlichungen des Indogermanischen Seminars der Universität Erlangen 5), Erlangen 1930, 19; *Hutton*, A primitive philosophy of life 5.

F. Lebende und Tote

Solange man sich der Toten erinnert, *leben* sie auch — und das heißt nach traditionellem Verständnis, daß sie weiterhin *Teil der Gruppe* sind und man miteinander *Kontakt hält*. Bei den täglichen Mahlzeiten, vor allem aber bei Festlichkeiten pflegt man ihrer stets zu gedenken und ein wenig von Speise und Trank für sie bereitzustellen, bzw. dem Herdfeuer zu übergeben oder an den Gräbern zu »opfern«. Hat man Sorgen oder ist gar in Not geraten, wendet man sich an die Ahnen in dem sicheren Vertrauen, daß sie helfen werden. Nicht selten erscheinen sie dann auch den Ihren *im Traum*, raten ihnen und erteilen ihnen den einen oder anderen wichtigen Hinweis, warnen sie, etwas Bestimmtes zu tun, ja regen sie vielleicht auch zu einer zündenden Neuerung an.[111] Vielfach besitzt jede Familie, oft darüber hinaus jede Sippe ihr eigenes Ahnenheiligtum, etwa in Gestalt eines Opferaltars, mit dem sich ein gewisser Kult verbindet, der gewöhnlich Sache des Familien- bzw. Sippenoberhaupts, also des jeweils »Ältesten«, ist.

Generell gelten die Ahnen als wohlmeinend, besorgt und hilfsbereit. Sie nehmen lebhaften Anteil an den Geschicken der Ihren, sind bemüht, sie gesund zu erhalten, schenken ihnen Fruchtbarkeit, suchen ihnen den Jagderfolg und reiche Ernten zu sichern und stehen ihnen in Gefahrenfällen und Not tatkräftig bei[112] — immer allerdings unter der Voraussetzung, daß diese ein strikt *traditionstreues* Leben führen und sich zumindest keiner schwerwiegenderen Verletzungen der altüberlieferten Normen schuldig machen. Sonst nämlich reagieren die jenseitigen Altvorderen ebenso brüsk wie prompt und suchen die Sünder, wie ja teils schon erwähnt, mit Krankheit, Unfruchtbarkeit, schlechten Ernten, Erfolglosigkeit, sozialen Mißhelligkeiten und anderem Unheil, wenn nicht gar dem Tod heim.[113] Die Autorität und Macht dazu besitzen sie überzeugendermaßen schon insofern, als es sich bei ihnen ja — d. h. zumindest bei den männlichen Ahnen, die jedoch im Totenglauben immer dominieren — um die *ehemaligen Ältesten* handelt, die auch im Leben bereits für das Wohl und Wehe der Ihren verantwortlich waren und für die Aufrechterhaltung der Ordnung einzustehen hatten und die nunmehr zudem noch unter die Jenseitsmächte aufgestiegen sind. Sie erscheinen so, wie etwa die schon erwähnten Cubeo in Kolumbien sie nennen, gleichsam als »die alten Leute« schlechthin.[114]

---

[111] Vgl. etwa *Kaberry*, Death and deferred mourning ceremonies 39; *Sundermeier*, Todesriten und Lebenssymbole 255 f.
[112] *Frazer*, The fear of the dead 81 ff. 97 ff. 102 ff. 107 ff. 115 ff. 125 ff. 131 f.
[113] Ebd. 11. 13; vgl. *Mbiti*, Afrikanische Religion und Weltanschauung 205.
[114] *Goldman*, The Cubeo Indians 190.

Die Ahnen spielen somit im Dasein der Lebenden eine sehr wesentliche, integrale, ja eigentlich für die Existenzerhaltung entscheidende Rolle. Begreiflich daher, daß man bemüht ist, die Beziehungen zu ihnen nach Kräften zu pflegen und ihnen keinerlei Anlaß zu Unmut zu geben. Daran haben nicht zuletzt auch die Alten ein Interesse, die ja davon ausgehen können, schon bald zu ihren Vätern versammelt zu werden.[115]

Abgesehen von den täglichen kleineren und größeren Zeichen des Angedenkens, von Bittgebeten und Opfergaben,[116] pflegt man den Ahnen daher allgemein auch einmal im Jahr, gewöhnlich unmittelbar nach Abschluß der Erntearbeiten, also zu einer typischen *Wendezeit*, an den Beisetzungsstätten oder im Dorf ein großes, gemeinsames *Totengedenkfest*, ein »Allerseelen« zu feiern. Dabei geht es nicht viel anders zu als während der Trauer- und Bestattungsfeierlichkeiten oder anderer Feste anläßlich eines bedeutsameren Phasenwechsels. Die »Öffnung« der Endosphäre zur Transzendenz macht es den Ahnen leicht, sich aus der jenseitigen in die diesseitige Welt zu begeben und bei den Ihren zu Gast zu sein; gleichzeitig kommt es, dem herrschenden, quasi »anarchischen« Zustand entsprechend, zu den üblichen *Inversionserscheinungen*. Der Alltag ist gleichsam aufgehoben, man bemalt, kleidet und schmückt sich in einer besonderen Weise, tafelt und zecht auf das ausgiebigste, preist die Verstorbenen in Reden und Liedern, unterhält sich mit Maskentänzen, Pantomimen und Wettkämpfen und überläßt sich nicht selten auch wieder einer allgemeinen sexuellen Ausgelassenheit, die sich über alle sonst geltenden Beschränkungen, auch das Inzesttabu, hinwegsetzt und mitunter ausgesprochen orgiastische Züge annimmt. Endlich findet das Ganze mit der zeremoniellen Verabschiedung der Toten seinen Abschluß, die darauf, großzügig mit Gaben an Nahrungsmitteln, Kleidern und anderem bedacht, wieder in die Unterwelt zurückkehren. Zum Entgelt für das alles haben sie den Ihren, wie man glaubt, reichlich von ihrer Segenskraft mitgeteilt, so daß beide, ganz im Sinne des Ideals der *zeitübergreifenden Gruppensolidarität*, aufs neue gestärkt aus dem Zusammensein hervorgehen.[117]

Gleichwohl scheint den Lebenden das Scheiden jeweils nicht allzu schwer zu werden. Durch den Tod hat sich eben doch etwas Wesentliches in den Beziehungen geändert. Das Gefühl und Bewußtsein der engen Vertrautheit, das die Angehörigen während des Lebens miteinander verband, hatte durch die

---

[115] *Scherke,* Über das Verhalten der Primitiven zum Tode 68 f.
[116] *Frazer,* The fear of the dead 13.
[117] *Mörner,* Tinara 167 ff; *James George Frazer,* Adonis, Attis, Osiris. Studies in the history of oriental religion II, (Ders., The Golden Bough. A study in magic and religion IV), London ³1963, 51—83; vgl. *Majumdar,* A tribe in transition 60; *Goldman,* The Cubeo Indians 219 ff. 232. 239; *Sinha,* The psyche of the Garos. 34 ff; *Vermot-Mangold,* Die Rolle der Frau 150 ff.

unmittelbare, konkrete Erfahrung des Ablebens einen entscheidenden Bruch erlitten: Der Sterbende verlor zusehends seine Bewegungsfähigkeit, Stimme, Farbe und Wärme, also alles, was seine Persönlichkeit ausgemacht und den Umgang mit ihm ermöglicht und in spezifischer Weise bestimmt hatte. Er war mit einem Mal zum *Fremden* geworden — und flößte als solcher *Furcht* ein.[118] Das zeigt sich immer auch gleich schon bei den Beisetzungsfeierlichkeiten. Während man Abschied von dem Verstorbenen nimmt und seinen Leichnam zu Grabe trägt, wird alles Mögliche unternommen, um ihm die Wiederkehr, zu der es ihn anfangs vielleicht noch drängt, zu verwehren — man geht etwa Umwege, beseitigt die Fußspuren und bedient sich anderer Täuschungsmanöver mehr, um ihm die Orientierung bei der Rückkehr, sollte er sie versuchen, zu nehmen.[119]

Als Ahne vollends ist er zwar Verwandter und Gruppenangehöriger geblieben, dennoch aber ein *exosphärisches* Wesen; das Identifizierungsprinzip vermag die Macht des Negationsprinzips nicht zu brechen; beide halten einander noch nicht mal die Waage: letzteres prägt den Totenglauben gewöhnlich im überwiegenden Maße. Infolgedessen hält man den Verstorbenen gegenüber im ganzen doch lieber mehr auf Distanz. Besuche sind nur erwünscht, wenn man selber, aus welchem Anlaß auch immer bewogen, dazu einlädt. Steht man einander dann gegenüber, so beherrschen die Lebenden doch sehr gemischte Gefühle — nicht zuletzt auch eine erhebliche Unsicherheit, weil man die Ahnen ja weder sehen noch sich so recht mit ihnen unterhalten kann, da man auf seine Anrede nur kaum eine — zumindest keine vernehmliche — Antwort erhält. Derartigen Zusammentreffen geht, wie der schon zitierte afrikanische Religionsethnologe John S. Mbiti wieder hinsichtlich des traditionellen Totenglaubens der Afrikaner dazu sagt,

>»jene herzliche Wärme ab, die Begegnungen von Freunden oder Verwandten im diesseitigen Leben auszeichnet. Es werden keine Grußformeln ausgetauscht — bei afrikanischen Völkern ein äußerst wichtiges Mittel gesellschaftlicher Fühlungnahme — und wenn die Totenseele wieder Abschied nimmt, trägt man ihr keine Grüße an andere Totenseelen auf. Im mitmenschlichen Bereich ist also etwas geschehen, eine Abkühlung hat eingesetzt, und eine wirkliche Distanz zwischen den Totenseelen und den Menschen macht sich bemerkbar.«[120]

Dennoch blieb man einander verbunden. Der Tod war in den Naturvolkkulturen sozusagen *voll ins Leben integriert*. Die Sterbenden schreckte er nicht so sehr, da sie wußten, wohin sie gingen, daß sie mit ihren schon vor ihnen dahingeschiedenen Angehörigen wieder vereint und gleichzeitig in der

---

[118] *Frazer*, The fear of the dead 10f. 132; *Pentikäinen*, The dead without status 96.
[119] Vgl. *Scherke*, Über das Verhalten der Primitiven zum Tode 31 ff. 61 f; *Mörner*, Tinara 112 f. 161.
[120] *Mbiti*, Afrikanische Religion und Weltanschauung 205; vgl. *Shukla*, The Daflas 113; *Sundermeier*, Todesriten und Lebenssymbole 256; *Cipolletti*, Jenseitsvorstellungen 52.

Lage sein würden, ihren Hinterbliebenen auf Erden weiterhin mit Rat und Tat zur Seite zu stehen. Und dies auch tröstete die Lebenden. Der Tod stellte zwar ein schmerzliches, zugleich aber *notwendiges* Begebnis dar; denn nur *gemeinsam*, durch Anstrengungen im Diesseits wie aus dem Jenseits heraus, vermochten Lebende und Tote das Dasein zu bewältigen und die *Kontinuität der Gruppe* sicherzustellen — d.h. ihr gleichsam *Unsterblichkeit* zu verleihen.

G. Bibliographie

Abrahamsson, Hans, The origin of death. Studies in African mythology, (Studia Ethnographica Upsaliensia 3), Uppsala 1951.

Bendann, Effie, Death customs. An analytical study of burial rites, London ²1969.

Bloch, Maurice / Parry, Jonathan (Hgg.), Death and the regeneration of life, Cambridge 1982.

Bürkle, Horst, Der Tod in den afrikanischen Gemeinschaften. Zur Frage theologisch- relevanter Aspekte im afrikanischen Denken: Leben angesichts des Todes (FS Thielicke), Tübingen 1968, 242—267.

Cipolletti, Maria Susana, Jenseitsvorstellungen bei den Indianern Südamerikas, Berlin 1983.

Frazer, James George, The fear of the dead in primitive religion, New York ²1966.

Goody, Jack, Death, property and the ancestors. A study of the mortuary customs of the LoDagaa of West Africa, London 1962.

Häselbarth, Hans, Die Auferstehung der Toten in Afrika. Eine theologische Deutung der Todesriten der Mamabola in Nordtransvaal, (MWF 8), Gütersloh 1972.

Hertz, Robert, Death and The right hand, London 1960.

Koty, John, Die Behandlung der Alten und Kranken bei den Naturvölkern, (Forschungen zur Völkerpsychologie und Soziologie 13), Stuttgart 1934.

Lasch, Richard, Die Verbleibsorte der Seelen der im Wochenbette Gestorbenen: Globus 80 (1901) 108—113.

Lopatin, I. A., The cult of dead among the natives of the Amur Basin, (Central Asiatic Studies 6), 'S-Gravenhage 1960.

Mörner, B., Tinara. Die Vorstellungen der Naturvölker vom Jenseits, Jena 1924.

Müller, Klaus E., Zur Frage der Alttötung im westeurasiatischen Raum: Paideuma 14 (1968) 17—44.

Paulson, Ivar, Seelenvorstellungen und Totenglaube bei nordeurasischen Völkern: Ethnos 25 (1960) 84—118.

Pentikäinen, Juha, The dead without status: Temenos 4 (1969) 92—102.

Preuß, Konrad Theodor, Tod und Unsterblichkeit im Glauben der Naturvölker, (Sammlung gemeinverständlicher Vorträge und Schriften aus dem Gebiet der Theologie und Religionsgeschichte 146), Tübingen 1930.

Scherke, F., Über das Verhalten der Primitiven zum Tode, (Pädagogisches Magazin 938), Langensalza 1923.

Sell, Hans Joachim, Der schlimme Tod bei den Völkern Indonesiens, 'S-Gravenhage 1955.

Stubbe, Hannes, Formen der Trauer. Eine kulturanthropologische Untersuchung, Berlin 1985.

Wulff, J. H., Totenkult der Naturvölker des südlichen Südamerika, (Hamburger Reihe zur Kultur- und Sprachwissenschaft 3), München 1969.

Christliches Brauchtum im Umkreis von Sterben und Tod

Jakob Baumgartner

»Beim Sterben ist jeder der erste«, so konnte der französische Dramatiker Eugène Ionesco schreiben. Zweifelsohne greift der Tod ausnahmslos nach allen Menschen, er begegnet ihnen in der Einsamkeit ihres Herzens; es handelt sich um ein Erlebnis, welches sich nicht mitteilen läßt. Obwohl die Erfahrung einzigartig bleibt, begleitet der Todesgedanke unser ganzes Dasein. Es haftet ihm, und zwar zu allen Zeiten und überall auf Erden, wo sich kulturelles Schaffen regt, etwas Geheimnisvolles an, weil es gilt, die Grenze zum Jenseits zu überschreiten. Angesichts des undurchdringlichen Dunkels, das dieses Widerfahrnis umhüllt, nehmen die Menschen Zuflucht zu Zeichen und Gesten, die es ihnen erlauben, das Unfaßliche irgendwie zu bemeistern. Sie sehen sich bei einem Todesfall ja gezwungen, mit einer Vielzahl außergewöhnlicher seelischer Empfindungen fertig zu werden, zumal andere Tätigkeiten (wie Beruf, Freizeit, Politik), die, sonst von großer Wichtigkeit, einstweilig in den Hintergrund treten. Einer solchen Zeitspanne eignet der Charakter eines Um- und Aufbruchs, den Schwellenrituale zu bewältigen suchen.[1] Die Verrichtungen rund um Sterben und Tod bekunden den Wechsel eines Menschen von dieser in eine andere Welt, bezeichnet man doch die Toten als diejenigen, »die weggegangen sind«, oder als die, »die uns verlassen haben«; auf der anderen Seite beginnt für die Lebenden das, was man heute die »Trauerarbeit« nennt.

Von daher gesehen verwundert es nicht, daß sich im Verlauf der Jahrhunderte im Umkreis von Sterben und Tod ein mannigfaltiges Brauchtum angesiedelt hat, von dem sich einiges bis in unsere Tage zu behaupten vermochte. In ihm drückt sich sinnenfällig die jeweilige Einstellung der Menschen gegenüber dem singulären Phänomen des Todes aus; in ihm fließen allgemein menschliche Verhaltensweisen, kulturbedingte Faktoren, Äußerungen des Volksglaubens im weitesten Sinn und kirchlich-liturgische Elemente zusammen. Die verschiedenen Wurzeln durchdringen einander und bilden im kon-

---

[1] *Paul Michael Zulehner*, Heirat — Geburt — Tod. Eine Pastoral zu den Lebenswenden, Wien ³1981; *Philippe Rouillard*, Die Liturgie des Todes als Übergangsritus: Conc(D) 14 (1978) 111—116.

kreten Vollzug eine Einheit. Die Volkskunde bemüht sich auch beim Todesgeschehen darum, »geistige Gehalte, Einstellungen, Sitten und Bräuche festzustellen, sie in ihrer gegenseitigen Beeinflussung und in ihrem soziokulturell-ökonomischen Kontext aufzuzeigen und ihre Sinndeutung durch ihre Benutzer herauszufinden«.[2]

Das Ziel der folgenden Überlegungen besteht darin, den Wandel zu veranschaulichen, den das brauchtümliche Verhalten bei Sterben und Tod seit einigen Jahrzehnten in unserer westlichen Welt durchgemacht hat: Das Hinübergeleit eines Ablebenden, einst eingebettet in eine Fülle von Vorkehrungen und Riten, schrumpft zusehends zusammen, so daß die Klage nicht verstummt, unsere Gesellschaft sei darauf aus, den Tod zu verschweigen oder gar mit Bedacht zu verdrängen. Es erhebt sich daher die Frage, ob an die Stelle des Althergebrachten neue Sterbe- und Todeshilfen treten, welche den Menschen in der gegebenen Krisensituation entlasten und ihm eine wohltuende Stütze bieten.

A. Die Gestaltung der letzten Reise

Das Leben mit dem Tod, der fast täglich in mancherlei Gestalt erschien, veranlaßte den mittelalterlichen Menschen zum fortwährenden Bedenken des eigenen Endes. Die Erfahrung der Allgegenwart des Todes stärkte in ihm das Bewußtsein, sich auf dieses Ereignis einstellen und vorbereiten zu müssen. Dazu diente unter anderem die »Ars moriendi«, jene Literaturgattung, die, im 14. Jahrhundert aufgekommen und bis zum Barock und darüber hinaus weit verbreitet, über das »gute Sterben« belehren wollte.[3] Diese Leitfäden enthielten indessen, zumindest in ihrer Spätform, nicht bloß Mahnungen zum rechten Sterben, sondern ebenso zum rechten Leben.[4] Zwischen heilsamem Leben und heilsamem Sterben bestand eine enge Beziehung in dem Sinne: Lerne zu sterben, und du wirst lernen zu leben. Die damaligen Sterbelehren

---

[2] *Iso Baumer*, Der Tod — aus der Sicht der Volkskunde: Ref. 27 (1978) 637—642, hier 638.

[3] *Werner Goez*, Die Einstellung zum Tode im Mittelalter: Die Einstellung zum Tod im Mittelalter, (Veröffentlichungen der Jungius-Gesellschaft d. Wiss. Hamburg 26), Göttingen 1976, 111—153; *Roland Rainer*, Ars moriendi. Von der Kunst des heilsamen Lebens und Sterbens, Köln/Graz 1957; *Karl Stüber*, Commendatio animae. Sterben im Mittelalter, Bern/Frankfurt 1976; *Magnus Schmid*, Ars moriendi: ArztChr 21 (1975) 13—27. — Die Ars moriendi hat ihre Vorläufer in den antiken Trostschriften zum Tod.

[4] *Philippe Ariès*, Geschichte des Todes, Zürich 1984 (Ex Libris) 385—391.

täuschten keine Trugbilder vor, sie führten an die Wahrheit heran, indem sie das *Memento mori* immerzu wiederholten. Sie empfahlen, sich beizeiten, also schon in gesunden Tagen, einen Freund zu gewinnen, der willens und fähig war, über die letzten Dinge zu sprechen und beim Hinschied Beistand zu leisten. Es lag in der Absicht solcher Bemühungen, eindringlich auf den Rufcharakter des Todes hinzuweisen und möglichst viele dazu zu bewegen, sich mit dem Hinübergang zu befassen und ihn in ihre Existenz einzuordnen. Gewiß schenkte der christliche Glaube Halt, um die Prüfung zu bestehen, er ersparte aber nicht die Angst, ging es doch um einen »Kampf zwischen Himmel und Hölle«.[5]

I. Das Verlangen nach einem guten Tod

Unter einem »schönen Sterben« verstand man früher, in der schwersten Stunde nicht allein zu sein, sondern ausgetröstet mit den Sterbesakramenten und umgeben von den Nächsten und Nachbarn diese Welt zu verlassen.[6] Für unsere Vorfahren galt tatsächlich als der größte Schrecken, wenn der Tod urplötzlich, unerwartet hereinbrach: die Abberufung ohne Vorwarnung.[7] Zum Familienbrauchtum gehörte es, beim abendlichen Rosenkranz ein *Vaterunser* und *Gegrüßt seist du Maria* um einen guten Tod beizufügen, verbunden mit der Bitte, die heilige Barbara möge jeden vor einem plötzlichen Tod schützen.[8] Das Anliegen des Beistandes in der Todesstunde kam auch dreimal im Gebet nach dem Essen zum Ausdruck.[9] Das Volk kümmerte

---

[5] Die Ansicht, der Tod sei im Mittelalter als eine vertraute und beruhigende Realität begrüßt worden, läßt sich kaum mehr halten. Vgl.: La mort au Moyen-Age. Colloque de l'Association des historiens médiévistes français réunis à Strasbourg en juin 1975, Straßburg 1977. Natürlich gab es keine Tabuisierung des Todes, aber die kirchliche Verkündigung förderte zum Teil die Angst der Gläubigen; siehe *Jean Delumeau,* La mort du pays de Cocagne, Paris 1976; *Ders.,* La peur en Occident. XVIe—XVIIIe siècles. Une cité assiégée, Paris 1978. *François Arné,* Les images de la mort dans les Livres d'Heures (13e—15e siècles): MD 145 (1981) 127—148, spricht von einer »heiteren Schau des Jenseits« vor 1350, um 1400 herum erfolgte der Einbruch des Makabren.

[6] *Josef Zihlmann,* Wie sie heimgingen, Hitzkirch 1982, 13—22. Dieses Buch beschreibt die in den 1920er Jahren vorhandenen Totenbräuche im Napfgebiet (Luzerner Hinterland).

[7] Der Flehruf: »Vor einem jähen und unvorhergesehenen Tod bewahre uns, o Herr« findet sich in zahlreichen Gebetbüchern.

[8] Barbara zählt zu den Vierzehn Nothelfern, eine in vielen Anliegen, besonders gegen den jähen Tod angerufene Heilige; siehe *Helmut Bender,* Art. »Barbara, Rel. Volkskunde«: LThK I 1235 f.

[9] Da und dort lebt der Zusatz zum Tischgebet noch heute fort (Donnerstagsgebet): »Durch deine heilige letzte Angst und schwere Verlassenheit, gütigster Herr Jesus Christus, wir bitten dich,

sich sehr darum, ob jemand »die Andacht gemacht«, das heißt die Sterbesakramente (Beichte, Kommunion, Krankensalbung) empfangen habe, wobei das Schwergewicht auf der Beichte lag. Der volle Trost lag darin, wenn man sagen konnte, der Verstorbene sei »verwahrt« worden, er sei, wie es beim Verkünden in der Kirche am Tag nach dem Hinschied lautete, »wohlversehen mit den heiligen Sterbesakramenten« gestorben.[10] Weniger zuversichtlich sah es aus, wenn jemand — wie das Volk bemerkte — »nur« die heilige Ölung erhalten hatte. Die Sorge, vor einem jähen Tod verschont zu bleiben, zieht sich wie ein roter Faden durch alles Beten und Bitten, und zwar in persönlicher Andacht, im Familienkreis und in der Kirche. Fromme Personen, die über die nötigen Mittel verfügten, ließen in Kirchen und Klöstern »für einen guten Tod« Messen lesen, für sich selber wie für andere. Mancherorts gab es Gläubige, meist ältere Jungfrauen, die sozusagen als berufsmäßige Guttod-Beterinnen tätig waren; sie besuchten mehrmals im Jahr große und kleine Wallfahrtsorte und nahmen Aufträge für Gebete um einen guten Tod entgegen. Besondere Dringlichkeit bekam dieses Beten, wenn außerordentliche Gefahr drohte (bei Wassernot, Feuersbrünsten) oder wenn Reisen unternommen wurden. In Häusern und Kapellen brannten Kerzen und Ampeln, meist »zum Trost der armen Seelen«, auf deren Fürbittkraft beim Sterben das Volk großes Vertrauen setzte. Es gab in manchen Pfarreien eine Glocke, deren Läuten der Bitte um ein seliges Sterben gleichkam.[11] Schließlich kannte man die Bruderschaft vom guten Tod oder der Sankt Barbara; ihre Mitglieder erfüllten Gebetspflichten, die demselben Anliegen dienten: dem heilbringenden Sterben.[12]

Auch früheren Generationen erschien das Sterbenmüssen als etwas Unheimlich-Beklemmendes. Deshalb versah der Volksglaube es mit allerlei Vorzeichen, die den Tod angeblich ankündeten oder das im Gang befindliche Hinscheiden eines Mitmenschen anmeldeten: das Rufen und Krächzen von Vögeln, das auffällige Verhalten anderer Tiere, das Blühen von gewissen Pflanzen (vor allem der Hauswurz), ferner bestimmte Geräusche, Bewegungen und Veränderungen von Gegenständen sowie außergewöhnliche Träume und seltsame Ereignisse bei einem eingetretenen Todesfall (an der Leiche,

---

verlasse uns niemals, jetzt und in der Stunde unseres Absterbens. Amen.« Vgl. *Alois Senti*, Gebete aus dem Sarganserland. Volkstümliches Beten zwischen 1850 und 1960, Mels 1983, 140. 56.

[10] Noch heute begegnet man dieser Wendung in nicht wenigen katholischen Todesanzeigen.

[11] Man nannte dieses Zeichen auch »über den Weg läuten«.

[12] Zur heutigen Barbara-Verehrung siehe *Walter Heim*, Volksbrauch im Kirchenjahr heute, (Schriften der Schweizerischen Gesellschaft für Volkskunde 67), Basel 1983, 24 f. — In Küssnacht am Rigi gibt es noch in unseren Tagen eine Bruderschaft der heiligen Barbara, der Patronin für einen guten Tod.

beim Grabgeleit, am Grab).[13] Daß hier dem Aberglauben Tür und Tor offenstanden, liegt auf der Hand.[14]

II. Das gefährliche Sterben

Die Angelpunkte, um die sich der Totenkult seit Jahrtausenden bewegt und von denen er seine Prägung erhalten hat, bilden Abwehr und Pflege, wobei die Grenzen fließend sind. Totenabwehr und Totenpflege wurzeln in der Vorstellung, daß der Verstorbene, mit unheilvollen Fähigkeiten und Kräften ausgestattet, den Hinterbliebenen Schaden zufügen könnte, denn der Tote ist nicht tot, sondern lebt irgendwie weiter. Nach dieser Anschauung — man spricht vom »lebenden Leichnam« beziehungsweise vom »lebenden Toten« — hört die Existenz eines Menschen mit seinem Abscheiden nicht auf, vielmehr übt der Verstorbene ferner seine Lebensfunktion aus, freilich in gewandelter Form.[15] Deshalb kommen Bräuche zur Anwendung, die, wie vielfältig sie auch auftreten, der Furcht vor dem »lebenden Leichnam« entspringen. Vor allem soll verhindert werden, daß der Tote andere »nachzieht«, daß er als »Wiedergänger« Unruhe auslöst oder Unheil stiftet. Auf der anderen Seite erfließt aus der Ansicht vom »lebenden Leichnam« die Totenpflege, wobei unentschieden bleibt, welches der beiden Elemente das ursprüngliche ist. Zur Ehrung zählen zum Beispiel auch Beigaben, die den Verstorbenen zur Überfahrt, zur »Seelen-« beziehungsweise »Totenreise« rüsten, da er dabei offenbar mit Hindernissen, besonders mit den Dämonen, zu rechnen hat.[16] Die Auffassung vom »lebenden Leichnam« verrät eine natürliche, volkstümli-

---

[13] Die Parapsychologie betrachtet das »Anmelden« und »Abholen« von Sterbenden als ein ernst zu nehmendes Phänomen. Siehe *Hans-Theodor Brik,* Und nach Tode? Das Rätsel der menschlichen Seele in parapsychologischer Sicht, Wien/Linz/Passau 1972; *E. Schwab,* Zur Problematik des Todes: *A. Resch (Hg.),* Grenzgebiete der Wissenschaft 23, Innsbruck 1974, 294—300; *Ebermut Rudolph,* Künden und Zweites Gesicht in Vorarlberg-Tirol. Ein Beitrag zur Phänomenologie von Sterbe-Erlebnissen: Rheinisch- westfälische Zeitschrift für Volkskunde 24 (1978) 245—263.
[14] *Paul Geiger,* Art. »Todesvorzeichen«: HDA VIII 993: »Der Abergläubische müßte sich eigentlich wundern, daß überhaupt noch ein Mensch am Leben ist.« Vgl. *Richard Beitl,* Art. »Tod«: WDVk 807.
[15] Dazu *Placidus Berger,* Religiöses Brauchtum im Umkreis der Sterbeliturgie in Deutschland, (Forschungen zur Volkskunde 41), Münster 1966, 18—26; *Peter Löffler,* Studien zum Totenbrauchtum in den Gilden, Bruderschaften und Nachbarschaften Westfalens vom Ende des 15. bis zum Ende des 19. Jahrhunderts, (Forschungen zur Volkskunde 47), Münster 1975, 6—11; *Paul Geiger,* Art. »Toter«: HDA VIII 1023—1029; *Beitl,* WDVk 501 (»lebender Leichnam«).
[16] Auch das älteste römische Rituale des Todes und des Begräbnisses (7. Jh.) versteht das Sterben als eine Reise, allerdings im Sinne einer österlichen Wanderung, als Erfüllung des Exodus-Geschehens. Siehe *Ph. Rouillard,* Liturgie des Todes: Conc(D) 14 (1978) 111—116.

che Eschatologie, der ein rudimentärer Unsterblichkeitsglaube zugrunde liegt. Ihre Hauptvoraussetzung beruht darin, daß der Tod nicht ein Auslöschen des Lebens bedeutet, wohl aber eine Änderung der Existenzweise bewirkt.[17]

Das eigentliche Sterberitual begann normalerweise einige Zeit vor dem Eintritt des Todes. Wenn die Angehörigen merkten, daß sich bei einem Kranken oder alten Menschen der Gesundheitszustand arg verschlechterte, riefen sie den Priester zum Verseh- beziehungsweise zum Verwahrgang, damit er den Sterbenden auströste.[18] Diese Versehgänge, in gewissen Gegenden bis in die dreißiger und vierziger Jahre unseres Jahrhunderts üblich, wurden durch das Glockenzeichen (Verwahrläuten) zu einem öffentlichen Geschehen; sie hinterließen beim Volk, das sich auf diese oder jene Weise daran beteiligte, einen nachhaltigen Eindruck.[19] Im Krankenzimmer hatte die Familie in der Regel alles zur Feier Notwendige vorbereitet, da das »Verwahrzeug« (Tuch, Kreuz, Kerzen usw.) jederzeit zur Verfügung stand — nicht selten erhielten Brautleute zur Hochzeit eine Versehgarnitur als Geschenk. Daß die Familie, Nachbarn und Bekannte die Handlung des Priesters mit ihren Gebeten umrahmten, versteht sich von selbst, denn sie erachteten es als einen der größten Liebesdienste, einen Menschen beim Heimgang zu begleiten.[20]

Im Wissen um die Gefährlichkeit des Sterbens — für den Todeskandidaten wie für die Angehörigen — trachtete das Volk danach, auch durch außerliturgisches Brauchtum, das zum Teil auf vorchristliche Ursprünge zurückreichte, dem Hinscheidenden beizustehen und ihn vor den drohenden Gefahren zu schützen. Eine erste Hilfe leistete man ihm durch das Umbetten. Man legte ihn auf die bloße Erde,[21] auf den Boden oder auf Stroh,[22] was ihm das

---

[17] Die von *Karl Meuli*, Entstehung und Sinn der Trauersitten: SAVk 43 (1946) 91—101, verfochtene These, alle Traueräußerungen entstammten lediglich Spontanaffekten, fand unter den Volkskundlern keine Zustimmung.

[18] Die Beschreibung von *Alois Senti*, Gebete 56—60 und *Josef Zihlmann*, Wie sie heimgingen 23—39, zeigen eindrücklich, wie gerade im Sterbebrauchtum Liturgisches und Volkstümliches zu einer Einheit verschmolzen.

[19] Das Volk verhielt sich diesbezüglich zwiespältig: Einerseits beharrte es auf der feierlichen Form des Verwahrganges, andererseits wollte es jedoch kein Aufhebens machen, um das Gerede zu verhindern, weshalb man den Pfarrer gern in der Nacht kommen ließ, wo das Verwahrläuten ausblieb.

[20] In den meisten Gemeinden gab es Frauen (in der Innerschweiz »Luegeri« genannt), die sich in der Betreuung von Kranken auskannten und beim Nahen des Todes die nötigen Anweisungen erteilten.

[21] Ursprünglich eine symbolische Vorausnahme der Bestattung (Rückkehr zur Erde), bekam der Brauch später eine andere Bedeutung: Der Todeskandidat könne nicht richtig sterben und werde zum Wiederkehrer, falls er nicht auf der Erde ruhe. Siehe *Berger*, Brauchtum 30.

[22] Der Aberglaube bemächtigte sich dieses Gestus; dem Stroh wurde allerhand magische Kraft zugeschrieben.

Sterben erleichtern sollte. Das Mittelalter kannte noch eine andere Form des Umbettens, nämlich auf Cilicium.[23] Das mit Asche bestreute Bußgewand, im biblischen Milieu verwurzelt, wurde meistens mit einer Segnung bedacht und versinnbildete den Pönentialcharakter des Sterbens,[24] den übrigens auch die frühere Commendatio animae zum Ausdruck brachte.[25] Allgemeine Sitte war es im Mittelalter und bis zum Beginn des 19. Jahrhunderts, dem Sterbenden einen Schluck Wein zu reichen, die sogenannte »Johannesminne«[26]. Ihr wohnte, gemäß den kirchlichen Weihegebeten, die Kraft inne, »dämonische Einflüsse und Nachstellungen schadlos zu machen, auf Reisen gegen alle Gefahren, auch gegen wilde Tiere zu schirmen, an Leib und Seele gesund zu erhalten und endlich die Erlangung der ewigen Seligkeit zu erleichtern«[27]. Die Eignung als apotropäisches Mittel konnte sich gerade beim Sterben zeigen. Obwohl die Ritualien diese Verwendung nicht vermerken, sah das Volk im Johanneswein ein Mittel, um in der Stunde des Todes die Dämonen zu bannen. Daneben deutete man den Sterbewein als Abschiedstrunk, als eine Art Wegzehrung auf die letzte Reise.[28]

Durch andere Bräuche noch bemühten sich unsere Vorfahren, das Los eines Dahinscheidenden zu mildern. Sie öffneten ein Fenster oder die Tür, hoben einen Ziegel vom Dach ab, damit die Seele, in etwa materiell gedacht, nicht »hängen blieb« oder damit »die Engel sie holen konnten«[29]. Die Handauflegung, ein uralter Heils- und Segensgestus,[30] zielte darauf ab, dem vom Tod Gezeichneten Kräfte zu vermitteln; allerdings wird aus den spärlichen Zeugnissen nicht ersichtlich, ob sie ursprünglich mit dem Brauchtum verwachsen war oder von der Liturgie dorthin ausgewandert ist. Das Herkommen regelte auch das Abwischen des Todesschweißes; zuweilen diente dasselbe Tuch dazu, das man bei der Taufe zum Abtrocknen des Taufwassers verwendet hatte. Die das Bett Umstehenden strengten sich an, das Schluch-

---

[23] *Alfred Hermann*, Art. »Cilicium«: RAC III 127—136 (mit Literatur).

[24] *Berger*, Brauchtum 34: »Bisweilen galt das Gesetz, daß der Kranke, der auf das Cilicium gelegt worden war, im Falle einer unvermuteten Wiedergenesung die rechtlichen Folgen des Büßerstandes auf sich zu nehmen hatte.«

[25] *Thierry Maertens / Louis Heuschen*, Die Sterbeliturgie der katholischen Kirche. Glaubenslehre und Seelsorge, Paderborn 1955, 51 f.

[26] *Lutz Mackensen*, Art. »Johannisminne«: HAD IV 756 f.

[27] *Adolf Franz*, Die kirchlichen Benediktionen im Mittelalter I, Graz 1960 (Nachdruck der 1. Auflage, Freiburg i. Br. 1909), 329.

[28] Das aus der germanischen Ahnen- und Götterverehrung stammende Minnetrinken wurde verchristlicht: Das Trinken auf die Götter wandelte sich zum Trinken auf die Heiligen, besonders Johannes, Michael, Stephan und Gertrud. Vgl. *Beitl*, Art. »Minnetrinken«: WDVk 559 f.

[29] *Werner Geiger*, Totenbrauch im Odenwald, Lindenfels im Odenwald 1960, 26 f.

[30] *Adelgard Perckmann*, Art. »Handauflegungen«: HDA III 1398.

zen zu unterdrücken, weil sie einerseits befürchteten, durch das laute Weinen die entweichende Seele zurückzurufen; andererseits mußte verhindert werden, daß Tränen auf den Sterbenden beziehungsweise Toten fielen und dieser dadurch Gewalt über die Trauernden erlangte, das heißt sie in den Tod »nachzog« — wiederum ein Zeugnis für den »lebenden Leichnam«.

III. Der Kampf mit den Mächten

Außer den eben beschriebenen Handlungen stellten religiöse Gegenstände, die nicht unmittelbar mit der Liturgie zusammenhängen, äußerst wichtige Sterbehilfen dar.[31] Im Glauben an die dämonenvertreibende Kraft gewisser Dinge schob man dem Sterbenden ein Gebetbuch oder eine Bibel unter das Kopfkissen. Das gleiche geschah — obwohl von der Kirche verboten — mit den sogenannten »Himmelsriegeln«, Blättern mit Bildern und Gebeten (z. B. den sieben Worten Jesu am Kreuz) versehen, von denen allerlei Kräfte gegen Schaden erwartet wurden.[32] Ähnliches erhoffte man vom »Lorettokäppchen«, das man dem Sterbenden aufsetzte. Zu erwähnen ist ferner die Benützung von Klingelinstrumenten (Benediktusschelle, Antoniusglöckchen, Lorettoglöckchen), die sowohl die Dämonen verjagen als auch die Seele wegeleiten sollten.[33]

Enger verknüpft mit der Liturgie war der Gebrauch anderer Gegenstände wie Kerzen, Weihwasser, Sterbekreuz und Marienbilder. Aufgrund der natürlichen Symbolik von Feuer und Licht, deren lustrativer Kraft und apotropäischer Wirkmacht (zur Vertreibung der Finsternis, Satans und der Dämonen) eignete sich die Kerze vorzüglich für das Sterbebrauchtum. Der Volksglaube erblickte — entsprechend der Vorstellung vom Lebenslicht — eine geheime Verbindung zwischen dem Leben eines Menschen und dem Flackern der Kerze.[34] Alle volkskundlichen Quellen bestätigen, daß beim Sterben eine oder mehrere Kerzen angezündet wurden oder eine Öllampe brannte. Besonders hoch stand die (geweihte) Lichtmesskerze im Kurs, ebenso die Kommunion- und die Taufkerze. Viele Ritualien und Gebetbücher bezeugen den Brauch, daß man dem Sterbenden eine Kerze darreichte; mit der Traditio candelae verband sich bisweilen ein Deutespruch, der die Lichtsymbolik

---

[31] Zum folgenden: *Berger*, Brauchtum 40—63.
[32] *Beitl*, Art. »Himmelsriegel«: WDVk 363; *A. Jacoby*, Art. »Die hl. sieben«: HDA IV 34.
[33] *Paul Sartori*, Das Buch von den deutschen Glocken, Leipzig 1932, 92.
[34] *Beitl*, Art. »Kerze«: WDVk 440.

(Christus, das wahre Licht, dem der Sterbende entgegeneilt) oder den Bezug zwischen dem Tauf- und dem Sterbevorgang ins Wort hob.[35]

Da das Wasser im Brauchtum eine große Rolle spielt, sei es als Reinigungselement, sei es als Spender heilender und belebender Kräfte oder als apotropäisches Mittel, liegt es nahe, daß es auch bei den Sterberiten verwendet wird, obwohl es in erster Linie zum Totenkult gehört.[36] Die Anschauung vom »lebenden Leichnam« wirkt schon ins Verscheiden hinein, weshalb man zum geisterbannenden Weihwasser Zuflucht nimmt. Doch sieht das Volk darin vor allem eine Abwehr Satans und der Dämonen, die den Verscheidenden bedrängen, so daß es ihm diese Hilfe zukommen läßt.[37] Der Umgang mit dem geweihten Gegenstand erfolgte auf verschiedene Weisen: man besprengte das ganze Zimmer und die einzelnen Körperteile des Sterbenden, reichte ihm einen Schluck zum Trinken, stellte ein Glas oder einen Eimer Wasser neben das Sterbebett, »damit die Seele sich nach dem Verscheiden waschen könne«[38]. Sowohl die Ritualien wie die Gebetbücher befürworten den häufigen Gebrauch von Weihwasser, wobei der Gedanke der Reinigung von den Sünden, also die lustrative Wirkung, vorherrscht, während der apotropäische Aspekt eher zurücktritt, wohl deshalb, weil man abergläubischen Praktiken einen Riegel stecken wollte.[39] Im Gegensatz zum Wasser geht das Sterbekreuz eindeutig auf das christliche Erbe zurück. Freilich geriet auch dieses Zeichen in den Einflußbereich magischer Vorstellungen; es rückte zur wichtigsten Sicherung gegen Unheil auf.[40] Man drückte dem Sterbenden ein Kruzifix in die Hand, reichte es ihm zum Kuß, legte es ihm unter den Kopf oder auf die Brust, hängte es am Fußende des Bettes oder zu Häupten des Todkranken auf, man bekreuzigte seinen Mund oder die Stirn. Gewiß brachte das Volk den Tod Christi mit dem Tod des Christen in Verbindung; das apotropäische Moment — theologisch grundsätzlich richtig — dürfte indessen in manchen Fällen ein ungebührliches Gewicht erlangt haben, dies

---

[35] Beispiele solcher Übergangssprüche finden sich bei *Berger,* Brauchtum 46—48. Ein Gebetbuch (Würzburg 1824) vermerkt dazu: »Eine Taufkerze geleitet den Neugeborenen in die Kirchen Gottes hinein: die Sterbekerze geleite den Sterbenden in die Ewigkeit hinüber« (ebd. 48).
[36] Siehe *R. Hünnerkopf,* Art. »Wasser«: HDA IX 109 f; *Ders.,* Art. »Weihwasser«: HDA IX 287.
[37] Wie bei der Kerze handelt es sich auch in diesem Fall um einen volkstümlichen Sachexorzismus.
[38] Quelle zitiert bei *Berger,* Brauchtum 50: wahrscheinlich eine Prolepse aus dem Beerdigungsbrauchtum.
[39] Die Weihegebete für das Wasser erwähnen drei Anliegen: Reinigung von Sünden, Kampf gegen die Dämonen, Schutz vor sonstigen Gefahren, besonders Krankheiten. Im Volk drängte sich der zweite Aspekt in den Vordergrund.
[40] *Beitl,* Art. »Kreuz«: WDVk 475; *A. Jacoby,* Art. »Kreuz«: HDA V 478; *Ders.,* Art. »Kreuzzeichen«: HDA V 551 f.

trotz der schönen Begleitworte zur Darreichung.⁴¹ Außer dem Kreuz wurden auch Heiligenbilder vorgezeigt und vielfach zum Kuß dargeboten. Hohe Wertschätzung genossen die Abbildungen der Muttergottes, die in der letzten Stunde besondere Linderung verschafften.

IV. Der Trost des Gebets

Neben dem liturgischen Formelgut belegte das brauchtümliche Beten einen wichtigen Platz; gottesdienstliches und volkstümliches Gebet beeinflußten und ergänzten sich gegenseitig.⁴² Hier ist der Rosenkranz zu erwähnen, ferner die aus der Liturgie übernommene Allerheiligenlitanei, das Sprechen des Johannesprologs (als exorzistische Übung). Von erstrangiger Bedeutung waren beim Volk die »sieben Fußfälle«, also die alte Form des Kreuzwegs, der früher nur sieben Stationen zählte mit den (heute noch üblichen) Kniebeugen.⁴³ Aufgrund der Zahlenmystik des Mittelalters beteiligten sich an diesem Gebet oft sieben Personen, welche die sieben Stationen an Wegkreuzen, Bildstöcken oder Feldkapellen abliefen. Beinahe bis in unsere Tage erhalten hat sich die Sitte, für einen Sterbenden den Kreuzweg zu gehen oder einen Gnadenort aufzusuchen. Man kannte ferner das »Gottbeten«, in welchem vor dem Gottesdienst oder während desselben in der Kirche für eine schwerkranke Person drei *Vaterunser* und *Ehre sei dem Vater* verrichtet wurden.⁴⁴ Anfänglich verkündete der Priester den Namen des Betreffenden; später, vor dem Verschwinden des Brauchs, hielt man ihn geheim. Das Gottbeten sollte offensichtlich die Genesung oder einen baldigen Tod erwirken, was besonders dann erwartet wurde, wenn die Übung sich an drei aufeinander folgenden Tagen wiederholte. In den Gebetsschatz des Volkes fanden einzelne (zum Teil übersetze oder paraphrasierte) Stücke der Commendatio animae Eingang (z. B. das *Proficiscere),* dies offenbar deshalb, weil sie dem Empfinden der Leute entgegenkamen.⁴⁵ Das volkstümliche Beten zeichnete sich in diesem Zusammenhang durch seine christozentrische Ausrichtung,

---

⁴¹ Darreichungssprüche bei *Berger,* Brauchtum 56—61.
⁴² Beispiele solchen Betens bei *Berger,* Brauchtum 56—61; vgl. *Senti,* Gebete 56—59.
⁴³ *Georg Schreiber,* Art. »Fußfälle, sieben F.«: LThK V 476. — Die Siebenzahl erfreute sich großer Beliebtheit, siehe *Beitl,* Art. »Zahl«: WDVk 988f.
⁴⁴ In einzelnen Gebieten der Innerschweiz (z. B. Muotathal) war dies bis in die 1950er Jahre der Fall.
⁴⁵ Das *Proficiscere* führt einerseits die Heiligen an, anderseits enthält es gewisse terminologische Anklänge (»Fahre hin, christliche Seele ...«) an die im Volksglauben verbreitete Auffassung von einer Seelenüberfahrt. Vgl. *Carl Mengis,* Art. »Seelenüberfahrt«: HDA VII 1568—1572.

andererseits durch seine apotropäische Prägung aus, welch letztere dem Schutzbedürfnis der Lebenden vor dem Sterbenden entsprach; die Angst vor dem Wiederkehren plagte viele. Ebenso sehr bezog sich aber das brauchtümliche Beten auf die Abwehr dämonischer Mächte, die den Sterbenden beim Übergang in eine andere Welt in Gefahr brachten.[46] Damit der Hinscheidende die nötige Kraft zur Überwindung der Versuchungen besäße, wandte sich das Volk an die Heiligen. Abgesehen von Maria vertraute es besonders auf den Erzengel Michael, dann auf Barbara und Christoph, ja sogar alle Engel und Heiligen, die als Sterbepatrone Schutz leihen sollten.[47] Die Todessituation bedeutete Anfechtung im Glauben; so kam im Mittelalter die Gewohnheit auf, den Sterbenden das Glaubensbekenntnis sprechen zu lassen. Dies geschah in der Form eines Dialogs, daher die Bezeichung »Anselmische Fragen«[48]. An erster Stelle figurierte die Frage nach dem rechten Glauben und nach der Freude, in diesem Glauben sterben zu dürfen, darauf folgten die Fragen nach dem Versagen im Leben und nach der Reue, nach Buße und Besserung sowie nach dem Glauben an die alleinseligmachende Kraft des Kreuzes Christi. Bei diesem Vorgang standen Christus und sein Tod ganz in der Mitte; seine Verdienste, zwischen die Schuld des Sterbenden und das Gericht des Vaters gestellt, wurden dem Satan geradezu als Waffe entgegengehalten. Es handelt sich hier um eine der schönsten Früchte mittelalterlicher Sterbefrömmigkeit.

V. Das Werk der Gemeinschaft

Die letzten Verfügungen und der endgültige Aufbruch ins Jenseits beschließen das Sterbezeremoniell. Vorab empfehlen die Gebetbücher, die zeitlichen Dinge (durch ein Testament) zu ordnen, damit dem Toten vergönnt sei, im Grab zu ruhen, anstatt wiederkehren zu müssen. Angeregt wird des öfteren, ein geistiges Vermächtnis abzufassen, in dem der Kranke seine gläubige Gesinnung zum Ausdruck bringen und seinen Nachfahren gute Ratschläge erteilen könne. Ein weiteres Element der Trennung bildete das Erbitten und Ge-

---

[46] Zum doppelten Aspekt der apotropäischen Ausrichtung (1. dem Sterbenden eignen gewisse dämonische Züge = lebender Leichnam; 2. der Sterbende ist von dämonischen Mächten bedroht) siehe *Berger*, Brauchtum 68 f.

[47] Der hl. Josef kommt in den volkskundlichen Quellen als Sterbepatron nicht vor, hingegen im RitRom.

[48] *Berger*, Brauchtum 81—107; *Ders.*, Die sogenannten Anselmischen Fragen, ein Element mittelalterlicher Sterbeliturgie: TThZ 72 (1963) 299—306; vgl. auch den Beitrag von B. Fischer in diesem Kompendium.

währen der Verzeihung, die Aussöhnung mit den Gegnern. Anweisungen finden sich auch zur endgültigen Verabschiedung, sei es, daß der Sterbende Worte des Dankes und des Segnens an die Hinterbliebenen richte, sei es, daß diese ihm Wünsche mitgeben, ihn küssen oder ihm die Hand reichen[49]

Wenn wir die Fülle des (längst nicht in allen Einzelheiten festgehaltenen) früheren Brauchtums überblicken, dann drängt sich als wichtigste Schlußfolgerung auf: Ein Mensch wird in seiner letzten Stunde nicht allein gelassen. Für das Volk war es eine Selbstverständlichkeit, sich um den Hinscheidenden zu versammeln und ihm Hilfe zu leisten beim Heimgang. Hat sich die Gemeinschaft im Leben bewährt, so muß dies auch im Sterben der Fall sein. »Da geht das Werk der Liebe und Gemeinschaft der Heiligen im Ernst und gewaltiglich, und ein Christenmensch soll es sich auch vorbilden und keinen Zweifel drob haben, daraus er dann keck wird zu sterben.«[50] Die rege Teilnahme der Gläubigen am Verscheiden eines Mitchristen, durch die Gewährung von Ablässen von seiten der Kirche gefördert, erklärt sich teilweise aus der wachsenden Eucharistieverehrung, die gerade in der Sterbeliturgie durch die feierliche Übertragung des Allerheiligsten beredt zum Ausdruck kam. »Denn wer dran (an der Communio sanctorum) zweifelt, der glaubt abermals nicht an das hochwürdig Sakrament des Leichnams Christi, in welchem gezeigt, zugesagt, verpflichtet wird Gemeinschaft, Hilf, Lieb, Trost und Beistand aller Heiligen in allen Nöten«, sagte Martin Luther.[51]

Das Sterbebrauchtum — und darin besteht das zweite Ergebnis unserer Überschau — ist selbstredend von der Gewißheit eines persönlichen Weiterlebens nach dem Tode getragen, einem auch vor- und außerchristlich weit verbreiteten Glauben.[52] Wenn Luther das christliche Sterben als ein »gewaltiges Werk der Gemeinschaft« preist, dann gilt das in etwa auch vom brauchtümlichen Verhalten, insofern sich darin die Überzeugung der Volksgemeinschaft widerspiegelt: das Leben wird nicht genommen, sondern gewandelt.[53] Zugegeben, das Sterbebrauchtum enthält manch Ungereimtes und auch Düsteres, der Auferstehungsglaube bricht zu wenig durch, als Ganzes aber zeugt es von Hoffnung und Zuversicht, so daß die Menschen selbst beim Ableben eines der Ihren ein Stück Geborgenheit erfuhren, weil Mitmenschen, an ihrem Geschick Anteil nehmend, ganz dabei waren.

---

[49] *W. Geiger*, Totenbrauch 21—25; *Berger*, Brauchtum 114—117.
[50] *Martin Luther*, Ein Sermon von der Bereitung zum Sterben: *Ders.*, Ausgwählte Werke I, hg. von *Hans-Heinrich Borcherdt/Georg Merz*, München ³1963, 366f.
[51] Ebd.
[52] *Hans-Joachim Klimkeit (Hg.)*, Tod und Jenseits im Glauben der Völker, Wiesbaden 1978.
[53] Präfation von den Verstorbenen I.

Mit dem Auströsten ging hartnäckig die Meinung einher — der wir auch heute noch da und dort begegnen —, wer die Sterbesakramente empfangen habe, der müsse, weil von ihnen gezeichnet, unweigerlich verscheiden. Nicht umsonst kehrt in den gottesdienstlichen Quellen und in den Gebetbüchern ständig die Mahnung wieder, die Sakramente nicht zu lange aufzuschieben. Offensichtlich handelt es sich hier um einen zentralen Kern des Volksglaubens bezüglich des Sterbebrauchtums.

B. Die Bewältigung des Abschieds

Wenn wir nun das einstige Beerdigungsbrauchtum in den Blick nehmen, so heißt das nicht, daß man die beiden Bereiche voneinander absondern könne.[54] Die Scheidelinie verläuft unscharf, denn mit dem Eintritt des Todes fängt nicht etwas total Neues an. Wiederum frappieren die Einflüsse des Brauchtums auf die Liturgie, wie umgekehrt die Spuren deutlich zu fassen sind, welche das kirchliche Tun im Volk hinterließ. Anderseits stellen wir fest, daß der Tod einen engen Bezug zur Gemeinschaft hatte, weil er ihr nahe ging und deshalb von ihr verarbeitet wurde. Was die Kirche mit ihren gottesdienstlichen Vollzügen versuchte, das versuchte auch das Volk: durch Zeichen, Handlungen und Gesten die allmähliche Trennung von einem Menschen zur Darstellung zu bringen und ihr Sinn zu verleihen. Um uns im Dickicht der Vorkehrungen zurechtzufinden, behelfen wir uns mit einer (zugegebenermaßen künstlichen) Unterscheidung: die Bräuche unmittelbar nach dem Eintritt des Todes (I), jene in der Zeit zwischen der Aufbahrung und der Beerdigung (II), dann die bei der Bestattung (III—IV) und schließlich die Förmlichkeiten im Gedenken der Nachwelt (V). Alle diese Stationen erlebten die Leute, privat wie in der Öffentlichkeit, ohne Unterbruch. Die Loslösung von einem der Ihren erfolgte nach einem ziemlich gleichen Schema, das je nach Zeit, Ort und Stellung des Betreffenden einzelne Änderungen erfuhr.

I. Die Sorge um den Entschlafenen

Sofort nach dem Verscheiden geschah das Schließen der Augen und des Mundes; einer der nächsten Angehörigen oder die »Leichenfrau« vollzog die

---
[54] Dazu *Berger,* Brauchtum 118.

Handlung. Während das Zudrücken der Augen eines Verstorbenen für uns Heutige bloß einen Akt der Pietät bedeutet, um der Leiche das Aussehen eines friedlich Schlafenden zu geben, lag früher diesem Gestus die Vorstellung vom bösen Blick zugrunde.[55] Behielt der Tote seine Augen offen, fürchtete man, er würde dadurch einen Lebenden nachziehen, weshalb es sich gebieterisch aufdrängte, dieser Gefahr vorzubeugen.[56] Beim Schließen des Mundes[57] standen ähnliche Motive Pate: man bangte, daß die Seele durch den offenen Mund, dem sie entwichen war, zurückkehren, den Toten zum Wiedergänger machen oder andere hinwegraffen könnte. Mit dem Waschen der Leiche[58] beabsichtigte die Familie, den Verstorbenen auf das saubere Erscheinen im Jenseits zuzurüsten oder auch, ihn von Kräften zu befreien, die seiner Grabesruhe abträglich gewesen wären. Die Angehörigen, öfters aber die »Totenfrau« (auch »Leichenfrau«, »Seelenweib«, »Beterin« usw. genannt) zogen ihm andere Gewänder an, Männern und Frauen das Festtagskleid.[59] Weiter bekam der Tote Schuhe an die Füße, denn das Volk sagte, »die Verstorbenen müßten gut gekleidet sein, damit sie am jüngsten Tage bei der Auferstehung in rechter Kleidung vor dem ewigen Richter erscheinen können«[60]. Es gab allerdings Zeiten, in denen das gewöhnliche Volk seine Toten lediglich in Leinenwand gehüllt der Erde übergab, ohne Schmuck und Sarg. Nach diesen Verrichtungen lag der Verstorbene auf seinem Totenbett — sei es im großen Hausgang, in der Stube oder im Schlafzimmer —, ausgestattet für seinen letzten Gang zur Kirche. Die gefalteten Hände umfaßten das geweihte Sterbekreuz[61] und den Rosenkranz. Das Volk schaute darauf, ob es eine »schöne Leiche« sei, ob der Entschlafene einen freundlichen und tröstlichen Eindruck machte.

---

[55] *Beitl,* Art. »Auge«: WDVk 47 f; *Berger,* Brauchtum 119; *W. Geiger,* Totenbrauch 27.

[56] Wiederum spielt die Vorstellung vom lebenden Leichnam mit. — Um das Geschlossenhalten der Augen zu bewerkstelligen, legte man zuweilen eine Münze darauf oder bedeckte sie mit einem in Essig oder Branntwein getränkten Tuch.

[57] Es wurde meistens erreicht, indem man ein Buch (Gesangbuch, Bibel) unter das Kinn schob oder ein Tuch um Kopf und Kinn des Toten band. Vgl. *Paul Geiger,* Art. »Leiche«: HDA V 1033.

[58] Die »toilette funèbre«, einst eine liturgische Verrichtung, erinnerte damals an das Taufbad und die Taufkleidung. Vgl. *Henri René Philippeau,* Symbolisme, cérémonial et formulaire de la toilette funèbre: Paroisse et Liturgie (1952) 71–78; *Paul Geiger,* Art. »Leichenwaschung«: HDA V 1113–1118; *W. Geiger,* Totenbrauch 32–37.

[59] Zum Totenkleid *Walter Hartinger,* ... denen Gott genad. Totenbrauchtum und Armen-Seelen-Glaube in der Oberpfalz, Regensburg 1979, 50–52.

[60] *Zihlmann,* Wie sie heimgingen 41 f; *Guy Oury,* Les anciennes coutumes funéraires populaires en pays de chrétienté: L'Ami du Clergé 77 (1967) 102–104.

[61] Es gehörte sich, daß die Sterbekreuze gesegnet waren; darum die Rede, es hafte ein Ablaß daran.

Inzwischen hatten die Angehörigen verschiedene Vorkehrungen getroffen (das Öffnen des Fensters oder der Tür erwähnten wir bereits im Sterbebrauchtum). Sie hielten die Uhr an und verhängten verglaste Bilder und den Spiegel, welch letzteres von einzelnen Volkskundlern als apotropäische Maßnahme gedeutet wird.[62] Der Raum wurde abgedunkelt. Kerzen, Kreuz, ein Gefäß mit Weihwasser und einem Buchsbaumsträußchen sowie da und dort Salz (als Sinnbild der Unverweslichkeit) waren noch vom Auströsten her da: alles Zeichen, die an das Taufgeschehen erinnerten. Die (Mistel-, Eiben-, Lorbeer-) Zweige wiesen auf die Unsterblichkeit hin.[63] Nach Abschluß der ersten Obliegenheiten herrschte Stille im Totenhaus; dessen Bewohner legten ihre gewohnte Arbeit (bis nach der Beerdigung) nieder, und was dennoch zu erledigen war, besorgten die Nachbarn. Nicht bloß aus Pietätsgründen befleißigte man sich der Ruhe, sondern aus dem Empfinden, den Verstorbenen schonen zu müssen, damit er niemandem Schaden zufügte.[64]

Unter die Bräuche, die unmittelbar auf das Verscheiden folgten, reiht sich die Bekanntgabe des Todesfalles ein.[65] Das geschah mündlich durch Nachbarn (»Notnachbar«), Verwandte oder eigene Leichenbitter(-innen), die mit der Meldung meist die Einladung zum Begräbnis verbanden. Es gehörte sich, zunächst den Pfarrer, den Lehrer, die Behörden und den Arzt zu benachrichtigen. Ursprünglich ehrenamtlich tätig, erhielten die Leichenbitter später für ihre Dienstleistung eine Entlohnung. Mancherorts übernahmen die Küster, der Totengräber oder eine angeworbene, meist arme, ältere Frau die Rundsage, welche nach festen Formeln und Formen zu geschehen hatte. Das »Totenansagen« zählte zu den vornehmsten Pflichten der Mitglieder von Gilden und Bruderschaften.[66] Auch die schriftliche Mitteilung war bekannt, im Mittelalter in den Klöstern, die einen Totenzettel versandten. Später machten sich auch die Leichenbitter dieses Mittel zunutze, indem sie, statt einen Spruch aufzusagen, ein gedrucktes Blatt überreichten. Mündliche und schriftliche Todesanzeige ergänzte das »Endläuten«[67]. Viele Kirchen besa-

---

[62] *Berger*, Brauchtum 121; *W. Geiger*, Totenbrauch 27.
[63] *G. Oury*, Anciennes coutumes 103, deckt manche Zusammenhänge zwischen Sterbe- und Taufbrauchtum auf.
[64] Die Macht des »lebenden Leichnams« wirkt sich vor allem bis zur Beerdigung aus; durch diese wird die eigentliche Gefährlichkeit gebannt. *Berger*, Brauchtum 128f; *Zihlmann*, Wie sie heimgingen 50f.
[65] *Hartinger*, Totenbrauchtum 42—45; *Berger*, Brauchtum 122—128; *Löffler*, Totenbrauchtum 31—57; *Zihlmann*, Wie sie heimgingen 44—46.
[66] Dies zeigt besonders *Löffler*, Totenbrauchtum auf.
[67] Zu den vielen Bezeichnungen für das Sterbegeläut siehe *Berger*, Brauchtum 124; vgl. *Löffler*, Totenbrauchtum 152—186: Totengeläut; zum gestaffelten Geläut je nach Stolgebühren siehe *Hartinger*, Totenbrauchtum 66—68.

ßen für das Aus-, Heim- oder Überläuten eine besondere Glocke, die man je nach Ortssitte verschieden anschlug. Ob für einen Mann, eine Frau oder für ein Kind das Totengeläute ertönte, merkten die Pfarreiangehörigen nicht nur aus der benutzten Glocke, sondern auch aufgrund der Dauer des Läutens und der eingelegten Pausen. Mehrere Motive fließen in diesem Brauch zusammen: die Kundgabe des Todes, die Aufforderung zum Gebet, die Ehrung des Verstorbenen, die Abwehr der Dämonen und das Hinübergeleit der Seele.[68] Die Mitteilung des Todes nahm noch eine andere Form an, die wir heute nur schwer begreifen: die Ansage an die Tiere, vor allem die Bienen, und selbst an leblose Gegenstände, besonders wenn der Hausherr gestorben war.[69] Wiederum spielte die Anschauung vom »lebenden Leichnam« mit, vor dessen Gefährlichkeit es zu warnen galt, andererseits handelte es sich darum, daß der neue Besitzer sich der stummen Kreatur gleichsam vorstellte.

II. Das Wachen beim Toten

Die Sitte, einen Verstorbenen nie allein zu lassen, kam einerseits in den Beileidsbesuchen, andererseits in den Totenwachen zum Ausdruck. Landauf und landab war es üblich, daß die Dorfbewohner, sobald sie um den Todesfall wußten, sich ins Sterbehaus begaben, um den Angehörigen ihre Anteilnahme auszusprechen, den Heimgegangenen noch einmal zu sehen und ihm die letzte Ehre zu erweisen.[70] Sie traten in die Kammer, in der der Tote aufgebahrt lag, besprengten den Leichnam an Kopf, Brust und Füßen mit Weihwasser und beteten einige Vaterunser und Ave Maria, meist deren fünf (die »Fünfe«) oder sieben (»Siebne«), fügten das *Herr, gib ihm die ewige Ruhe* und das Glaubensbekenntnis bei. Vor oder nach dem Gebet entboten sie den Angehörigen das Beileid.[71] Die Schulkinder statteten nicht ungern solche Besuche ab, weil sie beim Weggehen etwas (Butterbrot, Geld) mitbekamen.

Eine wichtige, ja zentrale Etappe zwischen Tod und Begräbnis bildete die Totenwache, dazu bestimmt, den im Haus weilenden Verstorbenen in den Kreis der Lebenden, als deren Mitglied er noch betrachtet wurde, einzubeziehen und zugleich vor dem Furchterregenden, das von dem Leichnam ausging, wirksamen Schutz zu gewähren.[72] Verwandte, Nachbarn und Freunde

---

[68] Im Sterbegeläut liegt eine glückliche Verbindung von Brauchtum und Liturgie vor.
[69] *Beitl*, Art. »Tod«: WDVk 808f; *Paul Geiger*, Art. »Tod ansagen«: HDA VIII 987—991.
[70] *Zihlmann*, Wie sie heimgingen 53 f; *Senti*, Gebete 60.
[71] In der deutschen Schweiz begnügte man sich mit einem trockenen »Ich kondoliere« bzw. »Wir kondolieren«.
[72] *Hartinger*, Totenbrauchtum 46f; *Löffler*, Totenbrauchtum 58—74; *Paul Geiger*, Art. »Leichenwache«: HDA V 1105—1113.

versammelten sich nachts um das Totenbett, doch wandelte sich der Kreis der Teilnehmer im Lauf der Zeit erheblich. Es lag keineswegs im Sinn dieser Leute, die Wache als eine bleiern-belastende Angelegenheit durchzustehen, vielmehr gaben sie sich dem Spiel, Scherzen und Gesängen, mitunter auch ausgelassenem Treiben hin, wobei sie dem Essen und Trinken reichlich zusprachen. Kirchliche und staatliche Verbote (seit dem 17. Jahrhundert) fruchteten wenig dagegen. Das Gebet scheint erst allmählich dazugekommen zu sein, es setzte sich schließlich gegen Ende des 19. Jahrhunderts vollends durch. Damit verlagerte sich das nächtliche Geschehen nach und nach aus der Totenkammer in andere Räumlichkeiten des Hauses. In einzelnen Gebieten der deutschen Schweiz erhielt sich der Brauch der Totenwache bis tief in unser Jahrhundert hinein und erfreute sich großer Beliebtheit. Den Eindruck, den der »Totenpsalter« (drei Rosenkränze) auf die Gläubigen des Luzerner Hinterlandes machte, schildert ein Gewährsmann wie folgt: »Es gehört zum Seltsamsten, was ich in meinem Leben erfahren habe, diese Psalterabende im Haus eines Toten. Man ist nicht einfach Besucher, auch nicht bloß Hergekommener oder Teilnehmer von außen; man ist mitten drin, mehr noch: ganz innen in einem umfassenden Einssein, in einer wesentlichen Gemeinschaft, deren Grenzbereiche man raum- und zeitfrei nennen könnte.«[73] Neben dem Rosenkranz verrichteten die Anwesenden noch andere Gebete (Litaneien, Donnerstagsgebet, Englischer Gruß), zum Teil in erstaunlichem Maße. Zwischendurch gab es einen oder mehrere Imbisse; die Trauerfamilie geizte nicht mit Speise und Trank. Es kam im Lauf der Nacht zu jenen Erzählrunden, in denen Sagen, Anekdoten, Gruselgeschichten, Schwänke und Witze die Anwesenden erheiterten. Ferner berichtete man aus dem Leben des Heimgegangenen und seiner Familie; »aber auch jetzt war kaum etwas von schwerer Trauer zu verspüren«[74]. Die Leitung der volkstümlichen Andacht oblag entweder der »Vorbeterin«, die zwischen Tod und Begräbnis ständig am Totenbett blieb, oder einer anderen Person, die sich darauf verstand (Mesmer, Totengräber, Nachbar).[75] Besonders einprägsam gestaltete sich der Schlußakt der Wache: Alle drehten sich um und beteten, das Gesicht gegen die Wand gekehrt, für das Nächststerbende unter den Anwesenden die »Fünfe« — darauf schauten sie einander schweigend an und verließen das Totenhaus, nachdem sie dem Verstorbenen abermals das Weihwasser gespritzt hatten.[76]

---

[73] *Zihlmann*, Wie sie heimgingen 60 f.
[74] Ebd. 70.
[75] Zur Totenwache (»Leichenbeten«) im St. Galler Oberland siehe *Senti*, Gebete 61—66; auch da verband sich das Ernste mit dem Heiteren, das Beten mit dem Essen und Trinken.
[76] *Zihlmann*, Wie sie heimgingen 67 f.

Am Vorabend der Bestattung brachte der Schreiner oder sonstwer den Sarg ins Haus; sofort nach dem Hinschied hatte man am Körper des Toten das Maß genommen, um den »Totenbaum« entsprechend anfertigen zu lassen.[77] Der Sarg wurde vorerst mit gesegneten Zweigen vom Palmsonntag ausgeräuchert, erst danach hob man die Leiche aus dem Bett und legte sie in den Sarg.[78] Die anwesenden Familienmitglieder beteten unterdessen fünf Vaterunser zum Trost der armen Seelen oder zu Ehren der fünf Wunden Christi. Mit in den Sarg gab man dem Verstorbenen nebst dem Rosenkranz sein persönliches Gebetbuch.[79] Das Verschließen am Vorabend oder in der Morgenfrühe des Beerdigungstages empfanden die Angehörigen als einen tiefen Einschnitt: mit dem Vernageln des Totenbaumes entzog sich der Verstorbene für immer dem Blick der Hinterbliebenen.[80] Eine Schwelle mehr war überwunden.

III. Der Zug zum Grab

Dem Überschreiten einer Art magischer Grenzlinie kam ferner das Hinausbefördern der Leiche aus dem Totenhaus gleich. Die Leichenträger hielten unter dem Hauseingang an, verharrten mit dem Sarg auf der Türschwelle, bis das Volk laut ein Vaterunser gebetet hatte, und begaben sich erst dann zum Leichenwagen.[81] Mancherorts holten nicht bloß Verwandte, Bekannte und Nachbarn den Toten beim Trauerhaus ab, sondern auch, und zwar bis in unser Jahrhundert hinein, die Geistlichkeit, begleitet vom Sakristan, von Ministranten, Kreuz- und Fahnenträger.[82] Das Leichenbegängnis stand hoch im Kurs; es galt als ein »ehrliches und christliches Werk«, wobei »ehrlich« die standesgemäße und geziemende Bestattung, »christlich« hingegen die Erfüllung der Pflichten gegenüber dem Nächsten meinte. Bis in unsere Gegen-

---

[77] Zur »Totenruhe« *Hartinger*, Totenbrauchtum 53—55, wonach sich (in der Oberpfalz) der Sarg erst im Verlauf des 19. Jahrhunderts endgültig durchgesetzt hat; früher wurden die Körper der Verstorbenen einfach in Leinwand eingenäht.

[78] *Zihlmann*, Wie sie heimgingen 72 f; zu den verschiedenen Farben der Särge ebd. 90.

[79] *Paul Geiger*, Art. »Grabbeigaben«: HDA III 1082—1103; *Hartinger*, Totenbrauchtum 74—81; *Beitl*, Art. »Grabbeigabe« WDVk 298; *W. Geiger*, Totenbrauchtum 46—49.

[80] *Zihlmann*, Wie sie heimgingen 74 f berichtet, wie zu Beginn unseres Jahrhunderts im Luzerner Hinterland viel von Scheintoten gesprochen wurde.

[81] Den Bräuchen, welche das Hinaustragen des Sarges (wie auch das Waschen, Aufbahren, Einsargen usw. der Leiche) begleiteten, lag ursprünglich die gleiche Absicht zugrunde: sich vor der mitziehenden Macht des Todes und der Toten zu sichern. Durch christliche Heilszeichen und Gebete erfuhren solche beschwichtigenden Riten eine Umdeutung. Vgl. *Beitl*, Art. »Tod«: WDVk 809; *Hartinger*, Totenbrauchtum 55—57.

[82] *Zihlmann*, Wie sie heimgingen 78; *Senti*, Gebete 67.

wart erachtete man es in den Dörfern als selbstverständlich, daß mindestens ein Glied jeder Familie am Begräbnis, dem Höhepunkt der Hilfe und Ehrung des Verstorbenen, teilnahm.[83]

Seit dem 16. Jahrhundert erließen die Gilden und Bruderschaften, später auch die Nachbarschaften Vorschriften über die Leichenfolge.[84] Sie regelten genau die Ordnung im Leichenzug und ergriffen Maßnahmen gegen jene Mitglieder, die ihrer »Schuldigkeit« gegenüber dem Toten nicht nachkamen. Für die geistlichen Bruderschaften stellte die Sorge um das Begräbnis eines der Hauptanliegen im Totenkult dar. Das geschlossene Auftreten dieser Körperschaften verschwand indessen im 19. Jahrhundert. In manchen ländlichen Gegenden gestaltete sich das Trauergeleit noch um die Jahrhundertwende gemäß bestimmten Gewohnheiten.[85] Der Leichenzug formierte sich vor dem Haus des Verstorbenen. Voraus schritt derjenige (meist ein Knabe im Schulalter), der das hölzerne Kreuz trug, welches nachher auf den Grabhügel zu stehen kam. Es wies verschiedene Farben auf: bei verheirateten Personen herrschte das Schwarz vor, bei ledigen Erwachsenen Blau, Grün oder Dunkelrot, bei Jungfrauen, Schülern und Kindern das Weiß oder Hellblau. Dann folgte der Leichenwagen, auf beiden Seiten umgeben von »weißen Mädchen«, also Schulkindern im Kommunionkleid mit schwarzer Schärpe. Dem Leichenwagen schloß sich die Trauerfamilie an: zunächst die Männer, alle mit Hut, die nächstverwandten mit einem langen schwarzen Prozessionsmantel angetan und mit Leidbändern um den Hut sowie am linken Oberarm.[86] Die Frauen trugen ebenfalls Schwarz und dazu Hüte mit einem langen Schleier — der, immer kürzer geworden, später ganz verschwand —, denn das Herkommen gebot strengste Trauer in der Kleidung. Hatte der Verstorbene Vereinen angehört, reihten sich deren Mitglieder in den Zug ein, manchmal auch eine Fahnendelegation mit schwarzbeflorter Fahne.[87] Den Abschluß bildeten die übrigen Teilnehmer am Leichengeleit. Meistens beteten die Gläubigen auf dem Gang zur Kirche — die Leichenwege waren öfters brauchtümlich festgelegt[88] — gemeinsam den Rosenkranz. An Wegkreuzen,

---

[83] Zu meiner Jugendzeit in einem Dorf des St. Galler Rheintals war dies noch der Fall.
[84] Dazu vorab *Löffler*, Totenbrauchtum 75—107: Leichenfolge; *Paul Geiger*, Art. »Leichenzug«: HDA V 1123—1167, hier bes. 1146—1151.
[85] Siehe *Zihlmann*, Wie sie heimgingen 78—80.
[86] Später war nur noch ein kleines Leidband am Kittelrevers und schließlich ein schwarzer Leidknopf an der gleichen Stelle üblich.
[87] »Seit der zweiten Hälfte des 19. Jahrhunderts wird die äußere Gestalt des Leichenzuges immer stärker durch die teilnehmenden Vereine geprägt, vor allem bei der Beerdigung von Männern« *(Hartinger,* Totenbrauchtum 62).
[88] *Zihlmann,* Wie sie heimgingen 81 f.

bei Kapellen und Bildstöckchen hielt die Prozession inne, unterbrach den Rosenkranz und verrichtete einige andere Gebete.

Seit dem späten Mittelalter erhielt das Leichentragen aufgrund der Verordnungen der Gilden und Bruderschaften eine herausragende Bedeutung.[89] Die Tragpflichten waren genau umschrieben, Vertretung- und Entschuldigungsgründe präzis geregelt. Im 19. Jahrhundert machte die Einrichtung einen Wandel durch, indem nun mehr und mehr die Altersgenossen des Verstorbenen den Sarg im Leichenzug zu Grabe trugen. Bei Ledigen kamen ledige, bei Verheirateten verheiratete Träger in Frage, Frauen hingegen wurden vielfach noch von verheirateten Männern getragen. In den zahllosen Bräuchen widerspiegelten sich, wie übrigens in der Leichenfolge, die sozialen Unterschiede im Gemeinwesen.[90] Dasselbe traf zum Teil auch auf das Totengeläut zu, das im 17. / 18. Jahrhundert eine ungeahnte Fülle von Variationen und Besonderheiten erreichte.[91] Das »Verläuten der Toten« zählte damals zu den Obliegenheiten der Nachbarschaft, später übten es eigens bestellte Personen aus, bis es schließlich in den Aufgabenbereich des Küsters fiel.

Zur Mannigfaltigkeit des Beerdigungszeremoniells, in dem sich außerchristliche und christliche Vorstellungen vermischten, gehörte das Licht in Gestalt von Lampen und Kerzen.[92] Für Gilden und Bruderschaften bedeutete die Kerze ein Zeichen der Eintracht unter den Mitbrüdern, wie sie andererseits deren Fürsorge für die Toten zum Ausdruck brachte. Die Wachsabgaben und Wachsstrafen, schriftlich festgehalten, dienten vorab dem florierenden Totenkult. Satzungsgemäß trugen nur bestimmte Mitglieder beim Grabgeleit eine brennende Kerze, da und dort auch Tortschen. Fackeln hingegen fanden nur Verwendung bei Begräbnissen des Adels oder der hohen Geistlichkeit. Das Kerzentragen konnte sich bis in die Mitte unseres Jahrhunderts behaupten. Die Frauen hielten in der rechten Hand eine brennende gelbe Kerze oder einen Kerzenrodel und in der linken den Rosenkranz. Die Kerzen, die ebenfalls während der Beerdigung und im Gottesdienst brannten, löschten sie erst beim Verlassen des Friedhofs im Anschluß an den Gottesdienst.[93] Außer dem Licht erwähnen die Quellen (seit dem 14. Jahrhundert)

---

[89] *Löffler*, Totenbrauchtum 108—151; *Paul Geiger*, Art. »Leichenzug«: HDA V 1136—1141; zum »Leichweg« auch *W. Paul Geiger*, Totenbrauch 71—74.

[90] Dies stellt *Zihlmann*, Wie sie heimgingen 82 f noch für den Beginn unseres Jahrhunderts fest.

[91] Siehe *Löffler*, Totenbrauchtum 152—186: Totengeläut (spez. 174 ff). Vgl. *Adelgard Perckmann*, Art. »Glocke«: HDA III 868—876; *Ders.*, Art. »läuten«: HDA V 938—949.

[92] Zu »Totenlicht und Totenkerze« vgl. *Löffler*, Totenbrauchtum 187—223; *Paul Geiger*, Art. »Totenlicht«: HDA VIII 1084—1086.

[93] In meiner Heimatgemeinde (im St. Galler Rheintal) begrüßten die Frauen das Verschwin-

den Gebrauch von Tüchern, mit denen man den Sarg (und die Tumba bei Jahresgedächtnissen und anderen Totengottesdiensten) bedeckte.[94] Die Bahrtücher, oft prunkvoll und farbig gestaltet, zählten nebst den Kerzen zu den Gerätschaften, mit denen Gilden und Bruderschaften Staat machten. Erst seit dem 17. Jahrhundert setzte sich die schwarze Farbe durch. Wenn dieses Relikt mit der Liturgiereform verschwand, wird es gewiß niemand bedauern; als Ausdruck pomphafter Leichenbegräbnisse und damit sozialer Ungleichheiten wäre seine Abschaffung schon längst fällig gewesen. Auch anderen alten Bestattungssitten wird keiner nachtrauern, so etwa der Beobachtung von Vorzeichen.[95] Das Volk deutete gewisse Einzelheiten (beim Aufbruch aus dem Sterbehaus, beim Tragen des Sarges über die Schwelle und dessen Verladen auf das Fuhrwerk, beim Anfahren, beim Einsenken in das Grab) gerne als unheilbringende Vorkommnisse.

Den »Leidleuten« waren in der Kirche besondere Bänke (»Leidbänke«) reserviert, bei deren Besetzung man auf hierarchische und altersmäßige Reihenfolge achtete.[96] Das legte sich in etwa nahe wegen des Opfergangs,[97] bei dem ja der Grad der Verwandtschaft offenkundig werden sollte. Die Prozession zu den Opferstöcken, für viele übrigens ein Anlaß, um in der Öffentlichkeit gesehen zu werden, lieferte der Gemeinde Gesprächsstoff in den Tagen nach der Beerdigung. Da und dort erschienen Geistliche aus der Nachbarschaft zum Seelenamt; sie lasen die Messe an Seitenaltären. Es galt als Statussymbol und vermittelte Trost, wenn man sagen konnte, es wären »viele Herren« dabei gewesen.[98] Nach dem Beerdigungsgottesdienst begaben sich die Leidtragenden mit anderen Kirchgängern auf den Friedhof, zuerst an das inzwischen hergerichtete Grab des eben Bestatteten, dann zu den Gräbern der Verwandten. Sie verrichteten die »Fünfe« und spritzten reichlich Weihwasser: ein überaus beliebter Gestus, der auch heute bei vielen nichts von seinem Wert eingebüßt hat.

---

den des Brauches (zu Anfang des Zweiten Weltkrieges), weil es ihnen Unannehmlichkeiten (Tropfen!) ersparte.
[94] *Löffler,* Totenbrauchtum 224—246, leitet die Herkunft des Sargtuches aus verschiedenen Wurzeln ab: der Armenspende, der Totenoblation, der Trauerkleidung (ebd. 224); zu den Bezeichnungen ebd. 225—229. — *Hartinger,* Totenbrauchtum 65: »Vor allem in der Zeit, da viele Leichname nicht in Särgen, sondern in weiße Leinentücher eingenäht zum Friedhof getragen oder gefahren wurden, verlieh ein schönes Bahrtuch dem ganzen ein würdiges Aussehen.«
[95] *Beitl,* Art. »Vorzeichen«: WDVk 922f.
[96] *Zihlmann,* Wie sie heimgingen 90.
[97] Dieser hat sich bei Sterbegottesdiensten am längsten zu halten vermocht, da und dort bis heute. Siehe *Josef Andreas Jungmann,* MS II ([5]1962) 30.
[98] Im Oberwallis lädt die Familie eines Verstorbenen noch heute die Geistlichen der umliegenden Dörfer zur Teilnahme am Totengottesdienst (Konzelebration) ein.

IV. Die Verbundenheit im Leichenmahl

Einen zentralen Bestandteil des Totenbrauchtums bildete das Totenmahl, das sich trotz zahlreicher Umgestaltungen durch die Jahrhunderte hindurchzuretten vermochte. Bereits in der Antike fanden sich die Christen zu bestimmten Zeiten (z. B. am dritten, siebten, dreißigsten Tag nach dem Hinschied oder beim Jahresgedächtnis) am Grab zu einem Mahl ein, an dem sie sich den Verstorbenen gegenwärtig dachten.[99] Sie verstanden die Speisung als Vorausnahme des himmlischen Mahles und als Erquickung (*refrigerium*) der heimgegangenen Seele. Der Gedanke der Gemeinschaft zwischen den Lebenden und den Toten durchstimmte stets ein solches Geschehen: Lebens- und Totenmahl verschmolzen ineinander.[100] Überall erfüllte das Leichenessen zudem den Zweck, die Trauernden von dem Todesfall und seinen Begleitumständen abzulenken und ihnen die Rückkehr in den Alltag zu erleichtern. Die gemeinschaftsstiftende Komponente kann in ihrer Bedeutung nicht hoch genug veranschlagt werden; vereint ein Mahl schon in normalen Verhältnissen, so erst recht bei einer derartigen Gelegenheit. Zu den genannten Momenten (Verwirklichung von Gemeinschaft und Verarbeitung der Trauer) gesellte sich noch ein anderes Element hinzu: der Rechtscharakter.[101] Beim Totenmahl verabschiedete man gleichsam den alten Eigentümer von seinem Besitz und wies den Erben in die Herrschaft ein. In früheren Jahrhunderten begann das Mahl mit der Totenwache und zog sich Tage über das Begräbnis hinaus (zum Teil bis zum Dreißigsten). Nach und nach beschränkte es sich auf den Termin der Beerdigung, erstreckte sich aber auf den ganzen Tag, unterbrochen nur durch den Akt der Bestattung. Es vollzog sich (in älterer Zeit) im Totenhaus, seit dem späten 18. Jahrhundert verlegte man es mehr und mehr in die Gastwirtschaft, zunächst den Abschiedstrunk vor der Beerdigung, dann auch das Essen.[102] Der Teilnehmerkreis setzte sich zusammen aus den Verwandten und Nachbarn des Verstorbenen sowie den Leichenträgern. Die Zehrung auf Kosten anderer gab Anlaß zu mancherlei Klagen über »Schmausereien und Trinkgelage«. Als Wirtshaus kam am ehesten jenes in Betracht, in dem die Familie gewohnheitsmäßig einkehrte, oder es gab (z. B.

---

[99] HLW(M) II 164.

[100] Zur uralten Sitte des Leichenmahls, in welcher verschiedene Vorstellungen mitschwingen mögen, siehe *Beitl*, Art. »Tod«: WDVk 809—811; zum »Flannerts« (Leichenmahl) auch *W. Geiger*, Totenbrauch 78—83; *Hartinger*, Totenbrauchtum 84—88.

[101] Dazu *Löffler*, Totenbrauchtum 247—291, spez. 248.

[102] »Am Ende des 19. Jahrhunderts rückte die Bewirtung im Gasthaus so sehr in den Vordergrund, daß sie der alleinige Bestandteil des ‚Totenmahls' wurde, im Totenhaus fand dann kein Mahl mehr statt« (*Löffler*, Totenbrauchtum 265).

im Innerschweizerischen zu Beginn unseres Jahrhunderts) die Parteizugehörigkeit des Gastwirts den Ausschlag.[103] Die gereichten Getränke und Speisen beim Totenmahl richteten sich nach den jeweiligen Gewohnheiten der Bevölkerung. Seit dem Mittelalter bis weit ins 19. Jahrhundert hinein bestand die Labung im Genuß von reichlichen Mengen Bier und Branntwein sowie von Fleisch und Brot, bis Kaffee und Kuchen an ihre Stelle traten. In gewissen Gebieten der deutschen Schweiz kannte man um 1900 herum noch drei »Leichenessen«, eines an der Beerdigung, eines am Siebenten und schließlich eines am Dreißigsten. Dazu lud die Familie nebst Verwandten und Bekannten jene ein, die bei der Beerdigung mitgeholfen hatten: die Leichenträger, die »weißen Mädchen«, den Kreuzträger, oft auch den Leichenwagenführer. Aufgetragen wurden Brötchen, Käse, Butter und meistens auch Konfitüre; anschließend servierte man noch Wein, was nicht selten eine feucht-fröhliche Stimmung aufkommen ließ.[104]

Mit der Stärkung durch das Totenmahl steht die Armenspende in engstem Zusammenhang.[105] Reiche Leute wünschten nicht selten für ihre letzte Reise das Geleit unbemittelter Bürger, die man bei diesem Anlaß königlich behandelte. Jedenfalls verbreitete sich im gesamtem westeuropäischen Raum seit dem frühen Mittelalter die Sitte, zur Erinnerung an den Verstorbenen die Armen mit Gaben zu beschenken (Brot, Käse, Kleidung und später auch Geld). Das Almosen sollte, so hofften die Spender, den Seelen im Jenseits zum Nutzen gereichen, insbesondere durch die Fürbitte derer, denen die Gaben zugeflossen waren.[106] Eine Vorzugsstellung behauptete dabei das Brot, nicht nur, weil es als Grundnahrung diente, sondern wegen seiner Nähe zur Eucharistie.[107] Der Brauch der Armenspende, von den Bruderschaften eifrig gepflegt, weitete sich vom Begräbnis auf Allerseelen und die Gedächtnistage aus. Gegen alle Erosionserscheinungen leistete er zähen Widerstand, manchmal zwar nur mehr in Kümmerformen, bis er sich in unserem Jahrhundert gänzlich verflüchtigte.[108]

---

[103] *Zihlmann*, Wie sie heimgingen 48.
[104] Ebd. 98.
[105] *Hanns Koren*, Die Spende. Eine volkskundliche Studie über die Beziehung Arme Seelen — Arme Leute, Graz / Wien / Köln 1954.
[106] *Löffler*, Totenbrauchtum 269.
[107] *H. E. Valentin*, Brezen, Kletzen, Dampedei. Brot im süddeutschen und österreichischen Volksbrauchtum, Regensburg 1978.
[108] *Walter Heim*, Die »Spende« in der Urschweiz: SAVk 62 (1966) 29—48; zu den Gründen des Zerfalls ebd. 47 f.

V. Das Gedenken über das Ableben hinaus

Der Tag der Beerdigung, der für die Trauerfamilie viel Umtrieb und Ermattung gebracht hatte, war vorüber, nicht aber die Erinnerung an den Verstorbenen. Die Verarbeitung des schmerzlichen Ereignisses fand ihre Fortsetzung in allerlei Handlungen zum frommen Gedenken an den Heimgegangenen. Vorab das Brauchtum um die Totenkammer kennzeichnete die auf die Bestattung folgenden Tage, in denen der Tote, so dachte das Volk, noch irgendwie unter den Seinen weilte.[109] Die Dinge, die den Schlafraum zum Totenzimmer gemacht hatten, wurden entfernt, doch sah man vorläufig von Veränderungen ab, weil der Verstorbene bis zum Dreißigsten Anrecht auf das Zimmer besaß. Dort brannte nachtsüber und manchmal auch den Tag hindurch ein Öllämpchen zum Trost der abgeschiedenen Seele.[110] Da und dort kannte man die Sitte, den Platz am Familientisch, den der Verstorbene zu Lebzeiten eingenommen hatte, leer zu lassen. Üblich war es ferner, daß die Angehörigen nach dem Todesfall häufiger als sonst den Gottesdienst besuchten. Wenn irgendwie möglich, ging täglich jemand aus dem Haus zur Kirche, um bei der Messe oder der abendlichen Rosenkranzandacht des Verstorbenen zu gedenken, andernfalls beauftragte die Familie eine bestimmte Person, die »Dreißigstbeterin« — im allgemeinen jene Frau, die die Totenwache gehalten hatte —, die im Namen der Hinterbliebenen die Fürbittpflicht erfüllte.[111] Nach dem Gottesdienst beteten einzelne Gläubige auf dem Friedhof die »Fünfe« und besprengten den frischen Grabhügel mit Weihwasser. Bis zum Dreißigsten ließ man dem neuen Grab besondere Pflege angedeihen, vor allem nahm man darauf Bedacht, daß das Weihwasser nie fehlte. Auch im Haus des Heimgegangenen oblagen die Leidtragenden zur Hilfe der armen Seele eifrig dem Gebet. Der Rosenkranz, im Familienkreis oft in der Form des Psalters verrichtet, galt als der wirksamste Beistand für den Abgeschiedenen.[112] Im gleichen Sinn taten die Angehörigen in dieser Zeitspanne manche Werke der Nächstenliebe: Armenverköstigung, Vergabungen an kirchliche Institutionen und Spenden von Messen.[113] Eine Woche nach der Beerdi-

---

[109] *Zihlmann*, Wie sie heimgingen 101.

[110] Das Armenseelenlichtlein ließ man in einzelnen Familien bis zum Jahresgedächtnis brennen (*Senti*, Gebete 70).

[111] Ebd. 69: »Kinder, die sich darüber ausweisen konnten, daß sie einen Monat lang nach jeder Rosenkranz-Andacht am Grabe des Verstorbenen gebetet hatten, wurden in Sargans von den Angehörigen mit einem ›Fazaneitli‹ (Taschentuch) belohnt.« Vgl. *Zihlmann*, Wie sie heimgingen 102 f.

[112] In der Innerschweiz fügte man die »Fünfe« hinzu mit der Bitte: »Erlös Gott und tröst Gott die arme Seele im Fegfeuer.«

[113] Zum »Seelgerät« (Aufwendungen für Messen, Jahresgedächtnisse, Werke der Nächstenliebe etc. zugunsten des Abgeschiedenen) siehe *Hartinger*, Totenbrauchtum 129—148.

gung fand der Siebente, nach einem Monat der Dreißigste statt, beide vorher von der Kanzel verkündet. Zum Zeremoniell (Requiem, Opfergang, Libera, Grabbesuch) erschienen wiederum Nachbarn und Bekannte, die engere und weitere Verwandtschaft, die sich darauf zu einem Morgenessen in der Wirtschaft trafen. Hatte der Verstorbene einer Standes- beziehungsweise einer Berufsorganisation oder einem Verein angehört, hielten die Mitglieder dieser Gemeinschaft häufig noch zusätzliche Sterbegedächtnisse ab. Mit dem Reinigen und Ausräuchern des Totenzimmers um den Dreißigsten herum schloß die Zeit der höchsten Trauer.

Kurz zuvor ließ die Familie in den Lokalzeitungen eine Danksagung veröffentlichen, in der alle, die dem Verstorbenen und den Seinen besondere Dienste erwiesen hatten, speziell die Geistlichkeit, die Ärzte und Vereine, erwähnt wurden. Erkenntlich zeigten sich die Angehörigen darin auch jenen gegenüber, die durch Beileidkarten, geistliche Blumenspenden oder Meßbundstiftungen ihr Mitgefühl bekundet hatten.[114] Ungefähr um die gleiche Zeit erschien im Ortsblatt ein dem Toten gewidmeter Nekrolog. Das Volk las solche Nachrufe, die von einem Geistlichen, einem Lehrer oder sonst einem Schreibkundigen des Dorfes verfaßt waren, mit größtem Interesse.[115] In die Abschlußphase der Trauerbewältigung fiel ferner das Austeilen der Totenandenken. Seit Ende des 19. Jahrhunderts kamen schwarzgeränderte Bildchen auf (in der deutschen Schweiz »Leidhelgeli« genannt).[116] Sie trugen auf der Vorderseite das Porträt, den Namen sowie das Geburts- und Sterbedatum des Verstorbenen, auf der Rückseite ein Andachtsbild, später Stoß- oder andere Gebete.

Die Grabpflege — auf die das Volk aufpaßte — hörte nach dem Dreißigsten nicht auf, vielmehr schmückten die Angehörigen die Ruhestätte mit Blumensträußen und betrauten jemand mit der Instandhaltung des Grabes. Selbst Familien, die in bescheidenen Verhältnissen lebten, ließen es sich nicht nehmen, ein Grabmal zu erstehen oder wenigstens einen gebrauchten Grabstein

---

[114] Die »Beileidkarte« enthält nichts weiter als eine Kondolation; unter »geistlicher Blumenspende« verstand man eine Beileidkarte, auf welcher der zusätzliche Vermerk stand, man habe zum Trost der Seele des Verstorbenen eine oder mehrere Messen lesen lassen oder einen Beitrag an ein kirchliches oder gemeinnütziges Werk gespendet; eine »Meßbundstiftung« lag vor, wenn Klöster oder Ordensgemeinschaften gegen Entgelt sich verpflichteten, auf lange Zeit hinaus jene Verstorbenen, für die eine Spende gegeben worden war, in ihr tägliches Gebet einzuschließen.

[115] Das Volk reagierte darauf mit der Bemerkung, der oder die Verstorbene sei »schön genannt in der Zeitung«.

[116] *Ursula Brunold-Bigler,* Das Totenbildchen. Entstehung und Wandel eines religiösen Brauches: *Jakob Baumgartner (Hg.),* Wiederentdeckung der Volksreligiosität, Regensburg 1979, 291—301. — Das älteste gefundene Beispiel eines Sterbebildchens in der Schweiz geht auf 1851 zurück (Rodels, Graubünden). Vgl. *Senti,* Gebete 70 f.

aufzufrischen und neu zu beschriften. Das geschah im allgemeinen auf das nächste Allerheiligenfest oder spätestens auf das Jahresgedächtnis. Zur steinernen Grabumrandung kam ein schmiedeeisernes Gitter, das, mit der Zeit freilich außer Übung geraten, die Grabstätte als gebannten Raum kenntlich machte.[117] In der Zeit zwischen Tod und Jahresgedächtnis trugen die Nächstverwandten Trauergewänder (»Leidtragen«), danach verharrten die Frauen (noch ein halbes Jahr lang) im »Hableid«, das heißt sie kleideten sich bewußt einfach. Wer dieses ungeschriebene Gesetz nicht einhielt, war bald einmal in aller Leute Mund: »Sie haben den Verstorbenen schon vergessen.«[118]

Mit dem »Jahrzeit«, an dem wiederum die ganze Verwandtschaft zusammentraf und sich nach dem Gottesdienst ins Wirtshaus begab, ging die eigentliche Trauerperiode zu Ende. In der Wohnstube brachte man eine Gedenktafel an, im Zeitalter der Fotografie ein vergrößertes Brustbild, um das Andenken an den lieben Verstorbenen wachzuhalten.

An den großen Gedenktagen, Allerheiligen und Allerseelen, kehrten die Familienangehörigen, die auswärts wohnten, nach Hause zurück.[119] Auf diesen Anlaß hin, die »Seelenzeit«, wurden die Gräber besonders geziert, die Grabsteine mit Efeugirlanden umwunden und die Grabflächen mit Moos belegt: wahrhaftig ein Totenfest! Vor Weihnachten legten die Familien Tannenzweige auf die Gräber der toten Verwandten und gedachten ihrer am Heiligen Abend durch ein besonderes Gebet. Das Zusammengehörigkeitsgefühl vertiefte sich neu, da man die Überzeugung hegte, die Verstorbenen weilten in der Christnacht unsichtbarerweise im Haus.

Ein üppiges Brauchtum rankte sich um das, was mit dem Armenseelenglauben zusammenhing.[120] Der Aufenthaltsort der Verstorbenen, das sogenannte Fegfeuer, bewegte und beschäftigte die Phantasie des Volkes außerordentlich.[121] In der Zeit zwischen dem abendlichen und morgendlichen Betläuten, die den armen Seelen gehörte, brannten Armenseelenlämpchen und Kerzen; man ließ das Herdfeuer die ganze Nacht hindurch glimmen, weil die Seelen der Abgestorbenen, wie man meinte, froren und deshalb nach Licht

---

[117] *Zihlmann,* Wie sie heimgingen 111—113. In neuester Zeit — eine Folge der beiden letzten Weltkriege — wurden die Gräber intensiver gepflegt. *W. Geiger,* Totenbrauchtum 94 f.

[118] Zur Trauerkleidung und Trauerzeit siehe *Hartinger,* Totenbrauchtum 125—128; *W. Geiger,* Totenbrauchtum 91—93.

[119] *Anton Dörrer,* Art. »Allerseelentag (Rel. Volkskunde)«: LThK I 349 f; *Beitl,* Art. »Allerseelen«: WDVk 13—15.

[120] *Hartinger,* Totenbrauchtum 138—148; *Zihlmann,* Wie sie heimgingen 123—126; *Senti,* Gebete 68 f.

[121] *Jacques le Goff,* La naissance du purgatoire, Paris 1981.

und Wärme lechzten. Einerseits waren die Leute davon durchdrungen, daß die Toten das Gedenken und Gebet der Lebenden bräuchten, damit die qualvolle Spanne der Läuterung im Jenseits abgekürzt würde. Die mächtigste Hilfe versprach man sich von den Meßstipendien, den Gregorianischen und Jahreszeitmessen, aber auch ein Licht oder das Weihwasser konnte ihnen Milderung verschaffen. Andererseits rechnete der Volksglaube stark mit der Gunstbezeugung und dem Beistand derer, die hinübergegangen waren. Sie zeigten ihren Wohltätern gegenüber, wenn diese sich in Nöten befänden, oft auf unerklärliche Weise ihre Dankbarkeit.[122] Es bestand die weitverbreitete Ansicht, die armen Seelen behüteten Haus und Hof derjenigen, die ihrer gedachten. Wenn jemand aus dem Haus fortging, gaben ihm die Mütter die armen Seelen als Beschützer mit auf den Weg.[123]

Im Umkreis des Toten- und Armenseelenbrauchtums siedelte sich freilich eine Menge Aberglauben an. Man huldigte gespenstischen Vorstellungen, liebäugelte mit unheildrohenden Vorzeichen, befaßte sich mit Spukgeschichten, betrieb magische Praktiken (etwa das Warzenvertreiben während des Grabläutens).[124] Zahlreiche Sagen brachten die Rede auf das Umherziehen der Verstorbenen und ihre Berichte aus dem Jenseits. In meiner Jugend habe ich abendelang Gruselerzählungen gehört, so daß es uns Kindern kalt über den Rücken lief und wir um keinen Preis in der Dunkelheit Orte aufgesucht hätten, wo es angeblich »geisterte«.

C. Die Ratlosigkeit angesichts des Todes

Wie fragmentarisch unsere Ausführungen zur Fülle des Sterbe- und Totenbrauchtums in der Vergangenheit auch ausgefallen sind, so vermögen sie wohl dennoch eine Ahnung von dem zu vermitteln, was unsere Vorfahren beim Heimgang eines Menschen unternommen haben. Drei Bemühungen durchziehen das brauchtümliche Verhalten bei Sterben und Tod: der gestufte Abschied von dem Verblichenen, das gewandelte Verhältnis zur Zeit und die vertiefte Zuwendung zur Gemeinschaft. In der Tat erfolgt die Trennung von einem Menschen in mehreren intensiven Phasen, die durch festgeprägte Vollzüge markiert sind. Ein erster Einschnitt geschieht durch die letzten Zeichen,

---

[122] Im Volksmund hieß es oft: »Auf die Hilfe der armen Seelen kann man sich verlassen.« Das Verhältnis zu diesen gestaltete sich offen und natürlich.
[123] Vom Aufenthalt am Reinigungsort waren nach dem Volksglauben jene Mütter ausgenommen, die bei der Geburt eines Kindes oder bald danach im Wochenbett starben; Kindbetterinnen kamen »mundauf« in den Himmel.
[124] *Zihlmann*, Wie sie heimgingen 118—122. 127.

den letzten Blick, die letzten Worte am Totenbett; die zweite Grenzlinie wird überschritten mit der Einsargung und dem Verschließen des Totenbaumes, da das geliebte Antlitz für immer entschwindet; das Überqueren der Hausschwelle und das Versenken des Sarges ins Grab bilden den dritten Schwerpunkt im Loslösungsprozeß, der ausklingt im Totenmahl und den Erinnerungsgesten während der folgenden Trauertage und -wochen — dies alles auf dem Hintergrund der ständigen Vergegenwärtigung des Sterbens durch das *Memento mori*. Was die Zeiterfahrung betrifft, bewirkt das Übergangsbrauchtum eine Art Umwertung. Die Betroffenen besinnen sich bei einem Todesfall auf die Vergangenheit, indem sie sich das Leben des Verstorbenen, seine Eigenschaften und Eigenheiten ins Gedächtnis zurückrufen, die schönen und schweren Stunden bedenken, die sie mit ihm verbracht haben; sie erfahren neu die Bedeutung des Jetzt, das Gewicht jeden Augenblicks, die Zerbrechlichkeit ihres Daseins im Strom der verrinnenden Zeit; sie machen sich Gedanken über ihre Zukunft, denn das Leben muß ja weitergehen, sie planen, was vor ihnen liegt, und erwägen das, »was nachher kommt«. Man kann sagen, daß gerade das reiche Totenbrauchtum von einst in hohem Maße der Neusituierung der eigenen Existenz in den drei Dimensionen der Zeit förderlich war. Und schließlich boten die volkstümlichen Gepflogenheiten rund um Sterben und Tod die Gelegenheit, die sozialen Bande (der Familie, in der Ortsgemeinde, mit der jenseitigen Welt) einmal mehr zu festigen, weil sich die Leute zum Gebet, zum Wachen, beim Leichenzug und beim Trauermahl versammelten. Was ist von all den überlieferten Verhaltensweisen des Volkes bei Sterben und Tod übriggeblieben? So lautet die Frage nach unserer Rückschau.

I. Der Wandel der Lebens- und Sterbebedingungen

Die Veränderung der Lebensverhältnisse und damit verbunden die Umrientierung der Denk- und Verhaltensweisen bringen unweigerlich auch eine andere Einstellung zu Sterben und Tod mit sich. Beispielhaft zeigt dies Philipe Ariès in seinen diesbezüglichen Studien für den abendländischen Kulturbereich.[125] In dessen geschichtlicher Entwicklung gewahrt er mehrere

---

[125] *Philippe Ariès,* Studien zur Geschichte des Todes im Abendland, (dtv 4369), München 1981 (frz.: Essais sur l'histoire de la mort en Occident du moyen-âge à nos jours, Paris 1975); *Ders.,* Geschichte des Todes, Zürich 1984 (frz.: L'homme devant la mort, Paris 1977); *Ders.,* La mort inversée. Le changement des attitudes devant la mort dans les sociétés occidentales: MD 101 (1970) 57—89.

Sterbe- beziehungsweise Todesmodelle, die vom »gezähmten Tod« im Mittelalter bis zum »verkehrten Tod« in unseren Tagen reichen, wobei der Wandel gewisser Grundauffassungen das jeweilige Bild des Todes umformte.[126] Der infolge der totalen Medikalisierung ins Gegenteil gewendete Sterbevorgang gelangte in der Mitte dieses Jahrhunderts zu seinem Höhepunkt. Damals, so Ariès[127], begannen allmählich Zweifel sich zu regen an der Wohltätigkeit einer bürokratisierenden Macht, die den Tod gleichsam vereinnahmte und den einzelnen wie die Allgemeinheit vor diesem Störfaktor schützen zu müssen vorgab.

Der soziokulturelle Kontext von heute ist also der Feier von Sterben und Tod alles andere als zuträglich.[128] Erwähnen wir nur die zunehmende Verstädterung und mit ihr die Mobilität der Bevölkerung, welches Phänomen überkommene Sitten und Gebräuche verunmöglicht; der tiefgreifende Umbruch auf allen Gebieten des Lebens fegte die während Jahrhunderten verbindlichen gemeinschaftsbezogenen Normen der Begehung des Todes hinweg. Die letzten Ereignisse um einen Menschen spielen sich in der privaten Sphäre ab, das Sterben wird zur Angelegenheit der Familie und einiger Nahestehender. Wer als Verantwortlicher eine religiöse Bestattung leitet, sieht sich einer anonymen Gemeinde gegenüber, deren Glieder einander nicht oder nur wenig kennen. Im Zuge der Zusammenballung der Menschen in Städten und größeren Agglomerationen hat sich der Wohnraum verknappt, was das Zusammenkommen einer Gemeinschaft oder den Empfang vieler Besuche — denken wir an die Totenwachen oder die Kondolenzerweise — erschwert, wenn nicht gar ausschließt. Desgleichen herrscht Platznot für die Bergung der Toten; auf städtischen Friedhöfen wird das Belegungsrecht mehr und mehr verkürzt.[129] Dem Leichenkondukt erwachsen Behinderungen durch den modernen Verkehr, so daß er nicht selten dahinfällt. Zwar treffen die genannten Schwierigkeiten auf ländliche Gegenden nicht im gleichen Maße zu, doch macht der Säkularisierungsprozeß keineswegs Halt vor ihnen und schafft ein für das Brauchtum unfreundliches Klima. Dieses hängt freilich nicht bloß zusammen mit der Industrialisierung und Technisierung der Welt,

---

[126] Die fünf Modelle lauten: 1. Gezähmter Tod; 2. Tod des anderen; 3. Der eigene Tod; 4. Langer und naher Tod; 5. Verkehrter Tod. Diese Modelle mißt Ariès an vier wechselnden Grundeinstellungen (siehe: Geschichte des Todes 774—789).
[127] Ebd. 747—760.
[128] Zum gesellschaftlichen Wandel: *Julien Potel,* Les funérailles une fête? Que célèbrent aujourd'hui les vivants?, Paris 1973, 39—52; *Roger Daille,* Mort et funérailles dans la société moderne. Etude sociologique: *Roger Daille / Claude Duchesneau / Jean Le Du / Joseph Pouts,* Célébration chrétienne de la mort, Lyon 1972, 11—53.
[129] Mancherorts auf 15 Jahre.

der fortschreitenden Verstädterung sowie der Auflösung der Sippen, Großfamilien und Wohngemeinschaften, mit der Vereinzelung und Vereinsamung der Menschen, sondern ebensosehr mit dem Schwund religiöser Bindungen, dem Verlust von Sinnhaftigkeit und Transzendenz. Wie immer die Gründe für die Schrumpfung der brauchtümlichen Rituale im einzelnen lauten mögen, den Leidbetroffenen sind in der Gegenwart, was den Totenkult anbelangt, recht enge Grenzen gezogen.

Trotzdem besteht das Bedürfnis nach Ritualisierung des Geschehens beim Ableben eines Menschen weiter, wie aus Untersuchungen und Statistiken hervorgeht.[130] Während die Spendung der letzten Sakramente eine rückläufige Bewegung aufweist, bleibt die Nachfrage nach religiösen Zeremonien anläßlich einer Bestattung, weil diese am solidesten in der Familientradition verwurzelt sind, unverändert oder steigt sogar.[131] Unter den Motiven, welche die Leute dazu bewegen, bei einem Todesfall sich an die Kirche zu wenden, steht an vorderster Stelle der ausgesprochene oder unausgesprochene Wunsch nach gemeinschaftlichen rituellen Vollzügen, damit sie ihre Gefühle artikulieren und dem Ereignis jenen Stellenwert verleihen können, der ihm gebührt. Der Abschied von einem Menschen stellt einen hervorragenden Moment dar, in dem der einzelne wie die soziale Gruppe das Geheimnis der Conditio humana erfahren, weshalb die Volksreligiosität und das brauchtümliche Verhalten gerade hier den stärksten Ausdruck finden. Dabei mögen noch viele andere Motive mitspielen wie konformistische Erwägungen — »man tut, was man bei uns immer getan hat« —, Rücksichtnahme auf die öffentliche Meinung und das Gerede der Leute, Prestigedenken, die Absicht, dem Verstorbenen gegenüber die Pflicht erfüllt zu haben; jedenfalls bieten sich vielerlei Ansatzpunkte dafür, daß herkömmliche Gesten und Zeichen zum Tragen kommen.

II. Die Verdrängung des Todes und die Verweigerung der Trauer

Dem Urverlangen nach Ritualisierung beim Hinschied eines Menschen wirkt nun freilich die Einstellung der heutigen westlichen Gesellschaft entgegen. Allein schon die Menge Literatur über das Thema Sterben und Tod, die

---

[130] *Julien Potel*, Familien und Kasualien. Geburt, Tod und Eheschließung: Conc(D) 17 (1981) 161—167; *Dionisio Borobio*, Die »vier Sakramente« der Volksreligiösität. Eine kritische Betrachtung: ebd. 14 (1978) 117—125.
[131] In Frankreich, wo die Entchristlichung stark vorangeschritten ist, wünschen immer noch 80 % der Bewohner eine religiöse Bestattung. *J. Potel*, Les funérailles 28—34).

seit Jahren den Markt überschwemmt, läßt darauf schließen, daß auf diesem Gebiet einiges nicht stimmt.[132] Anstatt den Tod ins Leben miteinzubeziehen, wird alles unternommen, um ihn aus dem öffentlichen Bewußtsein zu verdrängen. Die Angst vor dem dunklen Ereignis sitzt tief, nicht bloß bei den Angehörigen, sondern auch bei jenen, die mit Kranken und Sterbenden Umgang pflegen. Der Tod bedeutet eine Niederlage, er tritt als unerwünschter Eindringling auf, er kommt einer Panne gleich, er stört wie ein Unfall im Betrieb des Alltags. Daraus erwächst der Hang, ihn zu vergessen oder zumindest zu verschweigen, es macht sich die Tendenz bemerkbar, ihn wenn nicht zu negieren, so doch zu tabuisieren.[133] Als schmutziges Geschäft und peinliche Angelegenheit muß er denen erscheinen, die materiellen Wohlstand und irdisches Glück als die erstrebenswertesten Güter ansehen. Deshalb betrachten sie das Sterben als eine Schlappe, als Absurdität, die Auflehnung und Abscheu hervorruft. Selbst die Christen beteiligen sich an diesem Versteckspiel;[134] jedermann sieht wohl, daß der Tod ein böser Fehlgang ist, eine »obszöne Wirklichkeit«, doch versteifen sich die meisten darauf, ihn zu verbergen und aus dem Kreis der Lebenden zu verbannen.[135] Im technokratischen Abendland, wo das Gesetz der Selbstentfremdung herrscht, so schreibt J. Ziegler[136], sei der Tod ohne Status, die Verstorbenen müßten möglichst bald beseitigt, ihr Körper weggeschafft und ihr Andenken ausgelöscht werden. Wenn Soziologen und Anthropologen die Marginalisierung des Todes (auf unterschiedliche Weise) zu erklären versuchen, machen einzelne auf die altersmäßige Zusammensetzung unserer Bevölkerung aufmerksam: Während vor drei Jahrhunderten die Lebenserwartung knapp dreißig Jahre betrug, erreicht sie heute siebzig.[137] Überdies hat der Tod infolge der zunehmenden Bewältigung von Epidemien und Hungersnöten in gewissem Sinn seine All-

---

[132] *Wolfgang Brückner*, Das alte Thema Tod im Boom der neuen Literatur: Bayerische Blätter für Volkskunde 11 (1984) 75—87; *Rosemarie Griebel-Kruip*, Thanatologie. Todesforschung in Frankreich: ebd. 97—102.

[133] Während das Sexualtabu gebrochen ist, breitet sich das Todestabu aus.

[134] *Maguy Amigues*, Le chrétien devant le refus de la mort. Essai sur la résurrection, Paris 1981; L'évolution de l'image de la mort dans les sociétés contemporaines et le discours religieux des Eglises. Actes du 4e colloque du Centre de sociologie du protestantisme de l'Université des sciences humaines de Strasbourg, 3—5 octobre 1974: Archives des sciences sociales des religions 39 (1975). Sondernummer.

[135] *J. Baudrillard*, L'échange symbolique et la mort, Paris 1976, spricht von einer »déviance incurable«.

[136] *Jean Ziegler*, Les vivants et les morts. Essai de sociologie, Paris 1976 (dt.: Die Lebenden und der Tod, Neuwied 1977).

[137] *Arthur E. Imhof*, Die gewonnenen Jahre. Von der Zunahme unserer Lebensspanne seit dreihundert Jahren oder von der Notwendigkeit einer neuen Einstellung zu Leben und Sterben. Ein historischer Essay, München 1981.

gegenwart verloren; er wird zum individuellen Schicksal. Die Kleinfamilie vermag offenbar den Verlust eines Mitgliedes nur noch durch Tabuisierung zu ertragen. Wie dem auch immer sei, alle Diagnostiker sind sich einig, daß die Sterbesituation in unseren Breiten die Menschlichkeit des Menschen bedroht, was eine neue Einstellung zum Leben und Sterben erfordere.

Was vom Tod gilt und seiner Verdrängung, gilt in ähnlicher Weise von der Trauer und ihrer Verarbeitung. Der westliche Mensch leidet an der Unfähigkeit zu trauern.[138] Dieses seltsame Verhalten äußert sich bei einem Sterbefall unter anderem darin, daß auffällige Zeichen des Schmerzes in der Öffentlichkeit verpönt sind. Ganz im Gegensatz zu früher schickt es sich heutzutage nicht mehr, sein Leid vor anderen zu bekunden. Trauerzeiten und -sitten beschränken sich beinahe auf ein Nichts — »Trauer während 24 Stunden«[139] —, man liefe ja sonst Gefahr, die Wirklichkeit des Todes länger als unbedingt nötig herbeizuschwören. Wer seinen Kummer über den Verlust eines Menschen ausweinen will, soll dies im geheimen tun und die Umgebung von Gefühlsausbrüchen verschonen. Die alte Wahrheit, wonach der Mensch, der trauert, eine Wandlung erfährt, und derjenige, der sich weigert, den Schmerz auszudrücken, sich selber schadet, scheint in Vergessenheit geraten zu sein.[140] Wer Trauerrituale beansprucht, wie sie im einstigen Brauchtum vorhanden waren, sieht sich heute an die Psychotherapeuten verwiesen, die den Wert solcher Praktiken bejahen und Ersatzformen empfehlen.[141] Es kommt nicht selten vor, daß die Totenfeier in unseren Tagen »im engsten Familienkreis« stattfindet — ein sicheres Mittel, um den Trauerprozeß zu unterbinden.[142] Das gleiche geschieht, wenn in modernen Leichen-

---

[138] *Alexander Mitscherlich / Margarete Mitscherlich,* Die Unfähigkeit zu trauern. Grundlagen kollektiven Verhaltens, München ⁹1973.

[139] *Potel,* Les funérailles 43—47, weist auf die Folgen dieses Wandels für die Frauen hin, die den Trauerbräuchen (Kleidung, Länge der Trauerzeit) viel stärker unterworfen waren als die Männer. »Wenn die äußeren Zeichen der Trauer auch schwinden, so bleibt doch die psychologisch-affektive Wirklichkeit der Trauer und der Witwenschaft« (ebd. 47).

[140] Gewisse Todesanzeigen tragen den Vermerk: »Dem Wunsch des Verstorbenen gemäß möge man keine Trauerkleidung tragen.« Übrigens erklären die Verwandten, ein solcher Brauch nütze ja niemandem etwas ... Es gibt auch Fälle, in denen die Todesanzeige in der Zeitung erst nach der Bestattung (und zugleich als Danksagung) erscheint.

[141] Siehe *Verena Kast,* Trauern. Phasen und Chancen des psychischen Prozesses, Stuttgart 1982. Sie unterscheidet vier Trauerphasen. »Ich habe in meiner therapeutischen Arbeit festgestellt, daß sehr viele Menschen, die an Depressionen leiden, Verlusterlebnisse hatten, die sie nicht betrauert haben ... Ich stelle mir vor, daß man eigentlich Rituale für vier Phasen haben sollte.« So in einem Gespräch über die Trauerarbeit: »Der Mensch, der trauert, erfährt eine tiefe Wandlung«: Vaterland (Luzern) Nr. 32 vom 8.2. 1985 (S. 3) und Nr. 33 vom 9.2. 1985 (S. 3).

[142] Zur Bedeutung kultisch-sozialer Trauerarbeit: *Stefan Blarer,* Menschliches Erleben und Verarbeiten von Tod und Trauer, Luzern/Stuttgart 1983, 33—46.

hallen die Angehörigen den Verstorbenen nur noch durch eine Glasscheibe hindurch wahrnehmen können. Welche Chancen verbleiben also in einer Zeit des Trauerentzugs für althergebrachte Gepflogenheiten, um die Menschen im Abschiedsschmerz zu begleiten?

III. Der Schwund des Sterbebrauchtums

Es ist eine bekannte Tatsache: in unserer urbanisierten Gesellschaft sterben ungefähr 80 % im Spital, 10 % in Pflegeheimen und der Rest bei ihren Angehörigen zu Hause.[143] Das bedeutet für die meisten eine medizinisch hochstehende Pflege; bis in die letzten Stunden wird der Todkranke sorgfältig ernährt, umsorgt und ärztlich betreut, in seinen physischen Schmerzen erfährt er Linderung. Dahinter steht ein Maß sozialer und auch menschlicher Leistung, die alle Anerkennung verdient. Daher wäre es ungerecht, das frühere Sterben im Schoß der Großfamilie einseitig zu idealisieren und es dem seelenlosen Tod im Apparat der »Thanatokraten« gegenüberzustellen. Dennoch verschafft sich die Stimme jener immer mehr Gehör, die die Mängel beim Namen nennen, welche den heutigen Sterbesitten anhaften.[144] Diese enthalten dem Todkranken Wesentliches vor, das er bräuchte: die menschlich-christliche Hilfe bei der Auseinandersetzung mit dem nahen Ende. Das personale Geleit auf der letzten Wegstrecke fehlt weithin; an die Stelle des gemeinsamen Gebetes und des rituellen Beistandes treten technische Verrichtungen, die bei all ihrem Wert den Mangel an verstehender Zuneigung überdecken. Die Resignation vor dem existentiellen Problem erscheint um so schwerwiegender, als wir wissen, daß ein Großteil der Patienten das Sterben bewußt erlebt.

Durch die Individualisierung des Hinschieds, durch die Abschirmung des Todeskandidaten und den daraus folgenden Abbruch der vertrauten Beziehungen fallen die religiös-brauchtümlichen Formen beim Ableben und damit auch deren entlastende Funkton dahin. Nicht umsonst mehren sich die Befürworter des Sterbens zu Hause.[145] Eine Untersuchung in den USA zeitigte das Ergebnis, daß 75 % aller todkranken Patienten den Wunsch haben, da-

---

[143] *Gottfried Griesl*, Sterben im Spital — Tabu der Gesellschaft!: Die Furche Nr. 32 vom 11. 8. 1978 (S. 9).
[144] Kritik am modernen Gesundheitswesen übt *Ivan Illich*, Die Enteignung der Gesundheit, Reinbeck b. Hamburg 1975 (engl.: Medical Nemsis 1974); *Ders.*, Von den Grenzen des Gesundheitswesens, Reinbeck b. Hamburg 1977 (engl.: Limits to Medicine 1976).
[145] Das gleiche gilt von der Geburt zu Hause.

heim zu sterben, daß aber nur für 25 % der Wunsch in Erfüllung geht.[146] In unseren ländlichen Gegenden, wo das Sterben in der Familie noch nicht ganz verschwunden ist, gibt es verschiedene Relikte einstigen frommen Brauchtums: die Verwendung von Weihwasser, Sterbekerzen und -kreuz, die Bereitstellung der Verwahrdinge, wenn der Priester zu den letzten Sakramenten kommt. Man drückt dem Sterbenden einen Rosenkranz oder ein religiöses Bild in die Hand.[147] An der Sinngebung dieser Gegenstände hat sich kaum etwas geändert; sie sollen den Sterbenden zum Gebet anregen, ihn beruhigen und bei Anfechtungen ermutigen. Zeugnisse volkstümlicher Sterbegebete sind in der Gegenwart, wie übrigens schon früher, schwer zu finden, doch dürften die christlichen Grundgebete bevorzugt werden. Der Rosenkranz behält seine hervorragende Bedeutung; da und dort kennt das Volk noch die Andacht zu den heiligen fünf Wunden, Litaneien, Stoßgebete und Anrufungen der Muttergottes sowie der Sterbepatrone.[148] Da die Hilflosigkeit beim Sterbebeistand um sich greift, selbst in gläubigen Familien, unterbreiten neuere Handreichungen Vorschläge, wie Christen sich am Sterbebett verhalten sollen.[149] Die pastorale Hilfe besteht nicht mehr vorwiegend in der Sakramentenspendung, vielmehr erwartet man Antwort auf existentielle Fragen; deshalb betonen verschiedene Autoren die Wichtigkeit des einfühlenden Gesprächs, das einfache Dabeisein, in dem gewisse Zeichen ihr Gewicht erhalten, das unaufdringliche Wachen, damit der Hinscheidende die menschliche Solidarität und Nähe verspürt.[150] Freilich bewahrt das Gebet seine unersetzliche Rolle, deshalb bieten moderne Sterbeanleitungen Texte zum Vorsprechen und zur Betrachtung (letzte Worte bedeutsamer Menschen, Psalmen, Ausschnitte aus der Bibel).[151] Solche Hilfestellung erweist sich als dringend, denn infolge des Priestermangels obliegt es der christlichen Gemeinde,

---

[146] Erwähnt in dem Report von *Klara Obermüller,* »Der Tod, obwohl so nahe, hatte seinen Schrecken verloren«: Annabelle/Elle, Heft 9/1980, 10—17, hier 13. Die Verfasserin berichtet vom Sterben ihres Mannes, dem Schriftsteller Walter Diggelmann (+ 29. 11. 1979 in Zürich), der sich geweigert hatte, in der Endphase seiner Krankheit noch einmal ins Spital eingeliefert zu werden, er wollte daheim sterben.
[147] *Hartinger,* Totenbrauchtum 39.
[148] Zu den Sterbepatronen: ebd. 180—187.
[149] Zu Sterben-Sterbebeistand siehe *Gion Condrau/Paul Sporken,* Sterben-Sterbebeistand, (CGG 10), Freiburg i. Br. 1980, 85—116 (mit Bibliographie 114—116); pastorale Hilfen: *Albert Mauder,* Kunst des Sterbens. Eine Anleitung, Regensburg 1973; *Klemens Richter/Manfred Probst/Heinrich Plock,* Zeichen der Hoffnung in Tod und Trauer. Ein Werkbuch für die pastoralliturgische Praxis, Freiburg i. Br. 1975 (Gebete in der Sterbestunde: 36—67); *Othmar Stary,* Wir können dem Sterbenden helfen. Eine Handreichung, Graz/Wien/Köln 1976.
[150] Speziell *Paul Sporken,* Umgang mit Sterbenden, Medizinische, pflegerische und pastorale Aspekte der Sterbehilfe, (Topos-TB 18), Düsseldorf 1973, 10—102.
[151] Siehe die in Anm. 149 angeführten Werke von *Mauder, Richter* u. a., *Stary.*

vermehrt Sterbebegleitung zu leisten.[152] Was früher selbstverständlich war, ist es heute nicht mehr, so daß ein (wohl von der Liturgie her gespeistes) christliches Brauchtum mühsam zurückgewonnen werden muß.

Die Weisungen des offiziellen deutschsprachigen Rituale erklären unter dem Kapitel »Sterbegebete«, der Beistand in der Stunde des Hinscheidens ziele vor allem darauf ab, »daß der Sterbende, solange er noch bei Bewußtsein ist, die dem Menschen von Natur aus eigene Angst vor dem Tod im Glauben bewältigt«. Es sei oft hilfreich, den österlichen Sinn des Hinübergangs »auch durch ein sichtbares Zeichen auszudrücken«[153]. Das französische Rituale unterstreicht die Notwendigkeit einer menschlich-freundschaftlichen Atmosphäre, das Erfordernis einfacher und zuvorkommender Gebärden, wodurch sich ein Klima der Eintracht und des Friedens verbreite.[154] Viel anderes — etwa die Erwähnung konkreter volkstümlicher Vollzüge — war in der gegenwärtigen Situation des Umbruchs kaum möglich. Jedenfalls belassen beide liturgischen Bücher genügend Spielraum für eventuell vorhandene Bräuche.

IV. Die Überbleibsel des Totenbrauchtums

Das Todeserlebnis steht auf allen Streßlisten an erster Stelle, weil der heutige Mensch, von Angst gepackt, sich dabei verunsichert fühlt. In dieser Grenzsituation nach Hilfe ausschauend, wird auch er, so darf man zum vornherein vermuten, sich ritueller Handlungen bedienen. Tatsächlich vermochten sich auf diesem Gebiet so zahlreiche volkstümliche Formen bis in die Gegenwart zu behaupten, wie es sonst in keinem Bereich brauchtümlicher Äußerungen der Fall ist, obwohl die Glaubensinhalte und Vorstellungen, aus denen sie erwachsen sind, sich weithin verloren haben.[155] Freilich prägt

---

[152] *Paul Sporken*, Sterbebeistand. Aufgabe des Christen: Vaterland (Luzern) Nr. 60 vom 12. 3. 1977, Beilage »Christ und Kultur«. — Vgl. auch: F. Krankensakramente 142 (97 f): Wenn die Priester und Diakone beim Sterben nicht anwesend sein können, »sollen sie nicht versäumen, die Gläubigen zu belehren, daß sie den Sterbenden beistehen und mit ihnen beten«.

[153] F. Krankensakramente 139 (97): »etwa indem man dem Sterbenden das Kreuz auf die Stirn zeichnet, wie es zum erstenmal vor seiner Taufe geschehen ist«.

[154] Sacrements pour les malades. Pastorale et célébrations, Paris 1977, 90: »l'entourage«.

[155] In Frankreich glaubt ein sehr großer Prozentsatz der Getauften nicht an das Weiterleben nach dem Tod, doch halten bis zu 90 % der Franzosen an einer religiösen Bestattung fest. — *Richard Weiss*, Volkskunde der Schweiz, Erlenbach/Zürich ²1978, 180: Daß viele Totenbräuche erstaunlich lange weiterexistieren, ist wohl der Tatsache zuzuschreiben, daß »hier, wie auf keinem Gebiet brauchmäßigen Lebens, ... Brauchformen die Glaubensinhalte und Vorstellungen, aus denen sie erwachsen sind, weit überleben«.

eine starke Tendenz zum Familiären und Privaten das Totenbrauchtum unserer Tage. Darin liegt einer der Hauptgründe für seinen Schrumpfungsprozeß, denn alles brauchmäßige Verhalten bedarf der Gemeinschaft, wie umgekehrt die Gemeinschaft durch herkömmliche Normen und Regeln zusammengeschlossen wird.[156] Im Vergleich zu früher scheint der apotropäische Aspekt des Totenrituals, wiewohl er bei einzelnen Gesten (z. B. dem Weihwasserspritzen) noch nachwirken kann, kaum mehr von Bedeutung. Man mag die Auflösung vieler Traditionen bedauern, es hat aber wenig Sinn, in nostalgischer Rückwende darüber Klage zu führen, zumal gewisse vergangene Praktiken nicht immer frei von Aberglauben und fraglichen Anschauungen waren.[157]

In den allermeisten Fällen wird der Leichnam heutzutage — auch wenn der Hinschied zu Hause geschah — in die Totenhalle überführt, wo Angestellte den Verstorbenen herrichten. Man bettet ihn in Rückenlage in den Sarg — dieser soll, so wünschen es nicht wenige, »schön« sein —, faltet ihm vielleicht die Hände; ab und zu erfolgt auf Verlangen der Angehörigen eine kleine Beigabe (Rosenkranz, Gebetbuch, Sterbekreuz).[158] In ländlichen Gegenden, wo die Leiche bis zur Bestattung im Haus bleibt — was allerdings immer seltener vorkommt —, pflegt man vereinzelt die Totenwache, wenn auch nicht mehr in der einstigen intensiven Form des Betens. Häufig jedoch findet das Leichengebet (an einem Abend vor dem Begräbnis) in der Kirche oder einer Kapelle statt.[159] In herkömmlicher Weise verrichten die Teilnehmer den Rosenkranz; neuestens bürgert sich da und dort die Sitte ein, einen Wortgottesdienst abzuhalten oder (sogar) eine Messe zu feiern.[160] Wenn die Angehörigen den Aufbewahrungsort der Leiche aufsuchen, bleibt ihnen der körperliche Kontakt meist verwehrt; ihre Emotionen werden gedämpft. Beileidsbezeigungen durch Besuch bei der Trauerfamilie sind öfters noch üblich, sofern es in der Todesanzeige nicht heißt, man möge derartiges unterlassen. Viel häufiger geschieht das Kondolieren auf schriftlichem Weg. In eine vor-

---

[156] Ebd. 155.
[157] Eine gründliche Bestandsaufnahme der traditionellen Formen von Totenbräuchen anfangs dieses Jahrhunderts und eine Beschreibung der Entwicklung dieses Brauchtums bis zur Gegenwart in einem Dorf des Kantons Aargau bietet *Regula Bochsler*, Sterbebräuche und ihr Wandel in der Gemeinde Oberwil (Kanton Aargau): SAVk 79 (1983) 151–174.
[158] *Leopold Schmidt*, Totenbrauchtum im Kulturwandel der Gegenwart: Anzeiger der phil.-hist. Klasse der Österreichischen Akademie der Wissenschaften 118 (1981) Nr. 6, 171–194, hier 173.
[159] In den mehrheitlich katholischen Gebieten der Schweiz hat sich dieser Brauch erhalten; die Todesanzeigen weisen auf den Zeitpunkt der Andacht hin.
[160] Die Feier der Eucharistie bei dieser Gelegenheit entspricht dem unguten Zug zur »Vermessung«.

gedruckte Karte tragen die Leute den Namen des Verstorbenen ein, fügen einen bestimmten Geldbetrag hinzu, überreichen den Briefumschlag einem Verwandten oder legen ihn anläßlich der Bestattung in ein bereitgestelltes Körbchen oder lassen ihn per Post der Familie zukommen. Die Vergabungen fließen wohltätigen Institutionen zu, denn häufig steht in den Todesanzeigen die Bitte, man möge dieses oder jenes Werk finanziell unterstützen, statt Blumen und Kränze zu spenden. Diese, öfters in reichem Maße zugeliefert, stammen eher von Vereinen, Verbänden oder Arbeitgebern, die den Verstorbenen so honorieren. Die Kränze tragen eine Schleife, die ein mehr oder weniger sinnvoller Spruch ziert (etwa »ein letzter Gruß«).

Nicht ganz verschwunden, aber gegenüber früher stark reduziert, ist der Brauch der Meßstipendien und Stiftmessen.[161] Mit der Erledigung der verschiedenen Formalitäten und den Vorbereitungen für die Bestattung befassen sich in Städten und größeren Ortschaften meistens beflissene Unternehmen; sie besorgen selbst die Aufgabe der Todesanzeigen. Diese erscheint in der Lokalzeitung, einzelnen Bekannten und Verwandten wird sie eigens zugeschickt. Sie zählt alles Wissenswerte auf (Alter, eventuell Art der Todesursache, die Namen der nächsten Verwandten, Zeit und Ort des Leichengebetes sowie der Totenfeier). In ihnen begegnet man neben Kitschigem und Lobrednerischem häufig christlich fragwürdigen Formulierungen.[162] In mehrheitlich katholischen Gegenden bedeutet es noch immer einen Trost, wenn der Leser erfährt, der Heimgegangene sei »mit den Gnadenmitteln der Kirche« gestorben. Vielleicht drückt das schlichte Kreuz, welches auf den meisten Anzeigen seinen Platz findet, den christlichen Sinn des Ereignisses besser aus als manches ungeschickt gewählte Bibelwort. Es fällt auf, wie wenig die Todesanzeigen und Nekrologe vom »Sterben« sprechen, sie ergehen sich in Euphemismen[163] — wiederum eine Verharmlosung des Todes.

Die Bestattung verläuft in betont nüchternen Formen, oft verhalten sich die Teilnehmer steif und antworten dem Priester nur spärlich. Bei vielen Verstorbenen handelt es sich wirklich um ein »stilles Begräbnis« mit wenig Trauergeleit. Durch den Wegfall des Leichenzuges (vom Totenhaus aus) erlitt das Brauchtum einen empfindlichen Schlag. Den Sarg befördert heute das Lei-

---

[161] Die Geistlichen ermuntern die Gläubigen kaum mehr zur Praxis der Meßstipendien.
[162] Nicht selten stößt man auf die Formulierung: »Sein Leben war Liebe und Arbeit ...« Zur christlich-kirchlichen Rede in den (katholischen und evangelischen) Todesanzeigen siehe *Hans-Jürgen Geischer,* Tod und Leben. Volksfrömmigkeit im Spiegel von Todesanzeigen: ThPr 6 (1971) 254—271.
[163] *Peter Holenstein,* Man »stirbt« nur selten. Die Volksseele im Nekrolog: Die Weltwoche, (Zürich) Nr. 7 vom 13. 2. 1974 (S. 7).

chenauto zur Kirche oder zum Friedhof. Dort deponiert man ihn kurz vor der Beisetzung, daneben steht vielleicht ein Tischchen mit zwei Kerzen, dem Weihwassergefäß und dem Körbchen für die Beileidskarten. Die Versammelten nehmen unter Umständen Abschied vom Toten, indem sie ihn ein letztes Mal ansehen und Weihwasser auf die Glasscheibe spritzen. Die Prozession beschränkt sich fast immer auf die Strecke vom Friedhofseingang oder von der nahen Totenhalle zum offenen Grab. Auf dem letzten Gang tragen Verwandte oder beamtete Totengräber den Sarg. Auf dem Land beten die Anwesenden meistens noch gemeinsam, wenn sie den Toten zur Ruhestätte begleiten, während anderswo die Herbeigekommenen sich unterhalten. Verstorbenen Mitgliedern eines Vereins wird durch eine Delegation ein spezielles Zeichen der Ehrung zuteil. Das Einsenken des Sarges in die Erde erfolgt längst nicht überall in Gegenwart der Trauergemeinschaft, sondern erst, wenn diese sich aufgelöst hat.[164] Die Anwesenden ziehen am Sarg beziehungsweise am offenen Grab vorbei, geben das Weihwasser, werfen eine Blume oder etwas Erde ins Grab, dann reichen sie den nahen Verwandten die Hand zum Kondolieren. Niemand glaubt sich mehr gebunden, Schwarz zu tragen, höchstens noch die allernächsten Angehörigen, die aber bald, was die Kleidung betrifft, zur Tagesordnung übergehen.

Nach dem Gottesdienst finden sich Angehörige, Bekannte und Freunde der Familie zum Leichenmahl zusammen. Nicht selten verkündet der Geistliche am Ende der Feier im Namen der Trauernden, wer wo zum Essen erwartet wird. Tafelreden und Würdigung des Heimgegangenen sind in den meisten Fällen dem Nachruf in der Lokalzeitung gewichen. Die Trauergäste haben sich im allgemeinen nicht über kärgliche Verpflegung zu beklagen, da die Angehörigen (schon aus Prestigegründen) sich großzügig geben und den Tisch reichlich decken lassen, so daß das Trauermahl gelegentlich in ein Freudenmahl umschlägt.[165] Die Teilnahme am Leid verdankt die Familie mit einer Karte, worauf meistens das Bild des Verstorbenen abgedruckt ist. Öfters liegt der Sendung ein Totenbildchen bei, auf dessen einer Seite die Fotografie, Name, Geburts- und Todesdatum des Verblichenen, auf der anderen Seite (anstelle der früheren Gebete und Ablässe) Worte aus der Heiligen Schrift stehen.[166]

---

[164] Selbst religiöse Gemeinschaften kommen allmählich von dieser Praxis ab, wie auch von der Feier der Eucharistie *praesente corpore defuncti*.
[165] Im Oberwallis nimmt die Geistlichkeit heute noch an Leichenessen teil; der Ortspfarrer beschließt die Mahlzeit, indem er die Andacht zu den Fünf Wunden anstimmt.
[166] Bis in die jüngste Zeit verteilte man in der Innerschweiz die Totenbildchen beim Opfergang in der Messe; die Ministranten reichten sie den Gläubigen.

Es gibt auch in unseren Tagen öffentliche Formen des Totengedächtnisses, überlieferte wie neue. Zu den herkömmlichen Gepflogenheiten zählen der Dreißigste und das erste Jahresgedächtnis, an dem sich Verwandte und Pfarreiangehörige zum Gottesdienst einfinden und anschließend das Grab besuchen; der Siebente wird kaum mehr begangen.[167] Auf dem Land, besonders dort, wo der Friedhof in der Nähe der Kirche liegt, gehört der Besuch der Gräber nach der Sonntagsmesse, vor allem für die ältere Generation, noch zu den selbstverständlichen religiösen Pflichten. Geblieben ist ferner, trotz des Verlustes mancher gesellschaftlicher Trauerformen, die Pflege der Gräber, die viele Menschen als Vermächtnis und ein Stück Verbindung mit den Toten gern übernehmen oder durch andere wahrnehmen lassen.[168] Um Allerheiligen-Allerseelen herrscht auf den Friedhöfen reger Betrieb: die Gräber werden instandgestellt und geschmückt, neuestens auch mit Licht oder Kerzen ausgestattet. Gerade in der Wiederbelebung des Lichterzeremoniells auf den Friedhöfen zeigt sich die Möglichkeit der Brauchrevitalisation beziehungsweise -innovation.[169] Seit einigen Jahren bringen die Leute im Dezember Adventskränze und -gebinde, ja sogar Christbäumchen auf die Gräber und zünden die Kerzen an Weihnachten (besonders am Heiligen Abend, nach der Christmette), aber auch an den folgenden Tagen an. Häufig tragen die Gläubigen nach der Osternachtsfeier das Licht auf die Friedhöfe.[170] Das Fest Allerheiligen, vorab am Nachmittag mit Totenriten der Kirche (Prozession auf den Friedhof, Andacht für die Verstorbenen, Gräbersegnung) ausgezeichnet, führt vielerorts die zerstreut lebenden oder vielleicht gar zerstrittenen Familien unter dem Zeichen dankbaren Totengedenkens zusammen; die Erinnerung an die Verstorbenen zeigt so ihren gemeinschaftsstiftenden Wert.[171] Mehr als heute galt einst der November als »Allerseelenmonat«, ebenso der »Große Seelensonntag« (Totensonntag) als eindrückliches Gedächtnis einer ganzen Pfarrei. Vereinzelte Gemeinden sowie Vereine und Gesellschaften veranstalten noch bei anderen Gelegenheiten Totenehrungen.[172]

---

[167] Die gestifteten Jahrzeitmessen werden vielerorts von den Priestern für eine bestimmte Zeit zusammengenommen und in *einer* Eucharistie begangen, nach entsprechender Veröffentlichung.
[168] *Klemens Richter*, Ist der Tod peinlich? Gedanken über das Sterben und unsere Begräbnisstätten: Bilder der Gegenwart 37 (November 1984) 2—7.
[169] *L. Schmidt*, Totenbrauchtum 176 f; *Heim*, Volksbrauch im Kirchenjahr 149; *Ders.*, Heutiges Kirchenjahrbrauchtum im Bistum Basel. Ergebnisse einer Umfrage: SAVk 81 (1985) 23—45 (spez. 45: Tendenzen).
[170] *Heim*, Volksbrauch im Kirchenjahr 21. 41. 90.
[171] Ebd. 137—139.
[172] Ebd. 25: Sanktniklausbeten im November; ebd. 54: Hilariitag (13. Januar) als »Seelentag«. In jüngster Zeit ist der Brauch aufgekommen, im Gottesdienst am Neujahrstag besonders der Verstorbenen des vergangenen Jahres zu gedenken.

Der Armenseelenkult, vormals florierend und in mannigfachen Äußerungen gegenwärtig, erfährt zwar nach außen hin einen merklichen Rückgang, das Volk indessen bleibt ihm in vielen Vorstellungen vom Fegfeuer und Kundgaben im eher privaten Bereich treu. Es nimmt wie eh und je in seinen Nöten Zuflucht zu den Seelen der Abgestorbenen, entzündet Kerzen und Lämpchen, verwendet Weihwasser und läßt sich im Glauben an die Verbindung mit ihnen nicht beirren, wohl deshalb, weil es die Communio sanctorum, ohne lange zu grübeln, als lebendige Wirklichkeit erfaßt.[173]

Während in städtischen Verhältnissen und Agglomerationen heutzutage die Zahl der Kremationen steigt, bevorzugt die Bevölkerung in mehrheitlich katholischen Dörfern immer noch die Beerdigung. Sie scheint nach wie vor ihre — vielleicht auch unausgesprochenen — Vorbehalte gegen die Feuerbestattung zu haben.[174] Noch weniger vermag sie sich mit gewissen Absonderlichkeiten (wie »anonyme Bestattung« durch Ausstreuung der Asche oder Beisetzungen an namenlosen Grabstellen) anzufreunden.[175]

Das nachvatikanische deutschsprachige Rituale verlangt für Arme und Reiche die gleiche Behandlung bei der Totenliturgie, ohne Ansehen der Person[176] — eine weise Anordnung, da es doch gerade im Bestattungswesen, je nach Familien, beträchtliche Unterschiede gibt, was den äußeren Aufwand anbelangt. Es empfiehlt andererseits, »wertvolle Lokaltraditionen« (Geläute der Sterbeglocke, Mariengruß, Glaubensbekenntnis) zu bewahren,[177] desgleichen die Totenwache, die, entsprechend örtlichen Gewohnheiten, »an den Tagen zwischen dem Tod und dem Begräbnis im Trauerhaus oder in der Kirche« stattfinden möge, »in der Regel von einem Laien geleitet«.[178] Es gibt Anweisungen zum Gebet im Trauerhaus (Verabschiedung, Aussegnung),[179] was freilich im französischen Rituale bedeutend ausführlicher geschieht.[180] Dieses erteilt Ratschläge für eine religiöse Gestaltung des Kondolenzbesuches,[181] für die Durchführung einer Totenwache oder -andacht (»veillée de

---

[173] Der Katholische Erwachsenenkatechismus. Das Glaubensbekenntnis der Kirche, hg. von der Deutschen Bischofskonferenz, Bonn 1985, 424—426, deutet respektvoll die Lehre vom Fegfeuer und die volkstümliche Rede von den »armen Seelen«.

[174] F. Begräbnis, Pastorale Einführung 11 (13): »Die Kirche sieht in der Erdbestattung eine besondere Ähnlichkeit mit dem Begräbnis des Herrn ...« — Vgl. auch *Rolf Thalmann*, Urne oder Sarg? Auseinandersetzungen um die Einführung der Feuerbestattung im 19. Jh., Bern 1978.

[175] Vgl. *L. Schmidt*, Totenbrauchtum 192 f.

[176] F. Begräbnis, Pastorale Einführung 33 (19).

[177] Ebd. 35 (19).

[178] Ebd. S. 23.

[179] Ebd. S. 24—27.

[180] Prières pour les défunts à la maison et au cimetière. Nouveau rituel des funérailles II, Paris 1972.

[181] Ebd. S. 10—16.

prière«),[182] für das Schließen des Sarges[183] — »instant douloureux« — und das Hinausgeleit des Sarges aus dem Haus.[184] Für den Beginn der Obsequien macht es die Anregung, den Sinn der Beileidsbezeugungen, der Blumen usw. zu erläutern.[185] In bemerkenswerter Weise hebt es drei Handlungen heraus: das Entzünden der Osterkerze, von der ein Angehöriges die Flamme weitergibt, die Aufstellung eines Kreuzes, das ein Familienmitglied auf dem Sarg plaziert, die (mögliche) Niederlegung eines (weißen) Gewandes auf den Sarg.[186] Am Schluß der Verabschiedung auf dem Friedhof lädt der Vorsteher die Anwesenden ein, nachdem er selber den Sarg mit Weihwasser besprengt hat, diesen Gestus nachzuvollziehen.[187] Auf vorbildliche Art zieht das französische Liturgiebuch volkstümliche Gebärden in den offiziellen Gottesdienst ein.

V. Das Geschäft mit dem Tod

Wer sich mit dem heutigen Totenbrauchtum beschäftigt, kommt nicht umhin, das moderne Bestattungsgewerbe in den Blick zu nehmen.[188] Einerseits sind viele Verrichtungen, welche früher die Trauerfamilie, Nachbarn und Bekannte oder bestimmte Personen eines Dorfes erledigten, auf die Leicheninstitute übergegangen, was zur Folge hatte, daß manche Volksbräuche verschwanden. Andererseits ist es den Bestattungsfirmen zuzuschreiben, wenn sich in der Bevölkerung allmählich neue Verhaltensmuster herausbilden. Sie betreiben ihr Geschäft nach gewinnbringenden Maßstäben, in Broschüren informieren sie ihre »Kunden« über das, wofür sie bei einem Todesfall einspringen; sie erklären sich bereit, zwischen der Geistlichkeit und der Trauerfamilie den Kontakt herzustellen. Es gibt unterschiedliche Tarife entsprechend den Dienstleistungen, die sie ausführen. Wir erwähnen hier nur ein Beispiel aus der Westschweiz[189]: In Lausanne verlangt ein Bestattungsinstitut für die Abwicklung der Formalitäten, die Gestaltung der Trauerzirkulare, die Anberaumung der Trauerfeier und die Besorgung der letzten Ruhe-

---

[182] Ebd. S. 17—29. Vgl. *Joseph Pouts / J. Servel*, Veillées familiales auprès d'un défunt, Lyon 1972.
[183] Nouveau rituel des funérailles II, S. 30—32.
[184] Ebd. S. 33—35.
[185] La célébration des obsèques. Nouveau rituel des funérailles I, Paris 1972, Nr. 54, S. 19.
[186] Ebd. S. 20—21.
[187] Nouveau rituel des funérailles II, S. 52.
[188] *Hans-Kurt Boehlke*, Das Bestattungs- und Friedhofwesen in Europa, Wien 1977.
[189] *Peter Kaufmann*, Das Geschäft mit dem Tod: Coop-Zeitung Nr. 41 vom 11. 10. 1984.

stätte 1400 Franken. Inbegriffen in diesem Preis sind die Kremation, einfacher Sarg, Blumenschmuck, Todesanzeige und Danksagung im üblichen Format, die Urne und deren Beisetzung im Gemeinschaftsgrab. Wer Spezialwünsche anmeldet (etwa verzierter Sarg, Leichenmahl, Anpflanzung auf dem Grab), kann sich auf eine Rechnung gefaßt machen, die in die Tausende geht. Nicht umsonst bemühen sich diese kommerziellen Unternehmen in einem eigentlichen Konkurrenzkampf um Klienten; sie nützen die Situation der trauernden Hinterlassenen aus. Vorsorge- und Kremationsvereine ihrerseits bieten die Mitwirkung an, die man sich zu Lebzeiten sichern und bezahlen kann, vom Patiententestament über die Regelung der Erbschaftsangelegenheiten bis zur Wahl der Grabstätte und des Grabschmuckes auf zwanzig Jahre. Wahrhaftig, das Sterben kommt teuer zu stehen: die kostspieligen Toten. Daß sich hier auch der Kirche Probleme stellen, sei nur am Rand vermerkt.[190]

Die sozialen Umwälzungen der letzten Jahrzehnte, so können wir abschließend sagen, haben das Sterbe- und Totenbrauchtum zutiefst getroffen und geschwächt; an den Rand verwiesen, widerspiegelt es die Verdrängungsmechanismen, die in unserer westlichen Gesellschaft gegenüber all dem, was mit dem Tod zusammenhängt, zum Einsatz gelangen. Dennoch hat das Ende für die volkstümlichen Ausdrucksweisen, besonders was das Bestattungsritual betrifft, noch nicht geläutet. Die Menschen suchen immer wieder Formen, um die bittere Wirklichkeit des Ablebens einigermaßen zu überstehen — und sie werden sie auch finden. Als zu stark erweist sich ihr Bedürfnis nach Sakralisierung und Ritualisierung der entscheidenden Momente ihres Daseins, als daß sie ganz darauf verzichten könnten und wollten. Das Begräbnis eines Menschen ist und bleibt ein Fest eigener Art, bei dem die Lebenden ihre Toten feiern, meistens in verklärtem Licht, wo sie sich selbst bejahen und die Familie ihren Status bekräftigt, ein Fest, an welchem die Menschen, der Conditio humana in all ihrer Zerbrechlichkeit bewußt, nach Sicherungen ausschauen, um dem Tod zu trotzen; für die Gläubigen geht es um ein Fest, an dem ihr Ja zum Leben, zum ewigen Leben, seinen hochgemutesten Ausdruck findet.

---

[190] Dazu *J. Potel*, Les funérailles 81—97.

D. Bibiliographie

Briesemeister, Dietrich (Hg.), Bilder des Todes, Unterschneidheim 1970.

Bucher, Engelbert, Tod und Totenkult in der Walsergemeinde Triesenberg FL: Schweizer Volkskunde. Korrespondenzblatt 66 (1976) Heft 4, 50—66.

Dirschauer, Klaus, Der totgeschwiegene Tod. Theologische Aspekte der kirchlichen Bestattung, Bremen 1973.

Filthaut, Theodor, Friedhöfe als Stätten der Verkündigung: Conc(D) 2 (1968) 103—106.

Fuchs, Werner, Todesbilder in der modernen Gesellschaft, (Suhrkamp-TB 102), Frankfurt/M. ^{2}1979.

Van Gennep, Arnold, Manuel du folklore français contemporain I (Du berceau à la tombe) 2e partie (»mariages-funérailles«), Paris 1964, 649—814.

Hahn, Alois, Einstellungen zum Tod und ihre soziale Bedingtheit. Eine soziologische Untersuchung, (Soziologische Gegenwartsfragen 26), Stuttgart 1968.

Handwörterbuch des deutschen Aberglaubens, hg. von *Hanns Bächtold-Stäuble/E. Hoffmann-Krayer*, 10 Bde., Berlin/Leipzig 1927—1942.

Harvolk, Edgar, In morte sumus. Ein Beitrag zur Ikonographie des Todes: Bayer. Jb. f. Volkskunde 1982 (1984) 27—37.

Huber, Helmut, Totenbrauchtum in Niederösterreich. Häusliche Leichenwache in der alpinen Zone, (Diss. der Univ. Wien 149), Wien 1981.

Hüppi, Adolf, Kunst und Kult der Grabstätten, Olten 1968.

Jäger, Marianna, Die Analyse von Todesanzeigen, (Lizentiatsarbeit) Zürich 1979.

Meuli, Karl, Gesammelte Schriften I, Basel 1975, 303—435: Zu den Trauersitten.

Mitford, Jessica, Der Tod als Geschäft. The American Way of Death, (Ullstein-TB 573), Frankfurt/M. 1965.

Moser-Rath, Elfriede, Arme Seele: Handwörterbuch der Sage 3, Göttingen 1963, 628—641.

Navarro, Miguel de Arbol, Spanisches Funeralbrauchtum unter Berücksichtigung islamischer Einflüsse, Bern 1974.

Pfaunder, Wolfgang, Eines Schattens Traum ist der Mensch. Friedhöfe der Alten und Neuen Welt. Mit einem Vorwort von *Manés Sperber*, Wien/München/Zürich 1979.

Röhrich, Lutz, Der Tod in Sage und Märchen: *G. Stephenson (Hg.)*, Leben und Tod in den Religionen, Darmstadt 1980, 165—183.

Ruetz, Michael, Nekropolis. Mit einem Vorwort von *Philippe Ariès*, München 1978.

Stephenson, Gunther (Hg.), Leben und Tod in den Religionen. Symbol und Wirklichkeit, Darmstadt 1980.

Thomann, Günther, Die Armen Seelen im Volksglauben des altbayerischen und oberpfälzer Raumes. Untersuchungen zur Volksfrömmigkeit des 19. Jahrhunderts: Verhandl. d. Hist. Vereins f. Oberpfalz und Regensburg 110 (1970) 115—179; 111 (1971) 95—167.

Vovelle, Michel, Mourir autrefois. Les attitudes devant la mort aux XVIIe et XVIIIe siècles, Paris 1984.

Ders., La mort et l'Occident de 1300 à nos jours, Paris 1983.

Ders., Histoire de la mort: Encyclopaedia Universalis 1980.

Ders., Die Einstellungen zum Tode. Methodenprobleme, Ansätze, unterschiedliche Interpretationen: *Arthur Imhof (Hg.)*, Biologie des Menschen in der Geschichte, Stuttgart 1978, 174—197.

Jüdisches Brauchtum um Sterben, Tod und Trauer

Patricia Steines

Plural und vielfältig ist das Judentum je nach Observanz und Beheimatung in den Ländern der Gola; dreifach wurzeln seine Minhagim:
— in biblischer Zeit und in der »Hebräischen Bibel«,
— im nachbiblischen Judentum und in der rabbinischen Literatur
— im Brauchtum und Aberglauben der jeweiligen Länder der Diaspora in der jeweiligen Zeit.

Beschränken wollen wir uns auf das Brauchtum und die liturgischen Vollzüge um Sterbebett, Tod und Begräbnis bei den Aschkenasim[1], wofür eine allgemein übergreifende Studie bisher zu fehlen scheint. Die vorliegende Arbeit hat daher eine Darstellung und Zusammensicht von regionalen und lokalen Varianten und Interpretationsunterschieden jener Bräuche und Symbole zum Ziel, in denen das aschkenasische Judentum seinen Ausdruck suchte und sucht.

Im voraus ist anzumerken, daß der einzelne jüdische Mensch oftmals zu diesem oder jenem Detail seine eigene und persönliche, ihm durch seine Familie überlieferte Traditionsvariante besitzt. Der vorliegende Aufsatz nimmt lediglich eine Auswertung von erreichter Primär- und Sekundärliteratur vor. Sollten manche der hier beschriebenen Minhagim dem Leser vielleicht »pagan« oder »unjüdisch« erscheinen, so sind diese auf dem Hintergrund des durch die Jahrhunderte hindurch währenden Aggiornamento des Judentums bezüglich der Vorstellungswelt und Bedürfnisse der jüdischen Menschen zu sehen und zu bedenken.

[Vorliegender Beitrag ist die Zusammenfassung einer detaillierten, mehr als 250 Seiten umfassenden Studie von Frau Steines über jüdisches Brauchtum um Sterben, Begräbnis und Trauer. Der in diesem Kopendium begrenzte Raum machte es erforderlich, vor allem auch den überaus umfangreichen und kostbaren Anmerkungsteil entscheidend zu kürzen. Die wesentlichen Angaben zu weiterführender Literatur sind hier in einer Auswahlbibliographie zusammengestellt. Es ist beabsichtigt, die vollständige Untersuchung von Frau Steines als Monographie in der Reihe »Pietas liturgica. Studia« zu veröffentlichen. (Anm. der Hgg.)].

[1] »Aschkenasim« sind die mittel- und osteuropäischen Juden im Gegensatz zu den in West- und Südeuropa bzw. den Mittelmeerländern wohnenden »Sefardim« sowie den italienischen, südfranzösischen und anderen Juden.

A. Forschungsstand

Als allgemeine Einführung muß für die biblische Zeit vornehmlich auf Roland de Vaux[2], Ernst Ludwig Ehrlich[3], Moritz Klotz[4], A. P. Bender[5] und Emanuel Feldmann[6] verwiesen werden, wobei letztere auch Krankenbesuch und Brauchtum im Todes- und Trauerfall auf talmudischem Hintergrund untersuchen. Diese finden sich insgesamt gut dargelegt bei Samuel Krauss[7] und J. Perles[8]. Neben den entsprechenden Paragraphen im »Schulchan Aruch«[9] bezieht sich nachfolgende Zusammenschau auf eine Reihe christlicher Werke des 17. und 18. Jahrhunderts, sowie auf R. Leone da Modenas für Jakob I. von England geschriebene Abhandlung »Historia de Riti Hebraici«[10]. Ferner sei verwiesen auf die hervorragenden Aufsätze von Ernst Roth[11], J. Z. Werblowsky[12], Pinchas Biberfeld[13], Ernst M. Stein[14], Ernst

---

[2] *R. de Vaux*, Das alte Testament und seine Lebensordnungen I, Freiburg/Br. 1960, 99—107.

[3] *E. L. Ehrlich*, Kultsymbolik im alten Testament und im nachbiblischen Judentum, (SyR 3), Stuttgart 1959, 116—125.

[4] *M. Klotz*, Krankenbesuch und Trauergebräuche nach Bibel und Talmud, Bilin o. J. (vor 1918).

[5] *A. P. Bender*, Beliefs, Rites and Customs of the Jews connected with Death, Burial and Mourning. As illustrated by the Bible and Later Jewish Literature: JQR 6 (1894) 317—322. 322—347. 664—671; 7 (1894) 101—118. 259—269.

[6] *E. Feldmann*, Biblical an Post-Biblical Defilement and Mourning. Law as Theology, New York 1977; *Ders.*, Death as Estrangement. The Halakha of Mourning: *J. Riemer (Hg.)*, Jewish Reflections on Death, New York 1982, 84—92.

[7] *S. Kraus*, Talmudische Archäologie I, Leipzig 1910, 54—82.

[8] *J. Perles*, Die Leichenfeierlichkeiten im nachbiblischen Judenthume: MGWJ 10 (1861) 345—355. 376—394.

[9] *Ch. N. Denburg (Übers.)*, Code of Hebrew Law. »Shulhan 'aruk. Yoreh Deah« § 335—403. Treating of the Laws of Visiting the Sick; Laws of Rending Garments; Laws of Aninuth and Laws of Mourning, Montreal 1954. Eine Kurzfassung findet sich in *Ders.*, From the Shulhan Aruk: *Riemer (Ed.)*, Jewish Reflexions 17—23.

[10] *L. Modena*, Historia de Riti Hebraici. Vita et osseruanza degl' Hebrei di questi tempi, Venetia 1678 (Repr. Bologna 1979) 116—122. Dieses Werk entstand trotz des Verbots der jüdischen Selbstdarstellung in katholischen Ländern für Jakob I. von England und war eine Entgegnung auf das Werk von *J. Buxtorf*, Synagoga Judaica. Das ist Judenschul. Darinnen der ganze jüdische Glaube und Glaubensübung mit allen Ceremonien, Satzungen, Sitten und Gebräuchen, Basel 1643, 626—643. Vgl. dazu *P. Navé*, Rabbi Leon Modena aus Venedig (1571—1648). Ein Vorkämpfer des jüdischen Humanismus: Emuna 10/Suppl. 2 (1975) 28—35, bes. 31—33.

[11] *E. Roth*, Zur Halacha des jüdischen Friedhofs I: UDIM 4 (1973) 97—120; II: UDIM 5 (1974) 89—124.

[12] *J. Z. Werblowsky*, Jüdische Riten und Bräuche beim Begräbnis: Conc(D) 4 (1968) 149 f.

[13] *P. Biberfeld*, Gedanken eines Rabbiner über den jüdischen Tod: *S. Metken (Hg.)*, Die letzte Reise. Sterben, Tod und Trauersitten in Oberbayern, München 1984, 149—151.

[14] *E. M. Stein*, Der jüdische Friedhof: *H. Liedel/H. Dollhopf (Hgg.)*, Haus des Lebens. Jüdische Friedhöfe, Würzburg 1985, 14—19.

Feldsberg[15] und Ruben Schindler[16], auf das Wenige, das sich in Werken der »vergleichenden Volkskunde« findet, auf allgemeine Werke und einzelne detailbezogene Aufsätze und Monographien zur jüdischen Folklore, auf Darstellungen, die sich als Einleitungen und Bestandsaufnahmen des (regional) gelebten Judentums verstehen und auf ältere und neuere heimatkundlichregionale Forschungen und Ausstellungskataloge, die sich in ihrer Beschäftigung mit jüdischen Friedhöfen in Europa auch mehr oder weniger intensiv und in einem qualitativ breiten Spektrum des jüdischen Brauchtums im Trauer- und Todesfall annehmen. Grundsätzlich weiterführend sind die jeweiligen Beiträge in einschlägigen Lexika, bspw. der deutsch- und englischsprachigen »Encyclopaedia Judaica«[17], im »Jüdischen Lexikon«[18] der »Jewish Encyclopaedia«[19], in der »Encyclopedia Talmudit«[20] und in der »Hebräischen Enzyklopädie«[21] sowie anderen jüdischen bzw. judaistischen, religionswissenschaftlichen[22] oder auch volkskundlich ausgerichteten Lexika. Auch ist es hilfreich, Bildmaterial zum Thema heranzuziehen. Unberücksichtigt blieben in diesem Zusammenhang jüdische und jiddische Autoren, deren Werke sicherlich genug Material bieten dürften. An liturgischen Büchern wurden für diese Untersuchung der »Sefer Hachajim«[23], »Tozeoth Chajim«[24], »De-

---

[15] *E. Feldsberg,* Getreu den Sitten der Väter: »Der Weg in die Stille«. Zum 60jährigen Bestehen der Wiener Stadtwerke/Städtische Bestattungen, Wien/München 1967, 50—52. Wertvoll sind ferner: *Ders.,* Zum jüdischen Totenkult (unveröffentlicher Vortrag vom 8.9.1961 anläßlich einer Einladung der Direktion der Städtischen Bestattung in Wien); *Ders.,* Jüdische Feste und Gebräuche insbesondere jüdischer Totenkult (unveröffentlichter Vortrag vom 9.10.1965 im Volksbildungshaus Margareten, Wien V. Das Manuskript wurde mir freundlicherweise von Frau Gerda Feldsberg zur Verfügung gestellt).

[16] *R. Schindler,* Confronting Terminal Illness and Death in Religious Jewish Society: SIDIC 16/3 (1983) 12—17.

[17] Encylopaedia Judaica, dt.: Berlin 1928 (unvollständig); engl.: Jerusalem 1971.

[18] Jüdisches Lexikon. Ein enzyklopädisches Handbuch des jüdischen Wissens in vier Bänden, Berlin 1927.

[19] The Jewish Encyclopedia. A Descriptive Record of the History, Religion, Literature and Customs of the Jewish People from the Earliest Times, New York (1901).

[20] *M. Margalioth,* Encyclopedia of Talmudic and Geonic Literature (hebr.), Tel Aviv/Jerusalem 1958.

[21] Ha-Encyclopedia ha-Ivrith, Jerusalem 1954.

[22] Vgl bes. *Michael Brocke,* Art. »Bestattung III. Judentum«: TRE 5 (1980) 738—743.

[23] *S. E. Blogg,* ספר החיים [Sefer Hachajim]. Israelitisches Gebet- und Erbauungsbuch. Gebete bei Krankheitsfällen, in einem Sterbehaus und bei dem Besuche der Gräber von Verwandten. Betrachtungen und Lehrvorträge im Trauerhause und Zusammenstellung aller Trauer-Gebräuche und -Vorschriften, Frankfurt ¹¹o.J. (Repr. Basel o.J.).

[24] *S. Baer,* תוצאות חיים [Tozeoth Chajim]. Israelitisches Andachtsbuch. Sammlung aller bei Kranken, Sterbenden, im Trauerhause und beim Besuch der Gräber von Angehörigen zu verrichtenden Gebet sowie aller auf die Totenbestattung und die Trauerpflicht sich beziehenden Regeln und Gebräuche, Rödelheim 1900.

rech Chachajim«[25], »Mane Loschon«[26] und »Maskirgebete«[27] herangezogen, ebenso die einem Leidtragenden Erklärungen zum Trauerbrauchtum und Verhaltensregeln im Trauerfall gebenden Bücher von B. Wolf[28] und Maurice Lamm[29]. Berücksichtigung fand auch jener aktuelle Reflexionsband mit Beiträgen großer Vertreter des US-amerikanischen Judentums, den Jack Riemer ediert hat[30]. Schließlich sei noch darauf hingewiesen, daß es in der heutigen Zeit fast nur mehr das orthodoxe Judentum ist, welches sich mit halachischen Fragen bezüglich Krankheit, medizinischer Ethik, Sterbebett und Tod beschäftigt.

B. Brauchtum um Sterben, Tod und Trauer

I. Krankenbesuch (ביקור חולים)

Kein biblisches, sondern ein rabbinisches Gebot ist auf dem Hintergrund von Gen 18 die heilige Pflicht des Krankenbesuchs. Die Intention des Biqur Ḥolim bei Geringeren und Niedriggestellten, bei Höherstehenden wie auch bei Nichtjuden besteht darin, zu sehen, was der Kranke braucht, daß er sich mit seinen Freunden freue, man auf ihn achte, für ihn in jeder beliebigen Sprache bete und in das Gebet um alle Kranken Israels einschließe. Es wird darauf hingewiesen, daß man dem Kranken nicht eine Last sein darf; vielmehr muß man ihm Dinge erzählen, die beleben und nicht betrüben oder gar ihn töten. Am Schabbat trösten die Besucher den Kranken mit einem besonderen Trostspruch. Grundsätzlich gilt auch am Schabbat, alles zu unternehmen, damit ein Mensch nicht stirbt.

Grundlage verschiedener Minhagim ist die talmudische Anschauung, durch Wohltätigkeit, Gebet, Namensänderung und Besserung des Lebens-

---

[25] דרך החיים [Derech Hachajim]. Friedhofsgebete. Gebete bei der Beerdigung und beim Besuch der Gräber. Mit deutscher Übersetzung von Dr. *S. Baer,* neue, verkürzte Ausg. des »Tozeoth Chajim«, Basel 1968 (Repr.).
[26] *Mane Loschon.* Gebete auf den Gräbern der Hingeschiedenen, mit dt. Übers. und einem Anhang dt. Gebete, repr. Tel Aviv o. J.
[27] Maskirgebete. Gebet für das Seelenheil der Hingeschiedenen. Gewidmet von der Chewra Kadischa/Wien unter Präsident Chaim Zahler, Wien o. J.
[28] *B. Wolf,* Die Trauervorschriften, Frankfurt 1930.
[29] *M. Lamm,* The Jewish Way in Death and Mourning, New York ⁴1977.
[30] *J. Riemer (Ed.),* Jewish Reflections on Death, New York ⁴1982.

wandels Gott zur Revision seines Todesbeschlusses veranlassen zu können. Die Namensänderung erfolgt in der Absicht, den Todesengel zu verwirren: In einer Zeremonie (»Veränderung des Namens«/»Auslösung der Seele«) wird aus einem willkürlich aufgeschlagenen Tenakh ein neuer Name gefunden bzw. bewußt nach einem »guten Namen« gesucht. Dieser Name wird vom Wiedergesundeten (der nach seiner Genesung innerhalb von drei Tagen einen öffentlichen Dank sprechen muß) aber auch für die Grabsteininschrift beibehalten, sofern der Kranke vom Zeitpunkt der Namensänderung an 30 Tage überlebt hat. Talmudischen Hintergrund hat schließlich auch das »Feld«- oder »Qewer-Messen« für einen Schwersterkrankten; ebenso die Sitte, einem Schwererkrankten ein zuvor auf den Leichenstein eines Zaddiqs gelegtes Tuch unter das Kopfkissen zu geben. Dagegen von reinem Aberglauben bestimmt scheint der Brauch des Jahresammelns für einen Schwererkrankten gewesen zu sein, ebenso gewisse Bräuche im Epidemiefall oder aber bestimmte Praktiken, um herauszufinden, ob ein krankes Kind »verschrien« und wie es von dieser Verfluchung wieder zu befreien ist. Gleiches gilt für die mancherorts belegte Sitte, nach der erkrankte Körperpartien mit der Hand eines Toten berührt wurden, der auf diese Weise die Krankheit »mit ins Grab« nehmen soll.

II. Sterbebett

Ist ein naher Tod erkennbar, ruft man möglichst Mitglieder der Ḥewra Qaddischa, der Begräbnisbruderschaft: Ḥewra-Frauen zu Frauen und Ḥewra-Männer zu Männern. Der Sterbende regelt, wenn möglich, noch seine letzten Angelegenheiten, segnet die Kinder und wird aufgefordert, das *Widduj,* das Sündenbekenntnis des Versöhnungstages, abzulegen. Gleichzeitig mit dieser Aufforderung wird der Kranke bzw. Sterbende jedoch beruhigt, viele hätten schon bekannt, seien von ihrer Krankheit wieder aufgestanden und noch am Leben.

Über die Umschlagsstelle zwischen Leben und Tod gibt es eine Vielzahl von Reflexionen sowie Interpretationen der Umstände des Sterbens. Unter anderem wird der Sterbende mit einer Flamme gleichgesetzt, die verlischt, sofern sie berührt wird. Deshalb gilt einer, der einem Sterbenden vorzeitig die Augen schließt, als einer, der »Blut vergießt«. Größten Wert legt die Tradition darauf, daß der aus dem Leben Scheidende bis zum endgültigen Todeseintritt als Lebender gilt. Jedoch achtet man darauf, daß Arme und Beine des Verscheidenden nicht aus dem Bett herausragen, sondern gerade liegen, damit er so versterbe, wie einst Jakob starb. Verboten ist es, die Federkissen unter dem Sterbenden hervorzuziehen oder auch dem Hinscheidenden den Synagogenschlüssel unter den Kopf zu legen. Betten aus Eisen oder Metall werden heute noch in chassidischen Kreisen als agonieverlängernd angesehen. Den Sterbenden umschwärmende Mücken werden auch hier nicht verjagt; läßt sich eine Mücke auf der Nase des Scheidenden nieder, so kündigt dies den baldigen Tod an.

Sofern es den Sterbenden nicht belästigt, werden im Zimmer Kerzen angezündet; spätestens aber erfolgt dies im Zeitpunkt der Agonie. Hinzuweisen ist auch darauf, daß der Satan als »Gefahr« in den letzten Augenblicken gilt. Während der Agonie darf der Scheidende nicht verlassen werden; und für die Anwesenden ist es eine Mitzwah, bei einer verscheidenden Seele anwesend zu sein. Wird erkannt, daß das Sterben nahe ist, so beginnen die Anwesenden das *Adon Melech* zu beten, danach folgt dreimalig das *Baruch Schem*, schließlich siebenmalig das *Sch^ema Israel*, so daß der Gosses, der Versterbende, möglichst mit dem Wort *echad* auf den Lippen wie einst R. Aqiba scheidet. Im Todesmoment selbst erzeugen die Anwesenden an manchen Orten großen Lärm; auch existiert die Sitte, in diesem Moment einen irdenen Topf zu zerschlagen.

III. Erstes Trauerstadium (אנינות)

Nach der »großen Veränderung« wird der Tote eine zeitlang nicht berührt. Die Feststellung des Todes erfolgte in früheren Zeiten durch die rein mechanische Methode der Federprobe, in der heutigen Zeit durch einen Arzt. Ist der Tod festgestellt, so spricht man das *Gelobt seist Du, allgerechter Richter*. Nun folgen *Jigdal* und das *Adon olam*. Ein Fensterflügel wird kurz geöffnet. So wie einst Joseph Jakobs Augen schloß, so werden dem Toten möglichst vom Erstgeborenen die Augen geschlossen. Danach wird der Kiefer hochgebunden. Jeder, der im Todesmoment anwesend war, ist verpflichtet einen Einriß in seine Kleidung zu machen. Der Tote wird »abgehoben« und mit den Füßen zur Tür, den Kopf erhöht auf Stroh gebettet (so noch heute in orthodoxen Kreisen) und mit einem weißen oder schwarzen Tuch zugedeckt. In Kopfnähe des Verstorbenen stellt man ein Licht, daneben gibt man ein Gefäß mit Wasser und ein Handtuch. Bilder und Spiegel werden umgekehrt, verhängt oder gar abgehängt und die Vorhänge werden geschlossen. Alles Wasser, das sich im Trauerhaus befindet (ebenso jenes in den rechts und links angrenzenden drei Häusern oder auch das der gesamten Straßenflucht), wird auf die Straße gegossen. Cohanim verlassen grundsätzlich ein Haus, in dem sich ein Toter befindet, außer es handelt sich um einen Toten, für den sie sich verunreinigen müssen. Bis zum Begräbnis ist es Pflicht, den Toten nicht allein zu lassen: Es wird die Totenwache gehalten.

Für die Angehörigen hat mit dem Trauerfall das erste Trauerstadium begonnen, welches bis zum Moment des Ruhens des Toten in der Erde andauert. Bis zur Beerdigung sind sie frei von religiösen Pflichten und dem Sprechen von Segenssprüchen. Männer können weder zum »Minjan« noch zu »Mesuman-Benschen« gezählt werden, es werden keine Tefillin gelegt, kein Gruß wird reflektiert, und, Schuhe tragend, wird alles zum Begräbnis Notwendige erledigt. Unerlaubt ist in diesem Trauerstadium der Genuß von Fleisch und Wein, ehelicher Umgang und das Einnehmen von Mahlzeiten an einem gemeinsamen Tisch.

IV. Totenwaschung (טהרה)

Die Taharah ist die Waschung des Toten. Sie wurde in früheren Zeiten von den Mitgliedern der Ḥewrah direkt im Trauerhaus vorgenommen. Erst wenn die »Takhrikhim«, die Sterbekleider, bereitliegen, wird mit der Reinigung begonnen, die, wie alle Dienste der Ḥewramitglieder, ein »Liebesdienst ist, für den der Tote niemals danken kann«. Die Taharah gilt als heilige und religiöse Handlung und wird entsprechend dem nur der Ḥewra bekannten und lokal leicht unterschiedlich überlieferten Vorgang in größter Stille und unter Gebeten und Rezitieren von verschiedenen Tenakhstellen durchgeführt. Der Leichnam wird mit den Füßen zur Tür auf einen besonderen Tisch, das »Metaher-Brett«, gelegt und unter Wahrung aller Gefühle von Scham, die er als Lebender hätte, mit lauwarmem Wasser und, stets von einem Tuch bedeckt, mit einem Schwamm oder auch Leinentuch, vom Kopf beginnend, gewaschen. Sein letztes Ritualbad erhält er, indem man ihn aufrichtet und neun »Kab« (Maß) Wasser in einem Guß an ihm herunter schüttet oder ihn in die Mikwe gibt. Schließlich wird er sorgfältig, immer zugedeckt bleibend, mit einem zweiten Tuch abgetrocknet. Mit der symbolischen Konsistenz von verrührtem Ei und Wein wird der Kopf des Verstorbenen eingerieben und der Gesamtkörper besprengt, nachdem die Haare geordnet wurden (in früheren Zeiten wurden sie auch ein letztes Mal geschnitten). Auch reinigt die Ḥewra die Nägel. Bevor die Ankleidung beginnt, wird — je nach lokalem Brauch — unter Umständen das Taharahgefäß, sofern es irden ist, zerschlagen.

V. Totenkleider (תכריכים)

Die Takhrikhim sind aus weißem Leinen, ohne Knoten und Knöpfe, ohne jede Verzierung, Saum oder Taschen, und bestehen bei Männern aus Beinkleidern, eventuell Strümpfen, einem Hemd und darüber dem Kittel, dem Gürtel und dem Halstuch, einem Tuch, welches »Falter« genannt und wie ein Mantel über die Schultern geschlagen wird, sowie einer Mütze. Über das ganze kommt der Tallit des Verstorbenen, von welchem ein »Zizit« abgerissen und eine mit Gold oder Silber durchwirkte »Aterah« abgetrennt ist. Für Frauen sind mindestens drei Teile (Hemd, Kittel und Falter) vorgeschrieben, welche jedoch für gewöhnlich durch Strümpfe, Gürtel, Kragen und Haube ergänzt werden. Ist die Ankleidung, die zu leiten als große Auszeichnung gilt, abgeschlossen, so werden die Daumen des Verstorbenen in die Handflächen gekrümmt, die restlichen Finger darum gebogen (so daß sich »Schin« [ש], »Dalet« [ד] und »Jod« [י] = »Schaddaj« [שדי] ergibt) und mit dem abgerissenen Zizit oder auch dem Ärmel des Kittels fixiert. Nachdem der Tote auf eine Bahre bzw. in den für das Judentum charakteristischen sehr einfachen Sarg (Kiste) gelegt worden ist, gibt man in die wie bereits beschrieben fixierten Hände kleine gegabelte Äste, im Jiddischen »Gepelach« genannt. Mancherorts findet bereits an dieser Stelle das »Meḥile-Beten« statt.

VI. Totengeleit (לויה) und Begräbnis (קבורה)

Mit dem Fußende in Richtung der Türe stehend, wird die Bahre (bzw. der Sarg) mit einem schwarzen Tuch überdeckt und ein Licht am Kopfende aufgestellt. Die Ḥewra erhält u. U. bei einem reichen Verstorbenen ein Pfand, welches die Deckung der Kosten der bevorstehenden Beerdigung sichern soll.

In talmudischer Zeit (z. T. auch in der Neuzeit) wurde das bevorstehende Begräbnis durch Schofarblasen angekündigt. Aber auch das veränderte Klopfen des »Schulklopfers« und das »Lewaije-Rufen« des Schamess, des Gemeindedieners, informierten bis in die Neuzeit hinein vom Ableben eines Gemeindemitglieds. Daneben gab es bei den Juden in Nachfolgestaaten der österreichisch-ungarischen Monarchie noch bis zum Jahr 1938 Partezettel, die verschickt wurden. Im heutigen Israel schlägt man Mitteilungen an Bäumen und Mauern an.

Der Tote wird sodann möglichst rasch (entsprechend der nach jeweiligem Landesgesetz vorgeschriebenen Zeitspanne zwischen Todeseintritt und Beisetzung) mit den Füßen voran von Ḥewra-Männern aus dem Haus getragen.

In manchen Gegenden wirft man ihm einen irdenen Topf nach, oder die Stube wird hinter dem Toten ausgekehrt. In biblischer und talmudischer Zeit ging der Beisetzung eine Totenklage mit Flötenspielern und berufsmäßigen Klagemännern und -frauen voraus. Noch zu Beginn dieses Jahrhunderts wurden im Osten dem Trauergeleit Almosenbüchsen, deren Inhalt für gemeinnützige Gemeindeinstitutionen bestimmt war, vorangetragen. Es ist eine Mitzwah, einen Toten zu begleiten und auch beim Tragen der Bahre oder des Sarges behilflich zu sein. Großen Gelehrten trägt man eine Gesetzesrolle voraus; denen jedoch, die im Bann verstorben sind, legte man bis ins Mittelalter hinein einen Stein auf Bahre oder Sarg. Man wählt, so wie auch Josef es tat, nicht den direkten Weg zum Friedhof, sondern führt den Toten möglichst an einer Synagoge vorbei, wo u. U. der Chasan, der Kantor, an der Türe stehend, einen Psalm rezitiert. Lediglich Rabbinen werden für einen Trauergottesdienst mit Trauerreden in die Synagoge hineingetragen. In diesem Fall bläst man Schofar beim Hinein- und Hinaustragen sowie beim siebenmaligen Umschreiten des Toten. Bei anderen verdienten Gemeindemitgliedern erfolgt die »Hesped« in der Zeremonienhalle oder auch am Grab. Auf eigenen Wunsch des Verstorbenen oder in »Chabad-Kreisen« sieht man davon ab.

Auf dem Weg zum Grab hält man drei- oder auch siebenmal an. Das möglichst von Juden gegrabene, nicht über Nacht offengelassene und nach einem galizischen Volksglauben möglichst nahe am Tor gelegene Grab ist Eigentum des Toten und darf niemals eingeebnet werden. Am Grab selbst gibt es keine besondere Zermonie. Unter Umständen wird die einfache Bretterkiste, die als Sarg benutzt wird, hier nochmals geöffnet. Spätestens hier werden dem Toten Scherben auf Augen und Mund gelegt, wird er mit Erde aus dem Land Israel bestreut; zudem legt man ihm ein mit Erde vom ausgehobenen Grab gefülltes Säckchen aus Leinen als Kissen unter den Kopf (möglich ist auch die Füllung mit Erde aus dem Land Israel oder mit einer Mischung von Erde des ausgehobenen Grabes mit Erde aus dem Land Israel). Vor dem Herunterlassen wird nochmals Maß von Bahre oder Sarg genommen. Jeder, der an der Taharah und sonstigen Aufgaben der Begräbnisvorbereitung teilgenommen hat, schlägt u. U. in den Sarg einen Nagel, und an manchen Orten wird dem toten Ehepartner versichert, er sei jetzt nicht mehr verheiratet. Das offene Grab wird siebenmal umgangen, die Angehörigen reißen spätestens jetzt in ihre Gewänder ein, und der Tote wird unter dem Rezitieren von Dan 12, 13 hinuntergelassen. Danach sagen die Angehörigen *Zidduk Hadin,* und je nach Ortsbrauch ruft man dem Verstorbenen seinen hebräischen Vornamen ins offene Grab nach.

Noch bis zur Wende des 20. Jahrhunderts finden wir im Osten die Sitte, am noch offenen Grab ein Vorhängeschloß zu versperren und dies ohne zugehörigen Schlüssel ins Grab zu werfen. An manchen Orten wurden auch die beiden Stangen der Mitah zerbrochen und beim Grab gelassen, oder aber man drehte die Bahre auch dreimal um.

Jeder der anwesenden Männer schaufelt drei Schaufeln Erde ins Grab, wobei die Schaufel jeweils wieder niederzulegen ist. Ist das Grab völlig gefüllt bzw. der Sarg mit Erde bedeckt, wird vom nächsten männlichen Verwandten *Qaddisch* gesagt. Danach bilden die anwesenden Trauergäste ein Spalier, durch welches die Trauernden unter dem ersten ihnen zugesprochenen Trostspruch, ohne sich umzusehen, und (in früherer Zeit bereits mit verhülltem Kopf und auf Socken) rasch das Grab verlassen. Am Friedhofsausgang wäscht man sich ein- oder auch dreimal die Hände und führt diese unter Umständen auch an die Augen, reißt etwas Gras aus und wirft dies oder auch eventuell Sand hinter sich. Außerdem wird in die am Friedhofsausgang aufgestellen Almosenbüchsen gespendet.

VII. Zweites Trauerstadium (אבלות)

Die trauernden Angehörigen werden nach Hause begleitet. Dabei wählt man jedoch nicht den üblichen und direkten Weg; unterwegs setzt man sich drei, sieben- oder auch neunmal nieder und betet jeweils Ps 91. Mit dem Eintreffen im Trauerhaus beginnt die »Schiwa«-Zeit, das im Jiddischen sogenannte »Schiwe-Sitzen«. In dieser Zeit sitzen die Hinterbliebenen im Sterbezimmer auf dem Boden, auf umgekehrten Stühlen, Sofas, Betten, zumindest jedoch niedrig. Sie haben die Köpfe verhüllt, tragen keine ledernen Schuhe, grüßen niemanden, reden nur mit den Besuchern, wenn sie selbst reden möchten, und dürfen nicht angesprochen werden. Man bleibt die Schiwa-Zeit über zu Hause (außer Schabbat oder Yom Tow), man wäscht sich nicht warm, rasiert sich nicht, trägt keine neuen Kleider und legt die eingerissene Kleidung nicht ab. Man studiert keine Torah, legt am Begräbnistag keine Tefillin, arbeitet nicht und läßt nicht Dritte für sich arbeiten, versorgt den Haushalt nur notdürftig und enthält sich jeder ehelichen Umarmung.

VIII. Erstes Stärkungsmahl (סעודת הבראה)

Die erste Mahlzeit im Trauerhaus sollen die Leidtragenden nicht von ihrem eigenen Brot essen. Daher reichen ihnen Freunde, Nachbarn oder die Ḥewra Brot, Eier, Linsen und Wein als »Stärkungsmahl«. Um dem Trauernden die Möglichkeit zu geben, *Qaddisch* zu sagen, wird im Sterbezimmer morgens und abends ein Minjan versammelt. Außerdem studiert man im Trauerhaus möglichst Mischnah (da »Mischnah« [משנה] die gleichen Buchstaben verwendet wie »Neschamah« [נשמה] = »Seele«). Nachdem Schiwa unter Umständen mit einer im Volksbrauch verwurzelten Handlung des »Neschome-Begleitens« abgeschlossen wurde, folgt »Schloschim«.

IX. Drittes Trauerstadium (שלושים)

Während Schloschim sagt man weiterhin abends und morgens in der Synagoge *Qaddisch*. Darüber hinaus verbieten die Trauerbestimmungen das Anlegen der Schabbatgewänder, den Besuch von Vergnügungsveranstaltungen oder anderer Zerstreuungen. Ferner ist untersagt, in dieser Trauerzeit zu heiraten.

Nach Schloschim sucht man (je nach Ortstradition unter Umständen erstmals) das Grab wieder auf. In Israel erfolgt nach Ablauf von Schloschim aufgrund der anderen Bodenverhältnisse die Setzung des Grabsteines, während man in Europa und Osteuropa dies meist nach Ablauf der elf Monate des *Qaddisch*-Sagens oder am Jahrzeittag vornimmt (aber auch zu individuellen Zeiten).

Mit Ablauf von Schloschim ist die Trauerzeit beendet, sofern nicht ein Elternteil verstorben ist. In diesem Fall folgt eine weitere Trauerphase, welche vom 31. Tag an bis zum Jahrzeittag (nach jüdischem Kalender gerechnet) andauert und in der gewisse Trauervorschriften einzuhalten sind. So sagt man bspw. weiterhin abends und morgens in der Synagoge *Qaddisch*, trägt keine neuen Kleider und studiert möglichst zu Ehren des Verstorbenen täglich Mischna.

X. Jahrzeittag

Am Vorabend des Jahrzeittags, der alljährlichen Wiederkehr des Todestages des verstorbenen Elternteils, zündet man ein 24-Stundenlicht (Jahrzeitlicht) an. Am Tag selbst wird gefastet, man lernt Mischna zur Ehre des Verstorbenen, gibt Spenden und besucht das Grab der Eltern. *Qaddisch* wird gesagt und, sofern an diesem Tage eine Torahlesung stattfindet, wird der »Jahrzeit« (das ist die Jahrzeit-haltende männliche Person) aufgerufen (andernfalls am nachfolgenden oder auch am vorausgehenden Schabbat). Ist der Todestag der Eltern unbekannt, so legt man einen beliebigen Tag fest, der von allen Geschwistern gehalten wird. Ist das Grab der Eltern (bzw. anderer Familienmitglieder) unbekannt, so bringt man auf dem Friedhof Grabsteintafeln zum Gedenken an. Das Halten des Jahrzeittages gilt jeweils für eine Generation. Konservativ-orthodoxe Kreise in Wien halten jedoch darüber hinaus, stellvertretend für ihre in der Shoah ermordete Elterngeneration, auch für die Großeltern Jahrzeit. Darüber hinaus wird bei »Haskharat Neschamot« (»In-Erinnerung-Bringen der Seelen«, d. h. das Gedenken der Märtyrer, der im Jahr verstorbenen Gemeindemitglieder und der eigenen nahen Verstorbenen zwischen Toralesung und Mussaf) der im Dritten Reich Ermordeten wie auch all jener Soldaten gedacht, die vor und nach der Gründung des Staates Israel im Jahre 1948 ihr Leben für Israel und das jüdische Volk ließen.

XI. Friedhof und Trauerkleidung

Abschließend einige Bemerkungen zum jüdischen Friedhof. Für das Judentum gilt eine betonte Gleichheit und Gleichbehandlung der Toten. Diese sollte ursprünglich auch ihren Ausdruck hinsichtlich der letzten Ruhestätte haben. Auf traditionell geführten Friedhöfen (bzw. Friedhofsteilen) finden sich keine Blumen; man legt beim Gräberbesuch ein Steinchen oder ein paar Grashalme auf den Grabstein, auf die Grabplatte oder in ein Gefäß auf oder unmittelbar vor dem Grab. Auch hinterläßt man kleine Bittzettel (Quittel/Quittlach) auf den Gräbern frommer Männer.

Die Anlage der Friedhöfe ist bestimmt von den je nach Ortssitte verschiedenen »Feldern« oder »Quartieren« für Cohanim und Lewiim, für Rabbinen und große Gelehrte, Ḥewra-Mitglieder, Männer, unverheiratete Männer und Frauen, Wöchnerinnen, Kinder und Frühgeburten, für Ermordete und Selbstmörder, für unbrauchbar gewordene oder in bösen Zeiten geschändete und entweihte Torarollen, Gebetbücher, lose Blätter, auf denen sich der Gottesname befindet, sowie eventuell Urnen- und Mischehenfelder auf Friedhöfen des Reformjudentums. Die in Reihen angelegten Gräber sind meist so ausgerichtet, daß die Toten nach Osten blicken; aber es finden sich als Varianten auch die Nord-Süd-Ausrichtung, die Orientierung der Füße zum Friedhofstor hin oder auch ganz individuell-persönliche Ausrichtungen (wie etwa bei Maharil auf dem Wormser Friedhof, der in Richtung seiner Lieblingsgemeinde Mainz »blickt«). Aus Platzmangel mußte man auf vielen Friedhöfen Aufschüttungen vornehmen, bei denen die vorhandenen Grabsteine stets auf das neue Niveau gebracht wurden und so jenes »romantische Grabsteingewirr« wie etwa in Prag entstehen ließ.

Infolge der Emanzipation und Assimilation der europäischen Juden erfuhr das Gesicht jüdischer Friedhöfe z. T. entscheidende Veränderungen. Die reiche und vielfältige symbolische Ausgestaltung der aschkenasischen Leichensteine wich monumentalen Grabmälern und Formen der Moderne; die hebräische Sprache der Grabsteininschriften wie auch deren spezifische inhaltliche Ausgestaltung wurde durch die deutsche Sprache und Inschriften gleicher Gestalt wie die der christlichen Umgebung ersetzt.

Trauerkleidung und Trauertracht waren zu verschiedenen Zeiten und entsprechend lokalen Vorbildern verschieden. Heute trägt man den Einriß in der Kleidung oder auch am Revers, solange man diesen tragen muß. Vermieden werden sehr bunte und auffallende Kleider; in traditionellen Kreisen vermeidet man allerdings Schwarz.

C. Bibliographie

(in Auswahl)

I. Liturgische Quellen

Blogg, S. E., ספר החיים [Sefer Hachajim]. Israelitisches Gebet- und Erbauungsbuch. Gebete bei Krankheitsfällen, in einem Sterbehaus und bei dem Besuch der Gräber von Verwandten. Betrachtungen und Lehrvorträge im Trauerhause und Zusammenstellung aller Trauer-Gebräuche und -vorschriften, Frankfurt ¹¹o.J. (Repr. Basel o.J.).

Baer, S., תוצאות חיים [Tozeoth Chajim]. Israelitisches Andachtsbuch. Sammlung aller bei Kranken, Sterbenden, im Trauerhause und beim Besuch der Gräber von Angehörigen zu verrichtenden Gebete sowie aller auf die Totenbestattung und die Trauerpflicht sich beziehenden Regeln und Gebräuche, Rödelheim 1900.

דרך החיים [Derech Hachajim]. Friedhofsgebete. Gebete bei der Beerdigung und beim Besuch der Gräber. Mit deutscher Übersetzung von Dr. S. Baer, (Repr.) Basel 1968 (neue, verkürzte Ausgabe des »Tozeoth Chajim«).

Mane Loschon. Gebete auf den Gräbern der Hingeschiedenen, mit deutscher Übersetzung und einem Anhang deutscher Gebete, Tel Aviv o.J.

Maskirgebete. Gebete für das Seelenheil der Hingeschiedenen. Gewidmet von der Chewra Kadischa/Wien unter Präsident Chaim Zahler. In dankbarer Erinnerung an unseren langjährigen Präsidenten Dr. Ernst Feldsberg S.A., Wien o.J.

Neuda, Fanny, Stunden der Andacht. Ein Gebet- und Erbauungsbuch für Israels Frauen und Mädchen zur öffentlichen und häuslichen Andacht, (Repr.) Basel 1968, 129—141. 149—157.

II. Sekundärliteratur

Abrahams, Israel, Jewish Life in the middle Ages. Philadelphia 1896.

Abramson, Lazar, Ehe, Scheidung und Totenkultus: Süddeutsche Monatshefte 14 (1916) 793—801.

Allerhand, Jacob, Liturgie und Brauchtum: »Judentum im Mittelalter«. Ausstellungskatalog, Eisenstadt 1978, 60—90, bes. 73—75.

Andree, Richard, Zur Volkskunde der Juden, Bielefeld/Leipzig 1881, 165—167.

Baron, S. W., Cemeteries and Holidays: A Social and Religious History of the Jews 11, New York 1967, 49—55.

Bender, A. P., Beliefs, Rites and Customs of the Jews connected with Death, Burial and Mourning. As Illustrated by the Bible and Later Jewish Literature: JQR 6 (1894) 317—322. 322—347. 664—671; 7 (1894) 101—118. 259—269.

Berger, Max / Häusler, Wolfgang / Lessing, Erich, Judaica. Die Sammlung Berger. Kult und Kultur des europäischen Judentums, Wien/München 1979, 119 f.

Bergmann, J., Zur Geschichte religiöser Bräuche: MGWJ 71 (1927) 161—171, bes. 162—165.

Biberfeld, Pinchas, Gedanken eines Rabbiners über den jüdischen Tod: *Sigrid Metken (Hg.)*, Die letzte Reise. Sterben, Tod und Trauersitten in Oberbayern (gleichzeitig Ausstellungskatalog zur gleichnamigen Ausstellung im Münchner Stadtmuseum Juli-Sept. 1984), München 1984, 149—151.

Brandt, Henry G., Symbole auf jüdischen Grabsteinen: *Friedel Homeyer (Hg.),* Gestern und Heute. Juden im Landkreis Hannover, Hannover 1984, 281—286.

Brocke, Michael, Erbe und Aufgabe. Jüdische Friedhöfe in der Bundesrepublik Deutschland: Tribüne 23 (1984) 67—76.

Ders. u. a., Manuskript »Eingebunden in das Bündel des Lebens«. Jüdische Friedhöfe. Ein Leitfaden, Universität/GH Duisburg 1986, bes. 7—9. 14—18.

Bodenschatz, Johann Christoph Georg, Aufrichtig Teutsch redender Hebräer, welcher gründlich zeiget den Ursprung und die Schicksale des Jüdisches Volkes wie auch deroselben Kirchenwesen, Gottesdienste, Glaubensarticuln, Cehrsätze, übrige Gebräuche und besondere Lebensart, Bamberg 1756.

Ders., Kirchliche Verfassung der heutigen Juden sonderlich derer in Deutschland II, Erlangen 1748, Teil III (87—98); Teil IV (167—180).

Buxtorf, Johannes, Synagoga Judaica. Das ist Judenschul. Darinnen der ganze jüdische Glaube und Glaubensübung mit allen Ceremonien, Satzungen, Sitten und Gebräuchen, Basel 1643, 626—642.

Chippmann, Jonathan, Hevra kadisha: *Sharon und Michael Strassfeld (Hgg.),* The Third Jewish Catalog. Creating Community, Philadelphia 1980, 136—139.

Cohn, Bernhard, Das jüdische ABC. Ein Führer durch das ganze jüdische Wissen, Berlin 1935.

Cohn, Gustav, Der jüdische Friedhof. Seine geschichtliche und kulturgeschichtliche Entwicklung. Mit besonderer Berücksichtigung der ästhetischen Gestaltung, Frankfurt 1930.

Converso, Paul Christian, Jüdisches Ceremoniel. Das ist allerhand Jüdische Brauch, Regensburg 1720, 40—46.

Dan, Demeter, Die Juden in der Bukowina: ZÖVK 7 (1901) 68—78. 117—125. 169—179. 221—225.

Daum, Ahron, Besuch der Gräber. Vorschrift oder Brauch?: Jüdische Rundschau [La Gazette Juive] 33 (15. 8. 1985).

De Vaux, Roland, Das alte Testament und seine Lebensordnungen I, Freiburg/Br. 1960, 99—107.

De Vries, S. Ph., Jüdische Riten und Symbole, Wiesbaden 1981, 253—306.

Denburg, Chaim N. (Übers.), Code of Hebrew Law. Shulhan 'aruk. Yoreh De'ah § 335—403. Treating of the Laws of Visiting the Sick; Laws of Mourning, Montreal 1954.

Diamant, Adolf, Jüdische Friedhöfe in Deutschland — eine Bestandsaufnahme. Und geschändete jüdische Friedhöfe 1945—1980, Frankfurt 1982.

Ehrlich, Ernst Ludwig, Kultsymbolik im Alten Testament und im nachbiblischen Judentum, (SyR 3), Stuttgart 1959, 116—125.

Eichelpott, Ulla, Jüdische Friedhöfe: *Heinrich Linn (Hg.),* Juden an Rhein und Sieg, Siegburg ²1984, 365—369.

Elkin, Josh, Death and Burial: *Richard Siegel/Sharon Strassfeld/Michael Strassfeld (Hgg.),* The First Jewish Catalog. A Do it yourself Kit, Philadelphia 1973, 172—181.

Epstein, Morris, All about Jewish Holidays and Customs, o. O. (USA) ²1970, 100—102. 127—132.

Etzold, Alfred/Kirchner, Peter/Knobloch, Heinz, Jüdische Friedhöfe in Berlin, Berlin/Ost 1980.

Feldmann, Emanuel, Biblical and Post-Biblical Defilement and Mourning. Law as Theology, New York 1977.

Ders., The Rabbinic Lament: JQR 63 (1972) 51—75.

Feldsberg, Ernst, Getreu den Sitten der Väter: »Der Weg in die Stille«. Zum 60jährigen Bestehen der Wiener Stadtwerke/Städtische Bestattungen, Wien/München 1967, 50—52.

Flesch, Heinrich, Aus den Statuten der mährischen Beerdigungsbruderschaften: Jahrbuch der Gesellschaften für Geschichte der Juden in der Čechoslovakischen Republik 5 (1933) 157—174.

Fohrer, Georg, Glaube und Leben im Judentum, Heidelberg ²1984, 156—158.

Freehof, Salomon B., Reform Responsa, Cincinnati 1960, 117—182.

Ders., Reform Jewish Practice and it's Rabbinic Background, 2 Bde., New York 1952.

Friedländer, Michael, Die jüdische Religion, Frankfurt 1936 (Repr. Basel 1971), 390—397.

Fürst, Alfred, Sitten und Gebräuche einer Judengasse. (Minhag Asch), Székesfehérvár 1908.

Gamm, Hans-Jochen, Das Judentum. Eine Einführung, Frankfurt 1979, 53 f.

Gaster, Theodor H., The Holy and the Profane, New York 1955, 137—195.

Geis, Robert Raphael, Vom unbekannten Judentum, Freiburg 1977, 118—123.

Gordon, Audrey, Die jüdische Auffassung des Todes. Richtlinien für die Trauer: *Elisabeth Kübler-Ross (Hg.),* Reif werden zum Tode, (Maßstäbe des Menschlichen 9), Stuttgart ⁶1983, 80—89.

Greenberg, Blu, How to Run a Traditional Jewish Household, New York 1983, 287—298.

Grunwald, Max, Lektüre zu den persönlichen Festen und Gedenktagen. Folkloristisches: *Friedrich Thieberger (Hg.),* Jüdisches Fest, jüdischer Brauch, Berlin 1936 (Repr. Königstein/Ts. 1985), 447—466, bes. 449 f.

Güdemann, M., Geschichte des Erziehungswesens und der Cultur der abendländischen Juden während des Mittelalters und der neueren Zeit I+III, Wien 1880—1888.

Guggenheim-Grünberg, Florence, Maletschlösser in jüdischen Gräbern aus dem 17./18. Jahrhundert: SVk 48 (1958) 11—13.

Habenstein, Robert W./Lammers, William M., Funeral Customs the World over, Milwaukee 1963, 191—200.

Haberlandt, Arthur u. Michael, Die Völker Europas und ihre volkstümliche Kultur, Stuttgart 1928.

Heller, Zachary I., Die jüdische Auffassung des Todes. Richtlinien für das Sterben: *E. Kübler-Ross (Hg.),* Reif werden zum Tode, (Maßstäbe des Menschlichen 9), Stuttgart ⁶1983, 73—79.

Hermann, Jan, Jewish Cemeteries in Bohemia and Moravia, o. O. (ČSSR) o. J.

Herzberg-Fränkl, Leo, Die Juden: Die österreichisch-ungarische Monarchie in Wort und Bild. Galizien, Wien 1898, 475—500.

Hirsch, Leo, Jüdische Glaubenswelt, Gütersloh 1962, 27 f. 73—81.

Horowitz, M., Die Inschriften des alten Judenfriedhofs der israelitischen Gemeinde zu Frankfurt, Frankfurt 1901.

Idelsohn, Abraham Z., The Ceremonies of Judaism, New York 1930, 132—134.

Kahn, Lisa, Vergessene Gräber, »... s' gibt ja keine Juden mehr.«: DIE ZEIT 38 (12. 9. 1980).

Kavesh, William, Medicine: *Sharon u. Michael Strassfeld (Hgg.),* The Second Jewish Catalog, Philadelphia 1976, 125—150.

Kern, Brigitte, Der jüdische Friedhof in Bovenden: Sonder-Plesse Archiv 18 (1982) 123—163.

Kirchner, Paul Christian, Jüdische Ceremoniel oder Beschreibung derjenigen Gebräuche welche Die Juden so wohl inn als auch außer der Tempel bey allen und jeden Fest-Tägen, in Gebet, bey der Beschneidung, bey Hochzeiten, Auslösung der Erstgeburt, im Sterben, bey der Begräbnis und dergleichen in acht zu nehmen pflegen, Nürnberg 1724, 207—225 (Verfasser ist weitgehend abhängig von *Converso,* Jüdisches Ceremoniel oder gar mit diesem identisch!).

Klein, Isaac, A Guide to Jewish Religious Practice, New York 1979, 269—300.

Klein, Samuel, Tod und Begräbnis in Palästina zur Zeit der Tannaiten, Berlin 1908.

Klotz, Moritz, Krankenbesuch und Trauergebräuche nach Bibel und Talmud, Bilin o. J. (vor 1918).

Kohut, Alexander, Über die jüdische Angelologie und Dämonologie in ihrer Abhängigheit vom Parsismus, Leipzig 1866.

Koller-Glück, Elisabeth, »Darob wein ich sehr«. Das Schicksal der jüdischen Friedhöfe in Niederösterreich: Das jüdische Echo 32 (1983) 127—131.

Koot, A. / Tromp, C., Het Jodendom. Geschiedenis, grondkenmerken, feesten, Amsterdam ²1978, 74—76.

Krajewska, Monika, Zeit der Steine, Warschau 1982.

Kraus, Samuel, Talmudische Archäologie I, Leipzig 1910, 54—82.

Künzel, Hannelore, Symbolism in the Art of Jewish Gravestones: Proceedings of the 9th World Congress of Jewish Studies, Jerusalem 1986.

Kunstschätze. Staatliches jüdisches Museum Prag. Ausstellung veranstaltet von der österreichischen Kulturvereinigung und mit Unterstützung des Kulturamtes der Stadt Wien, Wien 1970.

Lamm, Maurice, The Jewish Way in Death and Mourning, New York ⁴1977.

Lau, Eva, »Tod-Begräbnis-Trauer. Gesetze und Gebräuche bei jüdischen Beerdigungen« (unveröffentlichter Vortrag, gehalten am 17. 3. 1985 im Fränkischen Schweiz-Museum Tüchersfeld/BRD. Das Manuskript wurde dem Verfasser freundlicherweise zur Verfügung gestellt. Dr. Lau plant eine baldige Veröffentlichung des Vortrages).

Levy, Alfred, Jüdische Grabmalkunst in Osteuropa, Berlin 1923.

Levy, Heinrich, Kleine Beiträge zu Bibel und Volkskunde: MGWJ 75 (1931) 19—29, bes. 22—26.

Ders., Beiträge zur jüdischen Volkskunde. Ein jüdischer Trauerbrauch: ZÖVK 37/38 (1927) 81—83.

Lichtigfeld, I. E. / Roth, Ernst, Stein auf dem Grabe: SÜDDEUTSCHE ZEITUNG vom 16./17. 7. 1960 (Antwort auf antijüdischen Leserbrief von *Elisabeth Greiner,* Anstoß an Oberammergau: Ebd. vom 2./3. 7. 1960).

Lieben, Koppelmann, גל־עד [Gal-ed]. Grabinschriften des Prager israelitischen Friedhofs mit biographischen Notizen, Prag 1856 (vgl. dort bes. *Schlomoh Jehudah Rappaport,* »Vorwort« VIII—LIV).

Liedel, Herbert/Dollhopf, Helmut (Hg.), Haus des Lebens. Jüdische Friedhöfe, Würzburg 1985.

Löw, Immanuel, Der Kuß I: MGWJ 65 (1921) 253—276. 323—349.

Ders., Die Flora der Juden IV. Zusammenfassung, Nachträge und Berichtigungen, Indizes. Abkürzungen, (Veröffentlichungen der Alexander Kohut Foundation 4), Wien 1934.

Lowenthal, E. G., Geschichte aus Inschriften. Jüdische Friedhöfe unter einem anderen Aspekt: Allgemeine jüdische Wochenzeitung vom 14. 5. 1971.

Lukas, Jan / Lion, Jindrich / Rathousky, Jiri, Der alte Jüdische Friedhof in Prag, Prag 1960.

Martel, Sasja, Het rouwproces in de joodse traditie. De verhuding van de enkeling en de gemeenschap hierin ten tijde van Mishna en Talmud, [Diss. ungedr.] Amsterdam 1983.

Mayer, Bonaventura, Das Judentum in seinen Gebeten, Gebräuchen, Gesetzen und Ceremonien, Regensburg 1843, 451—469.

Mastermann, A., Jewish Customs of Birth, Marriage and Death: BW 22 (1903) 248—257.

Meier-Ude, Klaus/Senger, Valentin, Die jüdischen Friedhöfe in Frankfurt, Frankfurt 1985.

Metzger, Thérèse und Mendel, Jüdisches Leben im Mittelalter nach illuminierten hebräischen Handschriften vom 13.—16. Jahrhundert, Würzburg 1983, 79. 238 f.

Modena, Leon da, Historia de Riti Hebraici. Vita et osseruanza degl' Hebrei di questi tempi, Venetia 1678 (Repr. Bologna 1979), 116—122.

Morgenstern, Julian, Rites of Birth, Marriage, Death and Kindred Occasion Among the Semites, New York 1973, 117—166.

Monath, Conrad, Jüdische Ceremonien welche sowohl außer der Synagog heute zu Tage beobachtet werden in sieben und zwanzig Kupfern auf das deutlichste entworfen, Nürnberg 1720, Kupfer 13 und 14. (Diese Kupferstiche sind ebenso enthalten in: *Kirchner, Paul Christia,* Jüdisches Ceremoniel).

Olschwanger, Isaac, Die Leichenbestattung bei den Juden sprachlich und sittengeschichtlich untersucht, [Diss. ungedr.] Bern 1916.

Perles, J., Die Leichenfeierlichkeiten im nachbiblischen Judenthume: MGWJ 10 (1861) 345—355. 376—394.

Picart, Bernard, Cérémonies et Coûtumes réligieuses des peuple idolâtres III, Amsterdam 1739, 152 f.

Pollack, H., Jewish Folkways in Germanic Lands (1648—1806). Studies in Aspects of Daily Life, Cambridge, Mass./London 1971, 40—47.

Posner, Raphael/Kaploun, Uri/Cohen, Shalom, Jewish Liturgy. Prayer and Synagogue Service through the Ages, Jerusalem 1975, 239—243.

Preuss, Julius, Biblisch-talmudische Medizin. Beiträge zur Geschichte der Heilkunde und der Kultur überhaupt, Berlin 1911 (repr. New York 1971), 601—616.

Prijs, Leo, Die Welt des Judentums. Religion, Geschichte, Lebensweise, München 1982, 66—69.

Rabbinowicz, Jacob, Der Totenkultus bei den Juden, [Diss. gedr.] Frankfurt 1889.

Rabbinowicz, Harry, Guide to Life. Jewish Laws and Customs of Mourning, London ³1964.

Raphaël, Freddy/Weyl, Robert, Juifs en Alsace. Culture, société, histoire, Paris 1977, 265—287.

Rappoport, Samuel, Aus dem religiösen Leben der Ostjuden. 5. Geburt: Der Jude (1919) 306—322. 355—367.

Ders., Schlüssel und Schloß. Ein Beitrag zur jüdischen Volkskunde, Wien 1937.

Ders., Die Toten in der Synagoge. Aus dem Ostjüdischen Volksglauben: Das Zelt. Eine jüd. illustrierte Monatsschrift I/5 (1924) 160—163.

Rappoport, A. S., The Folklore of the Jews, London 1937, 77 f. 85—90. 102—104.

Riemer, Jack (Hg.), Jewish Reflections on Death, New York ⁴1982.

Robinson, P., The Conception of Death in Judaism during the Hellenistic and Early Roman Period, [Diss. ungedr.] Madison 1978.

Rosenau, William, Jüdische Sitten und gottesdienstliche Gebräuche, Berlin 1929, 173—179.

Rosenberg, Stuart E., Une simple explication du Judaisme à l'intention des Chrétiens, Ottawa 1967, 123—125.

Routtenberg, Hyman, The Laws of Mourning. Biblical Sources: דור לדור [Dor le Dor] 5 (1976) 35—37. 91—93. 138—140. 192—194.

Roth, Ernst, Das Licht im jüdischen Brauchtum: UDIM 3 (1972) 81—116.

Ders., Zur Halacha des jüdischen Friedhofs 1+2: UDIM 4 (1973) 97—120; 5 (1974/1975) 89—124.

Ders., Grabsteine: »Monumenta Judaica«. Ausstellungskatalog, Köln 1963, Katalognummern B 67 — B 77.

Ders. /Ristow, Günther/Eckert, Willehad Paul, Die Geschichte der jüdischen Gemeinden am Rhein im Mittelalter: »Monumenta Judaica«. Handbuch zum Ausstellungskatalog, Köln 1963, 120—123.

Rubin, N., A Sociological Analysis of Jewish Mourning Patterns in the Mishnaic and Talmudic Periods (hebr.), [Diss. ungedr.] Tel Aviv 1977.

Samter, Ernst, Geburt, Hochzeit und Tod. Beiträge zur vergleichenden Volkskunde, Leipzig/Berlin 1911.

Scheftelowitz, Isidor, Die altpersische Religion und das Judentum. Unterschiede, Übereinstimmungen und gegenseitige Beeinflussungen, Gießen 1920.

Ders., Alt-Palästinensischer Bauernglaube in religionsvergleichender Beleuchtung, Hannover 1926.

Scheiber, Sándor, Folklór és tárgytöténet, Budapest [2]1977, 381—400.

Ders. /Fener, Tamas, Jüdisches Leben, jüdischer Brauch. Ein Text- und Bildband, Wiesbaden 1984, 26—35.

Schiffer, Wolf (Pseud. f. *B. W. Segel*), Alltagsglauben und volkstümliche Heilkunde galizischer Juden: Am Urquell 4 (1893) Heft 3, 73—75; Heft 4, 95 f; Heft 5, 118 f; Heft 6, 141 f; Heft 7, 170 f; Heft 8, 189; Heft 9/10, 272 f.
(Auswahl aus *B. W. Segel*, Materiały do etnografii żydów wschodniogalicyjskich, Kraków 1893).

Schindler, Ruben, Confronting Terminal Illness an Death in Religious Jewish Society: SIDIC 16/3 (1983) 12—17.

Schudt, Johann Jacob, Jüdische Merckwürdigkeiten. Vorstelende Was sich Curieuses and denckwürdiges in allen neueren Zeiten bey einigen Jahrhunderten mit denen all IV Theile der Welt sonderlich durch Teutschland zerstreuten Juden zugetragen. Samt einer vollständigen Franckfurter Juden Chronik. Darinnen der zu Franckfurt am Mayn wohnenden Juden von einigen Jahrhunderten bis auff unsere Zeiten merckwürdige Begebenheiten enthalten. Danebst einigen zur Erläuterung beigefügten Kupfern und Figuren, IV. Buch, Franckfurt/Leipzig 1714, 323—379.

Shapiro, David S., Death Experiences in Rabbinic Literature: Jdm 28/1 (1979) 90 ff.

Simonsohn, Max, Trauervorschriften und Trauerbräuche: *Friedrich Thieberger*, Jüdisches Fest, jüdischer Brauch, Berlin 1935 (Repr. Königstein/Ts. 1985), 434—446.

Soetendorp, Jacob, Symbolik der jüdischen Religion. Sitte und Brauchtum im jüdischen Leben, Gütersloh 1963, 71—99.

Spiro, J. D., A Time to Mourn, New York 1967.

Sponsel, Ilse, Jüdische Friedhöfe. Topographie und Brauchtum: Erlanger Bausteine zur Fränkischen Heimatforschung 30 (1983) 251—260. (Kap. II und III absatzweise identisch mit *Hirsch*, Jüdische Glaubenswelt; zudem mit Fehlern und Mißverständnissen in den »Füllstellen«).

Strassfeld, Meyer J., Visiting the Sick: *Sharon u. Michael Strassfeld (Hgg.)*, The Third Jewish Catalog. Creating Community, Philadelphia 1980, 140—145.

Swarsensky, Manfred, Das jüdische Jahr. Jüdische Religion gestern und heute, Berlin 1935, 177—182.

Synagoga. Kultgeräte und Kunstwerke von der Zeit der Patriarchen bis zur Gegenwart. Ausstellungskatalog Städt. Kunsthalle Recklinghausen (1960/1961).

Trachtenberg, Joshua, Jewish Magic and Superstition, Philadelphia [2]1966.

Theobald, Alfred Udo (Hg.), Der jüdische Friedhof. Zeuge der Geschichte — Zeugnis der Kultur, Karlsruhe 1984.

Teichmann, Jacob, Glaube, Gebete und Gesetze. Die jüdische Religion: *Willy Guggenheim (Hg.),* Juden in der Schweiz. Glaube, Geschichte und Gegenwart, Zürich 1982, 107—149, bes. 140.

Trepp, Leo, Das Judentum. Geschichte, lebendige Gegenwart, Hamburg ²1970, 230—233.

Wachstein, Bernhard, Die Grabinschriften des alten Judenfriedhofes in Eisenstadt. Mit einer Studie »Die Entwicklung des jüdischen Friedhofes« von *Sandor Wolf,* Wien 1922.

Ders., Die Inschriften des alten Judenfriedhofs in Wien, 2 Bde., (Quellen und Forschungen zur Geschichte der Juden in Deutsch-Österreich 4), Wien 1922—1932.

Ders., Bibliographie der Gedächtnis- und Trauerreden in der hebräischen Literatur, 4 Bde., Wien 1922—1932.

Weigl, J., Das Judentum, Berlin 1911, 273.

Weißenberg, S., Die Fest- und Fasttage der südrussischen Juden in ethnographischer Beziehung: Globus 87 (1905) 262—267.

Ders., Krankheit und Tod bei den südrussischen Juden: Globus 91 (1907) 357—363.

Ders., Palästina im Brauch und Glauben der heutigen Juden: Globus 92 (1907) 261—267.

Ders., Das Feld- und Kewermessen: MJVK 31 (1929) 39—45.

Werblowsky, J. Z., Jüdische Riten und Bräuche beim Begräbnis: Conc (D) 4 (1968) 149 f.

Wolf, B., Die Trauervorschriften, Frankfurt 1930.

Winter, Naftali, Fastings and Fast Days, Jerusalem 1975.

Wouk, Hermann, Das ist mein Gott. Glaube und Leben der Juden, Hamburg 1984, 168—178.

Zborowski, M. / Herzog, E., Life is with People. The Culture of the Shtetl, New York 1952, 376—380.

Meir Ydit, Kurze Judentumskunde für Schule und Selbstunterricht, Neustadt/Weinstraße ²1984, 119—127.

Tod und Trauer im Islam

Peter Antes

Es ist wichtig und lehrreich, in einem Handbuch der Liturgiewissenschaft den Blick über die jüdisch-christliche Tradition hinaus auszuweiten, um auch den Islam einzubeziehen. Man lernt dadurch, daß die Riten (Liturgie) innerhalb der monotheistischen Religionen keineswegs immer den gleichen Stellenwert haben, was theologische Aussagen zum Proprium der einzelnen Religionen eher ermöglicht, als es durch die Vermutung gelingt, daß letztlich alle Religionen doch recht ähnlich und in diesem Sinne miteinander ver*gleich*bar seien.

Die hier nur kurz angedeuteten Unterschiede, die im Folgenden näher erläutert werden, haben auch wissenschaftsgeschichtlich eine Bedeutung, weil es weder innerhalb des Islam so etwas wie eine Liturgiewissenschaft als eigenständige wissenschaftliche Disziplin noch in der westlichen Islamkunde liturgiewissenschaftliche Forschungen gibt, über die es sich lohnen würde, in Form eines summarischen Überblicks über den gegenwärtigen Forschungsstand zu berichten. Stattdessen ist es notwendig, zunächst allgemein über den Stellenwert der Riten innerhalb des Islam (I.) etwas zu sagen. Dann sollen die Riten im Zusammenhang mit Tod und Begräbnis (II.) beschrieben und die Vorstellungen vom Leben nach dem Tod (III.) kurz angedeutet werden. Einige wenige Literaturhinweise (IV.) sollen zum Schluß dem Interessierten helfen, an mehr Information zu kommen.

I. Riten als ʿibādāt

»ʿIbādāt« (Pl. von ʿibāda) sind *gottesdienstliche Verrichtungen*. Unter diesem Sammelbegriff wird in den islamischen Rechtswerken abgehandelt, was u.a. den Bereich der Liturgie betrifft. Im einzelnen gehören zu den ʿibādāt alle Vorschriften zur rechten Erfüllung der rituellen Reinheit (ṭahāra) mit den Waschungen (wuḍūʿ), des rituellen Gebetes (ṣalāt), der Pflichtabgabe für die Armen (zakāt), des Fastens (ṣawm) und der Pilgerfahrt nach Mekka (ḥadjdj) sowie manchmal auch des sog. »heiligen Krieges« (djihād). Die ʿibādāt gehören zusammen mit den muʿāmalāt, wozu die zweiseitigen sich auf Sachen (māl) beziehenden Verträge (muʿāwaḍāt), die eherechtlichen Bestimmungen (munākaḥāt), die einseitigen auf Vertrauen beruhenden Verträge (amānāt) und die Nachlassenschaft zählen, und den ʿuḳūbāt, die alle strafrechtlichen

Bestimmungen enthalten, zu den wesentlichen Bestandteilen des islamischen Rechts (fiḵh).

Gottesdienstliche Verrichtungen sind daher vom Stellenwert her nichts anderes als beispielsweise die richtige Bestimmung der Pflichtabgabe für die Armen (zakāt), weshalb die Übersetzung von 'ibādāt mit »Kult« wenn nicht irreführend, so doch zumindest einseitig und mißverständlich ist, denn eigentlich geht es — wie aus der Aufzählung ersichtlich — bei den 'ibādāt vor allem um die notwendigen Regularien zur korrekten Erfüllung vierer der »fünf Säulen« (s̲h̲ahāda, ṣalāt, zakāt, ṣawm im Ramaḍān, ḥadjdj). Die erste Säule, die Glaubensformel (s̲h̲ahāda), wird in diesem Zusammenhang nicht mitaufgezählt, da sie zu den Glaubensartikeln gerechnet und dementsprechend innerhalb der Theologie abgehandelt wird.

Dem Wesen des fiḵh entspricht, daß — wie Bousquet[1] sagt — das islamische Recht deontologisch ist, d.h. Sollensvorschriften erläutert, deren Einhaltung rechtes, nämlich gottwohlgefälliges Verhalten zur Folge hat. Deshalb neigen christliche Interpreten dazu, den Islam als Gesetzesreligion vorzustellen, wobei für sie das Assoziationsfeld des Wortes »Gesetz« durch die automatisch implizierte Gegenüberstellung von Gesetz — Freiheit von vornherein negativ besetzt ist. Für die Muslime dagegen haben all diese Regularien einen positiven Ordnungscharakter, der menschliches Verhalten nach dem Willen Gottes und zum Wohle der Menschen ausrichtet und organisiert. Ohne diese Ordnung, so denken die Muslime, herrschen Aufsässigkeit und heilloses Durcheinander, was u.a. durch den Begriff »maʿṣiya« (Sünde) zum Ausdruck gebracht wird, der von der Wurzel ʿaṣā (nicht gehorchen, sich widersetzen, rebellieren) abgeleitet und so gewissermaßen als Gegenbegriff zu Islām, einem Verbalsubstantiv zu aslama (sich ergeben, sich hingeben, sich Gott ergeben erklären, den Islam annehmen), zu sehen ist.

Zur korrekten Erfüllung aller gottesdienstlichen Regularien gehören die äußere Reinheit (Waschungen), verbunden mit der rechten Absicht (nīya), die rechte Körperhaltung (stehen, sich verneigen, niederknien usw.) sowie die rechten Worte, die weitgehend aus dem Koran entnommen sind. Hinzu kommt noch das eine oder andere private Gebet (duʿa), das mit dem rituell vorgeschriebenen Gebet (ṣalāt) im Bewußtsein der Muslime nichts zu tun hat.

Die Nennung von duʿa und ṣalāt unter dem Stichwort »Gebet« ist eine Besonderheit der meisten Einführungen in den Islam, die im christlichen Bereich entstanden sind, und hat als Grund das christliche Verständnis von

---

[1] *G.-H. Bousquet*, Art. »ᶜIBADAT«: *B. Lewis / V. L. Ménage / Ch. Pellat / J. Schacht (Hgg.)*, The Encyclopaedia of Islam. New Edition III, Leiden/London 1971, 647.

Gebet als ein Sprechen mit Gott, wobei frei formulierte und rubrizierte Gebete gleichberechtigt nebeneinanderstehen, was für ṣalāt und duʿa deshalb nicht im selben Maße gilt, weil die ṣalāt (= das fünfmalige tägliche Pflichtgebet mit genau vorgeschriebenen Gebetstexten und -haltungen) eine Verpflichtung für alle, die duʿa dagegen eine Empfehlung für fromme Muslime ist.

Liturgiegeschichtliche Forschungen können demnach bezüglich des Islam entweder nach historischen Vorbildern für die rituellen Waschungen und Körperhaltungen suchen und brauchen dann lediglich auf Vorbilder innerhalb des orientalischen christlichen Mönchtums verweisen, oder sie können Sammlungen von duʿa-Gebeten erstellen, die — obwohl frei formuliert — doch in vielem Anklänge an den Koran erkennen lassen, so daß als eigentlich rituelle Gebetstexte vor allem die des Koran übrigbleiben, für die sich liturgiegeschichtliche Forschungen aus islamischer Sicht erübrigen, da nach dem Glauben der Muslime der Koran als ein in der vorliegenden arabischen Form von Gott allein verfaßter und vom Propheten Mohammed vorgetragener Text gilt. Dementsprechend beschränken sich die liturgischen Arbeiten in der Regel faktisch meist darauf, den korrekten Ablauf der Texte, Handlungen und Körperhaltungen zu beschreiben.

Mit Blick auf die hier speziell zu behandelnde Frage gilt es daher zu sagen, was die Rechtslehrbücher für den Umgang mit Sterbenden empfehlen und für die Toten als Regularien vorschreiben, wobei volkskundliche Arbeiten zeigen, daß zusätzlich regionale Bräuche bestehen und praktiziert werden, die durch die Rechtslehrbücher weder gedeckt noch untersagt werden.

II. Riten im Zusammenhang mit Tod und Begräbnis

1. Vorbereitung auf den Tod

Im allgemeinen geht man innerhalb des Islam davon aus, daß das Sterben ein natürlicher Vorgang ist, in dem der Muslim Gottes Willen, einen Menschen abzuberufen, erkennt. Der Muslim stirbt so im Vertrauen auf Gott, von dem es in der Sure [= S] Yā Sīn des Koran heißt: »Wir (allein) machen die Toten (wieder) lebendig. Und wir schreiben auf, was sie früher getan, und die Spuren, die sie (mit ihrem Lebenswandel) hinterlassen haben. Alles haben wir in einem deutlichen Hauptbuch (?) aufgezählt.« (S 36,12).

Es wird empfohlen, daß der (die) Sterbende sich auf seinen (ihren) Tod vorbereitet und einstimmt, indem er (sie) und/oder die Umstehenden die Sure Yā Sīn (S 36) des Koran rezitieren, die ihm (ihr) ein neues Dasein in

Aussicht stellt durch die Aufforderung: »Sag: Der wird sie (wieder) lebendig machen, der sie erstmals hat entstehen lassen, und der über alles, was mit Schöpfung zu tun hat, Bescheid weiß« (S 36,79).

Das Vertrauen auf diese Schöpferkraft Gottes soll ihn (sie) gelassen dem Tod entgegensehen lassen und ihn (sie) befähigen, möglichst im letzten Augenblick die Glaubensformel (shāhāda) zu sprechen: »ich bezeuge, es gibt keine Gottheit außer Gott (Allāh); ich bezeuge, Mohammed ist der Gesandte Gottes.« Auch die Umstehenden sprechen diese Formel und stellen dadurch sicher, daß sie in jedem Fall im Augenblick des Todes gesprochen wird, denn nach einer alten Überlieferung geht der, der mit diesen Worten stirbt, direkt ins Paradies ein.

2. Die Vorbereitung des Toten

Unmittelbar nach Eintreten des Todes werden dem (der) Toten die Augen geschlossen, die Anwesenden verlassen bis auf einen Mann bei einem toten Mann bzw. einer Frau bei einer toten Frau den Raum. Die den Raum verlassen, tragen Sorge dafür, daß das Ableben allen Verwandten, Freunden und Bekannten kundgetan wird, während die zurückbleibende Person den Toten (die Tote) herrichtet, indem die Leiche auf den Rücken gelegt wird, Arme und Beine werden gestreckt. Vor der nun folgenden Waschung des Leichnams wird durch Druck auf den Leib versucht, noch eine evtl. Entleerung zu erreichen. Dann beginnt die eigentliche Waschung, die von einer Person unter Mithilfe zweier Helfer(innen) durchgeführt wird, wobei gilt: Männer bei toten Männern, Frauen bei toten Frauen. Zur Waschung selbst wird die Leiche mit einem Tuch abgedeckt, das die bisherige Kleidung ersetzt und verhindert, daß die Schamteile für den Leichenwäscher bzw. die Leichenwäscherin sowie die Helfer(innen) sichtbar werden. Die Waschung des Körpers erfolgt deshalb unter dem Tuch, das beim Mann etwa vom Nabel bis zu den Knien reicht, so daß die Schamvorschriften auch gegenüber dem Leichnam Beachtung finden.

Wie vor der ṣalāt werden zunächst die Hände des (der) Toten bis zum Handgelenk gewaschen, dann wird der Mund ausgespült, die Nasenlöcher werden gereinigt und das Gesicht wird gewaschen, es folgen die Hände bis zum Ellbogen und der Kopf (von den Haaren bis zum Hals). Danach wird der ganze Körper von Kopf bis Fuß fein säuberlich gewaschen und zwar — wie schon zuvor bei den Händen und den Nasenlöchern — erst die rechte Seite und dann die linke, wobei jeder Finger und jede Zehe einzeln in die sorgfältige Waschung einbezogen sind. All diese Waschungen erfolgen mit reinem Wasser ohne Seife.

Ein zweiter Waschvorgang folgt: diesmal mit neuem Wasser, dem ein Parfum (meist Moschus) beigegeben ist. Der ganze Körper wird auf diese Weise mit dem Parfum eingerieben und riecht nun gut.

Danach wird dem (der) Toten das Totengewand angelegt, das aus mehreren Teilen besteht und aus einem weißen Stoff gefertigt ist, der unmittelbar vor seiner Verwendung mit dem erwähnten Parfum besprengt wird. Viele Muslime haben dieses Totengewand oft jahrelang schon fertig im Schrank, nicht selten haben sie es auch von der Pilgerfahrt nach Mekka (ḥadjdj) sich mitgebracht. Die verschiedenen Teile dieses Totengewandes sind eine Kopfbedeckung, die den Kopf bis zum Hals völlig verhüllt, eine Art Oberhemd, das vom Hals bis zum Gürtel reicht, und für die Männer eine Art Short, für die Frauen aber eine Art Pantalon. Hinzu kommt schließlich noch ein großes Tuch, in das die so bekleidete Leiche vollständig eingehüllt wird, so daß nichts mehr vom Toten bzw. von der Toten zu sehen ist.

Außer dem Parfumgeruch herrscht im Umkreis des (der) Toten meist noch ein Geruch von Weihrauch, der durch das Abbrennen von Räucherstäbchen entsteht.

In manchen Familien ist es üblich, den Toten bzw. die Tote zudem noch in eine weitere, bisweilen kostbare Decke zu hüllen, die jedoch vor der Beerdigung am Grab ebenso wieder weggenommen wird wie Särge, die — wo sie Verwendung finden — auch nicht mit ins Grab gegeben werden.

3. Trauergottesdienst und Begräbnis

Dem Usus orientalischer Länder entsprechend, empfehlen die islamischen Rechtslehrbücher, den Trauergottesdienst und das Begräbnis möglichst bald nach dem Tode vorzunehmen, d.h. stirbt jemand in der Nacht, so soll er am darauffolgenden Tage bestattet werden, stirbt jemand am frühen Morgen, so noch am selben Tage.

Der (die) Tote wird folglich bald nach dem Anlegen des Totengewandes in die Moschee (nach der malikitischen Rechtsschule vor die Moschee) gebracht. Dort spricht der Vorbeter (Imām) viermal die Takbīra, d.h. Allāhu akbar (»Gott ist der größte«), wobei anders als sonst alle Anwesenden stehenbleiben und die sonst dabei übliche Verbeugung unterbleibt. Zwischen jeder Takbīra wird noch ein kurzes Gebet gesprochen, etwa des Inhalts: »O Gott, vergib ihm (ihr), und sei ihm (ihr) gnädig!«

Nach diesem kurzen Trauergottesdienst begleiten der Imām und die anwesenden Männer den Verstorbenen (die Verstorbene) zum Grab, d.h. an der eigentlichen Beerdigung nehmen nur Männer teil, auch wenn eine Frau zu Grabe getragen wird. Es gilt als verdienstlich, wenn männliche Straßenpassanten einige Schritte den Toten (die Tote) begleiten und sogar den Leichnam einige Schritte mittragen.

Am Grabe angekommen, wird der (die) Tote so ins Grab gelegt, daß er (sie) auf die rechte Seite zu liegen kommt. Dabei ist das Grab so ausgehoben, daß der (die) Tote im Grab in Richtung Mekka (ḳibla) schaut.

Die Grabzeremonien sind kurz. Die Gebete am Grab bestehen fast ausschließlich aus Koranrezitationen: 41mal wird die 112. Sure al-ikhlāṣ rezitiert: »Im Namen des barmherzigen und gnädigen Gottes. Sag: Er ist Gott, ein Einziger, Gott, durch und durch (er selbst[?]). Er hat weder gezeugt, noch ist er gezeugt worden. Und keiner ist ihm ebenbürtig.« Dann wird siebenmal die 97. Sure al-ḳadr (die Bestimmung) gesprochen: »Im Namen des barmherzigen und gnädigen Gottes. Wir haben ihn (d.h. den Koran) in der Nacht der Bestimmung hinabgesandt. Aber wie kannst du wissen, was die Nacht der Bestimmung ist? Die Nacht der Bestimmung ist besser als tausend Monate. Die Engel und der Geist kommen in ihr mit der Erlaubnis ihres Herrn hinab, lauter Logos(wesen). Sie ist (voller) Heil (und Segen), bis die Morgenröte sichtbar wird (w. aufgeht).« Im Anschluß daran wird 15mal an den Propheten Mohammed erinnert und noch die eine oder andere Intention zum Ausdruck gebracht. Zum Abschluß wird für die Lebenden noch 11mal die 112. Sure al-ikhlāṣ rezitiert. Danach gehen die Männer gewöhnlich ins Trauerhaus, um den Angehörigen ihr Beileid auszusprechen.

Während der ersten 40 Tage (Trauerzeit) tragen die Angehörigen häufig schwarze Kleider. Obwohl es keine allgemein verbindlichen Vorschriften für diese Trauerzeit gibt, werden vielfach in dieser Zeit Armenspeisungen durchgeführt oder Trauersitzungen und religiöse Lesungen abgehalten. In manchen Ländern gibt es Grabbauten, in anderen Kopf- oder Fußstelen, doch gehört all dies zu den Bräuchen und Sitten. Verbindliche Vorschriften dazu kennen die Rechtslehrbücher nicht.

Wenngleich es hinsichtlich der Intentionen während der Grabzeremonien auch keine verbindlichen Vorschriften gibt, so ist es dennoch sehr üblich, darunter eine Belehrung des (der) Toten durch den Vorbeter aufzunehmen, die deutlich machen soll, welche Antworten den Grabesengeln Munkar und Nakīr bzw. Mubashshar und Bashīr zu geben sind, womit die Vorstellungen vom Leben nach dem Tode angesprochen sind.

III. Vorstellungen vom Leben nach dem Tode

Nach Eintreten des Todes, dem kein Mensch entrinnen kann, sind der Todesengel ʿIzrāʾīl oder die anderen Engel, die für die Abberufung der Seele zuständig sind, anwesend (vgl. S 16,28.32f; 32,11). Sie nehmen die Seele in Empfang. Die islamische Überlieferung weiß zu berichten, daß der Todesengel dann die Seele zum Himmel geleitet, wo sie entweder erfährt, daß Gott ihr ihre Sünden vergeben und sie so für das Paradies ausersehen hat, oder erleben muß, daß sie abgewiesen und damit verdammt wird. In jedem Fall kehrt die Seele nach diesem Zwischengericht wieder ins Grab zum Körper zurück.

»Das Verhör im Grab ist das Gegenstück des Zwischengerichts im Himmel, das im Anschluß an den Tod erfolgt; es ist vielleicht auch nur die Präzisierung der diesbezüglichen Traditionsangaben. Das Verhör übernehmen bestimmte Engel: Munkar und Nakīr für die Verdammten und Mubashshar und Bashīr für die Gerechten (...). Die Fragen, die die Engel dem Verstorbenen vorlegen, sind folgende: Wer ist dein Gott? — Wer ist dein Prophet? — Welches ist deine Religion? — Welches ist deine Gebetsrichtung? Wenn der Verstorbene die richtigen Antworten kennt (Gott — Mohammed — der Islam — Mekka), dann wird er getröstet, und er hört die Verheißung des Paradieses (vgl. S 41,30; 16,32). Wenn er aber falsche Antworten gibt, dann wird er schon im Grab gepeinigt, als Vorgeschmack für die ihm bestimmte Qual in der Hölle (vgl. S 47,27; 8,50).

Nach diesem kleinen Gericht bleibt die Seele an einem Ort bewahrt, nicht zum Zwecke der Läuterung, sondern in Erwartung des Jüngsten Gerichts. Ihr Zustand in dieser Wartezeit scheint der des trunkenen Schlafes zu sein.«[2]

Sobald der Posaunenschall zum Gericht ertönt, gerät die alte Weltordnung ins Wanken. Eine kosmische Katastrophe tritt ein und kündigt an, daß eine neue Schöpfung bevorsteht. Die Toten werden zum Leben erweckt, und Gott hält über sie Gericht. »An jenem Tag werden die Menschen (voneinander) getrennt (oder: (in verschiedenartige Gruppen) aufgeteilt?) hervorkommen, damit ihre (während des Erdenlebens vollbrachten) Werke ihnen (im einzelnen) gezeigt werden (können). Wenn dann einer (auch nur) das Gewicht eines Stäubchens an Gutem getan hat, wird er es zu sehen bekommen. Und wenn einer (auch nur) das Gewicht eines Stäubchens an Bösem getan hat, wird er es (ebenfalls) zu sehen bekommen.« (S 99,6—8).

Der richtige Glaube und gute Werke gelten als Grund der Belohnung der Menschen im Paradiese. Die Frommen werden sich in einem Zustand der Wonne, die Sünder dagegen in einem Höllenbrand befinden (vgl. S 82, 13—16). Als Antwort auf die Frage, wer konkret wo sein wird, gilt: »Die Entscheidung steht an jenem Tag (einzig und allein) Gott zu.« (S 82,19).

---

[2] *Adel-Th. Khoury*, Einführung in die Grundlagen des Islam, Graz/Wien/Köln 1978, 182.

IV. Bibliographie

Bousquet, G.-H., Art. »ᶜIBADAT«: *B.Lewis/V.L.Ménage/Ch.Pellat/J.Schacht (Hgg.)*, The Encyclopaedia of Islam. New Edition III, Leiden/London 1971, 647f.

Gardet, L., Dieu et la destinée de l'homme, Paris 1967.

Heffening, W., Art. »ᶜIBADAT«: *A.J.Wensinck/H.H.Kramers (Hgg.)*, Handwörterbuch des Islam, Leiden 1941, 178f.

Khoury, A.-Th., Einführung in die Grundlagen des Islam, Graz/Wien/Köln 1978.

Der Koran, übersetzt von *R.Paret*, Stuttgart/Berlin/Köln/Mainz ²1980.

Kreiser, K., Art. »Tod und Begräbnis«: *K.Kreiser/W.Diem/H.G.Majer (Hgg.)*, Lexikon der islamischen Welt 3, Stuttgart/Berlin/Köln/Mainz 1974, 139f.

Lane-Poole, St., Art. »Death and Disposal of the Death (Muhammadan)«: *J.Hastings (Hg.)*, Encyclopaedia of Religion and Ethics IV, Edinburgh 1911 (last impression 1971), 500—502.

Kirchhof — Gottesacker — Friedhof

Wandlungen der Gesellschaft — Wandlungen der Pietät

Hans-Kurt Boehlke

A. Überblick und einschlägige Arbeiten zum Thema

Seit Menschen ihre Toten bestatten, sind die Grabstätten Orte pietätvoller Verehrung der Toten, insbesondere der Ahnen, gewesen. Zugleich sollte die Bestattung der Toten die Lebenden vor den Verstorbenen schützen. Ehrfurcht — Ehrung und Furcht — ist der eigentliche Grund für die Anlage der Gräber. Da der Mensch in Gesellschaft, d. h. sozialen Verbänden (Familie, Clan, Stamm etc.) lebt, ist sein Tod zugleich ein soziales Ereignis. In der Art der Bestattung zeigt sich der gesellschaftliche Umgang mit dem Phänomen Tod. Die Gesellschaft selbst spiegelt sich als solche in ihr wider: Einzelgräber weisen zumeist auf nomadisierende Gruppen hin; der seßhaft gewordene Mensch bestattet seine Toten in Gemeinschaftsstätten, in denen die Zusammenfassung der Gräber und ihre Ordnung allgemein der der lebenden Gesellschaft entspricht. Anlage und Gestaltung der Totenstätten sind ein auf das soziale Phänomen Tod bezogenes gesellschaftliches Handeln.

Pietät, »das pflichtgerechte Verhalten gegen Gott und Mensch«[1], »die an die Ursprünge unseres Daseins, an die Eltern und Voreltern, an die Überlieferung, an alte Sitte, aber auch an Gedenkstätten gebundene Gesinnung der dankbaren Liebe und Anhänglichkeit«[2], ist seit jeher wesentliches Motiv für die Anlage und Ausgestaltung der Begräbnisstätten.

Der Einfluß des gesellschaftlichen Wandels auf die Pietät gegenüber den Toten und ihren Begräbnisstätten kann an verschiedenen Beispielen verdeutlicht werden, die zugleich die Entwicklung des abendländisch-christlichen Kirchhofs/Friedhofs markieren: Die Bestattungssitten des *christlichen Abendlandes* haben sich vorwiegend aus den biblisch-israelischen und den

---

Am Artikel hat mitgearbeitet Wolfgang Neumann, M. A., Mitarbeiter am Zentralinstitut für Sepulkralkultur, der für den Autor einschlägige Literatur durchsah, Auszüge machte und eigene Vorstellungen zum Thema einbrachte.

[1] *A.Spira,* Art. »Pietas«: Der Kleine Pauly 4, 848.
[2] *W.Trillhaas,* Art. »Pietät«: RGG V (³1961), 369f.

antiken griechischen und römischen Traditionen entwickelt. Diese Traditionen kannten Familien-, seltener Einzelgräber, aber auch gemeinsame Begräbnisplätze für über den Familienclan hinausreichende Siedlungsgemeinschaften oder bestimmte Gruppierungen. Die griechischen Friedhöfe der Klassik mit von Mauern eingefaßten Familiengräbern waren Stätten pietätvoller Erinnerung. Das variantenreiche Repertoire späthellenistischer Grabarchitektur in der Vermischung der verschiedenen Grundformen der Gräber, Grabbauten und Grabmäler, fließt in die Bestattungskultur des Römischen Reiches ein, das zur Zeit Christi Körper- und Brandbestattung nebeneinander kennt.

Ein Wandel der Einstellung zum Tod erfolgt nun unter dem Einfluß der neuen christlichen Religion. Der *Gemeindefriedhof* als Begräbnisstätte der »Glaubensfamilie« ist eine frühchristliche Antwort auf die heidnisch-antiken Privat- bzw. Körperschafts-Grabstätten und Armenfriedhöfe, exemplarisch sind hier die *Katakomben* zu nennen.

Von Anfang an fanden *Märtyrergräber* besondere Verehrung. Über ihnen wurden Kirchen mit dem Altar über der *confessio* erbaut. Da die Christen sich von der Nähe zu den Heiligen und durch deren und der Gemeinde Fürbitte (communio sanctorum) Seelenheil erhofften, nahm die Bestattung zunächst im Vorhof, *Paradies*, dann in der Kirche selbst und schließlich im gesamten Kirchhof zu. Der *Kirchhof* wurde zur christlichen Begräbnisstätte des mittelalterlichen Abendlandes.

Ein nächster gravierender Pietätswandel erfolgt unter dem *Einfluß der Reformation*. Durch die Ablehnung der Fürbitte und der Reliquienverehrung verlor der Altar seine Bedeutung für das Seelenheil der Verstorbenen und damit als Ordnungsmitte der Gräber. Für den protestantischen Friedhof wird die Weihe abgeschafft. Er ist nicht mehr »locus sacer«, sondern nach Luther »eine ehrliche, ja fast ein heilige stete«[3]. Folglich konnte Luther in seiner Schrift »Ob man vor dem Sterben fliehen möge«, Hygieneforderungen seiner Zeit folgend, die Verlegung der Friedhöfe vor die Stadt empfehlen und ästhetische Forderungen aufstellen für den Friedhof als *Ort der Erbauung* im Sinne des *memento mori* für die Lebenden.

Damit wird der folgende einschneidende Pietätswandel vorbereitet. Vor dem Hintergrund von *Aufklärung* und *Säkularisation* erfolgt die Ablösung des kultbezogenen Kirchhofs durch den von Hygiene und Ästhetik bestimmten Friedhof. Dieser Wandlungsprozeß vollzieht sich parallel zur Ablösung der bisher kulturell bestimmenden Feudalaristokratie durch das Bildungsbürgertum.

---

[3] *Martin Luther,* Ob man vor dem Sterben fliehen möge [1527]: WA 23 (1901), 375.

Ein weiterer Pietätswandel geht schließlich auf die das gesellschaftliche Leben und auch das Friedhofsbild grundsätzlich verändernde *Industrialisierung* zurück. Der Verlust der früheren Lebenszusammenhänge und die Entwicklung zur Massengesellschaft führen zur Verdrängung des Sterbens im Kreise der Familie und damit zu einer gewandelten Tabuisierung des Todes. Kommerzialisierung und Normung sind die Ursachen eines Niedergangs der Friedhofskultur, der jedoch bald eine *Friedhofsreform* auslöst, die das Ziel verfolgt, einer pluralistisch-demokratischen Gesellschaft die ihr entsprechende Friedhofs- und Grabmalkultur zu geben.

Zum hier angerissenen Forschungsgebiet wurden in jüngster Zeit wesentliche Beiträge geliefert:

Am verbreitetsten sind die Publikationen von *Philippe Ariès*[4] mit einer umfassenden kultur- und sozialgeschichtlichen Darstellung der Phänomene um Sterben, Tod, Bestattung, Grab und Friedhof im christlichen Abendland, die den kulturräumlichen Anspruch jedoch nicht ganz ausfüllen, da sie vorwiegend auf den romanischen, speziell französischen Kulturraum bezogen sind. Der Autor versucht, die Veränderungen der Einstellung zum Tod herauszuarbeiten, die mit dem allgemeinen Wandel der Gesellschaftsstruktur und der Lebensauffassung zusammenhängen.

In den gestalterischen Bezügen konkreter, nach einer gleichfalls ethnologisch breitgefächerten Darstellung der Geschichte des Friedhofes, vor allem im Hinblick auf die Gestaltungsweise im 20.Jh., ist der als Urbanist bedeutende französische Architekt *Robert Auzelle*[5], der selbst als Planer Friedhöfe in der Region Paris geschaffen hat, in denen er eine Synthese zwischen der romanischen und der germanischen Friedhofsentwicklung im mittleren Europa suchte.

Für den deutschen Sprachraum müssen Parallelen zu den Untersuchungen von Ariès selbst gezogen oder der nachgenannten Literatur entnommen werden. Eine Auseinandersetzung mit der Reformation und deren Auswirkung fehlt bei Ariès weitgehend. Zwei Schweizer, *Johannes Schweizer*[6] und *Adolf Hüppi*[7], gehen in zwei, die Geschichte der Sepulkralkultur darstellenden Werken vornehmlich auf den deutschsprachigen Kulturraum ein. Der Garten- und Landschaftsarchitekt Schweizer zeigt in seiner Dissertation an der Staatswissenschaftlichen Abteilung der philosophisch-historischen

---

[4] *Philippe Ariès*, Studien zur Geschichte des Todes im Abendland, München/Wien 1976; Ders., Geschichte des Todes, München/Wien 1980.
[5] *Robert Auzelle*, Dernières demeures, Paris 1965.
[6] *Johannes Schweizer*, Kirchhof und Friedhof, Linz/Donau 1956.
[7] *Adolf Hüppi*, Kunst und Kult der Grabstätten, Olten 1968.

Fakultät der Universität Basel mit wissenschaftlicher Akribie und kulturellem Weitblick die Entwicklungsgeschichte der beiden Haupttypen europäischer Begräbnisstätten — verkürzt formuliert — vom katholischen Kirchhof zum protestantischen und schließlich kommunalen Friedhof auf. Seine Arbeit gehört zu den wesentlichen Grundlagen der Forschung in diesem Bereich.

Hüppi gibt neben der Erörterung heutiger Friedhofs- und Grabmalgestaltung einen ausführlichen historischen Abriß der abendländischen Sepulkralkultur seit Beginn des Christentums. Mit besonderer Würdigung seines Heimatlandes, der Schweiz, behandelt er vor breitem geistesgeschichtlichem Hintergrund den »Friedhof in der abendländischen Spaltung« bis hin zur »Revolution auf der Stätte der Toten«. Die Reformation und ihre Bedeutung für die Entwicklung des Friedhofs finden hier, wie bei Schweizer, ihre Berücksichtigung.

Anders als diese beiden Autoren untersuchte *Erwin Panofsky*[8] ausschließlich den Wandel der Grabplastik »Vom alten Ägypten bis Bernini« anhand der ikonografischen Programme und der ihnen zugrunde liegenden Vorstellungen von Sterben und Tod. Dabei geht es ihm nicht um das Grabmal als bildhauerisches Ensemble, sondern um dessen Bedeutung in der sich wandelnden gesellschaftlichen Anschauung. Exemplarisch überschaut er fünf Jahrtausende. — *Kurt Bauch*[9] konzentriert sich dagegen auf das Grabbild, das figürliche Grabmal, des 11. bis 15.Jh. im abendländischen Europa. Bei ihm hat Bild noch die ursprüngliche Bedeutung des Bildnisses vom Menschen, nicht als Abbild, sondern als Erscheinungsbild. Im europäischen Mittelalter ist die einzige selbständige Art des menschlichen Bildnisses das Grabbild, das in diesem Zusammenhang ausgesprochen gesellschaftsschichtenspezifisch ist. — Vielleicht ist es eine Generationsfrage bei den Kunsthistorikern, daß es für Panofsky seit Bernini anscheinend keine Grabmalkunst mehr gibt, obwohl das späte 18. und frühe 19.Jh. durchaus bedeutende Leistungen auf diesem Gebiet erbracht haben und selbst im heutigen Grabmalschaffen in der Flut klischeehafter Massenproduktion vereinzelt Grabzeichen anzutreffen sind, die man getrost als Kunstwerke bezeichnen darf.

Schließlich hat sich der Verfasser dieses Beitrags dem einschlägigen Themenbereich seit über dreißig Jahren gewidmet. Das von ihm geleitete Zentralinstitut für Sepulkralkultur hat in den letzten Jahren ein Forschungsprojekt zur *Erfassung und Dokumentation der Sepulkralkultur des Klassizismus,*

---

[8] *Erwin Panofsky,* Grabplastik. Vom alten Ägypten bis Bernini, Köln 1964.
[9] *Kurt Bauch,* Das mittelalterliche Grabbild. Figürliche Grabmäler des 11. bis 15. Jh. in Europa, Berlin/New York 1976.

der Romantik und des Biedermeier durchgeführt, das wesentliche, vor allem disziplin-übergreifende Erkenntnisse zeitigte und facettenreichen Niederschlag in den drei ersten Bänden der »Kasseler Studien zur Sepulkralkultur«[10] fand. Orientiert sich die ältere Kunstgeschichtsschreibung überwiegend an der »hohen Kunst«, so beziehen die jüngeren Werke auch Aussagen der Realien minderen Ranges mit ein. Besonders das angeführte Forschungsprojekt legte eine breite Fülle von Quellen und Daten erfaßter Realien des Todesgeschehens in der zweiten Hälfte des 18. und der ersten Hälfte des 19.Jh. erstmals vor.

Diesem letztgenannten Zeitraum, der im Wandlungsprozeß vom Kirchhof zum Friedhof in besonderem Maße die Probleme der abendländischen Sepulkralkultur bündelt: Folgewirkung der Reformation, Rückbezüge auf das frühe Christentum, Verweltlichung, das Eindringen naturwissenschaftlicher Erkenntnisse und die gleichzeitige romantische Betrachtung von Natur und Tod, wendet sich die folgende Untersuchung zu.

B. Vom Kirchhof zum Friedhof
Wandlungsprozesse zwischen 1750 und 1850

Zu den benutzten *Begriffen:* »Kirchhof«, mhd. »kirchhof«[11], ist zunächst jeder Hof um eine Kirche, unabhängig von seiner Funktion. Da die Toten im Mittelalter fast ausschließlich an diesem Ort und in den Folgejahrhunderten — im ländlichen Bereich vielfach bis heute — nach wie vor auf Kirchhöfen begraben werden, kann »Kirchhof« mit regionalen Unterschieden noch in der Mitte des 19.Jh. jede Begräbnisstätte bezeichnen, auch wenn auf ihr keine Kirche steht. Im allgemeinen Sprachgebrauch ist die Bezeichnung »Kirchhof« synonym zu »Friedhof«, dem allgemein für Begräbnisstätten verwendeten Begriff.

»Friedhof« leitet sich ab von ahd. »frîthof«, mhd. »vrîthof«, nhd. »freithof«[12]. Der Begriff betont also die Einfriedung des Ortes, wobei dieser eingefriedete Bereich im Mittelalter auch Freistatt mit Asylrecht war. Später wird der Begriff im Sinne von Hof des Friedens und der Totenruhe umgedeutet und meint seit der zweiten Hälfte des 19.Jh. jeglichen Begräbnisplatz. Er

---
[10] *Hans-Kurt Boehlke (Hg.),* Wie die Alten den Tod gebildet, (KStS 1), Mainz 1979; *Ders. (Hg.),* Vom Kirchhof zum Friedhof, (KStS 2), Kassel 1984; *Ders. (Hg.),* Umgang mit historischen Friedhöfen, (KStS 3), Kassel 1984.
[11] Art. »Kirchhof«: DWG 11 (1984), 818f.
[12] Art. »Freithof«: DWG 4 (1984), 123.

löste in unserem Sprachraum vielfach ältere, auch ortsgebundene Bezeichnungen ab; zu nennen sind im Oberdeutschen »Leichhof« (ahd. »lihoff«, mhd. »lichhoff« oder im schwäb./alem. »Lichlägi« = »Leichlege«) und bis in die Neuzeit »Totenhof«, »Totenacker«, »Totengarten«, im südd. Sprachraum und in Schlesien auch »Rosengarten«[13]. In seiner umfassenden Bedeutung löst die Bezeichnung »Friedhof« gut 50 Jahre nach dem tatsächlichen Wandel, der etwa um 1800 anzusetzen ist, auch den Begriff des »Kirchhofs« weithin ab. Dieser findet seither nur noch — zumeist im regionalen Sprachgebrauch — für dörfliche Friedhöfe, die um das Gotteshaus liegen, Verwendung.

In Anlehnung an 1 Kor 15,42 entstand der erstmals 1379 in Wien belegte[14], zunächst auf die Feldbegräbnisse der Pestzeiten bezogene, von Luther vielfach benutzte und in der Augsburger Chronik von Burkhard Zink 1474[15] verwendete Ausdruck »Gottesacker«. Er findet eine gewisse Entsprechung im »campo santo«, ursprünglich ein Ehrentitel für Friedhöfe, die mit Erde aus dem Heiligen Land überstreut waren, der später vor allem für nach italienischem Vorbild zum Innenfeld hin mit offenen Hallenbauten umrahmte Friedhöfe verwendet wird. Die Herrnhuter Brüdergemeinen bezeichnen ihre Begräbnisstätten ausschließlich als »Gottesacker«.

1. Vorstufen

Die Hoffnung der Christen in Antike und Mittelalter, durch Nähe zu den Märtyrergräbern und Heiligenreliquien sowie durch die Fürbitte der Gemeinde in der *communio sanctorum* Seelenheil zu erlangen, führte zur Bestattung in Kirche und Kirchhof; die Gotteshäuser wurden zum Mittelpunkt der christlichen Begräbnisplätze. Das Begräbnisrecht, die *sepultura*, hatten primär die Pfarrkirchen, später auch Klöster und die Kirchen der Hospitäler. Die bevorzugten Gräber waren in der Kirche — zunächst nur für vornehme und angesehene Gemeindemitglieder, allmählich für die Gläubigen insgesamt und, da der begrenzte Raum dieses auf die Dauer nicht zuließ, schließlich wieder nur für höhere Geistliche, Kirchenpatrone und Fürsten.

Die Kirchhöfe des Mittelalters waren voll und ganz in den Alltag einbezogen. Sie waren Orte der Gerichtsbarkeit[16] und des Asylrechts, was zur Folge hatte, daß teilweise sogar Wohnstätten für Asylanten auf ihnen entstanden[17].

---

[13] Art. »Rosengarten«: DWG 14 (1984), 1197f.
[14] Art. »Gottesacker«: DWG 8 (1984), 1201—1203.
[15] P. Kretschmer, Wortgeographie der Hochdeutschen Umgangssprache, Göttingen ²1969, 277.
[16] *Ariès*, Geschichte des Todes 88f.
[17] Ebd. 83—85.

In gewisser Weise waren sie sogar Nachfolger des antiken Forums, »die geräuschvollste, belebteste, turbulenteste und geschäftigste Gegend des ländlichen oder städtischen Gemeinwesens«[18]; es gibt kaum eine Stelle in der Stadt, die »gemeiner odder unstiller«[19] ist als eben der Kirchhof. Er ist der Ort kirchlicher und profaner Versammlungen, für Predigt, Prozessionen, aber auch nichtkirchliche Aufzüge[20], er ist Werk-, Arbeits- und Lagerplatz[21], er dient landwirtschaftlicher und gärtnerischer Nutzung, selbst als Weidefläche[22]. Er ist Ort des Vergnügens und des Spiels[23], hier und dort selbst der Prostitution[24]. Im Umgang mit den Leichen ist man hier recht großzügig, die Gräber sind oft nur ungenügend tief, die Toten daher nur mangelhaft bedeckt, die Ruhezeiten zu gering, die Böden überlastet[25].

Dieser unbekümmerte Umgang mit den Toten und der sakralen Stätte des Kirchhofs vermittelt zumindest uns Heutigen ein Bild der Pietätlosigkeit. Daß die Kirche zwar grundsätzlich andere Vorstellungen hatte, zeigen ihre wiederholten Rügen, durch die uns viele der Mißstände bekanntgeworden sind. Solange aber einem Begräbnis »ad sanctos« große Bedeutung zugemessen wurde, war eine grundlegende Besserung der Lage kaum zu erwarten. So blieben die Totenäcker außerhalb der Siedlungen zunächst auf Elendenfriedhöfe, Aussätzigen- und vor allem Pestäcker beschränkt. Diesen Feldbegräbnissen verlieh man die Weihe, indem man auf ihnen Kapellen errichtete, zumeist dem Erzengel Michael als dem Seelengeleiter und Seelenwäger gewidmet oder sonstigen jeweiligen Patronen und Heiligen, auf Seuchenfriedhöfen dem heiligen Rochus.

Erst Ende des Mittelalters zeigten sich unter dem Druck der katastrophalen Verhältnisse allgemeine Begräbnisplätze am Rande oder vor den Städten. So erreicht selbst Maximilian I. nach fünfjährigem Bemühen schließlich nur mit Hilfe des Papstes, daß 1515 in Freiburg/Br. ein neuer Friedhof vor den Toren der Stadt angelegt und der alte am Münster geschlossen wird[26].

Es waren also erste Ansätze zu einer »Friedhofsreform« vorhanden, als die Reformation im Bereich des Protestantismus zu einer grundsätzlich anderen

---

[18] *A. Bernard*, zit. nach *Ariès*, Geschichte des Todes 86.
[19] *Luther*, Ob man ...: WA 23 (1901), 377.
[20] *Ariès*, Geschichte des Todes 86f.
[21] *Martin Luther*, Briefe an Hieronymus Krapp [1539]: *Reimar Zeller* (Hg.), Luther, wie ihn keiner kennt, Freiburg/Basel/Wien ²1982, 51; *Hüppi*, Kunst und Kult 208; *Ariès*, Geschichte des Todes 90 u. 92; *Schweizer*, Kirchhof 46.
[22] *Hüppi*, Kunst und Kult 208f.
[23] Ebd. 208; *Schweizer*, Kirchhof 47.
[24] *Ariès*, Geschichte des Todes 93.
[25] *Hüppi*, Kunst und Kult 80.
[26] Vgl. ebd. 83.

Auffassung von Tod und Begräbnis führte. Luther verwarf die Vorstellung vom Fegefeuer; nach seiner Lehre bedarf die Seele nicht der fürbittenden Begleitung durch Heilige und Gemeinde. Folglich kann die Fürbitte entfallen, ebenso wird das Meßopfer, insbesondere die Totenmesse, abgelehnt. Die Schweizer Reformatoren waren teilweise noch radikaler. Nach den Genfer »Ordonnances ecclesiastiques« von 1541 sollte man »die Toten ›honnestement‹ am angeordneten Ort bestatten und alle ›superstitions contraires à la Parole de Dieu‹ verhindern«[27]. Die Anwesenheit eines Geistlichen am Grab hielt Calvin für nicht notwendig. Die Züricher Kirchenordnung Zwinglis erwähnt das Begräbnis überhaupt nicht[28].

Der theologische Zusammenhang zwischen Kirche und Begräbnis ist zerrissen. Der Kirchhof ist für den Protestanten nicht länger ein — wenn auch lebensvoller — »locus sacer«.

Luther, der sich auch über das pietätlose Aussehen der Kirchhöfe entsetzte, beschreibt seine Vorstellung von Friedhof:

> »Denn ein begrebnis solt jha billich ein feiner stiller ort sein / der abgesondert were von allen örtern / darauff man mit andacht gehen und stehen kündte / den tod / das Jüngst gericht und aufferstehung zu betrachten und zu betten / also das der selbige ort eine ehrliche / jha fast hejlige stedte were / das einer mit forcht und allen ehren darauff kündte wandeln«[29].

Folglich konnte Luther 1527 dafür plädieren, »das man den kirchhoff ausser der stadt habe«[30]. Als Begründung führt er ungewöhnlich früh auch medizinisch-hygienische Gründe an. Dieser Friedhof ist nicht mehr Ort der Fürbitte für die Toten, sondern des Trostes für die Hinterbliebenen; zu ihrer Erbauung schlägt Luther Epitaphien und Bibelsprüche auf den Grabmälern vor. Schon hier zeigt sich, wie bedeutsam für das Wesen des evangelischen Friedhofs der Inhalt der Grabinschriften ist. In der römischen Kirche war und ist die Fürbitte vorherrschender Ausdruck der Pietät einer Gemeinde, die ihre Verstorbenen nicht aus der Glaubensgemeinschaft entläßt. Hingegen wendet sich die Pietät der protestantischen Gemeinde durch die Wortverkündigung den Hinterbliebenen zu.

Trotz dieser reformerischen Ansätze konnten sich die Feldbegräbnisse nur schwer gegenüber dem traditionsreichen Kirchhof durchsetzen. Die Gegenreformation trug ihren Teil dazu bei. Das Aussehen der Begräbnisstätten

---

[27] *Herbert Derwein*, Geschichte des Christlichen Friedhofs in Deutschland, Frankfurt a.M. 1931, 78.
[28] *Hans-Kurt Boehlke/Michael Belgrader*, Art. »Friedhof«: TRE XI 4/5, 650.
[29] *Martin Luther*, Ob man vor dem Sterben fliehen möge, zit. Ausg.: Simprecht Sorg, Nikolsburg 1527; auch *Luther*, Ob man ...: WA 23 (1901), 375f.
[30] Ebd.

wandelte sich seit dem Mittelalter nur wenig. Der häufig mit Hecken oder Mauern umfriedete Raum ist in der Regel mit Gras bewachsen. Auf katholischen Friedhöfen befindet sich zumeist ein das Gräberfeld überragendes Hochkreuz; auch die mittelalterliche Totenleuchte hat hier noch ihren Platz; auf den Gräbern stehen Kreuze aus Holz oder Schmiedeeisen. Die Protestanten dagegen kennzeichnen die Gräber häufig mit steinernen oder hölzernen Stelen, vielfach mit reicher Inschrift. Das »Ossarium«, das Beinhaus oder der Karner zur Aufnahme von Gebeinen, die bei der Neubelegung der Gräber noch vorgefunden werden, ist weithin den Friedhöfen beider Konfessionen gemeinsam.

Im 1730 angelegten ersten Gottesacker der Herrnhuter Brüdergemeine findet eine protestantische Glaubensgemeinschaft den ihr gemäßen, gestalterischen Ausdruck wieder in der Gemeinschaft der Toten und Lebenden (Ostergottesdienste auf dem Friedhof). Der »Gottesacker« — diese Bezeichnung findet von nun an Verwendung für alle Begräbnisstätten der Brüderunität — zeichnet sich durch eine klar geordnete Anlage aus, in der die Gräber getrennt nach Brüdern und Schwestern (wie die Chöre im Betsaal) in großen, durch Baumreihen unterteilten Rasenflächen liegen und durch kleinformatige, liegende Steinplatten gekennzeichnet werden. Er ist Sinnbild österlicher Auferstehungshoffnung. Anregend waren wohl Vorstellungen, wie sie bei Paulus (1 Kor 15,36f), aber auch bei Luther zu finden sind[31].

2. Der Wandlungsprozeß in der Zeit der Aufklärung

Mit der Aufklärung wandelt sich das Bild vom Tod, wie es sich schon im Herrnhuter Gottesacker andeutete. War der Tod bisher überwiegend als Strafe für Sündenfall und Sünde gesehen worden, woran auch die österliche Auferstehungs-Gewißheit nicht viel änderte, so wird er nun seiner Schrecken beraubt und in einem an der Antike orientierten, romantisch umgeformten Todesverständnis als »Bruder des Schlafs« begriffen. »Todt seyn hat nichts Schreckliches; und in so fern Sterben nichts als der Schritt zum Todtseyn ist, kann auch das Sterben nichts Schreckliches haben.«[32] So bekämpft Gotthold Ephraim Lessing in seiner Schrift »Wie die Alten den Tod gebildet« (1769) die seit dem Mittelalter z.B. in den Totentänzen sichtbare Auffassung des

---

[31] *Christian Rietschel*, Das Herrnhuter Modell eines Gemeinschaftsfriedhofs, der Gottesacker der Brüdergemeine: *Hans-Kurt Boehlke (Hg.)*, Vom Kirchhof zum Friedhof, (KStS 2), Kassel 1984, 75—88, hier 80f.
[32] *Gotthold Ephraim Lessing*, Wie die Alten den Tod gebildet [1769]: LGW 5 (1855), 272—335, hier 316.

Todes als »scheußliches Gerippe«. »Die Schrift redet selbst von einem Engel des Todes; und welcher Künstler sollte nicht lieber einen Engel, als ein Gerippe bilden wollen?«[33] Lessing orientiert sich dabei, wie die Klassizisten ganz allgemein, an antiken Todesdarstellungen. Der Tod »ist unser letzter Freund ...; der schöne Jüngling, der die Fackel auslöscht, und dem wogenden Meere Ruhe gebietet«[34].

Gleichzeitig stützt sich das Zeitalter der Kritik und Vernunft auf das System der Wissenschaften, besonders der exakten Naturwissenschaften. So ist es zu erklären, daß im 18.Jh. wieder und in verstärktem Maße Mißfallen an den Begräbnisplätzen innerhalb der Siedlungen geäußert wird. Zwar wird zugestanden, daß »unsere frommen Alten ihre guten Absichten und Gründe gehabt haben, die Grabstätten unserer lieben Verstorbenen mitten zwischen unsere Häuser zu setzen«[35], doch kann das Bedürfnis, durch die Altarnähe das Seelenheil zu fördern, in Fortsetzung der reformatorischen Lehre nur noch als »Wahn« und »Aberglaube« bezeichnet werden. Der Kirchhof mit seinen einstmaligen Verheißungen degeneriert zur nützlichen Tugendschule. Aber: »Muß man auf Unkosten des Lebens und der Gesundheit der Menschen solche gefährlichen Tugend-Schulen anlegen?«[36]

Gewarnt wird vor den ungesunden Auswirkungen der Kirchhöfe, die mit der Gefahr zusammenhängen, »von Leichen angesteckt, vergiftet und getödtet zu werden«[37]. Die ohnehin schlechte Luft der Städte »wird durch die faulen, aus den ... Kirchhöfen aufsteigenden Dünste von vermodernden, faulen Leichen noch mit angesteckt, ungesund und schädlich«[38]. Hatte die Encyclopédie Diderots und d'Alemberts 1753 unter dem Stichwort »Cimetière«[39] nur eine knappe Definition mit geschichtlichen und juristischen Anmerkungen gegeben, so wurde im Nachtragsband von 1776 viermal so lang beschrieben[40], welcher Art die Gefahren des innerstädtischen Friedhofs seien und wie ihnen begegnet werden könne.

Eine entsprechende Reaktion der Obrigkeit konnte nicht länger ausbleiben. Schon 1765 hatte das Pariser Parlament die Bestattung auf Friedhöfen inner-

---

[33] Ebd. 335.
[34] *Johann Gottfried Herder*, Wie die Alten den Tod gebildet (bildeten). Herders zerstreute Blätter: *Joachim Leonhard Nicolaus Hacker (Hg.)*, Thanatologie, 1.Theil, Leipzig 1795, 231—234, hier 234. Offensichtlich in Anlehnung an Lessing.
[35] Art. »Kirchhof«: KrEn 38 (1786), 338—425, hier 360.
[36] Ebd. 361.
[37] Ebd. 395.
[38] Ebd. 395.
[39] *Diderot/D'Alembert*, Encyclopédie 3, Paris 1753, 453.
[40] M^XXX, Supplément à l'Encyclopédie, Amsterdam 1776, 428—430.

halb der Stadt verboten (der berühmt-berüchtigte »Cimetière des Innocents« wurde freilich erst 1780 geschlossen). 1776 erließ Ludwig XVI. eine Deklaration für das gesamte Frankreich, nach der die innerstädtischen Kirchhöfe zu vergrößern, die gesundheitsgefährdenden Begräbnisplätze aber aus den Städten zu entfernen seien. Schärfer war noch das Wiener Hofdekret von 1784, in dem die Habsburgische Bestattungsreform unter Joseph II. gipfelte. Danach war ausnahmslos verboten, nicht nur innerhalb der Kirchen, sondern auf jeglichen innerörtlichen Friedhöfen zu bestatten. Die einzelnen deutschen Territorien folgten diesem Beispiel früher oder später. Gleiches bestimmte für Preußen 1794 das Allgemeine Landrecht, Bayern folgte 1803. Die zielgleiche Napoleonische Gesetzgebung (Dekret vom 12.6.1804) wurde auch für die okupierten deutschen Gebiete bestimmend[41]. Mit hygienischen und ökologischen Forderungen und dem Verlangen der Gewährung eines »ehrlichen Begräbnisses« für jedermann erfolgte der Zugriff des Staates als dem Garant öffentlicher Ordnung auf das Friedhofswesen. Das seit Beginn des 19.Jh. den Städten eingeräumte Selbstverwaltungsrecht mit der Sorge für »die Wohlfahrt des Ganzen« führte dann schnell zur Kommunalisierung des Friedhofswesens. Aus der Kultstätte der christlichen Gemeinde war damit eine sanitäre Einrichtung der Kommune geworden.

Das Aussehen neu anzulegender Friedhöfe und ihre Einordnung in die Kulturlandschaft hat sich nunmehr vornehmlich an medizinisch-praktischen Forderungen auszurichten: Der Friedhof soll mindestens 1 000 Schritt von der Stadtgrenze entfernt sein und zwar so, daß der hauptsächlich wehende Wind die Ausdünstungen der Gräber von der Siedlung fortweht. Die Gegend soll »trocken, thonig oder kalkig seyn«[42]. Zur Stadt hin sind Pappeln oder Weiden, jedenfalls Bäume, anzupflanzen; auf dem Friedhof sollen Gras, Kräuter und niedrige Sträucher wachsen, denn diese »saugen ... die schädlichen Dünste ein«[43]. Über diese nüchternen hygienischen Forderungen gehen zeitgenössische Gartenkunst-Theoretiker wie Hirschfeld und Sckell hinaus. Für sie muß der Friedhof »ein großes, ernstes, düsteres und feierliches Gemälde«[44], »ein heimlich mildes Bild«[45] darstellen, »das nichts Schauerhaftes, nichts Schreckliches hat, aber doch die Einbildungskraft erschüttert, und zu-

---

[41] *Rainer Polley,* Das Verhältnis der josephinischen Bestattungsreformen zu den französischen unter dem Ancien Régime und Napoleon I.: *Boehlke* (Hg.), Vom Kirchhof zum Friedhof 108—123.
[42] Art. »Kirchhof«: KrEn 38 (1786), 421.
[43] Ebd. 423.
[44] *Christian Cay Lorenz Hirschfeld,* Theorie der Gartenkunst 5, Leipzig 1785 (fotomech. Nachdruck: Hildesheim/New York 1973), 119.
[45] *F. L. von Sckell,* Beiträge zur bildenden Gartenkunst, München ²1825 (fotomech. Nachdruck: [QFGk 5], Worms 1982), 190.

gleich das Herz in eine Bewegung von mitleidigen, zärtlichen und sanftmelancholischen Gefühlen versetzt«[46]. Friedhofsstimmung wird ein neuer Aspekt der Pietät des Bildungsbürgertums. Dem kommt entgegen, daß in die Friedhofsplanung in Ablösung der geometrischen Form des französischen Barockgartens die Ideen des englischen Landschaftsparks einfließen. Erstmals tauchen um die Wende zum 19.Jh. in der Auseinandersetzung um friedhofskulturelles Bemühen auch Ansätze für Denkmalschutz und Pflege heimatlichen Brauchtums auf[47]. Vom christlichen Sinn, selbst der lutherischen Begräbnisstätte, hat man sich damit weit entfernt.

Diese Entfernung spiegelt sich auch im Begräbnisritual wider. Zumindest in den protestantischen Gebieten ist bis in das 19.Jh. hinein der Brauch anzutreffen, die Beisetzung abends bei Fackelschein in privatem Kreis, weitgehend ohne kirchliche Mitwirkung, vorzunehmen. »Die um 1800 verbreiteten Gebete, Lieder und Bestattungsformen lassen erkennen, wie stark der Geist des Rationalismus das alte Glaubensgut erweicht und zersetzt hat. Gefühl und allgemeine Religiosität sind an die Stelle des klaren Bekenntnisses zum auferstandenen Christus getreten.«[48]

In der Gestaltung der Grabmale setzt sich die Überlagerung christlicher Glaubensinhalte fort. Kreuz und Stele verschwinden zwar nicht von den Friedhöfen, aber die Wiederentdeckung des klassischen Altertums im Klassizismus führt zu einer Vielzahl aus der Antike rezipierter Formen, die alle in Todesauffassungen vorchristlicher Zeit wurzeln: Pyramide, Obelisk, Cippus, Sarkophag, Urne, Grabvase etc. Sinnbilder, wie z.B. der aus der Puppe geschlüpfte Schmetterling, deuten den Tod als »Metamorphose ins Ewige«[49]; erst durch die Friedhofsreform der folgenden Jahrhundertwende werden sie wieder christlich ausgedeutet.

Die Romantik bezieht sich formal auf die Gotik, kann aber inhaltlich das mittelalterliche Christentum nicht wiederbeleben, auch nicht dessen Vorstellungen vom Tod. Charakteristisch sind hier jene, dann im ganzen 19.Jh. auftauchenden allegorischen Gestalten, Frauen- oder Kinderfiguren, die trauern. Häufig sind sie nicht mehr auf die Realität des Todes und auf den Verstorbenen, sondern auf die Trauer der Hinterbliebenen bezogen, im Sinne einer zeitgenössischen Grabinschrift: »Wir beweinen nicht dich, sondern uns ohne dich.«

---

[46] *Hirschfeld*, Theorie der Gartenkunst 5, 119.
[47] *Johann Wolfgang v. Goethe*, Die Wahlverwandtschaften, Tübingen 1810, 14—27 und 197—205.
[48] *Bruno Bürki*, Im Herrn entschlafen, (BPTh 6), Heidelberg 1969, 192.
[49] *Christian Rietschel*, Grabsymbole des frühen Klassizismus: *Boehlke (Hg.)*, Wie die Alten ... 95—104, hier 97.

Ein weiteres Zeugnis für den Pietätswandel in der Zeit der Aufklärung ist zu nennen. Um das Begraben von Scheintoten zu verhindern, aber auch aus hygienischer Rücksichtnahme auf die Gesundheit der Hinterbliebenen, wird im späten 18. und frühen 19.Jh. nachdrücklich die Forderung nach Errichtung von Leichenhäusern erhoben. Wie verbreitet diese Befürchtungen waren, zeigt zahlreich die zeitgenössische Literatur[50]. Der Weimarer Hofarzt und spätere Gründer der Berliner Charitée, Hufeland, unter dessen Aufsicht 1792 das Leichenhaus in Weimar errichtet wurde, faßt in einer Schrift »Über die Ungewißheit des Todes«[51] seine Überlegungen zusammen: »Die Zeit allein ist der competente Richter über Tod und Leben, ... und das einzige und das natürlichste Mittel: sich aus der Ungewißheit zu reißen, (ist) dieses: Den Leichnam so lange liegen zu lassen, bis sich die oben beschriebenen Spuren der Fäulniß zeigen.«[52] »Kann man noch einen Augenblick anstehen, den entschlummerten Gefährten unseres Lebens das einzige, was wir ihnen noch geben können, ... angedeihen zu lassen ...?«[53] »Die heiligsten Pflichten der Menschheit, ... die kindliche, elterliche, eheliche Liebe fordern uns laut auf, dieses Mittel nicht zu versäumen.«[54] — Ein Vergleich dieser Äußerungen mit der am Anfang gegebenen Definition zeigt überdeutlich, welche Wandlung der Begriff »Pietät« und sein Inhalt erfahren haben. Das zeigt auch die Definition der neuen Bauaufgabe als »Tempel des Schlafs«[55], die nichts mehr mit den *dormitoriae*, den Ruhestätten für den Schlaf des Friedens der frühen Christen, gemein hat.

3. Die Weiterentwicklung

Das nach Schleifung der Fortifikationen mögliche Anwachsen der Städte in der Folge zunehmender Industrialisierung erzwang die Anlage neuer, großer Friedhöfe, die bald von den sich ausdehnenden Wohnquartieren umschlossen wurden. Die nunmehr auch industrielle Produktionsmöglichkeit für Grabmale führte zu einem Absinken der Grabmalkultur und damit der Friedhofskultur insgesamt. Als Reaktion darauf traten schon vor der Wende zum 20.Jh. vor dem geistigen Hintergrund der Jugendbewegung und parallel

---

[50] Z.B. *Jaques Jean Brühier*, Abhandlung von der Ungewißheit der Kennzeichen des Todes, Leipzig/Coppenhagen 1754.
[51] *Christoph Wilhelm Hufeland*, Über die Ungewißheit des Todes, Weimar 1791.
[52] Ebd. 24f.
[53] Ebd. 30.
[54] Ebd. 29.
[55] Vgl. *Jakob Atzel*, Ueber Leichenhäuser vorzüglich als Gegenstand der schönen Baukunst betrachtet, Stuttgart 1796, 55.

zu Heimatschutz- und Gartenstadt-Bewegung, zum Werkbund etc. programmatische Ansätze zu einer Friedhofsreform auf. Der nach dem Vorbild amerikanischer Landschaftsfriedhöfe angelegte, 1877 eröffnete Ohlsdorfer Friedhof in Hamburg, Prototyp des Parkfriedhofs, und der 1905 in der Anlage begonnene Münchener Waldfriedhof wurden zu Fanalen der Friedhofsreformbewegung. Sie fand ihren organisatorischen Zusammenschluß 1921 im *Reichsausschuß für Friedhof und Denkmal*. Dessen Nachfolger ist seit 1951 die vom Bund, von den Bundesländern und den Kirchen mitgetragene *Arbeitsgemeinschaft Friedhof und Denkmal e.V. (AFD)* mit Sitz in Kassel. Sie unterhält die *Stiftung Zentralinstitut und Museum für Sepulkralkultur* zur interdisziplinären Forschung als Grundlage für die Beratung, insbesondere der kommmunalen und kirchlichen Friedhofsträger, und für die Öffentlichkeitsarbeit.

Das komplizierte Gefüge der Pietät in der heutigen pluralistischen, demokratischen Gesellschaft wird in den rechtlichen Auseinandersetzungen deutlich, in denen ein Ausgleich gefunden werden muß zwischen der im Artikel 2 des Grundgesetzes garantierten freien Entfaltung der Persönlichkeit und der Verpflichtung der kommunalen und kirchlichen Träger der »öffentlichrechtlichen Anstalt« Friedhof, Kultur sichtbar zu machen — dies auch mit restriktiven Maßnahmen gegen eine fortschreitende Kommerzialisierung der Pietät gegenüber den Toten und der gesellschaftlichen »Verpflichtung« der Hinterbliebenen bei Anlage und Pflege der Gräber.

Der Friedhof als Ort der Pietät ist zu einem wirtschaftlichen Markt mit erheblichem volkswirtschaftlichem Umsatz geworden. Es entspricht der gesellschaftlichen Entwicklung, daß an die Stelle der unmittelbaren Fürsorge für den Verstorbenen und aller damit zusammenhängenden Pietätsäußerungen durch die Hinterbliebenen und Nachbarn die Organisation des gesamten Bestattungsvorgangs durch Bestattungs-Unternehmen (»Pietäten«) auf geschäftlicher Grundlage getreten ist. Das gilt auch für die Anlage und Pflege der Gräber. Die sich hierin äußernde Pietät der Hinterbliebenen gegenüber den Toten ist im ländlichen Bereich vielfach noch ein unmittelbares Anliegen der Familien geblieben. Im städtischen Bereich übernehmen diese Aufgaben heute überwiegend gewerbliche Friedhofsgärtner, deren Umsatz noch über dem des handwerklichen Grabmalgewerbes liegt.

Insbesondere die städtischen Friedhöfe, ursprünglich ausschließlich Stätten pietätvollen Gedenkens, haben mittlerweile zusätzliche Funktionen erhalten, die allein den Lebenden zugute kommen, wie etwa als »Naherholungsflächen« oder als städtebauliches »Abstands- und Orientierungsgrün«. Die fortschreitende Urbanisierung der Bevölkerung hat vor allem in den 50er und 60er Jahren zu Überlegungen geführt, nicht nur für Urnenbeisetzungen das der Antike entlehnte »Columbarium« in der Form von Urnenhallen und Urnenmauern auf den Friedhöfen neben den Urnengräbern einzuführen, sondern auch Hochhäuser selbst für Körperbeisetzungen zu errichten, um in einem solchen, etwa auf dem Grundriß eines Einfamilienhauses, die Toten einer mittleren Großstadt unterzubringen. Solchen Entwicklungen steht das Pietätsverständnis unserer derzeitigen Gesellschaft noch entgegen. Realisiert worden sind solche »vertikalen Friedhöfe« vereinzelt in Japan und den USA. Für den mitteleuropäischen Kulturraum wird für absehbare Zeit der »grüne« Friedhof ebenso Bestand haben wie bei den benachbarten romanischen Völkern die Nekropole als steinerne Totenstadt.

Im Westen wie im Osten haben wir es heute mit Gesellschaften zu tun, die religiöse Ordnungen und kultische Formen als Artefakte menschlicher Vernunft begreifen. Der Friedhof der kapitalistischen Gesellschaften ist bei aller Rationalität, die u.a. mit dem Hinweis auf den Flächenverlust für die Lebenden bis zur Friedhofsfeindlichkeit reicht, nach wie vor emotionaler Erlebnis- und Meditationsraum, zugleich aber auch Ort sozialer Fixierung. In noch deutlicherem Maße ist er das jedoch in den sozialistisch-marxistischen Gesellschaften mit hierarchischer Ordnung der Gräber und mit Prominentenfriedhöfen für die politische und militärische Führungsschicht. Dabei offenbart der dialektische Materialismus als bewußt atheistische Weltanschauung ein besonderes Bedürfnis nach Kult und Sakralität. Das Lenin-Mausoleum auf dem Roten Platz in Moskau ist pseudo-religiöser Wallfahrtsort, das »Heilige Grab« gläubiger Kommunisten mit »Filialen« in den übrigen sozialistischen Ländern. Es fordert höchste Pietät im Sinne pflichtgerechten Verhaltens. — Die Ideologien haben also keine gravierenden gestalterischen Unterschiede geschaffen, diese sind zumeist ethnologisch und traditionsbedingt[56].

Mit den Leichenhäusern des späten 18.Jh. begann eine Entwicklung von Friedhofsbauten, die nicht nur die an Stelle des Sterbehauses getretenen Leichenhäuser bzw. Aufbahrungsgebäude umfaßten, sondern auch die Aussegnungshallen resp. Feierhallen, die trotz der Vornahme von Kulthandlungen in ihnen, bei zumeist simultaner Nutzung, dem profanen Architekturbereich zuzurechnen sind. An ihrem zumeist halbsakralen Charakter wird die Wandlung der Gesellschaft und ihrer Pietätsvorstellungen deutlich. Nicht mehr das

---

[56] *Hans-Kurt Boehlke,* Das Bestattungs-Friedhofswesen in Europa, EBU, Wien 1977. Der Autor untersucht den kultischen Stellenwert in den heutigen kapitalistischen und sozialistischen Gesellschaften Europas und seine historischen Ableitungen ebenso wie die Herkunft der heutigen Bestattungs- und Friedhofsformen und deren derzeitigen Stand; er schließt mit einer Trendanalyse. Der Veröffentlichung sind erstmals in der Fachliteratur dieses Bereiches synoptische Vergleichstabellen von den die europäische Sepulkralkultur beeinflussenden Frühkulturen bis heute beigegeben.

Gotteshaus ist Ort der Aussegnung (im Normalfall auch nicht für den katholischen Christen), und das von der alten Kirchenordnung vorgeschriebene Geleit vom Sterbehaus über das Gotteshaus zum Friedhof und damit zum Grab wird verkürzt auf das Zeremoniell in der Trauerhalle auf dem Friedhof mit anschließendem Gang zum Grab und dortiger Beisetzung nach katholischem oder evangelischem Ritus bzw. nach häufig unterschiedlichen, oft pseudosakralen Vorstellungen nichtkirchlicher Kreise. Das Geleit zum Grab und das Begräbnisritual entfallen bei der Kremation. Hier ist ein zeitlich zusammengezogener Ablauf aus technischen Gründen noch nicht möglich.

Für die Kirchen ist der Friedhof in besonderer Weise zu einer Stätte der Verkündigung geworden, seitdem ihre Amtsträger bei Begräbnissen oft eine größere Gemeinde ansprechen können als bei den sonntäglichen Gottesdiensten, denn die Teilnahme an Begräbnissen im »Verwandten- und Bekanntenkreis« gilt als »pietätvolle gesellschaftliche Verpflichtung«. Wurden jedoch einst die Begräbnisstätten der Christen durch die Pietät der »Glaubensfamilie« geprägt, so ist der christliche Charakter unserer Friedhöfe nur noch sehr äußerlicher Art. Wie in vorchristlicher Zeit wird betonter Privatheit und unmittelbarem Personenbezug zum Verstorbenen der Vorzug gegeben. Dies steht im Widerspruch zum Konformismus der Konsumgesellschaft. Darin liegt eine Chance, einer anthropologisch bestimmten Pietät wieder zum Durchbruch zu verhelfen. Die Ängste des »aufgeklärten« Menschen des späten 18. Jh. vor den gesundheitlichen Gefahren, die von Begräbnisstätten ausgehen könnten, waren für die Verlegung der Friedhöfe nach draußen bedeutsam und haben vielfach jene, die heutige Gestalt des Friedhofs mitprägenden gesundheitspolizeilichen Maßnahmen ausgelöst. Diese Gefahren sind von der Hygieneforschung auf ein Maß zurückgeführt worden, das den Abbau solcher Ängste und noch auf die Aufklärung zurückgehender ideologischer Vorbehalte bewirken kann. Das fast gänzlich in die Kliniken verdrängte Sterben muß humanisiert werden, es braucht durchaus nicht vornehmlich dort zu geschehen. Die Aufbahrung eines Verstorbenen in einem Raum der Wohnung ist möglich und kann ggf. auch bewilligt werden. Wo öffentliche Leichenhallen zur Verfügung stehen, sind die Leichname spätestens 36 Stunden nach Eintritt des Todes zu überführen[57]. Selbst die Stadtplaner befürworten wieder die dem Wohnquartier zugeordneten Bezirksfriedhöfe anstelle überdimensionierter, abgelegener Zentralfriedhöfe. Eine wiedergewonnene Balance zwischen Leben und Tod könnte den hohen Wert recht verstandener Pietät menschlichem Leben wieder erfahrbar machen.

---

[57] *Jürgen Gaedke*, Handbuch des Friedhofs- und Bestattungsrechts, [5]Köln u.a. 1983, 119.

C. Bibliographie

Ariès, Philippe, Essais sur l'histoire de la mort en Occident, Paris 1975; deutsch: Studien zur Geschichte des Todes im Abendland, München/Wien 1976.

Ders., L'Homme devant la mort, Paris 1977; deutsch: Geschichte des Todes, München/Wien 1980.

Ders., Images de l'homme devant la mort, Paris 1983; deutsch: Bilder zur Geschichte des Todes, München/Wien 1984.

Atzel, Jacob, Ueber Leichenhäuser vorzüglich als Gegenstände der schönen Baukunst betrachtet, Stuttgart 1796.

Auzelle, Robert, Dernières demeuires, Paris 1965.

Bächer, Max, Gedanken zur Friedhofsarchitektur: der landkreis 1967, 347—350.

Bauch, Kurt, Das mittelalterliche Grabbild, Berlin/New York 1976.

Boehlke, Hans-Kurt, Über den Friedhof der Zukunft. Zur Gestaltung des Friedhofs. Planung und Ausführung: Öffentliche Dienste III, Stuttgart 1971, 1—6.

Ders., Der Gemeindefriedhof. Gestalt und Ordnung, (Schriftenreihe Fortschrittliche Kommunalverwaltung 6), Köln/Berlin ²1973.

Ders., Friedhofsbauten (Kapellen, Aufbahrungsräume, Feierhallen, Krematorien), München 1974.

Ders., Das Bestattungs- und Friedhofswesen in Europa, Wien 1977.

Ders. (Hg.), Wie die Alten den Tod gebildet. Wandlungen der Sepulkralkultur 1750—1850, (KStS 1), Mainz 1979.

Ders. (Hg.), Vom Kirchhof zum Friedhof. Wandlungsprozesse zwischen 1750 und 1850, (KStS 2), Kassel 1984.

Ders. (Hg.), Umgang mit historischen Friedhöfen, (KStS 3), Kassel 1984.

Ders./Belgrader, Michael, Art. »Friedhof«: TRE XI 4/5, 646—653.

Brunner, Wilhelm, Das Friedhofs- und Bestattungsrecht, Berlin 1927.

Bürki, Bruno, Im Herrn entschlafen. Eine historisch pastoral-theologische Studie zur Liturgie des Sterbens und des Begräbnisses, (BPTh 6), Heidelberg 1969.

Derwein, Herbert, Geschichte des Christlichen Friedhofs in Deutschland, Frankfurt a.M. 1931.

Gaedke, Jürgen, Handbuch des Friedhofs- und Bestattungsrechts, ⁵Köln u.a. 1983.

Hacker, Joachim L.N., Thanatologie oder Denkwürdigkeiten aus dem Gebiete der Gräber, 3 Bde., Leipzig 1795—1798.

Hirschfeld, Christian C.L., Theorie der Gartenkunst, 5 Bde., Leipzig 1779—1785 (fotomech. Nachdruck: Hildesheim/New York 1973).

Hirzel, Stephan (Hg.), Grab und Friedhof der Gegenwart, (Bücher des Reichsausschusses für Friedhof und Denkmal I), München 1927.

Hüppi, Adolf, Kunst und Kult der Grabstätten, Olten 1968.

Jung, Winfried, Staat und Kirche im kirchlichen Friedhofswesen, (Diss.) Göttingen 1966.

Lessing, Gotthold Ephraim, Wie die Alten den Tod gebildet [1769]: LGW 5 (1855), 272—335.

Luther, Martin, Ob man vor dem Sterben fliehen möge [1527]: WA 23 (1901), 323—378.

Melchert, Herbert, Die Entwicklung der deutschen Friedhofsordnungen, Dessau 1929.

Panofsky, Erwin, Tomb Sculpture, New York 1964; deutsch: Grabplastik, Köln 1964.

Satzinger, Otto, Der Friedhof in theologischer Sicht, Arnoldshain 1962.

Schweizer, Johannes, Kirchhof und Friedhof, Linz a.d.Donau 1956.

Sckell, Friedrich Ludwig von, Beiträge zur bildenden Gartenkunst, München ²1825 (fotomech. Nachdruck: [QFGk 5], Worms 1982).

Valtentien, Otto / Wiedemann, Josef, Der Friedhof. Gestaltung. Bauten. Grabmale, München/Basel/Wien ²1963.

Die Sterbe- und Totenliturgie nach dem II. Vaticanum

Anmerkungen eines Soziologen

Gerhard Schmied

A. Prämissen

I. »Menschenwissenschaften« und grundlegende Sinnfragen

Norbert Elias, der große alte Mann der deutschen Soziologie, hat den Begriff »Menschenwissenschaften«[1] wenn vielleicht auch nicht geprägt, so doch in die aktuelle Diskussion eingebracht. Im Rahmen unserer Erörterungen soll dieser ein Bündel von Wissenschaften zusammenfassende Terminus der »Gotteswissenschaft«, der Theologie, gegenübergestellt werden. Letztere geht von Offenbarungen aus und »weiß« daher auch Antworten auf drängende Fragen, die aus dem Gesichtskreis von Menschenwissenschaften ausgeschlossen bleiben müssen. So befriedigt sie das Verlangen des Menschen, über den Sinn von Leben und Tod sowie über das, was nach dem Tode kommt, orientiert zu werden. Für die Menschenwissenschaft Soziologie ist der Standpunkt zu diesbezüglichen Aussagen der Theologie und der sie tragenden Religionen spätestens seit Ende des letzten Jahrhunderts, seit den bahnbrechenden Untersuchungen des französischen Soziologen Emile Durkheim eindeutig: Der Soziologe soll seine Analyse an den Erfahrungen der sozialen Umwelt ausrichten, und er soll diese soziale Umwelt für die Analyse erschließen. Transzendentes gehört nicht zu dem Forschungsfeld, innerhalb dessen er inhaltliche Entscheidungen treffen kann[2]. Er kann keine Position im Widerstreit der Weltanschauungen beziehen. Seine Position ist allenfalls, um es mit Peter L. Berger zu formulieren, der »›methodologische Atheismus‹«[3].

---

[1] Z. B. *Norbert Elias*, Über den Prozeß der Zivilisation 1, o. O. ⁶1978, LXVI.
[2] Vgl. *Emile Durkheim*, Zur Definition religiöser Phänomene: *Joachim Matthes*, Religion und Gesellschaft, Reinbek 1967, 122.
[3] *Peter L. Berger*, Zur Dialektik von Religion und Gesellschaft, Frankfurt/M. 1973, 170.

Das bedeutet aber nicht, daß die religiösen Vorstellungen für die Soziologie irrelevant sind, sie sind als »faits sociales«, als soziale Tatbestände — um einen Schlüsselbegriff aus der Soziologie Durkheims aufzugreifen[4] — Teil der sozialen Umwelt. Das soziale Leben wird durch sie zutiefst beeinflußt und ist ohne Berücksichtigung der weltanschaulichen Aspekte nicht zu verstehen. Unmittelbar auf die hier zu diskutierende Problematik der Sterbe- und Begräbnisliturgie bezogen: Liturgie ist Teil der sozialen Umwelt, und es wird zu fragen sein, welche Funktionen sie (im Falle der Sterbeliturgie) für den vor dem Tode Stehenden und für seine Angehörigen sowie (im Falle der Begräbnisliturgie) für die trauernden Hinterbliebenen erfüllen soll und tatsächlich erfüllt. Welche Wirkungen von der Begräbnisliturgie auf den Toten ausgehen, ist für die Soziologie belanglos, nicht dagegen die Tatsache, daß Annahmen über das Schicksal des Toten die Hinterbliebenen bewegen, sie trösten oder verstören können.

II. Soziale Dimensionen des Sterbens und der Beisetzung

1. Soziologische Arbeiten über Sterben

Ähnlich wie in der Theologie[5] gehören Sterbender und Beisetzung auch in den Sozialwissenschaften nicht zu den bevorzugten Themen. Erörterungen der Situation des Sterbenden fehlen in der traditionellen Soziologie weitgehend. Für Europa stellt Geoffrey Gorers »Death, Grief, and Mourning«[6] aus dem Jahre 1965 die erste umfassende Untersuchung zum Phänomen »Sterben« dar. Aus den letzten Jahren sind die Arbeiten von Norbert Elias[7] sowie von Philippe Ariès[8], der als Historiker zumindest partiell sozialwissenschaftlich ausgerichtet ist, zu nennen. Gorers Schriften[9] wie Elias' Essay sind an der Vorstellung vom »Tabu Tod«[10] orientiert; sie wollen schwer-

---

[4] Vgl. *Emile Durkheim*, Die Regeln der soziologischen Methode, hg. und eingel. von *René König*, Darmstadt/Neuwied [5]1976.
[5] Zu dieser Auffassung gelangte ich nach einer Durchsicht des Bestandes der Universitätsbibliothek Mainz.
[6] *Geoffrey Gorer*, Death, Grief, and Mourning, New York [2]1977.
[7] *Norbert Elias*, Über die Einsamkeit der Sterbenden in unseren Tagen, Frankfurt/M. 1982.
[8] *Philippe Ariès*, Studien zur Geschichte des Todes im Abendland, München/Wien 1976; *Ders.*, Geschichte des Todes, München/Wien 1980.
[9] Neben der unter 6 aufgeführten Schrift ist noch zu nennen: *Geoffrey Gorer*, Die Pornographie des Todes: Der Monat 8 (1956), Heft 92, 58—62.
[10] Zur Frage »Tabu Tod« vgl. *Gerhard Schmied*, Einstellungen zu Tod und Unsterblichkeit in den westlichen Industriegesellschaften: *Rabanus-Maurus-Akademie (Hg.)*, Stichwort: Tod,

punktmäßig auf die »Sprachlosigkeit« gegenüber dem Sterbenden hinweisen. Bei dieser Position wird vom weitgehenden Fehlen eines institutionalisierten Verhaltensrepertoires ausgegangen, das für einen unbefangenen Umgang mit dem Sterbenden vorausgesetzt werden muß. Ariès legt dar, daß in früheren Stadien der abendländischen Gesellschaft solche Verhaltensmaßstäbe existierten; die kirchlichen Gebete und Riten bildeten zentrale Bestandteile[11].

Es wäre m. E. verfehlt, von Aussagen wie der Ariès' auf einen besonders einfühlsamen Umgang mit Sterbenden in früheren Epochen unserer Gesellschaft zu schließen und eine solche Annahme auf die Naturvolkgesellschaften auszudehnen. In einer detaillierten Darstellung frühmittelalterlicher Bräuche anläßlich Sterben und Tod im Trierer und Luxemburger Raum, die Nikolaus Kyll vorgelegt hat[12], finden sich lediglich dürftige Angaben über das Verhalten gegenüber dem Sterbenden: Dieser wurde vom Priester versehen (soweit dies in den von einer Kirche oft weit abgelegenen ländlichen Gegenden möglich war) und aus dem Bett in ein Strohlager auf dem Fußboden gelegt. Und in einem Bericht über das Sterben auf Tahiti wird festgestellt, daß Sterbende weitgehend unbeachtet von der übrigen Familie ihre letzten Stunden durchlebten[13].

Die wichtigsten Beiträge zur soziologischen Sterbeforschung sind die am sog. ethnomethodologischen Ansatz ausgerichteten amerikanischen Arbeiten von Barney G. Glaser und Anselm L. Strauss[14] sowie von David Sudnow[15]. Eine vergleichbare deutsche Untersuchung wurde von Ephrem Else Lau präsentiert[16]. Diese Analysen, die sich auf subtile Beobachtungen stützen, zeigen auf, wie das Sterben in der Routine des Krankenhausbetriebs verläuft.

2. Soziologische und ethnologische Arbeiten über die Beisetzung und ein Korrekturversuch

Die zahlreichen soziologischen Abhandlungen zur Beisetzung, die während der letzten zehn Jahre vor allem in den USA erschienen, verengen die

---

Frankfurt/M. 1979, 40—42; *Ders.*, Sterben und Trauern in der modernen Gesellschaft, Opladen 1985, 33—40.

[11] Vgl. *Ariès*, Geschichte 27—30.
[12] Vgl. *Nikolaus Kyll*, Tod, Grab, Begräbnisplatz, Totenfeier, Bonn 1972.
[13] Vgl. *Robert I. Levy*, Tahitians, Chicago 1973, 291—293: *Lyn H. Lofland*, The Craft of Dying, Beverly Hills, Cal./London ²1981, 23 f.
[14] U. a. *Barney G. Glaser / Anselm L. Strauss*, Awareness of Dying, New York ⁹1979 (deutsch: Interaktion mit Sterbenden, Göttingen 1974); *Diess.*, Time for Dying, Chicago ²1974.
[15] *David Sudnow*, Organisiertes Sterben, Frankfurt/M. 1973.
[16] *Ephrem Else Lau*, Tod im Krankenhaus, Köln 1975.

Diskussion häufig auf ökonomische Aspekte[17]. Sie gehen dabei in der Regel von Jessica Mitfords Streitschrift »The American Way of Death« aus, die 1963 erschien[18]. Mitford kritisiert scharf das Gebaren der »funeral directors«, der Leichenbestatter, die mit Hilfe raffinierter Verkaufsmethoden den Hinterbliebenen kostspielige Dienste und Waren aufnötigten.

Beiträge zahlreicher prominenter Ethnologen und wiederum Durkheims erbrachten eine breitgefächerte Diskussion der Beisetzung[19]. Hier sind zunächst die Untersuchungen von Arnold van Gennep[20] und Robert Hertz[21] zu nennen. Van Gennep arbeitete den Charakter der Beisetzung als »rite de passage« heraus. Hertz konzentrierte sich auf das Phänomen der zweiten Beisetzung. Bronislaw Malinowski[22], Alfred Reginald Radcliffe-Brown[23] und Emile Durkheim[24] sahen den Tod des Mitglieds einer Gruppe in erster Linie als Gefährdung der Gemeinschaft und ihres Zusammenhaltes. Die mit der Beisetzung verbundenen Riten sollten die als äußerst bedrohlich empfundene Störung des sozialen Lebens beheben. Es entspricht der Grundintention von Soziologie, wenn das gesellschaftliche Ganze in den Vordergrund gerückt wird. Die ausschließliche Konzentration auf die Gesellschaft wird wohl am deutlichsten an Ausführungen von Durkheim, der die Trauer nicht als eine gefühlsmäßige Reaktion des einzelnen auf einen Verlust, sondern als Pflicht gegenüber der Gesellschaft definiert[25].

Es soll hier nicht entschieden werden, inwieweit Durkheims Auffassung auch bezüglich von Naturvolkgesellschaften einseitig ist und das Individuum zu stark vernachlässigt. Selbst wenn dieser Verdacht einer soziologistischen Verzerrung nicht zutreffen sollte, wäre eine Übertragung solcher Ergebnisse auf moderne Gesellschaften nicht möglich: Hier werden der einzelne und seine engere Familie aufgrund der starken Bande in dieser Familie, aufgrund

---

[17] Vgl. z. B. *Warren Shibles*, Death, Whitewater, Wisc. 1974, 425—459; *Dale V. Hardt*, Death, Englewood Cliffs, N.J. 1979, 141—151; *Carol Taylor*, The Funeral Industry: *Hannelore Wass* (Hg.), Dying, Washington/New York/London 1979, 375-384.

[18] *Jessica Mitford*, The American Way of Death, New York 1963, (deutsch: Der Tod als Geschäft, Olten/Freiburg i. B. 1965).

[19] Vgl. dazu die Übersicht bei *Richard Huntington/Peter Metcalf*, Celebrations of Death, Cambridge u. a. ²1980, 5—43.

[20] *Arnold Van Gennep*, Les rites de passage, Paris 1909.

[21] *Robert Hertz*, Contribution à une étude sur la représentation collective de la mort: L'Année sociologique 10 (1907) 48—137.

[22] Vgl. *Bronislaw Malinowski*, Magie, Wissenschaft und Religion: *Ders.*, Magie, Wissenschaft und Religion. Und andere Schriften, Frankfurt/M. 1973, 32—38.

[23] Vgl. *A. R. Radcliffe-Brown*, The Andaman Islanders, Glencoe, Ill. 1948, 285—288.

[24] Vgl. *Emile Durkheim*, Die elementaren Formen des religiösen Lebens, Frankfurt/M. ³1984, 538f.

[25] Vgl. ebd. 532.

einer Abschließung der engeren Familie von der übrigen Gesellschaft, die zumindest in den letzten 150 Jahren im Abendland unverkennbar ausgeprägt ist[26], in der Regel vom Tod eines Angehörigen zutiefst getroffen. In dieser auch zahlenmäßig kleinen Gruppe, und zwar fast ausschließlich nur dort, werden die Mitglieder durch den Verlust eines Elternteils, eines Gatten oder eines Kindes in drückende Trauer gestürzt, und sie leiden unter den starken Trennungsschmerzen. Extreme Gefährdungen, die bis zum Suizid oder Tod durch eine im Zuge der Trauer aufgetretene Krankheit oder in die Geisteskrankheit reichen können[27], zeigen überdeutlich, daß Trauer im Durchschnittsfall keine Pflichterfüllung gegenüber der sozialen Umwelt ist.

3. Untersuchungsfragen

Die oben angedeutete Verengung der Anteilnahme anläßlich eines Todesfalls auf einen kleinen Kreis zeigt sich auch im vermehrten Auftreten von sog. »Beisetzungen in aller Stille«. Nur die nächsten Verwandten und Freunde werden zuerst benachrichtigt, und die öffentliche Bekanntgabe des Todesfalls erfolgt nach der Beisetzung. In solchen Formen werden tatsächliche gesellschaftliche Zustände reflektiert. Wer weitgehend außerhalb des Gemeinschaftslebens einer Kommune oder eines Stadtteils stand, möchte nicht eine Öffentlichkeit zur Beisetzung eingeladen wissen, mit der ihn im Leben kaum etwas verband. Es kann auch eine Überlegung mitspielen, die Sudnow folgendermaßen beschreibt: »Unter Umständen kann ein ›armseliges Trauergefolge‹ für die Hinterbliebenen ein ebenso harter Schlag sein wie der Todesfall selbst«[28]. So kann ohne eine gewollte Beisetzung in aller Stille eine solche faktisch vor sich gehen.

Angesichts dieser Tendenzen zur Abschließung ist eine kirchlich begleitete Beisetzung stets eine Öffnung nach außen, zur Gesellschaft hin[29]. Der Tote und meist mit ihm die Angehörigen stehen über die Liturgie in Verbindung mit den Glaubenden und der Organisation Kirche. Daher bietet sich eine Untersuchung darüber an, inwieweit sich diese Gemeinschaft an die wirklich Betroffenen, das sind im Falle der Begräbnisliturgie die Hinterbliebenen und im Falle der Sterbeliturgie der Sterbende und seine Angehörigen, wendet, ihnen beisteht und sie tröstet (vgl. B. IV).

---

26 Vgl. *Edward Shorter*, Die Geburt der modernen Familie, Reinbek 1977, 258—277.
27 Vgl. *Schmied*, Sterben 160—168.
28 *Sudnow*, Sterben 210.
29 Dieser Gedanke kommt auch in den Erläuterungen der Adaptation der neuen Begräbnisliturgie für die deutschsprachigen Bistümer zum Ausdruck. Vgl. Die kirchliche Begräbnisfeier in den katholischen Bistümern des deutschen Sprachgebiets, Einsiedeln u. a. o. J. (1972) 12 f [F. Begräbnis].

Die Erneuerung der Liturgie nach dem II. Vaticanum beseitigte z. T. Vertrautes. Riten bedeuten durchgehende Verhaltensweisen, die quasi selbstverständlich erscheinen, einheitlich und damit festgefügt sind und so äußeren und inneren Halt geben[30]. Es wird zunächst zu fragen sein, inwieweit die erneuerten Riten diesen Kriterien entsprechen (vgl. B. II). Weiter soll untersucht werden, ob Zeichen beibehalten wurden, die vertraute »Merk-male« dieser liturgischen Handlungen sind, sowie inwieweit diese Zeichen durch ihren Vollzug schon »sprechen« und angemessener Ausdruck in einer spezifischen Situation sind (vgl. B. III).

Ein letzter Untersuchungsgegenstand ist die Frage, inwieweit zentrale theologische Aussagen über das Schicksal des Toten eindeutig sind und so dem Sterbenden wie den Hinterbliebenen Orientierung in einer existentiell schwierigen Lage bieten können (vgl. B. V).

III. Der Stellenwert von Sterbe- und Begräbnisliturgie in offiziellen Verlautbarungen sowie im Bewußtsein von Klerus und Laien

Die Dokumente des II. Vaticanum sind bezüglich der Sterbe- und Begräbnisliturgie recht schweigsam. Die wenigen Bestimmungen betreffen die Schaffung neuer Riten für Wegzehrung und Begräbnis, die Überbringung der Wegzehrung und die Leitung des Beerdigungsritus durch den Diakon sowie Neubestimmungen zur Situation der Spendung der Krankensalbung[31].

Auch der Klerus mißt der Betreuung der Sterbenden sowie der Begräbnisfeier keine herausragende Bedeutung zu. Man könnte es noch der Konstruktion des Fragebogens anlasten, wenn in der Umfrage »Priester in Deutschland« aus dem Jahre 1971 Sterbeliturgie und Begräbnisfeier gar nicht unter dem »Liturgisch-sakramentalen Dienst« aufgeführt werden[32]. Unter »Gemeindedienst« wird die »Sorge für die Alten und Kranken« von 40% der befragten Priester als sehr wichtig bezeichnet; diese Vorgabe erhielt damit die zweithöchste Zahl an Nennungen[33]. Es muß offenbleiben, inwieweit auch die seelsorgerische Betreuung der Sterbenden in den Antworten mitgedacht wurde. Eindeutig ist dagegen der niedrige Stellenwert, der der Begräbnisfeier

---

[30] Vgl. *Alois Hahn*, Einstellungen zum Tod und ihre soziale Bedingtheit, Stuttgart 1968, 98—103.
[31] Vgl. SC 74. 81. 82; LG 29; SC 73. 75.
[32] Vgl. *Gerhard Schmidtchen*, Priester in Deutschland, Freiburg/Basel/Wien 1973, 160.
[33] Vgl. ebd.

zugeschrieben wird. Lediglich 24% der Geistlichen hielten ihre Mitwirkung beim Begräbnis für unverzichtbar, unter den jüngeren gar nur 10%[34].

Im Gegensatz zum Meinungsbild der Priester war 1970/71 eine große Mehrheit, nämlich 75%, unter den Laien der Auffassung, daß unbedingt ein Priester beim Begräbnis zugegen sein müsse[35]. Lediglich 20% der Befragten meinten, ein Laie könne ihn vertreten. Dies ist der drittniedrigste Wert, der bei der Frage nach der Laienbeteiligung erreicht wurde. Nur bei »Messe lesen« (18%) und »Beichte hören« (7%) war der Widerstand gegen Laienmitwirkung noch häufiger[36]. Der hohe Rang für die Begräbnisfeier, der durch diese in der Bundesrepublik Deutschland erhobenen Daten zum Ausdruck kommt, wurde auch für Österreich ermittelt. 91% der Katholiken hielten kirchliche Begräbnisse für wichtig[37].

Die Bedeutung, die der Begräbnisfeier beigemessen wird, resultiert nicht nur aus dem Wunsch, der Beisetzung durch kirchliche Mitwirkung einen Rahmen zu geben, sie würdig zu gestalten. Sie besitzt durchaus eine religiöse Dimension. In der Repräsentativbefragung unter den deutschen Katholiken sollte angegeben werden, in welchen Situationen am ehesten an Gott gedacht wird. Die meisten Nennungen entfielen auf die Vorgabe »Bei Trauerfällen«. 70% der Probanden antworteten so. Dies ist der höchste Prozentsatz, den eine Nennung erreichte. Auf die Messe und Weihnachten — die zweit- und dritthäufigste Nennung — entfielen nur 65% bzw. 63%. Selbst Befragte, die nie zur Kirche gehen, gaben zu 50% an, bei Trauerfällen an Gott zu denken[38]. Von der Kirche aus gesehen, bietet also ein Trauerfall die pastorale Chance, die Menschen mit christlicher Botschaft zu konfrontieren. Daher erscheint eine Reflexion der Amtsträger angebracht, ob dem Dienst am Hinterbliebenen in der Begräbnisfeier nicht mehr Bedeutung beigemessen werden müßte, als ihm nach den vorliegenden Angaben zukommt. Und auf jeden Fall ist auch die Ausgestaltung der Begräbnisfeier, die im folgenden vor allem analysiert werden soll, eine in bezug auf kirchliche Wirksamkeit durchaus wichtige Thematik.

---

34 Vgl. ebd. 37.
35 Vgl. *Gerhard Schmidtchen*, Zwischen Kirche und Gesellschaft, Freiburg/Basel/Wien 1972, 141.
36 Vgl. ebd. 139.
37 Vgl. *Paul Michael Zulehner*, Heirat — Geburt — Tod, Wien/Freiburg/Basel 1976, 209.
38 Vgl. *Schmidtchen*, Kirche 218.

B. Funktionen der Sterbe- und Begräbnisliturgie und ihre Berücksichtigung in den neuen Ordines

Eine Analyse

I. Zu den Gegenständen der Analyse

Zur Sterbeliturgie gehören das Viaticum, die Wegzehrung, sowie die Commendatio morientium, die Sterbegebete. Strittig ist die Zuordnung des jetzt Unctio infirmorum, Krankensalbung, genannten Sakraments. Mit dieser Umbenennung der Extrema unctio, der Letzten Ölung, wird — und das gilt auch für die verwendeten Texte[39] — auf die Situation der *Krankheit* abgehoben, obwohl »Lebensgefahr« als Kriterium für die Spendung gilt[40]. Das vorkonziliare Kriterium war »äußerste Lebensgefahr«[41]. Die Gründe für diese Schwerpunktänderung sind wohl unterschiedlicher Natur[42]. Im Rahmen der folgenden Analysen soll die Krankensalbung unberücksichtigt bleiben, obwohl sie zumindest im Falle des sog. Versehgangs zusammen mit Buße und Wegzehrung vollzogen wird und damit eindeutig zur Sterbeliturgie gehört.

Entsprechend den Ankündigungen des II. Vaticanum (vgl. A. III) wurde 1969 ein neuer Ordo für die Begräbnisfeier vorgelegt[43]. 1972 folgte ein Ordo für die Krankensalbung, in dem auch die Feier der Wegzehrung und die Sterbegebete enthalten sind[44]. Deutsche Adaptationen erschienen 1972[45] bzw. 1975[46]. Die folgenden Überlegungen stützen sich allein auf die römischen Ordines, wobei im Falle des Begräbnisritus eine deutsche Übersetzung benutzt wurde[47]. Deutsche Übersetzungen von Texten zur Spendung des Viaticums und aus der Commendatio morientium sind der deutschen Adaption entnommen, wobei die wörtliche Übereinstimmung nachgeprüft wurde. Ferner wurden die vorkonziliaren Regelungen zum Vergleich herangezogen[48].

---

[39] Diese Orientierung galt übrigens auch für die Texte des vorkonziliaren Ritus. Eine Ausnahme stellte das Gebet 41 dar. Vgl. Collectio rituum, Regensburg ⁵1960, 46 [CollRit].
[40] Vgl. SC 73.
[41] Vgl. ebd.
[42] Vgl. z. B. *Schmied*, Einstellungen 46.
[43] Ordo exsequiarum. Editio typica, Vaticano 1969 [O. Exsequ].
[44] Ordo unctionis infirmorum eorumque pastoralis curae. Editio typica, Vaticano 1975 [O. UnctInf].
[45] Vgl. Anm. 29.
[46] Die Feier der Krankensakramente, Einsiedeln u. a. o. J. (1975) [F. Krankensakramente].
[47] Ordnung des Begräbnisses nach dem neuen Rituale Romanum. Dt. Studienausg., hg. vom Institutum Liturgicum Salzburg, Salzburg 1970 [Ordnung Begräbnis].
[48] Vgl. Anm. 39.

II. Riten als helfende Festlegungen

Riten besitzen wie Bräuche, Sitten und alltägliche Gewohnheiten »Entlastungsfunkton«[49]. Sie definieren Situationen und machen Reflexionen über die »richtige« Verhaltensweise überflüssig. Beim Ritus kommt noch die extreme Festgelegtheit hinzu, die im prekären Kontakt mit dem Transzendenten Sicherheit verleiht[50]. Durch das Festgelegtsein kann ein Gefühl der Geborgenheit entstehen, das selbst im Zusammenhang mit Sterben und Trauern noch möglich ist. Ein Sterbens- oder Todesfall ist ein dramatisches Ereignis im Familienleben. Angesichts dieser Belastung geben Riten Halt: Auch wenn das Gefürchtete oder Unvorhergesehene eingetreten ist, steht man ihm nicht völlig hilflos gegenüber, sondern begegnet ihm mit dem, was schon lange für die Situation als angemessen gilt. Unter den wenigen Instanzen, die — besonders deutlich ist dies in der städtischen Gesellschaft — Sterbenden wie Trauernden durch eingelebte Sitten zu Hilfe zu kommen, nimmt die Kirche einen hervorragenden Platz ein[51].

1. Die Wegzehrung

Der relativ knappe Ritus der Wegzehrung enthält Variationsmöglichkeiten für nahezu alle Teile: für die Ansprache der Anwesenden, für das Schuldbekenntnis, für den Vollkommenen Ablaß, für die Lesung aus der Heiligen Schrift, bei den Fürbitten, für das Gebet nach der Spendung sowie für den Schlußsegen. Diese sind insofern nicht allzu schwerwiegend, da in der Regel nur die nächsten Angehörigen dieser Feier beiwohnen und das Erlebnis einer solchen Feier in der heutigen Zeit des seltenen Sterbens[52] nicht oft vorkommt.

Es bestehen zwei Möglichkeiten zur Spendung der Wegzehrung. Die Spendung kann als eigenständige gottesdienstliche Handlung oder im Rahmen einer (meist in der Wohnung des Sterbenden gefeierten) Messe vollzogen

---

[49] *Arnold Gehlen*, Mensch und Institutionen: *Ders.*, Anthropologische Forschung, Reinbek 1961, 70.
[50] Vgl. *Hahn*, Einstellungen 99.
[51] Das stellt selbst *Werner Fuchs*, Todesbilder in der modernen Gesellschaft, Frankfurt/M. 1969, 136—139 fest, der dieses Faktum mit einem »Höchstmaß an Unmodernität« (ebd. 136) in Verbindung bringt. Nach einer amerikanischen Studie wird allerdings die Rolle des Geistlichen beim Begräbnis in bezug auf die Nächststehenden (im Falle der Studie auf die Witwe) gewöhnlich überschätzt, da diese ganz in ihren Gefühlen aufgehen (vgl. *Ira O. Glick/Robert S. Weiss/ C. Murray Parkes*, The First Year of Bereavement, New York 1974: *Robert J. Kastenbaum*, Death, Society, and Human Experience, St. Louis, Miss. 1977, 250).
[52] Vgl. *Schmied*, Sterben 24—26.

werden. Die zweite Möglichkeit dürfte selten realisiert werden. Werden in einer Pfarrei beide Formen praktiziert, sollte darauf geachtet werden, daß nicht der Eindruck einer ungleichen Behandlung von Gläubigen entsteht.

2. Die Sterbegebete

Die Sterbegebete sollen in den letzten Stunden eines Lebens und unmittelbar nach dem Hinscheiden verrichtet werden. Es ist vorgesehen, daß sie vom Priester oder Diakon gesprochen werden. Aber auch die Angehörigen können sie verrichten. Wie sind die Sterbegebete aufgebaut? Aber es ist auch zu fragen: Spielen diese Gebete beim Sterben tatsächlich eine Rolle? Und: Welche Bedeutung kann ihnen zukommen?

Die Sterbegebete enthalten Kurzgebete, biblische Lesungen, längere Gebete sowie ein Gebet nach Eintritt des Todes. Abgesehen von dem zuletzt genannten Gebet sind zu jedem Teil Varianten vorhanden, aus denen ausgewählt werden kann. Einerseits erlaubt dies ein situationsgerechtes Verhalten[53]. Je nachdem, ob der Sterbende allein oder (in einer Klinik, einem Heim o. ä.) mit anderen Kranken zusammen ist, ob Mitbetende vorhanden sind (was z. B. bei einem Gebet notwendig ist, wo Antworten vorgesehen sind[54]) und vor allem wie das Sterben verläuft, können nur wenige kurze Gebete, je eine oder gar mehrere der Varianten gewählt werden. Aber wäre, besonders wenn die Angehörigen die Auswahl treffen müssen, und dies noch in einer Krise, nicht mehr Festlegung angebracht? Dazu kommt wieder, daß die Fixierung einer Situation ihre Bewältigung prinzipiell erleichtert.

Doch es sind im Zusammenhang mit den Sterbegebeten noch wichtigere Fragen als die des Aufbaus zu stellen.

Inzwischen ereignen sich weit über 50 % aller Sterbefälle in den Kliniken[55]. Häufig sind die Sterbenden im Todeskampf allein[56]. Es wäre eine Aufgabe empirischer Forschung, festzustellen, wie oft Krankenhausgeistliche oder auch Angehörige das Sterben mit Gebet begleiten. Diese Frage müßte auch für das Sterben außerhalb der Klinik beantwortet werden. Und es sollte nachgeprüft werden, ob selbst gläubige Menschen um solche Gebete wissen, ob der Hinweis im Ordo berücksichtigt wird: »Wenn sie (Priester oder Diakon [Anm. d. Verf.]) aber wegen anderer wichtiger pastoraler Aufgaben nicht anwesend sein können, sollen sie nicht versäumen, die Gläubi-

---

[53] Vgl. dazu auch F. *Krankensakramente* 97.
[54] Vgl. ebd. 101 f.
[55] Vgl. *Ernst Engelke*, Situation und Umfeld für Sterbebeistand heute: *Ders. / Hans-Joachim Schmoll / Georg Wolff (Hgg.)*, Sterbebeistand bei Kindern und Erwachsenen, Stuttgart 1979, 23 f.
[56] Vgl. *Sudnow*, Sterben 111. 115; *Gorer*, Death 5.

gen zu belehren, daß sie den Sterbenden beistehen und mit ihnen beten. Dazu können die hier zusammengestellten oder auch andere Gebete dienen. Es muß dafür gesorgt werden, daß die Gläubigen Texte solcher Gebete und Lesungen zur Hand haben«[57].

Bevor über die Bedeutung der Sterbegebete gehandelt werden kann, müssen die Grenzen ihrer Verwendbarkeit aufgezeigt werden. Es muß bei dem Sterbenden wie bei den übrigen Betenden eine dem Beten entsprechende innere Disposition vorhanden sein. Der körperliche Zustand des Kranken muß mit dem Beten vereinbar sein. Jeder nur erkennbare Wille des Sterbenden, das Beten zu unterlassen, muß befolgt werden.

Sind diese Grenzen in Betracht gezogen, könnten die Sterbegebete in verschiedener Hinsicht Bedeutung gewinnen. Zunächst erfährt der Sterbende eine zuversichtliche Deutung seiner Situation. Nach Lyn H. Lofland ist das Sterben heute mehr Improvisation als Drama[58]. Sterbegebete geben dem existentiell anrührenden Vorgang einen Anhalt zur Strukturierung. Ein spezieller Aspekt der Verhaltensprobleme ist das Sprechen im Angesicht des Todes. Der Soziologe Jean Baudrillard hat eine völlig säkularisierte Gesellschaft vor Augen, wenn er feststellt: »Priester und letzte Ölung waren noch ein Überbleibsel der Gemeinschaftlichkeit des Sprechens über den Tod. Heute haben wir ein black-out«[59]. Die Sterbegebete jedoch durchbrechen dieses häufig vorkommende Schweigen: Sie sprechen eindeutig von der Situation des Sterbens (z. B. »Mache dich auf den Weg« oder »Kehre heim zu deinem Schöpfer«[60]). Und das Gebet nach dem Eintritt des Todes schließlich bringt Trost und verhaltensmäßige Stütze für die Angehörigen.

Die Praxis der Sterbegebete könnte durch diese verschiedenen helfenden Funktionen ein wichtiger Schritt in Richtung auf das oft beschworene humane Sterben sein.

3. Das Begräbnis

Dem wichtigen Charakteristikum von Riten, nämlich eindeutig festgelegt und einheitlich geregelt zu sein, widerspricht im Falle der Begräbnisliturgie nicht, daß es verschiedene Formen gibt, die an den Orten der Begräbnisfeier

---

57 F. Krankensakramente 97 f.
58 Vgl. *Lofland*, Craft 49.
59 Jean *Baudrillard*, Der symbolische Tausch und der Tod, München 1982, 290.
60 F. Krankensakramente 100. Ähnliches gilt für die Spendung der Wegzehrung; so heißt es dort: »In der Stunde unseres Hinübergehens aus dieser Welt« (ebd. 70).
Die vorkonziliaren Sterbegebete sprachen den bevorstehenden Tod noch deutlicher an, z. B. im Begriff »Todesstunde« (vgl. CollRit 80).

(Trauerhaus, Kirche, Friedhofshalle und Friedhof) orientiert sind. Die Inanspruchnahme mehrerer Orte oder nur des Trauerhauses sind wohl innerhalb einer Region relativ einheitlich. Der Festgelegtheit widerspricht auch nicht, daß innerhalb des Wortgottesdienstes Gebete für bestimmte Personenkreise (z. B. Jugendliche) oder Situationen (z. B. plötzlicher Tod) möglich sind[61]. Solche Gebete können eine Atmosphäre der persönlichen Anteilnahme durch den Priester entstehen lassen: Dies kommt auch den Katholiken entgegen, denen das katholische Begräbnis unpersönlich erscheint und die für die im Protestantismus übliche Grabrede plädieren. Aber es ist nicht mit der Festgelegtheit von Riten zu vereinbaren, wenn für viele Teile Varianten bestehen: Im Falle des umfangreichsten Ritus mit Feiern im Trauerhaus, in der Kirche und am Friedhof zählte der Verfasser mindestens 14 Stellen, an denen Varianten möglich waren, wobei die sog. feierliche Verabschiedung, nicht jedoch die eigentliche Meßfeier berücksichtigt wurde. Natürlich argumentieren Theologen, daß durch Variationen eine größere Fülle von Glaubensaussagen erschlossen werden könne. Aber für Gläubige, die öfter an einer Beisetzung teilnehmen, können, falls von diesen Variationen Gebrauch gemacht wird, eine fehlende Orientierung sowie das Gefühl entstehen, es sei beliebig, wie eine Beerdigung vor sich geht. Falls Trauernde vergeblich auf bestimmte Stichworte warten, die sie von früheren Beisetzungen her kennen, kann der Eindruck aufkommen, es werde ein wichtiger Grundsatz verletzt, auf den in den Erläuterungen zum Ritus Wert gelegt wird, nämlich daß »bei der Begräbnisfeier weder im Ritus noch im äußeren Aufwand ein Ansehen von Person und Rang gelten«[62] soll.

Es empfiehlt sich, daß zumindest innerhalb einer Kommune oder wenigstens einer Pfarrei eine feste Auswahl aus den zur Verfügung stehenden Texten getroffen wird.

III. Unmittelbare Ansprache durch Gesten und Zeichen

Claude Lévi-Strauss, der bekannte dem Strukturalismus verpflichtete Ethnologe, sagte in einem Interview: »Wenn Sie meine Meinung als Ethnologe hören wollen, dann sage ich Ihnen, daß mich die Vorgänge in der Kirche seit dem letzten Konzil beunruhigen. Von außen gesehen scheint es mir, daß man den religiösen Glauben (oder seine Ausübung) eines großen Teils jener

---

[61] Vgl. Ordnung Begräbnis 59 f.
[62] Ebd. 8.

Werte beraubt, die das Gefühl ansprechen, das nicht weniger wichtig ist als die Vernunft ... Was mir auffällt, ist die Verarmung des Rituals. Ein Ethnologe hat vor dem Ritual stets den größten Respekt. Um so mehr, als die Wurzeln des Rituals in ferner Vergangenheit liegen. Er sieht darin ein Mittel, bestimmte Werte unmittelbar sichtbar zu machen; sie würden die *Seele* weniger unmittelbar berühren, wenn man versuchte, sie mit rein rationalen Mitteln durchzusetzen«[63]. Diese Auffassung eines dezidierten Atheisten soll im folgenden überprüft werden: Welche unmittelbar ansprechenden Zeichen und Gesten sind in der Sterbe- und Begräbnisliturgie festzustellen; gibt es einschneidende Änderungen im Sinne des Wegfalls gegenüber vorkonziliaren Regelungen?

1. Das Begräbnis

Ohne damit ein Urteil über das Gesamt der katholischen Liturgie nach dem II. Vaticanum zu präjudizieren, kann für den Begräbnisritus festgestellt werden, daß die wichtigsten direkt ansprechenden Gesten und Zeichen erhalten wurden.

Solche Gesten und Zeichen sind zunächst das Besprengen mit Weihwasser und das Inzensieren mit Weihrauch. Besprengt und inzensiert wird der Leichnam im Trauerhaus, in der Kirche oder am Friedhof. Dazu werden sog. Deuteworte gesprochen, z. B. zum Inzensieren: »Aufsteige unser Gebet wie Weihrauch«[64]. Allerdings stimmt dieses Deutewort wie das zum Besprengen (vgl. B. III. 2) nicht ohne weiteres mit dem unmittelbaren Eindruck des Zeichens überein: Besprengen und Inzensieren erscheinen als Verbinden mit Göttlichem, als Entprofanisieren (*Weih*rauch, *Weih*wasser). Viel näher kamen diesem Eindruck die im vorkonziliaren Ordo für Besprengen und Inzensieren vorgesehenen Begleitworte: »Mit himmlischem Tau erquicke Gott deine Seele« und »Mit himmlischem Wohlgeruch erfreue Gott deine Seele«[65].

Im vorkonziliaren Ordo war das Besprengen des Grabes mit Weihwasser vorgeschrieben. Es entfällt im neuen Ritus, obwohl es wieder als Entprofani-

---

63 *Claude Lévi-Strauss*, Die religiöse Dimension der Gesellschaften. Ein Gespräch mit Jean-Claude Escaffit: *Ders.*, Mythos und Bedeutung, hg. von *Adelbert Reif*, Frankfurt/M. 1980, 281 (Hervorhebung von *Lévi-Strauss*).
64 Ordnung Begräbnis 21. In den »Vorbemerkungen« findet sich eine weitere, von der im Deutewort eindeutig unterschiedene Interpretation: »das Inzensieren mit Weihrauch soll den Leib des Verstorbenen als Tempel des Heiligen Geistes ehren« (ebd. 6).
65 CollRit 130.

sierung unmittelbar verstanden worden wäre. Eine Segnung des Grabes im Gebet ist jedoch vorgesehen[66].

Das Bewerfen des Sarges mit Erde, die Übernahme eines ursprünglich als Vermeidung von Totenrache entwickelten Brauchs[67], wird im Deutewort (»Ein mahnendes Zeichen ist uns diese Erde, zu der wir als sterbliche Menschen zurückkehren. Christus aber ist uns Hoffnung auf immerwährendes Leben!«)[68] nicht nur erläutert, sondern auch im Hinblick auf die Auferstehung in seiner Bedeutung abgeschwächt; das macht das Zeichen fraglich.

Der Vorbehalt gegen die Deuteworte gilt nicht für die Formulierungen zu den Kreuzzeichen, welche in einem Fall mit einem das Zeichen verstärkenden Holzkreuz geschlagen werden (»Das Kreuz unseres Herrn sei aufgerichtet an diesem Grab: Zeichen der Hoffnung und des Heiles«[69] sowie »Sei gezeichnet mit dem Zeichen unseres Herrn und Heilands Jesus Christus, der in diesem Zeichen dich erlöst hat«)[70].

Zwischen den verschiedenen Stationen des Begräbnisses (Trauerhaus, Kirche, Friedhofshalle, Friedhof) finden Prozessionen statt. Sie stellen Begleitungen des Toten wie der nächsten Angehörigen dar. In der Ordnung der Prozession kann die Stellung der Teilnehmer zum Verstorbenen sichtbar werden[71].

Das Hinabsenken des Sarges in das Grab ist der entscheidende Augenblick der Beerdigung. Er macht den Verlust überdeutlich sichtbar; es ist sinnvoll, daß diese dramatische Situation im Rahmen eines Ritus »gehalten« wird. Dem Priester ist die Möglichkeit gegeben, dabei ein Gebet zu sprechen[72].

Anläßlich des in der Praxis wohl recht selten vorkommenden Falles, daß sich der Sarg während der Messe in der Kirche befindet, wird vorgeschlagen, Evangelienbuch, Heilige Schrift oder Kreuz auf den Sarg zu legen. Auch dies sind unmittelbar sprechende Zeichen. Eine nachkonziliare Neuerung ist die Anregung, die Osterkerze »zu Häupten des Verstorbenen«[73] aufzustellen. Dieses Zeichen könnte eine theologische Neuorientierung (vgl. B. VI) wirkungsvoll unterstützen.

---

[66] Vgl. Ordnung Begräbnis 20f. 30.
[67] Vgl. *Schmied*, Einstellungen 51.
[68] Ordnung Begräbnis 21.
[69] Ebd.
[70] Ebd. 22.
[71] Vgl. *Leroy Bowman*, Group Behavior at Funeral Gatherings: *Sandra Galdieri Wilcox / Marilyn Sutton (Hgg.)*, Understanding Death and Dying, Palo Alto, Cal. ²1981, 190.
[72] Vgl. Ordnung Begräbnis 21.
[73] Ebd. 16.

2. Wegzehrung und Sterbegebete

Die Spendung der Wegzehrung sowie die Sterbegebete enthalten (und enthielten auch in der vorkonziliaren Version) wenige charakteristische Gesten und Zeichen.

Die Sterbegebete sehen lediglich die Bekreuzigung des Sterbenden vor. Nach dem vorkonziliaren Ritus sollte dem Sterbenden das Kreuz zum Kuß gereicht werden, ein Brauch, der zumindest nördlich der Alpen heute nicht mehr allgemein akzeptiert würde. Im Rahmen der vorkonziliaren Sterbegebete war ferner die Besprengung mit Weihwasser vorgesehen, die in den neuen Vorschriften fehlt. Vor allem aber wurde in den vorkonziliaren Texten (das gilt auch für die Spendung der Wegzehrung) die Besprengung als Reinigung interpretiert. Der Priester sprach: »Besprenge mich, o Herr, und ich bin rein, wasche mich, und ich bin weißer als Schnee«[74]. In der Spendung der Wegzehrung hat sich die Besprengung erhalten. Jedoch wird dabei an die Taufe erinnert. Der im vorkonziliaren Text zum Ausdruck gebrachte Reinigungsgedanke scheint viel unmittelbarer mit der Besprengung verbunden zu sein als das Gedächtnis der Taufe im neuen Text (»Dieses geweihte Wasser erinnere uns an den Empfang der Taufe und an Christus, der uns durch sein Leiden und seine Auferstehung erlöst hat.«[75]). Ist schon die Erwähnung der Taufe in der Situation des Sterbenden wenig hilfreich, so bleibt der Hinweis auf das Weihwasser dem Laien unverständlich. Durch solche Worte geht die Wirkung des Zeichens wenigstens zum Teil verloren.

Die vorkonziliare Form der Wegzehrung sah zwei Segnungen vor. Wie in vielen Fällen bei anderen Liturgien wurde nachkonziliar diese Doppelung beseitigt. Ohne damit die Frage zu thematisieren, inwieweit solche rational gefärbten Entscheidungen im Sinne der Funktion des Ritus weise sind, soll festgestellt werden, daß prinzipiell Zeichen des Segnens beim Sterben angemessen sind.

IV. Exkurs: Über die liturgische Farbe bei Beerdigungen von Kindern

Zu den unmittelbar den Menschen ansprechenden Aspekten der Umwelt gehört die Farbe. Die Kirche hat in einer differenzierten Farbensymbolik diese Art der Sinneswahrnehmung aufgegriffen und entwickelt; diese Symbolik wirkt tief in das gesamte Kulturleben der Völker ein, die ihr mehrheitlich angehören oder lange angehörten.

---

[74] CollRit 31.
[75] F. Krankensakramente 70.

Im Ordo Exsequiarum ist als liturgische Farbe für Beerdigungen von Kindern weiß vorgeschrieben[76]. (In der deutschen Adaptation fehlen diesbezügliche Angaben.)[77] Die Wahl der Farbe weiß wird mit »österlicher Festcharakter«[78] begründet. Diese Begründung ist nicht einleuchtend: Wäre nicht auch bei Beerdigungen von Erwachsenen dieser Hinweis angebracht? Im Falle von Erwachsenen wird jedoch die »Farbe des Begräbnisritus«[79] (in der Regel violett) getragen. In dem Weiß bei Beerdigungen von Kindern kommen völlig überholte Vorstellungen zum Ausdruck. Als hohe Prozentsätze von Kindersterblichkeit die Regel waren, wurde der Verlust von Kindern mit relativ wenig Gefühlsaufwand bewältigt. Alois Hahn charakterisiert in der Besprechung eines Buches des französischen Historikers Lebrun diese Haltung folgendermaßen: »Lebrun weist jedenfalls darauf hin, daß nach allgemeinem Glauben des 17. Jh. getaufte Kinder unmittelbar ins Paradies eingehen und dort als Fürsprecher für ihre Eltern auftreten. Der Tod der Kinder wird deshalb mit einer gewissen Gelassenheit als unvermeidlich akzeptiert. Alles aber wird getan, um sie nicht ungetauft sterben zu lassen«[80]. Im Zusammenhang mit dem zuletzt genannten Sachverhalt weist Arthur E. Imhof auf den Brauch des sog. Kinderzeichnens hin. Ein großer Kummer traf die Eltern bei Totgeburten oder bei schnellem Tod nach der Geburt, der keine Taufe mehr zuließ. »So trugen sie die kleinen Leichname an besondere Wallfahrtsstätten und verharrten dort so lange in inbrünstigem Gebet, bis die Verstorbenen ein Lebenszeichen von sich gaben, sie eben › zeichneten ‹, zum Beispiel im Schein der Kerzen rote Wangen bekamen. In diesem Zustand konnten sie getauft und nach dem sofort wieder eingetretenen Tod in geweihter Friedhofserde begraben werden. Damit war das Seelenheil der Kleinen gerettet — und gleichzeitig auch etwas für dasjenige der Eltern getan, denn sicherlich legten die in den Himmel eingegangenen › schönen Engelein ‹ (weiß als Farbe der Engelfeste?; eine derartige Interpretation hörte ich noch in meiner Schulzeit [Anm. d. Verf.]) nun ihrerseits ein gutes Wort für ihre Väter und Mütter ein.«[81] Imhof interpretiert: »Verzweiflung verwandelte sich in Heilsgewißheit, die zur Stabilität auch im Psychischen führte«[82]. In dieser Situation

---

[76] Ordnung Begräbnis 35.
[77] Dort heißt es lediglich: »Die liturgische Kleidung richtet sich nach dem diözesanen Brauch« (F. Begräbnis 18).
[78] Ordnung Begräbnis 35.
[79] Ebd. 13.
[80] *Alois Hahn*, Tod und Individualität: KZS 31 (1979) 754.
[81] *Arthur E. Imhof*, Die verlorenen Welten, München 1984, 22. Imhof bezieht sich auf den deutschen Sprachraum. Ähnliches ist jedoch auch für Frankreich belegt; vgl. *Françoise Loux*, Das Kind und sein Körper in der Volksmedizin, Stuttgart 1980, 229 f.
[82] *Imhof*, Welten 22.

konnte die liturgische Farbe weiß, die u. a. auch Freude symbolisiert, als angemessen empfunden werden. Heute läßt sich jene »Stabilität ... im Psychischen« meist nur schwer erlangen. Im Gegensatz zu den Zeiten, als vielen Geburten viele Kindertode gegenüberstanden, sind heute wenige Kinder, die aber fast alle das Erwachsenenalter erreichen, in den Industriegesellschaften der Normalfall. Und der Tod eines solchen Kindes ist ein äußerst belastendes Faktum; ist das Kind gar dem Säuglingsalter entwachsen, kann sein Tod das gesamte weitere Leben der Eltern verdüstern. Es wird angenommen, daß der Tod eines Kindes neben dem Tod des Gatten die tiefste Trauer auslöst[83]. Dem muß in der Gestaltung der Begräbnisliturgie Rechnung getragen werden. Weiß ist in der Liturgie eindeutig positiv besetzt; und daher ist in der heutigen Situation der Industrieländer die Verwendung dieser Farbe bei Begräbnissen von Kindern herzlos.

V. Hinwendung zum Adressaten

Die Sterbeliturgie ist auf den vor dem Tode Stehenden ausgerichtet. Sowohl die Texte zur Wegzehrung als auch die Sterbegebete handeln von seiner Situation und seinem Heil. Die Angehörigen oder Pflegenden sind nicht angesprochen. Es wäre zu überlegen, ob in den Gebeten nicht auch ihr Bedürfnis nach Kraft und Trost thematisiert werden sollte[84]. Besonders beim Abschluß der Sterbegebete könnte dies angebracht sein.

Beim Begräbnis geht es zunächst um den Verstorbenen. Die Texte werden auf ihn bezogen, die an Gott gerichteten Gebete für ihn gesprochen. Das Begräbnis bedeutet auch den endgültigen Übergang in den Status eines Toten (vgl. A. II. 2). Überdeutlich wird dies im Rahmen der Erdbestattung, wenn der Sarg in das Grab gesenkt wird. Die Kirche begleitet mit ihrer Liturgie diese schwierige »Passage«[85]. Damit leistet sie aber vor allem für die Hinterbliebenen einen wichtigen Dienst. Sie bietet einen als angemessen empfundenen Rahmen für diese gravierende Situation im Leben einer Familie. Entsprechend unserer von der Theologie unterschiedenen Fragestellung werden wir weiterhin allein die Hinterbliebenen als Adressaten der Liturgie betrachten.

---

[83] Vgl. *Gorer*, Death 121. Aus den »Vorbemerkungen« des neuen Ordo für Begräbnisse geht hervor, daß der Schmerz der Eltern durchaus gesehen wird; vgl. Ordnung Begräbnis 7.
[84] Dieses Bedürfnis der dem Sterbenden Nahestehenden nach Trost wird in den Vorbemerkungen zu den Sterbegebeten thematisiert; vgl. F. Krankensakramente 97.
[85] Es ist ein Gebet für diese Situation vorgesehen; vgl. Ordnung Begräbnis 21.

Auf diese Adressaten wird in der Begräbnisliturgie mehrfach direkt Bezug genommen. Bei der Feier im Trauerhaus kann ein Gebet für die trauernden Angehörigen gesprochen werden. Es liegen zwei Vorschläge für längere Gebete vor, in denen Trost für die Trauernden und die Nähe zu Gott für den Verstorbenen erfleht werden[86]. In dem ersten der beiden Gebete wird zusätzlich das Wiedersehen mit dem Verstorbenen zur Sprache gebracht, ein eindeutig tröstlicher Gedanke. Ferner wird in zweien der Vorschläge für die Einführungsworte zur sog. feierlichen Verabschiedung der »Schmerz« der Trennung genannt, und es wird die Wiedersehenshoffnung angesprochen[87]. Weiterhin wird am Ende der feierlichen Verabschiedung in der Kirche[88], im Rahmen der Fürbitten am Grab[89] sowie in einem der Schlußgebete am Grab[90] der Trauernden gedacht. Inhalte sind Trost im Glauben, Hoffnung auf ein Wiedersehen und das Paradies für den Verstorbenen.

Diese Darstellung betraf das Begräbnis für Erwachsene. Im »Begräbnis getaufter Kinder« ist zusätzlich ein Gebet um Trost für die Eltern vorgesehen[91]. Dieser Trost kommt auch in einem der beiden Vorschläge zur feierlichen Verabschiedung zur Sprache[92].

Im vorkonziliaren Ritus waren lediglich Bitten »für alle, welche dieser Tod mit Schmerz und Trauer erfüllt«[93], vorgesehen. Nach dem neuen Ritus wird also der Trauernde verstärkt angesprochen, was nach den einleitenden Vorbemerkungen im Ordo auch intendiert ist. Dort heißt es: »Bei der Vorbereitung des Begräbnisses und bei der Feier sollen die Priester nicht nur die Person des Verstorbenen und die Umstände seines Todes vor Augen haben, sondern auch den Schmerz der Angehörigen«[94]. Inwieweit über die Vorschriften und Vorschläge des Ritus hinaus bei der Vorbereitung der Feier (z. B. durch Besuch im Trauerhaus) und bei der Feier selbst noch eine spezielle Hinwendung zu den Hinterbliebenen erfolgt, kann nur durch empirische Studien geklärt werden.

Jedes Gebet wird im Sinne der Trauernden gesprochen. Die Befreiung des Verstorbenen von Schuld sowie das ewige Leben (vgl. B. VI) sind dominierende Aspekte in den Gebeten, die auf den Trauernden tröstlich wirken

---

[86] Vgl. ebd. 15.
[87] Vgl. ebd. 61.
[88] Vgl. ebd. 16.
[89] Vgl. ebd. 22.
[90] Vgl. ebd. 23.
[91] Vgl. ebd. 70. Es liegen ebd. zwei Texte für ein solches Gebet vor.
[92] Vgl. ebd. 71.
[93] CollRit 131.
[94] Ordnung Begräbnis 8.

können[95]. Ein Gebetsteil verdient aber besondere Beachtung: die schon mehrfach genannte feierliche Verabschiedung. Sie ersetzt einen vorkonziliaren Läuterungsritus. In der neuen Form stellt sie »den letzten Abschiedsgruß« dar, »den die christliche Gemeinde ihrem verstorbenen Mitglied entbietet«[96]. Abschiednehmen ist ein wichtiger Aspekt bei der Loslösung vom Toten, innerhalb derer auch das Begräbnis einen spezifischen Sinn besitzt. Das Abschiednehmen bringt ferner die Wahrnehmung des Verlustes zum Ausdruck, den viele Trauernde nach einem Todesfall zunächst negieren[97]. Daß die Kirche dies durch einen Ritus unterstützt, ist zu begrüßen. Nur unterscheiden sich die Gebetsworte der Verabschiedung zu wenig von anderen Gebeten im Rahmen der Beisetzung. Die Kehrversworte »Nehmt seine Seele in Empfang und bringt sie vor das Antlitz des Allerhöchsten«[98] etwa scheinen eher für den Eintritt des Todes passend. Lediglich zwei der fünf Vorschläge für einführende Worte machen auf das Charakteristische dieses Teils des Begräbnisses aufmerksam[99]. Die Texte müßten pointiert auf das Abschiednehmen ausgerichtet werden, wenn sie eine solche Funktion erfüllen sollen.

VI. Die Verheißung des ewigen Lebens

1. Die Spannung zwischen zwei Konzeptionen

Nach einer oft zitierten Definition des amerikanischen Soziologen John Milton Yinger ist Religion »ein System von Glaubensvorstellungen und Hoffnungen, mit dem eine Gruppe von Menschen den letzten Problemen des menschlichen Lebens begegnen will«[100]. Wie immer man den Umfang der »letzten Probleme des menschlichen Lebens« festlegen wird, Tod und das Schicksal des Menschen nach seinem Ableben gehören sicher zu ihnen. In dem Begriff des Systems ist nicht nur die Zuordnung einzelner Aussagen, sondern ansatzweise auch ihre Eindeutigkeit mitgedacht. Aus der Perspektive der Soziologie umschreibt Peter L. Berger diesen letztgenannten Aspekt der Religion folgendermaßen: »Die von sich aus ungesicherten und vergäng-

---

[95] Vgl. *Yorick Spiegel*, Der Prozeß des Trauerns, München/Mainz 1973, 109 f.
[96] Ordnung Begräbnis 6.
[97] Vgl. *Schmied*, Sterben 99.
[98] Ordnung Begräbnis 18.
[99] Gebet 185 und 186, ebd. 61.
[100] *John Milton Yinger*, Religion, Society and the Individual, New York ²1960, 99: *Günter Kehrer*, Religionssoziologie, Berlin 1968, 8.

lichen Konstruktionen menschlichen Handelns werden so mit dem Anschein letzter Sicherheit und Dauer versehen«[101]. Also nicht Hypothesen, sondern mit Überzeugung vorgetragene, eindeutige Antworten sind Elemente einer tragfähigen Weltanschauung. Ein Grundpfeiler christlicher Aussagen über den Tod ist sein Übergangscharakter; der Tod ist Übergang zu neuem Leben.

Nach Yorick Spiegel kann die christliche Beisetzung durch die Versicherung dieses ewigen Lebens Trauer lindern[102]. Gerade Hinterbliebene eines Verstorbenen werden sich mit dem Leben nach dem Tode intensiv beschäftigen. Vielleicht stellen sie sich bisweilen die Frage nach dem aktuellen Schicksal des Toten. Hier aber können sie in eine Spannung geraten, die die Geschichte des Christentums durchzieht. Folgt man den detaillierten Untersuchungen von Philippe Ariès, vor allem in seiner »Geschichte des Todes«, so war bis in das Hochmittelalter durchgehend die Vorstellung verbreitet, der Tote verharre bis zum Endgericht in einem schlafähnlichen Zustand[103]. Das Gebet *Requiescat in pace* bringt dieses Denken zum Ausdruck[104]. In der Folgezeit setzte sich zunehmend die Überzeugung durch, unmittelbar nach dem Tode trete die Seele vor Gott, damit über Seligkeit oder Verdammnis entschieden werde[105]. Für das 19. Jahrhundert stellt Ariès fest, daß hier das Fegefeuer als Zwischenstation vor der endgültigen Aufnahme bei Gott betont wird[106]. Diese Vorstellung läßt sich gut mit der in dieser Zeit wachsenden Intimisierung der Familie (vgl. A. II. 2) vereinbaren. Durch Gebet und Messen kann man weiter für die Angehörigen sorgen, mit denen man im Leben eng verbunden war[107]. In der neueren Theologie, so auch in den Vorbemerkungen zum neuen Ordo für das Begräbnis unter dem dort mehrfach genannten Stichwort »Paschamysterium«[108], wird wieder verstärkt der Schwerpunkt bei der Auferstehung der Toten am Weltende gesetzt. Die Vorstellung, daß die Seele in der Zwischenzeit allein weiterlebt, wird seltener thematisiert, ja von einer Reihe z.T. prominenter Theologen dezidiert abgelehnt[109]. Karl Rahner und Herbert Vorgrimler — wohl um einen Ausgleich zwischen den divergierenden Positionen bemüht — bezeichnen die Spannung zwischen den

---

[101] *Berger*, Dialektik 35.
[102] *Spiegel*, Prozeß 105 f. Allerdings bezieht Spiegel in seine Darlegungen die im folgenden zu erörternde Problematik ein.
[103] Vgl. *Ariès*, Geschichte 35—40.
[104] Vgl. ebd. 37. 196.
[105] Vgl. ebd. 136—141.
[106] Vgl. ebd. 587—593.
[107] Vgl. ebd.
[108] Vgl. Ordnung Begräbnis 5—7. 9.
[109] Vgl. z.B. *Hans Küng*, Ewiges Leben?, München/Zürich 1982, 178—180.

beiden Konzeptionen als ein »schwieriges theologisches Problem«[110]. Es soll gezeigt werden, daß auch die Texte zur Sterbe- und Begräbnisliturgie in dieser Spannung stehen.

2. Wegzehrung und Sterbegebete

In der Spendung der Wegzehrung finden wir mehrere Hinweise auf die Auferstehung (z. B. »Unterpfand der Auferstehung«[111]) sowie Texte, die den Zeitpunkt des Lebens bei Gott offen lassen (z. B. »er öffne dir die Pforten des Paradieses«[112]). Der Bezug auf das eschatologische Gastmahl[113] oder die Formulierung »Gib ihm (ihr) die sichere Zuversicht, *einmal* in dein Reich zu gelangen«[114] zielen tendenziell auf die Zeit nach dem Endgericht.

Die Sterbegebete sind ausschließlich am unmittelbar bevorstehenden Zusammensein mit Gott und den Heiligen orientiert. Drei Beispiele sollen das belegen: »Heute noch sei dir im Frieden eine Stätte bereitet, deine Wohnung bei Gott im heiligen Zion«[115] oder »Wenn du aus diesem Leben scheidest, eile Maria dir entgegen mit allen Engeln und Heiligen«[116] oder — mit Verweis auf die Seele — »Nehmt seine Seele und führt sie hin vor das Antlitz des Allerhöchsten«[117]. In Ergänzung der Erörterungen über die Hinwendung zum Adressaten (vgl. B. V) kann — ohne daß damit Stellung zu theologischen Gehalten bezogen wird (vgl. A. I sowie B. VI. 4) — von einer ungemein tröstlichen Wirkung dieser Aussagen auf den Sterbenden wie die Angehörigen ausgegangen werden.

3. Das Begräbnis

In den zahlreichen Texten der Begräbnisliturgie lassen sich vier Kategorien von Gebeten unterscheiden.

1) Mehrfach bleibt der Anfang eines neuen Lebens bei Gott offen (z. B. »Nimm ihn auf in das Reich des Lichtes und des Friedens«[118] oder »laß

---

[110] *Karl Rahner/Herbert Vorgrimler*, Art. »Eschatologie«: *Diess.*, Kleines Theologisches Wörterbuch, Freiburg i. B. ¹²1980, 117.
[111] F. Krankensakramente 70.
[112] Ebd. 72.
[113] Ebd. 74.
[114] Ebd. 76 (Hervorhebung von mir, *G. S.*).
[115] Ebd. 100.
[116] Ebd.
[117] Ebd. 103.
[118] Ordnung Begräbnis 14.

ihn dir leben«[119] oder »Gib ... mit den Heiligen Anteil an deiner Seligkeit«[120]).

2) In anderen Fällen wird gleichzeitig auf die sofortige Seligkeit bei Gott wie auf die Auferstehung der Toten verwiesen (z. B. »Der Tod sei ihm eine Pforte, die er ohne Schaden durchschreitet, die zur Wohnstatt der Heiligen führt, in jenes Licht, das du einst Abraham und seinen Kindern verheißen hast. Seine Seele leide nicht Schaden, und wenn der große Tag der Auferstehung und des Gerichtes kommt, dann erwecke ihn mit deinen Heiligen und Auserwählten«[121]).

3) Weiter findet man in Gebeten ausschließlich die Vorstellung der Auferstehung des Leibes,

4) sowie allein den Gedanken, die Seele stehe sofort nach dem Tod vor Gottes Angesicht.

Daß diese beiden Aussagen mit einer gewissen Beliebigkeit als zentral für das Leben nach dem Tode präsentiert werden, soll an zwei Gebeten gezeigt werden, die bei dem gleichen Anlaß, nämlich der Segnung des Grabes, zur Auswahl gestellt sind. In einem Gebet heißt es: »So nimmt das Grab nicht nur den Leib auf, sondern gibt die Hoffnung auf ewiges Leben. Gib, daß dein Diener in diesem Grab in deinem Frieden schlafe und ruhe, bis du ihn einst auferweckst und mit Licht erfüllst, der du unser Leben und unsre Auferstehung bist. Im Lichte deines Angesichtes laß unseren Bruder das ewige Licht schauen im Himmel«[122] und in einer der möglichen Varianten: »Den Leib unseres Bruders N. bestatten wir hier in der Erde, seine Seele aber löse du von allen Fesseln der Sünden und schenke ihr ewige Freude in dir mit allen deinen Heiligen«[123]. In solchen Variationen kommt nicht allein die Fülle der möglichen Aussagen, sondern auch eine gewisse theologische Ratlosigkeit zum Ausdruck.

4. Schlußfolgerung

Der Soziologe kann nicht zu theologisch-inhaltlichen Fragen Stellung nehmen (vgl. A. I). Das Problem, ob die Vorstellung eines zwischenzeitlichen Weiterlebens der Seele in Himmel, Hölle oder Fegefeuer oder die Auferstehung des ganzen Menschen erst am Ende der Zeiten mit all den angesichts

---

[119] Ebd. 63.
[120] Ebd. 23.
[121] Ebd. 14.
[122] Ebd. 20.
[123] Ebd.

einer Entscheidung für diese Alternative letztlich notwendigen Änderungen in der gegenwärtigen kirchlichen Praxis (hier sind vor allem die Heiligenverehrung sowie die Tatsache, daß nahezu jede Messe für das Seelenheil von potentiell im Fegefeuer weilenden Verstorbenen gefeiert wird, zu nennen) zu favorisieren ist, gehört nicht in den Kompetenzrahmen seiner Wissenschaft. Aber er kann darauf hinweisen, daß allein dezidierte Antworten auf die Frage nach dem ewigen Leben sowie ihre Umsetzung in die Liturgie verhindern, die Funktion und damit auch die Attraktivität der Religion aufs Spiel zu setzen, die darin bestehen, daß Religion Sicherheit in bezug auf dieses vielleicht wichtigste unter »den letzten Problemen des menschlichen Lebens«, das Schicksal des Menschen nach dem Tode anzubieten hat.

Die hier vorgetragene Empfehlung für eine verstärkte, auf klare Aussagen drängende Auseinandersetzung mit der Thematik des Weiterlebens nach dem Tode wird durch Ergebnisse der Repräsentativbefragung unter den deutschen Katholiken zu Beginn der 70er Jahre unterstützt. Auf die Frage, worüber sie sich mit jemandem, »der sich in Lebensfragen und Glaubensfragen gut auskennt«, gern sprechen würden, wählten 36% die Vorgabe »Ob es ein Fortleben nach dem Tod gibt, oder ob nach dem Tod alles aus ist«[124]. Dies war der am häufigsten genannte Diskussionspunkt. Er ist der, der den einzelnen in seiner Existenz am stärksten betrifft und bedrückt. Demgegenüber erscheinen die im offiziellen Glaubensbekenntnis zentralen Fragen, ob Christus von den Toten auferstanden ist (13% der Probanden wählten diese Vorgabe) oder ob Christus der Sohn Gottes ist (11%), fast schon nebensächlich[125]. Der Ertrag dieser Befragungsergebnisse läßt sich in der prinzipiellen Feststellung Peter L. Bergers zusammenfassen, die auch als ausdrucksstarke Argumentation im Sinne unserer oben ausgesprochenen Empfehlung an Theologie und Kirche gesehen werden kann: »Die Macht einer Religion hängt von der Glaubwürdigkeit ihrer Banner ab, die sie Menschen in die Hand gibt, die dem Tode entgegensehen oder ihm unweigerlich entgegengehen«[126].

---

[124] *Schmidtchen*, Kirche 39.
[125] Vgl. ebd.
[126] *Berger*, Dialektik 51.

C. Bibliographische Erschließung

Ariès, Philippe, Geschichte des Todes, München/Wien 1980.

Ders., Studien zur Geschichte des Todes im Abendland, München/Wien 1976.

Baudrillard, Jean, Der symbolische Tausch und der Tod, München 1982.

Die kirchliche Begräbnisfeier in den katholischen Bistümern des deutschen Sprachgebietes, Einsiedeln u. a. o. J. (1972).

Berger, Peter L., Zur Dialektik von Religion und Gesellschaft, Frankfurt/M. 1973.

Bowman, Leroy, Group Behavior at Funeral Gatherings: *Sandra Galdieri Wilcox / Marilyn Sutton (Hgg.)*, Understanding Death and Dying, Palo Alto, Cal. ²1981, 189—193.

Collectio rituum, Regensburg ⁵1960.

Durkheim, Emile, Zur Definition religiöser Phänomene: *Joachim Matthes*, Religion und Gesellschaft, Reinbek 1967, 120—141.

Ders., Die elementaren Formen des religiösen Lebens, Frankfurt/M. ³1984.

Ders., Die Regeln der soziologischen Methode, hg. und eingel. von *René König*, Darmstadt/Neuwied ⁵1976.

Elias, Norbert, Über die Einsamkeit der Sterbenden in unseren Tagen, Frankfurt/M. 1982.

Ders., Über den Prozeß der Zivilisation 1, o. O. ⁶1978.

Engelke, Ernst, Situation und Umfeld für Sterbebeistand heute: *Ders. / Hans-Joachim Schmoll / Georg Wolff (Hgg.)*, Sterbebeistand bei Kindern und Erwachsenen, Stuttgart 1979, 17—29.

Die Feier der Krankensakramente, Einsiedeln u. a. o. J. (1975).

Fuchs, Werner, Todesbilder in der modernen Gesellschaft, Frankfurt/M. 1969.

Gehlen, Arnold, Mensch und Institutionen: *Ders.*, Anthropologische Forschung, Reinbek 1961, 69—77.

Glaser, Barney G. / Strauss, Anselm L., Awareness of Dying, New York ⁹1979 (deutsch: Interaktion mit Sterbenden, Göttingen 1974).

Diess., Time for Dying, Chicago ²1974.

Gorer, Geoffrey, Death, Grief, and Mourning, New York ²1977.

Ders., Die Pornographie des Todes: Der Monat 8 (1956), Heft 92, 58—62.

Hahn, Alois, Einstellungen zum Tod und ihre soziale Bedingtheit, Stuttgart 1968.

Ders., Tod und Individualität: KZS 31 (1979) 746—765.

Hardt, Dale V., Death, Englewood Cliffs, N. J. 1979.

Hertz, Robert, Contribution à une étude sur la représentation collective de la mort: L'Année sociologique 10 (1907) 48—137.

Huntington, Richard / Metcalf, Peter, Celebrations of Death, Cambridge u. a. ²1980.

Imhof, Arthur E., Die verlorenen Welten, München 1984.

Kastenbaum, Robert J., Death, Society, and Human Experience, St. Louis, Miss. 1977.

Kehrer, Günter, Religionssoziologe, Berlin 1968.

Küng, Hans, Ewiges Leben?, München/Zürich 1982.

Kyll, Nikolaus, Tod, Grab, Begräbnisplatz, Totenfeier, Bonn 1972.

Lau, Ephrem Else, Tod im Krankenhaus, Köln 1975.

Lévi-Strauss, Claude, Die religiöse Dimension der Gesellschaften. Ein Gespräch mit Jean-Claude Escaffit: *Ders.*, Mythos und Bedeutung, hg. von *Adelbert Reif*, Frankfurt/M. 1980, 275—283.

Lofland, Lyn H., The Craft of Dying, Beverly Hills, Cal./ London ²1981.

Loux, Françoise, Das Kind und sein Körper in der Volksmedizin, Stuttgart 1980.

Malinowski, Bronislaw, Magie, Wissenschaft und Religion: *Ders.*, Magie, Wissenschaft und Religion. Und andere Schriften, Frankfurt/M. 1973, 3—74.

Mitford, Jessica, The American Way of Death, New York 1963 (deutsch: Der Tod als Geschäft, Olten/Freiburg i. B. 1965).

Ordnung des Begräbnisses nach dem neuen Rituale Romanum. Deutsche Studienausgabe, hg. vom Institutum Liturgicum Salzburg, Salzburg 1970.

Ordo exsequiarum. Editio typica, Vaticano 1969.

Ordo unctionis infirmorum eorumque pastoralis curae. Editio typica, Vaticano 1975.

Radcliffe-Brown, A. R., The Andaman Islanders, Glencoe, Ill. 1948.

Rahner, Karl/Vorgrimler, Herbert, Art. »Eschatologie«: *Diess.*, Kleines Theologisches Wörterbuch, Freiburg i. B. ¹²1980, 116—117.

Schmidtchen, Gerhard, Zwischen Kirche und Gesellschaft, Freiburg/Basel/Wien 1972.

Ders., Priester in Deutschland, Freiburg/Basel/Wien 1973.

Schmied, Gerhard, Einstellungen zu Tod und Unsterblichkeit in den westlichen Industriegesellschaften: *Rabanus-Maurus-Akademie (Hg.)*, Stichwort: Tod, Frankfurt/M. 1979, 37—56.

Ders., Sterben und Trauern in der modernen Gesellschaft, Opladen 1985.

Shibles, Warren, Death, Whitewater, Wisc. 1974.

Shorter, Edward, Die Geburt der modernen Familie, Reinbek 1977.

Spiegel, Yorick, Der Prozeß des Trauerns, München/Mainz 1973.

Sudnow, David, Organisiertes Sterben, Frankfurt/M. 1973.

Taylor, Carol, The Funeral Industry: *Hannelore Wass (Hg.)*, Dying, Washington/New York/London 1979, 375—384.

Van Gennep, Arnold, Les rites de passage, Paris 1909.

Zulehner, Paul Michael, Heirat — Geburt — Tod, Wien/Freiburg/Basel 1976.

Reinkarnationsglaube als Ausdruck individueller Sinnsuche

Das Beispiel: Shirley MacLaine »Zwischenleben«

Karl-Fritz Daiber

I. Interesse und Vorgehensweise

Der Glaube an eine Wiedergeburt der Seele in einem neuen Leib gehört zu den wesentlichen religiösen Ausdrucksformen, die Menschen gefunden haben, um ihr Leben angesichts des Todes verstehen zu können. Dabei ist dieser Glaube auch und gerade in den östlichen Traditionen keineswegs einheitlich ausgestaltet, die Grundannahme differenziert sich in vielfältige Aspekte.

In der abendländisch-christlichen Überlieferung sind immer wieder Varianten des Wiedergeburtsglaubens aufgetreten, auch wenn die großkirchliche Tradition ihm kritisch-distanziert, ja, ihn verwerfend, begegnet ist. Seit der Aufklärung und damit im Zusammenhang der Öffnung nichtchristlichen religiösen Traditionen gegenüber kommt in der europäischen religiösen Tradition dem Wiedergeburtsglauben eine neue Bedeutung zu, auch wenn er nur von einzelnen oder kleineren religiösen Gruppen vertreten wird.

Seit einigen Jahren ist in der Bundesrepublik zu beobachten, daß aus verschiedenen Gründen das Interesse an Vorstellungen der Wiedergeburt zugenommen hat.

Im folgenden soll es nicht darum gehen, den Glauben an die Wiedergeburt des Menschen religionsgeschichtlich oder überhaupt ideengeschichtlich aufzuhellen. Es soll auch nicht darum gehen, gegenwärtige Ausdrucksformen dieses Glaubens in einen geistesgeschichtlichen Zusammenhang einzuordnen. Das Interesse ist vielmehr religionssoziologischer Art. Es soll darum gehen, Formen dieses Glaubens, wie sie sich in der gegenwärtigen Gesellschaft vorfinden, zu beschreiben, nach den Bedingungen seiner Überzeugungskraft zu fragen und nach möglichen Funktionen zu suchen. Es scheint so, als ob die christliche Symbolik der Deutung von Tod und Leben viele Menschen nicht mehr zu überzeugen vermag, so daß aus diesem Grunde andere religiöse Traditionen geprüft und aufgenommen werden. Es scheint, als ob dieser Prüfungsprozeß höchst individuell organisiert wird, gar nicht auf religiöse Kommunikation und Verständigung angelegt. Daß also die Relevanz der religiösen Symbolik sich in hohem Maße am Individuum orientiert, sich an ihrer Leistung für eine je persönliche Lebensorientierung messen lassen muß.

Bei der Erörterung der Problematik wird fallanalytisch vorgegangen, im Mittelpunkt steht der autobiographische Bericht der amerikanischen Schauspielerin Shirley MacLaine »Zwischenleben«. An ihrem Beispiel soll schwerpunktmäßig das Problem dargestellt werden. Eine Einordnung in ein weiteres gesellschaftliches Umfeld ist freilich unumgänglich.

II. Wiedergeburtsglaube im Spiegel der Meinungsforschung

Naturgemäß lassen sich die religiösen Orientierungen, die in einer Gesellschaft vorherrschen, durch das Instrument der Meinungsforschung nur in relativ groben Rastern beschreiben. Differenzierungen in den Vorstellungen werden im allgemeinen ungenügend berücksichtigt, ebenso kann deren individuelle Bedeutsamkeit kaum zureichend aufgedeckt werden.

Beachtenswert ist außerdem, daß bereits kleine Veränderungen bei der Formulierung von Antwortvorgaben deutliche Zustimmungsänderungen nach sich ziehen. So kann beispielsweise gefragt werden: »Glauben Sie an ein Weiterleben nach dem Tode?« Oder es kann formuliert werden: »Gibt es ein Weiterleben nach dem Tode?« In der ersten Formulierung ist die persönliche Relevanz der Aussage stärker im Auge, als dies etwa in der zweiten Aussage der Fall ist, unterschiedliche Ergebnisse sind die Folge. Dessen ungeachtet lassen sich allerdings doch deutlich genug einige grobe Umrisse erkennen.

Im Jahre 1979 wurde die SPIEGEL-Umfrage wiederholt, die 1967 durchgeführt wurde.[1]

Dabei wurde die Frage gestellt: »Sicher haben Sie sich einmal Gedanken darüber gemacht, was nach dem Tod geschieht. Was meinen Sie — gibt es ein Leben nach dem Tode?« Auf diese Frage wurde von 53 % der befragten Bundesbürger mit Ja geantwortet, 44 % entschieden sich für Nein, 3 % machten keine Angabe.[2]

Im selben Jahr fragte das Bielefelder EMNID-Institut ebenfalls zum Thema Religion.[3] Die Frage lautete: »Glauben Sie an ein Leben nach dem

---

[1] *W. Harenberg*, Was glauben die Deutschen? II, (IFAK-Spektrum 3, hg. v. IFAK-Institut Traunstein).

[2] Ebd. 12.

[3] Die EMNID-Untersuchung ist veröffentlicht in: epd-Dokumentation 12/1980 vom 3. März 1980: »EMNID befragte die Bundesbürger: 80 % glauben an Gott«.

Tod?« 45 % antworteten mit Ja, 51 % mit Nein, 4 % machten keine Angabe. Die Differenz zwischen beiden Ergebnissen erklärt sich wohl in erster Linie aus den unterschiedlichen Antwortvorgaben. Man wird indessen davon ausgehen können, daß Ende der siebziger Jahre von etwa der Hälfte der Bundesbürger die Vorstellung von einem Leben nach dem Tod bejaht wurde. Dies ist ein hoher Prozentsatz, wenn man berücksichtigt, daß religiöse Vorstellungen insgesamt an lebensdeutender Kraft verloren haben. Es ist ein niedriger Prozentsatz, wenn man an die christlich-kirchliche Geschichte unseres Landes denkt. Auffallend ist, daß Befragte mit mittleren und höheren Bildungsabschlüssen eher von einem Fortleben nach dem Tode ausgehen, als Menschen mit einem niedrigeren Schulabschluß. Dies wird im übrigen auch schon von Allensbacher Untersuchungen aus den Jahren 1956 und 1964 bestätigt.[4]

In der bereits zitierten Umfrage des EMNID-Institutes wurde nun auch die Frage gestellt: »Glauben Sie an die Wiedergeburt?« Auf diese Frage antworteten 26 % der Bundesbürger mit Ja, 68 % mit Nein, 6 % machten keine Aussage. Dieselbe Frage wurde auch 1968 vorgelegt. Damals antworteten 25 % mit Ja, 54 % mit Nein, 21 % machten keine Angabe. Die Anzahl der Bejahenden hat sich also, verglichen mit 1968, geringfügig erhöht, die Anzahl der mit Nein Votierenden ist deutlich angestiegen, keine Angabe machte, verglichen mit 1968, ein kleinerer Teil. Es sieht so aus, als ob die Polarisierung der Bevölkerung in religiösen Fragen zugenommen hätte. Dies wird auch von anderen religions- und kirchensoziologischen Forschungen her bestätigt.

Ein Problem der Frageformulierungen ist, daß der Begriff »Wiedergeburt« relativ unpräzise ist. Von »Wiedergeburt« wird ja durchaus auch in der christlichen Theologie und Alltagsfrömmigkeit gesprochen. »Wiedergeburt« meint in diesem Zusammenhang Buße, Umkehr, zum Glauben kommen. Trotzdem kann davon ausgegangen werden, daß der Begriff eher im Sinne der allgemeinreligiösen Vorstellung von der Wiedergeburt verstanden wurde, zumal die spezifisch christliche Version des Begriffes wahrscheinlich nur einem kleineren Teil der Befragten geläufig gewesen sein dürfte. Berücksichtigt man diese semantische Unsicherheit, bleibt aber doch der Zustimmungsgrad zum Glauben an die Wiedergeburt beachtlich, handelt es sich doch um eine religiöse Vorstellung, die weder von der katholischen, noch von der evangelischen Kirche bejaht wird.

Der Zustimmungsgrad unterscheidet sich in einzelnen Bevölkerungsgruppierungen. Der bereits beobachtete Einfluß des Bildungsabschlusses ist auch hier festzustellen. Unter den Befragten, die Abitur oder einen Hochschulab-

---

[4] *G. Schmidtchen*, Protestanten und Katholiken, Bern/München 1973, 301 ff.

schluß haben, stimmten 30 % der Frage zu »Glauben Sie an die Wiedergeburt?« Im übrigen stimmten Frauen stärker zu als Männer und ältere Menschen über 65 Jahre in höherem Maße als alle übrigen Altersgruppierungen. Nach Berufsgruppen unterschieden wird die Frage nach dem Glauben an die Wiedergeburt von Rentnern und Hausfrauen stärker bejaht als von solchen Befragten, die unmittelbar im Erwerbsleben stehen, Angestellte und Arbeiter stimmen unterdurchschnittlich zu. Der Glaube an die Wiedergeburt wird von Katholiken deutlich stärker bejaht als von Protestanten (33 % / 22 %). Schließlich ist bemerkenswert, daß der Glaube an die Wiedergeburt in den Stadtstaaten Hamburg, Bremen und Berlin eine außergewöhnlich geringe Zustimmung findet (14 %), in Hessen eine besonders hohe. Baden-Württemberg und Bayern bleiben wiederum unter dem Durchschnitt mit 22 % bzw. 20 % zustimmenden Aussagen. Ob dies damit zusammenhängt, daß die konfessionell-christliche Prägung in beiden Bundesländern möglicherweise noch relativ ausgeprägt vorherrscht, kann nur vermutet werden. Insgesamt zeigt sich, daß — dies ist noch einmal zu betonen — trotz des Umstandes, daß die Wiedergeburtsvorstellung von den großen christlichen Kirchen nicht bejaht wird, überraschenderweise zwischen einem Fünftel und etwas über einem Viertel der Bundesbürger Wiedergeburtsvorstellungen irgendwelcher Art teilen. Es ist davon auszugehen, daß in den letzten Jahren der Zustimmungsgrad eher sogar noch zugenommen hat. Offensichtlich hat zumindest in bestimmten Bevölkerungsgruppen diese Vorstellung eine lebensinterpretierende Funktion.

Daß die deutsche Situation in Europa nicht singulär ist, soll wenigstens anhand einer empirischen Untersuchung zur religiösen Orientierung französischer Gymnasiasten, die im nordwestlichen Frankreich (um Angers) durchgeführt wurde, belegt werden.[5]

Was nach der Vorstellung der Gymnasiasten nach dem Tode ist, wurde mit folgenden Vorgaben zu erfassen versucht:
— Es gibt ein anderes Leben, ein ewiges Leben.
— Es gibt irgend etwas, aber ich weiß nicht was.
— Es gibt ein anderes Leben auf der Erde durch Reinkarnation.
— Alles ist zu Ende.
— Ich weiß es nicht.
— Ich habe mir die Frage nicht gestellt.

In dieser Aufgliederung sagen 7 % der befragten Gymnasiasten, es gäbe ein neues Leben auf der Erde durch Reinkarnation, 26 % glauben an ein ewiges Leben, 38 % an irgend etwas, das sie nicht näher bestimmen können.[6]

Auffallend ist, daß der Zustimmungsgrad zum Glauben an die Reinkarnation unter denen, die wenig oder überhaupt nicht an Gott glauben, größer ist, als in der Gesamtheit der Befragten. Hier deutet sich an, daß der Glaube an die Wiedergeburt nicht unbedingt mit dem Glauben an

---

[5] *P. Cousin/J.-O. Boutinet/M. Morfin*, Aspirations religieuses des jeunes lycéens, Paris 1985.
[6] Ebd. 31.

einen persönlichen Gott verbunden ist. Der Zustimmungsgrad zur Vorstellung der Reinkarnation ist unter den befragten französischen Gymnasiasten geringer als in der EMNID-Untersuchung. Dies könnte damit zusammenhängen, daß in den untersuchten Gebieten sich das katholische Milieu noch relativ deutlich erhalten hat. Von Einfluß ist sicherlich auch, daß die Fragestellung, verglichen mit den deutschen Untersuchungen, präziser ist. Dessen ungeachtet muß der Tatbestand, daß unter den jungen Gymnasiasten 7 % die Wiedergeburt bejahen, als beachtlich hoch gewertet werden. Ein nicht-katholisches religiöses Interpretament findet jedenfalls unter einer deutlichen Minderheit der angehenden Bildungsschicht Zustimmung. Auch wenn präzise Vergleichsdaten zwischen den einzelnen europäischen Ländern nicht vorliegen, kann wohl davon ausgegangen werden, daß für eine beachtenswerte Minderheit Wiedergeburtsvorstellungen durchaus plausibel sind.

III. Die Rolle der Medien

Möglicherweise hängt das Interesse an Wiedergeburtsvorstellungen mit einem wieder angestiegenen Bedürfnis, sich religiösen Themen zu stellen, zusammen. In Westdeutschland haben dem offensichtlich sowohl die Presse- wie die Funkmedien Rechnung getragen. Unter den ersteren sind in diesem Zusammenhang insbesondere die Taschenbuch- Verlage zu nennen. Die Gattung »Esoterik«, zum Teil in der Verbindung Esoterik/Grenzwissenschaften, findet Interesse.

Dies soll anhand von zwei Beispielen belegt werden.
Das Gesamtverzeichnis der Goldmann-Taschenbücher vom Frühjahr 1986 nennt in der Rubrik Esoterik/Grenzwissenschaften nicht weniger als 63 Titel. Die »New-Age-Literatur« sowie die Ratgeber aus dem Bereich Astrologie, Graphologie, Biorhythmik und indianische Astrologie sind dabei nicht miteingerechnet.
Ein ausgesprochener Spezialverlag ist das »Prana-Haus« im Hermann Bauer Verlag, Freiburg i. Br. Seine Themen sind Esoterik, Yoga, östliche Weisheit, Biorhythmik, Radiästhesie, Astrologie, alternative Heilmethoden u. a. Auch in diesem Verlagshaus besteht eine spezielle Esotera-Taschenbücherreihe. Der Verlagsprospekt stellt fest, daß die Suche nach Sinn und Zweck des Lebens das zentrale Bedürfnis vieler Menschen sei. Zahlreiche Zuschriften von Lesern würden bestätigen, daß die Publikationen des Verlagshauses bei dieser Suche eine große Hilfe darstellten. Regelmäßig finden sich unter den Publikationen aus dem Bereich der esoterischen Literatur auch Bücher, die sich mit dem Problem der Reinkarnation beschäftigen.

Die Buch-Publikation ist zwar Teil der gesellschaftlichen Öffentlichkeit, der Gebrauch des Buches ist allerdings dem Privatbereich zugeordnet. Über Bücher wird in Bekanntenkreisen zwar gelegentlich gesprochen, aber dies muß nicht geschehen. Die Aneignung des Buches ist in erster Linie individuelle Aufgabe. Nur wenige Bücher erreichen die Ebene der öffentlichen Meinungsbildung.

Anders steht es mit den Funkmedien, insbesondere mit dem Fernsehen. Hier wird eine Problembearbeitung öffentlich. Die Beschäftigung mit einem Thema verstärkt dessen gesellschaftliche Plausibilität. Was im Fernsehen diskutiert werden kann, ist öffentlich diskutierbar, ja gelegentlich sogar diskussionsnotwendig. Neuerdings hat das Thema der Wiedergeburt diese Öffentlichkeitsebene erreicht. Am 9. Januar 1986 strahlte das Zweite Deutsche Fernsehen die Sendung »Viele Male auf Erden!« mit der anschließenden Diskussion »5 nach zehn« aus. Teilnehmer an der Diskussion waren u. a. Stefan von Jankovich, Autor des Buches »Ich war klinisch tot. Der Tod — mein schönstes Erlebnis«, die Lebensberaterin Silvia Wallimann, Autorin des Buches »Lichtblick«, Professor Dr. Ernst Schuberth als Vertreter der Anthroposophie, der Redakteur Gerhard Adler, Autor des Buches »Seelenwanderung und Wiedergeburt. Leben wir nicht nur einmal?«, der Redemptoristenpater Professor Dr. Andreas Resch, Verfasser des Buches »Fortleben nach dem Tode« und eine evangelische Theologin.

Aufschlußreich ist in diesem Zusammenhang, wie das Thema im Rahmen der Sendung vorgestellt wurde. Die Redakteure hielten es für notwendig, die Unsicherheit, ob es sich um ein wirklich relevantes Thema handle, zunächst direkt auszusprechen. Dies geschah im Einstiegsteil, der das Gespräch zwischen zwei Mitarbeitern des ZDF zu diesem Punkt wiedergab. Im weiteren wurde die Relevanz der Reinkarnationsproblematik zunächst durch Hinweise auf einschlägige Autoritäten und ihre Erfahrungen begründet. Zu Wort kamen der Dalai Lama, die amerikanische Schauspielerin Shirley MacLaine und die Ärztin und Sterbeforscherin Elisabeth Kübler-Ross. Auf die spezielle europäische Tradition des Wiedergeburtsglaubens wurde verwiesen, und in diesem Zusammenhang »Zeugen« wie Goethe oder Friedrich der Große genannt.

In einem weiteren Teil präsentierte der Film einschlägige Hypothesen zum Leben nach dem Tod: die Hypothese, daß mit dem Tod alles zuende sei, die christliche Lehre sowie die dualistische Auffassung der Trennung von Leib und Seele im Todesereignis. In diesem Zusammenhang wurde auf die buddhistische Lehre von der Erlösung in eigener Verantwortung hingewiesen, parapsychologische Forschungsergebnisse wurden ebenso genannt wie das Verfahren der Reinkarnationstherapie.

Folgt man dem Darstellungsgang des ZDF-Films, hängt die Faszination der Wiedergeburtslehre offensichtlich mit Deutungen zusammen, die durch sie mitvermittelt werden: Die Wiedergeburtslehre erinnert an die Verantwortlichkeit des Menschen. Sie berücksichtigt offenbar ein ausgeprägtes Bedürfnis nach ausgleichender Gerechtigkeit. Schließlich bewegt sich dieser Glaube in einem zumindest grenzwissenschaftlichen Terrain: Die Wiedergeburtslehre scheint mehr und mehr zu den wissenschaftlich sicherbaren Erkenntnissen über das menschliche Leben zu gehören; sie beruht auf erforschbaren Erfahrungen. Wie wichtig gerade dieser Gesichtspunkt ist, geht aus dem

Klappentext eines Buches von Elisabeth Kübler-Ross hervor.[7] Dort wird die Ärztin folgendermaßen zitiert: »Zweitausend Jahre lang hatte man Sie dazu ersucht, *an die jenseitigen Dinge zu glauben.* Für mich ist es nicht mehr eine Sache des Glaubens, sondern eine Sache des Wissens. Und ich sage Ihnen gern, wie man zu diesem Wissen gelangt, vorausgesetzt, Sie wollen wissen.« Deshalb gilt, so der Autor des Klappentextes: »So mancher ›Aufgeklärte‹, der bisher ›mangels Beweise‹ ein Leben nach dem Tode leugnete, darf nun — und zwar vom wissenschaftlichen Standpunkt aus — sich eines ›Besseren‹ belehren lassen.« Die Kompatibilität zwischen Wissenschaftlichkeit und Lebensorientierung scheint in der Wiedergeburtslehre besonders gegeben zu sein. Dies begründet mit das Interesse, darüber hinaus aber die bereits genannten Aspekte der Betonung der menschlichen Selbstverantwortung und der Sehnsucht nach einer ausgleichenden Gerechtigkeit.

Soziologisch gesehen liegt die Bedeutung der ZDF-Sendung freilich nicht in erster Linie in ihrem Argumentationsgang, sondern vor allen Dingen darin, daß sie die Plausibilität des Redens über Wiedergeburt und des Glaubens an Wiedergeburt erhöht. Durch die Sendung wird ein Beitrag dazu geleistet, daß das Thema öffentlich diskussionsfähig ist. Wer an die Wiedergeburt glaubt, braucht es in geringerem Maße als bislang zu verbergen, er kann sich dazu durchaus auch öffentlich bekennen. Gewiß, eine einzige Sendung verändert nicht das Klima. Sie beschreibt, wie gesagt, eine bereits eingetretene Veränderung der religiösen Orientierung. Sie ist Ergebnis eines in der Gesellschaft zu beobachtenden religiösen Wandels und verstärkt diesen zugleich.

IV. Das Umfeld: Esoterische und grenzwissenschaftliche Erfahrungen

Die Analyse des ZDF-Films hat bereits etwas von dem weiteren Umfeld des Reinkarnationsglaubens zu verdeutlichen versucht. Dieser Aspekt soll im folgenden erweitert werden.

Der Wiedergeburtsglaube, wie er heute in den westlichen industrialisierten Gesellschaften auftritt, ist ein höchst komplexes Phänomen. Eine seiner Wurzeln liegt sicherlich in der Übernahme bzw. Revitalisierung religiöser Traditionen, etwa aus dem Buddhismus oder Hinduismus. Von Einfluß ist sicherlich auch die Rückbesinnung auf alte europäische Traditionen bis hin zur antiken griechischen Philosophie. Schließlich spielen religiöse Neubildungen

---

[7] *E. Kübler-Ross,* Über den Tod und das Leben danach, Melsbach ⁴1985.

des ausgehenden 19. und beginnenden 20. Jahrhunderts, etwa die Theosophie und die Anthroposophie Rudolf Steiners, eine deutliche Rolle.[8]

Ältere und neuere Religionssysteme sind aber nur ein Teil des gesamten Wurzelwerkes, aus dem sich der Reinkarnationsglaube heute speist. Als weiterer Erfahrungsbereich ist der Spiritismus zu nennen, zum Teil durch Literatur[9] verbreitet oder aber in Zirkeln um einzelne medial begabte Personen organisiert. Der Spiritismus scheint zu bestätigen, daß es eine selbständige, nicht an den Körper gebundene Weiterexistenz des Menschen nach dem Tode gibt. Spiritistische Erfahrungen scheinen zu belegen, daß es eine medial vermittelte Kommunikation zwischen Lebenden und Verstorbenen geben kann. Der Spiritismus ist insofern ein modernes Phänomen, als er, obgleich von »okkulter« Erfahrung ausgehend, doch den Erfahrungsgehalt seiner Aussagen betont: Es gibt seiner Meinung nach offensichtlich konstatierbare Äußerungen aus einem geheimnisvollen Lebensbereich jenseits des Todes. Erheblichen Einfluß auf die Verstärkung des Wiedergeburtsglaubens hatte über das Genannte hinaus die medizinische und psychologische Sterbeforschung. Sie erwächst etwa bei Elisabeth Kübler-Ross aus dem Interesse, Sterbende in ihren letzten Lebensphasen zu begleiten, ihre Sprache und ihr Umgehen mit dem Tod zu begreifen.[10]

Im Umfeld der Sterbeforschung ergaben sich zunehmend dann auch Erfahrungen mit Menschen, die den klinischen Tod überlebt hatten. Wichtig in diesem Zusammenhang sind vor allen Dingen Erlebnisse von reanimierten klinisch Toten, die davon berichten, daß sie, gleichsam außerhalb ihres eigenen Leibes befindlich, die Bemühungen der Ärzte und Schwestern beobachtet haben. Aber nicht nur dies, die Sterbeerfahrungen verlaufen offenbar bei nicht wenigen Menschen strukturähnlich. Eine Sammlung derartiger Berichte hat beispielsweise Raymond A. Moody vorgelegt.[11]

Elisabeth Kübler-Ross kommt über derartige Sterbeerfahrungen zu generalisierten Aussagen über ein Leben nach dem Tode und auch zur Annahme einer möglichen Wiedergeburt.[12]

---

[8] Vgl. hierzu *W. Trautmann*, Naturwissenschaftler bestätigen Re-Inkarnation, Olten 1983, 45 ff. Zur Reinkarnationsvorstellung von R. Steiner: *W. Abendroth*, Reinkarnation, Frankfurt/M. 1986.

[9] Ein Beispiel hierfür: *M. de Jouvenel*, Weisungen aus dem Jenseits, Olten 1953.

[10] *E. Kübler-Ross*, Verstehen was Sterbende sagen wollen, (GTB 952), Gütersloh 1984 u. a.

[11] *R. A. Moody*, Leben nach dem Tod, Reinbek bei Hamburg 1977 (im Juni 1985 war die deutsche Fassung des Berichts bereits in über 300 000 Exemplaren gedruckt); und *Ders.*, Nachgedanken über das Leben nach dem Tod, Reinbek bei Hamburg 1978.

[12] Vgl. *G. Condrau*, Der Mensch und sein Tod, Zürich/Einsiedeln 1984, 472 f.

Der Wiedergeburtsglaube wird nicht zuletzt auch durch Erfahrungen aus dem psychotherapeutischen Bereich gestützt. Hier haben sich Formen der Reinkarnationstherapie ausgebildet. Sie gehen von der Annahme aus, daß für seelische Störungen nicht nur Erfahrungen in der frühen Kindheit ursächlich sind (Freud), sondern daß psychische Störungen auch in Erfahrungen früherer Leben begründet sein können. Der Therapeut versucht, entweder über die Hypnose (Dethlefsen) oder assoziativ (Netherton) die Störungen verursachenden Erlebnisse aufzuspüren.[13]

Die Reinkarnationstherapie wäre wohl kaum entstanden ohne die mehr oder weniger zufällig gemachte Entdeckung, daß bei Einzelnen Erfahrungen entstehen können, die auf frühere Leben zurückzuweisen scheinen.[14]

Die im Umfeld von Tod und Sterben gemachten Erfahrungen, die das Geheimnis des menschlichen Seins neu, und zwar über die naturwissenschaftliche Verengung hinaus, deutlich werden lassen, verknüpfen sich zum Teil mit einem ausgesprochenen Interesse an einer umfassenderen Weltdeutung. Die Geistdimension des Kosmos, dessen Teil der Mensch ist, findet Interesse. Bereits Rudolf Steiner hatte ja Kosmologie und Anthropologie in engem Zusammenhang gesehen. Von derartigen Interessen her gesehen ist es nicht ganz zufällig, daß in Nordamerika beispielsweise Menschen, die für den Wiedergeburtsglauben offen sind, sich auch mit Ufologie befassen, Shirley MacLaine ist dafür ein Beispiel. Dahinter steht offenbar das Bedürfnis, sowohl auf der anthropologischen wie auf der kosmologischen Ebene die Grenzen der naturwissenschaftlichen Erkenntnis zu überschreiten, geheimnisvollem Wissen Raum zu geben, mit lebenverändernden, außerterrestrischen geistigen Kräften zu rechnen. Die fliegende Untertasse (Ufo) wird zum Symbol der Präsenz einer die menschliche Erfahrung zunächst noch übersteigenden geistigen Welt, in die das Leben der einzelnen Individuen eingebettet ist.[15]

Versucht man, das Umfeld des gegenwärtigen Interesses am Wiedergeburtsglauben begrifflich zu erfassen, treten einige Schwierigkeiten auf. Obwohl ihn die Verlagsprospekte in der Regel der sogenannten esoterischen Literatur zuordnen, handelt es sich weder mit ihm speziell, noch mit dem, was im allgemeinen unter dieser Rubrik angeboten wird, um Esoterik. Esoteri-

---

[13] *Th. Dethlefsen*, Das Erlebnis der Wiedergeburt, (Goldmann-Tb 11749), München 1981; *M. Netherton/N. Shiffrin*, Bericht vom Leben vor dem Leben, Bern/München 1984.

[14] *I. Currie*, Niemand stirbt für alle Zeit, (Goldmann-Tb 11729), München 1978, 313 ff.

[15] Vgl. *J. von Buttlar*, Das UFO-Phänomen, (Bastei-Lübbe. Tb 63053), Bergisch-Gladbach 1980, sowie die Analyse des amerikanischen Theologen *I. Peters*, UFOs — God's Chariots?, Atlanta 1977. Peters erklärt das Interesse an der Ufologie am offensichtlich empfundenen Ungenügen des wissenschaftlichen Weltbildes angesichts der Bedrohung des Menschen auf der individuellen wie der kollektiven Ebene (ebd. 149 ff).

sche Wissensbestände sind ja im allgemeinen solche, die von kleinen Gruppen, die sich bewußt von der Gesamtkultur abgrenzen, verwaltet und gehütet werden. Esoterisches Wissen ist Sache von Eingeweihten, die sich ausgrenzen aus einem größeren kulturellen Zusammenhang. In die heutige Esoterik fließt natürlich Wissen ein, was vormals in ausgesprochen esoterischen Zirkeln tradiert wurde. Der gesellschaftliche Anspruch der Tradition im engen Kreis von Eingeweihten ist jedoch gerade aufgegeben, Esoterik wird publiziert.

Von daher scheint es adäquater, das Umfeld des Wiedergeburtsglaubens als Interesse an Okkultischem zu beschreiben, insbesondere dann, wenn man in okkultem Wissen solches sieht, das Erfahrungen widerspiegelt, die in einem wissenschaftlichen Erfahrungsmodell nicht erklärt werden können, aus diesem Grunde also geheimnisvoll bleiben. Allerdings ist auch der Begriff des Okkultischen im Grunde überholt, da die Nähe zur naturwissenschaftlich begründbaren Erfahrung gesucht wird. Von daher wird der Wissenschaftsbegriff durchaus in Anspruch genommen, etwa gerade in der Fassung, daß es sich hier um »grenzwissenschaftliches Wissen« handele. Der Wiedergeburtsglaube ist von daher gesehen nicht einfach eine Form des religiösen Glaubens, sondern hat es mit Erfahrungen zu tun, die empirisch in irgendeiner Form belegbar sind. Er scheint von daher gesehen zwischen naturwissenschaftlichem Erklärungsmodell und Religion angesiedelt zu sein. Er ist Suche nach einem Umgang mit dem Geheimnis des menschlichen Lebens, und von daher gesehen des menschlichen Todes, die sich einerseits auf eine wissenschaftliche Erklärung nicht beschränkt und doch deren Nähe sucht. Von daher gesehen ist es nicht erstaunlich, daß der Wiedergeburtsglaube durch »empirische« Erfahrungen zu belegen versucht wird, Erfahrungen aus dem Bereich der Sterbeforschung, der Therapie, spiritistischer Erfahrungen oder von Erfahrungen her, die einzelne, wenn auch exeptionell, gemacht haben.

Worin aber ist nun das Interesse am Wiedergeburtsglauben begründet? Daß es nicht nur um kognitive Welterklärung geht, dürfte von vornherein angenommen werden. Wie stark Lebensprobleme des Menschen hinter diesem Interesse stehen, das Bedürfnis einer individuellen Sinnsuche, soll am Beispiel von Shirley MacLaine verdeutlicht werden.

V. Shirley MacLaine's autobiographischer Bericht

Im Jahr 1984 erschien in deutscher Übersetzung unter dem Titel »Zwischenleben« Shirley MacLaines Buch »Out on a Limb«[16].

Das Buch beschreibt den Prozeß einer individuellen Sinnsuche, an dessen Ende geradezu der Auftrag steht, die eigenen Erfahrungen mitzuteilen. Das Buch läßt eine deutliche Distanz zur institutionalisiert christlichen Religion erkennen, ist aber ein durch und durch religiöses Buch, ein Beispiel dafür, welche Gestalt Religion im Prozeß der persönlichen Auseinandersetzung und Aneignung annehmen kann. Der Wiedergeburtsglaube spielt dabei eine besonders wichtige Rolle. Typisches soll herausgearbeitet werden.

1. Milieu

Das Buch berichtet von Lebensumständen, in denen ökonomische Grenzen keine Rolle zu spielen scheinen. Schauplatz ist die Welt, heute Paris, ein paar Tage später London, dann irgendwo in Asien, an der amerikanischen Westküste oder in den peruanischen Anden. Man erfährt nichts davon, wie hart eine Schauspielerin arbeiten muß. Man erfährt allerdings davon, daß eine Schauspielerin dieses Ranges Zeit hat, unendlich viel Zeit zum Nachdenken über sich selbst, zur Spekulation, Zeit zum Suchen nach dem Sinn des Lebens. Von daher gesehen ist Shirley MacLaine völlig atypisch. Typisch mag allerdings dies sein: Die Möglichkeit der Sinnsuche scheint mit Zeithaben zusammen gesehen werden zu müssen, die Sinnsuche muß man sich leisten können, gerade die individuelle Sinnsuche. Die Ausbildung einer eigenen religiösen Sprache angesichts von Leben und Tod braucht Zeit zum Nachdenken, auch die Fähigkeit, Erfahrungen in Sprache zu übertragen. Nicht jeder hat diese Zeit zur Verfügung, und nicht jeder die sprachliche Ausdrucksfähigkeit. So könnte sich also durchaus hier andeuten, daß die Soziallage, in der sich der einzelne befindet, nicht ohne Einfluß darauf ist, welche Möglichkeiten er hat, sich selbst in einer individuellen Symbolik zu verstehen.

2. Ausgangspunkt

Der Prozeß der Sinnsuche setzt bei einem ungelösten Lebensproblem ein. Shirley MacLaine hat eine Liebesbeziehung zu einem hochgestellten englischen Politiker, den sie im Buch Gerry nennt. Die Beziehung muß geheim bleiben, an eine Ehe ist nicht zu denken. Doch die tatsächlichen Bedingun-

---

[16] Goldmann-Tb 6769.

gen können die fast als irrational erlebten gegenseitigen Beziehungen der beiden zueinander nicht auflösen. Da ist das Nichtloskommen von Gerry auf der einen Seite, auf der anderen Seite, eben auf der seinigen, die Begrenzung der Liebesbeziehung durch das rational politische Kalkül. Was spielt sich hier ab, warum ist das so, was bindet die beiden aneinander, warum kommen sie nicht voneinander los? Eine spiritistische Sitzung bringt die Klärung. Einer namens John redet durch ein Medium aus dem Jenseits:

> »›Wir haben deine Schwingungen während einer der Lebensspannen entnommen, die du mit einer Wesenheit verbracht hast, mit der du auch heute in Verbindung stehst. Wir glauben, daß diese Wesenheit auf euren Britischen Inseln lebt. Ist das korrekt?‹
>
> ›Gerry?‹ sagte ich mit überschlagender Stimme, ›Sprechen Sie von Gerry?‹
>
> ›So sei es. Wir haben auch seine Schwingungen entnommen und gefunden, daß Ihr beide Mann und Frau während einer Eurer vergangenen Lebenszeiten gewesen seid.‹
>
> ›Du liebe Güte‹, sagte ich amüsiert und platt vor Staunen. ›Haben wir uns damals verstanden? Ich meine, war die Kommunikation damals besser als heute?‹
>
> Es entstand wieder eine Pause.
>
> ›Dein Gerry hatte sich damals sehr stark seiner Arbeit gewidmet. Und wir müssen gestehen, zum Schaden Eurer Verbindung. Aber er vollbrachte wichtige Arbeit im kulturellen Austausch mit den Außerirdischen, die versuchten, technologisch und geistig Hilfe zu leisten.‹
>
> Außerirdische?
>
> John spürte wohl mein Erstaunen. Mit festerer Stimme als vorher antwortete er: ›So sei es. Außerirdische haben damals wie heute diesen Planeten besucht.‹
>
> ›Oh mein Gott‹, ich holte tief Atem. ›Können Sie mir mehr davon erzählen? Ich meine, was sagen Sie da eigentlich? Heißt das, daß wir von Anbeginn der Zeit Besuch aus dem Weltall hatten?‹
>
> ›Das ist korrekt. Es gibt Planeten, deren Wissensstand weiter entwickelt ist als Eure Erde. Ebenso wie Eure Erde weiter entwickelt ist als andere Planeten.‹«[17]

Durch die Wiedergeburtslehre erklärt sich das gegenwärtige Lebensproblem: es hat seine Wurzeln in älteren Erfahrungen, die aufgearbeitet werden müssen, oder die sich einfach neu stellen. Die Erklärung führt zum Verstehen der Situation, damit seiner selbst. Nicht ganz unwichtig in diesem Zusammenhang ist, wie die neue Erkenntnis entsteht. Die Wiedergeburtsinterpretation wird durch spiritistische Erfahrung vermittelt, durch die Lehrautorität eines Jenseitigen. Gleichzeitig wird fast beiläufig die kosmologische Erweiterung der Problemstellung vollzogen; die menschliche Existenz,

---

[17] 188 f.

menschliches Leben als ganzes, verläuft im Kontext einer kosmischen Einheit, die von außerirdischen Spiritualitäten mitbestimmt ist. In der Wahrnehmung des theologisch oder philosophisch Geschulten mag die durch das zitierte Interview geschilderte Erfahrungswelt geradezu platt erscheinen. Dieser erste Eindruck sollte aber nicht davon abhalten, aufmerksam zu beobachten, in welchen Formen tatsächlich heute Sinnsuche sich ereignen kann. Dies um so mehr, als Shirley MacLaine ihre Erfahrungen gerade auch in den Kontext der philosophischen Tradition stellt. Sie zitiert zu Beginn jedes Kapitels Autoren dieser Tradition, etwa Immanuel Kant, mit einem Satz aus der Kritik der reinen Vernunft: »Wenn wir uns selbst und andere Objekte sehen könnten, wie sie wirklich sind, würden wir uns selbst in einer Welt geistiger Naturen sehen, unsere Gemeinschaft, mit welcher weder bei unserer Geburt begonnen, noch mit dem Tod des Körpers geendet wird.«[18]

3. Identität

Man würde Shirley MacLaine's Bericht mißverstehen, würde man ihr Interesse darin erschöpft sehen, eine schnellgreifende Erklärung für ihre Probleme mit Gerry zu finden. In Wirklichkeit geht es um sie selbst, um die Klärung der Frage danach, wer sie als Mensch ist. Der neuzeitliche Subjektivismus hat dazu geführt, daß sich die religiöse Frage gerade in dieser Frage nach der eigenen Identität thematisiert. Das Buch ist voll von Spuren dieser Problematik.

Der sie auf dem Wege der Sinnsuche begleitende Partner ist David. Eine Gesprächspassage lautet folgendermaßen:

»›Was ist los?‹ fragte David. Ich biß in einen saftigen Pfirsich, wußte nicht, wo ich beginnen sollte. ›Ich weiß nicht‹, sagte ich. ›Irgendwie hänge ich in der Luft ... na ja, nicht direkt. Aber ich spüre, es gibt etwas, weshalb ich lebe, das ich nicht begreife. Ich bin glücklich, habe ein erfülltes Leben — es hat auch nichts mit Midlife-Krisis zu tun. Ich kann es nicht erklären. Nein, mit dem Alter hat es nichts zu tun, außer daß man ab einem gewissen Alter anfängt, die richtigen Fragen zu stellen.‹ Ich zögerte, hoffte, David sage etwas, was mir auf die Sprünge helfen würde. Er schwieg, wartete, bis ich weitersprach. Also fuhr ich fort: ›Vielleicht spreche ich gar nicht von mir. Na ja ... vielleicht ist es die Welt. Was klappt denn mit der Welt nicht? Und warum mache ich mir Sorgen darüber? Wie kommt es, daß *du* nie ratlos zu sein scheinst? Weißt Du mehr als ich?‹

›Meinst du, warum wir am Leben sind und zu welchem Zweck?‹ ›Ja‹, sagte ich. ›Vermutlich. Ich meine, wenn man so viel hat und so viel gelebt hat, fragt man sich schließlich allen Ernstes was soll das Ganze? Und ich stelle die Frage nicht, weil ich unglücklich bin. Ich habe Erfolg, privat und beruflich und bin zufrieden

---

[18] 110.

damit. Ich trinke nicht, nehme keine Drogen. Ich liebe meine Arbeit, ich liebe meine Freunde. Ich habe ein erfülltes Privatleben, auch wenn es ein paar komplizierte Punkte gibt. Nein — das ist es nicht. Ich denke, es muß mehr geben über unseren wirklichen Sinn im Leben, als ich fähig bin zu begreifen.‹

David wischte sich Pfirsichsaft vom Kinn ...«[19].

Oder an einer anderen Stelle, beim Schreiben ihres eigenen Nachdenkens, sagt Shirley MacLaine:

»Allein ... das war das kalte Wort. Jeder hatte Angst, allein zu sein. Aber es ist nicht wirklich wichtig, mit wem wir leben, mit wem wir schlafen, wen wir lieben, oder wen wir heiraten. Im Grunde sind wir alle allein — allein mit uns selbst — und da liegt der Haken. So viele Beziehungen gehen kaputt, weil die Menschen nicht wissen, wer *sie* sind, geschweige denn der oder diejenigen, mit denen sie es zu tun haben.«[20]

Von David lernt Shirley MacLaine, daß sich die Frage nach sich selbst und die Frage nach Gott verknüpfen:

»›Nein‹, sagte David. ›Es gibt nur eine Wahrheit und die ist Gott. Du kannst anderen helfen, Gott durch sich selbst zu verstehen, indem du sie wissen läßt, wie du Gott durch *dich selbst* verstehst.‹

Ich fühlte einen Kloß in meinem Magen und in meinem Herzen. Ja, es stimmte, ich teilte meine Abenteuer gern in meinen Büchern mit, aber zu sagen, ich wolle darüber schreiben wie ich *Gott fand,* erschien mir völlig lächerlich und absurd. Ich war nicht einmal sicher, ob ich an das, was man Gott nannte, glaubte. Ich interessierte mich für Menschen. Der Gedanke, daß ich frühere Leben erfahren hatte, interessierte mich, weil er mir eine Erklärung dafür lieferte, wer ich heute bin.

›David, sieh mal, meine eigene persönliche Identität, und wie ich dazu kam, so zu sein, wie ich bin, ist etwas mit dem ich mich wohlfühle, aber ich kann nicht sagen, ich *glaube* an Gott.

›Das ist richtig‹, sagte er, ›du *glaubst* nicht an Gott. Du kennst Gott. Glauben erfordert das Akzeptieren von etwas Unbekanntem. Du hast einfach vergessen, was du bereits weißt.‹«[21]

In der Suche nach der eigenen Identität stellt sich die Frage nach dem Sein des Menschen. Allerdings nicht nur in der Erkärung der jetzigen Gestalt seines So-Seins, sondern in der Zuweisung einer Aufgabe. Mensch sein ist nicht lediglich ein Tatbestand, sondern Verantwortung. Dieser Verantwortung kann einer nicht in *einem* Leben genügen, er hat die Chance, sie erneut zu erproben. Mit einem zukünftigen Leben rechnen zu können, bedeutet, noch ein-

---

[19] 84 f.
[20] 157.
[21] 295.

mal die Chance zu gewinnen, selbst verantwortlich zu leben. Es bedeutet dies nicht zuletzt auch deshalb, weil der einzelne dabei von seiner Vergangenheit nicht einfach entlastet ist, sondern sich dieser Vergangenheit stellen muß. An ihm vollzieht sich Gerechtigkeit, »Kosmische Gerechtigkeit«. Noch einmal David im Gespräch mit Shirley MacLaine:

> »›Ich glaube an den Begriff, den du haßt — Kosmische Gerechtigkeit. Ich glaube, alles, was wir reinstecken, Gutes oder Schlechtes, gleicht sich irgendwo, irgendwann aus. Deshalb habe ich meinen Frieden. Vielleicht hast du eine bessere Idee.‹
>
> David küßte mich auf die Wange und sagte, er rufe wieder an. Ich starrte hinaus aufs Wasser. Ich hatte Kopfschmerzen. Im großen und ganzen, dachte ich, wäre ich lieber ein Fisch.«[22]

Hier wird ein wesentliches Element, das den Wiedergeburtsgedanken so anziehend macht, sichtbar: Reinkarnation verbürgt Gerechtigkeit. In ihm dokumentiert sich eine letzte und äußerste Sehnsucht nach der Realisierung von Gerechtigkeit. Für die Identitätsdefinition besagt dies: der einzelne kann sich zureichend nur begreifen in diesem umfassenden, Gerechtigkeit verbürgenden Sinngefüge. Von daher werden der Mensch als verantwortlich handelndes Subjekt und Gott in so engem Zusammenhang gesehen.

4. Religiöse Synthese

Die Gedankenwelt des Buches wird nicht aus christlichen Quellen gespeist, jedenfalls nicht in erster Linie. Shirley MacLaine ist auch nicht, darauf wurde schon hingewiesen, im engeren Sinne kirchenverbunden. Aber die Frage, wer Christus ist, läßt sie nicht los, sie möchte ihm in ihrem eigenen Denken, in ihrer eigenen Sinnsuche einen Platz einräumen. Auch in diesem Fall fragt sie David.

> »›Was denkst du über Christus‹, fragte ich David. ›Wer, glaubst du, war er wirklich?‹
>
> David richtete sich auf, als sei ein Faden gefunden, den es lohnte weiter zu verfolgen. ›Christus war der höchst fortgeschrittene Mensch, der je diesen Planeten betreten hatte. Er war eine hochentwickelte geistige Seele, deren Zweck auf Erden es war, die Lehren einer Höheren Ordnung weiterzugeben.‹
>
> ›Was bedeutet ‚Höhere Ordnung'?‹ fragte ich.
>
> ›Eine höhere geistige Ordnung‹, sagte David. ›Ohne Zweifel wußte er mehr als jeder andere Mensch über Leben und Tod und Gott. Das hat seine Auferstehung bewiesen.‹«[23]

---
[22] 98.
[23] 90.

Das Bemühen darum, die eigenen Anschauungen mit der Tradition des Christentums zu verknüpfen, zieht sich durch das Buch hindurch. Die eigene individuelle Sinnsuche soll also nicht eine Gegenreligion produzieren. Es geht um eine individuelle Religion, die durchaus im Traditionszusammenhang des Christentums bleiben möchte, die aber eigenständig akzentuiert, nicht lehramtlich bevormundet, weder durch eine Hierarchie, noch durch eine theologische Dogmatik. Wer Christus ist, muß sich im Horizont des eigenen Denkens neu definieren lassen.

5. Legitimierung

Shirley MacLaine behält ihre Erfahrungen nicht für sich, sie gibt sie weiter, sie publiziert. Eigentlich möchte sie dies gar nicht, aber sie fühlt sich dazu gedrängt. Weil es nicht einfach nur individuelle Wahrheit gibt, sondern die eine Wahrheit, muß sie gesagt sein.[24]

Doch wie wird nun die Botschaft begründet, was verleiht ihr Überzeugungskraft, wodurch wird sie legitimiert? Die Antwort muß lauten: Die Neuentdeckungen auf dem Wege der Sinnsuche beruhen auf Erfahrung. Es geht um die eigene persönliche Erfahrung, um die Erfahrung im Prozeß des Nachdenkens oder aus den Gesprächen mit David. Es geht aber auch um transsubjektive Erfahrung, um die Erfahrung bei spiritistischen Sitzungen oder geheimnisvollen Begegnungen mit einer anderen Welt: Der »Seelenführer« David verweist darauf, daß er wesentliche Elemente seiner Lebensüberzeugung der Begegnung mit Mayan verdankt, in der er eine »außerirdische« Führerin sieht. Die von ihr vermittelten Wahrheiten sind für seine Erkenntnis von grundlegender Bedeutung. Nicht einmal der Hinweis auf die außerirdische Mayan verläßt freilich den Bereich der »empirischen«, wenngleich okkulten Erfahrung. Mayan ist ja nicht einfach Erscheinung, sie ist eine geistige Gestalt von einem anderen Teil des Kosmos. Sie kam auf die Erde und kehrt irgendwohin, dahin, woher sie gekommen ist, zurück.

6. Rückblick

Das Buch von Shirley MacLaine ist faszinierend und abstrus zugleich. Faszinierend sind die Reflexionen, auch die Gespräche mit David. Faszinierend ist die Leidenschaft, mit der ein Mensch auf die Suche nach sich selbst geht. Einen eher abstrusen Eindruck hinterlassen die Berichte über spiritistische

---

[24] 295.

Begegnungen, aber auch die Anleihen aus dem Umfeld der Ufologie. Dies ist ein höchst subjektives Urteil. Tatbestand ist, daß faszinierend Erscheinendes und Abstruses ineinander verwoben wird, und zwar zu einer höchst eigenwilligen Konstruktion des Selbst- und Weltverständnisses. Es geht dabei nicht um metaphysische Spekulation. Der funktionale Ort ist ganz deutlich: Hier ist ein Mensch, der sich selbst verstehen will in seiner Geschichte und deshalb in seiner Gegenwart, unterwegs auf eine Zukunft hin, zur Verantwortung gerufen. Der Bericht redet im Zusammenhang der Suche nach sich selbst von der Suche nach Transzendenz. Er bezeugt Offenbarung, die Verfasserin sieht sich zur Weitergabe ihrer Botschaft genötigt. Die sich geradezu aufdrängenden Kategorien beschreiben religiöse Phänomene. Kernbestand der neuen Erfahrung ist der Wiedergeburtsgedanke oder genauer die Wirklichkeit früherer und zukünftiger Leben als Teil der Selbstdefinition. Wo Menschen diesen Gedanken aufgreifen, scheint es viel weniger um Todesbewältigung als um Lebensbewältigung zu gehen. Vielleicht müßte man auch so formulieren: Wo die Frage nach dem Tod gestellt wird, die Frage nach der Zukunft nach dem Tod, wird in Wirklichkeit die Frage nach dem Leben gestellt, nicht zuletzt die Frage nach dem Leben jetzt, in diesem Augenblick. Gestellt freilich als Frage unabweichlicher Dringlichkeit.

VI. Subjektive Sinnsuche als Religion

Das Beispiel Shirley MacLaine bestätigt auf seine Weise die Überlegungen zum Umfeld gegenwärtiger Varianten des Wiedergeburtsglaubens. Höchst verschiedenartige religiöse oder ganz allgemein weltinterpretatorische Elemente werden aufgenommen und in eine synkretistische Verbindung gebracht. Synkretismus meint in diesem Zusammenhang nicht ein ausformuliertes System, durch das unterschiedliche Religionsgestalten miteinander zu einer neuen verknüpft werden, sondern eine Art Auswahlverhalten von einzelnen, die aufgrund ihrer subjektiven Bedürfnislage Überlieferungen unterschiedlichster Herkunft im Interesse der Klärung von Selbst und Welt gelegentlich fast zufällig zusammenstellen. Dabei wird nicht nur das Erbe der Hochreligionen berücksichtigt, sondern die esoterische und okkulte Tradition, deutungerschließende naturwissenschaftliche Erkenntnisse oder was immer sonst als relevant zu erscheinen vermag. Ziel der Interpretationsleistung ist die identitätstiftende Selbstdeutung. Gerade ein Interpretament wie das der Wiedergeburt erlaubt dabei, Selbst und Welt aufeinander zu beziehen: Die Lehre von der Wiedergeburt ist eine Lehre von der kosmischen Gerechtigkeit, von einem Weltsinn, der zugleich Gott ist.

Entscheidend ist nun, daß die Symbolsprache der überlieferten Religion, im Blick auf die abendländische Situation gesprochen, die Symbolsprache des Christentums und seiner Kirchen, offensichtlich als nicht zureichend empfunden wird. Dies hindert daran, die christliche Überlieferung in ihrer dogmatischen Ausformung zu übernehmen, läßt zugleich nach neuen synkretistischen Synthesen suchen. Die vielfach heute zu beobachtende Pluralisierung religiöser Orientierung ist die zwangsläufige Folge. Von daher wird die Notwendigkeit, eine individuelle religiöse Symbolsprache zu entwickeln, zumindest sich aber für eine tradierte bewußt zu entscheiden, zunehmend dringlicher. Robert Bellah kommt im Blick auf die gegenwärtige religiöse Lage zu folgender Aussage: »Stärker als je zuvor ist der Mensch auf den Prozeß selbst verwiesen, den ich religiöse Symbolisierung genannt habe. Die historischen Religionen entdeckten das Selbst; die frühmoderne Religion erfand die Lehre, die es erlaubte, das Selbst in all seiner empirischen Unzulänglichkeit zu akzeptieren; die moderne Religion schickt sich an, die Gesetze der subjektiven Existenz zu verstehen, um so dem Menschen zu helfen, sein Schicksal verantwortungsvoll selbst in die Hand zu nehmen.«[25]

Wo der autonom gedachte einzelne über seine religiöse Symbolik selbst entscheiden muß, und zwar im Interesse, sich selbst als verantwortliches Subjekt zu verstehen, kommt es zum »Wettstreit der Religionen«. Sie scheinen fast zu einer Art Anbieter auf dem Markt der religiösen Möglichkeiten zu werden. Aber nicht nur sie allein. Gerade die Analyse der Wiedergeburtslehre zeigt, daß vielfältige andere Symbolsysteme deutend mit herangezogen werden. Dieser Prozeß vollzieht sich neben den großen christlichen Kirchen her, aber zugleich auch in ihnen. Oft sind es gerade kirchlich engagierte Menschen, die, wenn es ihnen um Selbst- und Lebensdeutung geht, auch für andere Deutungselemente der Wirklichkeit offen sind. Bildet sich dadurch eine neue Volksfrömmigkeit? Kaum. Volksfrömmigkeit ist im allgemeinen immer an lokale oder regionale Teilgesellschaften gebunden. Was sich herausbildet, sind religiöse Subjektivismen, über die häufig genug gar nicht kommuniziert wird. Angesichts dieser Situation könnten die religiösen Rituale noch am chancenreichsten die Funktion von Integration übernehmen. Je stärker einzelne sich in rituelle Abläufe subjektiv einzubringen, diese ihren Lebensentwürfen entsprechend zu interpretieren vermögen, desto mehr ist eine Verständigung über das Ritual möglich, weniger auf der inhaltlichen Ebene, wohl aber im Akt des Vollzugs. Gerade angesichts des Todes kommt

---

[25] *R. N. Bellah*, Religiöse Evolution: *C. Seyfarth / W. M. Sprondel*, Seminar: Religion und gesellschaftliche Entwicklung, (st wissenschaft 38), Frankfurt am Main 1973, 267—302, hier: 298.

dem überlieferten religiösen Ritual wohl bleibende Bedeutung zu, zumal es sich nicht selten dabei um eine Situation handelt, die einem die Sprache nimmt, weil gefundene oder entdeckte Sinnentwürfe ihre deutende Kraft verlieren. Für den Theologen mag dieser Hinweis unbefriedigend sein, seine Botschaft ist ja die Nachricht von der Weltveränderung durch Tod und Auferstehung Jesu Christi. Soziologisch gesehen bietet sich aber neben dem Zulassen des religiösen Subjektivismus höchstens die Ghettoisierung des Christentums in der Gruppe der dogmatisch korrekt Orientierten. Doch meistens sind polare Alternativen zur Deutung der Wirklichkeit nicht ausreichend. Auch im Blick auf die Zukunft des Christentums sollte man auf Überraschungen gefaßt sein. Möglicherweise wird es überraschend neu als eine Kraft wirksam, die menschliches Leben im Angesicht Gottes verstehen läßt. Daß dabei Traditionen, die von den Großkirchen zunächst ausgeschlossen wurden, wiederentdeckt werden, ist nicht auszuschließen.

Bibliographie

W. Abendroth, Reinkarnation, Frankfurt/M. 1986.

G. Adler, Seelenwanderung und Wiedergeburt. Leben wir nicht nur einmal?, (Herder-Tb 806), Freiburg/Br. 1980.

H. Aichelin u. a., Tod und Sterben, (GBT 297), Gütersloh 1979.

K. Allgeier, Du hast schon einmal gelebt? Wiedergeburt? Erinnerungen in der Hypnose. (Goldmann-Tb 11717), München 1981.

E. Becker, Die Überwindung der Todesfurcht, (Goldmann-Tb 11762), München 1985.

R. N. Bellah, Religiöse Evolution: *C. Seyfarth / W. M. Sprondel*, Seminar: Religion und gesellschaftliche Entwicklung, (st wissenschaft 38), Frankfurt/M. 1973, 267—302, hier 298.

W. F. Bonin, Lexikon der Parapsychologie, Bern/München 1976.

J. von Buttlar, Das UFO-Phänomen, (Bastei-Lübbe-Tb 63053), Bergisch-Gladbach 1980.

G. Condrau, Der Mensch und sein Tod, Zürich/Einsiedeln 1984.

P. Cousin/J.-P. Boutinet/M. Morfin, Aspirations religieuses des jeunes lycéens, Paris 1985.

I. Currie, Niemand stirbt für alle Zeit, (Goldmann-Tb 11729), München 1978.

Th. Dethlefsen, Das Erlebnis der Wiedergeburt (Goldmann-Tb 11749), München 1981.

Ders., Das Leben nach dem Leben, (Goldmann-Tb 11748), München 1974.

Ders., Schicksal als Chance, (Goldmann-Tb 11723), München 1979.

A. Ford, Berichte vom Leben nach dem Tode, München/Zürich 1980.

A. Frieling, Christentum und Wiederverkörperung, Stuttgart 1974.

W. Fuchs, Todesbilder in der modernen Gesellschaft, Frankfurt/M. ²1979.

S. Grof/J. Halifax, Die Begegnung mit dem Tod, Stuttgart 1980.

W. Harenberg, Was glauben die Deutschen? II, (IFAK-Spektrum 3, hg. v. IFAK-Institut Traunstein).

S. v. Jankovich, Ich war klinisch tot. Der Tod — mein schönstes Erlebnis, München 1984.

M. de Jouvenel, Weisungen aus dem Jenseits, Olten 1953.

H. J. Klimkett (Hg.), Tod und Jenseits im Glauben der Völker, Wiesbaden 1978.

Adel Th. Khoury / Peter Hünermann (Hgg.), Weiterleben nach dem Tode?, Freiburg 1985.

K. Koch, Leben wir nur einmal auf Erden?, Freiburg/Br. 1985.

E. Kübler-Ross, Interviews mit Sterbenden, Stuttgart 1978.

Dies., Reifwerden zum Tode, Stuttgart ⁴1978.

Dies., Leben, bis wir Abschied nehmen, Stuttgart/Berlin ²1980.

Dies., Was können wir noch tun?, (GTB 369), Gütersloh 1984.

Dies., Über den Tod und das Leben danach, Melsbach ⁴1985.

Dies., Verstehen, was Sterbende sagen wollen, (GTB 952), Gütersloh 1985.

R. Moody, Leben nach dem Tod, Reinbek bei Hamburg 1977.

Ders., Nachgedanken über das Leben nach dem Tod, Reinbek bei Hamburg 1978.

M. Netherton / N. Shiffrin, Bericht vom Leben vor dem Leben, Bern/München 1984.

A. Paus (Hg.), Grenzerfahrung Tod, Graz 1976.

T. Peters, UFOs — God's Chariots?, Atlanta 1977.

S. Raguse (Hg.), Was erwartet uns nach dem Tod?, (GTB 1069), Gütersloh 1983.

A. Resch (Hg.), Fortleben nach dem Tode, Innsbruck ²1981.

M. Ryzl, Der Tod und was danach kommt. Weiterleben aus der Sicht der Parapsychologie, Genf 1981.

G. Scherer, Das Problem des Todes in der Philosophie, Darmstadt 1979.

G. Schmied, Sterben und Trauern in der modernen Gesellschaft, Opladen 1985.

I. Stevenson, Reinkarnation, Freiburg i. Br. ³1979.

W. Trautmann, Naturwissenschaftler bestätigen Re-Inkarnation, Olten 1983, 45 ff.

E. Wiesenhütter, Blick nach Drüben, (GTB 196), Gütersloh 1976.

E. Wittkowski, Tod und Sterben. Ergebnisse der Thanatopsychologie, Heidelberg 1978.

Toten-»Liturgie«

Der Umgang mit Tod und Trauer in den Bestattungsriten
der Deutschen Demokratischen Republik (DDR)

Klemens Richter

A. Übergangsriten in den sozialistischen Ländern

I. Zum Übergangsritus in der Industriegesellschaft

Die Bestattung der Toten ist in allen Gesellschaften ein Übergangsritus, bei dem es vornehmlich um die Angabe des Übergangsziels des Verstorbenen, um die Kontrolle der Emotionen der Hinterbliebenen und Minderung ihrer Angst, um die erneute Festigung der durch den Tod instabil gewordenen Gruppe, um den Zuspruch des neuen Status und dessen Veröffentlichung und schließlich um die Reintegration des Toten in die Gruppe der Lebenden geht. Die einzelnen Funktionen von Übergangsriten wurden schon zu Beginn dieses Jahrhunderts von Arnold van Gennep beschrieben[1]. Auf das Begräbnis wurde dieses Schema von Yorick Spiegel übertragen[2]. Derartige Übergangsriten sind als Antwort auf Situationen zu verstehen, für die sonst kein wirksames Verhalten zur Verfügung steht. Daß dies auch für die säkularisierte Industriegesellschaft gilt, ist in der soziologischen Literatur unumstritten[3]. Gerade angesichts der heute unüberschaubaren Fülle von Reizen ist der einzelne darauf angewiesen, »die unendliche Zahl anthropologisch möglicher Handlungsformen auf eine begrenzte Zahl normierter, gebilligter und somit vorhersehbarer und berechenbarer Akte«[4] zu reduzieren. Nur insofern auch die Industriegesellschaft derartige Riten ausbildet, kann sie angstfrei bewältigt werden.

---

[1] *A. v. Gennep*, Les rites de passage, Paris 1909.

[2] *Y. Spiegel*, Der Prozeß des Trauerns. Analyse und Beratung, München/Mainz ⁴1981, 93—123.

[3] Vgl. beispielhaft: *R. Bellah*, Civil Religion in America: Daedalus 96 (1967) 1—22; *T. Luckmann*, The Invisible Religion, New York 1967; *P. Berger*, Auf den Spuren der Engel, Frankfurt 1970; *L. A. Vaskovics*, Religionssoziologische Aspekte der Sozialisation wertorientierter Verhaltensformen: IJRS 3 (1967) 115—146; *A. Hahn*, Religion und der Verlust der Sinngebung, Frankfurt/New York 1974.

[4] *Hahn*, Religion 75.

Sicherlich braucht jede gesellschaftliche Gruppe typische Veranstaltungen, kommunikative Handlungsgefüge, in denen sie ihr eigenes Profil ausdrückt und findet[5]. In diesen fundamentalen typischen Veranstaltungen kommt jeweils die eigentliche Sache zum Ausdruck, um die es in der betreffenden Gruppe geht. Diese Sache bestimmt die Gestaltung der Veranstaltungen und bringt die Teilnehmer in eine bestimmte soziale Beziehung zueinander. Diese für eine Gruppe konstitutiven Handlungsgefüge stehen in enger Verbindung zu den Formen, in denen sich das übrige Leben dieser Gruppe abspielt. So nützt die Symbolik großer Parteitage wenig, wenn die tägliche Öffentlichkeitsarbeit, Mitgliederwerbung etc. fehlen. Umgekehrt gilt, daß diese tägliche Arbeit orientierungslos bleibt ohne die repräsentativen Veranstaltungen[6].

Obwohl nun die Religion in der industriellen Gesellschaft nicht mehr das Monopol sozialer religiöser Institutionen hat, Werte und Sinndeutungen von verschiedensten Sozialisationsträgern vermittelt werden, gibt es in den westlichen Industriegesellschaften doch nur schwach entwickelte säkularisierte Riten für die entscheidenden Lebensphasen. Geburt, Eheschließung, Schuld, Krankheit und Tod sind nach wie vor hinsichtlich des rituellen Aspektes nahezu ausschließlich Domänen religiöser Gemeinschaften, vor allem der großen Kirchen, die hier nahezu ein Ritenmonopol besitzen. Im Bereich von Trauung und Bestattung gibt es zumindest in den USA konkurrierende gesellschaftliche, auf finanziellen Gewinn ausgerichtete Institutionen, die mit ihrem geschäftlichen Erfolg deutlich machen, wie sehr der Mensch des im Ritus aufgefangenen zeichenhaften Handelns bedarf[7]. Gleichzeitig scheinen derartige Unternehmen für die prinzipielle Ersetzbarkeit der Kirchen auf diesem Gebiet zu sprechen. Wo solche konkurrierende Ritenanbieter bisher fehlen, erweisen sich die Kirchen nach wie vor als funktional, wiewohl sich immer mehr Menschen »vom Kult überhaupt dispensieren und zwar auch in den angesprochenen besonderen Lebenssituationen«[8]. Es könnte sein, daß diese Nachfrage nach kirchlichen Riten selbst von Personenkreisen, die sonst

---

[5] *P. Hünermann*, Sakrament — Figur des Lebens: *A. Hahn u. a. (Hgg.).*, Anthropologie des Kults, Freiburg/Basel/Wien 1977, 98—134.

[6] Vgl. *K. Richter*, Riten und Symbole in der Industriekultur am Beispiel der Riten im Bereich des Sozialismus: Conc(D) 13 (1977) 108—113.

[7] Vgl. dazu *J. Mitford*, The American Way of Death, New York 1963 (dt.: Der Tod als Geschäft, Olten 1965). Zumindest was die Publizität betrifft, kann dieses Buch als Höhepunkt der Kritik am amerikanischen Bestattungswesen gelten. Ein Vergleich mit den sozialistischen Riten wäre wünschenswert.

[8] Kult im Zeitalter technischer Rationalität. Ein Gespräch mit *R. Schaeffler:* HerKorr 30 (1976) 609.

dem kirchlichen Leben eher fernstehen, weniger auf den christlichen Glaubensinhalten als auf dem kirchlichen Ritenmonopol beruht[9].

Wo staatliche Interessen den Austritt aus der Kirche prämiieren — wie eben in den Staaten mit einer marxistisch-atheistischen Ideologie als Grundlage der Gesellschaftsordnung — wird zumeist der Versuch unternommen, das kirchliche Ritenmonopol zu brechen[10]. Es werden eigene Symbolhandlungen geschaffen, die die zentralen Daseinskrisen neben spezifischen Sinndeutungen auch rituell bewältigen sollen.

II. Zur Ritenbildung in der sozialistischen Industriegesellschaft

Eine wissenschaftliche Beschäftigung mit der Herausbildung von Riten in den Gesellschaften des sozialistischen Staatenverbundes gibt es noch kaum. Einen knappen Überblick mit einer Bibliographie von Arbeiten westlicher wie östlicher Autoren bietet zuletzt der ungarische (christliche) Religionssoziologe Miklos Tomka[11]. Er unterscheidet 13 in ihrer Bedeutung sehr unterschiedliche Übergangsriten, die allerdings in den einzelnen Ländern verschieden gehandhabt werden. Darunter besonders zu nennen sind die Namensweihe, die Eingliederung in die Organisation der Jungen Pioniere und später in den kommunistischen Jugendverband, die Jugendweihe, die Übergabe des Personalausweises, die Arbeiterweihe, die sozialistische Eheschließung, der Eintritt in den Altersruhestand und das sozialistische Begräbnis. Für Tomka ist es »unbestreitbar, daß diese neuen Übergangsriten in ständiger und bewußter Konfrontation mit der religiösen Tradition eingeführt und gestaltet werden«[12]. Bei einem generellen Rückgang der Inanspruchnahme religiöser Riten, besonders stark ausgeprägt bei der Eheschließung, würden diese aber nicht automatisch von der Bevölkerung durch sozialistische Riten ersetzt. Dennoch seien letztere für einen Teil eine adäquate Form für die Feier der Lebensübergänge. Tomka sieht die Funktion christlicher wie marxistischer Riten in soziologischer Hinsicht durchaus vergleichbar. Es gebe Gruppen, die den von der jeweiligen Institution vorgegebenen Inhalt der

---

[9] Nicht eingegangen werden kann hier auf die Frage, weshalb von »Auswahlchristen« die Riten der Kirche an den »Lebenswenden« wahrgenommen werden. Vgl. dazu P. M. Zulehner, Heirat-Geburt-Tod. Eine Pastoral zu den Lebenswenden, Wien/Freiburg/Basel 1976.

[10] Allerdings sind dort, wo noch eine »volkskirchliche« Situation herrscht (z. B. Polen), solche Versuche so gut wie nicht zum Tragen gekommen.

[11] M. Tomka, Les rites de passage dans les pays socialistes de l'Europe de l'Est: SocComp 29 (1982) 135—152.

[12] Ebd. 138.

Riten für sich akzeptierten, während andere diese Inhalte ablehnten und die Riten unabhängig von der eigentlichen Intention zur Bewältigung ihrer privaten Lebensknotenpunkte und vor allem Sinnkrisen benutzt würden[13].

Eine theologische Beschäftigung mit den sozialistischen Riten gibt es so gut wie nicht[14], obwohl sich daraus möglicherweise liturgiewissenschaftlich relevante Fragestellungen ergeben könnten[15]. Für die uns interessierende Frage nach dem Bestattungsritus liegt eine sich allerdings ausschließlich mit dem sozialistischen Begräbnis in Jugoslawien befassende Arbeit vor[16], während es für die Riten um Sterben und Tod in den anderen sozialistischen Ländern keine eigene Untersuchung gibt. Lediglich im Zusammenhang mit der Darstellung einer säkularen Ritenbildung dort allgemein finden sich auch Hinweise auf sozialistische Trauerfeiern in der DDR[17].

B. Riten um Sterben und Tod in der DDR

I. Zur säkularen Ritenbildung in der DDR

1. Die Sowjetunion als Vorbild

Die Entwicklung von marxistisch-atheistischen Riten in der DDR ist sicher nicht unabhängig von dem entsprechenden Prozeß in der Sowjetunion zu sehen. Ohne daß wir hier diesen Werdegang nachzeichnen können[18], kann doch darauf verwiesen werden, daß das Zentralkomitee der Kommuni-

---

[13] Ebd. 149 f.
[14] Vgl. *Richter*, Riten; *Ders.*, Ritenbildung im gesellschaftspolitischen System der DDR: LJ 27 (1977) 172—188; *Ders.*, Sozialistische Weihen: Deutschland Archiv 11 (1978) 181—189; *A. Althammer*, Jugendweihe und Pastoral: IKaZ 11 (1982) 579—593. Vgl. unten Anm. 15 und 16.
[15] Vgl. dazu aber *K. Richter*, Sozialistische Gemeinschaftsriten als Anregungen für eine neue Sakramentenpastoral?: SuS 8 (1976) 24—33; *Ders.*, Jugendweihe und andere profane Symbolhandlungen. Ein kritischer Vergleich: Diakonia 7 (1976) 38—44.
[16] *F. Prosenjak*, Bewältigung der Todesproblematik im sozialistischen und im katholischen Begräbnis unter besonderer Berücksichtigung der Begräbnispraxis in Jugoslawien, (Diss. masch.) Innsbruck 1978; *Ders.*, Die Bewältigung der Todesproblematik im sozialistischen Begräbnis in Jugoslawien: LJ 29 (1979) 143—156. Zu Slowenien, einer jugoslawischen Republik, vgl. *M. Keršelvan*, Le traitement des morts dans la société socialiste: SocComp 29 (1982) 153—165.
[17] Vgl. dazu die in Anm. 14 und 15 genannte Literatur.
[18] Vgl. dazu *C. A. P. Binns*, Sowjetische Feste und Rituale I. Die Entwicklung der offiziellen Haltung zu Brauchtum und Feiergestaltungen: Osteuropa 29 (1979) 12—21; II. Hauptformen und inhaltliche Bedeutung: Ebd. 110—122.

stischen Partei der Sowjetunion (KPdSU) schon im Oktober 1923 »die Einführung weltlicher Ersatzriten für Anlässe des Lebenszyklus« empfahl, »eine Politik, die zuerst von Trotzkij befürwortet wurde«[19]. Dabei handelte es sich vornehmlich um die Namensgebung für Neugeborene sowie sogenannte »Rote Hochzeiten«. Doch gelang es nicht, diese Übergangsriten aus dem familiären und orthodox-religiösen Raum zu lösen. Während andere Feiern, so etwa der säkulare Festtagskalender, im gesellschaftlichen Leben fest etabliert werden konnten, werden »neue sozialistische Traditionen und Bräuche«, auch als »neue Lebensformen« (novye formy byta) bezeichnet — die Begriffe »Ritus« (obrjad) und »Ritual« (obrjadnost) wurden wegen ihrer religiösen Bedeutung bis Ende der fünfziger Jahre vermieden —, erst nach dem Zweiten Weltkrieg wieder propagiert. Der erste Hochzeitspalast wurde 1959 in Leningrad errichtet, der erste Palast für die Namensgebung ebenfalls dort 1965. Vor allem zwischen 1964 und 1966 wurden die Grundlagen für das heutige System der Rituale und Festgestaltung in der Sowjetunion gelegt. Obwohl zunehmend auch »Häuser der Trauer« — oft in ehemaligen Friedhofskapellen — eingerichtet wurden, haben sich sozialistische »Bestattungsriten im Sowjetleben am wenigsten verbreitet«[20].

2. Die Begründung sozialistischer Riten

Es mag zunächst erstaunen, daß eine Gesellschaft, die einen »auf objektiven Gesetzmäßigkeiten beruhenden wissenschaftlichen Sozialismus« zu ihrer Grundlage erklärt, zu den Lebensknotenpunkten offizielle sozialistische Feiern anbietet. Doch der Marxismus-Leninismus geht von der »Einheit von Theorie und Praxis« aus. Den für die ideologische Grundlegung in der DDR Verantwortlichen ist bewußt, daß die Umformung des Menschen nicht nur eine Angelegenheit des Intellekts, von Erziehung und Schule ist, sondern daß auch der emotionale Bereich angesprochen werden muß. Als 1957 die »Namensweihe, zunächst sozialistische Namensgebung genannt, die sozialistische Eheschließung (auch Eheweihe), das sozialistische Begräbnis (Grabweihe) und die sozialistische Arbeiterweihe«[21] in der DDR eingeführt werden, wird von maßgeblicher Seite erklärt: »Wenn wir von Atheismus sprechen, sollten wir doch einmal überlegen, daß das Wort ›atheistisch‹ ein rein negatives Wort ist. Es sagt, wir lehnen die Gottesvorstellungen ab; aber es sagt noch nicht, was wir dann positiv an diese Stelle setzen.« Wir »glauben

---

[19] Ebd. 15. Dort auch einzelne Belege.
[20] Ebd. 114.
[21] Art. »Sozialistische Feiern«: DDR-Handbuch 1, Köln ³1985, 378.

an die Entwicklung der Menschheit, daran, daß die Menschheit alles erkennen kann und wird, und daß die Menschheit in ihrer Entwicklung alles schaffen kann, was für die Entwicklung der Menschheit notwendig ist. Dieser Glaube an die Menschheit ist das, was wir an die Stelle des Glaubens an einen Gott zu setzen haben.«[22] Daß es Zielstellung dieser Feiern ist, christliche Riten zu verdrängen oder doch zumindest für diejenigen zu ersetzen, die den Glauben der Kirche nicht mehr mitvollziehen können, wird selbst im Zentralorgan der Sozialistischen Einheitspartei Deutschlands (SED) immer wieder verdeutlicht: »Die Überreste und Vorurteile der Vergangenheit legen der Aktivität der Werktätigen Fesseln an. Deshalb (ist für die) Herausbildung des kommunistischen, gesellschaftlichen Bewußtseins ... die Propagierung und Einführung neuer sozialistischer Traditionen und Bräuche wichtig, die immer weniger Raum lassen für religiöse Feste, Bräuche und Rituale.«[23]

Ein parteiinterner Bericht der SED aus Stalinstadt, dem heutigen Eisenhüttenstadt, begründet die Notwendigkeit solcher Feiern schon im Februar 1959 folgendermaßen: »Geburt, Verbindung von Mann und Frau und Tod sind ursprünglich biologische Vorgänge, die jedoch der Menschheitsentwicklung zufolge hohe gesellschaftliche Bedeutung bekommen haben. Die Ausbeuterklassen haben jenen Ereignissen idealistische, religiöse Deutung und kirchlich-feierliche Formen gegeben, um das Volk an sich zu binden und ihrer Herrschaft zu unterwerfen. In der neuesten Zeit wehrten und wehren sich die unterdrückten Klassen gegen lebensfremde Deutung und suchen für die Würdigung dieser hervorragenden Ereignisse des Menschenlebens weltliche Formen. Die Arbeiterklasse der Deutschen Demokratischen Republik und ihre führende Partei beginnen von der dialektisch-materialistischen Weltanschauung her und mit Hilfe der sozialistischen Staatsmacht die Geburt, die Eheschließung und den Tod feierlich als Ereignisse des Lebens der werdenden sozialistischen Gesellschaft zu würdigen.«[24] Der Staatsmacht komme dabei die Aufgabe zu, auf Eltern, Brautleute und Hinterbliebene sozialistisch erzieherisch einzuwirken.

Diese Weisungen sind auch deshalb interessant, weil sie den verschiedenen Feiern einen unterschiedlichen Stellenwert geben. Es ist kaum zufällig, daß

---

[22] *H. Duncker,* Das Menschheitsbewußtsein stark und lebendig machen: Deutsche Lehrerzeitung vom 23. 11. 1957.

[23] *I. R. Rachimowa,* Der XXIV. Parteitag der KPdSU und einige Fragen der atheistischen Erziehung: Neues Deutschland vom 26. 2. 1972.

[24] Grundsätze und Erfahrungen bei der Gestaltung sozialistischer Feierlichkeiten. Az. Kd 2431/58 III K, Februar 1959 (vervielf. 10 Seiten), Teilabdruck: *Jeremias,* Kirche 41 und *Köhler,* Staatsakte 71 (s. Anm. 36).

die seit dem Frühjahr 1954 verstärkt propagierte Jugendweihe nicht angesprochen wird[25]. Sie ist »ein fester Bestandteil der sozialistischen Bildung und Erziehung« und hat als Ziel, den Vierzehnjährigen zu helfen, »im Sinne des sozialistischen Patriotismus und proletarischen Internationalismus zu handeln und aktiv am Aufbau unserer Gesellschaft mitzuwirken«[26]. Sie soll »alle Kinder des Volkes zur sozialistischen Weltanschauung und Moral erziehen«[27] und ist daher faktisch für alle Jugendlichen verbindlich[28]. Schwerpunkt der Jugendweihe ist das Bekenntnis zur sozialistischen Gesellschaft, das möglichst alle ablegen sollen. Folgerichtig fordert das Gelöbnis, was ohnedies von jedem Staatsbürger laut Verfassung[29] erwartet wird: »... getreu der Verfassung für die große und edle Sache des Sozialismus zu arbeiten ...; nach hoher Bildung und Kultur zu streben ... unentwegt zu lernen ... für die ... großen humanistischen Ideale ...; als würdige Mitglieder der sozialistischen Gemeinschaft ... den Weg zum persönlichen Glück immer mit dem Kampf für das Glück des Volkes zu vereinen ...; als wahre Patrioten die feste Freundschaft mit der Sowjetunion weiter zu vertiefen ...«[30].

Das ist relativ unverbindlich. Zumindest bei Namensweihe und Eheschließung haben die Gelöbnisse einen verbindlicheren Charakter, wenn auch die Formulierungen, die dabei verwendet werden, keinen zwingend atheistischen Inhalt wiedergeben. Der Zuspruch scheint bei diesen Feiern allerdings gering zu sein. Ein Anzeichen dafür ist, daß »statistische Angaben über Namensweihe, sozialistische Eheschließung und Begräbnis nicht vorliegen«[31]. Die Formen und Texte für die Feiergestaltung sind weithin so gehalten, daß jeder daran teilnehmen kann, der ein grundsätzliches Ja zu den Zielen des Sozialismus in der DDR-Gesellschaft zu sagen vermag und eine christliche Sinndeutung des Lebens nicht akzeptiert.

Abgesehen von Zeitungsberichten aus der Zeit der Einführung dieser Riten wurden Durchführung, Gestaltung und Ablauf mit Ausnahme der Jugendweihe bis in die siebziger Jahre geradezu mit einer Arkandisziplin umgeben. Erst seit etwa einem Jahrzehnt gibt es nun regelrechte »Agenden«, die Handlungsanweisungen und Textbücher sind und auch Ansprachemodelle, Lieder

---

25 *B. Hallberg*, Die Jugendweihe. Zur deutschen Jugendweihetradition, Lund 1977, 135—145.
26 Zentraler Ausschuß für Jugendweihe in der DDR (Hg.), Handbuch zur Jugendweihe, Berlin 1974, 11.
27 Ebd. 13.
28 In dieser Feier werden die Schüler in die »Reihe der Erwachsenen aufgenommen«. 1983 nahmen daran 98 % aller Vierzehnjährigen teil. Vgl. Art. »Jugendweihe«: DDR-Handbuch 692 f.
29 Die neue Verfassung der DDR, Köln 1974.
30 Handbuch zur Jugendweihe 14.
31 DDR-Handbuch 378.

sowie Musikstücke, aber auch Sinndeutungen bieten[32]. Es scheint fast, als hätte sich die SED bis dahin darum gedrückt, Ausführlicheres über diese Riten zu publizieren, die wenig in das Bild eines aufgeklärten wissenschaftlichen Sozialismus passen mochten.

Erst in den letzten Jahren finden sich Hinweise dafür, daß es unter Wissenschaftlern in der DDR eine Auseinandersetzung um Sitten und Bräuche im Sozialismus gibt. Der Dresdener Philosoph Siegfried Wollgast nennt folgende Gesichtspunkte für die Herausbildung von Riten im Sozialismus[33]: Einmal gehe es »um die Übernahme alter Sitten und Bräuche, wobei die Dialektik von Form und Inhalt zu beachten ist. Alte Formen können mit neuem Inhalt erfüllt, neue Formen für alte Sitten und Bräuche gefunden werden«. Weiter gehe es »um die Entwicklung neuer Sitten und Bräuche im gesamtgesellschaftlichen Rahmen, wobei an entsprechende Erfahrungen der Arbeiterklasse und der progressiven Vertreter anderer Klassen und Schichten anzuknüpfen ist«. Er erinnert dabei daran, daß die Mehrzahl der Feiertage in der DDR noch immer auf einer christlichen Grundlage steht, »obwohl die Mehrzahl der Bürger der DDR nicht mehr religiös ist. Aber hier ist es eine gesellschaftliche Aufgabe, neue Sitten und Bräuche — etwa für das Weihnachtsfest — zu schaffen. Dabei ist der spezifisch christliche Sinn dieser Feste mit der wachsenden Säkularisierung immer mehr zurückgetreten — nicht erst im Sozialismus.« Die entwickelte sozialistische Gesellschaft fordere solche Riten vor allem für die Kinder- und Jugenderziehung. Dabei sei es mit sozialistischer Namensgebung und Jugendweihe nicht getan. Wollgast sieht dabei klar, daß alte Bräuche äußerst zählebig und nicht einfach durch neue Riten zu ersetzen sind, zumal derartige Riten wohl am längsten im Familienbereich wirksam bleiben würden. Allerdings stelle sich die Frage, welche Sitten und Bräuche einer entwickelten sozialistischen Gesellschaft entsprechen und ob die Übernahme von Bräuchen »aus Erfahrungen der sozialistischen Bruderländer für unsere Bedingungen« — ausdrücklich nennt er die sowjetischen Hochzeitspaläste — überhaupt sinnvoll sei. Abschließend stellt Wollgast fest: »Die bewußte und zweckmäßige Gestaltung des gesellschaftlichen Lebens und der Geschichte ist wohl der Kern der sozialistischen Lebensweise. Dies

---

[32] Diese Schriften werden vom Zentralhaus für Kulturarbeit in Leipzig herausgegeben: Sei willkommen Kind. Empfehlungen für die Namensweihe, 1973; Offen steht das Tor des Lebens. Empfehlungen für die Jugendweihe, 1973; Hochzeit machen. Material für die Fest- und Feiergestaltung, 1974; Schritte ins Leben. Anregungen für Feiern im Leben der Schüler, 1975; Der erste Personalausweis wird überreicht. Material für die Fest- und Feiergestaltung, o. J. (1971); Mit 70 mitten im Leben, o. J. (1973); Herz der Klasse. Material zur Gestaltung von Veranstaltungen, ²1976. Die »Agenden« zur Trauerfeier s. unten Anm. 68 und 69.

[33] S. Wollgast, Bemerkungen zu Sitten und Bräuchen: DZPh 26 (1978) 616—624, hier 622 f.

wird durch ein schöpferisches Verhältnis zur geistigen und materiellen Welt bewirkt. Das verlangt wieder Erziehung, verläuft nicht nach einem Automatismus. Ein entsprechendes Verhalten wird über ein ganzes System von Werten, Normen, Emotionen und Traditionen und auch Sitten und Bräuchen erzeugt.« Dabei herrscht aber »über das Problem der Sitten, Bräuche, Traditionen usw. noch keineswegs theoretische Klarheit«[34].

3. Die Riten zwischen Staat und Kirche

Wie wir schon sahen[35], wurden diese Riten zweifellos auch eingeführt, um die entsprechenden christlichen Kulthandlungen zu verdrängen, oder doch zumindest für diejenigen zu ersetzen, die den Glauben der Kirche nicht mehr mitvollziehen können. Wo immer im Westen über diese rituellen Ausprägungen in der DDR geschrieben wurde, galt es als selbstverständlich, daß sie nur im Rahmen antikirchlicher und areligiöser Propaganda gesehen werden könnten. Nach diesen Veröffentlichungen, die nicht immer in den Bereich der seriösen DDR-Forschung einzuordnen sein dürften[36], ist das Bestreben der DDR-Führung konsequent darauf gerichtet, Taufe, Erstkommunion, Konfirmation oder Firmung, kirchliche Trauung und Beerdigung durch atheistische Veranstaltungen zu ersetzen: »Nicht mehr der Glaube und die im Individuum angelegten Bedürfnisse, sondern die vom kommunistischen Staat gesetzten Bewußtseinsnormen und politischen Forderungen sind zu befriedigen. Der intime Bereich des einzelnen ist zu einem öffentlich verwalteten Anliegen herabgewürdigt und die Menschenwürde radikal umgewertet worden. Die atheistischen Zeremonien und Riten werden dabei als Ausdruck eines neuen Selbstverständnisses gerechtfertigt.«[37]

Dieser westlichen Kritik am sozialistischen Ritual entsprach in den letzten Jahrzehnten die vielfache Kritik der Christen an ihrem Gottesdienst[38]. So lauteten vielerlei Forderungen an die liturgischen Handlungen, die das Leben des Christen von der Wiege bis zur Bahre begleiten: Sie sollen die Sprache von heute reden, mehr Mitmenschlichkeit lehren, möglichst wenig zentral

---

[34] Ebd. 624.
[35] Oben Anm. 23.
[36] Vgl. u. a. *U. Jeremias*, Die Jugendweihe in der Sowjetzone, Bonn 1958; *Ders.*, Die evangelische Kirche in Berlin und Mitteldeutschland, Witten 1959; *G. Koch*, Die Abschaffung Gottes, Stuttgart 1961; *Ders.*, Neue Erde ohne Himmel, Stuttgart 1963; *H. Köhler*, Pseudo-sakrale Staatsakte in Mitteldeutschland, Witten 1962; *W. Maser*, Der Kampf der SED gegen die Kirche, (Freiheit und Ordnung 24), Mannheim 1962; *Ders.*, Genossen beten nicht, Köln 1963; *F. G. Hermann*, Der Kampf gegen Religion und Kirche in der SBZ, Stuttgart 1966.
[37] *Maser*, Kampf 17.
[38] Vgl. u. a. *A. Aubry*, Liturgie, Fest und Phantasie: Conc(D) 5 (1969) 674.

geregelt sein und zugunsten freier Formulierungen auf feste Texte und Riten verzichten[39]. Durchbrochen werden müsse die Privatisierung des Gottesdienstes und der auch heute noch verbreitete Individualismus, um gesellschaftliche Verantwortung sichtbar zu machen.

Gerade das ist es nun, was nach dem Willen ihrer Schöpfer die sozialistischen Feierlichkeiten um Geburt, Eintritt in die Gesellschaft, Eheschließung und Tod grundlegend auszeichnen soll. Angesichts der Erkenntnisse der Soziologie zur Bedeutung von Übergangsriten für jede gesellschaftliche Gruppierung ist allerdings Vorsicht geboten bei der Behauptung, sozialistische Riten seien ausschließlich eine Form des Kirchenkampfes. Diese Komponente spielt zweifellos mit, doch ist auch der Eigenwert und die auf die Bildung der sozialistischen Gemeinschaft gerichtete Funktion derartiger Zeremonien zu berücksichtigen. Als Moment im Kampf gegen die Kirche müssen sie dort betrachtet werden, wo der einzelne mehr oder weniger direkt gezwungen wird, dieses Zeremoniell in Anspruch zu nehmen. Das gilt zumindest in der DDR bis heute eigentlich nur für die Jugendweihe[40]. So betrachtet es der Vorsitzende der Christlich-Demokratischen Union (CDU) in der DDR, Gerald Götting, als normal, daß eine »mündige religionslose Welt auch eigene Formen für besondere Ereignisse im Leben des einzelnen entwickelt. Bislang hat ausschließlich die Kirche das Zeremoniell dafür zur Verfügung gestellt. Diese Periode geht nun zu Ende. Die neuen sozialistischen Zeremonien sind aber nicht einfach nur die Antwort auf den nicht rechtzeitig erkannten Zerfall der Volkskirche, sondern der Ausdruck der religionslosen Welt.«[41]

Christen wie Marxisten begehen die Knotenpunkte des Lebens gleichermaßen feierlich. In diesen Ursituationen menschlicher Existenz erfährt der Mensch einerseits, daß er in die materielle, biologische und gesellschaftliche Welt hineingebunden ist. Zugleich aber fragt er nach Sinn und Schicksal, letzter Herkunft und Zukunft seines Lebens und damit nach dem Sinn seiner Welt. Diese Ursituationen können verschieden gedeutet werden: theistisch, atheistisch, fatalistisch; immanent-humanistisch und skeptisch-agnostisch kann auch auf eine Deutung verzichtet werden. So wie der christliche Glaube die verschiedenen Lebenssituationen von jeher in eigener Weise ausgelegt hat, kann es wohl auch der Gemeinschaft von Menschen sozialistisch-

---

[39] Vgl. *E. J. Lengeling*, Liturgie — Dialog zwischen Gott und Mensch, hg. von *K. Richter*, Freiburg / Basel / Wien 1981, bes. 55—73.
[40] Vgl. oben Anm. 28. In Jugoslawien scheint dies auch für die Bestattung zu gelten: *Prosenjak*, Bewältigung 143—145.
[41] Redemanuskript von 1972, masch.

atheistischer Weltanschauung nicht verwehrt sein, durch Ausprägung eigener Feiern zu diesen Stellung zu beziehen: »Inhalt dieser Feierlichkeiten der Werktätigen ist der sozialistische Humanismus, der atheistisch ist und kein höheres Wesen als die für Freiheit, Demokratie und Sozialismus arbeitende und kämpfende Menschheit anerkennt ... Gehaltvoll werden diese Feiern, wenn das besondere menschliche Streben sich mit dem allgemeinen zum Einklang findet.«[42]

Die Kirchen haben die Entwicklung dieser Riten als direkten Angriff auf ihren Einflußbereich betrachtet. So haben die katholischen Bischöfe in der DDR mehrfach — zumeist in Bezug auf die Jugendweihe — zu den sozialistischen Riten Stellung genommen. In einem »Pastoralbrief der Bischöfe an ihre Mitbrüder im Presbyterium« vom 4. September 1967 heißt es: »Hier ist es auch notwendig, ein Wort zu den sozialistischen Ersatzriten, insbesondere zur Jugendweihe zu sagen. Wir müssen feststellen, daß ihr ideologischer Charakter und damit ihre atheistische Tendenz bisher von keiner offiziellen Stelle widerrufen worden ist. Wenn es auch nicht überall klar ausgesprochen wird, finden wir es doch eindeutig in manchen Äußerungen.«[43] Die Bischöfe zitieren dann aus der Zeitschrift »Moderne Naturwissenschaften und Atheismus«[44]: »Eines der wichtigsten Mittel der atheistischen Erziehung der Werktätigen in den sozialistischen Länder besteht darin, den religiösen Bräuchen und Feiertagen inhaltlich neue Feiertage und ›Bräuche‹ entgegenzustellen. Bekanntlich hat sich die Kirche das Recht angeeignet, alle wichtigen Ereignisse im Leben des Menschen zu feiern. Geburt, Eheschließung und Tod — das alles wurde von ihr zum Anlaß religiöser ›Sakramente‹ und Bräuche gemacht, wobei weitgehend Mittel der ästhetischen Wirkung eingesetzt werden. Allein mit einer theoretischen Kritik der religiösen Bräuche ist dabei nicht viel auszurichten. Von außerordentlicher Wichtigkeit ist es, inhaltlich neue Feiertage, neue Traditionen und neue Bräuche zu schaffen. Hierbei kann man einiges aus alten Volkstraditionen, die ihre religiöse Bindung verloren haben, ausnutzen, und vieles bildet sich in den Jahren der Errichtung der Macht der Werktätigen allmählich heraus.« Die Bischöfe schreiben dazu: »Die Worte weisen eindeutig auf den atheistischen und antichristlichen Charakater der sozialistischen Ersatzriten hin ... Wer als katholischer Christ in diesem Sinne die sozialistischen Ersatzriten versteht und dennoch freiwillig daran teilnimmt, sündigt gegen den Glauben ... Das Bekenntnis unseres

---

[42] Grundsätze (s. Anm. 24).
[43] Vervielf. »nur für den innerkirchlichen Dienstgebrauch«, 10 Seiten.
[44] VEB Deutscher Verlag der Wissenschaften, Berlin 1964, 310.

Glaubens schließt selbstverständlich auch das Nein zu den anderen sozialistischen Ersatzriten, wie sozialistische Namensgebung, Trauung und Bestattung ein.«[45] In einem Pastoralbrief vom 3. März 1972 heißt es erneut: »So lange die atheistische Tendenz der Jugendweihe und ihr Charakter als Kultersatz aber nicht geändert werden, können die Bischöfe — ebensowenig wie bei den anderen atheistischen Ersatzriten (Namensgebung, Trauung, Beerdigung) — ihre Ablehnung der Jugendweihe nicht aufgeben, auch wenn bei der Werbung zur Jugendweihe diese Tendenz verschleiert wird.«[46]

Wir können an dieser Stelle nicht auf die besondere Problematik der Jugendweihe eingehen[47], doch gilt für die anderen von den Bischöfen als »Ersatzriten« bezeichneten säkularen Übergangsriten, daß sie für gläubige Christen nicht in Frage kommen können und zweifellos auch von der Staatsführung in erster Linie für Nichtchristen gedacht sind. Der Erfurter Bischof Hugo Aufderbeck dazu: »Ich sage das so häufig in den Predigten: ›Wir haben ja nichts dagegen, wenn die Atheisten für Geburt, Hochzeit und Tod ihre Riten und Feierlichkeiten haben. Sie sollen uns aber nicht zwingen, ihre Riten zu übernehmen, wie auch wir sie nicht zwingen, ihre Kinder zur Firmung zu schicken‹«[48].

Insgesamt gilt für die DDR-Situation: »Eine wirkliche Konfliktsituation zwischen christlichen und sozialistischen Riten gibt es eigentlich nur bei Konfirmation [sowie Firmung; Vf.] und Jugendweihe. Im Falle von Taufe oder Namensweihe, Trauung oder Eheweihe, christlicher Beerdigung oder Grabfeier wirkt sich die ideologische Konkurrenz nicht so spannungsreich aus, jedenfalls nicht im Normalfall«[49]. Auf der Linie des gesellschaftlichen Trends in der DDR liegt es aber, »daß Kirchenmitgliedschaft und kirchliche Zeremonien nicht mehr als der Normalfall gelten. Die Partei muß sie gar nicht mehr bekämpfen«[50].

---

[45] Pastoralbrief vom 4. 9. 1967 (s. Anm. 43).
[46] Vervielf. »nur für den innerkirchlichen Dienstgebrauch«.
[47] S. oben Anm. 14, 15 und 40.
[48] Schreiben von *H. Aufderbeck* an den Vf. vom 25. 1. 1977 zu *Richter*, Jugendweihe.
[49] *R. Henkys*, Gottes Volk im Sozialismus, Berlin 1983, 48.
[50] Ebd. Es gibt keine offizielle Statistik über Mitgliederzahlen oder gar Inanspruchnahme von Taufe, Trauung und kirchlicher Beerdigung in der DDR. 1974 wurden 42 % der Kinder katholischer Eltern nicht mehr getauft: HerKorr 29 (1975) 429. Die Anzahl der sich zu einer Kirche bekennenden DDR-Bürger liegt weit unter 50 %. Vgl. dazu *W. Büscher*, Unterwegs zur Minderheit: *R. Henkys (Hg.)*, Die evangelischen Kirchen in der DDR, München 1982, 422—436.

II. Marxistisch-atheistische Toten-»Liturgie«

1. Die Beerdigung aus marxistischer Sicht

a. Deutung von Tod und Bestattung

Karl Marx nimmt nur einmal — ausgenommen die Vorarbeiten zu seiner Dissertation — zur Frage des Todes Stellung, nachdem er das sinnenhaft-gesellschaftliche Wesen des Menschen gekennzeichnet hat: »Der Tod scheint als ein harter Sieg der Gattung über das bestimmte Individuum und ihrer Einheit zu widersprechen; aber das bestimmte Individuum ist nur ein bestimmtes Gattungswesen, als solches sterblich«[51]. Die Sterblichkeit wird als gemeinsames Gattungsmerkmal gesehen, darüber hinaus aber als der Tod des einzelnen Individuums, in dem die individuellen Bestimmungen erlöschen. Danach vollzieht sich im Augenblick des Todes in einem Menschen das Ende der Entstehung der Gesellschaft aus dem Tierreich und das Ende des eigenen Werdens zur Persönlichkeit. Auch für den Marxisten ist aber eine »Beendigung des persönlichen Bewußtseins unerträglich. Doch meinen wir das nicht im Sinne des Existentialisten: Für uns ist Bewußtsein Handeln. Es verwirklicht sich in dem, was es schafft. Deshalb ist nicht alles aufgehoben. Der Tisch überlebt den Tischler und die Aufgabe den Handwerker. Angesichts des erdrückenden Gewichtes des Todes geben wir nicht allein Zeugnis, sondern tun uns zusammen, um das begonnene Werk fortzuführen.«[52]

Ohne daß wir hier der Sinngebung von Sterben und Tod im Marxismus im einzelnen nachgehen können[53], ist doch anzumerken, daß zumindest in der DDR in jüngster Zeit das lange vorhandene Tabu um Sterben und Tod durch mehrere Publikationen durchbrochen wurde[54]. Dabei zeigt sich auch eine erstaunliche Offenheit für »überdenkenswerte Handlungsorientierungen« in der christlichen Bewältigung des Sterbens[55], wiewohl selbstverständlich die christliche »positive Sinngebung . . ., der Mensch erlebe nach dem Tod eine

---

[51] *K. Marx,* Ökonomisch-philosophische Manuskripte von 1844: *Marx/Engels,* Historisch-kritische Gesamtausgabe, 1. Abt., Bd. 3, Berlin 1932, 117.
[52] *G. Mury,* Die Beerdigung in marxistischer Sicht: Conc(D) 4 (1968) 150—152, hier 151.
[53] Vgl. dazu *H. F. Steiner,* Marxisten-Leninisten über den Sinn des Lebens, Essen 1970; zur Frage des Todes bes. 275—300.
[54] Entsprechende Veröffentlichungen werden rezensiert von *G. Rein,* Das Tabu des Sterbens. Pluralismus im marxistischen Denken: Kirche im Sozialismus 11 (1985), Heft 1, 12—15.
[55] *S. Hahn/A. Thom,* Sinnvolle Lebensbewahrung — humanes Sterben, (Weltanschauung heute 40), Berlin 1983, 128.

Fortsetzung der menschlichen Glückserfahrung«, abgelehnt, ja gar als Beitrag »zur kapitalistischen Systemstabilisierung« gewertet wird[56].

Bei dieser marxistischen Deutung des Todes bleibt aber zu fragen: »Weshalb eine Zeremonie? Weshalb schafft man diesen verödeten Körper nicht einfach beiseite? ... Sagen wir es einfacher: Was geschieht in meinem Bewußtsein, wenn ich als Marxist an dieser Zeremonie teilnehme?«[57] Wenn der Mensch zur Natur nur in einer einzigen Beziehung steht, nämlich in der des Kampfes, dann »gibt die Anwesenheit des Leibes des Toten Zeugnis davon, daß in uns und um uns die Schlacht zwischen uns und der Natur weitergeht ... Daher führt der Tod eines Menschen um seinen Leichnam herum in einem gleichförmigen, feierlichen Bekenntnis alle die zusammen, die an seiner Seite gelebt, gearbeitet und gekämpft haben ... Angehörige, Freunde und Kameraden protestieren gegen die Scheidung von Sinn und Sein und bestätigen durch ihre Anwesenheit die Kontinuität der menschlichen Rasse ...«[58].

b. Atheistische Bestattung als Übergangsritus

Wenn es beim Begräbnis um einen Übergangsritus geht, bei dem durch die öffentliche Bestimmung des Statuswechsels das Chaos des Todes rituell überwunden und die Ordnung des Lebens mindestens anfangsweise wiederhergestellt wird, dann muß auch das marxistische Begräbnis die einzelnen Funktionen eines Übergangsritus erfüllen[59]. Franc Prosenjak hat das am Beispiel Jugoslawiens nachzuweisen versucht[60]:

Danach ist das *Übergangsziel des Toten* sein Grab. Die *Kontrolle der Emotionen* ist darin zu sehen, daß »im sozialistischen Begräbnis die Realität des Todes voll anerkannt (wird), indem keine Hoffnung auf ein Leben jenseits des Todes zum Ausdruck gebracht wird. Der Mensch stirbt unwiderruflich und für immer und muß dem Grabe freigegeben werden. Die Freigabe des Toten wird dadurch erleichtert, daß die sozialistische Gesellschaft den Hinterbliebenen ihre Solidarität bezeugt, indem sie ... auf den sinnvollen Lebensinhalt des Verstorbenen« hinweist. »Diese öffentliche Anerkennung besagt, daß der Verstorbene seine Lebensaufgabe im Rahmen des Möglichen erfüllt hat. Weil er aber nicht mehr als Bezugsperson in Anspruch genommen werden kann, werden die Gefühle der Überlebenden von ihm gelöst und auf

---

[56] Ebd. 134f.
[57] *Mury*, Beerdigung 150.
[58] Ebd. 151.
[59] S. oben Anm. 1 und 2.
[60] *Prosenjak*, Bewältigung 146—148.

die Glieder der Gesellschaft gerichtet«[61]. Das Moment der *Angstreduzierung* ist im Vorhandensein eines offiziellen Ritus der Beerdigung zu sehen. Die sozialistische Gesellschaft läßt ihre Glieder in der Krisensituation des Todes nicht allein, sondern steht ihnen handelnd zur Seite und hilft damit, ihre Angst zu bewältigen. Der *Zuspruch des neuen Status* erfolgt, indem die Realität des Todes bestätigt wird. Diese Realität wird weder verharmlost noch verleugnet. Der *neue Status des Toten wird veröffentlicht,* indem das Begräbnis in der Öffentlichkeit vollzogen wird. Alle Riten am Grab können als öffentliche Vergewisserung gelten, daß der Verstorbene wirklich tot ist[62].

Die Funktion des Übergangsritus verlangt an sich auch eine *Reintegration des Toten in die Gruppe der Lebenden.* Er darf von den Überlebenden nicht so radikal getrennt sein, daß er keine Beziehung mehr zu ihnen hätte. »In diesem Punkt muß das sozialistische Begräbnis als Übergangsritus scheitern, solange man nur seine formale Struktur beachtet.«[63] Prosenjak weist allerdings darauf hin, daß das Element der Grabrede diese Funktion in gewisser Weise übernimmt.

Diese am Beispiel des sozialistischen Begräbnisses in Jugoslawien gewonnenen Erkenntnisse treffen auch auf die atheistischen Trauerfeiern in der DDR zu.

2. Die weltliche Trauerfeier in der DDR

a. Zur Entwicklung

Christopher A. P. Binns beschreibt die sozialistischen Bestattungsriten in der Sowjetunion so: »Im Haus der Trauer liegt, einer russischen Tradition entsprechend, der offene Sarg auf einem Katafalk, oft mit einer sich ablösenden ›Ehrenwache‹, so daß Verwandte und Freunde dem Toten die Ehre erweisen können. Das geschieht zum Klang einer Trauermusik auf Tonband, hinter dem Sarg steht eine schwarze Fahne, neben ihm liegen auf einem roten Kissen die Medaillen und Orden des Verstorbenen. Ansprachen werden gehalten, die Fahne herabgeholt, der Sarg geschlossen und im Trauergeleit zum Friedhof gebracht, wo er noch einmal geöffnet wird, damit die Verwandten den letzten Abschied nehmen können. Der Sarg wird dann wieder geschlossen, und während er ins Grab herabgelassen wird, werfen die Umstehenden

---

[61] Ebd. 147.
[62] *W. Fuchs,* Todesbilder in der modernen Gesellschaft, (St 102), Frankfurt 1973, 141—143.
[63] *Prosenjak,* Bewältigung 149.

... Hände voll Erde auf ihn.«[64] In den Städten sei die Verbrennung die Regel.

Da sich im Tod am nachdrücklichsten die Sinnfrage stellt, ist bei der sozialistischen Beerdigung am ehesten ein atheistisches und antireligiöses Bekenntnis zu erwarten. In den im Zusammenhang mit der Einführung dieses Ritus 1957 publizierten Materialien wurde dies deutlich ausgesprochen: »Die Religion vertröstet die Menschen auf eine Überwindung des irdischen Jammertales im Jenseits und lenkt sie damit ab, diese Welt zu verändern.« Sie sei »wissenschafts- und fortschrittsfeindlich«, mache den Menschen »zum Werkzeug derer, die die Existenz eines Gottes für die Aufrechterhaltung ihrer feudalen Herrschaft nötig haben. Wer im Sozialismus lebt, braucht keinen Trost für ein Leben nach dem Tode«[65]. In den ebenfalls mit der Einführung der Trauerfeiern in Verbindung stehenden »Grundsätzen« aus Stalinstadt wird daher als Mittelpunkt der Feier »die Würdigung der guten Bestrebungen und Taten des Verstorbenen« bezeichnet. »Die stolze Genugtuung, mit dem Menschen verbunden gewesen zu sein, soll die Trauernden aufrichten. Der Tod dieses Menschen muß den Überlebenden Anlaß sein, tatkräftig die entstandene Lücke zu schließen.«[66]

Wie schwer sich die »Feiergestalter« mit dem Problem des Todes in den ersten Jahren getan haben, zeigen diese »Grundsätze«, die zum Ablauf noch nicht mehr auszusagen vermochten als: »Begräbnisfeierlichkeiten werden den bekannten Traditionen der Arbeiterbewegung gemäß gestaltet.«[67] Welche Traditionen das sind, wurde allerdings nicht mitgeteilt. Wichtige Hinweise für die Gestaltung von Trauerfeiern finden sich in der eben dort niedergelegten »Grundkonzeption der Ansprachen an Hinterbliebene«. Darin wird der Tod eines DDR-Bürgers als »ein schmerzlicher Verlust« bezeichnet. Es müsse »die Wunde, die am Arbeitsplatz, in Funktionen, in der Familie entstanden ist«, gekennzeichnet und der »Schmerz über den Verlust dieses Menschen« ausgesprochen werden. Es sei die Pflicht der Gesellschaft, »den Verstorbenen in die Erde zu senken, damit wir in seinem Sinne an der Veredelung des Lebens weiter schaffen können«. Dazu gehört die Würdigung all des Guten, was der Verstorbene in der Familie, im Kollegenkreis und in seiner gesellschaftlichen Tätigkeit bewirkt habe, »was er im Volksbesitz und Bewußtsein als namenloses Denkmal hinterläßt«.

---

[64] *Binns*, Feste 114.
[65] Bericht über ein Forum in Fürstenwalde zum Thema »Weil die Religion den Menschen lähmt«: Neuer Tag vom 10.4.1958.
[66] Grundsätze (s. Anm. 24).
[67] Ebd.

Es dauerte dann noch mehr als ein Jahrzehnt, bis dieser auch als »Grabweihe« bezeichnete Bestattungsritus in einer für alle Interessierten zugänglichen Handlungsanweisung — durchaus einer liturgischen Agende vergleichbar — publiziert wurde. 1972 erscheint erstmals eine Erarbeitung unter dem Titel »Alles hat am Ende sich gelohnt. Material für weltliche Trauerfeiern« [im folgenden: TF I][68]. Dieses Heft wird zehn Jahre später durch eine Neuerarbeitung abgelöst: »Der Tag hat sich geneigt. Zur Gestaltung weltlicher Trauerfeiern« [im folgenden: TF II][69]. Während die erste Publikation durchweg von ›Trauerfeier‹, einmal auch von »atheistischen Trauerfeiern« spricht, wird in der jüngsten Publikation zumindest bei den Musikvorschlägen zwischen »sozialistischen Trauerfeiern« und »weltlichen Trauerfeiern« unterschieden[70].

Weshalb eine Neubearbeitung für notwendig gehalten wurde, wird nicht mitgeteilt. Sicherlich sind Überlegungen eingegangen, wie sie etwa von philosophischer Seite angestellt wurden: »Welche Sitten und Bräuche gilt es für das Verhältnis zu den alten Bürgern herzustellen? Reichen die bisherigen? Fest steht wohl: Mit dem Bau von Heimen für unsere Arbeitsveteranen, ihre ständige ärztliche, materielle und kulturelle Betreuung ist es nicht getan. Welche Sitten und Bräuche arbeitet die Gesellschaft für das Verhältnis des Individuums zu Kranken und Mißgestalteten aus? Welches Verhältnis schließlich haben wir zum Tod? Was heißt für den Materialisten ›Trost spenden‹?«[71]

Inwiefern dieser Ritus von der Bevölkerung in Anspruch genommen wird, ist nicht auszumachen[72]. Während aber Geburt und Hochzeit angesichts zunehmender Säkularisierung auch im Familienkreis gefeiert werden können, ist dies beim Begräbnis schwieriger. »Von den älteren DDR-Bürgern gehört heute wohl noch eine Mehrheit zur Kirche, anders als in der jungen Generation. Deshalb sind kirchliche Beerdigungen in manchen Gemeinden die häufigsten Amtshandlungen. Aber sie sind auch nicht mehr die Regel, selbst nicht für christliche Verstorbene.«[73] Daher dürften zunehmend mehr Bürger an diesen staatlicherseits zur Verfügung gestellten Trauerfeiern interessiert sein, die — obwohl Nichtchristen — eine eigentlich »sozialistische Trauerfeier« normalerweise nicht in Anspruch nehmen würden[74]. Die entspre-

---

[68] *J. Bonk u. a. (Hgg.),* Leipzig o. J. (1972), 40 Seiten.
[69] Zentralhaus für Kulturarbeit der DDR (Hg.), Leipzig 1982, 36 Seiten.
[70] TF I, 7; TF II, 34.
[71] *Wollgast,* Sitten 623.
[72] Vgl. oben Anm. 31 und 50.
[73] *Henkys,* Volk 47.
[74] *Tomka,* Rites 149 f.

chende Unterscheidung in TF II zwischen sozialistischen und weltlichen Trauerfeiern mag dafür ein Indiz sein[75].

b. Die Bedeutung der Trauerfeier in den »Agenden«

Selbstverständlich gehen auch die Handlungsanweisungen zur Gestaltung der Trauerfeiern TF I und TF II auf die Bedeutung diesen Tuns sein. TF II nennt dabei die Elemente eines Übergangsritus, ohne diesen Begriff zu gebrauchen. Danach ist die Trauerfeier »eine öffentliche Gedenkveranstaltung. Sie findet zu Ehren des Verstorbenen statt. In ihrem Mittelpunkt steht die Würdigung seines Lebens und Wirkens. Sie verleiht den Gefühlen und Empfindungen Ausdruck, die der Tod eines Angehörigen, Freundes, Kollegen bei seinen Hinterbliebenen und Mitbürgern auslöst. Das sind Gefühle der Achtung und der Dankbarkeit gegenüber der Lebensleistung des Verstorbenen, verbunden mit dem Bedürfnis, diese durch die Trauerfeier angemessen zu wertschätzen und zugleich Trost und Kraft für eine verstärkte Lebenszuwendung zu finden.«[76]

In dieser Feier wird »ein Höhepunkt wie auch ein gewisser Abschluß innerhalb des Bestattungsvorganges« gesehen. Ein wichtiges Anliegen dabei ist, »daß der Tod eines Bürgers der Gesellschaft nicht gleichgültig ist« und »die Hinterbliebenen Anteilnahme und Geborgenheit in ihr spüren« sowie die Gewißheit erhalten, »daß sie mit ihrer Trauer nicht allein sind«, daß man ihnen helfen will, »sich wieder ganz dem Leben und seinen Anforderungen zuzuwenden«. Die Gestaltungsmaterialien sollen dazu beitragen, daß die Feier »zu einem beeindruckenden und nachhaltigen Erlebnis« wird[77].

Während TF II die Bedeutung des Vorgangs recht nüchtern beschreibt und die Gesichtspunkte zu einer marxistischen Deutung des Todes in den Hinweisen zur Trauerrede nennt — wobei berücksichtigt werden soll, inwieweit der Verstorbene bzw. die Hinterbliebenen mit einer solchen Deutung übereinstimmen —, geht TF I eindeutiger von einer marxistischen Prägung der Trauerfeier aus. Als Motto zitiert TF I einen Text des russischen Revolutionsschriftstellers Nikolai Ostrowski: »Das Wertvollste, was der Mensch besitzt, ist das Leben. Es wird ihm nur ein einziges Mal gegeben, und nützen soll er es so, daß ihn zwecklos verlebte Jahre nicht bedrücken, daß ihn die Schande einer niederträchtigen Vergangenheit nicht brennt und daß er sterbend sagen kann: Mein ganzes Leben, meine ganze Kraft habe ich dem Herr-

---

[75] TF II, 34.
[76] Ebd. 2.
[77] Ebd.

lichsten in der Welt, dem Kampf für die Befreiung der Menschheit gegeben.«[78] Entsprechend wird dieser Text kommentiert: »Ein in diesem Sinne bewußt gelebtes Leben kann durch den Tod nicht ausgelöscht werden.«[79]

Die Grundlage für die Deutung des Todes und die Wertung einer sozialistischen Persönlichkeit ist die marxistische Auffassung vom Menschen als eines gesellschaftlichen Wesens in seiner Totalität. In der Trauerfeier wird deshalb die gesellschaftliche Leistung des Toten hervorgehoben. Der Trost für die Hinterbliebenen besteht »in der Erkenntnis: ein reiches, erfülltes Leben hat sich vollendet, alles hat am Ende sich gelohnt«[80]. Allerdings gibt es auch Fälle, in denen Marxisten trotz aller materialistischen Erkenntnis und Weltanschauung schwerlich davon sprechen können, daß sich ein »reiches, erfülltes Leben« vollendet habe: etwa der Tod eines Kindes oder Jugendlichen. In solchen Augenblicken sind auch Marxisten »fassungslos, betroffen, und suchen vergeblich Antwort auf die Frage: warum?« Eine Antwort darauf wird so versucht: »Als Materialisten wissen wir: Natur hat keinen Sinn. Tod und Leben ›an sich‹ sind sinnlos ... Kein Gott, kein Geist ist der Schöpfer der Welt ... Nicht ›Gottes unerforschlicher Ratschluß‹, sondern das Wirken objektiver Gesetzmäßigkeiten bestimmen Werden und Vergehen ... Dieses Wissen um die Zusammenhänge kann uns in tragischen Situationen ... natürlich nicht über den schmerzlichen Verlust hinwegtrösten; er ist und bleibt ohne Sinn. Es vermag aber eines: auch ein solches zutiefst widersinniges Sterben philosophisch begreifbar, verständlich zu machen.«[81]

c. Zum Aufbau der »Agenden«

TF II weist als Neubearbeitung von TF I eine etwas andere Gliederung auf und kann insgesamt wohl als praxisnäher beschrieben werden.

TF I:
1. Marxistisch-leninistische Deutung des Todes;
2. Vorbereitung der Feier;
3. Leiter der Feier (Trauerredner);
4. Struktur der Feier bei Feuer- wie Erdbestattung;
5. Aufbau der Trauerrede;
6. Beispiele von Trauerfeiern;
7. Beispiele für Trauerreden;
8. Musikhinweise;
9. Texte für die Feiergestaltung.

---

[78] *N. Ostrowski*, Wie der Stahl gehärtet wurde, o. O. (DDR) 1954. Das »geweiht« bei Ostrowski ist in TF I durch »gegeben« ersetzt.
[79] TF I, 4.
[80] Ebd. 5.
[81] Ebd. 5f.

TF II:
1. Bedeutung der Trauerfeier;
2. Vorbereitung der Feier;
3. Struktur der Feier bei Einäscherung wie Erdbestattung mit Hinweisen zum Redner;
4. Form und Inhalt der Trauerrede;
5. Musikalische Ausgestaltung;
6. Nach Eintritt des Todes (Benachrichtigung des Arztes und Totenschein, Anzeige und Beurkundung des Sterbefalles, Testament und Erbrecht, Bestattungskosten und Beihilfen, Beratungs- und Dienstleistungsaufgaben der Bestattungsbetriebe)[81a];
7. Traueranzeigen;
8. Texte für die Feiergestaltung;
9. Musikvorschläge für sozialistische und für weltliche Trauerfeiern;
10. Rechtliche Bestimmungen.

Während TF I gewisse Unsicherheiten für den gesamten Ritus zeigt und deshalb wohl viele Beispiele anführt, hat TF II einerseits stärker den Charakter einer »liturgischen Agende«, andererseits werden nicht nur die Bestattungsriten beschrieben, sondern auch alle Vorgänge vom Augenblick des Eintritts des Todes bis zum Begräbnis mit einbezogen. Ganz offensichtlich richtet sich die »weltliche Trauerfeier« nach TF II nicht mehr ausschließlich an Marxisten, für die bei einem gleichen Aufbau des Ritus eine »sozialistische Trauerfeier« gehalten wird, was vor allem durch die inhaltliche Gestaltung der Grabrede wie die ausgewählten Musikstücke zum Ausdruck kommen soll. Dadurch wird erkennbar, daß die Verantwortlichen bei dem zunehmenden Rückgang kirchlicher Bindungen in der DDR für Nichtchristen, die zwar Atheisten, aber keine Marxisten sind, ein entsprechendes Angebot zur Verfügung stellen wollen. Darauf weist ja auch der umfangreiche Teil »Nach Eintritt des Todes« hin. TF II bietet zudem Bildmaterial zu Anzeigen- und Grabgestaltung, hat also insgesamt neben dem agendarischen Teil auch einen Werkbuchcharakter.

d. Der Leiter der Feier

Der Leiter der Trauerfeier wird durchweg als »Redner« (TF I) oder »Sprecher« (TF II) bezeichnet. Dafür kommen nur Personen in Betracht, »die sowohl in politisch-moralischer Hinsicht Vorbild sind als auch die an sie zu stellenden sprecherischen Forderungen erfüllen können, d. h. wirkliche

---

[81a] Vgl. Verordnung über das Bestattungs- und Friedhofswesen vom 17. 4. 1980 (Gesetzblatt DDR I, Nr. 18, S. 159) sowie 1. und 2. Durchführungsbestimmung dazu vom 17. 4. 1980 bzw. 2. 6. 1980 (ebd. S. 162 bzw. 164); *J. Gaedke*, Handbuch des Friedhofs- und Bestattungsrechts, Köln u. a. ⁵1983, 651—668. Hinweise auf diese Riten oder auch nur den Trauerredner finden sich hier nicht.

Redner-Persönlichkeiten«[82] sind. »Nicht nur von Form und Inhalt seiner Ansprache, sondern auch von seiner Ausstrahlungskraft an Ruhe, Selbstsicherheit und Überlegenheit hängt wesentlich der Erfolg einer Trauerfeier ab. Ihm obliegt es, die Anwesenden einfühlsam, aber bestimmt durch die Feier zu führen und eine Atmosphäre der Würde und Besinnlichkeit zu schaffen und zu erhalten. Gefühlsausbrüche herbeizuführen, kann nicht Ziel einer Trauerfeier sein. Treten sie in Erscheinung, so muß der Redner in der Lage sein, ihnen wirkungsvoll und differenziert zu begegnen. Vor allem für den Ablauf in der Feierhalle gilt, daß jede organisatorische Unzulänglichkeit und Unsicherheit die Feierlichkeit insgesamt überschatten kann«[83].

Bemerkenswert ist, daß diese Grabredner mancherorts schon gleichsam seelsorgerische Funktionen wahrnehmen und manchmal Vertrauenspersonen älterer Menschen sind. Das entspricht der Überlegung von Wollgast: »Ist unser Verhältnis zum anderen schon so, daß wir uns die Zeit nehmen, ihn anzuhören? Der Volksmund sagt, man müsse sich etwas ›von der Seele reden‹. Das erleichtere.«[84]

Die »im Regelfall« bei den Bestattungsbetrieben angestellten Grabredner »richten sich übrigens durchaus nach Wünschen und Vorstellungen der Angehörigen, bis dahin, daß manche auch bereit sind, ein Vaterunser zu sprechen ... Wenn die Hinterbliebenen selber nicht zur Kirche gehören, genügt ihnen eine leichte religiöse Verbrämung durch den sozialistischen Redner meist, um ... den Wünschen des Verstorbenen zu entsprechen«[85]. Das dürfte allerdings kaum der Intention der für die Entwicklung dieses Ritus Verantwortlichen gemäß sein trotz der Unterscheidung zwischen weltlicher und sozialistischer Trauerfeier.

e. Die Gestaltung der Trauerfeier

α. Grundstruktur der Feier

Nach TF I ist die Grundstruktur der Trauerfeier im allgemeinen folgende[86]:

    1. Einleitungsmusik und Einzug der Trauergemeinde;
    2. Musikstück;
    3. Rezitation und Trauerrede;
    4. Zwischenmusik;
    5. Kondolenzrede(n);
    6. Rezitation, Ausleitungsmusik, Kondolenz.

---

82 TF I, 9.
83 TF II, 4.
84 *Wollgast,* Sitten 623.
85 *Henkys,* Volk 47 f.
86 TF I, 11.

Dieser Aufbau ist bei Feuer- wie Erdbestattung der gleiche. Bei letzterer folgen zur Ausleitungsmusik zuerst die Hinterbliebenen mit dem Redner, dann die übrigen Trauergäste dem Sarg zur Gruft. Dort spricht der Redner noch »kurze Worte des Abschieds und des Dankes. Vertreter des Betriebes, der Parteien, Organisationen halten — nach Vereinbarung und Erfordernis — kurze Grabreden«.

TF II macht außerordentlich exakte Angaben[87]:

        1. Empfang der Trauergäste;
        2. Aufbahrung des Verstorbenen;
        3. Einzug in die Feierhalle;
        4. Rezitation durch den Redner;
        5. Erstes Musikstück;
        6. Trauerrede;
        7. Nachruf(e);
        8. Zweites Musikstück;
        9. Auszug aus der Feierhalle.

Dabei sollte die Trauerfeier 45 Minuten und ihr in der Feierhalle gestalteter Teil 30 Minuten nicht überschreiten.

β. Vorbereitung der Feier

Zur Vorbereitung der Feier gehören die Bereitstellung der Räumlichkeiten wie die Aussprache mit den Hinterbliebenen. Während TF I noch eine Aufbahrung des Toten und dementsprechend eine Trauerfeier im Hause für möglich hält, muß TF II schon vor einer Konzentration von Feierhallen in größeren Städten warnen, weil dadurch die Teilnahme der Bewohner des Wohnortes des Verstorbenen erschwert wird. Sind in Landgemeinden keine Leichenhallen vorhanden, sollen die Kulturräume zur Verfügung gestellt werden. Muß die Feier am Grab stattfinden, sollen Umweltgeräusche und Witterung beachtet werden. Zu klären ist weiter, wer die Feier leitet, welche Institutionen teilnehmen, ob eine Ehrenwache an der Bahre gehalten werden soll, ob und wie viele Kondolenzreden vorgesehen sind, wie die Feierhalle geschmückt wird, welche Wünsche für die künstlerische Ausgestaltung bestehen.

Der Redner hat beim möglichst frühzeitigen Kontakt mit den Hinterbliebenen die Lebensdaten und familiären Verhältnisse, die Verdienste und Auszeichnungen und die gesellschaftliche Stellung (Zugehörigkeit zu Parteien und Organisationen) zu erfragen. Er muß »durch eine durchdachte Befragungskonzeption zu den erforderlichen Informationen«[88] kommen.

---

[87] TF II, 3—5.
[88] Ebd. 8.

γ. Einzelne Elemente der Feier

TF II berücksichtigt in besonderer Weise die *psychische Situation* der Angehörigen des Toten. So soll der Empfang der Trauergäste, mit dem die Feier beginnt, nicht mehr als 15 Minuten dauern. Ein Verweilen am geöffneten Sarg soll nur auf Wunsch der Hinterbliebenen ermöglicht werden und wegen der »besonderen psychischen Belastung ... zehn Minuten nicht überschreiten«. Hier wie auch bei anderen Feierelementen ist eine deutliche Tendenz zur Kontrolle der Emotionen spürbar: »In keiner Phase der Trauerfeier darf unberücksichtigt bleiben, in welcher psychischen Verfassung sich die Hinterbliebenen befinden. Die Vielzahl und Intensität ihrer Emotionen und Empfindungen, die ungewohnte Umgebung und Atmosphäre beeinträchtigen ihre Aufnahmefähigkeit.«[89]

Beim anschließenden *Einzug in die Feierhalle* weist der Redner, dem »ab diesem Zeitpunkt die Hauptverantwortung für den weiteren Ablauf« obliegt, den Angehörigen die Plätze an. Dazu erklingt leise Musik.

Die *Rezitation* etwa eines Gedichtes — Auswahltexte dafür werden angegeben — soll es den Anwesenden erleichtern, sich zu konzentrieren und einzustimmen. Sie bereitet »auf das Kernstück der Trauerfeier, die Trauerrede, vor«. Auf die Rezitation folgt ein drei bis fünf Minuten dauerndes *erstes Musikstück*. Nur wenn Musiker nicht zur Verfügung stehen, darf auf Tonträger zurückgegriffen werden.

Die *Trauerrede* stellt das Kernstück des Ritus dar[90]. Der gesprochene Teil der Trauerfeier sollte etwa 15 Minuten in Anspruch nehmen, die Zeit für die Nachrufe fünf Minuten nicht überschreiten. *Nachrufe* von Vertretern von Arbeitskollektiven, Parteien und Organisationen bedürfen ebenfalls der Absprache mit dem Redner, der sie — um Unzulänglichkeiten dabei zu vermeiden — im Rahmen seiner Trauerrede zu Gehör kommen lassen kann.

Die Redeteile werden durch ein *zweites Musikstück* abgeschlossen. »Erst wenn es beendet ist, bittet der Redner die Trauernden, sich von den Plätzen zu erheben. Danach sollte der Sarg dem Gesichtskreis der Anwesenden entzogen, z.B. versenkt oder aus der Feierhalle getragen werden, um zu verdeutlichen, daß Abschied genommen wurde und sich der Weg des Toten und der Lebenden nunmehr trennen«[91].

Anschließend kondoliert der Sprecher den Angehörigen. Bei einer Erdbestattung wird dieser Abschied erst am Grab erfolgen. Denkbar ist dann auch, daß Teile der Trauerrede erst hier gehalten werden.

---

[89] Ebd. 4.
[90] Vgl. unten »Form und Inhalt der Trauerrede«.
[91] TF II, 5.

In jedem Fall müssen also die konkreten Verhältnisse genauestens berücksichtigt werden, die somit auch Einfluß auf die Gestaltung der einzelnen Elemente haben. »Vor allem in den Fällen, wo der Tod von den Hinterbliebenen besonders schmerzlich empfunden wird, muß der organisatorische Ablauf einer Feier hinsichtlich der Elemente überprüft werden, denen erfahrungsgemäß eine besondere emotionale Wirkung zukommt.« So wird empfohlen, bei der Beerdigung eines Kindes auf Aufbahrung und Versenkung des Sarges sowie Nachstreuen von Blumen zu verzichten. »Stets ist davon auszugehen, daß eine Trauerfeier zwar zu Ehren des Toten, aber für die Lebenden stattfindet«[92].

δ. Form und Inhalt der Trauerrede

Die eigentliche Todesbewältigung im sozialistischen Begräbnis kann erst aufgrund von konkreten Grabreden eindeutig bestimmt werden. Dabei »kann man zwei Gruppen von Todesfällen voneinander unterscheiden: Todesfälle, bei denen ein Mensch in einem normalen Alter und auf normale Weise aus dem Leben scheidet; Todesfälle, in denen ein Mensch plötzlich und auf besonders tragische Weise stirbt«[93]. Bei einer »normalen« Trauerfeier wird die gesellschaftliche Leistung des Toten hervorgehoben. Damit wird »der neue Status des Toten nicht mehr nur im Totsein gesehen; er hängt unmittelbar mit seinem Lebenswerk zusammen. Insofern nun in der Grabrede dieses Lebenswerk als sinnvoll dargestellt wird, wird zugleich die Überzeugung ausgedrückt, daß es sinnvoll ist, dieses Werk aufzugreifen und weiterzuführen. Durch die Weiterführung dieses Werkes aber lebt der Verstorbene im Gedächtnis der Hinterbliebenen weiter.«[94] Mit dem Verweis auf die Weiterführung des Lebenswerkes und damit auf den Fortbestand der menschlichen Gattung wird allerdings die individuelle Sterblichkeit nicht überwunden. In allen Beispielen für Trauerreden (TF I) sowie auch in den zur Verfügung gestellten Bausteinen für Trauerreden (TF II) wird deutlich, daß der Marxismus die Immanenz des menschlichen Lebens und seine Sterblichkeit nicht sprengen kann. Er kann sie höchstens »mildern, indem er auf die fiktive Transzendenz (Unsterblichkeit) der Gattung verweist«[95].

TF II weist darauf hin, daß die Trauerrede nicht in einen »persönlichen« und einen »philosophischen« Teil zerfallen darf und sie keinesfalls zu einem

---

[92] Ebd.
[93] *Prosenjak*, Bewältigung 151. Hier findet sich die Analyse entsprechender Beispiele.
[94] Ebd. 152.
[95] Ebd. 151.

»lebensphilosophischen Fachvortrag« gemacht werden darf. Weltanschauliche Aussagen sollen mit dem Leben des Verstorbenen in Zusammenhang gebracht werden. Dabei kann durchaus der Versuch unternommen werden, »auf die Frage der ›Unsterblichkeit‹ des Menschen aus materialistischer, atheistischer Sicht Antwort zu geben«, eben mit dem Hinweis darauf, daß die Einzigartigkeit eines jeden Menschen in die menschliche Gesellschaft einfließt. Das soll etwa mit den folgenden Worten von Albert Einstein geschehen: »So sind wir Sterblichen in dem unsterblich, was wir an bleibenden Werten schaffen.«[96]

Das Abwägen von Vorzügen und Unzulänglichkeiten des Verstorbenen wird als Problem angesprochen. Für besonders schwierige Fälle wird folgender Text vorgeschlagen: »Nicht für alles, was der Verstorbene in seinem Leben tat, können wir Verständnis finden. Sicher, auch er war, wie wir alle, Suchender nach Glück. Oft aber haben ihn die Straßen, die er dabei beschritt, im Kreis geführt, haben sich als Sackgassen und Einbahnstraßen erwiesen oder er ist gar vom Wege abgekommen. Trotz allem aber wären wir gern noch ein gutes Stück mit ihm gemeinsam gegangen.«[97] Sollte sich nur wenig Positives finden, so ist »dem musikalischen Teil breiterer Raum zu geben«.

Da die weltlichen Trauerfeiern in der DDR nicht verpflichtend sind, ist der Redner im Auftrag der Hinterbliebenen tätig und wird von diesen auch honoriert. Andererseits übt er seine Funktion im Auftrage der Gesellschaft aus und ist ihrem weltanschaulichen, moralischen und politischen Gedankengut verpflichtet. Der daraus möglicherweise resultierende Zwiespalt soll im Gespräch mit den Angehörigen freimütig geklärt werden.

Die Ansprache ist eine Rede an die Versammelten und damit eine Rede über den Verstorbenen und über die Fragen, die durch den Tod generell gestellt werden. TF II empfiehlt, auf diesen Teil der Ansprache die Nachrufe folgen zu lassen. Im Anschluß daran ergreift der Redner wieder das Wort und spricht den Toten direkt an, etwa so: »Paul X, wir danken Dir, danken Dir für all das, was Du in Deinem Leben für uns getan hast. Vor allem aber hab Dank für Deinen Fleiß, Dein Verständnis und Deine Hilfsbereitschaft, Deine Geduld und Deine Bescheidenheit. Wenn Du auch nicht mehr unter uns weilst, so wurde doch ein Teil dessen, was in uns ist und dessen, was uns umgibt, von Dir geprägt, ist das bleibende Ergebnis Deiner Liebe und Deiner Kraft. Wir alle, die wir zurückblicken, wollen von nun an nicht zuletzt

---

[96] TF II, 10.
[97] Ebd. 11.

aus der Erinnerung an Dein Wirken und Schaffen Mut schöpfen und uns durch ein erfülltes, ein sinnvoll gelebtes Dasein Deiner würdig erweisen. Nur so um Dich trauern, heißt Deiner gerecht werden!«[98]

Wenn der Tote hier wie ein lebender Dialogpartner mit »Du« angesprochen wird, wird bei den Hinterbliebenen die Vorstellung einer personalen Fortexistenz des Toten suggeriert. »Die Deutung ist im einzelnen für die Todesbewältigung während des Begräbnisses nicht entscheidend. Entscheidend ist nur der Hinweis, daß der Mensch nicht ganz tot ist, sondern irgendwie in Beziehung zu den Lebenden steht. Der Tote kann somit (als im Gedächtnis lebend) in die Gruppe der Überlebenden reintegriert werden. Der Statuswechsel kann somit als gelungen betrachtet werden. Damit erfüllt das sozialistische Begräbnis also bei normalen Todesfällen alle Forderungen, die an das Begräbnis als Übergangsritus gestellt sind.«[99]

Der gesamte gesprochene Teil soll bei einer Feuerbestattung in der Trauerhalle stattfinden. Bei einer Erdbestattung werden der Trostzuspruch an die Angehörigen sowie Abschied und Dank am Grab erfolgen.

ε. Musikalische Ausgestaltung

In TF II findet sich eine Reihe von Hinweisen zur Wirkung und Funktion der Musik beim Begräbnis: »Trauer ist ein außerordentlich vielschichtig verlaufender und sehr differenzierter psychischer Prozeß, der besonders intensiv erlebt oder durchlebt wird. Ihm ist wie jedem Erleben eine betont emotionale Komponente eigen, der gerade die Musik besonders gerecht werden kann.«[100] Die Musik vermag weiter, dem Bedürfnis der Anteilnahme zu entsprechen. Um falsche Assoziationen zu vermeiden, wird eine Musik mit Text als nicht sonderlich günstig angesehen. Besonders auf die Wirkungsmöglichkeiten der Kammermusik wird hingewiesen. Dabei kommen wegen der Betonung des emotionalen Aspekts vorzugsweise langsame Sätze in Frage.

In bezug auf eine solistische Musik wird auf Sonaten von Beethoven und Chopin verwiesen. Konkrete Musikstücke werden auch von Bach und Schumann genannt. Für die Form des Streichquartetts werden vor allem Haydn und Mozart angeführt.

Musikvorschläge für weltliche Trauerfeiern[101] beziehen sich auf Bach, Beethoven, Brahms, Chopin, Dvorak, Giordani, Grieg, Händel, Haydn,

---

[98] Ebd. 14.
[99] *Prosenjak*, Bewältigung 153.
[100] TF II, 15.
[101] Ebd. 34 f.

Kuhlau (Über allen Gipfeln ist Ruh), Lewandowski (das hebräische »Kol Nidre«), Mozart, Schubert, Schumann, Wagner, Weber sowie Volkslieder. Unter den Musikvorschlägen für sozialistische Trauerfeiern befinden sich einerseits »Komponisten des Erbes« — damit ist die klassische Musiktradition gemeint -, aber auch »Die Internationale« (P. Degeyter) oder »Das Lied vom kleinen Trompeter« (Wallroth).

f. Nach Eintritt des Todes

Wir müssen hier nicht auf alle Aspekte eingehen, die TF II dazu aufführt. Partner für die Hinterbliebenen bei der Abwicklung der Formalitäten und der Vorbereitung der Trauerfeier sind die Annahmestellen der Bestattungsbetriebe. Eigens wird betont, daß die Dienstleistungen dieser Betriebe von besonderer Art sind, hohen Ansprüchen gerecht werden müssen und einer besonderen Sorgfalt bedürfen. Sie vermitteln auch den Druck von Trauerkarten und Kranzschleifen sowie Grabstelle und Grabmal, Art, Ort und Zeit der Trauerfeier, Ausgestaltung und Dekoration der Feierhalle, Bestellung des Redners und Vermittlung des vorbereitenden Gesprächs wie die Organisation der musikalischen Umrahmung. Angemerkt wird auch, daß »die Mitarbeiter der Annahmestellen der Bestattungsbetriebe zugleich Verantwortung dafür (tragen), mit dem erforderlichen Takt und Feingefühl auf die Überwindung veralteter Bestattungstraditionen hinzuweisen«[102]. Damit ist wohl gemeint, daß diese Institute kein christliches Begräbnis empfehlen, sondern auf den atheistischen Ritus drängen sollen. »Sie machen allerdings auch keine Schwierigkeiten, wenn die kirchliche Beerdigung gewünscht wird.«[103]

g. Traueranzeige

Die Traueranzeige soll Außenstehende über den Tod eines Bürgers sowie die Trauerfeier informieren. »Häufig anzutreffende Bemühungen, in der Anzeige zugleich der empfundenen Trauer Ausdruck zu verleihen, sind nicht unproblematisch. Weder ein Übermaß an Pathos, noch die häufig anzutreffenden, sich wiederholenden, nichtssagenden Gedichte und Verse sind dafür geeignet.«[104] Als anspruchsvolle und dezente Verszeile wird etwa empfohlen: »Alles hat am Ende sich gelohnt.« Es wird darauf gedrängt, nur die notwendigsten Angaben nüchtern auf der Anzeige erscheinen zu lassen. Selbstverständlich fehlen alle Hinweise auf ein christliches Verständnis, etwa ein

---

[102] Ebd. 27.
[103] *Henkys*, Volk 48.
[104] TF II, 27.

Kreuzzeichen. Einzig die Verdienste des Verstorbenen sollen genannt werden, etwa: »Mit ihm verlieren wir einen einsatzbereiten Kollegen, der bis ins hohe Alter zuverlässig und pflichtbewußt seine Aufgaben erfüllte«. »Während ihrer langjährigen Betriebszugehörigkeit erwarb sie sich durch vorbildliche Arbeit Achtung und Anerkennung. Wir werden ihr Andenken stets in Ehren halten«[105].

h. Texte für die Feiergestaltung

Die Auswahltexte für die Feiergestaltung bestehen zumeist in Gedichten, die inhaltlich zum Ausdruck bringen, was einer marxistischen Sinndeutung von Leben und Tod entspricht. Dazu nur ein Beispiel von Günter Kunert[106].

Vom Vergehen

Was wird von uns bleiben, wenn wir
Zugedeckt mit Sand im kargen Boden
Sacht verrinnen?

Die Farbe der Wände ließ ich
Erneuern. Stühle stellte ich auf. Worte
Setzte ich aneinander, so daß sie
Mehr wurden als Worte und
Einen Sinn ergaben und den:
Es ist möglich,
Die Erde bewohnbar zu machen für
Menschen.

In den Träumen
Der noch Niedergedrückten und in den
Gedanken der bereits Aufrührerischen, wie
In den Taten
Der sich schon Erhebenden
Findet ihr, was
Von uns bleibt.

---

[105] Ebd. 30f.
[106] TF II, 32; auch: *G. Kunert,* Erinnerung an einen Planeten, (Heyne Lyrik 27), München 1980, 40.

C. Anfragen an die christliche Liturgie

Es soll hier nur auf einen Aspekt hingewiesen werden, den TF II deutlich herausstellt, der aber im Ordo Vaticanus (O. Exsequ; F. Begräbnis) nicht einmal erwähnt wird: der Umgang mit dem Toten zwischen Eintritt des Todes und Begräbnis. TF II geht von einem engen Zusammenhang zwischen all dem, was die Hinterbliebenen nach Eintritt des Todes zu bewältigen haben, und der eigentlichen Toten-»Liturgie« aus. Die christliche Totenliturgie beschränkt sich ganz und gar auf die liturgischen Vollzüge wie Stundengebet, Totenwache und Gebet im Trauerhaus sowie die Begräbnisfeier. Das war nicht immer so. Die römische Sterbe- und Begräbnisliturgie im 7./8. Jh. schließt diakonale Dienste wie Waschung, Aufbahrung und Einsargung des Verstorbenen mit ein[107].

Ist in unserer Industriegesellschaft der Tod eingetreten, wird der Tote umgehend vom Beerdigungsinstitut abgeholt. Was sollten wir auch mit dem Toten anfangen? Wir wissen nicht mehr darum, wie einem Toten die Augen zugedrückt werden, ihm der Kiefer hochgebunden wird, wie er gewaschen und angekleidet wird. Und wir wissen auch nicht mehr darum, was uns entgeht, daß wir diese letzte Möglichkeit der Zuwendung an bezahlte Bestatter abgeben. Das alles wäre möglich, ja sogar notwendig, wenn wir mit dem Tod wieder umgehen lernen wollten. Vielerorts darf der Tote nicht mehr berührt werden, die Hinterbliebenen sind durch eine Glasscheibe von ihm getrennt; mancherorts schon darf die Einsenkung ins Grab erst erfolgen, wenn die Trauergemeinde den Friedhof verlassen hat — das alles, um mögliche Gefühlsausbrüche in Grenzen zu halten. »Es gibt ... sowohl gesellschaftliche wie religiöse Verhaltenserwartungen, die soviel Selbstkontrolle von den Hinterbliebenen fordern, daß diese zum Schaden der Menschen an den Rand einer Verleugnung des Todes führt.«[108]

Hier müßten christliche Gemeinden sich dem allgemeinen Trend widersetzen. Ihr Umgang mit dem Tod sollte die nahezu totale Trennung zwischen liturgischen Vollzügen einerseits und den unmittelbar notwendigen Diensten an den Toten und übrigens auch gegenüber den trauernden Angehörigen[109]

---

[107] Belege bei *R. Kaczynski*, Sterbe- und Begräbnisliturgie: *H. B. Meyer u. a. (Hgg.)*, Gottesdienst der Kirche. Handbuch der Liturgiewissenschaft 8, Regensburg 1984, 209.
[108] *Zulehner*, Tod 224.
[109] U. a. *Zulehner*, Tod 194—229; *S. Blarer*, Menschliches Erleben und Verarbeiten von Tod und Trauer, Luzern/Stuttgart 1983; *R. Bärenz*, Die Trauernden trösten. Für eine zeitgemäße Trauerpastoral, München 1983.

überwinden helfen. Dazu gehört etwa, daß die Gemeinden auf die Bestattungsinstitute zugehen und ihre Auffassung von einem christlichen Umgang mit dem Tod deutlich machen. Das betrifft auch Todesanzeigen, Kranzschleifen oder Grab- und Grabmalgestaltung[110].

Sicher ist nicht zu verlangen, daß die zumindest in den einzelnen Sprachbereichen immer wieder zu überarbeitenden Bücher zur Totenliturgie derartige Aspekte im einzelnen berücksichtigen. Doch sollte in den pastoralliturgischen Einführungen darauf zumindest hingewiesen werden. Entsprechende Werkbücher müßten dann alle die mit dem Umgang mit den Toten verbundenen Bereiche behandeln und Hilfen für die Praxis zur Verfügung stellen[111].

Wenn »die Einheit von danksagender Erinnerung und hoffender Zukunftserwartung Gestaltungsprinzip liturgischen Handelns« im christlichen Gottesdienst ist[112], so findet sich im Aufbau der sozialistischen Riten und eben auch in den Bestattungsriten der DDR etwas ähnliches. Immer wird der Blick zurückgerichtet, geschieht Erinnerung und Dank für das mit der neuen Gesellschaftsordnung angebrochene »Heil«. Die Gegenwart wird zugleich mit dem Ausblick auf die zukünftige bessere Welt betrachtet. Heilszusage und Heilserwartung kommen darin zum Ausdruck. So werden etwa das Lob der Partei und der Genossen gepriesen, die Kraft der Einheit und Geschlossenheit gerühmt und die hoffende Gewißheit der Zukunft verkündet und gegenseitig bestätigt[113].

Es könnte für die Liturgiewissenschaft vielleicht von Nutzen sein, derartige auf den ersten Blick wenig relevant scheinende Phänomene im Rahmen ihrer anthropologischen Grundlegung wenigstens zur Kenntnis zu nehmen. Ob die Intensität sozialistischen Feierns, das »den einzelnen in seinem Bezug zur Gemeinschaft treffen soll und den Blick auf Gesellschaft und Zukunft richtet, darüberhinaus verwertbare Erkenntnisse zu bringen vermag, muß im gegenwärtigen Stadium wohl noch offengelassen werden«[114].

---

[110] *K. Richter*, Das Zeugnis der Christen angesichts des Todes: LS 32 (1981) 244—247; T. *Filthaut*, Zeichen der Auferstehung. Zur Erneuerung der christlichen Grabmalkunst, Mainz 1965.
[111] *K. Richter / M. Probst / H. Plock (Hgg.)*, Zeichen der Hoffnung in Tod und Trauer. Ein Werkbuch für die pastoralliturgische Praxis, Einsiedeln/Zürich/Freiburg/Wien ⁴1985.
[112] HerKorr 30 (1976) 616 (s. oben Anm. 8).
[113] Z. B. Herz der Klasse 233f (s. oben Anm. 32).
[114] *Richter*, Ritenbildung 187f.

D. Bibliographie

1. Texthefte (»Agenden«)

Bonk, J. u. a. (Hgg.), Alles hat am Ende sich gelohnt. Material für weltliche Trauerfeiern, Leipzig o. J. (1972).

Zentralhaus für Kulturarbeit der DDR (Hg.), Der Tag hat sich geneigt. Zur Gestaltung weltlicher Trauerfeiern, Leipzig 1982.

2. Sozialistische Riten

Binns, C. A. P., Sowjetische Feste und Rituale I. Die Entwicklung der offiziellen Haltung zu Brauchtum und Feiergestaltungen: Osteuropa 29 (1979) 12—21; II. Hauptformen und inhaltliche Bedeutung: Ebd. 110—122.

Bociurkiw, B. R. / Strong, J. W. (Hgg.), Religion and Atheismus in the U.S.S.R. and Eastern Europe, London 1975.

Koenker, E. B., Secular Salvations: The Rites and Symbols of Political Religions, Philadelphia 1965.

Klohr, O. (Hg.), Religion und Atheismus heute, Berlin 1966.

Mcdowell, J., Soviet Civil Ceremonies: JSSR 14 (1974) 265—279.

Richter, K., Jugendweihe und andere profane Symbolhandlungen. Ein kritischer Vergleich: Diakonia 7 (1976) 38—44.

Ders., Riten und Symbole in der Industriekultur am Beispiel der Riten im Bereich des Sozialismus: Conc(D) 13 (1977) 108—113.

Ders., Sozialistische Weihen: Deutschland Archiv 11 (1978) 181—189.

Tomka, M., Les rites de passage dans les pays socialistes de l'Europe de l'Est: SocComp 29 (1982) 135—152.

Wollgast, S., Tradition und Philosophie, Berlin 1975.

Ders., Bemerkungen zu Sitten und Bräuchen: DZPh 26 (1978) 616—624.

3. Bestattungsriten

Erševan, M., Le traitement des morts dans la société socialiste: SocComp 29 (1982) 153—165.

Mury, G., Die Beerdigung in marxistischer Sicht: Conc(D) 4 (1968) 150—152.

Prosenjak, F., Bewältigung der Todesproblematik im sozialistischen und katholischen Begräbnis unter besonderer Berücksichtigung der Begräbnispraxis in Jugoslawien, (Diss. masch.) Innsbruck 1978.

Ders., Die Bewältigung der Todesproblematik im sozialistischen Begräbnis in Jugoslawien: LJ 29 (1979) 143—156.

Richter, K., Ritenbildung im gesellschaftspolitischen System der DDR: LJ 27 (1977) 172—188.

Archetypische Bilder des Todes

Kampf — Überfahrt — Heimat

Uwe Steffen

A. Leben nach dem Tod?

Zu einer Zeit, in der das »Leben nach dem Tod« für die Theologie kein Thema mehr war, weil es ihr wesentlich um das »Leben vor dem Tod« ging, wurde das Thema von einer Seite aufgegriffen, von der man es am wenigsten erwartet hatte: von Medizinern und Psychologen.

Die stillschweigende Annahme der Thanatologie, der Tod sei das Ende der menschlichen Existenz und der Mensch habe dieses Ende zu akzeptieren, wurde durch die Untersuchungen von Karlis Osis (bis 1961 Forschungsdirektor der »Parapsychology Foundation« in New York, seit 1961 Forschungsdirektor der »American Society for Psychical Research«, ASPR) und Erlendur Haraldsson (1972/73 wissenschaftlicher Mitarbeiter der ASPR, seit 1974 a.o. Professor der Psychologie an der Universität von Island in Reykjavik) in Frage gestellt[1]. Sie führten die erste wissenschaftlich-methodische Forschungsarbeit über die Erfahrungen der Sterbenden in der Stunde ihres Todes durch, und zwar auf Grund umfassender Beobachtungen von mehr als tausend Ärzten und Krankenschwestern. Diese Forschungsarbeit erstreckte sich auf zwei verschiedene Kulturen: die amerikanische, die geprägt ist von der biblischen Religion, und die indische, in der die Bibel keine Rolle bei der religiösen Erziehung spielt. Die in der Untersuchung gewonnenen Daten wurden mit Hilfe von modernen Stichprobentechniken einschließlich Fragebogen und eindringlichen Interviews systematisch gesammelt und komplizierten statistischen Prüfmethoden sowie einer Auswertung mit Hilfe von Computern unterzogen.

Die Voruntersuchung wurde von 1959 bis 1960 in den USA vorgenommen (640 Fragebogen mit Beobachtungen bei rd. 35 000 sterbenden Patienten), die Hauptuntersuchung von 1961 bis 1964 in fünf Staaten der USA (1 004 Fra-

---

[1] *Karlis Osis/Erlendur Haraldsson*, Der Tod — ein neuer Anfang. Visionen und Erfahrungen an der Schwelle des Seins, Freiburg i.Br. ⁴1982.

gebogen mit rund 50 000 Beobachtungen bei sterbenden Patienten). Die Untersuchung in Nordindien lief von 1972 bis 1973 (704 Fragebogen).

Das Ergebnis läßt sich in drei Punkten zusammenfassen:

1. Die subjektiven Erfahrungen und Erlebnisse, die Menschen an der Pforte des Todes haben, ähneln sich; sie sind relativ unabhängig vom Alter, vom Geschlecht, von der Erziehung, von der Religion und von der sozialen Stellung der Betreffenden.
2. Die Gesamtheit der vorliegenden Informationen bestätigt nicht die Annahme, daß die Persönlichkeit des Patienten durch den Tod unwiderruflich zerstört wird und das Individuum aufhört zu existieren, sondern ermöglicht »einen auf Tatsachen beruhenden, rationalen und damit realistischen Glauben an ein Leben nach dem Tod«[2].
3. Die Ergebnisse werden nicht als abschließende Antworten auf die Frage nach einem Leben nach dem Tod angesehen. Die Initiatoren dieser Untersuchung hoffen, daß die Forschungen soweit ausgedehnt werden, daß sie alle grundlegenden Phänomene beinhalten, die für ein Leben nach dem Tod sprechen. Diese sind: kollektiv gesehene Erscheinungen, Seelenexkursionen, Reinkarnationserinnerungen und mediale Botschaften, die angeblich von den Verstorbenen zu uns gelangen.

I. Die Grenzen des Denkens werden überschritten

Der Schweizer Psychologe C.G. Jung widmet dem Thema »Leben nach dem Tode« in seinen Erinnerungen ein eigenes Kapitel[3]. Er führt darin aus, daß die kritische Vernunft neben vielen anderen mythischen Vorstellungen auch die Idee des postmortalen Lebens anscheinend zum Verschwinden gebracht habe, weil die Menschen sich meist ausschließlich mit ihrem Bewußtsein identifizieren und sich einbilden, nur das zu sein, was sie selber von sich wissen. Jung stellt demgegenüber fest, daß ohne seinen Wunsch und ohne sein Zutun Gedanken an ein Leben nach dem Tode in ihm vorhanden seien. Weil er davon überzeugt ist, daß unsere Begriffe von Raum und Zeit nur eine begrenzte Geltung haben und ein weites Feld anderer Möglichkeiten offen lassen, leiht er den wundersamen Mythen der Seele von einem Leben nach dem Tode ein aufmerksames Ohr. Er gibt zu, nicht zu wissen, was für eine Realität hinter ihnen steht und ob sie über ihren Wert als anthropomorphe

---

[2] Ebd. 11.
[3] Erinnerungen, Träume, Gedanken von *C.G. Jung*. Aufgezeichnet und hrsg. von *Aniela Jaffé*, Olten/Freiburg i.Br. 1984, 302 ff.

Projektionen hinaus noch irgendeine Gültigkeit besitzen. Als Wissenschaftler weiß Jung, daß wir mit unserem Sein und Denken an diese unsere Welt gebunden sind, und daß es keine Möglichkeit gibt, Sicherheit über Dinge zu gewinnen, die unseren Verstand übersteigen. Dennoch müssen wir, weil die Frage nach dem Leben nach dem Tod so dringlich ist, den Versuch wagen, über die Grenzen unseres Denkens hinauszugehen, indem wir Geschichten darüber erzählen ($\mu\nu\theta o\lambda o\gamma\varepsilon\tilde{\iota}\nu$). Mit Hilfe von Andeutungen und Hinweisen, die uns das Unbewußte in Träumen und Spontanmanifestationen gibt, sind wir nach Meinung Jungs dazu imstande; denn das Unbewußte hat infolge seiner Zeit-Raum-Relativität bessere Informationsquellen als das Bewußtsein, das nur über die Sinneswahrnehmungen verfügt. So ist Jungs Auffassung über ein postmortales Leben von seinen eigenen Träumen und von Träumen anderer bestimmt.

Aus der Erkenntnis, daß der unbewußte Teil der Psyche den Gesetzen von Raum und Zeit nicht unterworfen ist und jenseits des raumzeitlichen Kausalgesetzes funktioniert (daher erklären sich synchronistische Phänomene[3a], spontanes Vorauswissen, unräumliche Wahrnehmungen und dergleichen), zieht er die Folgerung, »daß unsere Welt mit Zeit, Raum und Kausalität sich auf eine dahinter oder darunter liegende andere Ordnung der Dinge bezieht, in welcher weder ›Hier und Dort‹, noch ›Früher und Später‹ wesentlich sind«[4].

Jung sieht es als Aufgabe des Menschen an, sich dessen, was vom Unbewußten her andrängt, bewußt zu werden, anstatt darüber unbewußt oder damit identisch zu bleiben; denn: »Unsere Zeit hat alle Betonung auf den diesseitigen Menschen verschoben und damit eine Dämonisierung des Menschen und seiner Welt herbeigeführt. Die Erscheinung der Diktatoren und all des Elends, das sie gebracht haben, geht darauf zurück, daß dem Menschen durch die Kurzsichtigkeit der Allzuklugen die Jenseitigkeit geraubt wurde.« Jungs Werke sind nach seinen eigenen Worten »immer erneute Versuche, eine Antwort auf die Frage nach dem Zusammenspiel von ›Diesseits‹ und ›Jenseits‹ zu geben«[5].

[3a] Ebd. 308.
[4] »Synchronizität« nennt C.G. Jung ein kausal nicht zu erklärendes zeitliches Zusammentreffen ähnlicher oder gleicher Träume, Gedanken usw., oder die Entsprechung von psychischen und physischen Ereignissen.
[5] Ebd. 328 u. 302.

II. Sterbeerlebnisse

Von einer anderen Seite her wurde die Vorstellung von einem Leben nach dem Tode neu belebt: von den Sterbeberichten derer, die man bereits für klinisch tot erklärt hatte, die aber auf natürliche Weise oder durch moderne Wiederbelebungsmethoden wieder ins Leben zurückkehrten (Reanimation)[6]. In den siebziger Jahren wurden weltweit über 25 000 Fälle von todesnahen Erlebnissen zusammengetragen, davon mehr als die Hälfte nach plötzlich eingetretenem »klinischen Tod«, und zwar von Menschen verschiedenen Alters (zwischen 2 und 97 Jahren), von Menschen verschiedenster kultureller und religiöser Herkunft (z.B. von Eskimos und Urbewohnern Australiens, von Hindus, Buddhisten, Protestanten, Katholiken und Juden) sowie von Menschen, die keiner Religion angehören (Atheisten, Agnostiker). Auch die Situationen, in denen sich das todesnahe Erleben einstellte, waren verschieden (z.B. chronische Krankheit, Herzschlag, Unfall, Mord, Selbstmord).

Alle todesnahen Erlebnisse lassen sich auf folgenden gemeinsamen Nenner bringen: Im Moment des »Todes« trennt sich die »Seele« vom Körper und nimmt aus einer Distanz von einigen Metern Entfernung in einem Zustand der Schwerelosigkeit, der Schmerz- und Angstfreiheit, überdeutlich wahr, was vor Ort geschieht (außerkörperliches Erlebnis). Die Wahrnehmung erfolgt also nicht durch die leiblichen Organe und das Erfassen nicht durch das Gehirn. Die vom Körper losgelöste »Seele« hat einen aus psychischer Energie gewirkten ätherischen Leib, in dem sich der Mensch heil und ganz erlebt (Blinde sehen wieder, Gelähmte können sich wieder bewegen, Amputierte sind wieder vollständig usw.). Dieser ätherische Leib ist den Lebenden unsichtbar und kann sich ihnen nicht bemerkbar machen. Er befindet sich in einem Sein, in dem es weder Zeit noch Raum gibt und in dem er umgeben ist von Geistwesen: bereits Verstorbenen (die einem nahestanden), Schutzengeln oder Geistführern (religiösen Gestalten), die dem Menschen beim Übergang behilflich sind. Er macht dann eine symbolische Verwandlung durch, die als Durchgang (z.B. durch ein Tor oder einen Tunnel) oder als Übergang (z.B. über einen Fluß oder einen Gebirgspaß) geschildert wird (die Vorstellungen sind kulturtypisch). Am Ende des dunklen, gefahrvollen Weges strahlt ihm ein weißes, überirdisches Licht entgegen, das als totale und absolut bedingungslose Liebe erlebt wird. In diesem Licht, das ihn umfängt und

---

[6] *Johann Christoph Hampe,* Sterben ist doch ganz anders. Erfahrungen mit dem eigenen Tod, Stuttgart/Berlin 1975; *Raymond A. Moody,* Leben nach dem Tod, Hamburg 1977; *Elisabeth Kübler-Ross,* Über den Tod und das Leben danach, Melsbach/Neuwied 1984.

durchströmt, sieht der Mensch sein ganzes Erdenleben wie in einem einzigen Schaubild (Panorama) vor sich, erinnert sich an jeden Gedanken, jedes Wort, jede Tat und weiß über alle Konsequenzen, die sich daraus ergeben, Bescheid (Revision des Lebens). »Himmel« und »Hölle« sind Bilder durchlebter seelischer Zustände. — Dieses ganze Geschehen ist so allgemein-menschlich wie der Vorgang der Geburt, ja er ist fast mit ihm identisch.

III. Ist das Leben nach dem Tode bewiesen?

Die Schweizer Ärztin Elisabeth Kübler-Ross, die nach eigenen Aussagen an einem Leben nach dem Tod nicht interessiert war, als sie die Arbeit mit sterbenden Patienten begann, und die sich selbst als »skeptische Halbgläubige« bezeichnet, ist durch die Erfahrungen, die sie im Laufe der letzten Jahrzehnte gemacht hat, zu der Überzeugung gelangt, daß das Leben nach dem Tod bewiesen sei. Der Einwand, die todesnahen Erlebnisse, insbesondere die Anwesenheit von verstorbenen Verwandten und Freunden, seien nur Projektionen von Wunschgedanken (Halluzinationen), ist für sie durch objektive Beobachtungen widerlegt.

Doch obgleich Kübler-Ross zwischen dem »Vorgang des Sterbens« und dem »Phänomen des Todes« unterscheidet (Vorwort zu Moody), überschreitet sie immer wieder die Grenze zwischen beiden. Aus ihren Beobachtungen von Sterbevorgängen schließt sie auf das Phänomen des Todes: »Jener Tod, von welchem uns die Wissenschaftler überzeugen wollen (das Ende des Körpers ist auch das Ende der Seele), existiert in Wirklichkeit überhaupt nicht.«[7] Für sie ist das Sterbeerlebnis fast identisch mit der Geburt: »Es ist eine Geburt in eine andere Existenz, die ganz, ganz einfach bewiesen werden kann.« Aber könnte das, was sie die »erste Lebensphase nach dem Tod«[8] nennt, nicht auch als Nachwirkung der Seele über das Aussetzen der Körperfunktionen hinaus verstanden werden? Unkritisch setzt Kübler-Ross auch den »Übergang in eine höhere Form des Bewußtseins« mit dem »Übergang in das Reich Gottes« gleich (Vorwort zu Osis/Haraldsson).

Kritisch ist auch nach dem Verständnis von »Glaube« zu fragen, wenn in der angegebenen Literatur immer wieder davon die Rede ist, daß an die Stelle des Glaubens das Wissen getreten sei. Kübler-Ross sagt: »Für mich ist es nicht mehr eine Sache des Glaubens, sondern eine Sache des Wissens.«[9] Entgegen den Pastoren, die das Leben nach dem Tod für eine »reine Glau-

---

[7] *Kübler-Ross*, Über den Tod 33, 9 u. 17.
[8] Ebd. 9.
[9] Ebd. 9.

bensfrage« halten, vermittelt sie denjenigen, »denen der Glaube nicht genügt und die nach Wissen verlangen«, Wissen über das Leben nach dem Tod.

Desgleichen sind Osis und Haraldsson der »Überzeugung, daß die Gesamtheit der vorliegenden Informationen einen auf Tatsachen beruhenden, rationalen und damit realistischen Glauben an ein Leben nach dem Tod ermöglicht«[10]. Sie verstehen ihre Untersuchungsergebnisse als »Beweismaterial« für ein Leben nach dem Tod.

Schließlich meint auch Moody, »daß aus dem Glauben an ein mögliches Weiterleben (nach dem Tode) ein durch Erfahrung gesichertes Wissen geworden ist«[11]. In seinem Buch drückt er sich allerdings wesentlich zurückhaltender aus, wenn er betont, daß er nicht beabsichtige, den »Beweis« dafür zu erbringen, daß es ein Leben nach dem Tode gibt; denn nach den strengen Regeln und Gesetzen der Logik würde »Beweis« oder »Schluß« (Konklusion) bedeuten, daß jeder andere, der von denselben Voraussetzungen ausgeht, zu genau derselben Schlußfolgerung kommen muß, wenn er keinen logischen Fehler macht. Ein solcher Beweis sei aber »gegenwärtig noch gar nicht möglich«[12]. Damit setzt aber auch Moody voraus, daß einmal Glaube durch Wissen ersetzt und das Leben nach dem Tod bewiesen werden könne.

Demgegenüber ist festzuhalten:
1. Sterbeerfahrungen und Beobachtungen an Sterbebetten beziehen sich auf den Vorgang des Sterbens. Der Tod selbst und das Ewige Leben bleiben unserer Erfahrung und Beobachtung unzugänglich. Sie sind ein Mysterium. Darum können sie nicht eine Sache des Wissens sein, das für andere überzeugend gesichert werden kann, sondern nur eine Sache des Glaubens, d.h. der Gewißheit (*certitudo*), nicht der Sicherheit (*securitas*).
2. Das Wissen des objektivierenden Denkens richtet sich auf die sichtbare und beweisbare, der Glaube auf die unsichtbare und unbeweisbare Wirklichkeit. Darum kann der Glaube durch Wissen nicht ersetzt, weder bewiesen noch widerlegt werden. »Der einzige Einspruch gegen den Glauben ist der Unglaube, der einzige Beweis des Glaubens ist der Glaube selbst« (G.Ebeling).
3. Der christliche Auferstehungsglaube steht sowohl im Gegensatz zu der rationalistisch-materialistischen Auffassung, daß nach dem Tod alles aus

---

[10] *Osis/Haraldsson*, Der Tod 11.
[11] *R.A.Moody jr./K.L.Woodward*, Kein Zweifel, es gibt ein Leben nach dem Tode: WELT AM SONNTAG Nr.37 u. 38/1976, 25 u. 31.
[12] *Moody*, Leben nach dem Tod 15.

sei, als auch zu der gnostisch-spiritistischen Auffassung, daß das Leben nach dem Tod bewiesen sei. Wie leicht die eine Auffassung in die andere umschlagen kann, hat die hier skizzierte Entwicklung gezeigt.

IV. Todesträume

Marie-Louise von Franz, frühere Mitarbeiterin C.G.Jungs und jetzt Trainingsanalytikerin am C.G.Jung-Institut, hat die Gedanken Jungs hinsichtlich des Lebens nach dem Tod in ihrem jüngsten Buch über »Traum und Tod«[13] fortgeführt. Erstmalig zeigt sie anhand zahlreicher Träume von Menschen, die vor dem Tod stehen, was das Unbewußte, d.h. die Instinktwelt, zur Tatsache des bevorstehenden Todes sagt, wie also die Natur selbst den Menschen auf den Tod, d.h. auf den Übergang in eine »jenseitige« Existenzweise vorbereitet. Zur Deutung archetypischer Träume zieht von Franz ethnisches (ägyptisches Totenritual) und alchemistisches (Komarios-Text), vereinzelt auch parapsychologisches Material heran. Ihrer Meinung nach enthält insbesondere die alchemistische Tradition viel mehr Material zum Problem des Todes als die offiziellen religiösen Überlieferungen. Die alchemistische Tradition kompensiert nach C.G.Jung die allzu einseitig geistige Orientierung des Christentums: Jene verhält sich zu diesem wie ein Traum zum Bewußtsein.

Die christliche Tradition enthält über das Weiterleben nach dem Tode kaum Aussagen. Die Auferstehung des Leibes findet in ihr abrupt am Ende der Welt durch einen Gnadenakt Gottes statt. Die Betonung des konkrethistorischen Aspekts von Leben und Auferstehung Jesu und die Leugnung aller Zusammenhänge mit den sterbenden und auferstehenden Naturgöttern führte zu einer großen Symbolverarmung.

— Während in der alchemistischen Tradition der Adept im alchemistischen Werk selbst (wenn auch mit Gottes Hilfe) seinen eigenen Auferstehungsleib herstellt, bleibt in der christlichen Tradition der Mensch gegenüber dem Auferstehungsgeschehen völlig passiv.
— Während die christliche Tradition mit ihrer einseitigen Betonung des Geistes dem Schicksal des toten Körpers wenig Aufmerksamkeit schenkt, sieht der archaische »heidnische« Mensch im Körper ein Geheimnis, das mit dem Schicksal der Seele nach dem Tode zusammenhängt.
— Während in der christlichen Tradition die Gegensätze am Ende geschieden werden, versöhnen sich in der ägyptischen und alchemistischen Symbolik die Gegensätze im letzten Moment und bleiben im postmortalen Leib zu einer Einheit zusammengefaßt erhalten.

Es wäre zu klären, ob oder inwieweit die Aussagen der christlichen Tradition theologisch sinnvoll sind, wie sie sich zur Natur des Menschen verhalten und wieweit sie einer Ergänzung durch andere religiöse Erfahrungen bedürfen.

---

[13] *Marie-Louise von Franz*, Traum und Tod. Was uns die Träume Sterbender sagen, München 1984.

V. Die archetypische Struktur todesnaher Erlebnisse

In jüngster Zeit haben sich die tiefenpsychologischen Forschungen auf die offensichtlich vorhandene archetypische Grundstruktur konzentriert, die fast regelmäßig in der Seelentiefe den Sterbevorgang ankündigen oder begleiten. Diese Grundstruktur der Psyche führt immer wieder zu ähnlichen spontan erzeugten archetypischen Bildern, d.h. zu allgemein-menschlichen Symbolen, die Manifestationen des kollektiven Unbewußten sind. Sie begegnen uns gleicherweise

— in den Mythen und Riten der Völker, besonders ausgeprägt in der ägyptischen Mythologie und dem damit verbundenen Totenritual[14];
— in der alchemistisch-mystischen Symbolik, die der des ägyptischen Totenrituals verwandt ist[15];
— in den Sterbeerlebnissen (Nah-Tod-Erfahrungen) der Reanimierten[16];
— in den Todesträumen zeitgenössischer Menschen, die sich von der Lebensmitte an im Verlauf des Individuationsprozesses und kurz vor dem Tod in geraffter Form einstellen[17];
— in Spontanzeichnungen todkranker Kinder und Erwachsener, in denen nicht nur nicht verbalisierte Gefühle und Gedanken, sondern auch die Beziehung zwischen Körper ($\sigma\tilde{\omega}\mu\alpha$) und Seele ($\psi\nu\chi\acute{\eta}$) zum Ausdruck kommen[18];
— in schöpferischen Produkten von Künstlern (Dichtung, Bildende Kunst, Musik, Tanz);
— in den bei psychedelischen Sitzungen durch LSD und Meskalin induzierten Phänomenen (chemische Aktivierung des Unbewußten)[19];
— in spontan auftretenden Zuständen, wie sie Schizophrene erleben[20];
— in parapsychologischen Erscheinungen, die ebensogut aus dem Gruppenunbewußten der Teilnehmer spiritistischer Sitzungen wie aus einer wirklichen Mitteilung eines Toten erklärt werden können[21].

---

[14] *Ernst F. Jung*, Der Weg ins Jenseits. Mythen vom Leben nach dem Tode, Düsseldorf/Wien 1983.
[15] *C.G.Jung*, Psychologie und Alchemie, Zürich 1944; *von Franz*, Traum und Tod.
[16] S. Anm. 6.
[17] *Jolande Jacobi*, Vom Bilderreich der Seele. Wege und Umwege zu sich selbst, Olten/Freiburg i.Br. 1981; *Gregg M. Furth*, Die Verwendung von Zeichnungen, angefertigt in einer Lebenskrise: *E. Kübler-Ross*, Verstehen was Sterbende sagen wollen. Einführung in ihre symbolische Sprache. Stuttgart ³1982.
[18] *von Franz*, Traum und Tod.
[19] *Stanislav Grof*, Topographie des Unbewußten. LSD im Dienst der tiefenpsychologischen Forschung, Stuttgart 1978.
[20] *von Franz*, Traum und Tod.
[21] Ebd.

VI. Die Reise der Seele

Ganz allgemein wird die Reise der Seele nach dem Tode mit dem Weg der Sonne, dem Urbild für den Kreislauf des Lichtes und des Lebens, verknüpft (kosmische Identifikation). Die Sonne ist der »Seelenführer« ($\psi\upsilon\chi o\pi o\mu\pi\acute{o}\varsigma$). Sie führt die Seelen im Westen mit sich in die Unterwelt, begleitet sie auf dem gefahrvollen Weg durch die Finsternis und läßt sie im Osten zu erneuertem Leben wieder aufgehen. Ihr Weg ist der archetypische Weg der Einweihung in ein Mysterium, der Nachtmeerfahrt, des großen Überganges vom Leben zum Tod und vom Tod zum Leben. Er kann auch (z.B. bei den Pueblo-Indianern) als Durchgang durch die Große Mutter dargestellt werden: als Eingehen in ihren Mutterschoß und als Wiedergeburt aus ihm[22].

In den Übergangsriten, die die Seele beim Übergang in jenseitige Bereiche begleiten, wird der Initiand der Sonne ähnlich, er wird, indem er mit ihr untergeht (stirbt) und wieder aufgeht (aufersteht), zum »Kind des Lichtes«, zum Sohn des höchsten Wesens. Bei den Hopi-Indianern in Nordamerika (wie auch bei den Eingeborenen der Malekula-Inseln/Melanesien und anderswo) werden die Toten bei Sonnenuntergang beerdigt. Sie werden auf der westlichen Seite eines Totenfeldes so bestattet, daß ihr Gesicht nach Osten, dem Ort der Wiederkehr und Erneuerung, gerichtet ist[23].

An die Stelle der Sonne kann auch der Sonnenheros treten, wie z.B. Gilgamesch, der stellvertretend für alle anderen die lange Reise auf der Suche nach ewigem Leben antritt. Das archetypische Bild des Sonnenhelden wurde dann auf einzelne hervorragende Personen (Könige) übertragen, dann auf besondere Gruppen von Menschen und schließlich auf jeden einzelnen Menschen.

In der christlichen Religion ist Christus das »Licht der Welt« (d.i. die geläufige Bezeichnung der Sonne), der den archetypischen Weg zurücklegt, der aufgeht (Geburt), untergeht (Tod, Hadesfahrt) und wieder aufgeht (Auferstehung). Er verheißt denen, die ihm nachfolgen, ewiges Leben. Der Beginn dieses Weges, die Übernahme des Schicksals Jesu, ist die Taufe (*sacramentum initii*). Sie geschieht in den Tod Christi, bildet das Begrabenwerden mit ihm und die Auferstehung mit ihm zu einem neuen Leben ab (Röm 6,4f). Der Getaufte wird zum »Kind des Lichtes« und zu einem »Kind Gottes«.

---

[22] *Detlef-Ingo Lauf,* Im Zeichen des großen Übergangs. Archetypische Symbolik des Todes in Mythos und Religion: Leben und Tod in den Religionen. Symbol und Wirklichkeit, hg. v. *Gunther Stephenson,* Darmstadt 1980, 81 ff.
[23] Ebd. 95.

Die archetypische Grundstruktur des Weges Jesu und des christlichen Weges ist offensichtlich. Doch ist dadurch, daß an die Stelle einer naturhaften Größe (Sonne) eine geschichtliche Person (Jesus von Nazareth) getreten ist, das mythische Denken gesprengt. Der Tod ist nicht mehr nur ein natürliches Ereignis, sondern »der Sünde Sold«. Und also kann er nicht nur durch Einswerden mit dem Kosmos, sondern durch Einswerden mit Christus überwunden werden, durch die Erlösung von der Sünde und dem damit verbundenen Tod. Der Gott, der (durch Christus) die Sünder gerecht macht, ist der Gott, der die Toten lebendig macht. An die Stelle des zyklischen Kreislaufes der Natur tritt die zielgerichtete Geschichte. Die Geschichte ist aber nicht mehr durch den dunklen Horizont des Todes begrenzt, sondern sie steht im Lichte des Lebens, das stärker ist als der Tod.

B. Bildwerdungen psychischer Erfahrungen

Im einzelnen lassen sich folgende besonders häufig vorkommende archetypische Bilder des Todeserlebens feststellen, d.h. vom Ursprung her typische »Bildwerdungen psychischer Erfahrungen, die sich seit ältester magisch-mythischer Zeit bis hin zur Entwicklung der Hochreligionen in Form von Schriften, Ritualen, Zeremonien, Bildern und Symbolen manifestiert haben«[24].

1. Der Todesvorgang als innere Aufzehrung des Lebens und seiner Energie manifestiert sich im Bild der Flamme oder des Gegensatzes von Feuer und Wasser.
2. Das Leben, Sterben und Wiedererwachen der Vegetation (Baum, Gras, Korn, Blume) ist archetypisches Bild für ein Hindurchdauern eines Lebensprozesses jenseits der Gegensätze von Leben und Tod[25].
3. Der Tod ist ein Kampf, der zwischen den aufeinanderprallenden Gegensätzen entsteht und geführt wird mit dem Ziel der Befriedung und Vereinigung der Gegensätze.
4. Die »Heilige Hochzeit« ($\iota\varepsilon\rho\grave{o}\varsigma$ $\gamma\acute{\alpha}\mu o\varsigma$), bzw. die »Todeshochzeit« (Grab als Brautgemach) ist ein Symbol der Vereinigung der psychischen Gegensätze, der Einswerdung der Seele mit der *anima mundi* im Schoß der Natur (Befreiung von der Ichhaftigkeit, ekstatisches Eingehen in einen Zustand göttlicher Ganzheit)[26].

---

[24] Ebd. 82.
[25] *von Franz,* Traum und Tod 47ff.
[26] Ebd. 67ff.

5. Der Tod ist ein Durchgang durch einen Engpaß, durch einen kritischen und entscheidenden Moment (Geburtsweg)[27].
6. Der Tod ist der große Übergang über ein Wasser (Fluß, Meer) und damit endgültige Trennung von der Daseinswelt.
7. Im Tod vollzieht sich in Entsprechung zu den Schöpfungsmythen eine Scheidung der Elemente, von »Materie« und »Psyche«, bzw. es vollzieht sich eine psychophysische Verwandlung von »Materie« in psychische Energie. Es bildet sich ein Seelen- oder Nachtodkörper (»subtle body«)[28].
8. Das Todesgeschehen stellt sich dar im Urbild vom Wägen der Seele und dem letzten Gericht, das den Scheidungsprozeß der Seele in die Orte des Leidens (»Hölle«) und die Räume der Erhebung (»Himmel«) einleitet.
9. Nachdem die Seele ihre endgültige Bestimmung im Gericht erhalten hat, erfolgt die Wiederkehr in einer anderen Daseinswelt, die im allgemeinen in drei Stufen als Unterwelt, Zwischenwelt und himmlische Sphäre aufgeteilt wird.
10. Die eigentliche Phase des Sterbens ist nur eine beschränkte Zwischenstufe zwischen zwei Existenzformen. Die Seele durchläuft Zyklen von Tod und Wiedergeburt (Reinkarnation).

Im folgenden soll auf drei archetypische Bilder des Todes näher eingegangen werden.

I. Kampf

Wir sagen heute noch, daß ein Sterbender in Agonie, d.h. im Todeskampf liegt. Dieser oft Tage und Nächte andauernde Todeskampf hat eine körperliche und eine seelische Seite. Der Körper wehrt sich gegen die einsetzenden, lebensbedrohenden Disfunktionen der Organe. Die Seele bäumt sich gegen den Schmerz und den nahenden Tod auf, leistet Widerstand, kämpft ums Überleben. Diese Haltung ist typisch für die zweite Phase, die ein Mensch angesichts einer tödlichen Krankheit durchmacht. Kübler-Ross kennzeichnet sie mit dem Wort »Zorn«: Zorn auf die gesunde Umgebung, auf das Krankenhauspersonal, das alles falsch macht, und auf Gott, der ihn solchem Schicksal ausliefert[29]. Manche kämpfen bis zum Schluß dagegen an. Meist gehören sie der jüngeren Generation an. Sie sind darüber erbittert, daß sie gerade

---

[27] Ebd. 84ff.
[28] Ebd. 176ff.
[29] *Elisabeth Kübler-Ross*, Interviews mit Sterbenden, Stuttgart/Berlin 1971, 50ff.

erst angefangen haben zu leben und daß ihr Leben jetzt aufhört, bevor sie die erste Liebe oder die Ehe kennengelernt, bevor sie ein Kind bekommen, bevor sie ihre Berufsträume erfüllt, bevor sie ihr Leben wirklich gelebt haben.

Beispiele:

Ein fünfundzwanzigjähriger Mann wurde mit akuter Leukämie in die Klinik eingeliefert. Er hatte drei kleine Kinder, alle unter drei Jahren, eine Frau, die keinen Beruf und keinen finanziellen Rückhalt hatte. Darum fiel es ihm entsetzlich schwer, sich mit seinem bevorstehenden Tod abzufinden. Eines Nachts machte er einen großen körperlichen Kampf durch: »Ein großer Zug fuhr mit hoher Geschwindigkeit einen Hügel hinunter, und ich hatte mit dem Zugführer einen großen Kampf und einen Streit. Ich verlangte, daß er den Zug ein paar Millimeter vorher anhielt!« — Der Zug, der den Hügel hinunter rast, bedeutet sein Leben, das rapide zu Ende ging. Der Lokomotivführer steht für Gott, mit dem er rang, um ihn um einen winzigen Aufschub zu bitten (Verhandeln mit Gott in symbolischer Sprache)[30].

Während in dem vorstehenden Beispiel vom Zorn auf das bevorstehende Todesschicksal die Rede ist, geht es in den beiden folgenden Beispielen um einen echten Todeskampf: Ein im letzten Weltkrieg schwer Verwundeter, der länger im Koma lag, aber durchkam, sagte aus, er habe in dem Augenblick, in dem er eine Krankenschwester sagen hörte, daß er nur noch zwei Stunden zu leben habe, eine plötzliche Angstempfindung gehabt: »Ich lernte den heftigen und quälenden inneren Kampf kennen, den letzten Kampf der Seele vor dem Opfer«[31].

Kübler-Ross berichtet, daß sie selber einmal einen qualvollen Todeskampf durchgefochten habe: »Im wahrsten Sinne des Wortes durchlebte ich tausend Tode, welche die von mir betreuten Sterbenden durchgemacht hatten. Ich befand mich physisch, emotionell, intellektuell und spirituell im Todeskampf. Ich war unfähig zu atmen. Mich in diesen Marterqualen befindend, wußte ich voll und ganz, daß kein Mensch in der Nähe war, der mir hätte zu Hilfe kommen können. So hatte ich jene Nacht ganz allein durchzustehen«[32].

Ihre Schmerzen vergleicht sie mit Geburtswehen, nur daß unaufhörlich die einen den anderen folgten. Lediglich drei kurze Erholungspausen wurden ihr vergönnt. In ihnen bat sie zuerst um eine Schulter, an die sie sich hätte anlehnen können, um die Schmerzen leichter ertragen zu können, dann um eine Hand, die sie ergreifen könnte, und schließlich um eine Fingerspitze, die ihr das Gefühl gäbe, nicht allein zu sein — doch alle Bitten wurden ihr nicht gewährt.

»Nun dämmerte es mir zum erstenmal in meinem Leben, daß es sich bei einem solchen Todeskampf um den Glauben an sich handelte. Und dieser Glaube entstammte dem tief innen ruhenden Wissen, daß ich selbst über die Stärke und den Mut verfüge, diese Todesqualen ganz allein tragen zu können. Mir wurde es plötzlich klar, daß ich nur meinen Kampf beenden, meinen Widerstand ganz einfach in eine friedliche, positive Unterwerfung verwandeln müsse, in der ich fähig sei, ganz einfach ›ja‹ zu sagen. — Und im gleichen Augenblick, in welchem ich in Gedanken ›ja‹ sagte, hörten diese Qualen auf. Mein Atem wurde ruhiger, der physische Schmerz verschwand. Und anstatt jener tausend Tode, die ich zu durchleben hatte, wurde mir ein Wiedergeburtserlebnis zuteil, das man mit menschlichen Worten nicht zu beschreiben vermag ...«[33].

Von Jesus wird im Neuen Testament erzählt, daß er im Garten Getsemani »mit dem Tode rang« (Lk 22,44, Luther). Im griechischen Urtext steht hier das Wort ἀγωνία, das ursprünglich »innerer Aufruhr«, im engsten Sinne »die letzte Spannung der Kräfte vor hereinbrechenden

---

[30] *Elisabeth Kübler-Ross,* Verstehen was Sterbende sagen wollen. Einführung in ihre symbolische Sprache, Stuttgart 1982, 56f.

[31] *von Franz,* Traum und Tod 126.

[32] *Kübler-Ross,* Über den Tod 84f.

[33] Ebd. 86.

Entscheidungen und Katastrophen«[34] und von daher »Todeskampf« oder »Todesangst« (»Sein Schweiß war wie Blut, das auf die Erde tropfte« [Lk 22,44]) bedeutet. Jesus durchlebt den Todeskampf in absoluter Einsamkeit, denn seine Jünger schlafen und vermögen nicht, mit ihm zu wachen. Dreimal betet er zu Gott: »Nimm diesen Kelch von mir!« (Mk 14,32 ff), dann ringt er sich dazu durch, Kreuz und Tod auf sich zu nehmen und den Weg Gottes zu bejahen: »Nicht mein, sondern dein Wille geschehe!« (Lk 22,42). Von dem Augenblick an fallen »Zittern und Zagen« von ihm ab.

Auf antiken Sarkophagen finden sich auffallend häufig Kampfszenen, vor allem Zweikämpfe, dargestellt; und im alten Rom wurden die Gladiatorenkämpfe ursprünglich zu Ehren der Toten abgehalten.

Eine todgeweihte Patientin aus unserer Zeit träumte von zwei Ringkämpfern, die einen rituellen Kampf austragen. Eine andere malte ein Bild von dem Ringkampf einer hellen und einer dunklen Männerfigur. In ihm stellt sich symbolisch der Zusammenprall der Gegensätze dar; denn im Tod prallen oft das Gute und das Böse des Individuums in zugespitzter Form aufeinander[35].

Auf vielen mittelalterlichen Bildern ist dargestellt, wie ein Teufel und ein Engel um die Seele des Sterbenden kämpfen.

In den mittelalterlichen Schriften, die die Ars moriendi lehren, ist von den Angriffen des Satans die Rede, der die Seele auf ihrem Weg in den Himmel aufhalten will. Die meisten Handbücher beschreiben fünf Angriffe des Teufels: Glaubenszweifel; Verzweiflung und quälende Gewissensbisse; Ungeduld und Reizbarkeit aufgrund von Leiden; Hochmut, Eitelkeit und Stolz; Habgier und andere weltliche Begierden. Diesen Angriffen des Satans wirken göttliche Mächte entgegen, die dem Sterbenden zu Hilfe kommen[36].

Die Reise der Seele nach dem Tod führt nach allgemeiner Anschauung nicht direkt zu ihrem endgültigen Bestimmungsort, sondern zunächst durch gefährliche Landschaften (Wüsten, Gebirge, Urwälder, Sümpfe), in denen die Seele seltsamen, phantastischen Wesen begegnet, mit denen sie kämpfen muß. Z.B. werden nach der ägyptischen Mythologie die Insassen der Sonnenbarke auf ihrem Weg durch die Unterwelt von grauenerregenden Ungeheuern bedroht, die besiegt werden müssen.

Die dritte Stufe psychedelischer Erfahrungen unter LSD-Einwirkung ist das Ringen um Tod und Wiedergeburt. Sie entspricht dem zweiten klinischen Stadium des Geburtsvorganges, das für den Fötus mit einem heftigen Kampf ums Überleben verbunden ist. Die Atmosphäre ist die eines titanischen

---

[34] *E. Stauffer*, Art. »ἀγωνία«: ThWNT I (1933), 140.
[35] *von Franz*, Traum und Tod 44.
[36] *Stanislav* und *Christina Grof*, Jenseits des Todes. An den Toren des Bewußtseins, München 1984, 19.

Kampfes, der häufig katastrophale Dimensionen erreicht (Erleben von Naturkatastrophen, apokalyptische Kriegsszenen, revolutionäre Aktionen usw.). In abgemilderter Form kommt es zu Visionen und Erlebnissen von wilden Abenteuern wie Kämpfen mit riesigen Schlangen, Begegnungen von Tauchern mit Haien, Kraken und anderen Ungeheuern, antiken Gladiatorenkämpfen, Box- und Ringkämpfen usw.[37].

Literarisch gestaltet ist das Motiv des Todeskampfes beispielsweise in Hermann Melvilles Roman »Moby Dick« (der Kampf Kapitän Ahabs gegen den weißen Wal), in Ernest Hemingways Novelle »Der alte Mann und das Meer« (der Kampf des alten Mannes gegen den Schwertfisch) und in Dino Buzzatis Erzählung »Der Colombre« (der Kampf Stefan Rois gegen den Colombre).

Als ein über sechzig Jahre alter Mann erfuhr, daß er nicht mehr lange zu leben habe, sagte er: »Ich kann nur noch nicht sterben.« Mehrere Nächte hintereinander kämpfte er im Traum mit Moby Dick, dem »furchtbarsten unter den Walen«, den der Mensch nicht zu besiegen imstande ist. Tags darauf konnte er von diesem Kampf in allen Einzelheiten berichten[38].

Marie-Louise von Franz deutet im Anschluß an alchemistische Texte die starken Erregungszustände, in welche manche Sterbende geraten, nicht nur als Ausdruck der Konfrontation mit den eigenen Emotionen, sondern als Ausdruck eines Kampfes der noch dem Körper verhafteten seelischen Energie mit der dem Körper sich entziehenden Energie, die sich dadurch zu höchster Intensität auflädt[39].

II. Überfahrt

Die Ergebnisse der Untersuchungen von Osis und Haraldsson sprechen mehr für die Hypothese, daß der Tod ein Übergang in eine andere Form des Seins ist, als für die Hypothese, daß der Tod die endgültige Zerstörung der menschlichen Persönlichkeit ist. Dem entspricht auch das archetypische Bild des Überganges, der Überfahrt oder des Durchganges.

Eine besondere Rolle spielen dabei die Erscheinungen von verstorbenen Verwandten, von Engeln, Lichtgestalten und religiösen Figuren. Sie erscheinen dem Sterbenden mit der erklärten Absicht, ihn in die andere Welt zu holen und ihm beim Übergang in die andere Form des Seins zu helfen.

Ein typisches Beispiel dafür ist die Sterbegeschichte eines elfjährigen Mädchens, das an einer angeborenen Herzkrankheit litt. Als ihre Krankheit wieder einmal in eine kritische Phase eintrat, sah sie in einer Vision ihre Mutter in einem hübschen weißen Kleid, die auch für sie ein ebensolches Kleid bereithielt. Das Mädchen, das sich vorher in einem deprimierten, teilnahmslosen Zustand befunden hatte, wurde sehr glücklich, lächelte und bat, aufstehen und hinübergehen zu dürfen, denn ihre Mutter wolle sie mit auf die Reise nehmen. Die Vision dauerte etwa

---

[37] *St.Grof,* Topographie 146ff.
[38] *Hans-Christoph Piper,* Gespräche mit Sterbenden. Göttingen ²1980, 164.
[39] *von Franz,* Traum und Tod 117.

eine halbe Stunde und versetzte das Mädchen in einen heiteren und friedvollen Zustand, der bis zu ihrem Tod, der vier Stunden später eintrat, andauerte. Das Kind hatte seine Mutter nie gekannt, weil diese bei der Geburt gestorben war[40].

Handelt es sich bei diesen Erscheinungen um Halluzinationen, die auf psychophysiologische Störungen des Nervensystems oder des Gehirns oder auf starke Belastung und gesellschaftliche Isolation zurückzuführen sind, oder um echte außersinnliche Wahrnehmungen? Handelt es sich um subjektive Projektionen von Wünschen und (religiösen) Erwartungen oder um objektive, durchaus unabhängige Wesenheiten? Die Untersuchungsergebnisse von Osis und Haraldsson stimmen mit dem »Modell der Hypothese von einem Leben nach dem Tod überein, in dem festgelegt ist, daß Erscheinungen aufgrund von außersinnlicher Wahrnehmung und nicht aufgrund von Halluzinationen gesehen werden«[41].

Auch Kübler-Ross kommt aufgrund ihrer Beobachtungen und Erfahrungen zu demselben Schluß: »Zur Zeit der Verwandlung werden unsere Geistführer, Schutzengel und solche Wesen, die wir geliebt hatten und die schon vor uns hinübergegangen waren, uns zur Seite stehen und uns bei unserer Umwandlung behilflich sein. Wir haben dies immer wieder bestätigt gefunden, so daß wir an dieser Tatsache nicht mehr zweifeln. Diese Aussage mache ich, wohl gemerkt, als Wissenschaftlerin!«[42]

Unter den Personen, die den Sterbenden erschienen, um sie in die andere Welt zu geleiten, sind am häufigsten nahe (bereits verstorbene) Verwandte: Mutter, Ehepartner, Kinder, Geschwister, Vater (in dieser Reihenfolge in abnehmender Häufigkeit). Erst an zweiter Stelle stehen religiöse Figuren. Christen sahen Engel, Jesus oder die Jungfrau Maria, Hindus am häufigsten Yama, den Gott des Todes, einen seiner Sendboten, Krishna oder eine andere Gottheit.

Ein etwa fünfzig Jahre alter christlich getaufter Patient erzählt einem indischen Arzt in einem Moslem-Krankenhaus, wo er an einem Hüftbruch operiert worden war: Am siebten Tag nach der Operation sollte er entlassen werden, als er plötzlich Schmerzen in der Brust fühlte. Unmittelbar nach Einsetzen dieser Schmerzen habe er eine Vision gehabt. Er sah Christus, wie er durch die Luft langsam herabkam. Er rief ihn und winkte ihm mit der Hand, daß er kommen solle. Nach ein paar Sekunden verschwand Christus, und der Patient war wieder ganz in der Wirklichkeit. Er war glücklich und erklärte, daß damit nun sein Lebensziel erreicht wäre, weil Christus ihn gerufen hätte. »Nun gehe ich«, sagte er und verließ diese Welt ein paar Minuten später[43].

Alle diese Beobachtungen an Sterbebetten stehen in Übereinstimmung mit den religiösen Traditionen, insbesondere mit denen der nicht-westlichen Kul-

---

[40] *Osis/Haraldsson*, Der Tod 84.
[41] Ebd. 116.
[42] *Kübler-Ross*, Über den Tod 35.
[43] *Osis/Haraldsson*, Der Tod 82.

turen, die die ursprüngliche Kraft ihrer Kosmologien, Religionen und Philosophien noch bewahrt haben. »In all diesen Vorstellungen wird der Tod als Übergang oder Verklärung, nicht als endgültige Vernichtung des Individuums, gesehen. Die eschatologischen Mythen geben nicht nur detaillierte Schilderungen der Bewußtseinszustände nach dem Tod oder des Aufenthalts der Verstorbenen, z.B. des Himmels, des Paradieses oder der Hölle, sondern bieten auch eine genaue Kartographie, um den Sterbenden durch die Folge von Bewußtseinswandlungen zu geleiten, die sich während dieser kritischen Phase des Übergangs vollziehen.«[44]

Wenn die Sterbenden von den Seelengeleitern empfangen worden sind, gehen sie durch symbolische Verwandlungen hindurch, die oft als Durchgang durch ein Tor oder einen Tunnel, als Übergang über einen Gebirgszug oder als Überfahrt über ein Wasser, das die Welt der Lebenden von der der Toten trennt, erscheinen.

Die letztgenannte Vorstellung ist weit verbreitet.

Die griechische Mythologie kennt die Unterweltsflüsse Acheron, Styx und Lethe, die — wie alle Wasser — dem Chaos entstammen. Herr dieser Gewässer ist Hades, der Unterweltgott[45].

Das Boot oder das Schiff, in dem die Seele ins Jenseits fährt, ist eines der häufigsten Motive der eschatologischen Literatur. Zum Beispiel glauben die Cuna-Indianer, daß die Seele sich nach dem Tod in einen Vogel verwandelt und in einem mit bunten Flaggen geschmückten Totenschiff in den Himmel segelt.

Im altbabylonischen Gilgamesch-Epos überquert Gilgamesch mit dem Schiffer Urschanabi den Totenfluß, um Utnapischtim nach dem Mysterium des Lebens zu befragen.

Der Fährmann über den Totenfluß begegnet uns in den verschiedensten Mythologien. In zahlreichen ägyptischen Sargtexten ist von einem geheimnisvollen Fährmann die Rede, der — oft nach strengen Prüfungsfragen — den Toten über den Himmelsozean ins Jenseits hinübersetzt. Der Name des Fährmanns, Acharantos, Acherantos, Acheron, ist vermutlich eine Vermischung des äyptischen Gottes Aker, dem Hüter des Auferstehungsmysteriums, mit Acheron, dem griechischen Unterweltsfluß und Namen für die ganze Unterwelt[46]. — In Melanesien, auf den Malekula-Inseln, erscheint der Fährmann von Ambrin als Seelengeleiter, der die Seele der Toten über die Todeswasser zum anderen Ufer hinüberträgt. — In der sumerischen Überlieferung ist es der Fährmann Humuttabal, der die toten Seelen über den Hubur-Strom setzt.

Nach griechischem Brauch wird dem Toten bei der Beisetzung eine Münze unter die Zunge gelegt. Sie ist für Charon, den Fährmann über den Styx, bestimmt.

Am anderen Ufer des Grenzflusses lauert Kerberos, der dreiköpfige Höllenhund. Er begrüßt schwanzwedelnd diejenigen toten Seelen, die in den Hades eingehen, und frißt diejenigen auf, die die Absicht haben, zurückzukehren. Diejenigen aber, deren Leiber unbestattet und unverbrannt blieben, irren unstet an den Ufern des Styx oder der anderen Unterweltflüsse umher. Alle müssen einen Trunk aus dem Lethe-Strom nehmen, der Vergessen schenkt.

Eine Parallele zur Überfahrt ist die Vorstellung von der Brücke über den Totenfluß oder einen Feuerstrom, über die die toten Seelen ins Jenseits gehen müssen. Nach der zoroastrischen Religion müssen die toten Seelen über die schmale Cinvat-Brücke den Todesfluß überqueren. Die guten gelangen hinüber und werden von einem Engel in den Himmel geleitet, während die Sün-

---

[44] *St. u. Chr.Grof,* Jenseits des Todes 6.
[45] *E.F.Jung,* Weg ins Jenseits 183ff.
[46] *von Franz,* Traum und Tod 37.

der in den Fluß stürzen und in die Unterwelt treiben. — In der islamischen Tradition müssen die Verstorbenen die sogenannte Sirat-Brücke überschreiten, »dünner als ein Haar und schärfer als ein Schwert und dunkler als die Nacht«, aber die Frommen »gelangen schnell wie ein Blitz« hinüber. Es handelt sich hier also um die Brücke des Gerichts, die synonym ist mit der Vorstellung vom Wägen der Seele im Gericht[47].

Diese mythischen Motive kommen auch in Träumen und Visionen von Menschen vor, die dem Tode nahe sind. C.G. Jung selbst hat sich einmal, nachdem er drei Embolien in Herz und Lunge überstanden hatte, in einem todesnahen Zustand befunden. Tagsüber war er meist deprimiert, aber gegen Mitternacht geriet er in einen Zustand größter Seligkeit. Er schreibt darüber: »Während meiner Krankheit war etwas da, das mich trug. Meine Füße standen nicht auf Luft, und ich hatte den Beweis, sicheren Grund erreicht zu haben. Ganz gleich, was man tut, wenn es aufrichtig geschieht, wird es schließlich *Brücke* zur eigenen Ganzheit, ein gutes *Schiff*, das einen durch die Dunkelheit der zweiten Geburt trägt, welche nach außen hin als Tod erscheint.«[48]

Bei der Auswertung von etwa 150 »Sterbeberichten« von Reanimierten stellt R.A. Moody fest, daß die »Sterbenden«, nachdem ihre »Seele« den irdischen Körper verlassen hatte, irgendwann an eine »Grenze« oder »Scheidelinie zwischen dem irdischen und dem folgenden Leben« gelangten, die nicht selten als »Gewässer« erscheint.

Eine Frau berichtet, daß sie unmittelbar nach der Entbindung von ihrem ersten Kind eine schwere Blutung erlitt, die nur mit Mühe unter Kontrolle gebracht werden konnte. Sie verlor das Bewußtsein. Als sie nach einem dröhnenden Geräusch wieder zu sich kam, hatte sie folgendes Erlebnis: Ich war »anscheinend auf einem Schiff, das ein großes Gewässer überquerte. Am anderen Ufer entdeckte ich alle mir nahestehenden Menschen, die bereits gestorben waren — meine Mutter, meinen Vater, meine Schwester und andere. Ich konnte sie genau sehen, konnte ihre Gesichter erkennen, die dieselben waren wie zur Zeit, als sie auf Erden gelebt hatten. Sie winkten mir zu, anscheinend, um mich zu rufen, während ich nur immer wiederholte: ›Nein, nein, ich bin noch nicht bereit, zu euch zu kommen. Ich will nicht sterben. Ich bin noch nicht bereit, zu sterben.‹ — Schließlich hatte das Schiff das andere Ufer fast erreicht. Unmittelbar davor drehte es jedoch ab und fuhr zurück.«[49]

Während diese Frau an der Scheidelinie ins irdische Leben zurückkehrte, überschritt sie ein sechzigjähriger Geschäftsmann, der an einer schmerzhaften und tödlichen Infektion litt. Er sah — wie er auf Befragen berichtete — seine verstorbene Frau an der anderen Seite eines Flusses stehen und darauf warten, daß er herüberkäme. Er lächelte, richtete sich auf und streckte die Hände aus. Sein Gesichtsausdruck war voller Freude, und er starb einen sehr friedvollen Tod.[50]

Als literarisches Beispiel sei Wilhelm Raabes Erzählung »Villa Schönow« genannt, in der das Motiv des Hadesflusses, der Diesseits und Jenseits voneinander trennt, deutlich anklingt: Ein sterbender Veteran wähnt sich auf einem Schlachtfeld. Es ist zum Sturm geblasen, aber ein Wassergraben vor ihm bietet ein unüberwindbares Hindernis. Der Sterbende wird immer unruhiger

---

47 *Lauf*, Im Zeichen 97.
48 *C.G. Jung*, Briefe I, hg. v. G. Adler u. A. Jaffé, Olten/Freiburg i. Br. 1972, 442ff.
49 *Moody*, Leben 81ff.
50 *Osis/Haraldsson*, Der Tod 131.

darüber, daß er dies Hindernis nicht nehmen kann. Die Umherstehenden sind ratlos. Ein Freund aber, der die Sprache des Sterbenden versteht, tritt an das Bett, faßt den Kämpfenden unter den Arm und hilft ihm mit einem ermunternden Kampfesruf über den Graben hinweg. Damit ist dann auch das letzte Hindernis überwunden.

III. Heimat

Es ist allgemein bekannt, daß alte Menschen sich oft kaum noch an das erinnern können, was wenige Jahre zurückliegt, daß ihnen aber die Erlebnisse der frühen Kindheit unmittelbar gegenwärtig sind: die Heimat, das Elternhaus, die Eltern, Großeltern, Geschwister und Spielgefährten. Es ist, als ob das Leben wieder zu seinem Ursprung zurückkehrte. Dabei wird der alte Mensch einem Kinde immer ähnlicher, und der Vorgang des Sterbens gleicht in mancherlei Hinsicht dem Vorgang der Geburt.

Es ist darum nicht verwunderlich, daß sich bei Sterbenden häufig die Sehnsucht nach der Heimat, nach dem Zuhause, d.h. nach dem Zustand der uranfänglichen Geborgenheit auf verschiedenste Weise äußert: als Wunsch, aus dem Krankenhaus nach Hause entlassen zu werden, bei Heimatvertriebenen als Wunsch, in die Heimat zurückzukehren, und bei anderen als Wunsch, ins Elternhaus zu Mutter und Vater heimzukehren.

Ein Krankenhausseelsorger berichtet: »Ein Patient forderte die Umstehenden auf, seine Habseligkeiten zusammenzupacken, und fing selbst an, den Nachttisch auszuräumen, damit die Sachen in den Koffer gelegt wurden. Er mahnte zur Eile, da der Wagen bereits vor der Tür stünde. Er wähnte, daß er seine Schuhe bereits an den Füßen habe, und war verwirrt, als er die Bettdecke zurückschlug und entdeckte, daß dies nicht der Fall war. Nach einem kurzen Zeichen des Einverständnisses zwischen der Frau des Patienten und dem anwesenden Krankenhauspfarrer packte sie tatsächlich den Koffer. Es gelang ihr, ihren Mann mit dem Hinweis zu beruhigen, daß sich die Abreise nur noch ein wenig verzögere. Er hat nicht mehr sehr lange warten müssen.«[51]

Viele Menschen planen kurz vor ihrem Tod eine Reise in ein fernes Land, wo die Natur noch unzerstört ist, oder an einen Ort, zu dem die Unrast der Zeit nicht hindringt, kurz: ein fernes Land, das paradiesische Züge trägt.

Die letzten Worte einer vierundsechzigjährigen Frau, die sie dem Krankenhausseelsorger sagte, wobei sich ihr schmerzverzerrtes Gesicht in ein gelöstes Lächeln verwandelte, lauteten: »Afrika ist ein wunderbares Land, ein gelobtes Land ... eine goldene Stadt ... Johannesburg, die vielen Goldgräber ... eine herrliche Stadt ... Immer scheint dort die Sonne ... ein wunderbares Land, schöner als Italien und Spanien ...«[52] — Die Frau kannte Johannesburg, aber es war deutlich, daß sie nicht das irdische Johannesburg meinte, sondern ein zur himmlischen Stadt verklärtes.

Jeder irdische Ort, der als schön, harmonisch und vollkommen erlebt wurde, kann religiös zum Ort der Vollendung verklärt werden. In der ägypti-

---

[51] *Piper,* Gespräche 161.
[52] Ebd. 162.

schen Religion wurde der Ort »Alt-Kairo« als Ort der Vollendung in den Himmel versetzt[53], wie in der jüdisch-christlichen Religion die Stadt Jerusalem zur Hauptstadt des ewigen Gottesreiches wurde. Der Seher Johannes sieht »die heilige Stadt, das neue Jerusalem, von Gott aus dem Himmel herabkommen, bereitet wie eine geschmückte Braut für ihren Mann« (Offb 21,2). In ihrer Schilderung häufen sich die Symbole des antiken Weltbildes für Schönheit, Glanz und Harmonie: Licht, Edelsteine, Gold und Perlen. Der quadratische Grundriß der Stadt ist ein Ausdruck ihrer Vollkommenheit. Desgleichen ihre kubische Gestalt, Verkörperung der »absoluten, mathematisch genauen Gleichmäßigkeit«[54], ist Symbol der Vollkommenheit schlechthin.

Das Bild der himmlischen Stadt verbindet sich mit dem des wiedergekehrten Paradieses: ein Strom lebendigen Wassers, klar wie Kristall, zu seinen beiden Seiten Bäume des Lebens, die jeden Monat ihre Frucht bringen und deren Blätter zur Heilung der Völker dienen (Offb 22,1 ff).

Anstatt von der »zukünftigen Stadt« (Hebr 13,14) oder vom Paradies kann auch allgemein vom »Himmel« oder vom »Reich Gottes bzw. Christi« die Rede sein. Dort ist die eigentliche Heimat des Christen: »Unsere Heimat ist im Himmel« (Phil 3,20). Für »Heimat« steht im griechischen Urtext das Wort $\pi o\lambda \acute{\iota}\tau \varepsilon \upsilon \mu a$, d.h. das »Gemeinwesen«, zu dem die Christen gehören, die darum auf Erden »Fremdlinge und Heimatlose« sind (1 Petr 2,11). Der Tod ist darum für sie »Heimgang«.

In den christlichen Sterbeliedern sind diese Bilder vielfältig aufgegriffen: »Jerusalem, du hochgebaute Stadt, wollt Gott, ich wär in dir!« (EKG 320) — »Der Himmel soll mir werden, da ist mein Vaterland.« (EKG 326,1) — »Meine Heimat ist dort droben.« (EKG 326,7) — »Ich wollt, daß ich daheime wär ...« (EKG 308,1) — »Wir sind nur Gast auf Erden und wandern ohne Ruh ... der ewigen Heimat zu.« (GL 656,1) — »... dann finden wir nach Haus.« (GL 656,5) — »... ich fahr dahin mein Straßen ins ewig Vaterland.« (GL 659,1).

Literarisch ist das Motiv von der himmlischen Stadt von Gerhart Hauptmann in seinem Drama »Hanneles Himmelfahrt« gestaltet.

Der archetypische Charakter der Vorstellung von der Heimat der Seele wird an der Gegenüberstellung eines über viertausend Jahre alten ägyptischen Papyrustextes mit einem Text aus unserer Zeit deutlich, den eine Frau schrieb, einen Monat, bevor sie unerwartet an einer Lungenembolie starb.

Der ägyptische Text enthält das »Gespräch eines Lebensmüden mit seinem Ba«, das ist sein unsterblicher Seelenteil. Da heißt es: »Das Jenseits ist die Stätte, ... wo das Herz hingeführt wird; die Heimat ist der Westen ... Wenn

---

[53] Ägyptischer Jenseitsführer. Papyrus Berlin 3127. Mit Bemerkungen zur Totenliteratur der Ägypter, hg. v. *Siegfried Morenz*, Leipzig 1980, 13.
[54] *Otto Böcher*, Die Johannesapokalypse, Darmstadt 1975, 120.

(daher) mein Ba auf mich hört, ... indem sein Herz mit mir (zu einer Ganzheit) zusammengefügt ist, dann wird er glücklich sein.« Der Lebensmüde drückt in diesen Worten aus, »daß auch das Jenseits keine Heimat sein würde, wenn nicht zuvor die Einheit des Menschen mit dem Ba, die Zusammenfügung zu einer Ganzheit, die jetzt zerstört ist, wiederhergestellt wurde«[55]. Am Ende sagt der Ba zu dem Lebensmüden: »Nun laß die Klage auf sich beruhen, du, der du zu mir gehörst, mein Bruder! Du magst (weiterhin) auf dem Feuerbecken lasten (d.h. sterben an deinem Kummer), oder du magst dich (wieder) an das Leben (auf Erden) anschmiegen — wir werden jedenfalls die Heimat gemeinsam haben!« Damit ist die Frage nach dem Selbstmord für den Lebensmüden gegenstandslos geworden und an ihre Stelle tritt »das eigentlich Wesentliche, zu dem der Ba langsam, vorsichtig und zielsicher den Menschen geführt hat: das durch Selbsterkenntnis neu gewonnene Einssein mit dem Ba, die Wiederherstellung der gestörten menschlichen Ganzheit, die nun als Frucht einer Wandlung bewußt erlebt wird«[56].

Der Text aus unserer Zeit ist ein in aktiver Imagination geführtes Zwiegespräch zwischen einer Analysandin und einer inneren Phantasiefigur, nämlich einem Geist-Bärenmann, den man sich als eine Art inneren Guru vorstellen kann. Es beginnt folgendermaßen:

»Ich: Ach mein großer Bär, ich habe so kalt. Wann werden wir in unsere Heimat kommen?
Bär: Erst bei deinem Tod wirst du wirklich endgültig dort sein.
Ich: Könnten wir nicht jetzt schon hingehen?
Bär: Nein, du mußt zuerst noch deine Aufgabe vollenden.
Ich: Ich kann es nicht, weil ich so kalt habe.
Bär: Ich gebe dir von meiner Tierwärme.
Er umarmt mich vorsichtig, und langsam erwärmt er mich wieder.
Ich: Könnten wir nicht doch schon jetzt nur ein wenig in diese wunderbare Heimat gehen?
Bär: Es ist gefährlich.
Ich: Warum?
Bär: Weil man nicht sicher weiß, ob man zurückkommt ...«[57].

Archetypische Bilder sind Strukturen menschlicher Vorstellungen. Ihren spezifischen Sinn erhalten sie aus dem Zusammenhang, in dem sie erscheinen. Daß die Symbolsprache eine universale Sprache der Menschheit ist, schließt nicht aus, daß dieselben Symbole verschiedene Bedeutung haben.

---
[55] *H.Jacobsohn*, Das Gespräch eines Lebensmüden mit seinem Ba: Zeitlose Dokumente der Seele, Zürich 1952, 22.
[56] Ebd. 42.
[57] *von Franz*, Traum und Tod 64f.

C. Bibliographie

v. Franz, Marie-Louise, Traum und Tod. Was uns die Träume Sterbender sagen, München 1984.

Grof, Stanislav und Christina, Jenseits des Todes. An den Toren des Bewußtseins, München 1984.

Jung, Ernst F., Der Weg ins Jenseits. Mythen vom Leben nach dem Tode, Düsseldorf/Wien 1983.

Kübler-Ross, Elisabeth, Über den Tod und das Leben danach, Melsbach/Neuwied ²1984.

Lauf, Detlef-Ingo, Im Zeichen des großen Übergangs. Archetypische Symbolik des Todes in Mythos und Religion: Leben und Tod in den Religionen. Symbol und Wirklichkeit, hg. v. *Gunther Stephenson,* Darmstadt 1980, 81 ff.

Moody, Raymond A., Leben nach dem Tod, Hamburg 1977.

Xipolitas-Kennedy, Manolis, Archetypische Erfahrung in der Nähe des Todes, (Diss.) Innsbruck 1980.

Sterbebeistand und Trauerarbeit in medizinhistorischer Sicht

Heinrich Schipperges

Sterben und Trauern sind Begleiterscheinungen des ganzen Lebens. Als Einheit wurden sie vor allem in der älteren Naturkunde und Heilkunst gesehen: Kein Tag konnte vergehen, ohne daß man seinen Tod vor Augen hatte, und auch keine Stunde wurde erlebt, ohne daß eine Traurigkeit nahe wäre. Nicht von ungefähr sah man im Arzt den »Zeugen der großen Szenen des Lebens«, Zeuge vor allem von Geburt und Tod.

Erst im neuzeitlichen Denken — und nochmals unheilvoll verkürzt unter der naturwissenschaftlichen Modelltheorie — wurde der Sterbebeistand an eine besondere Disziplin delegiert, wie sich auch am Ausgang des Mittelalters erst die »Ars moriendi« von der »Ars vivendi« trennen sollte. »Euthanasia« wurde zu einer eigenständigen medizinischen Disziplin. Der bedeutende Hallenser Kliniker Johann Christian Reil konnte seinem »Entwurf einer allgemeinen Therapie« (1816) bereits ein eigenes Kapitel »Euthanasia oder von den Hülfen, erträglich zu sterben« beigeben. Er wundert sich darin, daß wir zwar eine eigene Hebammenkunst etabliert hätten, aber keine ebenbürtige Kunst, wie man aus dem Leben »erträglich wieder hinauskomme«.

Demgegenüber sollte einführend schon darauf hingewiesen werden, daß wir es bei Sterbebeistand und Trauerarbeit mit Grundphänomenen und Urerfahrungen zu tun haben, die heute — nach der Überwindung einer auf das naturwissenschaftliche Modelldenken reduzierten Heiltechnik — in der Medizin wieder an Bedeutung gewinnen. Sterben ist ein endgültiges Abschiednehmen in einem Prozeß der Trennung, die durchgestanden werden muß, vom Sterbenden selbst wie auch von den Überlebenden. Von diesem Prozeß des Sterbens her, der im Tode gipfelt, gewinnt alle Trauerarbeit ihr einmaliges Gewicht und findet die Sterbehilfe ihre Kraft zur Tröstung, zu einem wirklichen Sterbebeistand. »Wie seltsam« — schreibt Nietzsche (II, 163) —, »daß diese einzige Sicherheit und Gemeinsamkeit fast gar nichts über die Menschen vermag und daß sie am weitesten davon entfernt sind, sich als die Bruderschaft des Todes zu fühlen!«[1]

---

[1] Zitiert wird mit römischer Bandzahl und arabischer Seitenzahl nach *Friedrich Nietzsche*, Werke in drei Bänden, hg. von *Karl Schlechta*, München 1954—1956.

Ausgehend von einem kurzen kritischen Überblick über den gegenwärtigen Forschungsstand beschränken wir uns auf einige paradigmatische Texte aus der Welt des hohen und späten Mittelalters, um die Phänomene in ihrem historischen Zusammenhang einleuchtender zu machen. Die abschließende bibliographische Erschließung beschränkt sich auf grundlegende Quellen und weiterführende Literaturhinweise.

A. Kritischer Forschungsbericht zu Sterben und Trauer

Euthanasie als Sterbebeistand reicht von der Solidarisierung mit Sterbenden über rein technische Methoden zur Verlängerung des Lebens bis hin zur Beseitigung des »lebensunwerten« Lebens. Als Terminus technicus taucht »Euthanasie« erstmals im 16. Jahrhundert bei Francis Bacon auf.[2]

Das griechische Wort εὐθανασία für Sterbehilfe im weitesten Sinne ist in der antiken Literatur mehrfach bekundet, so bei Philon und Polybios. Cicero verwendet das Wort *euthanasia* für einen ehrenvollen, ruhmreichen und würdevollen Tod. Andere, so Sueton, verwenden es im Sinne von »schnell und ohne Qualen sterben«.[3]

Im griechischen Mythos ist es Asklepios, der Sohn des Apollon, der zu einem sanften Tod verhilft und den Menschen in der letzten Stunde nicht verläßt. In Platons »Staat« gelten für den Sterbebeistand ausschließlich soziale Kriterien. »Wer siech am Körper ist, den sollen sie sterben lassen; wer an der Seele mißraten und unheilbar ist, den sollen sie töten.«[4] Auch im »Corpus Hippocraticum« wird an mehreren Stellen betont, daß der Arzt zwar Leiden beseitigen oder lindern müsse, sich aber nicht an Todkranke heranwagen solle, die von der Krankheit schon überwältigt sind.

Der Sterbebeistand wird im frühen Christentum einem eigenen Berufsstand anvertraut, der Diakonie. Sterbehilfe wie Trauerarbeit gehören einfach zu den Werken der Barmherzigkeit. Scribonius Largus (1.Jh. n.Chr.) verlangt vom Arzt ein Herz voll Erbarmen und Menschenliebe, das allen Flehenden Hilfe darbietet. Das Ethos des Arztes liegt während des ganzen Mittelalters — so bei Hildegard von Bingen, so noch bei Paracelsus — nicht im Sanieren,

---

[2] *Francis Bacon*, De dignitate et augmentis scientiarum [1623] 4,2 (Übers.: *F.Bacon*, Über die Pflege der Gesundheit: *Ders.*, Essays, hg. von *L.Schücking*, Wiesbaden 1946, 7).

[3] Vgl. *H.Saner/H.Holzhey (Hgg.)*, Euthanasie, Basel/Stuttgart 1976, 143—145 (Materialteil).

[4] *Platon*, Politeia 410A; vgl. die Übers. der Berliner Ausgabe 1940, hg. von *E.Loewenthal*, Heidelberg 1982, 113: »... die entgegengesetzten aber, wenn sie in bezug auf den Leib so sind, sterben lassen, und die in bezug auf die Seele schlechtgearteten und unheilbaren selbst töten werden«.

sondern in der *misericordia*, die man für einen Leidenden oder Sterbenden aufzubringen bereit ist.

Im Herbst des Mittelalters häufen sich die Traktate zur Ars moriendi, der Kunst des heilsamen Sterbens, die vielfach die Ars vivendi der »Regimina Sanitatis« ablöst. Die Totentänze leisten hier ebenso eine moralische Sterbehilfe wie im Barock die Volkskatechismen, in denen Kaiser und Bettler, Ritter und Bauern, Hirten und Krämer vom seligen oder unseligen Sterben zu reden wissen. Weltverachtung und *Vanitas*-Mystik machen das Sterben zu einer esoterischen und soteriologischen Angelegenheit, spielen dem Tod aber auch eine unübersehbare Rolle »mitten im Leben« zu. *Media in vita* ist der Tod nicht nur die *liberatio a carnis carcere* (so in einem Traktat des Jahres 1407), sondern Sterben wird auch zur *ars artium* und zu einer *scientia scientiarum* (1410). Ein guter Tod ist eine besondere Weisheit, die der Mensch zu lernen hat und die ihm in Gnaden geschenkt wird. Pastoraltheologie wie Pastoralmedizin leisten in diesem Zeitraum nicht nur spezifische Sterbehilfe, sondern bilden auch besondere Sterbehelfer aus.

Die Ars-moriendi-Literatur des späten Mittelalters hat zweifellos ihre Vorbilder in den antiken Trostschriften über den Tod (Cicero, Seneca, Epikur) wie auch in Traktaten der Kirchenväter (Augustinus). Zu einer eigenen Literaturgattung wird sie erst am Ausgang des 14. Jahrhunderts. Ursprünglich gedacht als pastorale Handreichung für junge Priester am Sterbebett, wird sie bald schon in alle Volkssprachen übersetzt und nun als Manuale für Sterbehelfer gedacht, ein »praktischer Ratgeber« für alle Stadien des Sterbens.

Sterbebeistand und Trauerarbeit finden allenthalben einen Niederschlag im medizinischen wie sozialkritischen Werk des Theophrastus von Hohenheim (1493—1541), der sich später Paracelsus nannte. Der Mensch, »zum Umfallen geboren«, ist zeitlebens vom Tod umgeben; er lebt in Koexistenz mit dem Tod. So sind bei Paracelsus alle Krankheiten *anteambulationes mortis*; sie spazieren dem Tod nur voraus, der uns ständig begleitet.

Paracelsus spricht immer wieder vom »Nachbar Tod«, der nachbarlich neben uns hockt (IX, 99)[5] und sich nach und nach einnistet und schließlich endgültig. »Der Tod stiehlt das Leben, unsern höchsten Schatz« (VIII, 218). Alles ist »mit dem Tod umgeben«, gleich einem Kind, das den Tod mit dem Leben bringt (III, 39). »Der Tod des Menschen ist nichts anderes als das Ende der täglichen Arbeit, ein Ausatmen der Luft, das Verzehren des eingeborenen Balsams, ein Verlöschen des Lichts der Natur und die große Separa-

---

[5] Zitiert wird mit römischer Bandzahl und arabischer Seitenzahl nach *Theophrastus von Hohenheim*, gen. *Paracelsus*, Medizinische, naturwissenschaftliche und philosophische Schriften, 14 Bde., hg. von *Karl Sudhoff*, München 1922—1933.

tion der drei Substanzen: Körper, Seele und Geist. Der Tod ist eine Hingehung wiederum in seiner Mutter Leib« (XI, 333).

Paracelsus löst den Tod nicht aus der lebendigen Natur heraus, sondern sieht in ihm ein Zeichen der Schöpfung, das menschliches Hoffen erfüllt. So bleibt alle Trauer voll Trost und gründet sich Sterbehilfe in der Hoffnung. Bringt doch der Tod lediglich »eine Umkehrung und Veränderung der Kräfte und Tugenden« und »eine Austilgung und Unterdrückung der ersten Natur und eine Generation der andern und neuen Natur« (XI, 332). Der Tod erst gibt den Weg frei in die neue Welt. Aller Sterbebeistand ist dabei gehalten von einer großen Tröstung. »Daher soll der Mensch nit mit Geschrei, sondern von innen aus dem Herzen heraus den Tod annehmen« und auf das gepriesene Leben hoffen. Mit dem Sterben fällt das Leben in die neue Schöpfung, eine andere Welt, von der wir uns freilich kein Bild machen können. »Denn ein Mysterium ist das Ewige, davon wir keinen Grund haben, wie es sei« (III, 94).

Im utopischen Schrifttum der Renaissance werden auffallend häufig stoische Vorstellungen einer aktiven Sterbehilfe wieder aufgegriffen, so in der »Utopia« des Thomas Morus (1478—1535), wo es heißt: »Wenn die Krankheit nicht nur unheilbar ist, sondern außerdem noch unaufhörliche Schmerzen verursacht, dann sollen Priester und Behörden den Kranken beeinflussen, daß er von sich aus beschließt, nicht mehr länger dieses schmerzhafte Leiden zu ertragen. Denn wenn er seine Pflichten nicht mehr erfüllen kann und wenn erkannt wird, daß sein Leben nur noch eine Tortur ist und er sich nicht gegen den Tod sträubt und sich entweder selbst von dem schmerzvollen Leiden erlösen will — wie aus einem Gefängnis oder wie aus den Krallen einer Folterung, oder — wenn er willig ist, sich durch andere befreien zu lassen, dann soll man ihm sagen, er handle weise, weil er durch seinen Tod nichts als seine Schmerzen verlieren wird.«[6] Er geht freiwillig aus dem Leben, ohne es überhaupt zu merken (*sine mortis sensu*)!

Francis Bacon (1561—1626) unterscheidet in »De augmentis scientiarum« genauer zwischen einer *Euthanasia interior*, die sich mit der Vorbereitung der Seele (*animae praeparatio*) befaßt, und einer *Euthanasia exterior*, die es sich zur Aufgabe macht, die Kranken leichter und schmerzloser (*facilius et mitius*) aus dem Leben abwandern zu lassen (*demigrare*)[7]. Der psychologi-

---

[6] *Thomas Morus*, Utopia II 21, übers. von *Ignaz Emanuel Wesseley*, (Sammlung gesellschaftswissenschaftlicher Aufsätze 11—13), München ²1896; vgl. auch *Th. Morus*, Utopia, übers. von *Gerhard Ritter*, Darmstadt 1964, 81.

[7] Zur »äußeren Euthanasie« verpflichtet Francis Bacon (1623) vor allem die Ärzte: »In unseren Zeiten gehört es gleichsam zur Religion der Ärzte, bei den für verloren gehaltenen Kranken zu bleiben und sie zu beklagen, wo sie doch, meines Erachtens, entsprechend ihrer Pflicht und

sche Vorgang des Sterbens ist hier bereits weitgehend säkularisiert und wissenschaftlich eingeebnet, wenn Bacon argumentiert: »Sterben ist ebenso natürlich wie Geborenwerden, und für einen Säugling ist das eine vielleicht so schmerzhaft wie für uns das andere.«[8]

Das Phänomen »Trauer« rechnet in der älteren Heilkunde allgemein unter die *affectus animi*, die im negativen Aspekt sich als Risikofaktoren auswirken, die aber auch positiv als Restitutionsfaktoren zur Geltung kommen. So wird noch in der Vorrede zu Bäumlers »Präservirender Arzt« (1738) als Risikofaktor neben »plötzlichem Erschrecken« oder »allzuvieles Venus-Spiel« auch »herbes Trauern« angeführt. Im Kapitel »Von den Affecten oder Neigungen insonderheit« ist es vor allem der langandauernde Schrecken, der auf die Dauer »Furcht, Traurigkeit und Bekümmernüß« auslöst[9]. Die natürlichen Säfte verdicken sich und werden in ihrem Umlauf gehemmt; in der Folge wird der »Trieb des Geblüts« geschwächt und daraus entwickelt sich »ein dickes und schwehres Geblüt« und schließlich die Schwermütigkeit. Mit »Furcht und Traurigkeit« wird dann auch der »Ehr- und Geld-Geitz« in Verbindung gebracht[10].

Dem Risiko werden auch hier wieder über die Affekte die Chancen gegenübergestellt: »Der schreckhafften, neidischen und traurigen Einbildung wird billig die Freude und Liebe entgegen gesetzt.«[11] Was weiter hilft, ist — neben »Sanfftmuth und Gelassenheit« — Diät in Speise und Trank, wobei der Wein seine besondere Rolle spielt. Allgemein aber gilt: »ein frölich Hertz ist des Menschen Leben, und seine Freude ist sein langes Leben. Thue dir gutes und tröste dein Hertz, und treibe die Traurigkeit ferne von dir. Denn Traurigkeit tödtet viel Leute, und dienet doch nirgends zu.«[12] So ist es beschaffen mit den sechs nicht- natürlichen Dingen, schließt Bäumlers »Präservierender Arzt«: »ein jedes insbesondere dienet zur nothdürfftigen Unterhaltung des menschlichen Leibes, und können sie insgesamt in gehöriger Ordnung gebraucht, statt einer Universal-Artzney, den Menschen gesund erhalten, dahero sie auch billig allen so genannten Präservativ-Mitteln vorzuziehen.«[13]

---

sogar der Menschlichkeit selbst, ihre Kunst und ihren Fleiß daraufhin verwenden sollten, daß die Sterbenden leichter und sanfter aus dem Leben gehen« (*Bacon*, De dignitate et augmentis scientiarum [1623] 4,2 [Übers.: Essays 146]).
[8] *Bacon*, Essays 9.
[9] G.S.*Bäumler*, Präservirender Arzt, Straßburg 1738, 528.
[10] Ebd. 529.
[11] Ebd. 531.
[12] Ebd. 535.
[13] Ebd. 539.

Der Begriff »Euthanasia« wird in einer medizinischen Dissertation von Philipp Schultz als die »Lehre vom leichten Tod« wieder aufgenommen und als ausgesprochene Sterbehilfe interpretiert[14].

Nach Zedlers Universal-Lexicon (Bde. 39—42: 1744) bedeutet Sterben zunächst ganz lapidar: »aufhören zu leben«. Das Lebensende wird mit biologischen, mythologischen, metaphysischen Argumenten begründet. Die Frage, ob das Lebensende natürlich determiniert sei, wird verneint, was schon aus dem »Gebrauch der Arznei« hervorgeht. Bejaht wird hingegen die Frage, ob das Sterben im »gemeinen Lauf der Natur« liege, wobei die Todesstunde als solche durchaus dem eigenen Verhalten anheimgegeben bleibt. »... daher ist es eine ausgemachte Sache, daß der Mensch sein Leben durch Unmäßigkeit, Üppigkeit, und auf andre sündliche Weise verkürzen könne«, etwa »durch Fressen und Sauffen und unordentlich Leben und Weisen«.[15]

Zedlers Universal-Lexicon (Bde. 43—46: 1745) bringt (zwischen Spalten 623 und 837) allein 214 Spalten zum Problemkreis »Tod«, wobei die Zeit nach dem Sterben weit ausführlicher Erwähnung findet als die Phase vor dem Tod. Ein kulturhistorisches Panorama der Zeit und der Traditionen bietet der Artikel »Sterbender« (1744)[16], von dem man zu sagen pflegte, daß der Tod ihm auf der Zunge sitzt oder daß einer in den letzten Zügen liegt. Einem solchen Menschen können wir nichts besseres wünschen, »als daß er sanfte sterben möge« (1935). Angesichts eines solch elenden Zustandes habe man aber auch alle Mittel einzusetzen, »wodurch der Tod erleichtert, beschleuniget und der Quaal ein Ende gemacht wird« (1935).

In neuerer Zeit hat Sigmund Freud erstmals wieder von einem »Todestrieb« gesprochen, der »stumm im Inneren des Lebewesens an dessen Auflösung arbeite«.[17] Mit diesem Tod fällt aber auch — und darin liegt letztlich das »Unbehagen in der Kultur« — alles Organische ins Amorphe zurück: Alle menschliche Kultur ist von vornherein dem Untergange verfallen. Über die skeptische Kälte des Todestriebes hinaus hat Viktor von Weizsäcker an die Eingebundenheit des Todes in die Ordnungen der Welt und damit an die Eingeborenheit von Kranksein und Sterben in den Lebensprozeß erinnert. Für von Weizsäcker ist der Tod wieder eine Wirklichkeit innerhalb der Gegensei-

---

[14] *Philipp Schultz*, »De Euthanasia medica — vom leichten Tod«, Halle/Magdeburg 1735. Im gleichen Jahr erschien eine Abhandlung »De dysthanasia medica — vom schweren Tod«, Halle/Magdeburg 1735. Vgl. R. Winau/H. P. Rosemeier (Hgg.), Tod und Sterben, Berlin/New York 1984, 365f.

[15] *J.H.Zedler*, Grosses und vollständiges Universal-Lexicon 39, Leipzig 1744, 1930—1932.

[16] Art. »Sterbender«: Ebd. 1935—1940.

[17] *Sigmund Freud*, Gesammelte Werke 14, Frankfurt/M. 1948, 478.

tigkeit des Lebens geworden. Mit Leben und Liebe zusammen soll der Tod »die Grundregel sein, nach der wir Ordnungen aussprechen können«.[18]

In tiefenpsychologischer Sicht ist auch das Phänomen »Trauer« von Sigmund Freud systematischer behandelt worden[19]. In der Trauer wird nach Auffassung der Psychoanalyse das verlorene Objekt introprojiziert. Die Trauerarbeit besteht nun darin, in einer innerlichen Auseinandersetzung die Einwilligung in die Realität des spezifischen Verlustes zu erlernen. Mit der Erinnerungsarbeit wird die Zerreißung der Bindung an das geliebte Objekt Schritt für Schritt und in der Regel auf schmerzhafte Weise vollzogen. Das Ende der Trauerarbeit scheint dann gekommen, wenn Kräfte für neue Objektbesetzungen freiwerden, um neuartigen Identifizierungen Raum zu geben. Unfruchtbar hingegen bleibt die Trauerklage, wenn es nicht zum Schmerz über das verlorene Objekt kommt, die Trauer über einen selbst sich vielmehr als selbstzerfleischende Melancholie äußert. Der Trauerklage um das verlorene Objekt steht dann die melancholische Selbstanklage gegenüber, die als pathologisches Verhalten weiterhin behandlungsbedürftig bleibt.

Einen Schritt weiter gingen Alexander und Margarete Mitscherlich (1967), wenn sie die pathologischen Symptome des Trauerns oder einer verfehlten Trauerarbeit ins Sozialpathologische erweiterten. Sie bleiben sich allerdings dabei bewußt, wie gewagt es ist, »von der individuellen direkt auf die Sozialpathologie zu schließen«.[20] Die Unfähigkeit zur Trauer um einen erlittenen Verlust wird als Ergebnis einer intensiven Abwehr von Schuld, Scham und Angst angesehen. Es kommt dabei in der Regel zu einer Ichverarmung und Selbstentwertung.

Innerhalb der Trauer als Verlustverarbeitung werden neuerdings aus sozialpsychologischer Sicht vier Phasen unterschieden:
1. die Phase des Schocks;
2. eine Phase der Kontrolle;
3. die Periode der Regression und
4. eine Phase der Adaption[20a], mit welcher die eigentliche Trauerarbeit erst einsetzt.

---

[18] Von Weizsäcker spricht des öfteren von der »Solidarität des Todes«, so in: »Begegnungen und Entscheidungen« (Stuttgart 1949, 180ff), so auch in: »Der kranke Mensch« (Stuttgart 1951, 343), wo es heißt: »Wenn Kranksein eine Weise des Menschseins ist, dann hat es vollen Anteil an der wirklichen Identität von Leben und Tod, Anteil auch an der Verschlungenheit von Untergang und Aufgang. Wir müssen daher die Solidarität des Todes weiter untersuchen.« Vgl. auch das Kapitel »Tod« in: *V. von Weizsäcker*, Pathosophie, Göttingen 1956, 273–294; Kapitel »Schmerzordnung«, in: *Ders.*, Arzt und Kranker, Leipzig 1941, 102.
[19] Vgl. *S. Freud*, Trauer und Melancholie [1916]: Ges. Werke 10, Frankfurt/M. 1967, 428–446.
[20] *A.u.M.Mitscherlich*, Die Unfähigkeit zu trauern, München 1967, 356.
[20a] Vgl. *Yorick Spiegel*, Der Prozeß des Trauerns, München/Mainz 1973 (⁴1981).

Wir haben dabei mehr und mehr vergessen, daß Trauern eine eminente psychohygienische Funktion hat. Enttäuschungen zu verarbeiten galt in älteren Kulturen als eine besondere Form von Lebenstauglichkeit, eine Tauglichkeit, die Trauerarbeit fördert und als »Tugend des Tröstens« bezeichnet wurde[20b].

In radikaler Verschärfung der Sterbehilfe und unter der Problematik eines »sozialen Todes« wurde zu Beginn des 20. Jahrhunderts erstmals die aktive Euthanasie propagiert und realisiert. Die »Selbsttötung« als »Autolyse« hatte bereits Ernst Haeckel als autonome Menschenpflicht gefordert[21]; Kommissionen sollten über den »Gnadentod« entscheiden. Vor dem Ersten Weltkrieg schon wurde eine »heroische Ethik« beschworen, die auf jenen Notschrei hören sollte, »der sich einer armen, gequälten Kreatur entringt«.[22] Eine Meinungsumfrage des Jahres 1925 ergab mit 75 % eindeutig die Zustimmung der Eltern zur Sterbehilfe für »lebensunwerte« Kinder. In ihrer Schrift »Die Freigabe der Vernichtung lebensunwerten Lebens« (1920) haben der Jurist Karl Binding und der Psychiater Alfred Hoche erstmals die Vernichtung von Menschenleben gefordert, die »so stark die Eigenschaft des Rechtsgutes eingebüßt haben, daß ihre Fortdauer für die Lebensträger wie für die Gesellschaft dauernd allen Wert verloren hat«.[23]

Nach Binding und Hoche (1920) gehören zu den äußeren Merkmalen eines »geistigen Todes« u.a.: »das Fehlen irgendwelcher produktiver Leistungen, ein Zustand völliger Hilflosigkeit mit der Notwendigkeit der Versorgung durch Dritte« (57). Die inneren Merkmale werden nur vage angegeben: »klare Vorstellungen, Gefühle oder Willensregungen« entstehen nicht mehr; es besteht »keine Möglichkeit der Erweckung eines Weltbildes im Bewußtsein«; es gehen »keine Gefühlsbeziehungen zur Umwelt« mehr von diesen »geistig Toten« aus (57). Die »Beseitigung eines geistig Toten« sei aus diesen Gründen nicht gleichzusetzen mit einer Tötung! Unter rein ökonomischen Kriterien werden existentielle Extremsituationen heraufbeschworen und an den Opfergedanken zugunsten »höherer Zwecke« appelliert: »Das Bewußtsein der Bedeutungslosigkeit der Einzelexistenz, gemessen an den Interessen des Ganzen, das Gefühl einer absoluten Verpflichtung zur Zusammenraffung

---

[20b] *Franz Josef Illhardt (Hg.)*, Medizinische Ethik, Berlin u.a. 1985, 140—145.
[21] Vgl. *Ernst Haeckel*, Die Lebenswunder, Stuttgart 1904, 128.
[22] So in: Das Monistische Jahrhundert 10 (1913). Zur Situation vor dem 1.Weltkrieg vgl. *H.Rehse*, Euthanasie, Vernichtung unwerten Lebens und Rassenhygiene in Programmschriften vor dem Ersten Weltkrieg, [Diss. Med.] Heidelberg 1969.
[23] *Karl Binding/Alfred Hoche*, Die Freigabe der Vernichtung lebensunwerten Lebens, Leipzig 1920, 51.

aller verfügbaren Kräfte unter Abstoßung aller unnötigen Aufgaben ... wird in viel höherem Maße, als heute, Allgemeinbesitz werden müssen, ehe die hier ausgesprochenen Anschauungen volle Anerkennung finden können« (59). Die Frage schließlich, woran man wohl einen geistig Toten erkennt, unterliegt im Zeitalter der Wissenschaft keinem Zweifel! »Für den Arzt bestehen zahlreiche wissenschaftliche, keiner Diskussion mehr unterworfene Kriterien, aus denen die Unmöglichkeit der Besserung eines geistig Toten erkannt werden kann« (61).

Der Mensch verliert mehr und mehr das Recht, unter eigener Regie zu sterben. Der Tod wird weitgehend delegiert und verwaltet. Man tut nicht mehr den »letzten Atemzug«; man stirbt nicht, weil »das Herz stillsteht«: der Tod ist eingetreten, wenn die Gehirnwellen im Elektroenzephalogramm abflachen und auf Null gehen. Die Naturkraft »Tod« ist durch die verschiedenen Ursachen des klinischen Exitus abgelöst worden, wobei die zunehmende Medikalisierung des Todes als Konsequenz erscheint.

In seinem Beitrag »Euthanasie philosophisch beurteilt«[24] (1976) konnte Felix Hammer konstatieren, daß die Ärzte dem wachsenden Problem des Sterbebeistandes theoretisch nicht gewachsen waren. Auch die Versuche einer Medizinischen Anthropologie — bei Viktor von Weizsäcker, Victor Emil von Gebsattel oder Medard Boss — seien zu kurz geraten. In dieser Situation sei in erster Linie die Philosophie aufgerufen, Entscheidungshilfe zu leisten.

B. Paradigmatische Texte zu Trauer und Tod aus der Heilkunde des Mittelalters

Phänomene wie Trauer und Sterben sind in der älteren Heilkunde eher kosmologisch als anthropologisch oder gar psychologisch gewertet worden. Sie gehören zum Erfahrungsgut des reifenden Menschen, zum *sunt lacrimae rerum* (Vergil[25]), zum Wissen des Apostels, daß die ganze Schöpfung im Wehklagen liegt (Röm 8,19), was sich bei Hildegard von Bingen zur *querela elementorum* steigert.

Dem ganzen christlichen Mittelalter war das Bewußtsein des Augustinus geläufig, daß der Mensch von da ab im Tode sei, da er in diesem Leibe zu

---

[24] *Felix Hammer*, Euthanasie philosophisch beurteilt: *Sauer / Holzhey* (Hgg.), Euthanasie 95—141.
[25] *Vergil*, Aeneis 1, 462; vgl. *Theodor Haecker*, Vergil. Vater des Abendlandes, Leipzig 1938, 120—132.

leben begann[26]. In den Sermones des hl. Augustinus lesen wir denn auch: »Wie die Ärzte, wenn sie das Befinden untersuchen und erkennen, daß es zum Tode ist, den Spruch fällen: ›Er stirbt, er kommt nicht davon‹, so muß man sagen von dem Augenblick an, da der Mensch geboren wird: ›Er kommt nicht davon‹!«[27]

Notker dem Stammler wird als Leitmotiv christlichen Denkens zugeschrieben: *Media vita in morte sumus*[28]. Zeitlebens sind wir ausgesetzt dem jederzeit möglichen Sterben. Der Tod, ständig um uns, ist gleichsam der Begleiter des Lebens.

Wir beschränken uns bei unserem Überblick auf eine paradigmatische Quelle des hohen Mittelalters, die noch weitgehend unerschlossen ist, auf das visionäre und naturkundliche Schrifttum der hl. Hildegard von Bingen (1098—1179)[29].

In Hildegards »Heilkunde« [Hk] (»Causa et curae« [Cc]) begegnet uns eine spirituelle Exegese der gesamten Schöpfung und darin eingeschlossen auch die Deutung des gesunden, des krankgewordenen und des zu heilenden Menschen. Die klassischen Kategorien der antiken Medizin — Physiologie, Pathologie und Therapeutik — vermitteln jeweils eigenständige Aspekte zum Sterbebeistand wie zur Trauerhilfe. Es gehört zur Erfahrung von Wirklichkeit überhaupt, daß der Mensch die ihm zwischen Geburt und Tod zugemessene Frist als Krisis erlebt und akzeptiert. Der Mensch hat sich — mitten im Leben vom Tode umfangen — als eine *natura pathologica* zu begreifen und zu behaupten.

Leben und Sterben, Leiden und Krisen, Arbeiten und Feiern — alles war eingespannt in die große sakramentale Heilsordnung, im besonderen Maße aber die markanten Ereignisse: Geburt, Hochzeit und Tod. Als *opus Dei* behält der Mensch seine Kreatürlichkeit, das Wissen um seine Grenze: daß er nicht von selber geworden und sich nicht selbst gemacht hat, daß er entstanden ist und wieder vergehen wird. Aber auch das positive Erleben der Kreatur ist damit verbunden: daß der Mensch sich als Teilhaber weiß an der Fülle der Wirklichkeit, daß er eingeplant ist in den Willen Gottes und seinen Heilsplan an der Welt. Als das *opus Dei* weiß der Mensch sich geschaffen

---

[26] *Augustinus*, De civitate Dei 13,10 (ed. *B. Dombart*, Leipzig 1929, 567): *Ex quo enim quisque in isto corpore morituro esse coeperit, nunquam in eo non agitur ut mors veniat.*

[27] *Augustinus*, Sermo 97,3,3 (PL 38, 590).

[28] Diese Zuweisung ist wohl nicht haltbar; vgl. AHMA 49, 784—786 (386—389), bes. Anm. S. 388; *J. Szöverffy*, Die Annalen der lateinischen Hymnendichtung. Ein Handbuch 1, Berlin 1964, 280.

[29] Für die im Nachfolgenden verwendeten Werke der hl. Hildegard von Bingen sei verwiesen auf die Angaben in der abschließenden Bibliographie (D).

und berufen von einem absoluten Wesen, das er in der Personalität Gottes verehrt, zu dem er sich bekennt, nicht nur in den Worten des Gebetes, sondern im Wirken seines Lebens, in seinem Werk an der Welt, dem *opus cum creatura*. Mit dieser seiner Berufung aber steht er immer auch — im *opus alterum per alterum* — in der Entscheidung.

Grundphänomene wie Sterben und Trauer werden bei Hildegard zunächst einmal unter physiologischen Kriterien gewertet, wobei die *constitutio*, des Menschen gesunde Verfassung, immer nur in kosmologischer Sicht zu verstehen ist. Von seiner *constitutio* her, der *genitura mystica*, hatte der Mensch das volle Leben in Gesundheit und Freude (*vita laeta*); er stand als verantwortlicher Partner der Natur (*homo responsurus*) in einem leibhaftigen Gespräch mit der Welt.

In gleicher Weise werden auch die Verfehlungen, unsere Befindlichkeit der *destitutio*, mit dem Fall des ersten Menschen und dem Schicksal der Heilsgeschichte in Verbindung gebracht. Es ist der Verlust der *viriditas*, welche die Krankheit zum Tod mit sich bringt, eine existenzielle Traurigkeit (*melancholia*), der zeitlebens die Heilkraft der Reue (*medicina poenitentiae*) entgegenwirkt.

Es war die *superbia* bei Adams Fall, sein Hochmut, der alle Menschen in den Abgrund des Todes stürzt: »Verbrennen soll davon in dir alle Grüne[30], dein Lebenssaft, aus dem du in falscher Triebkraft dein Werk ansetztest« (WW 217)[31]. Mit Adams Fall und der damit einsetzenden kosmischen Katastrophe gerann im Blut die Schwarzgalle (*melancolia*), die Ursache aller Traurigkeit, der letzte Grund des leiblichen Verfallens und Sterbens (vgl. Hk 200)[32]. Der Mensch als Ganzes wurde in eine andere Existenzweise umgewandelt (*totus mutatus est*). »Da befiel ihn eine große Traurigkeit« (Hk 222)[33], die, gleichsam als Entschuldigung, wiederum umschlug in Zorn und andere schädliche Affekte.

Die todbringende Traurigkeit erhebt sich vor allem aus den Säften, die rings um die Galle lagern, und sie führen zu Überdruß, Verhärtung und Halsstarrigkeit. Solche Trauer unterbindet die Schwungkraft der Seele, erregt Haß und andere Leidenschaften, welche die Seele morden (vgl. WW 131)[34].

---

[30] ... »alle Grüne« (oder »Grünheit« oder »Grünkraft«) = *viriditas*.

[31] ... *comburam in te omnem viriditatem tuam qua voluisti opus incipere, in falso vigore magis confidens in te quam in me* (Sciv 3,1 [574 D]).

[32] *Cum enim Adam divinum praeceptum praevaricatus est, in ipso momento melancholia in sanguine eius coagulata est* (Cc 143, 27—29).

[33] ... *totus in alium modum mutatus est. Et sic anima eius tristitiam contraxit et exsucationem mox in ira quaesivit. Nam de tristitia ira oritur* (Cc 145, 36—37 — 146,1).

[34] Sciv 1,4 (427A).

Trauer und Verzweiflung vermögen schließlich den Menschen so weit zu bringen, daß ihm der Tod mehr als das Leben in Aussicht steht.

An zahlreichen Stellen schildert Hildegard das Bild einer gottentfremdeten todträchtigen Traurigkeit. Der Teufel sät in den Menschen eine gottentfremdete Traurigkeit, die wie junges Grün rasch aufschießt. Dadurch werden sie niedergedrückt, leistungsunfähig, kümmern dahin und sterben (vgl. WW 203)[35]. Das Sterben selbst ist die Zeit des Abbruchs des Zeltes. »Seufzend wandert die Seele aus und zerstört trauernd ihren Wohnsitz. Wenn die Seele angstvoll dem Leibe entschwebt, überläßt sie unter Zittern ihre Wohnstätte dem Zerfall« (WW 133)[36].

Dem physiologischen Wohlstand (*constitutio*) und dem pathologischen Mißstand (*destitutio*) entspricht nun auch das therapeutische Programm (*restitutio*). Der Traurigkeit als einem existentiellen Phänomen begegnet eine ebenso fundamentale Trauerarbeit, die zur Bewältigung des Falles führt. Der ganze Mensch soll heil werden und mit ihm die ganze verklärte Welt. Eine fundierte Trauerarbeit kann daher sehr heilsam sein. Erinnert sich der Mensch in seiner Traurigkeit an seinen himmlischen Ursprung und daß er nur Pilger auf Erden ist, dann kommen ihm die Tränen »wie ein süßer Quell« zu Hilfe. »Solche Tränen schädigen in keiner Weise das Herz des Menschen« (Hk 224)[37]. Im Gegenteil: Die Tränen der Reue, zunächst nur ein Gemisch aus Trauer und Tröstung, bewirken einen kathartischen Prozeß, »bis endlich mit den strömenden Tränen nur noch die Freude vorherrscht« (ebd.)[38]. So erweist sich die Reue »mit ihren Seufzern und Tränen als eine Leuchte der Seele. Rasch löscht sie die Schuld aus« (WuM 106)[39].

Es gehört zur Realität von Hildegards Welt- und Menschenbild, daß die Traurigkeit aber auch auf eine recht vitale Weise geheilt oder gelindert werden kann. Wer unter Traurigkeit leidet, soll zunächst einmal tüchtig essen, damit er neu belebt wird (Hk 194)[40]. Zur diätetischen Lebensführung tritt weiterhin folgerichtig die medikamentöse Therapie. So verschreibt Hildegard die altbewährte Mandragora bevorzugt gegen Melancholie, wobei ein charakteristischer Segensspruch mitgegeben wird: »O Gott, der Du den Menschen

---

[35] Sciv 2,7 (555ff).

[36] *... cum gemitu extrahit, sedemque suam moerens dirumpit* (Sciv 1,4 [429A]).

[37] *Et haec lacrimae cor hominis non conterunt nec sanguinem eius arefaciunt ne carnem macerant nec oculis caliginem inferunt* Cc 148, 8—10).

[38] *... usque dum per emendationem in eis laetitia oriatur* (Cc 148, 15—16).

[39] *Illuminatrix vero animae poenitentia est, et in ipsa suspiria et lacrymae sunt, et velociter culpas in homine diluit* (Ldo 4, 35 [832A]).

[40] *Sed dum homo magnam tristitiam patitur, sufficienter de convenientibus sibi cibis comedat, ut per cibos refolicetur, quoniam tristitia eum gravat* (Cc 118, 10—13).

aus dem Lehm der Erde ohne jeden Schmerz gebildet hast, ich lege nun dieses Stück Erde, das sich niemals vergangen hat, an meine Seite, damit auch meine Erde wieder jenen Frieden zu spüren bekomme, mit welchem Du sie erschaffen hast«[41].

In der Hand des Schöpfergottes erscheint das Universum somit als eine eigenständig tätige Natur, »erfüllt von Grün« (viriditas), die durch lebendige Elementarkräfte erhalten und zur Reife geführt wird: »Alle Elemente«, sagt Hildegard in ihrer »Physica«, »dienten dem Menschen freiwillig, weil sie spürten, daß er Leben habe; sie kamen seinen Unternehmungen entgegen und wirkten zusammen mit ihm, wie er mit ihnen. Bei solchem gegenseitigen Bund gab die Erde ihre Lebensgrüne (viriditas), je nach der Art und der Natur des Menschen, wie auch entsprechend seiner Denkweise und seinem Lebenswandel«[42]. Hier spürt man noch die ursprüngliche Pflanzung: Gottes Gegenwärtigkeit in der Schöpfung, jenes eigenartig lebendig Wachsende (ψύσις, natura), den Garten, »in welchem der Herr seine Augen weidet«, Augenweide dem aufstaunenden Menschen, der im Buch der Natur liest, alles Zeichenhafte versteht, sich mit allen Dingen bespricht, so wie er angesprochen wird, jene dem Menschen anvertraute Natur aber auch, die das Schicksal des gefallenen Menschen teilt, seine Traurigkeit wehklagend demonstriert und seine Hoffnung vorbringt, wieder heimgeholt zu werden vom Schöpfer. Denn Wohnung Gottes in der Schöpfung zu sein, ist der geistige Sinn der Natur.

Alle Prozesse des Trauerns und alle Trauerarbeit sind letztlich nur ein Vehikel der Regeneration und dienen als Remedium der Tröstung. Der Mensch als Ganzes ist bestimmt zum »Tempel des Lebens« und sollte kein »Haus der Trübsal« sein[43].

C. Kritische Stellungnahme

Wir haben einleuchtend machen können, daß Trauerarbeit und Sterbebeistand zu allen Zeiten und vorzüglich im Kulturbereich des Mittelalters integrierter Bestandteil der Heilkunde waren. Es ist darüber hinaus deutlich ge-

---

[41] *Deus, qui hominem de limo terrae absque dolore fecisti, nunc terram istam, quae nunquam transgressa est, juxta me pono, ut etiam terra mea pacem illam sentiat, sicut eam creasti* (Phys 1 [1152A/B]).

[42] *... omnia elementa ei serviebant, quia eum vivere sentiebant, et obviam omnibus conversationibus ejus cum illo operabantur, et ipse cum illis. Et terra dabat viriditatem suam secundum genus et naturam et mores et omnem circumitionem hominis* (Phys, Praefatio [1125A]).

[43] Hildegard an eine Äbtissin zu Elostat (PL 197,214 C/D).

worden, daß die Trauerarbeit als ein existentieller Habitus angesehen werden muß, der angesichts des Betroffenseins der Welt, des *sunt lacrimae rerum*, ständig gegenwärtig ist, daher nicht erst nach einem spezifischen Verlust eingesetzt hat, wie auch der Sterbebeistand kein besonderes Amt in oder an der »letzten Stunde« war, sondern Thema einer in sich geschlossenen Ars vivendi.

Tod und Trauer stehen nicht mehr im Horizont der modernen Medizin. In der Ausbildung zum Arzt spielt die Thanatologie, die notwendig der Biologie, der Physiologie und Pathologie folgen müßte, keine Rolle mehr. Zwar wird dem jungen Mediziner die so eigentümliche Lebenskurve des Menschen immer wieder vor Augen gestellt, jenes gesunde und erkrankende Leben, das mit einer fast explosionsartigen Entfaltung an Vitalität beginnt, mit einem Optimum an Lebenskraft und einer uns unheimlich erscheinenden Verschleuderung an Lebensenergien. Aber diese spontane Vitalität verlagert sich bereits beim reifenden Kind; immer mehr muß der wachsende Mensch bei zunehmendem Verschleiß an seinen Reserven zehren. Der Kältetod wächst bereits mit dem jungen Menschen; der »Elan vital« wird bereits in der Blüte der Jugend langsamer und verebbt schließlich.

Der erwachsene Mensch merkt das kaum noch, weil er rechtzeitig ein ökonomisches Umgehen mit der Lebensenergie erlernt hat und so allen Substanzverlust wieder wettmacht. Aber dann spürt man doch nach und nach die Grenzen, sein Maß, die Lebensmitte und damit auch schon das Ende. Der Mensch arrangiert sich mit den zunehmenden Erstarrungserscheinungen, die unerbittlich fortschreiten. Der Arzt steht gleichsam dabei, wenn bei seinem Patienten die so ungemein elastische, plastische und belastbare Körperstruktur immer brüchiger und starrer wird und immer mehr an Anpassungsfähigkeit verliert. Zuletzt zerbricht dann der Mensch wie ein Stück Kreide.

Auch im seelischen Bereich lassen sich analoge Verwandlungen feststellen. Die Sprache weist deutlich genug darauf hin. Wir sehen, wie der Mensch immer unbiegsamer wird, seine Schmiegsamkeit verliert, immer hartnäckiger sich selbst zu behaupten sucht. Das Dasein der alten Leute kommt uns irgendwie verholzt vor und unlebendig starr. Wir erleben aber auch an uns selber am klarsten, wie der biologischen Lebenskurve, die der vermessende Physiologe beschreiben kann, noch eine andere, eine innere Daseinskurve beigegeben ist, die ihre eigenen Gesetze der Entfaltung und Lebensreife bei allen äußerlichen Analogien hat. Angesichts einer solchen Innenseite wird sich gerade der Arzt bemühen müssen, sich selber wie auch seine Patienten mit dem lebenslänglichen Tod vertraut zu machen.

Die alten Ärzte kannten sie noch, die biologischen Eintrittspforten des Todes: das Gehirn wird leer, das Herz steht stille, man tut den letzten Atemzug. In der naturwissenschaftlich orientierten Medizin jedoch verkümmert das Phänomen Tod mehr und mehr und wird schließlich zu einer bloßen Tatsache, die es — mit mechanistischen Erklärungen etwa des Eintretens des Todes — zu erforschen gilt. Man begegnet nicht mehr dem Tode in lebenslanger persönlicher Auseinandersetzung; man »rechnet« nur noch mit ihm als einem unausweichlichem »factum brutum«, das man optimal hinauszuschieben versucht.

Der historische Prozeß der Säkularisierung hat in den letzten Jahrhunderten nicht von ungefähr auch und gerade die weitgespannte und tiefschichtige Phänomenologie des Todes profaniert, ohne jedoch eine überzeugende Rationalisierung dieser so elementaren Erscheinung bieten zu können. Erst in den letzten Jahren ist eine Thanatologie großen Stils in die Wege geleitet worden, provoziert vor allem durch die Reanimation oder auch die Herztransplationen, die den genauen Todestermin zu ihrer Voraussetzung haben. Neuartige Biotechniken, wie die Organtransplantation oder die Reanimation von Moribunden, werden aber auch unter den Kriterien der gleichen Rationalisierung bald schon konfrontiert werden mit einer längst überholt geglaubten Technik des Sterbens, der Euthanasie.

Aus der mit der Aufklärung und im Positivismus vergessenen Ars moriendi hat sich in jüngster Zeit erst eine Thanatologie entwickelt, die sich in der Theorie als »Lehre vom Tod« und in der Praxis als »Beistand beim Sterben« (Euthanasie) differenziert. Die seit Jahren in der Diskussion stehenden Phasen des Sterbens (Kübler-Ross, 1971) gelten auch für alle kritischen Situationen menschlicher Existenz. Jede Krise ist begleitet von »Nichtwahrhabenwollen« und »Auflehnung«, vom »Verhandeln« und nachfolgender »Depression« und schließlicher »Annahme«[44], wobei von einer Schematisierung dieser Stadien weitgehend Abstand genommen werden muß. Trauerarbeit und Sterbebeistand sind Stadien der Lebenskunst und letztlich Lebenshilfen.

»Sterben« muß in biologischer Sicht als ein permanenter Desintegrationsprozeß angesehen werden, wobei die Reifungsstadien von spezifischen Abbauvorgängen begleitet sind. Der Tod — als letztes Glied einer lebenslangen Kette — wird dabei — wie in der Ars vivendi der älteren Heilkunde — als integrierter Bestandteil des Lebens angesehen. Der Begriff »natürlicher Tod« gewinnt dabei wieder an Bedeutung. Was von Ärzten wie auch von Juristen und Theologen dabei immer entschiedener gefordert wird, ist eine Hilfe i m Sterben, und eben nicht Hilfe z u m Sterben. Damit ist alles andere zum

---

[44] Vgl. *Kübler-Ross,* Interviews mit Sterbenden, Stuttgart/Berlin 1971; *K.Blumenthal-Barby (Hg.),* Betreuung Sterbender, Berlin (Ost) 1982.

Ausdruck gebracht als eine Legalisierung der aktiven Euthanasie. Es sollte dabei — ganz allgemein — weniger ü b e r den Tod als m i t dem Sterbenden gesprochen werden.

Deutlicher klingen Sterbebeistand und Trauerarbeit bei Dietmar Mieth an, wenn er mit seinem Begriff »Abschiedlichkeit« bewußt an die christliche Mystik des hohen Mittelalters anknüpft, wo alles Scheitern und Leiden des Menschen in der »Kunst des gewaltlosen Sieges« passiv unterlaufen wurde[45]. Hingewiesen wird dabei auf jenen Habitus der Gelassenheit, wo die Trauer gleicherweise ihre Zeit hatte wie die Heiterkeit. Während der Trauerzeit, in der die Trauerarbeit zu bewältigen ist, tritt nach Auffassung der Psychoanalyse eine spezifische Introjektion ein, die zu Identifizierungen oder auch Aggressionen führen kann ...[46]. Ein gewisses Maß an Leid muß dabei Schritt für Schritt einfach durchgestanden, durchgemacht, aufgearbeitet werden.

Die moderne Seelsorge hat sich nicht von ungefähr zu einem völlig neuartigen helfenden Dienst entwickelt, der sich auf den ganzen Menschen konzentriert und sein geschlossenes Milieu berücksichtigt. Es ist mehr die Menschensorge als eine Seelsorge, mehr der Zuspruch und Beistand, der aus einer personalen Vermittlung erwächst und darauf allein auch die pastorale Verkündigung ermöglicht. Für eine derartig umfassende Solidarität sind freilich auch konkrete Bedingungen vorauszusetzen: ein Wissen um die Ars moriendi, die Kunst des Sterbens, die von der Kunst zu leben gar nicht zu trennen ist, eine personale Einstellung zum Tod und damit auch die persönliche »Trauerarbeit«, wie sie im Umgang mit Leidenden und Sterbenden zu leisten ist[47].

Unter »Trauer« versteht man heute alle Reaktionen auf einen schmerzhaften Verlust, der Störungen des biologischen, psychologischen und sozialen Gleichgewichts zur Folge hat. Die Trauerreaktionen, oft begleitet von Schock oder vegetativen Entgleisungen, nehmen in der Regel einen zeitlich begrenzten Verlauf. Da das Leben des bewußt reifenden Menschen mit Krisen und notwendigen Verlusten belastet ist, ist es zu allen Zeiten auch zu einer bewußten Trauerarbeit gekommen, wobei der Arzt als der »Zeuge der großen Szenen des Lebens« zum fachkundigen Helfer in Lebenskrisen werden mußte.

Als prinzipiellen Sterbebeistand werten dürfen wir auch das klare Bekenntnis, das Christoph Wilhelm Hufeland in seinem Alterswerk »Enchiridion me-

---

[45] *D. Mieth*, Die neuen Tugenden, Düsseldorf 1984.
[46] Vgl. *Hans Zulliger*, Beiträge zur Psychologie der Trauer- und Bestattungsgebräuche: Imago 10 (1924) 178—227; *A.u.M.Mitscherlich*, Unfähigkeit; *Spiegel*, Prozeß.
[47] Vgl. *J.Mayer-Scheu/R.Kautzky (Hgg.)*, Vom Behandeln zum Heilen, Wien u.a. 1980.

dicum« (1836) abgelegt hat: »Das Leben des Menschen zu erhalten und womöglich zu verlängern, ist das höchste Ziel der Heilkunst, und jeder Arzt hat geschworen, nichts zu tun, wodurch das Leben eines Menschen verkürzt werden könnte.«[48] Angesichts der immer aufdringlicher werdenden Frage, wie lange denn ein Arzt das Leben eines sterbenden Patienten verlängern solle, hat Werner Heisenberg — anläßlich der Verleihung des Romano-Guardini-Preises (1973) — geäußert: Solche Fragen ließen sich nicht allein mit pragmatischen Zweckmäßigkeitsüberlegungen beantworten. »Vielmehr wird es nötig sein, sich auch hier auf den Zusammenhang des Ganzen zu besinnen; auf die in der Sprache der Religion ausgedrückte menschliche Grundhaltung, aus der die ethischen Prinzipien stammen.«[49] Der Mensch lernt dabei immer mehr, wenn auch nie genug, mit Fragen zu leben, auf die es keine Antwort geben kann.

---

[48] *Chr.W.Hufeland*, Enchiridion medicum, 1836, 734.
[49] *Werner Heisenberg*, Naturwissenschaftliche und religiöse Wahrheit: Schritte über Grenzen, München/Zürich 1984, 314.

D. Bibliographische Erschließung

Ariès, Philippe, Geschichte des Todes, München/Wien 1980.

Ders., Studien zur Geschichte des Todes im Abendland, München/Wien 1978.

Bäumler, Gottfried Samuel, Präservirender Artzt, Straßburg 1738.

Benz, Ernst, Das Todesproblem in der stoischen Philosophie, Stuttgart 1929.

Binding, Karl/Hoche, Alfred, Die Freigabe der Vernichtung lebensunwerten Lebens. Ihr Maß und ihre Form, Leipzig 1920.

Blarer, Stefan, Menschliches Erleben und Verarbeiten von Tod und Trauer, Luzern/Stuttgart 1983.

Blumenthal-Barby, Kay (Hg.), Betreuung Sterbender, Berlin (Ost) 1982.

Böckle, Franz, u.a. (Hgg.), (CGG 36), Im Angesicht des Todes leben, Freiburg/Basel/Wien 1983.

Böhme, Wolfgang (Hg.), Der Arzt und das Sterben, (Herrenalber Texte 37), Karlsruhe 1981.

Boros, Ladislaus, Mysterium mortis. Der Mensch in der letzten Entscheidung, Olten/Freiburg 1962.

Cermak, Ida, Ich klage nicht. Begegnungen mit der Krankheit in Selbstzeugnissen schöpferischer Menschen, Wien 1972.

Choron, Jacques, Der Tod im abendländischen Denken, Stuttgart 1963.

Condrau, Gion, Der Mensch und sein Tod. Certa moriendi condicio, Zürich/Einsiedeln 1984.

Eibach, Ulrich, Recht auf Leben — Recht auf Sterben. Anthropologische Grundlagen einer medizinischen Ethik, Wuppertal 1974.

Erhardt, H.E., Euthanasie und Vernichtung »lebensunwerten« Lebens, Stuttgart 1965.

Freud, Sigmund, Trauer und Melancholie (1916): Ges. Werke 10, Frankfurt 1967, 428—446.

Galvin, James, Tod, Trauer und Begräbnis: Psyche 3 (1949/50) 796—800.

Hammer, Felix, Euthanasie philosophisch beurteilt: *Saner, Hans/Holzhey, Helmut (Hgg.)*, Euthanasie, Basel/Stuttgart 1976, 95—141.

Hartmann, Fritz/Haedke, K., Der Bedeutungswandel des Begriffs Anthropologie im ärztlichen Schrifttum der Neuzeit: Marburger Sitz.-Ber. 85 (1963) 39—99.

Hiersche, Hans-Dieter (Hg.), Euthanasie. Probleme der Sterbehilfe, München 1975.

Hildegard von Bingen, Scivias (CChr.CM 43+43A *Führkötter/Carlevaris*; vgl. auch PL 197, 383—738); dt.: Wisse die Wege. Nach dem Originaltext des illuminierten Rupertsberger Kodex ins Deutsche übers. und bearb. von *M.Böckeler*, Salzburg ^{6}1976.

Dies., Liber Divinorum operum (PL 197, 739—1038); dt.: Welt und Mensch. Das Buch »De operatione Dei« aus dem Genter Kodex übers. und erl. von *H.Schipperges*, Salzburg 1965.

Dies., Physica (PL 197, 1117—1124).

Dies., Causae et curae, ed. *P.Kaiser*, Leipzig 1903; dt.: Heilkunde, übers. und hg. von *H.Schipperges*, Salzburg ^{4}1981.

Hoffmann, Christoph, Der Inhalt des Begriffes »Euthanasie« im 19. Jahrhundert und seine Wandlung in der Zeit bis 1920, [Med. Diss.] Berlin (Ost) 1969.

Howe, Jürgen/Ochsmann, Randolph (Hgg.), Tod — Sterben — Trauer, Frankfurt 1984.

Illhardt, Franz Josef, Trauer. Eine moraltheologische und anthropologische Untersuchung, Düsseldorf 1982.

Ders., Trauer: *Illhardt, F. J. (Hg.)*, Medizinische Ethik, Berlin/Heidelberg/New York/Tokyo 1985, 140—145.

Kast, Verena, Trauern. Phasen und Chancen eines psychischen Prozesses, Stuttgart/Berlin 1983.

Kübler-Ross, Elisabeth, Interviews mit Sterbenden, Stuttgart/Berlin 1971.

Leibbrand, Werner, Zur Stilistik des Sterbens: Synopsis 3 [Über den Tod] (1949) 46—59.

Lewis, Clive Staples, Über die Trauer, Zürich/Einsiedeln/Köln 1982.

Mann, Gunter, Medizinisch-biologische Ideen und Modelle in der Gesellschaftslehre des 19. Jahrhunderts: Med.hist.J. 4 (1969) 1—23.

Mayer-Scheu, Josef/Kautzky, Rudolf (Hgg.), Vom Behandeln zum Heilen. Die vergessene Dimension im Krankenhaus, Wien/Freiburg/Basel/Göttingen 1980.

Mieth, Dietmar, Die neuen Tugenden. Ein ethischer Entwurf, Düsseldorf 1984.

Mitscherlich, Alexander und Margarete, Die Unfähigkeit zu trauern. Grundlagen kollektiven Verhaltens, München 1967.

Nietzsche, Friedrich, Werke in drei Bänden, hg. von *K.Schlechta*, München 1954—1956.

Rehse, Helga, Euthanasie, Vernichtung lebensunwerten Lebens und Rassenhygiene in Programmschriften vor dem Ersten Weltkrieg, [Med. Diss.] Heidelberg 1969.

Reil, Johann Christoph, Entwurf einer allgemeinen Therapie, Halle 1816.

Rudolf, Rainer, Ars moriendi. Von der Kunst des heilsamen Lebens und Sterbens, Köln/Graz 1957.

Saner, Hans/Holzhey, Helmut (Hgg.), Euthanasie. Zur Frage von Leben- und Sterbenlassen, Basel/Stuttgart 1976.

Schipperges, Heinrich, Die moderne Medizin und der Tod: Therapiewoche 23/34 (1973) 2736.

Spiegel, Yorick, Der Prozeß des Trauerns. Analyse und Beratung, München/Mainz 1973.

Sporken, Paul, Menschlich sterben, Düsseldorf 1972.

Theophrast von Hohenheim, gen. *Paracelsus*, Medizinische, naturwissenschaftliche und philosophische Schriften, 14 Bde., hg. von *Karl Sudhoff*, München 1922—1933.

Williams, R.H. (Hg.), To Live and to Die. When, Why und How, Berlin/Heidelberg/New York 1973.

Winau, Rolf/Rosemeier, Hans Peter (Hgg.), Tod und Sterben, Berlin/New York 1984.

Wunderli, Jörg, Euthanasie oder über die Würde des Sterbens, Stuttgart 1974.

Yeboa, Joseph K., Zum sozialen und eugenischen Darwinismus am Ausgang des 19. Jahrhunderts, [Med. Diss.] Heidelberg 1968.

Zedler, Johann Heinrich, Grosses und vollständiges Universal-Lexicon 39, Leipzig 1744.

Zullinger, Hans, Beiträge zur Psychologie der Trauer- und Bestattungsgebräuche: Imago 10 (1924) 178—227.

Thanatologie

Eine Skizze im Umfeld der Sterbeliturgie

Markus Mäurer

Rosemarie: Es ging so schnell.
Elfriede: Und das ist alles, was du empfindest? Was wäre denn, wenn es langsam und quälend vor sich geht? Welche Worte hättest du bereit, wenn es zäh wird und quälend?
Rosemarie: Wir müssen sparen.
Elfriede: Ja, mit Worten besonders.
Rosemarie: Sonst kommen wir im Ernstfall nicht aus ...[1]

A. Einleitung

I. Der Begriff

»Thanatologie«: Unter diesem Begriff, von Ilja Metchnikoff 1901 eingeführt[2], werden die interdisziplinären Bemühungen um einen bestimmten Ausschnitt der Anthropologie, das Sterben des Menschen, zusammengefaßt[3]. Allein der Begriff »Thanatologie« ist Gegenstand eines Konsenses über die Arbeitsfelder dieser Disziplin[4]. Ansonsten ist eine intra- und interdisziplinäre Divergenz sowohl in der Methodik, als auch in den Begrifflichkeiten zu verzeichnen[5]. Dies erschwert den ohnehin spärlichen Dialog zwi-

---

[1] *A.Kluge*, Der Angriff der Gegenwart auf die übrige Zeit. Das Drehbuch zum Film, (Syndikat/Europäische Verlagsanstalt 46), Frankfurt/M. 1985, 21.
[2] *R.Bergius*, Art. »Todespsychologie«: *F.Dorsch*, Psychologisches Wörterbuch, Bern/Stuttgart/Wien [10]1982, 691—692.
[3] Def. n. *A.D.Weisman*, The Realization of Death: A Guide for the Psychological Autopsy, New York 1974, 6: »... the study of death, dying, bereavement, life threatening behavior, and suicide.«
[4] Vgl. *G.Canacakis*, Trauerverarbeitung im Trauerritual und leibseelisches Befinden, Essen 1982, 14; *F.Hartmann*, Umgang mit Sterbenden in der Geschichte: *E.Engelke/H.J.Schmoll/G.Wolff*, Sterbebeistand bei Kindern und Erwachsenen, Stuttgart 1979, 14; *I.Spiegel-Rösing*, Landkarten der Thanatologie: Integr.Ther. 2 (1980) 96.
[5] *H.J.Fisseni*, Einstellungen und Erleben der Endlichkeit des Daseins: Z.Gerontol 12 (1979) 461; *Spiegel-Rösing*, Landkarten 98; *W.Wendt*, Methodik und Wissenschaftlichkeit der Thanato-Psychologie: *J.Howe/R.Ochsmann (Hgg.)*, Tod-Sterben-Trauer. Bericht über die 1. Tagung zur

schen der theoriegeleiteten und der mehr praktisch orientierten Literatur[6], deren Publikationsrate in gewaltigem Maße wächst[7]. Dennoch ein skizzenhafter Versuch, das Umfeld der Liturgie im weitgefaßten Rahmen der Thanatologie zu sichten: *Sacramenta propter homines* — Liturgie für Menschen einer profanen Leistungsgesellschaft, in der das Bestehen des Lebens das Bedenken der eigenen Endlichkeit oftmals auszuschließen scheint.

II. Die Entwicklung

1. Geschichte

Nicht die Vermeidung der Diagnosemitteilung an den Moribunden oder die These der Tabuisierung des Todes ist ein Charakteristikum dieser Zeit[8], vielmehr scheint die Ambivalenz von Todesfurcht und Todesfaszination, Tabuisierung und Todespornographie die Situation eher zu beschreiben[9]. Die Loslösung von der Autorität der Eltern und dem Institutionen mit dem Ziel, sich der Welt zu stellen und diese zu gestalten, steht im Gegensatz zu einem fast ängstlichen Festhalten in Intimgruppen, in einer starken Betonung der Individualität. Die Spaltung des Lebens in die Kleinfamilie und in die technisierte Arbeitswelt hält keine Möglichkeiten bereit, den Tod

---

Thanato-Psychologie vom 4.—6. Nov. 1982 in Vechta, Frankfurt/M. 1984, 51—56; *J.Wittkowski*, Tod und Sterben. Ergebnisse der Thanatopsychologie, Heidelberg 1978, 159—56; Vgl. *J.Wittkowski/I.Baumgartner*, Religiosität und Einstellung zu Tod und Sterben bei alten Menschen: Z.Gerontol. 10 (1977) 61; *N.Erlemeier*, Psychologische Forschungen zum Todesproblem: Z.Gerontol. 5 (1972) 32—33.

[6] *Spiegel-Rösing*, Landkarten 97—99: Beide Bereiche machen Aussagen ohne die Fragestellung nach praktischer Relevanz und Überprüfbarkeit; Vgl. *U.Koch/C.Schmeling*, Betreuung von Schwer- und Todkranken. Ausbildungskurs für Ärzte und Pflegepersonal, München/Wien/ Baltimore 1982, 10.

[7] Die wichtigsten bibliographischen Ordnungsversuche: *R.Fulton*, Death, Grief and Bereavement. A chronological Bibliography 1843—1970, Minnesota 1970; *Wittkowski*, Tod; *F.Rest*, Praktische Orthothanasie im Arbeitsfeld sozialer Praxis II. Dokumentation in- und ausländischer Literatur zur multidisziplinären Auseinandersetzung mit Tod und Sterben unter besonderer Berücksichtigung des Umgangs mit Sterbenden, Opladen 1978; *M.Simson*, Dying, Death and Grief. Critically Annotated Bibliography and Source Book of Thanatology and Terminal Care, New York/London 1979; *H.Wass u.a. (Hgg.)*, Death Education. An Annotated Resource Guide, Washington/New York/London 1980.

[8] *A.Hahn*, Tod und Individualität. Eine Übersicht über neuere französische Literatur: Kölner Z.S.S. 31 (1979) 750. 757; *Ders.*, Einstellungen zum Tod und ihre soziale Bedingtheit, Stuttgart 1968, 9—20.84f; *G.Siefer*, Der Tod — die sicherste Prognose: Diak. 3 (1972) 332: Es ist besonders auf jene zunächst unauffälligen und nichtinstitutionalisierten Bemühungen von Gesellschaftsgruppen zu achten, die sich dieser Grenzerfahrung nähern wollen.

[9] *G.Condrau*, Todesfurcht und Todessehnsucht: *A.Paus*, Grenzerfahrung Tod, Graz/Wien/ Köln 1976, 201—241; *Hartmann*, Umgang 14; *P.Aries*, Geschichte des Todes. München 1980, 759; Vgl. *M.Bowers u.a.*, Wie können wir Sterbenden beistehen, Mainz 1971, 11; *F.Rest*, Pädagogik des Todes — Hilfe zum Sterben. Ein Versuch über Orthothanasie im Arbeitsfeld der sozialen und pflegerischen Praxis: Theor.Prax.soz.Arb. 25 (1974) 424; *R.Bleistein*, Der Tod als Thema: StZ 10 (1973) 710.

in irgendeiner Weise zu »bewältigen«. Die Technik der Todesvermeidung findet ihre Entsprechung in der Privatisierung des Sterbens[10]. Die Katastrophe eines Todesfalles in der Kleinfamilie bleibt von der Öffentlichkeit insofern unbeachtet, als dieses Zeichen der menschlichen Vergänglichkeit zur Tatsache unserer technischen Unzulänglichkeit wurde. Die Diskrepanz zwischen der Privatwelt und der Öffentlichkeit läßt daher den Trauernden und den, der Sterbebeistand leistet, dem Sterbenden ohne die Reverenz und Hilfe der Öffentlichkeit entgegentreten. Sterbegebete und Totenklage wurden zu Konventionen, der Gedanke an das Ende ist in den öffentlichen Strukturen nicht vorgesehen, »weil unsere Gesellschaft, ganz im Aufbau des Diesseits begriffen, auch im Diesseits ein ›Stirb und Werde‹, ein Absterben des alten Adam in der gläubig vertrauenden Erwartung eines neuen Lebensbeginn überhaupt nicht mehr vorsieht. Chr. v. Ferber meint dies, wenn er schreibt: ›Sicherlich ist es kein Zufall, daß vergangene Epochen den Statuswechsel als Sterben und Beginn eines neuen Lebens ... symbolisierten.‹«[11]

In dieser Gesellschaft, die ihre Psychologen den Tod erfragen läßt, was allerdings kaum eine Änderung der alltäglichen Realität bedeutet[12], feiert der »wilde Tod« in der medizinischen Technik seine heimlichen Triumphe[13]. Eine frühe Reaktion auf die Beschäftigung mit dem Tod: »cruel, sadistic, traumatic«[14]. Die wissenschaftliche Auseinandersetzung mit dem Sterben des Menschen unter dem Begriff der Thanatologie findet nicht innerhalb einer rein theoretischen Fragestellung statt, die Beschäftigung mit dem Tod ist selbst das Symptom einer Entwicklung, die in vielen Disziplinen, wie z.B. in Medizin und Psychiatrie, in Psychologie und Soziologie, in Ethnologie und in den Geschichtswissenschaften beforscht wurde. Der Anspruch auf eine vollständige Entfaltung der Phänomene des Sterbens und des Todes wird nicht erhoben[15]. Diese Wissenschaften liefern Teilaspekte, neue Zugänge, der Tod wird als solcher nicht erklärbar oder seines Mysteriums beraubt. Die einzelnen Disziplinen trugen in hohem Maße für den Aufschwung einer Auseinandersetzung mit dem Tode bei, wobei in neuerer Zeit anhand der Analyse politischer Faktoren und des gesellschaftlichen Bedarfes an diesem Wissenschaftszweig versucht wird, diese Entwicklung transparent zu machen[16].

R. Kastenbaum faßt den Weg der thanatologischen Forschung wie folgt zusammen[17]: Im Aufschwung der fünfziger und sechziger Jahre waren die Bereiche des Alterns, die Probleme des »normalen Erwachsenen« keine Themen der Psychologie, die als Motto über ihre Arbeiten den logischen Positivismus geschrieben hatte[18]. Bereiche wie »Liebe«, »Sterben« oder »Kreati-

---

[10] *G. Bally*, Todeserwartung, Sterben und Trauer heute: *H.J.Schultz (Hg.)*, Was weiß man von der Seele, Gütersloh 1972, 96.
[11] Ebd. 102; Vgl. *Siefer*, Prognose 300.
[12] *Hahn*, Individualität 746.
[13] *Aries*, Geschichte 788—789.
[14] Ebd. 754.
[15] *J. Hofmeier*, Vom gewußten zum gelebten Tod. Ein Literaturbericht: StZ 11 (1970) 338.
[16] Vgl. *I.Spiegel-Rösing*, Ethik und Legitimation unserer Beschäftigung mit Sterben und Tod: *W.Lipp (Hg.)*, Sterben, Langenau-Albeck 1981, 33—34.
[17] *R.Kastenbaum*, Thanatopsychologie in den Vereinigten Staaten: Vergangenheit, Gegenwart und Zukunft: *Howe/Ochsmann*, Tod 14—17; darin ebenfalls: *H.Geuß*, Zur Entstehung von Kognitionen über Tod und Sterben — Versuch einer Entwicklungsanalyse 294—301; Vgl. *N.Erlemeier*, Psychologische Forschungen zum Todesproblem. Ein Diskussionsbeitrag: Z.Gerontol. 5 (1972) 32—49; *E.Engelke*, Situation und Umfeld für Sterbebeistand heute: *Engelke*, Sterbebeistand 17—30; *R.Kastenbaum/P.T.Costa*, Psychological perspectives on death: Annu.Rev.Psychol. 28 (1977) 225—249.
[18] Die ersten Arbeiten zum Themenbereich der Todespsychologie (*Fechner*, Büchlein vom Leben nach dem Tode, 1876; *Scott*, Über Alter und Tod, 1896; *Hall*, Thanatophobia and immor-

vität« wurden als nicht operationalisierbar aus der wissenschaftlichen Diskussion verbannt. Auch in der Psychoanalyse, besonders von den Klinikern vertreten, wurde das Konzept des Todestriebes für Diagnose und Therapie als nicht nützlich erachtet. Abgesehen von einer kaum versuchten Integration des Todestriebkonzeptes in eine empirische Psychologie hatte die Psychoanalyse über das Sterben und den Tod selbst wenig auszusagen. Das Edikt, daß sich das Unbewußte seine eigene Negation nicht vorstellen kann, verhinderte die Aufnahme weiterer Untersuchungen. Eine Wende in dieser Entwicklung brachte die Forderung der Marine der Vereinigten Staaten nach Hilfestellung bei der Auswahl des kreativen Nachwuchses. Damit wurde ein bisher verpöntes und unbeachtetes Gebiet zu einem legitimen Feld der Forschung. Ein weiterer Schritt war eine generelle Reifung der Psychologie, die sich in der Einbeziehung der vielfältigen Bereiche des menschlichen Lebens in die Forschung ausdrückte. In der »Veterans Administration«, in der Männer, die im zweiten Weltkrieg ihre Kameraden sterben sahen oder Schwierigkeit bei der Eingliederung in das Zivilleben hatten, betreut wurden, lernten junge klinische Psychologen, sich mit Tod, Alter und Suizidversuchen auseinanderzusetzen. Allerdings trat damit die Beschäftigung mit dem Tod noch nicht ins öffentliche Bewußtsein, außer auf dem Gebiet der Suizidforschung, die in entscheidender Weise von der Persönlichkeit und dem Engagement N.L.Farberow's und E.S.Shneidman's geprägt wurde. Diese Aufmerksamkeit wurde der Einstieg zur allgemeinen Auseinandersetzung mit Sterben und Tod, der die »American Association of Suicidology« als Diskussionsforum diente. Insbesondere die Frage nach der Trauer des Menschen und das wachsende Interesse an Begräbnispraktiken ebneten diesen Weg. Vor etwa zwei Jahrzehnten begannen amerikanische Psychologen sich intensiv dieser Thematik zu widmen. Le Shan war einer der ersten Psychologen, der mit unheilbar Krebskranken arbeitete. H.Feifel veranstaltete das wahrscheinlich erste Symposion über Tod im Rahmen einer Tagung der American Psychological Association. R.Kalish brachte die sozialpsychologische Perspektive und der Psychiater A.D.Weisman die Erfahrung der psychoanalytischen Schule in die Diskussion mit ein. Populär wurde dieses Forschungsgebiet mit den Vorträgen, Seminaren und dem Buch »On Death and Dying« von Elisabeth Kübler-Ross. Bis heute überwiegen die Publikationen des angloamerikanischen Sprachraumes gegenüber des deutschsprachigen[19]. Im Zuge dieser Entwicklung wurden Zeitschriften wie »Omega«, »Journal of Thanatology«, in jüngster Zeit

---

tality, 1915) wurden in der empirischen Psychologie nicht beachtet. (*Bergius*, »Todespsychologie« 691).

[19] *Spiegel-Rösing*, Landkarten 108—109.

das Journal »Death Education« herausgegeben, Forschungsunternehmen wie z.B. »The Foundation of Thanatology« (New York) und das »Center of Death, Education and Research« (Minneapolis) gegründet[20].

2. Heutige Situation

Die heutige Situation der Thanatologie wird durch die bereits erwähnte Trennung in ein mehr praktisches und in ein theoretisch orientiertes Interesse charakterisiert. Die zwei wichtigsten Linien in der amerikanischen und deutschen Literatur werden gebildet einerseits durch die Untersuchungen über den Sterbenden in der Interaktion mit seinen Bezugsgruppen, sowie andererseits durch die Frage nach dem Trauer- und Verlustverhalten[21]. Es scheint, daß mit der Popularität der Todespsychologie ein neues Extrem auftaucht: Es könnte als der Typus des »gesunden Todes« bezeichnet werden, das Sterben ist »schön«, es ist »ganz anders«. In dieser Verniedlichung des Todes[22], in der dieses grausame Faktum seines Mysteriums und seiner Macht beraubt wird, liegt die Gefahr: Wurde der Tod früher verschwiegen, so droht heute dessen Lebensfeindlichkeit in eine therapierbare »positive« Erfahrung[23] umbearbeitet zu werden. Am Ende steht der durch Therapie vorbereitete »sinnvolle«, »gesunde« Tod.

III. Liturgie im Kontext der Thanatologie: Eine Vorbemerkung

Eine Standortbeschreibung der Liturgie kann sowohl von seiten der Thanatologie[24] als auch von der Theologie vorgenommen werden. In der Betrachtung von Sterbeliturgie im Kontext der Thanatologie werden u.a. die Fragestellungen über die Rolle des Sakramentenspenders und dessen Ausbildung hinausgehen. Eine psychologische Betrachtungsweise, die auch bei der Genese des neuen Ordo Vaticanus [O.UnctInf; F.Krankensakramente] berücksichtigt wurde[25], fragt nach dem Erleben des Empfängers, nach den In-

---

[20] *P. Beisheim*, Wissenschaftlicher Bericht über Tendenzen in der modernen Thanatologie: Conc(D) 10 (1974) 301.
[21] *I.M.A.Munnichs*, Kognitionen über Tod und Sterben: *Howe/Ochsmann*, Tod 279.
[22] *Kastenbaum*, Thanatopsychologie 26; *Spiegel-Rösing*, Ethik und Legitimation 29.33.
[23] Vgl. *Siefer*, Prognose 331: Das Defizit an Todeserfahrung kann die Sinnfrage provozieren, die oftmals mit einem »Engagement für große Ziele« und/oder mit der Flucht in die Ekstase beantwortet wird.
[24] Einordnung in den »Thanatologiekreis« (abhängige und unabhängige Variablen): *Spiegel-Rösing*, Landkarten 108—110.
[25] *J.Stefanski*, Von der Letzten Ölung zur Krankensalbung. Schwerpunkte bei der Redaktion der neuen Ordnung für die Krankensakramente: Liturgia Opera divina e Humana (Fs. Bugnini), (BEL.S 26), Rom 1982, 429—452, hier 446—447.

teraktionsprozessen. Eine tiefenpsychologische Richtung wird dabei die Bedeutungen und das Verständnis des Ritus und der Symbole zu ermitteln suchen. Gerade die Reform des Ordo Vaticanus forciert die Frage nach einer humanwissenschaftlichen Betrachtung des Sakraments in einer produktiven Auseinandersetzung zwischen Theorie und Praxis[26], wobei die formulierten Erfahrungen in den Dialog zwischen der »Praktisch-Theologischen Theorie der Sakramente«[27] und der Dogmatik eingehen könnten. Wird im multidimensionalen Beziehungsgeflecht zwischen Seelsorger und krankem Menschen angesichts des Todes die Ebene der Liturgie beleuchtet, so seien hier einige Punkte genannt, die eine Betrachtung besonders erschweren. Ein wichtiger Faktor ist das Verständnis des Sakraments der Krankensalbung, die keineswegs den Todkranken, sondern den infolge Krankheit oder Altersschwäche betroffenen Menschen vor Augen hat[28]. In Projekten, die die Reaktionen von Patienten auf dieses Sakrament zum Gegenstand hatten, wurde die Feier oft noch im Sinne der »last rites« gedeutet — und darauf entsprechend reagiert. Der Ort dieser Untersuchungen ist meist die Klinik oder das Altersheim, die pastorale Praxis in der Gemeinde wird dabei nicht berücksichtigt. Krankensalbung ist nicht mehr das Signal zur Bereitung auf das baldige Ende, der Tod ist in der Feier nicht thematisiert[29]. Dennoch erscheint es von der oben erwähnten Tatsache her legitim, die Feier der Krankensalbung in eine Betrachtung über das Verhältnis des Sterbenden zur Liturgie einzubeziehen, zumal Sterbebeistand nicht als rasches Hinzutreten der Kirche *in statu exeuntium*, sondern eher als Beziehung zwischen Seelsorger und Kranken zu verstehen ist. In dieser Begegnung kann *ein* hervorragendes Element die Sakramentenspendung sein. In dieser Hinsicht wird als ein Sterbender nicht nur der Mensch in Agonie, sondern auch jener verstanden, der sich in schwerer Krankheit den Tod vor Augen hält[30], zumal das Erleben der Krankheit all jenes vorwegzunehmen vermag, was erst im Sterben endgültig wird: Das Entnommensein aus der Welt, die verminderte Selbstentfaltung. — Weitere Punkte sind all jene schwierig zu definierende Faktoren, die das Erleben des Kranken auf entscheidende Weise prägen: Die Art der

---

[26] Die Anfrage soll zu keiner ungerechten Rückfrage werden: *R.Zerfaß*, Die Aufgabe der Praktischen Theologie nach Erneuerung der sakramentalen Riten, (Pastoralth.Inf.5), Mainz 1976, 18.
[27] Ebd.21.
[28] O.UnctInf 8.9 (15).
[29] *A.Knauber*, Sakrament der Kranken. Terminologische Beobachtungen zum Ordo unctionis infirmorum: LJ 23 (1973) 232.
[30] *E.A.Herzig (Hg.)*, Betreuung Sterbender, Basel ²1979, 15.

Krankheit, die Bedeutung der Religion[31], der »Lebensstil«, der den »Sterbestil« zu beeinflussen vermag[32], die Antizipation der Endlichkeit in gesunden Tagen, sowie der Episodencharakter des Sterbevorgangs selbst: Untersuchte Patientengruppen sind verschieden weit vom Tode entfernt. Auf diesem Hintergrund verbietet sich hier eine eingehende Diskussion der Bezüge von (Thanato-)Theorie und (Thanato-)Praxis, doch seien folgende drei Bereiche der Thanatologie als Basis und Umfeld des Sterbebeistandes[33] skizziert (B):
— Die somatische Befindlichkeit: Leib-haftigkeit.
— Die Psyche des Kranken: Thanato-Psychologie.
— Der Seelsorger: Thanato-Praxis.
Ein abschließender Blick auf einige Linien des liturgischen Vollzugs im Kontext dieser Bereiche schließt sich an (C).

B. Sterbebeistand im Rahmen einer multidimensionalen Disziplin

I. Leib-haftigkeit

1. Die Heilkunst

»Der sterbende Mensch sei eine heilige Sache, für die wir alles zu tun schuldig sind, was Vernunft und Religion gebieten.« (Johann Christoph Reil, 1759—1813)[34].

Die Vernunft: In der hippokratisch orientierten Medizin galt es als Kunstfehler, sich in unheilbare Krankheiten einzumischen, Ziel der Heilkunst war

---

[31] Vgl. die Unterscheidung von »extrinsic/intrinsic religion« bei *G.W.Allport/I.M.Ross*: J.Pers.soc.Psychol. 5 (1967) 432—443.

[32] *A.D.Weisman*, Sterben als sozialer Prozeß: Psychol.heute 2 (1975) 79; *I.M.A.Munnichs*, Old Age and Finitude. A contribution to Psychogerontology, Basel 1966, 122; *H.J.Clinebell*, Modelle beratender Seelsorge, München 1971, 244; *L.Boros*, Der Tod in katholischer Sicht — Tod als letzte Entscheidung: *W.Bitter* (Hg.), Alter und Tod — Annehmen oder Verdrängen, Stuttgart 1974, 174—176; Vgl. *P.Cameron u.a.*, Consciousnss of Death across Life-Span: J.Gerontol. 28 (1973) 92—95.

[33] Sterbebeistand, Definitionen und Erwartungen, vgl.: *H.Herwig*, Der Tod als Medizin-Ethisches Problem: *B.Henn/J.Weiss* (Hgg.), Tod und Sterben. Beiträge zu einem interdisziplinären Kolloquium, Duisburg 1980, 164; *P.Sporken/G.Condrau*, Sterben, Sterbebeistand, (CGG 10), Freiburg/Basel/Wien 1980, 96—98; *J.Mayer-Scheu*, Bedingungen einer Sterbehilfe im Krankenhaus: Diak. 3 (1972) 338—342; *J.Falck*, Sterbebegleitung älterer Menschen — Ergebnisse einer Arbeitstagung, Berlin 1980, 121—127 (Eigenverlag: Dt.Zentrum für Altersfragen e.V., Bd. 32, Berlin); *M.P.Engelmeier*, Sterbehilfe: ThPQ 124 (1976) 336—348.

[34] Zitiert nach: *M.P.Engelmeier*, Klinische Aspekte des Sterbens: Med.Klinik 53 (1958) 285.

die *Restitutio ad integrum*, Grenze die Unheilbarkeit, die Verkrüppelung, nicht der Tod: Diagnosis zwecks Prognosis[35]. Heute die »Medikalisierung«[36], die Gefahr der Reduktion auf das Biologische[37], aber auch die in gewissem Sinne unberechtigten Feldzüge gegen die moderne Klinik: »Es geht gar nicht anders, wenn das Ganze nicht eine Stümperei werden soll. — Es ist alles richtig aber nicht genug.«[38] Wir bemühen uns, den Tod von außen zu betrachten, die Kriterien des klinischen Exitus möglichst frühzeitig zu erfassen, das geistig-seelische Verhalten der Moribundi zu studieren. Wir vermögen zwar das Sterben gegen das Ende, den Tod, hin abzugrenzen; der Beginn des »Sterbens« bleibt weithin unabgrenzbar:[39] Sterben als innigste Verflechtung und gegenseitige Beeinflussung des pathophysiologischen Geschehens und des subjektiven Erlebens.

2. Das Malum der Krankheit

a. Unmittelbares Erleben

Stellt man die Frage nach dem *unmittelbaren Erleben* des Sterbevorgangs, nicht des Todes[40], so wird infolge methodologischer und ethischer Erwägungen ein geringer Beitrag zur Klärung dieser Frage zu erwarten sein[41]. Die Berichte von bereits klinisch toten, reanimierten Patienten, »out of body experiences«, scheinen in den zentralen Punkten der Erlebnisschilderungen übereinzustimmen. Diese Reportagen stammen von niemandem, der die Schwelle des Todes je überschritt, vielmehr widerfuhren die beschriebenen Phänomene wie Lichterscheinungen und das Gefühl des Abgetrenntseins vom Körper in einer bestimmten Phase, als Atmung und Kreislauf stillstanden, das Zentralnervensystem jedoch weiterfunktionierte. Diese »Visionen«

---

[35] *Herwig*, Problem 159—160; *P.Lüth*, Sterben heute: *P.Lüth (Hg.)*, Sterben heue — ein menschlicher Vorgang, Stuttgart 1976, 60.
[36] *Aries*, Geschichte 339—341.
[37] *Engelmeier*, Sterbehilfe 339—341.
[38] *R.Kautzky*, Die Antwort der Therapeuten: *J.Mayer-Scheu/R.Kautzky*, Vom Behandeln zum Heilen, Freiburg/Basel/Wien 1980, 68.
[39] *Engelmeier*, Sterbehilfe 338; Unmittelbare Todesursache ist immer ein Versagen der Regulationsvorgänge im Zentralnervensystem, insbesondere im Hirnstamm. Endstrecke dieses Geschehens ist eine Hypoxydose, eine Sauerstoffverminderung, die die Zellen irreversibel schädigt. S. dazu *C.Käufer*, Die Bestimung des Todeszeitpunktes: Fortschr.Med. 90 (1972) 1125—1126; *Ders.*, Die Bestimmung des Todes bei irreversiblem Verlust der Hirnfunktionen, (Theoretische und klinische Medizin in Einzeldarstellungen 54), Heidelberg 1973.
[40] *L.Boros*, Mysterium mortis, Olten [10]1973, 15—20.
[41] *U.Lehr/M.Schuster*, Geriatrische Euthanasieprobleme XII. Psychologische Aspekte: Ärztl. Prax. 36 (1976) 1528—1532; *I.Spiegel-Rösing*, Ethik der Thanatologie: *Howe/Ochsmann*, Tod 43—51.

korrelierten auffällig mit der religiösen Sozialisation des Kranken, die die Bilder weitgehend bestimmte[42]. Eine andere Fragestellung beschäftigt sich mit der Wirkung bestimmter Drogen, die, gesunden Probanden verabreicht, auf das Erleben des Sterbens schließen lassen. Siegel betont in diesem Zusammenhang die Parallelen bezüglich der Inhalte als auch der Entstehungsmechanismen zwischen den Visionen Sterbender und den Halluzinationen, die Menschen nach Drogenkonsum erleben[43].

Eine Wegmarke in der »psychologischen und historischen Erfahrung des Menschen«[44] waren das Ereignis von Hiroshima und die leidvollen Erfahrungen unzähliger Menschen in den Konzentrationslagern des Zweiten Weltkrieges. Wie nie zuvor wurden bei Hiroshima eine unmittelbare Sterbeerfahrung und im weiteren Leben die Vorwegnahme des Todes in dieser Aufeinanderfolge erlebt. Indem Menschen diese vitale Bedrohung überlebten, wurde ihre Einstellung zur Endlichkeit und die Antizipation des eigenen Todes von einem Widerfahrnis geprägt und umgeformt, das sonst keinem Menschen Zeit-Räume zur Lebensgestaltung lassen würde. Bei den Opfern von Hiroshima löste die Situation der unmittelbaren Todesbedrohung zum einen das Reagieren auf das baldige Ende aus, zum anderen bestimmte sie die weitere Lebens-art, die die Sterbe-art zu beeinflussen vermag[45]. Typische Reaktionen war in der akuten Bedrohung die Ausschaltung aller emotionalen Akte, ein *»psychic closing off«*[46]: Man schloß sich gegen den Tod ein — und den Tod aus[47]. Ähnlich war die Reaktion im Konzentrationslager: Dem Tod

---

[42] *D.Golemann*, Grenzerfahrung Tod.Psychol.heute 4 (1977) 44—47; *M.D.J.Ehrenwald*, Out of the Body Experiences and the Denial of Death: J.nerv.ment.Dis. 100 (1974) [Vol. 159, number 4] 227—233; *A.Rose*, Vergleichende wahrnehmungspsychologische Analyse der »near-death-experiences« und des Orgasmuserlebens: *Howe/Ochsmann*, Tod 274—278; *R.Meier*, Die anthropologische Bedeutung der Todeserfahrung, (Diss.) Zürich 1983, 77—90; *S.Geroulanos*, Voller Hoffnung an den Tod denken. Gespräche mit verstorbenen und erfolgreich wiederbelebten Patienten: Ex libris 34 (1979) 19—24. Diese Problematik im Kontext kultureller Faktoren: *K.Osis/E.Haraldsson*, Der Tod — ein neuer Anfang, Freiburg 1978 (Orig.: At the Hour of Death); Übersicht und Lit. bei *S.I.Blakmore*, Beyond the Body, London 1982.

[43] *R.K.Siegel*, Der Blick ins Jenseits — eine Halluzination?: Psychol.heute 8 (1981) 22—33. Eine andere Sichtweise bei *Grof/Halifax*, die eine veränderte, durch Sauerstoffmangel provozierte archaische Bewußtseinsstufe annehmen: *S.Grof/J.Halifax*, The Human Encounter with Death, New York 1977; *H.Schreiber*, Das schöne Sterben — Erlebnisse im Grenzbereich des Todes: Der Spiegel 31/26 (1977) 84—101; *S.M.D.Cohen*, LSD and the Anguish of Dying: Harpers Magazin Monthly 231 (Sept. 1965) 69—78; *E.Lison*, Das ZNS — ein taugliches Instrument zur Erfahrung immaterieller Realitäten: *Howe/Ochsmann*, Tod 268—273.

[44] *R.I.Lifton*, On death and death symbolism. The Hiroshima disaster: *J.F.T.Bugental (Hg.)*, Challenges of Humanistic Psychology, New York/Mc Graw-Hill 1967, 195.

[45] Ebd. 200

[46] Ebd. 197

[47] Das »closing off« als symbolischer Tod, um einem langdauernden psychologischen Tod (Psychose) angesichts der Bedrohung zu entgehen. Vgl. *E.DeWind*, Begegnung mit dem Tod:

wurde ein Angesicht verliehen, er wurde vorstellbar und — er wurde erträglich im Wissen um die absolute Sicherheit seines Eintretens. Analog zu den Berichten von Hiroshima: Die Beschränkung des Erlebens auf das Präsens, die Ausblendung. Weitere Mechanismen waren sowohl auf kognitiver und affektiver Ebene — die *Ich-Regression*, die »Rückkehr in den Mutterschoß«, als auch das *mystische Erleben* der Situation, das »Zum Vater kommen«, das Gericht des rächenden Gottes[48].

b. Die somatische Seite

Wenn ein Mensch in die terminale Phase *seiner* Krankheit eintritt, wird diese das innere Erleben, als auch die Kommunikation auf je eigene Weise formen[49]. Wenn nun die Umwelt mit »comfort« anstelle von »treatment«[50] reagiert, der Verlust der Welt nahe ist, wird der Sterbebeistand einsetzen. Oft wird kurze Zeit ante mortem ein Zunehmen der Lebensimpulse und ein verminderter Analgetikabedarf beobachtet[51]. Besonders eingehend wurde das Verhalten von Krebspatienten im Zusammenhang mit ihrer Erkrankung untersucht. Neben dem medizinischen Verlaufsprofil scheint damit auch ein typisches Profil der Psyche verbunden zu sein: Die Negation subjektiver Symptome und die Unfähigkeit Aggressionen abzureagieren[52]. Bei akuten Infektionskrankheiten oder schweren psychischen Erkrankungen wird das Sterben in besonderer Weise von der Krankheit gezeichnet sein: »In der psychischen

---

Psyche 6 (1968) 433—439; *Lifton*, Death symbolism 197—206: Zwar wurde die Bombe als Ursache des Geschehens kognitiv erfaßt, im affektiven Erleben wurde aber eine unsichtbare Todesbedrohung, ein geheimnisvolles Gift, jedenfalls kein natürlicher Ursprung angenommen.

[48] *DeWind*, Begegnung 433—439.

[49] *U.Koch/C.Schmeling*, Betreuung 15. Bei den akuten psychischen Begleiterscheinungen somatischer Krankheiten, die sich in einen nach dem Erscheinungsbild charakterisierten »akuten exogenen Reaktions-Typus« einordnen lassen, wurde kein spezifischer Zusammenhang zwischen einer zum Exitus führenden Krankheit und der individuellen psychischen Verwirrung festgestellt (*M.Bleuler/I.Willi/H.R.Bühler*, Akute psychische Begleiterscheinungen körperlicher Krankheiten, Stuttgart 1966, 3.202).

[50] *E.Boenisch/J.E.Meyer*, Medizinische Extremsituationen und der sterbende Patient: *K.P.Kisker u.a. (Hgg.)*, Psychiatrie der Gegenwart, (Forschung und Praxis 3), Berlin/Heidelberg/New York ²1975, 538.

[51] *F.Rest*, Die Bedürfnisse des Patienten im Sterben: *I.Schara (Hg.)*, Humane Intensivtherapie, Erlangen 1982, 70; *L.Witzel*, Der Sterbende als Patient: Med.Klin. 68 (1973) 1376; *Bleuler u.a.*, Begleiterscheinungen 52.

[52] *H.E.Richter*, Sich der Krise stellen, Hamburg 1981, 149; Hier setzt auch die Kritik an den sogenannten »Sterbephasen« an, da sie meist nur an Krebspatienten beobachtet wurden. Vgl. dazu: *L.J.Hertzberg*, Cancer and the Dying Patient: Am J.Psychiat. 128 (1972) 806—810; Die Abhängigkeit des Erlebens von der somatischen Befindlichkeit wird deutlich im Vergleich zu anderen Erkrankungen: *D.L.Dudley u.a.*, Long-Term Adjustment. Prognosis and Death in Irreversible Diffuse Obstructive Pulmonary Syndroms: Psychosom.Med. 31 (1969) 310—325.

Sphäre ist von der Entzückung bis zur fratzenhaften Verzerrung alles möglich«[53].

Auch das definitive Ende soll in einem schmerzlosen Dunkel geschehen, korreliert mit der Physiologie der Bewußtseinstrübung. Bei nicht chronischen Krankheiten, wie beim Schock oder beim Aussetzen der Funktionen von Atmung und Kreislauf, soll intensivste Todesangst empfunden werden, die durch Amnesie wieder ausgelöscht wird. — Im Verhältnis dazu scheint die Angst im Alptraum weitaus größere Ausmaße anzunehmen. Im Falle eines gewaltsamen Todes bei klarem Bewußtsein wird die Lage entweder völlig verkannt oder bis zuletzt auf Rettung gehofft[54]. Formal könnte man »*thanatogene*« (die Persönlichkeit geht in der Krankheit völlig unter), von »*thanatoplastischen*« Faktoren (der Intellekt bleibt erhalten, Sterben als Mischung von persönlicher Tat und Widerfahrnis) unterscheiden. Das Urteil des Laien über diese Vorgänge sind meist Projektionen: Das laute Röcheln und Reflexbewegungen sind genausowenig Zeichen eines Todeskampfes, wie völlige Reaktionslosigkeit als Hinweis für fromme Ergebenheit gedeutet werden kann[55]. Ein unablässiges Rufen der Patienten wird als Analogon der Angst vor dem einsamen Sterben und der frühkindlichen Angst der Trennung von der Mutter angesehen[56]. Die sogenannten »psychopathischen« Reaktionen des Patienten sind als ein Sprechen und Leben in Bildern — mit deren Hilfe eine sonst nicht formulierbare Botschaft vermittelt werden soll[57] — von Korrelaten einer Krankheit oder dem Resultat einer reizarmen Umgebung abzugrenzen, innerhalb deren die Linien zwischen Realphantasie und psychotischer Erscheinung sich oft verwischen[58]. Oftmals setzt der Kranke seine üblichen Aktivitäten fort, oder der Moribunde zieht sich von seiner Umgebung zurück; dies ist aber gerade nicht als narzißtischer Rückzug auf sich selbst zu verstehen[59]: Die Abwendung von der Welt, die alte Haltung der Todgeweihten, wird heute lediglich als »Weigerung zur Kommunikation«[60] registriert: Bis in die Gegenwart ist die Frömmigkeit insbesondere vom Typus des Todes Sokrates' geprägt. Die Auflehnung bis zum Ende, die

---

53 *F. Hoff*, Zur Psychologie des Sterbenden: Med.Welt 26 (1975) 16.
54 Ebd. 12—16. In der langandauernden Agonie wird oft über lebhaftes Träumen geklagt, ohne Erinnerung bezüglich des Inhaltes (*Bleuler u.a.*, Begleiterscheinungen 187).
55 *Hoff*, Psychologie 17.
56 *E.M. Pattison*, The experience of dying: Amer.J.Psychother. 21 (1967) 32—43.
57 *H.C. Piper*, Gespräche mit Sterbenden, Göttingen ²1980, 162—163.
58 *Mayer-Scheu / Kautzky*, Behandeln 103.
59 *H.J. Fisseni*, Konfrontation mit dem Tode. Sterbebeistand: *Falck*, Sterbebegleitung 97; *Bleuler u.a.*, Begleiterscheinungen 178.
60 *Aries*, Geschichte 734.

Verzweiflung als *eine* Weise des Sterbens — im Hinblick auf den Tod Jesu nach der synoptischen Tradition mit dem Ausruf der Gottverlassenheit — würde für den Sterbenden die Gefahr der Zuweisung einer Außenseiterrolle provozieren[61].

Neben einer Minderung der kognitiven Fähigkeiten wird die Dimension der Zeit für den Moribunden unerlebbar. In dieser Dimensionslosigkeit sind Phasen der Bewußtlosigkeit kein Kriterium dafür, daß alle Verbindung »nach außen« abgebrochen ist[62]. Es scheint, daß nicht nur verschiedene Qualitäten der Bewußtlosigkeit in diesen Übergängen erfahren werden[63], sondern daß insbesondere taktile und auditive Reize den Patienten, auch noch kurze Zeit nach einem Stillstand von Kreislauf und Atmund erreichen können[64]. Die Beobachtung von 110 Moribundi in den letzten 24 Stunden ante mortem zeigte, daß von den 73 Patienten, die aus dieser Gruppe noch vollständig orientiert waren, etwa 25% 15 Minuten ante mortem noch voll ansprechbar waren[65].

Völlig der Realität — der Verlängerung des medizinischen Todes ins »Diesseits« — entgegengesetzt, wünschen sich viele Menschen den schnellen Tod ohne Abschiedsszene[66]. Wurde die Plötzlichkeit des Todes durch den Glauben der Christen gemildert[67], um die Vermeidung eines schnellen Sterbens in der Bitte der Allerheiligenlitanei *A subitanea et improvisa morte*[67a] gebetet, so wird heute der punktuelle Tod infolge einer speziellen Krankheit ohne Bewußtsein, ohne Schmerz herbeigewünscht[68].

---

[61] *M.Josuttis*, Das selige und das sinnvolle Sterben. Über Leitbilder kirchlicher Sterbebegleitung: WPKG 65 (1976) 360. Vgl. *Hahn*, Individualität 751: »Dieselben religiösen Inhalte, die (jedenfalls auch) Ungleichheit im Diesseits rechtfertigen, haben andererseits sinnvolles Sterben ermöglicht«.

[62] *F.Rest*, Den Sterbenden beistehen, Heidelberg 1981, 75.

[63] *E.Wiesenhütter*, Gedanken zur Selbsterfahrung im Sterben: Prax.Psychother. 18 (1973) 57—58.

[64] *A.Mauer*, Die Kunst des Sterbens: *Dt. Akademie für med. Fortbildung (Hg.)*, Sterben zwischen Angst und Hoffnung, Kassel/Bad Nauheim 1981, 25—29.

[65] *L.Witzel*, Das Verhalten von sterbenden Patienten: Med.Klinik 66 (1971) 577—578.

[66] *Aries*, Geschichte 747.

[67] Ebd. 749.

[67a] Breviarium Romanum. Pars Verna, Köln 1925 [292]. Diese Bitte war Bestandteil der Allerheiligenlitanei an den sog. »Bittagen« (= Fest des hl. Markus [25. April] und die ersten drei Wochentage vor dem Fest »Christi Himmelfahrt«). An diesen Tagen ging der Messe eine (Bitt-)Flurprozession voraus, deren Begleitgesang wohl urspr. die Allerheiligenlitanei darstellte; vgl. dazu *A.Adam*, Das Kirchenjahr mitfeiern, Freiburg/Basel/Wien ³1979, 159—161.

[68] *H.Feifel*, Older persons look at death: Geriatrics 11 (1956) 128; Einige Autoren nehmen eine sexuelle Komponente im Sterbevorgang an: Vgl. *E.Herzog*, Psyche und Tod, Zürich 1960, 208—226; *S.Kelemann*, Lebe dein Sterben, Hamburg 1977, 80—82. 87—88.

c. Die Umgebung des Sterbenden

Eine wichtige Komponente im Kontext der Leiblichkeit ist die Tatsache, daß in den Kategorien von Zeit und Raum gestorben wird. Es geht hier nicht um eine besondere Einrichtung von »Sterbezimmern«, die — wenn vorhanden — als »keine öffentliche Räumlichkeiten, sondern Räume voller Heimlichkeiten«[69] charakterisiert wurden. Entgegen der »Tag- und Nachtgleiche durch die dauernde Helligkeit«[70] das Bedürfnis der Menschen nach Zeiterleben: Wiederkehrende Zeiten können für den Patienten Zwänge sein, andererseits aber auch Rhythmen, die den Tag erträglich machen, Zeit qualitativ erleben lassen[71].

d. Medizinische Hilfe

Von medizinischer Seite aus besteht ein wichtiger Faktor des Beistands in einem kunst- und situationsgerechten Einsatz von Analgetika und Psychopharmaka neben einer überlegten Verordnung von Präparaten, die den Tod hinauszögern ohne Erleichterung zu verschaffen, wie auch von solchen, die das Leben ungewollt verkürzen[72]. Der Analgetikagebrauch sollte auf den individuellen Bedarf abgestimmt sein und die Physiologie des Schmerzes berücksichtigen[73]. Durch den sinnvollen Einsatz wird ein Reifungsprozeß der Perönlichkeit weder ausgeschaltet[74], noch wird all dies wegtherapiert, was der Mensch zu seiner Sterbensprägung braucht: Pathologische Angstzustände vor bestimmten Gegenständen können behandlungsbedürftig sein, nicht aber die Angst als Chance des Menschen[75]; Ziel einer Therapie darf nie der von allen anerkannte Tod mit »Angestelltenvertrag«[76] sein. Weder der Seelsorger noch die Familie sollten die Schwäche des Kranken ausnut-

---

[69] *F. Rest*, Überlegungen zum Gespräch mit Schwerkranken: *Schara*, Intensivtherapie 86.
[70] *Rest*, Sterbenden beistehen 74.
[71] Ebd. 129; *P. Sporken*, Umgang mit Sterbenden, Düsseldorf 1973, 25; *P. Lüth*, Der Tod zu Hause — Reflexionen: *Lüth*, Sterben heute 145—154; Vgl. die Beiträge von *Hannich / Wendt* und *Jelen / Kolb / Tempel*: *Schara*, Intensivtherapie 119—147; *Herzig*, Betreuung 83—84; Die Änderung der Befindlichkeit nach Raumwechsel: *Wittkowski / Baumgartner*, Religiosität 66.
[72] *R. Winau*, Euthanasie-Wandlungen eines Begriffs: *Falck*, Sterbebegleitung 11.
[73] *Sporken*, Umgang 127—128.
[74] *Herzig*, Betreuung 33.
[75] *Rest*, Überlegungen 76; *A.P.L. Prest*, Die Sprache der Sterbenden, Göttingen 1970, 127—128; *E. Ansohn*, Die Wahrheit am Krankenbett: *Dt. Akademie*, Sterben 10; Die WHO setzte sich zum Ziel, daß bis zum Ende dieses Jahrtausends kein Krebspatient unter Qualen sterben muß. — Die Ergebnisse des »IV. Weltkongresses über Schmerz« (Seattle/Washington 1984) sind zugänglich: Abstracts: Pain, Suppl. 2, 1984, Elsevier Science Publishers, Netherlands. Die Manuskripte: Advances in Pain Research and Therapy, Vol. 8, Raven Press, New York.
[76] *R.M. Rilke* zit. in *Rest*, Die Bedürfnisse des Patienten im Sterben: *Schara*, Intensivtherapie 75.

zen, um ihm einen religiösen Vollzug überzustülpen, wenn er diesen nicht bereits vorher bejaht hätte[77].

3. Die Hoffnung der Hoffnungslosen

Ob dem Tod »heroisch im Glauben« oder nihilistisch entgegengesehen wird, »immer ist unter der größten Skepsis die Hoffnung im Spiel«[78]. Die Frage nach der »Wahrheit am Krankenbett« ist nicht nur eine Anfrage an den Arzt, sondern auch ein Problem des begleitenden Priesters, gerade weil dieser nicht mehr die Rolle des »Todesboten« — abgesehen von einigen Ausnahmen — zu spielen hat[79]. Aus folgenden Gründen kann die Wahrhaftigkeit einer Diagnose, die nicht immer mit der Wahrheit gleichzusetzen ist[80], zum Gegenstand der Begegnung mit dem Seelsorger und zur Thematik der Feier der Krankensalbung werden:
1. Wird dem Patient der absehbare letale Ausgang eine Krankheit nicht mitgeteilt, so hat dies Konsequenzen für das Gespräch[81], der Seelsorger ist zwangsläufig in die »Verschwörung« der Verschwiegenheit miteinbezogen[82].
2. Im Verlauf einer akuten Krankheit könnte die Spendung der Krankensalbung *ein* Ort sein, innerhalb dessen der tödliche Verlauf angedeutet oder thematisiert wird[83].
3. In drastischen Situationen kann das Wie des Sterbens vom Wie des Lebens, von der Sinnfrage abhängen, angesichts des Todes kann eine Beschäftigung mit »Daseinsfragen« notwendig sein[84].
4. Da die Erhaltung der Hoffnung Hauptbestandteil jeder Sterbehilfe ist, stellt sie zumindest ein Kriterium für die Gestaltung von Kommunikation und Text dar[85].

Hierbei ist zwischen Hoffnung, als der erwünschen Zukunft, und Hoffnung, als anthropologischer Gegebenheit — die zur Zukunft des Patienten

---

[77] *K.Rahner*, Die Freiheit des Kranken: *Lüth*, Sterben heute 102; *Sporken*, Umgang 7; *E.Engelke*, Signale ins Leben, München 1977, 161.
[78] *Bleistein*, Tod als Thema 712.
[79] *I.Stübler*, Sterbehilfe: *Bitter*, Alter und Tod 79.
[80] *Rest*, Sterbenden beistehen 78—79; »Wer glaubt, daß man mit Worten lügen könne, könnte meinen, daß es hier geschähe« (*G.Benn*, Gehirne: *G.Benn*, Sämtliche Erzählungen, Hamburg ⁵1970, 13).
[81] *H.C.Piper*, Die Unfähigkeit zu sterben: WzM 24 (1972) 18.
[82] *Koch/Schmeling*, Betreuung 19f.
[83] *Sporken*, Umgang 36—37.
[84] Vgl. *Bowers*, Sterbenden beistehen 88.
[85] Vgl. die Verheimlichung der Diagnose beim Sterben Papst Johannes XXIII: Med.Trib. vom 28. Juni 1963; *Ansohn*, Wahrheit 188—191.

beiträgt, indem sie als fundamentale Hoffnung den Charakter des Konturlosen trägt —, zu unterscheiden. Für den Beistand bedeutet dies: All das vermeiden, was den Eindruck einer gnadenlos verwirkten Zukunft suggeriert, und all jenes wecken, was die fundamentale Hoffnung auf das Heilwerden unterstreicht[86]. Allerdings bewährt sich die Hoffnung als solche gerade darin, daß sie die erfahrene Ausweglosigkeit nicht um jeden Preis in eine sinnvolle Situation umdeuten muß. Es wird von vielen Autoren von einem diffusen Erahnen der Todkranken, »middle knowledge«[87], ausgegangen. Andere, widersprüchliche Annahmen sind wohl auf unterschiedliche Begrifflichkeiten oder funktionierende Abwehrmechanismen[88] zurückzuführen, die keinesfalls durchbrochen werden sollen[89]. Die Form und der Zeitpunkt der Mitteilung einer Diagnose hängt von diesem »middle knowledge« ab, die je persönliche Reaktion des Patienten darauf kann anhand verschiedenster Kriterien weitgehend abgesehen werden[90]. Zweifel an der Diagnosemitteilung ist — abgesehen von den eigenen Ängsten, die den Arzt mit der Grenze seiner Kunst und den Seelsorger mit seinen Zweifeln konfrontieren[91] — berechtigt wenn:

— Der Patient sie nicht ertragen kann,
— die »Ankündigung des Todes« schon seine Aufdrängung bedeutet[92],
— dem Sterbenden keine Zeit mehr bleibt, diese Tatsache zu verarbeiten[93],
— signalisiert wird, daß ein Gespräch unerwünscht ist.

---

[86] Ebd. 188—191.
[87] Der Terminus des »Middle knowledge« könnte mit »diffusem Erahnen« übersetzt werden. Dieses Phänomen ist besonders bei hospitalisierten Patienten zu finden. Vgl. *Boenisch/Meyer*, Extremsituationen 536; *Fisseni*, Konfrontation 98; *Witzel*, Der Sterbende als Patient 1375; *Sporken*, Umgang 41; *H.Freyberger*, Psychosoziales Verhalten des unheilbar Krebskranken: Med.Welt 27 (1967) 1878—1882.
[88] *Fisseni*, Konfrontation 98.
[89] *Ansohn*, Wahrheit 188—191.
[90] Vgl. *Mauder*, Kunst 19; *Bowers*, Sterbenden beistehen 108; *Sporken/Condrau*, Sterben 109—110; *B.G.Glaser/A.Strauss*, Interaktion mit Sterbenden, Göttingen 1974, 240f.
[91] *Sporken*, Umgang 55; *Piper*, Unfähigkeit 17.
[92] *Rest*, Sterbenden beistehen 78—79; *J.Falck*, Zentrale Thesen zur Sterbebegleitung: *Falck*, Sterbebegleitung 3.
[93] Vgl. *Meier*, Erfahrung 66; *W.Larbig*, Information und Aufklärung unheilbar Kranker: Med.Welt 27 (1976) 1872—1877. Bereits Luther wies auf dieses Problem hin: *Martin Luther*, Ein Sermon von der Bereitung zum Sterben: *H.H.Borcherdt/G.Merz* (Hgg.), Martin Luther. Ausgewählte Werke I, München ³1963, 357f. Für eine Mitteilung in Notsituationen: *Sporken/Condrau*, Sterben 99. Der Eintritt des Todes aufgrund von Hoffnungslosigkeit: *Weisman*, Sterben als sozialer Prozeß 23—25; *A.Jores*, Der Tod des Menschen in psychologischer Sicht: *A.Sborowitz* (Hg.), Der leidende Mensch, Darmstadt 1979, 417—429; *H.Plügge*, Über die Hoffnung: Ebd. 429—445.

Zwei abschließende Bemerkungen scheinen am Ende einer somatischen Betrachtung, die sich dem Phänomen des Todes »von außen« näherte, wichtig:
»Men die as they lived, beset by anormalities of charakter and mood«[94]. Angesichts dieser Individualität zum einen und dem passiven Auferlegtsein der Leib-haftigkeit zum anderen: »Sterben als medizinischer Exitus und Sterben als Tat der Freiheit brauchen nicht uhrzeitlich zusammenzufallen.«[95]

II. »Thanato-Psychologie«

1. Sterbephasen

Der Mensch habe drei Möglichkeiten zu reagieren angesichts des nahen Todes:
— Er unterwirft sich einer kollektiven Ritualisierung.
— Er versucht den Tod zu seiner je eigenen Entscheidung zu machen.
— Er flüchtet sich in die Neurose[96].

Meist geht der somatische Verfall einem psychischen Reifeprozeß voraus und diktiert diesen[97]. Voraussetzung dafür ist ein zeitlich ausgedehnter Sterbevorgang sowie ein Wissen um den nahen Tod. Die Phasen, in denen sich der Mensch dem Tode nähert, sind nicht statisch, festlegend, sondern orientierend, dynamisch-zirkulär zu verstehen. In diesen fließenden Übergängen sind sowohl Vorwegnahmen, als auch Wiederholungen bestimmter »Phasen« möglich[98]. Die mit den Arbeiten von Elisabeth Kübler-Ross populär gewordenen Stadien (Leugnen, Nichtwahrhabenwollen — Emotionale Auflehnung, Wut und Zorn — Feilschen um das Überleben — Hoffnung und Resignation

---

[94] *D.Cappon*, The dying: Psychiat. Q 33 (1959) 467.
[95] *Rahner*, Die Freiheit 102.
[96] Zur Neurotischen Abwehr: Die »echte« Neurose und der »echte« Glaube schließen sich gegenseitig aus (*Condrau*, Todesfurcht 211. 217—220; *S.Biran*, Versuch einer Psychologie der Todesfurcht: Conf.Psychiat. 11 [1968] 172).
[97] *C.G.Jung*, Seele und Tod 223: Untersuchungen in Traumreihen lassen vermuten, daß der Sterbeprozeß lange Zeit vor dem eigentlichen Tod beginnt; *Herzig*, Betreuung 22.
[98] Ebd. 16; *Boenisch/Meyer*, Extremsituationen 542.
Eine Einteilung in Stadien hat eine eher beschreibende denn festlegende Funktion. Ein solcher Versuch stellt die Einteilung nach Bühler dar, wobei zwischen einer Früh- und Spätphase des Sterbens unterschieden wird. Die Frühphase ist u.a. charakterisiert durch gestörten Wach-Schlaf-Rhythmus und eine Einengung der Denkinhalte. Die Spätphase würde mit dem Zusammenbruch der vitalen Abwehr beginnen, die durch verschiedene Symptome einer exogenen Psychose gestaltet wird: *Bleuler u.a.*, Begleiterscheinungen 203; Die Einordnung der Symptome: Ebd. 14—16.

— Bejahung und Abschied) erfuhren sowohl zahlreiche Modifikationen als auch heftige Kritik. An dieses Phasenmodell werden nicht nur Fragen nach der Reproduzierbarkeit und anderer methodischer Kriterien gestellt, auch vor der Gefahr einer normativen Suggestion dieser Einteilung wird gewarnt[99]. Der Stimmungswandel — gemäß diesen Phasen — findet im Unbewußten statt und äußert sich in sprachlich verschlüsselten Botschaften[100]. Es ist angemessener von der »Aneignung« der Sterbens und des Todes zu sprechen, da die oben erwähnten Abwehrmechanismen bereits selbst ein Element des Sterbevorgangs darstellen. Diese »Aneignung« erfolgt eher in den Riten oder in den kulturellen Gebilden, die eine Gesellschaft zur Verfügung stellt, weniger aber in einer freien Gestaltung der Situation[101].

2. Psychoanalyse

In der frühen psychoanalytischen Theorie wurde die Furcht vor dem Tode als Derivat der ödipalen und praeödipalen Stufe angesehen. Als Basis dieser Furcht werden Trennungs- und Kastrationsangst angenommen. Mit »Jenseits des Lustprinzips« (1920) zeichnet sich die später vertretene Ansicht Freuds ab: Der Todesinstinkt[102] in einer biologischen Sichtweise, dessen einzige Repräsentation im Ich innerhalb des Impulses der Aggression besteht. Das Ich sollte sich seinen eigenen Tod nicht vorstellen können. Allerdings trägt die Lehre Freuds vom Todestrieb kaum zur Forschung einer empirisch orientierten Psychologie bei: Zum einen scheint eine Berücksichtigung dieser Lehre — gemessen an wissenschaftstheoretischen Maßstäben — als bedenklich, zum anderen erweist sie sich als entbehrliches Konstrukt innerhalb der Thanato-Psychologie[103].

---

[99] Eine Darstellung der »Stufentheorie« ist hier nicht angebracht. Relativierung der Theorie bei: *Wiesenhütter*, Selbsterfahrung 56; *Fisseni*, Endlichkeit 463; *Lehr/Schuster*, Euthanasieprobleme 1528; *Spiegel-Rösing*, Ethik der Thanatologie 49; *Munnichs*, Kognitionen über Tod und Sterben: *Howe/Ochsmann*, Tod 280—282; *Kastenbaum/Costa*, Psychological perspectives 225; *R.Levinson*, Obstacles in the treatment of dying patients: Am.J.Psychiat. 132 (1975) 28. Modifikationen der Stufentheorie: *Munnichs*, Old Age 54—74; *Sporken*, Umgang 39—53; *Herzig*, Betreuung 24—25; *Rest*, Pädagogik des Todes — Hilfe zum Sterben: Theor.Prax.soz.Arb. 25 (1974) 430; *K.Götzinger*, Sprechen mit einem, der stirbt. Pastoralpsychologische Überlegungen: ThG 18 (1975) 40-46; *E.Kübler-Ross*, Interviews mit Sterbenden, Gütersloh [10]1983. Andere Einteilungsversuche bei:*E.M.Pattison*, The experience of dying, Prentice Hall/Englewood Cliffs 1977.
[100] *Herzig*, Betreuung 20.
[101] *Rest*, Sterbenden beistehen 69—70.
[102] *I.E.Alexander/A.M.Adlerstein*, Studien zur Psychologie des Todes: *D.J.C.Brengelmann* (Hg.), Perspektiven der Persönlichkeitsforschung, Bern 1961, 55.
[103] Ebd. 155—157; *S.Freud*, Jenseits des Lustprinzips: *A.Mitscherlich u.a.* (Hgg.), Sigmund Freud. Studienausgabe 3, Frankfurt/M. 1982, 213f; *Ders.*, Zeitgemäßes über Krieg und Tod: Studienausg. 9, 33f.

Psychoanalytisch betrachtet beginnt der Sterbeprozeß als eine Retraktion der Ich-Grenze[104]. Eine schwere Erkrankung wird als Objektverlust im somatischen Bereich erlebt, der Mensch fühlt dies in seiner »psychophysischen Ganzheit« als ein elementares Geschehen archaischen Ausmaßes. Dieser Verlust — besonders auch im sozialen Bereich — beinhaltet eine narzißtische Kränkung[105], die zur Labilisierung des Selbstwertgefühls führt. Die daraus folgende emotionale Ohnmacht ist bei Krebskranken ein charakteristisches Phänomen. Die oben erwähnten Prozesse führen zu zwei zentralen psychodynamischen Konsequenzen: Der *infantilen Regression* und der *Aggressionsabwehr*. Eine intrapsychische Aggression vermag der Patient bewußt nicht anzunehmen, da affektiv-intensive Triebe der emotionalen Ohnmacht entgegenstehen, bzw. ihr Ausleben die infantile Regression behindern würde: Durch Aggression würde die so dringend benötigte emotionale Zuwendung gefährdet. Weitere Mechanismen in vitaler Bedrohung sind die sekundäre Hpyochondrie (die intensive Beobachtung des kranken Organs) und die Verleugnung als zentrale psychodynamische Prozesse[106]. Aus der psychoanalytischen Behandlung wurde bekannt, daß die existentielle Bedrohung auch intensive Todeswünsche, Schuldgefühle und Ängste hervorzurufen vermag[107].

3. Die Religion

a. Todesangst und Todesfurcht[108]

Beide Begriffe werden in der empirischen Forschung aufgrund der Schwierigkeit einer inhaltlichen Abgrenzung meist synonym verwandt[109]; von an-

---

Der von Gebsattel weitergeführte Freud'sche Ansatz: *Hofmeier*, Literaturbericht 344—345; Freud's Thesen als Behinderung der thanatolog. Forschung: *Lifton*, Death symbolism 201. Freud's Analyse sei insofern in einem ontologischen Vorurteil begründet, als diese — unterschieden von den Grundlagen der Existenzialphilosophie — auf einer naturwissenschaftlichen Basis beruhe (*Condrau*, Todesfurcht 208). Todesfurcht — verstanden als sekundäres Derivat — sei selbst bereits Ausdruck einer neurotischen Verleugnung (*Biran*, Todesfurcht 173; *N.O.Brown*, Tod und Ewigkeit im Licht der Lehre Freud's: *Lüth*, Sterben heute 85—97; *J.Wittkowski*, Theoretische und methodogische Probleme der Thanato-Psychologie: *Howe/Ochsmann*, Tod 27—28).

[104] *Boenisch/Meyer*, Extremsituationen 539.
[105] Vgl. *A.Wirth*, Sterben und Tod. Aspekte einer psychologischen Anthropologie unter besonderer Berücksichtigung der psychoanalytischen Narzißmustheorie, Zürich 1980.
[106] *Freybeger*, Verhalten 1878—1882.
[107] *W.Larbig*, Information und Aufklärung unheilbar Kranker: Med. Welt 27 (1976) 1872—1877.
[108] Die moderne Psychologie unterscheidet zwischen Furcht als »Vermeidungsmotiv« und Angst als »ungerichtete Aktivität«. Damit ist keine inhaltliche Aussage gemacht (*Rest*, Pädagogik 425).
[109] *N.Erlemeier*, Todesfurcht — Ergebnisse und Probleme: Z.Gerontol 11 (1978) 682; *Ders.*, Forschungen zum Todesproblem 41 (Begriffsbestimmung); Weitere Gründe bei *Condrau*, Todesfurcht 208—209.

deren Begriffen wie »Gedanken an den Tod«, »Bewußtsein vom Tode«, »Endlichkeit« werden sie hinreichend abgegrenzt[110]. Allerdings sind besonders innerhalb dieser Subdisziplin die methodologischen Schwierigkeiten und die Differenz der Ergebnisse aufgrund disparater Methoden besonders auffallend[111].

b. Ursprung der Todesfurcht

Biran sieht Todesfurcht begründet im drohenden Verlust aller zukünftigen Erfüllungen und der hintergründigen Furcht vor dem Verlust aller Erfüllungen überhaupt[112]. Die Intensität der Todesfurcht korreliere mit unserem Triebspektrum, eine psychische oder physische Erschöpfung würde demnach eine Minderung der Furcht nach sich ziehen.

Todesfurcht im Hinblick auf das »Danach«: Biran unterscheidet die »gute« Unsterblichkeit, als die einem Wunschtraum des Menschen verdächtigte Vorstellung der nach einem Formwechsel weiterexistierenden Seele, von der »unguten«, »schlechten« Unsterblichkeit, dem Übergang ins Nichts. Diese letzte Variante begründe die Todesfurcht erst eigentlich[113].

c. Religiosität — Furcht vor dem Tode

Die Versuche der empirischen Thanatopsychologie, Religiosität zur Einstellung von Tod und Sterben in Beziehung zu setzen, läßt widersprüchliche Ergebnisse erkennen: Zum einen wurde eine positive (angstfreie), zum anderen eine negative (von Angst bestimmte) Einstellung festgestellt. Die Divergenz der Ergebnisse ist wohl auf die meist zu wenig berücksichtigte Mehrdimensionalität von »Religion« zurückzuführen. Nach Untersuchungen von Wittkowski/Baumgartner kann ein komplexer Zusammenhang von Religiosität und Todesangst bestätigt werden; dabei sind die einzelnen Glaubensinhalte, nicht jedoch Religion »an sich« ausschlaggebend[114]. Positiv wirkt sich aus: Die Aussagen über ein Leben nach dem Tode ermöglichen eine Strukturierung des Unbekannten, der Glauben an einen personalen, allmächtigen Gott soll die Frustration, die mit der Antizipation des Todes gekoppelt ist, mindern[115]. Eine weitere Unterscheidung zur Klärung unterschiedlicher

---

[110] *Erlemeier*, Todesfurcht 683; *Fisseni*, Endlichkeit 460—461.
[111] F.C.Jeffers/A.Verwoerdt, How the old face death: *E.W.Busse (Hg.)*, Behavior and adaptation in later life, Boston 1969.
[112] *Biran*, Todesfurcht 154—161.
[113] Ebd. 169—170; Gegen Biran: *Condrau*, Todesfurcht 203—206.
[114] *Wittkowski/Baumgartner*, Religiosität 61.66—67.
[115] Religion als Mittel zur Rationalisierung, zur Wandlung der Furcht in die freundliche Hoffnung: *Alexander/Adlerstein*, Studien 67.

Ergebnisse stellt die Trennung des Erlebens von Religion als verhaltensnormierender und sinngebender Instanz dar[116]. Eine Variable im Zusammenhang mit dem Ausmaß von Todesfurcht sind insbesondere Todesvorstellungen und -bilder, die je nach persönlichem Bedeutungsgehalt die Todesfurcht auf ein Strafgericht des rächenden Gottes beziehen[117].

III. »Thanato-Praxis«

1. Die Begegnung

a. Die Chance in der Beziehung

Objektiv kann in der Medizin eher gesagt werden, was die Bedürfnisse und Notwendigkeiten des Kranken sind, hingegen lassen sich die »Grundbedürfnisse des Kranken als Norm unserer Hilfe«[118] weitaus schwieriger erfassen, da nur in einer ehrlichen Beziehung zwischen Krankem und Helfer die humane Notwendigkeit deutlich zu werden vermag. Allgemein haben die sogenannten sozialen Berufe sicherlich größere Chancen im Sterbebeistand, da ihre Professionalisierung — im Vergleich zum medizinischen Personal — weniger stark ausgeprägt ist. Allerdings wächst mit dieser Chance gleichermaßen die Unsicherheit in der Begegnung[119]. Formal gesehen wird diese auf drei Ebenen stattfinden: In der Unmittelbarkeit, in der Distanz, in der Beziehung[120]. Diese drei Intensitäten werden sowohl vom Seelsorger, als auch vom Kranken bestimmt.

α. Der Kranke

In der modernen Medizin wird der Kranke von einem Arsenal an Fachkräften betreut; die zentrale Bezugsperson wird er sich selbst auswählen. Dies geschieht sowohl in direkten, als auch in indirekten Äußerungen, wobei

---

Religion erklärt nicht die unterschiedliche Todesfurcht: *Kastenbaum/Costa*, Psychological Perspectives 234.
Todesangst als Drang zu religiösem Leben: *Rest*, Pädagogik 429.
Je näher der Tod, desto mehr weicht die Furcht des Kranken: *Witzel*, Der Patient 1376—1377.
[116] *Allport/Ross*, Religious orientation 4334—435. 441—442.
[117] *Rest*, Pädagogik 426; *Erlemeier*, Todesfurcht 685; *D.I.Templer/E.Dotson*, Religious correlates of death anxiety: Psychol.Rep. 26 (1970) 897.
[118] *J.Schara*, Die Zustimmung des Kranken zur Therapie: Schara, Intensivtherapie 158.
[119] *Rest*, Pädagogik 427.
[120] Ebd. 428.

die Bezugsperson nicht der Seelsorger sein muß[121]. Angesichts der Aufsplittung der Tätigkeitsbereiche darf eine Betreuung — im Selbstverständnis als Arzt oder Priester — nicht an eine Sonderdisziplin von Psychotherapeuten oder Sozialarbeiter abgeschoben werden[122].

β. Der Seelsorger

Die Färbung und das Gelingen einer Beziehung zum Kranken hängt beim Seelsorger in besonderer Weise von den Motiven seiner Berufswahl[123], aber auch von seinen Erwartungen an den Kranken ab[124]. Dabei ist zu berücksichtigen, daß der Seelsorger in die Strukturen des »Teams« der jeweiligen Krankenstation — je nach Anerkennung seiner »Rolle« — in verschiedenster Weise integriert sein kann. Oftmals entscheiden diese Strukturen darüber, inwieweit der Wunsch nach geistlicher Betreuung registriert und weitergeleitet wird[125].

b. Die Erziehung zum »sinnvolen« Sterben

Ob in neuerer Zeit das »sinnvolle« Sterben durch erfahrene mitmenschliche Zuwendung, oder im zeitlichen Rückblick ein »seliges« Sterben im Rahmen eines tradierten Rituals als erstrebenswert angesehen wird: Immer — obgleich sich das Verhalten und die Denkmuster der Menschen sich ändern — geht es darum, dem Tod den Charakter des Zufälligen zu nehmen[126]. Der als gottgewollt ausgegebene Tod kann aber auch gesellschaftliche Mißstände und Ungerechtigkeiten verschleiern. »Ob der Tod nun als ständige Bedrohung gefürchtet wird, ob er als höchstes Opfer verherrlicht oder als Tatsache hingenommen wird, immer bringt die Erziehung zur Zustimmung zum Tod

---

[121] *Mayer-Scheu*, Bedingungen 340—341; *Witzel*, Der Patient 1378.
Die Ablehnung des Priesters: *Mayer-Scheu/Kautzky*, Behandeln 104; *Bowers*, Sterbenden beistehen 149; Vgl. *Mayer-Scheu*, Der mitmenschliche Auftrag am Sterbenden: Conc(D) 10 (1974) 290.
[122] *Richter*, Krise 159; *Mayer-Scheu*, Auftrag 287.
[123] Lit. dazu bei *Bowers*, Sterbenden beistehen 79.
[124] *Piper*, Unfähigkeit 17; *Ders.*, Gespräche 151.
Zum Tode der Mutter der Simone de Beauvoir: *Bleistein*, Tod 712.
Zur Relevanz des erlebten »Wie« der Wahrheitsmitteilung im Leben des Seelsorgers: *J. Mayer-Scheu*, Das Unfassbare berühren — Seelsorgliche Gedanken zur Auseinandersetzung mit dem Tod im klinischen Alltag: Ev. und kath. Klinikseelsorge Mainz (Hgg.), Die Sorge der Kirchen im Krankenhaus (FS Leben und Leiden), Mainz 1984, 19—28.
[125] *Fisseni*, Endlichkeit 464; *Koch/Schmeling*, Betreuung 42f; *Sporken/Condrau*, Sterben 107—108.
Zur Rolle im Team: *Herzig*, Betreuung 41—54.
[126] *Josuttis*, Leitbilder 367.

von Anfang an ein Element der Unterwerfung ins Leben — der Unterwerfung und Preisgabe«[127]. Die Sterbe-art ist zu einem unbestimmten Anteil immer auch ein Produkt der Lebensgestaltung, die insbesondere vom politischen Milieu ermöglicht oder begrenzt wird[128].

2. Die Kommunikation

a. Das Mit-leid

Das Problem der Begleitung ist insofern ein Kommunikationsproblem, als die Mitteilungen und Erzählungen der Kranken nicht verstanden werden. Piper nennt in diesem Zusammenhang unsere Verarmung der Sprache, ein mangelndes phantastisches Sprachgefühl, das über den Austausch von Information hinausgeht. Es kann eine Aufgabe des Seelsorgers sein, sich in den situativen Kontext einzufühlen, in die vieldeutigen Andeutungen einzuhören. Dabei wird selten ein Patient über den »Tod« oder »die Angst vor dem Sterben« sprechen, die Kranken »bringen ihre Existentialien nicht in den gängigen Abstraktionen zur Sprache«[129]. Im pastoralen Sterbebeistand wird neben der Sakramentenspendung, die all das besiegelt, was der Übersetzung in menschliche Begegnung bedarf, das seelsorgliche Gespräch eine zentrale Rolle spielen[130]. Mit der Integration von Elementen der »klientenzentrierten Beratung« und der Vermeidung eines autoritären Stils ist das zentrale Motiv: Die gemeinsame Suche[131], oder ein Schlüsselbegriff: Die *Solidarität*[132]. Begegnung zwischen Seelsorger und Patient ereignet sich als schmale Gratwanderung zwischen der Identifikation auf der einen Seite — die dem Patienten nichts nutzt — und der Distanz auf der anderen Seite, in der der Betreuer

---

[127] *H.Marcuse*, Triebstruktur und Gesellschaft. Beitrag zu Sigmund Freud, Frankfurt/M. 1968, 232, zit. in: *Josuttis*, Leitbilder 368, Anm. 38.

[128] Vgl. dazu die Rede vom »appropriate death«, vom angemessenen Tod. Das Sterben sei dann einem Menschen angemessen, wenn es den gelebten Werten nicht widerspreche: *Weisman*, Realization of Death; *H.Lepargneur*, Die kritische Funktion der Kirche gegenüber dem von der Gesellschaft verordneten Sterben: Conc(D) 10 (1974) 279f.

[129] Oftmals werden strukturell verwandte Bilder in alten Sterbeliedern zu finden sein, wobei die Kranken diese nicht kennen müssen: *Piper*, Gespräche 162.
Zu den »Chiffren«: *E.Kübler-Ross*, Verstehen was Sterbende sagen wollen, Stuttgart 1982; *Engelke*, Signale 112; *C.Zepp*, Feilschen mit dem Tod: Die Zeit, Nr. 44 vom 25.10.1974.

[130] *Bowers*, Sterbenden beistehen 74; *Sporken/Condrau*, Sterben 106—107; *Koch/Schmeling*, Betreuung 47.

[131] *Rest*, Pädagogik 430.

[132] *Mayer-Scheu/Kautzky*, Behandeln 67; *H.von Papen u.a.*, Die Sorge der Kirchen um den Kranken beschrieben am Beispiel der Universitätsklinik Mainz: FS Leben und Leiden 6—14. Die Begleitung wurde als »›nächstenbezogene‹ Seelsorge« charakterisiert: *I.Kilpeläinen*, zit. in: *Götzinger*, Sprechen 39; vgl. *Josuttis*, Leitbilder 371: »Es gibt keine Haltung gegenüber dem Tod, die eindeutiges Indiz christlichen Glaubens wäre.«

mit seiner eigenen Angst konfrontiert wird und die Flucht ergreift[133]. Gerade in dieser Sicht von Seelsorge erscheint er schwierig, dem Patienten ohne einen klar beschreibbaren, »instrumentalen« Auftrag zu begegnen. Negativ heißt dies: Jeder Rückzug auf eine versachlichende Ebene der Instrumente, der Masken, gefährdet die wirkliche Hilfe[134]. Positiv: Es geht hier gerade nicht um ein schutzloses Sich-Ausliefern, sondern um ein gutes Rollenspiel im positiven Sinn, wobei die Grenzen der eigenen Belastbarkeit abzuschätzen sind[135]. Rollenspiel und Distanz sind wichtige Elemente bei der Definition der Rolle des Seelsorgers. Nur sie ermöglichen Freiräume für die Äußerung der extrovertierten Gefühle des anderen, sie sind Garant für Würde und Respekt vor der Person. — Aber: »Jede Haltung, die man sich wie einen Arztmantel, ein geistliches Kostüm, oder einen Analytikerbart umhängt, kann mißbraucht werden«[136]. Wenn die sakramentale Praxis innerhalb einer Beziehung, oder auch als Chance eines »Brückenschlages«[137] — wenn die Situation keine andere Kommunikation mehr zuläßt —, gesehen wird, vermag eine Ambivalenz auf Seiten des Patienten und des Personals[138] (aufgrund einer fraglichen »Magie«) einem angemessenem Verständnis der Sakramentenspendung[139] zu weichen. Es ist jedoch eine Frage der religiösen Sozialisation, inwieweit die liturgischen Texte in ihren Bildern und Anspielungen verstanden werden[140].

---

133 *Piper*, Unfähigkeit 20.
134 *Mayer-Scheu/Kautzky*, Behandeln 98.
Gegen die Instrumente: *Piper*, Gespräche 149; *Rest*, Sterbenden beistehen 99f.
Die Masken des Seelsorgers: *Bowers*, Sterbenden beistehen 60—61. 72—75.Vgl. dazu eine Exploration von 20 kath. Klinikseelsorgern: *B.Buchholz-Engels*, Verhaltens- und Erlebnisaspekte in der berufsbedingten Konfrontation mit Tod und Sterben bei katholischen Krankenhausseelsorgern, (Unveröff. Diplomarbeit, Psycholog. Institut) Bonn 1978.
135 Die Patienten wollen den Seelsorger in seiner ihm eigenen Rolle sehen. Diese Kompetenz scheint in der Ausbildung nicht adäquat vermittelt zu werden: *R.G.Bruehl*, Perceptions of the pastoral role by staff and patients in a general hospital and pastor's stereotypes of medical personnel's Attitudes toward the pastoral role Evanston/Illinois 1967, 121. 171; *R.Schmitz-Scherzer*: Sterben im Erlebnis Anderer: *Howe/Ochsmann*, Tod 113; *W.Becker*, Ist Seelsorge an Sterbenden lehrbar?: WzM 24 (1972) 24—33; *Götzinger*, Sprechen 39—40; *R.Zerfaß*, Liebe konkret: Prinzip Liebe. Perspektiven der Theologie, Freiburg 1975, 150—158.
Zur Gestaltung des seelsorglichen Dienstes vgl. den Abschnitt »Postulate an die Kirche«: *Mayer-Scheu*, Auftrag 292—293.
136 *J.Hillmann*, Die Begegnung mit sich selbst. Psychologie und Religion, Stuttgart 1969, 33; *Mayer-Scheu/Kautzky*, Behandeln 105.
137 *Sporken*, Umgang 35—36.
138 *Mayer-Scheu/Kautzky*, Behandeln 67.
139 Vgl. *Rest*, Sterbenden beistehen 91.
140 *Herzig*, Betreuung 107. *G.Siefer*, Prognose 330—333. Einen guten Überblick bietet hierzu *H.J.Helle*, Symboltheorie und religiöse Praxis: *J.Wössner (Hg.)*, Religion im Umbruch, Stuttgart 1972, 200—217: Die sogenannten »sinn-losen« Symbole verschleiern einen interpersonalen

b. »Zur geistlichen Armut der Symbollosigkeit«[141]

Wenn auch die Kunst der angemessenen Sprache angesichts des Todes vonnöten ist, so lebt eine wirk-liche Kommunikation in hohem Maße von nonverbalen Elementen[142]. Gerade in der Psychotherapie wird die Möglichkeit gesehen, durch symbolische Handlung »in kurzer Zeit viel auszusagen«[143]. Einen Zugang zum »Symbol« bietet in unserem Kontext die Traumanalyse nach C.G.Jung, der das Traumgeschehen als eine bedeutsame Funktion des unbewußten Individuationsprozesses verstand. Wird in diesem System das Symbol als *ein* Sprachelement der Religion angesehen, so vermag es als bereits bekanntes oder neu »entwickeltes« Zeichen eine Brücke zwischen der inneren Erfahrung und den Bildern der Religion zu schlagen[144]. Wird die Bewältigung der Angst vor dem Tode als Element des Individuationsprozesses angesehen[145], so vermögen Symbole den Menschen auf diesem Weg zu begleiten: Der Tod als archetypische Situation, *eine* Betrachtungsweise des »Heimgangs der Seele« im Traum des Gerontius[146]. Die Riten, »errichtet gegen die Gefahren des Unbewußten, die ›perils of the soul‹«[147], dienen als Dämme gegen die Angriffe der Dämonen[148]. In diesem Kampf tragen die Engel, »Ammen der Seele«[149], ihnen Anvertrautes vor den Blick des Allerhöchsten. Eine formale Betrachtung der »autonomen seelischen Inhalte« und deren machtvolle Wirkung auf das Erleben wird sich ihrer methodischen Beschränkung bewußt sein. Die Frage nach der ontischen, metaphysischen Wirklichkeit ist davon streng zu unterscheiden[150].

Sozialisationsdefekt, der aufgrund seines immensen Ausmaßes als solcher nicht mehr erkannt wird. Entfaltet man dieses Modell, so zeichnet sich folgender Befund ab: Wenn die Kirche die Legitimation ihrer Riten und Symbole gerade auch aus der Zeitlosigkeit, d.h. mit allen Verstorbenen und zukünftig Seienden begreift, dann gehen gegenwärtig diejenigen in diese Zeitlosigkeit ein, die sich angesichts der christlichen Symbole überfordert fühlen.

[141] *C.G.Jung*, Die Archetypen und das kollektive Unbewußte: Ges. Werke 19/9 Olten 1976, 24.

[142] *Rest*, Pädagogik 429.

[143] *Bowers*, Sterbenden beistehen 20.

[144] *D.Foulkes*, Die Psychologie des Schlafes, Frankfurt/M. 1969, 20; *H.Hark*, Der Traum als Gottes vergessenen Sprache, Olten/Freiburg 1982, 11—29. 64. 143—164; *C.G.Jung*, Seele und Tod: Ders. (Hg.), Wirklichkeit der Seele, Zürich 1939, 220.

[145] *R.Meier*, Die anhropologische Bedeutung der Todeserfahrung, Zürich 1983, 64; *Herzog*, Psyche und Tod 159—227.

[146] *J.H.Kardinal Newman*, Der Traum des Gerontius, Freiburg ³1947, (Orig.: The dream of Gerontius, Erstdruck 1865).

[147] *Jung*, Archetypen 31.

[148] *J.Quasten*, Der Gute Hirte in frühchristlicher Totenliturgie und Grabeskunst: Miscelanea G.Mercati, (StT 121), Città del Vaticano 1946, 385.

[149] *A.Recheis O.S.B.*, Engel, Tod und Seelenreise. Das Wirken der Geister beim Heimgang des Menschen in der Lehre alexandrinischer und kappadokischer Väter, (TeT 4), Rom 1958, 134—135.

[150] *C.G.Jung*, Zur Psychologie westlicher und östlicher Religion: Ges. Werke 11, Olten/Freiburg ⁴1983, 658—660.
Zum Bilderleben des Sterbenden vgl. *H.Petzold*, Gestalttherapeutische Perspektiven zu einer »Engagierten Thanatotherapie«: Howe/Ochsmann, Tod 135—148.
Eine Untersuchung über den Rang christl. Symbole bei Jugendlichen: *B.Bitter/G.Glück*, Einstellungen und Verhaltensweisen zu Sterben und Tod bei Schülern am Ende der Sekundarstufe I: Howe/Ochsmann, Tod 301—306.

3. Sakramentale Feier

a. Zum Erleben des Ritus

Zur Reaktion auf die sakramentale Feier liegen uns nur wenige Untersuchungen vor. Zentraler Punkt dieser Fragestellung scheint der *Ritusvollzug* zu sein, d.h. die Weise, in welcher das Sakrament gespendet wird. Zusammenfassend könnte man die Spendung der Krankensalbung — wenn sie im Sinne der »last rites« verstanden wird — als angstauslösend bezeichnen, da sie den nahen Tod repräsentiert. Allerdings zeichnet sich im Wie des Vollzugs eine zugleich beruhigende Komponente ab: Angstminderung aufgrund der »routine nature of the procedure«[151]. Damit steht der Seelsorger in jener schwierigen Situation, daß einerseits von ihm das Poetische, die Kompetenz der Chiffren erwartet wird, andererseits die Bilder und Sprache der Liturgie von vielen Menschen nicht gelernt wurden: Die Frage nach der Bearbeitung der Symbole des Glaubens, um diese erfahrbar zu machen, ist bisher unbeantwortet geblieben[152].

b. Ausbildung der Helfer

Um dieser Situation gerecht zu werden, würde eine professionale Ausbildung nach Fisseni folgende Elemente beinhalten:[153]

---

[151] *N.H.Cassem u.a.*, How coronary patients respond to last rites: Postgrad.Med. 45 (1969) 147—152; *Bowers*, Sterbenden beistehen 18f; Vgl. dazu *H.Erharter*, Es muß feste Bräuche geben: Diakonia 7 (1976) 361—365. Gerade in der Krisis kann die Form nicht immer neu »erfunden« werden. Vgl. *M.Josuttis*, Vorläufige Erwägungen zu einer praktisch-theologischen Theorie der Sakramente: Diakonia 7 (1976) 294—305; *E.Engelke*, Sterbenskranke und die Kirche, München 1980, 121.

[152] Vgl. *M.Klessmann*, Identität und Glaube, (Diss.) Bielefeld 1978, 308—327.
Neben einer erfolgten religiösen Sozialisation lebt der Ritus aber auch vom Nichtrationalem, bietet ahnungsvolle Räume: *Herzig*, Betreuung 30—31; *H.Schaer*, Erlösungsvorstellungen und ihre psychologischen Aspekte, Zürich 1950, 327—381.
Wider eine Aufgabe der Ambivalenz von Symbol und Wort zugunsten einer Eindeutigkeit, die das Dichterische entbehrt: *Engelke*, Sterbenskranke 159. Gerade in der Sterbeliturgie findet das Dichten ihren vorzüglichen Platz: In der »Grenzstellung« des Todes wird das »dichterische Wohnen« in besonderer Weise wirkmächtig, da hier die wesenhafte *Weltnähe*, die *Weltferne* in der existentiellen Abgeschiedenheit und der *Ruf nach Gottesgegenwärtigkeit* in einmaliger Weise erlebt werden (*L.Boros*, Mysterium 73—78).

[153] *Fisseni*, Konfrontation 102—103. Die Begleitung des Patienten ist kein Praeliminarium, auf das das eigentliche »Christliche« folgt; vgl. *Sporken/Condrau*, Sterben 105; *H.C.Piper*, Macht und Ohnmacht. Die Frage nach dem Proprium der Seelsorge: FS Leben und Leiden 14—19.
Die Frage nach der Praxis ist mehr als der Erwerb des »know-how«. Vgl. dazu das Modell vom Sterben als »Krisenbewältigung«: *Herzig*, Betreuung 27f; *H.C.Piper*, Ein Zentrum für Clinical-Pastoral-Training in Hannover: WPKG 59 (1970) 429f; *W.Zijlstra*, Seelsorge-Training, München/Mainz 1971, 12—17. 143—146; *Mayer-Scheu*, Auftrag 293: »Wer einem Sterbenden zu

— *Kognitive Ebene:* Vorinformationen über den jeweils anderen Bereich aus Theologie und Medizin.
— *Handlungsebene:* Sensibilisierung für den Kontakt mit Kranken; Erlernen der Formen des nonverbalen Kontakts in Mimik, Gestik und Berührung; die Fähigkeit, eigene Probleme und Ängste zu verarbeiten, sowie sich in ein Team zu integrieren.
— *Existentielle Ebene:* Eine Weise wäre das Lernen anhand des Modells Lehrer/Schüler, wie es in der Medizin oder in der Analyse üblich ist.

C. Rückblick auf den Ordo Vaticanus

In diesem Rückblick kann es nicht darum gehen, kritische Bezüge zwischen den Ergebnissen der thanatologischen Forschung in Theorie und Praxis einerseits und dem Ordo Vaticanus andererseits in entsprechender Weise darzustellen. Diese Bezüge wären auch insofern flüchtige Entwürfe, als bestimmte Strecken innerhalb der Begegnung mit dem sterbenden Menschen immer wieder neu zu reflektieren, zu revidieren und individuell zu gestalten sind. Dennoch sei im Blick auf den Ordo Vaticanus auf folgende Punkte vor dem Hintergrund der oben skizzierten Situation des Sterbenden hingewiesen.

1. Das Sterben und der Tod des Menschen können beim Patienten im Verlauf einer Krankheit zur zentralen Lebensfrage werden. Werden Tod und Sterben nicht geleugnet, so dürfen diese auch als Letztes im Glauben nicht ungenannt bleiben.[154] Da die Krankensalbung in der Hoffnung auf das Kommen des Reiches, auf die Verleihung des Sieges gespendet wird, so kann diese Thematik innerhalb der sakramentalen Begegnung zur Sprache kommen. Dies bedeutet keineswegs die reduzierte Sichtweise einer Extrema unctio, die sich ehemals auf das Faktum der Nähe des Todes beschränkte, sondern vielmehr eine ganzheitliche Sichtweise des Sakramentes, innerhalb deren auch das psychosomatisch bedeutsame Erleben der Krankheit berücksichtigt wird: Während der Kranke die Bedrohlichkeit und Mächtigkeit der Angst als eigene Dynamik erfährt, betonen die kirchlichen Dokumente die Hoffnung und das Gottvertrauen. Die Angst

---

einem wahrhaften Begleiter wird, wird selber zu einem Zeichen, durch das dem Sterbenden eine vielleicht entscheidende Transzendenzerfahrung möglich wird.«

[154] Vgl. *J. Hild*, Der Tod — ein christliches Geheimnis: *A. M. Roguet (Hg.)*, Das Mysterium des Todes, Frankfurt/M. 1955, 214.

kommt zwar innerhalb dieses Rahmens, nicht aber als eigenständige Dimension des Erlebens zur Sprache.[155]

2. Die Spendung der Krankensalbung kann innerhalb des Ritus continuus zum »Sterbesakrament« werden, wenn der Sterbende das Viaticum in Bewußtlosigkeit, oder aus Gründen medizinischer Hilfeleistungen überhaupt nicht zu empfangen vermag. In diesem Falle wird die Salbung letztlich zur einzig erfahrbaren Möglichkeit der sakramentalen Zuwendung, wobei jedoch zur Spendung der Krankensalbung ohne Viaticum in unmittelbarer Todesgefahr das Formular des Ritus ordinarius unverändert übernommen wird. Hier werden aber gerade Tod und Sterben nicht ausdrücklich thematisiert, da Theologie und Text des neuen Ordo Vaticanus primär nicht den *Sterbenden* im Blick haben. Damit ist die Situation des Schwerkranken, unter der oben angenommenen Bedingung, kaum Gegenstand und Thema der liturgischen Texte.[156]

3. Der Sterbende erfährt die Anwesenheit, die Zuwendung des Helfers mittels seiner vorhandenen sinnlichen Kompetenzen. Da der Mensch in einem ganzheitlichen Vollzug seine Krankheit erlebt und erstirbt, ist in der liturgischen Feier auf all jene Elemente zu achten, die in besonderer Weise die taktilen und auditiven Fähigkeiten des Menschen ansprechen.[157] Das Zurückhalten von Aggression, das Nicht-Verbalisieren der Gefühle als typisches Phänomen dieser Zeit könnte in einer Liturgie, welche »die Emotionen nicht unterdrückt, sondern ... auffängt«,[158] Freiräume finden: Die Psalmenfrömmigkeit und die Rede Hiobs an seinen Gott.

---

[155] *Engelke*, Sterbenskranke 126; Vgl. O.UnctInf 5 (14): *Quare Christus fideles ... munit, tamquam firmissima quodam praesidio*; ebd. 6 (14): *... Dei fiducia sublevatur et adversus tentationes maligni anxietatemque mortis roboratur ...* Vgl. auch *A. Knauber*, Sakrament der Kranken. Terminologische Beobachtungen zum Ordo Unctionis Infirmorum: LJ 4 (1973) 234f.

[156] O.UnctInf 30 (19): *Si vero ob infirmitatem, sacram Communionem recipere nequit, sacra unctio illi ministranda est.* Vgl. ebenso 134 (55). Allerdings ist in diesem Kontext die Möglichkeit der Anpassung der Feier an die gegebene Situation besonders hervorzuheben: *Minister, prae oculis habens adiuncta aliasque necessitates necnon vota infirmorum aliorumque fidelium ...* (ebda 40 [21]; vgl. ebenso 134b [55]; *Engelke*, Sterbenskranke 101. 108—109. 113. 162—166.

[157] Vgl. O.UnctInf 38d (21): *... quoties opportunum fuerit, medoliis cantui aptis.* Das Musikerleben scheint zumindest eine gleichwertige Bedeutung wie die verbale Zuwendung zu besitzen: *Rest*, Sterbenden beistehen 85—91. 124; Eine Übersicht darüber bei *G. Harrer (Hg.)*, Grundlagen der Musiktherapie und Musikpsychologie, Stuttgart 1975; *Bowers*, Sterbenden beistehen 111.

[158] *Canacakis*, Trauerverarbeitung 33; Vgl. *Th. Sundermeier*, Todesriten als Lebenshilfe: WzM 4 (1977) 129: »Gefährliche Gedanken, die sonst unterdrückt werden ... werden aussagbar gemacht, ohe daß sie weder den Mitteilenden noch den Adressaten verletzen. Der Ritus kanalisiert die Gefühle.«; Vgl. *Hahn*, Individualität 747.

D. Bibliographie

(Da sich immer noch ein bedeutender Anteil der thanatologischen Forschung im angloamerikanischen Sprachraum abspielt, wurde auch Literatur in englischer Sprache aufgenommen).

Becker, E., The Denial of Death, New York 1974.

Becker, P. /Reiner, A., Beobachtungen und Hilfen am Sterbebett aus ärztlicher und seelsorglicher Sicht, (Erfahrungsheilkunde 28), Heidelberg 1979.

Becker, W., Klinische Seelsorgeausbildung, Frankfurt 1972.

Eibach, U., Medizin und Menschenwürde. Ethische Probleme in der Medizin aus christlicher Sicht, Wuppertal 1976.

Eissler, K.R., The Psychiatrist and the Dying Patient, New York 1955.

Garfield, C.A. (Ed.), Psychological care of the Dying Patient, New York 1978.

Gifford, S., Some psychoanalytic theoris about death: *L.P.White (Ed.)*, Care of Patients with Fatal Illness: Annals of the New York Adacemy of Sciences 1969, 638—668.

Glaser, B.G. /Strauss, A.L., Time for Dying, Chicago 1968.

Hinton, J.M., Dying, Harmondsworth 1977.

Jüngel, E., Tod, Stuttgart 1971.

Kastenbaum, R. /Aisenberg, R., The Psychology of Death, New York 1972.

Kastenbaum, R. /Costa, P.T., Psychological Perspectives on Death: Annu.Rev.Psychol. 28 (1977) 225—249.

Kutscher, A., Death and Bereavement, Springfield, Illinois 1974.

Lau, E.E., Tod im Krankenhaus, Köln 1975.

Le Shan, L., Psychotherapy and the dying patient. Current issues in the treatment of the dying person, London, Cleveland 1969.

Omega. An International Journal for the Psychological Study of Dying, Death and Bereavement, Suicide and other Lethal Behaviours 1 ff ([New York] 1970 ff).

Potthoff, O., Der Tod im medizinischen Denken. Die Entwicklung kognitiver und emotionaler Dimensionen des Todes, Stuttgart 1980.

Sell, J.L., Dying and Death. An Annotated Bibliography, New York 1977.

Weisman, A.D. /Kastenbaum, R., The Psychological Autopsy. A Study of the Terminal Phase of Life, New York 1976.

Winter, F., Seelsorge an Sterbenden und Trauernden, Göttingen 1976.

Ziegler, J., Die Lebenden und der Tod, Darmstadt/Neuwied 1977.

»Dies irae«

Fidel Rädle

I. Text und Übersetzung

1. Dies irae, dies illa
   Solvet saeclum in favilla
   Teste David cum Sibylla.

2. Quantus tremor est futurus,
   Quando iudex est venturus
   Cuncta stricte discussurus!

3. Tuba mirum sparget sonum
   Per sepulcra regionum,
   Coget omnes ante thronum.

4. Mors stupebit et natura,
   Cum resurget creatura
   Iudicanti responsura.

5. Liber scriptus proferetur,
   In quo totum continetur,
   Unde mundus iudicetur.

6. Iudex ergo cum censebit,
   Quidquid latet, apparebit,
   Nil inultum remanebit.

7. Quid sum miser tunc dicturus,
   Quem patronum rogaturus,
   Dum vix iustus sit securus?

8. Rex tremendae maiestatis,
   Qui salvandos salvas gratis,
   Salva me, fons pietatis.

9. Recordare, Iesu pie,
   Quod sum causa tuae viae,
   Ne me perdas illa die.

10. Quaerens me sedisti lassus,
    Redemisti crucem passus;
    Tantus labor non sit cassus.

11. Iuste iudex ultionis,
    Donum fac remissionis,
    Ante diem rationis.

12. Ingemisco tamquam reus,
    Culpa rubet vultus meus;
    Supplicanti parce, Deus.

13. Qui Mariam absolvisti
    Et latronem exaudisti,
    Mihi quoque spem dedisti.

14. Preces meae non sunt dignae,
    Sed tu, bonus, fac benigne,
    Ne perenni cremer igne.

15. Inter oves locum praesta
    Et ab hoedis me sequestra
    Statuens in parte dextra:

16. Confutatis maledictis
    Flammis acribus addictis
    Voca me cum benedictis.

17. Oro supplex et acclinis,
    Cor contritum quasi cinis,
    Gere curam mei finis.

18. Lacrimosa dies illa,
    Qua resurget ex favilla
    Iudicandus homo reus;
    Huic ergo parce, Deus.

19. Pie Iesu Domine,
    Dona eis requiem.

1. Jener Tag des (göttlichen) Zornes wird die irdische Welt zu Asche auflösen, wie David und die Sibylle vorausgesagt haben.
2. Wie groß wird das Zittern sein, wenn der Richter kommt, um alles streng zu prüfen.
3. Die Posaune wird einen wundersamen Ton über die Gräber der Länder hin erschallen lassen und alle (Toten) vor den Thron (Gottes) zusammenrufen.
4. Der Tod selber und die Natur werden vor Schrecken erstarren, wenn die Kreatur sich erhebt, um Rechenschaft zu geben vor dem Richter.
5. Ein geschriebenes Buch wird hervorgeholt werden, in dem alles verzeichnet ist, wofür die Welt gerichtet werden muß.
6. Wenn also der Richter urteilt, wird zutage kommen, was verborgen ist, und nichts wird ungesühnt bleiben.
7. Was werde ich Armer dann sagen und wen als Anwalt in meiner Sache angehen, da doch kaum der Gerechte sicher sein kann?
8. Herrscher von furchterregender Majestät, der du diejenigen, die gerettet werden sollen, aus Gnade (ohne ihr Verdienst) rettest: rette auch mich, du Quelle barmherziger Güte!
9. Bedenke, gütiger Jesus, daß ich die Ursache deines irdischen Leidensweges bin: Laß mich an jenem Tag nicht verloren sein!
10. Du warst auf der Suche nach mir, als du dich vor Müdigkeit niedersetztest, und du hast mich erlöst, als du den Kreuzestod erlittest: Eine solche Mühsal soll nicht vergeblich sein.
11. Du Richter, der nach dem Recht straft, erweise mir das Geschenk deiner Vergebung vor dem Tag der Rechenschaft!
12. Ich seufze auf wie ein Angeklagter, mein Gesicht errötet aus Scham über meine Schuld: Gott, verschone den demütig Bittenden!
13. Da du Maria (Magdalena, die Sünderin) freisprachst und den Schächer erhörtest, hast du auch mir Hoffnung gegeben.
14. Meine Gebete verdienen es nicht, — doch bewirke du in deiner Güte gnädig, daß ich nicht im ewigen Feuer brennen muß!
15. Gib mir (beim Gericht) einen Platz unter den Schafen, und trenne mich von den Böcken, indem du mich auf deine rechte Seite stellst.
16. Wenn die Verdammten abgewiesen und den grimmigen Flammen anheimgegeben sind, ruf du mich in der Schar der Gesegneten!

17. **Ich bitte demütig und tiefgebeugt, das Herz zerknirscht wie Asche: Laß dir mein Ende angelegen sein!**
18. **Tränenreich ist jener Tag, an dem der sündige Mensch aus dem Staub zum Gericht auferstehen wird: Gott, sei ihm gnädig!**
19. **Gütiger Herr Jesus, gib ihnen die (ewige) Ruhe!**

II. Zur Textgestalt

Der hier abgedruckte Text stimmt mit der seit dem Jahre 1915 etablierten Ausgabe von Clemens Blume[1] überein. Mit Bedacht ist nicht die von Kees Vellekoop[2] neu erstellte Edition übernommen worden. Vellekoop hat in seiner Monographie zwar die älteste Überlieferung in Gestalt von 15 Handschriften aus dem 13. und 14. Jahrhundert ausgewertet (von denen Blume nur 7 kannte), doch müßten seine editorischen und interpretatorischen Entscheidungen erneut gründlich diskutiert werden. Dafür ist hier gewiß nicht der Ort. Auch schien es nicht ratsam, dem Leser einen Text anzubieten, in dem auf jegliche Interpunktion verzichtet ist. Es sei jedoch ausdrücklich eingeräumt, daß der von Vellekoop aus den Handschriften zweifelsfrei gesicherte Textbefund jedem Herausgeber an mehreren kritischen Stellen Entscheidungen zumutet, in denen er notwendig gegen *ein* anerkanntes Editionsprinzip verstoßen muß, sei es das Prinzip der Überlieferungstreue oder das der praktischen philologischen Vernunft.

Einige charakteristische Fälle mögen das illustrieren: In Str. 17,1 haben die 15 ältesten Textzeugen ausnahmslos *acclivis*, obwohl die beiden restlichen Reimworte dieser Strophe, *cinis* und *finis*, das synonyme und sogar weit besser belegte *acclinis* geradezu erzwingen. In Str. 9,2 ist das den Rhythmus empfindlich störende *quia* (*sum causa tuae viae*) gegen das bequeme *quod*, das bereits in der »Vorlage« der Sequenz, dem sog. Reimgebet[3], steht, ebenso hartnäckig überliefert. Desgleichen bieten die meisten der von Vellekoop herangezogenen Handschriften (und die ältesten obendrein) für Str. 18 die Lesart *Lacrimosa dies illa / que* (= *quae*) *resurget ex favilla*, obwohl die Syntax (*iudicandus homo* ist Subjekt zu *resurget*) eindeutig *qua* fordert und diese Form bereits in der unbezweifelbaren Quelle, nämlich dem entsprechenden Vers aus dem *Libera me, Domine*, tatsächlich vorliegt.

Mit diesen Beispielen sollte lediglich angedeutet werden, daß der hier pragmatischerweise gewählte Text Blumes etwas glatter scheint, als es den von Vellekoop zuverlässig registrierten Überlieferungstatsachen entspricht[4].

---

[1] AHMA 54, hg. v. *Clemens Blume S.J.*, Leipzig 1915 (Reprint 1961), 178 (269—275, bes. 269f).

[2] *Kees Vellekoop*, Dies ire dies illa. Studien zur Frühgeschichte einer Sequenz, (Utrechtse Bijdragen tot de Muziekwetenschap), Bilthoven 1978, 265f.

[3] Vgl. dazu weiter unten 335.

[4] Vgl. die Synopse der 15 Handschriftenversionen: *Vellekoop*, Dies ire 36—54.

III. Zur Geschichte des »Dies irae« und zum Forschungsstand

Die Sequenz[5] *Dies irae*, die in der hier wiedergegebenen Form aus der ersten Hälfte des 13. Jahrhunderts stammt, ist wahrscheinlich das repräsentativste, kulturell folgenreichste und darum berühmteste Gedicht des lateinischen Mittelalters. Es war, seit der Reform des Meßbuchs durch Papst Pius V. (1570), die viele im Laufe der Jahrhunderte neu geschaffene poetisch-liturgische Texte wieder ausmerzte, eines der ganz raren Exempel mittelalterlicher Sequenzendichtung im Römischen Missale und damit fester Bestandteil der katholischen Totenliturgie[6]. In dieser Funktion, aber auch außerhalb des liturgischen Raumes, lebte das Gedicht fort, nicht zuletzt in Verbindung mit der Musik zahlloser Komponisten, seinen mittelalterlichen Bedingungen insofern kaum entfremdet. Die in vielen Handschriften überlieferte ursprüngliche Melodie der Sequenz hat sich allerdings nach neueren Forschungen später in nichtliturgischer, »todes-programmatischer« Musik deutlicher erhalten als etwa in vielen Requiem-Messen, die schon im 16. Jahrhundert einsetzten[7].

Auch losgelöst von der Musik und seinem angestammten liturgischen Platz fand das Gedicht eine so weite Verbreitung, daß man es zum übernationalen Bestand der literarischen Kultur Europas rechnen muß. Seine Übersetzungen in die Nationalsprachen zählen nach Hunderten[8]. Eine der frühesten deutschen Fassungen, aus dem Jahre 1659, stammt von Andreas Gryphius. Spätestens seit dem beginnenden 19. Jahrhundert hat sich die philologische bzw. die hymnologische Forschung mit dem *Dies irae* befaßt. Inzwischen ist das wissenschaftliche Schrifttum dazu fast unübersehbar geworden. Das mag überraschen, denn das Gedicht scheint sprachlich wie gedanklich besonders leicht faßbar, worin gewiß auch einer der Gründe für seinen unvergleichlichen Ruhm zu suchen wäre. Der Wissenschaft ging es im wesentlichen um *ein* Problem, das alle weiteren Fragen, wie z.B. die nach dem Verfasser, mit

---

[5] Sie gehört zu den von Blume so genannten »Sequenzen zweiter Epoche« aus dem hohen Mittelalter, die sich auszeichnen durch einen regelrechten, auf dem natürlichen Wortakzent (nicht auf der Quantität der Silben) beruhenden Rhythmus, durch eine gleichmäßige Zäsur innerhalb des Verses und durch reinen zweisilbigen Reim (vgl. AHMA 54, p.VI). Der liturgische Ort der Sequenz ist zwischen dem Alleluia und dem Evangelium der Messe. Zur Entwicklung dieser aus der Musik geborenen, genuin mittelalterlichen lyrischen Gattung vgl. *Bruno Stäblein*, Art. »Sequenz«: MGG XII, 522—553.

[6] Bis 1969 war die Sequenz vorgesehen für die Messe an Allerseelen und die Totenmesse für einen Verstorbenen.

[7] Vgl. *Vellekoop*, Dies ire 13f. 239—246. Die musikwissenschaftlichen Aspekte des Themas sind in Vellekoops Arbeit naturgemäß ausführlich behandelt.

[8] Vgl. ebd. 12f.

einschloß. Es liegt darin begründet, daß die Sequenz in ihrem Schlußteil einen Bruch hat, der sich auch formal, d.h. in der Vers- und Reimtechnik, kundtut. Mit Strophe 17 endet das Ich-Gedicht; der restliche Text[9] gehört offenkundig in einen anderen Rahmen, nämlich in den »objektiven« Zelebrationsvollzug der liturgischen Gemeinschaft. Den solcherart kontaminierten Zustand der Sequenz hat man auf zwei Arten zu erklären versucht. Für die meisten war das Ich-Gedicht bis zur Strophe 17 ein ursprünglich selbständiges privates »Reimgebet«, dem später die zur liturgischen Funktionalisierung notwendigen, hauptsächlich formelhaften Partien einfach angehängt werden mußten. Andere folgten der zunächst frappierenden These Clemens Blumes, der den kompletten Sequenzentext als Tropus zum Responsorium der Totenmesse *Libera me Domine* betrachtete. In beiden Lagern hatte man Mühe, die aus dem Ende des 14. Jahrhunderts stammende Notiz des Minoriten Bartolomeo degli Albizzi über Thomas von Celano als möglichen Verfasser[10] zu verifizieren. Als im Jahre 1931 eine Handschrift gefunden wurde[11], in der das vielfach postulierte »Reimgebet«[12] tatsächlich für sich, ohne den liturgischen Schluß der Sequenz wie auch ohne die problematische 11. Strophe und ohne Musik überliefert war, und die zudem der älteste Zeuge der gesamten Überlieferung ist (sie gehört noch in das 12. Jahrhundert)[13], mußte Blumes Tropierungstheorie in sich zusammenfallen. Ebenso konnte die Autorschaft des Thomas von Celano nicht mehr mit guten Gründen verfochten werden[14], da die Neapolitaner Handschrift deutlich vor der Zeit liegt, in der Thomas seine authentischen Werke verfaßt hat.

In der Sequenz *Dies irae* ist also das aus persönlicher religiöser Betroffenheit entstandene Gedicht eines großen Dichters nachträglich für die rituelle Verwendung in der kirchlichen Totenliturgie bearbeitet. Der Dichter bleibt

---

[9] Er ist in den Analecta Hymnica auf zwei Strophen zu vier bzw. zwei Zeilen, bei Vellekoop auf drei zweizeilige Strophen verteilt.

[10] *... et prosam de mortuis quae cantatur in missa Dies irae dies illa etc. etiam fecisse creditur* (»... auch glaubt man, daß er die Totensequenz, die in der Messe gesungen wird, ›Dies irae, dies illa‹ usw., verfaßt hat«). Vgl. *D.M.Inguanez*, Il »Dies Irae« in un condice del secolo XII: MCass 9/II, Montecassino 1931, 5f.

[11] Vgl. *Inguanez*, Il »Dies Irae« 5—11. Es handelt sich um den Codex C 36 (fol.16ʳ) der Biblioteca Nazionale von Neapel.

[12] Die Varianten der Strophen 5 und 6 sind weniger schwerwiegend. *Vellekoop*, Dies ire 265f, hat das Reimgebet separat neben der Sequenz abgedruckt.

[13] Vgl. *Inguanez*, Il »Dies Irae« 7. Die Datierung in das Ende des 12. Jahrhunderts, die auch Vellekoop (196), gestützt auf das Votum von J.P.Gumbert, übernimmt, hat mir Bernhard Bischoff freundlicherweise brieflich bestätigt.

[14] Trotzdem haben dies *Filippo Ermini*, Il poeta del »Dies irae«: *Ders.*, Medioevo latino, Modena 1938, 277—285, und andere weiterhin getan.

uns unbekannt (er kann noch nicht Franziskaner gewesen sein)[15]. Die mühselige liturgische Adaptierung war keine rühmenswerte poetische Tat mehr, und man sollte dafür nicht einen bekannten Autorennamen (wie Thomas von Celano) in Anspruch nehmen.

Fest steht, daß die ältesten Textzeugen der Sequenz (genauso wie die Neapolitaner Handschrift mit dem Reimgebet) aus der süd- und mittelitalienischen Kirchenprovinz »Terra laboris« stammen, und daß die weitaus meisten der 15 erhaltenen Handschriften aus dem 13. und 14. Jahrhundert franziskanischer Provenienz sind. Mit einer (südfranzösischen) Ausnahme gehören sie alle nach Italien. Im Laufe des 15. Jahrhunderts hat die Sequenz von Süden her Europa erobert.

IV. Interpretation

Es ist in dem hier gegebenen engen Rahmen nicht möglich, die zahlreichen Vorläufer und Quellen des *Dies irae* zu erörtern oder gar ausführlich zu zitieren. Diese Arbeit ist im wesentlichen, teilweise sogar im Übermaß, geleistet von Dreves, Strecker, Blume, Ermini, Raby, Payen[16] und vor allem Vellekoop, der die bisherigen Resultate sorgfältig summiert hat. Vellekoops Monographie wird jedoch insgesamt philologischen Ansprüchen nicht gerecht, seine Übersetzung und Deutung des Textes ist an mehreren Stellen verfehlt, und ganz untauglich muß man seinen Versuch nennen, das Gedicht als Werk mittelalterlicher Zahlensymbolik zu entschlüsseln[17].

Die folgende Interpretation hat der oben beschriebenen Tatsache Rechnung zu tragen, daß der Sequenzentext aus der poetisch mißlichen Zurüstung eines ursprünglich organisch in sich geschlossenen Gedichts für die liturgische Praxis entstanden ist. Diese Manipulation hat zumal am Schluß eine gedankliche Inkonsequenz verursacht (nach dem Ich-Gedicht spricht Str. 18 unvermittelt von dem verstorbenen Sünder, Str. 19 generell von den Verstorbenen), und sie hat zudem einen Text entstehen lassen, der in seiner handschriftlich überlieferten Gestalt ohne den erklärenden Rückgriff auf seine Quellen philologisch heillos wäre[18].

---

[15] *Vellekoop*, Dies ire 96 und passim, glaubt Anzeichen dafür zu sehen, daß der Text aus Frankreich nach Italien gekommen ist und vielleicht von einem Benediktiner stammt.
[16] Vgl. die am Ende des Beitrags folgende Bibliographie. Nützlich ist auch der Kommentar von *Kurt Smolak*, Christentum und Römische Welt. Auswahl aus der christlichen lateinischen Literatur, (Orbis Latinus 1, Teil 2), München 1984, 164f.
[17] Vgl. *Vellekoop*, Dies ire 114—128.
[18] Vgl. dazu die Anmerkungen zur Textgestalt.

Die eigentliche poetische Substanz des *Dies irae* liegt also in den 16 Strophen (1—17, ohne 11) des Reimgebets. Sie müssen zunächst genauer betrachtet werden.

Das Gedicht teilt sich in zwei aufeinander bezogene, aber doch klar getrennte Sphären. Die ersten sechs Strophen beschreiben die dramatische Vision des Weltendes und des Jüngsten Gerichts. Es ist ein objektiver Vorgang, den der Dichter, zwar innerlich beteiligt, aber doch mit dem ihm aus der Bibel und der kirchlichen Lehre vertrauten allgemeinen eschatologischen Wissen in Bildern schildert[19]. Die Ankündigung des Weltbrandes liest man mit vielen wörtlichen Anklängen (besonders an Str. 1) beim Propheten Zefanja 1,15—16; *David* steht für Psalm 50 (49),3, *Sybilla* für die u.a. von Augustinus[20] überlieferten Sibyllinischen Verse (über den Untergang der Welt im Feuer), die das Mittelalter auch liturgisch verwendet hat[21]. Das dem Urteilsspruch zugrundegelegte Buch des Lebens (Str. 5) findet sich bei Ezechiel (2,9) bzw. in der Offenbarung (20,12). Nicht aus der Bibel, sondern aus der klassischen Literatur stammt die Vorstellung, daß selbst der Tod vor Schrecken erstarrt[22].

Das in Str. 1—6 beschworene Bild des Weltgerichts ist, der Natur der Sache nach, erfüllt von großartiger, schau- und hörbarer Aktion und erscheint geradezu wie die Legende zu den Gerichtsdarstellungen über den Portalen der zeitgenössischen Kathedralen. Die erhabene Dramatik des eschatologischen Ereignisses trifft in jedem Fall warnend und appellierend auf die heilsbedürftige Seele des Individuums. Die innere Bewegung, die dadurch ausgelöst wird, ist im zweiten Teil des Gedichts beschrieben.

Das zunächst objektive Verhältnis hat sich hier in ein reflexives verwandelt: Der Dichter bezieht die von ihm vergegenwärtigte Situation des Jüngsten Gerichts im Sinne kirchlicher Lehre auf seine eigene Existenz. Strophe 7 verdeutlicht in ihrem expressiven Gestus das durchaus Beängstigende dieses Vorgangs. Doch zeigt sich bald, daß der Sünder, der von jetzt an als

---

[19] *Vellekoop*, Dies ire 100f, hat in unserer Sequenz zu Recht einen starken Anteil juristischer Begriffe ausgemacht. Doch ist dieses Vokabular des Römischen Rechts seit patristischer Zeit in die Sprache der lateinischen Kirche integriert, so daß es für seine Verwendung im hier gegebenen Zusammenhang des »Jüngsten Gerichts« keiner bewußten Wahl des Dichters bedurfte.
[20] *Augustinus*, De civitate Dei 18,23 (CChr.SL 48, 613—615 *Dombart/Kalb*).
[21] Vgl. *Bernhard Bischoff*, Die lat. Übersetzungen und Bearbeitungen aus den Oracula Sibyllina: *Ders.*, Mittelalterliche Studien I, Stuttgart 1966, 150—171, hier 154.
[22] Vgl. *Vergil*, Georgica IV, 481f: P.Vergili Maronis Opera, ed. *F.A.Hirtzel*, Oxford 1956: *Quin ipsae stupuere domus atque intima Leti/Tartara...*; Vgl. dazu *John J.Savage*, Virgilian Echoes in the »Dies Irae«: Traditio 13 (1957) 443—451, dem zumindest an dieser Stelle (446) zuzustimmen ist. Die von *Vellekoop*, Dies ire 104, und auch von *Smolak*, Christentum 164f, angeführten biblischen Parallelen sind nicht so spezifisch.

Dichter-Ich spricht, nicht einfach zermalmt wird von der hoffnungslosen »Aussicht« auf das Gericht. Vielmehr vermag er sich auch zu *trösten* in dem Vertrauen auf die Barmherzigkeit Jesu, der um seinetwillen gelitten hat. So ist die ausschließlich schreckende kosmisch-eschatologische Situation der ersten Strophen jetzt abgelöst von einer gewissermaßen mystisch intimen Begegnung der frommen Seele mit ihrem Erlöser. Nach Strophe 7 mündet das Gedicht in ein ausdrückliches Gebet, das zwischen Verzagen und Hoffen schwankt und sich bittend, werbend und argumentierend (fast feilschend) an den Richter wendet, der dem Sünder immer vertrauter wird, da er ja auf dem Weg seines irdischen Leidens den Sündern verziehen hat. Nicht anders als die einleitende Vision des Gerichts (Str. 1—6) sind auch die Vorstellungen und Bilder in diesem Teil des Gedichts zumeist biblischer Herkunft. Der am Jakobsbrunnen ausruhende Jesus ist müde von seiner geduldigen Suche nach dem zu erlösenden Menschen (vgl. Str. 10,1) — so ist die Szene des Johannesevangeliums (4,6) seit der Patristik gedeutet worden[23]. Hier wie auch sonst bedient sich der Dichter fast nur der von der Kirche verfügbar gehaltenen, auf die Heilige Schrift gegründeten und gegebenenfalls liturgisch verfeierlichten Modelle spirituellen Erlebens und Sprechens.

Obwohl das Vertrauen auf den barmherzigen Erlöser am ursprünglichen Ende des Gedichts (Str. 17,3: *Gere curam mei finis*) die Furcht vor dem Richter knapp besiegt zu haben scheint, gilt die Sequenz *Dies irae* allgemein als geradezu klassischer Ausdruck düsterer Todesangst des schuldbewußten Sünders (und damit als bezeichnendes Zeugnis für das »düstere« Mittelalter). In dieser Qualität ist sie auch von Goethe in der Dom-Szene des »Faust I« eingesetzt[24].

Es ist das Verdienst von Capelle und Payen, auf die Bedeutung der »espérance« im *Dies irae* hingewiesen zu haben[25]. »Le ›Dies Irae‹ devient dès lors [d.h. mit Str. 8] beaucoup plus un chant d'espérance qu'un poème de la pénitence et du repentir.«[26]

Der sich aufhellende Schluß des Reimgebets ist durch seine Bearbeitung für die Totenliturgie zweifellos wieder verdunkelt worden. Das Hoffnung andeu-

---

[23] Vgl. bes. *Ambrosius*, De spiritu sancto 1,16 (PL 16, 742 B—C): *Fatigatus est, sed in te; quia diu te quaesivit, tua illum tamdiu incredulitas fatigavit ... bibit affectum tuum, bibit calicem, hoc est, passionem illam tuorum criminum redemptricem ...*

[24] Vgl. *Frank M. Fowler*, Goethe's »Faust« und the Medieval Sequence: MLR 71 (1976) 838—845, bes. 844.

[25] *D. B. Capelle*, Le Dies Irae, chant d'espérance: QLP 22, Louvain 1937, 217—224; *J.-C. Payen*, Le »Dies Irae« dans la prédication de la mort et des fins dernières au moyen-âge: Romania 86 (1965) 48—76. Diese beiden Arbeiten sind bei Vellekoop nicht erwähnt.

[26] *Payen*, Le »Dies Irae« 63.

tende, zumindest psychisch tröstliche Gespräch der lebendigen Seele mit ihrem vertrauten Richter und Erlöser Jesus ist abrupt — man muß sagen: durch den Tod — zu Ende, und es folgt als letzter Akt das Gebet der liturgisch handelnden Kirche für den Verstorbenen, der nun nicht mehr selber sprechen, beten und hoffen kann. Die kirchliche Gemeinschaft vergegenwärtigt noch einmal lapidar und schonungslos den »tränenreichen Tag« (Str. 18) des Gerichts für den Sünder. Die rituelle Für-Bitte um seine Begnadigung und »ewige Ruhe« kann nicht mehr von jener Wärme, Nähe und Innigkeit sein, wie sie den zweiten Teil des Reimgebets auszeichnen.

Es ist selbstverständlich, daß der liturgisch funktionalisierte Sequenzentext einen weniger subjektiven Charakter hat als das Reimgebet. Die Kirche tritt zuletzt als Mittlerin zwischen die beiden mystischen »Parteien«, sie hat das Seelenheil auch der Sprachlosen mit ihren Gnadenmitteln zu wirken. Dieser Feststellung entspricht in auffallender Weise auch der Wortlaut von Strophe 11, der den Zusammenhang durchaus zu stören scheint. Wie oben bereits angedeutet, gehörte sie nicht zum ursprünglichen Reimgebet, ist somit nachträglich mit eingearbeitet worden. Während für den Dichter des Reimgebets die Entscheidung über Heil oder Verdammnis beim Jüngsten Gericht fällt, was bedeutet, daß gerade in jener Situation die Gnade des Erlösers gebraucht wird, bittet der Sünder in Strophe 11 auf einmal um das Geschenk der Vergebung (*donum remissionis*) bereits *vor* dem Tag der Rechenschaft (*ante diem rationis*). Offensichtlich meint der Text die sakramentale Vollmacht, dem Gläubigen die Gnade des Sündennachlasses zu vermitteln. Auch an dieser Stelle sieht man die kirchliche Institution als objektivierendes und regulierendes tertium eingeschaltet in die intime Verbindung zwischen der Menschenseele und ihrem Erlöser.

Das *Dies irae* ist ein Text, in dem sich die geistigen Potenzen des Mittelalters musterhaft verkörpert haben. Die machtvoll wirkenden, fast archetypischen biblischen Bilder vom kosmischen Weltende, vom Tod und vom Gericht des Menschengeschlechts, die tief erlebte, tröstliche Begegnung des einzelnen mit dem sanften und barmherzigen Jesus und die Hoffnung auf das Unterpfand seiner Erlösung, schließlich die liturgische Aktion der fürbittenden und Heil vermittelnden Institution Kirche — das alles steht konvergierend in einer lebendig gefühlten Beziehung zueinander und erklingt unvergeßlich aus dieser Sequenz.

Bibliographie

Blume, Clemens, Dies Irae. Tropus zum Libera, dann Sequenz: Cäcilienvereinsorgan 1914, Nr.3, 55—64.

Ders. (Hg.), Die Sequenzen des Thesaurus Hymnologicus H.A.Daniels und anderer Sequenzenausgaben 2/1, (AHMA 54), Leipzig 1915 (Reprint 1961), 269—275.

Capelle, D.B., Le Dies Irae, chant d'espérance: QLP 22 (1937) 217—224.

Dreves, Guido Maria, Das »Dies Irae«: StML 42 (1892) 512—529.

Ermini, Filippo, Il »Dies Irae«, (Biblioteca dell'Archivum Romanicum. Serie 1: Storia-Letteratura-Paleografia, Vol. 11), Genève 1928.

Ders., Il poeta del »Dies irae«: *Ders.*, Medioevo latino. Studi e ricerche, Modena 1938, 277—285.

Hilferty, M.C., The Domine Jesu Christe, Libera me, and Dies irae of the Requiem. A historical and literary study, (Diss.) The Catholic University of America 1973.

Inguanez, D.M., Il »Dies Irae« in un codice del secolo XII: MCass 9/II, Montecassino 1931, 5—11.

Payen, J.-C., Le ›Dies Irae‹ dans la prédication de la mort et des fins dernières au moyen-âge: Romania 86 (1965) 48—75.

Raby, F.J.E., A History of Christian-Latin Poetry from the beginnings to the close of the Middle Ages, Oxford ²1953.

Strecker, Karl, Dies irae: ZfdA 51 (1909) 227—255.

Szövérffy, Josef, Die Annalen der lateinischen Hymnendichtung. Ein Handbuch I—II, Berlin 1964/65.

Vellekoop, Kees, Dies ire dies illa. Studien zur Frühgeschichte einer Sequenz, (Utrechtse Bijdragen tot de Muziekwetenschap), Bilthoven 1978, (mit reicher Bibliographie: 254—259).

»Mein Los ist Tod, hast du nicht andern Segen?«

Todeserfahrung und Lebensverheißung am Beispiel eines
Neuen Geistlichen Liedes von Huub Oosterhuis

Regina Pfanger-Schäfer

I. Vorbemerkungen

Die Frage nach dem Tod als Grundfrage des Menschen ist eines der wichtigen Themen christlicher Theologie und fand seit jeher symbolischen und poetischen Ausdruck in der christlichen Liturgie. Das Lied »Ich steh vor dir mit leeren Händen, Herr«, eine deutsche Übersetzung des von dem niederländischen Theologen Huub Oosterhuis für eine Totenliturgie vorgesehenen Textes »Ik sta voor U in leegte en gemis«[1], ist ein Beispiel dafür, wie sich in unserer Zeit — der Text entstand 1964 — Todeserfahrung in religiösen Liedern artikuliert.

In der modernen Theologie wird häufig betont, daß heute die Frage nach Gott immer stärker mit der Frage nach dem Tod verknüpft wird. Erfuhren sich Menschen früherer Zeiten durch eine von der Tradition abgesicherte Verwurzelung in der Religion noch stärker vom Glauben getragen und vermochten daraus eine gewisse Absicherung ihrer gesamten Existenz zu sehen, so fällt heute religiöse Erfahrung als Erfahrung von Göttlichem und von Gott weitgehend aus. An ihre Stelle tritt zunehmend die Erfahrung des Nichts und der Dunkelheit, der sich der Mensch insbesondere angesichts des Todes ausgeliefert fühlt. Dieser Grunderfahrung des Nichts allerdings steht das elementare Bedürfnis nach Sinn entgegen.[2] Bei allen Versuchen, der drängenden Frage nach dem Sinn oder Unsinn des Daseins zu entgehen, stellt sich diese Frage doch jedem Menschen unausweichlich bei der Konfrontation mit dem Tod. So wird die Erfahrung der Abgründigkeit der menschlichen Exi-

---

[1] Vgl. die Totenliturgie in: *Huub Oosterhuis*, Im Vorübergehn, aus dem Niederländischen übertragen von *Nikolaus Greitemann* und *Peter Pawlowsky*, Freiburg/Basel/Wien 1976, 199—215; der holländische Originaltext findet sich in *Huub Oosterhuis*, Aandachtig Liedboek. 143 teksten om te zingen en ter overweging, Baarn 1983, 25.
[2] Vgl. dazu *Bernhard Welte*, Religiöse Erfahrung und Sinnerfahrung: *Günter Stachel (Hg.)*, Sozialisation, Identitätsfindung und Glaubenserfahrung, (Studien zur praktischen Theologie 18), Zürich/Einsiedeln/Köln 1979, 122—135, bes. 128.

stenz, die sich in der Todeserfahrung verdichtet, zum bestimmenden Ort der menschlichen Transzendenzerfahrung.[3]

Der Verlust der Geborgenheit im Glauben betrifft nicht nur den areligiösen modernen Menschen; vielmehr ist es so, daß auch für Christen die Gewißheit auf ein Leben nach dem Tod nicht mehr selbstverständlich ist. Das wissenschaftliche Denken der Neuzeit, welches das Reden über Weltjenseitiges als metaphysische Spekulation ausklammert, prägt unsere Lebensinterpretation und läßt die Hoffnung, daß mit dem Tod nicht alles zu Ende sei, zumindest fragwürdig werden. Christlicher Glaube aber ist in seinem Kern Auferstehungsglaube; wo er aufhört, hoffend auf einen das endliche Leben des Menschen übersteigenden Sinn zu setzen, verliert er sein Eigentliches. So wird die Frage, wie wir den Tod interpretieren, zur Grundfrage, an der sich der christliche Glaube zu bewähren hat. Damit ist auf keinen Fall gesagt, daß richtiges Handeln im Leben unwichtig oder auch nur sekundär wäre; es geht nicht um die Orthodoxie, sondern darum, ob dieser Glaube tragen kann, darum, ob auch ein Leben, das letzten Endes trotz aller guten Bemühungen scheitern kann und hinter den Erwartungen zurückbleibt, einen Sinn hat. Die Frage nach dem Tod ist die Frage nach dem Leben und nach seinem Sinn, dessen letzter Grund nach unserem Glauben in Gott verborgen ist.

Wenn wir nun davon ausgehen, daß das »Neue Geistliche Lied« sich nicht nur durch Sprache und musikalische Gestaltung, sondern auch inhaltlich vom Herkömmlichen abhebt, so wird bei der Untersuchung des Lieds »Ich steh vor dir mit leeren Händen, Herr« besonders darauf zu achten sein, ob und wie sich diese zeitspezifische Lebens-, Todes- und somit Gotteserfahrung in diesem Text niederschlägt.

Wenn wir Texte geistlicher Lieder im weitesten Sinne als dichterische Gestaltung religiöser Inhalte betrachten — auf die musikalische Gestaltung soll hier nicht eingegangen werden —, so darf sich die Analyse solcher Texte nicht nur auf die theologische Interpretation beschränken, sondern es ist danach zu fragen, wie sich der theologische Gehalt eines Textes sprachlich präsentiert. Es empfiehlt sich deshalb, den Text zunächst einmal sprachwissenschaftlich zu analysieren und erst anschließend auf den Inhalt einzugehen. Die Frage, wie sich Inhalt und formale Gestalt des Textes zueinander verhalten, wird die poetische Eigenart des Textes herausstellen. Erst nachdem der Text auf diese Weise als selbständiges literarisches Gebilde philologisch untersucht worden ist, soll danach gefragt werden, wie er aus der Sicht der Theologie beurteilt werden und welche liturgische und spirituelle Bedeutung ihm zukommen kann. Diese Methode ermöglicht es, den Text unvoreingenommen in den Blick zu nehmen und ihn nicht aus einer theologisch verengten und von vornherein wertenden Sichtweise zu interpretieren. Sie geht aus von der Überzeugung, daß auch theologische Wahrheit sich durch inhaltliche Verständlichkeit und sprachliche Klarheit bewähren muß und daß religiöse Erfahrung, sofern sie in poetischen Gebilden vermittelt wird, nur dann kommunikabel sein kann, wenn sie sich in einer ästhetischen Einheit von Inhalt und Form bewährt.

---

[3] Vgl. dazu *Karl Rahner*, Gotteserfahrung heute: *Ders.*, Schriften zur Theologie 9, Köln 1970, 161—176, bes. 173.

II. Textfassungen

Von dem holländischen Text von Oosterhuis »Ik sta voor U in leegte en gemis« [O][4] liegen drei deutsche Übersetzungen vor. Die Fassung »Ich steh vor dir mit leeren Händen, Herr«[5] stammt von Lothar Zenetti [Z], welcher selbst durch eigene Lieddichtungen bekannt ist. Eine weitere Fassung findet sich in der deutschen Ausgabe eines Buches von Oosterhuis unter dem Titel »Im Vorübergehen«[6], dessen Übersetzung von Nikolaus Greitemann und Peter Pawlowsky [G/P] besorgt wurde. In einer späteren, von Peter Pawloswky [P] herausgegebenen und übersetzten Liedsammlung mit Texten von Oosterhuis[7] ist eine Neubearbeitung dieser Übersetzung abgedruckt; während in der älteren Fassung die erste Zeile »Ich steh vor dir in Armut und in Not« lautete, wurde hier »Ich steh vor dir, verlassen und in Not« gewählt. Bereits der Vergleich der Übersetzungen der jeweils ersten Liedzeile macht deutlich, daß die drei deutschen Fassungen voneinander abweichen. Es wird also notwendig sein, bei der Analyse das holländische Original des Textes mit zu berücksichtigen und es, insbesondere bei auffälligen Abweichungen der Übersetzungen voneinander, vergleichend heranzuziehen.

In der folgenden Untersuchung steht Zenettis Übersetzung im Vordergrund, da sie ins »Gotteslob« aufgenommen wurde und damit als die Textfassung anzusehen ist, die im deutschen Sprachraum bekannt und in der liturgischen Praxis bedeutend ist. Die Analyse wird sich also da, wo keine signifikanten Unterschiede zu den anderen Übersetzungen und zum Original von Oosterhuis erkennbar sind, an der Übersetzung von Lothar Zenetti orientieren. Die beigefügte synoptische Übersicht [s. 344] soll den Vergleich der Texte erleichtern.

III. Sprachliche Analyse

In allen hier vorliegenden Fassungen gibt es keine spezielle *Überschrift*, der etwa eine dem Text vorausgehende Deutungsfunktion zukäme. Es wird jeweils die erste Liedzeile (bei G/P und P nur die ersten vier Worte) dem Text vorangestellt. Die erste Liedzeile umreißt schon die *Kommunikationssituation*, die im ganzen Text beibehalten wird: Ein einzelnes Ich tritt einem Du gegenüber, welches bei Zenetti im Gegensatz zu den anderen Fassungen bereits am Anfang explizit als »Herr« identifiziert wird. Durch die modale Ad-

---

[4] Vgl. Anm. 1.
[5] GL 621; Übertragung von Lothar Zenetti.
[6] Vgl. Anm. 1.
[7] Du bist der Atem meiner Lieder. Gesänge von Huub Oosterhuis und Bernhard Huijbers, übertragen ins Deutsche von *Peter Pawlowsky*, Freiburg/Wien/Gelnhausen 1976, 11.

Ik sta voor U in leegte en gemis (O)

1. Ik sta voor U in leegte en gemis,
vreemd is uw naam, onvindbaar zijn uw wegen.
Gij zijt mijn God, sinds mensenheugenis-
dood is mijn lot, hebt Gij geen and're zegen?
Zijt Gij de God bij wie mijn toekomst is?
Heer, ik geloof, waarom staat Gij mij tegen.

2. Mijn dagen zijn door twijfel overmand,
ik ben gevangen in mijn onvermogen.
Hebt Gij mijn naam geschreven in uw hand,
zult Gij mij bergen in uw mededogen?
Mag ik nog levend wonen in uw land,
mag ik U eenmaal zien met nieuwe ogen?

3. Spreek Gij het woord dat mij vertroosting geeft,
dat mij bevrijdt en opneemt in uw vrede.
Open die wereld die geen einde heeft,
wil alle liefde aan uw mens besteden.
Wees Gij vandaag mijn brood, zowaar Gij leeft –
Gij zijt toch zelf de ziel van mijn gebeden.

Ich steh vor dir mit leeren Händen (Z)

1. Ich steh vor dir mit leeren Händen, Herr;
fremd wie dein Name sind mir deine Wege.
Seit Menschen leben, rufen sie nach Gott;
mein Los ist Tod, hast du nicht andern Segen?
Bist du der Gott, der Zukunft mir verheißt?
Ich möchte glauben, komm mir doch entgegen.

2. Von Zweifeln ist mein Leben übermannt,
mein Unvermögen hält mich ganz gefangen.
Hast du mit Namen mich in deine Hand,
in dein Erbarmen fest mich eingeschrieben?
Nimmst du mich auf in dein gelobtes Land?
Werd ich dich noch mit neuen Augen sehen?

3. Sprich du das Wort, das tröstet und befreit
und das mich führt in deinen großen Frieden.
Schließ auf das Land, das keine Grenzen kennt,
und laß mich unter deinen Söhnen leben.
Sei du mein täglich Brot, so wahr du lebst.
Du bist mein Atem, wenn ich zu dir bete.

Ich steh vor dir (G/P)

1. Ich steh vor dir in Armut und in Not,
fremd ist dein Name, fremd sind deine Wege.
Seit Menschen denken, Herr, bist du mein Gott
mein Los ist Tod, hast du nicht bessern Segen?
Bist du der Gott, der meine Zukunft fügt?
Ich glaube, Herr: was stehst du mir im Wege?

2. Es überschatten Zweifel meinen Tag,
mein Unvermögen hält mich ganz gefangen.
Mein Name ist in deine Hand gelegt –
brauchst mir um dein Erbarmen noch zu bangen?
Darf ich dich noch mit neuen Augen sehn,
darf ich noch lebend in dein Land gelangen?

3. Sprich du das Wort, das mir Befreiung gibt,
schenk deinen Trost und nimm mich auf in Frieden.
Tu auf die Welt, die ohne Ende ist,
und alle Liebe sei dem Sohn beschieden.
Sei heute du mein Brot, so wahr du lebst.
Du bist das Ziel meines Gebets geblieben.

Ich steh vor dir (P)

1. Ich steh vor dir, verlassen und in Not,
fremd ist dein Name, dunkel deine Wege.
Seit Menschen denken, Herr, bist du mein Gott –
Tod ist mein Los; hast du nicht bessren Segen?
Bist du der Gott, der meine Zukunft fügt?
Ich glaube, Herr, was stehst du mir entgegen?

2. Es überschatten Zweifel meinen Tag.
mein Unvermögen hält mich ganz gefangen.
Mein Namen ist in deine Hand gelegt –
brauchst mir um dein Erbarmen noch zu bangen?
Darf ich dich noch mit neuen Augen sehn,
darf ich noch lebend in dein Land gelangen?

3. Sprich du das Wort, das mir Befreiung gibt,
schenk deinen Trost und nimm mich auf in Frieden.
Tu auf die Welt, die ohne Ende ist,
und alle Liebe sei dem Brot, so wahr du lebst.
Sei heute du mein Brot, so wahr du lebst.
Du selber bist der Atem meiner Lieder.

Huub Oosterhuis, »Ik sta voor U in leegte en gemis«. Original und deutsche Übersetzungen (Quellenangaben s. Anmm. 1.57). [Vgl. auch die Übers. von Alex Stock, 364]

verbialbestimmung (Z: »Mit leeren Händen«) wird bereits die Besonderheit dieser Situation verdeutlicht: Das Subjekt dieser Anrede beschreibt die Art seines Gegenüberstehens vor dem angesprochenen Du als geprägt von Leere und Mangel (O: »leegte en gemis«), Mittellosigkeit und Not (Z: »mit leeren Händen«; G/P: »In Armut und in Not«)[8], so daß auch ohne explizite Attribuierung des angesprochenen Du das Verhältnis der Beziehung zwischen Sprecher und Angesprochenem implizit angedeutet wird: Der Sprecher findet sich dem Angesprochenen gegenüber in einer Situation der Unterlegenheit, vielleicht sogar der Untergebenheit. Wie er diese Situation wertet, ob er sie akzeptiert, dagegen aufbegehrt oder zum Anlaß einer Huldigung nimmt, bleibt am Anfang noch unklar. Während bei Oosterhuis in der ersten Zeile noch nicht ausgesprochen wird, daß sich das angesprochene Du auf Gott bezieht — dies wird erst in 1,3 eindeutig klar — wird dies bei Zenetti, wie bereits erwähnt, schon ganz am Anfang erkennbar. In allen vorliegenden Fassungen wird jedoch spätestens in der dritten Zeile der Adressat des Gesprochenen eindeutig mit »Herr« und »Gott« identifiziert, so daß die dem Gesamttext zugrundeliegende Kommunikationssituation zweifellos als Gebet gekennzeichnet werden kann.

Die *Strophik* ist in allen Fassungen die gleiche: Der Text ist in drei jeweils sechszeilige Strophen gegliedert. Ein durchgängiger *Reim* ist (mit Ausnahme von 3,2) nur bei Oosterhuis erkennbar; er verwendet einen jeweils dreifachen Kreuzreim (ababab), der in jeder Strophe variiert wird; mit Ausnahme des unreinen Reims in 3,2 (»vrede« — »besteden« — »gebeden«) zeigen seine Reime eine poetische Kunstfertigkeit, die nicht gezwungen wirkt. Zenetti und mit ihm Greitemann / Pawlowksy weichen von einem durchgängigen Reimschema ab: bei Zenetti ist lediglich in der zweiten Strophe ein reiner Dreireim nachweisbar, in der ersten Strophe findet sich nur ein unreiner Dreireim (»Wege« — »Segen« — »entgegen«), in der dritten Strophe überhaupt kein Reim mehr. Der Verzicht auf ein im ganzen Text durchgehaltenes Reimschema in den deutschen Fassungen kann zwar als Verlust gegenüber der poetischen Geschlossenheit des Originals gesehen werden (zumal man sich in beiden Übersetzungen offensichtlich um den Reim bemüht, statt, was wohl konsequenter wäre, ihn völlig aufzugeben); allerdings sollte man den Verzicht auf zwanghafte Reimversuche durchaus auch als Zeichen dafür wür-

---

[8] Obwohl Zenetti von der syntaktischen Fügung bei Oosterhuis stärker abweicht als Greitemann/Pawlowsky, ist die Wendung »mit leeren Händen« semantisch Oosterhuis' Version näher, da »in Armut und in Not« eine soziale Konnotation hat, die im Text wohl nicht intendiert ist. Aus diesem Grund dürfte Pawlowsky in der Neufassung die erste Zeile in »... verlassen und in Not« abgeändert haben.

digen, daß es den Übersetzern weniger um eine glatte, eingängige Nachdichtung als um eine dem Inhalt angemessene Textübertragung ging.

Im *Metrum* weisen die deutschen Fasungen fünf Hebungen pro Verszeile (Jamben) auf und bleiben damit, soweit erkennbar, in der vom Original vorgegebenen Metrik.

Die *Syntax* ist sowohl der Strophik als auch der einzelnen Verszeile angepaßt; im Regelfall umfaßt eine Verszeile einen ganzen Satz oder zwei nebengeordnete Hauptsätze (so in 1,4.6); in 2,3.4 allerdings überschreitet Zenetti mit der zeugmatischen Koordination zweier Sätze die Zeilengrenze; hierbei verstößt er übrigens gegen Satzkonstruktion und Satzbedeutung im holländischen Original, welches die Koordination mit Hilfe des Zeugmas nicht zuläßt, da die nebengeordneten Hauptsätze in 2,3.4 verschiedene Prädikate enthalten (»hebt geschreven« — »sult bergen«)[9]. In der dritten Strophe überschreitet Zenetti in Zeile 1 und 2 die Versgrenze durch einen das Objekt des Hauptsatzes attribuierenden zweiten Relativsatz, hier allerdings folgt die Satzkonstruktion mit nur geringer Abweichung dem holländischen Original.

Von der Interpunktion her bilden bei Zenetti (mit Ausnahme von 1,4—6 und 3,5—6) je zwei Verszeilen einen Satz, ein Prinzip, das vom Original her vorgegeben ist. Die Zusammenordnung von je zwei Verszeilen läßt einen Parallelismus erwarten, der tatsächlich in bestimmten Punkten eingehalten wird: die Satzmelodie (bedingt sowohl durch das Metrum als auch durch die Satzkonstruktion) schafft eine gewisse Symmetrie zwischen je zwei Verspaaren (1,3.4; 1,5.6; 3,1.3; 3,2.4; 3,5.6): hier wird die Verszeile in je zwei Satzglieder fragmentiert, wobei mit einer Ausnahme (3,5) auf das Satzglied vor der durch das Satzzeichen entstehenden Fraktur zwei Hebungen, auf das zweite Satzglied drei Hebungen entfallen. Dieses auch in den anderen Fassungen nachweisbare Phänomen ist im holländischen Original nicht so deutlich erkennbar; bei einer genaueren Prüfung zeigt sich allerdings, daß dies wohl nur an der im Niederländischen anders gehandhabten Interpunktion liegt, die offensichtlich vor dem Relativsatz kein Komma setzt; sieht man also von der Interpunktion ab, so zeigt sich, daß mit Ausnahme von 3,6 Zenettis Fassung in dieser Hinsicht mit dem Original strukturgleich ist.

In der zweiten Strophe läßt sich diese Art von Parallelismus nicht nachweisen; die Verszeile ist hier nicht durch Satzglieder unterteilt; wie bereits er-

---

[9] Durch die Koordination der bei Oosterhuis selbständigen Hauptsätze wird von Zenetti der Tempuswechsel vom Perfekt zum Futur (»hebt geschreven« — »zult ... bergen«) nicht mitvollzogen; bei ihm steht der ganze Satz im Perfekt. Diese Umstellung wirkt sinnverändernd, da bei Oosterhuis aus der Heilszusage (Vergangenheit) eine Hoffnung (Zukunft) abgeleitet wird. Diese Abweichung ist besonders deshalb bedauerlich, weil die beiden exakt in der Textmitte stehenden Zeilen den Übergang von klagender Anfrage zu glaubender Bitte vorbereiten.

wähnt, füllt mit Ausnahme von 2,3.4 je ein Hauptsatz eine Verszeile. Allerdings ist hier ein Parallelismus anderer Art erkennbar: Semantisch gehören die Wortpaare »Zweifel« und »Unvermögen«, »übermannt« und »gefangen«, »mein Leben« und »ich« jeweils einer Isotopieebene an, so daß dieses Zeilenpaar durchaus als ein Parallelismus membrorum aufgefaßt werden kann, ähnlich wie auch das nachfolgende Verspaar 2,3.4. Hier wird das Bild »den Namen in die Hand einschreiben« (2,3) in 2,4 gewissermaßen entschlüsselt und erklärt, indem die sich entsprechenden Satzglieder einander chiastisch zugeordnet werden: »Mit Namen mich *in deine Hand / in dein Erbarmen* fest mich...«. Der in der zweiten Strophe durchgängig zu beobachtende Parallelismus (im Originaltext besonders eindringlich durch die jeweils am Versende stehenden Präpositionalgruppen) erinnert stark an den Psalmenvers, eine Feststellung, die an späterer Stelle noch von Bedeutung sein wird.

Im Text ist ein auffälliger Wechsel der *Satzarten* zu beobachten. Nach drei Aussagesätzen wird in 1,4 zum Fragesatz gewechselt; nach zwei Fragesätzen kommt in 1,6 ein Aufforderungssatz, dem allerdings im Original ein Fragesatz entspricht (eine Problematik, auf die noch näher eingegangen werden soll). In der zweiten Strophe dominieren nach zwei Aussagesätzen die Fragen, in der dritten Strophe folgt fünf imperativischen Sätzen ein abschließender Aussagesatz. Dieser rein sprachliche Befund deutet bereits eine inhaltliche Struktur an — grob gesprochen: Darstellung — Befragung — Forderung — die es an späterer Stelle genauer zu untersuchen gilt.

Ein Blick auf die *Lexik* weist den Text als eindeutig theolektal geprägt aus (»Herr«, »Gott«, »Segen«, »verheißt«, »glauben«, »Erbarmen«, »gelobtes Land«, »täglich Brot«, »bete«), selbst wenn man Begriffe, die auch, aber nicht ausschließlich theolektal verwendet werden, einmal ausklammert (»Los«, »Tod«, »Wort«, »Frieden«, »Söhne«, »Atem«). — Der theolektale Sprachgebrauch zeichnet sich auch durch die Verwendung der ihm eigenen Bildlichkeit aus; Wendungen wie »Segen« (1,4), »gelobtes Land« (2,5), »Land, das keine Grenzen kennt« (3,3) entstammen der überlieferten christlich-religiösen Bildsprache und sind ohne Bezug zu dieser Tradition schwer zu verstehen. Neben dieser der religiösen Sprache gewissermaßen selbstverständlich zugehörigen Symbolhaftigkeit findet sich auch Metaphorik im strengeren Wortsinne: Mit der Wendung »Ich steh vor dir mit leeren Händen« wird die etwas abstraktere Wendung des Originaltextes »in Leere und in Mangel« bildlich verdichtet; ausschnitthaft symbolisieren die »leeren Hände« die Armseligkeit und Bedürftigkeit des gesamten Lebens. Die beiden ersten Verse der zweiten Strophe bedienen sich der Bildlichkeit von Überwältigung und Gefangenschaft; dabei werden die abstrakten Begriffe »Zweifel« (2,1) und »Unvermögen« (2,2) personifiziert: der Zweifel übermannt, überwältigt das Leben des Beters, also den Beter selbst, das Unvermögen hält ihn in Gefangenschaft. Mit Hilfe der Metaphorik wird so die Machtlosigkeit des Menschen und die Ausweglosigkeit der Situation eindringlich vor Augen geführt. Schwerer verständlich ist das Bild des in die Hand Gottes eingeschriebenen Namens des Beters. Abgesehen davon, daß 2,4 diese Bildlichkeit schon teilweise dechiffriert, wird hier besonders deutlich, wie stark die Sprache des Textes von biblischen Vorstellungen geprägt ist. Das Einschreiben und Einritzen des Namens sind in der biblischen Sprache eine Manifestation von Verbindlichkeit und Dauerhaftigkeit; der Name steht immer für die Person selbst, die Kenntnis des Namens einer Person verleiht eine gewisse Macht über sie.[10] Über die Nähe des Textes zur Bibel wird noch zu sprechen sein.

Die Diktion erhält weder eindeutig antiquierte Wörter und Formulierungen (die Inversion in 3,3 ist durch das Metrum bedingt) noch sprachliche Neuheiten; vom Sprachlichen her ist der Text also weder »altmodisch« noch besonders modern, es haftet ihm vielmehr, wenn man von der Problematik dieser Bezeichnungen einmal absehen will, eine gewisse »Zeitlosigkeit« oder »Überzeitlichkeit« an.

Lexikalische Deviationen sind in Zenettis Text nicht zu verzeichnen; beim holländischen Text allerdings kann die Verbzusammensetzung »tegenstaan« durchaus als Abweichung von der theolektalen Ebene verstanden werden, da »tegenstaan« im Zusammenhang einer Aussage über Gott im allgemeinen Sprachgebrauch unüblich ist.[11]

Semantische Kohärenz erhält der Text vor allem durch auf beide Kommunikationspartner bezogene Rekurrenzen und Substitutionen (Ich, mir, mein, ich, mir, mein . . ./ dir, Herr, dein, deine, du, Gott, . . .). Untersucht man den Text auf leitende Begriffe (Substantive, Verben und Adjektive), so fällt auf, daß sich die Begriffe zwei Bereichen zuordnen lassen, welche sich unter dem Kriterium der Wertung grob durch das Vorzeichen »positiv konnotiert (+)«

---

[10] Zur Vorstellung des »Einschreibens« vgl. vor allem Dtn 6,6 (»Diese Worte sollen auf deinem Herzen geschrieben sein«) und Dtn 11,18 (»Diese meine Worte sollt ihr auf euer Herz und eure Seele schreiben. Ihr sollt sie als Zeichen um das Handgelenk binden . . .«); die Hand Gottes steht vielfach im Zusammenhang mit der Geborgenheit in Gott, z.B. Ijob 12,10 (»In seiner Hand ruht die Seele allen Lebens und jeden Menschenlebens Geist«). Sich in der Hand von jemandem befinden kann allerdings auch als Bild für Auslieferung und Machtlosigkeit gelten (z.B. Ijob 16,11). Wörtlich findet sich das Bild jedoch in Jes 49,16: »Ich habe dich eingezeichnet in meine Hände«.

[11] Langenscheidts Taschenwörterbuch der niederländischen und deutschen Sprache 1. Teil. Niederländisch-Deutsch, Berlin [4]1963, 388: »tegenstaan: zuwider sein«; »tegenstand: Widerstand, Gegenwehr«; im Niederländischen beispielsweise im Zusammenhang mit schlechtem Essen gebraucht, im Sinne von: dieses Essen widersteht mir, bekommt mir nicht, ist mir zuwider.

und »negativ konnotiert (-)« unterscheiden; versucht man die so einander gegenübergestellten Gruppen zusätzlich inhaltlich zu klassifizieren, so lassen sie sich, unter Verwendung von in der ersten Strophe gebrachten Begriffen, mit den Leitwörtern »Zukunft« und »Tod« überschreiben.

Die folgende Übersicht, in der die leitenden Begriffe nach Wortarten getrennt und nach der Abfolge der Verse aufgelistet werden, kann einen Überblick über die semantische Referenzstruktur des Textes ermöglichen.[12]

	(—) : Tod			(+) : Zukunft		
	Verb	Adjektiv	Nomen	Verb	Adjektiv	Nomen
1 (A)		leer				
2 (A)		fremd				
3 (A)						Gott
4 (A/F)			Los, Tod			Segen
5 (F)				verheißt		Gott/Zukunft
6 (A/I)			[tegen-	glauben		
[A, F]			staan]	entgegen-		
				kommen		
7 (A)	übermannt		Zweifel			
8 (A)	gefangen		Unvermögen			
9 (F)						
10 (F)						Erbarmen
11 (F)				aufnehmen	gelobtes	Land
12 (F)					neue	Augen
13 (I)				tröstet		
				befreit		
14 (I)						Frieden
15 (I)				aufschließen		Land (ohne Grenzen)
16 (I)				leben		
17 (I)						Brot
18 (A)						Atem

Tabelle 1: Semantische Referenzstruktur

---

[12] Die Buchstaben am Rand kennzeichnen die Satzart (A = Aussagesatz, F = Fragesatz, I = imperativischer Satz). Diese Kategorisierung kann bei der Inhaltsanalyse nützlich sein. Die in Klammern gesetzten Kürzel und Wörter beziehen sich auf den holländischen Text und sollen nur da angeführt werden, wo bedeutsame Abweichungen festzustellen sind.

Die Übersicht zeigt, daß die mit dem Stichwort »Zukunft« bezeichnete Isotopieebene eine den Text übergreifende Referenzstruktur bildet. Auffälligerweise finden sich die in diesem Sinne positiv konnotierten Begriffe, sieht man von den nicht zwangsläufig positiv konnotierten Wörtern »Gott« und »Atem« einmal ab, ausschließlich in Fragesätzen und imperativischen Sätzen, in Aussagesätzen jedoch nicht, was inhaltlich bereits den Schluß nahelegt, daß diese Begriffe nicht im Bereich des als real und faktisch Ausgesagten, sondern des fragend und fordernd Erhofften angesiedelt sind. In Aussagesätzen hingegen, welche den Bereich des als real Erlebten repräsentieren, finden sich bezeichnenderweise sämtliche Wörter, die unter dem Sammelbegriff »Tod« als negativ konnotiert aufgelistet wurden.

Es zeigt sich also, daß der semantische Gehalt des Textes, soweit er sich an Leitwörtern festmachen läßt, auf der Ebene der Satzarten in einer sehr bewußten Weise der grammatischen Struktur zugeordnet ist. Wenn man den Begriff »Text« mit »Gewebe« übersetzt und den Begriff »Dichtung« etymologisch von »Dichte«, »Dichtheit« herleitet und die Poetizität eines literarischen Gebildes von dieser Begriffsbestimmung her zu erfassen sucht, so läßt der oben erwähnte Befund bereits erwarten, daß wir es bei diesem Text mit einem poetischen Gebilde im Wortsinne zu tun haben, da hier Inhalt und Form tatsächlich auf eine sehr »dichte« Weise miteinander verknüpft sind.

IV. Inhaltliche Analyse

Die Übersicht über die Leitbegriffe hat gezeigt, daß der Inhalt des Liedes von einer Polarität zwischen der den Beter umgebenden Situation des Mangels, der Leere und des Todes auf der einen Seite und einer von Gott gegebenen Verheißung von Zukunft, Erbarmen und Trost auf der anderen gekennzeichnet ist. Betrachtet man nur diese aus dem Textganzen herausgetrennten Begriffe, so scheinen sich diese beiden Welten zunächst völlig widersprüchlich und unvereinbar einander gegenüberzustehen: die Erfahrungswirklichkeit des Beters hat mit der Glaubensverheißung nichts zu tun und scheint diese sogar als trügerische Hoffnung zu entlarven.

Es gilt deshalb zu untersuchen, auf welche Weise der Text beide Bereiche miteinander verbindet und welche gedankliche Entwicklung sich dabei abzeichnet.

1,1 umreißt klar die Kommunikationssituation: Der Sprecher präsentiert sich als vor Gott stehend; sieht man von dem religionskritischen Einwand ab, daß ein solches »Stehen vor Gott« bloße Fiktion ist — und davon muß man absehen, wenn man sich auf ein Gebet als geschlossenes literarisches

Gebilde, wenn auch nur interpretierend, einläßt — so findet man in diesem einleitenden Vers den nachfolgenden Text in fast wörtlicher Form als Gebetstext identifiziert.[13] Überraschend ist es in diesem Zusammenhang, daß im folgenden Text Gott zunächst nicht, wie im größten Teil der üblichen Gebetstexte, gelobt und verherrlicht wird. Der Beter zeigt vielmehr seine Distanz zu Gott, indem er ihn als fremd und unergründlich bezeichnet. In 1,3 wird die individuell erfahrene Situation der Gottverlassenheit gewissermaßen universal ausgeweitet, indem sich der Beter in die gesamte menschliche Tradition der Gottsuche einbindet. Die Beziehung Mensch — Gott erscheint als eine Art Einbahn-Kommunikation, da nur vom Ruf der Menschheit nach Gott, nicht aber von einer Antwort Gottes darauf gesprochen wird. Der Mensch erfährt sich angesichts seiner Bedrohtheit durch den Tod (1,4) zwar auf Gott verwiesen, bleibt aber auf sich zurückgeworfen. Wie rhetorische Fragen muten vor diesem Hintergrund die Formulierungen »hast du nicht andern Segen« (1,4) und »Bist du der Gott, der Zukunft mir verheißt?« (1,5) an; beide Fragen scheinen bereits beantwortet und unterstreichen somit die Aussichtslosigkeit der geschilderten Situation. Der Gott, der für den Menschen keinen andern »Segen« hat als Tod — »Segen« klingt hier wie bittere Ironie — kann doch nicht der sein, der Zukunft verheißt. Was ihm die Tradition zuschreibt — lebensspendend und heilbringend zu sein — wird von der Erfahrung des Beters nicht bestätigt, sondern eher als trügerische Hoffnung entlarvt. Die Situation wirkt hoffnungslos, die Vergeblichkeit der klagenden Anfragen evident. Es mutet fast paradox an, daß in einer als derart gottfern und hoffnungslos beschriebenen Lage Gott überhaupt noch betend angesprochen werden kann. Konsequenterweise kommt in der Schlußzeile dieser Strophe die Angefochtenheit des Glaubens deutlich zum Ausdruck: Das Glaubenkönnen ist nur als Wunsch vorhanden, die Erfüllung dieses Wunsches ist nicht aus eigener Kraft, sondern nur durch das Entgegenkommen Gottes möglich.

An dieser Stelle ist es notwendig, sowohl die Originalfassung des Textes als auch die Übersetzung von Greitemann / Pawlowsky vergleichend heranzuziehen, da Zenetti hier signifikant von den beiden anderen Versionen abweicht.

Z: »Ich möchte glauben, komm mir doch entgegen.«
O: »Heer, ik geloof, waarom staat Gij mij tegen.«
G/P: »Ich glaube, Herr: was stehst du mir im Wege?«
P: »Ich glaube, Herr, was stehst du mir entgegen?«

---

[13] Vgl. z. B. die Definition von *Hans Schaller*, Art. »Gebet«: NHThG 2 (1985), 26: »Christliches Beten ist die artikulierte Bejahung der Möglichkeit, in jeder Lage und in allen Dimensionen des Menschseins vor Gott stehen zu dürfen.«

Die Fassung von Greitemann/Palowsky gibt Probleme auf, und zwar zunächst weniger theologischer Art, sondern von der Logik her: Christlicher Glaube ist immer auf den mit Du angesprochenen personalen Gott ausgerichtet.[14] Daß Gott als Ziel dieses Glaubens gleichzeitig als Hindernis diesem Ziel im Wege steht, ist also ein logischer Widerspruch; man mag zwar interpretierend erklären, daß damit die Schwierigkeit eines angefochtenen Glaubens zum Ausdruck gebracht werden soll, und so dieser Formulierung auch theologisch ihre Berechtigung zugestehen, aber damit ist das Paradoxe dieses Satzes noch nicht aufgehoben. Die wörtliche Übersetzung des entsprechenden Verses bei Oosterhuis zeigt auch, daß die Übersetzung von Greitemann/Pawlowsky nicht exakt ist, denn wörtlich übersetzt heißt dieser Satz: »Warum stehst du mir entgegen, warum bist du mir zuwider.«[15] Die Bedeutung dieses Satzes ist also nicht unbedingt identisch mit der Übersetzung von Greitemann/Pawlowsky. Im Kontext des vorausgehenden Satzes scheint folgende Paraphrasierung den intendierten Sinn zu treffen: »Herr, ich glaube doch an dich, warum bist du dann gegen mich?«

Zenettis Übersetzung ist also, auch wenn sie in der grammatischen Konstruktion von Oosterhuis' Test stärker abweicht als die von Greitemann/Pawlowsky, dem Originaltext sinngemäß näher und kann deshalb noch als angemessen gelten. Der Vorzug ist allerdings der Version von Pawlowsky zu geben, in der er die problematische frühere Übersetzung korrigiert hat. Seine Formulierung »Ich glaube, Herr, was stehst du mir entgegen« ist sprachlich exakt und sinngemäß richtig, ohne dabei die Schroffheit der Wendung im Originaltext interpretierend abzumildern.

In der zweiten Strophe schildert der Beter abermals seine Lage: Sein ganzes Leben ist geprägt von Zweifel und Unvermögen, er fühlt sich in dieser Situation gefangen und ohnmächtig. Wieder wendet er sich an Gott und fragt, ob Gott die vom Glauben in Aussicht gestellten Verheißungen auch wirklich einlösen wird. Die Aneinanderreihung von vier Fragen unterstreicht die Skepsis des Beters, so daß die resignative Stimmung nicht aufgehoben wird; allerdings wird durch die Aufzählung (2,3—6) konkretisiert, was sich der Beter von Gott erhofft: die Geborgenheit im Erbarmen Gottes, die Aufnahme ins »gelobte Land«, das unmittelbare Schauen Gottes — alles metaphorische und symbolische Umschreibungen dessen, was man in abstrakter Theologensprache unter dem Terminus »eschatologische Verheißungen» zusammenfaßt.

---

[14] Vgl. auch *Winfried Offele*, Das ungeliebte Gesangbuch. Plädoyer für ein besseres Gotteslob, Frankfurt 1979, 165.
[15] Vgl. Anm. 11.

In der dritten Strophe ist eine Veränderung feststellbar: Während der Sprecher bisher klagend seine Situation darstellte und sich fragend an Gott wandte, formuliert er jetzt, fast abrupt wechselnd, Bitten und fordert mit ihnen das ein, was er vorher zweifelnd erfragt hat. Er fordert Reden und Handeln von Gott: das Aussprechen des tröstenden und befreienden Wortes, das in den Frieden Gottes einführt, die Aufnahme in das Land, »das keine Grenzen kennt«, die Liebe Gottes für sein Geschöpf.[16]

Diese sehr bestimmt vorgetragenen Bitten (der Imperativ wird durch keinerlei Höflichkeitsformen geschwächt) setzen einen inneren Wandel des Beters in seiner skeptisch-resignativen Haltung voraus, der im vorausgehenden Text nicht gedanklich motiviert wurde. Zwischen der zweiten und der dritten Strophe gibt es eine Zäsur, die sich übrigens auch in der Übersicht (s. o. Tabelle 1) rein optisch abzeichnet.

Es stellt sich die Frage, wie dieser Umschwung von verzweifelter Klage zu der Glaubensgewißheit, die hinter den Bitten in der dritten Strophe steht, erklärt werden kann. Einen Hinweis darauf dürfte der in der Schlußzeile zu verzeichnende abermalige Wechsel in der Satzart enthalten. Nach den vorgetragenen Bitten wird hier abschließend eine feststellende Aussage gemacht: »Du bist mein Atem, wenn ich zu dir bete«.[17] Wenn Gott als der »Atem« (die Seele) des Gebets bezeichnet wird, so gilt er also letztendlich als die

---

[16] In allen deutschen Übersetzungen wird von »Söhnen« bzw. »Sohn« gesprochen. Diese Übersetzungen entsprechen nicht dem Original, denn Oosterhuis spricht von »mens« (»Mensch«). Auch wenn man den Übersetzern keine sexistische Sprache vorwerfen will — sie wollen hoffentlich nicht ernsthaft die Frauen aus dem Reich Gottes ausschließen — so sind diese Übersetzungen doch zu kritisieren, weil sie unheilvolle kirchliche Tendenzen unbedacht fortschreiben und vom Original gar nicht vorgegeben sind. Darüber hinaus stiften vor allem die Übersetzungen von Greitemann/Pawlowsky und Pawlowsky Verwirrung, da »Sohn« in theologischem Zusammenhang Jesus meint und eine nicht vorgesehene christologische Deutung ins Spiel bringt.

[17] Der Übersetzung von Greitemann/Pawlowsky scheint hier ein Übersetzungsfehler unterlaufen zu sein: Das niederländische »ziel« heißt im Deutschen keineswegs »Ziel«, sondern »Seele«. Zenettis Übersetzung mit »Atem« hingegen ist besonders im theologisch-biblischen Kontext durchaus angebracht, da es sowohl im Lateinischen als auch im Griechischen die Polysemie von *anima* und πνεῦμα (Hauch, Atem, Seele) gibt. Auch diese Stelle wurde in Pawlowskys neuer Übersetzung korrigiert. Es ist unklar, ob Pawlowsky mit dieser Fassung seine eigene frühere Übersetzung überarbeitet hat, oder ob die vorliegende Fassung aus »Im Vorübergehn« nicht von ihm, sondern von seinem Mit-Übersetzer Nikolaus Greitemann stammt. Auf die Differenz beider Fassungen geht er im Nachwort, das vermutlich von ihm selbst verfaßt wurde, nicht näher ein; auch nicht da, wo er von den »schwächeren« Übersetzungen spricht *(Pawlowsky [Hg.], Du bist der Atem 86).* Es ist etwas befremdlich, daß er mit dieser Kritik nur auf das Gotteslob, aber nicht auf die immerhin von ihm mitverantwortete Ausgabe »Im Vorübergehn« zielt, zumal sich seine neuere Überarbeitung der im Gotteslob abgedruckten Fassung annähert, welche bei aller Kritikwürdigkeit einfach sachlich richtiger ist als die Übersetzung in »Im Vorübergehen«.

Voraussetzung dafür, daß Beten überhaupt möglich ist. Der Beter erhält in seiner Verlassenheit keine Antwort von Gott, aber er erkennt ihn als Möglichkeitsbedingung seines Betens, er erfährt ihn als sein innerstes Lebensprinzip. Das Beten, selbst als Klage und gequälter Aufschrei, gilt ihm als Zeichen der Nähe Gottes, im Vollzug des Gebets festigt sich so trotz aller Zweifel seine Glaubensgewißheit.

Folgt man dieser Deutung, so ist der Schlußvers nicht als eine dem Gebet angehängte Formulierung zu sehen, welche die dritte Strophe abrundet, aber gemeinsam mit dieser zu den ersten beiden Strophen in Spannung oder gar Widerspruch steht. Vielmehr scheint sie formal zwar nachgeschoben, aber implizit den Bitten in der dritten Strophe bereits vorausgesetzt: Weil Gott auch in der Klage als innerster Grund des Gebets erfahren wurde, kann er vertrauensvoll bittend angesprochen werden. Mit dieser im Schlußvers verhalten anklingenden Vertrauensbezeugung gegenüber Gott werden die vorgetragenen Klagen nicht entschärft oder gar zurückgenommen — die Spannung zwischen Hoffnungslosigkeit und Glauben bleibt durchaus bestehen. Auch der Schluß ist nicht getragen von euphorischem Gottvertrauen, welches nicht zu erschüttern ist. Vielmehr ringt der Beter um dieses Vertrauen, indem er sich auf Gott und seine Verheißungen einläßt, einerseits im Bewußtsein, daß er nur bittend auf das Handeln Gottes, seinen Trost und seine Befreiung hoffen kann (3,1), andererseits in der Gewißheit, in seinem Gebet von Gott getragen zu sein (3,6).

V. Poetische Eigenart

Während bisher inhaltliche und sprachliche Analyse weitgehend isoliert betrieben wurden, soll nun versucht werden, Textgestalt und Textgehalt aufeinander zu beziehen und den Gesamttext literarisch einzuordnen.

In der sprachlichen Analyse wurde bereits die feste Strophenform aufgewiesen (sechs Verse mit je fünf Hebungen in allen drei Strophen), gleichzeitig war jedoch ein Abweichen von einem starren Reimschema bei Zenettis Übersetzung (im Gegensatz zum Originaltext) festzustellen. Auch wenn man dies noch nicht als unbedingten Primat des Inhalts vor der Form werten will, kann man doch sagen, daß sich Zenetti nicht vom vorgegebenen Schema gängeln läßt, sondern im Zweifelsfall auf die formale Glätte zugunsten des Inhaltlichen verzichtet.[18]

---

[18] Die Übersetzung von Greitemann/Pawlowsky bemüht sich mehr um die Einhaltung des Reimschemas, was teilweise auf Kosten der inhaltlichen Korrektheit geht. So ist z.B. die Über-

Eine wirkliche formale Geschlossenheit ist in Zenettis Fassung am ehesten in der zweiten Strophe zu finden. Hier werden durch den Dreireim die Verse stärker als in anderen Strophen miteinander verklammert. Auch ist hier, wie bereits erwähnt, die Stilfigur des Parallelismus membrorum durchgehend nachzuweisen; in allen drei Verspaaren ist zu beobachten, daß jeweils der zweite Vers den Gedankengang des ersten aufgreift und variierend umschreibt: »Nimmst du mich auf in dein gelobtes Land / Werd ich dich noch mit neuen Augen sehen?« Diese Stilfigur dient nicht der pleonastischen Wiederholung ein und desselben, sondern sie bewirkt eine besondere Eindringlichkeit und Einprägsamkeit des Gesagten, die insbesondere in der Psalmendichtung eine wichtige Rolle spielt. Diese Anlehnung ist keine zufällige Übereinstimmung, sondern sie verweist genau auf die literarische Vorlage, an der sich Oosterhuis und mit ihm seine Übersetzer sowohl inhaltlich als auch formal orientiert haben, was im folgenden genauer aufgewiesen werden soll:

Der größte Teil der im Text vorkommenden sprachlichen Wendungen ist biblischer Redeweise entnommen. Auch wenn eine umfassende Untersuchung des Textes auf biblische Anspielungen hier keinesfalls geleistet werden kann, so soll doch wenigstens an einigen Beispielen gezeigt werden, in welchem Maße dieser Text aus dem Fundus der Bibel schöpft.

Zu Strophe 1
»Wie unergründlich sind seine Urteile, wie unerforschlich seine Wege« heißt es in Röm 11,33. Ijob 14,1f; Ps 39 und 90 beklagen den Tod und die Vergänglichkeit des Menschen. Paulus beklagt in Röm 6 wiederholt, daß der Lohn des (sündigen) Lebens der Tod sei, auch wenn er immer wieder hinzufügt, daß dieser Tod durch Christus überwunden wurde. Auch der Unglaube, der dem Glauben entgegensteht und überwunden werden soll, ist keine moderne Erfindung von Oosterhuis; er wird beispielsweise bei Markus erwähnt, der den Vater des besessenen Jungen »Ich glaube, hilf meinem Unglauben« ausrufen läßt (Mk 9,24). Der verzweifelte Ruf des Menschen nach Gott ist ein sowohl bei Ijob als auch in den Psalmen häufig wiederkehrendes Thema (Ijob 9,16; 19,7; 23; 31,35; Ps 27,7; 86,3, 130,1).

Zu Strophe 2
»Von allen Seiten werden wir in die Enge getrieben« heißt es im zweiten Korintherbrief (2 Kor 4,8); die Ohnmacht des Menschen ist im Buch Ijob immer wieder Grund zur Klage und Verzweiflung (Ijob 7; 9,14ff). Gleichzeitig gibt es aber immer wieder das Vertrauen auf Gott, in dessen Hand »die Seele allen Lebens und jedes Menschenlebens Geist« ruhen (Ijob 12,10). Die Namen derer, die Gott fürchten, sind eingetragen im Buch des Herrn (Dan 12,11). »Ich habe dich eingezeichnet in meine Hände« (Jes 49,16), heißt es im Trost für Zion bei Jesaja. Das Schauen Gottes mit neuen Augen (2,6) erinnert an die Verheißungen in der Offenbarung des Johannes: Ein neuer Himmel und eine neue Erde werden entstehen (Offb 21,1), Gott wird am Ende alles neu machen (Offb 21,5), »Schauen wird ihn jedes Auge« (Offb 1,8).

---

setzung »braucht mir um dein Erbarmen noch zu bangen« (2,4) sehr frei und problematisch, weil sie eine Heilssicherheit impliziert, die im Kontext der zweiten Strophe nicht angebracht ist.

Zu Strophe 3
Frieden ist im AT (Jes 65,16ff) Teil der eschatologischen Verheißung und im NT Gabe Christi (Joh 14,27; Eph 2,15). Bei der Voraussage der Geburt Jesu wird bereits die ewige Gottesherrschaft angekündigt: »Seine Herrschaft wird kein Ende haben« (Lk 1,33). Das Wort Gottes als Brot des Menschen ist bereits eine im AT bekannte Vorstellung (Dtn 8,3: Der Mensch lebt nicht nur vom Brot, sondern von allem, was der Mund des Herrn spricht), im NT ist das Essen des Brotes als Teilhabe am Leib Christi geradezu das Kernstück des christlichen Glaubens (1 Kor 10,16).

Wie bereits diese Auswahl von Beispielen zeigt, lebt der Text vom Aufgreifen biblischer Begriffe und Vorstellungen. Dabei werden biblische Wendungen nicht als unverbundene Topoi nebeneinandergestellt und nachträglich miteinander verkittet, sondern die biblische Sprache wird Medium zum Ausdruck der erlebten Situation. Es ist andererseits auch nicht so, daß sich der Gedankengang an biblischen Zitaten entlangbewegt und sich ihnen anpaßt (schließlich handelt es sich im strengen Wortsinn auch nicht um Zitate, sondern um Anlehnungen an biblische Sprach- und Denkmuster aus den verschiedensten Schriften des AT und NT), sondern es zeigt sich, daß die Begriffs- und Vorstellungswelt des Dichters stark von der Bibel her bestimmt ist. Die Sprache der Bibel ist das ihm zur Verfügung stehende Repertoire, dessen er sich zu seiner Daseinsinterpretation bedient. Zur Beschreibung seiner Lage spricht er vor allem die Sprache Ijobs und der Klagepsalmen und stellt sich damit in die Tradition der Klage über die Hoffnungslosigkeit angesichts der menschlichen Vergänglichkeit (Ps 39,7ff; 90; Ijob 7; 14; 17,) und der verzweifelten Gottsuche (vgl. besonders Ijob 12,1—6; Ps 22 und 130). Im Aufgreifen der biblischen Verheißungen aus dem AT und NT kontrastiert er seine Erfahrung von Leid mit der Hoffnung auf Erbarmen und Erlösung, im bittenden Sich-Einlassen auf die in Aussicht gestellte endzeitliche Befreiung schöpft er Hoffnung und Trost.

Indem er die eschatologischen Verheißungen nicht wie unumstößliche Fakten in Aussagesätzen darstellt, sondern sie fragend auf seine Situation bezieht und sie appellierend erbittet, gelingt es ihm, bei Beibehaltung der biblischen Sprache eine gewisse Distanz zu schaffen, die für den heutigen Leser (Beter) notwendig sein kann, damit es ihm überhaupt möglich ist, sich auf einen Gebetstext einzulassen. Etwas genauer und vielleicht unmißverständlicher formuliert: Indem der Text die Verheißungen in Fragen und Bitten einkleidet, macht er deutlich, wie schwierig es ist, diese Verheißungen, die doch gegen alle Realität und Wahrscheinlichkeit stehen, anzunehmen und zu glauben. Der Text gesteht zu, daß diese Verheißungen keine faktische und greifbare, letzten Endes nicht einmal aussagbare Realität sind, sondern nur geglaubt, erhofft und erbetet werden können, also eine Wirklichkeit sind für den, der sich glaubend auf sie einläßt. Indem er trotz der radikalen Anfrage an die

Sinnhaftigkeit und Glaubwürdigkeit der christlichen Verheißung dennoch den Schritt zum Glauben vollzieht, zeigt er, daß es möglich ist, sich trotz Zweifel und Skepsis auf den Glauben einzulassen und sich Gott zuzuwenden.

Daß Oosterhuis mit dieser auch dem moderen skeptischen Menschen zugänglichen Art des Gebets in der biblischen Tradition steht, zeigt sich auch darin, daß er sich nicht nur in seinen sprachlichen Wendungen, sondern auch in der formalen Gestaltung des Textes an biblischen Vorbildern orientiert hat. Schon der Inhalt des Textes — Klage des Menschen zu Gott — legt es nahe, den Text als moderne Variante der Psalmengattung »Klagelied des einzelnen« aufzufassen. Sieht man sich nun an, wie diese Textgattung bibelwissenschaftlich bestimmt wird, so zeigt sich, daß der für diese Gattung typische dreigliedrige Aufbau in Oosterhuis' Text (und den Übersetzungen) realisiert wird:[19]

1. *Einleitung* (Strophe 1):
   Anrufung Gottes (1,1.3)
   Hilfeschrei (1,6)
   vorwurfsvolle Frage (1,4.5)
2. *Hauptteil* (Strophe 2):
   Erzählung der Not als Klage (2,1.2)
   Fragen (2,3—6)
3. *Schluß* (Strophe 3):
   Ausdruck der Erhörungsgewißheit (3,1—5)
   Dank (evtl. 3,6)

Selbst wenn in Oosterhuis' Text und den Übersetzungen die Analogie zum Schema des Klagelieds des einzelnen nicht in allen Details nachweisbar ist (z.B. fällt der Angriff auf die Feinde und die Beteuerung der eigenen Unschuld weg), so scheint eine Anlehnung an dieses Schema offensichtlich und die Abweichung davon nicht Ausdruck einer formalen Inkonsequenz zu sein, sondern inhaltlich begründet. Der Feind, gegen den sich der Beter bei Oosterhuis wendet, ist nicht wie in den Klagepsalmen der menschliche Widersacher, der den Rechtschaffenen bedroht und gegen den Gott zu Hilfe gerufen wird. Die Stelle eines solchen Feindes wird in diesem Text von der Todesverfallenheit und der existentiellen Verlassenheit des Menschen besetzt, die ihn resignieren lassen und das Leben der Sinnlosigkeit preiszugeben scheinen. »Zweifel« und »Unvermögen« sind hier die personifizierten Widersacher eines gelingenden Lebens, die den Menschen seine Endlichkeit als Vorwegnahme des endgültigen Todes schon im Alltagsleben erfahren lassen.

---

[19] Vgl. *Georg Fohrer*, Einleitung in das Alte Testament, Heidelberg ¹1969, 287—289, (als Beispiel führt er u.a. Ps 39; 51 und 130 an).

Interessanterweise ist die bei der Inhaltsanalyse konstatierte Zäsur zwischen der zweiten und der dritten Strophe nicht eine Eigentümlichkeit von Oosterhuis' Text, sondern ein typisches Merkmal für das Klagelied des einzelnen. Fohrer stellt fest, daß »der Übergang von der Verzweiflung zur Gewißheit (...) plötzlich und auffällig« geschieht, was, neben anderen Deutungsansätzen, als »Ausdruck der Erhörungsgewißheit, zu der sich der Beter im Verlauf von Klage und Bitte durchringt«, erklärt werden kann.[20]

Es zeigt sich also, daß sich Oosterhuis eng an die tradierte Gattung des Klagelieds des einzelnen anschließt, dabei aber nicht einfach das äußere Schema übernimmt und es manieristisch mit neuem Inhalt füllt; vielmehr scheint es so zu sein, daß seine Gedanken in der vorgegebenen Gattung die ihnen angemessene Form finden. Dieses gewissermaßen natürliche Zusammenpassen von Form und Inhalt zeigt nicht nur ein beachtliches poetisches Geschick, sondern auch im speziellen Falle dieses Gebetstextes eine Verwurzelung in der Bibel, die man sich wohl nicht anlesen kann, sondern in die man sich einleben muß.

VI. Theologische Wertung

Es dürfte eigentlich in der zeitgenössischen Theologie keinen Streit mehr darüber geben, ob die Anklage gegenüber Gott theologisch erlaubt sei. Das Hadern mit Gott hat in der biblischen Überlieferung ihren Platz (vgl. Ijob 10; 19, aber auch Mt 17,46) und ist in der Theologiegeschichte im Zusammenhang mit der Diskussion des Theodizeeproblems bekannt. Insbesondere vor dem Hintergrund der von heutigen Menschen immer stärker empfundenen Gottferne ist die Frage nach Gott und nach der Relevanz der christlichen Botschaft drängend geworden. Daß dieser Text nicht bei der Behauptung von Sinnlosigkeit stehenbleibt, sondern sich trotz der vorgebrachten Zweifel zum Glauben durchringt, gibt ihm neben seiner theologischen Berechtigung auch eine pädagogisch-psychologische Legitimation.

Wenn W. Offele in Zusammenhang mit der in der Tat problematischen Zeile 1,6 der Übersetzung von Greitemann/Pawlowsky das Aufbäumen gegen die Unergründlichkeit Gottes als Zeichen dafür wertet, daß einem Menschen der Glaube »wenigstens für eine gewisse Zeit« abhanden gekommen sei,[21]

---

[20] Ebd. 289.
[21] *Offele*, Das ungeliebte Gesangbuch 165: »Wenn ich glaube, habe ich mich Gott ergeben. Dann bejahe ich auch die rätselhaften Wege, die er mit mir geht. Bäume ich mich jedoch gegen seine Unergründlichkeit auf, ist mir der Glaube an ihn — wenigstens für eine gewisse Zeit — abhanden gekommen«.

so impliziert er damit, daß die Artikulation eines solchen Aufbäumens und des damit zusammenhängenden Glaubensverlustes in einem Gebet bereits jenseits dessen seien, was theologisch verantwortbar sei. Ein solches Verständnis entspringt einer theologischen Engherzigkeit, welche die Bibel nicht kennt, und setzt ein Gottesbild voraus, über das sich streiten ließe. Ohne damit selbst ein bestimmtes Gottesbild festschreiben zu wollen, ist doch zumindest zu fragen, ob das der gesamten christlichen Tradition gemeinsame Bild von Gott als dem liebenden Vater es nicht auch zuläßt, daß man gegen diesen Vater aufbegehren und ihn anklagen kann, ohne deshalb das Verhältnis zu ihm abzubrechen und seine Liebe zu verlieren. Das biblische Gleichnis vom verlorenen Sohn jedenfalls spricht da eine andere Sprache. Auch die Selbstgerechtigkeit, die Offele zumindest an Greitemann/Pawlowskys Übersetzung von 1,6 kritisiert,[22] ist eine mögliche Haltung des Menschen gegenüber Gott, die zwar nicht ideal, aber verständlich ist und einen Menschen nicht außerhalb des Glaubens stellt. Außerhalb des Glaubens stellt man sich dann, wenn man aufhört, den Weg zu Gott zu suchen; zu dieser Gottsuche kann aber die ehrliche Verzweiflung an seiner Unergründlichkeit gehören. Will man Menschen, die sich im Glauben schwer tun, nicht zum Schweigen im Gottesdienst verurteilen oder zum »lügenden« Mitsingen,[23] dann muß es auch solche Lieder, die den Zweifel artikulieren, geben.[24] Daß Menschen in ihrem Glauben gehindert oder »in sich selbst zurückgetrieben« werden,[25] geschieht wohl weniger durch solche Lieder (die übrigens niemand singen sollte, wenn er sich nicht damit identifizieren kann) als durch schulmeisternde Theologen, die aus Selbstvermessenheit oder mangelnder Sensibilität für Probleme heutiger Pastoral und Katechese meinen definieren zu müssen, was im Reden zu Gott noch angemessen sei und was nicht.

Geht man von B. Huijbers' Empfehlungen hinsichtlich des Inhalts moderner Kirchenlieder aus, so scheint Oosterhuis' Text den beiden hier zuerst genannten Kriterien zu entsprechen: Wie aufgezeigt wurde, ist dieser Text

---

[22] Ebd. 165.
[23] Alex Stock weist darauf hin, daß »das Beten ein potentieller Ort des Schauspiels und der Lüge ist« und die Grenze zum »Lügen und Betrügen« hauchdünn sei. »Solange Gebetstexte reine Formulare sind, also von keinem konkreten Sprecher gesprochen werden, können sie keine Lüge sein, wohl aber eine Verführung zur Lüge, sofern sie den möglichen Sprechern Sätze zumuten oder vorschreiben, die diese im Innern nicht realisieren können« (*Alex Stock*, Textentfaltungen. Semiotische Experimente mit einer biblischen Geschichte, Düsseldorf 1978, 83f).
[24] In diese Richtung geht auch der Kommentar von H. Siedler im Werkbuch zum Gotteslob IV, hg. i. A. der Kommission für das Einheitsgesangbuch v. *J. Seuffert (u.a.)*, Freiburg/Basel/Wien 1977, 621 (395).
[25] *Offele*, Das ungeliebte Gesangbuch 165: »(...) dieser Ton ist so bitter, daß er den, der dies betet oder singt, in sich selbst zurücktreibt statt ihn für Gottes Handeln zu eröffnen«.

»biblischen Inhalts« und gleichzeitig »elementar menschlich«, indem er sprachlich und gedanklich von der Bibel inspiriert ist und existentielle menschliche Fragen artikuliert. Dieser Text ist kein abstraktes theologisches Gedankenkonstrukt, sondern »unmittelbarer Ausdruck wie das Wort Christi und der Propheten«.[26]

Die in dem Lied erkennbare Korrelation von biblischem Inhalt und menschlicher Situation entspricht der Forderung Karl Rahners nach einer anthropologisch gewendeten Theologie,[27] welche immer das Wort Gottes in Bezug setzt zur Frage des Menschen und davon ausgeht, daß beide jeweils nur dann verstehbar werden, wenn sie miteinander in Verbindung gebracht werden: Das Wort Gottes muß sich unserer Sprache bedienen und in unsere Situation hineingesprochen werden, damit wir es hören und begreifen können — unsere Existenz hingegen wird uns in ihrer Tiefe erst dann verständlich, wenn wir sie vom Wort Gottes her deuten und deuten lassen.

VII. Zur spirituellen Bedeutung

Es wurde bereits deutlich, daß dieser Text eine theologische Substanz hat, die sowohl auf der Linie der kirchlichen Tradition liegt als auch den Akzenten der neueren Theologie gerecht wird. Zweifel an der liturgischen Verwendbarkeit dieses Textes sind deshalb wenig angebracht. Es dürfte nicht viele moderne Liedtexte geben, die für den Rahmen einer Totenliturgie angemessener sind als dieser: Er artikuliert Trauer, ohne in aussichtslose Resignation zu verfallen, er formuliert Zweifel, ohne in einen alles negierenden Skeptizismus abzugleiten und er ringt sich zu einer Hoffnung durch, die nichts Euphorisches und Triumphales an sich hat, sondern Trauer und Zweifel voraussetzt und ernst nimmt. Wenn man nicht das Schweigen allein als einzig angemessene Haltung angesichts der Erfahrung des Todes sehen will und neue Worte und Texte sucht, die in einer Totenliturgie gesprochen und gesungen werden können, ohne die Trostlosigkeit der Trauernden zu übergehen oder sie durch »billige« Vertröstung verdecken oder gar ersticken zu wollen, dann kann ein Text wie dieser eine Möglichkeit dafür bieten. Er läßt dem ihn singenden Beter Raum, seine Hoffnungslosigkeit in Worte zu fassen und

---

[26] *Bernhard Huijbers*, Wert und Grenzen des Liedes in der Liturgie: Kirchenmusik nach dem Konzil, Ausgabe in deutscher Sprache besorgt von *Helmut Hucke*, Freiburg 1967, 94–100, bes. 98.

[27] Vgl. dazu *Karl Rahner*, Theologie und Anthropologie: *Ders.*, Schriften zur Theologie 8, Köln 1967, 43–65.

sich zu ihr zu stellen — gleichzeitig lädt er dazu ein, dem gerade in der Trauer übermächtig hervorbrechenden Ruf nach Sinn laut werden zu lassen und ihn hoffend zu bejahen. So kann das Sich-Einlassen auf die Worte dieses Textes und das Nachschreiten des Weges, der hier gegangen wird — nämlich von der Artikulation der Gottverlassenheit über die Anfrage an die Verheißung hin zum glaubenden Vertrauen —, den Trauernden hinführen zu einer Hoffnung, die das Leben trotz aller Erfahrung von Sinnlosigkeit und Scheitern zu tragen vermag. Es versteht sich von selbst, daß der Text diese Hoffnung nicht »automatisch« vermitteln kann, aber der Beter kann sie im Nachsprechen antizipieren und sich um ihre Aneignung bemühen.

Oosterhuis selbst hat das Lied in einer seiner Textsammlungen in den Rahmen einer Totenliturgie gestellt. Die poetische Geschlossenheit und die thematische Offenheit des Textes allerdings legen nahe, daß es sich nicht um eine ausschließlich auf diesen Zweck ausgerichtete liturgische Gebrauchsdichtung handelt. Die Weise, wie hier Tod begriffen wird, weist über die Begräbnisfeier als einzigen liturgischen Ort für das Lied hinaus.[28] Wenn wir davon ausgehen, daß die Todeserfahrung nicht eine isolierte Erfahrung neben anderen ist, sondern daß sich in ihr alle Erfahrungen von Endlichkeit, Abgründigkeit und Scheitern bündeln und somit letzten Endes jede dieser Erfahrungen in ihrer tiefsten Dimension Todeserfahrung ist, so können wir diesen Text als poetische Artikulation des Ringens nach Sinn angesichts der Verzweiflung menschlichen Lebens überhaupt sehen. Die Erfahrung von Zweifel und Unvermögen, die im Wissen um unsere Todesverfallenheit kulminiert, wirft die Frage nach dem Sinn des Lebens überhaupt auf und wird vom

---

[28] Entsprechend kann es liturgisch auch in anderen Zusammenhängen eingesetzt werden und wird es auch. Im Gotteslob wird das Lied allgemein unter der Thematik »Leben aus dem Glauben« aufgeführt. Beim Einsatz des Liedes im Gottesdienst ist allerdings darauf zu achten, daß es thematisch nicht isoliert dasteht, sondern in einen passenden Zusammenhang eingebettet ist. Bei der Überlegung, ob und wann dieses Lied in der Liturgie eingesetzt werden kann, ist unabhängig von der Frage nach dem Platz des Liedes im Kirchenjahr und im Aufbau des Gottesdienstes stets an zweierlei zu denken: Zum einen sollte das Lied stets ganz gesungen werden. Das Lied stellt thematisch eine Einheit dar, die nicht zerrissen werden darf, da sonst die gedankliche Entwicklung, welche den Sinn des Ganzen konstituiert, unberücksichtigt bleibt und der theologische Gehalt mißverstanden wird. Ein Weglassen der dritten Strophe würde das Lied zu einer Manifestation von Zweifel und Gottverlassenheit werden lassen, die theologisch und liturgisch unzulässig wäre. Unverzichtbar ist neben der thematischen Besinnung auch eine Reflexion des Adressatenbezugs. Daß ein solcher Text in einem Kindergottesdienst fehl am Platz wäre, ist offensichtlich. Aber auch nicht jeder Gemeinde von Erwachsenen ist dieser Text ohne weiteres zuzumuten. Im Werkbuch zum Gotteslob VI, 621 weist Hubert Siedler darauf hin, daß das Lied besonders für die ältere Generation ungewohnt sein dürfte. Das heißt nicht, daß man aus Furcht vor solchen Schwierigkeiten auf dieses Lied verzichten sollte, sondern lediglich, wie bereits gesagt, daß der Schwierigkeitsgrad dieses Textes zu bedenken ist und man das Lied sorgfältig in den Kontext des Gottesdienstes integrieren sollte.

heutigen Menschen zunehmend als Erfahrung der Sinnlosigkeit und des Nichts interpretiert.[29] Diese Anfechtung durch das Nichts kommt in dem Text zum Ausdruck; selbst wenn der Text schon durch die Gebetsform auch in der Klage im Raum des Glaubens verbleibt, so sind doch die in biblischer Sprache vorgetragenen Artikulationen der Gottferne Chiffren für den tiefen Zweifel an einem vorgegebenen Sinn des Lebens. Der Anfechtung durch das Nichts steht das elementare Bedürfnis nach Sinn gegenüber, im Text symbolisch in Chiffren der biblischen Verheißung vorgebracht. Diese Forderung nach Sinn, die »in das Herz unseres lebendigen Daseins eingeschrieben« ist[30] und die sich seit jeher im Ruf der Menschen nach Gott Ausdruck verschafft, wird positiv genommen und als tragender Grund bejaht, indem die angefragte Verheißung beim Wort genommen wird. In diesem Sinn manifestiert sich in Oosterhuis' Lied ein Akt bewußter Glaubensentscheidung, wie sie sich für den Menschen heute vollzieht. Sich trotz aller Zweifel für den Glauben zu entscheiden, heißt, das drängende Bedürfnis nach Sinn positiv zu nehmen, es als vom Grund unseres Seins als gegeben zu betrachten und uns darauf einzulassen. Konkret für den christlichen Glauben heißt das, mit der biblischen Tradition darauf zu vertrauen, daß Mensch und Welt in Gott geborgen sind, aus ihm kommen und in ihn zurückkehren. Zu glauben, daß unser Leben einen, wenn auch oft verborgenen, Sinn hat und daß unsere Hoffnungen darauf bei aller Erfahrung der Sinnlosigkeit nicht ins Leere gehen. Heute, in einer Zeit, in der die Geborgenheit im christlichen Glauben immer weniger Menschen als existentielle Sicherheit vermittelt wird, sind auch diejenigen, die sich als Christen verstehen, ständig Zweifeln ausgesetzt. Glauben ist nicht mehr selbstverständlich, und auch wer glaubt, wird sich immer wieder als angefochten erleben. Die Erfahrung der Sinnlosigkeit und Vergeblichkeit unseres Tuns steht der Heilsgewißheit des Glaubens entgegen. Diese Anfechtungen zu leugnen würde Unwahrhaftigkeit bedeuten und kann deshalb keine Stärkung des Glaubens bewirken. Ein Glaube, der auch vor der endgültigen Erfahrung des Todes standhalten soll, muß den Zweifel kennen und anerkennen. Die vom Tod geprägte Erfahrungswirklichkeit durchkreuzt die Verheißung der Liebe Gottes. Das Annehmen dieser Widersprüchlichkeit gehört zum christlichen Glauben. Wie diese Widersprüchlichkeit vereinbart werden kann, zeigt Oosterhuis' Text. Daß die Zweifel nicht verschwiegen oder am Ende harmonisierend zurückgenommen werden, macht die Qualität dieses Textes aus und gibt ihm eine spirituelle Bedeutung, die

---

[29] Vgl. *Welte*, Religiöse Erfahrung 127.
[30] Ebd. 128.

unserer Glaubenssituation heute besonders entspricht, ohne deshalb den tradierten Glauben zugunsten unseres Zeitgeschmacks zurechtzubiegen. Die Spiritualität dieses Textes ist nicht nur biblisch in allgemeiner Weise, sondern sie führt zum Kernstück des christlichen Glaubens:

Die inhaltliche Nähe des Textes zu Psalm 22[31] verweist auf den Kreuzestod Jesu, dessen wahre Menschlichkeit sich nach dem Zeugnis der synoptischen Überlieferung auch in der Spannung zwischen Gottverlassenheit (»Mein Gott, mein Gott, warum hast du mich verlassen« [Mt 17,46]) und Gottergebenheit (»Vater, in deine Hände lege ich meinen Geist« [Lk 23,46]) erwies. Auch in der Klage und Verzweiflung, die der Beter mit diesem Text artikuliert, kann er sich eingeschlossen wissen in das Gottesverhältnis Jesu. Wenn der Zweifel auch dem, der von unserem Glauben als Gottes Sohn bekannt wird, nicht fremd war, dürfen wir uns gewiß sein, daß auch wir ihn laut werden lassen können, so wie es dieses Lied tut. Vielleicht ist es besonders diese Seite an Jesus, die uns heute zugänglich ist und uns einlädt, trotzdem zu glauben.[32] Zweifel und Glaube sind keine einander ausschließenden Widersprüche, sie gehören zusammen wie die Frage, die wir stellen und die Antwort, auf die wir uns verlassen.

Der Glaube, der in diesem Psalm unserer Zeit vorgetragen wird, wirkt nicht unbedingt unerschütterlich und krisensicher. Der Text setzt deshalb auch keinen solchen Glauben vom Beter voraus. Er spricht die an, die zweifeln und suchen. Und darin liegt etwas, was ihn zugänglich und mitsprechbar macht, etwas Aufrichtiges und — vielleicht — etwas Überzeugendes.

---

[31] Oosterhuis läßt in seiner Totenliturgie das Lied einem Wechselgesang aus Ps 22 folgen (*Oosterhuis*, Im Vorübergehn 203f).
[32] Vgl. dazu folgendes Gedicht von *Rudolf Otto Wiemer:*
»Keins seiner Worte
glaubte ich, hätte er nicht
geschrien: Gott, warum
hast du mich verlassen.
Das ist mein Wort, das Wort
des untersten Menschen.
Und weil er selber
so weit unten war, ein
Mensch, der ›Warum‹ schreit und
schreit ›Verlassen‹, deshalb könnte man
auch die andern Worte,
die von weiter oben,
vielleicht
ihm glauben.«
(Zitiert nach: *Rudi Ott*, Startzeichen. Anstöße zum Glauben, München 1985, 66).

Nach Fertigstellung dieser Arbeit wurde mir eine neue Übertragung des Textes von Alex Stock bekannt. Auch wenn sie nicht mehr in die Interpretation eingearbeitet werden kann, soll sie doch hier abgedruckt werden.[33] Alex Stocks Nachdichtung überzeugt sowohl durch ihre Nähe zum Original als auch durch ihre poetische Eigenständigkeit; als Beispiel sei nur auf Zeile 3,4 hingewiesen: »verschwende menschenfreundlich deine Liebe«. Hier liegt eine Übertragung vor, die sich zwar von der Satzkonstruktion und der Wortwahl bei Oosterhuis' Text löst, allerdings ohne dabei semantische oder gar theologische Verschiebungen vorzunehmen.[34]

1. Ich steh vor dir in Leere, arm und bang,
   fremd ist dein Name, spurlos deine Wege.
   Du bist mein Gott, Menschengedenken lang —
   Tod ist mein Los, hast du nicht andern Segen?
   Bist du der Gott, der meine Zukunft hält?
   Ich glaube, Herr, was stehst du mir dagegen.

2. Mein Alltag wird von Zweifeln übermannt,
   mein Unvermögen hält mich eingefangen.
   Steht denn mein Name noch in deiner Hand,
   hält dein Erbarmen leise mich umfangen?
   Darf ich lebendig sein in deinem Land,
   darf ich dich einmal sehn mit neuen Augen?

3. Sprich du das Wort, das mich im Trost umgibt,
   das mich befreit und nimmt in deinen Frieden.
   Öffne die Welt, die ohne Ende ist,
   verschwende menschenfreundlich deine Liebe.
   Sei heute du mein Brot, so wahr du lebst —
   Du bist doch selbst die Seele meines Betens.

---

[33] Nach einem Tiptum von *Alex Stock* (urheberrechtlich geschützt; alle Rechte bei Stichling »leerhuis en liturgie« 1071, EP Amsterdam, van eeghenlaan 33).

[34] *Alex Stock* weist in diesem Zusammenhang darauf hin, daß die vorliegenden Übersetzungen eventuell auf eine ältere Liedfassung von Oosterhuis zurückgehen, in der er anstelle des späteren »mens« noch »zoon« schrieb (Liturgische Gezangen voor de Viering van de Eucharistie. [Stichling Werkgroep voor Voolkstaalliturgie Amsterdam], Hilversum 1967, Nr. 146); in diesem Falle freilich wäre eine Kritik an den entsprechenden Übersetzungen unangebracht. (Vgl. Anm. 16). Die Überarbeitung der früheren Fassung von Oosterhuis ist ein Zeichen für seine aufmerksame Arbeit und seine Sensibilität für neue gesellschafts- und kirchenpolitische Impulse. Eine derartige Revision althergebrachter Sprachgewohnheiten, welche auch liturgische Texte prägen und in ihnen prägend wirksam sind, ist eine nicht unbedeutende Voraussetzung dafür, daß die Mißachtung der Frauen in der Kirche überwunden wird und ihre Ebenbürtigkeit allmählich theoretische und praktische Anerkennung findet.

Das russische Totengeläut

Eberhard Maria Zumbroich

Unvermeidbar erliegt unser Beitrag seinem Gegenstand, der als nicht zu beschreiben doch zu beschreiben ansteht. Was die Sprache verschlägt, soll sie doch nicht versagen machen. Eine Situation der Sprachlosigkeit unterliegt einer Gestaltung durch Sprache, soll also ins Wort genommen werden und bei diesem dann auch noch genommen werden können. Bestenfalls kann Mitteilung gelingen, nicht aber Vermittlung: ein Versuch also wider das Scheitern, wo solche Versuche scheitern; eine Aufgabe des Darstellens, paradox wie das Erleben russischen Totengeläutes. Die Parallelität des Paradoxen könnte unser Unterfangen nicht ganz aussichtslos bleiben lassen.

I. Begegnung

»Meine Verweslichkeit, Sterblichkeit nahmest du an, hülltest sie ein in der Unverweslichkeit Kleid, hast sie zu nie endendem, seligem Leben erhöht.«
(Theophanes der Bekenner[1], 1. Kanon für die Hingeschiedenen, 1. Ode [215][2])

Wer einmal persönlich im christlichen Osten einem Leichenbegängnis beizuwohnen Gelegenheit hatte oder auch nur und wenigstens mittels Fernsehens anläßlich der Staatsbegräbnisse an der Moskauer Kremlmauer — etwa am 13. März 1985 Anna Dmitrieva Černenko von ihrem toten Gatten — am offenen Sarge Abschied nehmen gesehen hat, der konnte betroffen werden von östlicher Totenklage. Todesbegegnung äußert sich in Zärtlichkeit, Mitleid, Erbarmen, wie dies seit der christlichen Frühe Bild geworden ist in der Ikone der Gottesmutter *Elëusa* bzw. — wie die Russen sagen — *Umilenie*, die in

---

[1] Mönch des Klosters des hl. Sabbas, hatte Theophanes als Verteidiger der Ikonen während des Ikonoklasmus Verbannungen und Folter zu erdulden. Erst 842 endgültig rehabilitiert und zum Metropolitan von Nikaia erhoben, starb er am 11. Oktober 845.

[2] Von Theophanes dem Bekenner stammen acht »Kanones für die Hingeschiedenen« samt zugehörigen Stichiren. Aus ihnen sind die jeweils genau bezeichneten hymnischen Zitate für diesen Beitrag entnommen. Wir zitieren stets aus: Hymnen der Ostkirche. Dreifaltigkeits-, Marien- und Totenhymnen, aus dem Griechischen von *Kilian Kirchhoff* und *Chrysologus Schollmeyer*, Münster 1960, 215—263.

der *Vladimirskaja* weltbekannt geworden ist und in der fast unbekannt gebliebenen Gottesmutter *von der Tolga*[3] (*Tolgskaja*) — ich denke an die etwas jüngere um 1327 aus der Malschule von Jaroslavl', heute im Russischen Museum zu Leningrad — ihre mütterlich-trauerwunde Gestalt gefunden hat. Unbeschreiblich ist die zum Zerreißen angespannte und doch so stille, innige Polarität von Gottesmutter und Gottessohn: hier die vom Weinen müde und schmal gewordenen Augen der schon um Passion wissenden, ihr Kind umhüllenden Mutter; dort die weit geöffneten, weil weiter schauenden Augen des schon aus Auferstehung tröstenden Christusknaben. Mit seinem Gewande fängt er die Tränen des Schmerzes auf. Menschlich-zeitliche Trauer wird aufgenommen und eint sich dem göttlich-ewigen Trost dessen, der allein zwischen beiden und für uns glaubwürdig die Brücke geschaffen hat. Die zeitlose Nacht des Hades öffnet sich dem ewigen Licht der Auferstehung.

Lebenslauf im alten, seit 988 getauften Rußland war wahrlich von der Wiege bis zur Bahre begleitet von Glockengeläut. Der Glockenraub von 1066 aus der Novgoroder Sophien-Kathedrale als die früheste urkundlich faßbare Zeitmarke für Existenz von Kirchenglocken in Rußland bezeugt deren unverzüglichen Einzug. Liturgische Anlässe ohne Zahl, aber auch paraliturgische (etwa die Durchreise eines Bischofs), ja metaliturgische (etwa der Ruf zur Ratsversammlung, bei Feuers- und Feindesnot) hatten ein reichhaltiges Signalsystem entstehen lassen. Das so akustisch Übermittelte wurde im Volke aufmerksam und differenziert verstanden und war in seinen Bedeutungen bekannter als hiesigen Heutigen auch nur Sirenensignale noch sind. Regulierungen des Läutens scheinen hauptsächlich im 17.Jh fixiert worden. Im ganzen fand die Jahrhunderte über das erinnernde Gehör tradierte Praxis der russischen liturgischen Glockenkunstmusik keinen Niederschlag in Noten, wofür es bei Ivan Sergeevič Šmelëv einen anschaulichen Beleg gibt: »Mitja! Hast du fünfmal die große Glocke geschlagen, geh gleich zum Festtagsläuten über, vom Wechselgeläut schnurstracks zum vollen Geläut, und genau nach der Art von Rostow! Hernach komm ich selber hoch. Und leg dich tüchtig ins Zeug!«[4] Spät erst, um 1900, legen gleich vier namhafte Studien einer russischen Campanologie grund, freilich bereits in der zeittypisch allgemeinsamen Erfahrung von erlittenem Verlust und anhaltendem Abgang und eher retrospektiv und archivierend. Die verschwindend geringe Anzahl von 1982

---

[3] Der »Gottesmutter von der Tolga« hat *Eberhard Maria Zumbroich* im 3.Teil (Jaroslavl') seines liturgischen Geläutezyklus' »Der Goldene Ring« ein klingendes Denkmal gesetzt (vgl. Anm. 8).

[4] *Ivan Sergeevič Šmelev*, Ostern: Russische Ostergeschichten, hg. v. *Bernd Rullkötter*, Freiburg u.a. 1984, 121—141, hier: 138.

nur 15 und seither wenigstens 24 Geläutenotationen[5] ist unser ganzer Schatz an Notendrucken russischer Glockenmusik. Gewiß — Glockenläuten ist gegenwärtig weltweit heruntergekommen und nicht nur in der UdSSR. Wohl aber registriert man Niedergang und Abgang desto deutlicher, je reicher die liturgische Glockenmusik ehedem gewesen war. Und wo wäre sie in der christlichen Welt bedeutender gewesen als in der Russischen Orthodoxen Kirche! Gewiß freuen wir uns an jedem Ort, an dem neuerdings wieder mehr die russischen Glocken verkünden. Aber es bleiben die ungezählten leeren Fensterhöhlen der Glockentürme und -kuppeln, die wenn auch frisch geweißten, so doch sinnleeren Glockenwände, jene Gemäuer, da niemand die Glocken mehr hinaufzieht, die doch hier und da unten davorstehen; es bleiben die stummen Stimmen derer, die z.B. im Evfimij-Erlöser-Kloster in Suzdal' hängen: Dreizehn an der Zahl sind auf einem neueren Foto[6] auszumachen, nur eine davon mit einem Zugseil, zwei weitere doch noch mit ihren Klöppeln, alle übrigen nicht einmal mehr damit, um *in die Glocken* läuten zu können[7].

Um zu verstehen, wie solche instrumenthafte Glockenmusik als organisiertes Musizieren überhaupt denkbar und möglich wurde, muß man folgendes bedenken: Die westliche Glocke schwingt in der Regel als Gesamtkörper, die russische in der Regel nicht. Das Tönen der westlichen Glocken erfolgt nach den Gesetzen ihrer Eigenschwingung, die den Klöppel bald hüben, bald drüben den Schlagring treffen macht. Der russische Klöppel dagegen ist zum Zwecke vorherbestimmbaren Anschlags nahe dem Schlagring der Glocke festgehalten und wird mittels Seil, Draht o.ä. vom Läuter in beabsichtigter Weise *in die Glocke* geschlagen, was die Glöckner geschickt mit Händen und Füßen, Armen und Beinen auszuführen lernten. Im Falle von Totengeläut allerdings ist Virtuosität kein Erfordernis. Während der Zusammenklang von Glocken auf westliche Art mithin ein aleatorischer ist, d.h. zufälliger und nur aus örtlichen Gegebenheiten variierend, ist er nach russischer Art dagegen ein gewissermaßen liturgisch programmierter und musikalisch organiserbarer.

Während die statischen Probleme westlicher Glockentürme dem Glockenschwingen Grenzen setzen — die berühmte Pummerin im Wiener Stephans-

---

[5] Vgl. *Eberhard Maria Zumbroich*, Systems in notation orthography of Russian Orthodox Liturgical Bell-Music [Ms abgeschlossen im Mai 1985].
[6] In: *Gertraude* und *Klaus Bambauer,* Dieses Volk trägt Gott im Herzen, Wesel 1984, 21.
[7] Dem 2.Teil (Suzdal') seines liturgischen Geläutezyklus' »Der Goldene Ring« hat *Eberhard Maria Zumbroich* den programmatischen Untertitel »Die stummen Stimmen« gegeben (vgl. Anm. 8).

dom wird kaum geläutet —, gestattete das traditionelle Stillhängen der russischen Glocken die Entwicklung von Großgeläuten nicht nur der Glockenanzahl nach, sondern besonders auch derer Größe, wie sie so im Westen äußerst selten waren. Auch in den kühnsten Phantasien vermag sich niemand auch nur annähernd mehr vorzustellen, wie das alles dermaleinst geklungen hat, etwa im alten Novgorod oder von den (1373) gerühmten »vierzig mal vierzig« Kirchen in Suzdal' im *Goldenen Ring*[8] altrussischer Städte und auch ohne das babylonische Werk der nie erklungenen Moskauer Zarglocke (1735), mit welcher russische Gigantomanie an eine ihrer Grenzen stieß. Unzählige Passagen der russischen Belletristik lassen das Erlebnis wenigstens literarisch nachklingen. Nur eine, just vor einem Säkulum 1885 von Vladimir Galaktionovič Korolenko erschienen, soll stellvertretend Zugang eröffnen: »Da löste sich von der Höhe des Glockenturms der erste klingende Schlag, wurde weitergetragen von der empfindsamen Luft dieser melancholischen Nacht, dann der zweite, der dritte ... Nach kurzer Zeit klangen und sangen von allen Seiten und in den verschiedensten Tonlagen die Glocken, und ihr Geläute verschmolz zu einer machtvollen Harmonie, schwang leicht und schien im Äther zu kreisen ... Das Läuten verstummte. Die Töne zerschmolzen in der Luft, doch nur langsam trat die Lautlosigkeit der Nacht wieder in ihre Rechte ein: lange noch schien ein undeutlicher Nachhall in der Dunkelheit zu schweben, wie das Zittern einer unsichtbaren, in der Luft gespannten Saite.«[9] Aber russisches liturgisches Glockenläuten in seinen traditionellen Formen klingt je nach den Anlässen äußerst unterschiedlich: anders zu Ostern, den Hochfesten, Sonntagen, Werktagen oder der Fastenzeit; anders zu Liturgie, Vigil, den anderen Stundengebeten; anders zur hochzeitlichen

---

[8] Als »Der Goldene Ring« ist ein Kranz namhafter altrussischer Städte von besonderer Bedeutung für Geschichte und Gegenwart bekannt. *Eberhard Maria Zumbroich* hat Anfang 1985 ebenfalls mit dem Titel »Der Goldene Ring« einen fünfteiligen liturgischen Geläutezyklus komponiert:
1. Vladimir — »Das ewige Evangelium« (in der Geläuteform *Blagovest* mit festlichem Carillon);
2. Suzdal' — »Die stummen Stimmen« (in der Form *Trezvon*);
3. Jaroslavl' — »Christus mit den goldenen Haaren« / »Die Kerze von Jaroslavl'« / »Die Gottesmutter von der Tolga« (in den Formen *Perezvon* und *Trezvon*;
4. Moskau — »Frieden der Welt« (in der Form *Trezvon*);
5. Zagorsk — »St. Alban und Sergius« (in den Formen *Change ringing* und *Trezvon*).
Der »Goldene Ring« ist für das zwölfstimmige Geläute des »Ton-Archivs zum Byzantinisch-Ostkirchlichen Ritus TABOR« in Gaildorf geschrieben. Er wurde am 5. Mai 1985, dem Tage der Weihe des sechsstimmigen Carillons, im Rahmen der Festakademie »275 Jahre Carillon in Rußland« zum »Europäischen Jahr der Musik 1985« uraufgeführt. — Unter demselben Titel ist dieser Geläutezyklus »Der Goldene Ring« als TABOR-Langspielplatte veröffentlicht worden.

[9] *Vladimir Galaktionovič Korolenko,* Die Nacht vor dem Auferstehungsfest: *Rullkötter (Hg.),* Ostergeschichten 55—64. 56f.

Liturgie der Krönung oder im Angesicht des Todes. Letzteres ist unser Gegenstand.

Eine denkwürdige Erfahrung soll dazu vorab mitgeteilt werden. In zahlreichen Gesprächskonzerten im In- und Ausland, in denen ich mit meinem mobilen Glockenspiel-Instrumentarium[10], zusammen mit dem Läuterensemble der byzantinischen Verklärung-Christi-Kapelle des TABOR-Archivs, die russische liturgische Glockenmusik in Theorie und Praxis bekanntmachen darf, löst ausgerechnet das Totengeläut unter allen ansonsten vorgestellten Geläuten wirkliche Erschütterungen der Zuhörer aus und dies, obwohl es — zumindest dem äußerlichen Vorgang nach — gewiß das magerste Musikereignis bietet. Dem wird weiter unten weiter nachzudenken sein.

II. Beschreibung

»Du hast mich gebildet aus Erde und ließest sich wieder zur Erde wenden den Armen und schufest ihn herrlicher neu.«
(*Theophanes*, 3. Kanon, 3. Ode [229])

Zunächst ist nun die Sache selbst aufzuzeigen. Totengeläut kommt zu den verschiedensten Gelegenheiten in unterschiedlicher Gestalt vor, sei es zur Bekanntgabe eines Todesfalles an die Kirchengemeinde, zu tatsächlichem und zu liturgischem Leichenbegängnis sowie zu öffentlichen Gottesdiensten zum Totengedenken, also bei der Überführung einer Leiche zu Kirche und Grabstätte, bei der in liturgischer Prozession vergegenwärtigten Beisetzung und Beweinung des toten Christus während der Großen und Heiligen Woche (röm. Karwoche) und an den Kirchenjahrtagen des allgemeinen Totengedenkens. Im Rahmen eines Beitrags im Lichte der *pietas liturgica* mögen wir nur in Maßen ein Feld sehen, die komplizierte Quellenlage der russischen Campanologie und die bei deren praktischer Anwendung aufkommenden Divergenzen innerhalb der Phänomenologie von konkreten Geläutenotationen oder -verbalisationen generell aufzuzeigen und behalten dies unserem Projekt des Versuchs einer komparativen und systematischen Läutelehre vor. Mit einer also bewußt von *Totengeläut* her begriffenen eingeengten Perspektive werde hier eine ansonsten weiter ausholende Verunklarung umgangen.

So eng umgrenzt nun aber innerhalb überhaupt liturgisch gegebener Läuteanlässe und -formen der schmale Ausschnitt des Totenläutens für sich natürli-

---

[10] Vgl. *Eberhard Maria Zumbroich*, Das russische Glockenspiel — Zur Weiterführung des liturgischen Läutens (Teil II): OstKSt 31 (1982) 311—325.

cherweise ist, so sehr mag überraschen, daß selbst in dieser Umgrenzung das gesamte campanologische Formenspektrum zur Anwendung kommt: Eine Art *Blagovest* gibt das Ableben eines Geistlichen jeglichen Ranges bekannt; *Perebor* begleitet das Leichenbegängnis eines Laien vom Sterbehaus zur Kirche und wieder von dort zum Grabe; *Perezvon* mit *Trezvon* dient zum Leichenbegängnis eines Geistlichen und ebenso zur Prozession anläßlich des Todes Christi in der Großen und Heiligen Woche; *Trezvon* für sich beschließt während des Gesanges »Ewiges Gedenken« die offiziellen Gottesdienste zum Totengedächtnis der Kirche. Sollte die Geburt des Hingeschiedenen zur Ewigkeit als die Vervollkommnung seiner Unvollkommenheit, sollte Auferstehung als Erfüllung zur Fülle schlechthin also auch die Geläute allseitig berufen? Ein Gedanke, der angesichts der kosmisch-zyklischen Weisheit, wie sie sich in byzantinischen Gottesdienstordnungen offenbart, weiter zu verfolgen wäre. Die den Abschnitten innerhalb dieser Darstellung vorangestellten Zitate aus den byzantinischen Totenhymnen Theophanes' des Bekenners können dazu anregen[11].

1. Blagovest

»... die lebenschaffende Tötung ... und ewige Wonne ... In sie stelle die in der Hoffnung auf Auferstehung Entschlafenen.«
(*Theophanes*, 2. Stichire zum 6. Kanon [250])

Das Ableben eines Priesters wird durch das zwölfmalige, relativ schnelle Anschlagen einer Glocke bekanntgegeben. Wenn dies auch nicht eigens als *Blagovest* benannt ist, so handelt es sich doch im Klangbild um ein solches, das stets aus einer Reihe von Einzelschlägen mit ein und derselben Glocke entsteht. Wohl mag die Zwölfzahl Vollendethaben, Vollendetsein andeuten sollen, ihre Hastigkeit sowie ihr alsbaldiges Verklingen lassen dieses *quasi-Blagovest* zunächst erschreckend wirken; denn das gewöhnliche, die großen Gottesdienste ankündigende *Blagovest* klingt geruhsam und über geraume Zeit: Das Typikon bemißt dessen Dauer mit dem einmaligen Lesen von Ps 119 (118) oder zwölfmaligem von Ps 51 (50), was allerdings zumindest gegenwärtig kaum noch durchgehalten werden dürfte.

---

[11] Zur weiteren Vertiefung in die Sterbe- und Begräbnisliturgien in den Kirchen des Ostens sei auf den Beitrag von *Karl Christian Felmy* in diesem Kompendium (II, 1087—1133) verwiesen.

2. Perebor

»Die Tore der Unsterblichkeit, die den Verstand
übersteigt, öffne, Herr, den Entschlafenen sie
auf die Bitten deiner Sieger im Streit.«
(*Theophanes*, 1. Kanon, 1. Ode [215])

Für das Leichenbegängnis selbst dienen — bei zeitlich deutlichem Hauptanteil — die Geläuteformen *Perebor* und *Perezvon*. Ersteres ist im Falle verstorbener Laien gefordert, letzteres im Falle verstorbener Priester jeden Ranges[12]. Gerade dieses Begriffspaar ist es, das hinsichtlich der konkret damit verbundenen musikalischen Praxis noch einige Rätsel aufgibt. Beide Wörter beginnen mit dem, auch im heutigen Russischen geläufigen Präfix *pere-*, das seinerseits unterschiedliche Ansätze intendiert, welche erst durch den Sinngehalt des je damit zusammengesetzten Stammwortes rückwirkend eindeutig werden. Für unseren Fall besonders relevante Tendenzen von *pere-* sind: »über (etwas) hin; nochmals, auf neue Art; der Reihe nach, eines nach dem anderen«.

Die statistisch am häufigsten — weil für jeden christlichen Laien — geforderte Läuteform ist der *Perebor*. Wir übergehen hier seine sonstige gottesdienstliche Verwendung zur kurzen Einstimmung eines hauptsächlichen *Trezvon*-Läutens. Als Totengeläut ist *Perebor* nicht derart vor- und untergeordnet, sondern selbst Hauptsache. Im Volksmund heißt es daher schlechthin das »Begräbnis-« oder »Beerdigungs-Läuten«. Die Vokabel *perebor* findet sich zwar sogar heutzutage im Wörterbuch als »(über das Normale hinausgehender) Mehrverbrauch (etwa von Material)«, was sich allerdings wohl schwerlich mit unserem Terminus in Verbindung bringen läßt. Wir können wohl nur noch Annäherungsversuche unternehmen, etymologisch Verständnishilfe suchen, Assoziation und Allusion überdenken. Ob etwa *pereborot'* als »nacheinander überwinden« hier mit herangezogen werden darf, das seinerseits immerhin auf einem altslavischen Vorgänger *boriti* bzw. *borit'* für »kämpfen« basiert, mag nur angefragt werden, nennt doch der Weiheritus die

---

[12] Häufig finden sich die Begriffe *Perebor* und *Perezvon* nicht definitiv getrennt, vielmehr ungeschieden. Das könnte deren im Laufe der Zeit abgegangene, vergessene Differenzierung bedeuten, bezeugen sog. Synonyma doch zumeist Unterscheidungsverlust oder zumindest eingefahrene Begriffsunschärfen. Jedenfalls begegnen beide Begriffe teils wie sich ausschließend, also unterscheidbar, teils wie bzw. als Synonyma, also auswechselbar, teils indifferent nebeneinander, mit »oder« gereiht. Bedeutet hinwiederum dieses »oder« folglich »entweder — oder«, bedeutet es »nach Belieben«, bedeutet es nur eine auch in der allgemeinen Musikwissenschaft (bei Verwendung eines und desselben Begriffs sowohl für eine Form als auch für eine Funktion) ärgerliche Erscheinung, oder deutet es schlicht auf ehemals wahrscheinliche, heute aber nicht mehr feststellbare Unterschiede?

Glocken mehrfach »Waffen wider das Böse«[13]. Am ehesten scheint man sich auf das Verbum *pereb(i)rat'* gestützt zu haben, wobei Arro auf die Bedeutung »nacheinander durchnehmen«[14] abhebt, während Gardner auf »Auslese«[15] abhebt. »Der Reihe nach anschlagen« und »Der Reihe nach beim Sortieren durchsehen« tragen teils bestätigende, teils erweiternde Nuancen bei. Aus literarischen Schilderungen von *Perebor* rückschließend möchten wir außerdem noch *pereboj* im Sinne von »Unregelmäßigkeit, Stockung im Rhythmus des Schlagens« in Betracht bringen dürfen.

De facto erklingen in größeren Abständen Einzelschläge aller Glocken der Reihe nach, und zwar entweder in aufwärts oder in abwärts gerichtetem Tonhöhenverlauf mit gelegentlich eingeworfenem Schlußakkord. Wir vermögen bis jetzt nicht zu sagen, ob bei der Verlaufsrichtung lokale oder epochale Priorität mitspielt, ob sich also nur örtliche Eigenheiten oder historische Läutestile darin ausdrücken. Eine jüngere Schallplattenaufnahme[16] aus der Dreieinigkeits-Sergius-Lavra zu Zagorsk dokumentiert die Aufwärtsbewegung, die wenigen älteren campanologischen Literaturhinweise bevorzugen die Abwärtsbewegung des *Perebor*. Ist diese somit schon die ältere oder nur die üblichere? Gleichwohl sind beide auch als tönendes Gleichnis deutbar, sei es als Rückkehr des Leibes zum Staube, sei es als Heimkehr der Seele in ihre himmlische Heimat. Ob nun aufwärts oder abwärts verlaufend, wirken die beinahe außermusikalisch isolierten Einzelschläge ziemlich genau demjenigen entsprechend, was sich im deutschen Sprachraum bei Todesfällen als »plötzlich und unerwartet« erfahren und beschrieben findet, und dies nicht erst, weil und seit eine Jugendlichkeitsideologie die Sterbelehre als Lebenserfahrung und umgekehrt weitgehend vorenthält. Das *Perebor*-Läuten bildet sich also aus Einzelschlägen zwischen raffiniert ametrisch gedehnten Pausen bei hinfälligem Decrescendo und schauderhaftem fortissimo-Durchbruch in Gestalt des diffusen arpeggio-Akkords aller Glocken. Die Anzahl der Wiederholungen dessen wird von der zeitlichen Dauer des Trauerzuges bestimmt. Die emotionale Rezeption dessen mag nach dieser Analyse wiederum auch mit dem literarischen Wort eines an einem Leichenbegängnis teilnehmenden Ohren- und Augenzeugen belegt sein, hier Ivan Alekseevič

---

[13] Vgl. *Aleksej Malcev*, Bitt-, Dank- und Weihe-Gottesdienste der Orthodox-Katholischen Kirche des Morgenlandes, Berlin 1897, 1094—1111.

[14] *Elmar Arro*, Die altrussische Glockenmusik: *Elmar Arro (Hg.)*, Beiträge zur Musikgeschichte Osteuropas, Wiesbaden 1977, 103.

[15] *Johann von Gardner*, Glocken als liturgisch-musikalisches Instrument in der russischen Kirche: OstKSt 7 (1958) 176.

[16] Kolokol'nye zvony Troice-Sergievoj Lavry (Glockengeläute der Dreieinigkeits-Sergius-Lavra), 30-cm-LP, Melodija C90-13917-18, Moskau 1980.

Bunin 1930 aus der Erinnerung: »... während vom Glockenturm her, der (...) bislang nur zögernde, schwache, klagende und immer finsterer Klänge von sich gegeben hatte, plötzlich ein kurzes, tragisches und gewollt unsinniges Durcheinander von Tönen sich über die Menge ergoß, das die aufgeschreckten Jagd- und Windhunde, die den Vorhof bevölkerten, mit einem unharmonischen, aber einmütigen Gebell und Geheul beantworteten. Das klang so schauderhaft, daß meine Schwester in ihrem langen schwarzen Kreppkleid wankte und in Schluchzen ausbrach, die Weiber in der Menge zu jammern begannen und mein Vater, der ungeschickt den Sarg zu stützen versuchte, vor Widerwillen und Schmerz geradezu entstellt war.«[17]

Notenbeispiel 1: Trauer-*Perebor*, abwärts

Auch in solch kleiner Geläuteform können wir die Weisheit der Menschenkenntnis erkennen, welche die Erschütterungen der Todesbegegnung klingend mitvollzieht, sie dadurch psychisch steigernd physisch freisetzt und somit auf eine neue Stufe hebt.

3. Perezvon

»Fürwahr, ganz furchtbar ist das Geheimnis des Todes. Wie wird die Seele gewaltsam vom Körper getrennt, herausgerissen aus ihrem Halt, wie wird durch göttlichen Willen zerschnitten natürlichstes Band engster Verbundenheit.«
(*Theophanes*, aus: 1. Stichir zum 4. Kanon [238])

Weiterhin unbeschadet der Abgrenzungsunschärfen zwischen *Perebor* und *Perezvon* finden wir letzteres terminologisch dem Leichenbegängnis für Priester reserviert. Was freilich könnte dies nützen, wenn nicht den Begriffen entsprechende Klangsignale der aufmerkenden Gemeinde unterscheidbar wären? Schon die Wortbilder *Perebor* und *Perezvon* zeigen sich halb verwandt, halb nicht. Markiert *pere-* offensichtlich beidenfalls ein *Durch*gehen der Glocken, so wird nun mit dem Stammwort *Zvon* das Feld des eigentlichen *Geläutes* als musikalisches Ereignis selbst betreten. Mithin glauben

---

[17] Das Leben Arsenjews — Eine Jugend im alten Rußland, Drittes Buch, Kapitel 2, deutsch von *Georg Schwarz,* ²München und Wien 1981, 147.

wir, *Perezvon* als Zwischenform insofern ansprechen zu sollen, als er die Gebundenheit der sog. »Kleinen Form«, die dem Glöckner keinen oder so gut wie keinen Freiraum gewährt, in die künstlerische Gestaltungsfreiheit der sog. »Großen Form« entbindet. Als ein -*Zvon* ist diese Form gleichsam zwar der totalen Abhängigkeit bereits enthoben, terminologisch aber durch das *Pere*- wie durch eine Nabelschnur noch gebunden. Es wolle nicht als ungeziemend angemahnt werden, wenn wir zur weiteren Verdeutlichung *Perezvon* nur hilfsweise als gewissermaßen aus einem Pflicht- und einem Kürelement kombiniert veranschaulichen möchten. Da aber beide Elemente im Geläute nicht nacheinander ablaufen, sondern einander durchdringend, ergeben sich zwei konkret unterscheidbare Ausformungen: Die eine (Notenbeispiel [NB] 2) folgt streng der Tonhöhenabfolge und nimmt sich dabei die Freiheit unmittelbarer Tonwiederholungen, die mit aufsteigender Tonhöhe zahlreicher und schneller werden; die andere (NB 3) wahrt streng das einmalige Anschlagen jeder Glocke, springt aber ungebunden zugleich in der Abfolge der Tonhöhen auf und ab — letztere Nuance mag mit Gardner als »Gegeneinanderläuten«[18] eingedeutscht werden. Anders betrachtet: Vom Obligatorischen des *Perebor* — Ton nach Ton, wie vom örtlichen Glockenensemble vorgegeben, mit je nur einem Anschlag — übernimmt der *Perezvon* entweder nur das Prinzip des bloß einmaligen Anschlagens jeder Glocke (NB 3) oder nur jenes der vorgegebenen Tonhöhenreihenfolge (NB 2); von der *Zvon*-Freiheit hingegen gewährt *Perezvon* dem Glöckner entweder nur erst die begrenzte Entscheidung über die Tonwiederholungen (NB 2) oder nur erst die Entscheidung über das Belieben der Reihenfolge der Tonhöhen (NB 3). Jedenfalls steht *Perezvon* terminologisch wie phänomenologisch zwischen den gebundenen »kleinen« und den freien »großen« Formen bzw. gehört ihnen beiden zu.

Notenbeispiel 2: (Fest-)*Perezvon*. Mehrfache Anschläge der Glocken bei festliegender Tonhöhenabfolge. Eine Deutung von *pere* als »nochmals, auf neue Art« ließe je Durchgang wechselnde Anschlagzahlen zu.

Notenbeispiel 3: (Trauer-)*Perezvon*. Einzelanschlag jeder Glocke bei freigewählter Tonhöhenabfolge. Die Deutung von *pere* als »nochmals, auf neue Art« ließe je Durchgang wechselnde Tonhöhenabfolgen zu.

---

[18] *Gardner*, Glocken 176.

Nach Kenntnis der Quellen und Gebräuche werden die beiden in NB 2 und 3 notierten *Perezvon*-Geläute zu verschiedenen Diensten verwendet, NB 3 als Trauergeläut, NB 2 für eine Reihe anderer besonderer kirchlicher Anlässe, die hier nicht ausführlicher dargestellt werden können.

4. Trezvon

»Geruhe, daß an dem unzugänglichen Glanze und dem dreisonnigen Lichte deine hingeschiedenen Knechte dort Anteil erlangen, wo gewichen Schmerz, Trauer und Seufzer, reicherbarmender Herr.«
(*Theophanes*, 7. Kanon, 1. Ode [252])

Während der für Laien bestimmte Perebor als Totengeläut für sich allein steht, mündet der für Priester gültige *Perezvon* — organisatorisch wohl mit der Ankunft des Trauerzuges an der Kirche bzw. am Grabe zu denken — in einen sog. *Trezvon* ein. Aufgrund der älteren Form *Trizvon* wird der Begriff theoretisch als dreimaliges Läuten oder als ein wenigstens dreifaches, d.h. mit drei Glocken ausgeführtes interpretiert und praktisch als beides zusammen gehandhabt. Als der klassischen »großen Form« kommt einem *Trezvon* die künstlerische Freiheit improvisatorischer oder kompositorischer Gestaltung zu. Ein einzelner *Trezvon*-Durchgang wurde einst an der Lesedauer Ps 51 (50) gemessen. Bedauerlicherweise findet sich aber weder unter den je fünf bei Aristarch A. Izrailev[19], Sergej G. Rybakov[20] und Stepan V. Smolenskij[21] wiedergegebenen Geläutenotationen noch bei den neun vom Verfasser 1982 bei Archimandrit Gerontij (Kurganosvkij) von Novosil'[22] gefundenen und erkannten ein Beispiel für eigentlichen Trauer-*Trezvon*. Es muß daher auf eigene Kompositionen verwiesen werden dürfen, die selbstverständlich den einschlägigen Zeugnissen der Musikliturgie und der höchst aufschlußreichen russischen Belletristik entsprechen.

---

[19] Rostovskie kolokola i zvony (Rostover Glocken und Geläute), Sanktpeterburg 1884.
[20] Cerkovnyj zvon v Rossii (Kirchliches Glockenläuten in Rußland), Sanktpeterburg 1896.
[21] O kolokol'nom zvone v Rossii (Vom Glockengeläut in Rußland): Russkaja muzykalnaja gazeta (Russische Musikzeitung) 14 (1907) 265—281.
[22] Metod bogoslužebnych vozglasov (Methode der gottesdienstlichen Ekphonese), 2 Bde., Moskau 1900, 3—9; zudem: *Eberhard Maria Zumbroich*, Archimandrit Gerontij (Kurganovskij) von Novosil' — ein vergessener russischer Campanologe: *Christian Hannick / Walter Pass (Hgg.)*, Egon Wellesz und die Erforschung der einstimmigen Musik der West- und Ostkirche, (Musica Mediaevalis Europae Orientalis 1), Wien 1986.

Notenbeispiel 4: Trauer-*Trevzon* (von E.M.Zumbroich)

Das Geläute entstand am 18. März 1982 und wurde zum Gebrauch während der erwähnten Prozessionen in der Großen und Heiligen Woche (Karwoche) für die Verklärung-Christi-Kapelle im TABOR-Tonarchiv geschrieben. Die Prinzipien des Totengeläuts sind also zum Hinaustragen der Leiche eines Priesters, Bischofs etc. dieselben, wie während einer liturgischen Prozession zur Feier der Passion des Herrn.

In dem hier gegebenen NB 4 wird die Trauer durch eine düster verhangene, lastende Stimmung betont. Vornehmlich tiefe Glocken, teils dumpf, teils schaudererregend anzuschlagen, sind ausgewählt. Zwei kurze Motive kreuzen einander währenddessen: Der pendelnd fallende langsamere Zweiklang steht symbolisch für die zweifache Natur Jesu Christi (im NB 4 mit hohlen Notenköpfen), das dreitönig dagegen aufsteigende steht symbolisch für die Allheilige Dreiheit (in NB 4 mit vollen Notenköpfen). Wenn über vielen dunklen Wiederholungen des Läutemodells dann und wann, mehr einwurfsweise und nur für Augenblicke, einzelne hohe Glocken oder Glöckchen aufgellen, so bewirkt dies gerade keine Aufhellung, sondern verdeutlicht vielmehr die Vertiefung des Trauerns.

Der vollständigen Zusammenstellung des Vorkommens von Totengeläut halber ist noch an seine Anwendung zu den bestimmten öffentlichen Gottesdiensten des Totengedenkens innerhalb des Kirchenjahres zu erinnern. Während des jene abschließenden Gesanges »Ewiges Gedenken« wird ebenfalls ein *Trezvon* geläutet, wie wir es mit NB 4 beispielhaft beschrieben haben[23].

III. Bedeutung

Exemplarisch hat uns das Thema des russischen Totengeläutes an eine der schönsten und reichsten Schöpfungen in der Welt der Musik, in der Musik

---

[23] Zahlreiche historische und neue Klangbeispiele russischer liturgischer Geläute sind vom Läuterensemble E.M.Zumbroich auf den Langspielplatten »Das Russische Glockenspiel« Folge 1 und 2 (TABOR 8492) und in Digitaltechnik eingespielt und ausführlich kommentiert. — Das dazu verwendete Glockenspiel-Instrumentarium befindet sich stationär im Hof des TABOR-Tonarchivs in D-7160 Gaildorf und kann auch mobil zu auswärtigen Veranstaltungen eingesetzt werden.

der Welt herangeführt, das Vermächtnis des russischen liturgischen Glockenläutens — ein Erbteil, welches die Christenheit nicht ausschlagen und nicht verkümmern lassen darf. Wir haben — ebenso exemplarisch — erfahren, wie psychologisch zutreffend diese Geläute organisiert sind, oder besser, in welcher Tiefe der Menschenkenntnis sie gründen. In aller Heilsgewißheit und Auferstehungserwartung werden Leid und Schmerz, die uns beim Tode eines nahestehenden Menschen betreffen und betroffen machen, nicht verharmlost und nicht geringgeschätzt, sondern wie in der Totenhymnodie so auch im Totengeläut emotional noch gesteigert und gerade dadurch zu einer neuen Freiheit geläutert. Schon der mythische Phönix erstand neu erst aus der Asche.

Gleichwohl kommt nun die Frage wieder auf, die wir bereits angesprochen haben, wieso — einmal abgesehen von der vorbeschriebenen Weisheit solchen Totengeläutes — auch die musikalisch relativ ärmlich erscheinenden Töne eine nachweislich so erschütternde Wirkung tun. Die verbale Darstellung von Glockenklang bleibt nicht nur ein jedenfalls weitgehend unzureichender Ersatz, sondern birgt auch die Gefahr ebensolcher Klangvorstellungen. In Noten markierte Tonhöhen assoziieren dem Leser eben gerade nur diese. Die europäische Musiktradition hat uns — möglicherweise schon seit Guido von Arezzo, sicher aber durch die gesamte musikalische Mitteilungsweise innerhalb dessen, worauf wir uns seit der Neuzeit gemeinhin als abendländische Musikkultur samt den implizierten festgefahrenen Hörgewohnheiten verständigt zu haben meinen — doch einseitig hören gemacht, nämlich dergestalt, daß für unser Ohr in erster Linie der erzeugte Ton gilt in seiner eindeutig fixierten Höhe, bis hin zu seiner quasi digitalen Isoliertheit von anderen. Unsere Musikwahrnehmung ist eine insofern günstigenfalls vertikal-scheibchenweise, schlimmerenfalls punktuelle geworden, was sich doch nicht zuletzt darin erweist, wie wenige Menschen Musik horizontal in ihrer Entwicklung und strukturell mitzuvollziehen geübt oder imstande sind. Das hängt zusammen mit dem Umbruch von der neumatischen Notation in unsere — wie der Osten sagt — europäische. Etwas davon ist dem Abendländer noch spürbar im Gregorianischen Gesang, wo ihm noch eine neumatische Singhaltung zugrundeliegt. Unterscheiden sich Neumen doch von Noten dahingehend grundsätzlich, daß letztere Ton*stufen* markieren, erstere indes Intervall*schritte*. Zwischen zwei Noten muß der Intervallschritt erst festgestellt werden, Neumen bedeuten das Fortschreiten von hier nach da selbst. So erlaubt der traditionelle byzantinisch-neumatische Gesang eine ganz andere Sing- und Wahrnehmungsweise, und noch in jeder guten ostkirchlichen Monodie klingt dies mit und nach und an. Bezogen auf die Glocke ist der einzig notierbare Schlagton selbst das Flüchtigste. Kaum erklungen schwindet er und läßt seine Unteroktav zum dominierenden und anhaltenden

Ereignis werden, eingefärbt vom Farbklangspektrum der Obertöne, der Terz, Quint, Oberoktav und einer möglichen Vielzahl weiterer. Sie alle bestimmen das fascinosum von Glockenklang durch lauter Komponenten, die auswirkungsmächtiger sind als die kurzlebigen Anschlagtöne.

Für das Ereignis von Glockenmusik und von ihm sind also lediglich seine Entstehungsmomente notierbar; im Nachklang mit seinen weitgehend unerforschten Schwingungen und Einflüssen eröffnet sich unverzüglich das Reich des Irrationalen. Hier wird — freilich ganz unbewußt — eine kosmische Dimension erfahren, die ganzheitlich wirkt und möglicherweise dermaleinst aus Kategorien orthodoxer Theologie der Verklärung ermessen werden kann, der notwendigen Ergänzung irdischen Erklärens. Wie Nachruf seinen Ort hat an der Schwelle zwischen Vita und Wirkungsgeschichte, auf jene zurückblickend diese eröffnend, entfaltet sich Glockenmusik erst eigentlich, nachdem der bloße Anschlag vorüber ist. Zwar wird dies in einem vollen Geläut etlicher Glocken sogar potenziert, wird aber emotional wohl deshalb nicht so vorrangig wahrgenommen, weil unser gewohntes Auf-den-Anschlag-Hören die Wahrnehmung intellektuell prädominiert und damit reduziert. Beim Trauer-*Perebor* und beim Trauer-*Perezvon* ist das hingegen zum wenigsten so, weil die Glocken wie voneinander abgetrennt und nicht miteinander musizierend klingen. Über das beschriebenermaßen Überraschende der Anschläge hinaus können die Gesamtklangspektren der einzelnen Glocken sich aus und für sich entfalten. Es wird deutlich und wirkt ausschließlich sich aus, daß es sich zumeist um Nachklänge handelt, sich wandelnde, rational bislang nicht rezipierbare Ereignisse aus Ober- und Untertönen. Dies ist nirgends eher, mehr und klarer zu erleben als mittels der isolierten Schläge von *Perebor* bzw. *Perezvon* zum Leichenbegängnis.

In manchen Bereichen auch der sog. abendländischen Musik hat sich in der jüngsten Vergangenheit eine neue Sensibilität für das althergebrachte Obertonbewußtsein asiatischer Hörensweisen entwickelt, wiederum gänzlich unrational. Im russischen Totengeläut mag sie über die Zeiten längst mitgeschwungen haben. Wenn der Boden schwankt, die Stützmauern bersten in der Grenzerfahrung zwischen Leben und Tod, macht die Schwellensituation zwischen Zeit und Ewigkeit den Menschen sensibel für das Bodenlose des Aufgerissenen, für das Aufbrechen des Unterdrückten, für das Einbrechen des Ausgesperrten. Metamorphosis bei Todes- und Glockenbegegnung — im russischen Totengeläut wird sie ungeteilt. Von den jüngsten Bestätigungen seitens der holistischen Hochfrequenzphysik, welche sich den Phänomenen nicht vom punktuellen, sondern vom kosmischen Ansatz her zu nähern versucht, wissen noch erst die wenigsten. Ob und inwieweit diese extreme Existenzerfahrung überhaupt auch schon denen bewußt war oder sein konnte, die das russische Totengeläut einst ersannen und ihm Gestalt gaben, ist gleichwohl unerheblich. Es war und es ist kosmisch wahr und mithin liturgisch richtig.

IV. Diskographie
zur russisch-orthodoxen Tradition liturgischer Geläute
(seit 1980)

1. Kolokol'nye zvony Troice-Sergievo Lavry —
   The Chimes of the Trinity-Sergius Lavra
   enthält: Geläute der Heilig-Geist-Kirche und des Gr. Glockenturms
   Tonaufnahme: 1978, Veröffentlichung: 1980
   Stereo C 90-13917-18; Melodija, SU-Moskau

2. Kolokol'nye zvony — The Chimes
   enthält: Geläute der Dreiheits-Sergius Lavra (auch auf Nr. 1),
   des ehem. Neuen-Jungfrauen-Klosters u. des Pskover Höhlenklosters
   Tonaufnahme: 1978, Veröffentlichung: 1980
   Stereo C 90-13937-8; Melodija, SU-Moskau

3. Das Russische Glockenspiel
   enthält: Geläute (6-stimmig) der Verklärung-Christi-Kapelle
   des TABOR-Tonarchivs
   Tonaufnahme: 1982, Veröffentlichung: 1982
   Stereo-Digital 8492; TABOR, D-7160 Gaildorf

4. Rostovskie zvony — Rostov Chimes
   enthält: Geläute des Kremls von Rostov dem Großen
   (statt des angegebenen Akimov- erklingt abermals Jona-Geläut)
   Tonaufnahme: 1963; (erweiterte Wieder-)Veröffentlichung: 1985
   Mono M 90 46547 002; Melodija, SU-Moskau

5. Der Goldene Ring (Das Russische Glockenspiel — Folge 2)
   enthält: Geläute (12-stimmig) der Verklärung-Christi-Kapelle
   des TABOR-Tonarchivs
   Tonaufnahme: 1985; Veröffentlichung: 1985
   Stereo-Digital 8575; TABOR, D-7160 Gaildorf

6. Dobri Dobrev Paliev:
   Kambani, klepala i ovčarski zvănci v Bălgarija —
   Bells, Clappers and Cow-bells in Bulgaria
   enthält (auf 1 von 4 LPs): Geläute (im russischen Stil)
   bulgarischer Klöster und der Šipka-Gedächtniskirche
   Tonaufnahmen: seit 1970; Veröffentlichung: »1985«, i. e. 1986
   Mono BKA 11605 / 11606; Balkanton, BG-Sofija

7. Klingende Ikonen — Die historischen Geläutenotationen
   (Das Russische Glockenspiel — Folge 3)
   enthält: sämtliche schriftlich überlieferten russ. Geläute
   von Izrailev, Rybakov, Gerontij (Kurganovskij)
   und Smolenskij, adaptiert auf das 12-stimmige Geläute
   der Verklärung-Christi-Kapelle des TABOR-Tonarchivs
   in Vorbereitung (1987); TABOR, D-7160 Gaildorf

Sang- und klanglos?

Musikalische Tradition, gesellschaftliche Kontexte und
gottesdienstliche Praxis der Gesangskultur bei Sterben und Begräbnis

Norbert Bolin

A. Der jüngste Stand der Forschung zu Requiem und evangelischer Funeralkomposition

Die Musikwissenschaft erreicht in der Frage nach einer musikalischen Tradition zu Sterben und Begräbnis recht bald die Grenzen der Aussagefähigkeit und wird zur Klärung des Themenkomplexes nicht umhinkönnen, die Hilfe anderer Wissenschaften anzunehmen. Sie ist gezwungen, neben der Theologie und Liturgiewissenschaft, der Volks- und Völkerkunde auch die historische Sozialwissenschaft sowie die eigene Kulturgeschichte verstärkt mit einzubeziehen, denn allein das musikwissenschaftliche Instrumentarium von Formenlehre und Stilkunde, Ästhetik und Aufführungspraxis genügt im besten Fall, um zu einer vordergründigen Historiographie zu gelangen, die einer intensiven Befragung schon in ihrer Terminologie nicht standhalten wird.[1]

Eine Geschichte der abendländischen Begräbniskomposition ist bislang nicht verfaßt, wenngleich in jüngerer Zeit verstärktes Interesse daran besteht und in zahlreichen Einzelstudien erste Schritte dazu unternommen wurden.

Für die Tradition der Requiem-Komposition muß als frühester Versuch einer umfassenden Sichtweise die Studie Alec Robertsons[2] genannt werden. Sie versucht — im Gegensatz zu den gängigen Lexika-Artikeln — »aus einem mehr den Ritus berücksichtigenden Aspekt, einen Abriß der Requiemgeschichte zu vermitteln. Freilich bleibt die Mehrzahl seiner Beispiele an der herkömmlichen, von musikalisch-stilistischen Sachverhalten ausgehenden Darstellung haften. Lediglich in Verbindung mit dem Requiem von Dufay, dessen Musik verlorengegangen ist, gibt Robertson Teile des Dufayschen Te-

---

[1] Im Folgenden sind aus diesem Grund die gängigen und voreilig gefaßten Termini »Trauermusik« oder »Threnodiae sacrae« bewußt gemieden. Stattdessen wird neutral von »Begräbnis-« oder »Funeralkompositionen« gesprochen.

[2] *A. Robertson*, Requiem. Music of mourning and consolation, London 1967.

stamentes wieder, die auf eine spezielle Requiemfeierlichkeit Bezug nehmen, und liefert damit den entscheidenden Ansatzpunkt zur sinnvollen Einordung der Totenmesse in einen größeren Zusammenhang.«[3]

Eine exemplarische Darstellung eines repräsentativen Werkes aus der süddeutsch-österreichischen Tradition der katholischen Begräbnismusik bietet Werner Jaksch[4], indem mit der Einordnung der Komposition Bibers in den gesamten Exequalkomplex die Funktionsgebundenheit in textliturgischen und gesellschaftlichen Bezügen verdeutlicht wird. Im strengen Rekurs auf die liturgische Einbindung der Musik und in der akribischen Analyse der Textaussage und der musikalischen Faktur schwindet der Blick auf die Tradition. Jaksch stellt die komponierte Totenmesse als Phänomen in einen gottesdienstlichen Zusammenhang, der für den konkreten Anlaß des gewählten Beispiels allerdings nur vermutet werden kann. Dem romantischen Requiem gilt eine Untersuchung, die ihren Akzent wesentlich auf die italienische und französische Tradition legt und die in ihrer vornehmlich auf die Gefühlsintensität der Epoche gerichteten Darstellung aber auf weiterführende Analysen und eine intensive Auseinandersetzung mit dem Ritus und der Tradition verzichtet.[5]

Der ersten umfassenden Auseinandersetzung mit der Tradition der evangelischen Begräbniskomposition durch Wolfgang Reich geht eine Artikelserie des Schweizer Musikforschers Fred Hamel voran, die aus der Kritik an der Praxis der Begräbnismusik unseres Jahrhunderts motiviert scheint.[6] In der Forderung nach der »wahren Gebrauchsmusik« sieht Hamel die evangelische Funeralkomposition aus dem Blickwinkel ihrer Abhängigkeit von der Schulmusikpflege im 17. Jahrhundert und der praxisorientierten Ausrichtung. Durch die Beschränkung auf den städtischen Raum und die bürgerliche Gesellschaftsschicht geht die Auseinandersetzung über eine erste — wiewohl fundierte — Sichtung nicht hinaus. Im Vordergrund der Dissertation Wolfgang Reichs, die im Zusammenhang mit der von RISM initiierten Katalogforschung in den Bibliotheken der DDR entstand, steht die Publikation eines Quellenkataloges.[7] Die musikalisch formal-stilistisch orientierte Untersu-

---

[3] *W. Jaksch*, H.I.F. Biber. Requiem à 15. Untersuchungen zur höfischen, liturgischen und musikalischen Topik einer barocken Totenmesse, (Beiträge zur Musikforschung 5), München 1977, 9.

[4] Ebd.

[5] *F.S. Ibanez*, El Requiem en la musica romantica, Madrid 1965.

[6] *F. Hamel*, Die Leipziger Funera. Zur Kulturgeschichte der Begräbnismusik: SMZ 88 (1948) 87—92, 125—132.

[7] *W. Reich*, Die deutschen gedruckten Leichenpredigten des 17. Jahrhunderts als musikhistorische Quelle, [Phil. Diss. (mschr.)] Leipzig 1962.

chung, die auf eine andere als die Drucktradition der Leichenpredigt (gemeint ist das, was nach jüngerer Definition Fürstenwalds[8] allgemein als »Gedenkausgabe« bezeichnet wird) verzichtet und keine theologische oder liturgische Zusammenschau des Phänomens Begräbnismusik beabsichtigt, wählt als Ansatz die Einordnung der Musik als Beilage zu gedruckten Gedenkausgaben. Das Phänomen des Leichenpredigtdruckes — und also auch das der Musik — wird in der wesentlichen Beschränkung auf das Gebiet der DDR als unabhängige kulturelle Äußerung der protestantischen Orthodoxie aufgefaßt, nicht aber als allgemeiner Ausdruck einer zeit- und kulturbedingten Geisteshaltung verstanden.

Die jüngste Studie zur evangelischen Begräbniskomposition versucht, die Erscheinung der anlaßbezogenen und liturgisch gebundenen, höfischen und bürgerlichen Begräbnismusik in ihrer kulturellen und historischen Gewachsenheit zu erfassen.[9] »Inspiriert von der französischen Schule der ›Annales‹, mit den Mitteln historischer Demographie und im Rekurs auf das theologisch geprägte Weltbild des Barock, soll vor dem Hintergrund der aus den eschatologischen Anschauungen der Zeit entwickelten kollektiven Mentalität unter Beachtung liturgischer Formen und sozialer Determination der Musik mit dem Instrumentarium musikwissenschaftlicher Analyse eine Beschreibung und Einordnung der evangelischen Begräbniskomposition der Mittleren Zeit versucht werden.«[10]

B. Archaische Formen der Gesangskultur bei Sterben und Begräbnis

I. Requiem

1. Totenklage

Nachdem Joseph Ekdal während einer Theaterprobe eine Herzattacke erlitten hatte, waren die Anwesenden fürsorglich darum bemüht, ihn rasch und schonend nach Hause zu bringen. Als der Mitteilung des eilig herbeigerufenen Arztes zu entnehmen war, daß es nun mit dem Theaterdirektor zu Ende gehe, wurde die ganze Familie verständigt. Während vor dem Sterbezimmer

---

[8] *M. Fürstenwald*, Andreas Gryphius. Dissertationes funebres. Studien zur Didaktik der Leichabdankungen, (Abhandlungen zur Kunst-, Musik- und Literaturwiss. 46), [Phil Diss. 1966] Bonn 1967.
[9] *N. Bolin*, Sterben ist mein Gewinn (Phil 1,21). Ein Beitrag zur evangelischen Funeralkomposition der deutschen Sepulkralkultur des Barock (1550—1750), [Phil. Diss] Köln 1985 [erscheint als KStS 4, Kassel 1987].
[10] Ebd., [Ms.] I.

jemand halblaut aus der Bibel las, fanden sich die Brüder mit ihren Familien in der Wohnung ein und nahmen nacheinander Abschied von ihrem ältesten Bruder, bis zuletzt mit der Großmutter nur die Ehefrau des Sterbenden bei ihm blieb und man die Kinder rufen ließ; das Geschwisterpaar folgte dem Wunsch, Fanny unerschrocken, Alexander widerwillig und ängstlich. Die Totenmesse praesente cadavere spart Ingmar Bergmanns letzter Film »Fanny und Alexander« aus; er setzt erst mit dem Heraustragen des Sarges Joseph Ekdals aus der Kirche, dem Trauergefolge der Familie und der Gemeinde zu den Klängen des von einem Blasorchester intonierten Chopin'schen Trauermarsches wieder ein. In der Nacht erwachen die Kinder durch ein erschütterndes Geschrei. Sie öffnen die Tür ihres Zimmers und erblicken voller Erstaunen ihre Mutter, die schlafwandlerisch langsam immer wieder im Sterbezimmer ihres Gemahls auf und ab schreitet; dem tränenüberströmten, von krampfenden Händen halb verborgenen schmerzverzerrten Gesicht entwinden sich grelle, durch das ganze Haus gellende schmerzerfüllte Schreie der Verzweiflung und des Entsetzens — sie schreit aus voller Kehle, ungeniert, einsam und furchtbar.

Über einem 13 Takte dem Basso continuo vorgeschriebenen, im 12/8- Metrum gehaltenen und im Verlauf des Satzes immer wiederkehrenden Orgelpunkt, beginnen gleichsam *aus der Tiefe* zuerst Flöte II und Oboe II in Sekundschritten aufwärts, wenig später die in Sekundschritten absteigenden Violinen in beiden Orchestern. Die in barocker Vorstellung klanglich dem griechischen Aulos nahekommenden Holzblasinstrumente beanspruchen die mit zahlreichen *licentiae* durchsetzte melodische Führung im polyphonen Gewebe nur wenige Takte, geben sie ab, nehmen sie wieder auf und führen mit allen Instrumenten im versöhnlichen Gestus die melodische Linie über dem *pas ordinaire* der Continuo- Gruppe zum (oktavierten) Ausgangston e und zum Einsatz des Chores zurück. Der Aufforderung des ersten Chores (»Kommt, ihr Töchter, helft mir klagen!«) setzt der zweite Chor des Eingangssatzes der Matthäus-Passion Johann Sebastian Bachs (BWV 244) anfänglich fragende Rufe entgegen (»Wen?«, »Wie?«, »Was?«, »Wohin?«), bis er zum Ende in die Klage des ersten Chores mit einstimmt, während der dritte Chor im c.f.-Unisono den Anlaß des Gesanges formuliert: die Passion und den Tod Jesu Christi.[11]

Unterscheidet sich das Wehgeschrei der Witwe Ekdal von der Lamentatio der Matthäus-Passion grundsätzlich in der Zeit (konkret — historisch), der Situation (privat — öffentlich), in Wesensart (individuelle Form erlebten

---

[11] Vgl. *L. Steiger / R. Steiger*, Die theologische Bedeutung der Doppelchörigkeit in J.S. Bachs Matthäus-Passion: *W. Rehm (Hg.)*, Bachiana et alia (FS A. Dürr), Kassel 1983, 275ff.

Schmerzes — kollektive Einführung in das Passionsgeschehen) und Richtung (Ausdruck — Eindruck), letztlich schon im Charakter (formlos — stilisiert), so ist dennoch der gemeinsame Urgrund derjenige aller Begräbnismusik: die Totenklage. Mit den beiden entlegenen und extrem gewählten Beispielen der Leichenklage aus der jüngeren Kulturgeschichte der Menschheit sind gleichzeitig zwei Formen der Totenklage umrissen: die Klage an der Leiche im Trauerhaus und die Klage fernab vom Leichnam. Aus dem in der Heiligen Schrift erwähnten israelitischen Brauch der Totenklage läßt sich — ähnlich der aus der Antike überlieferten Praxis — eine in vier verschiedene Gruppen differenzierte Typologie der Totenklage beschreiben:[12]

1. Die Totenklage im Trauerhaus an der Leiche
2. Die Totenklage auf der Gasse
3. Die Totenklage auf dem Weg zum Grabe/am Grabe
4. Die Totenklage fernab vom Toten.

Bevor die Totenklage im israelitischen Brauchtum mit ihrer Integration in die Ausbildung eines Beerdigungszeremoniells eine Stilisierung vom unkoordiniert geäußerten Wehgeschrei, der bloßen akustischen Äußerung unwägbaren Schmerzes der Hinterbliebenen über den Tod bis hin zu einer poetischen Ansprüchen genügenden Lamentatio erfuhr (2 Sam 1,17ff), darf als Ursprung das Umfeld animistischer Trauerriten vermutet werden, das mit dem Zerreißen der Kleider (Gen 37,34), dem Bedecken des Bartes (Ez 24,17), dem Verhüllen des Gesichtes (2 Sam 19,5), dem Scheren von Bart und Haar (Am 8,10), dem Ablegen der Kopfbedeckung und der Sandalen (Ez 24,17), ja sogar mit Selbstverletzungen (Jer 16,6) andeutungsweise umschrieben ist. Die kultische Ausformung der Leichenklage im Geschrei der Klageweiber begründete neben dem Ausdruck des Schmerzes aber auch die dämonische Scheu, das »blinde Entsetzen vor dem Unheimlichen, das für ein primitives Empfinden dem Tod anhaftet.«[13] In der Unterstützung der zur Familie gehörenden Frauen im Anstimmen der Leichenklage durch verdingte Klageweiber scheint der Zweck verfolgt, »ein möglichst lautes und möglichst anhaltendes Geschrei«[14] zustande zu bringen; das umso eher, als neben den beiden genannten Gründen (gefühlsmäßiger Ausdruck des Verlustes und dämonische

---

[12] Vgl. zu 1.: Gen 50,10; 2 Sam 1,17—27; Mt 5,23; Mk 5,38; (Lk 8,52);
zu 2.: 1 Sam 25,1; 1 Sam 28,3; 2 Kön 14,13; 2 Kön 14,18; Am 5,16; Koh 12,5;
zu 3.: 2 Sam 3,33f; Apg 8,2;
zu 4.: 2 Chr 35,25; 1 Mak 9,20; 1 Mak 12,52; Jer 34,5 sowie Klgl; vgl. zur Totenklage auch: P.Welten, Art. »Bestattung II«: TRE 5, 734—738, hier 736.
[13] H.Jahnow, Das hebräische Leichenlied im Rahmen der Völkerdichtung, Gießen 1923, 41.
[14] Ebd.

Scheu) mit dem Klagegeschrei offensichtlich ursprünglich eine Wirkung auf den Toten intendiert war. »Wenn wir das Klagegeschrei den übrigen Trauerriten einordnen, dann ergibt sich die Vermutung, sein ursprünglicher Zweck innerhalb des ganzen Apparates sei die Verscheuchung des Totengeistes gewesen, auf dessen Entfernung ja auch die übrigen Zeremonien zum Teil gerichtet waren.«[15]

Auf einer zweiten, ebenfalls biblisch bezeugten, Kultstufe gewinnt die Totenklage als absichtsvolles Element der Trauerriten andere Aktualität. Totenklage, Namensnennung und Beisetzung des Verstorbenen als Liebesdienst zur Ruhe des Toten (Sir 38,23) geschehen unter der imaginären Voraussetzung, daß sie vom Toten auch wahrgenommen, d.h. erhört werden. Das Klagen, für das an die Stelle unartikulierten Wehgeschreis die Betonung der aus Liebe unversiegbaren Tränen tritt, bedeutet eine desto größere Ehrung des Verstorbenen, je lauter es erhoben wird. (In diesem Zusammenhang würde Flötenspiel eine Verstärkung der Lautstärke bedeuten. Einzig Mt 9,23 erwähnt das Flötenspiel, nicht aber eine apotropäische Wirkung, ähnlich bei Jer 48,36). Mit dem in Sir 38,16 formulierten Recht des Verstorbenen auf eine Beisetzung[16] gewinnt im Zusammenhang mit der Totenklage auch das psychologische Element maßvoller Trauer für die Hinterbleibenden an Bedeutung. Nicht selten findet sich im AT mit dem Hinweis auf die Klage und die Forderung des Weinens[17] gleichzeitig auch die Deutung, daß durch sie das Weinen noch verstärkt werde.[18]

Den animistischen Wurzeln ihrer Entstehung enthoben, dem ursprünglichen *Abwehrritus* entfremdet, steht die Klage über der Leiche sowohl im he-

---

[15] Ebd. Der Ursprung der Leichenklage im Animismus wird auch in der Aufforderung Jeremias deutlich, die Leichenklage solle *schnell* erhoben werden, als ob durch eine Verzögerung Wesentliches versäumt werden könne (Jer 9,16ff). Für eine animistische Anschauung würde neben dem übertriebenen Lärm und der gebotenen Eile auch der Umstand sprechen, »daß das Geschrei mit dem Eintreten des Todes einsetzt und oft ohne Unterbrechung bis zur Bestattung andauert und gerade im Augenblick, wo der Leichnam in die Erde gesenkt wird, den Höhepunkt erreicht« (ebd. 42). »Gelegentlich wird auch durch Rezitieren von Beschwörungsformeln dem Toten eine Rückkehr verwehrt« (*H. Wißmann,* Art. »Bestattung I«: TRE 5, 730–734, hier 733).

[16] Sir 38,16: »Mein Sohn, um den Toten laß Tränen fließen, traure, und stimm das Klagelied an! Bestatte seinen Leib, wie es ihm zusteht, verbirg dich nicht bei seinem Hinscheiden! Sei betrübt, mein Sohn, und überlaß dich heftiger Klage, halte die Trauer ein, wie es ihm gebührt.« (Vgl. Klgl 2,18ff).

[17] 2 Sam 1,24.

[18] 2 Sam 3,34: »Da weinten sie alle noch mehr um ihn.« Jer 9,17: »Schnell sollen sie kommen / und Klage über uns anstimmen, so daß unsere Augen fließen / und unsere Wimpern von Wasser triefen«; vgl. Jer 8,23 und allg. Klgl. Im NT findet sich die enttäuschende Äußerung, daß während der Klage das Weinen der Anwesenden ausgeblieben sei (Mt 11,17; Lk 7,32).

bräischen Brauchtum, in antiken Quellen[19] als auch in der germanischen Literatur (Edda)[20] erstmals für die Hinterbliebenen in einem sinnvollen Wirkungszusammenhang mit den Trauerriten: ihre Aufgabe ist die Verstärkung, die Steigerung der Trauer ins Unermeßliche, der dann zwangsläufig die Entspannung in der psychischen Abreaktion des Weinens folgt, das Ziel der Totenklage in der zweiten Kultstufe ist »Katharsis«. Die Trauer erscheint Sirach nur sinnvoll, wenn im Anschluß daran auch die Wirkung des Trostes einsetzt:

»Lenke deinen Sinn nicht mehr auf den Toten / laß von der Erinnerung an ihn ab, / denk an die Zukunft!
Denk nicht mehr an ihn; / denn es gibt für ihn keine Hoffnung. / Was kannst du ihm nützen? Dir aber schadest du.«[21]

Der entwickelten Form der Totenklage entsprechen gemäß ihrer Funktion andere Inhalte. Als ältester Bestandteil vor der Entwicklung vom Wehgeschrei zur Klage gilt der Wehruf[22], der als archaisches Relikt selbst in der avancierten responsorialen Praxis der Leichenklage der zweiten Kultstufe als kollektiver Einwurf erhalten ist: »Daß der Wehruf in der liturgischen Aufführungsart dem Chor vorbehalten bleibt, läßt sich psychologisch aus dem Bestreben erklären, allen Frauen, die einzeln nicht mehr in der Totenklage zu Wort kommen, Gelegenheit zur Beteiligung zu geben.«[23]

Bezeugen die alttestamentlichen Quellen in ihrer Mannigfaltigkeit Männer und Frauen als Ausführende der Totenklage, so scheint es sich bei der Leichenklage doch vorrangig um eine Domäne der Frauen zu handeln; Männer treten seltener als Klagende in Erscheinung[24], die Mehrheit der Zeugnisse nennt ausschließlich Frauen als alleinige Leichensängerinnen.[25] Als ursprüngliche Personen zur Leichenklage dürfen die Frauen aus der nahen Ver-

---

[19] Bei der Schilderung der Feier an Hektors Leiche im letzten Gesang der Ilias heißt es: »Und nun mit jammernden Tönen / sangen sie Trauergesang, und ringsum nachseufzten die Weiber«; nach Andromaches Threnos: »Also sprach sie weinend, und rings nachseufzten die Weiber«; nach dem der Hekuba: »Also sprach sie weinend und weckt unermeßlichen Jammer«; nach dem der Helena: »Also sprach sie weinend; es seufzt unzählbares Volk nach« (zit. nach *Jahnow*, Leichenlied 49).
[20] Vgl. Gundrúnarkvida I (Gudruns Gattenklage): »[15] Die Königin glitt aufs Kissen nieder / hinsank ihr Haar / heiß war die Wange / ein Regenschauer / rann ihr aufs Knie. [16] Da weinte Gudrun / Gujkis Tochter / Daß wie tosende Bäche / die Tränen rannen / und gellend im Hofe / die Gänse aufschrieen / Die weißen Vögel / die das Weib besaß« (*Thule, Altmodische Dichtung und Prosa* 1. »Edda«, übertr. von *F. Genzmer*, hg. von *F. Nieder / G. Neckel*, Darmstadt 6 1980, 93).
[21] Sir 38,20f.
[22] 1 Kön 13,20; Jer 22,8; Jer 34,5.
[23] *Jahnow*, Leichenlied 83.
[24] Am 5,16 ruft die »Kenner der Totenklage« zur Ausführung; Jer 9,19 fordert: »Lehrt eure Töchter die Klage / eine lehre die andere das Totenlied«; vgl. auch 2 Sam 1,24; Jer 38,22.
[25] Jer 49,3; Ez 32,16; Klgl 1, 18ff; Klgl 2,20ff.

wandtschaft des Toten vermutet werden, als ältester Typus der Frauenklage ist der der *klagenden Mutter*[26] und der der um den Bruder *klagenden Schwester*[27] überliefert.

Die biblische Terminologie, die die Ausführenden der Totenklage als »Sänger und Sängerinnen« (2 Chr 35,25), als »des Klagegesangs Kundige« (Am 5,16) oder schlicht als »Klageweiber« (Jer 9,16) bezeichnet, gestattet die Vermutung, daß Praxis und Ausführung der Leichenklage aus der ältesten Kulturstufe herrühren (und aus dieser heraus im Sinne Jer 9,16 tradiert wurden)[28], die Klageweiber demnach eine Zunft bildeten, so daß im Todesfall außer den verwandten Frauen die *sage femme* zur Ausführung der Klage herangezogen werden konnte.[29]

Der Übergang von der ersten zur zweiten Kultstufe in der Begräbnispraxis mag im Zusammenhang mit der Ausbildung des Trauerrituals auch eine entwickelte Form der Totenklage mit sich gebracht oder sogar erfordert haben.[30] Es entspricht dieser späten Form, daß die Leichenklage nach Zeit und Dauer in das Zeremoniell integriert erscheint (möglicherweise gehört auch erst hierzu das im NT erwähnte Flötenspiel). Nicht nur Jesus Sirach verbürgt eine auf sieben Tage reglementierte Trauerzeit, mit der vermutlich die Klagezeit identisch gewesen sein dürfte.[31] Das eigentliche Merkmal der Totenklage zweiter Stufe ist erstmals musikalischer Natur; als liturgisches Charakteristikum gilt das der responsorialen Aufführungspraxis. Häufiger als die Trennung nach Geschlechtern ist die Differenzierung zwischen Vorsängerin (in röm. Zeit *praefica* genannt) und Chor, wobei das Verhältnis der Vorsängerin (»zünftiges Klageweib«) und respondierendem Chor ganz verschieden sein konnte. Unter Umständen singt die Vorsängerin »jeden Vers vor, der dann 10 Mal oder noch öfter vom Chor wiederholt wird. Der Wech-

---

[26] Vgl. Jer 31,15; Klgl 1,18ff; Klgl 2,20ff.

[27] Vgl. Jer 49,3. Auch die Mythologie nennt zahlreiche Klagen der Schwester um den Bruder; vgl. Jer 22,18; 1 Kön 13,30 nennt alleine den Ruf: »Wehe! Mein Bruder!«

[28] Auf die ältere Kulturstufe weist auch Gen 41,8; Ex 7,11 und Jes 44,25 hin.

[29] »Die Klageweiber befaßten sich also wohl außer dem Vollzug der Leichenklage noch mit allerlei unheimlichen Praktiken, wie sie dem gefährlichen Toten gegenüber angebracht erscheinen« (*Jahnow*, Leichenlied 71).

[30] Vgl. im Unterschied dazu die Beschreibung der ersten Kulturstufe der Totenklage bei *Jahnow*, Leichenlied. Häufig wird geschildert, wie die Klageweiber »in tiefem Schweigen eintreten, als sei der Todesfall ihnen noch unbekannt, und erst beim Anblick der Leiche einen entsetzlichen Schrei ausstoßen. Dann beginnt die schauerliche Klage: die Weiber hocken in dumpfem Schmerz auf dem Boden und verstreuen Staub, oder sie schwingen sich in leidenschaftlichem Reigen um die Bahre, raufen sich das Haar und zerschlagen die Brust und Wangen. Dabei ertönen die wilden Klageschreie ...; dann tritt tiefe Stille ein, und in plötzlicher Inspiration erhebt sich Eine und beginnt den Leichengesang« (*Jahnow*, Leichenlied 78).

[31] Vgl. Gen 50,10; 1 Sam 31,13; 1 Chr 10,12; Sir 22,12.

sel der Stimmen ist also ... weder musikalisch noch stilistisch oder inhaltlich motiviert ... Noch viel charakteristischer für die liturgische Aufführungsart und auch viel häufiger als die ... dargestellten bloßen Wiederholungen ist die Verteilung verschiedener Texte auf verschiedene Personen oder Chöre ... Die verbreitetste Form des Respondierens besteht darin, daß der Chor am Schluß eines Abschnittes der von der Vorsängerin gesungenen Klage mit einem Wehruf einfällt. Dieser Abschnitt kann der Vers oder auch eine der einzelnen Nenien sein, aus denen sich die gesamte Totenklage zusammensetzt.«[32]

Aus dem undifferenzierten Wehgeschrei der mit dem Toten verwandten Frauen vor dem Hintergrund animistischer Anschauungen entwickelt sich die Totenklage in den orientalischen, biblisch belegten Trauerriten bis zum »musikalisch« zu bezeichnenden Leichengesang. Mit dem formulierten Recht des Verstorbenen auf ein Begräbnis und der Ehrung des Toten durch ein solches, der Entwicklung normierter Trauerriten und -zeiten mit anderer Intention, der Ausbildung sog. ›zünftiger Klageweiber‹ gewinnt die liturgische Praxis der Trauerklage an Bedeutung. Gleichzeitig mit dem Verlassen des privaten Bereichs und der Delegation der Klage an kundige Außenstehende setzt die Entwicklung des unerläßlichen Leichengesangs ein, den die frühe Christenheit durch anscheinend ununterbrochenen Psalmengesang ersetzte; in einer solchen Praxis »glich eine Nachtwache der dem Toten Nahestehenden der Vigil«[33].

2. Das Requiem

Nahezu unbekannt ist das Brauchtum der frühen Christenheit zu Tod und Begräbnis in den ersten drei Jahrhunderten christlicher Zeitrechnung. Den wenigen Zeugnissen über den Psalmengesang beim Bestatten[34] stehen zahlreiche Klagen der Kirchenväter entgegen, die die Bekämpfung paganer Riten

---

[32] *Jahnow*, Leichenlied 81.
[33] *M. P. Gy*, Der Tod des Christen: HLW(M) 2, 155—168, hier 161. Vgl. allgemein zum Phänomen der Totenklage im Abendland *O. Böckel*, Psychologie der Volksdichtung, Leipzig 1906, 97—126. Böckel gibt neben einer Periodisierung (1. und 2. Periode: s. o.; 3. Periode: Verblassen und Verschwinden der Totenklage aufgrund der handwerksmäßigen Ausübung des Klagegesangs durch die Klageweiber) detaillierte Beschreibungen der Klage im europäischen Brauchtum bis zu ihrem Aussterben im 19. Jahrhundert. Vgl. dazu für Deutschland *W. Suppan*, Über die Totenklage im deutschen Sprachraum, (JIFMC 15), London 1963, 18ff.
[34] »Vor der aufgebahrten Leiche der hl. Paula in der Erlöserkirche zu Bethlehem sang man nach dem Bericht des Hieronymus eine ganze Woche lang *graeco latino syroque sermone* die Psalmen in der festgesetzten Reihenfolge (Epist. 108,29; Corp. Script. Eccl. Latin. 55,29, 348)« (*B. Stäblein*, Art. »Frühchristliche Musik«: MGG 4, 1037).

und Kulte beim Begräbnis zum Inhalt haben.[35] Die spärlichen Nachrichten über die Ausbildung von Liturgie und Musik bis zum 3. Jahrhundert scheinen die Vermutung einer Erweiterung des — wie auch immer im einzelnen gearteten — Ritus zu gestatten; ein Vorgang, der erste Auswirkungen im beginnenden 4. Jahrhundert zeitigt. Mit der verstärkt auf christlichen Anschauungen beruhenden Begründung des Ritus im Beginn einer monastischen Tradition bleibt bis ins 6. Jahrhundert neben dem Rückgriff auf das Brauchtum paganen Ursprungs auch weiterhin die Ablehnung der Totenklage bestehen; gleichzeitig darf das Singen von Psalmen während den Handlungen am Leichnam als verbürgt, allgemein bekannt und praktiziert angenommen werden.[36]

Vor der Ausbildung eines überlieferten Ordo exequiarum [O.Exsequ] scheinen alle Handlungen, von der Commendatio animae bis zur Grablegung des Leichnams, wenn nicht von Psalmengesang so doch zumindest von Rezitationen begleitet gewesen zu sein. Die Handlungen des Sterbenden (»er ruht mit dem Gesicht zum Himmel, gen Osten gewendet, die Hände auf der Brust verschränkt«[37]), die nach literarischen Zeugnissen für die christliche Frühzeit angenommen werden dürfen, besitzen zeremoniellen, ja rituellen Charakter. »Es lassen sich darin noch mündliche Elemente dessen ausmachen, was später zum mittelalterlichen, von der Kirche als Sakrament eingeführten Testament werden sollte: das Glaubensbekenntnis, die Beichte der Sünden, die Bitte um Verzeihung für die Hinterbliebenen, die frommen Verfügungen zu ihren Gunsten, die Empfehlung der eigenen Seele an Gott, die Wahl des Grabes.«[38] Die Commendatio animae, ursprünglich als Gebet des Sterbenden überliefert, in dem der Scheidende mit der Bitte um die Aufnahme der eigenen Seele dem Herrn gleichzeitig diejenigen der Bleibenden empfiehlt, wird in der monastischen Tradition und seither in der rituellen Verfestigung bis zur Ausbildung eines vollständigen vereinfachten Formulars (nach der

---

[35] Ebd. 1045. »Aus diesen bitteren Klagen ... können wir schließen, daß die Christen wirklich so weit gingen, trotz ihres Auferstehungsglaubens die trostlose Totenklage der Heiden in ihrer ganzen Entartung nachzuahmen. Insbesondere tadelt er [Chrysostomus (Anm. d. Verf.)] die Frauen, welche in ihrem sinnlosen Jammern sogar das Übermaß der heidnischen Totenklage noch übertrafen. Diejenigen aber, welche Klageweiber zum Leichenbegängnis mieten, bedroht er mit Ausschluß aus der kirchlichen Gemeinschaft« (*L.Ruland*, Die Geschichte der kirchlichen Leichenfeier, Regensburg 1901, 142).

[36] Vgl. hierzu *F.Merkel*, Art. »Bestattung IV«: TRE 5, 743—749, hier 744; *Ruland*, Leichenfeier, 111ff; *Stäblein*, »Frühchristl. Musik« 1045, 1049ff, außerdem *O.Weinreich*, Antike und frühchristliche Musik: ARW 36 (1936) 381 ff; *K.G.Fellerer*, Soziologische Fragen um die religiöse und liturgische Musik: KMJ 12 (1968) 142—144.

[37] *Ph.Ariès*, Geschichte des Todes, München 1980, 29.

[38] Ebd.

Lustration folgen Passionsbericht, Litanei, Oration, Responsorium) im Rituale Romanum [RitRom] 1614 an die dem Sterbenden behilflichen Anwesenden delegiert.[39] Zur Herrichtung (Waschen und Bekleiden) und zur Aufbahrung des Leichnams wechselten ebenso wie zur Nachtwache Psalmengesang und Gebete[40]; desgleichen geschah das Heraustragen der Leiche aus dem Sterbehaus sowie die Prozession zur Kirche unter Psalmengesang.[41] Mit der Ausnahme von Karfreitag und Ostersonntag wurde der Leichnam zur (Toten-) Messe praesente cadavere vor der Beisetzung in die Parochialkirche verbracht.[42] Als Grundsatz galt, daß ohne vorhergehende Messe niemand begraben werden sollte. »Herald von Tours schreibt vor, die Leichenfeier solle mit stiller Trauer und Seufzen des Herzens geschehen. Die der Psalmen unkundig seien, sollen dafür *Kyrie eleison* singen.«[43] Nach der Aufstellung des Leichnams parallel zum Altar wird in der Regel vor dem Begräbnis in der Kirche die Messe gelesen und gesungen.[44] Den wenigen Zeugnissen gemäß zu urteilen, beginnt der Ritus mit einem Gebet (für den Verstorbenen), an das sich die Danksagung für die göttlichen Gnadenerweise, die der Verstor-

---

[39] Das Sacramentarium Gelasianum [GeV] (7.Jh.) erwähnt neben sechs weiteren Formularen die Commendatio animae an erster Stelle; vgl. *A.Schoenen*, In deine Hände, Herr, befehle ich meinen Geist: *Th.Bogler (Hg.)*, Tod und Leben. Von den letzten Dingen, (LuM 25), Maria Laach 1959, 44ff; vgl. *H.T.Luce*, The requiem mass from its plainsong beginnings to 1600, Bd.1, [Phil. Diss.] Florida 1958, 13ff, und *Robertson*, Requiem, sowie *F.J.Dölger*, Sol salutis. Gebet und Gesang im christlichen Altertum, (LQF 16/17), Münster 1920. ³1979, 194ff.

[40] Vgl. *Ruland*, Leichenfeier 178; die über den die Nacht hindurch andauernden Psalmengesang von Papst Gregor tradierte Bezeichnung als »außergewöhnlich« läßt offen, ob damit der Gesang oder die Dauer des Gesanges gemeint ist.

[41] »Auf dem Weg zur Kirche wurden hiernach gesungen die Antiphon *In paradisum deducant* mit Psalm *Domine levavi* und die Antiphon *Tu iussisti nasci me* mit Psalm *Te decet hymnus*. Nach einem von Gerbert mitgeteilten alemannischen Ritus sang man auf dem Weg zur Kirche die Antiphonen *Tu iussisti nasci me* mit Psalm *Quemadmodum desiderat, Audi vocem* mit Psalm *Dilexi quoniam* und *In memoria aeterna* mit Psalm *Redimit Dominus*; ferner von der Kirche zum Grab die Antiphonen *Redimit Dominus* mit Psalm *Ad te Domine levavi* und *Ingrediar in locum tabernaculi*. Beim Hinabsenken des Sarges ins Grab sangen alle den Psalm *Miserere*. Darauf folgte die Oration des Gregorianischen Sakramentars *Debitum humani corporis*, und beim Bedecken des Sarges endlich die Antiphon *Aperite mihi portas* mit Psalm *Confitemini*. Nach dem Liber Resp. nach Thomasius betete man auf dem Weg zum Grab die Antiphon *Dirige Domine in conspectu* etc. und *Exultabant Domino ossa* etc. ... Die Antiphon *Ingrediar* mit Psalm *Sicut cervus* und hernach die Oration *Debitum humani* etc.« (*Ruland*, Leichenfeier 181). »Alkuin nennt besondere Psalmen, die man (gleichsam als *Votivpsalmen*) für die Verstorbenen betete, nämlich *Miserere mei Deus, Dilexi quoniam exaudivit, Credidi propter quod locutus sum, Confitemini Domino, Dicat nunc Israel, Laudate Dominum in Sanctis eius*. Dazu gibt er noch drei Orationen an« (ebd. 190).

[42] »Bischöfe wurden öfter in mehrere Kirchen nacheinander gebracht und dort ein *Requiem* gehalten. Statt der *Messe de requie* pflegten auch drei, *de Beata, de Spirite S.* und *pro defunctis* gehalten zu werden« (*Ruland*, Leichenfeier 181).

[43] Ebd. 179.

[44] Ebd. 118; *Dölger*, Sol Salutis 179ff.

bene im Leben erfahren hat, anschließt.[45] Nach dem Gebet werden solche Stücke aus der Heiligen Schrift verlesen, die die Auferstehung der Toten bezeugen, danach beginnt der Psalmengesang. Gregor von Nyssa trennt dazu die Gemeinde nach dem Geschlecht und »reiht die Weiberschar in den Jungfrauenchor, das Männervolk den Mönchen ein und läßt dann von beiden Seiten einen wohlgeordneten zusammenstimmenden Psalmengesang ... wie in einer Choraufstellung ... erheben, der in dem gemeinsamen Gesang aller harmonisch sich verband ...; die angeführten Worte deuten auf eine Verbindung des antiphonischen und responsorischen bzw. symphonischen Gesanges hin.«[46] Chrysostomus beschreibt für die Leichenfeier den Gesang der Psalmen 114, 22, und 31, Ephräm der Syrer nennt die Psalmen 115 und 33, die apostolische Konstitution die Psalmen 114 und 115.[47] Die Grablegung selbst vollzog sich offensichtlich unter währendem Gebet, das nach dem Vollzug mit einer gewöhnlichen Schlußformel endete.

Mit dem ausgehenden 7. Jahrhundert läßt sich erstmals für die Geschichte der Ausbildung eines römischen Exequalkomplexes eine Vielzahl von liturgischen Formularen beschreiben, die in historischer Folge als Grundlage sowohl aller Totenagenden als auch der römischen Liturgie (bis zu ihrer Reform im RitRom und darüber hinaus) gelten und gleichzeitig die Geschichte der Entwicklung und Formung der römischen *Missa pro defunctis* beinhalten. Allen Formularen gemeinsam ist neben der Vorschrift und Abfolge ritueller und kirchlicher Handlungen die Bestimmung des (nur geringfügig voneinander abweichenden) die Handlungen begleitenden musikalischen Repertoires, das sich im wesentlichen aus Antiphonen und (responsorischem) Psalmengesang zusammensetzt.[48] Die Entwicklung der Ausformung verschiedener Formulare (nicht selten *De migratione animae*) geht bis zum frühen Mittelalter mit der vermehrten Delegation der Sorge um die Toten an die Klöster, die Abteien und die Bruderschaften (insbesondere an die vier Bettelorden) sowie mit dem nachhaltigen Bedürfnis der verstärkten Fürsorge für die Toten einher. »Bis zur Zeit Karls des Großen war die westgotische, die

---

[45] *Ruland*, Leichenfeier 120.
[46] Ebd. 113ff.
[47] »Bei der großen Beliebtheit, der sich die Psalmen von Anfang an bei der ganzen Christenheit erfreuten, ist es ganz natürlich, daß man auch in den Tagen und Nächten, die man betend an der Leiche des Abgeschiedenen zubrachte, Psalmen rezitierte. Wie überall, so betete man in den ersten Jahrhunderten auch für den Toten das ganze Psalterium« (ebd. 190).
[48] Vgl. *H.Frank*, Der älteste erhaltene Ordo defunctorum der römischen Liturgie und sein Fortleben in Totenagenden des frühen Mittelalters: ALW 7 (1962) 360—415; *Ders.*, Geschichte des Trierer Beerdigungsritus: ALW 4/2 (1956) 279—315; *D. Sicard*, Die Begräbnismesse: Conc(D) 4 (1968) 93—96; *K.J.Merk*, Die Totenmesse mit dem Libera, Stuttgart 1924 passim; *Ruland*, Leichenfeier passim; *Luce*, Requiem mass I, Einleitung; *Ariès*, Geschichte 199ff.

gallikanische Messe Opferhandlung der gesamten Menschheit seit Beginn der Schöpfung und Fleischwerdung, ohne daß zwischen Lebenden und Toten, kanonisierten Heiligen und anderen, geringeren Verstorbenen andere als formale und klassifikatorische Unterschiede bestanden hätten. Nach Karl dem Großen wird die Messe, werden alle Messen zu Totenmessen für bestimmte Tote, wie sie auch zu Votivmessen für bestimmte Lebende werden, wobei die einen jeweils die anderen ausschließen ... Das entscheidende Ereignis ist der Ersatz der gallikanischen durch die römische Liturgie, wie sie von Karl dem Großen eingeführt und vom Klerus trotz mancher lokaler Widerstände gebilligt wird.«[49]

Die dem privaten Bereich entfremdete, wenig strukturierte Meßfeier für die Toten gibt mit der Ausführung durch Kleriker, der zunehmenden Tendenz der Vereinheitlichung, mit ihrer durch Strukturierung erlangten Geschlossenheit die durch die Wahl der Antiphonen und Psalmen vormals so betonte Auferstehungshoffnung im österlichen Triumphlied und Dankespsalm zugunsten einer ritualisierten Opferfeier für den Toten auf. Die gegensätzliche Tradierung eines elementaren, von archetypischen Bildern geprägten Vorstellungsfundus (*refrigerium, requies, dormitio* usf.) nimmt dem ursprünglichen Glauben an eine glückselige Zeit des Harrens vor dem Eingang zum Paradies am Tage des Jüngsten Gerichts seine Aktualität und vertiert mit der genauen Kenntnis um jenseitige Vorgänge (Receptacula-Lehre) die ursprüngliche Solidarität der Lebenden mit den Toten zur angsterfüllten Sorge der Hinterbliebenen um die Verstorbenen. Die Aufgabe der laizistischen Praxis im Umgang mit den Toten, die zunehmende Verlagerung der Handlungen, Messen und Fürbitten in den Kreis der Kleriker zugunsten der ›Bußübungen nach Tarif für die Lebenden‹ (Ariès), birgt bereits im Ansatz den Übergang vom individuellen Agieren zur kollektiven Distanz gegenüber den Toten. Der allgemeine Wandel und mit ihm die Ritualisierung des Gedenkens (Gedächtnistage)[50] gestattet neben der reicheren Differenzierung der Meßformulare jene Vielzahl von Messen, die, als Schachtelämter *in secretum* gelesen und der Distanzierung Rechnung tragend, jegliche kollektive Ausführung der Messe oder Teilnahme am Requiem nicht mehr ermöglichen und die kompositori-

---

[49] *Ariès*, Geschichte 199.
[50] Vgl. *E.Freistedt*, Altchristliche Totengedächtnistage und ihre Beziehung zum Jenseitsglauben und Totenkultus der Antike, (LQF 24), Münster 1928; *Merk*, Totenmesse 23—26, 107ff; *Dölger*, Sol salutis 197ff; »Freilich wird nun deutlich, daß das Element der Totenehrung und des Totengedächtnisses mehr und mehr in den christlichen Kultus eindringt. Man gedachte der Toten außer am Beerdigungstage am 3., am 30. und am 40.Tage nach dem Tode sowie am Jahrestag ...; dabei wurden auch Agapen an den Gräbern gehalten« (*Fr.Kalb*, Grundriß der Liturgik, München 1965, 269).

sche Aufnahme der Requiem-Messe bis in die Zeit eines entwickelteren Textkanons verschieben. Die Ausbildung der Requiem-Messe, in den Inhalten wie die römische Liturgie gänzlich verschieden von derjenigen, an deren Stelle sie trat, zollt den neuen Ritualen des Hochmittelalters, dem im Lebensvollzug erfahrenen, stilisierten und weit verbreiteten Gefühl von Angst und Unsicherheit gegenüber dem Tod in ihrer Klerikalisierung weitgehend Tribut — kulturhistorisch gesprochen die bedeutendste Änderung des originären Totenkults mit allen Konsequenzen vor der erneuten Säkularisierung im 18. Jahrhundert.[51] An die Stelle der dramatischen Schmerzensäußerung von Freunden und Familie setzt der römische Totenkult in der Institutionalisierung die entdramatisierte kirchliche Zeremonie. Die weltlichen Rituale anthumer und posthumer Absolution sind als Totenwache in den Ritus integriert, die letzte private Äußerung der Hinterbliebenen ist die der stillen Trauer und widerspruchslosen Fügung in das unvermeidliche Schicksal, das gemeinschaftliche Leichenbegängnis eine Forderung der Ehrbezeugung gegenüber Gott und den Toten. Aus der Weggemeinschaft ist ein letztes Geleit geladener Gäste geworden, deren beträchtlich gewachsene Bedeutung auf die Prozession von Klerikern und Armen verschoben erscheint. Die musikalische Gestaltung des Ritus obliegt den in den Städten seit dem beginnenden 13. Jahrhundert obligatorisch teilnehmenden Mönchen und ›Hilfspriestern‹ (*presbyteri pauperes*), die Totenmessen sind testamentarisch in Anzahl und Formular verfügt und werden für gewöhnlich gelesen.[52] Über die Jahrhunderte, in denen dieser Status (mit geringen Abweichungen) als allgemeines Prinzip vorherrschte, vollzog sich mit der Vermehrung der Textanteile für die römische Missa pro defunctis ihre Ausbildung bis zur vereinfachenden Schematisierung von Zeremonie und Formular durch das Konzil zu Trient im Missale Romanum [MRom] 1570 und RitRom 1614.[53] Die Textkontamination der polyphon komponierten Totenmesse[54] steht in der Abfolge der Textteile und der Inhalte in engem Zusammenhang mit dem Ritus.[55] Die Struk-

---

[51] *Ariès*, Geschichte passim; *J.Huizinga*, Herbst des Mittelalters, Stuttgart [11]1975, bes. 190—208.

[52] *Merk*, Totenmesse 18ff; vgl. die Praxis des gregorianischen Tricenars, des jüngeren Septenars oder der Meßnovenen: *A.Franz*, Die Messe im deutschen Mittelalter. Beiträge zur Geschichte der Liturgie und des religiösen Volkslebens, Freiburg i.Br. 1902, 218ff.

[53] »Das Mittelalter ordnet diese Lesestücke entsprechend den Messen. Bisweilen werden dieselben auch für die einzelnen Wochentage, an denen eine Totenmesse gelesen wird, sowie für kirchliche Zeiten, wie für die Osterzeit festgelegt« (*Merk*, Totenmesse 54); vgl. *H.R.Philippeau*, Textes et rubriques des Agenda mortuorum: ALW 4/1 (1955) 52—72.

[54] Bis in das 16. Jahrhundert kannte die Choral-Totenmesse eine Vielzahl von Texten, die bei der Liturgiereform nicht übernommen wurden.

[55] Dies gilt es insbesondere zu betonen, da im Bewußtsein die jüngere Kompositionstradition

tur der Requiem-Messe setzt die Meßfeier praesente cadavere voraus. Im Zusammenhang mit der Liturgie der Bestattung, wie sie das RitRom 1614 festlegt, kann ihr, wenn möglich und angemessen, ein Teil des Officium defunctorum vorausgehen.[56]

Nach der Reduktion der zahlreichen Antiphonen durch das Tridentinum und die Überarbeitung der MRom durch Papst Pius V. (1570) verblieb für die Totenmesse eine Textfolge, die in ihrer offensichtlichen Parallelisierung zum Ordinarium und Proprium Missae mit dieser Anordnung der Textteile bis ins 20. Jahrhundert die Grundlage der liturgischen und konzertanten Komposition bildete.[57]

Messe		Totenmesse[58] (röm. Ritus)
Introitus	(wechselnd)	Introitus (*Requiem aeternam dona eis Domine*)
Kyrie		Kyrie
Gloria		(entfällt)
Graduale	(wechselnd)	Graduale (*Requiem aeternam dona eis Domine*)
Tractus	(wechselnd)	Tractus (*Absolve Domine*)
Sequenz	(wechselnd)	Sequenz (*Dies irae*)
Credo		(entfällt)
Offertorium	(wechselnd)	Offertorium (*Domine Jesu Christe*)
Sanctus		Sanctus
Benedictus		(entfällt)
Agnus Dei		Agnus Dei
Communio	(wechselnd)	Communio (*Lux aeterna*)

verhaftet ist, für die hinsichtlich der Textwahl und Aufführungspraxis eine liturgische Funktion und Bindung nicht immer zu erkennen ist (Requiem als Konzertsaal-Gattung).

[56] Vgl. W.Jaksch, Biber 37ff und J.C.D.Callewaert, De officio defunctorum: *Ders.*, Sacris Erudiri, Steenbrugis ²1962, 169—177.

[57] Im Unterschied zur römischen Totenmesse nennt bspw. der »Sarum rite« folgende Teile: Introitus (*Requiem aeternam*); Kyrie; Graduale *Si ambulem* (*Requiem aeternam* nur bei besonderen Gelegenheiten); Tractus *Sicut cervus* (*De profundis* nur bei besonderen Gelegenheiten); Offertorium *Domine Jesu Christi* (*O pie rex* nur bei besonderen Gelegenheiten); Sanctus; Agnus Dei; Communio *Lux aeterna* (*Pro quorum memoria* nur bei besonderen Gelegenheiten); vgl. dazu: A.Seay, Art. »Requiem«: MGG 11, 297—302, hier 297f.

[58] »Bis in das 16. Jahrhundert wurden die Propriumssätze ausschließlich choraliter gestaltet, für die Ordinariumsteile konnten mehrstimmige Vertonungen der *Missa ferialis*, deren Choralmelodie mit denen der *Missa pro defunctis* gleich ist, herangezogen werden« (K.G.Fellerer, Die Messe. Ihre musikalische Gestalt vom Mittelalter bis zur Gegenwart, Dortmund 1951, 27).

Die Geschichte der Requiem-Komposition vor 1600 gestattet allein aufgrund der Textanlage ganz allgemein die Unterscheidung einer römischen von einer nicht-römischen Tradition der Komposition.[59] Wenngleich ganz allgemein Textteile in der Komposition fehlen können, gilt als sicheres Zeichen der römischen Abkunft eines Requiem die Verwendung des Tractus *Absolve*, des Graduale *Requiem* und der Sequenz *Dies irae*, nicht-römischer Abkunft hingegen der Gebrauch des Tractus *Sicut cervus*, des Graduale *Si ambulem* und das Fehlen der Sequenz. Dabei kann für die Praxis davon ausgegangen werden, daß die liturgisch unverzichtbaren Texte gemäß dem lokalen Brauch im gregorianischen Dialekt choraliter ausgeführt wurden. Daß die Anzahl der Requiem-Kompositionen bis zum Barock im Vergleich zum verbreiteten Ritus gering bleibt, scheint darauf zurückzuführen zu sein, daß wesentliche Teile jederzeit aus bereits vorhandenen Kompositionen des Ordinarium oder Proprium Missae entlehnt werden konnten, für die verbleibenden Teile aber eine Ausführung durch Celebrans und Schola genügte.[60] Darüber hinaus sind die meisten überlieferten Kompositionen (sofern nachzuweisen) Auftragswerke für Angehörige der gesellschaftlichen Oberschicht (Kaiser, Könige, weltliche und geistliche Fürsten, Kleriker des hohen Adels), so daß Komposition und Ausführung sicherlich auch in einer sozialhistorischen und ökonomischen Abhängigkeit zum Auftraggeber gesehen werden müssen.[61] Mit dem Stilwandel in der Musik um 1600, der Durchsetzung der »seconda pratica« (und dem »stile concertato«), der »Musica poetica« sowie der Abkehr von den gregorianischen Melodiemodellen, steigt die Anzahl auf uns überkommener Requiem-Kompositionen sprunghaft an.[62] Die Gründe

---

[59] Zur römischen Tradition zählen aus dem frühen Stadium die Kompositionen von Brumel, Anerio, Asola, Brudieu, de Kerle, Lasso (1), Morales, Palestrina, Porta, Ruffo, da Victoria, Guerrero, Mauduit, Du Caurroy; zur nicht-römischen Tradition diejenigen von Bonefort, Certon, Clemens non papa, Cléreau, Lasso (2), de Monte, Le Roy, Ballard, Vaet u.a.

[60] Ch.W.Fox nennt in einem Vortragsmanuskript für die geringe Anzahl von Requiemkompositionen im Vergleich zur Meßkomposition folgenden Grund: »One reason partly accounting for this small number is the lack of regularity in the text of the Requiem before the reforms following the Council of Trent; there is also direct evidence that as late as the 16th century it was considered unfitting, or least in certain localities, to perform the Mass of the Dead in polyphonic settings« (*Ch.W.Fox*, The polyphonic requiem before about 1615: BAMS 7 [1943] 6). *Ch.van den Borren*, Vorwort zu Philippe de Monte, Requiem, Düsseldorf 1930, hingegen sieht einen gewichtigen Grund im erzwungenen Verzicht auf gängige Kompositionstechniken (Parodie-Verfahren usf.) durch die Abhängigkeit der Komposition vom Choral-cantus firmus.

[61] Detaillierte Beschreibungen und Analysen zur Frühzeit der Tradition bei *Luce*, Requiem I, 66ff, und *Robertson*, Requiem 11—55.

[62] Eine Übersicht, besonders über die nicht gedruckten Requiem-Kompositionen neben dem Katalog bei *Jaksch*, Biber 131ff, wird der geplante RISM-Katalogband »Gelegenheitskompositionen« geben.

hierfür liegen neben der Vereinheitlichung der Textstruktur und des Ritus, der Ausbildung konfessionell identischer geographisch geschlossener Räume (Süddeutschland, Italien, Frankreich) zur Zeit der Gegenreformation, einer *ecclesia triumphans* mit dem Willen quasi-staatlicher Repräsentation katholischer Höfe und der nachhaltigen Betonung des Dekorum in der zunehmend erstarrenden ständischen Gesellschaftsordnung des Barock vor allem auch bei den zu Zeiten mit Vehemenz sich befehdenden Religionen im Heiligen Römischen Reich, die (nicht selten politisch) die eigene Eschatologie in der aktuellen Ausprägung des Begräbniswesens als Indikator einer konfessionell geschlossenen kollektiven Mentalität sich einander entgegensetzten.

Die Durchsetzung des barocken Requiems als kompositorische Gattung geht mit einer in Frankreich, Italien und Deutschland jeweils unterschiedlichen annähernden Standardisierung einher. Während im Frankreich des 17. Jahrhunderts 4—6stimmige a-cappella-Kompositionen[63] nicht selten im Rückgriff auf mittelalterliche Formulare[64] und in der Vertonung alternativer Sätze im Stil der »prima pratica« zur Norm gerieten, zeigen deutsche Kompositionen einen — meist nach dem Schema des RitRom 1614 — kontrapunktisch entwickelten Chor- und Orchestersatz im Zeitstil.[66] Mit dem fortschreitenden 18. Jahrhundert, der Ausbreitung der Aufklärung, des rationalistischen Gedankenguts und des Versiegens der konfessionellen Auseinandersetzungen erscheint die Requiem-Komposition mehr und mehr ihrem anlaßgebundenen gesellschaftlichen Bezug entrückt und gerät in die Abhängigkeit höfisch-dynastischer Repräsentation.[67] Die Musik zum Tode repräsentiert (nicht allein in der Aufnahme des »stile antico«) göttliche Ordnung schlechthin. Die stilistische Vielfalt innerhalb der überkommenen kompositionsgeschichtlichen Zeugnisse des Requiems[68] gilt wesentlich dem Verdikt des affektbetonten Textausdrucks; diesem ordnen sich sowohl der zeitbedingte ornamentale Opernstil (»Der Schmuckstil ist Aufbruch des Irdischen zum

---

63 Eine Ausnahme bildet M.A.Charpentiers 2. Requiem für Chor und Orchester.

64 Auf dem Titelblatt des Requiems von Pierre Lauverjat (1623) findet sich der Eintrag *Ex libris Oratorii Gallicani*.

65 So enthält das Requiem von Etienne Moulinié (1636) jeweils ein Graduale *ad usum Romanum* und eines *ad usum Parisiensem*, dasjenige Lauverjats (1623) ein Graduale *In medio umbrae mortis* sowie eines *Secundum Concilium Tridentinum*. Nicht selten findet sich am Ende des Druckes noch die Komposition eines *Responsorium pro defunctis* (*Vltimum Resp. Sec. Nocturni secundum Concilium Tridentinum*).

66 Vgl. zum Überblick *Robertson*, Requiem sowie die entsprechenden »Requiem«-Artikel in MGG, RiemannL und GroveD.

67 *Jaksch*, Biber passim.

68 Um eine Liste der Kompositionen zu erhalten vgl. den Katalog bei *Jaksch*, Biber, oder die o.g. Lexika-Artikel (Anm. 66).

Überirdischen«)[69] als auch die mit fortschreitendem Jahrhundert immer häufiger anzutreffende Bevorzugung des ›Kirchenstils‹ (d.i. Palestrina-Stil und solistische Satzweise mit Basso continuo) unter. Wenn mit der Zusammengehörigkeit der Requiem-Komposition mit der oberen Gesellschaftsschicht von einer gesellschaftlichen Bindung an den Kultus und die allgemeine gottesdienstliche Feier nicht mehr gesprochen werden kann, muß als musikalische Leistung nach der Aufnahme des solistischen Vokalensembles als eigenständigem Klangkörper gegenüber Chor und Orchester doch die Standardisierung der kompositorischen Anlage gesehen werden. Die Kompositionen reihen Soli, Chor und Ensemble-Sätze nach der (freien) Unterscheidung in (subjektiv interpretierte) sachlich-textliche Abschnitte. Die bedingt schon für das späte 18. Jahrhundert zu beschreibende Scheidung der Requiem-Kompositionen zwischen Gebrauchs- und Kunstmusik mag nicht zuletzt auf die josephinischen Verordnungen des ›Normalgottesdienstes‹ zurückzuführen sein.[70] Die sich bereits im 18. Jahrhundert (in der Entfernung von der liturgischen Bindung hin zur ›Konzertsaalgattung‹ Requiem) abzeichnende Verschiebung findet in der Fortschreitung durch das gesamte 19. Jahrhundert hindurch in einer weiteren Intensivierung ihre Bestätigung, im 20. Jahrhundert letztlich in einer Vielzahl nicht-liturgischer Kompositionen ihren vorläufigen Endpunkt.[71] In dem Maße, wie sich die Textkontamination des Requiems im 18. Jahrhundert als Gattung zur »außergewöhnlich ausdrucksgesättigten (musikalischen) Aussage der Komponisten«[72] erwiesen hat, nehmen die Komponisten des 19. Jahrhunderts die erwähnte musikalische Gestaltung auf und führen sie in der Hervorhebung des Gefühlvollen, der Betonung des Mystischen und der Akzentuierung des Grausamen weiter und individuell verschieden fort, so daß völlig rechtens betont wird, daß die in der Epoche der Klassik grundgelegte »Vorliebe zum Requiem ... dann von der Romantik übernommmen«[73] wurde. Die Mannigfaltigkeit der Kunstströmungen und die bis zum Sektierertum fortgeschrittene Ausprägung der musi-

---

[69] *F. Haberl*, Repräsentations- und Gebetsgottesdienst im 18. Jahrhundert: *K. G. Fellerer (Hg.)*, Handbuch der katholischen Kirchenmusik II, Kassel 1972, 153.

[70] Seit 1871 erließ Kaiser Franz II. eine Reihe liturgisch-kirchlicher Verordnungen. Die josephinischen Hofreskripte hatten eine wesentliche Erweiterung des Orchesters bei der Messe unterbunden.

[71] *J. Brahms*, Ein Deutsches Requiem (1867); *M. Ravel*, Tombeau de Couperin (1914—1917); *A. Berg*, Violinkonzert (»Auf den Tod eines Mädchens«, 1935); *A. Honegger*, Symphonie liturgique (1946); *I. Strawinsky*, In memoriam Dylan Thomas (1954); *Ders.*, Requiem Canticles (1965/66); *B. Britten*, Sinfonia da Requiem (1940); *Ders.*, War Requiem (1963).

[72] *H. Unverricht*, Die orchesterbegleitete Kirchenmusik von den Neapolitanern bis Schubert: *Fellerer (Hg.)*, Handbuch II 169.

[73] Ebd.

kalischen Schulen einerseits sowie die Unfaßbarkeit der heterogenen gesellschaftlichen Strömungen in einer generalisierend zu beschreibenden kollektiven Mentalität andererseits, gestatten nur schwerlich abstrakte Aussagen zur Requiem-Vertonung des 19. und 20. Jahrhunderts.

Selbst eine zumindest als durchgängige Tendenz erkennbare Implikation für das Requiem des 19. Jahrhunderts wie die der Freiheit von liturgischen Bindungen, könnte durch den Hinweis auf zahlreiche liturgische und musikalische Reformbewegungen und Einzelbeispiele negiert werden; festzuhalten bleibt der Status des ›sowohl — als auch‹. In der breiten, durch Theorie und Praxis vorangetriebenen Bewegung des Caecilianismus nimmt die katholische Kirchenmusik ganz allgemein einige Anliegen der Enzyklika *Annus qui* des Papstes Benedikt XIV. (19. Februar 1749) als auch die josephinischen Forderungen nach »Verständlichkeit und Einfachheit, Innerlichkeit und Gemüthlichkeit« auf.[74] In der fortschreitenden, subjektiv geprägten Entwicklung der Musik überspielen »Gemütsbewegung und Gefühlsseligkeit ... eine echte liturgische Frömmigkeit«[75], auch und gerade im neuen Heimatland der Requiem-Komposition des 19. Jahrhunderts, in Frankreich. Neben den sog. ›makabren Themata‹ gewinnt die Romantik ein vornehmliches Interesse an der Komposition eines aus der Vorgabe liturgischer Texte frei zusammenzustellenden archaisch-dramatischen Texttypus. Dabei wird die Komposition des Requiems von den ursprünglichen Zusammenhängen der Entstehung gelöst und abhängig von ihrem Aufführungs- und Bestimmungszweck, so daß die erhaltenen Kompositionen vier verschiedenen Gruppen zugeordnet werden können:[76]

1. Werke, die in erster Linie für den Gottesdienst geschrieben sind und sich durch zurückhaltende Verwendung musikalischer Ausdrucksmittel ausweisen	Bruckner, Liszt, Saint-Saëns
2. solche, die zu besonders feierlichen Anlässen in Kirche und Konzertsaal geschrieben sind und daher einen großen Chor und Instrumentalkörper verwenden	Cherubini, Berlioz, Verdi, Fauré
3. reine Konzertkompositionen ohne liturgische Bindung	Dvoràk, Brahms
4. Werke, die wohl ihrem Charakter, nicht aber ihrem Aufbau nach Requiem heißen können	Brahms, Ravel, Berg, Honegger, Britten

---

[74] Ebd. 161.
[75] *K.G.Fellerer*, Liturgische Besinnung und Romantik: *Ders. (Hg.)*, Handbuch II 217ff.
[76] *A.Seay*, Art. »Requiem«: MGG 11, 300; dort weitere Kategorisierung und Zuweisung. Vgl. allg. *E.Seidel*, Die instrumentalbegleitete Kirchenmusik: *Fellerer (Hg.)*, Handbuch II 246ff.

Die Möglichkeit der Mehrfachzuweisung mancher Werke verdeutlicht die Problematik der Kategorisierung ebenso wie die Tatsache, daß das Requiem nicht selten zum kompositorischen ›Probierfeld für spektakuläre Effekte‹, zur Textgattung für musikalische Versuche (Berlioz, Verdi) wurde und somit Werke entstanden, die mit einzelnen Teilen in jeder der oben genannten Kategorien vertreten sein könnten.[77]

Die Dichotomie der Requiem-Komposition zwischen Gebrauchs- und Kunstmusik bleibt als Status des 19. Jahrhunderts unverändert auch im 20. Jahrhundert erhalten. Bemerkenswert erscheint dabei, daß vor dem Ersten Weltkrieg und zwischen den beiden Weltkriegen im süddeutschen katholischen Bereich eine Unmenge von musikalisch einfach strukturierten Requiem-Kompositionen anzutreffen ist. Für gewöhnlich werden in diesen Kompositionen neben einem 3—4stg. gleichstimmigen oder gemischten Chor, sofern nicht a cappella, als Continuo-Instrument nur die Orgel, darüber hinaus in wenigen Ausnahmen ein oder zwei Melodieinstrumente gefordert. Die Zweckmäßigkeit der musikalischen Einrichtung gehorcht dem Prinzip einer möglichen Aufführbarkeit selbst unter widrigen Umständen und deutet auf die konzipierte Eingliederung in den Exequialkomplex, d.h. auf die liturgische Bindung dieser Gelegenheitskompositionen.

Im krassen Gegensatz dazu stehen die Requiem-Vertonungen zeitgenössischer Komponisten (vgl. Anm. 71), die in der Erfüllung der eigenen kompositorischen Intention an die Frage der Aufführungs- und Gebrauchsmöglichkeit außerhalb der Konzertbedingungen keinerlei Gedanken verwenden und in diesem Sinne nicht selten den Text als außermusikalisches Sujet behandeln, d.h. eine liturgische Bindung von Anbeginn nicht intendieren.

II. Evangelische Funeralkomposition

1. Voraussetzungen

Der historische Ort evangelischer Funeralkomposition bestimmt sich nicht allein aus dem reformatorischen Gedankengut oder dem nachreformatorischen Geschehen. Im Gefolge des erstarkenden Selbstbewußtseins des Renaissance-Menschen erlebte zur Hervorhebung der Einzelpersönlichkeit die Leichenpredigt — mit der die evangelische Begräbnismusik untrennbar verbunden ist — eine Neublüte, in engem Zusammenhang damit die sog. Gelegenheitskomposition. Die von Italien kommende nördliche Ausbreitung des neuen Lebensgefühls, die Verbindung eines auf humanistischem Gedankengut basierenden Kompositionsethos mit der Verbreitung einer reformatori-

---

[77] Die einzig nennenswerte Studie zum Requiem des 19. Jahrhunderts, die ihren Schwerpunkt auf die französische Requiem-Komposition legt, findet sich in *Ibanez*, El requiem.

schen Weltanschauung und Geisteshaltung zusammengenommen, bilden den eigentlichen Nährboden für das rasche Anwachsen der Gelegenheitskomposition zum Begräbnis seit dem 16. Jahrhundert.

Als wesentliche Faktoren zur Ausbildung einer Tradition evangelischer Funeralkomposition gelten neben der — gegenüber der alten Lehre nur wenig anders gearteten — Eschatologie die Betonung des psychologischen und therapeutischen Aspektes der Musik in ihrer allgemein hohen Wertschätzung durch die evangelische Theologie, das Freiheitsgebot für die Begräbnisliturgie mit der Einbindung der Musik in eine liturgische Funktion sowie unabdingbar der soziale Aspekt des Musizierens in seinem gesellschaftlichen Bezug zur Bestattung schlechthin.

Die Betonung der Musik als *optima ars* und ihre therapeutische Zweckmäßigkeit stehen in engem Zusammenhang mit der Regimentslehre Luthers; als Teil des geistlichen Regiments verstanden, gilt die Musik als Lobamt des Christen gerade beim Begräbnis als ein Werk aus dem Glauben. Daneben erhält sie — wie im humanistischen Bildungsideal so auch in dem spekulativ-kosmologischen Musikverständnis lutherischer Theologie — eine Wertigkeit als *disciplina*, als »Zuchtmeisterin«, da sie den Menschen aktiv beeinflußt und damit einen eminent pädagogischen Wert darstellt.[78] Für den Wirkungszusammenhang von Sprache und Musik gilt, »daß die Musik nicht einfach neben die Sprache als eine andere Form der Wortdarbietung gestellt wird, sondern nach Luthers Anschauung der Sprache überlegen ist: *Quod si ista simul cantentur in Musica artificiali, vehementius et acrius accendunt animum.*«[79] Das *Singen* (in der Musik) und das *Sagen* (im Predigtamt) sind die beiden unverzichtbaren, beide aus dem Atem erwachsenden Elemente der Musik im geistlichen Regiment, die untrennbar mit dem Wort Gottes verbunden sind, so wie das Wort zu seinem vollen Verständnis auf diese mediale, im Wortsinn *kerygmatische* Funktion der Kunst angewiesen bleibt; weil die Musik in diesem Sinne dem Wort dienstbar gemacht werden kann, und weil »Stimme und Sprache als die Gaben des Schöpfers an das Amt zu loben«[80] gebunden sind, »sieht Luther die Musik als eine mit besonderer Mächtigkeit ausgestattete Gabe Gottes an, die über alle anderen Formen, dem Worte Gottes Raum zu geben, hinaus wortverhaftet und wortgebunden, worttragend und wortdarbietend ist.«[81] Die Parallelität der Wirkmacht von (geistlichem) Wort und

---

[78] Vgl. *Chr. Mahrenholz*, Luther und die Kirchenmusik, Kassel 1937, 6.
[79] Ebd. 13, zitiert WA 3, 40.
[80] *Chr. Wetzel*, Die theologische Bedeutung der Musik im Leben und Denken Martin Luthers, [Diss. theol. (mschr.)] Münster 1954.
[81] *Mahrenholz*, Luther 14.

Musik läßt die Musik — im Einklang mit dem geistlichen Regiment — zur bevorzugten Kunst des Quadriviums werden; ihre einzigartige Fähigkeit, die sogenannten »niederen Anfechtungen rechter und linker Hand«, welche den Menschen gerade in der archaisch-konfusen Situation im Angesicht des Todes aus seiner Ordo-Gebundenheit herausdrängen, empfiehlt die (Vokal-) Musik als bevorzugtes therapeutisches (Gegen-) Mittel. In diesem spätmittelalterlichen Verständnis ist sie nicht nur *cooperator verbi Dei,* mehr noch erklärt sich ihre Wertschätzung aus der Wirkungsweise als *domina et gubernatrix affectuum humanorum.*[82]

Die lutherische Theologie des Todes lehnt jede Kenntnis jenseitiger Vorgänge nach dem Tod, jede Möglichkeit der einflußnehmenden Hilfe Lebender auf die abgeschiedene Seele ab. Sie kennt für die Entschlafenen keinerlei Lehre vom Zwischenzustand, keinen Aufenthaltsort für die abgeleibten Seelen, und verzichtete auf die Integration der öffentlichen Commendatio animae in die eigenen Lehrsätze. Da der Fürbitte vermittelnder oder helfender Charakter für die Toten a priori abgesprochen wurde, nehmen die Reformatoren sowohl diejenige Fürbitte Lebender als auch (unter Berufung auf die Schrift, die keine *invocatio* oder *intercessio* eines *sanctus mortuus* kennt) diejenige Heiliger nicht in die Glaubensvorstellungen auf. Die Artikel der »Augsburgischen Konfession« bestreiten der Messe dann auch folgerichtig neben dem Opfercharakter einen Sühne- oder Versöhnungscharakter für Lebende ebenso wie für Verstorbene und unterstreichen, »*daß kein Opfer für Erbsünde und andere Sünde sei dann der einzige Tod Christi.*«[83] Das Zelebrieren einer »Messe für die Toten« erschien den Reformatoren entsprechend ihrer Auffassung, daß allein durch den Glauben an Christus die Überwindung des Todes für die nachsterbenden Gläubigen gegeben ist, unmöglich. Weiterhin leugnen die reformatorischen Grundsätze die Vergebung von Schuld durch die Praxis einer Totenmesse und bestreiten den Zweck einer Meßfeier für Verstorbene und Abwesende, deren eigentlicher Sinn für sie in der Verkündigung des *testimonium Christi* liegt. Die Messe kann also einzig für die Teilnehmer eine »communio und gemeine speise zur sterke und trost ires glauben«[84] sein. Der grundsätzliche Unterschied zwischen evangelischer und katholischer Theologie des Todes besteht darin, daß für erstere die Möglichkeit der Einflußnahme auf die verstorbene Seele nicht existiert: »Von keiner seelsorgerischen Handlung, die nach dem Tode erfolgt, kann ... be-

---

[82] *W.Blankenburg,* Art. »Martin Luther«: MGG 8, 1338.
[83] Augsburgische Konfession, Art.XXIV. Von der Messe: Bekenntnisschriften der ev.-luth. Kirche, hg. im Gedenkjahr der Augsburgischen Konfession 1930, Göttingen ²1963, 93ff.
[84] WA 38, 207.

hauptet werden, daß sie zum Heil der abgeschiedenen Seele vollzogen werde, und andererseits muß von jeder Handlung, die am Toten geschieht, gesagt werden, daß sie nicht seelsorgerischer Art sein kann.«[85]

Die andersartige Gewichtung des Todes in der evangelischen Glaubenslehre, die auch für die Ausbildung der Sepulkralkultur und des Begräbnisgottesdienstes neben einer anderen Wertigkeit eine dem Freiheitsgebot gehorchende liturgische Gestaltung mit sich bringt, beruht auf einer eigenen Todesvorstellung: Der Tod, ein Abschied aus der Welt, bedeutet gleichzeitig eine Ankunft bei Gott. Die Trennung von Seele und Leib in der Todesstunde (der Leib schläft, die Seele fährt auf zu Gott) macht sowohl die Vorbereitung des *leiblichen* Abschieds notwendig, als sie auch bedingt, daß der Mensch »geystlich ein abschied nehme«[86]. Beide Faktoren, die die nachdrücklich betonte Wertigkeit der Todesstunde als entscheidenden Augenblick kennzeichnen, gehören zur umfassenden und beständigen Forderung der Vorbereitung auf den Tod. Der Tod wird in der Anschauung der evangelischen Theologie zum Moment der *Geburt*; von juridischer Bedeutung ist dabei der Augenblick des Wechsels. Aus dem indefiniten Stand der Vorbereitung tritt der Mensch bei seiner Geburt in das Leben ein, ebenso wie er schließlich seinen vorläufigen Stand zu einem endlichen ändert. Beide Vorgänge, die Geburt in das diesseitige, prämortale Dasein und der Tod im Sinne einer Geburt[87] in die jenseitige, postmortale Existenz, können als identische Prozesse angesprochen und gewertet werden. Einem solchen gedanklichen Konstrukt angemessen ist die positive Wendung des Todesverständnisses, da der Tod weniger als Abschied, sondern vielmehr als Ankunft gewertet erscheint: »Darum heißt der lieben heyligen sterben eyn new gepurt, und yhre fest nennet man zu latein Natale, eyn tag yhrer gepurt.«[88] Die im Zusammenhang mit Tod und Sterben negative Aspekte tilgende Auslegung läßt in der konkreten Situation das Phänomen der Trauer im heutigen Verständnis nicht zu. Die diesseitige Existenz, die Prüfungen mit Krankheit und das Hinneigen zum Tode erfahren endlich durch das Sterben selbst das positive Enden des Daseins in der Welt, der Tod selbst wird in der Auffassung einer ›passage‹ (Calvin) zum freudigen Ereignis.

Im Gegensatz zur Negation der Kenntnisse um den postmortalen Zustand erlangt die Todesstunde für den Sterbenden richtungsweisende Bedeutung.

---

[85] *K. Peiter*, Der evangelische Friedhof von der Reformation bis zur Romantik 1, [Diss. theol. (mschr.)] Berlin/DDR 1961, 58.
[86] WA 2, 685.
[87] Luther rekurriert auf den Euphemismus von der »Geburt«.
[88] WA 2, 685.

Das Ziel einer christlichen Existenz wird die Sterbestunde, in der über das weitere Schicksal der Seele in der Ewigkeit entschieden wird. »Die Todesstunde ist dramatischer Höhepunkt des Lebens. Von der Haltung des Sterbenden hängt das Schicksal des Toten ab.«[89] Im Gegensatz zur Orthodoxie, in der die Todesstunde als »Kampf zwischen Engeln und Teufeln um die Seele des Menschen«[90] begriffen wird, kann Luther dem Gläubigen mit unerschütterlicher Sicherheit jegliche Todesfurcht, Ängste und Zweifel nehmen: »Soll keyn Mensch an seynem end zweyffelln, er sey nit alleyne yn seynem sterben, sondern gewiß seyn, das nach antzeigung des sacraments auff yhn gar viel augen sehen. Zum ersten gottis selber und Christi, ..., danach die lieben engel, die heyligen und alle Christen, dann da ist keyn zweyffel, wie das sacrament des altaris weyset, da sie alle sampt alß eyn gantz corper zu seynem glidmas zu lauffen, helffen yhm den tod, die sund, die hell ubirwinden und tragen alle mit yhm.«[91]

Die Überwindung des Todes durch Christus ist dem Gläubigen die Überwindung des eigenen Todes, womit die Grundlage für die Auferstehung, verstanden als definitiver Abschluß der Todesüberwindung, und der Übergang in den Besitz des vollkommenen Lebens formuliert ist. Darin wird deutlich, daß im Vergleich zur katholischen Systematik die evangelischen Theologen der Auferstehung eine geringere Bedeutung beimessen, denn wo der Jüngste Tag und das Gericht sofort auf den Tod folgen, der Todestag und die Todesstunde Entscheidungscharakter erhalten, darüber hinaus erläutert wird, daß »die Seele nach dem Tod sofort zu Christus in die Seligkeit eingeht, ... verliert notwendigerweise die Auferstehung an Gewicht«[92] — hingegen gewinnt die Hoffnung auf ein *Ewiges Leben* sowie die ständig anzutreffende Vorstellung vom *Wiedersehen nach dem Tode* an Bedeutung.

›Sterben‹ heißt für den Christen innerhalb der evangelischen Systematik eine Erneuerung, vor allem aber eine Berufung zum Glauben, was wiederum eine Quelle des Trostes beinhaltet, denn »durch Glauben werden wir getröstet und wieder zum Leben gebracht und errettet von Tod und Hölle.«[93] Bildet das Exempel Christi in der evangelischen Theologie auch das Zentrum

---

[89] R.Mohr, Protestantische Theologie und Frömmigkeit im Angesicht des Todes während des Barockzeitalters hauptsächlich aufgrund hessischer Leichenpredigten, [Diss. theol.] Marburg 1964, 415.
[90] Ebd.
[91] WA 2, 695.
[92] Mohr, Theologie und Frömmigkeit 440.
[93] Augsburgische Konfession, Art.XII: Von der Buß, 260.

der Trostsystematik, so ist überdies alles Handeln am Sterbenden vor, während und nach seinem Tod von dem Gedanken des Trostes für die Betroffenen und Hinterbliebenen bestimmt.

Der theologisch begründeten Kritik der Reformatoren am kirchlichen System der fürbittenden Handlungen für das Seelenheil der Verstorbenen fällt nicht zwangsläufig auch der Kultus des Begrabens zum Opfer. Zwar unterscheiden sich katholische und evangelische Theologie im Hinblick auf das kirchliche Handeln beim Begräbnis wesentlich in den Fragen des Einwirkens auf die verstorbene Seele, dennoch schließt sich die lutherische Theologie in der Form des Begräbnisses dem äußeren Rahmen der römischen Exequien an, wobei ein grundsätzlicher Sinnwandel der Bedeutung des Begräbnisses betont werden muß: »Die Bestattung dient in der Lehre evangelischer Theologie nicht (!) dem Ausdruck der Trauer über den Tod und geschieht immer aufgrund der Überzeugung, daß für die abgeleibte Seele nichts mehr getan werden kann; der Kultus der Beisetzung gilt neben der Sorge für den Leichnam vor allem dem Trost der Hinterbliebenen.«[94] Aus dem lutherischen Verständnis der Messe heraus folgt wesentlich, daß für einen ›Ordo missae pro defunctis‹, wie ihn der römische Exequialkomplex ausgeprägt hat, in der evangelischen Begräbnisliturgie keine Begründung existiert,[95] die in ihrer Vorstellung von einem Begräbnis allein auf die Vermittlung positiver Inhalte konzentriert ist. »Dahin gehört auch, was die Christen bisher noch thun, an den Leichen und Grebern, Das man sie herrlich trägt, schmückt und besinget und mit Grabzeichen zieret. Es ist alles zu thun umb diesen Articel von der Aufferstehung, das er feste in uns gegründet werde, Denn er ist unser endlicher, seliger ewiger trost und freude wider den Tod, Helle und Teuffel und alle Traurigkeit.«[96] Bereits das vorbarocke Verständnis des kirchlichen Begräbniskultes als zweifache Ehrung, indem die Beerdigung zur Ehre des Glaubens und der Auferstehung ebenso wie zur Ehre des Verstorbenen erfolgt, umfaßt nach Christoph Demantius (Vorrede der »Threnodiae«) eine weitere Begründung für die Bestattung durch die gläubige Gemeinschaft; nach Gal 6,10 wird das Beerdigen zur Liebespflicht der Kirche denjenigen gegenüber, die ihre Glieder waren. »Aufs Ganze gesehen hat ohne Zweifel die zunächst kritische und abbauende Haltung der Reformation eine heilsame

---

[94] *Bolin*, Sterben ist mein Gewinn [Ms.] 83.
[95] Der Calvinismus hingegen wertet das Begraben des Leichnams als weltlichen Akt und untersagt die Begleitung der Leiche durch den Geistlichen. Ebensowenig wie eine Predigt gehalten werden soll, darf musiziert werden. Die einzige Aufgabe des Pfarrers besteht im Anschluß an das Begräbnis in der Tröstung der Hinterbliebenen.
[96] WA 36, 479.

Befreiung vom furchtsamen und berechnenden Dienst für die Toten, der die spätmittelalterliche Liturgie belastete, zur Folge gehabt und damit den Weg zu einer echten Erneuerung des Begräbnisses freigelegt.«[97] Der seitens reformierter Kreise geäußerten Polemik gegen die Totenmesse, die eine Applikation der Meßfeier für das Begräbnis nicht mehr gestattete, folgte allerdings für die Kasualien keine explizit entwickelte Liturgik; geradezu gegenteilig forderte Luther für alles liturgische Handeln die Beachtung des sog. ›Freiheitsgebotes‹[98]. Der freiheitlichen Bestimmung der äußeren Ordnung steht die Betonung der inhaltlichen Bindung und der Zweckmäßigkeit aller Liturgie gegenüber.

Wie im katholischen Ritus beginnen die liturgischen Handlungen der lutherischen Kirche nicht erst am Leichnam, sondern bereits mit der Sorgepflicht um den Kranken oder Sterbenden. Im barocken theologischen Verständnis gewinnt die Todesstunde entscheidende Bedeutung, weshalb die Geistlichen gehalten sind, nach der Tradition der Ars moriendi (Anselmsche Fragen) vom Sterbenden ein Bekenntnis zu Gott zu erlangen, ihn zum Glauben zu ermahnen sowie Trost und Zuversicht zu spenden. Die Sterbestunde erhält in der evangelischen Auffassung neben dem Entscheidungscharakter auch die Qualität eines notwendigen und letztmöglichen geistlichen Testaments an die Hinterbliebenen und wird darin zur Grundlage für die Bemessung einer *ehrlichen* Bestattung. Es muß darauf hingewiesen sein, daß nach evangelischem Verständnis des Begräbniskultes die Liturgie das Schwergewicht innerhalb des Begräbnisses dem eigentlichen *Begängnis* (Prozession) als wichtigstem (öffentlichen) Akt des Funus zuerkennt, die kirchliche Feier damit aber nur sekundäre Bedeutung erlangt,[99] was nicht bedeuten kann, daß auf den Gottesdienst verzichtet werden sollte. Im Gegensatz zu den ausführlichen Beschreibungen der Auflagen für die Prozession, wird dem Gottesdienst in den Kirchenordnungen und -agenden kaum Beachtung ge-

---

[97] *B. Bürki*, Im Herrn entschlafen. Eine historisch pastoral-theologische Studie zur Liturgie des Sterbens und des Begräbnisses, (BPTh 6), Heidelberg 1969, 184.

[98] »Vor allen dingen will ich gar freundlich gebeten haben, auch umb Gottis willen, alle die ienigen, so diese unser ordnunge ym Gottis dienst sehen odder folgen wollen, das sie ja keyn nötig gesetz draus machen noch yemands gewissen damit verstricken odder fahen, sondern der Christlichen freyheyt nach ihres gefallen brauchen«, WA 19, 72.

[99] Da die Kirchenordnungen eine einheitliche Regelung für die beiden Teile des Funus (Prozession und Gottesdienst) nicht aufführen, existieren verschiedenste Grundformen des Begräbnisses. Wenn die Prozession direkt vom Sterbehaus zum Grab verläuft, kann die Wortverkündigung im Zusammenhang mit der Beisetzung stattfinden, oder auch — sofern auf eine kirchliche Feier nicht verzichtet wird — im Anschluß an die Beisetzung in der Kirche *absente cadavere* geschehen; vgl. dazu *B. Jordahn*, Das kirchliche Begräbnis. Grundlegung und Gestaltung, (Veröffentlichungen der evangelischen Gesellschaft für Liturgieforschung 3), Göttingen 1949, 46ff.

schenkt, so daß nur in Ausnahmefällen von einem liturgischen Komplex gesprochen werden kann, der allerdings auch dann, wenn Angaben dazu existieren, nur Modellcharakter besitzt. Im Zentrum der gottesdienstlichen Feier steht die Verkündigung des Wortes Gottes durch die Predigt (Leichenpredigt) und die Musik (Funeralkomposition).[100] Nicht die Kommemoration ist der Inhalt einer Leichenpredigt, nicht die Ermahnung, vielmehr bestimmt sich ihr Ziel aus der Belehrung und der Exegese. Als vorrangiges Anliegen gilt der Trost für die Lebenden, der aus der geistlichen Unterweisung und den dazu bemühten weltlichen, historischen und biblischen Beispielen bezeugt, vermittelt und als Tatsache verkündet werden soll — die Leichenpredigt ist a priori *Trostpredigt*.

2. Erscheinungsformen

Im Gegensatz zum kirchlichen Freiheitsgebot unterliegt der Begräbniskult nachreformatorischer Zeit rigiden weltlichen Einschränkungen durch die Maßgaben verschiedener Institutionen (fürstlicher Hof, städtischer Rat, Leichengericht usf.). Sterbliche Überreste von Angehörigen fürstlicher Familien erfüllten noch im Begräbniskult eine durch Etikette und Zeremoniell reglementierte Verpflichtung staatlich-dynastischer Repräsentation. Der höfische Totenkult hat seinen Beginn in der Herrichtung (Konservierung und Einbalsamierung) des fürstlichen Leichnams und der ersten Aufbahrung (meist in der Residenz), auf die — nicht selten nach extrem langen Liegezeiten (6—12 Monate) — in feierlicher Prozession die Deduktion der Leiche in die Begräbniskirche (Stadtkirche oder Erbbegräbnis) folgt. »Seit der Renaissance war die Leichprozession der Höhepunkt der Exequien analog zur Heimführung der Braut bei Vermählungsfeierlichkeiten. War hier die Begegnung mit der neuen Herrschaft die Motivation für die Ausweitung der Zeremonie, so versammelte dort der Abschied von der Majestät Stadt und Land beim letzten Weg des Landesfürsten.«[101] Die kirchliche Feier selbst gleicht in den meisten Fällen einem außergewöhnlichen Festgottesdienst, zu dem auch die um-

---

[100] Entsprechend der Wertigkeit wird für gewöhnlich der Gottesdienst ausschließlich als »Leichenpredigt« bezeichnet. Vereinzelt finden sich Hinweise auf Gesang, Lektion, Versikel, Kollekte und Schlußgesang.

[101] P. Plodeck, Hofstruktur und Hofzeremoniell in Brandenburg-Ansbach vom 16. bis zum 18. Jahrhundert. Zur Rolle des Herrschaftskultes im absolutistischen Gesellschafts- und Herrschaftssystem, [Phil. Diss.] Würzburg 1972, 227. Für fürstliche Prozessionen werden »vorhero schriftliche und bißweilen gar gedruckte Reglements publicirt, wie es bey allen und ieden Fällen gehalten werden soll, damit keine Unordnung entstehe, und ein iedweder seine ihm zukommende Pflicht wissen möge« (J. B. von Rohr, Ceremoniel-Wissenschaft der grossen Herren, Berlin ²1733, Teil 1, Kap. 18 § 3).

fangreich auf Wunsch und Geheiß komponierte Begräbnismusik erklingt. Im Anschluß an die Beisetzungsfeierlichkeiten, die meist mit der Austeilung von Münzen, der testamentarisch bestimmten Speisung der Armen oder der Legate an Kirchen, Hospitäler oder Schulen innerhalb des Territoriums beschlossen wurden, erging für Stadt und Land ein vom höfischen Kollegium oder vom nachfolgenden Regenten beschlossenes Trauerreglement für Stadt und Land.

Wie in der höfischen Gesellschaft durch das minutiöse Regelwerk der Etikette das Ansehen und die Stellung einer Person neben ihrem natürlichen sozialen Stand durch die Kategorie der Ehrbarkeit definiert erschien, galt der barocken bürgerlichen Gesellschaft der Begriff der ›Ehre‹ synonym für menschliche und gesellschaftliche Integrität. Um ein ›ehrliches‹ (d.h. öffentlich bezeugtes) Begräbnis zu erlangen, fordern weltliche wie kirchliche Ordnungen (zusammengenommen in den Personen des städtischen Leichengerichts) ganz allgemein an erster Stelle, daß der im Glauben ›ehrlich‹ (d.h. unter dem Zeugnis der Anverwandten und im Beisein eines Pfarrherrn) Verstorbene, für den ein ›ehrbarer‹ Lebenswandel (d.h. nach den weltlichen und kirchlichen Regelungen) bezeugt werden kann, auch ein ›ehrliches‹ Begräbnis erhält, d.h. am Tage (nicht in der Nacht) unter Glockengeläut (akustisches Zeichen der Öffentlichkeit), der Folge und dem Zeugnis einer Gemeinde (Prozession), der Begleitung eines Pfarrers oder mehrerer Geistlicher (je nach sozialem Stand und städtischer Ordnung), dem Gesang der Schüler (moralische und soziale Kategorie der Begleitung), in einem Sarg an einem würdigen Ort (d.i. Kirche oder Kirchhof) öffentlich und mit allen gewöhnlichen Zeremonien zur Erde bestattet wird.[102] Für die Mitglieder der bürgerlichen Gesellschaft galt als Richtschnur für die Ausrichtung des Begräbnisses die jeweilige Zugehörigkeit zum sozialen Stand. Gemäß den Vorschriften der »Kleider-« und »Leichenordnungen« war die Menge der beteiligten ›Trauernden‹ sowie der Aufwand vorab festgeschrieben und konnte nur bei Strafe über- oder unterschritten werden. Die Schulordnung für die Thomasschule in Leipzig (im 17. und 18.Jh.) kennt analog dazu vier verschiedene Arten der Leichbegleitung durch ihre Schüler, die sich im wesentlichen

---

[102] Sogenannte »unehrliche« Leute werden im Gegensatz dazu bestattet, d.h. zur Nacht, ohne Glocken, Prozession, Schülerchor, Geistliche, ohne Sarg, an einem nicht bezeichneten (d.h. wieder auffindbaren) Ort, also ohne gewöhnliche Zeremonien. Zu den unehrlichen Leuten zählten Andersgläubige (in der Diaspora), ungetauft verstorbene Kinder, Schwangere, Wöchnerinnen, Gewerbetreibende im Zinshandel, Kutscher, Taglöhner, Bettler, Schauspieler, Gaukler, Gesinde, Abdecker, der Scharfrichter und seine Gehilfen als diejenigen, die die Letztgenannten zu verscharren hatten!

nach den städtischen und kirchlichen Begräbnis- und Gebührenordnungen richten:[103]

1. Große ganze Leichen

   Nachmittags 3 Uhr. Es konnten 4, 6, 8 und mehr Kutschen mitfahren. Das güldene Kreuz vorangetragen. Sie wurden abgekündigt. Der ganze *coetus scholasticus* (alle Schüler und Lehrer) geht mit und singt im Hause und vor dem Grabe. Gesamtgebühren für die Geistlichkeit und Schule 15; 20 bis 24 Thaler ...

2. Große halbe Leichen

   Es sind 2—3 Kutschen erlaubt. Die Leiche konnte auch auf der Bahre getragen oder gefahren werden und wurde ebenfalls abgekündigt. Das silberne Kreuz vorangetragen. Es geht nur die halbe Schule (die ersten drei Klassen und die Quintaner) mit; sie singt im Hause und vor dem Grabe. Gesamtgebühren (wie oben) 7 Thaler 22 gr. ...

3. Kleine halbe Leichen

   Außer der Leichenkutsche nur noch ein Wagen zugelassen. Ein Tragen auf der Bahre findet nicht statt. Es wird nicht abgekündigt. Es geht die halbe Schule mit (und zwar Prima und Tertia wechselweise mit Sekunda und Quarta); sie singt im Hause, aber nicht auf dem Gottesacker. Gesamtgebühren (wie oben) 3 Thaler 6 gr. ...

4. Viertel-Leichen

   Außer der Leichenkutsche keine andere Begleitung zugelassen. Es wird nicht abgekündigt. Im Hause wird nicht von der ganzen Kantorei, sondern nur von 2—3 Schülern gesungen. Der Kantor geht nicht mit. Gesamtgebühren (wie oben) — Thaler, 21 gr. ...

Die »Schul-« und »Leichenordnungen« berücksichtigen in der Regel keine besonderen musikalischen Wünsche, seien sie testamentarisch von dem Verstorbenen oder seitens der Angehörigen gegenüber dem Kantor oder Prediger geäußert worden. Angehörige des ersten Standes waren ohnehin meist darauf bedacht gewesen, noch zu Lebzeiten dafür Sorge getragen zu haben, daß ihre Leichenpredigt in gegenseitiger Absprache mit dem Prediger, ihre Begräbnismusik auf den selbst erwählten Predigttext vom Kantor im Falle ihres Todes bereits vorlag.

Das den Standesschranken entsprechende ›Zusingen der Leiche‹ brachte Einschränkungen und damit eine Reduktion des musikalischen Repertoires für die zweite, dritte und vierte Gruppe (der Leipziger Ordnung, die in entsprechender Modifikation allgemein übertragbar ist) mit sich. Bei Standespersonen (1. und 2. Stand) sangen die Schüler nicht nur Choräle und Lieder zur Prozession, in der Kirche und am Grab, sondern schon zuvor am Sterbehaus (homophone) Motetten (etwa ein *Nunc dimittis, Si bona suscepimus* oder *Media vita*-Satz oder vergleichbare Stücke aus den üblichen Sammlungen von Schein, Vulpius, Demantius oder Bodenschatz). Die dritte Gruppe forderte zum Austragen des Leichnams die sogenannten ›Sterbechoräle‹

---

[103] H. Schering, Musikgeschichte Leipzigs von 1723 bis 1800, 3, Leipzig 1941, 53.

(»Freu dich sehr, o meine Seele«, »Herzlich lieb hab ich dich, o Herr«, »Herr Jesu Christ, meins Lebens Licht«, »Herr Jesu Christ, wah'r Mensch und Gott« usf.), da sie an den gemeinen ›Bußliedern‹, die der vierten Gruppe gesungen wurden, Anstoß genommen hatte (»Aus tiefer Not«, »Allein zu dir, Herr Jesu Christ«, »Erbarm dich mein, o Herre Gott« u.dgl.).

Ganz allgemein betonen aber die Kirchenordnungen, daß niemand, der als ›ehrlich‹ verstorben galt, ohne Musik begraben werden sollte, selbst dann nicht, wenn keinerlei finanzielle Mittel zur Bezahlung der Prediger, des Kantors und des Schulchores vorhanden waren. Einen ehrlich verstorbenen Menschen ohne Musik (also ohne Begleitung und öffentliches Zeugnis sowie ohne Empfehlung an den Herrn!) zu begraben, galt als moralisch verwerflich.[104]

In der nachreformatorischen Zeit — besonders im Zeitalter des evangelischen Barock — ist das Phänomen der Trauer nicht allein als ein durch den Verlust eines Mitmenschen gerechtfertigtes Gefühl, sondern geradezu als ›Pflicht‹[105] definiert. Trauer gilt nicht allein als Ausdruck der Empfindung, sondern als Teilaspekt der Ehrerbietung gegenüber einem Verstorbenen. Biblizistisch erfährt sie durch den Hinweis auf Sir 36,17 ihre Begründung ebenso wie die Forderung nach der Beendigung der Trauer, für die sowohl die Predigt, die Musik (die gedruckt erscheinen) als auch der ganze Ritus als Hilfestellung dienen. Im Zusammenwirken der Künste hat das evangelische Barock für die Hinterbliebenen ein Trauer- und Trostmodell entwickelt, das in den beiden Jahrhunderten zwischen 1550 und 1750 Gültigkeit besaß. Im Zusammenhang mit der Tradition der evangelischen Funeralkomposition kommt dem Aspekt der Tröstung in der lutherischen Theologie des Todes besondere Bedeutung zu. Luthers Euphemismus vom ›Singen und Sagen‹ steht in der Gestaltung der kirchlichen Begräbnisfeierlichkeiten im Vordergrund. Mit dem Tod setzt ein System kirchlicher Handlungen ein, das der (berechtigten, geforderten und theologisch begründeten) Trauer entgegenwirkt. Noch vor der Leichenpredigt, die als barockes Phänomen des Luthertums dem Bedürfnis nach theologischer Unterweisung (Exegese, Ermahnung, Tröstung) Rechnung trägt, gilt die Musik als wichtigstes Mittel zur Verkündigung. Im Zusammenwirken von Wort und Lied wird für die Trauernden im evangelischen Trauer- und Trostmodell des Barock Katharsis angestrebt;

---

[104] Hingegen konnte das Leichengericht ein sogenanntes »stilles« Begräbnis (oder »Eselsbegräbnis«) als Strafe jederzeit aussprechen und durchsetzen.

[105] Art.: »Trauer«: J. H. Zedler, Grosses vollständiges Universal-Lexicon aller Wissenschaften und Künste, Leipzig/Halle 1723ff.

demselben Zweck dient die Ritualisierung der Trauer in den weltlichen Ordnungen.

Lange Zeit vor der Reformation darf die Tatsache der Bestellung einer Motette zum eigenen Tod, die Art und Weise dieses Vorgangs sowie die Erfüllung des durchaus › alltäglichen ‹ Wunsches als der kulturhistorisch verbürgten Praxis entsprechend bezeichnet werden. Der Usus, zum eigenen Tod Traueroden in Auftrag zu geben, diese oder andere Texte (sog. »Formulare«, vgl. *Quis dabit oculis nostris fontem lacrymarum* von Jean Mouton für Anna von Frankreich, Ludwig Senfls Komposition über diesen Text für Kaiser Maximilian I. und noch Christoph Demantius' Komposition dieser Textvorlage für Christoph II. von Sachsen) bei Musikern als Komposition zu bestellen (Begräbnismotette), gilt als allgemein verbreitet. »Die Kunst derartiger Epitaphien (*Déplorations, Epicedia*) breitete sich immer weiter aus. Waren es zunächst wirklich noch in der Hauptsache gekrönte Persönlichkeiten oder angesehene Musiker, deren Tod mit einem Epitaphium beklagt wurde (...), so stammten die Besungenen und Angedichteten immer häufiger aus den Stadt- bzw. Kirchenobrigkeiten, je fester sich der Humanismus nördlich der Alpen einnistete, je mehr er verbürgerlichte und je zahlreicher die (vor allem evangelischen) Schulmeister-Humanisten wurden. Fast immer fand sich dazu ein Musiker, der solche Poemata auf Motettenart komponierte.«[106] Die ursprünglich private Übung der bestellten Begräbniskomposition erfährt in diesem Demokratisierungs- und Verbreitungsprozeß seit der Reformation eine Spaltung in zwei durch das gesamte Barockzeitalter andauernde Bereiche. Der in verifizierter Form weitergeführten musikalischen Tradition der Renaissance (Planctus-Motette) werden für die musikalische Ausführung der Bestattung Liederbuch- und Motetten-Sammlungen zur Seite gestellt.

Die Begräbnisgesangbücher, in zahlreichen Zusammenstellungen seit 1541 (bei verschiedenen Druckern) durch Luther herausgegeben, lassen neben der therapeutischen Zielsetzung in der weitläufigen Verbreitung und ihrer leicht verständlichen Vermittlung der › neuen ‹ Theologie des Todes einen vornehmlichen Grund ihrer Häufigkeit und ihrer Bedeutung erkennen. Sie sind — wie den Schulchören die Motetten-Sammlungen — der Gemeinde ein rasch erreichbares und leicht zu handhabendes Kompendium von Theologie und Musik im Angesicht des Todes; damit, daß sie einen Grundstock an Formularen und Gebeten, Liedstrophen und Holzschnitten zur eigenen Frömmigkeit und Kontemplation bilden, erfüllen sie Funktionen, die mit fortschreitendem 16. und beginnendem 17. Jahrhundert mehr und mehr der Leichenpredigt- und Notendruck übernimmt.

---

[106] *H. Albrecht*, Art. »Humanismus«: MGG 6, 903.

Die evangelische Funeralkomposition nimmt anfänglich die Tradition der humanistischen Gelegenheitskomposition auf und führt sie — in zunehmendem Verzicht auf lateinische Dichtung und Gedanken des Schmerzes und der Trauer zugunsten der Betonung des fröhlichen Artikels von der Auferstehung — verändert fort, wenngleich die Übergänge (im Zeitraum zwischen ca. 1550 und ca. 1600) fließend sind und die Zugehörigkeit zwischen alter und neuer Tradition jeweils am Einzelwerk belegt werden muß. Eine enge Verbindung der Komposition zur Leichenpredigt kann noch nicht beschrieben werden.

Im Zusammenhang mit dem Druck von Leichenpredigten für Fürsten sowie Angehörige des Hofes und der ersten bürgerlichen Stände nimmt die evangelische Funeralkomposition im 17. Jahrhundert einen bedeutenden Aufschwung, ist nach dem Ende des Dreißigjährigen Krieges im Heiligen Römischen Reich Deutscher Nation (mit der Ausnahme reformierter Gebiete) allgemein verbreitet und bis zur Mitte des 18. Jahrhunderts (zu der sich andere Bestattungsformen etabliert hatten, besonders das sog. »stille Begräbnis« ohne Musik) bedeutungslos geworden. Meist findet sich der Musikdruck in »Gedenkausgaben« (d.i. der Druck der Leichenpredigt, des Curriculum vitae, der Parentationen und Standesreden, von Nekrologen, Epicedia und dem Procedere der Bestattung) für den häufigen Fall der Identität des Textes der Leichenpredigt und des Textes der Komposition, zumindest aber einer engen Korrespondenz zwischen beiden.

Die Entstehung und der Druck von Funeralkompositionen nimmt offenbar einen besonderen Aufschwung dort, »wo sich ein gesteigertes (höfisches und) bürgerliches Repräsentationsstreben auf die Tätigkeit eines vielbeschäftigten ›Spezialisten‹ dieser Gattung stützen konnte. Solche lokalen Blütezeiten knüpfen sich in Leipzig an Johann Hermann Schein, in Gotha an Wolfgang Carl Briegel, in Nürnberg an Paul Heinlein (Hainlein) und Heinrich Schwemmer. Über alle Vergleiche erhaben ist jedoch die Produktivität Königsbergs auf diesem Gebiet, die sich insbesondere mit den Namen Johann Stobäus, Heinrich Albert und Johann Sebastiani verbindet. Dieser überreiche Werkbestand ist aber nur noch bibliographisch rekonstruierbar.«[107] Die Komposition der Begräbnismusik für die oberen sozialen Schichten gehörte noch bis zum Tod Johann Sebastian Bachs (seltener nach 1750) zu den (mit dem sog. »Motettenthaler« bezahlten) Aufgaben des städtischen Kantors und der fürstlichen Kapell- und Hofkapellmeister, so daß sich gleichermaßen in den Werkverzeichnissen unbedeutender Meister als auch in denen berühmter Komponisten anlaßgebundene Funeralkompositionen belegen lassen. Im

---

[107] *W. Reich (Hg.)*, Threnodiae Sacrae. Beerdigungskompositionen aus gedruckten Leichenpredigten des 16. und 17. Jahrhunderts, (EdM 79), Wiesbaden 1975, V.

überlieferten Bestand spiegelt sich bei der Anwendung der in der Zeit bekannten Stil- und Ausdrucksmittel (Musica poetica) die Vielfalt der formalen Gestaltung in der Abhängigkeit zum gesellschaftlichen Rang des Bestellers. Generalisierend darf formuliert sein, daß mit ansteigendem sozialen Stand des Auftraggebers auch der Umfang und der zur Aufführung benötigte musikalische Apparat anwachsen. Es finden sich in den unteren Ständen neben der einfachen, unbegleiteten, mehrstrophigen Liedkomposition auch häufig vierstimmige Kantionalsätze, für den zweiten und dritten bürgerlichen Stand 5—6stg. Motetten und für den ersten Stand meist doppelchörige Werke; Fürsten und Angehörige des Hofes werden nicht selten mit Kantatenkompositionen bedacht. Das noch aus der Renaissance stammende und weiterhin für die Komponisten geltende ›Prinzip der Privatheit‹ durchkreuzt das erwähnte Schema dahingehend, daß bei der Komposition einer von einem Komponistenkollegen bestellten Begräbnismusik die formale Angleichung an den sozialen Stand des Auftraggebers entfällt; bislang läßt sich allerdings in keinem der bekannten Fälle sagen, ob solche den gesellschaftlichen Rahmen sprengenden Werke tatsächlich aufgeführt werden konnten.

Der musikalisch-formalen Vielfalt steht der Rückgriff auf die von Luther im Vorwort zur Sammlung der Begräbnislieder genannten biblischen Texte durch die Auftraggeber und die Komponisten entgegen. Von den neutestamentlichen Versen wird das Canticum Simeonis (Lk 2,29—32) deutlich bevorzugt, daneben findet sich häufig der Vers aus Weish 3,1 (»Selig sind die Toten«), die Frage aus dem Römerbrief »Ist Gott für uns ...?« (Röm 8,31) und schließlich der affirmative Text aus 1 Tim 1,15 (»Das ist je gewißlich wahr«).

Aus dem Alten Testament steht quantitativ die für die evangelische Theologie zentrale Textstelle zur Begründung der Auferstehungshoffnung aus dem Buch Ijob (»Ich weiß, daß mein Erlöser lebt«, Ijob 19,25ff) im Vordergrund, daneben die Psalmen 73,25f (»Herr, wenn ich nur dich habe«) und Ps 23; ebenfalls häufig vertonte Psalmenverse sind Ps 90,10 (»Unser Leben währet siebzig Jahr«) und Ps 126,5f (»Die mit Tränen säen«) sowie dem Ps 130 (»Aus der Tiefe«) entnommen.

Ein beständiges Kompendium von Texten und Melodien bildet die geistliche Dichtung des evangelischen Kirchenliedes; neben EKG 195 (»Aus der Tiefe«) und EKG 315 (»Ich hab mein Sach Gott heimgestellt«) gehören zu den bevorzugten Choraldichtungen EKG 251 (»Meinen Jesum laß ich nicht«) und EKG 321 (»Mach's mit mir, Gott«); fast in keinem der rekonstruierbaren Begräbnisgottesdienste fehlte am Ende ein heute unbekannter Choral: »Hört auf mit Weinen und Klagen«.

Den weitaus größten Anteil am überlieferten Gesamtbestand evangelischer Funeralkomposition bildet die freie Dichtung. Hierbei steht entweder die

Thematisierung der Todesstunde oder der Vanitas-Gedanke in der höchsten Gunst der Autoren (»Ach! o Weltligkeit«; »Weg mit dir, du falsche Welt«; »O trauervolle Eitelkeit«). Eine andere Textschicht zieht die Metaphorik des Trostes und der Freude allem anderen vor (»Hört, stellet euer Trauern ein«; »Nun scheid ich ab in Fröhlichkeit«; »Das ist meine Freude«); eine letzte wesentliche Textart bedient sich der Bilder der Ruhe und des Schlafes (»Nun gute Nacht«; »Gute Nacht, ihr weltlich Wesen«; »So wünsch ich nun eine gute Nacht«).

Die (Vokal-) Musik als wesentliche Komponente des christlichen Begräbnisses in der evangelischen barocken Sepulkralkultur büßt mit dem ausgehenden 17. Jahrhundert soviel an Bedeutung ein, daß sie um die Mitte des 18. Jahrhunderts fast gänzlich geschwunden ist. Die Konsolidierung der Lebensumstände nach dem Dreißigjährigen Krieg förderte Erscheinungsformen der Bestattung, die in ihrer modischen Ausformung den Höhepunkt des barocken Begräbniskultes ausbildeten, dann aber in der Entfernung zu den eigentlichen Anliegen das Ende der barocken Sepulkralkultur in einer — behaupteten — Sinnlosigkeit weltlichen und kirchlichen Handelns beim Begraben besiegelte. Die steigende Anzahl kirchlicher und weltlicher Verordnungen zur ›Sozialdisziplinierung‹ vermochte diesen Prozeß nicht aufzuhalten. Zu den wesentlichen Neuerungen im Begräbniskult gehört vornehmlich die seit ca. 1680 in bürgerlichen Kreisen anzutreffende — vormals nur als Strafe verhängte — Form des »stillen« oder »nächtlichen« Begräbnisses, zu dem nicht nur auf die Begleitung des Leichnams durch Geistliche und eine standesgemäße Prozession verzichtet wurde, sondern auch auf jede Art musikalischer Mitwirkung. Ein entgegengesetztes Extrem bildete die Einführung zuvor als »katholisch« verurteilter Traditionen mit dem verstärkten Aufkommen des Pietismus und der Einführung kirchlicher Feiern zu den ›Jahrestagen‹ der Verstorbenen.

Gleichzeitig mit der naturmythischen Begründung des Todes und dem leichtfertig akzeptierten Verzicht auf den eingeführten Kultus schwinden die organisatorischen Grundlagen der Kirchenmusik zugunsten frühbürgerlicher Strukturen der Musizierpraxis. Es scheint, als habe die enzyklopädische Faßlichkeit des ›Trauer‹-Begriffs im 18. Jahrhundert eine Musik mit sich gebracht, die die musikalisch und administrativ vorgegebenen ›klassischen‹ Formen des Chorals, der Motette und der Kantate dem Modernismus des Trauermarsches opfert. Die Theoretiker der Aufklärung, die mit der Beschreibung ihrer ›natürlichen‹ Todesauffassung auch die Notwendigkeit einer theologischen Vermittlung christlicher Lehre und damit auch diejenige der »praedicatio sonora« leugneten, errangen mit dem Wandel der Begräbnisform einen Sieg, dem auch die Musik in ihrer bisherigen Ausprägung zum

Opfer fiel, wenngleich die an Äußerlichkeiten reichen Rituale die Neuerungen noch bis zu einem Jahrhundert überdauern konnten. Mit der Aufgabe der Inhalte schwand auch die Musik, die sich schon früh von der Exegese zurückgezogen und in ihrer neuen Funktion als Dekorum äußerlichen Kriterien zugewandt hatte. Nur vereinzelt finden sich sowohl im 18. und 19. Jahrhundert Kompositionen, die sich am barocken Trauer- und Trostmodell orientieren; sie bleiben singulär in ihrer Erscheinung und sind ohne musikhistorische Wertigkeit. Mit der Aufgabe der Vokalmusik und in der Bevorzugung der Instrumentalmusik schwand das Wissen der Christenheit um die positiven Inhalte der Begräbnisfeierlichkeiten.

›Singen als soziales Handeln‹ scheint dem 20. Jahrhundert weitestgehend nur noch unter historischem Aspekt von Interesse zu sein. Die von professionellen Vorstellungen getragene (Musik-) Kritik geißelt für gewöhnlich jede musikalische Äußerung von Laien mit Hohn und Spott und vergißt darüber in der allmächtigen Forderung nach Perfektionismus und ›emanenter Stellvertretung‹ — d.i. die Darbietung von Musik durch eine »fest institutionalisierte Spezialistengruppe (mit besonderer Ausbildung) zur Ausgestaltung einer nicht musikalisch motivierten geselligen Aktion«[108] —, daß Musik auch aus ganz anderer Motivation heraus entstehen kann als aus dem Streben nach einer bestmöglichen Darbietung.

Es wird offenkundig, daß auch der affirmative Charakter einer den Tod tabuisierenden abendländischen Kultur sich weiterhin der Einsicht nicht wird verweigern können, daß die sekundäre Rezeption von Musik durch Automation oder — im konkreten Zusammenhang mit der Gesangskultur bei Sterben und Begräbnis — in der Ausführung durch Unbeteiligte weder einen angemessenen Sinn erkennen läßt (eine Leichenhalle ist kein Konzertsaal), noch jene Strukturen menschenwürdigen Daseins und Abschiednehmens befördert, die vergangene Jahrhunderte praktiziert haben. Im Angesicht des Todes ist der Mensch verstummt — es wäre wünschenswert, wenn die tradierten Kulturtechniken überdacht würden, und man dabei für die Zukunft weder den erlösenden Schrei (der Witwe Ekdal) noch die großartige Musikalisierung (im Beispiel Bachs) scheute, vor allem aber, daß unsere Kultur weder die Toten sang- und klanglos bestattet, noch, daß sich der Mensch selbst der positiven Kraft der Musik verschließt!

---

[108] *E. Klusen*, Singen als soziales Handeln. Einzelfallstudie: »Das Singen liegt mir im Sinn«: *D. Altenburg (Hg.)*, Ars Musica — Musica Scientia (FS Heinrich Hüschen), Köln 1980, 300.

C. Bibliographie

I. Begräbnis- und Sozialgeschichte

1. systematisch

a. Bibliographien

Miller, A.J./Acri, M.J. (Hgg.), Death — a bibliographical guide, London 1977.

b. Friedhof

Derwein, H., Geschichte des christlichen Friedhofs in Deutschland, Frankfurt am Main 1931.

Peiter, K., Der evangelische Friedhof von der Reformation bis zur Romantik, 2 Bde., [Diss. theol. (mschr.)] Berlin/DDR 1961.

Boehlke, H.-K./Belgrader, M., Art. »Friedhof«: TRE 11, 646—653.

c. Bestattung

Brocke, M./Merkel, F./Welten, P./Wißmann H., Art. »Bestattung I—V«: TRE 5, 730—757.

Jackson, E.N., The christian funeral — its meaning, its purpose and its practice, New York 1966.

Jordahn, B., Das kirchliche Begräbnis. Grundlegung und Gestaltung, (Veröffentlichungen der evangelischen Gesellschaft für Liturgieforschung 3), Göttingen 1949.

Sonntag, W., Die Todtenbestattung. Todtencultus alter und neuer Zeit und die Begräbnisfrage, Halle 1878.

Stephenson, G. (Hg.), Leben und Tod in den Religionen. Symbol und Wirklichkeit, Darmstadt 1980.

2. historisch

a. Antike

Rush, A.C., Death and burial in christian antiquity, Washington 1941.

b. Mittelalter

Freistedt, E., Altchristliche Totengedächtnistage und ihre Beziehung zum Jenseitsglauben und Totencultus der Antike, (LQF 24), Münster 1928.

Kyll, N., Tod, Grab, Begräbnisplatz, Totenfeier. Zur Geschichte ihres Brauchtums im Trierer Lande und in Luxemburg unter besonderer Berücksichtigung des Visitationshandbuches von Regino von Prüm, (Veröffentlichungen des Instituts für geschichtliche Landeskunde der Rheinlande an der Universität Bonn 81), Bonn 1972.

Rudolf, R., Ars moriendi. Von der Kunst des heilsamen Lebens und Sterbens, (FVK 39), Köln/Graz 1957.

c. 16. Jahrhundert

Grün, H., Der deutsche Friedhof im 16. Jahrhundert, (HBVK 24), Gießen 1925.

Ders., Das kirchliche Beerdigungswesen im 16. Jahrhundert, (Diss. theol.) Gießen 1931 (Teildruck aus: Studien und Kritiken 102 [1930]).

d. 17. Jahrhundert

Francisi, E., Die Ehre der verblichenen alten Heiden, Juden und Christen, Nürnberg 1690.

Garmann, Chr.Fr., De miraculis mortuorum libri tres ..., Dresden/Leipzig 1709.

Geffken, J., Die Leichenbegängnisse im 17. Jahrhundert: Zeitschrift des Vereins für Hamburgische Geschichte 1 (1841) 497—522.

Gerber, Chr., Historie der Kirchen-Ceremonien in Sachsen ..., Dresden/Leipzig 1732.

Kortholt, Chr., Bedenken von heimlichen Leichenbestattungen, o. O. [Leipzig/Dresden?] 1676.

Saubert, J., Zuchtbüchlein der evangelischen Kirchen, Nürnberg 1636.

Zacchia, P., Totius Ecclesiastici prato-medici generalis quantiorum mediopalium libri tres, Lyon 1674.

e. 18. Jahrhundert

d'Azyr, V., Dangers des sépultures, Paris 1778.

Giebel, A., Bestattungsformen und Bestattungsbräuche im 17. und 18. Jahrhundert: 8. Tagung der deutschen Arbeitsgemeinschaft genealogischer Verbände in Kassel 1956, Glücksburg/Ostsee 1957.

Habermann, J., Abhandlung von unschädlichen Begräbnissen ..., Wien 1773.

Hennings, J.Chr., Verjährte Vorurteile, in verschiedenen Abhandlungen bestritten ..., Riga 1778.

Koppman, K., Die Leichenbegängnisse im 18. Jahrhundert: *Ders.*, Aus Hamburgs Vergangenheit 1, Hamburg 1885, 225—277.

Löwen, F.F., Der Christ bey den Gräbern ..., Hamburg ²1760.

Tode, J.C., Von dem Begraben in Kirchen und auf Friedhöfen, Kopenhagen/Leipzig 1879.

f. 19. Jahrhundert

Beneke, O., Von unehrlichen Leuten, Hamburg ²1889.

Bunzel, M., Die geschichtliche Entwicklung des evangelischen Begräbniswesens in Schlesien während des 16., 17. und 18. Jahrhunderts, [Phil. Diss. (mschr.)], Breslau 1920.

Félice, P., de, Les Protestants d'autrefois, Paris 1896.

Grimm, J., Über das Verbrennen der Leichen: Abhandlungen der Königlichen Akademie der Wissenschaften zu Berlin, Berlin 1849, 191—274.

Lange, R.E., Sterben und Begräbnis im Volksglaube zwischen Weichsel und Memel, Würzburg 1955.

Löffler, P., Studien zum Totenbrauchtum in den Gilden, Bruderschaften und Nachbarschaften Westfalens vom Ende des 15. Jahrhunderts bis zum 19. Jahrhunderts, (FVK 47), Münster 1975.

II. Mentalitätsgeschichte

1. systematisch

Ariès, Ph., Studien zur Geschichte des Todes im Abendland, München 1976 [engl. Orig.: Baltimore 1974].

Ders., Geschichte des Todes im Abendland, München 1980 [franz. Orig.: Paris 1977].

Husemann, Fr., Vom Bild und Sinn des Todes, Dresden 1902.

2. historisch

a. Antike

Leipoldt, J., Der Tod bei Griechen und Juden, Leipzig 1942.

b. Mittelalter

Appel, H., Anfechtung und Trost im Spätmittelalter und bei Luther, Leipzig 1938.

c. 17. Jahrhundert

Heermann, J., Schola mortis, Braunschweig 1642.

d. 18. Jahrhundert

Abbt, Th., Vom Tode fürs Vaterland: Thomas Abbts Vermischte Werke 2, Berlin/Stettin 1770.

Brockes, B.H., Des seligen Herrn B.H.Brockes Schwanengesang, Frankfurt am Main/Leipzig 1747.

Ders., Physikalische und moralische Gedanken über die drei Reiche der Natur, Hamburg/Leipzig 1748.

e. 19. Jahrhundert

Brunner, S., Büchlein gegen die Todsfurcht, Wien 1836.

Feuerbach, L., Gedanken über Tod und Unsterblichkeit: *Ders.*, Sämtl. Werke 2—3, Leipzig 1846ff.

Herald, M., Alt-Nürnberg in seinen Gottesdiensten. Ein Beitrag zur Geschichte der Sitten und des Kultus, Gütersloh 1890.

f. 20. Jahrhundert

Elias, N., Über die Einsamkeit der Sterbenden in unseren Tagen, Frankfurt am Main 1984.

III. Katholische Liturgik

Baumstark, A., Missale Romanum. Seine Entwicklung, ihre wichtigsten Urkunden und Probleme, Eindhoven/Nijmwegen 1926.

Berger, P., Religiöses Brauchtum im Umkreis der Sterbeliturgie in Deutschland, (FVK 41), Münster 1966.

Callewaert, C., De officio defunctorum: *Ders.*, Sacris Erudiri. Fragmenta, Steenbrugis ²1962, 169—177.

Congar, Y.M.J., Le purgatoire. Le mystère de la mort et sa célébration, (LO 12), Paris 1956, 279—336.

Cornides, A., Art. »Liturgiy of Requiem Mass«: NCE 12, 384.

Dölger, F.J., Sol Salutis, Gebet und Gesang im christlichen Altertum, (LQF 16/17), Münster 1920 ³1972.

Franz, A., Die Messe im deutschen Mittelalter. Beiträge zur Geschichte der Liturgie und des religiösen Volkslebens, Freiburg i.Br. 1902.

Gy, P.M., Les funérailles d'après le rituel de 1614: MD 44 (1955) 70—82.

Merk, K.J., Die Totenmesse mit dem Libera, Stuttgart 1924.

Ders., Die meßliturgische Totenehrung in der römischen Kirche, Teil 1 [Teil 2 nicht erschienen], Stuttgart 1926.

Probst, F., Die Exequien, Tübingen 1856.

Ders., Liturgie der ersten drei christlichen Jahrhunderte, Tübingen 1870 (Reprint Darmstadt 1968).

Ruland, L., Geschichte der kirchlichen Leichenfeier, Regensburg 1901.

Schoenen, A., In deine Hände, Herr, befehle ich meinen Geist: *Bogler, Th. (Hg.)*, Tod und Leben. Von den letzten Dingen, (LuM 25), Maria Laach 1959, 39—53.

Sicard, D., La liturgie de la mort dans l'église latine à la réforme carolingienne, (LQF 63), Münster 1968.

IV. Evangelische Liturgik

Büff, L., Cur=Hessisches Kirchenrecht, Kassel 1861.

Bürki, B., Im Herrn entschlafen. Eine historisch pastoral-theologische Studie zur Liturgie des Sterbens und des Begräbnisses, (BPTh 6), Heidelberg 1969.

Eisenschmid, G. B., Geschichte der vornehmsten Kirchengebräuche der Protestanten. Ein Beytrag zur Verbesserung der Liturgie, Leipzig 1795.

Frickart, J.J., Beiträge zur Geschichte der Kirchengebräuche im ehemaligen Kanton Bern seit der Reformation, Aarau 1846.

Graff, P., Geschichte der Auflösung der alten gottesdienstlichen Formen in der evangelischen Kirche Deutschlands 1/2, Göttingen 1937/1939.

Kliefoth, Th.F.D., Liturgische Abhandlungen I/2. Vom Begräbnis, Schwerin/Rostock 1854.

Liliencron R. Freiherr von, Liturgisch-musikalische Geschichte des evangelischen Gottesdienstes von 1522—1700, Schleswig 1893.

Richter, L.E., Die evangelischen Kirchenordnungen des 16.Jhd. 1/2, Weimar 1846.

Sehling, E. (Hg.), Die evangelischen Kirchenordnungen des 16. Jahrhunderts, 5 Bde., Leipzig 1902ff.

V. Homiletik

Fürstenwald, M., Andreas Gryphius. Dissertationes funebres. Studien zur Didaktik der Trauerreden / Studien zur Didaktik der Leichabdankungen, (Abhandlungen zur Kunst-, Musik- und Literaturwissenschaft 46), [Phil Diss. Vancouver 1966], Bonn 1967.

Klein, L., Die Bereitung zum Sterben. Studien zu den frühen Sterbebüchern, [Diss. theol] Göttingen 1958.

Saubert, J., Currus Simeonis, Nürnberg 1677.

VI. Zeremoniell

Alewyn, R./Sälzle, K., Das große Welttheater. Die Epoche der höfischen Feste in Dokument und Deutung, Hamburg 1959.

Biehn, H., Feste und Feiern im alten Europa, München 1962.

Lünig, J.Chr., Theatrum Caeremoniale Historico-Politicum 1/2, Leipzig 1719/1720.

Plodeck, K., Hofstruktur und Hofzeremoniell in Brandenburg-Ansbach vom 16. bis zum 18. Jahrhundert. Zur Rolle des Herrschaftskultes im absolutistischen Gesellschafts- und Herrschaftssystem, [Phil. Diss.] Würzburg 1972.

Rohr, J.B. von, Einleitung zur Ceremoniel=Wissenschaft der Privat-Personen ..., Berlin ²1730.

Ders., Einleitung zur Ceremoniel=Wissenschaft der grossen Herren, Berlin ²1733.

Stieve, G., Europäisches Hofceremoniel ..., Leipzig 1723.

VII. Musik

a. allgemein

Mies, P., Trauermusiken von Heinrich Schütz bis Benjamin Britten: MS(D) 93 (1973) 206—214.

Weyer, M., Trauermusiken des Barock: *Lenz, R. (Hg.)*, Leichenpredigten als Quelle historischer Wissenschaften, Marburg 1972, 430—432.

Stephenson, G., Die musikalische Darstellung des Todes als religiöses Phänomen: *Ders. (Hg.)*, Leben und Tod in den Religionen. Symbol und Wirklichkeit, Darmstadt 1980, 184—214.

b. Requiem

Fox, Ch.W., The polyphonic requiem before about 1615: BAMS 7 (1943) 4ff.

Hesbert, R.J., Les pièces de chant des messes pro defunts dans la tradition manuscrite: Actes du congrès international de musique sacrée Rome 1950, Tournai 1952, 223—228.

Ibanez, S.F., El requiem en la musica romantica, Madrid 1965.

Jaksch, W., H.I.F. Biber. Requiem à 15. Untersuchungen zur höfischen, liturgischen und musikalischen Topik einer barocken Totenmesse, (Beiträge zur Musikforschung 5), München 1977.

Luce, H.T., The requiem mass from its plainsong beginnings to 1600, 2 Bde., [Phil. Diss.] Florida 1958.

Pruett, J.W., Art. »Requiem«: GroveD 15, 751—755.

Robertson, A., Requiem. Music of mourning and consolation, London 1967.

Schnerich, A., Messe und Requiem seit Haydn und Mozart, Wien/Leipzig 1909.

Seay, A., Art. »Requiem«: MGG 11, 297—302.

Snow, R., Art. »Music of Requiem Mass«: NCE 12, 385—387.

c. Evangelische Funeralkomposition

Bernsdorff-Engelbrecht, Chr., Überlegungen zu einer Studie über den Wandel der Trauermusik im 18. und 19. Jahrhundert: *H.K. Boehlke (Hg.)*, Vom Kirchhof zum Friedhof, (KStS 2), Kassel 1984, 165—170.

Bolin, N., Sterben ist mein Gewinn (Phil 1,21). Ein Beitrag zur evangelischen Funeralkomposition der deutschen Sepulkralkultur des Barock (1550—1750), [Phil. Diss.] Köln 1985 [erscheint voraussichtlich als KStS 4, Kassel 1987].

Braun, W., Das Eisenacher Begräbniskantional aus dem Jahre 1653: JLH 4 (1965) 122—128.

Brunners, Chr., Kirchenmusik und Seelenmusik. Studien zu Frömmigkeit und Musik im Luthertum des 17. Jahrhunderts, [Diss. theol. (mschr.)] Rostock 1962.

Federhofer, H., Begräbnisgesänge Nürnberger Meister für Exultanten aus der Steiermark, Graz 1955.

Hamel, F., Die Leipziger Funera. Zur Kulturgeschichte der Begräbnismusik: SMZ 88 (1948) 87—92. 125—132.

Reich, W., Die deutschen gedruckten Leichenpredigten des 17. Jahrhunderts als musikhistorische Quelle, [Phil. Diss. (mschr.)] Leipzig 1962.

Ders. (Hg.), Threnodiae Sacrae. Beerdigungskompositionen aus gedruckten Leichenpredigten des 16. und 17. Jahrhunderts, (EdM 79), Wiesbaden 1975.

Winterfeld, E. von, Der evangelische Kirchengesang, 3 Bde., Leipzig 1842.

d. Musikalische Volkskunde

Böckel, O., Sterbelieder: *Ders.*, Psychologie der Volksdichtung, Leipzig ²1913.

Husenbeth, H., Toten-, Begräbnis- und Armseelenlied (Lieder aus dem Bereich des Totenbrauchtums): Handbuch des Volksliedes, o.O., o.J., 463—472.

Jahnow, H., Das hebräische Leichenlied im Rahmen der Völkerdichtung, (BZAW 36), Gießen 1923.

Suppan, W., Über die Totenklage im deutschen Sprachraum, (JIFMC 15), London 1963.

Weinreich, O., Antike und frühchristliche Kultmusik: ARW 33 (1936) 198—211.

Der »Actus tragicus«

Bemerkungen zur Darstellung des Todes
in der Musik Johann Sebastian Bachs

August Gerstmeier

A. Das Abbild des Todes in der Kunst

Das Schrifttum zum Thema Tod ist ins schier Unermeßliche angewachsen. Aber niemand kennt den Tod wirklich. Die Angst vor dem Tod erklärt sich nicht allein aus dem Willen und der Liebe zum Leben, denn es ist auch eine Angst vor dem Unbekannten und Unberechenbaren. Der Tod greift als etwas Fremdes in unser Leben ein, er durchbricht das Kontinuum des irdischen Daseins. Er ist eine dem Menschen übergeordnete Macht, die von außen herantritt. Deshalb heißt es auch: Der Tod kommt von hinten und legt dem Menschen seine kalte Hand auf die Schulter, er kommt über ihn, er holt ihn, er ereilt ihn. Wir wissen vom Tod nur als von der Todesgewißheit. Wir können seine Wirklichkeit und Wirksamkeit bezeugen, indem wir das Niedersinken, Sterben und Vergehen um uns wahrnehmen. Die Frage, die uns hier beschäftigen soll, lautet: Wie verhält sich der wissende Mensch gegenüber der Erfahrung des Todes?

Kunst und Religion geben uns eine Antwort auf diese Frage. In ihnen wird der Tod thematisiert. Beide, Kunst und Religion, sehen dem Tod ins Auge und begegnen ihm dadurch, daß sie ihn dem Menschen als Gebilde gegenüberstellen. In seiner Vergegenwärtigung aber liegt zugleich die Möglichkeit seiner inneren Überwindung. In der Objektivation des Todes liegt die entlastende und befreiende Tat des Geistes. In ihr manifestiert sich eine unabhängige, den Tod übersteigende Wirklichkeit.

Für die Religion bedeutet das Ärgernis des Todes eine Herausforderung. Ja, das Faktum des Todes konstituiert die Religion im Innersten. Um den Tod zu überwinden, verbündet sich der Mensch mit Gott als dem Wesen mit unumschränkter Machtvollkommenheit, dem Herrn über Leben und Tod. Die Glaubensbotschaft des Christentums gipfelt im Ostergeschehen, im Sieg über den Tod. In der Annahme des Todes durch das Kreuz liegt das Geheimnis seiner Überwindung.

Aber auch innerhalb der Kunst wird der Tod thematisiert. Kann die Kunst die Wirklichkeit des Todes darstellen? Ja und nein. Sie schafft ein gleichnishaftes Abbild. Im Gleichnishaften zeigt sich ein Doppeltes: der Bezug zur empirischen Wirklichkeit und deren Überwindung, indem sie als Bleibendes, als Gültiges, erfaßt wird. Dies verbindet die Kunst mit der Religion. Auch die Religion spricht in Gleichnissen. In ihnen wird auf die reale sinnlich greifbare Welt Bezug genommen. Zugleich aber wird diese transzendiert, indem in ihr das Walten Gottes und damit etwas Bleibendes, diese Wirklichkeit Überschreitendes erkannt und dargestellt wird. Das Geistige als Übergeschichtliches zeigt sich im Kleid der irdisch-gegenständlichen Welt, in einer dem Menschen gemäßen Weise.

Wie verhält sich nun innerhalb der Künste die Musik zur Erfahrung des Todes? Da hier von der Musik Bachs die Rede sein soll, müssen wir einschränkend präzisieren: Wie verhält sich die abendländische Musik zur Zeit J. S. Bachs, wenn sie die Erfahrung des Todes darstellt?

I. Musik und Zahl

Um hierauf eine verständliche Antwort geben zu können, ist es notwendig, daß wir uns zunächst die Natur der Musik vergegenwärtigen. Werckmeister, der noch zu Bachs Frühzeit als Musiktheoretiker wirkte, spricht von der Musik als von den »numeros sonoros«.[1] Hinter der Tonwelt steht als Bestimmendes, aber gleichsam verhüllt, die Zahl. Das Zahlenmäßige ist, wenn auch nicht sinnlich greifbar, das die Musik regulierende Ordnungsprinzip.[2] Dabei ist sie in verschiedener Hinsicht mit der Zahl verknüpft:

1. Als räumliche Ordnung der Töne, gemessen als Distanz zwischen zwei und mehr Tönen (z.B. als Intervall der Sekund, Terz usw.). Dies gilt sowohl für das Nacheinander der Töne in Gestalt von Melodien als auch für das gleichzeitige Miteinander der Töne in Gestalt von Zusammenklängen, wie wir sie aus der mehrstimmigen Musik kennen.

---

[1] *Andreas Werckmeister*, Musicalische Paradoxal-Discourse, Quedlinburg 1707, 25. Schon Cassiodors Äußerung *Musica est disciplina, quae de numeris loquitur* weist in diese Richtung. Vgl. *Heinrich Hüschen*, Art. »Musik«: MGG 9, 976.
[2] Dieser Bezug wird besonders deutlich in der mittelalterlichen Stellung der Musik. Innerhalb des Systems der septem artes liberales zählt sie zum Quadrivium (Arithmetik, Geometrie, Astronomie, Musik); hierzu *Heinrich Hüschen*, Art. »Artes liberales«: MGG 1, 737–742.

2. Als zeitliche Ordnung der Töne, gemessen als Dauer und Bewegung in Gestalt des Rhythmus (z.B. Achtelnoten, Halbe usw.), sowie als Gliederung und Gruppierung der Rhythmen durch den regelmäßigen Pulsschlag des Taktes (z.B. 3/8-Takt, 4/4-Takt usw.).

Dadurch, daß man die Töne in ihrer räumlichen Distanz und zeitlichen Bewegung mißt, werden sie zugleich in ihrer gegenseitigen Beziehung erfaßt. Sie erscheinen als ein Relationsgefüge. Ja, es besteht ein enger Zusammenhang zwischen der Qualität der Tonbeziehungen und den numerischen Proportionen, durch die sie sich darstellen lassen. »Wo das dahinterstehende Verhältnis als ein einfaches (ein aus kleinen Zahlen bestehendes) zur Geltung kommt, da ist es Konsonanz, wo als ein kompliziertes (ein in den Bereich der großen Zahlen übergehendes), Dissonanz.«[3]

Töne, die ein enges Verwandtschaftsverhältnis bilden, also Töne mit einem hohen Verschmelzungsgrad und großer Verträglichkeit (z.B. Oktav, Schwingungsverhältnis 2 : 1), empfindet das Ohr als Wohlklang. Daher werden konsonante Zusammenklänge weniger als Addition distinkter Töne aufgefaßt, sondern eher als eine neue unteilbare Einheit, als ein stimmiges, festgefügtes Ganzes. Töne, die als dissonant definiert werden, treten dem Ohr als Spannungsmoment, als Aufeinanderprallen gegensätzlich wirkender Kräfte entgegen (z.B. der Tritonus, natürliches Schwingungsverhältnis 32 : 45). Es ist ein »Auseinander-Tönen« (Dis-sonanz) unvereinbarer Elemente, die, bestimmt durch den Willen zur Selbstbehauptung, stärker in ihrer Vereinzelung wahrgenommen werden.[4]

Konsonanz und Dissonanz gehören zum Wechselspiel der tonalen Musik, in der jedoch die Konsonanz die Vorherrschaft hat. Der Musik wohnt die Tendenz inne, alle tonalen Konflikte und Spannungen letztendlich in Stimmigkeit und Harmonie zu überführen. Daher wurde das Streben der Musik

---

[3] *Jacques Handschin*, Der Toncharakter. Eine Einführung in die Tonpsychologie, Zürich 1948, 218. Zum Verhältnis von Musik und Zahl vgl. insbes. S. 205—233 dieses Buches.

[4] In diesem Zusammenhang ist auch das Leibniz-Zitat zu verstehen: »Die Musik ist eine verborgene arithmetische Übung der Seele, die dabei nicht weiß, daß sie mit Zahlen umgeht; denn vieles tut sie nämlich in Gestalt von unmerklichen Auffassungen, was sie mit klarer Auffassung nicht bemerken kann. Es irren nämlich diejenigen, welche meinen, daß nichts in der Seele geschehen könne, dessen sie sich nicht selbst bewußt sei. Daher bemerkt die Seele, obschon sie nicht erkennt, daß sie rechnend tätig ist, dennoch die Wirkung dieses unmerklichen Zahlenbildens entweder als ein daraus hervorgehendes Wohlbehagen bei Zusammenklängen, oder als Unbehagen bei Mißklängen.« (Brief an Christian Goldbach vom 17. April 1712). [Der obige Text ist eine Übersetzung des in lateinischer Sprache geschriebenen Briefes (Textbeginn: *Musica est exercitium arithmeticae occultum nescientis se numerare animi* ...); vgl. *Gottfried Wilhelm Leibniz*, Epistola 154; *Ders.*, Epistolae, hg. von *Chr. Kortholt*, Leipzig 1734, 240f].

nach Harmonie schon im Altertum als Abbild aufgefaßt. Sie verkörpert die ordnenden Kräfte, welche die Welt im innersten zusammenhalten. In den Tonordnungen spiegelt sich die Weltenordnung. Boethius spricht in Anlehnung an griechische Vorbilder von der *musica mundana* (Harmonie der Sphären), der *musica humana* (Harmonie von Leib und Seele), sowie von der *musica instrumentalis* (real erklingende Musik).[5]

II. Musik und Theologie

Alles bisher über das Wesen der Musik Gesagte wird in ihrer Beziehung zur Theologie noch einmal zusammengefaßt. Diese Beziehung ist besonders fruchtbar für Bachs Kirchenmusik, weil gerade in ihr die beiden Bereiche des Geistigen, Kunst und Religion eng miteinander verknüpft sind. Bach war nicht nur musiktheoretisch sondern auch theologisch hoch gebildet. Deshalb soll hier Andreas Werckmeister als Vertreter der theologisch geschulten Kantoren und als Zeitgenosse Bachs zu Wort kommen. In seiner Kunsttheorie ist wiederum die Zahl von grundlegender Bedeutung für das Verhältnis von Theologie und Musik, und zwar unter dem Begriff der Harmonie.[6]

»Unser GOtt ist ein GOtt der Ordnung / Er hat alles in Zahl / Maaß und Gewichte gesetzet / Sap. C. II V. 22 und ordentlich gemachet; Also sehen wir / wir die Ordnung GOttes lauter harmonisches und liebliches Wesen sey / woraus auch unsere Music ihren Grund und Ursprung hat. Nun können wir auch etlicher maßen finden warum der Mensch durch die Music erfreuet werde: Denn erstl. sind alle Consonantien lauter proportional Zahlen / so der unität und aequalität am nechsten sind / auch die Bewegung der mensur und Tactes: denn alles was in die Vielheit gehet / das ist der Verwirrung nahe / und dem Verstande verdrießlich / und weil dannenhero die Music ein ordentlich und deutliches Wesen / und solchergestalt nichts anders als ein formular der Weisheit und Ordnung GOttes ist / so muß ja ein Mensch (wenn er nicht ein Klotz ist) billig zur Freude bewogen werden / wann ihm die Ordnung und Weisheit GOttes seines gütigen Schöpfers durch solche Numeros sonoros ins Gehör / und folgendes ins Herze und Gemüthe getragen wird: Und darum so vielmehr / weil der Mensch das Ebenbild GOttes in sich träget / so kann er dadurch solcher wunderbaren Einigkeit der Weisheit GOttes eher fähig werden ...«[7].

---

[5] Vgl. *Hüschen*, »Musik« 980.

[6] Die Bedeutung der Zahl innerhalb der Theologie ist bekannt. Sie erscheint als etwas Göttliches, weil sie etwas die sichtbaren Dinge Bestimmendes, selbst jedoch unsichtbar Bleibendes ist.

[7] *Andreas Werckmeister*, Harmonologia Musica oder kurze Anleitung zur musicalischen Composition, Franckfurth und Leipzig 1702 (Nachdruck: Hildesheim/New York 1970), Vorwort S. 3.

Musik ist für Werckmeister Verkündigung biblischer Wahrheit. Darin steht der Leipziger Theoretiker ganz in der Tradition Martin Luthers:

»Da nun der Mensch von Gott als ein wohlgestimmtes harmonisches Wesen / ja zum Ebenbild GOttes erschaffen / lebete er auch in wohlgestimmter Harmonia mit GOtt (...) biß die alte Schlange / der Teuffel / und Satanas die Harmonia die Adam mit GOtt hatte / verstimmete (...)«[8].

Nach der ursprünglichen Harmonie zwischen Gott und Mensch kam die Sünde in die Welt. Sie bedeutet Entzweiung, Absonderung, Trennung. Sie führte zur Gottesferne des Menschen. Musikalisch gesprochen: Die anfängliche Harmonie, die aus der Stimmigkeit der Tonbeziehungen lebt, wird durch das Eindringen harmoniefremder Töne durchbrochen. An die Stelle der Töne, die sich durch einfache Zahlenverhältnisse darstellen lassen und damit einen hohen Verschmelzungsgrad haben, treten Töne, die zu den gegebenen kompliziertere und damit distanziertere Verhältnisse bilden. Es kommt zu Spannungen und Reibungen, die Harmonie wird zur Disharmonie.

»Diesen Spiegel haben wir nun gar klar in der Music, denn wie alle Zahlen so der Unität gar nahe sind / eine Harmoniam mit derselben machen / also können alle Menschen / wenn sie ihr Gemüth von Gott nicht entfernen / mit ihm harmoniren: Und gleich wie die Dissonantien in der Musica, wenn sie gar zu weit / und gräulich sich von ihrer Unität abwenden zu keiner angenehmen Resolution können gebracht werden / also können die gar zu weit von GOtt entfernete Sünder / wenn sie verstockt / und sich nicht wieder zu GOtt wenden / mit GOtt nimmer vereiniget werden. Wie aber die Dissonantien so von der Unität nicht weit abgelegen / als Septimen, Secunden, u. d. gl. sich mit großer Anmuthigkeit resolviren lassen / also ist auch die Freude sehr groß / wenn ein Christ seine Fehler erkennet / von Herzen Buße thut / und solche

---

[8] *Werckmeister*, Paradoxal-Discourse 27f.
Harmonia ist hier im Sinne von Konsonanz gebraucht und nicht zu verwechseln mit dem komplexen griechischen Begriff »Harmonia« *(ἁρμονία)*, der selbst innerhalb der Antike einem Bedeutungswandel unterworfen war (vgl. *Thrasybulos Georgiades,* Musik und Rhythmus bei den Griechen. Zum Ursprung der abendländischen Musik, Hamburg 1958, insbes. 89–93) und dessen ursprüngliche Bedeutung durchaus dinghafter Natur ist. »Harmoniai« sind bei Homer (Odyssee 5, 247f.) »die ein Floß oder die Planken eines Schiffes zusammenfügenden Klammern ...« (vgl. Riemann-Musiklexikon. Sachteil, hg. von *Hans-Heinrich Eggebrecht,* Mainz [12]1967, 361). Die Pythagoreer nannten, nunmehr auf die Musik bezogen, das gesamte System der als Zahlenrelationen dargestellten Intervalle »Harmonia«. Ferner bezeichnet »Harmonia« die Einigung von Gegensätzlichem im Sinne eines Gefüges, »dessen Teile voneinander unabhängig, aber in ihren Bewegungen aufeinander bezogen sind« (Riemann 361). Der antike Begriff ist also dem übergeordnet, was Konsonanz und Dissonanz heißt und auch von umfassenderer Bedeutung als der neuzeitliche Begriff der Harmonik.
»Harmonie« im Sinne von Konsonanz entspricht vielmehr dem, was die Griechen »Symphoniai« *(συμφωνίαι* = »übereinstimmende Zusammenklänge« [*Georgiades,* Musik und Rhythmus 117]) nannten. Auch ist der lateinische Begriff *consonantia* in Anlehnung an den griechischen Terminus geprägt.

Dissonantien in der Zeit resolviret / und also haben wir in der Music allerhand schöne Spiegel unsers Christenthums (...)«[9].

III. Musik und Zeit

Mit der Zahl messen wir räumliche und zeitliche Phänomene. Daher läßt sich auch die mit diesen beiden Komponenten untrennbar verknüpfte Qualität der Tonbeziehungen zahlenmäßig erfassen. Der Aspekt des Zeitlichen aber ist der Musik wie keiner anderen Kunst wesenhaft. Er ist geradezu eine Voraussetzung für die Musik. Darin gleicht die Musik dem irdischen Leben.

Musik kann in Wirklichkeit nur als lebendiger Vollzug erklingen (die Musikkonserve gehört in einen anderen Zusammenhang), sie setzt den agierenden Musiker (d.h. den gegenwärtigen Menschen) voraus. Musik und Leben werden von der Zeit beherrscht und durch sie geformt. Die Musik ist wie das irdische Leben durch die Zeit begrenzt. So spricht Adam von Fulda in seiner Abhandlung »De Musica« aus dem Jahre 1490 von der Musik als einer *meditatio mortis continua*.[10] Die Musik erklingt und verstummt. Darin gleicht sie unserem Dasein. Auch das irdische Leben entsteht, wird auseinandergefaltet und vergeht. Franz Kafka schreibt in einem Brief an Milena:

> »Ich lese ein chinesisches Buch (...) es handelt nur vom Tod. Einer liegt auf dem Sterbebett und in der Unabhängigkeit, die ihm die Nähe des Todes gibt, sagt er: ›Mein Leben habe ich damit verbracht, mich gegen die Lust zu wehren und es zu beenden.‹ Dann lacht ein Schüler den Lehrer aus, der nur vom Tode spricht: ›Immerfort sprichst du vom Tod und stirbst doch nicht.‹ ›Und doch werde ich sterben. Ich sage eben meinen Schlußgesang. Des einen Gesang ist länger, des anderen Gesang ist kürzer. Der Unterschied kann aber immer nur einige Worte ausmachen!‹« Dann fährt Kafka kommentierend fort: »Das ist richtig und es ist unrecht, über den Helden zu lächeln, der mit der Todeswunde auf der Bühne liegt und eine Arie singt. Wir liegen und singen jahrelang.«[11]

Das Leben wird hier mit dem Gesang verglichen, also mit Musik. Außerdem bringt der Dichter das Theater ins Spiel. Dies ist kein Zufall. Dem Theater in seiner sprachlichen, bewegungsmäßigen, gestisch-mimetischen Formung ist ebenfalls die Zeit konstitutiv. Um den Bereich des Bewegungs-

---

[9] Ebd. 28. Biblische Wahrheit ist auch, daß durch die Sünde der Tod in die Welt gekommen ist. Dadurch aber, daß der Tod als Folge der Sünde erkannt ist, wird er in der Konsequenz musikalisch ebenso als Dissonanz erfahren.

[10] Vgl. *Martin Gerbert (Hg.)*, Scriptores ecclesiastici de musica sacra potissimum III, St. Blasien 1784, 35 Sp.2.

[11] *Franz Kafka*, Briefe an Milena, Frankfurt am Main 1960, 121.

mäßigen innerhalb der Künste zu vervollständigen, wäre noch der Tanz zu erwähnen, für unser Thema: der Totentanz. Er besagt, daß der Tod den Menschen von Geburt an begleitet, sich ihm auf der »Bühne des Lebens« als Tanzpartner zugesellt. Der Zeitpunkt des Todes ließe sich so darstellen, daß der Knochenmann mit seinem jeweiligen Partner aus der Gruppe der tanzenden Paare allmählich sich seitwärts absetzt und schließlich mit ihm hinter dem Bühnenvorhang verschwindet. Um mit Kafka zu reden: Des einen Tanz ist länger, des anderen Tanz ist kürzer. Der Unterschied kann immer nur einige Drehungen ausmachen. Daß Musik, Theater und Tanz sich immer wieder miteinander verbinden, liegt in der zeitbezogenen Natur, die diesen Kunstformen gemeinsam ist.

IV. Musik und Rhetorik

Als Zeitkunst ist die Musik eine Bewegungskunst. In ihr entfaltet und gliedert sich die Zeit. Als Kunstform ist sie darüber hinaus mit der Erfahrungswelt des Menschen verbunden. Sie lebt wie das Theater aus der Darstellung des Menschen als eines sprechenden und handelnden Wesens. Deshalb ist Musik mehr als ein bloß abstraktes Zahlenspiel. Ihre zahlenmäßige Ordnung steht im Dienst des Sprechens. Das Sprechende im weitesten Sinne prägt die Gestik der Musik bis in ihre kleinsten Bausteine. So haben sich in der Musik in Analogie zur Redekunst rhetorische Figuren herausgebildet. Dies gilt naturgemäß vor allem für die textgebundene Musik und solche, die einen Text zur Voraussetzung hat (z. B. Lied, Oper, Oratorium, Choralvorspiel). In der Vertonung von Texten werden dabei bestimmte Sprachinhalte durch bildhafte musikalische Formen wiedergegeben, die oft von geradezu gegenständlicher Figürlichkeit sind.

Diese sogenannten musikalisch-rhetorischen Figuren sind in Lehrwerken aufgezeichnet und zum Teil systematisch geordnet.[12] Als solche gehören sie zum allgemeinverständlichen musikalischen Vokabular des Barockzeitalters und waren Bestandteil der Kompositionslehre. Sie tragen meist direkt aus der Rhetorik übernommene griechische und lateinische Namen. Welche Bedeutung die Figuren insbesondere für Bachs Musik haben, darauf hat z. B. Schmitz hingewiesen.[13] Bei der Analyse Bachscher Vokalwerke ist also die

---

[12] Es seien hier nur zwei Werke genannt: *Joachim Burmeister*, Hypomnematum musicae, Rostock 1599; *Athanasius Kircher*, Musurgia universalis, 2 Bde., Rom 1650. ²1690.
[13] *Arnold Schmitz*, Die Bildlichkeit in der wortgebundenen Musik Johann Sebastian Bachs, Mainz 1954 (Nachdruck: Laaber 1976).

rhetorische Formel mit zu berücksichtigen. Bei dieser Art musikalischer Bildlichkeit handelt es sich um eine objektive Darstellungsweise, die das subjektive Empfinden gewissermaßen bändigt und reguliert. Die individuelle Gefühlswelt kristallisiert sich in einer verbindlichen Formenwelt. Dies muß zuförderst dem romantisch geprägten Geist vor Augen geführt werden, dem das Sich-Ausdrücken näher steht als das Etwas-Ausdrücken, und dem dadurch der Blick auf die Formen- und Formelwelt der Bachschen Musik verstellt ist.[14] Bach, von dessen Vokalmusik in dieser Arbeit die Rede ist, setzt diese formelhaften Figuren nicht zitathaft, gleich austauschbaren Versatzstücken in seine Kompositionen ein, sondern verbindet sie aufs Engste mit dem Werkganzen. Sie treten gleich naturhaften Gebilden hervor, die dem musikalischen Satz vollkommen einverleibt sind. »Die Figuren sind nicht ein bloß aufgesetzter Schmuck, sondern greifen tief in das Satzgefüge ein.«[15]

B. Der Actus tragicus (BWV 106)

Der Begriff ›Actus tragicus‹ ist abgeleitet aus der Bezeichnung ›Actus musicus‹, die etwa von der Mitte des 17. bis ins frühe 18. Jahrhundert innerhalb der protestantischen Kirchenmusik in Gebrauch war und die dramatische Gestaltung biblischer Stoffe zum Gegenstand hat. Über Anlaß und Entstehungszeit des Werkes gibt es keinerlei Belege. Das Autograph ist verschollen.

Einen Hinweis auf die Datierung in die Mühlhausener Zeit Bachs gibt die Textstruktur. Hierbei handelt es sich um eine Sammlung von Bibelstellen aus dem Alten und Neuen Testament sowie eingefügten Choralstrophen. Lediglich im Eingangschor finden sich, gelenkartig mit dem Bibeltext kombiniert, freie dichterische Einschübe.[16] Die späteren Kantaten Bachs bestehen, sieht man von den Choralkantaten ab, fast ausschließlich aus freier Dichtung. Ein weiteres Indiz für die frühe Datierung ergibt sich aus dem musikalischen Grundriß des Werkes. Der Chor hat nicht nur umrahmende Funktion, und in den Solopartien ist die Form des Arioso vorherrschend. Es existiert noch keine klare Scheidung in Rezitativ und Arie.

---

[14] Mit Nachdruck hat darauf *Hans Heinrich Eggebrecht* hingewiesen. Vgl. seinen Aufsatz: Über Bachs geschichtlichen Ort: Johann Sebastian Bach, hg. von *Walter Blankenburg*, (WdF 170), Darmstadt 1970, 247—289, insbes. 252 Anm. 9. Als Ergänzung hierzu dienen die Aufführungen Eggebrechts in seinem Beitrag: Barock als musikgeschichtliche Epoche: Aus der Welt des Barock, Stuttgart 1957, 168—191.
[15] *Schmitz*, Die Bildlichkeit 87.
[16] Vgl. Sämtliche von Johann Sebastian Bach vertonten Texte, hg. von *Werner Neumann*, Leipzig 1974, 181.

I. Sonatina

Dem ersten Chor ist ein Instrumentalstück (Sonatina) vorangestellt:[17]

Notenbeispiel 1: *J. S. Bach*, Actus tragicus (BWV 106), 1. Sonatina (T. 1—8) [Eulenburg 1]

---

[17] Zum Gesamtaufbau des Werkes vgl. *Werner Neumann*, Handbuch der Kantaten Johann Sebastian Bachs, Wiesbaden 1971, 127f. Den im folgenden abgedruckten Beispielen liegt der Notentext der Eulenburg Taschenpartitur Nr. 1007 zugrunde.

Die Musik ist in ein samtenes, weiches Gewand gekleidet (Flöten und Violen). Der Beginn des Satzes läßt drei Schichten erkennen: Die Grundlage bildet ein flächiger, in ruhigen Achteln pulsierender Baß. Darüber liegt die harmonisch bestimmte, klangfüllende Mittelschicht der Violen, die zumeist in Sextparallelen geführt sind und, wie die ersten Takte zeigen, in Appoggiaturen zurückfallen. Hier wird die Geste des Klagens und Seufzens musikalisch dargestellt.[18] In Takt [= T.] 4 treten als letzte Schicht die Flöten hinzu. Die Melodie lebt auch hier vom Vorhalt, dann von der intervallischen Öffnung über den Tritonus zur Sext *(Exclamatio)* in T. 5 und von der Wiederholung dieser Figuren *(Emphasis)*.[19] Beide Instrumente bewegen sich im selben Tonraum. Die 2. Flöte verstärkt zunächst die 1. Flöte nur zu Beginn und am Ende der Phrasen. Daraus ergibt sich, daß sie nach Art der kurzatmigen *Suspiratio* mit Pausen durchsetzt ist. In den Takten 7—8 bilden sie melodisch und rhythmisch ein komplementäres Verhältnis, sich überkreuzend ineinander verschlungen in innigem Dialog. Der nunmehr ununterbrochen wiederholte Sekundfall gleicht einem Seufzen, das kein Ende mehr nehmen will. Formal gesehen bildet diese Stelle ein zusammenfassendes zweitaktiges Schlußglied mit nachfolgender Viertelpause, während die vorausgehenden Phrasen nur jeweils eintaktig gegliedert sind.

II. Choro: »Gottes Zeit ist die allerbeste Zeit«

Dem Instrumentalvorspiel folgt der Eröffnungschor. Nach der Setzung des Fundamenttons wird in kantiger, dreiklangsmäßiger Festigkeit das Incipit »Gottes Zeit« gesetzt, das gleich einer Überschrift durch das nachfolgende Tutti unterstrichen und bestätigt wird (der Baß-Beginn ist ein wörtliches Aufgreifen des Sopraneinsatzes):

---

[18] Eine sehr plastische Beschreibung dieses Satzes befindet sich bei *Arnold Schering*, Über Kantaten Johann Sebastian Bachs, Leipzig 1942, 187.
[19] Diese Kette von Vorhaltsbildungen existiert in der musikalischen Figurenlehre des 17. und 18. Jahrhunderts als »Subsumptio postpositiva« oder »Anticipatione della Sillaba«. Beherrschend ist sie vor allem im Orchesterpart zum Choral »O Mensch, bewein dein Sünde groß« am Ende des 1. Teils von Bachs Matthäus-Passion (vgl. *Schmitz*, Die Bildlichkeit 62).

Notenbeispiel 2: *J. S. Bach*, Actus tragicus (BWV 106), 2. Coro (T. 1—5) [Eulenburg 3]

Verkörpert die Sonatina mit ihrer durchgehend pochenden und gemessenen Achtelbewegung gleichsam die Prozession der in die Kirche einziehenden Trauergemeinde, so richtet sich mit dem Einsatz des Chores der Blick nach oben hin zu Gott, der als Pantokrator in der Kuppel über der versammelten Gemeinde thront, die Weltkugel als Zeichen göttlicher Allmacht in Händen haltend. Die ersten Worte des Actus tragicus gelten nicht der Trauer über den Verstorbenen. Die Ehre gebührt zunächst Gott, dem Herrn über Leben und Tod. Sein ist die Zeit, er bestimmt alles Geschehen. Wir hingegen sind der Zeit unterworfen. Das Leben des Menschen und der dieses irdische Dasein beschließende Tod stehen unter dem Diktat göttlicher Herrschaft und Weisheit.

Die Eröffnung ist überwiegend in einem blockhaften homophonen Satz gehalten und geht in T. 7 über in eine rasche Bewegung im 3/4-Takt. Das aktive Moment des Lebens »In ihm leben, weben und sind wir« wird als polyphones ›Gewebe‹ dargestellt. Bei den Worten »In ihm sterben wir zur rechten Zeit« aber geht ein Bruch durch die Musik (vgl. T. 40/41). Das harmonische und zeitliche Gefüge gerät aus der Bahn des gleichartig Geregelten. Betrachten wir diese Stelle genauer:

Notenbeispiel 3: *J. S. Bach*, Actus tragicus (BWV 106), 2. Coro (T. 29 — 47) [Eulenburg 6—7]

Bereits das »In ihm« (T. 40) versieht Bach durch einen vorbereitenden feinen Fingerzeig mit größerem Gewicht: Er harmonisiert die beiden auftaktigen Viertelwerte unterschiedlich. Dies steht in Gegensatz zu den vorausgehenden, textlich und musikalisch analogen Stellen (z.B. T.27), deren Auftakt innerhalb eines gleichbleibenden harmonischen Raumes erfolgt. Der Harmoniewechsel Es — c führt unmerklich zu einer Verdüsterung, und das Wort »sterben« bewirkt eine ruckartige Verlangsamung der Bewegung (Allegro — Adagio assai). Doch nicht nur das Tempo ändert sich, auch das Metrum schlägt vom tänzerischen 3/4-Takt um in einen breit und ernst einherschreitenden geraden Takt. Melodisch knüpft der Sopran an die Sonatina an: er sinkt seufzerartig in Sekundschritten zurück (*Subsumptio postpositiva, Katabasis*). Der Rückbezug auf den Einleitungssatz ist auch am Duktus der Instrumentalstimmen deutlich erkennbar. Der Baß fällt durch das Tritonus-Intervall nach unten (*Passus duriusculus*). Der Tritonus bezeichnet in der harmonischen Tonalität einen Schritt ins Ungesicherte, Ungewisse und Unbekannte, einen Augenblick der Haltlosigkeit. Über dem Tritonus des Basses aber entsteht zugleich der verminderte Septakkord.[20] Dieser Spannungs-

---

[20] Meist wird dieser Klang als Addition oder Schichtung kleiner Terzen erklärt. Seine Natur wird jedoch präziser und adäquater getroffen, wenn er als Verklammerung zweier Tritonus-Intervalle erfaßt wird, deren jedes für sich den Raum der Tonart sprengt. Die kleine Terz wäre

klang, diese unerwartet hereinbrechende Dissonanz bei »sterben«, führt zu einer vorübergehenden Beseitigung des zahlenmäßig-harmonischen Ebenmaßes der Musik, zur Aufhebung der Harmonie. Die Stimmigkeit des Daseins wird erschüttert, ja im Augenblick des Sterbens außer Kraft gesetzt.[21] Dem verminderten Septklang fehlt ein tragender Grundton, eine zentrierende Mitte. Er ist seiner Natur nach ein sphinxhaftes Gebilde, das sich nach verschiedenen Richtungen fortbewegen und auflösen kann. Im obigen Beispiel rutscht dieser Akkord zunächst um einen Halbton nach unten, ehe er sich auf Schlag 3 des Taktes in einem ebenfalls dissonanten Sekundakkord verfestigt, der sich auf Schlag 4 endlich in den konsonanten Sextakkord auflöst. Einen Ruhepunkt erreicht die Musik aber erst auf Schlag 3 von T.42, wo G-Dur als Dominante von c-Moll erreicht wird. Dieser harmonische Halbschluß wiederholt sich, wie aus dem phrygischen Kadenzschritt des Basses zu erkennen ist, in analoger Weise an der Stelle »wenn er will« (T.47). Dadurch stiftet Bach einen Sinnzusammenhang zwischen »zu rechter Zeit« und »wenn er will«: Die rechte Zeit ist, wenn Gott es will. Der Komponist trennt das Satzglied »wenn er will« durch Pausensetzung in allen Singstimmen vom Vorausgehenden und bekundet damit die Unabhängigkeit und Souveränität des göttlichen Willens.

Der in T.41 eher beiläufig eingeführte c-Moll Akkord bildet, wie aus dem Folgenden ersichtlich wird, gewissermaßen das Tor zu einem größeren c-Moll-Raum, der sich, gleich der Sphäre des Todes, wie ein Schatten über die Musik legt. Der dominantisch offene Schluß des Chores leitet unmittelbar

---

dann nicht als Ursache zu verstehen, sondern als Resultat, das sich aus der Teilung des Tritonus ergibt.

Ebenfalls mit dem Schrecken des Todes verknüpft ist der verminderte Septakkord an der Stelle »Barrabam« in Bachs Matthäus-Passion. Er dröhnt dem angeklagten Christus als Todesurteil ins Ohr. Ein weiteres, beliebig herausgegriffenes Beispiel aus der späteren Musikgeschichte ist der Beginn des Andante aus Mozarts »Don Giovanni« (2. Akt, 17. Szene). Hier fällt der Akkord zusammen mit dem Erscheinen des Komturs.

Der *Saltus duriusculus* in Gestalt des Tritonus-Falls findet sich im Werk Bachs immer wieder an Stellen, wo vom Tod die Rede ist. Erwähnt sei das Tenor-Rezitativ aus der Kantate Nr. 1 »Wie schön leucht uns der Morgenstern« (die Stelle »O Himmelsbrot, das weder Grab, Gefahr, *noch* Tod aus unsern Herzen reißen«). Bekannt ist der Baß-Schritt (c — Fis) im Sterbechoral »Wenn ich einmal *soll scheiden*« aus der Matthäus-Passion (vgl. dort auch T.8/9 und T.13/14).

Zum spektakulärsten Einbruch des Tonhöhenniveaus kommt es in der Kantate Nr. 4 »Christ lag in Todesbanden«. Dort ereignet sich der »Fall« vom Leben in den Tod bei den Worten »das hält der Glaub *dem* Tode für« (vgl. 5. Choralstrophe), und zwar durch einen Intervallsturz in den Tritonus, der in die Unteroktav (!) ausgeweitet ist, so daß eine verminderte Duodezim entsteht (h — Eis).

[21] Von der Vorstellung der musica humana ausgehend äußert sich der Moment des Todes im Auseinanderbrechen der harmonischen Einheit zwischen Körper und Seele. Die Unterbrechung dieses Zusammenwirkens ergibt demnach musikalisch-klanglich eine Dissonanz.

zum Arioso des Tenors über: »Herr lehre uns bedenken, daß wir sterben müssen.« Das unvermutet hereinbrechende c-Moll der »Todes«-Stelle wirkt weiter im Gedächtnis des Menschen. Aus dieser Erfahrung folgt das *memento mortis*.

Exkurs: Das Motiv des »Sterbens« in weiteren Kompositionen J. S. Bachs

Zur Bestätigung und Vertiefung des oben Gesagten sei hier ein weiterer Beleg aus Bachs Kantatenwerk angeführt, der mit dem Wort »Sterben« verknüpft ist: die Kantate »Christus, der ist mein Leben, Sterben ist mein Gewinn« (BWV 95). Der im Eröffnungschor vorgetragene, gleichnamige Choral erfährt an der Stelle »Sterben« eine unerhörte Verbreitung, so daß der melodisch-liedmäßige Zusammenhang vorübergehend unterbrochen wird:[22]

Notenbeispiel 4: *J. S. Bach*, »Christus, der ist mein Leben« (BWV 95), T. 21—26 [Neue Bach-Ausgabe I/23, 69f]

Bach setzt in treffender Weise den *Saltus duriusculus* ein, sodaß harte Dissonanzen entstehen.[23] Schließlich ballt sich der Klang auf der Schlußsilbe des Wortes »Ster*ben*« zum verminderten Septakkord (Fermate). Danach steht eine Generalpause: Der Tod wird greifbar als Abbruch, Verstummen, Stille (Aposiopesis).

---

[22] Beim Verfahren der Verlangsamung bezieht sich Bach offensichtlich auf eine alte Tradition. Hierzu findet sich in *J. Hermann Scheins* »Leipziger Cantional« von 1627 eine Eintragung zum Choral »Ich hab mein Sach Gott heimgestellt«. Sie lautet: »Wenn sie nun auf den 10. Versicul ... kommen, da singen sie adagio mit einem sehr langsamen Tactu, weiln in solchen versiculis verba emphatica enthalten, nemlich Sterbn ist mein Gwinn« (zitiert nach *A. Dürr*, Die Kantaten von J. S. Bach 2, [dtv 4081], Kassel u.a. ³1979, 452).

[23] Von drastischer Wirkung ist das Intervall der großen Septim zwischen Sopran und Alt (T.22) und parallel dazu im Generalbaß (T.21/22). Hierzu Werckmeister: »Die Zahl 7 nun ist

Dieser Eröffnungschor ist mehrgliedrig. An den ersten Choral schließt sich ein Zwischenglied an (T.64ff): »Mit Freuden, ja, ja, mit Herzenslust will ich von hinnen scheiden.« Der Tenor greift die Skalenbewegung der 1. Violine des vorausgehenden Orchestersatzes auf. Diese Partie ist als eingeschobene freie Dichtung melodisch arios gehalten, während das Orchester die motivische Rückbindung an den Chorteil beibehält. Nun aber folgt eine rezitativische Brechung: »Und hieß es heute noch: Du mußt!« (T.73). Mit diesem Imperativ schlägt der liedhafte, kolorierte Gesang um ins schmucklose Rezitativ; das Wort wird auf die Ebene des Sprechgesangs gestellt. Dies ist der Einbruch des Todes. Mit T.74 wird das Metrum umgestoßen. Im taktweisen Wechsel werden jetzt zwischen die syllabisch gehaltenen Textstellen mosaikartig 3/4-Takte aus der vorausgehenden Choralbearbeitung geschoben. Auf die labilen, fortwährend schwankenden Metren folgt schließlich der zweite, vom Chor vorgetragene Choral »Mit Fried und Freud fahr ich dahin«. Vor dessen Intonation heißt es im Rezitativ: »Mein Sterbelied ist schon gemacht; ach, dürft ichs heute singen!« — Der erste Choral, das Bekenntnis des lebenden Christen, schwingt im 3/4-Takt. Der zweite Choral ist das Bekenntnis des sterbenden Christen. Er steht im geraden Takt und hat Prozessionscharakter. Er geleitet die Seele zu Gott. Die Wanderbewegung ist im basso continuo als pausenlos durchlaufender Gang in Achteln plastisch verwirklicht. Das lichte G-Dur des ersten Chorals ist jetzt einem verhaltenen, gedämpften g-Moll gewichen. Das zwischen beiden Chorälen stehende Rezitativ verkörpert den Übergang vom Leben zum Tod. Das Herannahen des Todes wird durch ein fortwährendes Umschlagen des Taktes angezeigt (T. 74—88). Im Durchbrechen des zeitlichen Kontinuums wird der Mensch sich seiner Zeitlichkeit (sprich: Endlichkeit) inne.[24]

Als Beispiel, in dem der Augenblick des Todes musikalisch konstitutiv wird, soll noch die Schlußzeile des Choralvorspiels »O Mensch bewein dein Sünde groß« (BWV 622) aus dem »Orgelbüchlein« herangezogen werden. Text und Melodie dieses Chorals lauten am Ende wie folgt:

Notenbeispiel 5: *J. S. Bach*, 389 Choralgesänge, hg. v. *Bernhard Friedrich Richter,* Wiesbaden o. J., 197, T.17—18.

In Bachs Bearbeitung liegt der Cantus firmus in der Oberstimme und ist am Ende stark koloriert:

Notenbeispiel 6: *J. S. Bach,* Choralvorspiel »O Mensch, bewein dein Sünde groß«, T.23—24.

---

eine Zahl so mit den andern Zahlen gar nicht harmoniret, diese Zahl bedeutet das Creutz / so GOtt seinen Christen aufleget, denn keiner kann zur völligen Harmonie kommen / er muß durchs Creutz / und durch Trübsal in das Reich GOttes gehen.« (Paradoxal-Discourse 119).

[24] In der Arie: »Ach, schlage doch bald, selge Stunde« aus derselben Kantate macht Bach die Zeit in anderer Gestalt bewußt. Er bildet in ostinaten Rhythmen die starre Mechanik des zeitmessenden Uhrwerks und Glockenschlagens ab. Vgl. hierzu auch die Stelle »so schlage doch du letzter Stundenschlag!« (BWV 161), aber auch den Eingangschor von »Liebster Gott, wann werd ich sterben« (BWV 8).

Hier der Cantus firmus im Kontext des Orgelchorals:

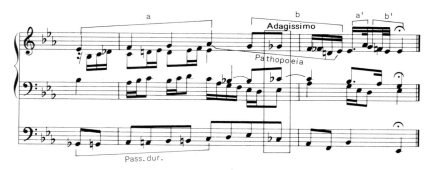

Notenbeispiel 7: *J. S. Bach*, Choralvorspiel, T.23—24.

Man beachte den letzten Akkord in T.23 (= zweites Achtel auf der Schlußsilbe des Wortes »Kreu*ze*«). Die gleitende Überbrückung des Ganztonschrittes in der Oberstimme (g → ges → f) führt harmonisch gesehen zu einem »Zwischenfall«. Anstelle der regulären Akkordfolge Es-c im Zuge der Schlußkadenz kommt es zu einem jähen Einbruch im tonartgebundenen Klangbestand (Es → Ces). Ein plötzlicher Ruck geht durch die Musik. Sie verfehlt durch einen zu tiefen Fall das erwartete harmonische Ziel. Durch Halbtonrückung wird der Ton c zum ces hinabgedrückt und es entsteht ein Ces-Dur-Akkord. Er verkörpert das Entlegene, Fremde, das ganz Andere. In diesem Klang erkennen wir den Kristallisationsmoment des Todes. Die Musik hält gleichsam den Augenblick fest, in dem das Haupt dem Gekreuzigten vornüber auf die Brust fällt. An dieser Stelle erscheint auch erstmals ein für sich stehender Achtelwert. Ergibt sich zuvor durch komplementäre Stimmenbewegung ein durchgehendes Voranschreiten in Sechzehnteln, so scheint jetzt die Bewegung zu erstarren, denn gleichzeitig damit kommt auch die »Adagissimo«-Vorschrift zur Geltung. Die melodietragende Oberstimme gleitet, wie bereits erwähnt, chromatisch nach unten *(Pathopoeia)*. Der Ton ges ist also eingebaut in einen Sekundgang, der eine gegenläufige, abschließende Antwort zum unmittelbar vorausgehenden chromatischen Aufstieg des Pedalbasses darstellt *(Passus duriusculus)*. Der ›harte Gang‹ der Töne charakterisiert den schmerzlichen Weg, der mit dem Kreuz sein Ende findet. Auch das Schlußwort »lange« steht unter dem verbreiterten Zeitmaß und wird durch die melismatische Umspielung der Penultima auskomponiert. Der letzte Quartanstieg und der daraufffolgende Stufengang zum Grundton bilden, zusammengedrängt auf einen halben Takt, eine melodische Zusammenfassung der letzten Choralzeile (a + b → a' + b'). Es ist die Gestaltwerdung des Gedächtnisses. Das unerhörte Geschehen wird noch einmal in geraffter Form unauslöschlich in unserem Bewußtsein verankert.

III. Coro: »Es ist der alte Bund«

Wenden wir uns nach diesem Exkurs wieder dem Actus tragicus zu, und zwar dem zentralen Chor »Es ist der alte Bund«, dessen Kernaussage lautet: »Mensch, du mußt sterben«. Bach wählt für den alttestamentlichen Text eine Fuge. Dies ist nicht als bloß archaisierendes Stilmittel zu verstehen, denn für den Komponisten Bach zählt die Fuge zu den gängigen musikalischen Formen. Der strenge Satz wirkt hier vielmehr charakterisierend im Sinne der deterministischen Festlegung. Der alttestamentliche Spruch wird uns unverrückbar vor Augen geführt. Die Unabänderlichkeit des Todes wird in der musikalischen Gestalt der Fuge dargestellt wie in einem alles zermalmenden Räderwerk, aus dem es kein Entrinnen gibt. Greifen wir eine Einzelstimme heraus und betrachten den Chor-Baß etwas näher, um die Meisterschaft zu erkennen, mit der hier Sprache und melodisch-rhythmische Gestalt mit plastischer Eindringlichkeit zur Deckung gebracht sind:

*) Text: Jes. Sirach 14, 18

*) Text: Offenb. Joh. 22, 20

Notenbeispiel 8: *J. S. Bach*, Actus tragicus (BWV 106), 2. Coro (T. 131—153) [Eulenburg 12—13].

Der Kopf des Themas (»Es ist der alte Bund«) ist geprägt vom Kernintervall der fallenden Quint, die durch die Nebennoten der umrahmenden kleinen Ober- bzw. Untersekund gleichsam überdehnt wird. So entsteht als Rahmenintervall die verminderte Septim, in die der Tritonus eingebaut ist. Die bittere Wahrheit des Alten Bundes erklingt als Saltus duriusculus. Nicht nur das melodische Profil, sondern auch die Rhythmisierung, das Entschiedene der Bewegung, lassen das Schriftwort als etwas Definitives erscheinen, das keinen Widerspruch duldet. Die Vertonung des Wortes »sterben« ist von der Katabasis bestimmt. In T. 137 folgt das »du mußt«, für sich herausgestellt und durch Wiederholung eingehämmert wie eine unverrückbar in Stein gehauene Wahrheit.

Das Herbe, Düstere des Chorsatzes wird noch verstärkt durch die jedem äußeren Glanz abholde Mittellage der Oberstimme (Alt). Um so deutlicher hebt sich, wie aus einer anderen Welt kommend, in T. 146 der ausgesparte Sopran ab. Er verkörpert die Welt des Neuen Bundes. In den letzten Worten der Offenbarung des Johannes artikuliert sich die Sehnsucht des verloren geglaubten Menschen nach dem Heiland, der ihm schon entgegenkommt (»Ja, komm Herr Jesu, komm!«). Die Katabasis umschreibt nun nicht mehr das eigene haltlose Niedersinken, sondern die Bitte, der Herr möge sich zum sterbenden Menschen herabneigen und ihm seine rettende Hand reichen.[25] Die in der Fuge verkündete Todesgewißheit und Todesverfallenheit war Bedingung für die Rettung von oben. Aus dem mechanischen Fugenwerk steigt in tänzerischer Gebärde ein Arioso empor und gießt das Licht der Hoffnung über die zerklüftete Landschaft. Kurz nach dem Sopraneinsatz wird instrumentaliter der Choral »Ich hab' mein Sach Gott heimgestellt« zitiert (T. 151 ff.). Die vertrauensselige Gottergebenheit wird im Zitat paraphrasiert. Alfred Dürr hat zurecht darauf hingewiesen, daß verschiedene Strophen des hier zitierten Chorals »in auffallender Weise dem Gedankengang« des Kantatentextes entsprechen.[26] Welche Bedeutung hat nun das instrumentale Choralzitat in diesem Kontext?

Hier verbinden sich Kunst und Liturgie. Bachs kombinatorischer Geist führt beides zusammen. Der Choral repräsentiert die kirchliche Gemeinschaft. Er verkörpert das objektivierte Glaubensbewußtsein der Gemeinde. Die andere Schicht, die der individuellen Glaubensäußerung, zeigt sich im solistisch-arienhaften, affektbetonten Element. Sie bleibt bei Bach — und das

---

[25] Dürrs Vermutung, die Melodiephrase »Ja, komm, Herr Jesu komm« (T.146f) sei aus der ersten Choralzeile des Liedes »Herzlich tut mich verlangen« abgeleitet, ist wenig überzeugend. Hierzu fehlt das individuelle Gepräge. Auch ist die ariose Haltung dem Choralmäßigen denkbar fern. (Vgl. *Dürr*, Kantaten 2, 615f.)
[26] Ebd. 616.

zeigt die Koppelung — verankert in der Breite des Volksglaubens. Der einzelne wird mitgetragen und begleitet vom Glaubensbewußtsein der ganzen Gemeinde, wie es sich im Choral spiegelt. Auch der rein instrumental erklingende Choral hat diese Funktion. Seine Melodie gleicht in der Wirkung einem liturgischen Gegenstand, dessen Bedeutung nicht primär in seiner Sichtbarkeit, sondern in seiner Gegenwart liegt. Ähnlich die Choralmelodie: nachdem sie durch die Verbindung mit dem Choraltext gewissermaßen geweiht und liturgiefähig geworden ist, genügt ihr instrumentales Zitat, um den geistigen Vorstellungsbereich zu vergegenwärtigen, dem sie zugehört.

Aufschlußreich ist der Schluß dieses Abschnitts (T. 182—185).

Wir beobachten, wie der nahende Tod sich ganz natürlich durch das sukzessive Abbröckeln der verschiedenen Stimm-Schichten einstellt: Flöte, Chor, 1. Viole, 2. Viole, basso continuo und schließlich des Arioso des Soprans. Diese Stimme überdauert, den Namen des Herrn auf den Lippen, die vernichtende Aussage des Alten Bundes. An die Exclamatio (T. 182) fügt sich eine Katabasis an, bis in einer letzten Suspiratio, aller instrumentalen Einkleidung entblößt, in T. 183/184 das letzte »Herr Jesu« dahingehaucht wird.

Das Verstummen bedeutet das eigentliche und endgültige Dahinscheiden. Unter allen Lebensäußerungen des Menschen ist die Sprachfähigkeit die ranghöchste und vornehmste. Denn der Mensch verwirklicht sich als geistiges Wesen primär durch die Sprache. Gott offenbart sich dem Menschen als Sprechender. Er begegnet dem Menschen als einem sprachbegabten Gegenüber. Deshalb auch ist das Verstummen (nicht das Schweigen, Schweigen ist etwas anderes, denn es setzt die potentielle Möglichkeit des Sprechens voraus) das eigentliche Zeichen für den Eintritt des Todes. Durch das Verstummen wird der Mensch aus seiner irdischen Ver-Antwortung herausgenommen.

Die Singstimme endet dominantisch offen. Auch dies gehört zur Größe dieser Vertonung. Das »Ja, komm, Herr Jesu!« ist mit der Erwartungshaltung der gläubigen Christen verbunden. Der offene Schluß findet im folgenden Satz (b-Moll) seine harmonisch zwingende Fortsetzung. Zunächst aber schließt der besprochene Satz mit einem Fermatentakt (Aposiopesis). Schering schreibt darüber folgendes: »Zwischen diese und die nächste Nummer schob sich aller Wahrscheinlichkeit nach die Trauerrede des Geistlichen. Man darf annehmen, daß sie nach der Einsegnung der Leiche schloß und die Seele des Toten in Gottes Hand befahl.«[27]

---

[27] *Schering*, Über Kantaten 190.

Notenbeispiel 9: *J. S. Bach*, Actus tragicus (BWV 106), 2. Coro (T. 179—185) [Eulenburg 17].

Damit ist auf eine außerordentlich wichtige Seite dieser und aller sakralen Musik aufmerksam gemacht, nämlich ihre liturgische Einbettung. Die Kantate hatte zur Zeit Bachs als musikalisches Hauptstück des Gottesdienstes ihren Platz zwischen Evangelium und Predigt, erklang demnach unmittelbar nach dem Evangelium und nahm auch inhaltlich Bezug darauf. Ja, sie hatte selbst Predigtcharakter und konnte deren Stelle einnehmen.

Eine heute weit verbreitete Betrachtungsweise geht vom Werk als einem autonomen Gegenstand aus. Er wird als bloß ästhetisches Gebilde isoliert und von seinem ursprünglichen Ort entfernt. Ein Werk wie der Actus tragicus setzt eine reale Christengemeinde und den Trauergottesdienst voraus. Es ist wichtig im Auge zu behalten, daß diese Musik in ein Gemeinschaftserlebnis eingebaut war. Wir müssen uns die Bindung des Werkes an das Ganzheitlich-Menschliche vergegenwärtigen. Erst im Zusammenwirken von Kunst und Leben entsteht das Licht, in welchem beide, Werk und Liturgie, sich gegenseitig beleuchten. So wie die Musik Bachs in ihren rhetorischen Figuren, in ihrer gestalthaften, sprechenden Motivik die gesprochene Sprache voraussetzt, so das Werk als Ganzes die Liturgie, innerhalb derer es zum Erklingen gebracht wird. Deshalb bleibt die im Zeitalter der Mobilität üblich gewordene Konzertsaal-Aufführung dieser im Gottesdienst verwurzelten Werke fragwürdig. Sie führt zu einem verkürzten und damit falschen Verständnis. Der Vorgang ist darin durchaus dem Bedeutungswandel vergleichbar, dem ein Kultgegenstand unterworfen ist, wenn er aus seinem angestammten sakralen Bezirk entfernt und als Zeichen kunstbeflissener Wohnkultur etwa auf die Kommode in der Diele gestellt wird. Die ursprüngliche Umgebung, die seinen Bedeutungs- und Beziehungsreichtum ganz wesentlich mitbestimmt hat, ist nicht mehr vorhanden. Der Gegenstand erfährt eine Entfremdung, er wird in seiner Verdinglichung stumpf und nur noch als ein für sich stehendes heimatloses Gebilde wahrgenommen.

IV. Duetto: »In deine Hände«

Wie bereits erwähnt, knüpft das Duetto »In deine Hände« tonal an den Schluß des vorausgehenden Satzes an (dominantisches F-Dur → b-Moll). B-Moll ist die entlegenste Tonart aller Sätze des Werkes.[28] Der dem Tod übergebene Mensch hat der Welt bereits den Rücken gekehrt, doch die Pforten des Himmels haben sich ihm noch nicht geöffnet. Er befindet sich sozusagen in einem Zwischenreich, einem Niemandsland. Die nach oben drängenden und dort verweilenden Skalengänge des Instrumentalbasses verraten die Be-

---

[28] B-Moll als tonale Region der Verlassenheit und Gottesferne beherrscht auch die Stelle »Eli, Eli, lama, lama asabthani!« aus Bachs Matthäus-Passion.

wegungsrichtung der Seele (*Anabasis*). Die anfängliche Verhaltenheit des »In deine Hände« (T. 3) öffnet sich zur Exclamatio (T. 4), die tonal identisch ist mit dem »Herr Jesu« (T. 182).

Eine Baßstimme in der Rolle des Jesus antwortet dem Alt in einer gegenläufigen Bewegung (*Katabasis,* T. 25). Gott neigt sich der emporstrebenden Seele zu. Die dunkle b-Moll Sphäre wird wie durch einen hereinbrechenden Lichtstrahl nach As-Dur aufgehellt. Die tiefe Stimmlage stellt die Verbindung zur Partie des Christus in den Bachschen Passionen her: Sie verkörpert die Haltung des Väterlichen und Würdevollen.

Nach der rettenden Zusage (»Heute wirst du mit mir im Paradies sein«), erklingt als Cantus firmus tröstend und versöhnlich der Choral »Mit Fried' und Freud' ich fahr' dahin« (T. 40 ff.). Am Ende der letzten Choralzeile vollführen die Violen eine sanft wiegende Bewegung (T. 6). Schließlich wird c-Moll, die Tonart, in welcher der Tod erstmals sich angekündigt hatte, nach C-Dur hin aufgehellt (T. 68—70). Die picardische Terz wird zum Lichtbringer. Der Tod wird als Übergang ins Licht erfahren; es ist das Licht des Ostermorgens, das hier zwischen den Klängen hindurchfunkelt.

V. Coro« »Glorie, Lob, Ehr' und Preis und Herrlichkeit«

Im Schlußsatz, dem ein Choral zugrunde liegt, erhalten die eröffnenden Akkorde des Chores durch die nachschlagende Bestätigung im Orchester eine festliche Breite (vgl. T. 6 f.):

Es-Dur schließt den Tonartenkreis des Werkes. Als Rahmentonart beherrscht es den glanzvollen Eingangschor, bis seine stolze Kraft bei dem Wort »Sterben« gebrochen wird und nach c-Moll zurückfällt. Die wiedergewonnene Tonart knüpft wieder an die werkeröffnende Preisung der göttlichen Allmacht an. Nach der Erlösungstat Christi bekennt sich die ganze Gemeinde abschließend zum Lob des dreieinigen Gottes.

Die Endzeile des Chorals ist als Schlußsatz verselbständigt (Allegro T. 19ff.). Am Ende wird der zuvor figurierte Cantus noch einmal in der Augmentation durchgeführt (T. 44ff.). Damit erhält die verbreiterte Intonation der Einleitung dieses Schlußchors eine abschließende und zusammenfassende Rundung.[29]

Im Actus tragicus steht die Erfahrung des Sterbens im Mittelpunkt. Der Gedanke an den Tod fährt wie ein plötzlicher Riß durch das Gewebe der Musik. Es wäre jedoch verfehlt, den Tod hier als eine für sich stehende Erscheinung zu beurteilen. Es wäre dann so, als würden wir ihn isoliert wie im Vergrößerungsglas betrachten. Obgleich der Tod in Bachs Musik als Er-

---

[29] Die Bewegung in Halben sollte der Viertelbewegung des Satzanfangs entsprechen, so daß die Zeitrelation zwischen dem 1. Teil des Chores und Schluß-Allegro im Verhältnis 1 : 2 steht.

Notenbeispiel 10: *J. S. Bach*, Actus tragicus (BWV 106), 4. Coro (T. 1—11) [Eulenburg 24—25]

eignis greifbar gestaltet wird, bleibt er doch eingebettet in ein diesem Einzelmoment übergeordnetes Werkganzes. Er wird als Dissonanz gesetzt. Die

447

Dissonanz aber ist eingebaut in die tonale Musik, die, ihrem naturhaften Streben gehorchend, deren Auflösung in die Konsonanz bewirkt. Theologisch gesprochen wird hier der Tod nicht als ein absolut Letztes erfahren, sondern als Transitus, als Übergang in ein anderes bleibendes Sein

Der Actus tragicus zeigt in seiner Gesamtheit die Sinnentfaltung des Heilsgeschehens. Vom ersten Erklingen der Musik bis zur Schlußapotheose des »Amen« durchschreiten wir einen Weg, der vom irdischen ins jenseitige Leben führt. Im Augenblick des Todes wird ein Fenster aufgestoßen und dem Menschen streckt sich die rettende Hand Gottes entgegen. Gerade im Tod offenbart sich eine dem Tod überlegene Macht. Die lähmende Gewißheit des Todes, wie sie uns im breit ausladenden Mittelchor vernichtend eingehämmert wird, wandelt sich zur Schwelle, die über den Tod hinaus zu Gott führt. Aus dem Los des Todes erwächst die Bedingung für die rettende Tat. Der Todesgedanke wird schließlich von dem der Erlösung überstrahlt und ausgelöscht. Der Choral als festlicher Schlußstein, der am Ende in den Jubilus mündet, als würde nun bereits vor den offenen Toren des Himmels gesungen (»durch Jesum Christum, Amen«), läßt ein letztes Geheimnis der Musik aufleuchten: Sie, die als Zeitkunst par excellence wie keine andere Kunstgattung die Vergänglichkeit bewußt werden läßt, vermag im Akt ihres Vollzugs als erfüllte Zeit das Zeitbewußtsein zu tilgen. Die Vergänglichkeit als Grunderfahrung menschlichen Daseins schlägt um in die Erfahrung zeitloser Gegenwart:

Notenbeispiel 11: *J. S. Bach*, Actus tragicus (BWV 106), 4. Coro (T. 43—51) [Eulenburg 31—32]

Der Schlußchoral übersteigt die Trauer der Gemeinde. Das Halbdunkel der Instrumentalfarben wird von den extatischen Melismen des Allegro überdeckt. Doch der abschließende Amen-Ruf des Chors (T. 50 f.) fällt völlig überraschend in die Unteroktav zurück (vgl. Sopran und Baß). Er wird durch eine nachgestellte instrumentale Kadenz wiederholt, die einem Echo gleicht und den Schlußpunkt des Werkes bildet. Die unerwartete piano-Vorschrift verweist auf die stille Musik des Eingangs. So wird der zurückbleibenden Gemeinde am Ende des Actus tragicus der Tod als ein letztes undurchdringliches Geheimnis wieder ins Bewußtsein gehoben. Der österliche Glaube jedoch, aus dem die Musik Bachs ihre Kraft schöpft und von dem sie Zeugnis gibt, ermöglicht es dem Menschen, das Geschick des Todes bereitwillig anzunehmen.

Es sei die Dissonanz, um die Konsonanz zu begreifen. Es sei der Tod, um das Leben zu gewinnen.

C. Bibliographie

1. Johann Sebastian Bach: Werkausgaben:

389 Choralgesänge, hg. von *Bernhard Friedrich Richter* (Ed. Bärenreiter 3765), Wiesbaden o. J.

Actus tragicus »Gottes Zeit ist die allerbeste Zeit« (BWV 106) [Taschenpartitur Edition Eulenburg Nr. 1007].

Kantate No. 106. »Gottes Zeit«. Actus tragicus [Philharmonia Taschenpartitur 106].

Kantate »Wie schön leutet uns der Morgenstern« (BWV 1) [Taschenpartitur Edition Eulenburg Nr. 1012].

Kantaten zum 16. und 17. Sonntag nach Trinitatis »Komm, du süße Todesstunde« (BWV 161); »Christus, der ist mein Leben« (BWV 95); »Liebster Gott, wenn werd ich sterben« (BWV 8): Neue Ausgabe sämtlicher Werke Serie I. Kantaten Bd. 23 hg. von *Helmut Osthoff*, Kassel u. a. 1982.

Orgelbüchlein. Faksimile der autographen Partitur: Documenta Musicologica II. Handschriften-Faksimiles XI, hg. von *Heinz-Harald Löhlein*, Kassel u. a. 1981.

Orgelwerke V. Kritisch-Korrekte Ausgabe von *Friedrich Conrad Griepenkerl* und *Friedrich Roitzsch*, (Peters 244a), Frankfurt o. J.

2. Abhandlungen

Bernhard Christoph, Ausführlicher Bericht vom Gebrauche der Con- und Dissonantien, hg. von *Josef Müller-Blattau: Ders.*, Die Kompositionslehre H. Schützens in der Fassung seines Schülers Chr. Bernhard, Leipzig 1926 (Kassel ^{2}1963).

Burmeister, Joachim, Hypomnematum musicae, Rostock 1599.

Dammann, Rolf, Der Musikbegriff im deutschen Barock, Köln 1967.

Dürr, Alfred, Die Kantaten von Johann Sebastian Bach, 2 Bde, (dtv 4080—4081) Kassel u. a. ^{2}1975.

Eggebrecht, Hans Heinrich, Barock als musikgeschichtliche Epoche: Aus der Welt des Barock, Stuttgart 1957, 168—191.

Ders., Über Bachs geschichtlichen Ort: Johann Sebastian Bach, hg. von *Walter Blankenburg* (WdF 170), Darmstadt 1970, 247—289.

Georgiades, Thrasybulos, Musik und Rhythmus bei den Griechen. Zum Ursprung der abendländischen Musik, Hamburg 1958.

Gerbert, Martin (Hg.), Scriptores ecclesiastici de musica sacra potissimum III, St. Blasien 1784.

Gurlitt Willibald, Musik und Rhetorik: Helicon V (1944) 67ff.

Handschin, Jacques, Der Toncharakter. Eine Einführung in die Tonpsychologie, Zürich 1948.

Hüschen, Heinrich, Art. »Artes liberales«: MGG 1, 737—742.

Ders., Art. »Musica«: Ebd. 9,980.

Kafka, Franz, Briefe an Milena, Frankfurt/Main 1960.

Kircher, Athanasius, Musurgia universalis, 2 Bde., Rom 1650. ^{2}1690.

Leibniz, Gottfried Wilhelm, Epistolae, hg. von *Chr. Korholt*, Leipzig 1734.

Neumann, Werner, Handbuch der Kantaten Johann Sebastian Bachs, Wiesbaden 1971.

Ders. (Hg.), Sämtliche von Johann Sebastian Bach vertonte Texte, Leipzig 1974.

Ruhnke, Martin, Joachim Burmeister. Ein Beitrag zur Musiklehre um 1600, Kassel 1955.

Schering, Arnold, Bach und das Symbol: Bach-Jahrbuch 22 (1925) 40—63.

Ders., Die Musikgeschichte Leipzigs 1—3, Leipzig 1926—1941.

Ders., Über Kirchenkantaten J. S. Bachs, Leipzig 1942.

Schmalfuß, Hermann, J. S. Bachs »Actus tragicus« (BWV 106). Ein Beitrag zu seiner Entstehungsgeschichte: Bach-Jahrbuch 56 (1970) 36—43.

Schmieder, Wolfgang, Thematisch-systematisches Verzeichnis der musikalischen Werke von Johann Sebastian Bach, Leipzig 1950.

Schmitz, Arnold, Die Bildlichkeit der wortgebundenen Musik Johann Sebastian Bachs, London 1950, (Nachdruck) Laaber 1976.

Ders., Die oratorische Kunst J. S. Bachs. Grundfragen und Grundlagen: Johann Sebastian Bach, hg. von *Walter Blankenburg*, (WdF 170), Darmstadt 1970, 61—84.

Schweitzer, Albert, J. S. Bach, Wiesbaden 1972.

Smend, Friedrich, J. S. Bach, Kirchenkantaten, Heft 1—6, Berlin [3]1966.

Unger, Hans-Heinrich, Die Beziehungen zwischen Musik und Rhetorik im 16.—18. Jahrhundert, Würzburg 1941, (Nachdruck) Hildesheim 1969.

Werckmeister, Andreas, Hypomnemata Musica und andere Schriften, (Nachdruck) Hildesheim und New York 1970.

Zahnder, Ferdinand, Die Dichter der Kantatentexte Johann Sebastian Bachs. Untersuchungen zu ihrer Bestimmung, [Diss.] Köln 1967.

KZ - Atomtod — Ewiges Licht

Das Angesicht des Todes in Musik der Gegenwart

Hartmut Möller

Die Vereinigten Staaten lehnen nach den jüngsten Worten Reagans ein Eingehen auf das von der Sowjetunion vorgeschlagene Moratorium für A-Waffen-Tests ab, könnten eine Einstellung dieser Versuche aber unter bestimmten Bedingungen in Betracht ziehen. Er werde ein solches Moratorium auf Dauer in Erwägung ziehen, sobald die Vereinigten Staaten ihre noch laufenden Tests abgeschlossen hätten, mit denen sie mit der sowjetischen Entwicklung »Schritt halten« müßten, teilte Reagan am Montag vor Journalisten in Washington mit.

Frankfurter Allgemeine Zeitung
Mittwoch, 7. August 1985

Zum Lesen dieses Buches werden Sie etwa vier Stunden brauchen. Während dieser vier Stunden werden in der Welt etwa 500 Millionen Mark für Rüstung ausgegeben, zugleich jedoch 7000 Kinder verhungern. Wenn die Entwicklung so weitergeht wie in den letzten 20 Jahren, werden sich diese Zahlen bis zum Jahr 2000 verdoppeln. Die Welt ist heute ein atomares Pulverfaß. Für jeden Menschen liegen mehrere Tonnen Sprengstoff bereit. Es gibt pro Kopf mehr Sprengstoff als Nahrungsmittel. Das kann tödlich enden.

Franz Alt, Frieden ist möglich.
Die Politik der Bergpredigt, München 1983.

Wie die Musik als in der Zeit sich ereignende Kunst zum Tod sich verhält, wird vom zeitgenössischen Denken unterschiedlich gedeutet. Der These Blochs etwa, die Musik öffne für den Tod, steht der Gedankengang Jankélevitchs gegenüber, daß die Musik den Schein der Dauer über den Tod hinaus erzeuge.[1] Beiden Positionen ist indes gemeinsam, daß sie allein die europäisch-abendländische Musikkultur im Blickfeld haben. Bezöge man darüberhinaus die Musik der außereuropäischen Hoch- und Naturvolkskulturen in die Überlegungen mit ein, würde zusätzlich die gravierende Kulturabhängigkeit von Kodes und Konventionen in der Musik — eben auch — im

---

[1] *E. Bloch*, Zur Philosophie der Musik, ausgewählt und herausgegeben von *Karola Bloch*, Frankfurt 1974, bes. 326—331; *V. Jankélevitch*, La Mort, Paris 1977, bes. 416. — Vgl. in *Peter Noll*s »Diktate über Sterben & Tod« (Zürich o.J. [erschienen 1984]) die Überlegungen, daß einzig die Musik den Triumph über den Tod auszudrücken vermag, und daß nur in der Sprache der Musik die Vorstellung von Ewigkeit zu ertragen sei.

Verhältnis zum Tod bewußt werden. Langsame Tempi und ruhige Ausdrucksweise, wie sie in europäischer Musik in der Regel dem Tod angemessen erscheinen, kontrastieren mit einer rasenden musikalischen Aktivität, wie sie etwa in schwarzafrikanischen Kulturen bei diesem Anlaß zur Vertreibung der Geister entfaltet wird.[2]

Der folgende Beitrag versteht sich als Hinführung zu ausgewählten Kompositionen aus der zweiten Hälfte des zwanzigsten Jahrhunderts, deren gemeinsames Thema der Tod ist. Im ersten Teil werden Beispiele aus der Gruppe jener »programmusikalischen« Werke der sechziger Jahre in Ausschnitten vorgestellt, welche sich mit dem gewaltsamen Massentod (Konzentrationslager, atomare Vernichtung) auseinandersetzen. Ausgangspunkt ist die 1984 veröffentlichte Studie von Heinz Gramann über »Die Ästhetisierung des Schreckens in der europäischen Musik des 20. Jahrhunderts«[3]. Der zweite Teil dann widmet sich einem einzigen Stück, nämlich dem 1966 von György Ligeti komponierten »Lux aeterna« und versucht, dessen komplexe Sinnschichten dem ›vernehmenden‹ Hören zu erschließen.

Bei der Beschränkung auf diese zwei Bereiche mußte das ursprüngliche Vorhaben, »Tod und Verklärung in der zeitgenössischen E- und U-Musik« zu behandeln, vorerst fallengelassen werden. Denn im Lauf der Beschäftigung mit der Ausgangsthematik stellte sich zunehmend heraus, daß etwa Werke wie »Uns allen blüht der Tod« von Peter Janssens gegenüber »Erniedrigt — Geknechtet — Verlassen — Verachtet« von Klaus Huber, das »Rock-Requiem« von Guntram Pauli, Christian Kabitz und Klaus Haimerl gegenüber dem »Requiem« von Andrew Lloyd Webber derart unterschiedlichen musikalischen Welten angehören, daß der Versuch einer vergleichenden Interpretation zwangsläufig zu grundsätzlichen Fragen der gegenwärtigen Musikkultur(en) zurückführt.[4] Damit aber hätte sich der Beitrag in eine gänzlich andere Richtung entwickelt.

Im Jahre 1985 gedachte die Welt zum vierzigsten Male des Jahres 1945; das Ende des Zweiten Weltkrieges war das Ende der Nationalsozialistischen Gewaltherrschaft und die Befreiung der Konzentrationslager, gleichzeitig aber war es das Jahr der ersten Anwendung von Nuklearwaffen. 1985 war auch das »Jahr der Musik«, und es erscheint sinnvoll, ja angesichts des Trubels um

---

[2] *W. Suppan*, Der musizierende Mensch. Eine Anthropologie der Musik, (Musikpädagogik. Forschung und Lehre 10), Mainz/London/New York/Tokyo 1984, bes. 158—165, hier 163.

[3] Erschienen in der von *Martin Vogel* herausgegebenen »Orpheus-Schriftenreihe zu Grundfragen der Musik«, Bd. 38, Bonn 1984.

[4] Grundlegend zur Unterscheidung von »E-« und »U-Musik« ist die Studie von *V. Karbusicky*, Begriff und Ästhetik der »leichten« und der »ernsten« Musik: *Ders.*, Empirische Musiksoziologie, Wiesbaden 1975, 19—60; s. auch *P. J. Korn*, E-Musik — was ist das eigentlich? Betrachtungen zur Ungleichbehandlung von E und U in der GEMA: Das Orchester 32 (1984) 323—326; sowie alternativ der Abschnitt »Ist Rock E- oder U-Musik?« bei *T. Kneif*, Rockmusik, Ein Handbuch zum kritischen Verständnis, Hamburg 1982, 198—206; *B. Mazanec*, Der Weg ist das Ziel. Musik zwischen E und U bei den Darmstädter Frühjahrskursen [Bericht]: Musica 38 (1984) 355—357.

»Alte Musik als ästhetische(r) Gegenwart«[5] geradezu geboten, auf die musikalischen Auseinandersetzungen mit dem Vernichtungsschrecken des 20. Jahrhunderts hinzuweisen, dessen unabweislich existentielle Bedrohung jetzt durch den Reaktorunfall von Tschernobyl der Öffentlichkeit für einige Wochen wieder einmal zu Bewußtsein gekommen ist. (»Erst Tschernobyl — dann Biblis« lautete eine der Reaktionen auf diese erste große Katastrophe bei der zivilen Nutzung der Kernenergie.) Diese Kompositionen zum Thema des gewaltsamen Massentodes bilden einen wohl kaum verzichtbaren musikalischen Erfahrungshintergrund, die Bitte um »ewiges Licht« und um »ewige Ruhe« bei Ligeti als musiksprachliche Formulierungmöglichkeit jener Grunderfahrungen unserer »ebenso verwirrten wie großartigen Zeit« zu hören und zu verstehen, welche »de facto selten vorkommen, obwohl es Grunderfahrungen wirklich des ganzen Zeitalters sind.«[6]

A. Massenmord und Atomtod

»Tschernobyl und keine Folgen; die Artisten: ratlos. Man könnte das gegenwärtige Verhältnis der literarischen Intelligenzíja zu den zentralen Gefahren als einen Verrat der schreibenden Klasse bezeichnen, der den Verrat der zwanziger Jahre angesichts der faschistischen Barbarei an objektiver Bedeutung noch übersteigt. (...) Wir haben wegen des ›Fallouts‹ die Fenster zugemacht; meist waren wir ohnehin irgendwo im Kino oder im Theater; es zeigt sich, daß man als Kulturträger gut daran tut, nicht zu oft ins Freie zu gehen.«
Carl Amery, Abgesagte Teilnahme. Eine Polemik: DIE ZEIT, 13. Juni 1986.

Die beiden Ortsnamen Hiroshima und Auschwitz stehen stellvertretend für zwei Katastrophen, von denen das Nachdenken während der vergangenen vierzig Jahre über die drohende völlige Vernichtung der Menschheit und unseres Planeten wieder und wieder ausging. »Mit dem 6. August 1945, dem Hiroshimatage, hat ein neues Zeitalter begonnen:« — so die wachrüttelnde

---

[5] So das Thema des Internationalen Musikwissenschaftlichen Kongresses, welcher sich im Rahmen des Internationalen Musikfestes Stuttgart 1985 vom 15.9.—20.9.1985 schwerpunktmäßig mit den Werken von Bach, Händel und Schütz beschäftigte. — Kritisch zum Europäischen Musikjahr und seiner Konzeption äußern sich etwa *F. Reininghaus,* Die Macht des »Erbes« und das Neue. Zur Neuen Musik im »Europäischen Jahr der Musik«: MusikT 9, Februar 1985, 2f; *K. Umbach,* Commercio grosse wg. Händel, Bach, Schütz & Scarlatti. Nicht nur eine Glosse zum lautsark und international verkündeten »Jahr der Musik«: NMZ 1984/VI, 1+10.
[6] *B. Welte,* Das Licht des Nichts. Von der Möglichkeit neuer religiöser Erfahrung, (Schriften der katholischen Akademie in Bayern 93), Düsseldorf 1980, 56.

These Günter Anders' — »das Zeitalter, in dem wir in jedem Augenblicke jeden Ort, nein unsere Erde als ganze in ein Hiroshima verwandeln können. Seit diesem Tage sind wir modo negativo allmächtig geworden; aber da wir in jedem Augenblick ausgelöscht werden können, bedeutet das zugleich: seit diesem Tag sind wir total ohnmächtig.«[7] Daß dieser Zustand der permanenten Bedrohung durch die nuklearen Waffenarsenale unsere Erde in ein »ausfluchtloses Konzentrationslager«[8] verwandelt hat, läßt die unbegreifbare Erinnerung an die zynische Todesmaschinerie der Vernichtungslager, an den millionenfachen Mord auf Verwaltungsbeschluß zu gigantischer Gegenwärtigkeit und Zukunftsbedrohung eskalieren. Adornos provozierende Formulierung, daß »alle Kultur nach Auschwitz Müll« sei, führt hin zur Antinomie des Kunstschaffens angesichts von Massenmord und Atomtod: »Wer für die Erhaltung der radikal schuldigen und schäbigen Kultur plädiert, macht sich zum Helfershelfer, während, wer sich der Kultur verweigert, unmittelbar die Barbarei befördert, als welche sich die Kultur enthüllte. Nicht einmal Schweigen kommt aus dem Zirkel heraus; es rationalisiert einzig die eigene subjektive Unfähigkeit mit dem Stand der objektiven Wahrheit und entwürdigt dadurch diese abermals zur Lüge.«[9]

1. Bewältigung von Schuld und die Entwicklung des Materials

Geschwiegen haben die Komponisten seit dem Ende des zweiten Weltkrieges nicht. In einer Reihe von Werken sind atomare Bedrohung und das Inferno der Konzentrationslager mit musikalischen Mitteln thematisiert worden, beginnend mit Arnold Schönbergs »Ein Überlebender aus Warschau« (1947) über Krzysztof Pendereckis »Threnos. Den Opfern von Hiroschima« (1960), Luigo Nonos »Ricorda cosa ti hanno fatto in Auschwitz« (Gedenke dessen, was sie Dir in Auschwitz angetan, 1965) bis hin etwa zum apokalyptischen Oratorium »Inwendig voller Figur«[10] (1970/71) von Klaus Huber und

---

[7] *G. Anders*, Thesen zum Atomzeitalter (1959): *Ders.*, Endzeit und Zeitende. Gedanken über die atomare Situation, München 1972, 93.

[8] Ebd. 95.

[9] *Theodor W. Adorno*, Negative Dialektik: *R. Tiedemann (Hg.)*, Gesammelte Schriften 6. Der Anfang dieses Zitats aus dem Abschnitt »Meditationen zur Metaphysik« lautet vollständig: »Alle Kultur nach Auschwitz, samt der dringlichen Kritik daran, ist Müll. Indem sie sich restaurierte nach dem, was in ihrer Landschaft ohne Widerstand sich zutrug, ist sie gänzlich zu der Ideologie geworden, die sie potentiell war, seitdem sie, in Opposition zur materiellen Existenz, dieser das Licht einzuhauchen sich anmaßte, was die Trennung des Geistes von körperlicher Arbeit ihr vorenthielt. Wer für die Erhaltung ...« (Forts. s. Haupttext).

[10] Der Titel dieses Werkes, das neben Worten aus der Offenbarung des Johannes die Traumvisionen von Albrecht Dürer von 1525 und Ausschnitte von Gesprächen der Bomberbesatzung über Hiroshima verwendet, gibt der Anschauung des Komponisten Ausdruck, »daß alles Apoka-

einer Reihe weiterer Kompositionen.[11] Die Werke spiegeln hinsichtlich der musikalischen Materialien wie der technischen Verfahrensweisen den Stand des Komponierens im dritten Viertel unseres Jahrhunderts, welcher je nach Standort des Betrachters als »pluralistisch« oder als »uneinheitlich« apostrophiert werden kann: Zwischen traditionellem Orchester- und Vokalklang und synthetischer Geräuschproduktion gibt es die verschiedensten Übergangsformen, Streicher-Cluster stehen neben der elektronischen Deformation von Sprachklängen. Serielle Verfahren stehen motivisch-thematischer Arbeit in freier Atonalität gegenüber, Symmetriebildungen wechseln mit aleatorischen Strukturen, das Denken in Parametern und Formplänen kontrastiert mit der Hinwendung zum Klangergebnis.[12] Angesichts dieser Vielfalt kann es im Rahmen dieses Beitrags weder darum gehen, einen (wenn auch noch so oberflächlichen) Gesamtüberblick zu geben, noch andererseits › die wichtigsten ‹ Werke vollständig zu beschreiben. Vielmehr sollen hier nur einzelne kurze Ausschnitte vorgestellt werden und als Anstoß für eine nähere Beschäftigung mit den vollständigen Werken dienen.[13]

2. »Gedenke dessen, was sie Dir in Auschwitz angetan«: Zerstörung der menschlichen Stimme

Luigi Nonos Bühnenmusik für Stimmen und Tonband zum Auschwitz-Stück »Die Ermittlung« von Peter Weiss[14] ist keine programmatische Text-

---

lyptische im Herzen des Menschen seinen Anfang nimmt.« *K. Huber*, Um der Unterdrückten willen. Gegen die Verdinglichung des Menschen und der Kunst: MusikT 9, April 1985, 5—11, hier 7 A.
[11] Siehe die Zusammenstellungen bei *Gramann*, Ästhetisierung 262—265 sowie im erweiterten Kontext dieses Beitrags unten in der Bibliographie.
[12] Als Überblick möge dienen: *Ulrich Siegele*, Entwurf einer Musikgeschichte der sechziger Jahre: *Rudolf Stephan* (Hg.), Die Musik der sechziger Jahre. 12 Versuche, (Veröffentlichungen des Instituts für neue Musik und Musikerziehung Darmstadt XI), Mainz 1972, 19—25; *Gramann*, Ästhetisierung 126—131; *Peter Faltin*, Über den Verlust des Subjekts in der Neuen Musik. Anmerkungen zum Komponieren am Ausgang der 70er Jahre: International Review of the Aesthetics and Sociology of Musik X/2 (1979) 183—193; *Allen Forte u.a.*, Approaches to the Understanding of Contemporary Music: Kongreßbericht der Internationalen Gesellschaft für Musikwissenschaft Berkeley 1977, 762—775; die Schallplattendokumentation in 10 Folgen, jeweils 3 LP mit ausführlichen Textbeilagen: Zeitgenössische Musik in der Bundesrepublik Deutschland 1945—1980, Deutsche Harmonia Mundi DMR 1001—1030. — Das Jahrzehnt 1970—1980 (= Teile 8—10 der Dokumentation) wird in den einleitenden Aufsätzen der Begleithefte überschrieben mit »Das › gegenständliche ‹ Jahrzehnt«, »Von der neuen Lust am Alten« und »Tradition und Bearbeitung« (S. die Besprechung dieser abschließenden drei Teile in: MS(D) 105 [1985]68).
[13] Auf Partituren und Schallplattenaufnahmen wird in der Bibliographie am Ende des Beitrags, auf Literatur jeweils in den Anmerkungen verwiesen.
[14] *P. Weiss*, Die Ermittlung. Oratorium in 11 Gesängen, Frankfurt 1965. Diese Fakten-Komposition basiert ausschließlich auf dem Gerichtsmaterial des Frankfurter Auschwitz-

ausdeutung, sondern Erinnerung an das Leiden des Einzelnen, jedes Einzelnen der sechs Millionen in Auschwitz Getöteten und damit Bewußtwerdung der katastrophalen Möglichkeit einer Wiederholung.[15] Die Du-Wendung des Titels weist auf persönliche Ansprache des Hörers: »Ricorda cosa ti hanno fatto in Auschwitz«.

In dieser 1965 entstandenen Komposition, von der außer einigen Notizen des Komponisten keinerlei graphische Aufzeichnung vorliegt, werden auf Tonband aufgenommene Vokal- und Instrumentalklänge elektronisch deformiert und zu einer vierteiligen asymmetrischen Struktur gemischt. Überlappende Crescendi und Decrescendi sowie häufige Pausen zwischen den kurzatmig heulenden Melodiepartikeln sind die herausstechenden Merkmale.[16] Der Gesamtablauf läßt sich wie folgt schematisch visualisieren:[17]

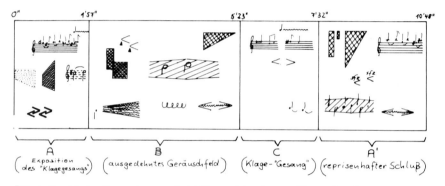

Bsp. 1: Graphisches Formschema zu Luigi Nonos »Ricorda cosa ti hanno fatto in Auschwitz« (*Gramann*, Ästhetisierung 173)

Prozesses von 1963—1965. — Ausschnitt: »Zeuge 9: ›Alle waren wir nackt / Von den 39 waren noch 19 am Leben / von diesen 19 wurden 6 in den Krankenbau abtransportiert / wo weitere 4 starben‹ / Zeuge 3: ›Ich gehörte dem Leichenkommando an / das die Hungerzellen zu räumen hatte / Oft waren Tote dabei / die am Gesäß und an den Schenkeln / angebissen waren / Diejenigen / die es am längsten ausgehalten hatten / waren manchmal ohne Finger / Ich fragte den Bunkerjakob / der überall die Aufsicht führte / Wie kannst du das ertragen / Da sagte er / Gelobt sei / was hart macht / Mir geht es gut / ich esse die Rationen / von denen da drinnen / Ihr Tod rührt mich nicht / Dies alles rührt mich so wenig / wie es den Stein rührt / in der Mauer ‹« (ebd. 152f).

[15] Nono äußert sich über die gegenwartsbezogene Aufgabe von Erinnerung: »Eine Erinnung, nicht phänomenologischer Art, sondern gefordert vom politischen Bewußtsein im ständigen Kampf für die Abschaffung aller Konzentrationslager und Rassenghettos.« In: *J. Stenzl (Hg.)*, Luigo Nono: Texte, Studien zu seiner Musik, Zürich 1975, 130.

[16] S. bei *Gramann*, Ästhetisierung 176—179, die analytischen Beobachtungen zu einem Ausschnitt aus dem »Strukturkomplex C«, in welchem elektronisch verzerrte Klagemotive der Frauenstimmen immer wieder durch Pausen unterbrochen sind und so gleichsam aus dem Nichts kommen und wieder darin aufgesogen werden.

[17] Ebd., 173 mit dem Zusatz: »Die Strukturelemente der Komposition sind in typisierender

Die menschliche Stimme als unmittelbarer Ausdruck des Menschlichen wird vom elektronischen Geräusch angegriffen und verfremdet: »Ganz oben die Klagestimmen der Frauen und Kinder, ständig bedroht vom Verschlungenwerden, darunter die Männerstimmen und vereinzelt Instrumentalklänge, ganz unten schließlich die ›Stahlküche‹ der elektronischen Geräusche. (...) Der Raumcharakter der gefilterten und teilweise verhallten Stimmen, sowie nicht zuletzt jene unheimliche Stille, welche die gesamte Komposition umgibt, dienen zur Andeutung einer Art Traumszene: man meint die schattenhaften Umrisse der Folter- und Vernichtungsräume wahrzunehmen, aus deren Wänden das Schreien und Stöhnen der Ermordeten wie von einer gespenstischen Ferne herausklingt.«[18]

3. »Kinderleichen aus der Tiefe der Krematorien«

Mit traditionellem Instrumentarium (Orchester ohne Klarinetten, Violinen und Bratschen; drei Gesangssolisten, gemischter Chor) versucht Krzystof Penderecki in seinem »Dies Irae« den Vernichtungstod musikalisch zu deuten.[19] Das etwa zwanzigminütige Werk wurde 1967 in Auschwitz-Birkenau uraufgeführt.

Die »Klage« des ersten Teils (»Lamentatio«) beginnen die Chorbässe allein mit einem textlosen langgehaltenen *B*, in dreifachem piano. Sie crescendieren bis zum forte und kehren allmählich wieder zur Ausgangsdynamik zurück (»morendo«). Zwei einzelne *E* (im Tritonus-Abstand zum Anfangston) von Pauke und Kontrabässen (»pizzicato«) während des langsamen Ersterbens der Stimmen bereiten einen Liegeton der tiefen Streicher vor, welcher von dreifachem piano nur wenig zu mezzopiano anschwillt und in ein rezitativisches Gebilde übergeht: Auf zwei steigende Halbtonschritte folgen kleine Non, verminderte Quinte, große Non und (klingend) kleine Sext. Vom erreichten *As* aus wiederholen die Chorbässe den bauchig dynamisierten Liegeton des Anfangs.

Vereinfachung dargestellt. Die auf der Zeitachse eingetragenen Minuten- und Sekundenangaben wurden mit der Stoppuhr ermittelt.«

[18] Ebd. 175.

[19] Der Untertitel der Partitur lautet: »Oratorium Ob Memoriam Perniciei Castris In Oświecim Necatorum Inexstinguibilem Reddendam«. Penderecki wollte mit diesem Werk nicht die Sequenz der Totenmesse vertonen, »sondern das ›Thema Auschwitz‹ in seiner über das Konzentrationslager hinausweisenden Symbolkraft zu deuten versuchen.« (*W. Schwinger*, Penderecki. Begegnungen, Lebensdaten, Werkkommentare, Stuttgart 1979, 220—224, hier 221).

I. LAMENTATIO
CIRCUMDEDERUNT ME FUNES MORTIS..... (PSALMUS 114)

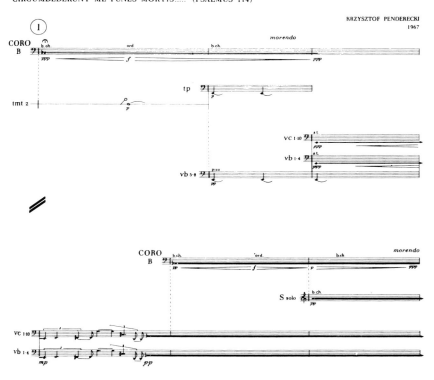

Bsp. 2a: *Krzysztof Penderecki*, Dies Irae, Celle: Moeck 1967; Beginn des 1. Teiles

Unhörbar zunächst setzt während des Diminuendo der Solosopran ein. Aus textlosen seufzerartigen Halbtonfortschreitungen heraus exponiert die einzelne Frauenstimme dann das grauenhafte Bild von Kinderleichen in den Krematorien; der Melodiebogen verbindet extreme Intervalle (große Sept, kleine Non) mit Halbtonglissandi: *Corpora parvulorum ab ustrinarum fundo* (»Kinderleichen aus der Tiefe der Krematorien ...«).

Bsp. 2b: *Krzysztof Penderecki*, Dies Irae, Celle: Moeck 1967; Beginn des 1. Teiles (Forts.).

4. Gefangen im Atomzeitalter: Hoffnung trotz Unmenschlichkeit?

Das Schlagwort vom »Gleichgewicht des Schreckens« wurde in den Jahren 1960—1962 geprägt, als nach dem Scheitern der Pariser Gipfelkonferenz ein enormer Rüstungswettlauf den kalten Krieg zu neuen Höhepunkten führte. Es gab strategische Überlegungen, die einen begrenzten atomaren Krieg einem Krieg mit konventionellen Waffen vorzogen.[20] Schon seit 1952 testeten USA und UdSSR Wasserstoffbomben, deren Zerstörungskraft die der Atombomben weit übertraf. Das erste Strahlungsopfer der H-Bombe war der Funker eines japanischen Fischerbootes, das während eines Tests auf dem Bikini-Atoll in der Südsee am 1. März 1954 nicht weit genug vom Explosionszentrum entfernt war. Aikichi Kuboyama, so hieß der Funker, starb kurze Zeit darauf an der radioaktiven Strahlung. Die Grabinschrift für diesen Japaner bildete in gesprochener Form das ausschließliche Material für eine vierkanalige »Komposition für Sprecher und Sprachklänge«, die Herbert Eimert in den Jahren 1960—1962 im elektronischen Studio des Westdeutschen Rundfunks realisierte: »Epitaph für Aikichi Kuboyama«[21].

Der Sprechtext wird durch verschiedene elektronische und mechanische Verfahren klanglich moduliert und teilweise bis zur Unkenntlichkeit deformiert: Bandschnitte, Rückwärtslaufen, Beschleunigung, Verhallung, Filterung, Verzerrung, Beschneiden der Spektren, Rückkoppelung. Die durch diese Klangmodulationen entstehenden Geräuschglissandi und Vokalreihen

---

[20] *Edward Teller*, Das Vermächtnis von Hiroshima, Düsseldorf/Wien 1963.
[21] Die Grabinschrift beginnt mit den folgenden Worten: »Du kleiner Fischermann, wir wissen nicht, ob du Verdienste hattest. Wo kämen wir hin, wenn jedermann Verdienste hätte. Aber du hattest Mühen wie wir, wie wir irgendwo die Gräber deiner Eltern, irgendwo am Strande eine Frau, die auf dich wartete, und zu Haus die Kinder, die dir entgegenliefen. Trotz deiner Mühen fandest du es gut, da zu sein, genau wie wir, und recht hattest du, Aikichi Kuboyama, du kleiner Fischermann. Wenn auch dein fremdländischer Name kein Verdienst anzeigt, ...« (Forts. im Haupttext am Ende dieses Abschnitts). — Zur Komposition s. *H. Eimert* im Beiheft zur Schallplatte Wergo 60014; *Fr. Spangemacher*, Hiroshima in der Musik: Schweizerische Musikzeitung 120 (1980) 78—88, hier 84—86; *Gramann*, Ästhetisierung 153—158.

im tiefsten Frequenzbereich ahmen Bomberflugzeuge und Detonationen nach. Kreisende Sprachklänge verbinden sich zu crescendierenden Geräuschspiralen und wecken die Assoziation an einen ›Atompilz‹. Der Zuhörer sitzt wie gefangen zwischen den Klangwänden der vier Lautsprecher und ist der verborgenen Klangregie machtlos ausgeliefert. Zersetzung der Sprache durch technische Verfahren symbolisiert in diesem »Epitaph« ähnlich wie in Nonos Auschwitz-Komposition die Zerstörung des Menschen. In zweiter Linie aber hat die spezifische Sprachbehandlung für den Komponisten auch einen zukunftsweisenden Aspekt: sie schafft neue musikalische Ausdrucksmöglichkeiten.[22] Als vernehmbarer Ausdruck dieser Doppelwertigkeit des Technischen — Bedrohung contra Hoffnung — mündet das Geräuschcrescendo am Schluß in die verstehbaren Worte »Als Namen unserer Hoffnung«: »Wenn auch dein fremdländischer Name kein Verdienst anzeigt, wir wollen ihn auswendig lernen für unsere kurze Frist, Aikichi Kuboyama. Als Wort für unsere Schande, Aikichi Kuboyama, als unseren Warnungsruf, Aikichi Kuboyama. Aber auch, Aikichi Kuboyama, als Namen unserer Hoffnung. Denn ob du uns vorangingst mit deinem Sterben oder nur fortgingst an unserer Statt, nur von uns hängt das ab, auch heute noch. Nur von uns, deinen Brüdern, Aikichi Kuboyama.«

5. »Den Opfern von Hiroschima«: Klagegesang des Chaos und der Erstarrung

»Threnos« ist eine 1960 entstandene Klangstudie, die Krzysztof Penderecki nachträglich als »Klagegesang für 52 Streichinstrumente« den über 120000 Toten des ersten Atombombenabwurfs widmete. »Dem neuartigen Tod sollte ›sprachlich‹ ein neues Requiem geschrieben werden.«[23] Extreme Geräusche sind Ausdruck von Schmerz, und sie fügen dem Hörer Schmerzen zu. Fortissimospiel zwischen Steg und Saitenhalter, jaulende Vibrati in höchsten Lagen und Klopfgeräusche verfremden die Spieltechnik der traditionellen Streichinstrumente ins Technisch-Geräuschhafte. Der chaotischen Klangwirklichkeit liegen jedoch streng notierte Spielartenreihen und in einzelnen Abschnitten kanonische Stimmführung zugrunde. Insgesamt gliedert sich »Threnos« in acht Abschnitte, die ihrerseits in eine übergeordnete Zweiteiligkeit eingebettet sind:

---

[22] So habe, wie der Komponist im Beiheft zur Schallplatte ausführt, das Material im »Epitaph für Aikichi Kuboyama« »keinen ›Dualismus‹ zwischen Wort und Klang zu überwinden brauchen, weil es ihn nicht mehr kennt.«
[23] *Spangemacher*, Hiroshima 83. — Zum Stück s. auch W. Gruhn, Strukturen und Klangmodelle in Pendereckis »Threnos«: Melos 10 (1971), 409—411; *Gramann*, Ästhetisierung 158—163.

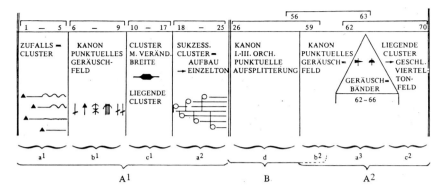

Bsp. 3: Abschnitte und Strukturmerkmale in Pendereckis »Threnos« (*Gruhn*, Strukturen und Klangmodelle in Pendereckis »Threnos«, 411).

Der Klagegesang für die Opfer von Hiroshima endet mit einem dreißig Sekunden lang ausgehaltenem statischen Cluster aus 52 Vierteltönen, der vom dreifachen forte bis zum *ppp* langsam ausgeblendet wird. »Die gesamte Klangbewegung erscheint wie eingefroren in eine Schockgeste ewiger Erstarrung.«[24]

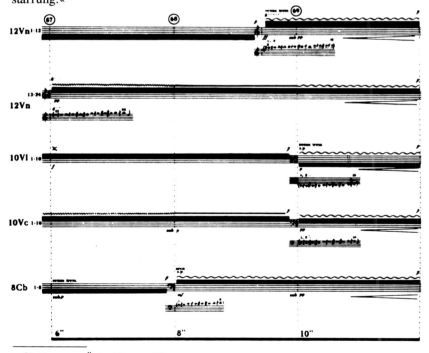

[24] *Gramann*, Ästhetisierung 162.

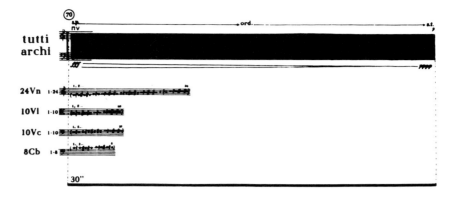

Bsp. 4: *Krzysztof Penderecki*, Threnos. Den Opfern von Hiroschima. Klagegesang für 52 Streichinstrumente, Kraków: Polskie Wydawnictwo Muzyczene 1960; Schluß.

6. »Ästhetisierung des Schreckens«

Die hier nur angedeutete Vielfalt in der Musikalisierung von Atomtod und Massenvernichtung erschwert es, so Gramann am Schluß seiner Werkanalysen, »strukturelle und semantische Gemeinsamkeiten aufzudecken, welche auf kulturanthropologische Grundmuster schließen lassen könnten.«[25] Denn: »Die Individualität des jeweiligen musikalischen Schaffensprozesses hat sich als stärker erwiesen gegenüber solchen kulturanthropologischen Gemeinsamkeiten.«[26] Deshalb müsse eine Zusammenfassung der semantischen Elemente zu drei ›Klassen von musikalischen Semantemen‹ notgedrungen hypothetisch bleiben:[27]

— Universalität und Auswegslosigkeit: musikalisch durch Geschlossenheit und formale ›Immanenz‹, durch semantische Doppelwertigkeit und Banalisierung realisiert;
— Entindividualisierung und Entmenschlichung: musikalische Merkmale sind Gestaltnegation, Verfremdung ins ›Technische‹, ›Entstaltung‹ des Ausdrucks;
— Dämonie des Verstummens: Aufhebung der Zeitstruktur, Verräumlichung.[28]

---

[25] Ebd. 223.
[26] Ebd. 223f.
[27] Ebd. 224. Die im folgenden aufgelisteten semantischen Elemente beziehen sich, wie Gramann präzisiert, in den von ihm besprochenen Werken fallweise auf recht unterschiedliche Werkebenen: auf den Kompositionsstil als Ganzen, auf einzelne Verfahrensweisen und auf bestimmte Motivbildungen.
[28] Vgl. das Schema ebd. 225. Dort ist jede der drei semantischen Klassen in wiederum drei

Da wir Menschen offenbar mit keinem dem tierischen Angstinstinkt vergleichbaren Schutzmechanismus ausgestattet sind, um vor den Gefahren der permanent drohenden atomaren Vernichtung gewarnt zu werden,[29] da wir eigentlich mehr Angst haben sollten, als wir tatsächlich haben — können uns Musikwerke wie die genannten auf den Weg bringen, ›das Fürchten zu lernen‹? Gerade die begrifflose Musik sollte doch das unbegreifbare Grauen vergangener und drohender zukünftiger Menschheitskatastrophen vermitteln können. Jedoch: die »Ästhetisierung des Schreckens« in den verschiedenen musikalischen Formulierungen wirkt eigentümlich verwandelnd; sie schwächt Terror und Grauen zu musikalischer Unbegreifbarkeit ab, deren Unmenschlichkeit (nur) in ihrer Fremdheit und Ungewohntheit liegt.[30] Jede noch so ›ernste Musik‹ ist, so Günter Anders, »im Vergleich mit der Situation, in der wir uns befinden, unernst. Eine den möglichen Untergang der Menschheit behandelnde noch so tragische Kantate ist eine Ästhetisierung des Entsetzlichen, damit zugleich Verharmlosung und Blasphemie.«[31] Die Musik scheint durch ihre kulturelle Entwicklung hindurch die Nähe zum menschlichen Ausdruck bewahrt zu haben. Deshalb wirkt die Geste des Lösens im traditionellen Seufzermotiv (hervorgerufen durch das Auflösungsbedürfnis der Dissonanz) selbst noch in der verzerrtesten Form der musikalischen Klage fort. Musik ist in ihrem Ursprung dem Weinen verwandt und öffnet in Richtung auf Versöhnung: »Wie das Ende, so greift der Ursprung der Musik übers Reich der Intentionen, das von Sinn und Subjektivität hinaus. Er ist gestischer Art und nah verwandt dem des Weinens. Es ist die Geste des Lösens. Die Spannung der Gesichtsmuskulatur gibt nach, jene Spannung, welche das Antlitz, indem sie es in Aktion auf die Umwelt richtet, von dieser zugleich absperrt. Musik und Weinen öffnen die Lippen und geben den angehaltenen Menschen los. Die Sentimentalität der unteren Musik erinnert in verzerrter Gestalt, was die obere Musik in der wahren am

---

theoretischen Kontexten formuliert: geschichtsphilosophisch, psychologisch-anthropologisch und theologisch.

[29] P. *Leyhausen*, Zur Naturgeschichte der Angst: K. *Lorenz/P. Leyhausen*, Antriebe tierischen und menschlichen Verhaltens, München 1968, 272—297.

[30] Dazu *Gramann*, Ästhetisierung 223 und zusammenfassend 252f: »Gemeinsam aber ist allen künstlerischen Bewältigungsversuchen, daß sie das, was sie auszudrücken versuchen, durch die Ästhetisierung notwendig zu etwas ›Anderem‹ machen; und dieses ›Andere‹ ist etwas anderes als das im ›Schrecken‹ erfahrene ›Andere‹.«

[31] G. *Anders*, Verharmlosung. Ihre Methoden (1962): *Ders.*, Endzeit und Zeitende, Gedanken über die atomare Situation, München 1972, 128f mit der Ergänzung: «Zusatz 1970: Dabei habe ich nicht nur Pendereckis Auschwitz-Musik im Auge, sondern auch Nonos ›Sul ponte di Hiroshima‹.«

Rande des Wahnsinns gerade eben zu entwerfen vermag: Versöhnung. (...)
Die Geste der Zurückkehrenden, nicht das Gefühl des Wartenden beschreibt
den Ausdruck aller Musik und wäre es auch in der todeswürdigen Welt.«[32]

B. Ewiges Licht und ewiger Friede

> »(...) und so wollen wir den Primat eines sonst Unsagbaren der Musik anweisen, diesem Kern und Samen, diesem Widerschein der bunten Sterbenacht und des ewigen Lebens, diesem Saatkorn zum inneren mystischen Meer des Ingesindes, diesem Jericho und ersten Wohnort des Heiligen Landes.« — »Und gerade die Ordnung im musikalischen Ausdruck meint ein Haus, ja einen Kristall, aber aus künftiger Freiheit, einen Stern, aber als neue Erde.«
> *Ernst Bloch*, Zur Philosophie der Musik, Frankfurt 1973, 163 u. 333.

Im Sommer 1966 komponierte der aus Ungarn stammende György Ligeti in Wien das »Lux aeterna« der lateinischen Totenmesse für sechzehnstimmigen gemischten Chor a capella (Sopran, Alt, Tenor, Baß jeweils vierfach geteilt).[33] Diese Komposition setzte textlich sein im Vorjahr fertiggestelltes »Requiem« fort, ist in musikalischer Hinsicht aber selbständig.[34] Als Auftragswerk ist »Lux aeterna« der Stuttgarter Schola Cantorum und ihrem Leiter Clytus Gottwald gewidmet und wurde im November 1966 uraufgeführt.

Der Text des Stückes erweitert die Communio der Totenmesse (in der heutigen Fassung) um das *Requiem aeternam*..., wie es im Introitus angestimmt und in Graduale wie Alleluia-Vers aufgenommen wird.

---

[32] *Th. W. Adorno*, Philosophie der neuen Musik, Frankfurt 1948, 116f.
[33] S. die Nr. 15 im »Werkkatalog III, Werke 1957—1970« bei *O. Nordvall*, György Ligeti. Eine Monographie, Mainz 1971, 214; an Analysen und Interpretationen sind bisher erschienen (in chronologischer Folge): *P. Rummenhöller*, Möglichkeiten neuester Chormusik (Ligeti: Lux aeterna — Schnebel: Deuteronomium 31,6): *Egon Kraus (Hg.)*, Der Einfluß der Technischen Mittler auf die Musikerziehung unserer Zeit. Vorträge der siebten Bundesschulmusikwoche Hannover 1968, Main 1968, 311—317; *G. Ligeti*, Auf dem Weg zu »Lux aeterna«: Österreichische Musikzeitschrift 24 (1969) 80—88; *Cl. Gottwald*, Lux aeterna. Ein Beitrag zur Kompositionstechnik György Ligetis, Dieter Schnebel gewidmet: Musica 25 (1971) 12—17; *H. M. Beuerle*, Nochmals: Ligetis »Lux aeterna«. Eine Entgegnung auf Clytus Gottwalds Analyse: Musica 25 (1971) 279—281; *Chr. Richter*, Interpretation zu »Lux aeterna« von György Ligeti: Musik und Bildung 5 (1972) 237—241; *P. op de Coul*, Sprachkomposition bei Ligeti: »Lux aeterna«: *R. Stephan (Hg.)*, Über Sprache und Musik, Main 1974, 59—69; *W. G. Gruhn*, Textvertonung und Sprachkomposition bei György Ligeti. Aspekte einer didaktischen Analyse zum Thema »Musik und Sprache«: Musik und Bildung 10 (1975) 511—519.
[34] S. *Ligeti*, Auf dem Weg.

Lux aeterna luceat eis   Das ewige Licht leuchte ihnen,
Domine, cum sanctis tuis   Herr, bei deinen Heiligen
in aeternum, quia pius es.   in Ewigkeit, weil du gut bist.

Requiem aeternam dona eis   Gib ihnen die ewige Ruhe,
Domine: et lux perpetua   Herr, und das ewige Licht
luceat eis.   leuchte ihnen.

1. Musikalische Nebelbilder

Dem Hörer präsentiert sich »Lux aeterna« als fluktuierendes, weitgehend dissonantes Klangband, welches nur an einzelnen Stellen den Text verstehen läßt. Die Singstimmen setzen keinen deutlichen Anfang, und am Schluß verlöschen sie bis in die Hörbarkeitsgrenze. Das musikalische Geschehen besteht nicht aus Kontrasten, Einschnitten, Bewegung, sondern aus permanenten trüben Farbwechseln.[35] Der Komponist selbst vergleicht den Höreindruck von »Lux aeterna« mit Spiegelbildern in einer sich kräuselnden Wasserfläche, an anderer Stelle spricht er von verschwimmenden Konturen im Nebel. So schreibt der Komponist unmittelbar nach Fertigstellung der Komposition in einem Brief zu den allmählich ineinander überfließenden harmonischen Bildungen: »Es ist wie eine Wasserfläche mit einem Spiegelbild, die sich langsam kräuselt; und wenn sie wieder glatt wird, ist bereits ein neues Spiegelbild sichtbar.«[36] Die zweite Analogie formuliert Ligeti 1969: »Vergleichen könnte man diesen Vorgang etwa mit einem Bühnenbild, das zunächst deutlich zu sehen ist, in allen seinen Einzelheiten; dann steigt Nebel auf und die Konturen des Bildes verschwimmen, bis schließlich das Bild selbst unsichtbar geworden ist; darnach verflüchtigt sich der Nebel, es tauchen zuerst nur andeutungsweise neue Konturen auf, bis dann, mit dem völligen Verschwinden des Nebels, ein neues Bild sichtbar wird.«[37]

---

[35] Zum Hören der Musik Ligetis s. bei B. Dopheide, Musikhören, Hörerziehung, (EdF 91), Darmstadt 1978, 43—50 sowie bei *P. Rummenhöller*, Chormusik 312.
[36] *G. Ligeti* in einem Brief an O. Nordvall, zit. bei *Ders.*, Ligeti 78.
[37] *Ligeti*, Auf dem Weg 83.

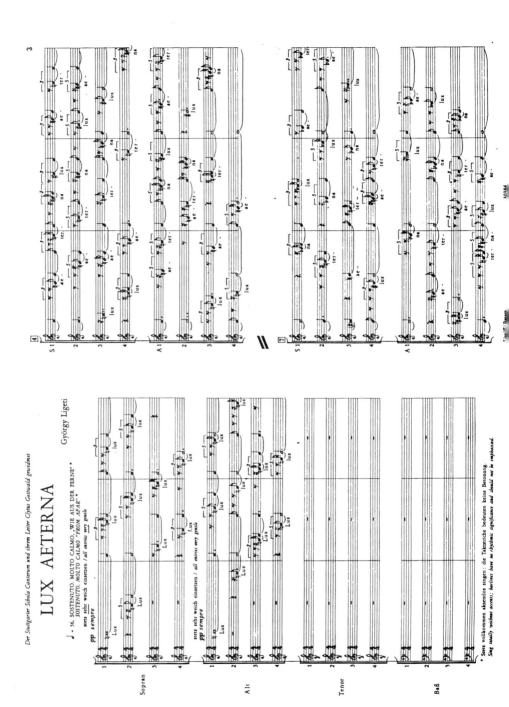

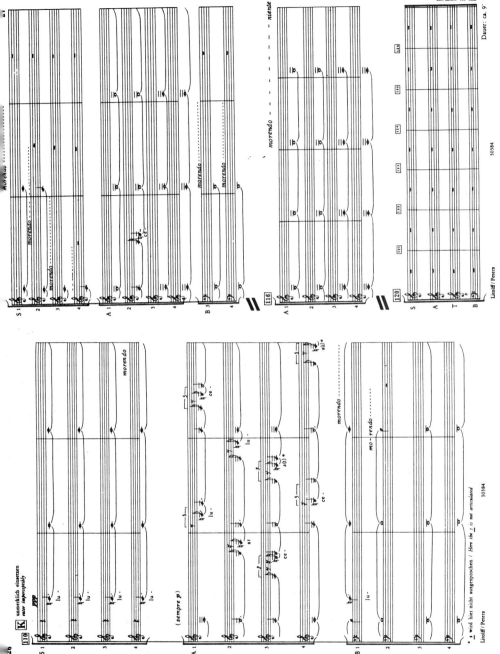

Bsp. 5/6: György *Ligeti*, Lux aeterna, Frankfurt: Litolff/Peters, 1968; Beginn und Schluß.

2. Verborgene Strukturen

Belege für den Eindruck eines unendlichen Klangbandes sind die Bezeichnung über dem Anfang (»Wie aus der Ferne«), die fast durchgehende Pianissimo-Dynamik, Anweisungen wie »stets sehr weich einsetzen«, »unmerklich einsetzen«, »morendo ... niente« und die auskomponierten sieben Takte Pause über das Ende hinaus (Bsp. 5/6 auf S. 468—469). Das Fluktuieren der clusterähnlichen Klangflächen ist das Ergebnis einer äußerst präzisen, dem Hören verborgenen Faktur von »Lux aeterna«; es gibt, wie es Ligeti beschreibt, »ein komplexes polyphonisches Gewebe (durch einen Kanon erzielt), aber gleichzeitig ist die Konstruktion harmonisch, d.h. bestimmte Intervallkombinationen (vor allem Quart, aufgeteilt in große Sekund und kleine Terz) sind › Pfeiler ‹ des Stückes.«[38]

Wie dabei aus den polyphon verschlungenen sechzehn Stimmen die clusterähnlichen Stimmen entstehen, sei am Beispiel des Anfangs näher gezeigt. Der Textabschnitt *Lux aeterna* (Takte 1—24) wird nur von Sopran- und Altstimmen, beide vierfach geteilt, gesungen. Alle acht Stimmen sind in ihrem melodischen Verlauf identisch, sodaß sich von einer kanonischen Struktur mit acht Einsätzen im Einklang sprechen ließe.[39] Der Tonhöhenverlauf in allen acht Frauenstimmen ist folgender:

Bsp. 7: Tonhöhenverlauf in Ligetis »Lux aeterna«; Beginn.

Häufigster Ton ist *f*, das zunächst in Halbtonbewegung umkreist wird. In zunehmender Erweiterung wendet sich die Tonreihe dann zum *a'* bei *luceat eis* (ab Takt 25). Der Verlauf dieser › Melodie ‹ ist frei erfunden, nichts läßt die Erinnerung an die formelhafte Textaussprache der gregorianischen Communio in ihrer modalen Gebundenheit wachwerden:

---

[38] G. *Ligeti*, wie Anm. 36.
[39] So *Rummenhöller*, Chormusik 313. — *Gottwald*, Lux aeterna 13, weist auf die entfernte Verwandtschaft zum Proportionskanon des späten 15. Jahrhunderts hin.
[40] Vgl. ergänzend die Beschreibung bei *Rummenhöller*, Chormusik 314.

Bsp. 8: *Antiphona ad Communionem* der lateinischen Totenmesse: Graduale Triplex, Solesmes 1979, 676.

In der kanonischen Struktur gibt es anders als beim traditionellen Kanon keine Wiederholung des Gesamtgebildes. Die acht Stimmen setzen zwar hintereinander ein, doch die Einsatzabstände sind unregelmäßig, und die Tondauern differieren von Stimme zu Stimme. Drei verschiedene rhythmische Grundwerte stehen einander simultan gegenüber: triolische, quintolische und geradzahlige Bildungen (s. Bsp. 5). Diese rhythmische Gestaltung, verbunden mit der Anweisung: »Die Taktstriche bedeuten keine Betonung«, läßt die Einzelstimmen derart gegeneinander verschieben, daß der Eindruck rhythmischer und metrischer Unschärfe entsteht. In harmonischer Hinsicht bewirkt das quasi-kanonische Gewebe jenes variable Klangfeld, das Ligeti in Analogie zu nebelverhüllten Konturen sah: Das *f* des dreimaligen *Lux* in jeder Stimme wird anfangs nur durch *e* (Takt 4) getrübt, wächst im weiteren Verlauf aber in einen zunehmend ausgreifenden, changierenden Cluster hinein.

3. Die Pfeiler des Gewebes

Eine Übersicht über die Gesamtform von »Lux aeterna« vermittelt das folgende Schema von Clytus Gottwald, worin alle klanglichen Kristallisationspunkte (Ligetis »Pfeiler«) notiert sind. Die linearen Fortschreitungen — in Fortsetzung der beschriebenen Reihe des Anfangs (Bsp. 7) — sind darin durch unregelmäßig gewellte Linien wiedergegeben.[40]

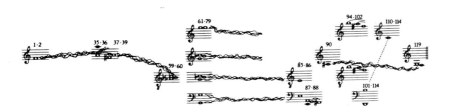

Bsp. 9: Gesamtform von Ligetis »Lux aeterna« (*Gottwald*, Lux aeterna 16).

Dieser musikalischen Großgliederung korrespondiert die folgende Textverteilung: (Takte/Buchstaben der Partitur sind in Klammern vorangestellt)

(1—24)	*Lux aeterna*
(25—36/A)	*luceat eis*
(37—39/B)	*Domine*
(40—46/C)	*cum sanctis tuis*
(47—60/D)	*in aeternum quia pius es*
(61—79/E)	*Requiem aeternam dona eis*
(80—89/F+G)	*Domine*
(90—93/H)	*et lux perpetua*
(94—109/I)	*luceat eis*
(110—126/K)	*lu-*

4. Auflösung von Sprache und Zeitgestalt

Dem Notentext nach scheint »Lux aeterna« eine ganz konventionelle Textvertonung zu sein: eine sprachliche Aussage wird in Musik gesetzt, jede Stimme enthält den vollständigen Text.[41] Die rhythmisch asynchrone Gestaltung der 16 Chorstimmen jedoch läßt die Wörter in Silben zerfallen. Diese wiederum werden so gedehnt vorgetragen und durch Pausen unterbrochen, daß der Wort- und Sinnzusammenhang sich in Vokalreihungen verflüchtigt. Zu dieser Vokalisierung — und das heißt: Musikalisierung — des Textes tragen auch das »weiche Einsetzen«, das Vermeiden von Akzenten und das ausdrückliche Weglassen der Endkonsonanten bei.[42] Es ist diese Auflösung des formelhaften liturgischen Textes in Vokalklänge, welche — gerade durch die erschwerte Textverständlichkeit — den Text ganz neu hören lassen, Silbe für Silbe, Wort für Wort.[43] Im übertragenen Sinne zielt diese Aufhebung der

---

[41] Zur Unterscheidung von Textvertonung und Sprachkomposition s. *W. Gruhn*, Textvertonung 511f, sowie auf breiterer Grundlage *Ders.*, Musiksprache, Sprachmusik, Textvertonung: Aspekte des Verhältnisses von Musik, Sprache und Text, (Schriftenreihe zur Musikpädagogik), Frankfurt/Berlin/München 1978.

[42] S. in Bsp. 6 bei *lucea(t)*; entsprechend wird *ei(s)* im gesamten Stück behandelt.

[43] So sieht *Chr. Richter*, Interpretation 238, in der Auflösung des liturgischen Textes zu »Vokalmaterial« ein »dialektisches Verhältnis von Gebrauchsmusik und absolutem Kunstwerk«: »Eine sakrale Sprachformel, also ein Stück Sprache, das in der Gefahr steht, in seiner liturgischen Funktion der Gedankenlosigkeit überantwortet zu werden, wird unabtrennbarer Bestandteil eines Kunstwerks, das durch die Aufhebung seiner Sprachfunktion der Gefahr liturgischer Konvention entgeht. Gerade dadurch aber gewinnt der aufmerksame Hörer, was er verlöre, wenn der Zweck des Stückes (die Darstellung der Requiemformel) zur Gebetsmühle erstarrte. Die durch Kompositionstechnik erreichte Einheit von Wort und Ton zwingt hingegen zur Meditation

Sprache als Sinnzusammenhang auf jenes Schweigen, welches auf musikalischer Ebene das Einsetzen »aus der Ferne« und das auskomponierte Verstummen am Schluß des Stückes evozieren. »Ewige Ruhe« wird so gedeutet auch im Sinne eines ewigen Schweigens von menschlich-künstlerischer Artikulation: »Diese Tendenz meint nicht, Kunst sei nicht mehr › am Platze ‹ oder vergeblich, sondern eher, daß sowohl Kunst als auch Sprache (in diesem Fall ein Gebet) die Mittel ihrer Äußerung dauernd in Frage stellen (dies ist in zeitgenössischer Lyrik besonders deutlich, aber auch etwa bei Hölderlin), daß sie zu ihrer erstrebten Absicht, zu ihrem *telos* in demselben approximativen Verhältnis stehen wie die Interpretation von Kunstwerken zum Kunstwerk selbst. In diesem Sinn kann Schweigen konsequente Fortführung künstlerischen Gestaltungswillens sein. Solche Sakralmusik steht zwar im Gegensatz zu jener, die sich beispielsweise der prunkvollen Tonsprache des Barock bedient, ist aber gleich dieser eine mögliche Gestaltung dessen, was der Mensch oder eine Gruppe zum Ausdruck bringen will.«[44]

Mit dem Übergang ins Schweigen überwindet Ligeti auf eigene Weise, was aller komponierten Musik vom Mittelalter bis zur Gegenwart konstitutiv ist: die Abhebung der Musik-Zeit (als »gestalteter Zeit«) von der objektiven Zeit.[45] Am Anfang und Schluß von »Lux aeterna« fehlen deutliche Zäsuren zwischen gemessener und musikalisch erlebter Zeit, ein schon immer präsent gewesenes Klingen tritt allmählich ins Bewußtsein und verschwindet dann wieder in die Nachzeitigkeit. Das sich ständig ändernde Klangband ohne Entwicklungsstreben hat nichts gemein mit der gerichteten Zeit klassisch-harmonischer Musik und ist insofern zeitaufhebend. Es unterscheidet sich aber auch von den zum Stillstand kommenden »punktuellen« Kompositionen eines Webern, Stockhausen und Zimmermann.[46] Ligeti integriert

---

— nicht etwa zu sentimentalem Übersichergehenlassen, sondern gerade zu analytischem Verfolgen einer Kunst, die die bekannten Worte zwar unkenntlich macht, dadurch aber an Einheit gewinnt. Die Bitte um Ruhe und Seligkeit wird aus der Gedankenlosigkeit bekannter und (möglicherweise) abgenutzter Formeln erlöst. Durch den Verlust des Wortsinns vernimmt der Hörer den Text vielleicht wörtlicher.«

[44] Ebd. 238.
[45] S. bei *B. Dopheide*, Musikhören 60—69: »Das Phänomen der Zeit«; vgl. zur Einführung »Das Zeitproblem« bei *G. Schumacher*, Musikästhetik, (EdF 22), Darmstadt 1973, 10—13; die Definition von »Musik« als »gestalteter Zeit« geht zurück auf *Kurt v. Fischer*, das Zeitproblem in der Musik: *R. W. Meyer (Hg.)*, Das Zeitproblem im 20. Jahrhundert, (Sammlung Dalp 96), Bern/München 1964, 296—317; s. ergänzend die Darstellung der These, daß »Musik Darstellung der Zeit ist«, bei *G. Picht*, Grundlinien einer Philosophie der Musik: Merkur 20 (1966) 710—728.
[46] Zur Wirkungsqualität eines solchen Tonsatzes mit permanenter Veränderung sämtlicher Parameter (Tonhöhen, Dauern, Klangfarben) schreibt *Karlheinz Stockhausen*, Texte 1, Köln 1963, 154: »Die Musik verändert sich äußerst schnell, man durchmißt in kürzester Zeit immer den ganzen Erlebnisbereich, und so gerät man in einen schwebenden Zustand; die Musik › bleibt

den gestalteten musikalischen Zeitablauf in die verrinnende Alltagszeit, gibt ihr Teilhabe am musikalischen Sinnbild ewigen Lichtes und ewigen Friedens.

5. Musikalische Struktur als Äquivalent zum Text

Die klanglichen Kristallisationspunkte von »Lux aeterna«, auf die Clytus Gottwald hingewiesen hat, erweisen sich bei näherer Analyse als Knotenpunkte einer Gesamtform, welche den Text direkt in Musik setzt, formal wie inhaltlich.[47] Das heißt, sie untermalt den Text nicht, ist nicht bloßes Transportmittel, sondern sie sagt den Text selber aus, schafft ihn in klangliches Äquivalent um. In formaler Hinsicht spiegeln Form und Klangstruktur von »Lux aeterna« die symmetrische Textanlage; den beiden *Domine*-Anrufen entsprechen die Terz-Quart-Schichtungen, und der Klangprozeß des letzten Abschnitts (*et lux perpetua luceat eis*) kehrt jenen des Anfangs um: vom Oktavklang zur Sekundtrübung in tiefer Lage.[48]

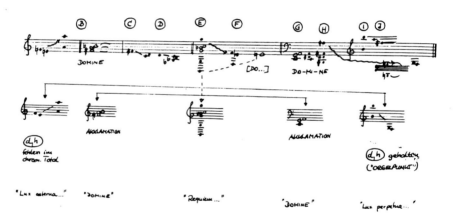

Bsp. 10: Musikalische und textliche Symmetrien in Ligetis »Lux aeterna« (*Gruhn*, Textvertonung 514).

---

stehn«; vgl. bei *Gramann*, Ästhetisierung 240—244: »Zwischenbetrachtung: Die Aufhebung der gerichteten Zeit bei B. A. Zimmermann und G. Ligeti«; *Dopheide*, Musikhören 65—69.

[47] S. die Analysen bei *Beuerle*, Entgegnung 280, und bei *Gruhn*, Textvertonung 512f. *Gruhn* weist darauf hin, daß diese Sprachbehandlung in »Lux aeterna« ähnlichen Verfahren bei Pierre Boulez entspreche: der Text ist Kern der Musik, ohne selbst noch anwesend zu sein; s. näher ebd. 512f mit Bsp. 5.

[48] Die Bezüge von Anfang und Schluß zum zentralen ›Pfeiler‹-Akkord *fis-a-h* (*Domine*), wie sie *Gruhn* aus den Grenzen der beiden Klangfelder ableitet (Anfang: *efa*, Schluß: *fgh*), wirken allerdings recht gesucht, als bloße »Augenmusik«: denn in beiden Fällen handelt es sich bei Gruhns »Grenzen des Klangfeldes« — ganz abgesehen von der Problematik, lineare Verläufe zu Klangfeldern zu schichten — um große Terzen mit (kleiner bzw. großer) Untersekunde.

Daß der Communio-Text der Totenmesse bei Ligeti über die formalen Aspekte hinaus auch inhaltlich in der musikalischen Struktur aufgehoben ist, zeigt sich an mehreren Stellen. So heben sich die beiden *Domine* durch Klarheit und Einfachheit von den umgebenden Klangflächen ab und sind dadurch musikalischer Fixpunkt, der auf den liturgischen, *Domine*, verweist.[49] Ebenso läßt sich aus der klanglichen Aufwärtsbewegung des Anfangs eine Transformierung der Textaussage heraushören: »Diese Entwicklung vom ›f‹ mit zunehmender Trübung in einer immer dichter werdenden Klangfläche zum reinen Oktavklang oder, anders ausgedrückt, die Aufwärtsbewegung vom diffusen Klangfeld in tiefer Sopran-Lage in die vollkommene Konsonanz in einem höheren Register nimmt für sich schon musiksprachliche Bedeutung an, die dem begrifflichen Text ›lux aeterna luceat eis‹ genau entspricht. Die Zielgerichtetheit der musikalischen Klangentwicklung, die in tonaler Musik die Funktionsharmonik garantierte, wird hier von der Strukturierung des Klangfeldes übernommen und emotionell verstanden. Die Klangentwicklung des ersten Abschnitts kann dadurch inhaltlich besetzt werden mit der Bedeutung der Aufhellung, des Aufleuchtens.«[50]

6. Ewigkeit des Leidens — Utopische Stimmigkeit

Was läßt sich als Gehalt des musikalischen Sinngefüges »Lux aeterna« bestimmen? Für Dieter Schnebel ist in Ligetis Komposition »die Lux aeterna musikalisch zum Leuchten gebracht. Die gleichsam endlosen Invokationen des Beginns und die ausgesponnenen morendos gegen den Schluß verwischen die zeitlichen Grenzen der Musik: das Stück endet nicht, sondern verschwindet in der Ferne, aus der es kam, also auch die Ewigkeit bedeutend, von der es singt.«[51] Dieser symbolische[52], mit der Textaussage kongruente Bedeutungsgehalt »Ewigkeit« läßt sich einerseits als »wahre Ewigkeit des Leidens« (Clytus Gottwald), andererseits als »Bild totaler Stimmigkeit« mit der »Chance zu kritischer Utopie« (Hans Michael Beuerle) konkretisieren.

Gottwald beruft sich bei seiner Interpretation auf den Einsatz von Frauenstimmen in Takt 61 (*Requiem*), welche die Männerstimmen des vorangegan-

---

[49] Nach *Gruhn*, Textvertonung 513.
[50] Ebd. 512.
[51] *D. Schnebel* im Begleitheft zur LP Wergo 60026 »Neue Chormusik I«.
[52] Symbolische Funktion erhält Musik, so *Hansheinrich Eggebrecht*, »wenn ihr Sinn sich nicht in dem Wirklichkeitszusammenhang erfüllt, der ihr das Dasein gibt, sondern wenn sie darüber hinaus noch etwas anderes bedeuten soll.«: Art. »Symbol«: Riemann Musiklexikon/Sachteil, Mainz [12]1967, 921.

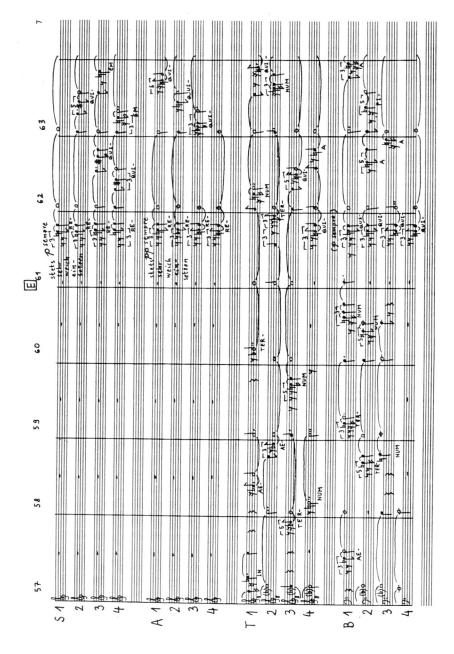

Bsp. 11: *György Ligeti,* Lux aeterna, Erste Ausgabe (Faksimile), Frankfurt: Littolff/Peters, 1967; Takte 57—63 (wiedergegeben nach *Clytus Gottwald,* Lux aeterna, 14).

genen Abschnitts zum Tutti ergänzen: »Das dünne Männerstimmenband birst unter dem Einsatz aller Stimmen: trotz des vorgeschriebenen *pp* immer ein Moment gewaltloser Gewalt« (s. Bsp. 11). Ligeti beschwöre an dieser Stelle »das Schattenbild von Diskontinuität«, und daraus sei zu folgern: »Das ewige Licht verliert dadurch den falschen Schein einer Jenseitigkeit, in der die Menschen endlich den Frieden gefunden haben, um den sie im Leben gebracht wurden. Meist haben Requiem-Vertonungen sich durch das affiziert, was an bürgerlichem Totenkult sich in ihnen bestätigt wissen wollte: der Dumpfheit der Trauer folgte das ätherische Gesäusel vom jenseitigen Frieden. Das ewige Licht erscheint in Lux aeterna jedoch als verschwindendes, als Vorhang, der — weggezogen — den Blick freigibt auf die wahre Ewigkeit, jene des Leidens. Die Spur der Unterdrückten, der Gefolterten, Geschlachteten, Geräderten, Gehenkten gräbt sich in die Musik selbst ein. Dort, wo sie ihre schöne Kontinuität zerbricht, wo sie plötzlich die Kontrastscheu ablegt, und das schroffe Tutti ohne sichtbare Vermittlung ausbricht, erklärt sie den Trost, den sie spendet, zum schwachen. Aus solchen Momenten der Wahrheit bezieht Ligetis Musik ihre unverrückbare Authentizität.«[53]

Dieser Interpretation Gottwalds hält Hans Michael Beuerle entgegen, daß der Notentext in keiner Weise ein intendiertes Bersten des Klangbandes beim *Requiem*-Einsatz erkennen lasse: Bässe und Tenöre überspannen mit ihren kanonisch geführten Stimmverläufen den Tutti-Einsatz, und auch die Anweisung »stets sehr weich einsetzen« (in der gedruckten 2. Auflage um weitere Bezeichnungen ergänzt) spreche gegen ein schroffes Tutti.[54] »Lux aeterna« bedeute deshalb, so Beuerle, keineswegs eine »Ewigkeit des Leidens«: »So wie alle auf Autonomie hin angelegten Werke, deren Linie vielleicht tatsächlich schon bei den Niederländern ansetzt, hat ›Lux aeterna‹ — durch totale Integration seiner musikalischen und sprachlichen Entwicklung — sein Soziales nicht in der Wiederspiegelung sozialen Unrechts, sondern in seiner Abkehr von gesellschaftlicher Heteronomie. (...) Nicht erklärt diese Musik

---

[53] *Gottwald*, Lux aeterna 16f. In seiner ablehnenden Haltung gegenüber »affirmativem« Schönklang in der Geistlichen Musik stimmt Gottwald mit dem Theologen und Komponisten Dieter Schnebel überein, welcher für eine »negative geistliche Musik« plädiert: Biblische Texte »dürfen keinesfalls musikalisch entschärft werden, wie es leicht durch schönen Gesang geschieht. Eine Gebetskomposition, welche die Worte in warmen Klang einhüllt, verrät ihren Inhalt, dessen Voraussetzung die Absenz von Wärme. Und Lobpreis, wo Jubel nicht auch von höllischen Verhältnissen kündet, denen er sich entringt, verklärt das Bestehende.« (*D. Schnebel*, Musica sacra ohne Tabus: Melos 35 [1968] 371—376, hier 376).
[54] *Beuerle*, Entgegnung 279f. — Die in der Druckfassung an der besagen Stelle von »Lux aeterna« (s. Bsp. 11) hinzugekommenen bzw. geänderten Anweisungen sind: Takt 59, Tenor + Baß: »(senza diminuendo!)«; Takt 61, Sopran + Alt: »pp sempre«, Baß: »(pp sempre)«.

den Trost, den sie spendet ›durch immanente Brüchigkeit zum schwachen‹, sondern als Bild totaler Stimmigkeit birgt sie die Chance zu kritischer Utopie.«[55]

7. Das leuchtende Dunkel

Kurz vor seinem Tod hat der 1975 verstorbene Philosoph Wilhelm Weischedel die folgenden Zeilen aufzeichnen lassen:

> »Im dunklen Bechergrund
> Erscheint das Nicht des Lichts.
> Der Gottheit dunkler Schein
> Ist so: Das Licht des Nichts.«[56]

Diese Äußerung »im Schatten des wirklichen Todes« ist, so der Freiburger Religionsphilosoph Bernhard Welte, eines jener Zeugnisse dafür, wie aus der Erfahrung des Nichts, jener Grunderfahrung an der Grenze der Moderne, eine neue religiöse Erfahrung hervorgehen kann: »Der dunkle Bechergrund ist offenbar der Rest des zu Ende getrunkenen Lebens. Er ist dunkel, weil er dem den Becher zu Ende Trinkenden als das Nichts des Lichts, also das reine Dunkel oder das reine Nichts, erscheint. Aber dieses Dunkel oder dieses Nichts *erscheint*: Es zeigt sich, es gibt sich zu erfahren. Und dieser dunkle Schein wird mit einer jähen und doch leisen Wendung zum Scheinen der Gottheit. In dieser Wendung lichtet sich das Dunkle und hellt es sich auf, ohne aufzuhören wie Dunkel und Nichts zu erscheinen.«[57]

Eine Wende von der Erfahrung des Nichts zu einer neuen religiösen Erfahrung, wie sie Welte auch in den Dichtungen von T. S. Eliot und Paul Celan sowie im Denken von Karl Jaspers angesprochen sieht, könne freilich ebensowenig andemonstriert werden, wie sie eine bereite und offene Geisteshaltung voraussetze: »Ohne diese Bereitschaft zur Freiheit werden sie (sc. jene Erfahrungen) gar nicht erst gemacht. Dies ist auch der wichtigste Grund dafür, daß bestimmte Grunderfahrungen eines ganzen Zeitalters de facto selten vorkommen, obwohl es Grunderfahrungen wirklich des ganzen Zeitalters sind. Und darum bedarf es einer großen und furchtlosen Bereitschaft des

---

[55] *Beuerle*, Entgegnung 281.
[56] Mit Erlaubnis der Witwe des verstorbenen Philosophen zuerst veröffentlicht bei *B. Welte*, Religiöse Erfahrung heute und Sinnerfahrung: *G. Stachel u.a. (Hgg.)*, Sozialisation, Identitätsfindung, Glaubenserfahrung, Zürich 1979, 130; wieder abgedruckt bei *Welte*, Licht 54.
[57] *Welte*, Licht 54f.

Denkens. Und es bedarf auch der prophetischen Denker und Dichter. Von solchem Denken und von solchen Zeugen her kann der Grund der entscheidenden Erfahrung freigelegt werden.«[58] Zu diesen Zeugen in unserer »ebenso verwirrten wie großartigen Zeit« (Welte) dürfen neben den Dichtern und Denkern ganz sicher auch Maler, Film- und Liedermacher und gewiß auch Rockmusiker gezählt werden.[59] Dazu gehören aber auch jene Komponisten, die in ihren ernsten Werken die Spannung und die Wendung zum Übergang zwischen dem »Nicht des Lichts« und dem »Licht des Nichts« Klang werden lassen.[60]

---

[58] Ebd. 56. — Diese Gedanken Weltes hätten gewiß die Zustimmung des 1965 verstorbenen protestantischen Theologen und Philosophen Paul Tillich gefunden; denn dieser hat mehrfach in seinen Werken betont, daß gerade in den Künsten der Gegenwart die »religiöse Frage« ihren Ausdruck findet: »Die Künste ... öffnen eine Dimension der Realität, die sonst verborgen ist, und sie öffnen unser eigenes Wesen zur Aufnahme dieser Realität. Nur die Künste können das tun. Die Wissenschaft, Philosophie, moralisches Handeln und religiöse Hingabe können das nicht ... Wenn die Kunstwerke öffnen und offenbaren, was verschlossen und verborgen war, dann muß ein Durchbruch in der künstlerischen Begegnung mit der Realität geschehen, ein Durchbruch durch die vertraute Oberfläche der Welt und unseres eigenen Selbst.« *Paul Tillich*, Rede zur Eröffnung der neuen Galerien und des Skulpturengartens des Museums of Modern Art, New York, 25. 5. 1964: *E. Seeberger/G. Lasson (Hg.)*, Der Mensch zwischen Bedrohung und Geborgenheit. Ein Tillich-Brevier, Stuttgart o. J. (1969) 57.

[59] Vgl. in diesem Band die Beiträge von Gabriele Bartz und Eberhard König (I, 487—528), Hermann Kurzke (I, 529—533), Fide Rädle (I, 333—340) und August Gerstmeier (I, 421—452). — Zur bisher weitgehend übersehenen bzw. verdrängten »daseinserschließenden« Funktion von Rockmusik auch für die religiöse Erziehung s. *A. Elbers*, Rockmusik und ihre Bedeutung für den Religionsunterricht. Eine anthropologische Grundlagentheorie religiöser Sozialisationsmöglichkeiten, (Elementa Theologiae 2), Frankfurt u. a. 1984.

[60] Bei diesen künstlerischen Werken unserer Zeit ist es für Paul Tillich dann gerade der hohe Anteil an Unvertrautem, »Unerhörtem« im Wortsinne, welcher den »Durchbruch durch die vertraute Oberfläche der Welt und unseres eigenen Selbst« ermöglicht: »Nur wenn die Dinge so, wie sie gewöhnlich gesehen, gehört und berührt werden, zurückgelassen werden, kann Kunst etwas aus einer anderen Dimension des Universums offenbaren. Ohne unsere natürliche Anhänglichkeit an das Vertraute zu durchbrechen, kann die Macht der Kunst uns nicht ergreifen.« (*Tillich*, Rede zur Eröffnung 57 [wie in Anm. 58]).

C. Bibliographie

1. Im Text vorgestellte Musikwerke (Schallplattenangaben [LP/MC]: Stand September 1985)

Eimert, Herbert, Epitaph für Aikichi Kuboyama, für Sprecher und Sprachklänge, 1960—1962; LP: Wergo 60014.

Ligeti, György, Lux aeterna, für 16-stg. gem. Chor (oder 16 Solostimmen) a capella, Frankfurt: Litolff/Peters 1967. ²1968; LP: DG Orbis 63211, DG 137004, Wergo 60026, Schwann HL 00211.

Nono, Luigi, Ricorda cosa ti hanno fatto in Auschwitz, für Stimmen und Tonband, 1965; LP: Wergo 60038.

Penderecki, Krzysztof, Dies Irae. Oratorium ob memoriam in perniciei castris in Oświecim necatorum inextinguibilem reddendam, für 3 Solostimmen, gem. Chor und Orchester, Celle: Moeck 1967; LP: Philips 839701 LY, Philips 5839701.

Ders., Threnos. Den Opfern von Hiroschima, Klagegesang für 52 Streichinstrumente, Kraków: Polskie Wydawnictwo Muzyczene 1960; LP: EMI C 605—02484, EMI 065—102484—1Q.

2. Weitere musikalische Werke nach 1945 (Schallplattenangaben [LP/MC]: Stand September 1985)

Adamis, Michael, Apokalypse für Sprecher, Klavier, Knabenchor, zwei Stereo-Magnetophone und Generatoren, 1967.

Britten, Benjamin, War Requiem op. 66, 1962; LP: EMI 1 C 165 1077573 (2 LP) [s. die Besprechung von *Gerhard R. Koch* in NMZ 1984/I, 36].

Cardy, Patrick, Apokalypsis, 1980.

Chion, Michel, Requiem en deux temps et dix mouvements, sur des textes de la messe des Funérailles, 1972/1973; LP: INA-GRM AM 689—05.

David, Johann Nepomuk, Motetten von Tod und Ewigkeit; LP: FSM 53406 audite.

Dessau, Paul, Requiem für Lumumba, 1963.

Feldmann, Morton, Principle sound, für Orgel, London: Universal Edition 1980.

Fišer, Lubos, 15 Stücke nach Dürers Apokalypse, 1968.

Fietz, Siegfried [Musik und Gesang] / *Schwarz, Christian A.* [Texte] / *Knoop-Schellbach, Margret* [Bilderzyklus], Über den Tod hinaus, 1983; LP: Abakus 90057.

Forest, Jean Kurt, Die Blumen von Hiroschima, Oper, 1967.

Hamel, Peter Michael, Bardo, 1981; LP: Kuckuck E.R.P. Musikverlag 2099.

Ders., Von Traum und Tod, Drei Orchesterstücke, Kassel: Bärenreiter 1980.

Henry, Pierre, Apokalypse de Jean, Elektronische Lesung für einen Recitator und 44 Lautsprecher, 1969.

Hrušovský, Ivan, Hiroschima, Kantate für Rezitator, Koloratursopran, gemischten Chor und Orchester auf Worte von R. Skukáleks, 1959; LP: Supraphon SU A 18753.

Huber, Klaus, Erniedrigt — Geknechtet — Verlassen — Verachtet, für Mezzosopran, Tenor/Sprecher, Baßbariton, Knabenstimme, 16 Einzelstimmen, gemischten Chor, 47 Instrumentalisten, 1 Chor-, 3 Neben- und 1 Hauptdirigent, Tonbänder, 2—3 Videomonitore, 8 Lautsprecher, Uraufführung Amsterdam 1981 (vorläufige Fassung), Donaueschingen 1983.

Ders., Inwendig voller Figur, Oratorium, 1970/1971.

Huber, Nicolaus A., Parusie. Annäherung und Entfernung, für großes Orchester, 1967; LP: HM DMR 1016/18.

Kagel, Mauricio Raúl, Die Erschöpfung der Welt, 1980.

Kelemen, Milko [Musik] / *Arrabal, Fernando* [Text] / *Kieselbach, Edmund* [Multimedia und Objekte], Apokalyptica. Visionen nach dem Buch der Bücher, Ballettoper, 1979.

Klebe, Gieselher Wolfgang, Der jüngste Tag, 1980.

Kolman, Peter, Monumenta per 6000000, 1964/65; LP: Supraphon 0120472.

Janssens, Peter [Musik] / *Barth, Friedrich Karl* und *Horst, Peter* [Text], Uns allen blüht der Tod. Ein Fest für die Lebenden, Telgte: Peter Janssens Musik Verlag 1980; LP: pietbiet 1033/1034.

Ligeti, György, Requiem, für Sopran und Mezzosopran, zwei gemischte Chöre und Orchester, 1965; LP: Wergo 60045.

Lutoslawski, Witold, Trauermusik [Musique funèbre] für Streicher [gewidmet Bela Bartok † 1940]; LP: FSM 31 035; EMI 165-03231/36 Q; DCA 91 605.

Mann, Wilfried, ... denn sie sollen getröstet werden. Tröstende Lieder und trostsprechende Worte gesungen und gesprochen von —; MC: Wetzlar: ERF 16003.

Manzoni, Giacomo, Atomtod, Oper in 2 Akten, 1965.

Messiaen, Olivier, Quatour pour la Fin du Temps; Violon, Clarinette en si bémol, Violoncelle et Piano, 1940; LP: FSM 31050, EMI 065-99 711 Q, DC Cap 1 184, DG 2531 093 IMS.

Mossmann, Walter / Goebbels, Heiner, Unruhiges Requiem, 1983; LP mit Textheft: Trokint US-0113 [s. die Besprechung von Hans-Klaus Jungheinrich in NMZ 1984/I, 38].

Müller-Medel, Tilo, Todesfuge nach Paul Celan, 1967.

Nono, Luigi, Canti di vita e d'amore. (1) Sul Ponte di Hiroshima, für Sopran und Tenor-Solo und Orchester, Mainz: Ars viva 1962; LP: Wergo 60067 und 60 051.

Oki, Masao, Kantate zum 17. Jahrestag der Bombardierung Hiroschimas, 1962.

Ders., Symphonie Fantasia Hiroshima, 1954.

Orff, Carl, De temporum fine comoedia, 1973; LP: DG 2530432 IMS.

Pärt, Arvo, Cantus in memory B. Britten; LP: ECM 1275, DG 817764-1.

Pauli, Guntram, Eiszeit — Reise ins Licht; LP: PTA Music München, 1982.

Ders./Kabitz, Christian/Haimerl, Klaus, Rock-Requiem. Concert for Orchestra, Choir and Band; LP: PTA Musik LC 8309.

Penderecki, Krzysztof, Polnisches Requiem, für vier Soli, Chor und Orchester, Uraufführung Stuttgart 1984 [s. den Bericht von *Peter Fuhrmann* in NMZ 1984/VI, 46].

Reimann, Aribert, Requiem, 1983; LP: EMI-Elektrola IC 2 LP 165 1467403 [s. die Besprechung von *Gerhard R. Koch* in NMZ 1984/I, 36].

Riehm, Rolf, Notturno für die trauerlos Sterbenden, für Gitarre solo [Motto: »Werft sie in die Kläranlage«, Vorschlag aus der Bevölkerung der BRD zur Bestattungsart dreier verstorbener Mitbürger im Jahr 1977], Uraufführung 1978, Faks. MusikT 6, Oktober 1984, 49—52; LP: Deutsche Austrophon Pro viva ISPV 118.

Schönberg, Arnold, A Survivor from Warsaw, for Narrator, Men's Chorus and Orchestra, op. 46, New York: Boelke 1949; LP: CBS 76577.

Skillings, Otis, Leben, [erstes deutsches evangelistisches] Musical, Stuttgart: Hänssler 1970; LP: JFC 1020.

Stäbler, Gerhard, Den Toten von Sabra und Chatila, Dortmund: Verlag »pläne« 1980.

Stockhausen, Karlheinz, Gesang der Jünglinge im Feuerofen, 1955—1956; LP: HM DMR 1007/09, DG 138 811 IMS.

Ders., Kathinkas Gesang als Luzifers Requiem, für Flöte und sechs Schlagzeuger, 2. Szene aus der Oper, »Samstag« aus »Licht«, Uraufführung Donaueschingen 1984.

Strawinsky, Igor, In Memoriam Dylan Thomas, für Tenor, Streichquartett und vier Posaunen, (Text von Dylan Thomas), San Francisco 1954.

Ders., Threni: Id est lamentationes Jeremiae Prophetae, für Soli, Chor und Orchester, San Francisco 1957/58.

Ders., Introitus (T.S. Eliot in memoriam), für Männerchor und Instrumente, San Franciso 1965.

Ders., Requiem canticles, für Soli, Chor und Orchester, (dem Andenken Helen Buchanan Seegers gewidmet), San Francisco 1965/66.

Webber, Andrew Lloyd, Requiem, London 1985; LP: EMI 27 02421.

Zeljenka, Ilja, Oświecym. Cantata per coro misto, due recitatori e grande orchestra, Praha/Bratislava: Supraphon 1960; LP: Supraphon SU A 18753.

Zimmermann, Bernd Alois, Ich wandte mich um und sah an alles Unrecht, das geschah unter der Sonne. Ekklesiastische Aktion für Sprecher, Baß-Solo und Orchester, 1970.

Zimmermann, Udo, Weiße Rose, 1967.

Ders., Wenn ich an Hiroshima denke, 1982.

3. Literatur

Adorno, Theodor W., Philosophie der neuen Musik, Frankfurt/Berlin/Wien 1948.

Bachmann, Claus-Henning, Klage, Anklage und Spuren einer Erfahrung. Vinko Globokars Anmerkungen zu seiner Komposition »Miserere«: NMZ 1983/IV, 25.

Ders., Der Traum überwindet den Tod. Uraufführung des Bratschenkonzertes von Detlef Müller-Siemens in Berlin: NMZ 1984/IV, 48.

Beuerle, Hans Michael, Nochmals: Ligetis »Lux aeterna«. Eine Entgegnung auf Clytus Gottwalds Analyse: Musica 25 (1971) 279—281.

Bibliographie — Diskographie: György Ligeti: Musik und Bildung 10 (1975) 524f.

Blankenburg, Walter, Neue Gottesdienstliche Musik — Notwendigkeit und kritische Maßstäbe: Kerygma und Melos (FS Christhard Mahrenholz), Kassel 1970, 402—412.

Bloch, Ernst, Zur Philosophie der Musik, ausgewählt und herausgegeben von *Karola Bloch*, Frankfurt 1974.

Briner, Andreas, Musikalische Erinnerung an Cathy. Luciano Berios »Requies« in Lausanne uraufgeführt: NMZ 1984/III, 48.

Brusatti, Otto / Metajka, Wilhelm / Wenzlik, Renate, Noch Zeit für Musikwissenschaft? (FS Othmar Wessely zum 60. Geburtstag), Tutzing 1982, 81—102.

Chion, Michel, Les musiques electroacustiques, Aix en Provence 1976.

Dahlhaus, Carl, Ist Gebrauchsmusik schlechte Musik?: Der Kirchenmusiker 23 (1972) 157—159.

Dopheide, Bernhard, Musikhören, Hörerziehung, (EdF 91), Darmstadt 1978.

Ehrenfort, Heinrich (Hg.), Humanität, Musik, Erziehung, Mainz 1981.

Eitner, Hannes, Das Hauptproblem war der Text. Über die Entstehung eines »Rock-Requiems«: NMZ 1982/IV, 15.

Elbers, Alfons, Rockmusik und ihre Bedeutung für den Religionsunterricht. Eine anthropologische Grundlagentheorie religiöser Sozialisationsmöglichkeiten, (Elementa Theologiae 2), Frankfurt/Bern/Nancy/New York 1984.

Evans-Wentz, W.Y. (Hg.), Das tibetanische Totenbuch, oder Die Nach-Tod-Erfahrungen auf der Bardo-Stufe, nach der englischen Fassung des Lama Kazi Dawa-Samdup, mit einer Einführung und einem psychologischen Kommentar von C.G. Jung, Zürich ⁵1953.

Ferrara, Lawrence, Phenomenology as a tool for musical analysis: Musical Quarterly 70 (1984) 355—373 [syntaktische, semantische und ontologische Bedeutungsschichten, dargestellt am Beispiel des »Poème électronique« von *Edgar Varèse*].

Fischer, Kurt von, Das Zeitproblem in der Musik: *R.W.Meyer (Hg.)*, Das Zeitproblem im 20. Jahrhundert, (Sammlung Dalp 96), Bern/München 1964, 296—317.

Forte, Allen u.a., Approaches to the Understanding of Contemporary Music: Kongreßbericht der IGMW Berkeley 1977, 762—775.

Fox, Michael Allen/Groarke, Leo (Hg.), Nuclear War. Philosophical Perspektives, New York/Bern/Frankfurt 1985.

Fuhrmann, Peter, Dem Zustand des Landes in Ansätzen gerecht. Pendereckis »Polnisches Requiem« unter Rostropowitch in Stuttgart: NMZ 1984/VI, 46.

Ders., Stockhausens Ewigkeit dauert eine Woche. »Samstag aus Licht« in Mailand mit der dritten Szene »Luzifers Tanz« als Uraufführung: NMZ 1984/III, 1+4.

Gottwald, Clytus, Politische Tendenzen der Geistlichen Musik: Württembergische Blätter für Kirchenmusik 1969, 154—161.

Ders., Lux aeterna. Ein Beitrag zur Kompositionstechnik György Ligetis, Dieter Schnebel gewidmet: Musica 25 (1971) 12—17.

Gramann, Heinz, Die Ästhetisierung des Schreckens in der europäischen Musik des 20. Jahrhunderts, (Orpheus-Schriftenreihe zu Grundfragen der Musik 38), Bonn 1984.

Graßmann, Bernd/Hoffmann, Raoul, Gemeinsamer Wunsch nach Himmelsklang? »Gegenübergestellt« Pink Floyd und Karlheinz Stockhausen — ein Unterrichtsmodell: NMZ 1984/IV, 27-31.

Gruhn, Wilfried, Strukturen und Klangmodelle in Pendereckis »Threnos«: Melos 38 (1971) 409—411.

Ders., Textvertonung und Sprachkomposition bei György Ligeti. Aspekte einer didaktischen Analyse zum Thema »Musik und Sprache«: Musik und Bildung 10 (1975) 511—519.

Ders., Musiksprache, Sprachmusik, Textvertonung: Aspekte des Verhältnisses von Musik, Sprache und Text, (Schriftenreihe zur Musikpädagogik), Frankfurt/Berlin/München 1978.

Ders., Reflexionen über Musik heute. Texte und Analysen, Mainz 1981.

Hamel, Peter Michael, Verstummen und Stille. Zwischen Abgrund und Urvertrauen: MusikT 9, April 1985, 37—40.

Hammerstein, Reinhold, Tanz und Musik des Todes. Die mittelalterlichen Totentänze und ihr Nachleben, Bern/München 1980.

Ders., Die Musik im mittelalterlichen Totentanz: Kongreßbericht der Gesellschaft für Musikforschung, Köln 1970, 417—423.

Hinz, Klaus-Michael, Bitte keine Expressionisten ..., Portrait von György Ligeti — aus Anlaß des 60. Geburtstages: NMZ 1983/IV, 4.

Huber, Klaus, Um der Unterdrückten willen. Gegen die Verdinglichung des Menschen und der Kunst, oder: Erschütterung des Bewußtseins — Stäubchen von Licht ...: MusikT 9, April 1985, 5—11.

Jankélevitch, Vladimir, La Mort, Paris 1977.

Jaspers, Karl, Die Atombombe und die Zukunft der Menschheit, München ⁷1983.

Karbusicky, Vladimir, Empirische Musiksoziologie, Wiesbaden 1975.

Korn, Peter Jona, E-Musik — was ist das eigentlich? Betrachtungen zur Ungleichbehandlung von E und U in der GEMA: Das Orchester 32 (1984) 323—326.

Krüger, Walther, Das Gorgonenhaupt. Zukunftsvisionen in der modernen bildenden Kunst, Musik, Literatur, Berlin 1972.

Ligeti, György, Auf dem Weg zu »Lux aeterna«: Österreichische Musikzeitschrift 24 (1969) 80—88.

Lück, Hartmut, Oratorium für die Entrechteten der Welt. Bei den Donaueschinger Musiktagen: Klaus Huber im Vordergrund: NMZ 1983/VI, 29.

Ders., Schneidetisch statt Noten-Vorlage. Luigi Nonos »Elektronische Partituren«: NMZ 1983/VI, 52.

Ders., Traditionelles und Apokalyptisches. Donaueschinger Musiktage 1984: Der gerade Weg führt oft zurück: NMZ 1984/VI, 47.

Mahrenholz, Ernst Gottfried, Musik im Zeitalter der Massenkommunikation: Kerygma und Melos (FS Christhard Mahrenholz), Kassel 1970, 413—423.

Marti, Kurt/Lüthi, Kurt/von Fischer, Kurth, Moderne Literatur, Malerei und Musik. Drei Entwürfe zu einer Begegnung zwischen Glaube und Kusnt, Zürich 1963.

Mayer, Günter, Materialpraxis bei Dessau. Zur Analyse des »Requiems für Lumumba«, 1968/1969: *Ders.*, Weltbild — Notenbild. Zur Dialektik des musikalischen Materials, Leipzig 1978, 395—454.

Mazanec, Brigitta, Der Weg ist das Ziel. Musik zwischen E und U bei den Darmstädter Frühjahrskursen [Bericht]: Musica 38 (1984) 355—357.

Munro, Susan, Musik in der Sterbehilfe, (Praxis der Musiktherapie 3), Kassel 1985.

Nordvall, Ove, György Ligeti. Eine Monographie, Mainz 1971.

Nyffeler, Max, Klaus Huber: »Erniedrigt — Geknechtet — Verlassen — Verachtet«: Melos 46/1 (1984) 17—43.

Oehlschläger, Reinhard, Etwas gegen die Gedächtnislosigkeit tun. Zu Klaus Hubers »Erniedrigt, Geknechtet, Verlassen, Verachtet«. Ein Gespräch: MusikT 1, Oktober 1983, 12—16.

Ders., Wohlformulierte Teufelsmusik. Zu Karlheinz Stockhausens »Samstag« aus »Licht«: MusikT 5, Juli 1984, 50—52.

Op de Coul, Paul, Sprachkomposition bei Ligeti: »Lux aeterna«: *Rudolf Stephan (Hg.)*, Über Sprache und Musik, Mainz 1974, 59—69.

Picht, Georg, Grundlinien einer Philosophie der Musik: Merkur 20 (1966) 710—728.

Richter, Christoph, Interpretation zu »Lux aeterna« von György Ligeti: Musik und Bildung 5 (1972) 237—241.

Röhring, Klaus, Neue Musik in der Welt des Christentums, München 1975.

Ders. (Hg.), neue musik in der kirche 1965—1983, Referate — Predigten — Dokumentation: 20 Jahre Neue Musik an St. Martin/Kassel, Hofgeismar 1983.

Rohde, Gerhard, Der Schrei als letzte elementare Äußerung. Szenische Uraufführung von Volker David Kirchners »Passion« in Wiesbaden: NMZ 1984/I, 15.

Rummenhöller, Peter, Möglichkeiten neuester Chormusik (Ligeti: Lux aeterna — Schnebel: Deuteronomium 31/6): *Egon Kraus (Hg.)*, Der Einfluß der Technischen Mittler auf die Musikerziehung unserer Zeit. Vorträge der siebten Bundesschulmusikwoche Hannover 1968, Mainz 1968, 311—317.

Salević, Marion, Die Vertonung der Psalmen Davids im 20. Jahrhundert. Studien im deutschen Sprachbereich, (Kölner Beiträge zur Musikforschung 87), Köln 1976.

Salmenhaara, Erkki, Das musikalische Material und seine Behandlung in den Werken »Apparition«, »Atmosphères«, »Aventures« und »Requiem« von György Ligeti, (Forschungsbeiträge zur Musikwissenschaft 19), Regensburg 1969.

Schmidt, Erich, Vom Umgang mit der Sprache in der neuen Musik: MuK 54 (1984) 170—179.

Schnebel, Dieter, Musica sacra ohne Tabus: Melos 35 (1968) 371—376.

Schuhmacher, Gerhard, Musikästhetik, (EdF 22), Darmstadt 1973.

Schwinger, Wolfram, Penderecki. Begegnungen, Lebensdaten, Werkkommentare, Stuttgart 1979.

Söhngen, Oskar, Musica sacra zwischen gestern und morgen. Entwicklungsstadien und Perspektiven in der 2. Hälfte des 20. Jahrhunderts, Göttingen 1978.

Ders., Zu Clytus Gottwalds Pamphlet »Politische Tendenzen der Geistlichen Musik«. Eine geharnischte Antwort: Kerygma und Melos (FS Christhard Mahrenholz), Kassel 1970, 394—401.

Spangemacher, Friedrich, Hiroshima in der Musik. Bemerkungen zu einigen Kompositionen mit dem »Thema« der nuklearen Bedrohung: Schweizerische Musikzeitung 120 (1980) 78—88.

Ders., Luigi Nono: Die elektronische Musik. Historischer Kontext — Entwicklung — Kompositionstechnik, (Forschungsbeiträge zur Musikwissenschaft XXIX), Regensburg 1983.

Stadelmaier, Gerhard, Grüß Gott, Apokalypse. Bericht über ein paar Versuche, den dritten Weltkrieg schreibend zu überleben: Die Zeit, Nr. 46 vom 9.11.1984, Literatur 5 [zu Werken von *A.A. Guha*, *M. Horx* und *U. Rabsch*, alle 1983 erschienen].

Stenzl, Jürg (Hg.), Luigi Nono. Texte, Studien zu seiner Musik, Zürich 1975.

Stilz, Ernst, Pendereckis »Lukas-Passion«. Versuch einer Gegenüberstellung mit Teilen der »Matthäus-Passion« von Bach: Musik und Bildung 2[61] (1970) 319—325.

Suppan, Wolfgang, Der musizierende Mensch. Eine Anthropologie der Musik, (Musikpädagogik, Forschung und Lehre 10), Mainz/London/New York/Tokio 1984.

Svilar, Maya (Hg.), »Und es ward Licht«. Zur Kulturgeschichte des Lichts, Bern/Frankfurt 1983.

Timmermann, Tonius, Musik durch Selbsterfahrung. Gedanken von und über den Komponisten Peter Michael Hamel: MusikT 4, April 1984, 14—18.

Umbach, Klaus, Commercio grosso wg. Händel, Bach, Schütz & Scarlatti. Nicht nur eine Glosse zum lautstark und international verkündeten »Jahr der Musik«: NMZ 1984/VI, 1+10.

Vogel, Martin, Die Zukunft der Musik, (Orpheus-Schriftenreihe 8), Düsseldorf 1968.

Welte, Bernhard, Das Licht des Nichts: Von der Möglichkeit neuer religiöser Erfahrung, (Schriften der katholischen Akademie in Bayern 93), Düsseldorf 1980.

Wörner, Karl H., Die Darstellung von Tod und Ewigkeit in der Musik. Musik zwischen Sterben und Leben: *Ders.*, Die Musik in der Geistesgeschichte. Studien zur Situation der Jahre um 1910, (Abhandlungen zur Kunst-, Musik- und Literaturgeschichte 92), Bonn 1970, 201—241.

Die Illustration des Totenoffiziums in Stundenbüchern

Gabriele Bartz — Eberhard König

A. Stand der Forschung

I. Allgemeine Voraussetzungen

Als Meisterwerke spätmittelalterlicher Buchkunst, vor allem aber auch als private Andachtsbücher von Fürsten und Königen, die nicht selten in den Miniaturen porträtiert sind, haben einzelne Stundenbücher immer zum wertvollsten Bibliotheksbestand gehört.[1] Die monographische Erschließung berühmter Exemplare stand für die Forschung im Vordergrund: Die kunstgeschichtliche Stellung der Buchmalereien und die Aufschlüsse über den ersten Besitzer bestimmen noch heute die zahlreichen Kommentarbände zu Stundenbüchern, die der Faksimilierung wert befunden wurden.[2]

Systematische Erforschung von Stundenbüchern war hingegen von Anfang an verbunden mit der Erschließung und Katalogisierung größerer Bibliotheken: Bisher unübertroffen blieb der Katalog der livres d'heures manuscrits der Bibliothèque nationale in Paris, den Abbé Victor Leroquais 1927 vorgelegt hat.[3] Seinem Vorbild folgend haben spätere Verfasser ihren Handschriftenkatalogen allgemeine Erörterungen über die Gattung des Stundenbuchs vorausgeschickt, zuletzt und besonders ausführlich Joachim M. Plotzek im zweiten Band von »Die Handschriften der Sammlung Ludwig« von 1982.[4]

Die Aufgabe der Katalogisierung gab auch Anlaß zu den wenigen Untersuchungen über gedruckte Stundenbücher.[5]

---

[1] Vgl. zuletzt *Hermann Köstler,* Stundenbücher. Zur Geschichte und Bibliographie: Philobiblon 28 (1984) 95—128.

[2] Einigermaßen vollständige Übersicht ebd. 108—114. Auf Grundeigenschaften der Handschriftengattung gehen besonders ein: *E. König,* Das vatikanische Stundenbuch Jean Bourdichons. Cod. vat. lat. 3781, Stuttgart 1984, sowie mit ausführlichen Exkursen: *Friedrich Gorissen,* Das Stundenbuch der Katharina von Kleve. Analyse und Kommentar, Berlin 1973.

[3] *Victor Leroquais,* Les livres d'heures manuscrits de la Bibl. nat., 3 Bde., Paris 1927; *Ders.,* Supplément aux livres d'heures manuscrits de la Bibl. nat., Paris 1943.

[4] *Joachim M. Plotzek,* Die Handschriften der Sammlung Ludwig II, Köln 1982, 11—47.

[5] *Paul Lacombe,* Livres d'heures imprimés au XVe et au XVIe siècles conservés dans les

II. Literatur zu Einzelfragen

1. Liturgiewissenschaftliche Beiträge

Da Stundenbücher nicht im strengen Sinne als liturgische Bücher gelten, hat sich die Liturgiewissenschaft nur selten mit ihnen auseinandergesetzt.[6] Nur einmal ist der Text einer Handschrift vollständig transkribiert worden: bei der Faksimilierung der Très Riches Heures des Herzogs von Berry 1984.[7] Eine textkritische Edition mehrerer Handschriften ist philologisch nicht sinnvoll, da die Überlieferung der einzelnen Textformulare so verworren ist, daß bisher kaum Ansätze zur Ermittlung von textverwandten Handschriftengruppen gemacht wurden.[8] An die Liturgiewissenschaft wären einerseits Fragen nach Ursprung, Geschichte und Wesen des Stundenbuchs im allgemeinen und andererseits Fragen nach der Zuordnung der Texte zu Diözesen oder Ordensgemeinschaften zu stellen. Zunächst hat man Stundenbücher nach der Heiligenauswahl in Kalendarien, Litaneien und Suffragien lokalisiert. Falconer Madan lieferte 1920 eine Liste von Textanfängen zur Bestimmung von Marienoffizien.[9] Erst Leroquais hat darauf hingewiesen, daß Marien- und Totenoffizien zusammen als breitere Grundlage der Zuordnung geeignet sind.[10] An gedruckten Exemplaren der Zeit um 1500 und den wenigen eindeutig ausgewiesenen Handschriften orientierte Leroquais eine umfangreiche Sammlung von Incipits, die noch heute als Hilfsmittel unentbehrlich ist, wenn sie auch nicht gedruckt vorliegt.[11]

---

bibliothèques publiques de Paris, Paris 1907; *Ruth Mortimer,* French 16th Century Books II (Harvard College Libr., Dep. of Printing and Graphic Arts, Cat. of Books and Manuscripts I), Cambridge 1964, 363—378.

[6] Ein in der Zeitschrift Scr. 27 (1973) 101 angekündigtes Projekt des Institut for Kirkehistorie der Universität Aarhus unter Leitung von Knud Ottosen hat offenbar bisher noch keine Veröffentlichungen gezeigt; dabei soll es um die Erforschung der Totenoffizien gehen. Ein Projekt in Los Angeles hat mit dem vorzeitigen Tod von Joe B. Truesdall leider ein Ende gefunden.

[7] *Raymond Cazelles/Johannes Rathofer,* Les Très Riches Heures du Duc de Berry. Kommentar zur Faksimile-Edition, Luzern 1984, 213—423.

[8] Auf mögliche Perspektiven solcher Untersuchungen hingewiesen hat *E. König,* Zur Lokalisierung von Stundenbüchern mit überregional verbreitetem Gebrauch: Mün. 31 (1978), 346—348.

[9] *Falconer Madan,* Hours for the Virgin Mary. Tests for Localization: The Bodl. Quarterly Rec. 3 (1920) 40—44.

[10] *Leroquais,* Livres d'heures I, XXXVIf.

[11] Die Sammlung trägt bezeichnender Weise den Titel »Les Heures imprimées«, Paris, Bibl. nat., o. Nr.; Kopien sind in einigen Handschriftenabteilungen großer Bibliotheken wie Berlin oder Oxford vorhanden.

2. Kunstgeschichtliche Beiträge

Wegen der Vielfalt von Dekorationsmöglichkeiten, wegen der Lokalisierungshinweise durch diözesane Zuordnung und wegen der großen Zahl vorzüglich ausgestatteter Exemplare sind Stundenbücher für die Kenntnis des Handschriften- und Buchwesens und insbesondere der Buchmalerei und Buchillustration von entscheidender Bedeutung. Großen Einfluß haben die Anregungen von Léon M. J. Delaissé ausgeübt, der von Stundenbüchern ausgehend zu einer umfassenden Handschriftenkunde des Spätmittelalters gelangen wollte, in der sich kunst- und buchgeschichtliche Aspekte ergänzen sollten.[12] Unabhängig davon hat John Plummer mit Hilfe neuartiger Textbestimmungen der Erforschung französischer Buchmalerei des 15. Jahrhunderts neue Wege gewiesen.[13]

Da jedoch weder Delaissé noch Plummer ihre Vorarbeiten zu einer allgemeineren Darstellung genutzt haben, bleibt man auf die Vorworte zu den Katalogen von Leroquais und Plotzek sowie auf einige Lexikonartikel verwiesen, zumal die bisher einzige Monographie zum Thema Stundenbücher, John Harthans Buch von 1977, einzelnen auffälligen Beispielen und ihren Besitzern gewidmet ist und die systematischen Fragen nur streift.[14]

3. Zur Illustration des Totenoffiziums

Die Darstellungen des Todes haben die kunstgeschichtliche Forschung immer wieder beschäftigt. In Émile Mâles Buch über die christliche Ikonographie am Ende des Mittelalters von 1908 gilt diesem Themenkreis besondere Aufmerksamkeit.[15] Bilder und Texte zur Ars moriendi[16], zum Toten-

---

[12] *Léon M. J. Delaissé*, The Importance of Books of Hours for the History of the Medieval Book: *Ursula E. McCracken / Lilian M. C. Randall / Richard H. Randall (Hgg.)*, Gatherings in Honor of Dorothy E. Miner (FS Miner), Baltimore 1972, 203—225.

[13] Auf unveröffentliche Textuntersuchungen gründen die Bestimmungen in dem Ausstellungskatalog: *John Plummer*, The Last Flowering. French Painting in Manuscripts 1420—1530, New York / London 1982; die Grundlagen dieser Arbeit sollen unter dem Titel »Beyond Use« publiziert werden (laut ebd. xiii).

[14] *John Harthan*, Books of Hours and Their Owners, London 1977, dt. Freiburg 1977.

[15] *Émile Mâle*, L'art religieux de la fin du moyen âge en France. Étude sur l'iconographie du moyen âge et sur ses sources d'inspiration, Paris ⁵1949 (repr. Paris 1974), 347—389. Zur Einstellung des Spätmittelalters zum Tod vgl. vor allem *Johan Huizinga*, Herbst des Mittelalters. Studien über Lebens- und Geistesformen des 14. und 15. Jhs. in Frankreich und in den Niederlanden, Stuttgart ¹¹1975 (Kurt Köster), vor allem 190—208. Die neueste Veröffentlichung, die wesentliche Aspekte des spätmittelalterlichen Denkens über den Tod berücksichtigt, ist: *Joseph L. Koerner*, The Mortification of the Image. Death as a Hermeneutic in Hans Baldung Grien: Representations 10 (1985) 52—101.
Das Interesse an den Bildvorstellungen zum Tode geht weit vor den Beginn der modernen Kunst-

tanz[17] und zur Legende von den drei Lebenden und den drei Toten[18] haben seither verschiedene Bearbeiter gefunden; dabei spielt selbstverständlich auch das Auftreten solcher Bildgegenstände in Stundenbüchern eine gewisse Rolle.[19] Nur dreimal jedoch gelten Beiträge ausdrücklich der Illustration von Totenoffizien: Alexandre de Laborde hat sich 1923 dem äußerst seltenen Thema des Todes, der einen Stier reitet, gewidmet, während Millard Meiss 1968 Bilder zu Totenoffizien in der Zeit um 1400 zusammenstellte und dabei eine der wichtigsten Umbruchphasen beleuchtete[20]; denn um 1400 dringen in die Illustration des Totenoffiziums, die bis dahin von Szenen aus der Beerdigungsliturgie bestimmt war, Darstellungen von Tod und Verwesung ein. Schließlich gab François Arné einen knappen, bebilderten Überblick über Todes- und Totenbilder in Stundenbüchern; dabei ging er jedoch von einer zu schmalen Materialkenntnis aus, um, wie angestrebt, den Zeitraum vom 13. bis zum 15. Jahrhundert abdecken zu können.[21]

III. Ausgangslage dieses Beitrags

Eine solide Grundlage für die Untersuchung von Illustrationen der Totenoffizien in Stundenbüchern bietet die Literatur nicht. Bezeichnend dafür ist der Umstand, daß nach den insgesamt zutreffenden Bemerkungen bei Leroquais und Plotzek[22] noch 1984 Hermann Köstler in einem sonst verdienst-

---

geschichtsschreibung zurück: *Gotthold Ephraim Lessing,* Wie die Alten den Tod gebildet, Berlin 1769.

[16] Zur Ars moriendi vgl. II, 1363—1370 in diesem Kompendium den Beitrag von *Balthasar Fischer.* Von kunsthistorischer Seite s. zuletzt: *Gorissen,* Katharina von Kleve 417—419; Bibliogr.: *Köstler,* Stundenbücher 107.

[17] *Stephan Cosacchi,* Makabertanz. Poesie und Brauchtum des Mittelalters, Meisenheim am Glan 1965; *Hellmut Rosenfeld,* Der mittelalterliche Totentanz, Köln und Graz ²1968; *Jean Wirth,* La jeune fille et la mort. Recherches sur les thèmes macabres dans l'art germanique de la Renaissance, Genf 1979.

[18] *Wilhelm Rotzler,* Die Begegnung der drei Lebenden und der drei Toten, Winterthur 1961.

[19] So weist *Rosenfeld,* Totentanz 156, auf »die unzähligen Stundenbücher mit Totentanz-Bildern«; doch handelt es sich dabei um gedruckte Exemplare mit Totentänzen als Bordürenbildern.

[20] *Alexandre de Laborde,* La mort chevauchant le boeuf. Origine de cette illustration de l'office des morts dans certains livres d'heures de la fin du XVe siècle, Paris 1923. Als »ganz verfehlt« von *Huizinga,* Herbst des Mittelalters 496, Anm. 25, bezeichnet. *Millard Meiss,* La mort et l'office des morts à l'époque du Maître de Boucicaut et des Limbourg: Revue de l'art 1 (1968) 17—25.

[21] *François Arné,* Les images de la mort dans les livres d'heures. XIIIe—XVe siècles: MD 145 (1981) 127—148.

[22] *Leroquais,* Livres d'heures I, XLVIII; *Plotzek,* Handschriften Ludwig II, 38 f.

vollen Aufsatz Darstellungen des Jüngsten Gerichts bei den Bildern zum Totenoffizium an erster Stelle nennen konnte.[23]

Zunächst einmal mußte versucht werden, eine statistische Basis zu schaffen. Dabei erschwerte der Stand der Katalogisierung die Arbeit: Zu Handschriften gibt es nur wenige Kataloge[24]; die Erfassung der gedruckten Ausgaben ist immer noch ungenügend.[25] Zudem benennen die Veröffentlichungen nur selten Texte und Miniaturen gleichermaßen; einzelne Bildgegenstände werden nicht auseinander gehalten: So werden für die verschiedenen Formen des Totenkultes im Kircheninneren die Begriffe »Totenmesse« und »Totenoffizium« synonym gebraucht.[26]

Gabriele Bartz hat eine Statistik der Illustration von Totenoffizien in weit über tausend Stundenbüchern erarbeitet; dazu dienten neben den Angaben in der Literatur vor allem die Notizen, die beide Verfasser bei ihren Studien zur französischen Buchmalerei des 15. und frühen 16. Jahrhunderts gemacht haben. Bodo Brinkmann steuerte seine Erfahrungen mit flämischen Stundenbüchern bei. Ein besonderes Schwergewicht auf französische Beispiele bleibt bestehen; doch ist dies auch von der Sache her gerechtfertigt, da die meisten erhaltenen Stundenbücher zwischen 1400 und 1530 in Frankreich geschaffen wurden. Freilich bleibt die hier vorgelegte Untersuchung von einer wirklichen Erfassung des Bestandes weit entfernt. Wir hoffen jedoch, daß weitere Forschungen nicht zu einer Revision des Gesamtbildes führen werden; sicher aber wird sich zeigen, daß manches, was uns jetzt noch als einzigartiger Sonderfall erscheint, nicht ganz so einzigartig ist.[27]

---

[23] *Köstler,* Stundenbücher 99.

[24] Ebd. 102 f Bibliographie der wichtigsten Kataloge. Eigene Stundenbuchkataloge gibt es nur für die Bibl.nat. in Paris, die Darmstädter Bibliothek und die Vatikana.

[25] Vgl. oben Anm. 5 sowie *Hanns Bohatta,* Bibliographie der livres d'heures (Horae B. M. V.), officia, hortuli animae, coronae B. M. V., rosaria, cursus B. M. V. des XV. und XVI. Jhs., Wien 1909; enthält 1447 Einträge, verzichtet auf die Exemplare für englischen Gebrauch und ist auch sonst — verständlicherweise — nicht vollständig.

[26] So ändert beispielsweise *Millard Meiss* in seinen drei Bänden: French Painting in the Time of Jean de Berry, London/New York 1966—1974, die Bezeichnungen in den Bildunterschriften, ohne daß sich die Bildthemen änderten.

[27] Erfaßt sind die Bestände der Bibl. nat. in Paris, der British Library, London, die meisten Stundenbücher der Pierpont Morgan Libr., New York und der Walters Art Gallery, Baltimore; dazu alle in Londoner Kunstauktionen der letzten beiden Jahrzehnte verkauften Stundenbücher, soweit sie vom Courtauld Institute, London, photographiert wurden. Nützlich waren zudem die Bücher von *Meiss, Plummers* »Last Flowering« und die Wiener Handschriftenkataloge von *Hermann Julius Herrmann* und *Otto Pächt* mit *Ulrike Jenni* und *Dagmar Thoss.*

B. Totenoffizien und ihre Illustrationen

I. Die Gattung Stundenbuch

1. Definition und Inhalt

Stundenbücher nennt man die Handschriftengattung, die sich etwa gleichzeitig mit dem Brevier entwickelt hat[28] und dem Wunsch Rechnung trägt, das liturgische Gebet der Geistlichen in einfacherer Form dem Laien zugänglich zu machen. Zwar gehen Stundenbücher in ihren Grundtexten nicht auf den Ablauf des Kirchenjahres ein; doch finden sich in vielen Exemplaren Zusätze, die den wichtigsten Teil, das Marienoffizium, im Jahreslauf abwandeln.

Zum Grundbestand eines Stundenbuchs gehören ein Heiligenkalender, das Marienoffizium, die Sieben Bußpsalmen mit Heiligenlitanei und das Totenoffizium. In allen europäischen Sprachen enthält die Bezeichnung den Begriff »Stunde«; dies ist darauf zurückzuführen, daß das Marienoffizium von Matutin bis Completorium und das Totenoffizium von Vesper bis Laudes dem geistlichen Stundengebet entsprechend aufgebaut sind. Ebenfalls nach Stunden aufgeteilte Texte, die alter Terminologie gemäß als »Horen« oder »Offizien« zu bezeichnen sind (je nachdem ob sie ohne oder mit Psalmen ausgestattet sind), treten hinzu: Am beliebtesten sind die Horen des Heiligen Kreuzes und die Horen des Heiligen Geistes, seltener Horen für die einzelnen Wochentage. Recht häufig waren Passionsoffizien, während nur selten Heilige mit Horen oder gar Offizien geehrt wurden. Fast alle Stundenbücher enthalten zudem Heiligensuffragien, meist im Anschluß an das Totenoffizium. Vier Abschnitte aus den Evangelien, oft ergänzt durch die Passion nach Johannes, geben in der Regel eine Art kurzgefaßter Heilsgeschichte. Zu diesem Bestand, der in sich bereits variieren kann, kommt eine Vielfalt von Texten wie Mariengebete, Verserzählungen und ähnliches hinzu. Auch eine kleine Auswahl von Messen ist möglich. Das Angebot an Variation war offenbar so reich und wurde auch so ausgiebig genutzt, daß es unter den erhaltenen handgeschriebenen Stundenbüchern kaum zwei miteinander völlig übereinstimmende Exemplare geben dürfte.[29]

---

[28] *Delaissé*, Importance of Books of Hours 204, konnte auf eine im 11. Jahrhundert für Benediktinerinnen in Zara geschaffene Handschrift hinweisen, die alle Eigenschaften eines Stundenbuchs (freilich noch ohne Totenoffizium) hat: Oxford, Bodl. Libr., Ms. Canon Liturg. 277. Zur Geschichte des Breviers zuletzt: *Pierre Salmon*, L'office divin au moyen âge. Histoire de la formation du bréviaire du IXe au XVIe siécle, (LO 43), Paris 1976.

[29] Selbst bei gedruckten Pariser Stundenbüchern war es offenbar möglich, aus dem Angebot

TAFEL I   Paris, BN, lat. 9471, fol. 159: Toter auf dem Friedhof
(Grandes Heures de Rohan, Frankreich um 1430?)

Abb. 1   Chantilly, Musée Condé, Ms. 71, Einzelblatt: Begräbniszug
(Stundenbuch des Étienne Chevalier, Jean Fouquet um 1455)

Abb. 3 Baltimore, Walters Art Gallery, Ms. W. 287, fol. 149: Totenmesse (Stundenbuch für Paris, Maler des Harvard Hannibal um 1425)

Abb. 2 Kunsthandel, Pariser Stundenbuch: Totenfeier mit Szenen des Totenbrauchs in der Bordüre (Maler der Münchner Légende dorée, um 1430/40)

TAFEL II　Berlin, SMPK, KK, 78 C 4, fol. 128v: Begräbnis (Stundenbuch des Boucicaut-Malers, Paris, kurz nach 1400)

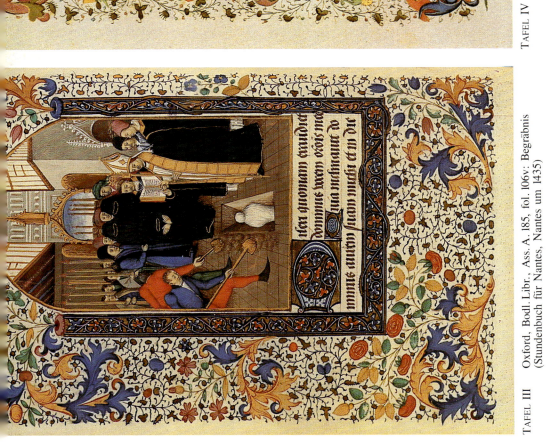

TAFEL III Oxford, Bodl. Libr., Ass. A. 185, fol. 106v: Begräbnis (Stundenbuch für Nantes, Nantes um 1435)

TAFEL IV New York, PML, Morgan 917, S. 180: Sterbezimmer (Stundenbuch der Katharina von Kleve, Utrecht? um 1440?)

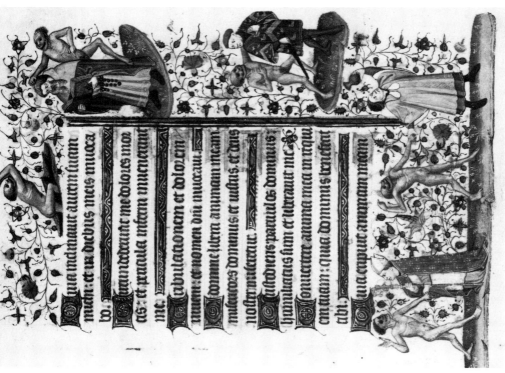

Abb. 4 Paris, BN, Rothschild 2535, fol. 108v und 109r: Totenmesse und Totentanz in der Bordüre (Maler der Münchner Légende dorée, um 1430/40)

Abb. 6 Kunsthandel, Pariser Stundenbuch: Begräbnis mit Kampf um die Seele (Bedford-Maler, um 1430)

Abb. 5 Stockholm, Nationalmuseum, B. 1664, fol. 125: Einsegnung auf dem Friedhof (Stundenbuch des Malers der Jeanne de Laval, Angers um 1450)

TAFEL VII Berlin, SMPK, KK, 78 B 12, fol. 220v und 221r: Drei Lebende und Drei Tote; Tod als Totengräber (Stundenbuch der Maria von Burgund, Gent oder Brügge um 1480)

Abb. 7 Kunsthandel, Stundenbuch: Begräbniszug (Maler von Poitiers 30, kurz nach 1450)

Abb. 8 Kunsthandel, Stundenbuch: Begräbnisszenen mit Ijob (Frankreich, 2. Hälfte 15. Jh.)

Abb. 9 Paris, BN, lat. 923, fol. 69v: Gastmahl des Reichen
(Paris oder Rouen um 1500)

Abb. 10 Paris, BN, lat. 923, fol. 70: Der Reiche in der Hölle
(Paris oder Rouen um 1500)

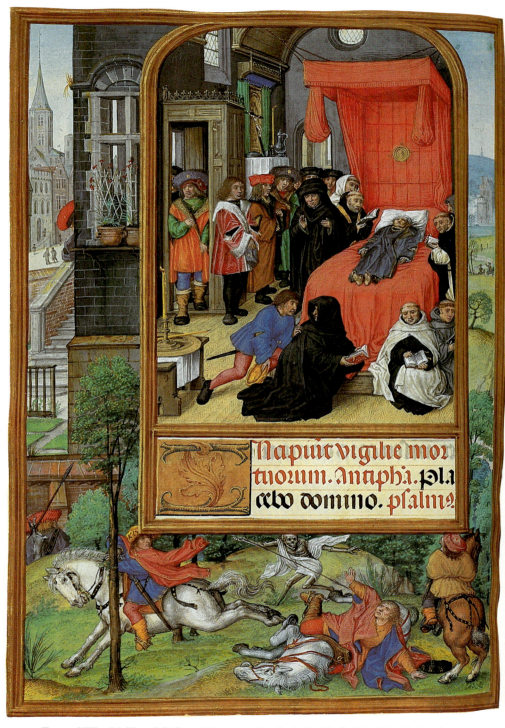

TAFEL VIII Malibu, J. P. Getty Museum, Ms. Ludwig IX 18, fol. 184v: Sterbezimmer (Spinola-Stundenbuch, Gerard Horenbout? Anfang 16. Jh.)

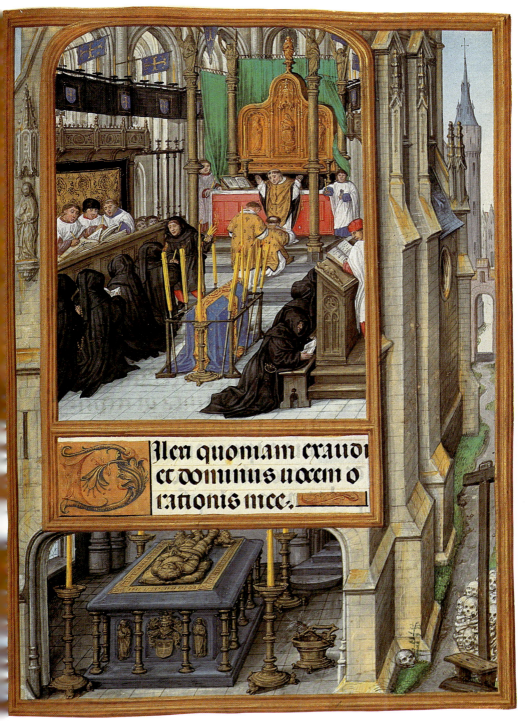

TAFEL IX Malibu, G. P. Getty Museum, Ms. Ludwig IX 18, fol. 185r: Totenfeier (Spinola-Stundenbuch, Gerard Horenbout? Anfang 16. Jh.)

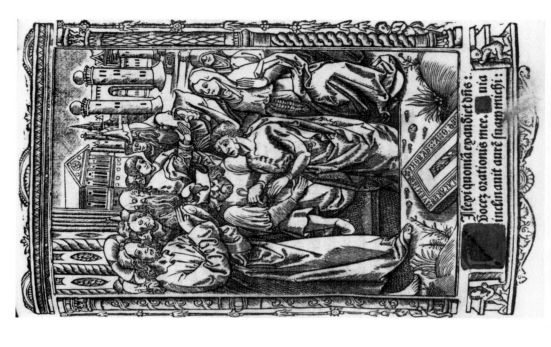

Sequuntur vigilie mortuorum.
Ad vesperas. an. Placebo. Psalmus.

Dilexi quoniam exaudiet dñs:
vocẽ orationis mee. Quia
inclinauit aurẽ suam michi:

Abb. 13 Kunsthandel, Stundenbuch: Der Tod auf dem Grabe, mit einem Spiegel (Frankreich, mit Inschrift: *1484. 28. septenbris. fuit hic inh[u]m[atus]*)

Abb. 12 Kunsthandel, Stundenbuch: Der Tod bedroht die Witwe (?) (Frankreich, 3. Viertel 15. Jh.)

TAFEL X Berlin, SMPK, KK, 78 B 13, fol. 9v: Erweckung des Lazarus (Stundenbuchfragment, Simon Marmion um 1480?)

2. Geschichte und Verbreitung

Die Anfänge des Stundenbuchs gehen, wie Delaissé nachweisen konnte, zumindest ins 11. Jahrhundert zurück.[30] Schon 1229, lange bevor eine dichte Handschriftenüberlieferung einsetzt, hatte die Amtskirche Anlaß, den Gebrauch dieses Buchtyps zu reglementieren: Die Synode von Toulouse gestand den Laien zwar das Marienoffizium zu, jedoch nur in lateinischer Sprache; dies wird ein wesentlicher Grund dafür sein, daß volkssprachliche Elemente auch in späteren Jahrhunderten nur ausnahmsweise aufgenommen wurden.[31] Doch erst allmählich sollte das Stundenbuch den Psalter als beliebtestes Gebetbuch für Laien verdrängen. Im 14. Jahrhundert setzte sich das Stundenbuch am französischen Königshof in Paris durch. Von dort aus ließen sich andere Fürsten, bald aber auch wohlhabende Bürger inspirieren. In Frankreich beherrschte das Stundenbuch Handschriftenproduktion und Buchdruck des Spätmittelalters und der Renaissance. Die burgundischen Länder, Oberitalien und England folgten. In Spanien entstanden zwar auch Stundenbücher, die kostbarsten importierte man jedoch aus Flandern.

Nur in Holland hielt man sich, unter dem Einfluß Geert Grotes und der Devotio moderna, nicht an den Vorrang des Lateinischen. Niederländische und niederdeutsche Fassungen waren auch am Niederrhein bis Köln beliebt.[32] Sonst spielte das Stundenbuch in Deutschland keine Rolle. Man bevorzugte fast ausschließlich deutschsprachige Gebetbücher ohne Stundeneinteilung. Deutsche Fürsten, die ein Stundenbuch besaßen, erhielten es in der Regel während ihrer Aufenthalte in Burgund.[33] Der Buchdruck hat sich zwar erst recht spät des Stundenbuchs angenommen; doch seit den 1480er

---

eines Druckers sich ein Stundenbuch nach eigenen Wünschen so zusammenzustellen, daß Exemplare einer Auflage erheblich untereinander verschieden sein können.

[30] Vgl. oben Anm. 28.

[31] Vgl. *Hermann Hauke/Hermann Köstler,* Das Eichstätter Stundenbuch. Die lat. Handschrift 428 der Bibl. des Bischöflichen Seminars Eichstätt, Eichstätt 1977, 54; *Plotzek,* Handschriften Ludwig II, 27. Zu französischen Texten in Stundenbüchern vgl. *Edith Brayer,* Livres d'heures contenant des textes en français: Bull. d'information de l'Institut de recherche et d'hist. des textes 12 (1963) 32—102.

[32] *Gert Grote,* Het Getijdenboek van Geert Grote naar het Haagse handschrift 133 E 21, Leiden 1940. *(N. van Wijck Hg.)*

[33] Z. B. der spätere Kaiser Maximilian, Engelbert von Nassau u. a. Vgl. bspw. *Wolfgang Hilger,* Das ältere Gebetbuch Maximilians I., (Codices selecti phototypice impressi 39), Graz 1973; *Jonathan J. G. Alexander,* The Master of Mary of Burgundy. A Book of Hours for Engelbert of Nassau, London/New York 1970.
Zum schwerer zu erklärenden Umstand, daß der badische Markgraf Christoph I. ein Stundenbuch aus Paris erhielt, obwohl er burgundischer Parteigänger der Habsburger war, vgl. *Eberhard König/Gerhard Stamm,* Das Stundenbuch des Markgrafen Christoph I. von Baden. Codex Durlach 1 der Badischen Landesbibl., Karlsruhe 1978.

Jahren entstanden vor allem in Paris und Lyon zahllose Ausgaben, die aufwendig mit Schrotschnitten geschmückt sind und zu den prächtigsten Werken des Frühdrucks gehören.[34]

3. Die Rolle der Illuminierung

Als lateinisches Gebetbuch für Laien, vorwiegend mit Psalmen und anderen Bibeltexten ausgestattet, die den eigentlichen Gegenstand des Betens nur dem Kundigen erkennbar machen, war das Stundenbuch von Anfang an auf ein Zusammenwirken von Text und Bild angewiesen. Völlig bilderlose Exemplare machen nur etwa ein Zehntel des heute erhaltenen Bestandes aus.[35] Die zuweilen in der Literatur zu findende Ansicht, es habe weit mehr bilderlose Exemplare für den täglichen Gebrauch gegeben, ist wohl nicht gerechtfertigt[36], zumal die meisten undekorierten Handschriften auch sonst in irgendeiner Weise Sonderfälle darstellen[37] und der Druck von Stundenbüchern erst einsetzte, als die schwierigen Probleme der Illustration gelöst waren.[38]

Zumindest seit Ende des 14. Jahrhunderts verzichtete man nur selten darauf, den Inhalt der Texte mit Hilfe von Bildern zu verdeutlichen und durch entsprechend auffälligen Dekor das Zurechtfinden in den kompliziert aufgebauten Büchern zu erleichtern. Nur wenige Texte boten sich zur direkten Umsetzung in Illustrationen an; doch nicht einmal bei den Abschnitten aus den Evangelien, mit Ausnahme der Passion, nutzte man dies. Offenbar sollte die Bebilderung eher den Autor oder Adressaten des Textes oder den beim Beten zu betrachtenden Heilsgegenstand erkennbar machen: Die Evangelisten werden zu Beginn der Evangelienabschnitte dargestellt, David zu Beginn der Bußpsalmen. Maria, die Trinität und Heilige lassen die unterschiedlichen Gebete und Suffragien erkennen. Besonders charakteristisch für Stundenbücher sind Bildzyklen, die scheinbar eine Illustrationsfolge bieten wie die Serien von Bildern aus der Kindheitsgeschichte Jesu oder der Passion; doch wenn sie die einzelnen Stunden des Marienoffiziums einleiten, dann ge-

---

[34] Vgl. oben Anm. 5.
[35] So verzeichnet *Leroquais*, Livres d'heures, unter 313 beschriebenen Beispielen nur 32, die ursprünglich bilderlos waren.
[36] So *Plotzek*, Handschriften Ludwig II, 27; *Köstler*, Stundenbücher 98, der von unzähligen einfachen Stundenbüchern spricht.
[37] So handelt es sich bei den von *Leroquais*, Livres d'heures, verzeichneten undekorierten Beispielen meist um besonders kurze, nur selten vollständige Handschriften oder um solche wie lat. 10536, das als Herzform ausgebildet ist und wirklich nicht zu den üblichen einfachen Stundenbüchern gehört.
[38] Gerade einfache Textbücher hätte der Buchdruck ja bereitstellen können.

schieht dies ohne jeden Bezug zum Text.[39] Direkt aus einer Lektüre der Texte geschöpfte Stundenbuchbilder sind äußerst selten.[40]

Bildfolgen aus dem Leben Jesu dienen dazu, die Stationen der Heilsgeschichte anschaulich zu machen, die im Tageslauf beim Beten anderslautender Texte zu betrachten sind. Ähnlich zu verstehen sind Bilder zu den Bußpsalmen, die das Jüngste Gericht oder die sieben Todsünden zeigen, während Episoden aus dem Leben Davids an dieser Stelle eher das Thema des Autorenbildes variieren.[41]

Zwar sind Stundenbücher im allgemeinen Bewußtsein geschätzt wegen einiger berühmter in ihnen enthaltenen Szenen aus dem täglichen Leben; doch darf man nicht vergessen, daß sich solche Szenen fast ausschließlich auf die Illustration der Kalendarien beschränken.[42] Im eigentlichen Textteil des Stundenbuchs sind solche Themen selten und, wenn vorhanden, in die Bordüren verwiesen.

Für die meisten Texte hielt man sich bei der Bebilderung an gültige Traditionen; dazu richtete man sich selbstverständlich im Aufwand nach dem, was der Besteller zahlen wollte. Nur beim Totenoffizium ist eine besondere Variationsbreite zu beobachten.

II. Den Tod betreffende Texte in Stundenbüchern

1. Texttypen und ihre Verwendung im Cultus

Im engeren Sinne auf den Tod beziehen sich in Stundenbüchern drei Arten von Texten[43]: Nur das Totenoffizium gehört zum unverzichtbaren Bestand-

---

[39] So findet sich der Haupttext zur Darbringung im Tempel, das *Nunc dimittis*, im Text der Komplet und nicht in dem der Non, die meist mit dieser Szene geschmückt wird, das *Magnificat* hingegen, das inhaltlich zur Heimsuchung gehört, die zu Laudes dargestellt wird, steht im Vespertext. Vgl. hierzu auch *König*, Stundenbuch Bourdichons 46—48.

[40] Eines dieser Beispiele ist der Heilig-Geist-Zyklus im Stundenbuch des Étienne Chevalier, das Jean Fouquet um 1455 in Tours geschaffen hat (Chantilly, Musée Condé, vgl. hier Abb. 1), wie *Nicole Reynaud*, Jean Fouquet, (Les dossiers du dép. des peintures 22), Paris 1981, 47f zeigen konnte.

[41] Im 15. Jahrhundert gilt dies auch noch für die buchmalerische Ausstattung von gedruckten Bibeln; vgl. bspw. die Berliner Gutenbergbibel, dazu zuletzt *Eberhard König*, Die illuminierten Seiten der Gutenbergbibel, (Die bibliophilen Taschenbücher 417), Dortmund 1982.

[42] Zuletzt *Wilhelm Hansen*, Kalenderminiaturen der Stundenbücher. Mittelalterliches Leben im Jahreslauf, München 1984. In der älteren Lit. fast vergessen, aber hier besonders aufschlußreich: *Janine Bouissounouse*, Jeux et travaux d'après un livre d'heures du XVe siècle, (Documents du XVe siècle 3), Paris 1925. Vgl. auch Lit. zu den Très Riches Heures des Herzogs von Berry, dem Breviarium Grimani u. ä.

[43] Wenn man so will, handeln fast alle Texte eines Stundenbuchs vom Tod, da sie den Beter auf die Todesstunde insofern vorbereiten, als er dann vor seinen Richter tritt. Die Heiligensuffra-

teil, doch erst vom 14. Jahrhundert an. Der Toten wird auch in der Folge der Horen zu den einzelnen Wochentagen gedacht und zwar am Montag, wohl deshalb, weil man annahm, die Seelen im Fegefeuer ruhten sonntags.[44] In dieser Textgruppe, die nach den Tagesstunden von Matutin, ohne Laudes, bis Complet sieben Gebetseinheiten als Norm kennt, kann auch ein regelrechtes Totenoffizium mit Psalmen auftreten, das dann über die Nacht verteilt ist von Vesper bis Laudes und wie das große Totenoffizium drei Nokturnen enthält.[45] Stundenbücher mit Votivmessen, nicht aber solche mit einem regelrechten Missale-Teil[46], bieten dazu auch die Totenmesse, das Requiem.[47]

Der Meßtext diente offenbar dazu, auch dem Laien Gelegenheit zu geben, bei der Meßfeier in der Kirche mitzulesen, wie dies einige Miniaturen zeigen.[48] Möglicherweise hat der Meßtext daneben auch zur allgemeinen Andacht gedient. Die Montagshoren haben ihren festen Platz im täglich wechselnden Gebet. Über Einzelheiten wie das Nebeneinander von Totenoffizium zum Montag und großem Totenoffizium ist nichts bekannt.

---

gien, die in der Regel im Anschluß an das Totenoffizium angeordnet sind, erwähnen die Todesstunde häufiger. Regelmäßig beschworen wird die Todesstunde des Beters in den meisten Textformularen für eines der beliebtesten Mariengebete, das *Obsecro te;* vgl. *Leroquais,* Livres d'heures II, 346f, mit der Erwartung: *et annuncies michi diem et horam obitus mei.*

[44] So bereits *Petrus Damiani,* in seinem »Opusculum 33: De bono suffragiorum et variis miraculis, praesertim beatae virginis« (PL 145, 565): *Animae defunctorum in diebus dominicis requiescunt atque a suppliciis feriantur; secunda vero feria ad ea quibus assignata sunt ergastula revertuntur.* Diese Stelle auch bei *Plotzek,* Handschriften Ludwig II, 32 zitiert, mit Überlegungen zur unterschiedlichen Zuordnung von Betrachtungsgegenständen zu den Wochentagen.

[45] Dieser Unterschied ist in der bisherigen Literatur nicht beachtet worden. Ein Beispiel für die Angleichung an die übrigen Wochentagshoren bietet das Stundenbuch der Katharina von Kleve (vgl. *Gorissen,* Katharina von Kleve 416—436); ein Beispiel für die Angleichung an das große Totenoffizium bieten die Très Riches Heures des Herzogs von Berry *(Cazelles/Rathofer,* Très Riches Heures 314—324; der Text des üblichen Totenoffiziums nach Pariser Gebrauch dort zum Vergleich S. 283—310).

[46] Zu diesen gehören die Très Riches Heures, die einen nach dem Kirchenjahr geordneten Missale-Teil besitzen *(Cazelles/Rathofer,* Très Riches Heures 356—414; Beginn ist Weihnachten; Andreas und Lichtmeß sind eigenartigerweise am Schluß).

[47] Das berühmteste Beispiel findet sich in einem ebenfalls für den Herzog von Berry bestimmten Manuskript, den sogenannten »Très belles heures de Notre Dame«, deren Missale-Teil als Mailänder Stundenbuch bekannt geworden ist (heute Turin, Museo Civico). Die Totenmesse ist mit einer Miniatur geschmückt, die heute fast übereinstimmend für ein Werk des Jan van Eyck gehalten wird; Farbabb. bei *Albert Châtelet,* Les primitifs hollandais, Freiburg (Schweiz) 1980, Abb. 21.

[48] Vgl. hier Abb. 3: Laie neben dem Altar; der Boucicaut-Maler hat eine Marienmesse dargestellt, bei der mehrere Laien ihre Stundenbücher lesen, in dem Stundenbuch Paris, Bibl. nat., latin 1161, fol. 192 r; Farbabb. bei *Millard Meiss,* The Boucicaut Master, (French Painting in the Time of Jean de Berry II), London/New York 1968, Abb. 200.

2. Das Totenoffizium

a. Ursprung und Verwendung im Cultus

Wie das Marienoffizium bot das Totenoffizium ein Äquivalent zum monastischen Gebet. Es ist jünger oder wenigstens in seiner im Spätmittelalter gültigen Form später abgeschlossen als das Marienoffizium; und zumindest den Bildern nach war die Zugehörigkeit zum Gebet der Klostergemeinschaft noch länger bewußt als beim Marienoffizium; einige Gebetstexte gehen zudem zweifellos auf den Brauch zurück, das Totenoffizium für Verstorbene zu beten, die der Mönchsgemeinschaft besonders verbunden waren[49].

Zu diesem Zwecke hatte sich seit dem 8. Jahrhundert in Klöstern ein Offizium herausgebildet, das zunächst auf Vesper und Laudes beschränkt war und täglich, außer an Sonn- und Festtagen sowie zur Osterzeit, gebetet wurde. Erst im 14. Jahrhundert setzte sich der Brauch durch, dazu auch noch täglich drei Vigilien hinzuzufügen, die in der dann üblichen Textform den größten Anteil ausmachen.

Der Laie schloß sich entweder dem klösterlichen Brauch des täglichen Betens seines im Stundenbuch enthaltenen Totenoffiziums an, oder benutzte den Text doch wenigstens an den Tagen besonderen allgemeinen Totengedenkens wie dem 2. November und zum speziellen Gedächtnis für Verstorbene der eigenen Familie und Umgebung an deren Todestagen.

b. Zusammensetzung und Gestalt des Textes

In seiner gültigen Form umfaßt das Totenoffizium in Stundenbüchern durchweg drei Stunden: Vesper, Matutin und Laudes. Vesper und Laudes sind gebildet aus Psalmen und Cantica, darunter das *Magnificat,* das Danklied des Königs Hiskija und der Lobgesang des Zacharias[50], jedoch ohne die Absicht, die damit verbundenen Geschehnisse der Heilsgeschichte zu vergegenwärtigen. Die Matutin besteht aus drei Psalmen und drei Lesungen. Die Lesungen stammen in aller Regel aus dem Buch Ijob.[51]

---

[49] Z. B. am Ende der Vesper im Gebrauch von Paris: *da anime famuli tui N., cuius anniversarium deposicionis diem commemoramus, refrigerii sedem* ... (nach *Cazelles/Rathofer,* Très Riches Heures 287).

[50] Der Pariser Text mit Identifizierung der wichtigsten Bibelstellen transkribiert bei *Cazelles/Rathofer,* Très Riches Heures 283—310. Den Text nach römischem Gebrauch findet man am besten in Faksimile-Ausgaben, so bei *König,* Christoph von Baden, oder *Ders.,* Stundenbuch Bourdichons.

[51] Ijob 7, 16—21; 10, 1—7; 10, 8—12; 13, 23—28; 14, 1—6; 14, 13—16; 17, 1—3 und 11—15; 19, 20—27; 10, 18—22.

In dieser Grundgestalt und auch in der Auswahl der einzelnen Psalmen und Lesungen stimmen die meisten Textformulare auch über die Grenzen des Diözesan- oder Ordensgebrauchs hinweg miteinander überein. Zur Lokalisierung des Gebrauchs dienen die unterschiedlichen Antiphonen[52], deren wichtigste jedoch, wenn auch anderen Psalmen zugeordnet, in den meisten Texten wiederkehren, so die erste Antiphon, die als Erkennungsmerkmal der Totenvesper dienen kann: *Placebo domino in regione vivorum*, oder die für die Illustration (vgl. Taf. 10) wichtige Antiphon *Qui Lazarum resuscitasti*.[53]

Verse, Responsorien und Gebete schließen die einzelnen Stunden des Totenoffiziums ab, darin nicht nur vom einen zum anderen Diözesangebrauch, sondern auch innerhalb eines gemeinsamen Gebrauchs durchaus variierend. Häufig wird in diesen Texten das Jüngste Gericht angesprochen; doch beispielsweise im Pariser Gebrauch deutlicher und ausführlicher als im römischen.

c. Stellung des Totenoffiziums im Stundenbuch

Als konstituierender Bestandteil und neben dem Marienoffizium umfangreichster Text wurde das Totenoffizium durchweg bei der Planung des Miniaturenschmucks mit berücksichtigt. Selbst in den meisten der sparsam bebilderten Handschriften, die nicht mehr als vier oder fünf Miniaturen enthalten, leitet eine davon das Totenoffizium ein. Wegen des finsteren Bildgegenstandes blieb zudem der Schmuck dieses Textes häufig vor dem Zugriff von Blatträubern verschont; nicht selten findet sich hier die letzte Miniatur in sonst völlig geplünderten Handschriften. Dennoch kann das Totenoffizium bei der Planung und Gestaltung von Stundenbüchern nicht als Gegenstück des Marienoffiziums gelten. Sehr früh schon bildete sich bei der Illuminierung von Stundenbüchern ein Sinn für die unterschiedliche Bedeutung der einzelnen Texte heraus, der sich in einer Hierarchie der Dekoration äußerte. Besonders wichtigen Textanfängen wurden größere Bilder mit komplizierteren Initialen, vor allem aber aufwendigeren und meist auch moderneren Bordüren zugeordnet.[54] Dazu bediente man sich der Wirkung von Zäsuren in-

---

[52] Vgl. die Beispiele bei *Leroquais, Livres d'heures* I, XXXIX.

[53] Im Pariser Gebrauch nach dem *Magnificat* der Vesper *(Cazelles/Rathofer, Très Riches Heures* 286): *Qui Lazarum resuscitasti a monumento fetidum, tu eis, domine, dona requiem et locum indulgencie;* Rathofer übersetzt: »Herr, du hast den Lazarus aus dem Grabe wiedererweckt, als er bereits den Geruch der Verwesung ausströmte, gib deinen Gläubigen ewige Ruhe und den Ort der Gnade.«

[54] Ansätze zur systematischen Erfassung dieser Dekorationsweise bei *Eberhard König*, Französische Buchmalerei um 1450. Der Jouvenel-Maler, der Maler des Genfer Boccaccio und die Anfänge Jean Fouquets, Berlin 1982, 146—152. Vorausgegangen waren Bemerkungen von *De-*

nerhalb des fortlaufenden Textes, die zugleich bei der Arbeitsteilung innerhalb der Werkstatt von praktischem Nutzen waren: Wenn zwei Schreiber gleichzeitig eingesetzt wurden, teilten sie die Aufgabe an der Stelle, die auch eine optische Zäsur verlangte, und wenn zwei Buchmaler etwa gleichen Ranges miteinander zusammenwirkten, erhielt der eine die Eingangsminiatur zum ersten, der andere die Eingangsminiatur zum zweiten Textblock; und beide übertrafen dann einander in der Ausgestaltung ihrer Anfangsseite als Frontispizien. Eine dieser Textgruppen war selbstverständlich das Marienoffizium, das auch meist die aufwendigste Miniatur zu Matutin zeigt. Die zweite Textgruppe wurde jedoch so gut wie nie vom Totenoffizium, sondern von den Bußpsalmen eröffnet. Ihre Anfangsseite, entweder mit einem Bild des Königs David oder mit einer Darstellung des Jüngsten Gerichtes, bildet fast grundsätzlich in Aufwand und Sorgfalt ein Gegenstück zur Verkündigung bei Marienmatutin.

Das Totenoffizium jedoch beginnt meist ohne jede Zäsur, deshalb nicht selten auf Versoseiten, irgendwo gegen Ende der Handschriften. Bei komplizierter durchgestalteten Hierarchien des Dekors wird dieser Textanfang nicht der Marienmatutin oder den Bußpsalmen, sondern eher den übrigen Marienstunden gleichgesetzt, also eindeutig als ein »zweitrangiges« Incipit behandelt. Illuminiert wird zudem in über 90 Prozent der erhaltenen Beispiele nur die Vesper mit dem Beginn des Offiziums; die übrigen Stunden und die Nokturnen der Matutin sind nur durch Rubriken gekennzeichnet, nicht einmal wie andere Stundenanfänge durch aufwendigere Initialen oder Bordüren hervorgehoben.

Eine kleine Gruppe von Handschriften zeichnet auch die Matutin durch eine Miniatur aus; Bildschmuck zu Laudes ist unüblich. Nur sehr wenige, freilich zu Recht berühmte Handschriften kennen darüber hinaus die Illustration der einzelnen Nokturnen; doch sind Miniaturen an diesen Stellen so selten, daß sich dazu keine eigenen Traditionen ausgebildet haben. Es lassen sich auch keinerlei Regeln für die Bildauswahl erkennen, wenn neben der Vesper die Matutin durch eine Miniatur hervorgehoben wird.

Für die Benutzung des Totenoffiziums wird man aus den Dekorationsgebräuchen einen wichtigen Schluß ziehen dürfen: Bildschmuck und Bordüren dienten in erster Linie dazu, Textanfänge leichter auffindbar zu machen. Die Laudes im Totenoffizium ist so gut wie nie auf den ersten Blick zu erkennen; man hat diesen Text offenbar direkt im Anschluß an die letzte Nokturn der

---

laissé, der den Begriff der Hierarchie des Dekors geprägt hatte, jedoch vorwiegend im Unterricht; vgl. auch *Delaissé*, Importance of Books of Hours 215—220.

Matutin gebetet. Der Brauch, auch die Matutin nicht besonders hervorzuheben, legt die Annahme nahe, daß das Totenoffizium jeweils als gesamte Texteinheit, wenn auch über die Nacht verteilt, gebetet wurde, nicht durch das Beten anderer Horen und Offizien unterbrochen. Das hieße freilich auch, daß der durchschnittliche Besitzer eines Stundenbuchs sich in der Regel nicht zum täglichen Beten des Totenoffiziums angehalten fühlte.

III. Den Tod betreffende Bilder in Stundenbüchern

1. Die unterschiedlichen Realitätsebenen

Alle im engeren Sinn auf den Tod bezogenen Texte des Stundenbuches sind im wesentlichen unanschaulich. Die wenigen Partien aus denen direkt Bilder abgeleitet werden könnten, sind bereits aufgezählt. Heimsuchung (für *Magnificat*), Geburt Johannes des Täufers (für Zacharias' Lobgesang) oder Hiskijas Genesung sind von vornherein an dieser Stelle ausgeschlossen.[55] Das Jüngste Gericht, das das gesamte Denken über den Tod entscheidend prägt und deshalb selbstverständlich auch in den Texten angesprochen wird, gehört als Bild zu den Bußpsalmen oder, wenn dort David dargestellt ist, zu den sogenannten sieben *Requestes,* einem an Christus gerichteten französischen Gebet.[56] Die Erweckung des Lazarus (Taf. 10) kommt vor, ist jedoch nicht sehr häufig; begründet ist sie schließlich auch nicht durch die Gesamtheit des Textes, sondern nur durch eine einzige Antiphon. Ijob ist die Quelle der neun Lesungen, sein Bild in der üblichen Ausprägung als schwärenbedeckter Greis auf dem Dung, meist im Gespräch mit drei Freunden, ist häufig, tritt jedoch in der historischen Entwicklung erst spät regelmäßiger auf. Die Analogie zur üblichen Bibelausstattung zeigt, daß es auch in diesem Falle nicht in erster Linie auf Illustration ankam: Wenn die einzelnen Bibelbücher mit Autorenbildern eröffnet werden, dann treten Darstellungen von Ijob auf dem Dung neben David mit der Harfe und die schreibenden Evangelisten.[57]

---

[55] Vgl. oben Anm. 39.
[56] Textbeispiel bei *Leroquais,* Livres d'heures II, 309f. In manchen Stundenbüchern wird ein gewisser Zusammenhang zwischen diesem Gebet und dem Totenoffizium dadurch hergestellt, daß die 7 *Requestes* direkt vor den Totentext gestellt sind; deshalb folgen in den berühmten Grandes Heures de Rohan (Paris, Bibl. nat., latin 9471) die eindrucksvollen Darstellungen des Jüngsten Gerichts und des Toten allein (hier Taf. 1) so aufeinander, als seien sie zusammengehörig gemeint; vgl. *Millard Meiss/Marcel Thomas,* The Rohan Book of Hours. Bibl. Nat., Paris (Ms. latin 9471), London 1973, Taf. 61 und 63; Die Anfänge der Texte mit den Miniaturen befinden sich auf fol. 154r und 159r, also nur durch wenige Blätter getrennt.
[57] Vgl. oben Anm. 41.

Illustration, die direkt auf den Text zurückgreift, ist also in Stundenbüchern allgemein kaum zu finden; deshalb boten sich für die Bebilderung von Totenoffizien zwei Realitätsbereiche an, aus denen Darstellungen entlehnt werden konnten: Der Tod selbst bestimmte eine vielfältige mittelalterliche Bildwelt, meist in Vorstellungen, die nicht von biblischen Texten, sondern von Volksglauben, Bußpredigten und einer eigenen Literatur geprägt war, die nicht müde wurde, den Tod mit allen seinen Schrecken auszumalen. Vordergründiger aber genügte es für viele Stundenbücher, an den Beginn des Totenoffiziums eine Szene aus dem Brauchtum um Sterben und Begräbnis zu setzen. Nicht selten jedoch vermengen sich beide Realitätsebenen, wenn mit einem Male in eine durchaus realistische Schilderung von genrehaftem Interesse der Tod selbst oder wenigstens der Kampf um die Seele des Verstorbenen eindringt.

2. Bilder aus der Sterbeliturgie

Obwohl das Stundenbuch ein privates Gebetbuch ist, das in vielfältiger Weise Spuren einzelner Besitzer zeigen kann, fehlen individuelle Züge bei den Totenbildern fast durchweg: So gut wie nie wird in den Bildern eines bestimmten, namentlich benennbaren Toten gedacht; und es kommt auch kaum vor, daß einzelne oder Familien bei der privaten Andacht im Sterbefalle gezeigt würden.[58]

a. Totenfeier in der Kirche

Nicht die Lektüre des Textes im einzelnen, sondern das erhalten gebliebene Wissen um dessen Herkunft aus dem geistlichen Gemeinschaftsgebet erklärt den zahlenmäßig wichtigsten Bildtyp, der in der Literatur unterschiedslos »Totenmesse« oder »Totenoffizium«, »Totengedenken« oder »Totenfeier« genannt wird. Da die Unterschiede tatsächlich beim Gebrauch innerhalb von Stundenbüchern nicht genau beachtet werden, Meßbilder beim Of-

---

[58] Wappen sind sowohl in der Kirche wie auch beim Begräbniszug in Miniaturen möglich; bei Sterbeszenen werden sie offenbar bewußt gemieden. So gut wie nie sind die angebrachten heraldischen Zeichen nur auf eine bestimmte Person zu beziehen; das geschieht nur in einigen der Handschriften, die in nahezu allen Szenen Monogramme und Wappen des Bestellers zur Schau stellen, so im Stundenbuch des Étienne Chevalier (hier Abb. 1), nicht jedoch im Stundenbuch des Marschalls Boucicaut, in dem sogar Gott und die Engel mit Wappentüchern umgeben sind, die nur von Boucicauts Heraldik strotzen, (Meiss, Boucicaut Master, Abb. 41). Offenbar verbot ein gewisser Aberglaube eine Präzisierung ausgerechnet bei Totentexten, während allgemeine Familienwappen ihren Sinn darin hatten, daß sie auch in den Bildern an irgendwelche verstorbene Verwandte erinnerten, zu deren Gedenken der Besitzer ja das Totenoffizium betete.

fizium nicht selten sind und reine Offiziumsbilder bei Messen verwendet werden, ist die Differenzierung auch nicht entscheidend; sie sei dennoch im folgenden beachtet.

a. Darstellungen des Totenoffiziums (Abb. 2)

Um einen Katafalk versammelt sind schwarz gekleidete Beter und ein Chor von Geistlichen. Auf dem Katafalk liegt der Sarg, bedeckt von einem Tuch, das eine große Kreuzform zeigt.[59] Dicht nebeneinander stehen die Beter; ihre Gesichter sind oft ganz von Kapuzen verhängt; auch ihre Bücher, wohl meist Stundenbücher oder Breviere, bleiben meist unsichtbar; es handelt sich um sogenannte »Pleurants«, deren Stand durch die Trauerkleidung unkenntlich ist, Mönche einer Klostergemeinschaft, aber auch hohe Herren weltlichen Standes können es sein. An Tonsuren und liturgischen Gewändern hingegen sind die Sänger, die sich um ein großes Lesepult versammeln, eindeutig als Geistliche zu erkennen.

Frühe und einfache Beispiele dieses Bildtyps zeigen nicht mehr als die beiden Gruppen um den Katafalk vor einem Mustergrund, der keinerlei architektonischen Eindruck vermittelt. Doch meist wird ein Kirchenraum angedeutet; ein Altar kommt hinzu, der klar macht, daß es sich um eine Totenfeier im Altarraum, um ein Chorgebet handelt.

β. Darstellungen der Totenmesse (Abb. 3 und 4; Taf. 9)

Von der Ausschmückung der einfachen Szenerie eines Totenoffiziums im Altarraum war es nur ein kleiner Schritt, an den Altar einen Priester zu stellen, der entweder im Meßbuch liest (Abb. 3) oder eine Meßhandlung vollzieht (Abb. 4). In solchen Fällen ist dann die Totenmesse, das Requiem, dargestellt, auch wenn ein solches Bild vor dem Totenoffizium oder den Montagshoren erscheint.

Eine genauere Kennzeichung einer Tages- oder Nachtzeit ist selbst in späten Werken wie dem flämischen Spinola-Stundenbuch (Taf. 9) unterblieben. Besonderen Reiz für die Buchmaler hatte offenbar die Aufgabe, den Innenraum einer Kirche zu gestalten, selbst wenn man sich zuweilen mit solch einfachen Lösungen wie der in Abb. 4 gezeigten zufrieden gab. Während hier noch Kulissenbauten nachleben, wie sie die italienische Malerei schon über hundert Jahre früher entwickelt hatte, finden sich daneben kühne Perspekti-

---

[59] Aufwendigere Aufbahrung in der Kirche führte zur Errichtung einer sogenannten »chapelle ardente«, einer Art Dach oder Baldachin über dem Katafalk, der mit Kerzen besetzt war; so beim Boucicaut-Maler (vgl. vorige Anm.).

ven, die ebenfalls italienische Vorbilder verarbeiten (Abb. 2).⁶⁰ Am bedeutendsten sind die schrägen Ansichten, die auch in der Tafelmalerei beliebt waren (Taf. 9).⁶¹

γ. Entwurf, Vorlage und ausgeführte Miniatur (Abb. 3)

Von allen hier gezeigten Miniaturen scheint die französische Darstellung einer Totenmesse in Abb. 3 den größten Eifer zu verraten, all das in das beschränkte Bildfeld aufzunehmen, was zur Totenfeier in der Kirche gehört: Vom Altarraum bis zur Kirchentür soll das gesamte Geschehen gezeigt werden. Drei Pleurants sitzen auf einer Bank neben dem Katafalk, dahinter ist ein Stück Chorgestühl wiedergegeben mit einem weiteren Pleurant und einem Laien im Greisenalter; über dem Chorgestühl drängen sich Geistliche um ein großes Lesepult. Der Priester am Altar hat das Meßbuch vor sich; ein weiterer Geistlicher kniet vorn links, zum Altare gewandt. Durch die offene Kirchentür strömen Gläubige in die Kirche; sie verteilen sich überall zwischen den Gruppen von Pleurants und Geistlichen; einer von ihnen zur Linken des Altares hat sein Stundenbuch mitgebracht und liest darin, während weiter rechts ein zweiter mit seiner Nachbarin schwätzt. Vorn ganz im Blickfang schließlich wird ein halbnackter Krüppel gezeigt, der, das Beten störend, sich an die Pleurants wendet.

Mehr Begeisterung am Schildern der Szenerie als wirkliche Meisterung der Aufgabe spricht aus diesem Bild: Der rahmende Bogen, an dem noch eine Apostelfigur Platz gefunden hat, will so gar nicht zu dem schräg gesehenen Kircheninneren passen, und die Stellung des Katafalks ist gänzlich ungeschickt. Doch was zunächst wie eine spontane Szene aus dem Brauchtum wirkt, erweist sich als Wiederholung eines schon von anderen Buchmalern erprobten Entwurfs.

In den berühmten Très Riches Heures des Herzogs von Berry in Chantilly findet sich eine entsprechende Miniatur, allerdings zu Beginn der Weihnachtsmesse; doch verraten einige Merkmale, daß die zugrunde gelegte Zeichnung ursprünglich für die Darstellung der Totenmesse bestimmt war.⁶²

---

⁶⁰ Es sind vor allem Tafelbilder des Trecento, sienesische Werke von Simone Martini oder den Lorenzetti, die für solche Miniaturen genutzt wurden. Millard Meiss hat sich in seinen Büchern zur Französischen Malerei immer wieder mit diesen Entlehnungen beschäftigt.

⁶¹ In der Buchmalerei das berühmteste Beispiel ist die Totenmesse im Mailänder Stundenbuch. Wie diese Miniatur ist auch ein Tafelgemälde von Jan van Eyck erhalten, das eine entsprechende Kirchenansicht zeigt, jedoch darin eine monumentale Mariengestalt unterbringt (Berlin, Staatliche Museen Preußischer Kulturbesitz; vg. *Elisabeth Dhanens*, Hubert und Jan van Eyck, Königstein im Taunus 1980, 316—328 mit weiteren Beispielen ähnlicher Kirchenansichten).

⁶² Fol. 158r neben dem Faksimile von *Cazelles/Rathofer* auch *Jean Longnon/Raymond Ca-*

Damit läßt sich eine für die gesamte Stundenbuchillustration aufschlußreiche Geschichte ermitteln: Um 1410/1415 wurde der Entwurf gezeichnet, zu jener Zeit jedoch nicht für seine eigentliche Bestimmung als Totenbild verwendet[63], sondern zunächst einmal wegen der Eigenschaften als allgemeines Meßbild sinnfremd eingesetzt, um dann erst später seiner inhaltlichen Konzeption gemäß als Vorlage für Totenbilder genutzt zu werden.[64]

Für die Einschätzung von Stundenbuchminiaturen ist dieses Beispiel entscheidend wichtig: Entwurf und ausgeführtes Bild sind demnach grundsätzlich zu trennen. Wie die Texte selbst haben auch Bildvorstellungen ihre eigene Geschichte, sozusagen ihre eigene Philologie, die sich nicht selten von den Texten, auf die sie bezogen sind, völlig löst.

b. Bilder von Begräbnisbräuchen

a. Begräbnis auf dem Friedhof (Abb. 5—6; Taf. 2—3)

Texte, die ausdrücklich für liturgische Handlungen auf dem Friedhof gedacht waren, finden sich in Stundenbüchern nicht. Dennoch setzen um 1400, vor allem in Paris, Bildtraditionen ein, die dem Begräbnis auf dem Friedhof gelten.

Ein Friedhof läßt sich schon aus drei Bildelementen erkennen: Erdiger oder grasiger Grund von einer Mauer umzogen mit einem großen Kreuz genügt einem angevinischen Illuminator um die Mitte des 15. Jahrhunderts bereits zur Charakterisierung des Geländes (Abb. 5). Der Tote, in Tuch eingenäht und nicht mehr in dem für die Aufbahrung in der Kirche benutzten Sarg, liegt auf einem Brett am Boden, Pleurants haben ihn zum Friedhof begleitet. Ein Priester besprengt ihn mit Weihwasser. Einfacher läßt sich die Einsegnung der Leiche vor der Beerdigung kaum darstellen. Das auch in der Literatur immer wieder genutzte Motiv des Totengräbers fehlte jedoch in solchen Miniaturen selten: Eine Art frühen Standard setzte der in Paris wirkende Boucicaut-Maler (Taf. 2)[65]: Das Grab ist bereits ausgehoben; die Schaufel

---

zelles, Les très riches Heures du duc de Berry, Paris 1970, Taf. 120; sowie *Millard Meiss*, The Limbourgs and their Contemporaries, (French Painting in the Time of Jean de Berry 3), London / New York 1974, Abb. 589.

[63] Auf die Tatsache, daß es sich um einen Entwurf für eine Totenmesse handelte, weist vor allem die in einer Weihnachtsmesse völlig unmotivierte mit einem Tuch bedeckte Quaderform vorn hin, die von einem Katafalk abzuleiten ist.

[64] *Meiss*, The Limbourgs, Abb. 599 und 601, bildet neben der hier abgebildeten Miniatur noch ein entsprechendes Werk desselben Illuminators ab: Oxford, Bodl. Libr., Ms. Liturg. 100, fol. 115r. Meiss hält daran fest, daß die Limbourgs eine Weihnachtsmesse konzipiert und nicht eine Totenmesse umgedeutet haben (208).

[65] Zu diesem vgl. *Meiss*, Boucicaut Master; die hier abgebildete Miniatur scheint uns die früheste Ausführung dieses Themas vom Boucicaut-Maler selbst zu sein.

vorn rechts und am Boden verstreute Knochen geben der Szenerie einen leicht makabren Zug; zwei Männer, von denen einer in die Grube gestiegen ist, betten den eingenähten Leichnam in der nackten Erde. Ausführlicher wird dahinter die Einsegnung gezeigt: Der Priester, der den Verstorbenen mit Weihwasser besprengt, ist von einem jungen Ministranten begleitet, der ihm das Weihwasserbecken hält; weitere Kleriker sind zum Friedhof mitgekommen, zwei tragen hohe Kerzen; wiederum fehlen die Pleurants nicht. Das Friedhofsgelände mit zwei großen Kreuzen ist von einer hohen Mauer umgeben, das große Tor links deutet wohl an, daß man direkt aus der Kirche gekommen ist, um den Verstorbenen auf dem Kirchhof zu bestatten; Häusergiebel hinten zeigen, daß der Friedhof inmitten einer Stadt liegt. Schon beim Boucicaut-Maler kann die Szenerie so erweitert werden, daß die Mauern und Bögen eines umgebenden Beinhauses oder Karrners erkennbar werden, wie dies bis um die Mitte des 15. Jahrhunderts in Paris üblich bleiben sollte (Abb. 6).

Wie bei den Darstellungen von Totenfeiern neigen Buchmaler bei Szenen von Begräbnissen zu genrehafter Ausschmückung; zugleich fühlen sich manche herausgefordert, ihre Geschicklichkeit in der Wiedergabe von Architektur und Perspektive zu beweisen. Der vor allem in Paris tätige Bedford-Maler[66], der die in Abb. 6 gezeigte Miniatur geschaffen hat, bemühte sich, einen mächtigen Kirchenbau in seinem Bild unterzubringen, und der Maler, der im Oxforder Stundenbuch Add. A 185[67] ein Begräbnis darstellte (Taf. 3), ordnete alles einer zwar nicht ganz gelungenen, aber rigide durchgeführten Zentralperspektive unter: Deshalb und nicht etwa, weil dies zu jener Zeit üblich war, wird das Grab aus gepflastertem Boden ausgehoben, da Pflasterung ein wunderbares Mittel zur Einrichtung eines perspektivischen Liniennetzes ist. Die Totengräber sind zu einer kühnen Farb- und Bewegungsstudie genutzt und deutlich gegen die gravitätischen Bewegungen der anderen Personen abgesetzt; aus den Pleurants und den vielen Kerzen wird geradezu ornamentale Wirkung gewonnen.

Zur Einsegnung des Verstorbenen ist in dieser Miniatur ein Abt oder Bischof erschienen; trotz dessen hoher Stellung ist der Tote ganz anonym belassen. Wie bei vielen Totenfeiern könnte man meinen, hier sei nicht die Beerdigung eines Laien vom Stande des Stundenbuchbesitzers, sondern ganz in der

---

[66] Zu diesem Illuminator vgl. *Millard Meiss*, The De Lévis Hours and the Bedford Workshop, New Haven 1972; zu seinem Hauptwerk vgl. *Eleanor P. Spencer*, The Master of the Duke of Bedford. The Bedford Hours: Burlington Mag. 108 (1965) 495—502; *Janet Backhouse*, A Reappraisal of the Bedford Hours: Brit. Libr. Journal 7 (1981) 47—69.

[67] Zum Hauptmeister des Oxforder Stundenbuch vgl. *König*, Französische Buchmalerei um 1450, passim; zur Handschrift ebd. 184—188.

Tradition des Totenoffiziums die Bestattung eines Mönches gemeint, auch wenn für eine solche Deutung zu viele Laien in der Trauergemeinde zu finden sind.

Gerade Bestattungen gaben im Spätmittelalter Anlaß, mit heraldischem Pomp auf die Familie des Verstorbenen hinzuweisen; in Stundenbüchern fehlen diese Merkmale meist ebenso wie aufwendige Sarkophage; wenn überhaupt, wird ein Sarkophag in einer Nebenszene wie in Taf. 9 gezeigt; dort mit dem genrehaften Zug, daß noch neben dem Begräbnisplatz der Weihwasserkessel stehen geblieben ist.

Gründe für die Kargheit solcher Darstellungen im allgemeinen können nur vermutet werden: Sicherlich wirkte die Tradition des Mönchsoffizium hier weiter. Zugleich waren Szenen mit der Beisetzung in einem steinernen Sarkophag, so sehr sie in Wirklichkeit auch bei adligen Familien üblich waren, in der christlichen Bildwelt einem anderen Bereich vorbehalten: Christus wird auf einem Stein gesalbt und in einen hohen Sarkophag gebettet; ein entsprechender Sarkophag dient zur Aufnahme von Marias Körper, seltener auch zur Bestattung von Heiligen. Offenbar hat man deshalb von Anfang an bewußt vermieden, das zeitgenössische Begräbnis durch die Bildformel in irgendeiner Weise mit der Grablegung, die allein Christus gilt, oder der Beisetzung Marias oder eines Heiligen verwechselbar zu machen. Freilich gibt es wenige Beispiele in Stundenbüchern, die eine Bestattung im aufwendigen Tumbengrab zeigen; doch gelingt es in nahezu allen Fällen, die Szene als Marientod oder Heiligengeschichte zu deuten.[68]

Noch ein zweiter wichtiger Grund für den Verzicht auf heraldischen Pomp gerade beim Begräbnis ist zu vermuten: Begräbnisszenen finden sich durchweg in Stundenbüchern, deren Aufwand nicht auf höchste Auftraggeber schließen läßt. Gerade in Frankreich aber war es Sitte, daß sich auch recht wohlhabende Leute auf großen, berühmten Gräberfeldern bestatten ließen. Während die Alyscamps in Arles neben Feldern mit vorübergehender Erdbestattung auch große Sarkophage kannten, war das Beerdigungssystem auf dem Pariser Friedhof der Unschuldigen Kindlein darauf angelegt, daß man glaubte, ein Körper zerfiele dort schon in kürzester Zeit; zu Recht schrieb

---

[68] So handelt es sich eindeutig um Darstellungen des Marientodes in dem sogenannten Baroncelli-Bandini-Stundenbuch, Florenz gegen 1500 (Sotheby's 13. 7. 1977, lot 90, fol. 125 v), in einem italienischen Stundenbuch ehem. Huth-Sammlung (Burlington Fine Arts Club Exhibition, London 1908, Abb. 261), sowie in den französischen Stundenbüchern Paris, Bibl. nat., lat. 1403, fol. 99 r (nach Leroquais mit Gebrauch von Metz) sowie in einem unveröffentlichten Stundenbuch in Baltimore, Walters 269, vielleicht für den Gebrauch von Reims.
Problematisch ist die Bestimmung des aufgebahrten Mönchs in einer Szene der Totenfeier von Zanobi Strozzi (ehem. Dyson Perrins, Sotheby's 1. 12. 1959, lot 80, fol. 204 v).

Johan Huizinga von »fortwährendem Bestatten und Wiederausgraben«[69]. Dabei war dies ein sehr begehrter Grabplatz, auch wenn alle wußten, daß sie dort im Tode sehr rasch allen gleich gemacht würden und bald nach der Beerdigung in den Beinhäusern des Karrners enden müßten; auf diesen Bestattungsbrauch dürften entsprechende Miniaturen anspielen; sie finden sich ausschließlich in Miniaturen, die in Paris entworfen worden sind, auch wenn manche von ihnen in den Provinzen ausgeführt wurden (Abb. 6).[70]

β. Begräbniszug (Abb. 1. 7)

Seltener als die Bestattung wurde der Begräbniszug dargestellt. Gerade diese Gelegenheit wurde im spätmittelalterlichen Bestattungsbrauch zur Entfaltung heraldischer Pracht genutzt; dennoch sind in Stundenbüchern Beispiele wie Abb. 1 selten.[71]

Andere Darstellungen wie die vermutlich in Poitiers um 1460 entstandene Miniatur Abb. 7 lassen erneut an die Herkunft des Totenoffiziums aus monastischem Gebet denken: Im wesentlichen erkennt man Kutten und Tonsuren, dazu die — allerdings weltlichen — Träger des Sarges und Pleurants mit Kerzen. In ihrem eigenartigen Ausschnitt aus Friedhofsgelände und auch aus dem Geschehen reiht sich eine solche Miniatur in die Vorgeschichte der Genremalerei ein und zeigt, wie sehr gerade bei den seltenen Darstellungen der Grabtragung die Schilderung des Brauchs hinter den Ernst des Anlasses zurücktreten kann.

c. Vom Sterbebett bis zum Grab

Stundenbücher enthalten keine Texte, die man recht eigentlich für das verwenden könnte, was heute Sterbehilfe genannt wird. Totentexte beschäftigen sich nicht mit dem Sterben, sondern mit dem Verstorbenen. Das wird der Hauptgrund dafür sein, daß Bilder vom Sterben selbst gegenüber den Bildern von Totenfeier bis Begräbnis so stark zurücktreten; freilich gehören sie wegen ihrer lebendigen Schilderung zu den bekanntesten Beispielen. Ein weiterer Aspekt ist auch hier die Tatsache, daß Totenoffizium und Totenmesse aus dem öffentlichen Totenbrauch in die privaten Stundenbücher gelangt sind.

---

[69] *Huizinga,* Herbst des Mittelalters 207.
[70] Selbst in dem sehr eigenständigen Bild in einem flämischen Stundenbuch des späten 15. Jahrhunderts, London, Brit. Libr., Add. ms. 35313 (Abb. bei *Harthan,* Stundenbücher 30), meine ich, eine entfernte Erinnerung an ein Pariser Vorbild ausmachen zu können.
[71] Vgl. jedoch oben Anm. 58. Zum Stundenbuch des Étienne Chevalier s. *Charles Sterling / Claude Schaefer,* Jean Fouquet. Das Stundenbuch des Étienne Chevalier, München/Wien/Zürich 1971; dazu Rezension von *E. König:* ZfKG 36 (1974) 164—179.

a. Das Sterbezimmer (Taf. 4. 8)

Ganz in die private Sphäre eines Sterbezimmers führen einige Miniaturen, vor allem aus Holland und Flandern, die nicht einmal den kirchlich entscheidenden Akt der Letzten Ölung darstellen. Im Stundenbuch der Katharina von Kleve (Taf. 4)[72] wird ein vornehmes Zimmer gezeigt. Ein Mann liegt unbekleidet im Bett, er ist gerade verstorben; der Arzt hinter ihm, durch das Attribut der Urinflasche kenntlich gemacht, deutet auf die tödliche Krankheit hin. Eine Begine schließt dem Verstorbenen die Augen, seine Witwe gibt ihm die Sterbekerze in die Hand. Vorn hockt eine zweite Begine, während sich ein Karmeliter an einem Tischchen in einen Stuhl gesetzt hat; beide beten für den Verstorbenen; zwei junge Männer, von denen einer gerade von weither zu kommen scheint, sind durch die Tür eingetreten; im Randstreifen unterhalb der Miniatur schließlich sieht man, worauf es beim Sterben auch ankommt: Der zum Hause gehörende junge Mann macht sich über die Truhe mit dem Erbe her.

Gravitätischer geht es in dem hohen Saal zu, der im Spinola-Stundenbuch als Sterbezimmer eines großen Herren hergerichtet ist (Taf. 8): Auch hier ist der Tod bereits eingetreten; man hat den Verstorbenen in einem prächtigen Gewand auf das Bett gelegt, wobei der Maler Anlaß hat zu zeigen, wie gut er mit der Aufgabe kühner Verkürzung zurecht kommt. Mehrere Mönche unterschiedlicher Orden sind um das Sterbebett zum Gebet versammelt; vornehme Herren kommen zur Türe herein; von der Familie im engeren Sinne ist jedoch niemand zu erkennen. Trotz fürstlicher Prachtentfaltung bleibt das Bild wiederum anonym, obwohl es ein Leichtes gewesen wäre, die Wappen des Besitzers hier unterzubringen. Vielleicht aber — und diese Möglichkeit wäre genauer zu untersuchen — hatte man in der Regel gar nicht den eigenen Tod im Auge, wenn man als Besitzer eines Stundenbuches das Totenoffizium aufschlug. Schließlich betete es niemand für sich selbst, sondern für die Verstorbenen aus der Familie oder auch aus der Umgebung; so könnte hier der Tod eines fürstlichen Herren dargestellt sein, dessen der Besitzer gedenkt.

β. Zyklen mit den einzelnen Stationen (Abb. 2)

Die Beschränkung von Totenmesse und Totenoffizium auf meist nur ein Bild und der geringe Stellenwert der Montagshoren innerhalb des Stundenbuchtextes haben, wie schon gesagt, dafür gesorgt, daß Bildfolgen nur selten entstanden. Ein Illuminator, der beispielsweise die Montagshoren mit Miniaturen zu den einzelnen Stunden versehen wollte, konnte dies nur tun, wenn

---

[72] Vgl. oben Anm. 2.

er allen anderen Wochentagshoren den gleichen Aufwand zugestand, also für diese kurzen Texte insgesamt 49 Bilder vorsah; das ist aber nur in den seltensten Fällen geschehen. Eines dieser außerordentlich raren Beispiele ist das Stundenbuch der Katharina von Kleve; doch erlaubt die beschränkte Zahl von Abbildungen zu diesem Beitrag wiederum nicht, darauf im einzelnen einzugehen (vgl. Taf. 4). Noch eine zweite äußerst selten genutzte Möglichkeit zur Entfaltung von Bildzyklen bestand: Im Totenoffizium konnte man die einzelnen Nokturnen mit insgesamt neun Bildern schmücken. In den Grandes Heures de Rohan hat man dies für eine Bildfolge aus dem Totenbrauch genutzt (vgl. Taf. 1).

Wie schwierig es war, einen solchen Zyklus mit Szenen zu füllen, zeigt das Stundenbuch der Katharina von Kleve; denn dort hat man drei weitgehend miteinander übereinstimmende Bilder der Seelen im Fegefeuer zwischen die Stationen Sterbezimmer, Vorbereitung zur Bestattung, Totenoffizium, Begräbnis und Requiem eingeschaltet, um überhaupt auf die erforderliche Bilderzahl zu kommen.[73] In den Grandes Heures de Rohan hingegen verwirrt sich die Bildfolge, die aus den gewohnten Szenen von Totenfeier bis Begräbnis und einigen Darstellungen besteht, in denen Elemente der allgemeinen Todesikonographie eindringen.[74]

Wo freilich wie in der Pariser Bildseite (Abb. 2) der Zyklus auf die Randleisten zur Hauptminiatur verwiesen und damit übersichtlich ablesbar ist, wird meist nüchtern, und für uns Heutige recht aufschlußreich, der Totenbrauch geschildert, immer freilich nach Maßgabe des zur Verfügung stehenden Platzes und nicht nach einer bestimmten festliegenden Szenenzahl:

Rechts unten wird der Sterbende von einem Geistlichen getröstet; er erhält dann die Letzte Ölung; nach seinem Hinscheiden wird er von Priestern gesegnet; eingenäht in Tuch wird er in einen hölzernen Sarg gebettet, um dann schließlich rechts oben von Pleurants getragen zu werden — in die Kirche zum Totenoffizium, wie es in der Hauptminiatur gezeigt wird, oder aus der Kirche zum Friedhof.

Solche Zyklen in Bordüren sind selten, unterliegen keiner Art von Regelmäßigkeit, jedoch wird man feststellen, daß sie in der Pariser Buchmalerei des Bedford-Kreises bis um die Mitte des 15. Jahrhunderts besonders beliebt war.[75]

---

[73] Vollständige Farbabb. in: *John Plummer*, Die Miniaturen aus dem Stundenbuch der Katharina von Kleve, Berlin 1966, Taf. 41—48.
[74] Vollständige Farbabb. in: *Meiss/Thomas*, Rohan Book 65. 67. 69. 71. 73. 75; die genaue Bestimmung der einzelnen Szenen wird auch dadurch erschwert, daß die Realitätssphären von Kircheninnerem und Friedhof nicht scharf unterschieden sind.
[75] Ein vorzügliches Beispiel findet sich im Stundenbuch der Gulbenkian Stiftung in Lissabon

γ. Bilderpaare mit Sterben und Sterbeliturgie (Taf. 8—9)

Nicht inhaltliche Gründe, sondern eher vom Layout bestimmte Erwägungen führen in der Spätzeit der Stundenbuchillustration zur Ausbildung von Bilderpaaren, von denen einige wenige das Sterben auf der einen Seite und gegenüber dann die Sorge um den Toten, meist die Totenfeier in der Kirche zeigen. Auch in den wenigen prächtig ausgeschmückten Brevieren des frühen 16. Jahrhunderts sind solche Bilderpaare zu finden; zu Recht berühmt ist die Eröffnung des Totenoffiziums im Breviarium Grimani, die ikonographisch und stilistisch dem hier gezeigten Beispiel eng verwandt ist.[76]

3. Bilder der Toten und des Todes

a. Der nackte Tote (Taf. 1)

Ein Schrecken des Todes wurde gerade im Spätmittelalter, das Johan Huizinga nicht zu Unrecht als eine Epoche äußerlicher Sinnenlust schildern konnte[77], darin gesehen, daß mit dem Sterben alle äußere Pracht wertlos wird, daß der Tod alle gleich macht. Radikaler als in den genrehaften Szenen aus der Sterbeliturgie und auch eindringlicher als in den schlichten Begräbnisbildern konnte dieser Gedanke ausgedrückt werden, wenn man den Verstorbenen ganz allein und nackt, also im wahrsten Sinne aller weltlichen Macht entkleidet so darstellte, wie dies in der berühmtesten Totenoffiz-Miniatur überhaupt, im monumentalen Bild der Grandes Heures de Rohan um 1430, geschehen ist (Taf. 1).[78] Um Schilderung irgendeines Brauches der Zeit kann es sich hier nicht handeln; denn so ließ man keine Toten liegen: Schon die Initiale mit einem Totenkopf gibt das Thema an; Knochen und Totenköpfe liegen auf dem kargen grasigen Boden herum, ein Tuch ist ausgebreitet, darauf der Tote gelegt. Er ist von allen Menschen verlassen, aber in einer Art gewaltiger Vision ist der Himmel mit vielen kleinen Engeln gefüllt, darin erscheint ein greiser Gott mit Weltkugel und Schwert, durch Inschriften

---

(fol. 216v, Abb. *Meiss*, De Lévis Hours, Abb. 43). Im Bedford-Umkreis ist auch das einzige Beispiel zu finden, das die Bereitung des Leichnams für die Beerdigung darstellt: Paris, Bibl. nat., latin 1158 (Neville-Stundenbuch), fol. 137r; (Teilabb. ebd., Abb. 41, leider ohne die Folge von weiteren Szenen aus dem Totenbrauch, die sich in den Bordürenmedaillons finden).

[76] Venedig, Biblioteca Marciana; vgl. *Andreas Grote (Hg.)*, Breviarium Grimani. Faksimileausgabe der Miniaturen und Kommentar, mit Beitr. v. *Giorigio E. Ferrari / Mario Salmi / Andreas Grote*, unter Mitarbeit von *Hinrich Sieveking*, Berlin o.J., Taf. 57f.

[77] *Huizinga*, Herbst des Mittelalters, passim.

[78] Die Bedeutung dieser Miniatur ist in der gesamten Literatur seit *Mâle*, L'art réligieux de la fin du moyen âge, gewürdigt worden; vgl. zuletzt *Meiss*, Limbourgs 271 f.

eher Christus als Gottvater meinend. Mit ihm spricht der Verstorbene, während sich ein Engel bemüht, dessen Seele dem Teufel wieder zu entreißen: *In manus tuas domine commendo spiritum meum. Reddemisti me domine. deus veritatis.* Und Gott antwortet, diesmal in der Sprache des Verstorbenen, ihm keineswegs einfach Gnade verheißend: »Pour tes pechiez penitence feras. Au jour du jugement auecques moy seras.« Auch wenn das rote Kreuz auf dem Tuch noch an den Begräbnisbrauch erinnert, wird hier der Bereich des Sichtbaren verlassen. Aus einem sehr tiefen Verständnis des Totenoffiz-Textes ließe sich eine solche Darstellung verstehen, die nur noch die im Offizium ganz unanschaulich verhandelte Konfrontation des Einzelnen im Tode mit Gott sichtbar machen will. So eindringlich ist dieser Begriff von Sterben nie wieder Bild geworden; doch ist die Miniatur der Grandes Heures de Rohan, wie Millard Meiss gezeigt hat, keineswegs isoliert: In der gleichzeitigen französischen Buchmalerei gibt es zahlreiche Beispiele, durchwegs jedoch kleineren Formats, oft auf die Bordüren verwiesen, während die Hauptminiatur geläufigere Szenen, meist Totenfeier oder Begräbnis, zeigt.[79]

Ebenfalls meist einem Hauptbild untergeordnet sind entsprechende Bilder des nackten Toten in der flämischen Buchmalerei um 1500, gewöhnlich in kleinen Miniaturen zum Textbeginn einem Vollbild gegenüber gestellt.[80]

In der kunstgeschichtlichen Literatur werden die Buchmalereien mit Bildern des nackten Toten gern in Beziehung gesetzt zur Grabmalskunst, die gerade um 1400 in Frankreich eine nicht selten erschütternde Darstellungsform des halb verwesten Leichnams, des sogenannten »Transi«, fand[81]; doch ist festzuhalten, daß in Miniaturen zu Beginn des Totenoffiziums so gut wie nie ein Zustand beginnender Verwesung gezeigt wird. Offenbar kam es den Illuminatoren darauf an, auch inhaltliche Momente beizubehalten, die eher zur Todesstunde gehören. Dies erklärt auch das Motiv des Kampfes um die Seele des Verstorbenen, der aus Kreuzigungsbildern vom Tod der Schächer her geläufig ist und im oben zitierten Sterbebild des Breviarium Grimani am Totenbett stattfindet.

---

[79] Beispiele bei *Meiss,* Boucicaut Master, Abb. 156—165.
[80] Z. B. in dem vorzüglichen Stundenbuch aus dem Kreis des Meisters der Maria von Burgund: Madrid, Bibl. nac., Vit. 25—5, fol. 214 r. Vgl. *G. I. Lieftinck,* Boekverluchters uit de Omgeving van Maria van Borgondie. c. 1475 — c. 1485, (Verh. v. d. Kon. VI. Acad. v. Wetenschapen, Letteren en Schone Kunsten v. Belgie, kl. d. letteren 66), Brüssel 1969, Abb. 148.
[81] Das berühmteste frühe Beispiel findet sich am nur noch fragmentarisch erhaltenen Grabmal des Kardinal de Lagrange, der 1402 gestorben ist, heute Avignon, Musée du Petit Palais (*Meiss,* Limbourgs, Abb. 880).

b. der Tod

α. Der Totenkopf (Taf. 1; Abb. 13)

Oft genügte bereits der Totenkopf zur Vergegenwärtigung des leibhaftigen Todes.[82] Er kann realistisch dargestellt sein als ein Schädel mit leeren Augenhöhlen und dem Gebiß des Oberkiefers (Taf. 1, Initiale) oder auch durch Hinzufügung des Unterkiefers auf eine vollständige Kopfform gebracht sein, so daß die Vorstellung eines noch irgendwie sprechenden menschlichen Wesens wachgerufen wird (Abb. 13, Initiale).

β. Die Gestalt des Todes (Taf. 7; Abb. 4. 12. 13)

Der knochige Totenkopf ist das wichtigste Merkmal für die Gestaltung des leibhaftigen Todes, ganz im Gegensatz zu den eben behandelten Darstellungen des nackten Toten, dessen Kopf noch ebensowenig verwest ist wie der Körper. Zersetzung zeigen die Leiber dieser Wesen in unterschiedlichem Maße. Die Gestalten des Todes in der Bordüre von Abb. 4 sind nahezu intakt, während üblicherweise der Bauch aufgebrochen ist.[83] Schwärzliche Haut und ein weißes Leichentuch mit dem charakteristischen Totenkopf genügen hingegen dem Maler der Maria von Burgund zu seinem berühmten Bild des Todes (Taf. 7). In diesen Darstellungen wirken am ehesten die Schilderungen verwesender Leichname nach, wie sie von Bildhauern des Spätmittelalters geschaffen wurden. Über den frühen Holzschnitt und die Buchillustration hat diese Art von Verkörperung des Todes das Bilddenken nachhaltig beeinflußt.

Zu erklären sind derartige Vorstellungen vom leibhaftigen Tod nur ganz bedingt durch die lebendige Anschauung verwesender Leichname. Stärker ist offenbar die Fixierung auf eine Formel, auch wenn diese im Grade der Zersetzung ganz unterschiedlich ausgeführt sein mag.

γ. Handlungen des Todes

Wie schon die Darstellung des Todes als leibhafte Gestalt eine Veranschaulichung eines abstrakten Begriffes ist, so setzen viele Bilder nur weitere Eigenschaften des Todes in Attribute um: Der Tod trifft den Menschen wie ein

---

[82] Erst im 16. Jahrhundert wird der Totenkopf als Meditationsgegenstand in der Heiligenikonographie bei Maria Magdalena oder Hieronymus geläufig.

[83] *Rosenfeld,* Totentanz 6—31, gibt eine Übersicht über Bildvorstellungen vom Tod; die aufgeplatzten Leiber führt er auf Bestattungsbräuche zurück, die zu Mumifizierung zurückkehrten, nachdem Bonifaz VIII. 1299 und 1300 die alte Sitte, Leichen in Wein zu kochen, streng verboten hatte; seitdem habe man sie zur besseren Haltbarkeit ausgeweidet (ebd. 26 f). Zu solchen Bräuchen vgl. auch *Huizinga,* Herbst des Mittelalters 198.

Pfeilschuß; Seuchen wie die Pest werden mit der Wirkung von Pfeilen verglichen, weil man unverhofft von ihnen getroffen wird, als habe eine Macht von fern und dem Menschen selbst unsichtbar gezielt. Deshalb hält der Tod Taf. 7 einen Pfeil in der Hand. Er durchbohrt den Menschen schmerzhaft wie eine Lanze; deshalb setzt er Abb. 12 an, eine Frau mit einem Speer zu töten, nachdem er schon sein erstes Opfer gefunden hatte.

Der vierte apokalyptische Reiter, jener, der auf einem fahlen Pferd einherreitet, wird Offb 6,8 ausdrücklich als »der Tod« bezeichnet, dem die Hölle folgt. Deshalb hat man sich den Tod oft als Reiter vorgestellt und ihm die eigenartigsten Reittiere beigegeben[84]: Er kann einen Stier reiten[85], oder ein Einhorn wie in Taf. 6 oben links in der Bordüre und manches andere Tier, ohne daß sich eine wirklich gewichtige Bildtradition entwickelt und durchgesetzt hätte. Zugleich aber kann der Tod wieder fast mit dem Verstorbenen identisch werden wie in der Bildvorstellung, in der er sich selbst im Spiegel betrachtet und dabei wie ein Beter auf dem Grabe kniet (Abb. 13).[86] Soweit wir sehen, ist dies ein für Totenoffizien in Stundenbüchern einzigartiger Fall, zumal die Miniatur auch noch eine auf das Jahr 1484 datierte Grabinschrift zeigt: Ganz privat ist hier der Tod nicht mehr als fremde Macht begriffen, die den Menschen aus dem Leben reißt, sondern als eine andere und zugleich wahrere Wesenheit des Menschen selbst.[87]

Andere Erscheinungsformen des Todes, die bereits im 15. Jahrhundert geläufig waren wie in der Gestalt des Spielmanns oder des Schnitters, finden sich in Stundenbüchern so gut wie nicht.[88] Selten ist er ausdrücklich als Totengräber charakterisiert; im Stundenbuch der Maria von Burgund trägt er zwar einen Sarg, jedoch tut er dies nicht wie ein Totengräber, sondern eher wie eine riesenhafte Macht, die den Verstorbenen im Sarg einfach unter dem Arm wegträgt (Taf. 7).

---

[84] Zum reitenden Tod vgl. *Rosenfeld*, Totentanz 14—16.

[85] Zu diesem Motiv siehe oben Anm. 20.

[86] Zum ersten Mal auf diese Miniatur hingewiesen hat *James H. Marrow*, »In desen speigell«. A New Form of »Memento Mori« in Fifteenth Century Netherlandish Art: Essays in Northern European Art (FS E. Haverkamp-Begemann), Doornspijk 1983, 154—163, Abb. 6.

[87] Zum Motiv des Todes im Spiegel vgl. ebd.; aus unserer Erhebung sind weitere eindeutige Beispiele für Spiegel mit dem Tod in der späten flämischen Buchmalerei zu nennen; im Gegensatz zu Marrow scheinen uns die Angaben zu Darstellungen von Schädeln in Spiegeln bei René I. von Anjou so eindeutig, daß derartige Darstellungen schon in diesem Bereich anzunehmen sind, auch wenn keine Bildbelege erhalten sind (gegen *Marrow*, »In desen speigell« 162, Anm. 31).

[88] Vgl. die Darstellungsmöglichkeiten, die *Rosenfeld*, Totentanz 6—31, aufzählt; der Tod als Gerippe ist dem Kulturbereich, in dem Stundenbücher entstanden sind, ohnehin fremd.

c. Begegnungen von Lebenden und Toten

Wie auch in der Sprache läßt sich in den Bildern die Unterscheidung von Verkörperung des Todes und Erscheinung einzelner Toter nicht ganz durchhalten. Im folgenden sind Darstellungen zu behandeln, die Gestalten des Todes mit Zeichen der Verwesung zeigen, dabei aber entweder den Tod in unterschiedlicher Gestalt mehrfach hintereinander oder einzelne Tote nebeneinander meinen.

Aus der Eigenart der Stundenbücher, Totentexte in der Regel nur mit einem einzelnen Bild zu versehen, erklärt sich die Vorliebe für die Bildformel, die mehrere Tote gleichzeitig mit mehreren Lebenden konfrontiert, gegenüber dem auf viele Szenen verteilten Totentanz; zudem ist die zugrunde liegende Geschichte älter als die literarische Behandlung des Totentanzes.

α. Die Geschichte von den drei Lebenden und den drei Toten (Taf. 6.7.8).

Erstmals in der französischen Dichtung des 13. Jahrhunderts wird erzählt, wie drei adlige junge Herren auf der Jagd zufällig zu einem Friedhof gelangen, auf dem ihnen drei Tote erscheinen, die sie zur inneren Umkehr aufrufen, vor allem durch den Hinweis *Quod fuimus, estis; quod sumus, eritis*.[89] Schon um die Mitte des 14. Jahrhunderts regte diese Geschichte zu einem der ergreifendsten Bilder des Todes an: den anonymen Fresken im Camposanto zu Pisa.[90] Etwa gleichzeitig schuf Jean Pucelle in Frankreich ein eindrucksvolles Miniaturenpaar dieses Themas[91]; doch blieb es der Stundenbuchillustration lange fremd. In den Très Riches Heures des Herzogs von Berry (Taf. 6) kommt die Geschichte von den drei Lebenden und den drei Toten nur in einem Bordürenbild vor, das von Jean Colombe um 1485 wohl nicht nur ausgeführt, sondern auch entworfen wurde.[92]

Wirkliche Verbreitung fand die altehrwürdige Erzählung erst in Stundenbüchern um 1500, und zwar nicht nur in Analogie zu den Très Riches Heures als Beiszene (Taf. 8), sondern auch in zahlreichen Hauptminiaturen. Aus be-

---

[89] Vgl. *Rotzler,* Drei Lebende und drei Tote, passim.

[90] Zu diesem im 2. Weltkrieg schwer beschädigten Freskenzyklus vgl. *Robert Oertel,* Francesco Traini. Der Triumph des Todes in Pisa, Berlin 1948; *Luciano Bellosi,* Buffalmacco e il Trionfo della Morte, Turin 1974.

[91] Vgl. das Psalterium der Bonne de Luxembourg (New York, The Cloisters, 69. 86, fol. 321 v—322 r); vgl. dazu *Kathleen Morand,* Jean Pucelle, Oxford 1962, 20f, 48f.

[92] Zur Geschichte der Handschrift zuletzt *Meiss,* Limbourgs 143—224, sowie *Cazelles/Rathofer,* 63—75. Offensichtlich ist die Taf. 6 wiedergegebene Miniatur mit den Bordürenmedaillons von den Limbourgs vorgezeichnet worden; das Blattwerk der Bordüre scheint sogar noch zu Zeiten des Herzogs von Berry (gest. 1416) nahezu fertig gemalt zu sein; die Figuren und der Aufbau der Nebenszene mit den drei Lebenden und den drei Toten verraten jedoch Colombes Entwurf.

sonderem Grunde berühmt wurde das vorzügliche Bild im Stundenbuch der Maria von Burgund in Berlin (Taf. 7): Wie auch bei Jean Colombe fliehen die Reiter entsetzt vor den Toten, während sie in älteren Darstellungen, wenn auch mit Grausen, deren Worten lauschen; und es sind nicht nur Männer, denn im Mittelpunkt der Szene erkennt man eine vornehme Dame, die nur zu gern als Maria von Burgund selbst identifiziert wird.[93] Zwar wird derselbe Bildentwurf an einer Stelle wiederholt, wo man keinen Anlaß hat, in der Reiterin die Erbin Burgunds zu sehen[94]; doch verleitet Marias Schicksal zu dieser Gleichsetzung in der Berliner Handschrift, ist sie doch 1482 einem tragischen Reitunfall auf der Jagd zum Opfer gefallen. Nirgendwo wird der problematische Konnex von persönlicher Geschichte der Auftraggeber oder Erstbesitzer zu den Bildern in ihren Stundenbüchern so deutlich. Oben mußte bereits darauf hingewiesen werden, daß es in der Natur der Sache lag, daß niemand sein eigenes Totenoffizium selbst beten konnte; umso weniger wird man eine Verbindung zwischen dieser Miniatur und dem tatsächlichen Geschick Marias behaupten können, solange man aus dem Stundenbuch in Berlin nicht eine Art Memorial für eine Verstorbene machen will.[95] Es wird eher eine bittere Ironie des Schicksals gewesen sein, daß die Auftraggeberin, für die ein hervorragender Illuminator eine neue Formulierung der alten Geschichte fand, in einem Zusammenhang starb, den man sich ähnlich vorstellen mag. Doch auch dabei vergißt man noch, daß es die eigentümliche Suggestivkraft von Bild und Geschichte ist, die an einen Jagdunfall denken läßt, obwohl doch eigentlich dargestellt ist, daß nun die Toten nicht mehr der Textüberlieferung gemäß ruhig stehend ihre Weisheit verkünden, sondern in charakteristischer Ineinssetzung des Todes als überirdischer Macht und jener Toten aus der Legende zu furchtbaren Feinden der Lebenden geworden sind, die sie mit Lanzen verfolgen, um sie zu töten.

---

[93] Diese von der gesamten Literatur geteilte Auffassung wird vor allem begründet durch die Tatsache, daß dies der erste Fall zu sein scheint, in dem überhaupt eine Frau, noch dazu als Hauptfigur, in die Szene der drei Lebenden und drei Toten aufgenommen ist. Vgl. Begründung bei *Otto Pächt,* The Master of Mary of Burgundy, London 1948, 41 f, Anm. 11. Doch bleibt zu fragen, ob nicht schon die ungewohnt ausgeprägte Neigung zur Jagd dazu führte, daß man Maria von Burgund unter die Jäger aufnahm.

[94] Linkes Bild einer Doppelseite, zu der auch die oben Anm. 70 zitierte Begräbnisszene gehört, dort auch Abb.-Nachweis.

[95] Ausführlich in diese Richtung deuten die Bemerkungen von *Anne van Buren,* The Master of Mary of Burgundy and His Colleagues. The State of Research and Questions of Method: ZfKG 38 (1975) 286—309, bes. 308, Anm. 6.

β. Der Totentanz (Abb. 4)

Lange hat man sich gestritten, wie alt die literarische Tradition vom Totentanz ist, der für die Kunstgeschichte vor allem durch Holbeins Holzschnittfolge zum unvergeßlichen Begriff geworden ist.[96] Heute gilt wohl als erwiesen, daß der älteste Text um die Mitte des 14. Jahrhunderts in Deutschland verfaßt wurde[97]; in die Bildkünste aber trat das Thema vor allem durch seine erste und lange Zeit berühmteste monumentale Fassung ein, die heute leider zerstörten Wandbilder jenes Friedhofs der Unschuldigen Kindlein in Paris, von dem bereits anläßlich der Begräbnisbilder die Rede war. 1424 ist für die Entstehung dieses Zyklus verbürgt, der im Gegensatz zu den deutschen Totentanzfolgen nur auf Begegnungen von Männern mit dem Tod beschränkt gewesen sein soll.[98]

Spuren der Monumentalmalereien vom Cimitière des Innocents in der Buchmalerei sind selten; doch ist hier, unseres Wissens zum ersten Male, auf eine Doppelseite in einem Pariser Stundenbuch aus der Zeit kurz nach Vollendung des großen Zyklus hinzuweisen (Abb. 4)[99]: In lockerer Folge, ohne sich an der Hierarchie zu orientieren, sind Begegnungen des Todes mit den Würdenträgern geistlicher und weltlicher Macht gezeigt, dazu der Spott des Todes über den frommen Beter, die Bedrohung eines Paares und, recht eigenartig, der Tod zwischen einem Totengräber und einem Kind, das dem Tod aus seiner Wiege heraus die Hand zustreckt; schließlich findet sich noch der Tod allein als Totengräber mit dem Ausheben eines Grabes beschäftigt. In einer Miniatur war diese Folge von Begegnungen nicht unterzubringen; das Hauptbild ist deshalb, wie oben schon erläutert, dem geläufigeren Thema der Totenmesse vorbehalten. Nur die Bordüren boten Platz für den Totentanz.

Bordürenschmuck aber gehörte nie zum unverzichtbaren Bestand des handgeschriebenen Stundenbuchs. Er unterlag der Willkür von Auftraggebern und Illuminatoren. Erst als gegen 1500 gedruckte Bildbordüren in gedruckten Stundenbüchern üblich waren, hatte auch der Totentanz einen regelmäßigen Platz.[100]

---

[96] Zu Holbeins Totentanz vgl. bspw. *Rosenfeld,* Totentanz 283—293.

[97] Damit hat sich *Rosenfeld,* Totentanz gegen Annahmen einer französischen Provenienz des Textes durchgesetzt; in Frankreich scheint Le Fèvre als erster vor 1376, nicht jedoch schon um 1350, einen Totentanz verfaßt zu haben, den er »Danse de macabré« nannte; von daher unser Begriff des Makabren; vgl. ebd. 118—141.

[98] Ebd. 141—155, mit der Datierung 1425 wegen der Fertigstellung zu Ostern 1425.

[99] Der Maler, der nach einer französischen Handschrift der Legenda aurea in München (Bayer. Staatsbibl. cod. gall. 3) als Maler der Münchner Légende dorée zu bezeichnen ist, hat zwischen 1420/1430 und 1450/1460 in Paris gearbeitet; eines seiner frühesten Werke ist sein Beitrag zu einer der wichtigsten Bedford-Handschriften, dem sogenannten »Sobieski-Stundenbuch« in Windsor Castle; vgl. dazu *Eleanor P. Spencer,* The Sobieski Hours, London 1977.

[100] Vgl. *Mortimer* (Angaben hier Anm. 5).

4. Die Vermischung verschiedener Realitätsebenen

a. Der nackte Tote in Bildern der Sterbeliturgie (Abb. 4. 6)

Sicher hat die in Abb. 4 wiedergegebene Doppelseite dokumentarischen Wert als Quelle für den schon bei den Zeitgenossen berühmten Totentanz der Innocents; um so auffälliger ist die Tatsache, daß in der Hauptminiatur mit ihrer bescheidenen Architektur kein bestimmtes Gebäude wiedergegeben ist und daß die Art, wie dort der Verstorbene gezeigt wird, mit dem Totenbrauch nichts zu tun hat; denn sicher legte man seine Toten nicht völlig nackt, nur auf ein Tuch gebettet, auf den blanken Kirchenboden. Wieder soll offenbar die entscheidende Befindlichkeit im Tode und nicht die Pflege der Toten charakterisiert werden: Der Verstorbene, seiner weltlichen und irdischen Eigenschaften beraubt, liegt hier so da, wie im Zwiegespräch mit seinem Richter, das die Grandes Heures de Rohan darstellen (Taf. 1).

Entsprechend ist Abb. 6 zu verstehen: Auch auf dem Friedhof hat man die Toten nicht ausgezogen, sondern in ihrer Hülle aus Tuch belassen, wie dies Abb. 5 zeigt. Hier nun ist auch noch das Motiv des Kampfes um die Seele eingesetzt und recht eigentlich zum Hauptthema der Miniatur gemacht worden, so daß die Frage entsteht, ob die entsprechende Miniatur in den Grandes Heures de Rohan (Taf. 1) nur eine monumentale Reduktion eines ganz üblichen Friedhofsbildes ist, bei der auf alles genrehafte Beiwerk verzichtet wurde, oder ob hier die Genreszene durch Anleihen an eine ganz andere Art von Bildern erst inneren Gehalt bekommen hat.

b. Das Bemühen um Vollständigkeit (Taf. 5)

Nur ein naiver Geist konnte sich ausdenken, angesichts des Zwanges zur Entscheidung für nur eine Bildseite zu Beginn eines Totentextes dennoch alles Darstellenswerte auf diese eine Seite zu packen. Der hier abgebildeten Miniatur aus dem zweiten Viertel des 15. Jahrhunderts, die fernab von den Zentren der Buchmalerei in der bretonischen Hauptstadt Rennes entstanden ist (Taf. 5), gehen verschiedene ähnliche Versuche voraus; doch ist sie in ihrer irrealen Zusammenschau einzigartig: Vor einem Goldgrund, der zu jener Zeit nun wirklich nicht mehr üblich war, sind zunächst einmal die Hauptelemente der Totenfeier, genauer des Totenoffiziums in der Kirche, gegeben: Katafalk, Pleurants und Geistliche. Doch ist die Gruppe der Geistlichen nicht um ein Lesepult versammelt; sie scheint eher den Begräbnisszenen entlehnt zu sein, zumal der wichtigste Priester Weihwasser sprengt. Dazu paßt dann auch der Ministrant vorn rechts mit dem Weihwasserbecken; er steht auf einer Wiese, wie auch der Katafalk dort aufgebaut ist, während unten ein Grab ausgehoben wird. Über dieser Klitterung wichtiger Darstellungselemente aus der Sterbeliturgie erscheint im Bogen der Miniatur der Schutzengel, der die Seele des Verstorbenen bereits im Arm hält, und wehrt zwei Teufel, die von beiden Seiten angreifen, mit seiner Lanze ab.

In der Bordüre ist noch Platz für Weiteres: Aus dem Totentanz stammt die Zweiergruppe unten, die den eleganten jungen Mann und den Tod zeigt; zum Text des Totenoffiziums gehört Jjob, hier mit seiner Frau und einer Erscheinung Gottes, und in diesem Zusammenhang wird auch die Figur unten rechts zu deuten sein: Es könnte sich, wenn auch extrem selten so dargestellt, um den Teufel handeln, der mit Gott um Ijob gewettet hat.

c. Realitätsebenen und Fragen des Layouts der Seite (Abb. 8)

Bei allem Gewicht, das in einer solchen Untersuchung der Inhalt der Miniaturen haben muß, darf doch ein formaler Aspekt nicht ganz vernachlässigt werden: Mit fortschreitender Entwicklung der Buchmalerei zu einer Kunst, die auch größere Räume zu einer Gesamtillusion gestalten lernte, entstanden öfters Bilder, die nur scheinbar eine anschauliche Einheit bilden: In Abb. 8 wirkt es, als sei ein Bild des Begräbniszuges umgeformt worden zu einer Ijobdarstellung. In Wirklichkeit verhält es sich wohl so: Ijob auf dem Dung mit seinen drei Freunden nimmt den Platz ein, der in traditionellerem Layout als Hauptminiatur scharf gegen die Bordüre abgegrenzt war. Die Bordüre nun ist zum illusionistischen Bildfeld gleicher Qualität wie die Miniatur geworden; die zum Randthema herabgesunkene Szene aus der Sterbeliturgie, in Zusammenhang mit dem makabren Motiv des Totengräbers unten wird also nur scheinbar zu einem Geschehnis aus Ijobs Geschichte.[101]

Ähnlich ist auch bei allem illusionistischen Geschick der Tod des wohlhabenden Mannes als Hauptminiatur von ganz anderer Realität als die Darstellung der drei Lebenden und drei Toten im »Bordürenfeld« des Spinola-Stundenbuchs (Taf. 8).

5. Erzählende Totenbilder in Stundenbüchern

a. Biblische Geschichten mit Bezug zum Text

Es wurde oben bereits darauf hingewiesen, daß das Totenoffizium als wichtigster Totentext im Stundenbuch Assoziationen zu zwei Geschichten der Bibel wachruft: Eine Antiphon, die in den meisten Textformularen vor-

---

[101] Zur Geschichte dieser Art von Layout vgl. die in Anm. 71 zitierte Lit.

kommt, nennt Lazarus ausdrücklich und erinnert an dessen Auferweckung durch Christus, während Ijobtexte, nicht aber die Nennung von Ijobs Namen, auf diese Gestalt des Alten Testamentes hinweisen; als Lektionen zu den neun Nokturnen bilden sie die eigentliche Grundsubstanz des gesamten Textes.

α. Ijob (Taf. 11; Abb. 8)

Ijob auf dem Dung mit seinen drei Freunden im Gespräch wird in Stundenbüchern grundsätzlich genauso dargestellt, wie in den vielen anderen Beispielen derselben Ikonographie (Taf. 11). Wenn er wie in der Abb. 8 wiedergegebenen Miniatur in das Geschehen auf dem Friedhof einbezogen scheint, so erklärt sich dies aus der Geschichte des Layouts im Stundenbuch, ohne größere inhaltliche Bedeutung zu gewinnen.

Nur selten wird das Grundthema des mit Aussatz bedeckten Ijob so abgewandelt, wie dies in der recht primitiven Sehweise von Taf. 5 geschieht: Ijobs Frau anstelle der Freunde ist ebenso ungewöhnlich wie die Einbeziehung der Wette zwischen Gott und Teufel.

Eindringlicher mit Ijob beschäftigt sich unserer Kenntnis nach nur selten ein Stundenbuch: Eine Pariser Handschrift vom Beginn des 15. Jahrhunderts, jetzt in Malibu[102], versieht alle neun Lektionen der Matutin mit großen Miniaturen, die durchweg Ijob in seiner Auseinandersetzung mit Gott, allein, also ohne seine Freunde oder seine Frau zeigen. Späte Handschriften mit durchgehenden Bildbordüren auch zu den Textseiten begleiten das Totenoffizium zuweilen mit ausführlichen Ijobsviten.[103]

β. Die Erweckung des Lazarus (Taf. 10; Abb. 11)[104]

Wie Ijob wird auch die Ikonographie der Erweckung des Lazarus nirgendwo stundenbuchspezifisch ausgebildet: Magdalena hat Christus und die Jünger zum Grabe ihres Bruders Lazarus geführt; das Grab wird geöffnet, Lazarus, nackt im Leichentuch, wird wieder lebendig, um sich betend Christus zuzuwenden. Zwar gehört zu dieser Geschichte die Angabe, der Verstor-

---

[102] Malibu, J. Paul Getty Museum, Ms. Ludwig IX 5; vgl. *Plotzek*, Handschriften Ludwig II, 92—102; Farbtaf. S. 99 und Abb. 74—81; nur zur 8. Nokturn, fol. 155r (ebd. Abb. 80) sind die Freunde dargestellt.

[103] Bspw. Chantilly, Musée Condé, Ms. 72, fol. 51r—56v; danach sieben Szenen der weiter unten behandelten Geschichte vom Reichen und dem armen Lazarus (bis fol. 60r); zu dieser Handschrift vgl. zuletzt *König*, Christoph von Baden 206 und Anm. 150.

[104] Zur Ikonographie dieses Themas vgl. *Herwig Guratzsch*, Die Auferweckung des Lazarus in der niederländischen Kunst von 1400 bis 1700. Ikonographie und Ikonologie, (Ars Neerlandica II), 2 Bde., Kortrijk 1980.

bene habe bereits üblen Geruch ausgeströmt, wie es bereits Giotto in der Arena-Kapelle dargestellt hat; doch hat man in solch zarter Miniatur wie der hier abgebildeten von Simon Marmion (Taf. 10) darauf ebenso verzichtet wie in der späteren gedruckten Stundenbuchillustration (Abb. 11), obwohl davon in dem kurzen Text der Antiphon ausdrücklich gesprochen wurde. Wieder zeigt sich also die Befangenheit der Maler und Zeichner in einer textfernen Bildvorstellung.

b. Mahnungen zur inneren Umkehr

Eigentlich müßte hier noch einmal von der Geschichte der drei Lebenden und drei Toten die Rede sein, doch ist sie als ein charakteristisches Thema für Darstellungen von Tod und Toten bereits oben (3. c. α zu Taf. 6.7.8) abgehandelt worden. Die beiden nun zu referierenden Motive haben mit der Geschichte von den drei Lebenden und den drei Toten eine wesentliche Gemeinsamkeit: Sie sprechen auch von der Möglichkeit, daß aus dem Tode der Verstorbene noch einmal kurz ins Leben zurückkehrt, um die Lebenden zur Umkehr zu mahnen. Charakteristischerweise verzichtet dabei der biblische Text auf diese nur erwogene Möglichkeit, während der Bericht aus der Heiligenlegende den Verstorbenen noch mehrmals sprechen läßt.

α. Die Geschichte vom Reichen und dem armen Lazarus (Abb. 9—11)

Im Evangelium des Lukas (16, 19—31) erzählt Jesus vom reichen Mann, der alle Tage herrlich und in Freuden lebt, und dem armen Lazarus, der wie Ijob schwärenbedeckt vor seinem Hause liegt. Es folgt eine der wenigen bildhaften Schilderungen der Bibel, wie man sich den Zustand nach dem Tode vorstellen kann; denn der arme Lazarus stirbt und wird geborgen in Abrahams Schoß, während der Reiche nach seinem Tode in Hölle und Qual ihn von ferne sehen und um einen Tropfen Wasser bitten kann; doch sind beider Bereiche so getrennt, daß diese Bitte vergeblich ist, zumal der Reiche im Leben, der Arme aber im Tode getröstet wird. Die Moral der Geschichte wird in der Bibel nicht einmal wörtlich ausgeführt; es ist nur die Rede davon, daß der Reiche Lazarus zu seinen Brüdern schicken möchte, um sie zur Umkehr zu mahnen; doch ist diese Bitte ebenso erfolglos wie die um eine in Wasser getauchte Fingerkuppe.

Spätmittelalterliches Bilddenken konnte nicht darauf verzichten, die moralische Botschaft deutlicher herauszuarbeiten: So war es üblich, den reichen Mann an festlicher Tafel mit seiner Frau zu zeigen, während ein Diener den um Almosen bittenden armen Lazarus abweist (Abb. 9) oder das Motiv der Hunde, die dem Armen die Schwären lecken, so zu gestalten, als jagten auch sie Lazarus fort (Abb. 11). Sinnvoll ist die Festmahlsszene zu Beginn eines Totentextes nur im Zusammenhang mit einem zweiten Bild, das die Qualen des Reichen in der Hölle und seine Bitte an Abraham schildert (Abb. 10). Eine solche Szene gab Anlaß, jene Höllenphantasien auszubreiten, die im Spätmittelalter sonst dem Jüngsten Gericht zugeordnet wurden und die teilweise auch in den Gebetstexten der Totenoffizien angesprochen sind. Dabei konnte Abraham mit der Seele des Lazarus in Kindesgestalt oder sogar allein wiedergegeben werden. Doch führte auch hier wieder die Eigentümlichkeit der Stundenbücher, deren Bebilderung sich nur zum Teil nach dem Text richtet und daneben ganz wesentlich von der Zuteilung von Dekorations-»Kapazitäten« abhing, zu recht eigenartigen Ausprägungen: Da dem Totenoffizium nur in Ausnahmefällen der erhebliche Aufwand eines Bilderpaares zugestanden wurde, treten die Szenen aus der Geschichte vom Reichen und dem armen Lazarus meist nur einzeln auf. Sinnvoller wäre sicher die Beschränkung auf die Darstellung des Zustandes nach dem Tode gewesen; doch mindestens ebenso häufig entschied man sich dafür, nur die prächtige Szene des Gastmahles, trotz ihres geringen Bezuges zu den Totentexten, zu wählen[105].

Wegen der Namensgleichheit des armen Lazarus und des gerade in Frankreich sehr verehrten Bruders der Magdalena und sicher auch wegen der textlichen Zordnung der Lazaruserweckung zum Totenoffizium war es zudem möglich, auch die Darstellung von Christi Lazaruswunder an dieser Stelle einzufügen, so daß in gedruckten Stundenbüchern nicht selten beide Lazarusgeschichten zu einer zusammengefügt sind (Abb. 11), wobei der Vergleich der Abb. 9—11 zeigt, wie eng man sich in Paris für Schrotschnitte an gleichzeitigen Miniaturen orientierte.

β. Die Geschichte des Raymund Diocres (Taf. 6)

Der Legende nach noch einmal zu den Lebenden sprechen konnte ein für besonders heilig gehaltener Theologe in Paris, Raymund Diocres, der sich während der Sterbeliturgie verschiedene Male zu den Geistlichen in der Kirche und auf dem Friedhof wandte, um ihnen zu berichten, er sei durch Gottes gerechten Richterspruch verdammt. Da öffnet sich beispielsweise der Katafalk bei der Totenmesse (Taf. 6); die Trauergemeinde der Kleriker gerät in Aufruhr, selbst der Priester wendet sich vom Altar weg, um das erschreckende Geschehnis zu verfolgen. Überliefert ist diese Geschichte hauptsächlich durch die Vita des heiligen Bruno, der durch die Mahnung des Raymund Diocres angeregt worden sein soll, sich völlig aus der Welt zurückzu-

---

[105] Zum Phänomen der Auswahl dieser Szenen vgl. *König,* Christoph von Baden 208—217.

ziehen, um fern von Paris die erste Kartause, die sogenannte »Grande Chartreuse« zu gründen, wie dies in den Bordürenmedaillons Taf. 6 dargestellt wird.[106]

Beispiele für die Ikonographie des Raymund Diocres in Stundenbüchern sind zwar sehr selten; doch enthalten einige der berühmtesten zu Beginn des Totenoffiziums die Erinnerung an diesen Bericht des heiligen Bruno.[107] Damit wird abschließend noch einmal deutlich, wie sehr beim Totenoffizium die Tradition des Mönchsgebet auch in das private Stundenbuch hineingewirkt hat, ist diese Geschichte doch vor allem für Mönche ein Beispiel, daß auch bei scheinbar heiligem Leben Gottes Strafe nicht ausbleibt.

c. Der Tod von Gestalten aus Geschichte und Legende

α. Historische Personen

Soweit wir sehen, ist nur ein einziges Mal ein König mit Krone auf seinem angemessenen Sarkophag in einem Stundenbuchbild zu einem Totentext dargestellt. Es handelt sich um eine Miniatur des Boucicaut-Malers vom Beginn des 15. Jahrhunderts. Nach den Wappen war die Handschrift für die Mailänder Familie Visconti bestimmt; umso mehr verwundert die Charakterisierung des Toten als König. Sie dient vielleicht nur dazu, große weltliche Pracht der Nacktheit des Toten in der zugehörigen Nebenszene im Bas de page gegenüber zu stellen.[108]

β. Maria und Heilige

Selten wird auch vom Begriff des Todes her einfach der Tod einer Gestalt aus der Legende dargestellt. Marientod ist hier am häufigsten. Bei Bildern vom Tode eines Mönches ist nicht immer zu klären, ob es sich um einen Ordensheiligen oder nur einen einfachen, namenlosen Ordensmann handelt. Solche Darstellungen sind nur in italienischen Stundenbüchern, und dort auch recht selten, zu finden. Im Gebetbuch des Laien verdeutlichen sie noch einmal die Herkunft des Totenoffiziums aus dem klösterlichen Gebet.

---

[106] Vgl. Vita des hl. Bruno: AASS, 6. Oktober, 703 f.

[107] Der ausführlichste Zyklus findet sich in den sogenannten Belles Heures des Herzogs von Berry (New York, The Cloisters) mit insgesamt neun Miniaturen fol. 94r–99r; vgl. *Millard Meiss/Elizabeth H. Beatson*, Les Belles Heures de Jean Duc de Berry, London 1974, mit Farbabb. des gesamten Zyklus.

[108] Turin, Bibl. Reale, Ms. Var. 77, fol. 49r, mit einer Schrift, die italienische Schrift nachahmt. Fraglich ist, ob die Handschrift in Paris oder in Italien entstanden ist; vgl. *Meiss*, Boucicaut Master, Abb. 143.

IV. Die Verbreitung der Bilder

1. Zuordnung von Bildern und Texten

Das Wesentliche hierzu ist bereits oben gesagt: Nur das Totenoffizium gehört zum unverzichtbaren Bestand eines Stundenbuchs. Messe und Montagshoren treten so selten auf, daß sich eigenständige Traditionen zu ihrer Bebilderung nicht entwickelt haben. Wie in der Regel nur ein Totentext, so findet sich meist auch nur ein Totenbild im Stundenbuch, gewöhnlich mit der für die Zeit und die Gegend üblichsten Darstellung. Bei weiteren Bildmöglichkeiten ergab sich Gelegenheit, noch andere Themen aufzunehmen, in der Bordüre zu einem Totenbild, bei der Matutin des Totenoffiziums, zu Beginn von Messe, Montagshoren oder sogar zu jeder Nokturn.

Wenn im folgenden kurz die Schwerpunkte der geographischen Verteilung und die sich mit der Zeit wandelnden Vorlieben für einzelne Bildthemen skizziert werden sollen, so bleibt zu beachten, daß meist von dem einen Totenbild pro Stundenbuch die Rede ist und daß seltene Themen oft nur deshalb überhaupt auftraten, weil mit weiteren Bildmöglichkeiten auch zusätzlicher Bilderbedarf entstand, der nicht immer aus dem geläufigen Vorrat an Bildformeln befriedigt werden konnte.

2. Frankreich

Bis weit ins 15. Jahrhundert hinein wirkt sich in der französischen Stundenbuchillustration beim Totenoffizium die Tradition aus dem monastischen Bereich so aus, daß Darstellungen der Totenfeier in der Kirche absoluten Vorrang haben. Um 1400 und bis gegen 1425 machen sie fast zwei Drittel aller von uns verzeichneten Beispiele aus; hinzu kommen die Szenen aus der Geschichte des Raymund Diocres, die ebenfalls im Rahmen einer Totenmesse oder eines Totenoffiziums dargestellt werden. Zu dieser Zeit kommen Bilder des Begräbnisses auf, machen jedoch zunächst nur etwa ein Fünftel der Fälle aus. Um die Mitte des 15. Jahrhunderts treten die Beispiele von Totenfeiern ein wenig zurück, etwa gleich häufig, vielleicht sogar etwas häufiger finden sich Begräbnisszenen auf dem Friedhof. Gegen 1500 verschwindet das Thema der Totenfeier in der Kirche weitgehend. Von den Beispielen aus dem späten 15. Jahrhundert stellen nur noch etwa ein Zwölftel diese Szene dar, während sich das Begräbnis mit doppelt so viel Fällen noch einigermaßen behauptet. Beide Bildgegenstände waren jedoch schließlich so aus der Mode gekommen, daß sie für die Bebilderung gedruckter Stundenbücher erst gar nicht mehr in Betracht kamen.

Ganz anders verläuft die Entwicklung bei den beiden aus der biblischen Geschichte genommenen Hauptthemen der Totenoffiz-Illustration: Ijob und Lazarus werden um 1400 noch so gut wie nie dargestellt. Noch um die Mitte des 15. Jahrhunderts liegt ihr Anteil bei weniger als 5 Prozent der Fälle, während Ijob gegen 1500 zum wichtigsten Bildgegenstand überhaupt wird, freilich nicht gleich bedeutsam wie die Totenfeier in der Zeit um 1400, denn es bleibt bei einem Anteil von etwa einem Drittel, während Lazarus, trotz seiner Beliebtheit in Frankreich, auch in der Spätzeit nur etwa ein Zehntel der Totenbilder bestimmt. In dieser Spätzeit erst kommt die Geschichte vom Reichen und dem armen Lazarus auf; sie wird etwa gleich häufig wie die Erweckung des Lazarus dargestellt. Für die gedruckten Stundenbücher wurden Platten mit Ijob, der Erweckung des Lazarus und dem Gastmahl des Reichen geschnitten, einige in mehreren Fassungen.[109]

Die in Frankreich beheimatete Geschichte von den drei Lebenden und den drei Toten, die bereits in Pucelles Pariser Werkstatt um 1350 zu bedeutenden Miniaturen anregte, fehlt in Stundenbüchern um 1400 völlig.[110] Sie wird ab 1450 etwas häufiger dargestellt und erhält schließlich in der Stundenbuchillustration der Buchdrucker mit prächtigen Doppelseiten besonderes Gewicht. Andere Bilder des Todes und der Toten nehmen in einer allgemeinen Statistik nur einen geringen Teil ein. Um 1400 sind die meisten Beispiele mit Darstellungen des nackten Toten entstanden; um 1500 ist dieses Thema in Frankreich so gut wie vergessen. Hingegen kannte man dort Bilder des leibhaftigen Todes um 1400 noch so gut wie gar nicht; auch um 1450 machen Beispiele dieser Ikonographie nur einen kleinen Bruchteil aus, während die Spätzeit um 1500 eine ganze Vielzahl von Bildvorstellungen hierzu entwickelte. Zusammengenommen machen diese Beispiele mehr als ein Achtel des ermittelten Bestandes aus und bilden damit nach Ijob und dem Begräbnis die wichtigste Gruppe in Stundenbüchern um 1500. Die Ikonographie des Todes war jedoch so divers, daß eine gültige Formel für gedruckte Stundenbücher nicht gefunden wurde; das Thema fehlt dort. Die übrigen hier behandelten Themen machen in dem untersuchten Bestand jeweils nur geringe Bruchteile aus. Das trifft auch für das Jüngste Gericht zu, das deshalb überhaupt nicht als ein Bildgegenstand zum Totenoffizium oder zu anderen Totentexten gelten sollte. Die wenigen zu nennenden Beispiele sind zwar künstlerisch bedeu-

---

[109] Vgl. Listen bei *Mortimer,* French 16th Century Books II, 375—378.

[110] Allerdings hat der Rohan-Maler hin und wieder drei Tote allein dargestellt, so in Paris, Bibl. nat., latin 13262, fol. 121 r, als habe er das eine Bild einer Doppelseite wiederholt, aber aus Gründen des Layouts auf das Gegenstück verzichtet *(Meiss,* The Limbourgs, Abb. 849).

tend, wie das Bedford-Stundenbuch in London[III], aber nicht nur extrem vereinzelt (wir kennen nicht einmal ein halbes Dutzend Fälle), sondern meist aus der eigenartigen Disposition der Stundenbücher zu erklären, die sie enthalten.

3. Flandern

Flämische Stundenbücher aus der Zeit um 1400 sind recht rar; was wir ermitteln konnten, weist darauf hin, daß man sich zunächst ähnlich verhalten hat wie in Frankreich: Darstellungen der Totenfeier in der Kirche haben den größten Anteil; daneben gibt es bereits Lazarus, dessen Erweckung später zum Hauptthema von Totenbildern in flämischen Stundenbüchern werden sollte. Noch um die Mitte des 15. Jahrhunderts machen Bilder mit Totenfeiern fast zwei Drittel der flämischen Beispiele aus, während die Erweckung des Lazarus immerhin fast das ganze übrigbleibende Drittel beansprucht.

Um 1500 schließlich enthält nahezu jedes zweite flämische Stundenbuch eine Darstellung der Erweckung des Lazarus; sie gehört so untrennbar zur flämischen Vorstellung vom Totenbild, daß es Beispiele gibt, in denen eine kirchliche Totenfeier mit einem Altarbild gezeigt wird, das dem Lazarus-Wunder gewidmet ist. Ausführliche Schilderungen der Sterbeliturgie bleiben selten, finden jedoch in einigen flämischen Miniaturen um 1500 ihre eindrucksvollste Ausprägung überhaupt (Taf. 8—9). Der Tod als Verkörperung wird in Flandern selten als Hauptthema des Totenbildes gewählt. Wiederum verfälschen derartig berühmte Darstellungen wie die im Stundenbuch der Maria von Burgund in Berlin (Taf. 7) den Eindruck: Beliebt waren solche Bilder offenbar nicht. Das Thema der drei Lebenden und der drei Toten kommt in Flandern erst um 1480 auf, als frühestes Beispiel gilt die Miniatur der Maria von Burgund (Taf. 7); doch könnte sie auch flämische Vorläufer haben.

Flämische Darstellungen des Toten auf dem Friedhof sind durchweg spät, Begräbnisbilder kommen vor, meist eindeutig Pariser Vorlagen entlehnt. Der Totentanz spielt in der flämischen Buchmalerei keine Rolle.

4. Italien

Wichtigstes Motiv der Totenoffizbilder in italienischen Stundenbüchern ist die Darstellung des Todes als Totenkopf oder als verwesender Leichnam, meist nur in Halbfigur. Eine ganze Anzahl unterschiedlicher Motive ohne

---

[III] London, Brit. Libr., Ms. Add. 18850, fol. 157r; Literatur dazu in Anm. 66.

große Regelmäßigkeit sind darüber hinaus zu nennen: Marientod, der in Frankreich und Flandern an dieser Stelle nur sehr vereinzelt vorkommt, und häufig Totenwache um einen in der Mitte des Bildes aufgebahrten Mönch, Ordensheiligen oder namenlosen Ordensmann.

5. England, Holland und Spanien

Weitgehend folgen die Länder, in denen Stundenbücher erst durch Anregungen aus Frankreich heimisch geworden sind, dem französischen Brauch. So herrschen in England lange Zeit die Darstellungen der Totenfeier und dann des Begräbnisses vor. Holland richtet sich trotz der hier verbreiteten volkssprachlichen »Getijdenboeken« weitgehend nach französischem Vorbild; mit dem Stundenbuch der Katharina von Kleve steuerte Holland jedoch ein einzigartiges Höllenbild zum Totenoffizium und den wichtigsten Zyklus zu den Montagshoren bei.

6. Die Frage nach den Anfängen

Da das Totenoffizium erst im Laufe des 14. Jahrhunderts zum festen Bestandteil des Stundenbuchs wurde, ist die Frage nach den frühesten Totenoffiz-Bildern sehr schwer zu beantworten: Wir glauben, daß die Darstellungen der Totenfeier in der Kirche die erste faßbare Bild*tradition* für diesen Text bilden, auch wenn vereinzelte frühere Beispiele andere Szenen wie die später nie mehr zu findende Sorge um die Seele des Verstorbenen zeigen.[112]

V. Zum Wesen der Totenbilder in Stundenbüchern

»Keine Zeit hat mit solcher Eindringlichkeit jedermann fort und fort den Todesgedanken eingeprägt wie das fünfzehnte Jahrhundert« schrieb Johan Huizinga zu Recht[113], und er wies darauf hin, daß sich im Grausen vor dem Tode und vor der Verwesung der Verstorbenen zugleich »im Grunde ein materialistischer Geist« offenbare[114], der ganz vital am Leben hänge. Stundenbücher waren zweifellos Anlaß, auch weltlichen Reichtum auszubreiten, und ihre Miniaturen boten den begabteren Illuminatoren Gelegenheit, ihren

---

[112] Schon *Leroquais*, Livres d'heures I, XLVIII weist auf das Beispiel aus dem späten 13. Jahrhundert hin, das latin 1077 bietet, dort, fol. 183 v, ist Christus dargestellt, der eine Seele trägt. Spätere Stundenbücher kennen diese Ikonographie nicht.
[113] *Huizinga*, Herbst des Mittelalters 190.
[114] Ebd. 198.

neuen, ganz auf das Sichtbare der Welt gerichteten Sinn zu beweisen. Zugleich aber nutzten Maler wie der Meister der Grandes Heures de Rohan (Taf. 1) das Bild zum Totenoffizium dazu, die Befindlichkeit des Sterbens in einer weit über ihre Zeit hinaus gültigen Weise auszudrücken.

In der einzigartigen Vielfalt von Themen, die man für die Totentexte im Stundenbuch heranzog, zeigt sich auch eine gewisse Ratlosigkeit. Lange hält man ganz an der Beschreibung der Äußerlichkeit kirchlicher Zeremonien fest. Die Sterbeliturgie mit ihrem geordneten, würdigen Ablauf wird mit genrehafter Aufmerksamkeit festgehalten; sie kann keinen Anlaß geben, tiefer auf das Thema des Todes einzugehen.

Schon die Grundeigenschaft der Texte, vor allem des Totenoffiziums, nicht Trost im Sterben sondern Beten für Verstorbene zu bieten, und die Herkunft aus dem Gemeinschaftsgebet im Kloster lassen die privaten Aspekte zunächst gar nicht in den Blick kommen. Wo dann der Tod selbst zum Thema wird, da geschieht dies entweder als Mahnung für die Lebenden, wie bei den drei Lebenden und den drei Toten oder im Sinne der finsteren Todesvorstellungen der Zeit, wie sie vor allem im Totentanz Gestalt gefunden haben. Freilich war Platz für den Totentanz nur selten in Stundenbüchern und dann auch nur in den Bordüren. Erschütternd auch für den modernen Menschen werden solche Bilder nur dann, wenn sie die Befindlichkeit des einzelnen Toten angesichts ihres Richters zeigen; und auch hier wird deutlich, daß der Tod nicht als schmerzlicher Verlust für den Verstorbenen und die ihm verbundenen Lebenden gesehen wird, sondern als der Augenblick, in dem die Rechenschaft des Sünders über das beginnt, was er im Leben getan hat.

So können diese Bilder nicht, wie Huizinga eigentlich erwartet hätte, das Elegische oder das Zarte andeuten. Vielmehr bewegen sich die Illustrationen zum Totenoffizium und zu den anderen Totentexten in Stundenbüchern in folgendem Bereich: Den Laien schreckt nicht der Verlust des Lebens und die Trauer in seiner Familie, sondern die entstellende Verwesung und die Strafe für seine Sünden; auch sorgt er sich um die Seelen Verstorbener, die ihm nahe standen und die er nun im Fegefeuer wähnt. »Der kirchliche Gedanke des Spätmittelalters« — so Huizinga — »kennt nur die beiden Extreme: die Klage über die Vergänglichkeit, über das Ende von Macht, Ehre und Genuß, über den Verfall der Schönheit; und den Jubel über die gerettete Seele in ihrer Seligkeit. Alles, was dazwischen liegt, bleibt unausgesprochen«[115] — auch in der Illustration des Totenoffiziums in Stundenbüchern.

---

[115] Ebd. 208.

C. Bibliographische Erschließung

I. Zur Illustration der Totenoffizien in Stundenbüchern

Arné, François, Les images de la mort dans les livres d'heures. XIIIe—XVe siècles: MD 145 (1981) 127—148.

Laborde, Alexandre de, La mort chevauchant le boeuf. Origine de cette illustration de l'office des morts dans certains livres d'heures de la fin du XVe siècle, Paris 1923.

Meiss, Millard, La mort et l'office des morts à l'époque du maître de Boucicaut et des Limbourg: Revue de l'art 1 (1968) 17—25.

II. Zu Bildern des Todes und spätmittelalterlicher Totenvorstellung

Cosacchi, Stephan, Makabertanz. Der Totentanz in Kunst, Poesie und Brauchtum des Mittelalters, Meisenheim am Glan 1965.

Hammerstein, Reinhold, Tanz und Musik des Todes. Die mittelalterlichen Totentänze und ihr Nachleben, Bern und München 1982.

Huizinga, Johan, Herbst des Mittelalters. Studien über Lebens- und Geistesformen des 14. und 15. Jahrhunderts in Frankreich und in den Niederlanden, Stuttgart ^{11}1975 (Kurt Köster) 190—208.

Mâle, Émile, L'art réligieux de la fin du moyen âge en France. Étude sur l'iconographie du moyen âge et sur ses sources d'inspiration, Paris ^{5}1949 (Neudruck 1974).

Marle, Raimond van, Iconographie de l'art profane au Moyen-Age et à la Renaissance II, Den Haag 1932, 361—414.

Rosenfeld, Hellmut, Der mittelalterliche Totentanz, Köln und Graz ^{2}1968.

Rotzler, Wilhelm, Die Begegnung der drei Lebenden und der drei Toten, Winterthur 1961.

Vovelle, Michel, La mort et l'occident de 1300 à nos jours, Paris 1983.

III. Zu Stundenbüchern

Delaissé, Léon M. J., The Importance of Books of Hours for the History of the Medieval Book: Ursula E. McCracken / Lilian M. C. Randall / Richard H. Randall jr. (Hgg.), Gatherings in Honor of Dorothy E. Miner (FS Miner), Baltimore 1972, 203—225.

Harthan, John, Books of Hours and Their Owners, London 1977 (dt. Freiburg 1977).

Köstler, Hermann, Stundenbücher. Zur Geschichte und Bibliographie: Philobiblon 28 (1984) 95—128.

Lacombe, Paul, Livres d'heures imprimés au XVe et au XVIe siècle conservés dans les bibliothèques publiques de Paris, Paris 1907.

Leroquais, Abbé Victor, Les livres d'heures manuscrits de la Bibliothèque nationale, 3 Bde., Paris 1927.

Ders., Supplément aux livres d'heures manuscrits de la Bibliothèque nationale, Paris 1943.

Plotzek, Joachim M., Die Handschriften der Sammlung Ludwig II, Köln 1982.

Über die Frivolität, das Sterben zu filmen

Bemerkungen zu »Nick's Film« von Wim Wenders

Hermann Kurzke

Der Film, um den es hier geht, heißt »Nick's Film: Lightning over Water«[1]. Nick ist Nicholas Ray, der einst berühmte Regisseur von Filmen wie »Denn sie wissen nicht, was sie tun« (mit James Dean) und »Johnny Guitar«. Nick plant einen Film mit dem Titel »Lightning over Water«. Der merkwürdige Titel zeigt also zunächst an, daß es sich um einen Film über einen Film handelt.

Die Fama und die Reklame zu »Nick's Film« locken den Zuschauer in das Kino mit einer anderen Verheißung. Sie versprechen ihm einen gefilmten und trotzdem authentischen, nicht gespielten Sterbevorgang, gesehen aus der Schlüssellochperspektive. Betrachtet man den Film aus dieser Erwartungshaltung heraus, wird man relativ enttäuscht sein. Man sieht einen alten Mann, der stöhnt, schimpft, spuckt und hustet. Das wäre nichts Besonderes, hätte nicht der Erzählerkommentar vorher darauf aufmerksam gemacht, daß der Mann Krebs hat. Durch diese Mitteilung wird dem Zuschauer suggeriert, er sehe dem Tod bei der Arbeit zu. Am Ende betrügt der Film den Süchtigen um den Lohn seiner Geduld: der Tod selbst wird nicht gefilmt. Einen Rest von Respekt scheint das frivole Genre sich bewahrt zu haben. Der Tod scheint die Mauer des Tabus erfolgreich verteidigt zu haben.

Das Thema des Films ist aber gar nicht das Sterben, sondern die Frivolität angesichts des Sterbens. Es handelt sich nicht um einen Film übers Sterben, sondern um einen über das Filmen des Sterbens, mit dem Ergebnis, daß es unmöglich ist, das Sterben zu filmen. Frivol ist derjenige, der mit dem Heiligsten nur spielt. Wenders' Film aber ist nicht frivol, sondern reflektiert die Bedingungen der Frivolität. Er ist insofern überaus diskret.

Die naturalistisch-mimetische Erwartungshaltung, die auf den Sterbevorgang selbst gerichtet ist, verstellt jede adäquate Erfahrung dessen, worum es

---

[1] Das Drehbuch des Films erschien in einer sehr stattlichen und trotzdem preiswerten Ausgabe bei Zweitausendeins, Frankfurt 1981. Auf diese Ausgabe beziehen sich die Seitenzahlen im folgenden Text. Ich zitiere das englische Original, da die deutsche Übersetzung viel zu wünschen übrig läßt.

hier geht. Es geht um ein Artistenproblem. Nick und Wim unterhalten sich über die Möglichkeiten, einen Film über einen alternden krebskranken Künstler zu machen, der bessere Tage gesehen hat und am Ende seines Lebens mit sich ins Reine kommen will. Aber diesen Film bekommen wir gerade nicht zu sehen. Auch der von ihm versprochene Rückblick auf das Leben, die Gewissenserforschung im Angesicht des Todes, findet nicht statt. Es geht Wim Wenders nicht um Ray's Generalbeichte, sondern, es sei wiederholt, um ein Artistenproblem: um die Veränderungen, die das wirkliche Leben beim Übersetzen ins gefilmte erfährt. »Something was happening each time the camera was pointed at Nick, something that I had no control of« (136). Nicht umsonst ist Wenders ein Verehrer des Artisten Peter Handke, dessen Erzählung »Die Angst des Tormanns beim Elfmeter« er erfolgreich verfilmte.

Daher erklärt sich die jede naturalistische Erwartungshaltung störende ständige Sichtbarkeit der Technik, das stete Filmen von Kameras, Projektoren, Scheinwerfern, Hilfsgestellen, Filmspulen und Tonbandgeräten. Nicht Ereignisse werden gefilmt, sondern das Filmen von Ereignissen. Wir sehen alles immer von der Rückseite her, aus der Kulisse gleichsam, mit dem technischen Blick auf das Know how. Bereits der Raum unterstreicht diese Werkstattperspektive. Die meisten Szenen spielen in Nicks Wohnung, die aber nichts Privates hat: Es handelt sich um eine kleine Montagehalle, die zur Einraumwohnung umfunktioniert ist, aber den Charakter einer Werkstatt behalten hat. Hier entsteht keine Feierlichkeit, keine Aura, keine Intimität und keine Illusion. Alles spielt sich von vornherein vor Kameras ab, als Arbeitsprozeß. Der Arbeitsprozeß des professionellen Filmemachers hat alles Private verschlungen. Die Betten stehen im Atelier. Zwischen Arbeit einerseits und Essen, Schlafen, Rauchen, Lieben andererseits besteht keine Trennung. Auch der Schauplatz, New York, ist nicht von seiner strahlend imposanten Seite, sondern schäbig, gewissermaßen aus der Hinterhaus- und Feuerleiterperspektive gezeigt. Auch in »schönen« Szenen wird der Betrachter systematisch am Einfühlen gehindert. Wir sehen eine bemalte Urne auf einer chinesischen Dschunke aufs Meer hinausfahren, aber wir sehen in der nächsten Einstellung die auf der Dschunke montierte Kamera, die die Urne filmt, wir sehen flatternde Filmfetzen im Wind, wir sehen den Hubschrauber, von dem aus die Dschunke gefilmt wird, wir sehen die Kamera, von der aus der Hubschrauber gefilmt wird. Wir haben uns deshalb jeweils dazuzudenken, daß auch das gefilmte Filmen wiederum ein Gefilmtes ist, so daß wir uns keinerlei Illusion gestatten dürfen.

Peter Handke beschreibt in »Wunschloses Unglück« den Freitod seiner Mutter. Indem er diese zunächst rein private Geschichte veröffentlicht, gerät er in einen Konflikt zwischen seiner Rolle als Sohn, der still zu trauern hätte, und seiner Rolle als Künstler, für den ein Selbstmord zunächst nur ein interessanter Stoff ist. Handke stellt sich diesem Konflikt und reflektiert ihn artistisch. Ganz ähnlich Wenders. Er äußert im Film gegenüber Nick die Sorge, »that I could find myself being attracted to your weakness or to your suffering« (70). Er ist befangen angesichts des Sterbenden und fürchtet, er könne am Ende doch eine Art Genuß aus dem Schauspiel des Todes ziehen. Er berichtet von seiner Angst um ihre Freundschaft, weil das Technische des Films ihn immer mehr von Nick selbst ablenke: »I was more and more under the pressure of making ›a movie‹« (175). »This film might kill you« (210) sagt er von einem Film, der aber dann gar nicht gemacht wird. Was der Zuschauer zu sehen bekommt, soll gar kein »Film« sein, im üblichen Sinne einer Einspinnung in eine künstliche Welt, sondern die unverfälschte Authentizität der Filmemacher selbst. Daß auch hinter den gefilmten Kameras Kameras stehen müssen, die die Kameras filmen, muß man sich mühsam hinzudenken, so »echt« wirkt dieser Nichtfilm. Aus lauter Echtheitsehrgeiz erspart er uns auch das Banale und Ungefilterte des gewöhnlichen Alltags nicht. Seine »Form«, wenn er denn eine hat, ist nur lose gefügt. Es scheint sich um einige mehr oder minder zufällige Mitschnitte aus wenigen Tagen des Zusammenlebens mit Nick zu handeln. Und doch geben wenige unauffällig gesetzte Signale dem Alltäglichen eine tiefe künstlerische Legitimation.

Was sich ereignet, ist schnell erzählt. Wim Wenders besucht Nicholas Ray, den einstigen Erfolgsregisseur, um einige Tage mit ihm zu leben. Er kommt frühmorgens, als alle noch schlafen, und legt sich ebenfalls für einige Stunden auf ein Sofa. Nick wird dann ausführlich beim Erwachen, beim Räkeln, Husten, Rasieren und Rauchen gefilmt. Es wirkt so echt, daß Nicks anschließende Frage »Does it seem like acting?« — Sieht es gespielt aus? — (50) tatsächlich überrascht, man hat es für echt gehalten. »Not at all«, ist zwar Wims Antwort, aber der Zuschauer ist nun gewarnt. Ein todkranker Mann, es ist kaum zu glauben, spielt hier einen todkranken Mann. Ray soll dann am Abend in einem Mädchen-College einen seiner alten Filme kommentieren. Das gibt Gelegenheit für weitere Rückblenden und Selbstkommentare. Wir sehen Rays Film »The Lusty Man«, zugleich Ray und das Team im Kino beim Filmeanschauen. Beiläufig fällt Hollywood-Kritik an (134). Nach zwei Wochen, von denen wir nichts erfahren, muß Nick zu erneuten Operationen ins Krankenhaus, und Wim reist nach Los Angeles. Zurückgekehrt, findet er Nick, der das Krankenhaus täglich für einige Stunden verlassen darf, beim Verfilmen von Kafkas »Bericht für eine Akademie«. Wieder gibt es Werkstattdiskussionen. Es folgt eine längere Einstellung, die Nick im Krankenbett zeigt, hustend und schäkernd. Sie endet mit einer Debatte über »Cut« oder

»Don't cut«. »Don't cut! CUT!« sind Nicks letzte Worte. Sie meinen das Ende eines Films und das Ende eines Lebens, machen aber darauf aufmerksam, daß es sich für den Zuschauer allemal nur um einen Film handelt. Eine chinesische Dschunke mit einer Urne an Bord läuft aus dem Hafen aus. Es folgt ein Epilog: Die Crew unterhält sich auf der Dschunke über Nicks inzwischen erfolgten Tod und meint, das Filmen habe ihm das Sterben leichter gemacht (297), er habe sterben wollen und noch seinen Tod zur letzten Regieanweisung gemacht (315), sein Tod sei laut Drehbuch erfolgt als notwendiges Ende des Films (316), gerade noch im letzten Moment, als »lightning over water«.

Da es sich nicht um einen Film über den Tod, sondern um einen über das Filmen des Todes handelt, sind über die »Darstellung des Todes« nur entsprechend gebrochene Aussagen möglich. Bleibt man im Banne der naturalistischen Erwartungshaltung, so scheint der Tod hier in seiner modernen, häßlichen, trost- und schmucklosen Weise aufzutreten, als banaler Krankenhaustod, gefolgt von Geschwätz und Gelächter der Leute. Bereits auf dieser Ebene darf man aber das Positive nicht verkennen. Ein Trost liegt bei aller Banalität der Gespräche darin, daß Nicks Tod gesellig ist. Nick lebt fort im Gelächter der Crew, die darüber debattiert, ob sie Nicks Dschunke nicht verbrennen sollte, um des Schauspiels willen, das Nick selber gewiß daraus gemacht hätte. Damit sind wir wieder auf der Metaebene der artistischen Reflexion dieses Films. Die Dschunke mit Nicks Asche in der Urne wird nicht verbrannt, sondern es wird über die Inszenierung einer solchen Verbrennung reflektiert und debattiert. Auch die »Liturgie« der Totenfeier für Nick wird nicht einfach filmisch dargestellt, sondern als Arrangement inszeniert und debattiert und dadurch als Zitat kenntlich. Dieses Arrangement aber zeigt noch immer den Wunsch nach Erlösung im Tode.

Die Urne auf der Dschunke, hinaussegelnd aufs offene Meer: Dieses Arrangement spielt zitierend mit dem Wunsch, im Tode hinauszukommen ins Offene, hinaus aus den dichten Städten, die Individuation zurückzugeben an ein Ganzes und sich zu verlieren in der Weite des Meeres. Der Hubschrauber filmt das Blitzen und Glitzern des Wassers beim Auslaufen der Dschunke — das Motiv »Lightning over Water«. In ihm liegt Hoffnung des Todes. Das Titellied interpretiert: »Might die wisdom — learning freedom. Must be, hey, like lightning over water« (62). Doch der klassische Trost, der Tod sei glückhafte Befreiung von der Weisheit dieser Welt, wird wiederum artistisch ironisiert. Ein nur im Englischen mögliches Wortspiel muß beachtet werden. »We're all film junkies. Nick was one, too« (293), sagt einer von der Crew am Ende. Ein Junkie ist ein Süchtiger, zum Beispiel ein Drogenabhängiger. »Junk« ist aber auch das englische Wort für Dschunke. In der Doppelbedeutung dieses Wortes ist das Grundmotiv für Nicks Begräbnisritual zu sehen.

»The whole thing with the junk«, so lautet eine Äußerung der Crew, »was always between being a funeral boat and being a boat that was taking you to a cure for from what you're dying from« (293). Die Dschunke ist ein Beerdigungsschiff und ein Schiff, das vom Todbringenden erlöst! Der »junkie« stirbt am Filmen und wird durchs Filmen erlöst.

Bestattung und Todesverständnis in der Alten Kirche

Ein Überblick

Wilhelm Gessel

I. Einleitung

»Wir wünschen dir eine gute, gute Nacht. Über den Sternen weht ewiger Friede«. So oder ähnlich werden auch heute noch Reden am offenen Grab oder in der Leichenhalle abgeschlossen. Der Tod wird hier als endloser Schlaf verstanden und der ewige Friede am Sternenhimmel befestigt. Das Unbehagen über die »Trauerarbeit« und die auch dem kirchlichen Begräbniswesen unterstellbare Sinndeutung des Todes gab und gibt Anlaß zu Reformbemühungen. Ein Beispiel dafür ist: »Auf der anderen Seite wird man das Hauptgewicht auf die Frage legen, wie wir alles *Unchristliche* und *Achristliche*, das sich gerade in die Gestaltung der Feier eingeschlichen hat, ausschalten. Dabei kann allerdings die Gefahr bestehen, umgekehrt die Predigt als etwas Nebensächliches zu behandeln, so daß, will man das zum Grundsatz erheben, es unvermeidlich ist, daß hier ein neues Einfallstor für alles *Widerchristliche* sich auftut, ja, daß leicht und unvermutet die christliche Gestaltung ein Mantel wird, hinter dem sich unchristliche, allein dem Weltlichen entstammende Gedanken verbergen. So kann es durchaus sein, daß oft bei einer rechten Predigt eine unrechte, ja *heidnische Feier* erscheint und daß auf der anderen Seite, vielleicht durch gute kirchliche Tradition bedingt, eine rechte christliche Gestaltung eine unechte und *heidnische Predigt* umrahmt«[1].

Diese emphatisch vorgetragene Besorgnis über pagane Elemente bei der Bestattung seiner Toten teilte das Christentum der ersten drei Jahrhunderte nicht. Sogar das Christentum der ausgehenden Spätantike hatte — abgesehen

---

[1] *B. Jordahn*, Das kirchliche Begräbnis. Grundlegung und Gestaltung, (Veröffentlichungen der Evangelischen Gesellschaft für Liturgieforschung 3), Göttingen 1949, 3. Die Kursive im Zitat ist von mir angebracht.

von den kritischen Stimmen kirchlicher Schriftsteller — gegen die Übernahme bestehender Gebräuche und der dahinter sichtbaren volkstümlichen Sinndeutung des Todes kaum prinzipielle Einwände, wenn das Fortleben nach dem Tode nicht in Zweifel gezogen wurde.

II. Beerdigungswesen

Die ältesten, bekannten Bestattungen von Christen sind Familiengräber. Dazu zählt das Coemeterium der Priszilla (Acilierregion) an der Via Salaria Nova Roms, deren Inschriften auf den Grabplatten der *loculi* die übliche Vorstellung vom Tod als Schlaf (*dormit, [re]-quiescit, in requie, dormitio tua* usw.) vermitteln, wobei das Wort *Coemeterium* von κοιμητήριον (Schlafgemach, Inkubationsraum) abgeleitet wird und dann den altchristlichen Friedhof bezeichnet[2]. Obwohl hier weder die Märtyrerverehrung noch die allgemeine Heiligenverehrung zu behandeln ist, sei parallel auf die »Dormitio Mariae« hingewiesen, welche die in Jerusalem verehrten Stätten des Marientods so und nicht anders benennen.

Im Priszilla-Coemeterium hat sich ein Epitaph erhalten, der in rotem, klobigem Schriftzug folgenden Spruch bringt: *ΤΕΡΤΙ ΑΔΕΛΦΕ ΣΥ ΨΥΧΙ ΟΥΔΙΣ ΑΘΑΝΑΘΟΣ*[3]. Dem *T* des Namens ist ein kleines Zeichen, möglicherweise in der Form eines Fisches oder Delphins, vorangestellt. Das Alpha ist jeweils als Minuskel, alle anderen Buchstaben sind als Majuskel geschrieben. Der Epitaph zeigt ein Griechisch, das für die Übergangszeit vom Griechischen ins Lateinische in Rom charakteristisch ist. Der Text wurde mit breitem Pinsel und in großer Eile angebracht. Die Feststellung der Unausweichlichkeit des menschlichen Todesschicksals als Trost für den Besucher eines christlichen Coemeteriums ist fatalistisches Allerweltsdenken und gerade kein altchristliches Trostwort. Das ist umso erstaunlicher, als nach der Darstellung des römischen Rechtsanwaltes Minucius Felix vom 2. auf das 3. Jahrhundert, in welche Zeit die genannte Inschrift datiert werden kann, auch den Heiden der Auferstehungsglaube der Christen in groben Zügen bekannt war[4].

---

[2] *J. Kollwitz*, Art. »Coemeterium«: RAC 3, 231—235.
[3] Wörtliche Übersetzung: »Tertius, Bruder! Dir Mut. Niemand unsterblich«. Sinngemäße Übersetzung: »Lieber Bruder Tertius. Sei mutig. Keiner wird dem Tod entgehen«. Würde man die Inschrift in volkstümlicher Umgangssprache wiedergeben oder besser im bayerischen Dialekt eines Franz X. Kroetz, dann ließe sich der fatalistische Tenor des Epitaphs noch deutlicher demonstrieren.
[4] *Minucius Felix*, Octavius 8, 5.

Nach L. Ruland[5] war bei Juden wie Heiden die Leichenfeier eine Privatveranstaltung der Familie. Im Christentum dagegen sei das Begräbnis von Anfang an eine Gemeindeangelegenheit gewesen, bei der dem Presbyter eine bevorzugte mitwirkende Stellung zugekommen wäre, die Leichenfeier sei ein liturgischer, kirchlicher Akt gewesen. Das auch von Ruland erkannte Quellendefizit für die Absicherung seiner These einer vom kirchlichen Amt getragenen Bestattungsfeier in den ersten drei Jahrhunderten, wird mit dem Hinweis auf verlorengegangene patristische Zeugnisse[6] abgedeckt. Das einzige frühe literarische Zeugnis, das Ruland für seine Behauptung aufführt, ist das Gebet eines Presbyters an der Bahre einer Verstorbenen. Dieses Gebet ist mit Sicherheit kein liturgischer Akt, sondern das private Beten des Presbyters als Leidtragender für seine im Haus aufgebahrte Kirchensklavin[7], also eine Familienangelegenheit.

Die Pflicht pietätvoller Bestattung obliegt grundsätzlich der Familie. Die weniger Bemittelten treten in *collegia funeraticia* zur Absicherung ihrer letzten Bedürfnisse ein[8]. Wenn christliche Ortskirchen im 2./3. Jahrhundert derartige Aufgaben übernehmen[9], kann daraus nur die bei Christen übliche soziale Fürsorge, jedoch keine kirchliche Bestattungsfeier erschlossen werden. Sollte die Rekonstruktion der Apostolischen Überlieferung durch B. Botte einen von Hippolyt um 215 in Rom verfaßten Text zutreffend wiedergeben und liturgische Traditionen beschreiben, die zum Teil Verhältnisse früherer Zeit berichten[10], dann könnte sich hier eines der ältesten literarischen Zeugnisse zum Thema christliche Bestattung erhalten haben: »Niemand möge bei der Bestattung eines Menschen in den Coemeterien Beschwerde empfinden wie dies auf jeden Armen zutrifft. Sondern es soll der Lohn des Arbeiters bezahlt werden, dem der aufgräbt, und der Preis für die Ziegel[11]. Welche an jenem Ort sind und die Arbeit verrichten, möge der Bischof ernähren, damit niemand von denen, die zu diesen Stätten kommen, belastet wird«[12]. Die Apostolische Tradition des Hippolyt bietet nicht nur Ordina-

---

[5] *L. Ruland*, Die Geschichte der kirchlichen Leichenfeier, Regensburg 1901, 47.50.
[6] Ebd. 64.
[7] *Tertullian*, De anima 51: *Scio feminam quandam, vernaculam ecclesiae forma et aetate integra ..., cum in pace dormisset et morante adhuc sepultura interim oratione presbyteri componetur....* *Ruland*, Leichenfeier 61 erschließt aus dieser Stelle ohne den spezifischen Kontext zu beachten (*femina vernacula ecclesiae*) einen bereits zu Tertullians Zeiten allgemein üblichen, einen durch den Priester zu vollziehenden liturgischen Akt.
[8] *J. Kollwitz*, Art. »Bestattung; Christlich«: RAC 2, 208—219.
[9] *Tertullian*, Apologeticum 39.
[10] *B. Altaner/A. Stuiber*, Patrologie, Freiburg/Basel/Wien ⁹1980, 83.
[11] Vermutlich der Verschluß des *loculus*.
[12] *Hippolyte de Rome*, La tradition apostolique d'après les anciennes versions. Introduction, Traduction et Notes par *B. Botte*, (SChr 11), Paris ²1968, 122. Das Konglomerat der »Apostoli-

tionsgebete für Bischof, Presbyter und Diakone, ein Eucharistiegebet, Benediktionen für Öl, Käse und Oliven, sondern legt nahezu penibel fest, in welcher Reihenfolge die Eucharistie zu reichen ist, wie sorgfältig die Eucharistie zu behandeln ist und welche Gebete der Klerus und das Volk zu sprechen haben, um nur einige Beispiele zu nennen. Bei einem Werk, dessen Absicht es ist, liturgische Gebete, Riten und Einzelvorschriften festzuschreiben, muß es auffallen, wenn für die Bestattung weder ein kirchliches Ritual, noch ein Kleriker, der einen Beerdigungsritus durchführt, erwähnt werden. Der zitierte Text ist lediglich ein Hinweis auf eine Gebührenordnung und sichert zugleich die Bestattung des unbemittelten Kirchenglieds.

Die vorhandenen spärlichen literarischen Quellen der ersten drei Jahrhunderte kennen weder ein kirchliches Bestattungsritual noch benennen sie einen Bischof, Presbyter, Diakon oder einen sonstigen Kleriker, der im Hause, während des Leichenzugs oder am offenen Grab den kirchlichen Dienst des letzten Geleits und der Beerdigung versieht. Auch der Fossor — sollte er wirklich zum kirchlichen Amt zu rechnen sein — ist als Leichenschaffner und Totengräber, nicht als Liturge tätig.

So verbleibt nur die Möglichkeit, die monumentale Hinterlassenschaft des alten Christentums zu befragen. Der Befund aufgrund der jüngsten Forschung erscheint eindeutig. Christliche Gräber sind frühestens zum Ende des 2. Jahrhunderts erkennbar[13]. Die marmorne loculus-Platte aus der sog. »Katakombe des guten Hirten« in Hadrumetum mit der von zwei Ankern eingefaßten und mit einer, durch eine Taube auf dem Ölzweig geschmückten Inschrift *FLAVIAE DOMITIAE IN PACE*[14] wurde bisher in die Mitte, bzw. in das frühe 2. Jahrhundert datiert[15]. Dieser Datierung widerspricht die allgemeine Feststellung, daß erst ab dem 3. Jahrhundert ein christliches Formular für Grabinschriften auftritt und daß die gängigen Symbole Anker, Kranz, Palme, bestimmte Gefäße und auch der Fisch keineswegs eine eindeutige Bestimmung als christliches Grab zulassen. Für das Christogramm, die crux monogrammatica und das Kreuzmonogramm gibt es vor dem 4. Jahrhundert keine Belege[16]. Spezielle christliche Grabbauten sind bisher in der Zeit vor Konstantin I. nicht nachgewiesen worden[17]. Das sog. Grab der Christin bei

---

schen Konstitutionen« mit ihrer Begräbnisordnung 6,30 scheidet aus unserer Betrachtung aus, da sie keinen Einfluß auf das Leben der Kirche hatten: *Altaner/Stuiber*, Patrologie 254—256.

[13] *B. Kötting*, Art. »Grab«: RAC 12, 366—397, hier 385.

[14] Abbildung bei *W. Gessel*, Monumentale Spuren des Christentums im römischen Nordafrika, Feldmeilen 1981, 10.

[15] *Leynaud*, Les Catacombes africaines — Sousse — Hadrumète, Alger ³1937, 15.

[16] *Ch. Pietri*, Art. »Grabinschrift II«: RAC 12, 514—590, hier 552—554.

[17] *K. Stähler*, Art. »Grabbau; Christlich«: RAC 12, 420—429.

Alger ist als Grabmal der Gattin Jubas II. identifiziert worden. Es gehört damit in die vorchristliche Zeit. Also besteht keine Möglichkeit, aus archäologischen Befunden die Frage nach typisch altchristlichen Bestattungsriten für die vorkonstantinische Zeit zu beantworten. Das literarische und monumentale Ergebnis weisen jeweils für sich in dieselbe Richtung: Erst gegen Mitte des 4. Jahrhunderts, besser noch gegen dessen Ende häufen sich Belege für eine zurückhaltend sich bildende altchristliche Bestattungsfeier, die allerdings nur gewisse Unterscheidungen zu paganen Formen zuläßt. Die üblichen Verrichtungen wie das Schließen der Augen des Verstorbenen, die Totenklage, die Totenrede, die Bereitstellung eines Grabes, das Waschen und Bekleiden der Leiche, die Aufbahrung, das Bekränzen, die Lichter, der Leichenzug, die Zeiten für Leichenzug und Beisetzung und die Bestattung in einer Nekropole ändern sich nicht[18]. Was sich schrittweise zum Christlichen wendet, ist allenfalls die Sinndeutung der nötigen Verrichtungen. Erste Spuren altchristlicher Sinndeutung zeichnen sich bei der Umgestaltung des klassischen Formulars für Grabinschriften in ein mehr oder weniger eigenständiges christliches Formular ab, eine Entwicklung, die sehr zögernd und keineswegs eindeutig bestimmbar[19] in den ersten Jahrzehnten des 3. Jahrhunderts einzusetzen scheint. Wie ungemein schwierig und kaum lösbar die Bestimmung einer Grabinschrift als christlich, nicht christlich oder beides zugleich ist, mag an Hand der ältest datierten und bisher als christlich bezeichneten lateinischen Inschrift demonstriert werden. In der Villa Borghese (Rom) ist der Sarkophag des freigelassenen Marcus Aurelius Prosenes, der im Jahre 217 verstarb, aufbewahrt. Der Sarkophag ohne jedes christliche Symbol, trägt auf der Vorderseite einen klassischen schablonenhaften Epitaph[20]. Bemerkenswert ist ein Zusatz in kleinerer Majuskel auf einer Nebenseite der Sarkophagwanne, den ein Freigelassener Ampelius nachgetragen hat: *PROSENES RECEPTUS AD DEUM* ...[21]. Für C.M. Kaufmann[22] steht fest: »Erst aus der in kleinerer Kapitale an der Seite des Sarkophages eingetragenen Beischrift ... erfahren wir, daß Prosenes Christ war. Sie wurde von einem Freunde des Verstorbenen angebracht, der von seiner Reise heimkehrend bereits das fertige, indifferente Epitaphium vorfand; die Formel ›receptus ad Deum‹ und die Angabe des Todestages erweisen die Christlichkeit«. Weit

---

[18] *Kollwitz*, »Bestattung« 208—219.
[19] *Pietri*, »Grabinschrift II« 554—556.
[20] ILCV 3332 a. Vgl. *A. Ferrua*, Nuove correzioni alla silloge del Diehl. Inscriptiones Latinae Christianae Veteres, Città del Vaticano 1981, 3332.
[21] ILCV 3332 b.
[22] *C.M. Kaufmann*, Handbuch der altchristlichen Epigraphik, Freiburg i.Br. 1917, 57f mit Anm. 1.

vorsichtiger beurteilt A. Stuiber[23] den Zusatz: »Fraglich bleibt, ob sich bereits die Prosenes-Inschrift vom Jahre 217 (ILCV 3332b) mit *Prosenes receptus ad deum* paganen Formulierungen nähert«. Diese gepreßte Formulierung Stuibers verstärkt das Fragezeichen seiner Vermutung. Die nicht beweisbare These Kaufmanns könnte genau so gut durch die Vermutung ersetzt werden: Der Libertus Ampelius sei Christ. Als er nach seiner Rückkunft von einer Reise das Grab des inzwischen verstorbenen Prosenes aufsucht, läßt er seine christliche Hoffnung zusätzlich am Prosenes-Sarkophag einmeißeln. Dies jedoch ist unbeweisbar, zumal der Sarkophag ohne die Möglichkeit des Kontextes seiner ursprünglichen Aufstellung interpretiert werden muß. Hinzu kommt die unbeantwortbare Frage, wann und warum der angebliche Christ Ampelius die Zusatzinschrift hat anbringen lassen. Wieso Prosenes nachträglich als Christ bezeichnet werden sollte, ist in einer Zeit möglicher Christenverfolgungen nicht recht einsehbar. So verbleibt der Schluß: Die Formel »zu Gott aufgenommen« wird zwar in der paganen Epigraphik selten verwendet, sie könnte vielleicht auf einen Christen hinweisen, doch sie genügt keineswegs zur sicheren Feststellung der Zugehörigkeit des Prosenes zum Christentum[24].

Neueste liturgiewissenschaftliche Ergebnisse bestätigen den bisher erhobenen Befund. Das akribische Bemühen von D. Sicard, die älteste Gestalt einer römischen Totenliturgie zu erheben und daraus das zugrundeliegende Todesverständnis zu erkennen, führt lediglich ansatzweise in das 6. Jahrhundert zurück. Es mündet in die These: »Der Tod ist ein kosmisches Ostern, ein Empfang, der zum Vertrauen, zur freudig-friedvollen Ruhe und zum immerwährenden Licht einlädt ... (Die Kirche) feiert den Tod wie ein Ostern, sie bereitet dieses Ostern vor, sie organisiert die letzte Reise, sie disponiert das Geleit, sie begleitet ihr totes Kind von der Erde zur himmlischen Kirche«[25].

Es muß gefragt werden, warum die ersten drei Jahrhunderte der Alten Kirche auf die Frage nach ihren spezifischen Bestattungsriten, ihrer Grabpflege, dem Grabkult und dem daraus erkennbaren Todesverständnis keine oder nur spärliche Auskünfte über das typisch Christliche geben.

Zunächst wird man ein Zweifaches zu beachten haben. Die Großkirche beginnt nicht vor dem 3. Jahrhundert. Eine monumentale Hinterlassenschaft des frühesten Christentums ist nach dem derzeitigen Wissensstand nicht feststellbar. Christliche Friedhöfe des 1. Jahrhunderts gibt es nicht, im 2. Jahr-

---

[23] *A. Stuiber*, Refrigerium Interim. Die Vorstellungen vom Zwischenzustand und die frühchristliche Grabeskunst, Bonn 1957, 113 Anm. 19.
[24] Vgl. *Pietri*, »Grabinschrift II« 556.
[25] *D. Sicard*, La liturgie de la mort dans l'église latine des origines à la réforme carolingienne, (LQF 63), Münster 1978, 255.

hundert sind solche nicht sicher nachweisbar. Erst im Verlauf des 3. Jahrhunderts mag die Abneigung der Christen, sich zusammen mit Heiden bestatten zu lassen, zur Entstehung eigener christlicher Friedhöfe geführt haben, wiewohl auch noch im 4. Jahrhundert gemeinsame Bestattungen von Heiden und Christen vorgenommen worden sind. Die Blütezeit der Katakomben, eine nahezu genuin christliche Schöpfung Roms, und in dessen Gefolge Sizilien, Nordafrika, Malta und Melos ist das 4. Jahrhundert. Mit dem 5. Jahrhundert werden die Bestattungen dort selten, im 6. Jahrhundert verfallen die Katakomben und geraten in Vergessenheit. Die unterirdischen Grabanlagen Roms, wie zum Beispiel S. Callisto oder Domitilla, stehen in ihrer gewaltigen Ausdehnung als Ganzes nicht am Beginn der Entwicklung. Vielmehr hatten sich zunächst Hypogäen auf privaten Grundstücken gebildet, aus denen dann die Komplexe erwuchsen. Diese gingen aus privater Hand in Besitz und Verwaltung der Ortskirche über und wurden durch Eingliederung benachbarter Bezirke zu ausgedehnten unterirdischen Nekropolen. So läßt sich auch hieraus erkennen, daß das Begräbnis ursprünglich Angelegenheit der Familie war. Den Ausschlag dafür gaben die sozialen Bindungen in der noch mehrheitlich paganen Umwelt, also der Familienverband, eine Klientel oder die Begräbnisvereinigungen. Mit Ausnahme der Kremation bedienten sich die Christen aller Bestattungsarten der Spätantike. Verbreitet sind die Friedhöfe unter freiem Himmel mit ihren verschiedenen Möglichkeiten zur Deponierung der Leichen, wie dies in den Nekropolen von Tipasa gut zu beobachten ist. Daneben kommen ebenso die unterirdischen Begräbnisse in Hypogäen und Grüften, sowie die Kammergräber vor, die sich öfter zu seiten eines Mittelganges reihen. Die Christen gebrauchten alle bekannten Grabformen. Das einfache Erdgrab war gedeckt durch Steinplatten oder Ziegel, welche auch sattelförmig das Grab abschließen können. Bekannt ist die Bergung des Leichnams in Amphoren. Die Isola Sacra bei Ostia vereinigt Mausoleen, Erdgrab und Amphore in einem Grabfeld. Ferner erscheint die in den Boden eingetiefte, häufig in das Gestein gehauene »forma«, manchmal mit mehreren Bestattungen übereinander. Beispiele von Gräbern unter einer aufgemauerten, verputzten und auch gelegentlich bemalten oder sogar mit Mosaik versehenen Tumba finden sich u. a. in Griechenland und Tunesien. Steinkisten und Sarkophage aus verschiedenen, häufig lokalen Steinsorten, in Rom besonders aus Marmor, tauchen offenbar für Angehörige wohlhabender Bevölkerungsschichten im Verlauf des 3. Jahrhunderts auf[26].

---

[26] *F. W. Deichmann*, Einführung in die christliche Archäologie, Darmstadt 1983, 46—49. Vgl. *C. Andresen*, Einführung in die Christliche Archäologie, Göttingen 1971, 49—51 (mit ausführlicher Bibliographie).

Geburt und Tod waren zunächst als ureigenste Familienangelegenheit jeder religiösen Institution entzogen. Weder ein paganer noch ein christlicher Kultbeamte waren dazu nötig. Erst im Verlauf der zweiten Hälfte des 4. Jahrhunderts mehren sich Zeugnisse[27] einer freilich mehr privaten Mitwirkung des kirchlichen Amtes im Zusammenhang mit der Bestattung. In gewisser Weise beginnt zögernd das kirchliche Amt, die Aufgabe der Familie zu übernehmen. Das außerchristliche Gedankengut aber wird sich dabei als stärker erweisen und im sog. Volksglauben unter der Duldung der Bischöfe oder im Gegensatz zu den Theologen der institutionalisierten Kirche zäh weiterleben. Diese Erfahrung verdichtet sich in der frühchristlichen Grabeskunst in dem Augenblick, in dem diese eindeutig als christlich erkannt werden kann. Das Christentum hat diese Schlüsselposition der spätantiken Kultur spät erobert und diese sich nur überaus tardierend zu eigen gemacht. Es vermochte äußere Formen, wie zum Beispiel das Grabformular, teilweise zu verchristlichen, aber die urpaganen Elemente in Kult und Grabpflege blieben erhalten. In dieser Betrachtungsweise wird altchristliche Grabeskunst zum Schlußkapitel spätantiker Kultur. Die latenten Spannungen zwischen paganen und christlichen Elementen haben keine geringe Bedeutung für das Verständnis der verschieden gelagerten Begräbnissitten in den einzelnen römischen Provinzen und für die auffällige Differenzierung in den Verbreitungsgebieten der christlich-römischen Sarkophage. »Rom, Norditalien, Gallien, Spanien und Nordafrika bieten jeweils ein anderes, im Laufe der Zeit stark wechselndes Bild. Die Macht und das Verhalten der christlichen Behörden gegenüber den alten Begräbnissitten ist jeweils von ganz anderen Voraussetzungen abhängig. Besonders in Rom und Gallien zeigt die Entwicklung einen verschiedenen Rhythmus, weil in Rom die kirchliche Zentralgewalt früher erstarkt als in dieser Provinz«[28].

Das alte Christentum hatte in der Regel ein recht unbefangenes Verhältnis zum Mythischen[29]. Altchristliche Kunst und ihre Symbolik war eine weithin mythisch motivierte Kunst innerhalb der orientalischen, hellenistischen und römischen Kultur, wobei dann Mythos und Symbol abgrenzungslos ineinander überfließen und den lebendigen Vorstellungsbereich des einfachen christlichen Volkes bildeten, das nicht nur hören, sondern auch sehen und mitemp-

---

[27] Vgl. *G.Condrau*, Der Mensch und sein Tod. Certa moriendi condicio, Zürich/Einsiedeln 1984, 197.

[28] *H. von Schoenebeck*, Altchristliche Grabdenkmäler und antike Grabgebräuche in Rom: ARW 34 (1937) 60—80, hier 80.

[29] *H. Rahner*, Griechische Mythen in christlicher Deutung, Zürich ³1966. Vgl. dazu: *K. Weitzmann* (Hg.), Age of Spirituality. Late Antique and Early Christian Art. The Third to Seventh Century, New York 1979.

finden wollte. Neben dem Ringen des theologisierenden Verstandes um Wahrheit steht die Tatsache, Grundfragen der menschlichen Befindlichkeit mit Mitteln zu beschreiben und zu lösen, die wir gemeinhin als mythisch bezeichnen[30]. Dies trifft in besonderem Maße auf den Bereich zu, in dem der Tod zu bewältigen ist. Wenn Grundordnungen und Grundbefindlichkeiten dieser Welt und des Lebens in dieser Welt mit Hilfe eines göttlichen oder göttlich-menschlichen Geschehens erklärt werden, liegt Mythos vor. Gegenwärtiges wird so ätiologisch einer Klärung zugeführt, die nicht nur die Existenz gegenwärtiger Gegebenheiten wie Geburt und Tod begründet, sondern vor allem auch deren Fortbestand. Der Mythos liegt jenseits der historischen Kategorie und kann sich so wiederholen, zum Beispiel im Kult. Ein Musterbeispiel dafür ist meines Erachtens der Totenkult. Der Kern des Mythos ist nach diesem Verständnis gerade keine in sich ruhende himmlische Göttergeschichte, sondern ist ganz und gar weltbezogen[31].

Für Heiden wie für Christen ist das Grab das Haus des Toten[32]. Am Verständnis des Grabes und am Grabrecht wird das bruchlose Fortwirken des Mythischen besonders deutlich. Das Grab ist das ewige Haus des Toten und kennzeichnet jenen Aufenthaltsort, an dem die Persönlichkeit des Menschen nach Ablauf des irdischen Lebens wohnt. Gerade aber das Adjektiv »ewig« ist dem christlichen Auferstehungsglauben diametral entgegengesetzt. Dennoch sind eine Vielzahl von Grabstätten, deren eindeutige altchristliche Symbolik jeden Zweifel am christlichen Verstorbenen ausschließt, mit Inschriften versehen, welche das Grab als *domus aeterna* bezeichnen und als »Ewiges Haus« unter den Schutz des ausschließlich paganen und damit mythischen Grabrechtes stellen. Dafür einige Beispiele: In der Kallistuskatakombe ließ sich Felizitas ihr Grab vorbereiten: *(IN FI)NEM SAE (CULI FE)LICITAS SIB(I D)OMUM (AETERN)AM SE (VIVA PA)RAVIT*[33]. In der Nähe von Neapel, im Coemeterium der Gaudiosa fand sich der Epitaph: *PATRICIUM DOMUS HAEC AETERNA LAUDE TUETUR — ASTRA TENENT ANIMAM CAETERA TELLUS HABET*[34]. Würde der Name Patricius nicht von Alpha-

---

[30] *W. Gessel*, Mythos und Mythologisches im Erscheinungsbild des frühen Christentums: *A. Halder/K. Hienzler (Hgg.)*, Mythos und religiöser Glaube heute, Donauwörth 1985, 59—78. *D. Sicard*, La mort du chrétienne: *G. A. Martimort (Hg.)*, L'église en prière 3. Les sacrements, (nouv. Ed.) Tournai 1984, 238—258, bes. 238f deutet das nämliche Phänomen anthropologisch.
[31] Vgl. *R. Kilian*, Überlegungen zu Israels Mythenkritik: *Halder/Kienzler (Hgg.)*, Mythos 43—58. Speziell sei verwiesen auf *H. Dörrie*, Sinn und Funktion des Mythos in der griechischen und römischen Dichtung, Opladen 1978.
[32] *Kötting*, »Grab« 366—397.
[33] ILCV 3651.
[34] ILCV 3645.

Staurogramm-Omega eingerahmt sein, wäre die Inschrift nicht als christlich identifizierbar. Ein mit reichlichen christlichen Symbolen geschmückter Epitaph, den Pacatianus seiner verstorbenen Mutter Eleuteria schreiben ließ und der im Lateranmuseum aufbewahrt wird, nennt ihr Grab im Jahre 363 unbefangen »Ewiges Haus«, worin sie immer sicher ruht[35].

Zunächst zeigen solche Inschriften, daß die Sorge der Christen wie der Heiden um die Unantastbarkeit des Grabes auf der spätantiken Furcht vor der Störung der Grabesruhe beruhte, weil die Weiterexistenz der Persönlichkeit vom Erhaltungszustand der Leiche abhänge, eine von den Kirchenvätern bekämpfte Überzeugung[36]. Obwohl E. Stommel zugeben muß, daß dies bei manchen (!) Christen das Bestreben erwachen ließ, ihr Grab als *domus aeterna* sicherzustellen bis zur allgemeinen Auferstehung, erkennt er in der häufig angewandten Formel »Ewiges Haus« lediglich eine konventionelle Leerformel wie die der heidnischen Inschrift *Diis Manibus Sacrum* [=*DMS*], die eben ein Grab als Grab kenntlich machte und schützte. Dem Begriff »ewig« fehle jede theologische Note: »Als besonders solenn empfundene Grabbezeichnung wird sie durch Jahrhunderte gedankenlos weitergeschleppt«[37]. Eine solche Behauptung ist nicht beweisbar. Träfe sie zu, hätte kein Anlaß für die Mühe der Gegenargumentation durch die Kirchenväter bestanden. Der Verweis auf das zähe Weiterleben von Mythologemen erklärt das Phänomen weitaus besser. Es darf hier erinnert werden an die Bemühungen eines Aurelius Augustinus, der selbst seine Mutter Monnika nicht überzeugen konnte, auf die herkömmliche Trankopferspende für die lieben Verstorbenen zu verzichten[38].

Ähnliches kann am Grabrecht beobachtet werden. Der allerchristlichste Kaiser Justinian I. verändert weder in den Bestimmungen noch bei deren Begründung das Konzept des klassischen Grabrechtes. Das Grab begegnet nach wie vor in der Form des auf privatem Grund liegenden Grabes, das den Charakter einer *res religiosa* durch das Einbringen der Leiche erhält und aus einem *locus purus* einen *locus religiosus* macht. Lediglich die *aedificia Manium* werden in *sepulchra* abgeändert[39]. Die Richtlinien über den örtlichen und zeitlichen Umfang der *religio loci* bleiben erhalten. Justinian I. übt auch

---

[35] ILCV 3359a+b. Ferrua vermutet als Herkunftsort die Cyriaca-Katakombe: *Ferrua, Nuove correzioni* 107.
[36] *F. Cumont*, Lux perpetua, Paris 1949, 24.
[37] *E. Stommel*, Art. »Domus aeterna«: RAC 4, 109—128, hier 121.
[38] *W. Gessel*, Reform von Märtyrerkult und Totengedächtnis. Die Bemühungen des Presbyters Augustinus gegen die ›laetitia‹ und ›parentalia‹ vom Jahre 395: *R. Bäumer (Hg.)*, Reformatio Ecclesiae, Paderborn/München/Wien/Zürich 1980, 63—73.
[39] Vgl. Cod. Theod. 9, 17, 4 mit Cod. Just. 9, 19, 4.

die in der heidnischen Zeit den Pontifices zustehende Genehmigung für Grabreparaturen und Exhumierungen[40]. Auch wenn man mit G. Klingenberg in der Aufrechterhaltung der klassisch-paganen Konzeption und Begrifflichkeit des Grabrechts lediglich eine äußere Kontinuität, bedingt durch die Toleranz des heidnischen Grabrechts, erblickt und hinter den übernommenen Begriffen in der byzantinischen Zeit den Geist des neuen Glaubens postuliert[41], bleibt die Frage, warum betont christliche und sich theologisch äußernde Kaiser in einer Zeit der Ausformung des Kirchenrechts die alte mit Mythologemen behaftete Terminologie im Wesentlichen beibehielten und warum lokale Synoden im Prinzip das Beerdigungswesen mit Schweigen übergehen. Kanones der ökumenischen Konzilien treffen keinerlei Bestimmungen zum Bestattungswesen. Wurde hier in der Zeit der Staatskirche eine Chance vertan? Wohl kaum. Grosso modo wird man sagen dürfen: Wenn auch im Verlauf des 4. Jahrhunderts sich einzelne Bischöfe allmählich der Leichenfeier annahmen und eine Eucharistiefeier beim Todesfall da und dort üblich wurde, blieb doch der Tote und seine Betreuung der Familie überlassen und auch kirchenamtlicherseits scheinen die im Totenkult bleibenden Elemente und Traditionen aus dem Bereich des Mythischen nicht als allzu heftiges Ärgernis empfunden worden zu sein. Es sind zum Beispiel keine kirchlichen Vorschriften auszumachen, die das Grabformular eines Epitaphs für den Christen verbindlich geregelt hätten. Friedhofsordnungen, die wie heute den christlichen Charakter eines kirchlichen Friedhofs bestimmen, sind nicht bekannt. Es gibt keine erhaltene Vorschrift zu dem, wie ein kirchlicher Friedhof zu gestalten war. Eine Ausnahme bildete nur der wegen Platzmangel häufig unerfüllbare Wunsch von Christen[42] bei den Heiligen bestattet zu werden[43]. Hier waren einschränkende Regelungen zu treffen. Eine pagane Parallele findet sind in Abydos (Ägypten), wo man sich — sofern die finanziellen Mittel reichten — beim Haupt des Osiris begraben ließ[44].

Schließlich drängt sich ein letzter Aspekt auf zur Beantwortung der Frage nach dem archäologischen Defizit typisch und eindeutig christlicher Hinterlassenschaft des Beerdigungswesens der frühchristlichen Zeit. Das Buch

---

[40] *Ulpian*, Dig. 11, 8, 5, 1; 11, 7, 8 princ.
[41] *G. Klingenberg*, Art. »Grabrecht (Grabmulta, Grabschändung)«: RAC 12, 590—637, hier 630 f.
[42] *[QUOD MULTI CUPIU]N(T) ET RARI ACCIPIUN(T)*: ILCV 2148, eine verlorengegangene römische Grabinschrift einer Frau. Dort wird berichtet, daß der Verstorbenen wegen ihrer außergewöhnlichen karitativen Tätigkeit ein Grab bei den Heiligen gewährt wurde, während den »Vielen« eine solche Grabstätte versagt werden mußte.
[43] *B. Kötting*, Die Tradition der Grabkirche: Memoria, hg. von *K. Schmid* und *J. Wollasch*, München 1984, 69—78.
[44] *Kötting*, »Grab« 370.

Tobit erzählt von einem frommen Israeliten, der nach dem Untergang des Nordreichs Israel in Assyrien lebte und dort nach besten Kräften seinen jüdischen Glaubensgenossen unter Lebensgefahr jede Art von Barmherzigkeit erwies. Bei der Bestattung seiner Stammesgenossen aber ist er vorsichtig: »Wenn ich sah, daß einer aus meinem Volk gestorben war und daß man seinen Leichnam hinter die Stadtmauer geworfen hatte, begrub ich ihn. Ich begrub heimlich auch alle, die der König Sanherib hinrichten ließ ... Wenn aber der König die Leichen suchen ließ, waren sie nicht mehr zu finden. Ein Einwohner von Ninive ging jedoch zum König und erstattete Anzeige; er sagte, ich sei es, der sie begrabe. Deshalb mußte ich mich verstecken«[45]. Ohne die auf Taufe und Eucharistie beschränkte Arkandisziplin[46] bemühen zu müssen, dürfte ein gewisses Risiko für die Leiche, das Grab und die Familienangehörigen während der Verfolgungszeiten bestanden haben, wenn das Grab eines Christen für jedermann als solches erkennbar gewesen wäre. Möglicherweise hat die Mehrzahl der Christen in der vorkonstantinischen Epoche aus Sicherheitsgründen wenig Wert darauf gelegt, das Einzelgrab als typisch christliches Grab kenntlich zu machen. Dem widerspricht auch nicht die Tatsache der vorkonstantinischen christlichen Coemeterien in Rom, da diese Anlagen der frühesten Zeit eben kaum eine typisch christliche Symbolik in ihrer kunsthandwerklichen Ausstattung aufweisen. Der sogenannte gute Hirte läßt sich u. a. als *Psychopompos*, als *Philanthropia* oder bukolisches Motiv[47], die *Orans* als eine die Totenspende Fordernde problemlos deuten, und die früher als Darstellung der Eucharistie interpretierten Fresken erklären sich zwangloser als Bilder von Totenmählern[48].

Da das frühe Christentum der Spätantike kein kodifiziertes und allgemein geltendes Beerdigungsritual hinterlassen hat und offensichtlich auch keines besaß, verbleibt die Methode, aus Berichten über Tod und Bestattung von Persönlichkeiten ein Beerdigungszeremoniell privaten Charakters fragmentarisch zu rekonstruieren. Fragmentarisch deshalb, weil solche Berichte in Viten oder Nekrologen kaum jede einzelne Zeremonie vollständig mitteilen und solche Schilderungen vom Ende des 4. Jahrhunderts bis zum Ende des 5. Jahrhunderts in der Regel an bekannte Persönlichkeiten gebunden sind, die eine besonders feierliche Bestattung erwarten durften und die nicht in jeder Hinsicht ein Ritual für den unbekannten Christen exemplifizieren.

---

[45] Tob 1,17—19. Herrn Prof. Dr. R. Kilian sei gedankt für den Hinweis und die interpretatorische Hilfe.
[46] *O. Perler*, Art. »Arkandisziplin«: RAC 1, 667—676.
[47] *Th. Klauser*, Studien zur Entstehungsgeschichte der christlichen Kunst IX: JAC 10 (1967) 82—120.
[48] Beispiele und Interpretation bei *Stuiber*, Refrigerium Interim 125—134.

Makrina, die Schwester von Basilius dem Großen und Gregor von Nyssa hatte sich dem kirchlichen Stand der Jungfrauen angeschlossen, weil ihr Bräutigam verstorben war und sie ihm, der für sie nur in einem anderen Land weiterlebte, aber nicht tot war, die Treue halten wollte. Über ihr Begräbnis berichtet Gregor von Nyssa. Beim Tod der Schwester schließt ihr Gregor die Augen. Das Strecken und Ordnen der Leiche erwies sich als unnötig. Die Verstorbene hatte schon auf dem Sterbebett die gewünschte Lage eingenommen. Die Jungfrauen brachen in lautes Wehklagen aus. Gregor erinnert an die übliche Gebetszeit und verlangt, daß das Klagegeschrei Psalmengesang zu weichen habe und verweist die größere Zahl der laut Klagenden aus dem Sterbehaus. Die Vorsteherin der Jungfrauen, eine Diakonisse Lampadia, trifft dann die weiteren Anordnungen. Lampadia gestattet zwar Gregor wegen seines »priesterlichen« Amtes, aber vor allem wegen seiner Verwandtschaft zu Makrina, die Leiche bräutlich zu bekleiden und zu schmücken. Nachdem dies geschehen war, fordert die Diakonisse Lampadia, Makrina müsse mit dem dunklen Gewand ihrer Mutter zugedeckt werden, da der Anblick der weißen Kleidung für die Jungfrauen unpassend sei. Während die Anordnung befolgt wird, singen die Jungfrauen, unterbrochen von Klagerufen der herbeiströmenden Menge. Die Nacht hindurch findet eine Art Vigil wie bei einem Märtyrerfest statt. Zur Zeit des anbrechenden Tages teilt Gregor die Mittrauernden der Gewohnheit entsprechend ein: die Frauen zu den Jungfrauen, die Männer zu den Mönchen. Zudem sorgt er für die Zusammenstellung eines Chores, der abwechselnd Psalmen singt. Den Befehl zum Beginn des Leichenzuges *(πομπή)* gibt der Ortsbischof Arcius, welcher mit seinem Presbyterium erschienen war. Gregor und Arcius treten vor die Bahre, zwei angesehene Kleriker an das Fußende. Seitlich begleiten Diakone und Kirchendiener mit brennenden Kerzen in den Händen die Bahre. Während des Leichenzugs wird ein Psalmlied, ähnlich dem Gesang der drei Jünglinge[49] angestimmt. Die Bestattung erfolgt im Martyrion der Hl. Vierzig Märtyrer von Sebaste. Die Bahre wird im Innern abgestellt. Dann folgt ein Gebet, während das Volk in Klagegeschrei ausbricht und der Psalmengesang fortgesetzt wird. Der Grabschacht, in dem sich der Sarkophag der Eltern Makrinas befand, war im voraus geöffnet worden. Erst als ein Vorsänger zum Gebet auffordert, nimmt das Volk wieder die Gebetshaltung ein. Zum Ende des Gebetes wird ein weißes Tuch unter den angehobenen Sarkophagdeckel gezogen und dann dieser daraufhin entfernt, so daß der Inhalt des Sarkophags unsichtbar blieb. Gregor und Bischof Arcius heben die Leiche von

---

[49] Vgl. Dan 3,52—90.

der Bahre und betten sie in den Sarkophag. Gregors Bericht schließt mit der Bemerkung: »Nachdem die beim Leichenbegängnis üblichen Feierlichkeiten vollendet worden waren, und wieder der Rückweg anzutreten war, fiel ich jetzt am Grab nieder und küßte den Staub ...«[50].

Gegenüber der paganen Bestattung bietet dieser Bericht wenig christliche Besonderheiten. Die Trauerklage wird — soweit möglich — durch Psalmengesang und »Kirchenlieder« verdrängt. Das Gebet nimmt eine bestimmte Rolle im Sterbehaus und am offenen Grab ein. Zum Inhalt des Gebetes wird nichts ausgesagt. Der Vorsänger *(κῆρυξ)* ist nicht als Kleriker bestimmbar. Die Rolle des Ortsbischofs Arcius erschöpft sich im Ruf zu einem geordneten Beginn der Pompa und im Freundschaftsdienst eines Leichenschaffners und Sargträgers. Die Organisation der Abfolge einer Bestattung (Zurichten und Aufbahren der Leiche, Vigil, Pompa und eigentliche Bestattung) liegen bei der Familie, wobei der Diakonisse Lampadia eine bestimmte Aufgabe zufällt, die im Rahmen des Familiären gesehen werden darf, da Makrina der Gemeinschaft der Jungfrauen angehörte. Von einer Eucharistiefeier für die Verstorbene ist nicht die Rede. Ein Totenmahl dürfte allerdings im Blick auf die Schlußbemerkung Gregors nicht stattgefunden haben. Makrina selbst hatte nach dem Tod ihres Bräutigams auf die Ehe verzichtet »mit der festen Behauptung, daß der ihr nach der Entscheidung ihrer Eltern Anverlobte nicht gestorben sei, sondern ihrem Urteil nach wegen der Hoffnung auf die Auferstehung bei Gott in der Fremde lebe und kein Toter sei«[51]. Basilius, der Metropolit und Bruder der Verstorbenen, wird in der Schilderung Gregors nicht erwähnt. Gregor von Nyssa schreibt in seinem gesamten Werk, das vielfach von persönlichen Bemerkungen durchzogen ist, nirgendwo, daß er als Bischof eine »kirchliche Beerdigung« eines Gemeindemitglieds vorgenommen habe. Das muß auffallen.

Als Monnika im 56. Lebensjahr verstarb, drückte ihr Augustinus die Augen zu. Sein Sohn Adeodat brach in Klagen aus, Augustinus beruhigte ihn. Er lehnte das Feiern der Leiche mit dem üblichen lauten Klagelärm ab. »Aber jene starb weder elend, noch starb sie überhaupt«. Evodius, ein Freund, griff zum Psalmenbuch, sang einen Psalm, die Hausgemeinschaft respondierte, »während jene, deren Aufgabe es war, dem Herkommen gemäß das Begräbnis besorgten«. Augustinus ging trockenen Auges zur Beerdigung. »Selbst bei den Gebeten, die wir zu Dir emporsandten, als das Opfer unserer Erlösung für sie dargebracht wurde, während ihre Leiche nach dortigem

---

[50] *Gregor von Nyssa*, Vita S. Macrinae, passim (besonders: Opera Vol. VIII, Pars I 410, 3—5).
[51] Ebd. (VIII/I 375, 17—20).

Brauch schon vor der Beerdigung neben dem Grab stand, weinte ich nicht«[52]. Diese knappe Schilderung der Bestattung Monnikas in Ostia nennt das familiäre Gebet im Sterbehaus. Sie lehnt die Totenklage als Zeichen für die völlige Vernichtung eines Menschen ab. Die Bestattung selbst wird offensichtlich von einer dafür bestimmten Berufsgruppe durchgeführt. Von Klerikern ist dabei nicht die Rede. Das typisch christliche Unterscheidende ist das christliche Gebet im Haus, die Eucharistiefeier für die Verstorbene und die feste Überzeugung, der leibliche Tod ist kein Tod im Sinne der Zerstörung des Lebens. Sicherer Glaube und vernünftige Gründe hatten Augustinus davon überzeugt. Abgesehen von der Eucharistiefeier in der Basilika war offensichtlich ein kirchlicher Beerdigungsdienst auf dem Friedhof von Ostia nicht üblich. Im übrigen vertrat Augustinus die Auffassung: »Mir scheint, der Evangelist hat nicht umsonst sagen wollen, wie es bei den Juden zu bestatten üblich ist, so nämlich hat er, wenn ich mich nicht täusche, dazu gemahnt, beim Dienst, den man den Toten erweist, den Brauch eines jeden Volkes zu bewahren«[53]. Noch mehr als beim Nyssener muß ins Auge springen, daß der Seelsorger Augustinus weder als Presbyter, noch als Bischof von Hippo Regius erwähnt, er habe eine »kirchliche Beerdigung« durchgeführt oder er sei an einem offenen Grab eines seiner Gemeindemitglieder gestanden. Das ist umso erstaunlicher, als Augustinus in seinen Briefen und vor allem in seinen zahlreichen volkstümlichen Predigten jedes denkbare seelsorgerliche Thema anspricht, eine »kirchliche Beerdigung« aber nirgendwo.

Der ansonsten über Persönlichkeiten bis ins Detail sehr mitteilsame Hieronymus findet zur Bestattung der von ihm hochverehrten Witwe Paula karge Worte: »Es entstand kein Heulen, kein Wehklagen, wie dies bei Weltleuten üblich ist, sondern die Mönche stimmten Psalmen in verschiedenen Sprachen an. Von den Händen der Bischöfe wurde sie weggetragen. Sie luden die Bahre auf ihre Schultern, und in der Mitte der Kirche der Geburtsgrotte des Herrn wurde sie abgestellt. Dabei zogen andere Bischöfe mit Fackeln und Kerzen voraus, während andere wiederum die Chöre der Psalmensänger anführten ... Es fiel auf, daß die Blässe ihr Antlitz nicht entstellte. Im Gegenteil, es zeigten sich in ihrer Miene eine solche Würde und solcher Ernst, daß man beinahe vermutet hätte, sie sei nicht tot, sondern sie schlafe nur. In griechischer, lateinischer und syrischer Sprache ertönten der Reihe nach Psalmen, nicht bloß bis zum dritten Tag, an dem sie unter der Kirche und neben

---

[52] *Augustinus*, Confessiones IX 12.
[53] *Augustinus*, Tractatus in Evangelium Ioannis 120, 4. Vgl. *R. Kaczynski*, Sterbe- und Begräbnisliturgie: *H. B. Meyer u. a. (Hgg.)*, Gottesdienst der Kirche. Handbuch der Liturgiewissenschaft 8. Sakramentale Feiern II, Regensburg 1984, 190—232, hier 208.

der Grotte des Herrn beigesetzt wurde, sondern die ganze Woche hindurch; denn jeder, der kam, glaubte, eine eigene Leichenfeier veranstalten und seine Tränen ihr widmen zu müssen«[54]. Die Schilderung des Hieronymus legt vor allem Wert auf die Feststellung der allgemeinen Beliebtheit von Paula, die sich in der überwältigenden Anteilnahme bei ihrer Beisetzung im Heiligtum zu Bethlehem dokumentiert. Auch hier findet sich der Topos vom Tod als Schlaf. Psalmengesang und brennende Lichter werden erwähnt. Neu gegenüber den bisher angeführten Quellen ist die Beisetzung nach einer Aufbahrung von drei Tagen. Eine Eucharistiefeier für die Tote wird nicht genannt. Aus dem Schlußsatz des Hieronymus wird deutlich, daß die Anwesenheit von zahlreichen Bischöfen und Mönchen ausschließlich auf die Persönlichkeit der Verstorbenen zurückzuführen ist, während ansonsten die »eigene Leichenfeier« die Regel ist. Dies kann nur ein Hinweis auf den grundsätzlich privatfamiliären Charakter der Bestattung sein. Die Art der Beisetzung von Paula war eine Ausnahme. Hieronymus verfaßte einen zweiteiligen Epitaph, den er an der Grabstätte einmeißeln ließ. Der erste Teil der Grabinschrift unterscheidet sich vom klassischen Formular nur im ersten Teil des letzten Verses: »Eine aus Scipios Haus, aus des Paulus edlem Geschlecht — Sprößling Gracchischen Stammes, Agamemnons rühmlicher Nachwuchs — Ruht im Grab hier. Die Eltern nannten sie Paula — Mutter Eustochiums war sie, aus Rom der Edelsten eine — Sie erkor die Demut des Herrn und die Fluren Bethlehems«. Der zweite Teil spricht den Pilger direkt an, bezeichnet das Grab als Asyl, weist Paula als Bewohnerin des himmlischen Reiches aus und erinnert an den besonderen Ruheort der Toten. Einerseits ruht Paula in der Grotte zu Bethlehem, andererseits bewohnt sie bereits das himmlische Reich[55]. Hieronymus hat also in diesem Epitaph keine Bedenken gegen die Annahme eines Zwischenzustandes. Als theologische Glanzleistung wird man den Epitaph für Paula kaum bewerten können. Hieronymus polemisiert allerdings gegen die Lokalisierung des Zwischenzustands im Hades[56].

Die Suche nach dem Autor von »De ecclesiastica hierarchia« ist noch nicht abgeschlossen. Damit ist eine exakte Datierung des Werkes von Pseudo-Dionysios Areopagita unmöglich. Es spricht manches dafür, »De ecclesiastica hierarchia« in den Beginn des 6. Jahrhunderts einzuordnen. Falls der Verfasser Severus von Antiochien ist, böten sich die Jahre 512—518 an. Falls Petrus der Iberer in Frage käme, wäre die Zeit 417—491 zu benennen. Sollte ein Theologe im Umkreis des Johannes von Scythopolis zur Debatte stehen,

---

[54] *Hieronymus*, Epistula 108, 29.
[55] Ebd. 108, 33.
[56] Ebd. 60, 3. Vgl. *Stuiber*, Refrigerium Interim 109.

wäre global die erste Hälfte des 6. Jahrhunderts zu benennen. Bei Petrus dem Walker käme das Ende des 5. Jahrhunderts in Betracht[57]. Der Anhang des Kapitels VII aus »Über die kirchliche Hierarchie« bringt einen einigermaßen differenzierten Beerdigungsritus. In der Zeitstellung liegt damit das in griechischer Sprache überlieferte Ritual vor den Zeugnissen der lateinischen Sakramentare. Das Kapitel ist überschrieben: »Über die heiligen Gebräuche bei der Bestattung der Toten«[58]. Der Ritus für Presbyter, Mönche und Verstorbene »der heiligen Gemeinde« unterscheidet sich insofern, als ein Presbyter oder Mönch vor dem Altar aufgebahrt wird, während die Bahre der sonstigen Verstorbenen vor dem Eingang zum Presbyterium abgestellt wird.

Nach dem Tod eines Menschen preisen seine Angehörigen den Entschlafenen glücklich, danken Gott und bitten für sich um die Gnade, zur gleichen Ruhestätte zu gelangen. Dann tragen sie die Leiche zum Hierarchen[59]. Dieser empfängt den Toten in der Basilika und beginnt dort mit den Zeremonien. War der Verstorbene ein Presbyter, ruft der Hierarch die Mitglieder des Presbyteriums zusammen. An der Bahre fleht der Hierarch: »die urgöttliche Güte an, dem Entschlafenen alles, was er aus menschlicher Schwachheit gesündigt hat, zu verzeihen und ihm im Lichte und Lande der Lebendigen einen Platz anzuweisen, im Schoße Abrahams, Isaaks und Jakobs, an dem Orte, von dem Wehe, Leid und Seufzer gewichen sind«. Dieses Gebet hat deklarativen Charakter: »Der Hierarch bezeugt hierbei vor Gott, dem Gütigen, die eigene, gutartige Verfassung und verkündet durch seine Belehrung dem anwesenden Volk die Belohnungen, welche dem Heiligen zukommen werden«. Modern ausgedrückt nimmt der Hierarch an der Bahre unter Berufung auf Joh 20,21 f und Mt 16,17.19 eine »Heiligsprechung« vor, wobei die Verweigerung des oben genannten Gebetes den Kirchenausschluß, bzw. dessen Folgen anzeigt. »Jeder Hierarch nimmt, gemäß den ihm über die Gerichte des Vaters gewordenen Offenbarungen, als Organ der Verkündigung und Vermittlung, die Gottesfreunde auf und scheidet die Gottlosen aus«. Nach dieser Verkündigung verlesen die Liturgen Perikopen, welche die Auferstehung zum Inhalt haben, und stimmen Psalmen zum Thema Auferstehung an. Danach entläßt der erste Liturge[60] die Taufbewerber, verliest die Namen aller Verstorbenen und würdigt den Toten auf der Bahre, wie dies der Hierarch bereits festge-

---

[57] *Altaner/Stuiber*, Patrologie 503.
[58] Der Begräbnisritus findet sich bei *Pseudo-Dionysios Areopagita*, De ecclesiastica hierarchia Cap VII, I § 3, II, III § 3, 4, 6, 7, 8.
[59] Hierarch wird bei Pseudo-Dionysios Areopagita der Bischof genannt. Der Liturge ist der Diakon. Der Presbyter hat die übliche Amtsbezeichnung.
[60] = Archidiakon.

stellt hatte, als »wirklichen Genossen der Heiligen von Anbeginn«. Nach dieser Zeremonie der Ausrufung des Heiligen tritt der Hierarch wiederum zu einem Gebet an die Bahre, küßt den Toten und alle Anwesenden vollziehen dieselbe Zeremonie. Danach gießt der Hierarch unter Gebeten Öl auf den Verstorbenen in bewußter Anknüpfung an die Taufe: »Damals rief die Salbung mit Öl den Taufkandidaten zu den heiligen Kämpfen, jetzt bezeichnet das aufgegossene Öl, daß der Entschlafene in den heiligen Kämpfen gerungen habe und vollendet worden sei«. Es folgt ein Schlußgebet für alle Anwesenden. Die eigentliche Beisetzung wird ohne eine Zeremonie und unter Ausschluß der Öffentlichkeit in einem Coemeterium — hier als οἶκος bezeichnet — vorgenommen, vermutlich ähnlich wie in den schmalen Gängen der römischen Katakomben. Eine Eucharistiefeier für den Toten wird nicht erwähnt. Da sich Pseudo-Dionysios Areopagita in seinen Werken als der in Apg 17,34 genannte Paulusjünger präsentiert, wuchs ihm rasch in der griechischen und auch lateinischen Kirche hohes Ansehen zu[61], so daß für den von ihm geschilderten Begräbnisritus eine dementsprechende Verbreitung angenommen werden darf.

Zusammenfassend läßt sich feststellen: Während die Bestattungsberichte zu Makrina, Monnika und Paula hauptsächlich individuelle, private und familiäre Züge aufweisen, ist die Leichenfeier bei Pseudo-Dionysios Areopagita schablonisiert und ritualisiert. Das privat-familiäre Handeln am Toten ist durch eine dem Christen zustehende kirchliche Leichenfeier ersetzt worden, die von Amtsträgern vollzogen wird. Die Familie des Verstorbenen spielt in dem amtlichen Ritual keine Rolle, der Name des Verstorbenen wird in ein feststehendes Formular eingefügt.

Die Frage, warum erst relativ spät ein allgemeiner kirchenamtlicher Ritus für eine Bestattung entwickelt wurde, beantwortet sich auch durch den Hinweis auf das jüdische Erbe des jungen Christentums. Dem Judentum war eine ritualisierte Bestattung fremd. Das Begräbnis zählte zu den »leiblichen Werken« der Barmherzigkeit[62] —, welche der einzelne Glaubensgenosse zu üben hatte und die sein ausgeprägtes humanes Empfinden offenkundig machten. Barmherzig sein hieß mitfühlen, mitleiden und mittrauern[63]. Schließlich findet der mit Hilfe von argumenta e silentio geführte Beweisgang darin eine Bestätigung, daß die Zahl der kirchlichen Amtsträger in der Alten Kir-

---

[61] *R. Roques*, Art. »Dionysius Areopagita«: RAC 3, 1075—1121. *H. C. Graef*, Art. »Dionysios Areopagites«: LThK^2 3, 401—403.
[62] Tob 1,16 f. Herrn Prof. Dr. H. Leroy sei für diesen freundlichen Hinweis gedankt.
[63] *Gregor von Nazianz*, Sermo 14, 5. Vgl. *W. Schwer*, Art. »Barmherzigkeit«: RAC 1, 1200—1207.

che mit der des beginnenden Mittelalters nicht verglichen werden kann. D. h. kirchlichen Amtsträgern dürfte kaum die nötige Zeit für die zahlreichen Bestattungen zur Verfügung gestanden haben.

III. Zwischenzustand

Mit der rhetorischen Frage Jesu: »Habt ihr im übrigen nicht gelesen, was Gott euch über die Auferstehung der Toten mit den Worten gesagt hat: › Ich bin der Gott Abrahams, der Gott Isaaks und der Gott Jakobs?‹ Er ist doch nicht der Gott der Toten, sondern der Gott der Lebenden«[64] verbindet sich der heilsgeschichtliche Gedanke, daß das Grab einst die Stätte der Auferstehung sein wird[65]. Der Demonstration dieses Prinzips dienen nicht nur die literarischen Zeugnisse der ersten Jahrhunderte mit ihrer Variationsbreite, sondern auch die archäologisch faßbaren Monumente einschließlich der von der Spätantike ungeniert übernommenen Grabeskunst mit ihren Mythologemen. Nach J. A. Fischer[66] ergibt der patristische Befund, daß die Väter abgesehen vom Thnetopsychismus nirgendwo den Untergang oder endgültigen Todesschlaf des gesamten Menschen gelehrt haben. Wenn der Ausdruck κοιμᾶσθαι (κοίμησις) oder *dormire (dormitio)* im Zusammenhang mit dem Tod verwendet wird, ist er gerade keine eschatologische Aussage im Sinne des Versinkens in absolute Bewußtlosigkeit. Es handelt sich um die Übernahme einer hellenistischen Metapher, die in der Ähnlichkeit eines Toten mit einem Schlafenden wurzelt[67]. Unter Ablehnung der Seelenwande-

---

[64] Mt 22,31 f. Vgl. Mk 12,26f; Lk 20,37f. Die Übereinstimmung von Mt 22,31 f mit den genannten Parallelen zeigt, wie bedeutsam den Urkirchen dieses Dogma war.

[65] *J. Fink*, Vorstellungen und Bräuche an Gräbern bei Griechen, Römern und frühen Christen: *S. Sahin/E. Schwertheim/J. Wagner (Hgg.)*, Studien zur Religion und Kultur Kleinasiens (FS Friedrich Karl Dörner) 1, Leiden 1978, 295—323, bes. 317. In diesem Zusammenhang etabliert das Christentum einen bisher nicht bekannten Terminus im Sinne der altchristlichen Sondersprache für Bestattung: *Depositio*, das eine spezifisch altchristliche Übersetzung aus dem Griechischen darstellt. Siehe *A. Stuiber*, Depositio — καθέσις: *A. Stuiber/A. Hermann (Hgg.)*, Mullus (FS Theodor Klauser), Münster 1964, 346—351.

[66] *J. A. Fischer*, Studien zum Todesgedanken in der alten Kirche. Die Beurteilung des natürlichen Todes in der kirchlichen Literatur der ersten drei Jahrhunderte, München 1954, 143—315.

[67] Vgl. *Cumont*, Lux Perpetua 42. Paulus dagegen gebraucht κοιμᾶσθαι häufig in einer weitgehend unreflektierten Bedeutung. Er zeigt an dem Wort kein besonderes Interesse. Die spätere christliche Neuinterpretation des Ausdrucks »Schlaf zur Auferstehung« hat den paulinischen Sprachgebrauch weder geprägt noch beeinflußt. Die von Paulus verwendeten Formeln für die Christusgemeinschaft im Tode warnen vor einer rein individualistischen Interpretation des Zwischenzustandes. Bei Paulus rücken auch diese Formeln in die Nähe zur Vorstellung vom Christusleib, zu der in Jesus Christus als dem neuen Adam begründeten neuen Menschheit: *P. Hoff-*

rung lehrt die Mehrzahl der altchristlichen Schriftsteller, daß die Seele als Trägerin der Persönlichkeit den Tod überlebt und alsbald Vergeltung empfängt. Nach den Alexandrinern und den Kappadoziern geleiten Engel die Seelen der Gerechten an ihren Bestimmungsort, die ungerechten Seelen werden früher oder später von bösen Engeln übernommen[68]. Das Problem, an welchen Ort die Seelen der Verstorbenen geleitet werden, wird auf zweifache Weise beantwortet. Einerseits geht die Seele nach dem Tod je nach Verdienst sogleich in den Himmel oder in die Hölle, andererseits verbringen die Seelen den Zeitraum bis zur Auferstehung an Zwischenorten, die für Gute und Böse verschieden sind. Die künftigen Auserwählten und die Verdammten befinden sich gemeinsam im Hades an gesonderten Plätzen und empfangen dort eine teilweise Vergeltung als Vorgeschmack ihres endgültigen Loses. Diese Vertreter der Interimstheorie betrachten den Zwischenzustand im Hades als vorläufige ἀνάπαυσις *(refrigerium)* oder κόλασις *(tormentum, supplicium)*. Für beide Richtungen steht fest, daß das Los des gerechten Menschen nach dem physischen Tod, auch wenn ein Zwischenaufenthalt im Hades (Scheol) angenommen werden muß, besser als das gegenwärtige Leben sein wird. Umgekehrt erwartet den Verdammten sogleich nach dem Tode Strafe, sei es bereits in der Hölle oder interimistisch am Rande des ewigen Feuers. A. Stuiber gelang durch die Analyse des archäologischen Befundes der Nachweis, daß die Interimisten in ihrer literarisch vorgetragenen Theorie durch die Ergebnisse der christlichen Archäologie bestätigt wurden. Eine leibliche Auferstehung ist nach dem Zeugnis des monumentalen Befundes nur in der Art möglich, daß der Leib aus dem Grabe und die Seele aus dem Hades erweckt wird. Zwischen Tod und Auferstehung, also im postmortalen Zustand, weilen alle Entschlafenen in der Unterwelt, wo bereits vor dem Gericht Gerechte und Sünder an verschiedenen Aufenthaltsorten belohnt und bestraft werden[69]. In vielen Bildern der Grabeskunst ist eine Hilfsbedürftigkeit der Verstorbenen ausgedrückt, die ihr letztes Ziel noch nicht erreicht haben, weil sie im Hades verweilend die himmlische Seligkeit erst erhoffen.

Eine der ältesten Schlüsselszenen dafür ist die sepulkrale Jonadarstellung. Der schlafende Jona repräsentiert den Aufenthalt des Verstorbenen im Hades. Um den ruhenden Jona darstellerisch besonders hervorzuheben, wird die biblische Jonaszene verkürzt. Dadurch erscheint die unbiblische Jonaruhe als Repräsentation der Ruhe des Toten im Zwischenzustand überdeut-

---

mann, Die Toten in Christus. Eine religionsgeschichtliche und exegetische Untersuchung, Münster 1966, 186—206. 343 f.

[68] *A. Recheis*, Engel, Tod und Seelenreise. Das Wirken der Geister beim Heimgang des Menschen in der Lehre der alexandrinischen und kappadokischen Väter, Roma 1958, 186.

[69] *Stuiber*, Refrigerium Interim 201 f.

lich. Ein sprechendes Beispiel für eine solche Darstellungsweise ist der deckellose Wannensarkophag mit Friesdekoration aus dem 3. Viertel des 3. Jahrhunderts, der in der Kirche S. Maria Antiqua al Foro Romano (Rom) gefunden wurde. Da die zeitliche Priorität des mehrszenigen Jonazyklus der Katakombenmalerei gegenüber den frühesten Sarkophagdarstellungen mit besonderer Hervorhebung der Jonaruhe festzustehen scheint, wird deutlich, daß auf den christlichen Sarkophag von S. Maria Antiqua Einflüsse der gleichzeitigen nichtchristlichen Grabplastik mit bukolischen und maritimen Themen sowie mit Darstellungen des ruhenden Endymion eingewirkt haben[70]. Die Mitte des Sarkophages nehmen die Gestalten der Verstorbenen ein: ein Mann und eine Frau, vermutlich ein Ehepaar. Ein bärtiger Mann sitzt in Philosophentracht auf einem Klappsessel und liest in einer Buchrolle. Links neben ihm, flankiert von je einem Baum im Hintergrund, steht eine weibliche *Orans* mit auffällig nach oben gespreizten Fingern. Sie ist mit einer Tunika bekleidet. Über ihrem Kopf ist die Palla gezogen, das Zeichen für eine Verstorbene. Rechts, im Rücken des Verstorbenen, im Hintergrund von je einem Baum gesäumt, steht ein jugendlicher Hirt mit geschultertem Widder. Zu seinen Füßen lagern weitere zwei Widder. Rechts daneben wird die Taufe Jesu vollzogen. Der bärtige Johannes im Pallium faßt sich mit der Linken an den Mantel, die Rechte hält er über den kleinen unbekleideten Jesus. Von links oben fliegt eine Taube herab. Auf der rechten Wange ziehen zwei Fischer mit beiden Händen ein gefülltes Netz nach oben. Gegenüber dieser figuren- und szenenreichen Anordnung auf der rechten Seite des Sarkophages zieht es den Blick auf die linke Seite, die der unbekleidet liegende Jona nahezu allein beherrscht. Jona ruht unter der Kürbislaube. Links vor ihm dräut zurückhaltend der Ketos. Auf der Laube steht ein Ziegenbock und lagern zwei Widder. Nach einem Baum im Hintergrund folgt weiter auf der linken Wange ein Schiff mit gerafftem Segel und Bugflagge. Im Bug des Schiffes schreitet nach links eine männliche Gestalt in kurzer Ärmel-Tunika. Links am Abschluß sitzt der Meergott mit dem Dreizack in der Linken, der rechte Unterarm ist auf einen umgestürzten Krug gelehnt, aus dem sich Meereswellen ergießen[71]. Die reliefierte Seite des Sarkophages ist so konzipiert,

---

[70] *J. Engemann*, Untersuchungen zur Sepulkralsymbolik der späteren römischen Kaiserzeit, Münster 1973, 70 mit Tafel 29. Vgl. *U. Lange*, Jona in der frühchristlichen Kunst der römischen Katakombenmalerei, [Mag.arb.] Erlangen 1985, 99: »Das berühmte Beispiel von Sta. Maria Antiqua gehört zu einer ganzen Reihe von Sarkophagen, die nur die Jona-Ruhe in Verbindung mit dem Schiff und dem Ketos zeigen«.
[71] Repertorium der christlich-antiken Sarkophage 1 (Textband). Rom und Ostia, hg. von *F. W. Deichmann*, bearbeitet von *G. Bovini* und *H. Brandenburg*, Wiesbaden 1967, Nr. 747 (306f.).

daß der Blick des Betrachters auf die Repräsentation des ruhenden Toten durch Jona fallen muß. Gleitet der Blick des Betrachters von der eindeutig biblischen Szene der Taufe Jesu (rechts) zum bukolischen Hirtenmotiv und von da weiter zu den beiden Verstorbenen, dann läuft er links zu der überproportional mächtigen Szene des unter der Kürbislaube liegenden und in unbestimmte Ferne schauenden, unbekleideten Jona. Die beiden Toten sind mit Absicht zwischen das bukolische Motiv, das mit der verkürzten Jona-Darstellung korrespondiert, plaziert, um ihren derzeitigen Zwischenzustand augenscheinlich zu machen, den Zustand des seligen Wartens und Hoffens.

Das Interim konnte aber auch schmerzvoll sein. Auch hierfür lassen sich Vorstellungen aus der paganen Welt zitieren. In dem Epitaph des mit 26 Jahren verstorbenen Julius Faustus aus dem 1. Jahrhundert n. Chr. heißt es: »Jetzt im Unglück schlägt mir ans Ohr des Cerberus heulender Laut. Hast du noch etwas Liebe zu mir, heiligste Mutter, hilf mir, dem Verworfenen, doch aus dem Tartarus fort«[72]. Neben den »Acta Pauli et Theclae«[73], in denen auf die Fürbitte der heiligen Thekla dem heidnischen Mädchen Falkonilla im Jenseits ein besseres Los beschieden wird, ist in diesem Zusammenhang an die zweimalige Vision der heiligen Perpetua zu denken. Perpetua war in der Untersuchungshaft getauft worden. Sie berichtet über Visionen, die ihr den verstorbenen, leidenden Bruder vorführen: »Nach einigen Tagen, da wir alle beteten, entfuhr mir plötzlich mitten im Gebet ein Schrei und ich rief Dinokrates! ... Ich sehe den Dinokrates aus einem finsteren Ort herauskommen, wo noch viele waren, in Hitze und großem Durst. Er trug ein schmutziges Gewand; seine Gesichtsfarbe war bleich und die Wunde war in seinem Gesicht, die er hatte, als er starb. Dieser Dinokrates war mein leiblicher Bruder, sieben Jahre alt. In einer Krankheit war er mit krebszerfressenem Gesicht elend zugrunde gegangen, so daß sein Tod allen Menschen zum Abscheu war. Für diesen also hatte ich gebetet. Zwischen mir und ihm war eine große Kluft, so daß wir beide nicht zueinander kommen konnten. An dem Orte, wo Dinokrates weilte, war ein Wasserbehälter voller Wasser, aber der Rand war höher als die Gestalt des Knaben. Und Dinokrates reckte sich hoch wie um zu trinken. Mir tat es wehe, daß jener Wasserbehälter zwar Wasser hatte, er aber wegen der Höhe des Randes nicht zu trinken vermochte. Da erwachte ich und erkannte, daß mein Bruder leide. Ich aber hatte die Zuversicht, seinem Leiden abhelfen zu können ... Und ich betete für ihn

---

[72] Text des vermutlich von einem Columbarium der Via Labicana (Rom) stammenden Epitaphs bei: *L. Wickert*, Ein neues lateinisches Grabgedicht: Hermes 61 (1926) 448—458, hier 449 (Inschrift).

[73] Kap. 27—29 und 39.

Tag und Nacht mit Seufzern und Tränen, damit er mir geschenkt werde«[74]. Perpetua sieht ihren vorzeitig verstorbenen Bruder aus einem finsteren Ort, der mit der Unterwelt gleichgesetzt werden kann, hervorkommen. Sie sieht ihren Bruder auch nach ihrem Gebet noch an demselben Ort, hofft aber auf seine Befreiung von dem Leidenszustand. Die beiden Visionen der Perpetua decken sich mit der Lehrmeinung Tertullians[75]. Nach Tertullian gelangen nur die Märtyrer sofort in das Paradies, alle übrigen Seelen, auch die Seelen der gewaltsam Getöteten und die Seelen der vorzeitig Verstorbenen kommen in die Unterwelt, um dort in einem Zwischenzustand bis zur Auferstehung im voraus Leid oder Freude, je nach ihrem Seelenzustand, zu erfahren[76]. Wie die Beispiele Thekla-Falkonilla und Perpetua-Dinokrates zeigen, ist die Unterwelt auch Läuterungsort. Die Läuterung kann durch das Fürbittgebet gefördert werden.

Ihrer Herkunft nach sind die Vorstellungen vom Zwischenzustand Gemeingut der Christen, die von der Auferstehung des Leibes überzeugt sind, nicht Ergebnis gelehrter Theologie. Wie wenig spiritualistisch der frühchristliche Totenkult war, ergibt sich nicht nur aus den sepulkralen Darstellungen, sondern vor allem aus der allseits verbreiteten Sitte des Totenmahls und dessen Darstellungen. Bis zum Erweis des Gegenteils muß vorausgesetzt werden, daß die Vorstellungen vom Zwischenzustand, nicht die vom Weilen in der himmlischen Seligkeit, maßgebend waren, wenn über den Zustand der Toten in der Sepulkralkunst etwas ausgesagt wird[77]. Im Rahmen dieser Volkstümlichkeit legt sich die Hypothese nahe, daß die Christen zwar um die Wirksamkeit der Fürbitte für ihre Toten wußten, aber doch zusätzlich ihren Toten die Totenspende gewährten, um ihre Verstorbenen bis zur leiblichen Auferstehung »am Leben zu erhalten« und ihnen auch den Zwischenzustand möglichst angenehm zu gestalten. So gesehen ist das Totenmahl und die Totenspende des christlichen Volkes nicht nur das von der paganen Umwelt übernommene Erbe der herkömmlichen Totenpflege, sondern zugleich handfester Ausdruck des Glaubens an die leibliche Auferstehung, ja sogar verpflichtende Sorge für die Voraussetzung leiblicher Auferstehung. Was Bischöfe und Theologen davon hielten, scheint das spätantike volkstümliche Christentum

---

[74] Passio Perpetuae et Felicitatis 7.
[75] *F. J. Dölger*, Antike Parallelen zum leidenden Dinocrates in der Passio Perpetuae, (AuC 2), Münster 1930, 1—40.
[76] *Tertullian*, De anima 58.
[77] *Stuiber*, Refrigerium Interim 202. — Alle Beispiele, die *C. M. Kaufmann*, Die Sepulcralen Jenseitsdenkmäler der Antike und des Urchristentums, Mainz 1900, 194—206 unter der Bezeichnung »Darstellung des himmlischen Gastmahles« anführt, erweisen sich entweder durch den Fisch als Mahl mit feiner Speise oder durch ihren Kontext als Totenopfer und Totenmahl.

wenig interessiert zu haben[78]. Ansonsten wäre die Vielzahl von Totenmahl- und Opferszenendarstellungen an christlichen Gräbern und die Übung dieses Brauches, selbst in kircheneigenen Friedhöfen, nicht erklärbar.

IV. Totenmahl

Religionsgeschichtlich betrachtet ist das Totenmahl ein heiliges Mahl. Es tritt auf als Speisung des Toten durch Grabbeigaben und Opfer am Grab, teilweise mit anschließendem Gemeinschaftsmahl, als Leichenmahl der Hinterbliebenen beim Begräbnis an der Grabstätte oder im Trauerhaus, bei dem der Verstorbene anwesend gedacht war, als Trauermahl, das die trauernden Angehörigen in das normale Leben zurückführen sollte, und als Gedächtnismahl, das in periodischen Abständen stattzufinden hatte. Im AT und im Judentum ist nur das Trost- und Trauermahl für die Hinterbliebenen übrig geblieben[79]. Das Totenopfer war dem Volk Israel streng untersagt[80]. Also ist das altchristliche Totenmahl mit seiner Fütterung der Toten kein jüdisches, sondern paganes Erbe.

Je nach lokaler Gewohnheit fanden sich die Überlebenden am dritten, am siebten, am neunten, am dreißigsten, am vierzigsten Tag nach dem Tode oder nach der Beisetzung am Grabe ein[81]. Dasselbe galt für den Jahrestag, die *Parentalia* und die *Caristia*. Vom 13. Februar an feierte man neun Tage lang das Totengedächtnis der *Parentalia,* das am 22. Februar, mit dem Tag der *Caristia* oder der *Cara cognatio* abgeschlossen wurde. Die *Caristia* war ein Familienfest, das alle Verwandten unter Zurückstellung der persönlichen Differenzen zusammenführte, aber in sekundärer Bedeutung zugleich dem Gedächtnis der verstorbenen Angehörigen diente und Totenspende, sowie Totenmahl miteinschloß[82]. Gegen Abend[83] wurden Speisen und Wein zum

---

[78] Ein harmloses Beispiel ist der heftige und doch so vergebliche Versuch der spätantiken Bischöfe, den Christen die übliche Trauerkleidung auszureden. Selbst schärfste Predigten konnten hier kaum etwas erreichen, auch nicht der Hinweis auf das weiße Kleid als Zeichen der Unsterblichkeit: *A. C. Rush*, Death and burial in christian antiquity, Washington 1941, 215—220.

[79] *H.-J. Klauck*, Herrenmahl und hellenistischer Kult. Eine religionsgeschichtliche Untersuchung, Münster 1982, 90.

[80] Dtn 14,1; Lev 19,28.

[81] Dazu: *E. Freistedt*, Altchristliche Totengedächtnistage und ihre Beziehung zum Jenseitsglauben und Totenkultus der Antike, Münster 1928.

[82] *Th. Klauser*, Die Cathedra im Totenkult der heidnischen und christlichen Antike, (LQF 21), Münster ²1971, 173 f.

[83] Die Zeit für das Götteropfer war seit alters her von Sonnenaufgang bis zum Mittag. Um den Sonnenuntergang und des Nachts war die Zeit für das Totenopfer: *F. J. Dölger, IXΘYΣ.* Der heilige Fisch in den antiken Religionen und im Christentum 2, Münster 1922, 13.

Grab gebracht, man aß und trank davon, nachdem ein Teil davon dem Toten angeboten worden war. Tote und Lebende speisten miteinander: »Du nennst sie (= die Toten) sogar dann ›gut aufgehoben‹, wenn du gerade, mit Fischspeisen und Leckerbissen eigentlich dir selbst ein Totenopfer bereitend, die Grabhügel vor dem Tore besuchst oder etwas alkoholisiert von den Grabhügeln heimkommst ... Denn bei den ihnen zu Ehren gegebenen Mahlzeiten, wenn sie gleichsam anwesend sind und mit zu Tische sitzen, kannst du ihnen doch aus ihrem Schicksal keinen Vorwurf machen; da mußt du ja denen Höflichkeiten sagen, welche die Veranlassung deiner Fröhlichkeit sind«[84]. Die Speisen wurden dem Toten auf die Grabmensa oder auf das Grab gestellt. Der Wein wurde über die Mensa, auf das Grab oder in die Libationsröhre, die über dem Gesicht des Verstorbenen endete, gegossen. Der Tote wurde dabei förmlich zum Mahl aufgefordert und zitiert: »Steh auf, N.N., iß und trink und laß es dir wohl sein«, berichtet Epiphanius[85] über die übliche Einladung an den Verstorbenen. Um die Verwandten an die Pflicht zur Darreichung der Totenspende zu erinnern, wurden Cubicula mit Szenen ausgemalt, die den Verstorbenen in der Pose des Einforderns der Totenspende wiedergeben. In der sogenannten Sakramentskapelle A³ der Katakombe S. Callisto findet sich folgende Darstellung: Links steht ein Mann, der mit seiner Rechten auf einen Tisch mit Speisen hinweist. Rechts davon steht eine Frau mit Schleier *(velatio)*, welche beide Arme nach oben hebt und die Finger ihrer Hände weit auseinanderspreizt. Diese nachdrücklich fordernde Geste kann sich nur auf die Totenspende beziehen, die von der Verstorbenen selbst verlangt wird. Wer in Nordafrika ohne Angehörige verstarb, ließ sich rechtzeitig symbolisch die Totenspende an seinem vorbereiteten Grab anbringen. Zum Fundbestand Tamugadis (Algerien) zählt ein Grabmal, das den Toten mit dem Namen Felix Demetrius angibt. Die wohl ursprünglich über dem Kopfende einer Erdbestattung gelegte Platte (heute inmitten einer Fülle von Belegen vor dem archäologischen Museum von Timgad aufgestellt) aus verwittertem weißen Marmor zeigt im Relief die charakteristischen Speisen eines Totenmahles. Das Mahl aus Marmor besteht aus drei mehrfach gekerbten Broten, drei kreuzgekerbten Kuchen und drei Eiern in kleinen Schalen. Selbst das Eßbesteck, einschließlich kleiner Löffel und zwei Schöpfkellen, verwendbar als Trinkgeräte, wurden im Marmor nachgebildet. In der Mitte der Totentafel finden sich zwei Hechte auf einem eleganten Tablett[86].

---

[84] *Tertullian*, De testimonio animae 4.
[85] *Ephiphanius*, Ancoratus 86, 5.
[86] *W. Gessel*, Der nordafrikanische Donatismus: Antike Welt 11/1 (1980) 1—16, 10 mit Abb. 16.

Für die Durchführung der Totenmähler waren in römischen Coemeterien Bankreihen aus dem Tuff herausgemeißelt worden oder man baute in die Cubicula gemauerte Bänke ein. Bei Cubiculen, die keine festinstallierten Sitzmöglichkeiten aufweisen, darf angenommen werden, daß Sitzgelegenheiten, der Tisch und die Polster für das Totenmahl jeweils mitgebracht wurden[87]. Die besonders im Coemeterium Maius auffallenden grob gehauenen Steinsitze mit einer für einen Erwachsenen zu geringen Sitzweite waren als Sitzgelegenheit für den Toten bei der Mahlfeier bestimmt[88]. Zur Erweiterung des Kreises derer, die das Gedächtnis des Verstorbenen pflichtgemäß zu betreuen hatten, wurde die Totenmahlfeier mit karitativen Gaben verknüpft. Man lud Arme und Bedürftige zur Teilnahme am Totenmahl ein oder verteilte danach die Überreste des Mahles und zusätzlich mitgebrachte Lebensmittel[89] oder auch Geldgeschenke des Verstorbenen an Hilfsbedürftige[90]. Am Beispiel einer Grabanlage der Salsa-Nekropole in Tipasa (Algerien) interpretiert P.-A. Février[91] das durch Christen übernommene Totenmahl ausschließlich als soziale Einrichtung ohne aktuellen Bezug auf die Totenspende. Die Anlage im Salsa-Friedhof besteht aus einer kleinen Krypta mit dem Grab. Über dem Boden des Grabbezirks ist ein kleines Wasserbecken, von dem aus das Wasser auf eine Mensa geleitet werden konnte. Um die Mensa fand sich eine sigmaförmige Kline[92]. Eine zur Grabanlage gehörende Mosaikinschrift: »In ☧ Gott. Friede und Eintracht sei unserem Mahl« ist der hauptsächliche Beweis für den Interpretationsvorschlag von Février: »Das Mahl über dem Grab hat als allererstes den Zweck, die Stabilität und Einheit der Familie zu sichern«. Die Tugenden »Friede« und »Eintracht« sind Familientugenden[93]. »Friede« und »Eintracht« seien demnach personifizierte Tugenden. Sie seien als weibliche Eigennamen aufzufassen. Einen analogen Fall sieht Février im römischen Coemeterium des Petrus und Marcellinus, wo das von A. Bosio entdeckte Totenbankett mit seinen Sprechblasen *Irene da calda* und *Agape misce mi* besage, daß den Dienerinnen Irene (= Friede) und Agape (= Liebe) aufgetragen werde, den Mahlteilnehmern warme Speise zu bringen bzw. den Mischwein zu bereiten[94]. Dies hieße, die beiden Dienerinnen

---

[87] *Klauser*, Cathedra 137.
[88] Ebd. 143 ff.
[89] *Augustinus*, De civitate Dei VII 27.
[90] *Augustinus*, Epistula 22, 6.
[91] *P.-A. Février*, A propos du repas funéraire. Cult et sociabilité ‹ In Christo Deo, pax et concordia sit convivio nostro ›: Cahiers archéologiques 26 (1977) 29—45.
[92] Zum speziellen Typ der Grabmensen und Klinen von Tipasa siehe: *N. Duval*, La mosaique funéraire dans l'art paléochrétien, Ravenna o. J., 25.
[93] *Février*, A propos 38.
[94] Ebd. 30 mit Abb. 3.

seien in Wirklichkeit die personifizierten Tugenden Friede und Liebe, die für das Familienmahl konstitutiv seien. Die Mosaikinschrift von Tipasa besage demnach, daß das Familienmahl am Grab von den Tugenden Friede und Eintracht zubereitet sein müsse. So frappant diese Interpretation sein mag, so wenig wird sie vom nordafrikanischen Befund gedeckt. Es ist sehr die Frage, ob ein Fresko aus einer römischen Katakombe bei ungleicher Zeitstellung mit einer relativ späten quadratischen Mosaiktafel aus Nordafrika bis ins Detail verglichen werden kann. Die Totenmahlszene der Katakombe befindet sich noch in situ, das Mosaik dagegen ist in dem kleinen Museum von Tipasa aufbewahrt. Eine unmittelbare Nachprüfung des Ambientes und Kontextes des Mosaiks ist nicht mehr gegeben. Während das römische Fresko menschliche Personen darstellt, ist das Mosaik aus Tipasa, Ende des 4., anfangs des 5. Jahrhunderts, eine Inschriftentafel, die durch ein im Quadrat herumgeführtes Zopfbandmuster eingerahmt wird. Drei Schalentiere und sieben Fische umschwimmen die Inschrift. Eine Personendarstellung ist nicht vorhanden. Es ist weiter die Frage, ob der vitale Nordafrikaner abstrakte Begriffe als Eigennamen verwandte. Alle bisher in Nordafrika entdeckten Grabinschriften bringen ausschließlich konkrete Eigennamen[95]. Das Convivium-Mosaik von dem überwiegend katholischen Tipasa läßt sich einfacher als Indienstnahme der Gebrauchskunst gegen die separatistischen Donatisten erklären[96], zumal auch sonst das Kunstschaffen gegen dissidente und häretische Strömungen eingesetzt wurde[97].

In der handfesten Mentalität des nordafrikanischen Volkes war und blieb das Totenmahl Totenspende und Beweis der Fürsorge für die Verstorbenen, die sich in der *compotatio* (Trinkgesellschaft) und der *commanducatio* (Mahlgemeinschaft) am Grab mit all ihren negativen Begleiterscheinungen zeigte[98]. Das Bemühen von Février, das Totenmahl allein aus dem nordafrikanischen Hang zur Geselligkeit (»sociabilité«) abzuleiten, ist ein Versuch, dem nordafrikanischen Christentum die Fähigkeit zuzuerkennen, eine tief eingewurzelte kultische Verhaltensweise, die ausschließlich sepulkralen

---

[95] Als Beispiel sei auf die von N. Duval in Ammaedara untersuchten 160 Namen auf Epitaphien hingewiesen. Dort fanden sich ausschließlich Eigennamen, darunter kein einziger personifizierter Begriff: *N. Duval*, Recherches archéologiques à Haidra 1. Les inscriptions chrétiennes, Rome 1975, 430—433. Ebenso hat Vf. in den ausgedehnten Nekropolen von Tipasa nur konkrete Eigennamen beobachten können.
[96] *Gessel*, Nordafrikanischer Donatismus 14 mit Abb. 25.
[97] *R. Sörries*, Die Bilder der Orthodoxen im Kampf gegen den Arianismus, Frankfurt a. Main/Bern 1983.
[98] *V. Saxer*, Mort et culte des morts à partir de l'archéologie et de la liturgie d'Afrique dans l'oeuvre de saint Augustin: Augustinianum 18 (1978) 219—228, hier 227.

561

Zwecken diente⁹⁹, säkularisiert zu haben. Dies war nicht einmal Aurelius Augustinus geglückt, der ab 391 schon als Presbyter gegen die Totenmahlfeiern und deren Auswüchse polemisierte. Es scheint dem Seelsorger Augustinus freilich gelungen zu sein, die deftigsten Formen der Totenfeiern wenigstens aus dem Leben der katholischen Christen von Hippo Regius zu verbannen und den auch bei den Heiden üblichen karitativen Aspekt der Totenmähler zu empfehlen. Abschaffen konnte und wollte er die Totenfeiern nicht[100]. Es war schon viel erreicht, wenn die Bischöfe selbst ihre diesbezüglichen eigenen Anordnungen befolgten[101] und die Totenfeiern für die Märtyrer in ihren Basiliken nicht mehr gestatteten. Augustinus war es zufrieden, wenn dem »fleischlich gesinnten und unwissendem Volk« das Laster der Trunkenheit und Völlerei, »ein schändlicher und gottesräuberischer Mißbrauch« bei den Parentalia abgewöhnt werden konnte[102]. Resümierend lehnt Augustinus in seiner Gottesstadt die Interpretation der Refrigeria als Totenopfer ab und gibt zu verstehen, gute Christen tun solches nicht, und überdies seien Totenmähler in den meisten Ländern unbekannt[103]. Es muß hier gefragt werden, ob das »fleischlich gesinnte und unwissende Volk«, das wohl kaum die augustinische Gottesstadt gelesen hatte, bei seinen Totenfeiern diese Feststellung beachtete. Wenn dem so gewesen wäre, hätten die Totenfeiern der Parentalia und der Cara cognatio von den Grabanlagen in die Häuser und Wohnungen verlegt werden müssen. Dem widerspricht eindeutig das archäologische Zeugnis, zunächst auch das von Rom.

Während aber in Nordafrika das Aufhören der Totenmähler auf den Friedhöfen mit dem Untergang des Christentums zusammenfällt, ist es in Rom sicher ab dem 6./7. Jahrhundert gelungen, die Totenspende in Verbindung mit den Totenmählern vor allem beim Märtyrerkult durch die Eucharistiefeier zu ersetzen. Drei Stufen dieser Umgestaltung sind an archäologischen Monumenten ablesbar. Die Christen Roms übernehmen alte Anlagen und führen die Tradition mit den üblichen Einrichtungen wie Libationsröhren, Mensen, Küchen für die Zubereitung der Totenmähler und Triklinen weiter. Hierzu gehören sowohl die Ausstattung der Eingangsräume des Flavierhypogäums für den Kult der einfachen Verstorbenen wie auch der Trikliakomplex *ad Catacumbas* mit seinen zahlreichen Refrigeria-Grafitti für Petrus und Paulus. Es

---

[99] *Klauser*, Cathedra 141.
[100] *Gessel*, Reform von Martyrerkult 72 f.
[101] *V. Saxer*, Morts, Martyrs, Reliques en Afrique chrétienne aux premiers siècles. Les témoignages de Tertullien, Cyprien et Augustin à la lumiére de l'archéologie africaine, Paris 1980, 147.
[102] *Augustinus*, Epistula 22, 3 und 6.
[103] *Augustinus*, De civitate Dei VIII 27.

folgt die Blüte dieser Tradition in den neuen vom Kaiser gestifteten Friedhofsbauten (Exedrabasiliken), in denen der Kult nicht nur der Märtyrer, der Patrone der Basiliken, sondern auch das Andenken der einfachen Verstorbenen mit dem Totenmahl gefeiert wurde. Schließlich gelang es, die Einrichtungen für die wirkliche Totenspende in symbolische Formen umzuwandeln, die an den realen Ritus nur noch erinnerten. Dies läßt sich in den römischen Coemeterien am besten beobachten, in denen die mensae noch den realen Totenspenden dienten, dagegen den Cathedrae, Brotmodellen und Goldgläsern symbolische Bedeutung zugekommen zu sein scheint. Als Beispiel dafür kann die Krypta der hl. Emerantia und die Doppelkammer der Pamphylus-Katakombe genannt werden[104]. Man sollte jedoch vorsichtig sein und diese Entwicklung von der realen Totenspende zur symbolischen Totenspende nicht zu früh ansetzen. Es spricht nichts dagegen, daß wenigstens die Trankspende an die Toten sich in den römischen Coemeterien solange erhalten hat, solange Tote dort bestattet wurden. Im Coemeterium des Petrus und Marcellinus zum Beispiel haben sich fest eingelassene Teller aus Terra sigillata erhalten, die durchaus mit der Trankspende zusammenhängen dürften[105]. Es kann auch Augustinus seinen Zuhörern die Trinkgelage in der römischen Petersbasilika zu seiner Zeit nur mit dem Hinweis erklären: Besonders schwierige Verhältnisse, bedingt durch die Wallfahrten und Nicht-Ortsansässigen, machten es durchaus verständlich, daß in der Basilika des hl. Petrus trotz der Reformbemühungen von Bischof und Klerus, die Trinkgelage noch nicht auszumerzen waren[106]. Wenn solche Veranstaltungen am Petrusgrab geduldet werden mußten, um wieviel mehr im privaten Bereich der Coemeterien!

Der in der Grabeskunst ungemein häufig anzutreffende Fisch ist als Totenopfer in Ägypten ab 3000 v. Chr. nachweisbar und durchzieht in derselben Bedeutung die gesamte christliche Spätantike[107]. Ein besonders schönes Beispiel eines Fischopfers für die Verstorbenen ist eine Grabverschlußplatte, die 1926 im Coemeterium des Petrus und Marcellinus entdeckt wurde[108]. Die Platte trägt links figuralen Schmuck, rechts die Inschrift: »Julius Marius Silvanus und Julia Martina haben zu Lebzeiten (das Grab) sich errichtet, damit sie in Gott leben«. Die Begründung für die frühzeitige Herstellung des Grab-

---

[104] *E. Jastrzebowska*, Untersuchungen zum christlichen Totenmahl aufgrund der Monumente des 3. und 4. Jahrhunderts unter der Basilika des Hl. Sebastian in Rom, Frankfurt am Main/Bern/Cirencester/U. K. 1981, 148—153. 236.
[105] *Klauser*, Cathedra 136.
[106] *Augustinus*, Epistula 29, 11.
[107] *Dölger, IXΘYΣ* 2, 377—410; Ders., *IXΘYΣ* 5, Münster 1943, 715—720.
[108] *F. J. Dölger*, Darstellung einer Totenspende mit Fisch auf einer christlichen Grabverschlußplatte aus der Katakombe Pietro e Marcellino in Rom, (AuC 2), Münster 1930, 81—99.

mals »damit sie in Gott leben« entspricht der sehr häufig anzutreffenden Wunschformel auf Grabmonumenten *Vivas in deo*[109]. Diese Formel, die wohl den paganen Wunsch *vale* ersetzt hat, weist auf das Schicksal der Seele nach dem Tod, den teilweise angenommenen Seelenaufenthalt am Grabe und den Zwischenzustand *(interim)* hin, wobei ein Spannungsverhältnis zwischen der Seele und den im Grab ruhenden Leib offenkundig zu sein scheint. Eine vollständige Trennung von Leib und Seele nach dem Tod hat die altchristliche Volksmeinung kaum erkennen können, sonst wäre die als selbstverständlich vorausgesetzte Anwesenheit des Verstorbenen beim Totenmahl über dem Grab sinnlos gewesen. Sinnlos erschiene dann auch die Handlungsweise der frommen Monnika, die Augustinus mißbilligend und zugleich entschuldigend schildert: »Auch wenn das Gedächtnis mehrerer Verstorbener zu begehen war, so trug sie doch immer nur eben diesen einen Becher, um dessen nicht nur äußerst dünnen, sondern mit der Zeit ganz schal gewordenen Inhalt in kleinen Schlucken mit ihren Begleitern zu teilen ... Denn Frömmigkeit, nicht Vergnügen suchte sie dabei«[110]. Geschickt übergeht dabei Augustinus die *Profusio* und erweckt den Eindruck, seine Mutter habe die eigentliche Trankspende an den Gräbern unterlassen und aus asketischen Gründen ungenießbaren Wein mit ihren Begleitern getrunken.

Das oben genannte Bildwerk auf der Grabplatte des Christen Marius und der Christin Martina ist vom Steinmetz vorgezeichnet und dann in den Stein geschnitten. Die Auftraggeber wählten links von ihrem Epitaph folgende Darstellung: Nach rechts, zur Inschrift blickend steht ein bartloser Mann in Ärmeltunika. In der vorgestreckten Linken hält er einen großen, schlanken Fisch am Schwanzende. Der Kopf des Fisches berührt eine pfeilerartige Erhöhung mit einem kleinen Schemel davor. Der rechte Oberarm ist an den Körper angelegt, der rechte Unterarm ist nahezu rechtwinklig vorgebogen. Die vier Finger der rechten Hand sind auseinandergespreizt, der Daumen ist scharf nach oben gekehrt. Zwischen dem altarähnlichen Aufbau in der üblichen Tischhöhe befindet sich eine langgestreckte Bank mit zwei dreifüßigen Stützen. Es könnte sich dabei auch um einen länglichen Tisch handeln. Auf der Platte liegen zwei verschnürte Bündel. Die gesamte Darstellung ist demnach eindeutig als Zeuge für den Volksbrauch der beiden Christen in Anspruch zu nehmen. Der Fisch ist die Totenspende. Der pfeilerartige Aufbau, auf dem der Fischkopf aufliegt, ist ein Altar. Die Art der Darbietung des Fisches ist ein Opfergestus. Die Darreichung des Fisches mit der linken Hand

---

[109] Beispiele: ILCV 2193a—2225. *Vivas in deo* wird variiert zu *Viv(b)as in domino* oder *Viv(b)as in Christo* oder *Viv(b)as in deo Christo* usw.

[110] *Augustinus*, Confessiones VI 2.

entspricht dem Ritual der Totenspende. Während man beim Opfer an die himmlischen Götter den Kopf des Tieres nach oben bog, drückte man beim Opfer an die Totengötter und an die Toten den Kopf der Opfergabe nach unten, so daß auch der Blick des Tieres dem Blick des Opfernden entsprechend himmelwärts oder erdwärts gerichtet war[111]. Das Ausstrecken der rechten Hand entspricht dem Gestus der Gabendarbietung und Zitierung des Toten.

V. Zusammenfassende Thesen

Zusammenfassend läßt sich feststellen: Die Totenpflege, also Aufbahrung, Bestattung und Betreuung des Toten im Grab, blieb im spätantiken Christentum bis zum Ende des 5. Jahrhunderts erste Verpflichtung der Familie. Allmählich löste die Kirche teilweise die Familie von ihrer diesbezüglichen Verpflichtung und entwickelte einen amtlichen Bestattungsritus. Dadurch wurden spätantike Bestattungssitten zunehmend verchristlicht und in ein von den Bischöfen akzeptiertes Ritual für die *depositio* umgesetzt. Der Zusammenhang von *depositio* und weiterer Toten-, jetzt besser Grabpflege, wurde aufgehoben. Die erstere kam dem kirchlichen Amt zu, die letztere verblieb bei der Familie.

Grabinschriften[112], literarische Zeugnisse der kirchlichen Schriftsteller und der Befund der Grabanlagen christlicher Provenienz beweisen, daß das Christentum der Spätantike die Totenspende in der Gestalt der Totenmähler weiterführte, ausgehend von der sicheren Überzeugung eines Fortlebens nach dem Tode. Gegen die Bemühungen der Kirchenväter war diesem Brauch, der möglicherweise ab dem 4. Jahrhundert sehr langsam spiritualisiert wurde[113], ein zähes Weiterbestehen beschieden, lediglich bei Pseudo-Dionysius Areopagita ist keinerlei Spur einer Fortführung dieses Brauches zu entdecken. Da der Autor auch nicht dagegen polemisiert, dürften Totenmahl und Totenspende in seinem Bereich unbekannt gewesen sein.[114] Wel-

---

[111] F. J. Dölger, Sol salutis. Gebet und Gesang im christlichen Altertum mit besonderer Rücksicht auf die Ostung in Gebet und Liturgie, (LQF 16/17), Münster ³1972, 307.
[112] In ihrem Ergebnis zusammengefaßt von *Stuiber*, Refrigerium interim 111–120.
[113] J. Janssens, Vita e morte del cristiano negli epitaffi di Roma anteriori al sec. VII, Roma 1981, 285–293.
[114] Falls das Werk des Pseudo-Dionysius Areopagita im Umfeld von Antiochien entstanden ist, dann bestätigt der archäologische Fund die obige These. Nach der Feststellung des Verfassers sind bisher in Syrien weder christliche Sarkophage noch Grabanlagen ergraben worden, die Einrichtungen für Libationen oder Totenmähler aufweisen.

che Vorstellungen vom Todesverständnis dem *refrigerium*, das das christliche Volk seinen Toten zukommen ließ, zugrunde lagen, wird sich kaum exakt differenzieren lassen. Das vitale christliche Volk pflegte seine Gedanken dazu nicht schriftlich zu fixieren, sondern es handelte an den Toten, wie seine Väter an ihnen gehandelt hatten. Diese haben ihre Toten mit Speise und Trank erquickt, weil die Toten immer noch irdischer Dinge zur Erhaltung ihrer Existenz bedurften. Der Tote wohnte in seinem Grab. Das Verhältnis der Seele zum toten Leib dürfte wohl als Spannungsverhältnis insofern begriffen worden sein, als offensichtlich der Tote einerseits noch als »lebendig« betrachtet wurde und menschliche Bedürfnisse hatte, andererseits als bis zur Auferstehung Schlafender angesehen wurde. Da es nach der altchristlichen Interimslehre keine Schwierigkeiten machte, dem Toten als Aufenthaltsort den Hades zuzuweisen — ausgenommen den Märtyrern und Gerechten —, war es nach der Volkslogik problemlos, das Grab als Teilbereich des Hades aufzufassen und dort den Verstorbenen die bekannten Erleichterungen zu gewähren, damit den Toten die Zwischenzeit bis zur Auferstehung überbrückt werde: *ut in deo vivant.*

Bibliographie
(Auswahl)

Altaner, A./Stuiber, A., Patrologie, Freiburg/Basel/Wien ⁹1980.

Andresen, C., Einführung in die Christliche Archäologie, Göttingen 1971.

Condrau, G., Der Mensch und sein Tod. Certa moriendi condicio. Zürich/Einsiedeln 1984.

Cumont, F., Lux perpetua, Paris 1949, 24.

Deichmann, F.W., Einführung in die christliche Archäologie, Darmstadt 1983.

Dölger, F.J., *IXΘYΣ* — Der heilige Fisch in den antiken Religionen und im Christentum 2, Münster 1922.

Ders., Antike Parallelen zum leidenden Dinocrates in der Passio Perpetuae, (AuC 2), Münster 1930, 1—40.

Ders., Darstellung einer Totenspende mit Fisch auf einer christlichen Grabverschlußplatte aus der Katakombe Pietro e Marcellino in Rom, (AuC 2), Münster 1930, 81—99.

Ders., Sol salutis. Gebet und Gesang im christlichen Altertum mit besonderer Rücksicht auf die Ostung in Gebet und Liturgie, (LQF 16/17), Münster ³1972.

Dörrie, H., Sinn und Funktion des Mythos in der griechischen und römischen Dichtung, Opladen 1978.

Engemann, J., Untersuchungen zur Sepulkralsymbolik der späteren römischen Kaiserzeit, Münster 1973.

Ferrua, A., Nuove correzioni alla silloge del Diehl. Inscriptiones Latinae Christianae Veteres, Città del Vaticano 1981.

Février, P.-A., A propos du repas funéraire. Cult et sociabilité »In Christo Deo, pax et concordia sit convivio nostro«: Cahiers archéologiques 26 (1977) 29—45.

Fischer, J.A., Studien zum Todesgedanken in der alten Kirche. Die Beurteilung des natürlichen Todes in der kirchlichen Literatur der ersten drei Jahrhunderte, München 1954.

Freistedt, E., Altchristliche Totengedächtnistage und ihre Beziehung zum Jenseitsglauben und Totenkultus der Antike, (LQF 24), Münster 1928.

Gessel, W., Monumentale Spuren des Christentums im römischen Nordafrika, Feldmeilen 1981.

Ders., Mythos und Mythologisches im Erscheinungsbild des frühen Christentums: *A. Halder / K. Kienzler (Hgg.)*, Mythos und religiöser Glaube heute, Donauwörth 1985, 59—78.

Janssens, J., Vita e morte del cristiano negli epitaffi di Roma anteriori al sec. VII, Roma 1981.

Jastrzebowska, E., Untersuchungen zum christlichen Totenmahl aufgrund der Monumente des 3. und 4. Jahrhunderts unter der Basilika des Hl. Sebastian in Rom, Frankfurt am Main/Bern/Cirencester/U.K. 1981.

Jordahn, B., Das kirchliche Begräbnis. Grundlegung und Gestaltung, (Veröffentlichungen der Evangelischen Gesellschaft für Liturgieforschung 3), Göttingen 1949.

Kaczynski, R., Sterbe- und Begräbnisliturgie: *H. B. Meyer u.a. (Hgg.)*, Gottesdienst der Kirche. Handbuch der Liturgiewissenschaft 8. Sakramentale Feiern II, Regensburg 1984, 190—232.

Kaufmann, C.M., Handbuch der altchristlichen Epigraphik, Freiburg i. Br. 1917.

Kilian, R., Überlegungen zu Israels Mythenkritik: *Halder/Kienzler (Hgg.)*, Mythos 43—58.

Klauser, Th., Studien zur Entstehungsgeschichte der christlichen Kunst IX: JAC 10 (1967) 82—120.

Ders., Die Cathedra im Totenkult der heidnischen und christlichen Antike, (LQF 21), Münster ²1971.

Klingenberg, G., Art. »Grabrecht (Grabmulta, Grabschändung)«: RAC 12, 590—637.

Kollwitz, J., Art. »Bestattung; Christlich«: RAC 2, 208—219.

Ders., Art. »Coemeterium«: RAC 3, 231—235.

Kötting, B., Art. »Grab«: RAC 12, 366—397.

Ders., Die Tradition der Grabkirche:*K. Schmid/J. Wollasch (Hgg.)*, Memoria, München 1984.

Kurtz, D./Boardman J., Thanatos. Tod und Jenseits bei den Griechen, Mainz 1985.

Lange, U., Jona in der frühchristlichen Kunst der römischen Katakombenmalerei, [Mag. arb.] Erlangen 1985.

Leynaud, Les Catacombes africaines — Sousse — Hadruméte, Alger [3]1937.

Perler, O., Art. »Arkandisziplin«: RAC 1, 667—676.

Pietri, Ch., Art. »Grabinschrift II«: RAC 12, 554—556.

Rahner, H., Griechische Mythen in christlicher Deutung, Zürich [3]1966.

Recheis, A., Engel, Tod und Seelenreise. Das Wirken der Geister beim Heimgang des Menschen in der Lehre der alexandrinischen und kappadokischen Väter, Roma 1958.

Repertorium der christlich-antiken Sarkophage 1 (Textband). Rom und Ostia, hg. von *F. W. Deichmann*, bearb. von *G. Bovini* und *H. Brandenburg*, Wiesbaden 1967.

Roques, R., Art. »Dionysius Areopagita«: RAC 3, 1075—1121.

Ruland, L., Die Geschichte der kirchlichen Leichenfeier, Regensburg 1901.

Rush, A. C., Death and burial in christian antiquity, Washington 1941.

Saxer, V., Morts, Martyrs, Reliques en Afrique chrétienne aux premiers siècles. Les témoignages de Tertullien, Cyprien et Augustin à la lumière de l'archéologie africaine, Paris 1980.

Sicard, D., La liturgie de la mort dans l'église latine des origines à la réforme carolingienne, (LQF 63), Münster 1978.

Sörries, R., Die Bilder der Orthodoxen im Kampf gegen den Arianismus, Frankfurt a. M./Bern 1983.

Schoenebeck, H. von, Altchristliche Grabdenkmäler und antike Grabgebräuche in Rom: ARW 34 (1937) 60—80.

Stähler, K., Art. »Grabbau; Christlich«: RAC 12, 420—429.

Stommel E., Art. »Domus aeterna«: RAC 4, 109—128.

Stuiber, A., Refrigerium Interim. Die Vorstellungen von Zwischenzustand und die frühchristliche Grabeskunst, Bonn 1957.

Ders., Depositio. καθέσις: *A. Stuiber/A. Hermann (Hgg.)*, Mullus (FS Theodor Klauser), Münster 1964, 346—351.

Sterben, Tod und Grablege
nach ausgewählten mittelalterlichen Quellen

Norbert Ohler

A. Forschungsstand

In der historischen Forschung der vergangenen Jahrzehnte nimmt die Geschichte der Einstellungen der Menschen zu Sterben und Tod einen bedeutenden Platz ein. Wie die hohen Auflagen der Arbeiten Ariès' zeigen, hat der Wandel dieser Einstellungen über Fachkreise hinaus lebhaftes Interesse gefunden — sicher auch deshalb, weil die Trostlosigkeit des Sterbens in manchen Kliniken immer mehr Menschen schmerzlich bewußt geworden ist. Ariès hat eine Fülle von schriftlichen und gegenständlichen Quellen zu eindrucksvollen Synthesen verdichtet und damit weitere Forschungen angeregt. Wie sehr sich auch die Einstellungen der Lebenden zu den Toten geändert haben, zeigen Untersuchungen von Historikern, für die stellvertretend Oexle, Schmid und Wollasch genannt seien; als eine Zwischenbilanz der Forschung zu den Beziehungen zwischen Lebenden und Toten, zur Sorge für das Seelenheil, zu liturgischem Gedenken, zur Armenfürsorge, zu Voraussetzungen für die Entstehung von Gemeinschaften konnte unlängst der Sammelband »Memoria« (hg. von K. Schmid und J. Wollasch) vorgelegt werden. Liturgische Quellen, Testamente, Bestattungsplätze und Grabdenkmäler wurden von Liturgiewissenschaftlern, Rechts-, Bevölkerungs- und Kunsthistorikern, mehr und mehr in Zusammenarbeit mit den Nachbardisziplinen, erschlossen und untersucht. Da Katastrophen im allgemeinen reichhaltigere Quellen hinterlassen als der »normale Alltag«, kommt der Erforschung des »Schwarzen Todes« hohes Gewicht zu. Bedingt durch das ungeheure Massensterben infolge der Großen Pest kam es Mitte des 14. Jahrhunderts zur Sprengung sozialer Bindungen und zu einem neuen Todesbewußtsein, das seinen Ausdruck fand in realistischen Darstellungen des Todes (z. B. bei Boccaccio), im Aufkommen der literarischen und künstlerischen Formen des Totentanzes und in der literarischen Gattung der Ars moriendi. Kunst- und Literatur-, Bevölkerungs- und Sozialgeschichte haben in den vergangenen Jahrzehnten viel zur Erhellung der mit der Großen Pest einsetzenden Periode des Spätmittelalters beigetragen; stellvertretend seien Rosenfeld, Tenenti und Biraben genannt. Die häufig vorgeschlagene neue Periodisierung, nach der das »eigentliche« Mittelalter mit der durch den Schwarzen Tod verursachten Krise zu Ende gehe, hat sich — zumindest in Deutschland — noch nicht durchgesetzt.

B. Vorkehrungen zu Lebzeiten — Sorge für den Toten

I. Ein Vorbild christlichen Sterbens

Bischof Martin von Tours, so schreibt Sulpicius Severus[1], weiß um seinen baldigen Tod. Trotzdem unternimmt er noch eine Reise, um in einer benachbarten Pfarrei Frieden zu stiften. Unterwegs deutet er gegenüber seinem zahlreichen Gefolge Vögel, die in der Loire Fische fangen, als Abbilder der unersättlichen, seelenjagenden Dämonen. Nach erfolgreichem Abschluß seiner Mission verlassen ihn plötzlich die Kräfte. Er eröffnet seinen Brüdern, daß er nun sterben werde. Kummer und Trauer erfüllt die Umstehenden. Manche fragen vorwurfsvoll, warum er sein Gefolge den reißenden Wölfen überlasse; andere haben Verständnis für den Sterbenden, der die Vereinigung mit Christus sucht. Bewegt von den Tränen, weint auch Martin; er stellt die Entscheidung Gott anheim: Wenn sein Volk ihn noch brauche, wolle er sich mühevoller Pflichterfüllung nicht entziehen. Die Nacht mit Wachen und Gebeten verbringend, Augen und Hände zum Himmel gerichtet, zwingt er die schwächer werdenen Glieder, sich dem Geist unterzuordnen. Er liegt auf einem rauhen, mit Asche bestreuten Gewebe aus Ziegenhaar. Als seine Jünger ihn nötigen, wenigstens einfache Decken unter sich zu dulden und sich zeitweilig auf die Seite zu legen, lehnt er ab: Ein Christ soll auf Asche sterben; es wäre Sünde, den Jüngern ein anderes Beispiel zu hinterlassen. Martin will den Himmel betrachten, nicht die Erde; seine Seele soll, wenn sie sich auf die Reise zum Herrn begibt, ihren Weg gehen können. Darauf sieht er neben sich einen Teufel. »Was«, so fragt er, »stehst du hier, grausame Bestie? Unseliger, nichts wirst du an mir finden: Abrahams Schoß nimmt mich auf.«[2] Mit diesen Worten gibt er seine Seele dem Himmel zurück. Die Umstehenden bezeugen, sein Gesicht habe in diesem Augenblick wie das eines Engels ausgesehen, seine Glieder seien weiß wie Schnee gewesen — von

---

[1] *Sulpicius Severus*, Epistula 3, 6—21 (SChr 133, 336—344 *Fontaine*).
[2] Ebd. 3, 16 (ebd. 342).

S. Severus gedeutet als Spiegel des Ruhms künftiger Auferstehung und der Verklärung des Fleisches.[3]

Zu seinem Begräbnis strömt eine gewaltige Menschenmenge zusammen. Groß ist die Trauer von Bauern und Städtern, Jungfrauen und besonders der von Martin für den Dienst Gottes gewonnenen Mönche. Alle sind hin- und hergerissen zwischen der Trauer angesichts ihrer Verlassenheit und der Freude bei dem Gedanken, daß Martin sich nun der ewigen Seligkeit erfreut. Mit »himmlischen Weisen« begleitet ein großes Gefolge den Leib des Entschlafenen zum Grab. Was sind, so fragt sein Biograph, im Vergleich hierzu schon die Triumphzüge heidnischer Herrscher, denen Besiegte vorauslaufen müssen? Jene werden nach ihren Triumphen in den finsteren Höllenrachen gerissen. Martins Leib wurde geleitet von denen, die unter seiner Führung die Welt besiegt haben. Der auf Erden arm und bescheiden war, wird als Reicher den Himmel betreten. »Von dort aus wird er uns, wie ich hoffe, in seinen Schutz nehmen, mich, der ich dieses aufzeichne, und dich, der du dieses liest«[4].

Es ist keineswegs sicher, daß die Ereignisse beim Tod des 397 verstorbenen Bischofs von Tours sich so abgespielt haben, wie Sulpicius Severus († um 430) sie wiedergibt; viel ist im Gefolge antiker Vorbilder literarisch stilisiert. Doch wäre es nicht richtig, die Schilderung mit dem Blick auf topische Elemente abzutun. Eine Aussage mag andeuten, daß diese »Musterbiographie eines Heiligen«[5] in uralten Überlieferungen steht, die noch mehr als ein Jahrtausend später das Verhalten von Menschen beeinflussen konnten. Mit dem Verlangen, kurz vor dem Tod Frieden zu stiften, steht Martin in einer langen Tradition, wie Altes und Neues Testament in ihren Abschiedsreden — und hier vor allem die Abschiedsworte Jesu[6] — zeigen. Nur ein Topos? Könnte der Wunsch nach Frieden unter Menschen, die man verlassen muß, nicht eine anthropologische Konstante sein? Wäre es darüber hinaus nicht möglich, daß die gestaltende Kraft heiliger Schriften sich gerade am Lebensende derer erweist, die die Bibel zur Richtschnur ihres Lebens erhoben hatten? Von vielen Menschen — unter ihnen Martin Luther[7], geboren am Tage vor dem Todestage des hl. Martin — ist uns überliefert, daß sie angesichts des Todes vor allem darum bemüht waren, Frieden in ihrer Umgebung zu

---

[3] Ebd. 3, 17 (ebd. 342).
[4] Ebd. 3, 17 (ebd. 343).
[5] *Arno Borst*, Lebensformen im Mittelalter, Frankfurt a. M. / Berlin 1973, 123.
[6] Vgl. *Rudolf Schnackenburg*, Art. »Abschiedsreden Jesu«: LThK 1 (1957), 68 f.
[7] Martin Luther und die Reformation in Deutschland. Ausstellung zum 500. Geburtstag Martin Luthers, (Kataloge des Germanischen Nationalmuseums), Frankfurt a. M. 1983, 434.

stiften. Die prägende Kraft großer Vorbilder aus Bibel und Kirchengeschichte hat sich nach Ausweis der Quellen oft im Verhalten von Sterbenden ausgewirkt.

II. Ein Tod, aber vielfältige Formen und Einstellungen

Das Jahrtausend von etwa 500 bis 1500 hat uns eine Vielzahl von Dokumenten zu den Themen Sterben, Tod und Grablege hinterlassen, schriftliche Aufzeichnungen, aber auch Überreste wie Gräber und Grabplatten, Friedhofskapellen und monumentale, als Grablegen konzipierte Dome. Die Aussagen der Quellen lassen sich nicht auf einen Nenner bringen. Im Mittelalter gab es ebensowenig wie heute »die« Einstellung zu Sterben und Tod. Daher sollen hier einige, dem Autor *wesentlich* erscheinende Züge herausgehoben werden. Es sei eingeräumt, daß die Auswahl einseitig ist, daß sie ein harmonisches Bild entwirft, das nicht repräsentativ für »das« Mittelalter ist. Es ist etwas anderes, ob vom friedlichen Scheiden des achtzigjährigen Asketen Martin gesprochen wird oder von gewaltsamem Tod: Mord, Totschlag, Kannibalismus in Hungerzeiten, Sterben auf dem Schlachtfeld, auf dem Richtplatz oder auf dem Scheiterhaufen; es soll hier nicht weiter die Rede sein von den entsetzlichen, während der Kreuzzüge und der Großen Pest an Juden verübten Massakern — aber auch nicht von dem Leid der Familien angesichts des unbegreiflichen Todes eines Kindes oder einer Mutter. Eine weitere Einschränkung: Es kann nur angedeutet werden, daß die Einstellung zu Sterben und Tod sich im Laufe des Mittelalters weiterentwickelte, ablesbar auch an der Art, wie der Gekreuzigte dargestellt wurde: Triumphierender Herrscher in der Romanik, gebrochener Schmerzensmann in der Spätgotik. Unerörtert bleibt die Auflösung sozialer Ordnungen in Katastrophen, insbesondere zur Zeit des Schwarzen Todes in der Mitte des 14. Jahrhunderts; diese hat ihren Niederschlag ja nicht nur in Städtechroniken und der klassischen Darstellung durch Boccaccio gefunden, sondern sie hat auch erstmalig seit der Antike wieder zu einem vertieften Nachdenken über den Tod geführt: Im »Ackermann aus Böhmen« erscheint der Tod nicht mehr als Befreier aus dem irdischen Jammertal, noch viel weniger als »Bruder«, wie bei Franz von Assisi; vielmehr wird er von einem Menschen, der sich seines Wertes bewußt ist, angeklagt als verfluchter Mörder.[8]

---

[8] *Johann von Saaz (Johann von Tepl)*, Der Ackermann aus Böhmen, hg. von *E. G. Kolbenheyer*, (Stiasny Bücherei 12), Graz/Wien 1957, cap. I (S. 17).

III. Vorkehrungen zu Lebzeiten

1. Rechtzeitig handeln

Mors certa, hora incerta — dieses Wort mahnte bis weit in die Neuzeit an vielen Uhren. Am Ausgang des Mittelalters bezeichnete Sebastian Brant den als Toren, der nicht rechtzeitig Vorsorge für den Todesfall getroffen habe.[9] Aber was heißt »rechtzeitig« angesichts einer Lebenserwartung von zwanzig bis dreißig Jahren bei der Geburt, von dreißig bis vierzig Jahren bei Eintritt ins Erwachsenenalter? Was heißt »rechtzeitig«, wenn zwischen blühender Gesundheit und Sterben nur Stunden, oft nur Minuten lagen? Die Menschen hatten guten Grund, den von Pfeilen durchbohrten Sebastian als Pestheiligen zu verehren. »Rechtzeitig« konnte daher nur heißen, zur Zeit der Gesundheit Vorkehrungen für den Fall des Todes zu treffen, um in der Krankheit für Gott frei zu sein — so lehrten es jedenfalls im Spätmittelalter Betrachtungen zur Kunst des Sterbens.[10] Daher sollte man schon in jungen Tagen, sobald man rechtlich selbständig entscheiden konnte, letztwillige Verfügungen treffen.

An herausragender Stelle der Überlegungen zum Todesfall steht oft die Sorge um die Grablege; eigens dazu gründete Karl der Große das Marienstift zu Aachen, Otto der Große den Dom zu Magdeburg; aus demselben Grund förderten die Salier den Um- und Ausbau des Speyerer Domes.[11] Eine prunkvolle Grablege wurde von manchen Menschen als Widerspruch zum Gebot der Demut empfunden. Hedwig von Schlesien will deshalb auf dem Friedhof des von ihr gegründeten Klosters Trebnitz bestattet werden, oder »an einem weniger ehrenvollen Platz in der Kirche«, jedenfalls nicht im Grabe ihres Gatten: »Ich will nicht im Grabe mit dem Toten vereinigt sein, mit dem ich aus Liebe zur Keuschheit so lange eheliche Gemeinschaft nicht hatte«[12]. Die Ehefrau des Verstorbenen war also wenigstens als Tote mit

---

[9] *Sebastian Brant,* Das Narrenschiff, Faksimile der Erstausgabe von 1494, hg. von *Franz Schultz,* (Jahresgabe der Gesellschaft für Elsässische Literatur 1), Straßburg 1913, 224: »Nit fursehen den dot.«

[10] *Rainer Rudolf,* Ars moriendi. Von der Kunst des heilsamen Lebens und Sterbens, Köln/Graz 1957, 89; *Ders.,* Art. »Ars moriendi I. Mittelalter«: TRE 4 (1979), 143—149; *Rudolf Mohr,* Art. »Ars moriendi II. 16.—18. Jahrhundert«: ebd. 149—154.

[11] *Karl Schmid,* Die Sorge der Salier um ihre Memoria: *Karl Schmid/Joachim Wollasch (Hgg.),* Memoria. Der geschichtliche Zeugniswert des liturgischen Gedenkens im Mittelalter, (Münstersche Mittelalter-Schriften 48), München 1984, 666—726, vgl. 716 die Annahme, daß »die Speyerer Saliergräber ... offenbar als Grundstock für eine Königsgrablege schlechthin betrachtet wurden«.

[12] [*Hedwig,*] Vita maior Sanctae Hedwigis, capp. 2 und 8, 20 (dt.: Das Leben der heiligen Hedwig, übersetzt von *Konrad* und *Franz Metzger,* (Heilige der ungeteilten Christenheit), Düsseldorf 1967, 61 und 127.

ihrem Mann gleichberechtigt; diese Beobachtung deckt sich mit dem archäologischen Befund, auch aus vorchristlicher Zeit. Den Wunsch Hedwigs, inmitten von Zisterzienserinnen begraben zu werden, darf man nicht nur als Ausdruck der Demut werten: Mancher Bischof wollte nicht in seiner Kathedrale, sondern inmitten eines Mönchskonventes beigesetzt werden; Anno von Köln († 1075) z. B. hatte das von ihm gegründete Siegburg zu seiner Grablege bestimmt.[13] In der Gemeinschaft von Ordensleuten glaubte man, die Schrecken des Jüngsten Gerichtes besser bestehen zu können.

Wiederholt setzte der Testator auch die Grabinschrift fest. Diese erinnerte die Lebenden an den Verstorbenen, mahnte sie zu einem gedenkenden Gebet und konnte auch ein Glaubensbekenntnis aufnehmen — z. B. das des Abtes Eigil von Fulda († 822): »Hier erwarte ich den Herrn ... Ich glaube, daß er bei seinem Kommen mich wird auferstehen lassen«[14].

2. Stiftungen für das Seelenheil ...

Mönche und Äbte verfügten, wenn sie — wie Martin von Tours — das Armutsgelübde ernst nahmen, nicht über eigenen Besitz, hatten daher keine materiellen Güter zu hinterlassen. Das war bei Laien anders. Diesen ist immer wieder nahegelegt worden, einen Teil ihres Besitzes der Kirche bzw. caritativen Einrichtungen zu vermachen. Daraus erwuchs im Laufe der Jahrhunderte ein Anspruch der Kirche auf Gaben für das Heil der Seele. Solche Forderungen begünstigten die Sprengung des Sippeneigentums und die Entstehung von individuellem Eigentum. Über den so ausgesonderten Vermögensteil konnte das Familienoberhaupt — ggf. auch gegen den Willen der Sippe — für sein Seelenheil verfügen. In Mittelalter und Neuzeit ist es oft zu Spannungen zwischen Kirche und Hinterbliebenen gekommen, wenn Erben die Gültigkeit von Stiftungen anfochten, die der Erblasser zugunsten seines Seelenheiles verfügt hatte — vielleicht unter dem Druck der Kirche, die ihm »die Hölle heiß gemacht« hatte. Auch deshalb ist in letztwilligen Verfügungen wiederholt die Rede davon, daß vom Erbe ausgeschlossen sein solle, wer auch nur eine Bestimmung des Testamentes außer Kraft zu setzen sich anmaße.

Stiftungen zugunsten des Seelenheils an kirchliche Einrichtungen hatten weitreichende wirtschaftliche Folgen: Hier wurden Teile des Vermögens, die in vorchristlicher Zeit der Gemeinschaft der Lebenden endgültig entzogen

---

[13] *Toni Diederich*, Erzbischof Anno als Stadtherr von Köln: *Mauritius Mittler OSB (Hg.)*, Siegburger Vorträge zum Anno-Jahr 1983, (Siegburger Studien XVI), 75—94, hier 90.
[14] Epitaph Abt Eigils von Fulda, von ihm selbst verfaßt: MGH.PL 2, 117.

worden waren, wieder in den Wirtschaftskreislauf eingeschleust. Edelmetall, das früher »unproduktiv« mit anderen Gaben dem Verstorbenen für die »letzte Reise« ins Grab gelegt worden war, diente nun dazu, Arme zu speisen und Kloster- sowie Kirchenbauten zu finanzieren. Der Einsatz der von Kirchen gehorteten Edelmetallvorräte für Bauvorhaben hat wiederholt die Wirtschaft belebt, Handwerkern Arbeit und Brot beschert.

3. ... auch mit dem Gedanken der Risikostreuung

Aus dem Spätmittelalter sind zahllose, von der Forschung bislang noch kaum ausgewertete Bürgertestamente erhalten, in denen über oft große Geldsummen, wertvollen Schmuck, bedeutende Liegenschaften, Anteile an Geschäften u. a. verfügt wird. Es zeigt sich, daß bei Abfassung des Testaments bzw. auf dem Sterbebett noch Rechnungen beglichen wurden, auch mit ungeliebten Verwandten. Offensichtlich ließ sich mancher Erblasser in seiner letztwilligen Verfügung auch von ökonomischem Denken leiten; jedenfalls war die Sorge um das Seelenheil nicht selten vom Gedanken der Risikostreuung bestimmt. Wer als Kaufmann gewohnt war, nie das ganze Vermögen in nur ein Geschäft zu stecken, eher Anteile an verschiedenen Gesellschaften zu erwerben, handelte ähnlich, wenn es um die ewige Seligkeit ging: Das Vermögen wurde so geteilt, daß — ggf. nach Berücksichtigung von Verwandten, Dienern, Beichtvätern — Meßstipendien plus Armenspeisungen plus Anrufung der Muttergottes in Aachen plus Fürbitte beim heiligen Jakobus in Compostela möglich waren, »up dat mi God barmhertich sy«, wie es in demütiger Offenheit ein Lübecker Testament formuliert.[15] Sollte die Armenspeisung veruntreut werden oder einer der stellvertretenden Pilger unwürdig sein, so war insgesamt doch ausreichend für das Jenseits vorgesorgt.

Auch in Testamenten begegnet wie selbstverständlich die Vorstellung, daß es möglich ist, Menschen nach ihrem Tode Gutes zu erweisen — vor allem durch das Gebet und Werke der Barmherzigkeit, ferner durch die Übernahme einer beschwerlichen Wallfahrt zum Grabe eines Heiligen, von dessen Macht an Gottes Thron man überzeugt war, den man deshalb in besonderer Weise als Fürsprecher für sich zu gewinnen suchte. Pilgerzeichen — aus Santiago de Compostela z. B. die charakteristische Muschel — waren ein sichtbarer Beweis dafür, daß man die mühsame Reise zum hl. Jakobus unternommen hatte; man ließ sich daher dieses Unterpfand erflehter Gnade oder gelei-

---

[15] *Norbert Ohler,* Zur Seligkeit und zum Troste meiner Seele. Lübecker unterwegs zu mittelalterlichen Wallfahrtsstätten: Zeitschrift des Vereins für Lübeckische Geschichte und Altertumskunde 63 (1983) 83—103, hier 103.

steter Buße mit ins Grab legen[16] (die Palmzweige der Jerusalempilger sind naturgemäß nicht erhalten).

4. Fürbittendes Gebet und caritative Leistungen

Die Bitte um das Gebet der Lebenden für Verstorbene, von Augustinus in seinen Confessiones formuliert[17], wurde im Laufe der Jahrhunderte weiterentwickelt zu der Vorstellung, daß das Gebetsgedenken über Räume und Zeiten hinweg Lebende und Verstorbene zu einer Gemeinschaft zusammenführe.[18] Kleriker und Laien, Äbte, Mönche und Bischöfe schlossen sich zu Gebetsbünden zusammen. Wer als Lebender erfahren hatte, wie fürsorglich der Verstorbenen über Generationen gedacht wurde, konnte gefaßter der Rätselhaftigkeit des Todes entgegensehen; er konnte in der Erwartung leben und sterben, auch er werde nach dem Tod nicht vergessen sein, auch er werde mindestens einmal im Jahr — an seinem Todestage — in der Gemeinschaft der Lebenden vergegenwärtigt[19] werden: Durch Nennung des Namens in der Messe, durch weitere Gebete, durch caritative Werke, wobei die Speisung eines Armen im Namen des Verstorbenen als Minimum galt.

Die Vorstellung, daß das Leben mit dem Tod nicht beendet, sondern nur verändert werde, konnte in den Augen des Gläubigen dem Tod manches vom Schrecken der unerbittlichen Zäsur nehmen. Da der Tod als Eingang zum eigentlichen, ewigen Leben der Seligen verstanden wurde, wurde der Todestag als Tag der Geburt zum ewigen Leben verstanden. Wenn man — zumal in Klöstern — Verstorbene in ein »Buch des Lebens« eintrug, ging man von der Vorstellung aus, daß Gott in dem im Himmel geführten »Buch des Lebens« (Lk 10, 20) dieselben Namen verzeichnen werde. Beim Gedächtnis der Toten im Kanon der Messe wurden die hier verzeichneten Namen vorgelesen. Als deren Zahl zu groß geworden war, als daß man sie täglich hätte nennen kön-

---

[16] *Günter P. Fehring,* Missions- und Kirchenwesen in archäologischer Sicht: *Herbert Jankuhn/Reinhard Wenskus (Hgg.),* Geschichtswissenschaft und Archäologie. Untersuchungen zur Siedlungs-, Wirtschafts- und Kirchengeschichte, (Vorträge und Forschungen 22), Sigmaringen 1979, 547—591, hier 569f und Tafel 1.

[17] *Augustinus,* Confessiones. Bekenntnisse. Lat. und dt., eingel., übers. und erl. von *Joseph Bernhart,* München ⁴1980, hier 9, 13 (482f).

[18] Vgl. hierzu das vorzügliche Sammelwerk »Memoria« (Anm. 11) mit seinen thematisch weitgespannten Beiträgen. — *Karl Schmid (Hg.),* Gedächtnis, das Gemeinschaft stiftet, (Schriftenreihe der Kath. Akademie der Erzdiözese Freiburg), München/Zürich 1985, mit Beiträgen von Joachim Wollasch, Arnold Angenendt, Karl Schmid, Otto Gerhard Oexle und Anton Hänggi.

[19] Betont von *Otto Gerhard Oexle,* Die Gegenwart der Toten: *Herman Braet/Werner Verbeke (Hgg.),* Death in the Middle Ages, (Mediaevalia Lovaniensia I/9), Löwen 1983, 19—77.

nen, wurde das Buch auf den Altar gelegt; mit dieser Geste waren die hier Verzeichneten summarisch der Barmherzigkeit Gottes empfohlen.

Das Gebetsgedenken galt lebenden und verstorbenen Angehörigen naher und ferner Konvente, es galt Königen, Bischöfen, Laien, die sich als Einzelne oder Gruppen in die Gebetsverbrüderung hatten aufnehmen lassen; es gab Missionaren wie Bonifatius, welcher in der Wildnis des frühmittelalterlichen Germaniens an der Bekehrung der Germanen arbeitete, Halt und Kraft. Gebetsverbrüderungen konnten Spannungen zwischen den Generationen mildern und Großreiche wie das der Karolinger im 8. und 9. Jahrhundert verklammern.[20] Den Glauben an die Wirkmächtigkeit fürbittenden Gebetes bezeugen die vielen Gesuche von Klerikern und Laien, Herrschern und Beherrschten um Aufnahme in eine oder mehrere Gebetsgemeinschaften; denselben Glauben bezeugen auf dem Sterbebett geäußerte Bitten um Teilhabe an der Gemeinschaft von Mönchen — Kaiser Friedrich II. († 1250) starb in die Kutte des Zisterziensermönches gehüllt.[21]

Um auch die nicht in den Gedenkbüchern monastischer Gemeinschaften verzeichnete Mehrzahl der Menschen in den Genuß fürbittenden Gebetes kommen zu lassen, wurde im 11. Jh. das Fest »Allerseelen«[22] eingeführt, ausgehend von Cluny, wo das Gedächtnis der Verstorbenen besonders intensiv begangen wurde.

Die Sorge für die Toten — Meßfeiern, Gebete, caritative Leistungen — hatte weitreichende Folgen für die Zusammensetzung der Mönchskonvente, die Architektur der Kirchen und die wirtschaftliche Lage vieler Klöster: Seit dem Frühmittelalter wurden immer mehr Priester bzw. Priestermönche, auch immer mehr Altäre gebraucht. Da man täglich mindestens soviele Arme zu speisen hatte, wie unter diesem Tage Namen im Gedenkbuch verzeichnet waren, zehrte die Totenfürsorge schließlich die Konvente der Lebenden wirtschaftlich aus.[23] Insgesamt bedeuteten die vielfachen Leistungen zum Heile der Verstorbenen, daß sich Lebende und Verstorbene solidarisch als eine bis

---

[20] Atlas zur Kirchengeschichte. Die christlichen Kirchen in Geschichte und Gegenwart, hg. von *Hubert Jedin/Kenneth Scott Latourette/Jochen Martin*, bearb. von *Jochen Martin*, Freiburg/Basel/Wien 1970, Karten 43a [»Der Gebetsbund von Attigny (760—762)«] und 43b [»Reichenauer Gebetsverbrüderungen mit geistlichen Gemeinschaften«].

[21] *Ernst Kantorowicz*, Kaiser Friedrich der Zweite, Berlin 1936 (= Düsseldorf/München 1963), 627. — 700 Jahre später wollte Gerhart Hauptmann († 1946) nach seinem Tod in die Franziskanerkutte eingekleidet werden: *Ulrich Lauterbach*, Die Lust an der Maskerade: Frankfurter Allgemeine Zeitung vom 25. 5. 1985.

[22] *Hieronymus Frank*, Art. »Allerseelentag; I. Liturgiegeschichte«: LThK 1 (1957), 349.

[23] *Joachim Wollasch*, Gemeinschaftsbewußtsein und soziale Leistung im Mittelalter: FMSt 9 (1975) 268—286, hier 282.

ans Ende der Zeiten reichende, wechselseitig Fürbitte leistende Gemeinschaft erfahren konnten: Die Lebenden gedachten der Verstorbenen, die des Gebetes noch bedurften; die Verstorbenen, die schon unter den Heiligen lebten, flehten an Gottes Thron für die Lebenden.

IV. Im Angesicht des Todes

Zahlreiche Quellen, die Auskunft über Sterben und Tod von Laien und Klerikern, Großen und Kleinen, Jungen und Alten geben, seien im folgenden zu einer Art »Kollektivbiographie« verdichtet. Menschen wie Martin von Tours, Hedwig von Schlesien, Elisabeth von Thüringen, Hildegard von Bingen und sehr viele andere wußten — oft aufgrund körperlichen Leidens — um das nahe Ende ihres Erdenlebens. Auch in ihren letzten Tagen und Stunden setzten sie ihren Willen ein, um bewußt das eigene Sterben zu gestalten, wie es von Martin berichtet wird: Über das Wann des Todes sollte Gott, über das Wie des Sterbens wollte er entscheiden.

Die Gewißheit des nahen Todes teilte man der Umgebung mit; daraufhin sammelten sich die Mitmenschen um das Lager. Berichte und Werke der bildenden Künste — auch zum Tod Mariens[24] — zeugen davon, daß man bis weit in die Neuzeit nicht vereinzelt, isoliert starb; vielmehr erfuhr man sich noch auf dem Sterbelager als Glied der Gemeinschaft, zu der man zeitlebens gehört hatte. Das enge Miteinander von Gesunden und Kranken forderte allerdings seinen Preis: Soziales Verhalten, das die Todesangst des Sterbenden lindern sollte, erleichterte die Ansteckung und senkte die Lebenserwartung der Umstehenden.

Der vom Tod Gezeichnete ordnete sein Haus mit letztwilligen Verfügungen; weltliche und kirchliche Große suchten — auch im Interesse der Erhaltung des Friedens — die Nachfolge zu regeln. Mit Worten, vielleicht auch mit Gesten — einer Umarmung, einem Kuß — nahm der Sterbende von den Anwesenden Abschied. Er bat sie um Verzeihung für das, was er ihnen Böses zugefügt hatte und gewährte selber Vergebung. In oft bewegenden, sicher nicht immer vom späteren Biographen erfundenen Worten vermacht er seine Lebenserfahrungen den Bleibenden und ermahnt ihm Anvertraute, vor allem seine Kinder. So schärft etwa Ludwig der Heilige († 1270) seinem Sohn Got-

---

[24] Ein Beispiel für viele: Martin Schongauer, Marientod (einer der zwölf, das Sterbelager umstehenden Apostel legt der Muttergottes gerade eine brennende Kerze in die Hand): *Alain Erlande-Brandenburg*, Gotische Kunst, (Ars Antiqua. Serie III), Freiburg/Basel/Wien 1983, Nr. 183.

tesliebe, Geduld in Widerwärtigkeiten und Demut im Glück ein.[25] In privater — in Klöstern oft in öffentlicher — Beichte bekennt der Sterbende seine Sünden und erhält die Lossprechung. Ist kein Priester zur Stelle, nimmt vielleicht ein Laie das Sündenbekenntnis entgegen. Auf dem 7. Kreuzzug beichtete 1248 der sterbende Konnetabel von Zypern einem seiner Mitstreiter seine Sünden. Joinville schreibt dazu: »Ich sagte ihm: ›Ich spreche Euch los mit der Vollmacht, wie Gott sie mir gegeben hat.‹ Als ich mich erhob, erinnerte ich mich an nichts von dem, was er mir gesagt hatte«[26]. — Wenn möglich, hört der Sterbende die Messe und kommuniziert. Seltener ist von der Krankenölung die Rede, die aber sicher auch Laien gespendet wurde.[27] Daß dieses Sakrament in den Quellen nicht häufiger erwähnt wird, dürfte mit (Stol-) Gebühren zusammenhängen, die Minderbemittelte nicht oder nur schwer aufbringen konnten.[28]

Während der Messe oder der am Krankenlager gebeteten Bußspalmen[29] verehrt der Sterbende das Kreuz oder Reliquien. Er ruft Heilige an, die ihm im Leben nahestanden; so empfiehlt sich Ludwig der Heilige für den Weg ins Jenseits dem Geleit der heiligen Jakobus, Dionysius und Genovefa, die er auch um Fürsprache bei Gott bittet.[30] Abt Eigil von Fulda hebt an der Stelle, an der er begraben werden will, etwas Erde aus; dann läßt er sich wieder in sein Bett legen.[31]

Wie Eigil starben viele Menschen im Bett; doch selbstverständlich war das nicht. Mancher wollte auch in seinen letzten Tagen und Stunden noch Akte der Buße setzen, wie Martin von Tours, der auf Asche, Zeichen der Vergänglichkeit, oder wie Franz von Assisi, der nackt auf der nackten Erde sterben wollte. Was anfangs als bewußte Demutsgebärde gedacht war, wird mancherorts Brauch: Die Umstehenden legen den Kranken auf die Erde, wenn sie sein Ende nahe glauben. Mit dieser Geste, hinter der magische Vorstellungen von der Verunreinigung des Bettes durch einen Toten stehen dürften, gibt

---

[25] *Joinville*, Histoire de Saint Louis, cap. 145: *Albert Pauphilet / Edmond Pognon (Hgg.)*, Historiens et Chroniqueurs du Moyen Age, (Bibliothèque de la Pléïade 48), Paris 1952, 367—370.

[26] Ebd. cap. 70 (284 f); vgl. *Karl Rahner*, Art. »Laienbeichte«: LThK 6 (1961), 741 f.

[27] Die letzte Ölung sei im Mittelalter den Klerikern vorbehalten gewesen, meint irrtümlich *Philippe Ariès*, Geschichte des Todes, (dtv 4407), München 1982, 36.

[28] *Joseph Avril*, La pastorale des malades et des mourants aux XIIe et XIIIe siècles: *Breat / Verbeke (Hgg.)*, Death in the Middle Ages 88—107, hier 104.

[29] Pss 6; 32 (31); 38 (37); 51 (50); 102 (101); 130 (129); 143 (142). Vgl. *Balthasar Fischer*, Art. »Bußspalmen; II. Liturgisch«: LThK 2 (1958), 823.

[30] *Joinville*, Saint Louis, cap. 146 (370).

[31] *Otfried Ellger*, Die Michaelskirche zu Fulda als Zeugnis der Totensorge. Zur Konzeption einer Friedhofs- und Grabkirche im karolingischen Kloster Fulda, [Diss. Phil. (masch.)] Freiburg / B. 1985, 70.

man dem Schwerkranken unmißverständlich zu verstehen, wie es um ihn steht.[32]

Die Darstellung vom »schönen Tod« eines Martin von Tours wirkte jahrhundertelang in der Literatur weiter. Da die letzten Stunden des Menschen als Vorzeichen dafür gedeutet wurden, ob er anschließend in den Genuß der Seligkeit komme oder der Verdammnis anheimfalle, verschweigen die Chronisten sehr viel häufiger, als es wahrscheinlich ist, abstoßende Seiten des Sterbens. Über ein etwaiges Sich-Aufbäumen gehen sie mit dem knappen *agonizans, agonizare cepit* (im Todeskampf liegend, anfangend mit dem Tod zu ringen) hinweg. Einzelheiten zur Agonie oder Bekundungen der Verzweiflung werden vorzugsweise aus dem Leben vermeintlich Verdammter wiedergegeben. Mit der ausschließlichen Betonung frommer Ergebung in Gottes Willen weichen die Chronisten allerdings (unbewußt?) vom entscheidenden Vorbild ab: Jesu vorwurfsvolle Klage »mein Gott, mein Gott, warum hast du mich verlassen«?! (Lk 15, 34) war bekannt.[33]

Wie von Martin, so ist von vielen Menschen überliefert, sie seien auch und gerade in ihrer Todesstunde noch versucht worden. Derartige Anfechtungen werden abgewehrt mit Worten und Gesten, in denen die Anwesenden ihre Rechtgläubigkeit bekunden: Das Glaubensbekenntnis wird gebetet; der Sterbende (wie auch später der Tote) wird mit Weihwasser besprengt und mit Weihrauch geehrt; er kreuzt die Arme auf der Brust, faltet die Hände, in denen er vielleicht eine brennende Kerze hält (brennende Kerzen stehen auch um das Krankenlager), und richtet Gesicht und Blick zum Himmel auf: Wer sich zur Wand kehrt, bringt dadurch Verzweiflung, d. h. Zweifel an Gott zum Ausdruck — er stirbt einen schlechten Tod.

Die letzten Worte, wiederholt aufmerksam überliefert, dürften vielfach stilisiert sein, wobei man nicht einmal an frommen Betrug denken muß: Die früher bekundete Absicht, auf eine bestimmte Weise mit gewissen Worten auf den Lippen sterben zu wollen, autorisierte den Biographen, diese Worte als die letzten der Nachwelt zu vermachen. Authentisch dürften die letzten Worte dann sein, wenn sie nicht im Latein der Gebildeten, sondern in der Sprache der Mutter, der Kindertage des Sterbenden überliefert sind — wie etwa das vertrauensvolle »Lieve God!« des Erasmus von Rotterdam.[34] Dem

---

[32] *Norbert Ohler*, Zuflucht der Armen. Zu den Mirakeln des heiligen Anno: RhV 48 (1984) 1—33, hier 16 f.

[33] Wahrscheinlich wußte man auch, daß es sich hier um den Anfang von Ps 22 (21) handelt, in dem Gottverlassenheit und Heilsgewißheit zum Ausdruck kommen.

[34] *Johan Huizinga*, Europäischer Humanismus: Erasmus, (rowohlts deutsche enzyklopädie 78), Hamburg 1958, 165.

häufig nachgesprochenen Gebet Jesu »Vater, in deine Hände lege ich meinen Geist« (Lk 23,46) entspricht die verheißungsvolle Bitte der Umstehenden: »In das Paradies mögen dich die Engel geleiten; bei deiner Ankunft mögen dich die Märtyrer aufnehmen und dich in die Heilige Stadt Jerusalem führen«[35].

Oft werden dem Sterbenden Überdruß an diesem Leben, Sehnsucht nach der himmlischen Heimat, Müdigkeit nach der langen Pilgerschaft, der Wunsch nach Befreiung aus dem Exil dieser Welt in den Mund gelegt. Die platonische Vorstellung eines Dualismus von Leib und Seele, der Befreiung der Seele aus dem Kerker des Fleisches ist auch in der abendländischen Welt weit verbreitet;[36] dieses Denken konnte noch in neuerer Zeit das Lied »Wir sind nur Gast auf Erden« inspirieren.[37]

Manche Menschen verfügten auf dem Sterbelager über eine visionäre Gabe. So habe etwa Erzbischof Anno seiner Stadt, mit der er harte Auseinandersetzungen ausgefochten hatte, Frieden gewünscht: »Heilige Maria, eile den Elenden zu Hilfe, eile Köln zu Hilfe, eile der Stadt zu Hilfe, die bald untergehen wird«[38].

Von Elisabeth von Thüringen wird überliefert, sie sei verschieden, als wenn sie tief eingeschlafen wäre.[39] Immer wieder ist davon die Rede, dieser oder jener sei entschlafen *(obdormivit)*. Die Vorstellung vom Tod als Bruder des Schlafes war der vorchristlichen Antike geläufig. Da auch Jesus sowie Paulus von Toten als Schlafenden, Entschlafenen sprechen[40], ist es naheliegend, daß christliche Autoren sich derselben Ausdrucksweise bedienen. Zum Bild des Schlafens passen Aussagen wie die des Sulpicius Severus, der Verstorbene habe nicht wie ein Toter ausgesehen, sein Antlitz habe gestrahlt, seine Glieder seien makellos rein gewesen.[41] Solche Beobachtungen berechtigten zu der Annahme, der Verstorbene sei in die Gemeinschaft der Heiligen aufgenommen, er weile nun in der Nähe Gottes — erst recht, wenn es nach dem Tode zu kosmischen Zeichen oder Wundern an der Bahre des Verstorbenen kam.[42]

---

35 Antiphon *In paradisum: Cyrille Vogel/Reinhard Elze,* Le Pontifical Romano-Germanique du Dixième Siècle, T. 2, (StT 227), Vaticano 1963, 149, 24 (286).
36 *Georg Scherer,* Das Problem des Todes in der Philosophie, Darmstadt 1979, 103. 110—119.
37 GL 656 (1935 von Gr. Thurmair verfaßt).
38 *Diedrich,* Erzbischof Anno 76.
39 *Norbert Ohler,* Elisabeth von Thüringen. Fürstin im Dienst der Niedrigsten, (Persönlichkeit und Geschichte 114/115), Göttingen 1984, 93.
40 Mt 9,24; Mk 5,39; Lk 8,52; 1 Thess 4,15.
41 *S. Severus,* Epistola 3, 17 (SChr 133, 342).
42 Das Leben der heiligen Hildegard, verfaßt von den Mönchen *Gottfried* und *Theoderich,* III, 27: *Adelgundis Fuhrkötter OSB (Hg.),* Das Leben der heiligen Hildegard von Bingen, (Heilige der ungeteilten Christenheit), Düsseldorf 1968, 121. — *Hedwig,* Vita maior 9, 4 f (132—134).

Die Zuversicht, daß die Seele nach dem Tode gleich von Christus aufgenommen oder von himmlischen Boten ihm zugeführt werde, wurde häufig in Wort und Bild dargestellt. Bis weit in die Moderne erscheint die Seele als kleines menschliches Wesen, das der Mensch am Ende seiner Tage so aushaucht, wie Gott dem Adam einst den Odem des Lebens eingehaucht hatte. In Bildern vom Marientod nimmt Jesus die Seele seiner Mutter in Gestalt einer kleinen weiblichen Person in seine Hände auf; oft spannen Engel ein Tuch, auf dem die Seele des Verstorbenen zum Himmel geleitet wird; häufig gibt der Erzengel Michael Geleit. Da dieser den Drachen bezwungen hatte (Offb 12, 7—9), glaubte man, daß er der scheidenden Seele mächtigen Beistand gegen die Anfechtungen der Dämonen geben, diesen vielleicht sogar die Seele entreißen könne.[43] Eine etwas andere Vorstellung bekunden Sulpicius Severus und viele Werke der romanischen Kunst: Der Gerechte findet Aufnahme in »Abrahams Schoß« (Lk 16, 23).

Zum Grundbestand christlicher Lehre gehört die Spannung zwischen dem liebenden Hirten, der auch dem irrenden Schaf nachgeht, und dem Gott, der sich streng an der Gerechtigkeit ausrichtet und der — wie es im Credo heißt — einst kommen wird, um Lebende und Tote zu richten. Die Zuversicht, nach dem Tode der Seligkeit teilhaftig zu werden, wurde naturgemäß immer wieder von quälenden Zweifeln überlagert angesichts des Wortes vom »Heulen und Zähneknirschen« (Mt 8, 12). Worte und Bilder, die sich an die Bibel anlehnten und die den Teufel als Seelenverschlinger[44] zeigten, schürten die Angst der Menschen. Mitte des 13. Jahrhunderts wurde das *Dies irae* von den Franziskanern in die Messe für die Verstorbenen eingeführt;[45] bis in unsere Tage hat es die Totenliturgie geprägt mit seinem düsteren Drohen. Was aber geschah mit der Seele in der Zeit zwischen Tod und Jüngstem Gericht? Hoffnungen wurden in Begriffe wie »Licht«, »Ruhe«, »Erfrischung« gefaßt; von der Kirche ebenfalls in die Totenliturgie aufgenommen, haben sie den Sterbenden wie den Hinterbliebenen Trost und Zuversicht geschenkt.

---

[43] Zum Michaelspatrozinium von Friedhofskapellen vgl. *Ellger*, Michaelskirche 48—53. Die Vorstellung von der Macht Michaels findet sich noch, ins Humoristische verklärt, in der Schlußszene von *Wilhelm Busch*, Die fromme Helene.

[44] Der Teufel als Menschenfresser dargestellt z. B. auf einem Kapitell der romanischen Kirche in Chauvigny: *Jacques Le Goff,* Kultur des europäischen Mittelalters, (Knaurs große Kulturgeschichte), München/Zürich 1970, Tafel 74.

[45] J. Ch. *Payen*, Le Dies Irae dans la prédication de la mort et des fins dernières au moyen âge (A propos de Piramus v. 708): Romania 86 (1965) 48—76, hier 56 Anm. 3.

V. Sorge für den Toten

Der Verstorbene wurde gewaschen, angekleidet (Elisabeth von Thüringen sah darauf, daß man die Leichen reicher Verstorbener nicht mit neuen Hemden und Leichentüchern bekleidete[46]), auf eine Bahre gelegt, um die brennende Kerzen aufgestellt wurden.[47] In seiner Darstellung der Pest zu Florenz berichtet Boccaccio, »früher« hätten sich die Frauen aus Verwandtschaft und Nachbarschaft im Haus des Toten versammelt und dort mit den nächsten Angehörigen die Totenklage angestimmt; währenddessen hätten sich die Männer vor dem Totenhaus versammelt, zusammen mit Angehörigen, Nachbarn, anderen Bürgern und evt. auch Geistlichen.[48] Da der Tod als Eingang in das »eigentliche« Leben galt, wurden Bekundungen der Trauer oft verpönt; das natürliche Gefühl des Schmerzes über den Verlust eines lieben Menschen mußte sublimiert oder verdrängt werden. Menschen, denen das trotzdem gelang, setzten sich allerdings dem Vorwurf aus, sie freuten sich über den Tod eines Angehörigen.

Nachts wurde der Tote bewacht; daß es hierbei häufig zu magischen Praktiken kam, bezeugen wiederholte kirchliche und weltliche Verbote. Morgens wurden über dem Toten Psalmen und andere Gebete gesprochen, er wurde vom Priester mit Weihwasser besprengt und dann auf der Bahre zur Kirche geleitet, in feierlicher Prozession, oft von Männern seines Standes auf den Schultern getragen, unter Liedern und Gebeten, mit Vortragekreuz, Weihwasser, Weihrauchfaß und Lichtern. Die Bahre wurde in der Mitte der Kirche oder im Chor zwischen Leuchtern niedergesetzt; dann wurde die Totenmesse gefeiert, in deren Verlauf dem Verstorbenen die Absolution erteilt und er wieder mit Weihwasser besprengt und mit Weihrauch geehrt wurde. Der Verstorbene blieb möglicherweise mehrere Tage in der Kirche aufgebahrt; in dieser Zeit wurden der heiligen Hedwig von Schwestern des Konventes, dessen Leben sie geteilt hatte, Finger- und Fußnägel sowie Haare ihres Hauptes als begehrte Reliquien abgeschnitten.[49] Nach spätestens drei, vier Tagen wurde die sterbliche Hülle ähnlich feierlich zu Grabe getragen, wie sie in die

---

46 *Ohler*, Elisabeth von Thüringen 46.
47 Vgl. zum folgenden die materialreichen Untersuchungen von *Renate Kross*, Grabbräuche — Grabbilder: Schmid/Wollasch (Hgg.), Memoria 285—353, und *Nikolaus Kyll*, Tod, Grab, Begräbnisplatz, Totenfeier. Zur Geschichte ihres Brauchtums im Trierer Lande und in Luxemburg unter besonderer Berücksichtigung des Visitationshandbuches des Regino von Prüm († 915), (Rheinisches Archiv 81), Bonn 1972.
48 *Boccaccio*, Das Dekameron, (Exempla Classica 32), Frankfurt M. 1961, 13.
49 *Hedwig*, Vita maior, 9,3 (132); Der aufgebahrten Elisabeth von Thüringen wurden Haare und ein Finger sowie Teile der Ohren und der Brüste abgeschnitten: *Ohler*, Elisabeth von Thüringen 93.

Kirche überführt worden war. Im offenen Grab wurde der Leichnam ein letztes Mal mit Weihwasser besprengt und mit Weihrauch geehrt. Wie selbstverständlich den Menschen dieser Brauch im Spätmittelalter war, zeigen Darstellungen des Karfreitagsgeschehens: Auch der ins Grab gelegte Jesus wird inzensiert.[50] Obwohl die Evangelien von vielfältigen Gesten der Liebe zum toten Jesus zeugen, dürfte das harte Wort »Laß die Toten ihre Toten begraben!« (Mt 8, 22)[51] dazu beigetragen haben, daß die Bestattung der Toten erst spät als siebtes in den Kreis der Werke der Barmherzigkeit (Mt 25, 31—46) aufgenommen wurde, wahrscheinlich in Anlehnung an Tob 1, 20[52] und die Regel Benedikts.[53]

Was hier gerafft dargestellt werden mußte, fand im Laufe der Jahrhunderte vielfältige, oft an vorchristliches Brauchtum anknüpfende Ausgestaltung, wie an Beispielen verdeutlicht sei. Der in Italien verstorbene Kaiser Otto III. wurde in einem feierlichen Zug nach Deutschland überführt; an bedeutenden Orten des Reiches aufgebahrt, konnte der Tote symbolisch von seinem Reich Abschied nehmen und die durchzogenen Länder ein letztes Mal an seinem »Heil« Anteil nehmen lassen. Die Vorstellung vom Königsheil, das Glück und Fruchtbarkeit vermittelt, zieht sich durch das Mittelalter bis ins 19. Jahrhundert. Dieser Glaube zeigt sich besonders eindrucksvoll nach dem Tod des 1106 in Lüttich in kirchlichem Bann verstorbenen Kaisers Heinrich IV. Lütticher Bürger glauben, gesegnet zu sein, wenn sie die Bahre des Toten nur berühren. »Einige scharrten auch die Erde vom Grabe mit ihren Händen weg und streuten sie über ihre Felder und durch die Häuser, zu deren Segnung, oder sie legten Saatkörner auf die Bahre, in der Meinung, damit, wenn sie sie mit anderen mischten, eine fruchtbare Ernte für sich zu erzielen.« Als Boten Heinrichs V. die Herausgabe der Leiche verlangen, weigert man sich, weil man meint, die Wegführung der Kaiserleiche bedeute Gefahr und Verödung für die Stadt.[54] Drei Jahrzehnte früher war der Leichnam Erzbischof

---

[50] Vgl. Grablegung, Erscheinung des Engels und die Frauen am Grabe. Blatt des Psalters der Königin Ingeborg von Dänemark (um 1200): *Erlande-Brandenburg*, Gotische Kunst Nr. 133.

[51] Vgl. auch Mt 22,23: »Er ist doch nicht der Gott der Toten, sondern der Gott der Lebenden!«

[52] *Oexle*, Gegenwart 33.

[53] Benedicti Regula 4, 14—19 (CSEL 75, 30 *Hanslik*): *pauperes recreare, nudum vestire, infirmum visitare, mortuum sepelire, in tribulatione subvenire, dolentem consolari* (»Arme erquicken, den Nackten bekleiden, den Kranken besuchen, den Toten begraben, in Not Hilfe leisten, den Trauernden trösten.« [*G. Holzherr (Hg.)*, Die Benediktsregel. Eine Anleitung zu christlichem Leben, Zürich/Einsiedeln/Köln ²1982, 78. (77: lat.; 83f: Kommentar)].).

[54] *periculum et desolationem civitatis* (*Gerold Meyer von Knonau*, Jahrbücher des Deutschen Reiches unter Heinrich IV. und Heinrich V., Bd. 6, [Jahrbücher der Deutschen Geschichte 12/6], Berlin 1907 [repr. 1965], 9f).

Annos von Köln fast eine Woche lang von einer Kölner Kirche zur anderen getragen worden. Im 18. Jahrhundert wurden zeitgenössische Quellen zu einem plastischen Bild verdichtet, das als ein fernes Echo auf die Worte des Sulpicius Severus hier zitiert sei:

> Am ersten Tag wurde »der entseelte Leichnam, bevorn mit Erzbischöflichem Gewand angekleidet und .. mit gröstem Gepräng, in Beyseyn Egilberti Bischofen zu Minden, von der Fürnemsten der Geistlichkeit, unter allgemeinem Glockengeläut der ganzen Stadt, und in Begleitung aller so wohl Welt- als Ordens-Geistlichen, sodann einer unzahlbaren Menge des nachfolgenden Volks beyderley Geschlechts, allen Stands und Alters, nicht wie eine Leich eines Verstorbenen, sondern wie ein Obsieger in einem triumphirlichen Einzug in die hohe Dohm-Kirch getragen, und in Mitte derselben unter eine herabhangend kostbare, und mit vielen Lichtern gezierte Cron ehrerbietig niedergesetzt«[55].

Es muß offenbleiben, ob dem Chronisten bewußt war, wie sehr dieses Geleit in antiken Traditionen stand; die Kirche hatte das Gepränge imperialer Festlichkeiten nicht nur nachgeahmt, sondern überhöht.

Starb jemand fern seiner Heimat, so wurde der Leichnam entweder am Sterbeort unter den üblichen Riten beigesetzt oder es wurden ihm die Eingeweide entnommen und an Ort und Stelle beigesetzt (die Ottos des Großen z. B. in der Marienkirche zu Memleben, die Ottos III. in der St. Afrakirche zu Augsburg)[56]. Der Leichnam wurde dann mit Spezereien so präpariert, daß er überführt werden konnte. Anders wurde mit dem Landgrafen Ludwig, dem Gemahl der hl. Elisabeth verfahren: 1227 auf dem Weg ins Heilige Land in Süditalien verstorben, wurde der Leichnam nach einem feierlichen Totenamt in kostbare feste Tücher gehüllt und einstweilen in Otranto beigesetzt; dann brachen die Getreuen Ludwigs zum Kreuzzug auf. Auf dem Rückweg verfuhren sie so, wie es üblich war, wenn ein Vornehmer in der Ferne verstorben war: Die sterbliche Hülle Ludwigs wird ausgegraben, zerlegt und so lange gekocht, bis das Fleisch sich von den Knochen löst. Auch hier bezeugt das weitere Vorgehen dualistisches Denken hinsichtlich des Wertes der Körperteile: Die Weichteile werden gleich beigesetzt, die Gebeine in einen kostbaren, von einem Saumtier getragenen Schrein gelegt, der nachts in einer Kirche unter Gebeten bewacht wird. Morgens werden eine Messe gefeiert und Opfergaben gespendet, dann zieht der Trupp weiter der Heimat zu. Der

---

[55] Monumenta Annonis. Köln und Siegburg. Weltbild und Kunst im hohen Mittelalter. Ausstellungskatalog, Köln 1975, 41.
[56] *Thietmar von Merseburg,* Chronik II, 43 und IV, 51 (neu übertragen und erläutert von *Werner Trillmich,* [FStG IX], Darmstadt 1957, 80 und 166). — Daß die Eingeweide der Leiche häufig entnommen wurden, zeigt sich darin, daß die Personifizierung des Todes (z. B. in Totentänzen) oft mit aufgeschnittenem Unterleib dargestellt wird.

tote Landgraf wird mit ähnlichem Gepränge eingeholt wie ein lebender Fürst: In Bamberg ziehen in feierlicher Prozession Bischof, Priester, Mönche, Nonnen dem Zug entgegen. Unter Gebeten und Trauergesängen, begleitet vom düsteren Dröhnen der Glocken, wird der Schrein in den Dom überführt, dann weiter nach Reinhardsbrunn, dem Hauskloster der Landgrafen getragen. Das letzte Wegstück wird wiederum zu einer feierlichen Prozession ausgestaltet. Die Beisetzungsfeierlichkeiten stehen in uralten christlichen Traditionen, wenn sie die Sorge um das Seelenheil des Verstorbenen mit der Sorge für das leibliche Wohl Bedürftiger verbinden: Meßfeiern, Gebete, nächtliche Psalmengesänge, Gaben an das Kloster, Almosen an die Armen. Im Beisein der Witwe Elisabeth, der Mutter, der Brüder wird Ludwig IV. in der Familiengrablege der Ludowinger beigesetzt.[57] Anders als manche adlige Familie hatten die Landgrafen von Thüringen die Residenz der Lebenden (die Wartburg) von der der Toten getrennt; doch waren beide durch das fortwährende, die Toten vergegenwärtigende, Gemeinschaft schaffende Gebet der Reinhardsbrunner Mönche miteinander verbunden.

Die Überführung Verstorbener hat wiederholt zu Spannungen, ja Konflikten geführt. Eine Tradition vom Tode des hl. Martin entspricht zwar wahrscheinlich nicht genau der Wirklichkeit, doch wird sie der historischen Wahrheit insofern gerecht, als sie veranschaulicht, welcher Wertschätzung sich Reliquien von Heiligen erfreuen konnten. Gregor, ein Nachfolger Martins auf dem Bischofsstuhl von Tours, schildert plastisch die handfeste Frömmigkeit frühmittelalterlicher Menschen, die sich nicht mit der von Sulpicius Severus geäußerten Hoffnung zufriedengaben, Martin werde vom Himmel aus schützend bei ihnen sein. Gregor von Tours zeigt, daß man den Heiligen handgreiflich besitzen wollte, seine Reste als sichtbares Unterpfand erhoffter Hilfe begehrte. Gleich nach dem Tode Martins entbrennt zwischen Angehörigen der Städte Tours und Poitiers ein Streit um die sterbliche Hülle »ihres« Heiligen. Diese fordern ihn als ihren Bischof, jene verlangen ihn, weil er unter ihnen als Mönch und Abt gelebt habe. Bei Anbruch der Dunkelheit bewachen beide Parteien die Leiche. Nach Meinung des Chronisten wollte Gott es nicht, daß die Stadt Tours ihren Schutzheiligen verlöre. Um Mitternacht schlafen die aus Poitiers ein, worauf die aus Tours Gekommenen beherzt ihre Chance wahrnehmen: Sie werfen den Leichnam aus dem Fenster den Draußenstehenden zu, bringen ihn auf ein Schiff und fahren ihn — unterwegs Litaneien und Psalmen singend — nach Tours.[58] Ein halbes Jahrtausend später

---

[57] *Ohler*, Elisabeth von Thüringen 33. 63f.
[58] *Gregor von Tours*, Zehn Bücher Geschichten I, 48 (aufgrund der Übersetzung *W. Giesebrechts* neubearbeitet von *Rudolf Buchner*, [FStG II], Darmstadt 1970, 50. 52).

berichtet ein sächsischer Chronist: Nach einem heiligmäßigen Leben starb Bischof Ansfried von Utrecht in einem von ihm gegründeten Kloster bei Amersfoort. Nach dessen Tod kamen die Utrechter — zwar barfuß, aber bewaffnet — und baten unter Tränen und Gebeten, ihnen in Gottes Namen ihren Hirten zu übergeben, um ihn an der Stätte seines Wirkens als Bischof beisetzen zu können. Die Religiosen wollen ihn dagegen dort begraben, wo er nach dem Willen Gottes aus diesem Leben geschieden sei. Nach einem Wortwechsel stehen sich beide Parteien drohend gegenüber. Mancher, so meint Thietmar, hätte wohl bei dieser Auseinandersetzung sein Leben verloren, wenn nicht eine Äbtissin für den Augenblick vermittelt und die Utrechter mit einer List den Leichnam in ihre Gewalt gebracht hätten.[59] Sterbliche Überreste von Heiligen sind so oft gestohlen oder geraubt worden, daß eine Abhandlung nur diesem Thema gewidmet werden konnte.[60]

VI. Grablege

Die frühen Christen bestatteten ihre Toten, antikem Brauch entsprechend, außerhalb der Städte; da die Gräber häufig an Ausfallstraßen lagen, konnten sie leicht aufgesucht werden.[61] Nach der konstantinischen Wende wurden außerhalb Roms und anderer Städte über den Gräbern der Märtyrer Coemeterialbasiliken gebaut. Viele Christen wollten »bei den Heiligen« leben und in deren unmittelbarer Nachbarschaft — möglichst in der Basilika — bestattet sein, um beim Jüngsten Gericht mächtige Fürsprecher zu haben. Auf diese Weise wurde die für die Antike charakteristische Trennung der Bereiche der Lebenden und Toten aufgehoben; Coemeterialkirchen bildeten vielfach Kerne neu entstehender Siedlungen, späterer Vororte. Gelegentlich wurde die alte Siedlung ganz aufgegeben zugunsten des Wohnplatzes »bei den Heiligen« — z. B. in Xanten: Dieser Ortsname geht zurück auf »ad Sanctos«.[62]

Die bevorzugte Stätte des Grabes — in oder nahe bei der Kirche[63] — erlaubt oft Rückschlüsse auf die Stellung, die der Verstorbene zu Lebzeiten in

---

[59] *Thietmar*, Chronik IV, 37 (152).

[60] *Patrick Geary*, Furta Sacra. Thefts of Relics in the Central Middle Ages, Princeton, N. J. 1978.

[61] Vgl. hierzu, umfangreiche eigene Forschungen zusammenfassend, *Bernhard Kötting*, Die Tradition der Grabkirche: *Schmid/Wollasch* (Hgg.), Memoria 69—78.

[62] Lageplan in: Westermanns Großer Atlas zur Weltgeschichte, hg. von *Hans-Erich Stier u. a.*, Braunschweig 1969, 32 (V); ebd. 40 (V) und 78 (II): Trier bzw. Köln.

[63] Vgl. zur Lage der Gräber in den Pariser Kirchen St. Martin und Sainte-Geneviève: *Philippe Ariès*, Images de l'homme devant la mort, Paris 1983, 21 Abb. 18 f.

der Gesellschaft eingenommen hatte. Aus der Lage der Gräber und der Toten — diese oft »orientiert«, d. h. mit dem Gesicht nach dem im Osten gedachten Jerusalem gebettet — sowie der Grabbeigaben läßt sich in gewissen Grenzen auf den Prozeß der (äußeren) Christianisierung schließen. Gräber bilden daher wertvolle Quellen zur älteren Landesgeschichte vor dem Einsetzen der schriftlichen Überlieferung, grob gerechnet für die Zeit vom späten 5. bis zum frühen 8. Jahrhundert.

Viele Menschen wollten nicht nur in das Gebet eines Konventes eingeschlossen, sondern inmitten von Mönchen beigesetzt werden. Wer die Gemeinschaft der Verstorbenen teilte, hatte Anteil an der immerwährenden Fürbitte des Konventes für Lebende und Tote. Die mit dem Grabplatz erwartete Heilswirkung kam ja nicht dem Einzelnen, sondern allen hier Bestatteten zugute. In Cluny wollten soviele Außenstehende begraben sein, daß ein eigener Laienfriedhof angelegt werden mußte.[64]

Seit dem frühen Mittelalter wurde immer wieder die Bestattung in Kirchen untersagt. Die häufige Wiederholung des Verbotes beweist seine Wirkungslosigkeit. Etwas anderes war auch nicht zu erwarten, denn die Obrigkeit ließ für sich selbst Ausnahmen zu: Bischöfe, Äbte und verdiente Priester sowie fromme Laien sollten weiterhin in Kirchen beigesetzt werden können, und wer wollte nicht für sich Verdienst oder Frömmigkeit in Anspruch nehmen? Dem Verbot der Bestattung in Kirchen entsprachen gleichzeitige Gebote, die Toten auf Kirchhöfen — meist in unmittelbarer Nähe von Pfarr-, Kathedral- oder Klosterkirchen — beizusetzen.[65] Kirchhöfe waren nicht nur Orte der Zwiesprache zwischen Lebenden und Toten. Als eingefriedete Plätze, die sich bis weit in die Neuzeit besonderer Rechte, z. B. des Asylrechts erfreuten[66], waren hier Vorräte gespeichert, damit die Bevölkerung sich in Kriegszeiten hierhin zurückziehen konnte. Kirchhöfe waren Orte, die von einem uns heute unbegreiflich vertrauten Neben- und Miteinander der Lebenden und Toten zeugen, und zwar nicht nur im Gebet. »Herren, Pfarrern und allen anderen« ist es, wie noch 1753 betont werden muß, verboten, auf Kirchhöfen die Abhaltung von Tanzveranstaltungen, Märkten und (Handels-) Messen zu erlauben.[67]

In den meisten Orten konnten die Kirchhöfe über eine bestimmte Fläche nicht ausgedehnt, mußten deshalb mehrfach belegt werden. Bei Nachbestat-

---

[64] *Dietrich Poeck*, Laienbegräbnisse in Cluny: FMSt 15 (1981) 68—179.
[65] *Oexle*, Gegenwart 56.
[66] *K. S. Kramer*, Art. »Friedhof«: Handwörterbuch zur Deutschen Rechtsgeschichte 1 (1971), 1297 f.
[67] Art. »Cimetière«: *D. Diderot / J. Le Rond d'Alambert (Hgg.)*, Encyclopédie des sciences, des arts et des métiers 3 (1753 [repr. 1966]), 453.

tungen auf besetzten Plätzen wurden die Gebeine gehoben und — zumindest Schädel und Oberschenkelknochen — in Beinhäusern[68] aufgeschichtet, ein unübersehbares *Memento mori!*

Dynasten planten von langer Hand den Bau ihrer Grablege, die dem Rang des Geschlechtes angemessen sein sollte.[69] In Klöstern wurden die Gebeine der Stifterfamilie oft wie die Reliquien von Heiligen verwahrt und in die täglichen Fürbitten der Mönchsgemeinschaft eingebettet. Königsgrablegen wie die in Pavia, Aachen, Speyer, Saint-Denis, Westminster, Wien bildeten Mittelpunkte nicht nur für die jeweilige Dynastie; sie trugen entscheidend dazu bei, daß ein Bewußtsein transpersonaler Herrschaft und damit Kontinuitäten im Leben der Völker entstehen konnten. In Frankreich und England bildete sich auch deshalb schon recht früh ein Staatsbewußtsein heraus, weil die Königsgrablegen St. Denis und Westminster den Rang der benachbarten »Hauptstadt« erhöhten. Im Deutschen Reich fehlte eine vergleichbare Herrschernekropole; deutsche Könige und Kaiser fanden in Kirchen zwischen Palermo, Aachen und Magdeburg ihre letzte Ruhe. Anders im Habsburgerreich: Der Aufstieg Wiens zur unbestrittenen Hauptstadt dürfte sich nicht zuletzt damit erklären, daß die sterblichen Überreste der Herrscher und ihrer Gemahlinnen hier beigesetzt wurden: Die Augustinerkirche birgt die Herzgruft, die Kapuzinerkirche die Kaisergruft der Habsburger.

---

[68] Vgl. die Abbildungen 43, 275 und 337 bei *Ariès,* Images 34. 198. 237.
[69] Für das Frühmittelalter vgl. *Karl Heinrich Krüger,* Königsgrabkirchen der Franken, Angelsachsen und Langobarden bis zur Mitte des 8. Jhs. Ein historischer Katalog, (Münstersche Mittelalter-Schriften 4), Münster 1971.

C. Bibliographie

Ariès, Philippe, Geschichte des Todes, München 1980 (dtv 4407: München 1982).

Ders., Images de l'homme devant la mort, Paris 1983 (dt.: Bilder zur Geschichte des Todes, München 1984).

Bauch, Kurt, Das mittelalterliche Grabbild. Figürliche Grabmäler des 11. bis 15. Jhs. in Europa, Berlin/New York 1976.

Berger, Rupert, Die Wendung *offerre pro* in der römischen Liturgie, (LQF 41), Münster 1965.

Biraben, Jean-Noël, Les hommes et la peste en France et dans les pays européens et méditerranéens, 2 Bde., (Civilisations et Sociétés 35 und 36), Paris 1975/1976.

Bloch, Peter, Das Bild des Menschen im Mittelalter: Herrscherbild — Grabbild — Stifterbild: Bilder vom Menschen in der Kunst des Abendlandes. Jubiläumsausstellung der Preußischen Museen 1830—1980. Ausstellungskatalog, Berlin 1980, 105—141.

Bornscheuer, Lothar, Miseriae Regum. Untersuchungen zum Krisen- und Todesgedanken in den herrschaftstheologischen Vorstellungen der ottonisch-salischen Zeit, (AFMF 4), Berlin 1968.

Braet, Hermann / Verbeke, Werner (Hgg.), Death in the Middle Ages, (Mediaevalia Lovaniensia I/9), Löwen 1983.

Bulst, Neithard, Der Schwarze Tod. Demographische, wirtschafts- und kulturgeschichtliche Aspekte der Pestkatastrophe 1347—1352. Bilanz der neueren Forschung: Saec. 30 (1979) 45—67.

Chiffoleau, Jacques, La comptabilité de l'au-delà. Les hommes, la mort et la religion dans la région d'Avignon à la fin du moyen âge (vers 1320 — vers 1480), Rom 1980.

Cosacchi, Stephan, Makabertanz. Der Totentanz in Kunst, Poesie und Brauchtum des Mittelalters, Meisenheim am Glan 1965.

Hammerstein, Reinhold, Tanz und Musik des Todes. Die mittelalterlichen Totentänze und ihr Nachleben, Bern 1980.

Hüppi, Adolf, Kunst und Kult der Grabstätten, Olten 1958.

Hürkey, Edgar J., Das Bild des Gekreuzigten im Mittelalter. Untersuchungen zur Gruppierung, Entwicklung und Verbreitung anhand der Gewandmotive, Worms 1983.

Krüger, Karl Heinrich, Königsgrabkirchen der Franken, Angelsachsen und Langobarden bis zur Mitte des 8. Jhs. Ein Historischer Katalog, (Münstersche Mittelalter-Schriften 4), Münster 1971.

Kyll, Nikolaus, Tod, Grab, Begräbnisplatz, Totenfeier. Zur Geschichte ihres Brauchtums im Trierer Lande und in Luxemburg unter besonderer Berücksichtigung des Visitationshandbuches des Regino von Prüm († 915), (Rheinisches Archiv 81), Bonn 1972.

Le Goff, Jacques, Die Geburt des Fegefeuers, Stuttgart 1984.

Merk, Karl Josef, Die Totenmesse. Die messliturgische Totenehrung in der römischen Kirche. Zugleich ein Beitrag zum mittelalterlichen Opferwesen, Stuttgart 1926.

Panofsky, Erwin, Grabplastik. Vier Vorlesungen über ihren Bedeutungswandel von Alt-Ägypten bis Bernini, hg. von *Horst Janson,* Köln 1964.

Rosenfeld, Hellmut, Der mittelalterliche Totentanz. Entstehung, Entwicklung und Bedeutung, (Beihefte zum AKuG 3), Köln/Wien ³1974.

Rudolf, Rainer, Ars moriendi. Von der Kunst des heilsamen Lebens und Sterbens, Köln/Graz 1957.

Ruetz, Michael, Nekropolis, München 1978.

Schäfer, Dietrich, Mittelalterlicher Brauch bei der Überführung von Leichen: Sitzungsberichte der preußischen Akademie der Wissenschaften 79 (1920) 478—498.

Schmid, Karl / Wollasch, Joachim (Hgg.), Memoria. Der geschichtliche Zeugniswert des liturgischen Gedenkens im Mittelalter, (Münstersche Mittelalter-Schriften 48), München 1984.

Sicard, Damien, La liturgie de la mort dans l'église latine des origines à la réforme carolingienne, (LQF 63), Münster 1978.

Stammler, Wolfgang, Der Totentanz. Entstehung und Deutung, München 1948.

Stüber, Karl, Commendatio animae. Sterben im Mittelalter, (Geist und Werk der Zeiten 48), Bern / Frankfurt / M. 1976.

Der Tanzende Tod. Mittelalterliche Totentänze, hg. von *Gert Kaiser,* (it 647) Frankfurt / M. 1982.

Tenenti, Alberto, La Vie et la Mort à travers l'art du XVe siècle, (Cahiers des Annales 8), Paris 1952.

Vovelle, Michel, Les attitudes devant la mort. Problèmes de méthode, approches et lectures différentes: Annales 31 (1976) 120—132.

William, Daniel (Hg.), The Black Death. The Impact of the Fourteenth-Century Plague, (MRSt 13), Binghamton, N. Y. 1982.

Le Purgatoire

D'après la »Naissance du Purgatoire« de Jacques Le Goff

Philippe Ariès († 1984)

En fait, malgré la restriction apparente de son titre »La Naissance du Purgatoire«[1], l'enquête de Jacques Le Goff nous tient lieu d'une histoire de l'Au-delà où l'auteur aurait refusé la tentation encyclopédique de tout dire sur le même ton. J. Le Goff a choisi un lieu singulier d'où il estimait mieux observer le monde d'outre-tombe et en saisir le sens, une »pièce maîtresse«, comme il dit, de la cosmologie, le Purgatoire dont les dimensions nouvelles, enfin fixées au XIIe siècle, confortent les grands changements qui apparurent alors dans le champ culturel.

I. Le procédé systématique de J. Le Goff

Le livre de J. Le Goff pose deux grands problèmes: Le premier est indiqué par le titre: *Quand et comment est né le Purgatoire?* et quel est le *sens* de cette invention? Le second est posé par la *diffusion et la banalisation du Purgatoire*: comment cette création d'intellectuels du XIIe siècle est-elle devenue, à une époque qu'il convient de préciser, l'une des dévotions les plus populaires de ce qui sera le catholocisme de la Contre-Réforme et du XIXe siècle?

[Für die 2. Theologische Studientagung »Im Angesicht des Todes. Liturgie als Sterbe- und Trauerhilfe«, die 1982 in Nothgottes/Rüdesheim stattfand, hatte Philippe Ariès seine Mitwirkung zugesagt. Da gesundheitliche Gründe seine Teilnahme nicht zuließen, übersandte er die schriftliche Fassung seines vorgesehenen Referates. Sie wurde für die Drucklegung in einigen Punkten präzisiert. Diese Stellen sind durch eckige Klammern markiert. (Die Hgg.)]

[1] *Jacques Le Goff*, La Naissance du Purgatoire, Paris 1981.

1. Les origines et la formation du Purgatoire

Il faut tout de suite lever une équivoque. Ne confondons pas, malgré la proximité des données, les prières des vivants en faveur du mort et l'espace consacré dans un certain système eschatologique, à la purification des âmes entre le moment de leur mort et la fin des Temps.

La question des prières pour les morts — d'ailleurs très difficile — a déja été étudié dans un beau livre de J.Ntedika.[2] Disons seulement qu'il n'est pas possible de fixer une origine aux prières pour les morts: elles sont très anciennes et le christianisme a été dès ses débuts influencé par deux attitudes contraires qui lui préexistaient. D'une part, l'interdiction vétéro-testamentaire faite aux vivants de communiquer avec les morts; d'autre part, les croyances des sociétés méditerranéennes où, selon le mot de Salomon Reinach rappelé par Le Goff,[3] les vivants priaient non pas pour les morts, mais bien les morts eux-mêmes. Déjà le judaïsme hellénisé des Macchabés (IIe siècle avant Jésus-Christ) avait ordonné et recommandé la prière pour les morts — seul texte de l'Ancien Testament à la prescrire, et le Nouveau Testament n'est guère plus explicite (»laissez les morts enterrer les morts« Mt 8, 22 par). »Les juifs d'Alexandrie priaient probablement pour les morts«, écrit Ntedika.[4] Les chrétiens prirent le relais: nous en avons des témoignages dès le IIe siècle. Ceci, Le Goff le tient pour donné. Là n'est pas son problème. Il fallait le dire, car certains s'y sont trompés.

Le problème de Le Goff est le suivant: étant donné que les vivants peuvent prier pour les morts, quelle est la situation de ceux-ci dans les croyances des vivants et comment cette situation a-t-elle évolué?

Jusqu'au XIe siècle au moins, les représentations de l'Au-delà sont confuses, souvent contradictoires. On y reconnaît cependant deux logiques distinctes. La première correspond au système — d'ailleurs très peu systématique — des *receptacula*. Entre la mort et la résurrection les morts attendent dans des lieux que saint Ambroise et d'autres n'ont pas hésité à assimiler aux demeures du Père: »Ce sont les *réservoirs* dont parle le Seigneur quand il dit qu'il y a plusieurs demeures dans la maison de son Père«.[5] La liturgie y fait de nombreuses références, ainsi que l'épigraphie funéraire: *refrigerium*,

---

[2] *Joseph Ntedika*, L'évocation de l'au-delà dans la prière pour les morts. Etude de patristique et de la liturgie latines, IVe—VIIIe siècle (Recherches africaines de théologie 2), Louvain/Paris 1971.

[3] [*Le Goff*, Naissance 69.]

[4] *Ntedika*, L'évocation 15.

[5] *Ambroise*, De bono mortis 10,45 [PL 14, 588: *Hae sunt habitationes de quibus dicit Dominis multas mansiones esse apud Patrem suum.*]

»sein d'Abraham«, etc. Nous pouvons les imaginer comme des cavernes creusées dans le rocher, comme des tombeaux (*spelunca*). Elles ne sont d'ailleurs jamais représentées, à ma connaissance. Toutefois, Le Goff a déniché et publié une étonnante fresque de Salamanque qui, malgré sa date tardive (XIVe siècle) montre quelques cavités de ce genre.[6]

Aussi étonnante d'ailleurs la survivance de ces formes dans l'image des limbes sur le retable du Couronnement de la Vierge de Villeneuve les Avignon (milieu du Ve siècle).[7] Les enfants morts avec ou sans baptême sont identiques et adoptent exactement la même attitude du priant heureux, les mains jointes, le regard levé vers Dieu. Mais les uns sont au Ciel, dans un espace illimité, à droite et à gauche de la Trinité, tandis que les autres sont enfermés entre les murs d'une caverne: les limbes. Notons que cette iconographie des limbes n'a pas été dictée au peintre par le contrat détaillé et minutieux du chanoine qui lui passa la commande, mais paraît due à sa propre initiative.

Quelques-uns de ces réservoirs sont du côté du Paradis; l'un d'eux a même été, dans une tradition orientale, le Paradis terrestre, le Jardin d'Eden: »Le Christ, second Adam«, dit une prière chaldéenne reprise dans le Bréviaire de cette Eglise, »a préparé (au premier Adam) une demeure au Ciel à la place de la demeure passagère du Paradis«[8]. Le mot »Paradis« n'a donc pas toujours eu le sens du Ciel de la Vision béatique, du Bonheur de Dieu. D'autres parmis ces lieux d'attente, sont plutôt, et de plus en plus, du côté de l'Enfer dont ils constituent un étage supérieur et non définitif. Hors de ces lieux, plus ou moins déterminés, des âmes coupables peuvent errer misérablement.

Une telle conception de l'Au-delà, attente heureuse ou malheureuse de la Résurrection de la fin des Temps, a persisté jusqu'à nos jours dans l'Orthodoxie.[9]

La seconde logique de cet »archéochristianisme«, comme l'a appelé A.Vauchez, rejette ou refoule la croyance dans un interim: elle ne retient qu'une discussion binaire de l'Au-delà entre le Ciel des Elus et l'Enfer des Damnés, sans espace intermédiaire. Cette topographie paraît avoir très tôt, selon Le Goff, remplacé les *receptacula* provisoires: c'est elle et elle seule qui a fourni son répertoire à l'iconographie romane ou gothique. Elle impliquait un chan-

---

[6] [*Le Goff*, Naissance 250f.]

[7] *Jacques Chiffoleau*, La croyance et l'image dans le Couronnement de la Vierge: Etudes vauclusiennes 24/25 (1980/1981) 15—23.

[8] Citée dans: Cent cinquante prières pour chaque jour, [par un Père franciscain anonyme], Limoges 1978, 106.

[9] *L.Puhalo*, The Soul, the Body and Death. (St.Cyrille and Methody Society), Chilliwacks/British Columbia [Canada] 1981, 18.

gement du contenu eschatologique et sa concentration sur la fin des Temps, puis sur le Jugement Dernier et enfin sur le Jugement particulier.

On peut alors se demander à quoi serviraient les prières pour les morts, pourtant bien attestées, si le sort de ceux-ci était décidé dès leur dernière heure, sans qu'il soit permis d'en rien changer ensuite: telle fut bien d'ailleurs l'interprétation mitigée des Grecs, et radicale des protestants. En revanche, dans la chrétienté latine et malgré l'abandon apparent des *receptacula* et l'adaption d'une topographie binaire de l'Au-delà l'étanchéité n'a jamais été aussi absolue. Quelques grands coupables obtenaient *in extremis* la grâce du salut, sans que la gravité de leurs péchés leur permit d'entrer tout de suite au Ciel. On pensait qu'ils expiaient quelque part, par exemple à l'endroit de leurs crimes. En outre, les Elus qui avaient encore une pénitence en retard ou une faute légère à expier, devaient passer par une étape de purification.

C'est ce qu'on pensa communément. Aussi, bien avant le XIIe siècle, une abondante littérature nous décrit des voyages dans l'Au-delà, des visions au cours desquelles des revenants apparaissaient aux vivants, leur racontaient leurs aventures, leur demandaient leurs suffrages: récits que Le Goff rapporte avec leurs détails pittoresques et significatifs. Il leur reconnaît — ainsi qu'aux *exempla* des prédicateurs qui prirent ensuite le relais — une influence, certainement très justifiée, sur la pratique. On découvre ainsi en le lisant, une sorte de nébuleuse de pseudo ou de pré-Purgatoires qui sont quelquefois des lieux, mais plus souvent des états: cette imagerie d'outre-tombe constitue l'une des parties les plus dépaysantes et les plus captivantes de ce très beau livre.

Puis, peu à peu, avec infiniment d'art, Le Goff démontre comment, de récit en récit, de voyage en voyage, l'épithète *purgatorius* finit par devenir, vers le XIIe siècle, le substantif *purgatorium*. On passe alors des états purgatoires à un *espace*, le Purgatoire, qui prend dans la nouvelle topographie de l'Au-delà, telle qu'elle apparaît fixée définitivement chez les scolastiques et chez Dante, une dimension égale à celle du Ciel et de l'Enfer.

On comprend bien désormais les raisons qui ont imposé à Le Goff le Purgatoire comme lieu d'observation de l'Au-delà: en se structurant, il est devenu un élément novateur parmi beaucoup d'autres qui se mirent en place à la même époque et dans le même sens.

Le remodelage de l'Au-delà dont témoigne son émergence n'est pas spéculation de théologiens ou de philosophes, nous dirions subtilités d'intellectuels, de spécialistes. Il vient s'ajouter à d'autres données de la culture et de la vie matérielle, déjà bien repérées par les médiévistes et par Le Goff en particulier dans toute son oeuvre: ils témoignent du changement profond intervenu au cours du XIIe siècle dans les mentalités occidentales.

Le temps du Purgatoire est symétrique de celui des marchands. La pénitence, les indulgences apparaissent, ainsi que l'a vu J. Chiffoleau[10] comme une application à l'Au-delà des arts nouveaux de chiffrer: une comptabilité de l'Au-delà. L'immense effort d'appréhension logique du monde, à l'aide de typologies, de classifications, les unes raisonnables, les autres délirantes, s'étend au monde invisible: *visibilium omnium et invisibilium*. La frontière entre le naturel et le surnaturel reste certes toujours franchissable, mais l'un comme l'autre sont désormais soumis à la même rationalité, au même souci de situer, de comprendre et de mesurer.

La création du Purgatoire comme lieu de transit bien balisé entre la Terre et le Ciel ou l'Enfer, correspond à la découverte d'une morale plus exigeante, c'est-à-dire d'une distance entre l'acte et l'intention qu'il faut désormais prendre en considération et qui impose une appréciation plus équitable et par conséquent, un jugement plus modulé.

II. [Le sens de la création du Purgatoire]

Telle est la réponse de Le Goff à sa première question: comment et pourquoi le Purgatoire a-t-il été découvert ou créé? Je partage entièrement son point de vue sur le *terminus ad quem*, sur le sens culturel du phénomène et sur le grand changement de mentalités qu'il illustre et comporte.

En revanche, je ne le suivrai pas à lettre dans son interprétation de l'Audelà archéochrétien — non pas par goût de la chicane ni par entêtement,[11] mais parce que l'enjeu est, pour moi, d'une grande importance existentielle et qu'il s'agit, je crois, d'une des représentations de l'être d'outre-tombe la mieux et la plus longtemps enracinée: l'état de repos, semblable au sommeil sans se confondre avec lui: *Dormit, non mortua ... Vivit et non vivit*.

Le parti légitime de ramener le débat à ce qui préparait ou contrariait l'avènement du Purgatoire, inclinait Le Goff à réduire la signification et la représentativité des concepts et des états antérieurs. L'invention du Purgatoire étant celle d'un lieu, son explorateur d'aujourd'hui était tenté de donner la priorité aux faits de spatialisation bien repérables — comme l'Enfer ou le Paradis.

---

[10] *J. Chifolleau*, La comptabilité de l'Au-delà, (Collection de l'Ecole Française de Rome), Rom 1980.

[11] J'ai en effet attribué une grande valeur au »repos« dans mes livres sur la mort.

Or il est bien vrai qu'à cet égard, la topographie des *receptacula* est floue et n'a pas laissé de traces iconographiques convaincantes, sinon le sein d'Abraham (dans une iconographie déjà tardive), l'Enfer des anciens Pères que le Christ ressuscité a vidé et scellé, et, beaucoup plus tard encore, les limbes des enfants morts sans baptême du retable de Villeneuve les Avignon, avoir été inspirées par un modèle de l'Au-delà archaïque.

Mais il n'en est pas de même de l'état des habitants de ces réceptacles. Celui-ci fait partie d'une catégorie très tenace et enracinée des manières d'être dans l'Au-delà. Nous savons, et Le Goff l'a bien démontré, que la culture écrite a abandonné depuis Saint Augustin à la fois l'idée d'attente et l'état de repos tel qu'on les trouvait chez 4 Esra ou chez Saint Ambroise. Cependant, la perspective plus ou moins précise, plus ou moins floue, du repos après la mort a persisté dans la liturgie, plus généralement dans la culture orale, et, sous des formes résiduelles abatardies, elle n'a pas encore tout à fait disparu de nos cultures.

Cet état est très bien décrit dans la légende des sept Dormants d'Ephèse,[12] un récit d'outre-tombe qui n'a pas trouvé sa place dans la vaste anthologie de Le Goff, quoiqu'il ait été repris par Jacques de Voragine de la »Légende dorée«.[13] Ces Dormants étaient des martyrs enterrés depuis plusieurs siècles dans la grotte où ils furent un jour miraculeusement réveillés dans le but de justifier le dogme de la Résurrection alors contesté par quelques hérétiques. L'un d'eux décrivit ainsi aux éphésiens la situation du Bienheureux: »Croyez-nous, c'est pour vous (incrédules) que Dieu nous a ressuscités avant le jour de la Grande Résurrection ... car nous sommes vraiment ressuscités et nous vivons ... Or, de même que l'enfant dans le ventre de sa mère vit sans ressentir de besoins, de même nous aussi nous avons été (à la fois) vivant, reposant, dormant et n'éprouvant aucune sensation.«[14]

D'autres textes, en particulier grecs, prêtent aux Dormants plus de sensibilité, l'assurance de leur destination définitive, la meilleure ou la pire, et finalement un début de participation au bonheur ou au malheur de l'Eternité.

Toutefois ce qui importe n'est pas le plus ou moins de vie ou de sens, mais le fond commun à toutes ces représentations, l'idée d'une période de vie après la mort vouée au repos, au songe, au sommeil.

On reconnaît dans cette idée les traces de très anciennes croyances: la vie grise et diminuée de l'Hadès des Grecs, du Scheol des Juifs. Le christianisme

---

[12] [Vgl. *H. Leclerq*, Art. »Sept dormants d'Ephèse: DACL 15/1 (1950), 1251—1262; *J. Oswald*, Art. »Siebenschläfer«: LThK^2 9 (1964), 737f.]

[13] [Die Legenda aurea des *Jacobus de Voragine*, aus dem Lateinischen übersetzt von *R. Benz*, (Sammlung Weltliteratur), Heidelberg ^{9}1979, 503—508.]

[14] [Vgl. *Jacobus de Voragine*, Legenda aurea 507.]

l'a reprise et réévaluée au point de la rapprocher, à s'y méprendre, et on s'y est mépris, de la plénitude de la Vision béatique — réservée dans les croyances millénaristes et dans l'esprit de l'Apocalypse aux corps ressuscités du dernier jour.

L'iconographie paléochrétienne évoque cet état, non pas en décrivant la réalité des *receptacula* — ce n'est pas sa manière — mais par le biais de symboles: Jonas dans le ventre du poisson n'est pas seulement le signe du Christ ressuscité et descendu aux Enfers, il est aussi la figure du Dormant qui attend. De leur côté les Vierges, sages ou folles, reposent en attendant l'arrivée de l'Epoux qui les tirera de leur sommeil à la fin des Temps.[15]

La liturgie latine a conservé jusqu'à nos jours dans le canon de la Messe romaine les images intactes, quoique de moins en moins intelligibles, de cette eschatologie archaïque. Ce texte est significatif. D'abord on n'y trouve pas d'allusion à l'Enfer comme lieu des damnés (sauf dans le *Hanc igitur*, un ajout de Grégoire le Grand à la fin du VIe siècle). On savait, certes que l'Enfer existait, mais les »saints« c'est-à-dire les croyants, n'avaient plus de raison de le craindre.

En revanche, le lieu des élus est évoqué deux fois, et alors sous deux aspects différents. Le premier — qui l'emportera — est celui de la présence de Dieu: »Ordonne que ces offrandes soient portées par ton saint Ange *in sublime altare tuum in conspectu divinae Majestatis tuae.*«[16]

Ce n'est pourtant pas ce lieu-là que le prêtre implore pour les morts *qui dormiunt in somno pacis*.[17] A ceux-là, *in Christo quiescentibus*,[18] il demande le *locum refregerii, lucis et pacis*,[19] le sein d'Abraham, le repos des Dormants d'Ephèse.

Cette conception était, me semble-t-il, plus profonde et enracinée que Le Goff le laisse entendre. D'ailleurs le Purgatoire a dû en hériter plus ou moins. Le christianisme des origines n'a pas éliminé d'un coup la vieille croyance dans une vie diminuée, dans un sommeil. Il l'a seulement transformée en temps de repos et d'attente de la Résurrection, et ce n'est que beaucoup plus tard, et non sans résistance, qu'il l'a effacée et remplacée par un temps aussi d'attente, mais plus conscient et plus actif, celui du Purgatoire. (Du moins est-ce ainsi que je vois les choses.)

---

[15] *Marc d'Ephèse* mort en 1444, cité par *Puhalo*, Soul 117.
[16] [O.Missae (1969) 66 (115) [Prex eucharistica I]: *Supplices te rogamus, omnipotens Deus: iube haec perferri per manus sancti Angeli tui in sublime altare tuum, in conspectu divinae maiestatis tuae, ut...*].
[17] [Ebd. 68 (116)].
[18] [Ebd.].
[19] [Ebd.].

Malgré l'indifférence de l'Eglise, la croyance au repos n'a pas disparu. Elle a toujours inspiré la position des gisants de l'iconographie funéraire médiévale, et même quand elle semble complètement refoulée, on la voit ici et là reparaître sous forme d'allusions, comme les résurgences d'un courant souterrain. Dans l'une des chapelles du déambulatoire sud de l'abbaye de Westminster, un tombeau élizabéthain représente la défunte, une jeune femme, assise, la tête dans la main, le coude appuyé sur le bras d'un fauteuil d'osier, les yeux clos; l'épitaphe reprend les mots du Christ à Jaïre, à propos de sa fille morte: *dormit, non est mortua* (Mt 9,24).

Il est possible d'ailleurs que, dans les aires protestantes, justement là où le Purgatoire n'a pas pénétré, la notion de repos ait mieux résisté: »RIP«, lit-on sur les tombes anglaises — »Rest in Peace«, traduction de *Requiescat in pace*. Dans les épitaphes françaises de la même époque (XVIe — XVIIe siècle) une autre formule l'emporte qui marque bien le glissement: »Priez pour son âme«. Toutefois, au cimetière catholique de Marville, près des Longwy, dans la chapelle funéraire Saint Hilaire, le tombeau d'un curé (du XIVe siècle) mort sans doute en odeur de sainteté, est couvert de graffiti en forme de croix, et au milieu de cette forêt de croix, une main a gravé en capitales romaines qui pourraient être du XVIIe siècle, ces quelques mots: *Invideo quia requiescunt*.

III. [La diffusion du Purgatoire]

Nous voici maintenant arrivés à la seconde question du dossier. Elle concerne la diffusion du Purgatoire. *Grammatici certant*. Quelques-uns (dont j'étais) inclinaient à retarder la date de l'entrée du Purgatoire dans la piété commune (pas avant le XVIIe siècle d'après mes propres sondages dans les testaments parisiens[20]). Le Goff l'a au contraire remontée au moins au XIVe siècle, suivi par Chiffoleau d'après les testaments avignonais. La diffusion a dû se faire assez inégalement selon les régions. Il est possible qu'au début le mot ait simplement coiffé des croyances plus anciennes, étrangères à la chose. C'est ce qui apparaît non seulement à Montailloux au XIIIe — XIVe siècle, mais encore en plein XIXe siècle, dans le Languedoc étudié par Da-

---

[20] Pierre Chaunu donne son interprétation du »silence du Purgatoire« du testament dans: La mort à Paris. XVIe, XVIIe, XVIIIe siècles, Paris 1978, 385—388 (voir aussi 155ss).

niel Fabre.[21] Ici et là on retrouve le même personnage, le messager des âmes, l'»armier«, intermédiaire traditionnel entre les morts et les vivants. Les morts qui lui apparaissaient et dont il transmettait les demandes aux vivants, étaient des âmes inapaisées et errantes, des revenants encore mal arrimés dans le Purgatoire, selon un style qui est celui d'avant le Purgatoire. Et cependant ces âmes confessaient qu' elles venaient du Purgatoire. (Il est vrai qu'à partir du XVIIIe siècle, les morts qu'on croyait bien enfermés, ont recommencé à revenir sur les lieux de leur vie.) Fabre a bien relevé que les mots »Purgatoire« et même »Paradis« »peuvent désigner ces moments et ces espaces, mais leur contenu n'est plus celui que l'Eglise catholique leur prête, même si l'imagerie des flammes et des délices est commune aux deux cosmologies«. N'y eut-il eu que de tels rapprochements entre le Purgatoire des intellectuels médiévaux et les croyances populaires, que le Purgatoire n'aurait pas explosé à partir du XVIIe siècle, au point de devenir, avec la piété mariale, la plus répandue des dévotions catholiques. L'enquête célèbre de G. et M.Vovelle[22] a relevé en son temps l'iconographie nouvelle du Purgatoire. Leur beau livre nous a appris à découvrir là où l'on n'y faisait pas attention.

Le Purgatoire est devenu alors ce qu'il n'était pas encore, même s'il avait pénétré plus tôt que je ne l'ai cru, les mentalités religieuses, un fait majeur de la sensibilité commune. Il l'est encore ajourd'hui à Naples, à Santa Maria delle anime comme dans d'autres églises, mais cette fois en dépit de l'hostilité du clergé.

Un tel succès implique à la fois un léger déplacement de sens du Purgatoire, et un grand changement de l'affectivité.

Malgré ses flammes, malgré l'utilisation terroriste qu'en firent les missionnaires du XIXe siècle, le Purgatoire n'est plus seulement, et même il est de moins en moins, un lieu de supplice. Dès la fin du XVe siècle, la sainte mystique Catherine de Gênes le voyait comme lieu de joie autant que de peine. Elle écrit: »Les âmes y jouissent d'un plaisir extrême, et en même temps elles souffrent d'un si (aussi) grand tourment sans que ces deux choses s'entrecombattent ou s'entredéchirent.«[23]

C'est que le Purgatoire n'est plus réservé aux plus coupables: Tous les élus — sauf quelques rares saints dûment canonisés par l'Église — passent néces-

---

[21] *Daniel Fabre*, Du messager des âmes au spirite en Languedoc: La mort aujourd'hui, Cahier de Saint Maximin, Marseille 1982, 93ss.
[22] *G. et M. Vovelle*, Vision de la mort et de l'Au-delà en Provence d'après les autels des âmes du Purgatoire XVe—XXe siècles: Cahier des Annales 29 (1970).
[23] *Catherine de Gênes*, La Purgatoire 12: »Comme la souffrance s'allie avec la joie au Purgatoire«; voir aussi 5: »De la paix et de la joie qui se trouvent dans le Purgatoire«. [Vgl. *Katharina von Genua*, Trattato del Purgatorio, Genua 1551].

sairement par ses portes purificatrices. Le Purgatoire se rapproche du Paradis.

En même temps, l'attitude des vivants se modifie. Dès le XIVe siècle, Chiffoleau a interprété la popularité — pourtant encore relative — du Purgatoire comme un report sur l'Au-delà par des individus déracinés qui avaient perdu leurs Patres et qui y reconstituaient leur peuple.

A partir du XVIIe siècle, c'est moins la communauté anonyme des anciens qui provoque la ferveur des vivants, ce sont les particuliers arrachés à leur affection par la mort avec lesquels les vivants veulent communiquer, qu'ils veulent voir. Ainsi le peintre aixois Daret a-t-il (au XVIIIe siècle) placé son propre fils dans le Purgatoire d'un retable publié et commencé par G. et M.Vovelle, au moment même où un ange l'enlève au Ciel.

Le succès du Purgatoire (c'est mon hypothèse) et son explosion relativement tardive, viendraient de ce qu'il a permis et même favorisé, une forme de communication entre les vivants et les morts qui serait autrement suspecte. Quand les familles pieuses de mon enfance faisaient dire des messes pour leurs défunts, elles pensaient moins à des messes pour leurs défunts, elles pensaient moins à des peines auxquelles elles ne croyaient plus avec leurs chers disparus, et au moyen de les assurer et encore de s'assurer eux-mêmes, qu'on ne les oubliait pas, en attendant d'être tous réunis.

A la fin de sa plus belle époque, au XIXe siècle et au début du XXe siècle, on peut le soutenir sans paradoxe, le Purgatoire est devenu l'antichambre provisoire du Paradis où les vivants de la terre et les trépassés continuent à communiquer periodiquement: bref, à l'entrée d'un couvent merveilleux, une sorte de parloir...

Heaven on Stone

Eighteenth- and Nineteenth-Century Ideas about Life after Death
as Reflected in American Cemeteries

Bernhard Lang

> Those who no longer go to church still go to the cemetery.
> (Philippe Ariès)

While changing attitudes toward death and dying have been extensively studied by recent scholarship, ideas concerning life after death remain a neglected field of research. This paper argues that between 1740 and 1850 a dramatic change occurred in the way many American Christians, especially mainstream Protestants, saw their eternal fate in heaven. While the church-centered Puritan view of heaven featured bodily resurrection and an eternity of divine worship, liberal nineteenth-century theologians redefined both the quality and the activities of paradise. They ignored the concept of bodily resurrection and transformed heaven into a place where married partners and families met, never again to part. At the same time, the spacious and scenic rural cemetery replaced the narrow urban churchyard. Since the corpse was no longer seen as the property of God and its earthly representatives, the funeral soon became a family affair with a privately owned grave.

It is particularly in cemeteries that we can see how the new ideas of life after death emerged. Accordingly, the sources considered in this paper include symbols on gravestones, sentimental epitaphs, and the location of cemeteries. Popular literature on life beyond the grave supplements and elucidates what can be seen visually. Thus material and intellectual culture receive equal attention.

I. Puritan Heaven

In early eighteenth-century Puritan New England the funeral was much more than just a family affair.[1] Upon death of a family member the head of

---

[1] *David E. Stannard*, The Puritan Way of Death, New York 1977; *Gordon E. Geddes*, Welcome Joy. Death in Puritan New England, Ann Arbor/Mich. 1981.

a household would inform relatives, friends, and the local minister. All of them assembled in the house of the deceased and silently led the corpse to the cemetery, usually a churchyard or a fenced place close to the meetinghouse. Although there was some pomposity and display of wealth in the giving of gloves and rings to all the invited or all who attended, Puritans kept the actual burial ceremony as simple as possible, avoiding the Catholic ritualism their divines so uncompromisingly disavowed.

At the grave the minister said a prayer and sometimes gave an address that extolled the known, or not-so-known, virtues of the passed member of his flock. More frequently, the funeral sermon was delivered at the next regular Thursday or Sunday service. In his address the minister might recall what the catechism of the New England Primer taught about the body's and soul's fates after death. »The souls of believers are at their death made perfect in holiness«, wrote the Primer, »and do immediately pass into glory, and their bodies being still united to Christ, do rest in their graves till the resurrection.«[2] Death involved the separation of body and soul; the former would stay in the grave, while the latter might pass either into heavenly glory or into the torment of hell, whichever was deserved.

Generally the minister would not dare to assert which was applicable, heaven or hell, for a stern Puritan doctrine emphasized human ignorance on such matters. This caution did not prevent the preacher to expatiate on a general resurrection which would reunite bodies and souls, thus making the restored elect »perfectly blessed in full enjoying of God, to all eternity«[3]. Until this resurrection, which was vaguely thought of as an event in the distant future, the glorified souls »go on in their white robes to do the parts of priests before him«, that is, before God himself. The souls' primary heavenly activity was the continuous worship of God as described in the New Testament. The less fortunate, of course, would have to go to a »place of torment«. »In that place«, explained Cotton Mather in a funeral sermon of 1717, »they are with horror expecting the greater torment that will at the Day of Judgement be inflicted upon them.«[4]

If they could afford to do so, the relatives marked the grave with a simple headstone that indicated the name of the dead, the date of death, the age, and occasionally some more information about the life of the interred person. The opening line of the epitaph usually read, »Here lies the body of ...« or,

---

[2] The New England Primer 1727, ed. by *Paul L. Floyd,* New York 1899, without pagination.
[3] The New England Primer 1727.
[4] The Puritan Sermon in America 1630-1750, vol. 4, ed. by *Ronald E. Bosco,* Delmar N.Y. 1978, 110 and 116.

»Here lie the remains of ...«⁵ Sometimes the personal data were followed by a lyrical epitaph adressed to the reader, reminding him or her of the inevitability of death, as well as the Christian duty to be well-prepared. A typical epitaph reads:

»Come mortal man
and cast an eye
come read thy doom
prepare to die.«
(1740, Newburyport, Mass.)⁶

There were of course simpler epitaphs such as »Reserved for a glorious resurrection« or, »Gone, but not lost« — two epitaphs Cotton Mather recommended for the gravestones of children who died in infancy.⁷ More effusive texts praised the moral and religious qualities of the deceased, but rarely referred to private virtues. One epitaph dating from 1709 which called a pastor not only »a fruitful Christian«, but also »a tender husband, and a parent kind, a faithful friend« (Wakefield, Mass.)⁸ is the exception rather than the rule. On early eighteenth-century gravestones a stern and icy tone prevailed.

The unsentimental attitude of Puritans was reflected in the art with which they almost uniformly decorated their gravestones. While the sides of most stones were embellished with simple floral and geometric motifs, the top of the stone was decorated with a symmetrical, winged skull. Not unlike a printed letterhead it dominated and determined the message written onto the stone. Like the bones, hourglasses, coffins, and palls that were sometimes added, the skull is a powerful and realistic symbol of death. It represents the actual dead person, thus reminding the onlooker that putrefaction was a grim, inescapable reality. The wings, on the other hand, symbolize the soul's journey to another world, be it heaven or hell. The motif seems to have been inspired by Ps 90, 10:

»The days of our years are threescore years and ten;
and if by reason of strength they be fourscore years,
yet is their strength labor and sorrow;
for it is soon cut off, and we fly away.«

---

⁵ *Michel Vovelle*, A Century and One-Half of American Epitaphs 1660-1813: Comparative Studies in Society and History 22 (1980) 534-547, at 541.

⁶ *Dickran and Ann Tashjihan*, Memorials for Children of Change. The Art of Early New England Stonecarving, Middleton/Conn. 1974, 279.

⁷ *Edmund S.Morgan*, The Puritan Family, New York 1966, 184.

⁸ *David H.Watters*, »With Bodilie Eyes«. Eschatological Themes in Puritan Literature and Gravestone Art, Ann Arbor/Mich. 1981, 110.

The winged skull is a short, condensed statement of Puritan doctrine of death and afterline. It survives as one of the very few symbols permitted to the artist who worked in a culture essentially hostile to iconic representation.

The sometimes individually designed headstone, the personal epitaph, and the prominent role of the family in the funeral procedure should not mislead us. Puritan death, and life after death, was not a family matter that belongs to the realm of the private. A closer look at some of the ideas and practices involved in the funerary complex reveals that Puritan death was an eminently public event. Consequently, it had to be dealt with by the community rather than by the bereaved family alone. By giving such mourning paraphernalia as gloves, rings, and scarves, the bereaved family tried to attract a large crowd to the funeral and involve as many people as possible in the ritual. Thus, communal solidarity was symbolically reenacted and affirmed.

In 1742 a New England legislation tried to limit this extravagant and costly gift-giving by transforming it into a payment given to the minister and the bearers of the coffin.[9] Yet, the communal character of the funeral remained. Legislation underscored, if implicitely, the official role of the minister. Even though Puritan theology held that the minister attended the funeral as a private individual, a participant among other participants, he must still be viewed as a representative of a religious body for whose values he stands and whose ideas he explains in public prayer and address. Only in theory was there a difference between a minister's merely participating and truly officiating roles. »Although centered in the family, the funeral was a communal affair«, asserts one historian; »the community gathered, ate and drank, marched in procession, and met the need of closing its own ranks at the loss of a member.«[10]

The practice of burying the dead in the churchyard or in a burial ground situated in the town commons at the edge of the settlement provides another important clue to understanding the public nature of Puritan death. The public character of the town commons is evident, and so is the communal quality of the churchyard. Its very location defines the churchyard as an extension of the church itself. Being buried at the place of public worship the dead still belong to the worshiping community of which they mystically form a part. This is the time-honored Christian idea of the »communion of the saints«, the idea that the living and the dead members of the church belong together and form one community. The public character of the cemetery is further enhanced by its actual appearance. Cluttered with virtually identical,

---

[9] *Geddes*, Welcome Joy 144.
[10] Ebd. 153.

indistinguishable gravestones it reminds us of the Puritan congregation whose identically dressed members met in their simple church. In the graveyard the dead Christians form a silent, petrified congregation. It replicates the living church members who worship their God in the meetinghouse, and the departed souls standing around the divine throne in heaven. In the cemetery as a public place the bodies silently await one final event that will concern all of them without discrimination: the general resurrection from the dead.

The corpse, therefore, does not belong to the family of the deceased, but to the community. It is public property. Even more than during life, when a man or woman could be excluded from the church or resign from membership, he or she is the inalienable property of all. One could also say that the corpse belongs to God and, therefore, to the church as his earthly representative. Both explanations amount to the same, to saying that the dead are lost to their relatives, but not to the community as a whole.

It is in keeping with this that in the eighteenth century the bier and the pall that covered the coffin during the procession were usually either the property of churches, and under their management, or belonged to the civic community and were in the hands of the civil authorities. More importantly, this was true of New England cemeteries which were typically owned by the town.[11]

In spite of the fact that many New England burial grounds are adjacent to the sites of old meetinghouses and churches, they were legally unrelated. While the church would receive only its members, the civic graveyard would eventually accomodate everyone — saint and sinner, Christian and atheist, and cover the deceased's coffin with its communal pall. In either case the cemetery and the interred bodies belong to the realm of the communal and public rather than that of the family.

II. The Transformation of Puritan Heaven

Uncertainty about the soul's ultimate fate, aptly expressed by the winged skull that could fly either to hell or heaven, and the funeral as a public, communal affair were the hallmark of Puritan dealings with death. Within the six decades following 1740, however, things changed rapidly.[12]

---

[11] *Allen I.Ludwig*, Graven Images. New England Stonecarving and its Symbols 1650-1815, Middleton/Conn. 1966, 54; *Geddes*, Welcome Joy 133. 145-147.

[12] *Edwin Dethlefsen/James Deetz*, Death's Heads, Cherubs and Willow Trees. Experimental Archaeology in Colonial Cemeteries: American Antiquity 31 (1965/66) 502-510; *Id.*, Death's

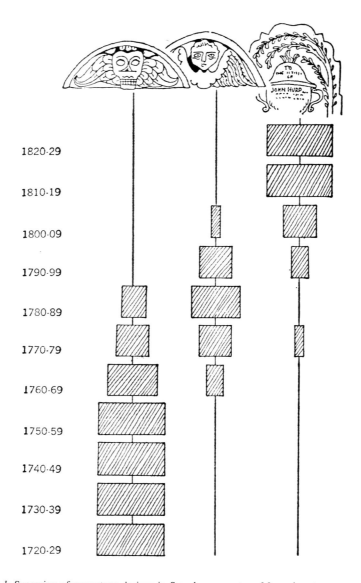

Figure 1: Succesion of gravestone designs in Stoneham cemetery, Massachusetts.

Head, Cherub, Urn and Willow: Natural History 76 (March 1967) 28-37; *James Robert Armstrong,* Trends in American Eschatology, (Diss. Boston College) Chesnut Hill/Mass. 1976; *Peter Benes,* The Masks of Orthodoxy. Folk Gravestone Carving in Plymouth County/Mass. 1689-1805, Amherst 1977; *Vovelle,* A Century.

The first ten years of this period are known as the the »Great Awakening«, a religious revival that suddenly involved most of American Protestantism. By stirring up religious sentiments it brought a re-orientation of religious life and thought. This movement, whose best-known representative is Jonathan Edwards, propagated a new religious ideal. Pre-revival Puritanism had believed in predestination. God had either elected the individual as a future member of the heavenly kingdom, or rejected him or her, thus providing hell with another denizen. Since only God could save a soul from the torments of hell, as well as from temporal misfortunes, passive obedience to God's commandments was the only thing one could do. Instead of passive obedience the revivalists preached repentance, humiliation, and the creation of a burning faith in the redemptive power of Christ. These were conditions within the control of »sinners« and not of God. Grace no longer was restricted to those already »elected«. Salvation, therefore, was more tangible and closer at hand than ever before. Popular expectations of salvation — going to heaven after death — increased considerably.

This new trend visibly manifested itself in the design of gravestones. While the overall structure — a rectangular plate for ornaments and text remained identical, the design at the top changed between 1760 and 1780 (see figures 1 and 2).

Figure 2:
Typical eighteenth-century designs of gravestone heads: Death's Head (a) and Cherub (b).

The winged skull was replaced by a winged human head, now generally termed a »cherub« or an »angel«. Just like the winged skull it refers to the soul's migration to the other world. While the skull-soul may go either to heaven or hell, the cherub betrays the new assurance of salvation; God's world rather than the devil's would be its ultimate destination. The soul would join the angelic choirs.

The same trend can be discerned in the epitaphs whose references to the body and bodily resurrection become a rare feature. Beginning in 1780 the image of direct transition to the other world notably prevails over that of a delay. At the same time allusions to the final judgment and resurrection become less frequent and more discrete. People came to believe in »instant salvation« after death rather than in the complex and seemingly contradictory dogma of an instant personal and a distant universal judgment. Now people died in the hope, and indeed in anticipation of, the joy and glory that was their due by virtue of both their merits and the blood of Christ. The ruler of the paradise to which they gained access was described more often as Redeemer than as Almighty King (with three times more references to savior than to almighty, according to Vovelle). The new heaven flooded with divine light was the abode of angels whose presence and whose choirs were equally cited. Taking a seat among angels implied that the deceased themselves became angels. Dwelling with the just, the saints, and sometimes with the patriarchs, angels populated that »happy mansion« where God had prepared a place for the blessed eternity of the newcomer.

The new sense that the soul has taken its definitive and eternal place in heaven is also visible in the epitaph's opening phrase (figure 3).

While the old Puritan gravestone marked the burial place of *the body* or *the remains* of the deceased (»here lies the body of ...«), its late eighteenth-century successor was a *monument* (»this monument is erected to the memory of ...«). The tomb was first viewed as a place where the body was placed to await resurrection. Later this idea was no longer pressed with the same force. The tombstone stood for the memory of the deceased whose soul had passed into the other world. Without necessarily having this precise implication, the new key formula helped to bypass the traditional doctrine of bodily resurrection. It was politely ignored or simply forgotten.

Another feature as important and striking as the »instant heaven« is the new emphasis on the nuclear family as an emotional, if not sentimental, unit. Eighteenth-century epitaphs increasingly stress the domestic virtues of the deceased. It was the tender father, the affectionate, irreplaceable, and unforgettable wife and mother who was mourned.

	17th cent.	1700—40	1740—60	1760—80	1780—00	1800—13
1. »here lies the body / lie the remains«	100	90	80	43	17	19%
2. »monument to the memory of«	—	10	18	53	82	80%
3. professional life	56	29	12	25	7	14%
4. misfortunes	—	—	5	16	16	23%
5. religious qualities	30	80	52	57	34	49%
6. family qualities	18	28	30	29	22	37%
7. expression of regrets	12	4	15	11	28	31%
8. assertion of familial group	6	—	—	11	17	20%

Figure 3: Major Themes in American Epitaphs

Toward the end of the century, the right to shed tears is recognized. Lamentation is not hidden, but engraved in stone, and often the misfortunes of the deceased, shared by the family, are tearfully chronicled. When one member of the family suffers from illness or bad luck, the whole group is emotionally involved. The family group, at times enlarged to include friends or fellow-citizens, made its entry into the epitaph. It affirmed the affection felt or recognition of those who erected and dedicated the monument. With the emergence and appreciation of the deceased as »private man« the »public man«, whose professional career many Puritan epitaphs had dutifully chronicled, faded away.

III. The Birth of Victorian Heaven

Around 1800, New Englanders abandoned the cherub design of headstones and replaced it with the urn-and-willow motif which became characteristic of Victorian cemeteries.[13]

The new decoration was adopted as a fitting expression of the grief, mourning, and regret families experienced at the death of one of their members. The urn suggested the idea of a Greek-style monument, while the weeping willow with its hanging boughs is a conventional emblem of mourning. (The urn was not a container of cremation ashes. Cremation was introduced only in late nineteenth-century America.) Like contemporary architecture and fashion modelled on Greco-Roman prototypes, it foreshadows the conspicuous display of mourning in the Victorian celebration of death, as well as the wish to give the tomb a picturesque setting in an elegant, well-kept park. A mournful symbol of sentiment has taken the place of an image of hope.

This is not to say, however, that the hope of an afterlife had declined or even vanished. The hope, and indeed the certainty of heavenly bliss were openly and frequently expressed in lyrical epitaphs. As heaven had already become a place to which one would ascend immediately, it could be easily assimilated to this world, and made conform to its predominately domestic values. A place as close as heaven could not be essentially different from earth, or more precisely from home. Heaven, the transcendent home, must be a place where one would find and rejoin one's beloved. This new idea emerged shortly before 1800, and soon gained currency as expressed by grieving spouses and despairing parents. The innovation can be found on several gravestones of 1797.[14] The rector of the Swedish churches in Pennsylvania, for instance, dedicated an inscription to his deceased wife. »He

---

[13] *Dethlefsen/Deetz,* Death's Heads, Cherubs, and Willow Trees; *Id.,* Death's Head, Cherub, Urn and Willow; *Blanche M.G.Linden,* The Willow Tree and Urn Motif. Changing Ideas about Death and Nature: Markers 1, Worcester/Mass. 1979/80, 149-155.

[14] *Timothy Alden,* A Collection of American Epitaphs and Inscriptions, 5 vols., New York 1814, nos. 104. 671. 974.

I cannot verify the date »around 1760« suggested by *Vovelle,* A Century 544. There must be similar epitaphs dating from before 1797. One example, unfortunately undated (later than 1739), is from the Warner Hall Farm near Naxera/Va.: »Here sleeps the body of Isabella Clayton, while her soul is gone in triumph to meet the best of husbands and never more to be divorced by him« (Epitaphs of Gloucester and Mathews Counties in Tidewater Virginia through 1865, Richmond/Va. 1959, 96). Numerous nineteenth-century examples can be found in *William B.Moore/ Stephen C.Davis,* Rosa is an Angel Now. Epitaphs from Crawford County/Pennsylvania: The Western Pennsylvania Historical Magazine 58 (1975) 1-51. 185-253. 327-394.

erected«, it says, »this monumental record of her piety, kindness, economy, neatness; her faithful affection to him in many trying scenes; of his grief, which shall not cease *until they meet in the land of the living*« (1797, Philadelphia).[15]

Another stone, dedicated to a widow who died soon after her husband, celebrates her day of passing as the time when »she commenced her inseparable union with her much beloved consort« (1800, Plymouth, Mass.).[16]

To the readers of *Emanuel Swedenborg's* »Delights of Wisdom concerning Conjugal Love« (Philadelphia 1796) and »A Treatise concerning Heaven and Hell« (Baltimore 1812) these ideas sounded thoroughly familiar. The »Christian Examiner« of 1824 refers to the expectation of meeting friends in the other world as a matter of fact (»On the Future Life«, 1824). Starting in 1833 America's bookstores were flooded with popular and semi-popular books on the social aspects and joys of life after death.[17] Typical titles were *Richard Mant*, The Happiness of the Blessed (Philadelphia 1833), *Benjamin Dorr*, The Recognition of Friends in Another World (Philadelphia 1838), and *Henry Harbaugh*, The Heavenly Home (Philadelphia 1853). In the forty years between 1833 and 1873, more than forty such titles were published, and many of them went through numerous editions. The authors were Reformed or Evangelical clergymen, Episcoplians, Unitarians, Moravians, Swedenborgians, and Spiritualists. A Catholic version was »In Heaven We Know Our Own« (New York 1863), originally written in French by the Jesuit *François-René Blot.*

There are differences among these authors. Unitarians do not distinguish between God and Jesus as the focus of heavenly existence, and they believe in eternal spiritual activity and progress rather than rest. Catholics have their purgatory as a place of the soul's preparation before its eventual admission to paradise. Swedenborgians repeat, with great rhetorical skill, their master's assertion that married life in heaven will include carnal joys.

Despite such peculiarities, nineteenth-century popular literature on heaven conveys the impression of a vague yet perceptible consensus. There was more assurance of salvation than among the Puritans whose strict doctrine did not allow for any knowledge about our election or reprobation, i.e. our going to heaven or hell. Most Christians agreed that after death the soul goes immediately to heaven in order to be rewarded by God and enjoy eternal bliss. There was a corresponding decline of belief in hell.[18] The doctrine of even-

---

[15] *Alden,* A Collection, no. 974.
[16] Ebd. no. 618.
[17] The authors include Richard Mant (bishop of the Church of England), Henry Harbaugh (German Reformed pastor), Augustus Charles Thompson (Moravian), George Cheever (Congregationalist), Edmund Hamilton Sears (Unitarian), William Henry Holcombe and Benjamin F.Barrett (Swedenborgians), Robert Dale Owen (Spiritualist), and many other, chiefly Protestant writers. For an evaluation of their books see *Ann Douglas,* Heaven Our Home. Consolation Literature in the Northern United States 1830-1880: Death in America, ed. by *David E.Stannard,* Philadelphia 1975, 49-68, *Marie Caskey,* Chariot of Fire. Religion and the Beecher Family, New Haven 1978, 294-302.
[18] *James J.Farrell,* Inventing the American Way of Death 1830-1920, Philadelphia 1980, 82-85.

tual resurrection of the body and its reunion with the soul became less important. Hell and resurrection were often ignored. Both theological and popular authors emphasized the social enjoyments of heaven as well as its domestic nature: friends and relatives would be reunited, mothers would find their lost children, wives their husbands, etc. Some of the more daring authors, including the Anglican bishop Richard Mant and the French Jesuit Blot, suggested that the marriage bond would continue beyond the grave.

One also gets the impression that the divine center of traditional Puritan heaven became modified if not less important. In his Easter sermon of 1834 noted Unitarian William Channing told his Boston congregation that in heaven, Jesus would joyfully welcome any newcomer not from »a real and elevated throne«, but like the humble carpenter and preacher he was on earth.[19] Jesus is just one of the numerous friends Christians want to and indeed will meet in the other life. In the final analysis, people were less interested in meeting God or Jesus than in being reunited with their lost parents, children or spouses. »As you know to me Heaven is where Father and Mother and Aunt Esther are«, mused James Beecher in a letter, »rather than or I should say, more than were God is. For God is here, they are not« (before 1874).[20] Heaven has become thoroughly anthropocentric — man-centered rather than God-centered, and thus as un-Puritan as conceivable.

Another, even more striking un-Puritan idea is that of marriage in heaven. In Cotton Mather's view this would be impossible, because »there will be no different sexes in the Holy City (...) They will so put on Christ that there will be neither male nor female, nor any more difference between them.« Heavenly man is modelled on Adam as he was before the creation of Eve, that is, he is an asexual male. Women will be translated into this form so that »the name woman is to be heard no more« (Mather).[21]

Consequently, a heavenly marriage relationship does not make sense in a Puritan context. The Puritan view even discourages to consider any other form of human relationship in the next world. Samuel Willard's 1726 explanation of the catechism refers only to the negative side of heavenly society. »The saints shall lay aside all their jealousies and animosities, and with one heart love one another entirely, and join with the most entire unity in the Heavenly Consort (i.e. Christ).« In other words: he excludes the possessiveness that might arise in the individual's love of the deity. The saint will

---

[19] *William E.Channing,* The Future Life. Discourse Preached on Easter Sunday 1834: The Works of William E.Channing, Boston 1880, 361.
[20] *Caskey,* Chariot of Fire 290-291.
[21] Quoted in *Watters,* With Bodilie Eyes 115-116.

enjoy Christ's »tender embraces« which were by some mystics experienced even here, »when Christ took them into his chambers, and spread over them his banner of love; when his left hand was under their head, and his right arm embraced them.«[22] Such intimacy is a possible source of discord and jealousy among the saints and leaves no room for true social relationships among them.

The new attitudes toward mourning and life after death also affected the layout of cemeteries. In the nineteenth century, the rapid growth of the population necessitated the establishment of new and considerably bigger burial grounds.[23] Between 1790 and 1830, for instance, Boston's population grew from 18.000 to some 61.000 inhabitants. The churchyards and the urban burial ground of the eighteenth century were overcrowded and seemed not only too small and unsightly, but also offended the growing sense of hygiene. People felt that they were a menace to public health.

The solution suggested by Senator James Hillhouse of New Haven, Connecticut, was to create a private cemetery sponsored by well-to-do citizens. Although New Haven's six-acre New Burial Ground established in 1796 attracted much attention and was highly praised,[24] one generation had to elapse before it was imitated. Boston, Massachusetts, was the first city to follow the example of New Haven. Some citizens of Boston acquired a large parcel of suburban land for a cemetery. The seventy-two acres that were subsequently doubled were situated four miles west of Boston in an area that belonged to Cambridge, seat of the famous Harvard University. From the soft, woody slopes of the new »rural« cemetery one could get a glimpse both of the college and the city. One could also overlook a fine sweep of the Charles River. Several ponds as well as numerous shrubs and imposing trees contributed to the romantic beauty of the spot. The idea was to cultivate a garden or park of beautiful trees into which a cemetery could be integrated in a way that would not damage, but perhaps even enhance its natural beauty. Boston's Mount Auburn cemetery was opened in 1831 and soon became the model of a »rural cemetery« that every decent American town or city should have. In 1836, Philadelphia established its Laurel Hill cemetery, and Brooklyn's Greenwood followed in 1838. By 1861 there were at least sixty-six

---

[22] *Samuel Willard*, A Compleat Body of Divinity, Boston 1726, 533-534.

[23] *Farrell*, Inventing the American Way of Death 99-113; *Thomas Bender*, The »Rural« Cemetery Movement. Urban Travail and the Appeal of Nature: The New England Quarterly 47 (1974) 196-211; *Ann Douglas*, The Feminization of American Culture, New York 1977, 211-213.

[24] *Stanley French*, The Cemetery as Cultural Institution. The Establishment of Mount Auburn and the »Rural Cemetery« Movement: *Stannard (Ed.)*, Death in America 69-91, at 75-76.

garden cemeteries in the United States, all of them modelled on Mount Auburn's example.

Rural cemeteries imply a significant modification of the eighteenth-century idea and practise of burial. While the Puritan grave belonged to the community, and was typically near the meetinghouse in town, the Victorian American's grave was owned by the family. Dead bodies, too, were owned by families and were legally treated as the property of the surviving spouse and the next of kin.[25] The grave was situated in a suburban area considered ideal for living. Just like the ideal home, the ideal grave should be outside of the busy, noisy, and often industrial city. In the wake of the industrialization Americans began not only to romanticize nature, but also claimed it as the proper location of homes for the living as well as the dead.[26]

Rural cemeteries did not belong to churches or towns, but were owned and operated by non-denominational, private companies. These sold individual lots of about 300 square feet that were neatly marked off as private property, often by fences. Within their lots, people would build subterranean vaults, a stylish house-vault above the ground, a little mausoleum, or just inter their relatives in individual graves. The character of the cemetery as an assemblage of individually or family owned memorial places was enhanced by the extreme variety of decorative art which was unknown before. »In the office at the cemetery will be found a large selection of photographs of burial monuments in the modern cemeteries of Italy, recently collected«, say the »Regulations« of Philadelphia's West Laurel Hill Cemetery; »from which new

---

[25] Thus the Supreme Court of the State of New York in 1856, approving a report written by Samuel B.Ruggles. This lawyer had argued that the next of kin rather than ecclesiastical authorities hold property rights over a corpse: *Samuel B.Ruggles,* The Law of Burial: *Alexander W.Bradford,* Reports of Cases Argued and Determin in the Surrogate's Court of the County of New York 4, Albany 1857, 503-532. The author of a textbook on »The Law of Cadaver« repeats the argument, summarizing the earlier view as follows: »The church took the body to itself. It held that a corpse was appropiated by it, by divine service and consecrated burial. The spirit departed to the realms of the supernatural; the body was held by the divine agent to await resurrection.« (*Perceval E.Jackson,* The Law of Cadavers and of Burial and Burial Places, New York 1936, 116).

[26] The study of nineteenth-century names is revealing. On the basis of the high frequency of such names as Evergreen, Oak Grove, and Lake View, Zelinsky concluded that »the nineteenth-century cemetery was emphatically bosky, with the terms woods, grove, evergreen, forest, and sylvan accounting for 86 percent of the references to general plant coverage.« Like nineteenth-century novelists and their readers he identifies such a landscape with that of heaven which is thought of as »a monochromatic, evergreen, featuristic land of perpetual spring morning or evening lying under a cloudless, windless, sunny sky, but where brooks and fountains flow nontheless, and trees, flowering shrubs, and grassy lawns thrive in a park-like ensemble.« (*Wilbur Zelinsky,* Unerthly Delights. Cemetery Names and the Map of the Changing American Afterworld: Geographies of the Mind, ed. by *David Lowenthal et al.,* New York 1976, 171-195).

designs can be selected. It is very desirable to avoid, as far as possible, duplicating styles of monuments already in the grounds.«[27] A visit of the still-existing rural cemeteries conveys an impressive contrast with the older churchyards: Puritan uniformity and simplicity now gives way to varied and elaborate, if not excessively luxuriant monuments. The place of Puritan meditation on the vanity of life is exchanged for a place of Victorian pomposity and display of monumental vanities. It is not surprising, then, that rural cemeteries became open-air museums that attracted numerous visitors.

The private character of the cemetery, however, was secured and protected in the bylaws: »Sundays. Admittance can be granted on this day of the week to funerals, and to the relations and friends accompanying them; or to lotholders on foot with their tickets, (which are in no case transferable) with members of their families, or friends in company.«[28]

Like the burial ground, the corpse of the dead had moved from communal into family property. Consequently, the cemetery should be a place »where the smitten heart might pour out grief over the grave of the cherished one, secure from the idle gaze of heartless passengers.«[29]

Even inside the cemetery itself people with »a cultivated and refined taste« preferred a secluded spot for their burials to one that was too visible. »Seclusion«, explained one cemetery guide, »is more in unison with the feelings of many friends of the dead than publicity, glare, and notoriety.«[30] It should be clear, however, that the new privacy of the grave and of mourning is not just a random matter of refined taste; it reveals a whole new set of ideas.

IV. Puritan and Victorian Ideas Compared

The principle themes we have considered — cemeteries, gravestones, epitaphs, and doctrines of life after death — can now conveniently recapitulated as in the table below (figure 4).

It is not easy to reconstruct the feelings with which a Puritan entered a graveyard. The winged skulls as well as the »prepare to die« epitaphs no

---

[27] West Laurel Hill Cemetery/Philadelphia. Description and Regulations, 11th ed., ed. by the Office of the West Laurel Hill Cemetery Company, Philadelphia 1887, 17.
[28] Guide to Laurel Hill Cemetery Near Philadelphia, Philadelphia 1851, 43-44.
[29] Guide to Laurel Hill Cemetery 15-16.
[30] *Adolphus Strauch*, Spring Grove Cemetery, Cincinnati 1869, 9.

	Puritan Heaven — church-oriented (early 18th century)	Victorian Heaven — family-oriented (19th century)
cemetery	churchyard: place of ecclesiastical worship; corpse belongs to God and community	rural cemetery: place of private, family worship: corpse belongs to family like plot in cemetery
gravestone	all gravestones uniform, decorated with winged skull (»death's head«) as symbol of religious belief	monuments diverse, decorated with urn-and-willow tree as symbol of mourning
epitaph	short, »prepare to die« message	long, verbose; the surviving members of the family expect to meet the deceased in the other world
doctrine	uncertainty whether the bodiless soul flies to heaven or hell; heaven is God-centered place of eternal worship; saints are asexual	certainty about transition to heaven which is understood as a place where spouses, families, friends reunite; marriage continues

Figure 4

doubt reminded him or her of the uncertainty about salvation, and inspired the fear of eternal damnation in hell. The rural burial grounds of the nineteenth century, on the other hand, were much more sentimental places, designed for unmolested and private mourning in natural surroundings. For the Puritans, nature had meant wilderness, wasteland, hostile environment, evil, and was seen even as a place of lawlessness and sin.[31] By the end of

---

[31] *Peter N.Carroll*, Puritanism and the Wilderness, New York 1969; *Linden*, The Willow Tree and Urn Motif.

the eighteenth century, nature had become something not to be feared, but to be admired, a place that elevates the soul, a source of consolation. Consequently, the rural cemeteries were viewed »as first schools in the preparation of the heart for a higher culture, as nurseries for an everlasting home«, as one author in »The Christian Examiner« explained.[32] The lofty thoughts to be inspired by »a well-ordered and beautiful cemetery, like our Mount Auburn« were completely individual, personal, and private; the quiet loneliness of the grave would »strengthen those anticipations which look to a recognition and reunion with departed friends in a future state of existence.«[33]

The private grave situated in a private cemetery is the place where heaven and earth meet. A private piece of land rather than the community of saints is the mystical door to a heaven of friends, relatives, and spouses.[34]

Illustration credits

Fig. 1: *James Deetz,* Im Small Things Forgotten: The Archaeology of Early American Life, Garden City/N.Y. 1977, 70.

Fig. 2: Ebd. 74.

Fig. 3: *Vovelle,* A Century and One-Half of American Epitaphs (see note 5), abridged from p.541 and 545.

The motto is from *Philippe Ariès,* Western Attitudes toward Death, Baltimore 1974, 73.
The author gratefully acknowledges the help received from Dr. Colleen McDannell.

---

[32] *J.B.,* Burial of the Dead: The Christian Examiner 31 (1842) 137-164. 281-307, at 151.

[33] *J.B.,* Burial of the Dead 153. 150.

[34] The really public cemeteries are now the national ones, after 1862 established by the United States Government for honorable veterans and soldiers who died on duty. By implication, the bodies of dead soldiers belong to the United States, just as the burial ground which is federal property. The headstones used are of uniform design and size: 13 inches wide, 4 inches thick, and 42 inches high of which 24 are above ground. The inscription regularly indicates the military rank of the deceased as well as his branch of service. National cemeteries present »endless vistas of marble headstones, stretching out in unbroken lines like the silent army of the dead standing in review before the succeeding generation of the living.« (*Karl Decker/Angus McSween,* Historic Arlington, Washington D.C. 1898, 86).

Der unverfügbare Tod

Todesanschauungen und Bestattungsrituale
zwischen Aufklärung und Industriekultur

Rainer Volp

A. Typische Verlegenheiten

I. Hat die Aufklärung den Tod tabuisiert oder ins Leben integriert?

1. Vom Fazit der Diskussion

Seit dem 18.Jh. hat sich *die Einstellung zum Tod* m.E. radikaler verändert als im Jahrtausend zuvor. Dies zu erkennen, verhindert nicht selten die höchst kontroverse Diskussion um das Erbe der Aufklärung:

a) *Ivan Illich*[1] resümiert, der Mensch verliere die Fähigkeit zu leben, wenn er nicht mehr fähig sei, mit dem Tod umzugehen; der technische Tod, d.h. der Unfalltod, der perfektionierte Krankenhaustod, der auch im Kriege mechanisierte Tod habe den Sieg im Sterben davongetragen und alle anderen Tode vernichtet. Die *Tabuisierung des Todes* — der Arzt, nicht mehr das Gerippe oder der Würgeengel, hält den Zeitmesser in der Hand — scheint die nachaufklärerische Grundhaltung zu sein.

b) *Walter Schulz*[2] bestreitet die Tabuisierung des Redens vom Tod und Sterben in der Gegenwart anläßlich zahlreicher Diskussionen über die Sterbe- und Trauerphasen, über aktive und passive Sterbehilfe, über den Tod im Krankenhaus und die drohende Selbstvernichtung der Menschheit. Zwar sei der Mythos von der Unsterblichkeit durch den anderen *Mythos vom natürlichen Tod* ersetzt worden, doch auch dieser werde zunehmend als ein Wissen um die Unverfügbarkeit des Lebens in einer allgemeinen Sympathie alles Lebendigen integriert.

c) Angesichts der grausamen Kriege unseres Jahrhunderts gibt es kaum noch eine Stimme, die den Tod verklären möchte, eine spätromantische Version

---

[1] *I.Illich*, Tod kontra Tod: *H.Ebeling (Hg.)*, Der Tod in der Moderne, Frankfurt/M. ²1984, 184—209.

[2] *W.Schulz*, Zum Problem des Todes: Ebd. 166—183.

der Aufklärung[3]. Doch inwieweit ist im Mythos vom natürlichen Tod diese *Todessehnsucht* nicht doch subtil enthalten?[4] Insbesondere stellen Euthanasie und das Plädoyer für den Selbsttod eine uneingelöste Frage der Aufklärungsepoche dar[5].

Ob technischer, integrierter oder sog. natürlicher Tod — diese Postulate unterliegen Selbsttäuschungen, wenn nicht darüber aufgeklärt werden kann, wie brüchig die individuale und kollektive Basis der Sterbe- und Trauerarbeit ist. Deshalb nähern sich die Forschungen zunehmend der Untersuchung kommunikativ greifbarer Existential- und Ritualdispositionen.

2. Die Bedeutung des Todes für die Lebenden

Niemand leugnet die Korrespondenz von Lebensbewältigung und Einstellung zum Tod. Aber viele übersehen, daß die aktuellen Lebenstrends, d.h. kulturell bestimmte Tendenzen, das Rätsel, welches kein Mensch lösen kann, vorschnell verdecken:

a) *empirische Erhebungen*, etwa über die Mortalität und über die Fähigkeit, diese zurückzudrängen, Untersuchungen über Religionsgeschichte, Recht, Medizin, Soziologie und Psychologie stehen oft unverbunden neben

b) *philosophischen Erklärungen:* z.B. die materialistische Auffassung »das Leben gehört dem Leben, der Tod dem Tod« oder das idealistische Postulat »kein Tod ist in der Schöpfung, sondern Verwandlung« (Goethe).

Ob man versucht, die in Betroffenheit getränkten Beziehungen objektiv aufzuarbeiten oder subjektiv in kritischer Distanz zur Gesamtkultur zu begreifen — in jedem Fall bedarf die Untersuchung des seit der Aufklärung gesuchten Gleichgewichts von Geist und Natur eines methodisch äußerst sorgsamen Zugangs. Denn jedes der universalen Probleme wie Selbsttötung und Krieg bindet den allgemeinen Tod, der dem Menschengeschlecht zukommt, und meinen Tod — um mit Kierkegaard[6] zu argumentieren — aufs engste aneinander; und ob der Tod als Ende, als Befreiung oder als Verwandlung gesehen wird, seinen Sinn verrät er immer nur andeutungsweise und wie jedes Ethos im kommunikativen Vollzug von Lebensritualen und Existentialformen. Der symbolische Tausch[7] zwischen Toten und Lebenden, den un-

---

[3] Vgl. *W.Rehm*, Der Todesgedanke in der deutschen Dichtung vom Mittelalter bis zur Romantik, Tübingen 1967.

[4] Vgl. *Schulz*, Zum Problem des Todes.

[5] Vgl. *W.Kamlah*, Meditatio Mortis: *Ebeling*, Der Tod 210—225.

[6] Vgl. auch (!) *L.Wittgenstein*, Vorlesungen und Gespräche über Ästhetik, Psychologie und Religion, hg. von *C.Barret*, Göttingen 1968, 94.

[7] Vgl. *J.Baudrillard*, Der symbolische Tausch und der Tod, München 1982.

sere neurotisierte Kultur vielleicht vergessen hat, kann nicht ohne Einsicht in die Empfindsamkeiten der Selbstfindung und die sozialen Zuwendungen der Sterbe- und Trauerbegleitung begriffen werden.

II. Versuche zur Klärung der Aufklärungshinterlassenschaft

1. Projekte zum Thema

Die jüngsten Projekte zur Thanatologie verzahnen in erfreulicher Offenheit das kulturelle Gesamtspektrum mit sowohl empirischen Analysen wie philosophischen Reflektionen[8]. Intensiv wird nach psychischen und sozialen Strukturen geforscht, erstaunlich ist jedoch, wie selten die zentralen Spuren der Betroffenheit in der Kunst und in religiösen Ritualen thematisiert werden[9]. Ein vom Zentralinstitut für Sepulkralkultur durchgeführtes interdisziplinäres Forschungsobjekt wurde von der Stiftung Volkswagenwerk vor allem deshalb finanziert, weil der sichtbare Schwund von Grabmalen der letzten Jahrhunderte den Denkmalbestand gefährdet[10], gleichwohl löste das Vorhaben die Untersuchung auch anderer, noch offener Fragen aus.

2. Offene Fragen

Besonders stark vorangetrieben hat die Forschung *Philippe Ariès* mit seiner »Geschichte des Todes«[11]. Das breite Vorkommen liturgischer, literarischer, testamentarischer, epigraphischer und ikonographischer Materialien sichtet er mit Hilfe von psychologischen Parametern der vom Tod Betroffenen: das Bewußtsein der Menschen selber, die Verteidigung der Gesellschaft gegen die wilde Natur, der Glaube an ein Leben nach dem Tode sowie der Glaube an die Existenz des Bösen. Auf diese Weise stellt er typische Mentalitäten in bestimmten Epochen fest wie z.B. für das frühe Mittelalter den »ge-

---

[8] Besonders erwähnt seien die Bücher von *H. Ebeling (Hg.)*, Der Tod in der Moderne (vgl. Anm. 1) mit philosophischen Beiträgen zum Tod seit Heidegger, sowie *R. Wienau/H. P. Rosemeier (Hgg.)*, Tod und Sterben, Berlin/New York 1984, entstanden aus einer interdisziplinären Ringvorlesung der FU Berlin.

[9] Das Buch von *Gion Condrau*, Der Mensch und sein Tod — certa moriendi condicio, Zürich/Einsiedel 1984, bezieht erfreulicherweise die Bildende Kunst, die Musik und den Film mit in die Überlegungen ein, leidet jedoch unter stark vereinfachenden und zum Teil falschen (Individualismusproblem) Perspektiven.

[10] *H.-K. Boehlke* ediert die Ergebnisse in der Reihe »Kasseler Studien zur Sepulkralkultur [KStS] seit 1979 (Bd.I: Wie die Alten den Tod gebildet. Wandlungen der Sepulkralkultur 1750—1850, Mainz 1979; Bd.II: Vom Kirchhof zum Friedhof. Wandlungsprozesse zwischen 1750 und 1850, Kassel 1984; Bd.III: Umgang mit historischen Friedhöfen, Kassel 1984).

[11] München/Wien ²1980.

zähmten« Tod, für das hohe Mittelalter das Bewußtsein des eigenen Todes und für das 16.—18. Jahrhundert die Orientierung auf den Tod des Andern, abgelöst vom »verbotenen Tod« im heutigen Bewußtsein: »Unsere Beerdigungen sind nichtssagend, aber unsere Friedhöfe sind beredt geworden«[12]. Die für die Forschung epochemachenden Einsichten von Ariès sind an zwei Stellen ergänzungsbedürftig:

a) besonders im deutschsprachigen Raum sind die Übergänge zwischen dem 18. und 19. Jahrhundert von erheblich größerer Tragweite (Romantik, Idealismus etc.) als für andere Kulturbereiche[13]. Daraus ergeben sich weitere Einsichten in die Frage nach der Tabuisierung des Todes in der Neuzeit.

b) Die Parameter sind im Blick auf gesellschaftliche Kräfte und auf soziale Rituale hin zu ergänzen. Denn die Glaubenskrise ist eine zugleich religiöse wie kommunikative Vertrauenskrise, woraus sich eine modifizierte Sicht zum Thema »Abdankung der Gemeinschaft« ergibt.

Es ist Ariès zuzustimmen, daß das Schweigen über den Tod auch mit der Abdankung des Bösen zu tun hat, da es nicht mehr als Erbsünde, sondern als abschaffbare Fehlleistung der Gesellschaft angesehen wird. Andererseits kann man nicht übersehen, daß das Böse im säkularen Sinne und metaphysisch angereichert auf ideologische Feindbilder übertragen wird. Daraus ergibt sich die Aufgabe, fragwürdige Entwicklungen der letzten zweihundert Jahre nicht als irreversibel anzusehen, sondern unnötig abgestoßene Beziehungen und personale Vernetzungen im heutigen Kontext neu zu sichten.

B. Der Wertewandel, skizziert an Grabkultur und Bestattungsritual

Die zwischen der Mitte des 18. und 19. Jahrhunderts rapiden Veränderungen der Sterbe-, Bestattungs- und Grabkultur zeigen sich besonders deutlich an drei Aspekten: an der sich verändernden Einstellung zur Hygiene und Medizin (I), an den Wandlungen der Jenseitsvorstellungen (II) sowie am Zusammenbruch von Ritualen im Zuge der Verstädterung (III).

---

[12] *Ders.*, Studien zur Geschichte des Todes im Abendland, München 1981, 52.

I. Die Anatomie und der Tod

1. Zwischen Aberglauben und Hygieneangst

Die Kultur der *Hygiene* entwickelt sich in dem Maße, in dem der Kirchhof nicht mehr heiliger Bezirk, Spiegel des irdischen Ordo und Kommunikationsort für jedermann ist, sondern zum Platz des konfessionellen Streits (rituelle Weihungen degenerieren zum Exorzismus) und makabrer Scherze wird. Im Theater häufen sich Liebesszenen auf Friedhöfen und in Todesgrüften (Romeo und Julia im Grab der Capulets). Nicht mehr war der Tote der Obhut der Kirche bis zum Jüngsten Gericht anheim gegeben, vielmehr verband sich mit sonderbaren Angstphänomenen (»Der schmätzende Tod«) die Angst vor Epidemien und Pestseuchen. Der österreichische Kaiser Franz Joseph II. verordnete als erster Totenkammern an jeder Kirche (1772 die Verordnung über das Begräbniswesen aus »allermildester Fürsorge für den allgemeinen Gesundheitszustand«[14]; die neuen Leichenhallen entsprachen einem gesamteuropäischen Bedürfnis. Zugleich wollte man das Recht der Verstorbenen wahren, nicht scheintot begraben zu werden und die Angehörigen vor im Aberglauben begründeten Geldausgaben schützen.

2. Das medizinische Interesse

Das Leichenhaus[15] thematisierte eine bislang untergeordnete Funktion: die der *Medizin*. Es war die Zeit, in der die Leichname zum Gegenstand anatomischer Neugier wurden. Erst seit dem 17. Jahrhundert avancierte die öffentliche Leichensektion zum Normalfall (vgl. Rembrandts »Anatomie des Dr. Tulp«). Das erste Lehrbuch der Anatomie »De humani corporis fabrica« von Vesalius konkurrierte Holbeins Totentanz, wie heute die Sachbücher über Sexualität den Illustrierten den Rang ablaufen. Die zentrale Devise der Aufklärung »Lernt sterben, doch zuerst lernt leben, wie ihr sollt« wurde nie nur moralisch, sondern auch physiologisch gedeutet. Die Hygienekultur machte den Tod des andern zum Objekt kanalisierter Neugier: in Wissenschaft, Erotik und Ästhetik (vgl. das Stilleben mit Totenkopf). Die Distanzierung vom Tod erschwerte es zunehmend, den fremden und den eigenen Tod als Einheit, ja als vereinbar anzunehmen.

---

[13] Vgl. *C.Neubert/R.Volp*, Wandlungsprozesse des evangelischen Bestattungsrituals: *Boehlke (Hg.)*, Vom Kirchhof zum Friedhof 69—74 und *C.Rietschel*, Das Herrnhuter Modell eines Gemeinschaftsfriedhofs: Ebd. 75—88.

[14] *S.R.Polley*, Das Verhältnis des Josephinischen Bestattungsreform zu der französischen unter dem Ancien Régime und Napoleon I.: Ebd. 109—124.

[15] S. *H.-K.Boehlke*, Über das Aufkommen der Leichenhäuser: *Ders. (Hg.)*, Wie die Alten ... 135—146. Vgl. auch *Illich*, Tod ... 184—209.

II. Die Wandlungen der Jenseitsvorstellungen

1. Die Metamorphose der Leitbilder

Während alle Jahrhunderte im christlichen Bereich zuvor die Koexistenz von Lebenden und Toten als grundlegend ansahen, orientierten sich die neu eingerichteten Friedhöfe außerhalb der Städte wieder an der einst von Christen bekämpften antiken *Trennung der Toten und Lebenden*. Die Hygienekultur und die Expansion der Städte ließen wenig andere Möglichkeiten zu, zumal das innerstädtische Gräberareal, auch als Weide von Gänsen, Schafen, Kälbern und Schweinen genutzt, nicht selten verfiel. Wollte man die Würde der Toten wahren, mußte eine neue Konzeption gefunden werden. Man berief sich auf die öffentlichen Grabdenkmäler an antiken Landstraßen und forderte eine Ästhetik der neuen Friedhöfe, die zur »Unterhaltung sittlicher Gefühle« geeignet war[16]. In seiner Schrift »Wie die Alten den Tod gebildet« (1769) beklagte Lessing den Verfall der Religion in der Entfernung vom Schönen und erhob statt des Bildes vom Gerippe die Metapher des Schlafs als vernünftige Erklärung der Spanne zwischen persönlichem Tod und Herabkunft des himmlischen Jerusalem zum zentralen Todessymbol. Der Genius »des Todes und des Schlafes« (Schadow) und der schöne Jüngling, der »die Fackel auslöscht und der dem wogenden Meer Ruhe gebietet« (Herder) werden zu neuen Leitbildern der Grabmale[17]. Schon August Nahl der Ältere, Hofbildhauer Friedrichs des Großen, hatte für die 1751 in Hindelbang bei Bern gestorbene junge Pfarrersfrau eine Platte entworfen, auf der die Tote im Augenblick des Aufwachens vom Schlaf dargestellt wird, Wallfahrtsort für empfindsame Geister wie Wieland, Goethe und später auch Schopenhauer. Selbst im puritanischen New England wird die Darstellung des Totenschädels seit den sechziger Jahren des 18. Jahrhunderts durch Cherubinvignetten und dann seit den neunziger Jahren von mit Weiden begrünten Urnen ersetzt[18].

2. Das Motiv des ewigen Schlafs

Es sind vor allem *drei unterschiedliche im Spiegel der Begräbnisorte erkennbare Vorstellungen,* die das Motiv des ewigen Schlafs (vgl. 1 Thess 4,15f) entfalten:

---

[16] So *C.C.L.Hirschfeld,* Theorie der Gartenkunst, 5 Bde., Leipzig 1779—1785, bes. Bd.2, z.B. 597.
[17] Herder vertiefte Lessings Erkenntnisse in einer Schrift gleichen Titels, die 1774 und dann 1786 erschien. Vgl. *K.Arndt,* Denkmal und Grabmal: *Boehlke (Hg.),* Wie die Alten ... 17—26; *P.Bloch,* Der Tod aus der Sicht der Hinterbliebenen: Ebd. 27—36.
[18] S. *B.Lang,* Heaven on Stone: in diesem Kompendium I, 603—620.

a) die Vorstellung der *Heiligen Stadt*, welche in der Idee des Klosters mit seinen Galerien im mediterranen und iberischen Kulturkreis weitergeführt wird. Während hier die Arkaden ins Endlose weiter zu wuchern scheinen, setzt sich das Motiv der Stadt im Norden dort durch, wo Sarkophage und Mausoleen Häusern nachempfunden werden, unabhängig davon, ob sie nun als Häuserreihen gedacht werden oder verborgen in Parkanlagen die Repräsentationssucht der Barockzeit in bürgerliche Attitüden überführen[19].

b) Die Vorstellung vom *Erlösungshain des Orpheus* schafft dem Englischen Gartenstil Eingang: die illusionistische Landschaft des paradiesischen Arkadien, schon in den barocken Parks durchsetzt von Nachbildungen der Gräber Homers und Vergils, macht einer elementaren Naturmotivik Platz. Pyramiden werden durch Bäume ersetzt, der Giebelsarkophag von J.J.Rousseau auf der Insel der Seligen im Park von Ermontville bei Paris ist von Pappeln umgeben und mit Attributen des Elysiums versehen: Palme, Siegeskrone und Früchte des unsterblichen Genies. Orpheus zähmt selbst im Tode mit seiner Leier die wilden Tiere, bewegt Bäume und Steine und bezaubert beim Abstieg in die Unterwelt deren Gewalten, so daß er mit der Gattin zurückkehren kann. Der Mythos beflügelt die Arbeit an der eigenen Unsterblichkeit. Urnen, Sarkophage, behauene und unbehauene Steine sind eingebettet in die Natur[20].

c) Eine neue und folgenreiche Konzeption entwickelt sich durch die Verbindung des Französischen Parks mit der *Vorstellung vom göttlichen Garten* in der Modifikation des Gottesackers durch die Herrnhuter Brüdergemeine, eine Konzeption, welche im ganzen nördlichen Europa und in Amerika Nachahmung findet. Man legt die sterblichen Leiber als »Korn« in die »Beete des Gottesackers«, entsprechend 1 Kor 15,36f. Jeder erhält die gleiche schlichte Grabplatte in der Reihe des Sterbedatums. Bestattet wird in weißen Särgen, Höhepunkt bildet die Osterliturgie auf dem Friedhof. Fruchttragende Bäume, grüne Hecken und vor allem viele bunte Blumen für die Gesamtanlage sind kennzeichnend. Eine gewisse Korrespondenz ist in jenen Friedhöfen festzustellen, wo die Leichenbretter als Grabkreuze benutzt und später durch Gußstahlkreuze in Reihen ersetzt werden[21].

---

[19] Vgl. *Ph.Ariès*, Bilder zur Geschichte des Todes, München/Wien 1984, 228—250.
[20] Vgl. *R.Volp*, Das stets gefährdete Paradies: KuKi 4 (1983) 222—226.
[21] Vgl. *Rietschel*, Das Herrnhuter Modell 75—88.

3. Zwischenspiel: Präsentische Eschatologie

Der bürgerliche Friedhof stellt den Kompromiß und die Verflachung der angezeigten Typen dar. Die Vertiefung der Jenseitsvorstellungen, wie sie die frühe Romantik belegt, wurde nicht durchgehalten. Dort ist sie einerseits bei Novalis und Friedrich Schlegel in der Liebe zum Tod als Manifestation der Liebe zum All interpretiert worden, Herders Motiv »Kein Tod ist in der Schöpfung, sondern Verwandlung« verschärfend. Andererseits haben sich im Anschluß an Jakob Böhme (»Wer nicht stirbt, ehe er stirbt, der verdirbt, wann er stirbt«[22]) zentrale christliche Tendenzen etwa bei Friedrich Schleiermacher oder seinem Freund C.D.Friedrich angezeigt. Unsterblichkeit ist hier nicht als Wunsch, sondern als Aufgabe angesichts der absoluten Todesgrenze gesehen worden: »Um ewig einst zu leben, muß man sich oft dem Tod ergeben« (C.D.Friedrich). Dessen »Grabmale alter Helden« von 1812 dokumentieren allerdings schon den persönlichen Einsatz für große Ideale, noch nicht allerdings das Kriegerdenkmal als Rechtfertigung des Kriegs. Hatte das historische Bewußtsein der Aufklärung die apokalyptische und paradiesische Jenseitsvorstellung in eine präsentische Eschatologie hinein verflüchtigt, so konnte sie F.D.Schleiermacher vertiefen und verdichten — doch im Sog der ihm folgenden spekulativen Philosophen kippt sie um in eine politisch verstandene Utopie.

III. Der Zusammenbruch von Sterbe- und Bestattungsritualen

1. Ideale der Selbstrechtfertigung

Die Gedenktafeln für die Gefallenen der Befreiungskriege signalisieren eine makabre Ambivalenz: Während die Kriege — anders als bisher — ideologisch begründet und damit noch erbarmungsloser als zuvor von absolut gesetzten Idealen her gedacht werden, widmet man erstmals jedem Gefallenen die Würde der Überlieferung seines Namens. Abgesehen vom renommierten Offizier, hatte man ihn bisher verbrannt und in Massengräbern vergraben. Jetzt sollte er als »Frucht für die Ewigkeit« angesehen werden; der Gottesacker, in der Heimat aufgegeben, war das Schlachtfeld geworden. Diese neue politische Qualität signalisiert einen tiefgreifenden Umbruch im Umgang mit Sterben und Tod: Ideale beginnen, Mitschuld am Tod zu rechtfertigen.

---

[22] Zit. nach *Rehm*, Der Todesgedanke 235.

2. Rituale der »Wahlverwandschaften«

Die stillen Begräbnisse, ursprünglich für Exkommunizierte, Ketzer, zum Tode Verurteilte, Selbstmörder und Duellierte eingerichtet, avancierten zum nächtlichen Initiationsritual von Intellektuellen: die Freunde Schillers tragen ihn des Nachts bei Fackelschein zu Grabe; das vorher verachtete stille Begräbnis wird jetzt zum Symbol geistiger Läuterung; die Nacht verbindet Natur und Geisterreich, denn nur die Gesinnungsgenossen und Weggefährten ahnen, wie im Genie Himmel und Erde zusammengebunden sind. Und die wenigen Wissenden übernehmen »autonom« jenes Netz von Sterberitualen, das bislang die Beziehungen zwischen Familie, Sippe, Nachbarschaft und Ständen ausdrücklich gemacht hatte. Der Tote wird zum Symbol für ein auch den Tod überragendes Ideal. Der in die öffentliche Gruft versteckte Schiller muß 21 Jahre später exhumiert und in eine Fürstengruft überführt werden, begleitet von einer Invasion unzähliger Schillerdenkmäler, denen sich die Kriegerdenkmäler beigesellen. Der Versuch, die zusammenbrechenden Sterbe- und Bestattungsrituale des Altertums (vom absolutistischen Zeitalter in dessen Programmatik aufgefangen) durch glaubwürdige Freundschafts- und Nachbarschaftsrituale zu retten, scheint gescheitert zu sein.

3. Pfarrer und Bestatter als neue Institutionen

Aus dem »ehrlichen Begräbnis« wurde das Problem der öffentlichen Moral. Das ehrliche Begräbnis war seit dem 16. Jahrhundert das Prinzip aller Begräbnisse, nicht nur derer, die moralisch unangefochten waren: sie sollten glaubwürdig sein, das heißt »ehrlich mit der Nachbarschaft und Freundschaft gehalten werden, daß wir bei solchen Begräbnissen erzeigen die Liebe, die wir gegen die Unseren haben. Wir bekennen damit unseren Glauben, daß sie in Christus schlafen und wieder auferstehen werden, daß wir sie nicht verloren, sondern vorgesandt haben. Item, daß wir auch beten, daß uns Gott eine gute Stunde gebe, wenn wir von hier sollen scheiden durch Jesum Christum unseren Herrn«[23]. Deshalb sollte aus jedem Hause jemand mitgehen, damit »nicht, wie etwa geschehe bei armer Leute Begräbnis kaum zwei oder drei Personen zum Begräbnis kommen«. Die Aufrichtigkeit zeigte sich darin, daß jedem Verwandten und Nachbarn eine eigene Aufgabe zugemutet wurde, abgesehen von den vielfältig offiziellen Funktionen des Priesters bzw. Predigers, des Lehrers, des Struktuarius (der die Gräber zuweist und Botengänge macht sowie die rituellen Gegenstände besorgt), des Küsters, des Kuhlengrä-

---

[23] Evangel. Kirchenordnung von Pommern 1535 (*Emil Sehling*, Die evangel. Kirchenordnungen des 16.Jh., Bd. IV, 1-2Tübingen 1955/1957).

bers (der bei Frost Sonderzulagen erhält), der Totenkleiderin, der Armenvögte, des Leichenbitters (Bekanntgabe des Todesfalles und Erstorganisation der Liebesdienste) sowie der Klagweiber und Klagmänner. Teilweise gehen diese Funktionen bis in unser Jahrhundert herein. Doch die Reduktion auf die beiden alleinigen Vertreter von Geist und Organisation, nämlich den Pfarrer einerseits und den Bestattungsunternehmer andererseits, stellt eine der fragwürdigsten weil gemeinschaftszerstörenden Veränderungen der Bestattungskultur dar. Ein kurzer Blick auf die unterschiedlichen Redesorten anläßlich Sterben und Bestatten kann schlaglichtartig das Ausmaß dieser Veränderung verdeutlichen.

4. Die Krise der Unverfügbarkeit des Todes — dargestellt an der Redekultur

Noch zum Beginn des 19. Jahrhunderts findet sich besonders stark im protestantischen Bereich ein Universum von Redearten, die man keineswegs entweder dem privaten« oder öffentlichen Bereich allein zuschreiben kann, sondern durch die die fließenden Übergänge erkennbar werden. Noch gegen Ende des 18. Jahrhunderts, als die Ärzte den ersten hygienischen Grundregeln auf die Spur kamen, erhoben sie Klage über die Überfüllung der Sterbezimmer. Und aus dem Beginn des 19. Jahrhunderts hören wir, wie Passanten, die auf der Straße dem kleinen Gefolge des Priesters mit dem Viatikum begegneten, ihm ihre Begleitung antrugen und ihm auf dem Fuß ins Krankenzimmer folgten. Auch wenn die Darstellungen des 19. Jahrhunderts die Gefühlsausbrüche des Kranken und Sterbenden einer erhabenen Heroik opferten und dafür die Angehörigen desto pathetischer ihren Abschied feiern ließen, finden wir auch hier in der Regel wenigstens alle Mitglieder der Großfamilie, die Kinder eingeschlossen, versammelt. Die große Schlichtheit und Einfachheit der undramatischen Sterbevorgänge vor dem 19. Jahrhundert widerspricht nicht, sondern bedingt die Fähigkeit aller Beteiligten, sich aktiv an den Vorgängen zu beteiligen.

Folgende Redesorten belegen die noch in unserem Jahrhundert erkennbare kommunikative Basis des Sterbens und der Bestattung:

a) Der *Segenswunsch* über den Sterbenden, öffentlicher Schlußpunkt der Sterbebegleitung, dokumentiert in zahlreichen und häufig auch umfangreichen Gebet- und Gesangbüchern.
b) Die *Parentation* (von *parentare*, d.h. ursprünglich, »den Eltern ein Totenopfer darbringen« [*Ovid*, Metamorphosen XIII]). In seiner Pastoraltheologie berichtet Claus Harms[24], daß die Parentation im Ansehen ganz

---

[24] *Claus Harms*, Pastoral-Theologie 2, Stuttgart 1834, 276—279.

oben stehe und entweder im Sterbehause oder »in dem Hause des Kirchdorfs, wohinein die Leiche vor der Beerdigung gesetzt wird«, gehalten werde, die meist spontane Ansprache eines Laien, der Gott und den Eltern für den Verstorbenen dankt.
c) Die *Leichenrede* im Gottesdienst bzw. in der Messe.
d) Der *Leichensermon*, auch »Ruhmzettel« genannt, beinhaltete die Vita des Verstorbenen (gelegentlich vom Verstorbenen selbst verfaßt).
e) Die *Abdankung* am Grab, in der Regel danken »Klagmann« oder »Klagfrau« der Leichenbegleitung für die Ehre und für den Beistand vor dem Tod (gelegentlich in der Kirche vorm Altar).
f) Die *Grabrede*, die sich besonders im Zusammenhang der »Stillen Begräbnisse« als Ergänzung oder Ersatz der Leichenrede einbürgerte. Nach Claus Harms hat sie »im Freien vielerwärts weit mehr Zuhörer, und zwar Menschen, die sonst armutshalber, arbeitshalber und wegen anderer Abhaltungen kein gutes Wort zu hören bekommen«, jedoch wegen »Kälte, Regen und Wind ... beschwerlich«, und deshalb gewöhnlich »ganz frei« und kurz gehalten[25].
g) Das *Totengedächtnis*, die »Dedicatio«, auch »Denk-Mal« genannt, eine im 18. Jahrhundert aufkommende Redegattung, in der sich Parentation und Abdankung mit Traditionen des Totenoffiziums zur Gedächtnisfeier nach der Beerdigung verschmelzen[26]. Durchsetzt von Gelegenheitsgedichten und konzertanten Darbietungen, schloß sie in der Regel mit der Bekanntgabe der Grabinschrift.

5. Das Wissen vom Allgemeinen verdrängt die Bewußtheit des Universellen und des Besonderen

Dieses bunte Universum von Redesorten verebbte in einer einzigen Grabrede, wenn nicht sogar in der von freier Rede entblößten Messe, weniger gedacht als Zuwendung geistlicher Bruderschaft im Trauerprozeß, denn als Rechtsakt. *Zunehmend definieren sich alle Funktionen vom Pfarrer und Bestatter her.* Nicht die Angehörigen und Freunde, sondern staatliche und kirchliche Institutionen sind die Subjekte der Bestattung. Die Trauernden werden Abnehmer von Dienstleistungen, so daß seit der Mitte des 19. Jahr-

---

[25] Ebd.
[26] Vgl. *R. Breymayer*, Neuentdeckte Dokumente zu Hölderlins Leben und Umkreis: Hölderlin Jb. 1978/1979. Vgl. *Paul Graff*, Geschichte der Auflösung der alten gottesdienstlichen Formen in der evangelischen Kirche Deutschlands bis zum Eintritt der Aufklärung und des Rationalismus, Göttingen 1921, 383.

hunderts die Zahl offiziell kirchlicher Bestattungen sogar erheblich zunimmt. Das Begräbnis ist kein tragendes Element des Lebensstils von Freundschaften und Nachbarschaften, sondern wird eine strikt öffentliche Institution. Nicht das Universelle in seiner Buntheit, sondern das Allgemeine in seiner rechtlichen Klarheit, nicht das Geflecht und die Textur einer lebendigen Religion, sondern festgelegte Texte einer vom Klerus und vom Staat kontrollierten Kirchlichkeit bemächtigen sich der Bestattungen. Wohl wird durch diese Konzentration die Einheit der Volkskirche in beiden Konfessionen gewahrt, aber man übersieht, daß dieses Volk über seine seelischen Verhältnisse hinaus zu leben gezwungen ist; die städtischen Agglomerate erzeugen eine strenge Zäsur zwischen Privatheit und Öffentlichkeit. Der Versuch, Geist und Kultur zusammenzubinden[27], wird bezahlt mit dem Bruch zwischen einer persönlichen und öffentlichen Religion. Dadurch tritt auch die Ars moriendi in den Hintergrund, ausgeliefert dem Zufall individueller Frömmigkeit. Bisher korrelierte sie mit kollektiver Frömmigkeit, jetzt zerfällt sie in der Isolierung — ein Ergebnis nicht des 14. oder 15. Jahrhunderts, sondern der jüngsten Entwicklung.

IV. Schluß

Philosophische Aufklärung ist in ihren besten Ausprägungen vom Bewußtsein geprägt, daß Unsterblichkeit als *Aufgabe,* nicht als Wunsch bloßer Kompensation zu verstehen ist. Selbst als relativ freie Entscheidung vor dem Tod, wie bei Sokrates oder Seneca, bleibt sie stets *unverfügbare* Aufgabe, Anhalt des christlichen Glaubens an die selbst im ungerechten Sterben nicht nachlassende Güte Gottes. Wo dieses Vertrauen in die Resignation bloßer Unnahbarkeit in die nackte Konfrontation des Todesdiktats umschlägt, erwächst dem Menschen die Versuchung (zumal wenn er staatliche Institutionen verantwortet), den unverfügbaren Tod als einen Tod von Anderen verfügbar zu machen. *Vestigia terrent!*

---

[27] Vgl. dazu *Gottfried Keller,* Der Grüne Heinrich (1854/55).

C. Bibliographie

Agende der Hannoverschen Kirchenordnungen. Mit einer historischen Einleitung, hg. von *L.A. Petri*, Hannover 1852.

Althaus, Paul, Der Friedhof unserer Väter, Gütersloh ³1928.

Ariès, Philippe, Geschichte des Todes, München/Wien ²1980.

Ders., Studien zur Geschichte des Todes im Abendland, München (1976) 1981.

Ders., Bilder zur Geschichte des Todes, München/Wien 1984.

Arndt, Karl, Denkmal und Grabmal. Notizen zur Entwicklung seit dem Klassizismus: Wie die Alten den Tod gebildet, hg. von *H.-K. Boehlke*, (KStS 1), Mainz 1979, 17—26.

Baudrillard, Jean, Der symbolische Tausch und der Tod, München 1982.

Beckmann, Alfred, Das Bestattungsritual der katholischen Kirche. Historische und theologische Aspekte unter besonderer Berücksichtigung der Aufklärungszeit: Vom Kirchhof zum Friedhof, hg. von *H.-K. Boehlke*, (KStS 2), Kassel 1984, 63—68.

Bernsdorff-Engelbrecht, Christiane, Überlegungen zu einer Studie über den Wandel der Trauermusik im 18. und 19. Jahrhundert: Ebd. 165—170.

Bloch, Peter, Der Tod aus der Sicht der Hinterbliebenen: Ebd. 27—36.

Block, W., Der Arzt und der Tod in Bildern aus 6 Jahrhunderten, Stuttgart 1966.

Bobbe, F.H.E., Die Gräber auf den Gefilden des neuen Gottesackers bey Dessem, Dessem 1792.

Boehlke, Hans-Kurt (Hg.), Wie die Alten den Tod gebildet. Wandlungen der Sepulkralkultur 1750—1850, (KStS 1), Mainz 1979.

Ders., Über das Aufkommen der Leichenhäuser: Ebd. 135—146.

Ders. (Hg.), Vom Kirchhof zum Friedhof. Wandlungsprozesse zwischen 1750 und 1850, (KStS 2), Kassel 1984.

Bogler, Theodor, Grabmal und Totenliturgie: LJ 8 (1958) 131—139.

Büchsel, C., Erinnerungen aus dem Leben eines Landgeistlichen, 4 Bde., Berlin 1861—1892.

Bürki, Bruno, Im Herrn entschlafen, Heidelberg 1969.

Choron, Jacques, Der Tod im abendländischen Denken, Stuttgart 1967.

Condrau, Gion, Der Mensch und sein Tod. Certa moriendi condicio, Zürich/Einsiedeln 1984.

Dirschauer, Klaus, Der totgeschwiegene Tod, Bremen 1973.

Ebeling, Hans (Hg.), Der Tod in der Moderne, Frankfurt/M. ²1984.

Faure, Alexander, Tod und Leben nach dem Tode in Predigten Schleiermachers: ZSth 18 (1941) 436—457.

Gretschel, C.C.C., Der Friedhof St. Johann. Ein Beitrag zur Geschichte Leipzigs, Leipzig 1836.

Grotefend, G.A., Das Leichen- und Begräbniswesen im preußischen Staate, Arnsberg 1869.

Hacker, M.J.L.N., Thanatologie oder Denkwürdigkeiten aus dem Gebiete der Gräber, Leipzig 1795, ³1798.

Hahn, H.Ch./Reischel, H. (Hgg.), Zinzendorf und die Herrnhuter Brüder. Quellen zur Geschichte der Brüder-Unität von 1722—1760, Hamburg 1977.

Harms, Claus, Pastoral-Theologie, 3 Bde., Stuttgart 1834.

Heidegger, Martin, Sein und Zeit, Tübingen 1927.

Hirschfeld, C.C.L., Theorie der Gartenkunst, 5 Bde., Leipzig 1779—1785 (Reprint Hildesheim/New York 1973).

Hügli, A., Zur Geschichte der Todesdeutung. Versuch einer Typologie: StPh 32 (1972) 1—28.

Husemann, F., Vom Bild und Sinn des Todes. Geschichte, Physiologie und Psychologie des Todesproblems, Stuttgart ³1977.

Illich, Ivan, Tod contra Tod: *Ebeling (Hg.)*, Der Tod in der Moderne 184—209.

Jansen, H.H. (Hg.), Der Tod in Dichtung, Philosophie und Kunst, Darmstadt 1978.

Jordahn, Bruno, Das kirchliche Begräbnis, Göttingen 1949.

Jüngel, Eberhard, Tod, Stuttgart 1971.

Kamlah, Wilhelm, Meditatio mortis, Stuttgart 1976.

Kammmerer-Grothaus, Helke, Antikenrezeption und Grabkunst: *Boehlke (Hg.)*, Vom Kirchhof zum Friedhof 125—136.

Kierkegaard, Sören, Die Krankheit zum Tode (1848), Ausg. Düsseldorf 1957.

Kliefoth, Theodor, Die ursprüngliche Gottesdienstordnung in den deutschen Kirchen lutherischen Bekenntnisses, Rostock/Schwerin 1847.

Kurze zuverlässige Nachricht von der Brüder-Gemeine (Zeremonienbüchlein), Herrnhut 1757.

Lang, Bernhard, Heaven on Stone, Eighteenth- and Nineteenth-Century Ideas about Life after Death as Reflected in American Cemeteries: *Becker/Einig/Ullrich (Hgg.)*, Im Angesicht des Todes I, (Pietas liturgica 3), St. Ottilien 1986, 603—620.

Leuenberger, Robert, Der Tod — Schicksal und Aufgabe, Zürich 1971.

Lintzel, M., Liebe und Tod bei Heinrich von Kleist. Berichte über die Verhandlungen der Sächsischen Akademie der Wissenschaften zu Leipzig, Berlin 1950.

Lurz, Meinhold, Denkmäler der Befreiungskriege: *Boehlke (Hg.)*, Wie die Alten den Tod gebildet 125—134.

Maser, Hugo, Die Bestattung, Gütersloh 1964.

Merkel, Friedemann, Art. »Bestattung IV. V.«: TRE V (1980), 743—7557.

Meyer, J.E., Todesangst und Todesbewußtsein in der Gegenwart, Berlin/Heidelberg/New York ²1982.

Munford, Lewis, Mythos der Maschine, Wien 1974.

Neubert, Christhard G./Volp, Rainer, Wandlungsprozesse des evangelischen Bestattungsrituals: *Boehlke (Hg.)*, Vom Kirchhof zum Friedhof 69—74.

Polley, Rainer, Das Verhältnis des josephinischen Bestattungsformen zu den französischen unter dem Ancien Regime und Napoleon I: Ebd. 109—124.

Rehm, Walter, Orpheus. Der Dichter und die Toten. Selbstdeutung und Totenkult bei Novalis, Hölderlin und Rilke, Düsseldorf 1950.

Ders., Der Todesgedanke in der deutschen Dichtung vom Mittelalter bis zur Romantik, Tübingen 1967.

Reisinger, F., Der Tod im marxistischen Denken heute, München 1977.

Richter, Gerhard, Die Wandlungen des friedhofsarchitektonischen Erscheinungsbildes für die Zeit zwischen 1750 und 1850: *Boehlke (Hg.)*, Vom Kirchhof zum Friedhof 137—144.

Riecke, V.A., Über den Einfluß der Verwesungsdienste auf die menschliche Gesundheit und über die Begräbnisplätze in medicinisch-polizeilicher Beziehung, Stuttgart 1840.

Rietschel, Christian, Das Herrnhuter Modell eines Gemeinschaftsfriedhofs. Der Gottesacker der Brüdergemeine: *Boehlke (Hg.)*, Vom Kirchhof zum Friedhof 75—88.

Ders., Das Bild des Friedhofs in der Romantik: Ebd. 145—158.

Rietschel, Georg/Graff, Paul, Lehrbuch der Liturgik 1, Göttingen ²1951, 756—788.

Röhrich, Lutz, Das Verhalten zum Tod und zu den Toten in der Volksdichtung: *Boehlke (Hg.)*, Vom Kirchhof zum Friedhof 89—108.

Ruland, Ludwig, Die Geschichte der kirchlichen Leichenfeier, Regensburg 1901.

Sachs, Samuel, Über den Werth religiöser Begräbnisfeierlichkeiten (und ihr Einfluß auf sittliche Volksbildung), Nürnberg 1818.

Sauer, A., Kleist's Todeslitanei, Hildesheim 1973.

Scheler, Max, Gesammelte Werke X. Schriften aus dem Nachlaß I, Bern ²1957.

Schieb, A., Welchen Preis fordert die Technik vom Menschen?: Tod — Ende der Vollendung?, hg. von *N.A.Luyten*, Freiburg Br./München 1980, 11—54.

Schleiermacher, Friedrich D.E., Die praktische Theologie nach den Grundsäzen der evangelischen Kirche im Zusammenhang dargestellt: *Ders.*, Sämtliche Werke I, 13, Berlin 1850, bes. 459—464.

Schulz, Walter, Zum Problem des Todes: *Ebeling (Hg.)*, Der Tod in der Moderne 166—183.

Schwabe, J., Schillers Beerdigung und die Aufsuchung und Beisetzung seiner Gebeine (1805—1827), Leipzig 1852.

Schwartländer, J. (Hg.), Der Mensch und sein Tod, Göttingen 1976.

Siggelkow, Handbuch des Mecklenburgischen Kirchen- und Pastoralrechts, Schwerin ³1797.

Spiegel, Yorick, Der Prozeß des Trauerns, München 1973.

Sternberger, Dalf, Über den Tod, Frankfurt/M. 1981.

Steut, Günther S., Der Wandel in der Einstellung zum Tode seit der Aufklärung. Der Grenzbereich zwischen Leben und Tod (Vorträge der Tagung der Joachim-Jungnis- Gesellschaft der Wissenschaften in Hamburg am 9./10.10.1975), Göttingen 1976, 154—161.

Talander, Die lebenden Todten welche in dem Herrn entschlafen ..., Trauerreden, Abdankungen, Begräbniß-Gedichte, Leipzig 1698.

Trieling, L., Das Ende der Aufrichtigkeit, München/Wien 1980.

Uhlig, L., Der Todesgenius in der deutschen Literatur, Tübingen 1975.

Unger, R., Herder, Novalis und Kleist. Studien über die Entwicklung des Todesproblems im Denken und Dichten von Sturm und Drang zur Romantik, Frankfurt/M. 1922.

Uttendörfer, O./Schmidt, W.E. (Hgg.), Die Brüder. Aus Vergangenheit und Gegenwart der Brüdergemeine, Herrnhut/Gnadau ²1914.

Volp, Rainer, Der Tod im Leben. Todesanschauungen um 1800: *Boehlke (Hg.)*, Wie die Alten den Tod gebildet 7—16.

Ders., Aus Leidenschaft zu einem Leben aus Liebe: das Paradies. Paradiesvorstellungen im Umkreis des Todes an der Schwelle des 19. Jahrhunderts: Der Traum vom Paradies, hg. von *Harald Seuter*, Wien/Freiburg/Basel 1983, 98—112.

Ders., Das stets gefährdete Paradies. Anmerkungen zur präsentischen Eschatologie in der Kunst: KuKi 4 (1983) 222—226.

Voti, L., Über die Anlegung und Umwandlung der Gottesäcker in weitere Ruhegärten der Abgeschiedenen, Augsburg 1825.

Vovelle, M., Mourir autrefois, Paris 1974.

Weizsäcker, Carl-Friedrich, Der bedrohte Friede, München/Wien 1981.

Wentzlaff-Eggebert, F.W., Der triumphierende und der besiegte Tod in der Wort- und Bildkunst des Barock, Berlin/New York 1975.

Winau, Rolf/Rosemeier, Hans Peter (Hgg.), Tod und Sterben, Berlin/New York 1984.

Winau, Rolf, Einstellungen zu Tod und Sterben in der europäischen Geschichte: Ebd. 15—26.

Winkler, Eberhard, Die Leichenpredigt im deutschen Luthertum bis Spener, München 1967.

Zulliger, H., Zur Psychologie der Trauer- und Bestattungsbräuche, Wien 1924.

Ich aber bin immer bei dir

Von der Unsterblichkeit der Gottesbeziehung

Diethelm Michel

A. Die ausgebliebene Usurpation

»Hiob starb alt und lebenssatt«. Mit dieser einprägsamen Feststellung endet die biblische Erzählung von Hiob. Mehr ist von ihm nicht zu vermelden. Nicht als ob nach gängigen alttestamentlichen Vorstellungen mit dem Tode alles aus wäre — aber das, was noch erwartet wurde, war weder erstrebens- noch erzählenswert: Nach seinem Tode würde Hiob, so glaubte man, sich allen anderen Verstorbenen zugesellen und in der Unterwelt, der Scheol, ein Schattendasein führen, abgeschnitten von Gott, unfähig, Gott anzurufen oder auch nur zu loben. Alle Toten würden dieses Schattendasein führen, alle unterschiedslos kraftlos und aneinander angeglichen — eine Vorstellung, die einen normalen Menschen entsetzte und die nur dem maßlos leidenden Hiob Trost schenken konnte (Ijob 3)[1].

Erst ganz gegen Ende der alttestamentlichen Zeit hören wir anderes über das, was nach dem Tode geschieht. In den späten Texten Jes 25,8; 26,19; Dan 12,2 f ist davon die Rede, daß Gott den Tod besiegen werde und daß Menschen auferstehen werden. Ansonsten aber ist, so kann man oft hören und lesen, das Alte Testament ein Buch des Diesseits, der Freude am Diesseits und der Verantwortung vor dem Diesseits. Manchmal kann man sogar die Meinung hören, der alte religionskritische Spruch »Den Himmel überlassen wir den Spatzen und den Pfaffen« (H.Heine) sei ganz im Geiste des Alten Testaments.

---

[1] Näheres bei *Georg Fohrer*, Das Geschick des Menschen nach dem Tode im Alten Testament: KuD 14 (1968) 249—262 = *Ders.*, Studien zu alttestamentlichen Texten und Themen, (BZAW 155), Berlin u.a. 1981, 188—202; *Otto Kaiser/Eduard Lohse*, Tod und Leben, (Kohlhammer Taschenbücher: Biblische Konfrontationen 1001), Stuttgart u.a. 1977; *Robert Martin-Achard*, From Death to Life, Edinburgh and London 1960 (französisches Original: De la mort à la résureciton, d'après l'Ancien Testament, Neuchâtel/Paris 1956); *Ludwig Wächter*, Der Tod im Alten Testament, (AzTh II,8), Stuttgart u.a. 1967.

Aber hier steckt ein Problem, das nach meinem Urteil weitgehend noch nicht richtig erkannt ist. Es gehört zum Wesen des alttestamentlichen Glaubens, daß er einen großen Magen hat, daß er sehr viel schlucken kann und auch geschluckt hat: altorientalische Schöpfungsvorstellungen in Gen 1—3, Traditionen der Keniter in Gen 4, die babylonische Sintflutgeschichte in Gen 6—8; Königsideologie in den Psalmen 20, 72, 110, 132 — ja selbst der vorisraelitische Jerusalemer Gott El Eljon (der höchste Gott) wurde »geschluckt« und mit Jahwe identifiziert[2]. Von Rad hat diesen Vorgang wissenschaftlich adäquater bezeichnet: Er spricht von »beschlagnahmen« oder »usurpieren«[3]: Der Jahweglaube usurpierte sehr viele Elemente seiner Umwelt. Und die Begründung dieser Usurpation ist auch klar: Es ist das im Alten Orient ohne Parallele dastehende Ausschließlichkeitsgebot: »Ich bin Jahwe, dein Gott, der ich dich aus dem Lande Ägypten, aus dem Hause der Knechtschaft, herausgeführt habe. Folglich darfst du keine anderen Götter neben mir haben.« (Ex 20,2; Dtn 5,6). Wenn wirklich Jahwe und Jahwe allein für Israel Gott ist, dann kann es und darf es keinen Schöpfer neben ihm geben, dann muß auch die Fruchtbarkeit des Kulturlandes von ihm herkommen, dann muß auch der durch das Königtum vermittelte Segen von ihm stammen etc. etc. etc. Wenn er wirklich allein Israels Gott ist, und wenn er wirklich allein Gott ist, kann es keine Macht neben ihm geben. Die Usurpation ist die notwendige Folge des Ausschließlichkeitsgebots.

Und genau hier steckt das Problem, von dem ich eben sagte, es sei nach meinem Urteil noch nicht richtig erkannt. Es lautet: Warum hat der Glaube Israels seinen usurpatorischen Charakter nicht auch bei der Frage bewiesen, was denn nach dem Tode geschehe? Denn das ist ja klar: Wenn wirklich mit dem Tode alles aus ist, dann liegt hier eine Grenze für Gottes Macht, dann ist er zwar »Gott der Lebendigen«, aber nicht mehr »Gott der Toten«. Wenn die Verstorbenen in der Scheol ein Schattendasein führen, in dem sie von Gottes Hand abgeschnitten sind (Ps 88,6), dann wäre hier ein Bereich, in dem Jahwe, der Gott Israels, nicht mehr der alleinige Herr wäre.

Die Frage ist eine systematisch-theologische. Beantworten kann man sie wohl zunächst nicht systematisch-theologisch (dogmatisch), sondern historisch. Das gibt es ja, daß bestimmte historische Konstellationen bestimmte

---

[2] Hierzu vgl. z.B. *Fritz Stolz*, Strukturen und Figuren im Kult von Jerusalem, (BZAW 118), Berlin u.a. 1970, 149—163.

[3] Vgl. z.B.: »Dieses Vordringen Jahwes, diese Beschlagnahme von Gebieten, die ihm ehedem fremd waren, dieses Aufgreifen und Ausfüllen kultischer Vorstellungen, die einem ganz anderen Religionskreis angehörten — das ist ohne Frage das Spannendste an der Geschichte des älteren Jahweglaubens« *Gerhard von Rad*, Theologie des Alten Testaments I, München 1957, 34; [4]1962, 39.

gedankliche Entwicklungen fördern oder hemmen. Zwei verschiedene historische Erklärungen für unsere systematisch-dogmatische Frage sind möglich: Jahwe galt noch lange Zeit nach dem Seßhaftwerden als »der Gott Israels« und nicht als »der Gott«; der Monotheismus hat sich in Israel erst ziemlich spät entwickelt — später jedenfalls, als uns die redigierten Quellen glauben machen wollen. Voll ausgebildet wurde er erst im Exil. Diese These ist in jüngster Zeit von Bernhard Lang vertreten worden[4]; er hat sich nicht zu unserem Problem geäußert — aber selbstverständlich hätten seine Thesen entscheidende Relevanz für unsere Frage, wenn sie zutreffen sollten. Denn dann wäre ja gar nicht so verwunderlich, daß der Jahweglaube eine usurpierende Grenzüberschreitung über den Tod hinaus nicht vollzogen hat. Nun ist hier nicht der Raum für eine Diskussion der Langschen Thesen. Nur so viel sei gesagt, daß das auf anderen Gebieten durchaus feststellbare Phänomen der Usurpation (vgl. oben) dann eigentlich nicht erklärbar wäre; vor allem aber: Wenn der biblische Monotheismus im Exil »geboren« worden wäre, sollte man annehmen, daß alsbald auch eine usurpatorische Grenzüberschreitung über den Tod hinaus stattgefunden hätte — und das war eben nicht der Fall. Es muß da noch andere Hinderungsgründe gegeben haben. Viel einleuchtender erscheint mir deshalb die historische Erklärung für unsere systematische Frage, die Victor Maag in seinem Aufsatz »Tod und Jenseits nach dem Alten Testament« 1964 geboten hat[5]: Es macht Israels Eigenart aus, »daß bei ihm nomadisches Erbe nicht wie bei allen anderen seßhaft gewordenen Völkern vor und neben ihm von der Macht der polytheistisch-vitalistischen Religion des Kulturlandes aufgezehrt worden ist«[6]. Zu dem durchgehaltenen nomadischen Erbe gehört nun, daß anders als Kulturlandbewohner die Nomaden »normalerweise kein religiöses Verhältnis zum Tod« haben, »weil ihre Migrationen sie von den Grabstätten ihrer Ahnen zu trennen pflegen. ... Und als sich nach der Einschmelzung der kanaanäischen Bauernbevölkerung in den israelitischen Volkskörper die Frage stellte, wie sich Jahwä zum sedentären Vorstellungskreis von Tod und Totenwelt und den damit verbundenen Riten verhalten werde, war die Antwort: Jahwä hat nichts damit zu tun und will nichts damit zu tun haben«[7]. So jedenfalls war die offizielle Haltung der Jahwereligion, wie sie uns im Alten Testament überliefert ist. Anders war das

---

[4] *Bernhard Lang (Hg.)*, Der einzige Gott. Die Geburt des biblischen Monotheismus, München 1981.
[5] *Victor Maag*, Tod und Jenseits nach dem Alten Testament: SThU 34 (1964) 17—37 = Ders., Kultur, Kulturkontakt und Religion. Gesammelte Studien zur allgemeinen und alttestamentlichen Religionsgeschichte, Göttingen 1980, 181—202.
[6] *Maag*, Kultur 181.
[7] Ebd.

wohl in der sogenannten Volksfrömmigkeit: in sie dürften solche Kulturlandvorstellungen in stärkerem Maße eingedrungen sein, als uns die offiziellen Texte glauben machen möchten. Trotz der radikal ablehnenden Haltung gegenüber Totenbeschwörung gab es eben doch noch eine Totenbeschwörerin, an die Saul sich in seiner Not wenden konnte (1 Sam 28). Und Jes 8,19 wird wie selbstverständlich damit gerechnet, daß das Volk sich nach dem Verstummen des Jahwewortes an die Totengeister und Wahrsagegeister wenden wird mit der Parole: »Soll nicht ein Volk seine Ahnengötter befragen — für die Lebendigen zu den Toten!« Und schließlich sprechen ja auch die Verbote von Lev 19,31; 20,6; Dtn 18,11 eine deutliche Sprache: Man verbietet schließlich nur das, was vorzukommen droht. Der Grund für das Verbot ist klar: Wer sich an Totengeister und Wahrsagegeister wendet, mißachtet den Ausschließlichkeitsanspruch Jahwes. So wurden diese Kulturlandvorstellungen von dem Glauben Israels nicht übernommen, sondern abgelehnt.

Diese rigorose Ablehnung des Totenkults und all dessen, was mit ihm zusammenhängt, hat nun gewissermaßen zu einer Berührungsangst geführt: der Jahweglaube mied die Beschäftigung mit diesem Gebiet auch dort, wo sie sich vom Ausschließlichkeitsgebot her eigentlich hätte ergeben sollen. Gelegentlich blitzen »Grenzüberschreitungen« auf: Am 9,2: »Wenn sie in die Totenwelt einbrechen würden, würde meine Hand sie auch dort packen; wenn sie zum Himmel aufsteigen würden, würde ich sie von dort herunterholen«. Oder Ps 139,7f: »Wohin könnte ich fliehen vor deinem Geist, wohin mich flüchten vor deinem Angesicht? Stiege ich hinauf in den Himmel, so bist du da; bereitete ich mir ein Lager in der Unterwelt, so bist du auch da!« An diesen Stellen wird gewissermaßen das Problem angedacht: Im Gegensatz zu den üblichen Vorstellungen darf man sich die Scheol nicht als einen Bereich vorstellen, der außerhalb der Macht Gottes läge, an dem er nichts zu suchen hätte. Wenn das stimmte, wäre Gott nicht der einzige Gott, neben dem es keine andere Macht gäbe, sondern lediglich der Herr der Welt des Lebens, der in der Scheol nichts zu suchen hätte und deshalb im Tode die Grenze seiner Macht erführe. Von dieser Überlegung her ist es alles andere als verwunderlich oder fremdartig, daß in späten Texten (wie gesagt: Jes 25; 26; Dan 12) anders als im sonstigen Alten Testament von Totenauferstehung und damit von einer endgültigen Überschreitung dieser Grenze die Rede ist. Im Gegenteil! Es ist verwunderlich und erklärungsbedürftig, daß dieser Schritt erst so spät vollzogen wurde. Offensichtlich hat es große Schwierigkeiten bereitet, die Eierschalen der nomadischen Beschränkung abzuwerfen.

B. Hilfen und Widerstände beim Entstehen der neuen Erkenntnis

Von sich aus, gewissermaßen ohne Anstoß von außen und in Weiterentwicklung seines eigenen Ansatzes, scheint der Jahweglaube diesen nach unserem Urteil so naheliegenden Gedankenschritt nicht vollzogen zu haben. Wenn nicht alles täuscht, mußte hier erst das Scheitern der weisheitlichen Vorstellung vom Tun-Ergehen-Zusammenhang, von der sogenannten »schicksalwirkenden Tatsphäre«[8], Mäeutik leisten. In alten Zeiten, in kleinen, überschaubaren dörflichen Gemeinden mag noch gegolten haben, daß die Weisen bzw. Gerechten belohnt und die Toren bzw. Frevler bestraft werden. Mit zunehmender Veränderung der sozialen Verhältnisse, mit zunehmender Verstädterung und vor allem mit der Fremdherrschaft unter Seleukiden und Ptolemäern wurde dieses »Gesetz« immer weniger aufweisbar. Immer häufiger kam es vor, daß Menschen, die sich erkennbar nicht an Gottes Gebote und an allgemein ethische Forderungen hielten, dennoch ein gutes Leben führten. Und die Frage mußte immer lauter werden und wurde auch immer lauter: Was ist in solchen Fällen eigentlich mit Gottes Gerechtigkeit los? Denn die schicksalwirkende Tatsphäre wurde ja nicht als eigene Größe, sondern als Werk Gottes angesehen. Die Frage mußte zu einer Aporie führen, wenn man die Antwort lediglich im Diesseits, im Leben vor dem Tod, suchte. Bei einer solchen Beschränkung mußte der Glaube an Gottes Gerechtigkeit und damit an der letzten Sinngebung der Welt schließlich verzweifeln.

Zugespitzt wurde die Frage nach der göttlichen Gerechtigkeit wohl noch dann, wenn offenkundig Unschuldige ein Martyrium erleiden mußten. So ist es wohl kaum zufällig, wenn eines der deutlichsten Zeugnisse des Auferstehungsglaubens auf dem Hintergrund des Martyriums erklingt: »Als er in den letzten Zügen lag, sagte er: Du Unmensch! Du nimmst uns dieses Leben; aber der König der Welt wird uns zu einem neuen, ewigen Leben auferwecken, weil wir für seine Gesetze gestorben sind« (2 Makk 7,9). »Als er (sc. der dritte Sohn) tot war, quälten und mißhandelten sie den vierten genauso. Dieser sagte, als er dem Ende nahe war: Gott hat uns die Hoffnung gegeben, daß er uns wieder auferweckt. Darauf warten wir gern, wenn wir von Menschenhand sterben« (2 Makk 7,13f). Vielleicht steht die Martyriumserfahrung auch hinter Jes 26,19: »*Deine* Toten werden leben«. Aber auch ohne die Zuspitzung durch das Martyrium hat die Unzufriedenheit mit dem,

---

[8] Zum Problem vgl. *Klaus Koch*, Gibt es ein Vergeltungsdogma im Alten Testament?: ZThK 52 (1955) 1—42; *Gerhard von Rad*, Weisheit in Israel, Neukirchen 1970.

was an Manifestation göttlicher Gerechtigkeit *auf Erden* erkennbar ist, zur Grenzüberschreitung zum Jenseits geführt — das zeigen z.B. die gleich zu besprechenden Polemiken aus Kohelet, und das zeigt vor allem der Ps 73.

Also wäre der Glaube an eine Vergeltung nach dem Tode nur das Ergebnis einer Flucht vor den Defiziten des Diesseits? Wer so urteilt und dann vielleicht auch noch fordert, man solle lieber die Defizite des Diesseits beseitigen und eine gerechte Welt jetzt schon schaffen als auf Gerechtigkeit im Jenseits zu hoffen[9], der verkennt den Unterschied zwischen historisch bedingter Entstehung und sachlich-theologischer Notwendigkeit. Ja, es war wohl in der Tat das Ungenügen am Diesseits, das Fehlen von Gerechtigkeit im Diesseits, das zur Grenzüberschreitung ins Jenseits führte. Aber diese historische Bedingung hat nur in die Wege geleitet, was vom Glauben her schon längst notwendig war. Wenn wirklich gilt, daß Jahwe, der Gott Israels, der Schöpfer der Welt, der Herr der Welt, der einzige Gott ist, dann kann es neben ihm keinen anderen Herrn geben, dann kann es auch keinen Bereich geben, der seinem Zugriff entzogen wäre. Dann mußte endlich, endlich der Glaube auch den Bereich nach dem Tode für seinen Gott usurpieren.

Was hier als Notwendigkeit des Glaubens bezeichnet wurde, hat nun keineswegs allen Israeliten eingeleuchtet. Bekannt ist ja, daß die Sadduzäer diese Konsequenz des Glaubens heftig ablehnten, während die Pharisäer sie mit Emphase vertraten. Im Alten Testament selber hat diese neue Erkenntnis, die anscheinend vor allem in Weisheitskreisen entwickelt wurde, den heftigen Widerstand des Weisheitslehrers gefunden, den wir unter dem Namen Kohelet (Prediger Salomo) kennen. Offensichtlich als Kommentar zu solchen Auferstehungshoffnungen sagt er 3,21: »Wer weiß denn, ob der Geist der Menschen nach oben steigt und der Geist der Tiere nach unten zur Erde hinabsteigt?« Er bestreitet die neu aufkommende Vorstellung nicht, aber er verharrt in der Haltung des Agnostikers: Das kann man nicht wissen, und damit darf man nicht rechnen. Dieser Ahnherr der Sadduzäer[10] polemisiert 6,8—10 gegen eine Armenfrömmigkeit, die ihre Sehnsucht auf das Jenseits richtet: »Besser, man genießt, was vor Augen ist, als daß die Sehnsucht umherwandelt« (6,9), und 9,5ff hält er den neu aufkommenden Vorstellungen die

---

[9] Übrigens: die Alternative »Gerechtigkeit im Diesseits schaffen« — »auf Gerechtigkeit im Jenseits hoffen« ist eine falsche Alternative; zum Beweis dessen braucht man nur aufmerksam anzuschauen, was an innerweltlicher Gerechtigkeit in der UdSSR seit 1919 erreicht worden ist.

[10] Dazu vgl. z.B. *Adolf Gerson*, Der Chacham Kohelet als Philosoph und Politiker, Frankfurt a.M. 1905; *Ludwig Levy*, Das Buch Qoheleth. Ein Beitrag zur Geschichte des Sadduzäismus, Leipzig 1912. Weiteres und vor allem eine Untersuchung der im folgenden genannten Stellen bei *Diethelm Michel*, Untersuchungen zur Eigenart des Buches Qohelet, (BZAW), Berlin u.a. 1987.

alten Positionen entgegen: »⁵Die Lebenden erkennen, daß sie sterben werden, die Toten aber erkennen überhaupt nichts mehr; denn die Erinnerung an sie ist in Vergessenheit versunken. ⁶Ihre Liebe, ihr Haß und ihr Eifern — all dies ist längst erloschen. Auf ewig haben sie keinen Anteil mehr an dem, was unter der Sonne geschieht«. Sein Ratschlag: Genieße dein Leben *jetzt* (9,7—10), »... denn es gibt weder Tun noch Rechnen noch Können noch Wissen in der Unterwelt, zu der du unterwegs bist« (9,10). Die Gegenposition, gegen die Kohelet hier argumentiert, findet sich 9,1: »Die Gerechten und die Weisen und ihre Werke sind in Gottes Hand«[11]. Die Wendung »sie haben keinen Anteil mehr an dem, was unter der Sonne geschieht« (9,6) zeigt, daß »Jenseits« hier (noch) nicht im Sinne eines »Jenseits dieser Welt« verstanden wurde, sondern »nur« als »Jenseits des Todes« — offensichtlich erwartete man eine Vergeltung nach dem Tode *in dieser Welt*[12].

C. Probleme von Psalm 73

Nach diesen gedrängten »historischen« Betrachtungen sind wir gerüstet für Ps 73. In v.1 finden wir, als eine Art Thema vorangesetzt, eine Formulierung des alten Glaubenssatzes vom Tun-Ergehen-Zusammenhang:
»Lauter Güte ist Gott für Israel,
für alle Menschen mit reinem Herzen«[13].
In vv. 2—12 folgt dann die Antithese: In dieser Welt ist eben nicht immer aufweisbar, daß Gott den Menschen mit reinem Herzen wohlgesonnen ist, daß er lauter Güte für sie ist — im Gegenteil! Die Erfahrung zeigt dem Psalmisten, daß Prahler und Frevler ein gutes Leben führen, daß ihnen Glück und Reichtum zuteil wird. Ihm selber dagegen geht es schlecht: »Und doch war ich alle Tage geplagt und wurde jeden Morgen gezüchtigt« (v.14), obwohl er von sich sagen konnte, er habe sein Herz rein gehalten (v.13). Die Diskrepanz zwischen dem überlieferten Glaubenssatz und der erfahrenen Wirklichkeit

---

[11] Dazu vgl. Weish 3,1—3: »Die Seelen der Gerechten sind in Gottes Hand, und keine Qual kann sie berühren. In den Augen der Toren sind sie gestorben, ihr Heimgang gilt als Unglück, ihr Scheiden von uns als Vernichtung; aber sie sind in Frieden«.
[12] Hierzu vgl. unten 654f.
[13] So die Einheitsübersetzung. Mit einer leichten Änderung des hebräischen Textes, die von den meisten Kommentatoren angenommen wird (fehlende Worttrennung), ergibt sich: »Lauter Güte ist Gott für den Rechtschaffenen, Gott für alle Menschen mit reinem Herzen«. Dieser Text scheint mir besser zum Psalm zu passen.

war so bedrückend und schwerwiegend, daß der grübelnde Versuch eines Verstehens für ihn zu einer Qual wurde (v.16). Doch dann auf einmal ändert sich alles, und diese Wende wird in vv. 16—20 geschildert:

16 Dann sann ich nach, um das zu begreifen,
    es war eine Qual für mich,
17 bis ich eintrat in die (zu den) Heiligtümer(n) Gottes und begriff, wie sie enden.
18 Ja, du stellst sie auf schlüpfrigen Grund,
    du stürzt sie in Täuschung und Trug.
19 Sie werden plötzlich zunichte,
    werden dahingerafft und nehmen ein schreckliches Ende,
20 wie ein Traum, der beim Erwachen verblaßt,
    dessen Bild man vergißt, wenn man aufsteht.

Daß die Wende in diesen Versen und besonders in v.17 geschildert wird, ist klar, denn am Schluß des Psalms hören wir ab v.23 ganz andere Töne, wie wir gleich sehen werden. Nur: als ich gerade sagte, die Wende werde in v.17 *geschildert*, war das sehr euphemistisch ausgedrückt. Denn der Ausdruck »schildern« impliziert im normalen Sprachgebrauch ja, daß man das Geschilderte verstehen kann, und das ist für uns bei v.17 nicht so ohne weiteres der Fall. Vor allem ist der nicht gerade übliche Plural »Heiligtümer Gottes« alles andere als klar. Kann man die Pluralform nach Ps 68,36 als Bezeichnung des Jerusalemer Tempels ansehen (so z.B. die Einheitsübersetzung)? An der Problemstellung hat sich seit de Wette (1829!) nicht viel geändert; er soll deshalb hier zu Worte kommen: Die Übersetzung »bis ich drang in Gottes Heiligthümer« erläutert er: »d.i. heil. Plane« und fährt fort: »Wenn es schwierig ist, מִקְדְּשֵׁי in dieser Bedeutung zu nehmen, so ist dagegen die gewöhnl. Erklärung: *bis ich in den Tempel kam*, dem Zusammenhange und dem Parallelismus nicht angemessen. So schicklich es an sich wäre, daß der Dichter seine gewonnene bessere Einsicht einer im Heiligthume empfangenen Offenbarung zuschriebe; so widersprechend ist es dem folgenden Halbvers, in welchem von eigener Beobachtung die Rede ist«[14].

Wir können und wollen hier keinen Forschungsüberblick geben; folgende Möglichkeiten seien nur ohne Anspruch auf Vollständigkeit genannt:
1. Man kann das Problem durch eine Radikalkur lösen, indem man den hebräischen Text מקדשי אל als korrupt ansieht und emendiert; so z.B. Gunkel, der den Psalm als weisheitliches Lehrgedicht versteht und meint, in einem solchen »liegt es weit ab«, »daß dem Dichter gerade im Tempel Erleuchtung zuteil geworden sei«[15]. Gunkels »Fallen Gottes« haben aber niemanden überzeugt.
2. Man versteht »Heiligtümer Gottes« als Bezeichnung des Tempels in Jerusalem; dieses Verständnis haben zuletzt Ross[16] und Irsigler[17] ausführlich als grammatisch mindestens möglich

---
[14] *Johann Martin Lebrecht de Wette*, Commentar über die Psalmen, Heidelberg 1829, 413.
[15] *Hermann Gunkel*, Die Psalmen, (HK II,2), Göttingen ⁴1926, 318.
[16] *James F. Ross*, Psalm 73: Israelite Wisdom (FS Samuel Terrien), New York 1978, 161—175.
[17] *Hubert Irsigler*, Psalm 73 — Monolog eines Weisen, (ATS 20), St.Ottilien 1984.

begründet. Dabei muß dann die bereits von de Wette 1829 gestellte Frage beantwortet werden, wie denn der Psalmist im Tempel zu seiner neuen Einsicht gekommen sei.
Schmidt hat die wohl phantasievollste Antwort gegeben: »Aber wie hat der Dichter das Zerscheitern des Glücks jener Frevler, wie hat er ihr ›Ende‹ so mit Augen sehen können, daß er noch in der Erinnerung in hellem Entsetzen davon spricht? Er muß doch wohl einen von ihnen haben stürzen sehen, vielleicht ganz buchstäblich am Herzschlag auf den Steinen des Tempelhofes, oder krank und siech und zu dem gelästerten Gott um Hilfe flehend«[18]. Aber: ein Einzelerlebnis kann schwerlich das in dem Psalm thematisierte grundsätzliche Problem des Glücks der Gottlosen lösen. Vor allem jedoch: bei dieser »Lösung« hat der Tempel(hof) keine eigene Funktion, er ist ein zufälliger Ort, der durch jeden anderen ersetzt werden könnte. Das entspricht schwerlich der Formulierung in v.17a; das »Eintreten in die Heiligtümer Gottes« ist sicherlich mehr als Angabe eines zufälligen Ortes.
Eine dem Gewicht der Formulierung angemessene Funktion erhält die Wendung »die Heiligtümer Gottes« bzw. »das Heiligtum Gottes«, wenn man die neue Erkenntnis als im Tempelgottesdienst vermittelt ansieht. Weiser z.B. denkt an »eine Gottesbegegnung in der Theophanie, wie sie für den Bundesfestkult anzunehmen ist«[19], Würthwein präziser an »ein Orakel, ... einen Prophetenspruch, der ihm im Tempel zuteil geworden ist«[20], wobei das »ihm« wohl einen König meine. Etwas sibyllinischer Kraus: »Man wird annehmen dürfen, daß der Psalmist entweder einen Gottesspruch empfing oder in einer Theophanie mit der Wirklichkeit Gottes konfrontiert wurde (vgl. Hi 40,1ff). Es ist das Geheimnis des Ps 73, daß aus einer neuen Dimension heraus über das gerechte Walten Gottes Auskunft gegeben wird. Was in dieser Welt empirisch nicht mehr aufweisbar ist, wird prophetisch durchleuchtet«[21].
Für mich ist es nicht das Geheimnis von Psalm 73, sondern das Geheimnis von Kraus, wie er zu der Ansicht kommt, im Psalm werde das, was empirisch nicht mehr aufweisbar ist, prophetisch durchleuchtet. Der Psalmist redet nie davon, daß er ein prophetisches Wort empfangen habe, sondern daß er Einsicht gewonnen habe (v.17b!) — wie, das sagt er leider nicht.
Ebenfalls nicht nachvollziehbar ist mir die Interpretation Westermanns: »... wobei der Weg zum Heiligtum als Hinwendung zu Gott verstanden ist in dem aus dem Klagepsalm vorgegebenen Sinn. Das Sich-Wenden eines Leidenden, der die Zuwendung Gottes erflehen will und sie im Heiligtum erhalten kann (sic!). Es ist an das Heilsorakel zu denken, an die Versicherung, daß Gott gehört hat, so wie Hanna bei ihrem Weg zum Tempel erhielt (1. Sam 1f). Aber an die Stelle einer Heilszusage ist hier, in dem von Reflexion bestimmten Psalm, die Antwort geworden (sic!), die er auf sein qualvolles Grübeln findet«[22]. Ist nun an ein Heilsorakel zu denken — oder an die »an die Stelle einer Heilszusage« getretene »Antwort ..., die er auf sein qualvolles Grübeln findet«, und die, wie Westermann dann im folgenden darlegt, in der Einsicht besteht, daß die Frevler zugrunde gehen? Diese Einsicht ist, wie Westermann selber bemerkt, »ein konventionelles, häufig begegnendes Motiv«[23], das hier allerdings einen eigenen Akzent haben soll: »Im Unterschied zur Funktion dieses Motivs in den Freundesreden im Buche Hiob liegt hier das ganze Gewicht darauf, daß das Sich-Gegen-Gott-Stellen der Frevler (V.11) bewirkt, daß sie ins Bodenlose fallen (V.27). Daß es so gemeint ist, zeigt der Gegensatz in V.23—26«[24]. Abgesehen davon, daß m.E. so unterschiedlich das Geschick der Frevler in den Freundesreden gar nicht geschildert wird (vgl. z.B. Ijob 18,5-21)

---

[18] *Hans Schmidt*, Die Psalmen, (HAT I,15), Tübingen 1934, 139.
[19] *Artur Weiser*, Die Psalmen, (ATD 15), Göttingen 1950, 335.
[20] *Ernst Würthwein*, Erwägungen zu Psalm 73: FS Alfred Bertholet, Tübingen 1950, 532—549 = Ders., Wort und Existenz. Studien zum Alten Testament, Göttingen 1970, 161—178, hier: 177.
[21] *Hans-Joachim Kraus*, Psalmen, (BK.AT XV), Neukirchen ⁵1978, 670f.
[22] *Claus Westermann*, Ausgewählte Psalmen, Göttingen 1984, 103.
[23] Ebd.
[24] Ebd. 104.

— wieso der Psalmist für die Antwort auf sein Grübeln in den Tempel gehen mußte, ist mir nicht klar geworden — es sei denn, Westermann meine wie schon Delitzsch: »Und ist das nicht ein ganz zusammenhangs- und erfahrungsgemäßer Ged., daß ihm ein Licht aufging, als er sich dem Wirrwarr der Welt in die Stille der Stätte Gottes zurückzog und da andächtig aufmerkte?«[25]

3. Angesichts der m.E. nicht überzeugenden Versuche, die die Wende herbeiführende neue Einsicht des Psalmisten in v.17 aus einem konkreten Erlebnis im Tempel herzuleiten, verdienen die Exegeten doch stärkere Beachtung, die hier »Heiligtümer Gottes« in einem übertragenen Sinn verstehen wollen. Deissler: »Hier wird kaum an ein besonderes Tempelerlebnis gedacht sein. Wir werden vielmehr bei diesem Weisheitslehrer als ›Gottes Heiligtum‹ und Quelle seiner Einsicht die Heilige Schrift vermuten müssen«[26]. Doch so richtig es sein mag, hier das Element der Einsicht herauszustellen — »Heiligtümer Gottes« wäre für die Heilige Schrift ein ganz singulärer Sprachgebrauch; auch diese Meinung empfiehlt sich daher nicht.

Obwohl zur Zeit außer Mode, scheint mir doch die sich bei de Wette bereits andeutende und dann von Ewald[27], Hitzig[28] aufgenommene und ausgearbeitete Ansicht größere Beachtung zu verdienen, daß mit »Heiligtümer Gottes« nach Weish 2,22 Ratschlüsse, Geheimnisse Gottes gemeint seien. Kittel meint, mit dem bloßen Eintreten in den Tempel sei »es ... nicht getan. Es könnte nur das andächtige Hintreten vor Gott ausdrücken, verbunden mit innerster Versenkung in die Gedanken und Ratschlüsse Gottes und mit dem Preisgeben der eigenen Gedanken. Damit gewinnen der Sache nach diejenigen Recht, welche, auf den sonst nicht vorkommenden Plural gestützt, an dasselbe denken, was Weish 2,22 $\mu\nu\sigma\tau\eta\rho\iota\alpha\ \theta\epsilon o\tilde{\nu}$ heißt: die Geheimnisse, den verborgenen Ratschluß, die Offenbarungen Gottes. Dazu stimmt, daß ihm das ›Ende‹ der Gottlosen den Schlüssel für alle Rätsel bietet. Wie das Wort selbst gemeint ist, kann nur die Deutung der folgenden Verse lehren; aber sei es äußerlich oder innerlich gedacht: der Eintritt in den Tempel für sich könnte über dieses Ende gar nichts kundtun. Vielmehr: haben wir sonst gelegentlich Spuren davon, daß einzelne Psalmendichter den Gedanken an eine mystische Versenkung in Gott kennen, so ist auch hier an diese Betrachtungsweise der Mystik zu denken — die Vertiefung in die ›heilige‹, fromme Welt Gottes, das ist das Achten auf jene Heiligtümer«[29].

Der Hinweis auf die Mystik hat wohl der Argumentation Kittels mehr geschadet als genützt; einleuchtender scheint mir hier Duhm zu sein: »Die Lösung kam ihm erst, als er in die מִקְדְּשֵׁי אֵל hineinkam. Damit kann nicht der Tempel gemeint sein, denn im Tempel konnte er die Zukunft der Gottlosen nicht sehen, und außerdem ging er doch gewiß nicht erst von einem gewissen Zeitpunkt an zum Tempel ... Wie die Fortsetzung zeigt, handelt es sich um die Zukunft, die mit dem Tode beginnt. Über das Jenseits wurde man durch (geheime) Offenbarungen *aus* dem Jenseits belehrt ... Es ist von vornherein wahrscheinlich, daß die Unsterblichkeitslehre anfangs ebenso geheimnisvoll aufgetreten ist wie die Offenbarung der Apokalyptiker über die Zukunft der Welt ..., sie muß zuerst eine Zeitlang in einem kleinen Kreis wie eine Art Geheimlehre behandelt und unter allerlei esoterischen Vorsichtsmaßregeln verbreitet worden sein, wissen doch offenbar die meisten Psalmisten noch nichts von ihr, wie die Sadduzäer noch zur Zeit Christi nichts von ihr wissen wollen, obwohl sie damals unter den Pharisäern schon eine Art Dogma war ...«[30].

---

[25] *Franz Delitzsch*, Die Psalmen, (BC 4,1), Leipzig 1867, 464.

[26] *Alfons Deissler*, Die Psalmen, (Die Welt der Bibel. Kleinkommentare zur Heiligen Schrift), Düsseldorf 1964, II. Teil, 116.

[27] *Heinrich Ewald*, Die Dichter des Alten Bundes I,2: Die Psalmen und die Klagelieder, Göttingen ³1866.

[28] *Ferdinand Hitzig*, Die Psalmen 2, Leipzig/Heidelberg 1865.

[29] *Rudolf Kittel*, Die Psalmen, (KAT XIII), Leipzig ⁵·⁶·1929, 270f.

[30] *Bernhard Duhm*, Die Psalmen (KHC XV), Tübingen ²1922, 281f.

Viel Phantasie bei Kittel und Duhm? Vielleicht. Aber beide Exegeten gehen ja davon aus, daß in vv. 23—28 es um »Unsterblichkeitslehre« gehe und damit um etwas, was dem üblicherweise Geglaubten und damit auch im Tempel Zugesprochenen oder Verkündeten gegenüber etwas radikal Neues war. Wenn das stimmt, dann ist äußerst unwahrscheinlich, daß der Psalmist in v.17 einen gängigen und alltäglichen Vorgang wie das Betreten des Tempels schildert. Irgendwo muß die inhaltlich radikal neue Erkenntnis doch einen über das Übliche hinausgehenden Ursprung haben.
4. Erwähnt werden soll aber noch, daß für Dahood die neue Erkenntnis sich so sehr von allen anderen bisher gekannten unterscheidet, daß er die Heiligtümer Gottes im Himmel sieht: »... God's sanctuary refers to heaven; ... At present too difficult for his understanding, the glaring inconsistencies of his life will become intelligible to the psalmist in the hereafter. The poet, it will be seen, repeats his belief in a blessed existence after death in vss. 23—26«[31].

Worin besteht nun die neue Erkenntnis, die in vv. 16—19 so geheimnisvoll eingeleitet wird? Die Antwort ist wohl in vv.23—26 zu finden:

23 Ich aber bin immer bei dir,
   du hast meine rechte Hand ergriffen,
24 nach deinem Ratschluß leitest du mich
   und nimmst mich (wirst mich nehmen?) danach(?) (in?) Herrlichkeit (weg? auf?).
25 Wen habe ich im Himmel (neben dir)?
   (Bin ich) bei dir, freut mich nichts auf der Erde.
26 Wenn mir (auch) Fleisch und Herz verschmachten (werden?), (der Fels meines Herzens und)[32]
   mein Teil ist Gott für die Dauer.
27 Ja: die fern von dir sind, müssen zugrunde gehen,
   du vernichtest alle, die von dir weghuren.
28 Ich aber: Nahen Gottes ist für mich gut,
   ich habe den Herrn (Jahwe)[33] zu meiner Zuflucht gemacht, so daß ich all deine Werke verkündige(n kann).

Jede deutsche Wiedergabe dieser Verse muß einen falschen Eindruck wecken. Denn wer sich mit dem hebräischen Text beschäftigt, steht an mehreren Stellen etwas ratlos vor offensichtlich mehrdeutigen Wendungen und muß dann bei der Übersetzung sich für eine der Möglichkeiten entscheiden und somit interpretieren. Prinzipiell ist dies ja nichts Neues, sondern vielmehr das Problem jeder Übersetzung — hier aber tritt dieses Problem besonders gehäuft und mit besonders weitreichenden Konsequenzen auf. Beispiele:

v. 28a ואני קרבת אלהים לי טוב

---

[31] *Mitchell Dahood*, Psalms II, (AncB 17), New York 1968, 192.
[32] Mit vielen Kommentaren sind diese Wörter wohl als sekundär anzusehen; sie bilden vermutlich eine Schreibvariante zu שארי ולבבי (so *Duhm*, Psalmen 284).
[33] Vermutlich ist »Jahwe« sekundäre Ergänzung.

Zunächst einmal ist festzustellen, daß durch טוב mittels eines Rückbezugs (Inklusion) der Bogen zu v.1 geschlagen wird. Der überlieferte Glaubenssatz »Gott ist טוב für den Rechtschaffenen« war dem Psalmisten angesichts seiner empirischen Falsifikation zweifelhaft geworden. Nach seiner neuen Erkenntnis kann er jetzt sagen: »Was mich anlangt: Nahen Gottes ist für mich טוב«. Diese doch wohl beabsichtigte Pointe geht verloren, wenn man z.B. wie Kraus in v.1 »Voller Güte ist Gott gegen den Aufrichtigen« und in v.28 »Ich aber — ›deine Nähe‹ ist mir köstlich«[34] oder wie Irsigler »Doch gut ist zum Redlichen Gott« und »Ich aber — Gott zu nahen ist mir Glück«[35] übersetzt. Nein — nicht »köstlich« ist Gottes Nähe und nicht »Glück« ist es, Gott zu nahen, sondern: Was in dem traditionellen Weisheitssatz »Gut für den Redlichen ist Gott« konstatiert wurde, wobei inhaltlich gutes Ergehen gemeint war, ist nach der Nicht-Verifizierbarkeit (um nicht zu sagen: Falsifizierbarkeit!) dieses Satzes durch die neue (!) Glaubensaussage ersetzt »Für mich jedenfalls ist Nahen Gottes gut«. Gott ist nicht »gut« dadurch, daß er gut gehen läßt, sondern durch »Nahen Gottes«. Was soll aber damit gemeint sein? Wenn hier wirklich eine neue Erkenntnis vorliegt (und alles in dem Psalm spricht dafür!), hilft es im Prinzip wenig, wenn man zur Erhellung dieses *Neuen* nur auf üblichen und damit alten Sprachgebrauch rekurriert[36]. Dann ist es vielleicht gar nicht zufällig, daß die Wendung קרבת אלהים hier wie an der einzigen sonst noch vorkommenden Stelle Jes 58,2 grammatisch doppeldeutig ist und auch folgerichtig von den Kommentatoren verschieden verstanden worden ist: »Nahen Gottes« kann meinen, daß Gott naht bzw. nahe ist (= Genitivus subjectivus) oder, daß man sich Gott nähert bzw. nahe bei Gott ist (= Genitivus objectivus). Kann vielleicht hier der Kontext helfen? Von v.27a »die fern sind von dir« scheint sich die Bedeutung »das Sich-Gott-Nahen« bzw. »das Gott-Nahe-Sein« zu empfehlen; ob allerdings diese Bedeutung »erfordert« wird[37], erscheint keineswegs so sicher. Im weiteren Kontext ist in vv. 23f nämlich Gott derjenige, der Subjekt des heilvollen Handelns ist, und erst recht gilt dies im Blick auf die oben herausgestellte Entsprechung von v.1 und v.28 — gegenüber der alten und zweifelhaft gewordenen Meinung »Gott ist gut für den Frommen, indem er gerecht vergilt« wäre die Meinung: »Für mich ist es gut, wenn *ich* mich Gott nähere« kaum eine Lösung. Statt eines (gottesdienstlichen!) Sich-Nahens zu Gott[38] wäre von dieser Überle-

---

[34] *Kraus*, Psalmen 662.664.
[35] *Irsigler*, Psalm 372f.
[36] Das scheint mir der grundsätzliche Mangel der Untersuchung von *Irsigler* zu sein!
[37] So *Irsigler*, Psalm 98.
[38] So *Ebd.* 99.

gung her allenfalls denkbar »Nahe-Sein bei Gott«, wobei dieses Nahesein dann als Ergebnis des göttlichen Handelns von vv.23f zu verstehen ist.

Mehrdeutig ist auch v.26. Will der Psalmist mit »Mag mir auch Fleisch und Herz verschmachtet sein«[39] auf seine gegenwärtige Not bzw. Krankheit hinweisen? Oder soll man einen irrealen Fall annehmen: »Wenn auch mein Fleisch und mein Herz verschmachten würden...«? Oder blickt hier gar der Psalmist in die Zukunft: »Wenn mein Fleisch und mein Herz verschmachten werden...«?

Und nun gar erst v.24b. Ich will hier nicht die ausführlichen Untersuchungen von Schmitt[40] oder Irsigler[41] wiederholen. Von den drei Wörtern אחר כבוד יקחני wirft jedes Fragen auf: Ist אחר als Adverb (= danach, zuletzt, endlich) zu verstehen? Kann dann aber כבוד isoliert eine Richtungsangabe (zu Ehren) oder eine Angabe der Art und Weise (in Ehren) sein? Oder soll man nach Sach 2,12 אחר כבוד als Präposition mit Dependenz verstehen »Mit Ehre (ehrenvoll) wirst du mich hinnehmen«[42] bzw. »und zu Ehren wirst du mich (zu dir) nehmen«[43], wobei Irsigler noch erläutert: »'auf Ehre/Herrlichkeit hin‹, d.h.: um mir Ehre/Herrlichkeit zuteil werden zu lassen«[44]. Oder soll man durch andere Worttrennung ואחריך ביד »und hinter dir leitest du mich an der Hand« emendieren[45]? Und weiter das Wort יקחני: Ist hier nun wie Gen 5,24; 2 Kön 2,3.5 von einer »Entrückung« die Rede, also davon, daß Gott einen Menschen aus dem Leben heraus zu sich genommen habe? Oder ist mit diesem Terminus für Entrückung hier bereits etwas anderes gemeint, nämlich daß Gott den Beter *nach* dem Tode (und nicht *vor* dem Tode!) zu sich nehmen werde? Oder ist von alledem gar nicht die Rede und »empfiehlt es sich, auf dem Boden der den Psalmen auch sonst vertrauten Gedankengänge zu bleiben und Ps 73,23ff auf das Leben diesseits des Todes zu beziehen«[46]? Bezeichnend für die Schwierigkeiten ist zum Beispiel, daß Martin Buber, der früher übersetzt hatte: »Und künftig nimmst du mich auf in Ehre«, diese Übersetzung später ausdrücklich widerrufen und durch »und danach nimmst du mich in Ehren hinweg« ersetzt hat. »Uns in der Vorstellungs-

---

[39] So *Ebd.* 372.
[40] *Armin Schmitt*, Entrückung—Aufnahme—Himmelfahrt. Untersuchungen zu einem Vorstellungsbereich im Alten Testament, (FzB 10), Stuttgart 1973, 283—302.
[41] *Irsigler*, Psalm 42—50.
[42] *Schmitt*, Entrückung 300.
[43] *Irsigler*, Psalm 373.
[44] Ebd. 373, Anm.1
[45] So z.B. nach dem Vorgang von *Weilhausen* und *Budde* auch *Schmidt*, Psalmen 138.
[46] *Christoph Barth*, Die Errettung vom Tode in den individuellen Klage- und Dankliedern des Alten Testaments, Zollikon 1947, 163.

welt einer späten Unsterblichkeitslehre Aufgewachsenen ist es fast selbstverständlich, ›Du wirst mich nehmen‹ zu verstehen: Du wirst mich aufnehmen. Der zeitgenössische Hörer oder Leser verstand wohl nichts anderes als: Du wirst mich hinwegnehmen«[47]. Der Sinn der Wendung soll sein: »Wenn ich mein Leben abgelebt habe, sagt der Sprecher unseres Psalms zu Gott, werde ich in Kabod, in der Erfüllung meines Daseins, sterben«[48]. »Von der mythischen Vorstellung der Entrückung ist hier nichts mehr übriggeblieben«[49].

Doch ich will ja keinen Forschungsbericht liefern, sondern nur darauf hinweisen, daß ab v.23 die Wendungen unseres Psalms in ungewöhnlichem Maße mehrdeutig sind. Da ist dann gar nicht mehr verwunderlich, wenn auch die Frage, ob es in den vv.23—28 um Auferstehungshoffnung gehe, ganz verschieden beantwortet wird. Zwei Beispiele: Fohrer meint: »Daß man Ps 16 und 73 jemals in diesem Zusammenhang (sc. Auferstehungshoffnung) angeführt hat, ist schwer verständlich. Denn ersterer bezieht sich eindeutig auf eine Rettung aus Todesgefahr (v.10f), letzterer preist das Leben in der Gemeinschaft mit Gott im Diesseits (v.25ff). Nichts klingt auch nur entfernt an eine Auferstehungshoffnung an«[50]. Ganz anders von Rad, der nach einer Untersuchung von vv.23—28 zu dem Ergebnis kommt: »Hier ist also eine Jenseitshoffnung«[51].

Was soll man nun zu einer so ungewöhnlichen Fülle von Deutungsmöglichkeiten und Meinungen sagen? Wenn ich recht sehe, gibt es hier vier Möglichkeiten:

1. Man kann sich auf ein *non liquet* zurückziehen. Wenn so viele so kluge Leute sich nicht haben einigen können und mal so, mal so auslegen, ist die Auslegung hier offenbar ins Belieben des einzelnen gestellt. Dieser Standpunkt ist natürlich aus der Sicht des methodisch denkenden Exegeten äußerst bedauerlich — aber er muß wohl eingenommen werden, wenn es keine anderen einleuchtenden gibt. Und anscheinend wird er ja von denen eingenommen, die immer nur ihre eigene Meinung zu den Problemen des Psalmes vortragen, ohne das hier auftretende besondere Problem der Vielfalt von Deutungsmöglichkeiten zu reflektieren.

---

[47] *Martin Buber*, Recht und Unrecht. Deutung einiger Psalmen: Werke 2: Schriften zur Bibel, München/Heidelberg 1964, 951—990, hier: 980.
[48] Ebd. 981.
[49] Ebd. 980.
[50] *Georg Fohrer*, Das Geschick des Menschen nach dem Tode im Alten Testament: KuD 14 (1968), 249—262 = *ders.*, Studien zu atl. Texten und Themen (1966—1972), (BZAW 155), Berlin 1981, 188—202, hier: 200.
[51] *Gerhard von Rad*, »Gerechtigkeit« und »Leben« in der Kultsprache der Psalmen: FS Alfred Bertholet, Tübingen 1950, 418—437 = *Ders.*, Gesammelte Studien zum Alten Testament, (TB 8), München 1958, 225—247, hier: 245.

2. Man kann das Problem literarkritisch lösen, so dezidiert jüngstens Kaiser/Lohse[52]. Nachdem sie schon in Ps 49 in v.16 eine von späterer Hand hinzugefügte »neue Lösung« haben sehen wollen, sagen sie zu Ps 73: »Und ganz ähnlich verhält es sich im 73. Psalm: Die V.18f. zeigen zur Genüge, daß es hier ursprünglich ebenfalls um das den Gottlosen bevorstehende innerweltliche Ende geht. Dann kommt V.24b mit seiner im Urtext ungefügten Sprachgestalt und meldet darin wohl doch von zweiter Hand die › neue Lösung ‹ an: › und hernach zur Herrlichkeit entrückst du mich ‹. Und dem entspricht V.26 als Ausdruck einer Hoffnung, die den Tod überwindet:
› Mag schwinden mein Fleisch und mein Herz —
Fels meines Herzens und mein Teil ist Gott für immer ‹«[53].
Das ist wenigstens eine klare Lösung. Ob man sich ihr anschließen will, hängt davon ab, wie man die vv. 17—18 beurteilt. Ist das hier geschilderte Ende der Frevler, wenn man es innerweltlich versteht, wirklich eine Lösung der vorher entfalteten Probleme? Die in vv.2—12 angeführten empirischen Falsifikationen von v.1 bestehen doch weiterhin! Und wieder die oben dargelegte Frage: Wie soll der Psalmist nach v.17 zu seiner neuen Einsicht gekommen sein? Was soll die Funktion von v.17 sein?

3. Alonso Schökel[54] hat das Problem dadurch zu lösen versucht, daß er die Schwierigkeiten weniger im Text als vielmehr im Leser gesehen hat. Im Psalmtext finden sich etliche polyseme Begriffe, die von einem antiken Leser durchaus im Sinne der altbekannten Vorstellungen verstanden werden konnten, man konnte also durchaus dem Text entnehmen, daß die Lösung des Problems im Diesseits geschehe. Aber durch die polysemen Begriffe hat der Text eine Tendenz zur Veränderung, und spätere Leser haben den Text dann anders verstanden, nämlich im Sinne einer Jenseitshoffnung. Unter den Gründen für diese Veränderung nennt Alonso Schökel ausdrücklich die ständige Wiederholung des Psalms im Gebet, daneben auch das Wirken der Traditionen von Henoch und Elias. Der christliche Leser schließlich, der durch den Glauben an Christus erleuchtet ist, reiht sich ein in diese (bereits vorchristlich anfangende!) Linie; für ihn hat der Psalm eine eschatologische Dimension gewonnen[55].

---

[52] *Kaiser/Lohse*, Tod und Leben.
[53] Ebd. 70f.
[54] *Alonso Schökel*, Treinta Salmos: Poesia y oraciòn, (Institución San Jerónimo para la investigación biblica. Estudios de Antiguo Testamento 2), Madrid 1981.
[55] »El texto original, expresión del pensamiento del autor, contiene una serie de términos ambiguos o polisemicos ... Todo eso puede encajar en el cuadro de las creencias antiguas, aunque iniciando un proceso de fermentación. Un lector antiguo podía encontrar en el salmo la so-

4. Die Frage, die Alonso Schökel nicht stellt und die m.E. nun gestellt werden muß, lautet: Woher kommt eigentlich die ungewöhnliche Häufigkeit der vieldeutigen (polysemen) Begriffe in unserem Psalm? Soll man hier wirklich reinen Zufall annehmen? Viel näher liegt es doch, hier eine Absicht anzunehmen! Das würde dann heißen: der Psalmist hat seine Worte bewußt so gewählt, daß sie doppeldeutig sind, weil er eine doppelte Verstehensmöglichkeit erreichen wollte. Wer will und nicht anders kann, mag die Worte entsprechend den herkömmlichen Vorstellungen innerweltlich verstehen. Und wer will und dazu in der Lage ist, soll sie auf das Jenseits beziehen. Das würde dann heißen: die »neue Einsicht« vom Handeln Gottes über den Tod hinaus ist zu Beginn keineswegs kämpferisch aufgetreten, sondern hat so etwas wie eine esoterische Lehre gebildet. Daß dies später anders war, zeigt das bekannte Zitat aus der Mischna: »Folgende haben keinen Anteil an der zukünftigen Welt: Wer sagt, die Auferstehung der Toten befinde sich nicht in der Tora, wer sagt, die Tora sei nicht vom Himmel, und der Gottesleugner«[56]. Aber das beweist noch gar nichts für den Anfang dieser neuen Einsicht! Wenn man, um diese »Erkenntnis, Einsicht« (v.17!) zu gewinnen, wirklich erst in die »Heiligtümer Gottes« (v.17!) eintreten mußte, konnte dies eben noch gar keine allgemein verbindlich zu machende Glaubensaussage sein. Hier hat auf jeden Fall der Verweis auf Weish 2,22 seine Berechtigung. Denn unabhängig davon, ob nun μυστήρια θεοῦ als Übersetzung von מקדשי אל gemeint war — auf jeden Fall zeigt die im Zusammenhang mit der Auferstehungslehre gebrauchte Wendung μυστήρια θεοῦ überdeutlich, daß der Gedanke einer göttlichen Vergeltung über den Tod hinaus ein nicht jedermann zugänglicher Gedanke ist — er ist ein μυστήριον, ein Geheimnis. Im Buch der Weisheit wie in Ps 73! Aber ein Geheimnis, in das dem Bereitwilligen Einsicht gewährt werden soll.

---

lución del problema en este vida. ... Lectores posteriores fueron superando esa visión en virtud de diversas circunstancias (una de ellas el fermento de este salmo repetido como oración): su experiencia personal de Dios, alusiones a Henoc y Elias ... Estas condiciones de lectura polarizaron la interpretación de elementos polisémicos del salmo, que, en el nuevo marco menta, encajaba mejor que en el antiguo. ... El lector cristiano se coloca en esa linea. Iluminado por la fe en Cristo glorificado, encuentra la respuesta a su problema vital y percibe con claridad ese fondo del misterio que el autor antiguo apenas entrevaía. El salmo ha adquirido una dimensión escatologica« (Ebd. 287f).

[56] Sanhedrin XI, 1, zitiert nach *L.Goldschmidt*, Der Babylonische Talmud IX, Berlin 1967, 27.

D. Das einsehbare Geheimnis

Vielleicht schließt sich das Geheimnis am leichtesten von v.24b auf: »mein Teil ist Gott auf die Dauer«[57]. Von Rad hat zu dieser Wendung Erhellendes ausgeführt[58]: Die alte Levitenprärogative, wie sie sich z.B. Num 18,20 findet — »ich (sc. Jahwe) bin dein Teil und dein Besitz« — meinte ursprünglich, daß der Priesterstamm Levi, der ja keinen Landbesitz zugeteilt bekommen hatte, seinen Lebensunterhalt nicht durch bäuerliche Arbeit, sondern durch Anteile an kultischen Opfern erhalten sollte. An einigen Psalmstellen wird nun deutlich, daß diese Levitenprärogative spiritualisiert worden ist, z.B. Ps 142,6 »Ich rufe zu dir, Jahwe, und spreche: Du bist meine Zuflucht, mein *Teil* im Lande der Lebendigen«. Hier geht es mit Sicherheit nicht mehr um Regelungen des materiellen Lebensunterhaltes, hier geht es um (wenn die Wendung erlaubt ist) Jahwe als geistigen Besitz des Beters! Eine entsprechende Aussage findet sich Ps 16,5 »Jahwe ist ›...‹ mein *Teil* und mein Becher«. Wie die in dieser Wendung sich aussprechende besondere Lebensgemeinschaft mit Jahwe aussah, zeigen die Verse 9—11 dieses Psalms:

9 Deshalb freut sich mein Herz und jubelt meine Ehre, auch mein Fleisch wird sicher wohnen.
10 Denn du wirst mein *näphäsch*[59] nicht der Scheol überlassen, du lässest deinen Frommen nicht die Grube schauen.
11 Du lässest mich wissen den Pfad des Lebens, Sättigung und Freude ist bei (?) deinem Angesicht. (Ps 16,9—11)

»Damit stehen wir wieder mitten in jener seltsamen Lebensmystik, von der wir schon gesprochen haben: Geborgenheit vor dem Tod, Leben und Sättigung vor Jahwes Angesicht — das ist alles nur eine Entfaltung dessen, was der Psalmist oben mit ›Jahwe ist mein Teil‹ ausgedrückt hat. Die Güter, von denen die Verse 9—11 reden, sind alle sehr schwebend bezeichnend. Was ist denn der ›Weg des Lebens‹ und die ›Sättigung vor deinem Angesicht‹? Im-

---

[57] Wie Pss 142,6 und 16,5 zeigen, hatte der Text ursprünglich »mein Teil ist *Jahwe* auf die Dauer«. Im sog. elohistischen Psalter ist der Eigenname Gottes durch das Apellativum 'älohim ersetzt worden.
[58] *Von Rad*, »Gerechtigkeit« und »Leben« 418—437 (= 225—247).
[59] Lutherübersetzung: »Denn du wirst *meine Seele* nicht dem Tode überlassen...«; Zürcher Übersetzung: »Denn du gibst *mein Leben* nicht dem Tode preis...«; Einheitsübersetzung: »Denn du gibst *mich* nicht der Unterwelt preis...«. Das hebräische Wort *näphäsch* bezeichnet ursprünglich den Atem und dann u.a. auch, davon ausgehend, das Lebensprinzip des Menschen, seine Lebendigkeit. Die Übersetzung »Seele« weckt bei uns falsche Assoziationen und ist an keiner Stelle im Alten Testament berechtigt. Weitere Informationen mit Literaturangaben bei *Hans Walter Wolff*, Anthropologie des Alten Testaments, München 1973, § 2.

merhin, hier ist doch sichtlich zunächst nur an eine Bewahrung vor einem bösen Tod gedacht«[60]. Solche Skepsis hat von Rad im Blick auf Ps 73 nicht mehr; im Blick auf ihn stellt er fest: »Hier ist also eine Jenseitshoffnung«[61]. Mir scheint, daß man ihm hier zustimmen muß. Denn neben der Aussage vom Vergehen des Herzen und des Fleisches des Psalmisten (mag man es nun präsentisch, futurisch oder irreal verstehen!) ist die Aussage »mein Teil ist Gott auf die Dauer« sicherlich antithetisch gemeint und somit etwas, was über das Vergehen von Fleisch und Herz hinaus sich erstreckt — eben לְעוֹלָם »auf Dauer«. Dieser Wendung ist also zu entnehmen (nur, aber immerhin doch), daß »Jenseitshoffnung« hier zu verstehen ist als Hoffnung auf ein Jenseits des Todes — über ein Jenseits dieser Welt wird nichts gesagt.

Zustimmen muß man der Auffassung von Rads m.E. vor allem dann, wenn man einige Stellen bei Kohelet bedenkt, deren Bedeutung für unser Problem bisher noch nicht richtig erkannt worden ist[62]. 9,6 sagt er in einer Polemik gegen die Erwartung einer Vergeltung von guten Taten nach dem Tode: »Auch ihr Lieben, ihr Eifern und Hassen ist schon längst vergangen, und einen Anteil gibt es auf die Dauer für sie nicht mehr an (bei?) allem, was unter der Sonne geschieht«. Die Stelle klingt bis in den Wortlaut hinein wie eine Polemik gegen Vorstellungen nach Art von Ps 73,26b. Gestützt wird diese Vermutung durch Koh 9,9 (und 3,22):

> »Genieße das Leben mit einer Frau, die du liebhast,
> alle Tage deines vergänglichen Lebens,
> die er dir gibt unter der Sonne ›...‹,
> denn (eben) dies ist dein Teil im Leben und bei deiner Mühe, mit der du dich unter der Sonne abmühst.
> Alles, was deine Hand zu tun findet, tue mit Kraft,
> denn es gibt kein Wirken und Berechnen und Wissen und Weisheit in der Scheol, in die du gehen mußt« (9,9—10).

Wenn vom Lebensgenuß gesagt wird, »(eben)[63] dies ist dein Teil im Leben und bei deiner Mühe, mit der du dich unter der Sonne abmühst«, dann wird hier doch wohl gegen eine andere Ansicht argumentiert, die den *Teil* des Menschen in etwas anderem sehen will. Und in welcher Richtung dieses andere zu suchen ist, zeigt v.10 mit seiner Betonung dessen, daß nach dem

---

[60] *Von Rad*, »Gerechtigkeit« und »Leben« 434 (= 243); vgl. zu diesem Problem auch *Hans-Jürgen Hermisson*, Sprache und Ritus im altisraelitischen Kult, (WMANT 19), Neukirchen 1965, 107—113.
[61] *Von Rad*, »Gerechtigkeit« und »Leben« 435 (= 245).
[62] Zum folgenden vgl. *Michel*, Untersuchungen.
[63] Durch »eben« will ich die betonte Voransetzung von היא im Deutschen adäquat wiedergeben, die meint: dies und nicht etwas anders.

Tode alles aus sei und es in der Scheol nichts mehr gebe. Und genau dieselbe Verbindung von Polemik gegen Jenseitserwartung und Betonung dessen, der *Teil* des Menschen liege in der Möglichkeit diesseitiger Freude, findet sich Koh 3,21—22.

»Wer weiß denn, ob der Geist des Menschen nach oben steigt und ob der Geist des Viehs nach unten zur Erde hinabsteigt?
Und ich sah (betrachtete?), daß es nichts Besseres gibt, als daß der Mensch sich an seinen Werken freue:
fürwahr, eben dies ist sein Teil!
Denn wer kann ihn dahin bringen,
daß er (mit Freuden) das sähe, was nach ihm kommt?«

Diese Stellen aus Kohelet sind am besten verständlich als Echo auf Jenseitserwartungen, die wie Ps 73,26b formuliert sind. Damit haben wir eine Bestätigung dessen, daß in Ps 73,26b tatsächlich bereits vom ursprünglichen Verfasser eine Jenseitshoffnung gemeint war!

Noch einmal sei daran erinnert, daß »Jenseits« hier ein Jenseits des Todes und nicht, wie wir entsprechend unserem Sprachgebrauch erwarten, ein Jenseits dieser Welt meint![64] Es geht hier nicht um eine andere, um eine neue Welt wie später in der Apokalyptik! Von der weiß unser Psalmist nichts und will er anscheinend auch nichts wissen, wie v.25 andeutet: »Wen habe ich im Himmel? Und (bin ich) bei dir, gefällt mir nichts auf der Erde«. Freilich ist der Text auch hier wieder mehrdeutig, etliche Exegeten wollen in v.25a die Wendung »bei dir« ergänzen[65], andere meinen, das »bei dir« von v.25b gelte auch für v.25a[66]. In der Tat legen sich Ergänzung oder Annahme einer Doppelfunktion von »bei dir« v.25b nahe, denn andernfalls würde der Psalmist ja in einer rhetorischen Frage feststellen, daß er niemanden im Himmel habe! Kann man sich das vorstellen angesichts der häufigen Aussagen, Gott sei im Himmel und handle vom Himmel aus (z.B. Ps 11,4; 14,2; 33,13; 115,3 u.ö.)? Andererseits: mit herkömmlichen Vorstellungen kann man bei einem, der etwas ganz Neues sagen will, nur begrenzt argumentieren! Meint er vielleicht nicht doch, die herkömmliche Vorstellung vom im Himmel thronenden

---

[64] Das wird übrigens auch aus der Polemik von Kohelet deutlich. So bemerkt *Lohfink* mit Recht zu der Stelle 3,22 »Wer könnte es ihm ermöglichen, etwas zu genießen, das erst nach ihm sein wird?«: »Wie die deutlichere Formulierung des in vielem ähnlichen Verses 6,12 zeigt (›unter der Sonne‹), meint ›nach ihm‹ nicht ›nach seinem Tod in einer anderen Welt‹, sondern ›nach seinem Tod in dieser Welt‹« *(Norbert Lohfink,* Kohelet, [Die neue Echter Bibel], 1980, 35f).

[65] So ausführlich *M.Mannati,* Sur le quadruple *avec toi* de Ps. LXXIII 21—26: VT 21 (1971) 59—71, der übersetzt: »Quel (autre dieu) aurais-je dans les cieux, [étant avec toi]? (Etant) avec toi, je ne mets ma complaisance (en nul autre) sur la terre« (67).

[66] *Irsigler,* Psalm 50: »Im vorliegenden Text erfüllt ᶜimm=ka 25b semantisch eine Doppelfunktion im Sinn von ›neben/außer dir‹ für S. 25a und b«.

und vergeltenden Gott sei für ihn irrelevant? Vielleicht haben ihn tatsächlich Septuaginta, Peschitta und Hieronymus so verstanden, die allerdings (abschwächend!) aus dem »wen« ein »was« machten: »Was habe ich im Himmel?«[67]

Dann wäre der Sinn: nicht ein ferner Gott im Himmel, sondern der Gott, dessen Nähe man erfahren kann, bei dem man sein kann, ist »gut«, bedeutet Heil. Und bei dem kann man immer sein (v.23), sogar dann, wenn man sich fragend mit ihm auseinandersetzt[68]. Selbst der Tod kann diese Gemeinschaft nicht zunichte machen, wie v.24b andeutet — »andeutet« deshalb, weil hier anscheinend die altüberlieferte Vorstellung von der Entrückung dazu dienen muß, um das vom Psalmisten Gemeinte versuchsweise auszusagen. Wenn man Ps 49,16 zu unserer Stelle hinzunehmen darf, kann man vermuten, der Terminus »wegnehmen« sei weniger um der Reminiszenz an die Entrückung willen gewählt als vielmehr deshalb, weil Gott aus der Gewalt des Todes »wegnimmt«.

Wie dem auch sei — für unseren Psalmisten ist klar: Niemand im fernen Himmel, nichts auf dieser Erde ist gut für ihn. Gut für ihn ist einzig und allein, bei Gott zu sein, ist »Nahen Gottes« (v.28), das nun sicherlich nicht einen gottesdienstlichen Akt meint, sondern schon eher so etwas wie mystische Versenkung, bei der Gott ihm und er Gott nahe ist.

Gott ist so mächtig, daß derjenige Mensch, der sich in seiner Nähe befindet, der »bei ihm« ist, durch nichts aus dieser guten Nähe vertrieben werden kann. Auch nicht durch den Tod. Endlich hat der Glaube Israels diesen letzten Schluß gezogen.

Mehr weiß unser Beter nicht vom Jenseits.
Mehr brauchte er nicht zu wissen.
Er konnte wohl auch nicht mehr wissen.
Das Mehr an Wissen und Gewißheit, das die Gottesnähe durch die Nähe der Liebe Gottes in Jesus Christus begründet und so den in Ps 73 beschrittenen Weg zum Ziel führt, finden wir bei Paulus:

> »Denn ich bin gewiß, daß weder Tod noch Leben, weder Engel noch Fürstentümer noch Gewalten, weder Gegenwärtiges noch Zukünftiges, weder Hohes noch Tiefes noch keine andere Kreatur mag uns scheiden von der Liebe Gottes, die in Christo Jesu ist, unserm Herrn« (Römer 8,38—39).

---

[67] LXX: τί γὰρ μοι ὑπάρχει ἐν τῷ οὐρανῷ.
V: *Quid mihi est in caelo.*

[68] In Anlehnung an *Mannati* (vgl. Anm. 65) scheint mir für vv. 21—22 folgende Übersetzung mindestens möglich zu sein: »Als sich mein Herz verbitterte und Schmerz mir die Nieren durchstach, da war ich — ein nicht begreifendes Vieh, ein Riesenrindvieh — bei dir«.

E. Bibliographie

1. Zum Problemkreis »Tod und Auferstehung im Alten Testament«

Bailay, Lloyd R., Biblical Perspectives on Death, Philadelphia 1979

Birkeland, Harris, The Belief in the Resurrection of the Dead in the Old Testament: StTn 3 (1949) 60—78

Botterweck, G.Johannes, Marginalien zum atl. Auferstehungsglauben: WZKM 54 (1957) 1—8

Fohrer, Georg, Das Geschick des Menschen nach dem Tode im Alten Testament: KuD 14 (1968) 249—262 = *Ders.*, Studien zu alttestamentlichen Texten und Themen, (BZAW 155), Berlin u.a. 1981, 188—202

Herrmann, Wolfram, Das Todesgeschick als Problem in Altisrael: MIOF XVI (1970) 14—32

Kaiser, Otto / Lohse, Eduard, Tod und Leben, (Kohlhammer Taschenbücher: Biblische Konfrontationen 1001), Stuttgart u.a. 1977

Maag, Victor, Tod und Jenseits nach dem Alten Testament: SThU 34 (1964) 17—37 = *Ders*, Kultur, Kulturkontakt und Religion. Gesammelte Studien zur allgemeinen und zur alttestamentlichen Religionsgeschichte, Göttingen 1980, 181—202

Martin-Achard, Robert, From Death to Life, Edinburgh and London 1960 (franz. Original: De la mort à la résurrection, d'après l'Ancien Testament, Neuchâtel/Paris 1956)

Nickelsburg, George W.E., Resurrection, Immortality and Eternal Life in Intertestamental Judaism, (HThS XXVI), Cambridge: Harvard University Press/London: Oxford University Press 1972

Nötscher, Friedrich, Altorientalischer und alttestamentlicher Auferstehungsglauben, Würzburg 1926; Neudruck, durchgesehen und mit einem Nachtrag herausgegeben von *J.Scharbert*, Darmstadt 1980

Schilling, Othmar, Der Jenseitsgedanke im Alten Testament. Seine Entfaltung und deren Triebkräfte. Ein Beitrag zur Theologie des Alten Testaments, Mainz 1951

Schubert, Kurt, Die Entwicklung der Auferstehungslehre von der nachexilischen bis zur frührabbinischen Zeit: BZ.NF 6 (1962) 177—214

Stemberger, Günter, Das Problem der Auferstehung im Alten Testament: Kairos 14 (1972) 273—290

Wächter, Ludwig, Der Tod im Alten Testament, (AzTh II,8), Stuttgart u.a. 1967

2. Zu Psalm 73

Birkeland, Harris, The Chief-Problems of Ps 73,17ss: ZAW 67 (1955) 99—103

Blank, Sheldon H., The Nearness of God and Psalm Seventy-Three: To Do and to Teach (FS CH.L.Pyatt), Lexington 1953 = *ders.*, Prophetic Thought. Essays and Addresses, Cincinnati 1977, 69—75

Caquot, André, Le Psaume LXXIII: Sem 21 (1971) 29—56

Irsigler, Hubert, Psalm 73 — Monolog eines Weisen, (ATS 20), St.Ottilien 1984

Kuhn Gottfried, Bemerkungen zu Ps 73: ZAW 55 (1937) 307—308

Kuntz, J.K., The Canonical Wisdom Psalms of Ancient Israel. Their Rhetorical, Thematic, and Formal Elements: Rhetorical Criticism. Essays in Honor of James Muilenburg, Pittsburg 1974, 186—222

Luyten, J., Psalm 73 and Wisdom: *M.Gilbert (Hg.)*, La Sagesse de l'Ancien Testament, (BEThL LI), Louvain u.a. 1979, 59—81

Manati, M., Sur le quadruple *avec toi* de Ps LXXIII 21—26: VT 21 (1971) 59—67

Ders., Les adorateurs de môt dans le psaume 73: VT 22 (1972) 420—425

Munch, P.A., Das Problem des Reichtums in den Ps 37.49.73: ZAW 55 (1937) 36—46

Murphy, Roland E., A Consideration of the Classification ›Wisdom Psalms‹: VT.S 9 (1963) 156—167

Ramaroson, Léonard, Immortalité et résurrection dans les Psaumes: ScEs XXXVI/3 (1984) 287—295

Renaud, Bernard, Le Psaume 73, méditation individuelle ou prière collective? (FS E. Jacob): RHPhR 59 (1979) 541—550

Ringgren, Helmer, Einige Bemerkungen zum LXXIII Psalm: VT 3 (1953) 265—272

Ross, James F., Ps 73: Israelite Wisdom (FS Samuel Terrien), New York 1978, 161—175

Ruppert, Lothar, Der leidende Gerechte. Eine motivgeschichtliche Untersuchung zum Alten Testament und zwischentestamentlichen Judentum, (FzB 5), Würzburg/Stuttgart 1972

Würthwein, Ernst, Erwägungen zu Psalm 73: *W.Baumgartner u.a. (Hgg.)*, FS Alfred Bertholet, Tübingen 1950, 532—549 = *Ders.*, Wort und Existenz. Studien zum Alten Testament, Göttingen 1970, 161—178

Nach Fertigstellung des Manuskripts erschien folgender Artikel, der für diesen Beitrag nicht mehr berücksichtigt werden konnte:
R.J.Tournay OP, Le Psaume LXXIII. Relectures et interpretation: RB 92 (1985) 187—199.

Lebenszusage und Todesgeschick bei Jesus von Nazareth

Wolfgang Trilling

A. Blick ins Alte Testament

Jesus lebt in einer Welt, die vom Glauben Israels, von den Überlieferungen geprägt ist, wie sie sich in den Geschichtsbüchern, in der Prophetie und in der Weisheitsliteratur niedergeschlagen hatten, und die das Denken und Beten der Israeliten prägten. In dieser großen und reichen Überlieferung spielen die Themen von Leben und Tod eine herausragende Rolle, wie es schon für den Alten Orient insgesamt zutrifft: das Lebensthema und damit das Thema des Todes hatten dort eine zentrale Bedeutung gewonnen. Für den Bibelleser ist das Thema schon von den ersten Seiten der Bibel her präsent, da von einem paradiesischen Wonnegarten mit dem Baum des Lebens und dem Baum der Erkenntnis die Rede ist, und von der Drohung, daß Adam sterben müsse, wenn er von dem Baum der Erkenntnis von Gut und Böse äße (Gen 2,9. 16f).[1]

In dieser Glaubenswelt ist Gott allein der Ursprung allen Lebens: »Bei dir ist die Quelle des Lebens« (Ps 36,10). Nur von Gott her kommt das Leben dem Menschen zu, außerhalb Gottes gibt es keine Möglichkeit, das Leben zu gewinnen. Israels Gott namens »Jahwe« kann nicht sterben (Hab 1,12), er repräsentiert auch nicht — wie in manchen Kulten der Umwelt — den jahreszeitlichen Rhythmus der Natur mit seinem Sterben und Auferstehen (»sterbende und auferstehende Götter«). »Jahwe lebt« (Ps 18,47) — dieser bekennende Ausruf preist Jahwe nicht nur wegen seines Tuns als den, der Rettung in der Not schenkte, sondern als den, dessen Wesen sich ständig als lebendig und lebensvermittelnd erweist.[2]

Gott gewährt allem, was da lebt, seine Gaben und sättigt alles mit seiner Huld. Nach den Psalmen hat Hans-Joachim Kraus zusammengefaßt, »daß

---

[1] Vgl. die reichlichen Literaturangaben zum AT und zum Alten Orient bei *Claus Westermann*, Genesis 1, (BK.AT 1/1), Neukirchen-Vluyn 1974, 248. 284f. 288f. 355f.
[2] Vgl. *Hans-Joachim Kraus*, Psalmen 1, (BK.AT 15/1), Neukirchen-Vluyn 1961, 149.

das Leben als Gabe Jahwes und Leben vor dem Gott Israels das höchste Gut des Menschen in Israel war«[3].

In Israel bezeichnet der Tod die gottferne Sphäre. Die Totenwelt (Scheol) ist der radikal von Gott entfernte Ort, in dem der Lobpreis, »die charakteristische Weise des Lebens«, verstummt. Dieses Verstummen des Gotteslobes ist »bezeichnend für die Sphäre des Todes«[4]. Auch der Tod wird in Israel so wie das Leben allein von Jahwe her bestimmt: er ist der Zustand und Ort der Gottesferne, des Abgetrenntseins und der Geschiedenheit von ihm. »Tod« umfaßt von dieser totalen Sicht her mehr als den Zustand des physischen Gestorbenseins. Die Zustände der Lebensminderung wie Krankheit, Armut oder Feindschaft sind Formen des Todes, die mitten in das jetzige Leben hineinwirken.[5] Der Beter kann Gott für die Errettung aus dem Tode preisen und damit eine Gestalt des Todes meinen, die sein Leben *jetzt* bedrückte und einschränkte (Ps 30,4; 116, 1—9). Da Jahwe auch diese aggressiven Formen des Todes, welche das Leben ständig bedrohen und zu zerstören suchen, zu bändigen und zurückzuweisen vermag, erweist er sich jetzt schon als der Herr über die anscheinend unbesiegbare Macht des Todes. Das Reich der Toten, die Scheol, untersteht seiner Macht; er verfügt über die Wege zu ihm (Ps 68,21; vgl. Ps 139,8).

So erschließt sich in Israel eine charakteristische Glaubenserfahrung, die in der Gegenwärtigkeit des Todes im Leben gründet: »Weit mehr als von der Tatsache des schließlichen Sterbenmüssens war Israel angefochten von dem Eindringen des Todes in den Bereich des Lebens«[6]. Was da angesprochen wird, ist von unserer modernen Sicht und Empfindung her eine Verlagerung von Todeserfahrung. Nicht an der endgültigen Grenze des Lebens entstehen die großen Probleme, sondern mitten in dem Leben vorher und in seiner Angefochtenheit. Zum wirklichen Denkproblem sagt Gerhard von Rad, »ist das Sterbenmüssen erst da in der Lehre zur Sprache gekommen, wo das Vertrauen in das von Jahwe getragene Leben zu schwinden begann. Diese neue Situation mit all ihren beunruhigenden Folgen zeigt das Buch des Predigers Salomo höchst eindrücklich«[7].

---

[3] *Hans-Joachim Kraus*, Theologie der Psalmen, (BK.AT 15/3), Neukirchen-Vluyn 1979, 206f.

[4] Ebd. 207.

[5] Vgl. *Christoph Barth*, Die Rettung vom Tode in den individuellen Klage- und Dankliedern des Alten Testamentes, Zollikon 1947, 53—122.

[6] *Gerhard von Rad*, Weisheit in Israel, Neukirchen-Vluyn 1970, 386.

[7] Ebd. 387. Knapp und übersichtlich handelt zu »Leben und Tod« im AT *Hans Walter Wolff*, Anthropologie des Alten Testaments, München ([1]1973.) [3]1977, 96—112.

Dies sind nur wenige Hinweise auf jene Glaubenswelt, in der Jesus aufwächst und lebt. Wenigstens einen ausdrücklichen Beleg weist das Neue Testament dafür aus, daß Jesus als Beter der Psalmen gezeigt wird (Ps 22,2; vgl. Mk 15,34 = Mt 27,46). Doch nicht ein solches äußerliches Merkmal ist für unsere Beurteilung wichtig, sondern eine tiefergreifende Entsprechung, die sich zwischen einigen Anschauungen, die sich in der Jesusüberlieferung zeigen, und Israels Glaubenswelt findet.

B. Die Jesusüberlieferung. Erster Durchblick

Wir fragen nach dem Thema, insofern es sich bei »Jesus von Nazareth«, also beim »irdischen Jesus«, mit den Mitteln historischer Forschung aufdecken läßt. Daß sich dabei Ergebnisse zeigen, die in den meisten Fällen »nur« gestufte Wahrscheinlichkeiten für original Jesuanisches in Einzellogien ergeben, ist allerdings von vornherein zu bedenken. Als Quellen kommen die synoptischen Evangelien in Betracht, nicht jedoch das Johannesevangelium mit seinem häufigen Gebrauch und seiner zentralen Bedeutung von »Leben« und »Tod«.

I. Beobachtungen zum Sprachgebrauch

1. Vorkommen von »Leben«

Für die Jesustradition wollen wir zunächst einige Beobachtungen an der Terminologie machen, d.h. dem Vorkommen der Wörter »Leben« und »Tod« nachspüren, ohne dabei die Frage der Authentizität im einzelnen zu untersuchen. Eine erste Feststellung mag dabei überraschen: jene Wörter kommen im eklatanten Gegensatz zu Paulus und Johannes auffällig selten vor. Wir haben bei Markus vier, bei Matthäus sechs und bei Lukas fünf Belege für das Nomen »Leben«.

Die vier Belege in der *Markus-Tradition* sind: für »Leben« *(ζωή)* Mk 9,43.45: Worte vom Ärgernis; 10,17: die Frage nach dem ewigen Leben; 10,30: Verheißungswort an die Nachfolgenden. In drei Fällen läuft Matthäus parallel (nur Mt 18,9 ersetzt er $\beta\alpha\sigma\iota\lambda\epsilon\acute{\iota}\alpha$ durch *ζωή),* während Lukas nur in den beiden letzten Fällen Markus folgt (Lk 18,18.30). Noch auffälliger ist die Tatsache, daß ζωή in der *Redenüberlieferung* [Q] wahrscheinlich überhaupt nicht begegnet. Denn die matthäische Fassung des Logions von der engen Pforte (Mt 7,14: »der Weg, der in das Leben hineinführt«) geht nach der m.E. besseren Erklärung auf den Evangelisten zurück

661

(vgl. Mt 7,13f mit Lk 13,23f). Und dies wäre der einzige sichere Beleg für Q.[8] *Matthäus* weist insgesamt nur sechs Vorkommen auf (s.o.), der gleichsinnige Wechsel zwischen ζωή, βασιλεία und χαρά ist ihm geläufig und Ausdruck seiner traditionell-apokalyptischen Terminologie (vgl. 25,21.23).[9] Bei *Lukas* findet sich das Substantiv außer in den Markus-Parallelen (s.o.) noch zweimal im Sondergut (12,15; 16,25), und in 10,25 redigiert der Evangelist die Frage nach dem ersten Gebot in dieser Weise: »Meister, was muß ich tun, um ewiges Leben zu erben!« In Lk 16,25 ist allein in der synoptischen Überlieferung vom *gegenwärtigen* Leben die Rede (Lazarus), während 12,15 in bezug auf den Reichtum und die Habsucht in einem fülligeren paränetischen Sinn gesagt wird, daß darin »das Leben nicht bestehe«.

Der streng futurisch-eschatologische Sinn dominiert insgesamt. Das Nomen ist fast regelmäßig und stereotyp verbunden mit »ewig«, nur wenige Verben wie »erben«, »eingehen« treten hinzu. Neben dem bei Jesus beherrschenden Sprachgebrauch von βασιλεία darf ζωή als authentisch, wenn auch nur am Rande verwendet, angesehen werden. Der für uns traditionell klingende Ausdruck »ewiges Leben« ist dann sparsam in den Sprachgebrauch der Evangelisten übergegangen, er gibt später auch gemeinchristliche Sprache wieder.

Mit dem futurisch-eschatologischen Sinn ist verbunden, daß der Gegensatz zum (ewigen) »Leben« in dessen radikalen Verständnis in dem »Verderben« *(ἀπώλεια)*, dem »ewigen« bzw. »unauslöschlichen Feuer« (Mt 8,8; Mk 9,42), oder auch in der »Geenna« *(γέεννα)* gesehen wird.[10] Die Verwendung des Verbums ζάω, ζῶν weist keine auffälligen Besonderheiten auf.

2. Vorkommen von »Tod«

Noch weniger signifikativ als das Wortfeld um »Leben« ist das um »Tod«, »sterben«, »töten«, »tot sein«. Es begegnet die Rede davon überwiegend im wörtlichen, physischen Gebrauch. So wird gesprochen vom »töten«, »sterben«, »zum Tode verurteilen«, »dem Tod überliefern«, vom »Schuldspruch

---

[8] Die Auffassungen darüber, ob Lk oder Mt den Q näherstehenden Text haben, sind geteilt; vgl. die Stimmen bei *Siegfried Schulz*, Q. Die Spruchquelle der Evangelisten, Zürich 1972, 309 Anm.348. Aus stilistischen (Parallelismus membrorum), formkritischen (Weisheitsspruch, Zwei-Wege-Schema) und theologischen (ethischer Radikalismus des Mt) Gründen ist es mir wahrscheinlicher, daß Mt dem Doppelspruch Mt 7,13f seine Fassung gab, als daß Lk den Mt-Spruch gekürzt hätte (so *Schulz*, ebd. 309). Mit Recht wohl *Joachim Jeremias*, Art. »πύλη, πυλών«: ThWNT 6 (1959), 920—927 (923, 18—21): »Die Mt-Fassung, die den eschatologischen Klang zurücktreten läßt, dürfte ... eine aus den Bedürfnissen der kirchlichen Unterweisung erwachsene Fortbildung des Logions mit Hilfe des Zwei-Wege-Schemas ... darstellen.« Vgl. *Gustav Dalman*, Die Worte Jesu 1, Leipzig 1930, 127—132.

[9] Vgl. *Wolfgang Trilling*, Das wahre Israel. Studien zur Theologie des Matthäusevangeliums, München ³1964 (= Leipzig ³1975), 149.

[10] Vgl. *Luise Schottroff*, Art. »ζῶ, ζωή«: EWNT 2 (1981), 261—271.

zum Tode« usw.¹¹ »Tod« als Unheilsbegriff in Analogie zum Heilsbegriff »Leben« kommt, im Unterschied vor allem zu Paulus, nicht vor.

Theologisch und sachlich bedeutsam sind jedoch jene Stellen, in denen von einer »Auferweckung aus dem Tode« bzw. vom »Auferstehen aus dem Tode« die Rede ist. Dies begegnet außer in den Aussagen über Jesu Auferstehung bzw. sein Auferwecktwerden auch in bezug auf andere Menschen (Mt 11,5 = Lk 7,22; vgl. Mt 10,8; Lk 16,30.31; zu Mk 12,18—27 s.u.). Davon hätte Mt 11,5 (Q) wohl die Chance, für authentisch zu gelten, während die Texte, die sich auf Jesu Auferstehung beziehen, als kerygmatisch geprägte Redeweise gewertet werden müssen.

Eigenes Gewicht haben noch zwei Stellen: einmal die Perikope mit der Sadduzäer-Frage nach der Auferstehung und zum anderen das Logion Mt 8,21f = Lk 9,59f.

3. Gott der Lebenden

Die Frage nach der Totenauferstehung (Mk 12,18—27 parr.) wird beschlossen von einem Hinweis auf die Schrift, welche indirekt bezeuge, daß der Gott Abrahams und der Gott Isaaks und der Gott Jakobs doch kein Gott von Toten, sondern von Lebenden sei (Mk 12,26.27a). Das Zitat, das Ex 3,6 entnommen ist, besagt im Zusammenhang, daß jener Gott, der sich dem Mose vorstellt, der gleiche ist, welcher sich den Vätern Israels geoffenbart hatte. Also erweist er sich vor Mose als lebendiger Gott, nicht als einer, der mit den Vätern auch dahingestorben war. Der angeschlossene Satz gehört nicht mehr zum Zitat, sondern ist selbständig formuliert: »Nicht ist Gott (ein Gott) von Toten, sondern von Lebenden«. Hier klingt Psalmensprache an.

Die Frage der Authentizität der Perikope und der Stelle Mk 12,(26b).27a wird unterschiedlich beurteilt. Zurückhaltend äußert sich Joachim Gnilka: »Der Kern der Überlieferung (18—25) kann als historische Reminiszenz angesehen werden«¹². Rudolf Pesch dagegen hält den Text für »authentische Jesusüberlieferung« und nennt mehrere Gründe dafür¹³, ja schließt sogar mit dem Hinweis, daß der Text »ein hochbedeutsames Dokument der Gotteserfahrung und Gottesgewißheit Jesu, seines Auferstehungsglaubens«¹⁴ sei. Nicht einhellig wird auch die

---

¹¹ Die Stellen brauchen im einzelnen nicht diskutiert zu werden: vgl. Mk 5,35; 9,1.26; 10,33; 13,12; 14,31.34.64, jeweils mit Parallelen; im Sondergut des Mt findet sich noch ein Zitat-Hinweis aus dem AT (4,16); die lukanischen Sondergut-Stellen gehen über das Genannte nicht hinaus; vgl. 7,11—15.
¹² *Joachim Gnilka*, Das Evangelium nach Markus 2, (EKK 2/2), Zürich/Neukirchen-Vluyn 1979, 161. Als Gemeindebildung hatte den ganzen Text angesprochen *Rudolf Bultmann*, Die Geschichte der synoptischen Tradition, Göttingen ³1957, 25. 51.
¹³ *Rudolf Pesch*, Das Markusevangelium 2, (HThK 2/2), Freiburg/Basel/Wien 1977, 235.
¹⁴ *Pesch*, ebd.

Frage der Einheitlichkeit der Perikope beantwortet, vor allem wegen der doppelten Antwort Jesu (v25.26f). Nun kann die Formulierung von v24: »Irrt ihr nicht darin, daß ihr weder die Schriften noch die Macht Gotes kennt?« durchaus auf beide Antworten bezogen werden. Dabei bringt die zweite den weitergreifenden und höheren Gesichtspunkt mit dem Schriftzitat und der Folgerung (v27). Beides enthält jedoch keinen direkten Bezug auf eine Auferstehung. Vorausgesetzt ist vielleicht nur, daß dem Judentum die Väter als bei Gott lebend gelten, wahrscheinlicher aber, daß Gott sich nicht den »Namen von Toten« beilegt.[15] »Wo Gott eines Menschen Gott wird, sich ihm also zusagt, da kann das von niemandem und nichts aufgehoben werden als von Gott selbst, also auch nicht vom Tod.«[16]

Gerade darin, daß kein direkter Bezug zur Auferstehung im Sinne der Frage der Sadduzäer besteht, scheint mir das Bemerkenswerte der Perikope zu liegen. Die Frage nach einer Auferstehung wird transzendiert zur Frage nach der Macht *(δύναμις)* Gottes und seiner Lebendigkeit überhaupt. Die Heilszuwendung, die den Vätern auf Grund von Gottes Verheißung gilt, ist nicht spezifiziert, auf das besondere Gut einer »Auferstehung« hin gedacht, sondern allein und umfassend in dem Leben, das in Gott ist und von ihm ausgeht und das er in seiner Vollmacht uneingeschränkt gewähren kann, verankert. Die spitzfindige Frage der Sadduzäer wird nicht auf der gleichen Ebene angenommen und beantwortet, sondern in großem Ernst auf die Frage nach Gott und seiner Lebensmacht überhaupt zurückgeführt. Dieser »Gott des Lebens« ist es, dessen Macht den Tod in allen seinen Formen (s.o. unter A.) im irdischen Dasein des Menschen zu bannen vermag. So betrachtet, enthält der Text archaische Züge, wenn er auch nicht in einem redaktionellen Zuge in die heutige Fassung gebracht worden sein dürfte.

4. Ein Nachfolge-Spruch (Mt 8,21f)

Die zweite Stelle ist Mt 8,21f (par. Lk 9,59f), eine Nachfolge-Szene. Ein Jünger bittet, bevor er sich ganz Jesus anschließen will: »Herr, laß mich zuerst hingehen und meinen Vater begraben!« Jesus erwidert ihm: »Folge mir und laß die Toten ihre Toten begraben!« *(ἀκλούθει μοι, καὶ ἄφες τοὺς νεκροὺς θάψαι τοὺς ἑαυτῶν νεκρούς).* Es ist ein Logion, das unbezweifelt als echtes Jesuswort gilt.[17] Es ist ein doppelsinnig-dialektischer Spruch, ein Wortspiel, in welchem wohl »Tote« *(τοὺς νεκρούς)* im ersten Fall im übertragenen Sinn als »geistlich Tote«, welche sich vom Wort Jesu nicht radikal beanspruchen lassen, zu verstehen ist.[18] In dem Wort ist ohne Zweifel Typi-

---

[15] *Gnilka*, ebd. 160.
[16] So *Eduard Schweizer*, Das Evangelium nach Markus, (NTD 1), Göttingen 1967, 142.
[17] Vgl. zum einzelnen: *Martin Hengel*, Nachfolge und Charisma. Eine exegetisch-religionsgeschichtliche Studie zu Mt 8,21f. und Jesu Ruf in die Nachfolge, Berlin 1968.
[18] Vgl. *Hengel*, ebd. 8f; ebd. Anm. 23 mit neutestamentlichen und anderen antiken Beispielen für die übertragene Bedeutung.

sches erfaßt: Jesu Ruf in die Nachfolge und der Wille, diesem Ruf zu folgen, dulden keine Konkurrenz, der Ruf gilt unbedingt. Vor ihm tritt gar eine so bedeutsame Pflicht des Gottesgebotes und der verpflichtenden Sitte, für die Bestattung seiner Angehörigen zu sorgen, zurück! Damit weist Jesu Nachfolge auf den größeren Zusammenhang, in dem sie steht und von dem her sie allein einleuchtend werden kann, nämlich dem der βασιλεία, der Gottesherrschaft (s.u. II.). Indirekt werden wir in der Sentenz auch mithören dürfen, daß es Jesus in eminenter Weise um die Sache des Lebens geht, daß einer, der auf seine Seite tritt, damit in den Bereich des Lebens eintritt.

Fassen wir das Gefundene zusammen, so müssen wir sagen, daß der Sprachgebrauch als solcher um »Leben« *(ζάω, ζωή)* und »Tod« *(θάνατος, νεκρός, θανατόω)* wenig Charakteristisches aussagt, jedenfalls nicht als typisch für Jesus erkannt werden kann. Das leuchtet sofort ein, wenn man dieses Ergebnis mit dem Befund im Johannesevangelium vergleicht. Das für Jesus Eigentümliche innerhalb unserer Thematik muß auf andere Weise ermittelt werden, nämlich von der seine Botschaft beherrschenden Ausdrucksform, der Basileia, der Gottesherrschaft, her. Wort, Begriff und Anschauung der Basileia bei Jesus haben gleichsam die anderen zu seiner Zeit gängigen und reich verwendeten Heilsbegriffe an sich gezogen, ja aufgesogen.[19]

II. Botschaft von der Gottesherrschaft

Nach der »Jesuswelle« der 60er Jahre hat sich die Aufmerksamkeit der Forschung vor allem nach zwei Richtungen hin verlagert, die mit unserer Thematik aufs engste verbunden sind, ja ihr eigentümlich jesuanisches Relief erst hervortreten lassen. Die eine Richtung ist in einer intensiven Bemühung um die »Struktur« der Basileia-Botschaft Jesu zu erkennen, die andere in der Frage, ob und wie diese Botschaft und die mit ihr gemeinte Sache der Basileia mit dem Todesgeschick Jesu zusammengedacht und in einen sachlichen Einklang gebracht werden könnte. Beiden Fragestellungen soll hier nachgegangen werden.

1. Wort von Gott

Es ist seit Albert Schweitzer und Johannes Weiß trotz mancher Schwankungen in der Zwischenzeit nicht mehr strittig, daß die Basileia-Botschaft

---

[19] Vgl. dazu auch *Jürgen Becker*, Das Heil Gottes. Heils- und Sündenbegriffe in den Qumrantexten und im Neuen Testament, (StUNT 3), Göttingen 1964, 190—197.

Jesu radikal eschatologisch zu begreifen ist, d.h. daß die wirkliche Ankunft der Gottesherrschaft von ihm definitiv angekündigt worden ist. Mit gutem Recht kann das Programmwort Mk 1,15 dafür stehen, auch wenn es im einzelnen Elemente späterer Prägung aufweist.[20] Daß die Ansage der Nähe nicht als ein nur zukünftiges, zu erwartendes, bevorstehendes, alsbald hereinbrechendes Ereignis zu begreifen ist (wie bei Johannes dem Täufer), wird durch charakteristische Gegenwartsaussagen bei Jesus belegt. Die Nähe der herankommenden Gottesherrschaft, d.h. der Herrschaftsergreifung Gottes selbst, wird jetzt schon sichtbar, spürbar, erfahrbar, ja in vielen einzelnen Taten und Signalen vollzogen. Die Zukunft ragt in die Gegenwart hinein, sie läßt die Gegenwart eschatologisch bestimmt werden.

Dieser Charakter der Basileia als andrängendes *Ereignis*, der die Gegenwart in der Tiefe betrifft und jetzt schon verwandelt, kommt in ganzen Reihen von Aussagen zur Sprache, in welchen von der Einladung zu Gottes Reich, von drohender Nähe und auch von verlockender Faszination gesprochen wird (vgl. manche Gleichnisse, vgl. Mt 13), die z.T. auch eine unmittelbare Nähe mit zeitlicher Terminierung zu bezeugen scheinen (vgl. Mt 10,23; Mk 9,1). Da steht das weltumwandelnde *Geschehen* von Gottes machtvoll-gütigem Eingreifen ganz im Zentrum.

Auf der anderen Seite finden wir jedoch eine Aussagenreihe, in der nicht von dieser Nähe und dem Einbruch des kosmischen Ereignisses, sondern von der Güte Gottes, von seiner Art, dem Menschen zu begegnen, von seinem Vater-Sein, seiner bedingungslosen Vergebung, ja eben von Gott selbst, seinem dem Menschen zugewendeten Angesicht, von ihm selbst, von seinem »Wesen«, die Rede ist. Das (alte) Problem, das sich da auftut, wird seit Heinz Schürmann gern als Verhältnis zwischen Theo-logie und Eschato-logie Jesu bezeichnet.[21] In besonderer Weise kommt es zum Tragen, wo es um die Motivation des Ethos geht, um Begründung und Antrieb für das Handeln, wie es z.B. weithin in der Bergpredigt gefordert ist. War Jesus der Künder des großen Ereignisses in letzter Stunde und Rufer zur Umkehr oder war er Weisheitslehrer, ein Rabbi, der den rechten Weg Gottes lehrte? Ist sein Wort nur Weckruf und Aufforderung zu Umkehr und Wachsamkeit, oder ist es

---

[20] Vgl. jetzt *Helmut Merklein*, Die Gottesherrschaft als Handlungsprinzip. Untersuchung zur Ethik Jesu, (FzB 34), Würzburg 1978, 17—45.

[21] *Heinz Schürmann*, Das hermeneutische Hauptproblem der Verkündigung Jesu. Eschatologie und Theo-logie im gegenseitigen Verhältnis, zuerst erschienen in: Gott in Welt 1 (FS Karl Rahner), Freiburg/Basel/Wien 1964, 579—607; weitere Angaben bei *Wolfgang Trilling*, Die Botschaft Jesu. Exegetische Orientierungen, Freiburg/Basel/Wien 1978, 105 Anm. 18ff; vgl. zur Diskussion *Merklein*, Gottesherrschaft 104ff.

auch offenbarende Rede von Gott, und wie kann beides zur Einheit gebunden werden?

Obgleich die Antworten im einzelnen nuanciert ausfallen, dürfte eine Erkenntnis allen gemeinsam sein, nämlich die untrennbare Zusammengehörigkeit von beidem. Jesu Rede von Gott und seine Forderungen zu neuem Handeln sind ohne Zweifel von der drängenden Stunde, der Nähe des ausgerufenen Eschaton, her motiviert. Und auch das Umgekehrte gilt: Seine zukunftsgerichtete Rede erhält ihre spezifische Prägung durch eine eigentümliche, ja revolutionierende Botschaft von Gott. Gerade dadurch wird sie charakteristisch geprägt und hebt sich von allen vergleichbaren Typen in der Umwelt ab. Diese beiden Merkmale sind für die Thematik um »Tod und Leben« von entscheidender Bedeutung.

Die Zusage der Basileia Gottes soll »Leben« im umfassenden Sinn ermöglichen, sie geschieht als Lebenszusage. Gottes Reich ist das große Geschenk, das Jesus den Menschen bringt, das ihm die entscheidende Perspektive und gültige Hoffnung öffnet, ja, und das dadurch auch sein Handeln durchweg bestimmen soll. Es ist eine dem Menschen vorauslaufende Gabe, nicht abhängig von dessen Verhalten oder Vorleistungen oder angeblich günstigen Bedingungen. Am reinsten kommt sie in Gottes radikaler Vergebungsbereitschaft und in der von Jesus selbst praktizierten Annahme des Sünders zum Ausdruck. Das umfassende Heil, das mit Basileia bezeichnet wird und das den ganzen Reichtum in sich birgt, von dem die Schriften und besonders die Propheten zu künden wußten, ist in ihr beschlossen und damit auf eine radikale Heilszukunft hin geöffnet. »Heil« in dem umfassenden Sinn des Alten Testaments und »Leben« als dessen schon für den altorientalischen Menschen gültiger Inbegriff von heil- und gesund- und glücklich- und unsterblich-Sein fallen hier zusammen und zentrieren sich in dem einen Terminus $\beta\alpha\sigma\iota\lambda\varepsilon\iota\alpha$. Durch die einmalige und unwiederholbare Stunde, in der die Ansage durch Jesus geschieht und damit entscheidend an seine Person gebunden ist, wird sein Wort zum Träger der Zuwendung Gottes. In seinem Reden und in seinem Tun ereignet sich die unbedingte Güte Gottes.

Geht man von dieser Sicht aus, so dürften die verschiedenen Versuche, Theologie und Eschato-logie miteinander zu vermitteln, letztlich nur als unterschiedliche Nuancen erscheinen, jedenfalls nicht mehr als einander ausschließende Positionen anzusehen sein.

2. Wort von der Freiheit

Jesu Reden und Handeln zeigt sich einheitlich als Zuwendung *Gottes*, genauer als Lebenszusage und Lebenszuwendung Gottes. Jesus treibt Dämonen aus, befreit Menschen von der Knechtung durch fremde und menschenfeindliche Mächte, er heilt Kranke vielerlei Art, er schließt Menschen, die soziale Tabus und eine unbarmherzige Gesetzesanwendung von der Gemeinschaft ausgeschlossen hatten, wieder an sie an und in sie ein (vgl. die Aussätzigenheilung, Mk 1,40—45). Er ruft dazu auf, keine Furcht vor Menschen zu haben (Mt 10,26—33; Lk 12,2—9), so wie er selbst ohne Menschenfurcht ist, sie weder vor den Nachstellungen des Herodes (Lk 13,31—33) noch im Streitgespräch mit den verschiedenen gegnerischen Gruppen kennt. Jesus tritt für die Kleinen (vgl. Mk 9,42—48) gegenüber den Großen ein, für die Schwachen gegenüber den Mächtigen, für die armen Leute gegenüber den Besitzenden, den Reichen und Angesehenen. Überall dort wird Freiraum für ein Leben geschaffen, das durch gesellschaftliche Heuchelei, menschliche Willkür, Machtausübung, Erpressung, geistlichen Terror, Großmannssucht und Unterdrückungswillen eingeschränkt ist. Da öffnen sich neue Aussichten für all jene, die im Schatten stehen und die in ihren Lebensmöglichkeiten eingeschränkt sind, da wird auch der »Sünder« angenommen und ihm die Chance eröffnet, neu zu beginnen kraft der erhaltenen Annahme durch Gott.

Nach der Logienüberlieferung kann man auch thematische Schwerpunkte ermitteln und an ihnen zeigen, wie die Lebenszusage in vielfältiger Weise *Freiheit* schaffen kann.

a. Freiheit von dem Vergeltungszwang

Die unbedingte Annahme und Vergebung durch Gott soll dem so betroffenen Menschen die Möglichekeit geben und zugleich die Aufforderung wahrnehmen lassen, in gleicher Weise allen Menschen gegenüber frei, offen, wohlwollend zu handeln. Dies erhält seine Spitze in dem Gebot der Feindesliebe (Lk 6,27—33; Mt 5,38—48).[22]

b. Freiheit von der Sorge

Die tiefeingewurzelte Gefahr, daß der Mensch sich von der Sorge, welcher Art auch immer, bestimmen, ja beherrschen läßt und seine Freiheit an sie verliert, wird in der anstößigen Rede Mt 6,25—34 (Lk 12,22—31) angesprochen. Die ganz weisheitlich gehaltene Spruchkette ist primär von der sorgenden Vatergüte Gottes her geprägt. Diese ist das entscheidende Motiv, das dem Menschen vorgestellt wird. Doch zielt die Spruchreihe letztlich auf eine

---

[22] Vgl. jetzt die Analyse von *Jan Lambrecht*, Ich aber sage euch. Die Bergpredigt als programmatische Rede Jesu (Mt 5—7, Lk 6,20—49), Stuttgart 1984 (mit neuerer Lit.).

Aussage, die von der Basileia Gottes gilt: »Sucht also sein Reich, und dies wird euch hinzugegeben werden« (Lk 12,31).[23] Wird der Mensch in dieser Weise von der Sorge erlöst, gewinnt er nicht nur Freiheit für seine Zukunft, sondern auch die Möglichkeit, in der Gegenwart und im Wissen um einen solchen Gott sein Leben zu bestehen.

c. Freiheit von sich selbst

Es gibt im Menschen eine letzte Unfreiheit, die daraus entsteht, daß er meint, allein auf sich angewiesen zu sein, sein Leben allein bestehen und bewältigen, mit sich allein auszukommen zu müssen. In diese Not des Menschen zielen Jesu Worte vom »bergeversetzenden Glauben«, oder wie es nach der wohl ursprünglichsten Fassung heißt, von einem Glauben »wie ein Senfkorn«, kraft dessen einer dem Maulbeerfeigenbaum befehlen könne, sich zu entwurzeln und ins Meer zu verpflanzen (Lk 17,6; vgl. Mt 17,20; nach der Mk-Überlieferung Mk 11,22f; Mt 21,21).[24]

Nochmals: »Leben« in seinem radikalen und totalen Sinn und mit der darauf gerichteten menschlichen Hoffnung wird *nicht nur* als Zukunftsgut in Aussicht gestellt, in Gleichnissen und anderen Sprüchen als die erwartete Erfüllung schlechthin gesehen. Das für unser Verstehen und Verhalten so Wichtige liegt darin, daß Lebenszusage und Ermöglichung eines sinngerichteten Lebens für die *Gegenwart* gelten. Ein Basileia-gemäßes Denken und Handeln schafft jetzt schon jenen Raum der Freiheit, in dem Gottes Leben wirksam ist, oder auch umgekehrt: das uns zugesprochene Leben hat die Kraft und Dynamik in sich, in die Freiheit in dem angedeuteten subtilen und zutiefst humanen Verständnis zu führen.

3. Das Leben gewinnen und verlieren

Erst auf diesem Hintergrund wird verständlich, daß in der Botschaft Jesu der »Tod« als das physische Ende des menschlichen Lebens nicht thematisiert wird. In diesem geläufigen Sinn spielt der Tod bei Jesus, soweit unsere Überlieferung das bezeugt, so gut wie keine Rolle. Im Unterschied zu Paulus und zum Johannesevangelium gibt es bei ihm auch kein qualifiziert-theologisches Reden vom Tode. Das, was der Lebensverheißung und dem Leben aus Gottes Güte entgegensteht und in Jesu Rede auch in Warnung und Drohung gegen-

---

[23] Vgl. dazu *Merklein*, Gottesherrschaft 174—183.
[24] Vgl. Dazu *Trilling*, Botschaft 28—38.

wärtig ist, das sind Gericht, Satan, das Böse, die Versuchung (vgl. die Vaterunser-Bitte »Und führe uns nicht in Versuchung«, Lk 11,4c; Mt 6,12a), das »Verderben«, das am Ende manches Gleichnisses wetterleuchtet (vgl. Lk 12,46; 20,16; Mt 13,30.49f; 18,34). Warnung und Drohung sind gleichsam die Rückseite der heilsamen und freudigen Basileia-Botschaft. Gibt es in Jesu Botschaft zwar keine Todesangst, keinen Todesschrecken oder Furcht vor dem Sterben, so doch an einer Stelle die Furcht vor dem alles vermögenden Gott, der den Menschen ganz und gar zu vernichten vermag. In diesem Logion Mt 10,28; Lk 12,4, das den Gegensatz von Seele und Leib kennt, ist in singulärer Weise der (Märtyrer-)Tod angesprochen: »Fürchtet euch nicht vor denen, die den Leib töten, die Seele aber nicht töten können, sondern fürchtet euch vor dem, der Seele und Leib ins Verderben stürzen kann« (Mt 10,28).[25]

Diese Beobachtungen führen uns zu einem Logion, das als ein Schlüsselwort des irdischen Jesus begriffen werden kann, weil in ihm in geradezu klassischer Weise Gegenwart und Zukunft, Gottes Gabe und menschliche Entscheidung ineinander verschränkt sind. Ich meine den »paradox formulierten, zweigliedrigen Maschal«[26] Mk 8,35 mit seinen Parallelen: »Denn wer sein Leben retten will, wird es verlieren; wer aber sein Leben (um meinetwillen und um des Evangeliums willen) verliert, wird es retten«.[27] In dem Wort erkenne ich auch eine Verklammerung zwischen der Basileia-Botschaft und dem Todesgeschick Jesu. Es scheint mir ein sicheres Indiz, wenn nicht gar das zuverlässigste von allen dafür zu sein, beides miteinander verbinden und zusammendenken zu können.

Zur Analyse:
Das Logion steht bei Markus in einer Spruchkette, die von 8,34—9,1 reicht und inhaltlich an die erste Leidensansage Jesu in 8,31 anknüpft.[28] Inwieweit schon eine vormarkinische Komposition vorliegt, ist nicht sicher auszumachen. Bei Markus sind die ersten fünf Sprüche durch das begründende »denn« *(γάρ)* verbunden. Das erste Wort von der Kreuzesnachfolge (v34b) ist an die Jünger gerichtet, jedenfalls im Sinn des Evangelisten (vgl.v.34a), und spricht im Bilde vom »Aufnehmen des Kreuzes« die Bereitschaft der Jesus Nachfolgenden, selbst das Leben zu riskieren und zu verlieren, aus. Ob das Wort vom Verlieren und Gewinnen des Lebens (v35) auch auf diesen äußersten Grenzfall von Nachfolge der »Jünger« und allein auf ihn bezogen werden soll, ist mir nicht sicher. Das Wort kann auch ohne diesen Kontext gesprochen und überliefert

---

[25] Zum Verständnis vgl. *Gerhard Dautzenberg*, Sein Leben bewahren. Ψυχή in den Herrenworten der Evangelien, (StANT 14), München 1966, 138—153.

[26] *Gnilka*, Markus 2, 24.

[27] Vgl. dazu die Anm. 25 genannte grundlegende Arbeit von *Dautzenberg*, Sein Leben bewahren.

[28] Das Logion steht parallel mit Mk in Mt 16,25; Lk 9,24 und nach der Q-Tradition in Mt 10,39; Lk 17,33; vgl. ferner Joh 12,25. Zu den synoptischen Beziehungen im einzelnen muß man die entsprechenden Kommentare zu Rate ziehen.

worden sein. Vormarkinische Zusammengehörigkeit beider Sprüche ist jedoch möglich, worauf vielleicht auch die Q-Parallele in Mt 10,38f hinweist. Ein Indiz für den martyrologischen Sinn enthält die Wendung »um meinetwillen«, dessen Zugehörigkeit zum ursprünglichen Wort jedoch fraglich ist.[29]

Wichtig für das inhaltliche Verständnis ist in erster Linie, wie hier »Seele«, »Leben« *(ψυχή)* zu begreifen ist. Darüber ist wohl inzwischen Klarheit gewonnen worden: Psyche, meist als Äquivalent zum hebräischen »nephesch« gebraucht, meint das irdische (nicht das jenseitige), und zwar das je individuelle Leben, die einzelne Person in ihrer Lebendigkeit, nicht allgemein »das Leben.«[30] Der Begriff ist nicht im Sinn der griechischen dichotomischen Anthropologie von »Leib« und »Seele« zu nehmen. Aber auch die Entsprechung zu »Leben« im Sinn des hebräischen »nephesch« findet eine Grenze in diesem Jesuswort, da es das Gewinnen oder Verlieren total meint, also auch keine Einschränkung auf ein irdisches Leben duldet. Die Bereiche von »irdisch« und »jenseitig« werden transzendiert.[31]

Wer dieses sein irdisches Leben jetzt behalten, bewahren, festhalten will, der wird seiner verlustig gehen, und wer sein Leben verliert, wem es gewaltsam genommen wird, oder wer es freiwillig darbringt, der wird es gewinnen. Die paradoxe Sentenz muß primär im eschatologischen Horizont verstanden werden. Das würde etwa mit Rudolf Pesch heißen: »Das Leben des Menschen, seine konkrete, ganzheitliche Existenz vor Gott wird neu bestimmt, und zwar im Blick auf die Zukunft des Gerichtes Gottes, die Verderben ... oder Rettung ... bringt«[32].

Doch ist zu fragen, ob der Spruch *nur* im historischen Sinn die streng eschatologische Ausrichtung (bei Jesus) und *nur* im Bezug auf die Grenzsi-

---

[29] Vgl. *Gnilka*, Markus 2, 22f, der sich dagegen ausspricht. Mit größerer Zuversicht wird die markinische Wendung »und um des Evangeliums willen« als Zusatz des Evangelisten beurteilt: vgl. etwa *Schweizer*, Markus 99f; auch das einführende γάρ wäre dann der Redaktion zu verdanken.

[30] Vgl. vor allem die Einzelnachweise bei *Dautzenberg*, Sein Leben bewahren, passim; *Alexander Sand*, Art. »ψυχή«: EWNT 3 (1983), 1197–1203: die ψυχή ist in den genannten Texten »nicht etwas Höheres im Menschen (gegenüber einem minderwertigen Teil), sondern bestimmt den Menschen in seiner umfassenden Lebendigkeit, durch die er wirklich er selbst ist, sich finden oder verlieren, sich retten oder aufgeben, sich hassen oder bewahren kann« (1199).

[31] Vgl. *Gnilka*, Markus 2, 24; so ist wohl auch die Formulierung »das eigentliche Leben« zu verstehen: »Festhalten und Verlieren interpretieren die ψυχή als das eigentliche Leben, das im Gericht entweder sein Ende finden oder über das Gericht hinaus gerettet werden wird« (*Sand*, »ψυχή« 1201).

[32] *Pesch*, Markus 2,61; bei Heinz Schürmann wird die lukanische Version dagegen streng auf die Nachfolge-Situation der »Jünger« hin ausgelegt: »Im Zusammenhang ist zu deuten: Wer sich der gefährlichen Situation der Nachfolge entziehen will, um sein Leben zu retten, wird im kommenden Gericht das Leben verlieren und nicht für den kommenden Äon durchretten« (*Heinz Schürmann*, Das Lukasevangelium 1, [HThK 3/1], Freiburg/Basel/Wien 1969, 543).

tuation des Martyriums (bei den Evangelisten bzw. einer vorevangelischen Komposition) zu begreifen ist. Das träfe ohne Zweifel zu, wenn er als allein an die Jünger, an die μαθηταί, gerichtet verstanden wird. Im jetzigen Kontext ist dies durch die Leidensansage Mk 8,31 und die Adressierung der Spruchreihe Mk 8,34a, wie das begründende γάρ in v35, zwingend erfordert. Alle drei Anhaltspunkte weisen jedoch eindeutig auf (markinische oder vormarkinische) Redaktion.

Daher ist das Logion auch ohne diese kontextuellen Bezüge für sich allein zu befragen. Dann könnte in ihm eine Lebensmaxime indirekt formuliert sein, die das *ganze* Leben von der radikalen Zukunft her bestimmen kann und soll. Es ginge dann um die Grundfrage überhaupt, in welcher Richtung das Leben eines Menschen, der dem Wort und der Einladung Jesu folgt, angelegt sein soll — als ein Leben, das sich selbst als Ziel beibehält, eigenen Gewinn und selbstmächtig gesuchte Erfüllung meint, also auch an dem eigenen Tode seine Grenze denkt, oder ob er es neu als ein Leben »für« zu entdecken und zu begreifen lernt, ein Leben, das geöffnet wird zur Hingabe an Gott und den Mitmenschen. »Jesu Wort besagt, daß man das wirkliche Leben, auch das irdisch-natürliche, erst im Sichverschenken findet. Gerade wer es krampfhaft für sich festhalten will, geht an den Möglichkeiten echten, beglückenden Lebens vorbei. Leben, wie es der Schöpfer gemeint hat, ist nur in der Hingabe zu finden«[33].

Es ist ein Wort des Glaubens. Alle Gegenwart und Zukunft, das jetzige und ein erhofftes zukünftiges Wohlergehen, ja Leben und Tod, Bewahren und Verlieren, stehen in Gottes Hand. Es gäbe danach nur eine grundlegende Entscheidung, nämlich sein Leben selbst zu behalten und zu sichern suchen, damit sich in es hinein zu verkrampfen, daran zu klammern trachten, oder es offen zu halten und in reiner Bereitschaft Gott darzubieten, dem wir uns als Schöpfer verdanken.

Darf man dieses Jesuswort auch für *Jesu eigene* Glaubenseinsicht und für seine Bereitschaft, den Tod anzunehmen und ihn in dieser Vollmacht Gottes aufgehoben zu wissen, begreifen? Es wäre sicher kühn, sich bei einer positiven Antwort allein auf dieses Zeugnis zu stützen. Es könnte wohl nur dann überzeugend in diesem Sinne verstanden werden, wenn noch andere zusätzliche Stützen hinzukämen. Davon soll im folgenden die Rede sein.[34]

---

[33] *Schweizer*, Markus 100; vgl. damit auch die zahlreichen Entsprechungen bei Paulus, wie 2 Kor 5,14f.

[34] Ein Hinweis darauf findet sich z.B. im Kommentar von *Pesch*, Markus 2,62 zu unserer Stelle: »Die um die genannten Zusätze gekürzte mk Fassung des Wortes kann als authentisches Jesuswort gelten. Es erlaubt wichtige Rückschlüsse auf den Glauben und die Todesbereitschaft

III. Basileiaverheißung und Todesgeschick Jesu

Wir wenden uns dem letzten Problem zu, nämlich dem Todesgeschick Jesu angesichts seiner Basileia-Verkündigung. Hier begegnet uns eine anscheinend unauflösbare Aporie. Denn die Ankunft der Basileia war ja in dem erwartbaren Sinne nicht geschehen, ja es scheint alles schon lange dagegen gewirkt zu haben, daß sie verwirklicht werde. Die drei synoptischen Evangelien werden den Gesamteindruck zutreffend wiedergeben, daß nach einem strahlenden Anfang in Galiläa wohl schon bald ein kritischer Prozeß einsetzte, der auch vor dem engsten Kreis um Jesus nicht haltmachte, ein Prozeß, der schließlich mit seiner Hinrichtung sein Ende fand. War damit, daß der Bote von Gottes Herrschaftsergreifung so erbärmlich und erfolglos endete, das ganze mit ihm begonnene Werk hinfällig geworden? War Gott selbst nicht imstande, seinen Anfang, den er mit Jesus gesetzt hatte, auch zum guten Ende, mindestens zu einem verheißungsvollen Fortwirken zu bringen? Ist Jesu Tod nicht die radikale Infragestellung der Ankündigung, daß Gottes Herrschaft nahe sei (vgl. Mk 1,15)? Die Annahme eines »Scheiterns« dieses großen Beginns und damit eines »Scheiterns« Jesu selbst liegt nahe. Damit stellt sich auch die Frage, ob die »Sache» selbst, mit der sich Jesus so identifiziert hatte, die Basileia Gottes, als die große Lebensverheißung für die Welt nicht hinfällig würde, wenn ihr Träger im Tode bleiben müßte.

Wenn wir uns dieser Aporie stellen, dann müssen m.E. zunächst einmal methodisch alle späteren, d.h. nachösterlichen positiven Deutungsversuche des Todes Jesu außer acht bleiben, so sehr in manchen Fällen erwogen werden kann, daß sie einen Anhalt im Leben des irdischen Jesus haben (etwa der verbreitete: ein »Sterben für« als Vollendung eines »Lebens für« — öfter »Proexistenz« genannt). Dies bezieht sich vor allem auf die frühesten Deutungen des Todes Jesu, für welche aus alttestamentlich-jüdischen Wurzeln und Vorgaben besonders der Tod als gewaltsames »Prophetenschicksal«, sein Verständnis auf dem Hintergrund des »Leidens des Gerechten«, und vor allem die soteriologische Deutung des stellvertretenden Sühnetodes, entsprechend den Gottesknechts-Liedern Jes 53 in Frage kommen.[35]

Jesu. Was Jesus seinen Hörern zumutet: Glaube an Gottes unbegrenzte, den Tod überwindende Schöpfermacht, Hoffnung auf Auferstehung und Preisgabe der Existenz in der Liebe, der Treue zu Gott ... — das bestimmt den ›Mut‹ seines eigenen Lebens. Das Logion darf also bei der Erörterung des Todesverständnisses Jesu und der Entstehung des Glaubens an seine Auferweckung nicht außer acht bleiben.«

[35] *Marie-Louise Gubler* hat jene Deutungen und ihre Vertreter in der jüngsten Zeit übersichtlich dargestellt: Die frühesten Deutungen des Todes Jesu. Eine motivgeschichtliche Darstellung aufgrund der neueren exegetischen Forschung, Freiburg (Schweiz)/Göttingen 1977.

Wir fragen nach Anhaltspunkten im Leben des irdischen Jesus dafür, ob Entsprechungen zwischen der Basileia-Kunde Jesu und seinem Tod aufzuspüren sind. Die Forschungslage in diesem Bereich ist im einzelnen noch recht verworren.[36] Einig dürften sich alle jedoch darin sein, daß Jesus mit einer gewaltsamen Beendigung seiner Tätigkeit rechnen konnte, und daß dies auch geschah. Wenn er sogar den Tod auf sich zukommen sah, gibt es dann Indizien dafür, daß er sich mit diesem Schicksal auseinandergesetzt hat, und, wenn dies zu bejahen wäre, in welchem Sinne könnte das mit einiger Wahrscheinlichkeit anzunehmen sein?

Eine Gruppe von Forschern ist darum bemüht, Anzeichen für ein eigenes positives Verständnis Jesu, auch vor allem im Sinn der genannten drei Modelle (Prophetenschicksal, »Leiden des Gerechten«, Sühnetod- und Stellvertretungsvorstellung) ausfindig zu machen. Von einigen Autoren werden in den synoptischen Zeugnissen auch Anhaltspunkte dafür gefunden, daß Jesus selbst seinem eigenen bevorstehenden und bereitwillig angenommenen Tode eine »Heilsbedeutung« zugemessen habe, ja selbst in der Erwartung der eigenen Auferstehung aus dem Tode gelebt habe.

Eine andere Gruppe von Forschern ist kritscher eingestellt, beurteilt die gleichen Zeugnisse mit größerer historischer Skepsis und äußert sich vor allem zur Frage der »Heilsbedeutung« zurückhaltend. Manche meinen gar, darauf überhaupt keine Antwort geben zu können.

Außer vielen indirekten Hinweisen und mehreren Logien spielt in dieser Frage die vierfach überlieferte Abendmahls-Paradosis eine entscheidende Rolle (vgl. Mk 14,22—24; Mt 26, 26—28; 1 Kor 11,23-25; vgl. mit Lk 22, [15—17].19—20). Dieser Text, die Aufhellung seiner Überlieferungsgeschichte und das Verständnis der beiden »Deuteworte« zur Brot- und Weinspende sind jedoch so umstritten und im einzelnen schwer zu deuten, so daß mir die Möglichkeit gering erscheint, zu sicheren und eindeutigen Ergebnissen zu gelangen.[37] Mit größerer Zuversicht scheint mir ein Text auswertbar

---

[36] Die Forschungssituation und die auch nur repräsentativste Literatur hier wiederzugeben, ist nicht möglich. Ich verweise auf die beigefügte Bibliographie (C.), ferner auf die reichlichen bibliographischen Angaben in folgenden Werken: *Gubler*, Die frühesten Deutungen des Todes Jesu; *Heinz Schürmann*, Jesu ureigener Tod. Exegetische Besinnungen und Ausblick, Freiburg/Basel/Wien 1974; *Ders.*, Gottes Reich — Jesu Geschick. Jesu ureigener Tod im Licht seiner Basileia-Verkündigung, Freiburg/Basel/Wien 1983 (= gekürzte Ausgabe: Leipzig 1985); *Rudolf Pesch / Herbert A. Zwergel*, Kontinuität in Jesus. Zugänge zu Leben, Tod und Auferstehung, Freiburg/Basel/Wien 1974; *Karl Kertelge (Hg.)*, Der Tod Jesu. Deutungen im Neuen Testament, (QD 74), Freiburg/Basel/Wien 1976; *Gerhard Friedrich*, Die Verkündigung des Todes Jesu im Neuen Testament, Neukirchen-Vluyn 1982; und vor allem *Lorenz Oberlinner*, Todeserwartung und Todesgewißheit Jesu. Zum Problem einer historischen Begründung, (SBB 10), Stuttgart 1980.

[37] Vgl. die neueren Arbeiten dazu in der vorigen Anm. Dazu etwa die Hinweise bei *Oberlinner*, Todeserwartung 130f, Anm. 67. 68. 69.

zu sein, der in enger Entsprechung zu allem bisher Ausgeführten steht. Es geht um das Logion Mk 14,25 (mit den Parallelen Mt 27,29; Lk 22,17).

Mk 14,25 lautet:
»Amen, ich sage euch: Ich werde nicht mehr von der Frucht des Weinstocks trinken, bis zu dem Tag, an dem ich von neuem davon trinken werde im Reich Gottes.«

Alle Wahrscheinlichkeit spricht dafür, in diesem Logion ein echtes Jesuswort zu sehen, ferner dafür, daß es auch in einer Abschiedssituation verankert ist, wie sie das letzte Mahl Jesu mit den Zwölf *(δώδεκα)* darstellt.[38] In dem Ausspruch bezeugt sich eine ungebrochene und durchgehaltene Ausrichtung des Weges Jesu auf die Basileia Gottes hin. Die offenbar definitiv herangekommene Stunde des Todes — die Gewißheit seines Sterbens wird hier mit großer Sicherheit belegt[39] — hindert nicht, daß Jesus zuversichtlich weiterhin auf jenes Ereignis hinblickt. Er bezeugt m.E. damit, daß er an dem großen Thema und Ereignis, dem Kern und Stern seiner Botschaft, auch angesichts der Bedrohung durch den Tod und der radikalen Krise festhält. Die bevorstehende und von ihm mit Sicherheit erkannte Krise seines Werkes vermag nicht, ihn in dieser Grundrichtung irre zu machen. Das Wissen um Gottes Basileia und dessen Erwartung bleibt auch jetzt unangefochten in Geltung, so wie es von der ersten Stunde seines Auftretens an zutraf.

Damit zeigt sich für mein Urteil entschieden, daß sich bei ihm selbst eine Kontinuität zwischen Anfang und Ende erkennen läßt. Das Begonnene wird nicht abrupt abgebrochen oder gar von den Wogen des Todes verschlungen, sondern es gilt weiter und über alles, was dem Augenschein nach dagegensprechen muß, hinaus. Das soll nicht, wie gelegentlich geäußert, eine »Auferstehungsgewißheit« Jesu erweisen, wohl aber — und dies scheint mir von größtem Gewicht zu sein — eine radikale Offenheit auf Gottes Wollen und Verfügen hin, welche ganz in der alttestamentlichen Linie der Frömmigkeit der Israeliten wie auch der charakteristischen jesuanischen »Theozentrik« liegt: Gott wird auch trotz des Todes seines Boten, ja möglicherweise durch ihn hindurch, an seinem einmal begonnenen großen Werk festhalten und es zum angesagten Ende bringen! Und dieses Ende ist die radikale Verwirklichung der Basileia als umfassende Lebensverheißung.[40]

---

[38] Vgl. Die Stimmen bei: Ebd. 131 Anm. 71.
[39] Ebd. 131.
[40] Das Logion wird, wenn ich recht sehe, in zunehmendem Maße für die Einstellung, mit der Jesus dem Tod entgegenging und für das Verständnis der Abschiedssituation am Gründonnerstag gewürdigt. Vgl. etwa *Pesch*, Markus 2, 361ff; *Gnilka*, Markus 2, 243. 246; *Merklein*, Gottesherrschaft 154: »Positiv bringt das Wort nur zum Ausdruck, daß Jesus auch im Angesicht des zu erwartenden Todes an der Geltung seiner Basileia-Ansage festhält ...« u.a.

Schließlich sei noch darauf verwiesen, daß sich das besprochene Logion Mk 8,35 parr. (s. o. 670f.) nahtlos diesen Beobachtungen anfügt. »Denn wer sein Leben verliert, wird es retten«, retten nämlich in Gott hinein, dem Herrn über Leben und Tod. Dies ist Jesus vom Alten Testament, besonders von den Psalmen, her vertraut. Wollte man das für sein eigenes Existenzverständnis und für sein Verhältnis zu Gott in Frage stellen, müßte dies aufgewiesen werden können. Es zeigt sich jedoch, daß sich in der gesamten authentischen Jesusüberlieferung keine wirklich gegenläufigen Daten finden, die jene Sicht in Frage stellen oder gar erschüttern könnten. »Leben« und »Tod« gewinnen vielmehr im Worte Jesu, besonders in dem genannten Doppelspruch und in dem mit ihm sich deckenden eigenen Existenzvollzug eine umfassende Deutung, die die Zeiten von der Vergangenheit bis in die Zukunft hinein überspannt und die sich in dem Kerygma der Gemeinde ausspricht, nach dem aus dem Tode Jesu das Leben für alle hervorging.

C. Bibliographie

Barth, Christoph, Die Errettung vom Tode in den individuellen Klage- und Dankliedern des Alten Testamentes, Zollikon 1947.

Becker, Jürgen, Das Heil Gottes. Heils- und Sündenbegriffe in den Qumrantexten und im Neuen Testament, (StUNT 3), Göttingen 1964.

Ders., Johannes der Täufer und Jesus von Nazaret, (BSt 63), Neukirchen-Vluyn 1972.

Berger, Klaus, Die Amen-Worte Jesu. Eine Untersuchung zum Problem der Legitimation in apokalyptischer Rede, (BZNW 39), Berlin 1970.

Ders., Die Auferstehung des Propheten und die Erhöhung des Menschensohnes. Traditionsgeschichtliche Untersuchung zur Deutung des Geschickes Jesu in frühchristlichen Texten, (StUNT 13), Göttingen 1976.

Bultmann, Rudolf, Theologie des Neuen Testaments, hg. von O.Merk, (UTB 630), Tübingen ^{9}1984.

Cavallin, Hans C., Leben nach dem Tode im Spätjudentum und im frühen Christentum I: ANRW II, 19/1, Berlin/New York 1979, 240—345.

Casper, Berhard u.a. (Hgg.), Jesus. Ort der Erfahrung Gottes (FS Bernhard Welte), Freiburg/Basel/Wien 1976.

Delling, Gerhard, Der Kreuzestod Jesu in der urchristlichen Verkündigung, Berlin 1971 (= Göttingen 1972).

Flender Helmut, Die Botschaft Jesu von der Herrschaft Gottes, München 1968.

Friedrich, Gerhard, Die Verkündigung des Todes Jesu im Neuen Testament, (Bibl. theol. Studien 6), Neukirchen-Vluyn 1982.

Gnilka, Joachim, Das Evangelium nach Markus, 2. Teilband, (EKK II/2), Zürich/Neukirchen-Vluyn 1979.

Ders., Wie urteilte Jesus über seinen Tod?: K. Kertelge (Hg.), Der Tod Jesu. Deutungen im Neuen Testament, (QD 74), Freiburg/Basel/Wien 1976, 13—50.

Ders., Martyriumsparänese und Sühnetod in synoptischen und jüdischen Traditionen: R. Schnackenburg/J.Ernst/J. Wanke (Hgg.), Die Kirche des Anfangs (FS Heinz Schürmann), Leipzig 1978 und Freiburg/Basel/Wien 1979, 223—246.

Gräßer, Erich, Die Naherwartung Jesu, (SBS 61), Stuttgart 1973.

Ders., Zum Verständnis der Gottesherrschaft: ZNW 65 (1974) 3—26.

Gubler, Marie-Louise, Die frühesten Deutungen des Todes Jesu. Eine motivgeschichtliche Darstellung aufgrund der neueren exegetischen Forschung, (OBO 15), Freiburg-Schweiz/Göttingen 1977.

Hahn, Ferdinand, Christologische Hoheitstitel. Ihre Geschichte im frühen Christentum, (FRLANT 83), Göttingen 1963.

Ders., Methodologische Überlegungen zur Rückfrage nach Jesus: *K.Kertelge (Hg.)*, Rückfrage nach Jesus, (QD 63), Freiburg/Basel/Wien 1974, 11—77.

Hengel, Martin, Nachfolge und Charisma. Eine exegetisch-religionsgeschichtliche Studie zu Mt 8,21f und Jesu Ruf in die Nachfolge, (BZNW 34), Berlin 1968.

Ders., Der stellvertretende Sühnetod Jesu. Ein Beitrag zur Entstehung des urchristlichen Kerygmas: IKaZ 9 (1980) 1—25. 135—147.

Hoffmann, Paul, Studien zur Theologie der Logienquelle, (NTA.NF 8), Münster 1972. ^{2}1975.

Hoffmann, Paul/Eid, Volker, Jesus von Nazareth und eine christliche Moral, (QD 66), Freiburg/Basel/Wien 1975.

Jeremias, Joachim, Die Abendmahlsworte Jesu, Göttingen 1935. ⁴1967.

Ders., Neutestamentliche Theologie I. Die Verkündigung Jesu, Gütersloh ²1973.

Jüngel, Eberhard, Paulus und Jesus. Eine Untersuchung zur Präzisierung der Frage nach dem Ursprung der Christologie, (HUTh 2), Tübingen 1962. ²1964.

Kertelge, Karl (Hg.), Rückfrage nach Jesus. Zur Methodik und Bedeutung der Frage nach dem historischen Jesus, (QD 63), Freiburg/Basel/Wien 1974.

Ders. (Hg.), Der Tod Jesu. Deutungen im Neuen Testament, (QD 74), Freiburg/Basel/Wien 1976.

Keßler, Hans, Die theologische Bedeutung des Todes Jesu. Eine traditionsgeschichtliche Untersuchung, Düsseldorf ²1971.

Klauck, Hans-Josef, Allegorie und Allegorese in synoptischen Gleichnistexten, (NTA.NF 13), Münster 1978 [Literatur zu den Gleichnissen].

Klein, Günter, »Reich Gottes« als biblischer Zentralbegriff: EvTh 30 (1970) 642—670.

Kraus, Hans-Joachim, Reich Gottes: Reich der Freiheit. Grundriß Systematischer Theologie, Neukirchen-Vluyn 1975.

Ders., Theologie der Psalmen, (BK.AT 15/3), Neukirchen-Vluyn 1979.

Kretzer, Armin, Die Herrschaft der Himmel und die Söhne des Reiches, (SBM 10), Stuttgart 1971.

Kuhn, Heinz-Wolfgang, Enderwartung und gegenwärtiges Heil. Untersuchung zu den Gemeindeliedern von Qumran, (StANT 4), Göttingen 1966.

Kümmel, Werner Georg, Die Theologie des Neuen Testaments, (NTD. Ergänzungsreihe 3), Göttingen ²1972.

Lattke, Michael, Zur jüdischen Vorgeschichte des synoptischen Begriffs der »Königsherrschaft Gottes«: *P.Fiedler/D.Zeller (Hgg.)*, Gegenwart und kommendes Reich (FS Anton Vögtle), (SBS 6), Stuttgart 1975, 9—25.

Maisch, Ingrid, Die Botschaft Jesu von der Gottesherrschaft: ebd. 27—42.

Manson, Thomas Walter, The Sayings of Jesus, London ²1949 (Nachdr. 1964).

Merklein, Helmut, Die Gottesherrschaft als Handlungsprinzip. Untersuchungen zur Ethik Jesu, (FzB 34), Würzburg (¹1978.) ²1981.

Ders., Jesu Botschaft von der Gottesherrschaft. Eine Skizze, (SBS 111), Stuttgart 1983.

Ders., Die Umkehrpredigt bei Johannes dem Täufer und Jesus von Nazareth: BZ 25 (1981) 29—46.

Mußner, Franz, Gab es eine »galiläische Krise«?: *P.Hoffmann (Hg.)*, Orientierung an Jesus. Zur Theologie der Synoptiker (FS Josef Schmid), Freiburg/Basel/Wien 1973, 238—252.

Neuhäusler, Engelbert, Anspruch und Antwort Gottes. Zur Lehre von den Weisungen innerhalb der synoptischen Jesusverkündigung, Düsseldorf 1962.

Oberlinner, Lorenz, Todeserwartung und Todesgewißheit Jesu. Zum Problem einer historischen Begründung, (SBB 10), Stuttgart 1980.

Patsch, Hermann, Abendmahl und historischer Jesus, (CThM A/1), Stuttgart 1972.

Percy, Ernst, Die Botschaft Jesu. Eine traditionskritische und exegetische Untersuchung, Lund 1953.

Perrin, Norbert, The Kingdom of God in the Teaching of Jesus, London 1963.

Ders., Was lehrte Jesus wirklich? Rekonstruktion und Deutung, Göttingen 1967.

Pesch, Rudolf, Zur Entstehung des Glaubens an die Auferstehung Jesu: ThQ 153 (1973) 201—228.

Ders., Das Abendmahl und Jesu Todesverständnis: *K.Kertelge (Hg.)*, Der Tod Jesu. Deutungen im Neuen Testament, (QD 74), Freiburg/Basel/Wien 1976, 137—187.

Ders., Zur Exegese Gottes durch Jesus von Nazareth: *B. Casper u.a. (Hgg.)*, Jesus. Ort der Erfahrung Gottes (FS Bernhard Welte), Freiburg/Basel/Wien 1976, 140—189.

Ders., Das Markusevangelium 2, (HThK II/2), Freiburg/Basel/Wien 1977.

Pesch, Rudolf / Zwergel, Herbert A., Kontinuität in Jesus. Zugänge zu Leben, Tod und Auferstehung, Freiburg/Basel/Wien 1974.

Petzoldt, Martin, Gleichnisse Jesu und christliche Dogmatik, Berlin 1983.

Pfammatter, Josef/Furger, Franz (Hgg.), Theologische Berichte VII. Zugänge zu Jesus, Zürich/Einsiedeln/Köln 1978.

von Rad, Gerhard, Theologie des Alten Testaments, 2 Bde., München 1957 + 1960 [vgl. Register].

Ders., Weisheit in Israel, Neukirchen-Vluyn 1970.

Roloff, Jürgen, Anfänge der soteriologischen Deutung des Todes Jesu (Mk X.45 und Lk XXII.27): NTS 19 (1972/73) 38—64.

Ruppert, Lothar, Der leidende Gerechte. Eine motivgeschichtliche Untersuchung zum Alten Testament und zwischentestamentlichen Judentum, (FzB 5), Würzburg 1972.

Ders., Jesus als der leidende Gerechte? Der Weg Jesu im Lichte eines alt- und zwischentestamentlichen Motivs, (SBS 59), Stuttgart 1972.

Schelkle, Karl Hermann, Theologie des Neuen Testaments II, Düsseldorf 1972.

Schillebeeckx, Edward, Jesus. Die Geschichte von einem Lebenden, Freiburg/Basel/Wien 1975.

Ders., Christus und die Christen. Die Geschichte einer neuen Lebenspraxis, Freiburg/Basel/Wien 1977.

Schlosser, Jacques, Le Règne de Dieu dans les dits de Jésus I-II, (EtB), Paris 1980.

Schnackenburg, Rudolf, Gottes Herrschaft und Reich. Eine biblisch-theologische Studie, Freiburg/Basel/Wien ([1]1959) [4]1965.

Schneider, Gerhard, Die Passion Jesu nach den drei älteren Evangelien, (BiH 11), München 1973.

Schürmann, Heinz, Gottes Reich — Jesu Geschick. Jesu ureigener Tod im Licht seiner Basileia-Verkündigung, Freiburg/Basel/Wien 1983.

Ders., Jesu ureigenes Basileia-Verständnis: Theologie — Grund und Grenzen (FS Heimo Dolch), Paderborn 1982, 191—237.

Ders., Jesu ureigener Tod. Exegetische Besinnungen und Ausblick, Freiburg/Basel/Wien 1975.

Schweizer, Eduard, Erniedrigung und Erhöhung bei Jesus und seinen Nachfolgern, (AThANT 28), Zürich 1955. [2]1962.

Ders., Das Evangelium nach Markus, (NTD 1), Göttingen [14]1975.

Steck, Odil Hannes, Israel und das gewaltsame Geschick der Propheten. Untersuchungen zur Überlieferung des deuteronomistischen Geschichtsbildes im Alten Testament, Spätjudentum und Urchristentum, (WMANT 23), Neukirchen 1967.

Stuhlmacher, Peter, Existenzstellvertretung für die Vielen. Mk 10,45 (Mt 20,28): Werden und Wirken des Alten Testaments (FS Claus Westermann), Göttingen/Neukirchen-Vluyn 1980, 412—427 [= *Ders.*, Versöhnung, Gesetz und Gerechtigkeit. Aufsätze zur biblischen Theologie, Göttingen 1981, 27—42].

Thüsing, Wilhelm, Die neutestamentlichen Theologien und Jesus Christus I. Kriterien aufgrund der Rückfrage nach Jesus und des Glaubens an seine Auferweckung, Düsseldorf 1981.

Trilling, Wolfgang, Die Botschaft Jesu. Exegetische Orientierungen, Freiburg/Basel/Wien 1978.

Vögtle, Anton, Jesus von Nazareth: *Raimund Kottje / Bernd Moeller (Hgg.)*, Ökumenische Kirchengeschichte I, Mainz/München 1970, 3—24.

Ders., Todesankündigungen und Todesverständnis Jesu: *K. Kertelge (Hg.)*, Der Tod Jesu. Deutungen im Neuen Testament, (QD 74), Freiburg/Basel/Wien 1976, 51—113.

Ders., Der verkündende und der verkündigte Jesus »Christus«: *Joseph Sauer (Hg.)*, Wer ist Jesus Christus?, Freiburg/Basel/Wien ²1978, 27—91.

Vögtle, Anton / Pesch, Rudolf, Wie kam es zum Osterglauben?, Düsseldorf 1975.

Wächter, Ludwig, Der Tod im Alten Testament, Berlin 1967.

Walter, Nikolaus, Historischer Jesus und Osterglaube: ThLZ 181 (1976) 321—338.

Wanke, Joachim, »Bezugs- und Kommentarworte« in den synoptischen Evangelien. Beobachtungen zur Interpretationsgeschichte der Herrenworte in der vorevangelischen Überlieferung, (EThSt 44), Leipzig 1981.

Westermann, Claus, Genesis I, (BK.AT 1/1), Neukirchen-Vluyn 1974, [Lit. zu »Leben« und »Tod« im Alten Orient und im AT: 248. 284f. 288f. 355f].

Wolff, Hans Walter, Anthropologie des Alten Testaments, München 1973.

Zeller, Dieter, Die weisheitlichen Mahnsprüche bei den Synoptikern, (FzB 17), Würzburg 1977.

Die ausgebliebene Parusie. Und die Toten in Christus?

Enderwartung und Jenseitshoffnung im Neuen Testament

Otto Böcher

Gustav Stählin († 25. 11. 1985) zum Gedächtnis

A. Einleitung

Zu den Glaubenssätzen, die allen christlichen Konfessionen gemeinsam sind, gehört das Bekenntnis des Dritten Artikels zur Auferstehung des Fleisches bzw. Leibes und zum ewigen Leben (Apostolikum), zur Auferstehung der Toten und zum Leben der zukünftigen Welt (Nicaeno-Constantinopolitanum). Der Zweite Artikel erwartet vom kommenden (Apostolikum) bzw. wiederkommenden (Nicaeno-Constantinopolitanum) Christus ein Gericht über Lebende und Tote. Das Symbolum Athanasianum verknüpft das Gericht des *Christus venturus* über Lebende und Tote mit leiblicher Totenauferstehung, ewigem Leben der Guten und ewiger Feuerpein der Bösen zu einem zusammenhängenden, das antiarianische Bekenntnis abschließenden Abschnitt.

Auch wenn die genannten Vorstellungen ausnahmslos aus dem Neuen Testament belegt werden können, sind die Aussagen der neutestamentlichen Autoren über Parusie, Totenauferstehung und Gericht keineswegs einheitlich oder nach Art eines Bekenntnisses systematisierbar. Selbst der Apostel Paulus hat, hinsichtlich seiner Auffassung vom Tod der Christen und der Wiederkunft Christi, offenbar umzudenken oder doch anders zu akzentuieren gelernt; deutlicher als in anderen Bereichen neutestamentlicher Theologie läßt sich bei der Frage nach dem Schicksal der Toten ein historisch bedingter Wandlungsprozeß beobachten.

Daß als Grund für diese Entwicklung die Parusieverzögerung, d. h. das Ausbleiben der ursprünglich in nächster Zukunft erwarteten Wiederkunft Christi zum Gericht, zu gelten hat, ist heute in der Forschung unbestritten.[1]

---

[1] Zu der außerordentlich reichen Literatur vgl. zuletzt *P. Hoffmann*, Art. »Auferstehung I. Auferstehung der Toten 3. Neues Testament«: TRE 4 (1979) 450—467, bes. 463—467.

Die Konsequenzen dieser ersten großen Krise des Christentums, insbesondere für die frühchristliche Dogmatik[2] und Ethik[3], können gar nicht hoch genug eingeschätzt werden.

Die Tatsache, daß die Ankunft des Weltrichters und damit das Ende dieser Weltzeit, von Johannes dem Täufer beispielsweise seinen Zeitgenossen mahnend in Aussicht gestellt und von Jesu Anhängern nach Ostern als Wiederkunft des auferstandenen und erhöhten Messias Jesus für die nächste Zukunft erwartet, sich immer mehr verzögerte, nötigte die Christen der beiden ersten Jahrhunderte, sich auf Dauer in dieser Welt einzurichten, etwa im Blick auf ihre Stellung zu Ehe und Eigentum; auch die Frage nach dem Schicksal der Verstorbenen ist eine Folge des Abbaus der eschatologischen Naherwartung.

Freilich erfolgte dieser Abbau nicht kontinuierlich und jedenfalls nicht so früh, wie von vielen Neutestamentlern angenommen; darauf hat Kurt Aland zu Recht nachdrücklich hingewiesen.[4] Präsentische, d. h. die Gegenwart als Erfüllung endzeitlicher Hoffnung deutende, und futurische, d. h. den baldigen Anbruch der heilvollen Endzeit erwartende, Eschatologie stehen noch am Ende des 1. Jahrhunderts nebeneinander, und zwar sowohl im Evangelium als auch in der Apokalypse des Johannes. Nur die futurische Eschatologie fragt nach dem Verbleib der bereits gestorbenen Christen; ihr Interesse gilt der Frage, ob lediglich die bei der Parusie Lebenden Anteil am messianischen Reich erhalten oder auch die inzwischen »in Christus« Abgeschiedenen (1 Thess 4, 16; Offb 14, 13). Ganz offensichtlich ist die christliche Lehre vom Zustand nach dem Tode[5] erst entstanden, als eine futurische, u. U. noch immer mit dem unmittelbaren Bevorstehen der Parusie rechnende Eschatologie bereits auf ein nennenswertes Stück »Kirchengeschichte« mit zahlreichen Todesfällen zurückblickte.[6]

---

[2] Vgl. *M. Werner*, Die Entstehung des christlichen Dogmas problemgeschichtlich dargestellt, Bern/Tübingen ²1954, passim, bes. 83—388.

[3] Siehe vor allem *A. Schweitzer*, Das Messianitäts- und Leidensgeheimnis. Eine Skizze des Lebens Jesu, Tübingen 1901. ³1956, 18—23 (19: »Interimsethik«).

[4] *K. Aland*, Das Ende der Zeiten. Über die Naherwartung im Neuen Testament und in der Alten Kirche: *Ders.*, Neutestamentliche Entwürfe, (TB 63), München 1979, 124—182, bes. 127—129.

[5] Zu den vor- und außerchristlichen Jenseits- und Todesvorstellungen vgl. noch immer *E. Spieß*, Entwicklungsgeschichte der Vorstellungen vom Zustande nach dem Tode, Jena 1877 (repr. Graz 1975).

[6] Es kann nicht Aufgabe des folgenden, in seinem Umfang notwendigerweise begrenzten Beitrags sein, die Entwicklung der urchristlichen Eschatologie und Jenseitshoffnung in extenso darzustellen oder gar die Forschungslage (vgl. die Bibliographie, etwa *K. Aland, J. Becker, O. Böcher, E. Brandenburger, O. Cullmann, E. Gräßer, W. Harnisch, P. Hoffmann, C.-H. Hunzinger, E. Käsemann, G. Klein, O. Knoch, H.-H. Schade, P. Siber, A. Strobel und U. Wilckens*) ausführlich zu diskutieren. Der Verfasser versucht, die wichtigsten Positionen im Neuen Testament, ausgehend von den altjüdischen Voraussetzungen, zu skizzieren und abschließend aufzuzeigen,

B. Untersuchung des Textmaterials

I. Die jüdischen Voraussetzungen

Um die neutestamentlichen Aussagen über die verstorbenen Christen verstehen zu können, ist ein Blick auf die Jenseitsvorstellungen der Umwelt des Neuen Testaments unerläßlich.[7] Johannes der Täufer und sein Schüler Jesus von Nazareth stehen noch ganz innerhalb der altjüdischen, apokalyptisch geprägten Eschatologie; schon deshalb ist vor allem nach den End- und Jenseitsvorstellungen des antiken Judentums zu fragen.[8]

Israel hat über die Existenzweise nach dem Tode nicht anders gedacht als das antike Heidentum. Die Toten führen im Hades (hebräisch »Scheōl«) ein körperloses Schattendasein; durch Opfer und Zauberspruch kann man die Verstorbenen vorübergehend materialisieren und zu Rede und Antwort (Nekromantie) nötigen. Wie Odysseus unter anderen den toten Seher Teiresias (Homer, Odyssee 11, 90—151), so »belebt« die Zauberin von En-Dor im Auftrag Sauls den toten Richter Samuel (1 Sam 28, 3—25).

»Errettung vom Tode«, in neutestamentlicher Tradition (Apg 2, 24—31; 13, 35 nach Ps 16, 8—11; vgl. Ps 116, 1—9) von der Kirche gedeutet auf die Auferstehung Jesu Christi von den Toten, die seinen Anhängern gleiche Wiederbelebung garantiert (vgl. Röm 8, 11; 1 Kor 15, 20f; 2 Kor 4, 14), meint eigentlich, ganz irdisch-diesseitig, die Bewahrung des Beters vor einem frühen, unheilvollen Tod.[9] Aber auch der Tod am Ende eines erfüllten Lebens (Gen 15, 15; 25, 8; Ijob 5, 26) wird zum Verheißungsgut nicht als Übergang zu

---

wie das frühe Christentum am Ende des 1. Jahrhunderts über Parusie, Totenauferstehung und Gericht gedacht hat.

[7] Zu nichtchristlichen Jenseitsvorstellungen allgemein s. *Spieß*, Entwicklungsgeschichte, passim, zu griechischen und römischen ebd. 273—354 sowie zu griechisch-hellenistischen neuerdings *P. Hoffmann*, Die Toten in Christus. Eine religionsgeschichtliche und exegetische Untersuchung zur paulinischen Eschatologie, (NTA. NF 2), Münster ³1978, 26—57.

[8] Außer *Spieß*, Entwicklungsgeschichte 409—487 und *Hoffmann*, Die Toten 58—174 siehe vor allem *P. Billerbeck*, Allgemeine oder teilweise Auferstehung der Toten? (Zu Joh 5, 28): Bill. IV/2 (1928) 1166—1198; ferner *U. Wilckens*, Auferstehung. Das biblische Auferstehungszeugnis historisch untersucht und erklärt, (ThTh 4), Stuttgart/Berlin ²1975, 103—144; *U. Fischer*, Eschatologie und Jenseitserwartung im hellenistischen Diasporajudentum, (BZNW 44), Berlin/New York 1978; *H. C. Cavallin*, Leben nach dem Tode im Spätjudentum und im frühen Christentum I. Spätjudentum: ANRW II, 19/1 (1979) 240—345; *G. Stemberger*, Art. »Auferstehung I. Auferstehung der Toten 2. Judentum«: TRE 4 (1979) 443—450; ferner *O. Böcher*, Art. »Chiliasmus I. Judentum und Neues Testament«: TRE 7 (1981) 723—729, bes. 724—727.

[9] Siehe *Chr. Barth*, Die Errettung vom Tode in den individuellen Klage- und Dankliedern des Alten Testamentes, Zollikon 1947, passim, bes. 124—166.

einem ewigen Leben, sondern weil er das Auskosten der irdischen Existenz gestattet. Der Aufenthalt im Totenreich ist nicht erstrebenswert; nur wer atmet, kann Gott loben (Ps 150, 6), während die Toten weder an Gott denken noch ihn preisen können (Ps 6, 6; 115, 17; Jes 38, 18; noch Sir 17, 27 [LXX]): Lobpreis Gottes ist eine Funktion nur der Lebenden (Ps 115, 18; Jes 38, 19).

Erst infolge der Deportation im Jahre 587 v. Chr. lernten die Bewohner des Südreichs jenen chaldäisch-iranischen Synkretismus kennen, zu dessen Vorstellungswelt offensichtlich nicht nur dualistische Polaritäten (darunter Engel und Dämonen), Reinheitsstreben und Endzeitspekulationen gehörten, sondern auch die Erwartung einer Auferstehung der Toten zum Gericht. Nach dem Ende des Babylonischen Exils (538 v. Chr.) verbanden die rückwandernden Judäer die neuen Erkenntnisse mit der Frömmigkeit der altisraelitischen Schriften; in der Folgezeit wurden Engellehre, Reinheitsvorschriften und Totenauferstehung vor allem von den Pharisäern vertreten (vgl. Apg 23, 6—9).

Obgleich alttestamentliche Belege wie Ez 37, 1—14 und Hos 6, 1 f (vgl. Jes 26, 19) als — kollektive, nicht individuelle — Vorformen des Auferstehungsglaubens gelten können, ist die Vorstellung einer Belebung der Toten zum Gericht nicht vor dem zweiten Jahrhundert vor Christus nachweisbar. Jesus Sirach, noch von der Schattenexistenz der Toten überzeugt (Sir 17, 27 [LXX]), rechnet mit einem immanenten Strafgericht Gottes über die heidnischen Frevler, dessen Anbruch er ungeduldig herbeisehnt (Sir 35, 18 f [LXX]). Auch Daniel erwartet die Beendigung der gegenwärtigen Bedrängnis des Gottesvolks durch ein göttliches Gericht (Dan 12, 1 f; vgl. 7, 9 f). Freilich werden zuvor »viele« der im »Land des Staubes«, d. h. im Hades, Schlafenden vom Tode erwachen, die einen zu ewigem Leben, die anderen zu Schmach und ewigem Abscheu (Dan 12, 2). Ob sich unter den dann verurteilten Gottlosen auch die Heiden befinden werden, wird nicht gesagt;[10] wahrscheinlicher ist eine Auferweckung nur des auserwählten Volkes.[11] Jedenfalls belegt das Danielbuch, zwischen 167 und 164 v. Chr. im Schatten der seleukidischen Verfolgung des makkabäischen Judentums entstanden, erstmals die eschatologische Hoffnung auf eine Auferstehung der Toten zum Gericht.

Noch aus vorchristlicher Zeit stammt auch äthHen 92, 2—5; zufolge der Weisheitslehre Henochs hat »der Große und Heilige« ein Ende der bösen Zeiten vorherbestimmt, das mit der Auferstehung des Gerechten vom Todesschlaf und der endgültigen Vernichtung der Sünde verbunden sein wird (vgl. äthHen 22, 10—13; 91, 8—10). Noch detaillierter sind die Spekulationen der

---

[10] Vgl. *Billerbeck,* Auferstehung 1166.
[11] Vgl. *Stemberger,* »Auferstehung« 444.

Bilderreden des äthiopischen Henochbuchs (äthHen 37—71). Nach äthHen 51, 1 müssen »in jenen Tagen« Erde und Hades ihre Toten herausgeben (vgl. syrBar 50, 2; Offb 20, 13); von dieser Auferstehung bleiben die Frevler ausgeschlossen (äthHen 46, 6; 48, 9 f).[12]

Dem letzten Drittel des ersten nachchristlichen Jahrhunderts entstammen die Schriften des sogenannten 4. Esra-Buches und der syrischen Baruch-Apokalypse. Hier werden zwei ursprünglich einander ausschließende eschatologische Erwartungen — diejenige einer endzeitlichen Wiederherstellung Israels durch den Messias und diejenige einer allgemeinen Auferstehung der Toten zum Weltgericht — derart miteinander verbunden, daß die Messiasherrschaft dem durch die Totenauferstehung eingeleiteten Gericht als befristete Zwischenzeit vorgeschaltet wird (4 Esr 7, 26—38; syrBar 30, 1—32, 4; 50, 2—52, 7).[13] Während offenbar das 4. Esra-Buch mit nur einer — allgemeinen — Totenauferstehung zum Zwecke der Bestrafung oder Belohnung rechnet (4 Esr 7, 31—38), kennt die syrische Baruch-Apokalypse eine doppelte Auferstehung: Zunächst werden nur die verstorbenen Gerechten belebt (syrBar 30, 1 b—3),[14] die also gegenüber den dann lebenden Gerechten (vgl. syrBar 28 f; 49—51) nicht im Nachteil sein werden (syrBar 30, 2); die — dann lebenden — Gottlosen finden ihren Untergang (syrBar 30, 4 f). Vor der ewigen Heilszeit erstehen alle Toten auf, damit Gottes Gericht den Frevlern schreckliche Pein, den Frommen aber herrliches Heil zusprechen kann (syr Bar 50, 2—52, 7); dieses endzeitliche Urteil wird die jetzt ungerecht Leidenden für immer entschädigen (syrBar 52, 5—7).

In den Bahnen einer solchen altjüdischen, »apokalyptisch« geprägten Eschatologie[15] hat sich auch das Denken Johannes des Täufers[16] und seines Schülers, Jesu von Nazareth[17], bewegt. Beiden eignet eine so hochgespannte Naherwartung, daß über das Schicksal der Toten höchstens beiläufig reflektiert wird. Der Täufer stellt seiner Generation ein Feuergericht in Aussicht;

---

[12] Ebd. 446.

[13] *Böcher*, »Chiliasmus« 725.

[14] Vgl. auch die Aufnahme der jüdischen Märtyrer durch die Patriarchen (4 Makk 5, 37; 13, 17; 18, 23).

[15] Zur *rabbinischen* Lehre von der Totenauferstehung siehe *Billerbeck*, Auferstehung 1172—1198; *Stemberger*, »Auferstehung« 446—448.

[16] Vgl. (mit Lit.-Angaben) zuletzt *O. Böcher*, Johannes der Täufer in der neutestamentlichen Überlieferung: *Ders.*, Kirche in Zeit und Endzeit. Aufsätze zur Offenbarung des Johannes, Neukirchen-Vluyn 1983, 70—89.

[17] Zum historischen Jesus vgl. aus der Fülle älterer und neuerer Literatur: *T. Holtz*, Jesus aus Nazareth, Berlin 1979, (Zürich ²1981); zur Eschatologie Jesu siehe *E. Gräßer*, Das Problem der Parusieverzögerung in den synoptischen Evangelien und in der Apostelgeschichte, (BZNW 22), Berlin/New York ³1977, 3—75.

seine Taufe soll die Bußwilligen zur Teilhabe am messianischen Reich qualifizieren, über dessen zeitliche Dauer nichts gesagt wird (Mk 1,2—8 parr.).

Über die Eschatologie des historischen Jesus sind, angesichts der nachösterlichen Umformungen der Tradition, nur vorsichtige und hypothetisch bleibende Aussagen möglich. Zweifellos hat auch Jesus auf die Ankunft des — messianischen — Gottesreichs gewartet (Mt 4, 17 par. Mk 1, 15; Mt 10, 7; 12, 28 par. Lk 11, 20 u. ö.), ja, diese erfleht (Mt 6, 10 par. Lk 11, 2) und sich als ihren Herold verstanden (vgl. Mt 12, 28 par. Lk 11, 20). In diesem Reich werden im Auftrag des Menschensohnes (vgl. Mt 24, 27. 37. 44 par. Lk 17, 24. 26; 12, 40 u. ö.) die Zwölf ein Richteramt über die Stämme Israels ausüben (Mt 19, 28 par. Lk 22, 29 f; vgl. Offb 20, 4). Da, entsprechend jüdisch-chiliastischen Hoffnungen (vgl. äthHen 62, 14; slHen 42, 3—5; Test Isaak 8, 11. 20; 10, 12; auch: Offb 19, 9), zufolge Mt 8, 11 par. Lk 13, 28 f; Mk 14, 25 parr.; Lk 14, 15 ein fröhliches Festmahl die Frommen mit den Patriarchen vereinen wird, hat Jesus offenbar zumindest für die letzteren eine wunderbare Fortexistenz (vgl. Lk 16, 22—31)[18] oder Wiederbelebung angenommen.[19] Sofern das Streitgespräch mit den Sadduzäern (Mk 12, 18—27 parr.) die Auffassung des historischen Jesus widerspiegelt, was ich für wahrscheinlich halte,[20] rechnete Jesus wie die Pharisäer mit einer Auferstehung der Toten; die Auferstandenen sind »wie die Engel im Himmel« (Mk 12, 25; vgl. äthHen 51, 4 f; 104, 6; syrBar 51, 10).[21] Den Gottlosen steht, ähnlich wie bei Johannes dem Täufer (Mt 3, 10 par. Lk 3, 9; Mk 1, 7 f parr.),[22] auch zufolge der Predigt Jesu die strafende Verurteilung bevor (vgl. Mk 8, 38 parr.; Mt 25, 31—46).

Mit den Zeugnissen des zeitgenössischen Judentums sind der Täufer und Jesus auch verbunden durch ihre Naherwartung.[23] Auch wenn sich die letzte Zeit in die Länge zieht, wird die Vollendung bestimmt eintreten (1 QpHab

---

[18] Jüdische Parallelen (u. a. 4 Makk 13, 17) bei Bill. II (1924) 225—227 (zu Lk 16, 22 b).

[19] Vgl. *Hoffmann*, »Auferstehung« 451.

[20] Siehe etwa *E. Lohmeyer*, Das Evangelium des Markus, (KEK I/2), Göttingen 1937 (repr. 1957) 255—257; anders *R. Bultmann*, Die Geschichte der synoptischen Tradition, (FRLANT 29), Göttingen ²1931, 25 (s. auch in den Nachdrucken seit ³1957), ebenso auch *J. Becker*, Auferstehung der Toten im Urchristentum, (SBS 82), Stuttgart 1976, 12 Anm. 2.

[21] *Hoffmann*, »Auferstehung« 451 f; vielleicht gehört auch das rätselhafte Jesuswort Mt 11, 11 par. Lk 7, 28 in diesen Zusammenhang.

[22] Zu Mt 3, 11 par. Lk 3, 16 gegenüber der Parallele Mk 1, 8 (Feuersturm des Gerichts, nicht »Geisttaufe«) vgl. *E. Schweizer*, Art. »πνεῦμα κτλ. D-F«: ThWNT VI (1959) 387—453, bes. 396 f.

[23] Vgl. *A. Strobel*, Art. »Naherwartung«: BHH 2 (1964), 1281 f; zur Auffassung Jesu über Lebende und Verstorbene am Tag der Parusie vgl. u. U. das von Paulus überlieferte »Herrenwort« 1 Thess 4, 15.

7,5—14). Sowohl hinsichtlich der gnädigen Wiederherstellung Jerusalems (Dan 9,19) als auch hinsichtlich der Bestrafung von Israels Feinden (Sir 35,19 [LXX]; PsSal 2,25 [LXX]; Schemone Esre 12[24]) betet der Fromme, Gott möge mit seiner bzw. des Messias herrlicher Offenbarung nicht länger auf sich warten lassen. Der Anbruch der messianischen Gottesherrschaft steht vor der Tür (Mt 3,2;[25] Mk 1,15 par. Mt 4,17), so daß einige der Zeitgenossen Jesu sie erleben werden (Mk 9,1 parr.; vgl. Mk 13,30 parr.). Der historische Jesus rechnet mit der baldigen Ankunft des Menschensohnes (Mt 10,23),[26] mit dem er sich nicht identifiziert (Mk 8,38 parr.);[27] er trinkt erst wieder Wein im Reich Gottes (Mk 14,25 parr.). Mit seinem Lehrer Johannes gemeinsam hat Jesus den aus solcher Nähe des Gottesreiches abgeleiteten Ruf zur Buße (Mt 4,17 par. Mk 1,15; vgl. Mt 7,15—20 par. Lk 6,43—45; Mk 4,3—9 parr. u.ö.).[28] Beiden, dem Täufer und Jesus, ist die Verschonung ihrer Zeitgenossen vom bevorstehenden Strafgericht wichtiger als das Schicksal der bereits Verstorbenen.

II. Der neutestamentliche Befund

1. Paulus

Die ältesten Schriften des Neuen Testaments sind die Briefe des Apostels Paulus. Sie sind nicht nach der Ordnung des neutestamentlichen Kanons entstanden; auch die neuerdings von Gerd Lüdemann vorgeschlagene Früherdatierung der paulinischen Briefe[29] ändert nichts an der Reihenfolge ihrer

---

[24] Beraka 12 der palästinischen Rezension des Achtzehn-Gebets; der Beter erfleht die Ausrottung der »überheblichen Herrschaft« noch »in unseren Tagen«: *K.G. Kuhn,* Achtzehngebet und Vaterunser und der Reim, (WUNT 1), Tübingen 1950, 18—21.

[25] Auch wenn Mt 3,2 möglicherweise matthäische Bildung ist (vgl. Mk 1,4 einerseits und Mt 4,17 andererseits), dürfte dieser Bußruf ein zutreffendes Fazit der Täuferpredigt darstellen.

[26] Vgl. auch Mk 13,26f parr.; 14,62 parr., wo jedoch die deutliche Abhängigkeit von Dan 7,13f eine Rückführung auf den historischen Jesus erschwert: *H.E. Tödt,* Der Menschensohn in der synoptischen Überlieferung, Gütersloh 1959 (= ⁵1984) 30—37; zu den Problemen von Mk 13 siehe neuerdings *E. Brandenburger,* Markus 13 und die Apokalyptik, (FRLANT 134), Göttingen 1984.

[27] Mk 8,38 ist »das einzige Menschensohn-Logion bei Markus, das sich mit Wahrscheinlichkeit auf Jesu Verkündigung zurückführen läßt«: *Tödt,* Menschensohn 37; s. ebd. 37—42.

[28] Zu »Interimsethik« bzw. »konsequenter Eschatologie« s. *Schweitzer,* Messianitäts- und Leidensgeheimnis 19f, und seinen Schüler *Werner,* Entstehung 36—79; vgl. *O. Cullmann,* Parusieverzögerung und Urchristentum. Der gegenwärtige Stand der Diskussion: ThLZ 83 (1958) 1—12, ferner *H. van Oyen,* Art. »Interimsethik«: RGG III (³1959) 792.

[29] *G. Lüdemann,* Paulus, der Heidenapostel I. Studien zur Chronologie, (FRLANT 123), Göttingen 1980 (Übersicht: 272 f).

Entstehung[30]: Der erste Thessalonicherbrief wurde zuerst, der Römerbrief zuletzt geschrieben, dazwischen die beiden Briefe an die Korinther.[31]

Paulus, selber durch eine Vision und Audition des Auferstandenen bald nach Ostern in den Dienst Jesu Christi berufen (1 Kor 9,1; 15,8; Gal 1,16; vgl. Apg 9,3—9; 22,6—11; 26,12—18), hat die nahe bevorstehende (Phil 4,5) Wiederkunft Christi zum Gericht verkündet (Röm 2,3—16; 14,10; 1 Kor 4,5; 2 Kor 5,10; 1 Thess 1,10; vgl. Phil 3,20f). Offenbar von Anfang an hat Paulus, darin seiner jüdischen Denktradition verhaftet, das Gericht über Gute und Böse, über Juden und Heiden (Röm 2,9f) als ein Gericht über Lebende und Tote verstanden (Röm 14,9—11; 2 Kor 5,10); auf die Bevorzugung der Märtyrer (vgl. 4 Makk 5,37; 13,17; 18,23)[32] bezieht sich vermutlich eine Stelle wie Phil 1,23f.[33]

Wesentlich wichtiger als das Schicksal der toten Christen im Weltgericht war dem Apostel jedoch die Teilnahme seiner zu Christus bekehrten, jetzt lebenden Zeitgenossen an der Errichtung des messianischen Reichs durch den Wiederkommenden (1 Thess 4,15); auch darin bleibt Paulus in den Bahnen altjüdischen Denkens.[34] Gerade an dieser Stelle mußte jedoch der im Lauf der Jahre unausbleibliche, natürliche Tod von Christen[35] die Überlebenden beunruhigen: Strafte nicht ihr Tod alle Christenhoffnung auf den Anbruch des Gottesreichs durch Jesu baldige Parusie endgültig Lügen?

Gegenüber der durch Todesfälle verstörten Christengemeinde in Thessalonich (1 Thess 4,13) äußert sich Paulus mit einem Wort grundsätzlichen Trostes (1 Thess 4,14—18). Jesu Auferstehung garantiert auch den bereits Verstorbenen die Teilhabe an der Herrlichkeit (v 14): ihnen werden diejenigen, welche die Parusie erleben werden, nichts voraushaben (v 15). In den Versen 16f schildert Paulus den Ablauf der Endereignisse, zweifelsfrei mit den Worten jüdisch-apokalyptischer Tradition: Zuerst wird, beim Ruf des Erzengels und dem Schall der Posaune, der Herr herabkommen; dann erstehen die »in

---

[30] Die seitherige Communis opinio der Forschung siehe etwa bei: *W. G. Kümmel*, Einleitung in das Neue Testament, Heidelberg [21]1983, 214—308 (§§ 12—22).

[31] 1 Thess: um 41 (Lüdemann) bzw. 50 (Kümmel); 1 Kor: um Ostern 49 (Lüdemann) bzw. 54/55 (Kümmel); 2 Kor: 50 (Lüdemann) bzw. 55/56 (Kümmel); Röm: 51/52 (Lüdemann) bzw. 55/56 (Kümmel).

[32] Siehe oben mit Anm. 14.

[33] *Becker*, Auferstehung 44.

[34] Von Johannes dem Täufer und Jesus etwa (siehe oben mit Anm. 16—28) unterscheidet sich Paulus hinsichtlich seiner Naherwartung nur dadurch, daß er den Kommenden mit Jesus von Nazareth gleichsetzt.

[35] Mit den Märtyrern ist es etwas anderes (Stephanus: Apg 7,54—60; Jakobus: Apg 12,2): Sie brauchen, um in Gottes Nähe zu gelangen (vgl. Apg 7,55f), nicht auf Parusie und allgemeine Totenauferstehung zu warten (vgl. Phil 1,23): *Becker*, Auferstehung 42—45.

Christus Verstorbenen« auf, schließlich werden, zusammen mit diesen, die noch Lebenden in die Luft entrückt, dem Herrn entgegen, um für immer mit ihm zusammenzusein. Mit dem Hinweis auf diese eschatologische Hoffnung sollen die Thessalonicher einander trösten (v 18).[36]

Mit den »in Christus Verstorbenen« bzw. »Toten in Christus« *(οἱ νεκροὶ ἐν Χριστῷ,* 1 Thess 4, 16) sind zunächst einfach die verstorbenen Christen gemeint; sie sind identisch mit den »in Christus Entschlafenen« (1 Kor 15, 18) und denen, »die zu Christus gehören« *(οἱ τοῦ Χριστοῦ,* 1 Kor 15, 23). Obgleich für ihre dauernde Vereinigung mit dem Herrn erst noch ihre Auferweckung vom Tode erforderlich ist (mit 1 Thess 4, 16 vgl. 1 Kor 15, 23), ist jedoch nicht auszuschließen, daß Paulus mit »tot in Christus« mehr bezeichnen will als einen verstorbenen Anhänger Christi; ähnlich wie der Apostel für sich die Möglichkeit erwägt, durch sein Sterben sofort mit Christus vereint zu werden (Phil 1, 23),[37] und wie er in 1 Thess 5, 10 betont, daß wir infolge des für uns erfolgten Todes Jesu »vereinigt mit ihm leben, ob wir nun wachen oder schlafen«[38], könnte auch bei den »Toten in Christus« von 1 Thess 4, 16 an »die den Tod des Christen bestimmende Christusgemeinschaft« gedacht sein,[39] also an einen Zwischenzustand zwischen Tod und Parusie.[40]

Im Philipperbrief, der vermutlich noch vor dem 1. Korintherbrief entstanden ist[41] und an dessen Einheitlichkeit nicht gezweifelt werden sollte,[42] finden sich nicht nur Belege für die Vorstellung vom »verborgenen himmlischen Paradies« (Phil 1, 23),[43] sondern auch solche für des Paulus ungebrochene Naherwartung (Phil 4, 5) und für sein Festhalten an der Hoffnung auf die Parusie Jesu Christi vom Himmel (Phil 3, 20) und die Auferstehung der Toten (Phil 3, 10 f). Da beide Vorstellungen — die erstgenannte im Rahmen der Märtyrer-Soteriologie — auch im Judentum nebeneinander vorkommen, besteht keine tatsächliche, etwa zu verschiedener Datierung berechtigende

---

[36] Außer den Kommentaren z. St. vgl. etwa *Hoffmann,* Die Toten 207—238; *Ders.,* »Auferstehung« 453 f; *Becker,* Auferstehung 46—54.

[37] Vermutlich nach Analogie der jüdischen Vorstellung vom Martyrium, siehe oben mit Anm. 32 f und 35.

[38] καθεύδειν kann hier nicht, wie 1 Thess 5, 6 f, die Verstrickung in Schuld bedeuten, sondern nur als »euphemistische Bezeichnung des Todes« verstanden werden: *A. Oepke,* Art. »καθεύδω«: ThWNT III (1938) 434—440 (439 f); entsprechend meint »wachen« in 1 Thess 5, 10 das Noch-am-Leben-sein der Christen — vermutlich doch bei der Parusie.

[39] *Hoffmann,* Die Toten 237.

[40] Vgl. ebd. 234—238.

[41] Ebd. 327; vgl. *Kümmel,* Einleitung 291.

[42] Ebd. 291—294.

[43] *Hoffmann,* Die Toten 238.

Spannung zwischen Phil 1, 23 einer- und Phil 3, 10 f. 20; 4, 5 andererseits;[44] der »Zwischenzustand« einzelner Toter ist der endzeitlichen »Verwandlung« aller vorgeordnet (Phil 3, 21; vgl. 1 Kor 15, 51).[45]

Zusammenhängend behandelt Paulus die in 1 Thess 4, 13—18 aufgeworfenen Probleme in dem berühmten Auferstehungskapitel des 1. Korintherbriefs (1 Kor 15, 1—58).[46] Vieles ist beiden, durch acht oder zumindest vier Jahre getrennten, Äußerungen des Paulus gemeinsam: das Festhalten an der Parusieerwartung, die Einbeziehung der verstorbenen Christen, der eschatologisch-apokalyptische »Fahrplan« (1 Kor 15, 23 f wie 1 Thess 4, 16 f). Wie in 1 Thess 4, 14, so garantiert auch zufolge 1 Kor 15, 12—22 Christi Auferstehung die künftige Totenauferstehung der Christen (vgl. 1 Kor 6, 14).

Der Unterschied liegt zunächst einmal in dem wesentlich größeren Umfang von 1 Kor 15 gegenüber 1 Thess 4, 13—18, dann aber auch in der sorgfältigen, logisch differenzierten Argumentation. Vor allem aber rechnet Paulus nicht mehr mit wenigen, sozusagen die Ausnahme bildenden Todesfällen, sondern — nach dem Tode zahlreicher Christen in weiteren 4—8 Jahren (vgl. 1 Kor 15, 6) — mit der schrecklichen Tatsache, daß die Menschheit als ganze seit Adam dem Tode unterworfen ist (1 Kor 15, 22. 47—50), jetzt also das Überleben bis zur Parusie die Ausnahme bilden wird (1 Kor 15, 51);[47] auch die dann Lebenden werden bei der Parusie eine Verwandlung erfahren (1 Kor 15, 51—54; vgl. Phil 3, 21).

Nur zum Teil sind die Weiterbildungen der Gedanken von 1 Thess 4 durch 1 Kor 15 aus der inzwischen verstrichenen Zeit zu erklären. Nicht minder wichtig sind die anderen Adressaten, deren religionsgeschichtliche Bestimmung in der Forschung umstritten ist.[48] Des Paulus christologisch begründetes Plädoyer für die Auferstehung der Toten setzt sich mit Gegnern auseinander, die behaupten: »Eine Auferstehung der Toten gibt es nicht« (1 Kor 15, 12 b). Schwerlich sind diese Paulusgegner diesseitsbezogene Agnostiker; sie teilen ja mit Paulus den Glauben an Jesu Auferweckung von den Toten (1 Kor 15, 12—19) sowie an eine über den Tod hinausreichende Heilswirkung der Taufe — denn sie lassen sich, merkwürdig genug,[49] für ihre Toten auf

---

[44] *Becker*, Auferstehung 43—45.
[45] Vgl. auch 2 Kor 3, 18.
[46] Vgl. *Becker*, Auferstehung 66—105; *Hoffmann*, Die Toten 239—252; *Ders.*, »Auferstehung« 454 f.
[47] *Becker*, Auferstehung 66—69.
[48] Vgl. *Hoffmann*, »Auferstehung« 454.
[49] Da Paulus den abergläubischen Ritus der Korinther als Argument in seinem Beweisgang gebrauchen kann, tadelt er ihn mit keinem Wort.

deren Gräbern taufen (1 Kor 15, 29).[50] Vermutlich sind sie, wie häufig vermutet, tatsächlich Enthusiasten, die nach Art der Gegner von 2 Tim 2, 18 behaupten, Auferstehung bzw. Wiedergeburt bereits bei ihrer Taufe erfahren zu haben (vgl. immerhin Röm 6, 4—11).[51]

Im Auferstehungskapitel des 1. Korintherbriefs formuliert Paulus ausführlich und gültig seine Auffassung von Tod, Parusie und Totenauferstehung. In die apokalyptische Abfolge der Endereignisse wird — erstmals — die Auferstehung Jesu eingefügt (1 Kor 15, 23).[52] Christus ist die ἀπαρχή, der »Erste der Entschlafenen« (1 Kor 15, 20. 23); dadurch wird nicht nur die Begründung der christlichen Auferstehungshoffnung betont (Christus als zweiter Adam, 1 Kor 15, 20—22. 47), sondern auch der zeitliche Abstand zwischen der geschehenen Auferstehung Christi und der künftigen seiner Anhänger.[53] Auf die Auferweckung der verstorbenen Christen (1 Kor 15, 23) und die Verwandlung aller, auch der dann Lebenden (1 Kor 15, 51 f), folgt das τέλος mit allgemeiner Totenauferstehung und Weltgericht (1 Kor 15, 24).

Wie zufolge 1 Thess 4, 16 werden zunächst nur die Frommen neu belebt (1 Kor 15, 23), so daß, wie zwischen der Auferstehung Jesu und der Auferstehung der Seinen, so auch zwischen partieller und allgemeiner Totenauferstehung ein größerer zeitlicher Abstand gedacht sein könnte, letzterer identisch mit dem befristeten messianischen Zwischenreich der jüdischen und judenchristlichen Apokalyptik (vgl. Offb 20, 1—6).[54] Für die Annahme eines Zwischenreichs auch in der paulinischen Eschatologie spricht der Umstand, daß beim Endgericht (1 Kor 4, 5; 6, 2 f; 2 Kor 5, 10) die »Heiligen«, d. h. die Christen, als Richter der Welt und der Engel fungieren werden (1 Kor 6, 2 f; vgl. Dan 7, 22 sowie Mt 19, 28 par. Lk 22, 30; ferner Offb 3, 21; 20, 4).[55]

Was Paulus im 2. Korintherbrief über Tod, Auferstehung, Verwandlung und Gericht ausführt,[56] paßt ausnahmslos zu den Aussagen von 1 Kor 15. Gott ist es, der die Toten auferweckt (2 Kor 1, 9); wie er Jesus, den Herrn, aufer-

---

50 Siehe *M. Rissi*, Die Taufe für die Toten. Ein Beitrag zur paulinischen Tauflehre, (AThANT 42), Zürich/Stuttgart 1962.
51 Vgl. *Becker*, Auferstehung 71—76; *Hoffmann*, »Auferstehung« 454. Möglicherweise verbirgt sich hinter der 1 Kor 15, 12 kritisierten korinthischen Theologie, ebenso wie hinter 2 Tim 2, 18, ein präsentischer Chiliasmus, der zwischen »erster« und »zweiter« Auferstehung zu leben glaubt (vgl. Offb 20, 5 f): *Böcher*, »Chiliasmus« 727 f.
52 Die ältere Parallele 1 Thess 4, 16 f nennt im Hauptsatz die Herabkunft des Herrn vom Himmel, die in 1 Kor 15, 23 zur adverbialen Bestimmung *(ἐν τῇ παρουσίᾳ αὐτοῦ)* verkümmert.
53 *Becker*, Auferstehung 105.
54 Vgl. *Böcher*, »Chiliasmus« 723—728, bes. 727, Z. 38—47.
55 Ebd. 727—729 (Forschungsdiskussion, Literatur).
56 Vgl. *Hoffmann*, Die Toten 253—285; *Ders.*, »Auferstehung« 455—457.

weckt hat, so wird er auch die Christen auferwecken und vor sein Angesicht stellen (2 Kor 4, 14), denn Christi Gericht mit dem Lohn für gutes oder böses Tun im irdischen Leben steht jedem bevor (2 Kor 5, 10).

Die berühmte Perikope 2 Kor 5, 1—10 vergleicht das vergängliche Menschenleben mit einem Zelt, das beim Tode abgebrochen wird; statt seiner erwartet den Verstorbenen eine von Gott bereitete Wohnung, ein »ewiges Haus im Himmel« (2 Kor 5, 1; vgl. Joh 14, 2 f; Offb 21, 2—22, 5).[57] Die sterbliche Existenz kann nicht bruchlos in das erwartete Heil übergehen; statt des gewünschten Überkleidetwerdens bringt der Tod das Entkleidetwerden (2 Kor 5, 2—4), so daß wir nackt und fremd in Neubekleidete und Neubehauste verwandelt werden müssen (2 Kor 5, 3. 6—9).[58] Nicht der Tod bringt diese Verwandlung, sondern die Parusie bzw. das Urteil des Richters (2 Kor 5, 10), so daß auch hier (vgl. 1 Thess 4, 14 f; 1 Kor 15, 51) die Verstorbenen den dann Lebenden gleichgestellt werden.[59] Daß mit dem Zustand der »Nacktheit« (2 Kor 5, 3) die körperlose Zeit zwischen Tod und Parusie, also doch eine Art »Zwischenzustand« (vgl. 1 Thess 4, 16; Phil 1, 23)[60] gemeint sein könne,[61] halte ich trotz der Einwände von Luise Schottroff und Paul Hoffmann[62] für möglich; freilich liegt wenig daran, denn auch 2 Kor 5, 1—10 verrät die Erwartung eines baldigen Eintritts der Parusie.[63]

Auch in seiner letzten großen Schrift, dem Römerbrief, vertritt Paulus futurische Auferstehungshoffnung und Parusieerwartung.[64] Christus, der Gestorbene und Auferstandene, ist Herr über Tote und Lebende (Röm 14, 9); Gottes Gericht erwartet uns alle (Röm 14, 10—12). Da die Christen nachgeborene Brüder Jesu Christi sind (Röm 8, 14—17. 29), sind sie dem Erstgeborenen auch durch ihre Auferstehung von den Toten verbunden: Gott, der Jesus auferweckt hat, wird durch seinen in den Christen wohnenden Geist auch diese zu neuem Leben auferstehen lassen (Röm 8, 11).

Der zweifache Verweis auf den Geistbesitz der Christen (Röm 8, 11) erinnert die Leser des Römerbriefs an die Taufe als Geistverleihung (vgl. Röm

---

[57] Zum religionsgeschichtlichen Hintergrund vgl. *O. Böcher*, Bürger der Gottesstadt: *Ders.*, Kirche 157—167, bes. 159 und 161.

[58] Zur Verwandlung (bei der Parusie) vgl. 1 Kor 15, 51 f, zur Begabung mit einem geistigen Leib 1 Kor 15, 44.

[59] Vgl. *Hoffmann*, Die Toten 284 f; *Ders.*, »Auferstehung« 456 f.

[60] Siehe oben mit Anm. 37—40 und 44 f.

[61] So etwa *H. Graß*, Ostergeschehen und Osterberichte, Göttingen ⁴1970, 158 f.

[62] *L. Schottroff*, Der Glaubende und die feindliche Welt. Beobachtungen zum gnostischen Dualismus und seiner Bedeutung für Paulus und das Johannesevangelium, (WMANT 37), Neukirchen-Vluyn 1970, 149—151; *Hoffmann*, Die Toten 275—285.

[63] *Hoffmann*, »Auferstehung« 456, Z. 45 f.

[64] Vgl. ebd. 457 f.

8, 23; 1 Kor 6, 11; 12, 13; 2 Kor 1, 22; 5, 5 u. ö.).[65] Vermutlich will Paulus dadurch bewußt einen Enthusiasmus ausschließen, der die Taufe als Vorwegnahme der Auferstehung interpretiert (vgl. 1 Kor 15, 12 b; 2 Tim 2, 18);[66] Geistbesitz ist ein Heilsgut der Gegenwart, Totenauferstehung eines der Zukunft. Vermutlich ebendeshalb durchbricht Paulus in seiner Darstellung der Taufe (Röm 6, 1—11) die Analogie zwischen Tod und Auferstehung Jesu einerseits und Taufe der Christen als Tötung und Neubelebung andererseits durch seine ethische Paränese; aus der Taufe folgt nicht die Auferstehung, sondern ein neues, sündenfreies Leben mit Christus (Röm 6, 8—11 und ff).[67] Entsprechend erwartet auch die Parallele zu 1 Kor 15, 21 f, die Adam-Christus-Typologie von Röm 5, 12—21, den Anbruch des ewigen Lebens von der Zukunft (Röm 5, 21).[68]

2. Synoptiker

Die synoptischen Evangelien, zwischen 70 und 95 n. Chr. entstanden, sind begreiflicherweise stark von der Botschaft Jesu[69] geprägt. Obgleich im Einzelfall die jesuanische Tradition häufig von ihrer nachösterlichen Übermalung nicht mehr säuberlich unterschieden werden kann, fehlt es doch nicht an Kriterien für die Auffassung der Synoptiker von Totenauferstehung, Parusie, Gericht und ewigem Leben. Im folgenden sollen wenigstens die wichtigsten Entwicklungen skizziert werden.

Wie Johannes der Täufer und Jesus von Nazareth haben zweifellos auch die Autoren der drei ersten Evangelien die Auferstehung der Toten zu einem Weltgericht erwartet, das ein endzeitlicher Herrscher (Messias, Menschensohn) im Auftrage Gottes durchführen wird (Mt 25, 31—46). Mit dem richtenden Menschensohn haben noch nicht Markus (Mk 8, 38; 13, 26) und Lukas (Lk 12, 8 f; 21, 36) den auferstandenen und erhöhten Jesus Christus identifiziert, wohl aber Matthäus (Mt 10, 32 f als Parallele zu Lk 12, 8 f).[70] Offenbar hat schon die Logienquelle derartige Zeugnisse der Enderwartung Jesu auf diesen selbst bezogen (vgl. Mt 10, 33 par. Lk 12, 9); sowohl Markus (Mk 1, 8)

---

[65] Vgl. *O. Böcher*, Christus Exorcista. Dämonismus und Taufe im Neuen Testament, (BWANT 96), Stuttgart u. a. 1972, 148 f.
[66] Siehe oben mit Anm. 51.
[67] Vgl. *Böcher*, Christus 170—175.
[68] *Hoffmann*, »Auferstehung« 457, Z. 17 f; vgl. *E. Brandenburger*, Adam und Christus. Exegetisch-religionsgeschichtliche Untersuchung zu Röm 5, 12—21 (1 Kor 15), (WMANT 7), Neukirchen 1962, 247—255.
[69] Siehe oben mit Anm. 17—28; vgl. *Hoffmann*, »Auferstehung« 450—452; *Gräßer*, Problem 76—215.
[70] *Tödt*, Menschensohn 50—56.

als auch die Parallelen Mt 3, 11 und Lk 3, 16 haben aus dem vom Täufer gepredigten Feuersturm des eschatologischen Richters die pfingstliche Geisttaufe des erhöhten Christus werden lassen.[71]

Nicht anders als Paulus beziehen auch die Synoptiker ererbte jüdische Endzeit- und Jenseitsvorstellungen auf Jesus; das gilt für die vielschichtige, gewiß auch echte Jesusworte enthaltende »synoptische Apokalypse« (Mk 13 parr.)[72] ebenso wie für das matthäische Sondergut zu Parusie (Mt 25, 1—13) und Weltgericht (Mt 25, 31—46). Selbst für die Auferstehung Jesu von den Toten (Mk 16, 1—8 parr.) hielt das Judentum mit der Vorstellung von Ermordung und Wiederbelebung des Propheten (vgl., von Johannes dem Täufer, Mk 6, 14 parr.) eine Denkkategorie bereit.[73] Die matthäische Bergpredigt (Mt 5—7) stellt alle ihre paränetischen Forderungen unter die Erwartung des Weltgerichts (Mt 7, 15—27).[74]

Nur Matthäus überliefert die altertümliche Nachricht von der Auferstehung »vieler Heiliger« und ihrem Erscheinen in Jerusalem nach Jesu Tod (Mt 27, 52 f).[75] Zufolge Leonhard Rost ist Mt 27, 52 f die erste, partielle Totenauferstehung, der eine allgemeine zum Gericht folgen wird (Mt 25, 31 f), entsprechend den beiden Totenauferstehungen Offb 20, 5. 12 f.[76] Dann gehört zur Eschatologie des Matthäus ein Zwischenreich, dem Millennium der Apokalypse entsprechend, das mit Jesu Tod begonnen hat und durch die Parusie beendet werden wird.[77] Sind die der ersten Auferstehung Gewürdigten zufolge Offb 20, 4 die Märtyrer und Konfessoren, so denkt Mt 27, 52 f wohl an altjüdische Märtyrer und Propheten.[78]

Auch für Lukas bedeutet möglicherweise der Tod Jesu den Anbruch des messianischen Reichs; »heute noch« wird der Schächer mit Jesus im Paradiese sein (Lk 23, 43). Dazu paßt die Beobachtung, daß Lukas von einer

---

[71] Siehe oben mit Anm. 22.

[72] Siehe oben mit Anm. 26.

[73] Siehe auch Offb 11, 3—14; vgl. *K. Berger*, Die Auferstehung des Propheten und die Erhöhung des Menschensohnes. Traditionsgeschichtliche Untersuchungen zur Deutung des Geschickes Jesu in frühchristlichen Texten, (StUNT 13), Göttingen 1976.

[74] »Interimsethik«, s. o. mit Anm. 28, ferner *O. Böcher*, Die Bergpredigt — Lebensgesetz der Urchristenheit: *Ders., /M. Jacobs /H. Hild*, Die Bergpredigt im Leben der Christenheit, (BensH 56), Göttingen 1981, 7—16, bes. 15 f.

[75] Die Worte μετὰ τὴν ἔγερσιν αὐτοῦ (»nach seiner Auferweckung«) in Mt 27, 53 sind offenbar sekundärer Zusatz: *E. Schweizer*, Das Evangelium nach Matthäus, (NTD II), Göttingen [15]1981, 337 f.

[76] *L. Rost*, Alttestamentliche Wurzeln der ersten Auferstehung: *W. Schmauch (Hg.)*, In memoriam Ernst Lohmeyer, Stuttgart 1951, 67—72 (67 f).

[77] Vgl. *Böcher*, »Chiliasmus« 727 f.

[78] Vgl. oben mit Anm. 12—14 sowie *Ignatius*, Epistola ad Magnesios 9, 2 (PG 5, 669): *Schweizer*, Matthäus 337.

drängenden Parusieerwartung nichts wissen will; zufolge Lk 19,11 war die Annahme, Gottes Reich werde sofort erscheinen, ein Irrtum. Ein vermutlich auf den historischen Jesus zurückgehendes Zeugnis für dessen Naherwartung (Mt 26,29 par. Mk 14,25) wird entscheidend verändert und im Text an eine andere Stelle versetzt (Lk 22,18). Das Kommen des Gottesreichs ist nicht an äußeren Zeichen zu erkennen (Lk 17,20); überhaupt ist es unmöglich, seine Gründung zu lokalisieren, denn das Reich ist (vgl. σήμερον, Lk 23,43) schon »mitten unter euch« (Lk 17,21), und das heißt: identisch mit der Kirche (vgl. Apg 1,6—8), deren Zeit erst durch die Parusie beendet wird.[79] Auch Lukas wartet nämlich auf Parusie, Totenauferstehung und Gericht; ob der »Auferstehung der Gerechten« (Lk 14,14) eine allgemeine Auferstehung entspricht, Lukas also mit einem Zwischenreich rechnet, ist in der Forschung strittig.[80] Gerichtssituation spiegelt auch Lk 13,25—28 (vgl. Mt 25,10—12; Offb 22,14f). Seligpreisungen und — von Lukas gebildete — Weherufe (Lk 6,20—26) sagen eine Umkehrung der Verhältnisse an, wie sie nur das Gericht am Ende dieser Weltzeit bringen kann. Daß der Richter auch für Lukas Jesus heißen wird, steht außer Frage; Jesus selbst schließt zufolge der lukanischen Fassung des Gleichnisses vom großen Festmahl (Lk 14,15—24 par. Mt 22,1—14) die Frevler vom eschatologischen Mahle aus (Lk 14,24).[81]

3. Johannes-Evangelium

Das vierte Evangelium, nach allgemeiner Auffassung der neueren Forschung um 95 n. Chr. entstanden,[82] nimmt nicht zuletzt wegen seiner eschatologischen Aussagen eine Sonderstellung im Neuen Testament ein.[83] Nie-

---

[79] Vgl. *H. Conzelmann*, Die Mitte der Zeit. Studien zur Theologie des Lukas, (BHTh 17), Tübingen ⁶1977, 111—116.
[80] Vgl. *Böcher*, »Chiliasmus« 727.
[81] Keine Parallele bei Matthäus; zur unterschiedlichen Ausgestaltung der Q-Vorlage des Gleichnisses durch Matthäus und Lukas siehe *F. Hahn*, Das Gleichnis von der Einladung zum Festmahl: *O. Böcher/K. Haacker (Hgg.)*, Verborum Veritas (FS Gustav Stählin), Wuppertal 1970, 51—82.
[82] Siehe *Kümmel*, Einleitung 211; auch Rudolf Bultmann hat die anfänglich von ihm vertretene Spätdatierung zuletzt aufgegeben: *R. Bultmann*, Art. »Johannesevangelium«: RGG III (³1959) 840—850, hier 849.
[83] Aus der Fülle der Sekundärliteratur sei, nächst den Kommentaren, angeführt (in chronologischer Reihenfolge):*R. Bultmann*, Die Eschatologie des Johannes-Evangeliums: ZZ 6 (1928) 4—22 = *Ders.*, Glauben und Verstehen. Gesammelte Aufsätze I, Tübingen ⁸1980, 134—152; *G. Stählin*, Zum Problem der johanneischen Eschatologie: ZNW 33 (1934) 225—259; *L. van Hartingsveld*, Die Eschatologie des Johannesevangeliums. Eine Auseinandersetzung mit Rudolf Bultmann, (GTB 36), Assen 1962; *J. Blank*, Krisis. Untersuchungen zur johanneischen Christologie und Eschatologie, Freiburg i. Br. 1964; *O. Böcher*, Der johanneische Dualismus im Zusammenhang des nachbiblischen Judentums, Gütersloh 1965, bes. 120—127; *Schottroff*, Der Glau-

mand kann bestreiten, daß sich im Johannes-Evangelium Belege für eine futurische Eschatologie — im Sinne der jüdisch-judenchristlichen Erwartung von Parusie, Totenauferstehung und Gericht — neben solchen für eine präsentische Eschatologie finden, welche Heilszeit, Totenauferstehung und Gericht in die Gegenwart verlegt. Rudolf Bultmann hat diese Beobachtung zu einem wesentlichen Kriterium seiner Quellenscheidung gemacht und damit weithin Zustimmung gefunden; als genuin johanneisch gilt dann die präsentische Eschatologie der Grundschrift, als Indiz späterer Bearbeitung die futurische Eschatologie des kirchlichen Redaktors bzw. des Evangelisten.[84]

Im folgenden sollen zunächst die wichtigsten Belege für eine präsentische Eschatologie des Johannes-Evangeliums zusammengestellt werden. Mit Jesus ist die Totenauferstehung, von Martha wie von den judenchristlichen Lesern des Evangeliums für den letzten Tag erwartet (Joh 11,24), bereits Gegenwart geworden (Joh 11,25f; vgl. Joh 8,51f). Entsprechendes gilt von dem endzeitlichen Gericht: Jesus ist zum Gericht in die Welt gekommen (Joh 9,39); wo er abgelehnt wird, findet das Gericht schon jetzt statt (Joh 3,19; 12,31), und wer nicht an ihn glaubt, ist schon jetzt gerichtet (Joh 3,18; vgl. 1 Joh 2,8f). Traditionelle Aussagen futurischer Eschatologie werden mehrfach durch Einschaltungen präsentisch umgedeutet: »und sie ist schon da«, heißt es von der Stunde, deren Kommen noch aussteht (Joh 4,23; 5,25; 16,32). In Jesus haben alle endzeitlichen Erwartungen der Christen fröhliche Erfüllung gefunden (Joh 3,29; 15,11; 17,13).

Andererseits kennt und vertritt der Evangelist auch futurische Eschatologie. Die leidvollen Erfahrungen der Gegenwart werden als endzeitliche Nöte gedeutet, für die Jesus den Seinen Trost zuspricht (Joh 14,1.27; 16,2—4. 33).[85] Christi Parusie steht noch aus (Joh 14,3; vgl. Joh 12,32; 1 Joh 2,28; 3,2). Freilich ist die Zeit zwischen Tod und Wiederkunft Jesu kurz (Joh 14,19; 16,16—19); sie wird zudem überbrückt durch die Sendung des Geistes (Joh 4,16f.26; 15,26; 16,7). Trotz Joh 11,24—26 rechnet auch das Johannes-Evangelium mit einer künftigen Auferstehung der Toten. Nicht nur seine Jünger (Joh 6,39f.44.54; vgl. Joh 11,24) wird Christus vom Tode auferwecken, sondern alle Verstorbenen, die Frommen wie die Gottlosen (Joh 5,25.28f). Zufolge Joh 5,27.29; 12,48 (vgl. 1 Joh 4,17) wird auf die Totenauferstehung

---

bende, bes. 228—296; *Becker*, Auferstehung 117—148; *Hoffmann*, »Auferstehung« 459—461; *Aland*, Ende, bes. 127—129.

[84] *Bultmann*, »Johannesevangelium« 841; vgl. *Becker*, Auferstehung 140—148; *Hoffmann*, »Auferstehung« 460f.

[85] *Stählin*, Problem 240 bezeichnet solche Beschreibung von »Endgeschichte oder besser Geschichtsende auf Erden« als »immanente Eschatologie«.

das Gericht über die Frevler folgen (Joh 5,29b), während die Frommen das (ewige) Leben erwartet (Joh 5,29a).[86] Aus apokalyptischer Tradition stammt auch die Erwartung eines Weltensabbats (Joh 5,17; 9,4), an dem mit allen Menschen auch Gott und sein Sohn ruhen werden (vgl. Offb 20,1—6).[87] Auch die Hoffnung auf Wohnungen in der Himmelsstadt (Joh 14,2f; vgl. Joh 14,23; 17,24; Offb 21f) ist gut altjüdisch.[88]

Selbst wenn man die in ihrer Herkunft umstrittenen Verse Joh 5,28f[89] unberücksichtigt lassen würde, blieben noch immer genügend Belege für die klassisch-futurische Enderwartung des vierten Evangelisten (Parusie, Totenauferstehung, Gericht). Schon ein Blick auf die altjüdischen Parallelen, insbesondere aus den Texten von Qumran,[90] zeigt, daß präsentische und futurische Eschatologie auch sonst zusammen auftreten, also in ihrer Spannung beide ernst genommen werden müssen. Für das Johannes-Evangelium belegt dies ganz deutlich eine Gruppe von Stellen, die durch Umprägung futurische Eschatologie in präsentische verwandeln (Joh 4,23; 5,25; 16,32) und umgekehrt (Joh 6,54); dadurch werden beide Eschatologien so verzahnt, daß man nicht etwa die eine als von der anderen nur unvollkommen getilgten Restbestand erklären kann.[91]

Jedenfalls darf man das Johannes-Evangelium nicht als Zeugen für ein frühes Erlöschen der Parusieerwartung und eine daraus erwachsene präsentische Eschatologie in Anspruch nehmen; gerade wenn man mit der redaktionellen Umformung eines präsentisch-eschatologischen Konzepts rechnet, ist das vierte Evangelium ein Beweis für die Kraft der futurischen Parusie-, Auferstehungs- und Gerichtserwartung am Ende des 1. Jahrhunderts.[92]

Mit Josef Blank bin ich der Auffassung, daß die von Bultmann festgestellte »Korrektur« der populären Auferstehungshoffnung, wie sie Martha vertritt (Joh 11,24), durch Joh 11,25f nicht auf der Parusieverzögerung, sondern auf

---

[86] Nach dem Wortlaut könnte Joh 5,29 (zur Herkunft siehe unten Anm. 89) gedeutet werden auf eine erste Totenauferstehung, die den Frommen »Leben« bringt, und auf eine zweite Totenauferstehung, die ein (allgemeines? nur die Frevler betreffendes?) »Gericht« einleitet. Vermutlich jedoch sind ζωή und κρίσις das positive und das negative Urteil Gottes über die gleichzeitig aus ihren Gräbern Gerufenen.
[87] *Stählin*, Problem 244f; vgl. *Böcher*, »Chiliasmus« 728.
[88] Vgl. slHen 61,1f; weitere Belege bei Bill. IV/2 (1928) 1131f und 1138—1142.
[89] Vgl. *R.Bultmann*, Das Evangelium des Johannes, (KEK II), Göttingen 1941, 196f; *R. Schnackenburg*, Das Johannesevangelium II, (HThK IV/2), Freiburg u.a. 1971, 144—149; *Hoffmann*, »Auferstehung« 459; zurückhaltender *Böcher*, Dualismus 112 mit Anm. 241.
[90] Siehe *Böcher*, Dualismus 119—124.
[91] In den Zusammenhang dieser von Gustav Stählin so genannten »dialektischen Eschatologie« gehören auch solche Belege, deren präsentische Verbform zugleich futurische Deutung zuläßt (Joh 14,18.28): *Stählin*, Problem 236—239.
[92] *Aland*, Ende 127—129.

der johanneischen Christologie beruht;[93] die Auferweckung des Lazarus (Joh 11, 39—44) bedeutet nicht das Ende der urchristlichen, auf die Zukunft gerichteten Auferstehungshoffnung, sondern den Sieg Jesu Christi über den Tod, einen Sieg, der schon jetzt demjenigen zugesprochen wird, der an Christus glaubt (Joh 11, 25 f).[94]

4. Johannes-Apokalypse

Ziemlich genau gleichzeitig mit dem Evangelium des Johannes dürfte die Apokalypse des Johannes entstanden sein.[95] Die komplizierte Problematik ihrer Verfasserschaft sowie, damit zusammenhängend, ihres Verhältnisses zum vierten Evangelium muß aus Raumgründen unerörtet bleiben.[96] Wohl aber sind die zahlreichen Aussagen des einzigen prophetischen Buchs im Neuen Testament, die sich mit dem Geschick der Verstorbenen, mit Zwischenreich, Parusie, Totenauferstehung, Gericht und ewiger Heilszeit beschäftigen, einer näheren Betrachtung wert. Von der neutestamentlichen Forschung wurde die Eschatologie der Apokalypse des Johannes bisher kaum beachtet,[97] obgleich gerade sie es ist, die bis heute die Ängste und Hoffnungen der Kirchen, Konfessionen und Sekten im Blick auf Tod, Weltuntergang und Zukunft der Toten bestimmt.

Angesichts der — für das literarische Genus einer Apokalypse nicht überraschenden — Fülle einschlägiger Aussagen empfiehlt es sich, bei der zusammenhängenden Schilderung des apokalyptischen Dramas (Offb 20—22)[98] einzusetzen und die wichtigsten übrigen Belege in das so gewonnene Koordinatensystem einzuordnen.

Für den judenchristlichen, stark von Ez 37—48 abhängigen und mit den gleichzeitig schreibenden Autoren des 4. Esra-Buchs und der syrischen Baruch-Apokalypse verwandten Apokalyptiker wird der endgültigen, ewigen Heilszeit (Offb 21 f) ein auf tausend Jahre befristetes Zwischenreich vorausgehen, von dieser durch eine kriegerische Katastrophe getrennt (Offb 20, 1—15). Das tausendjährige Reich wird ermöglicht durch die Fesselung des teuflischen Drachen, die ein vom Himmel herabkommender Engel vor-

---

[93] *Blank*, Krisis 153—158.
[94] Ebd. 155f.
[95] Forschungsstand bei: *O. Böcher*, Die Johannesapokalypse, (EdF 41), Darmstadt ²1980, 36—41.
[96] Vgl. *O. Böcher*, Johanneisches in der Apokalypse des Johannes: *Ders.*, Kirche 1—12.
[97] Vgl. die Literatur bei *Böcher*, »Chiliasmus« 728f; ferner *Aland*, Ende 151—158.
[98] Außer den Kommentaren z. St. vgl. *Böcher*, »Chiliasmus«; *Ders.*, Johannesapokalypse 96—120.

nimmt; dieser verbannt für tausend Jahre den Teufel in die Tiefe und versiegelt den Verschluß (Offb 20, 1—3).

Erst jetzt wird eine erste, teilweise Auferstehung der Toten erfolgen, nämlich die Wiederbelebung der christlichen Blutzeugen[99] als Einleitung der tausendjährigen Heilszeit (Offb 20, 4 f). Als ständige Gerichtsbeisassen (Offb 20, 4; vgl. Mt 19, 28 par. Lk 22, 30; 1 Kor 6, 2 f; Offb 3, 21) sowie als Priester Gottes und seines Christus (Offb 20, 6) werden die der »ersten Auferstehung« Gewürdigten (Offb 20, 5) mit dem Messias Jesus tausend Jahre lang thronen und herrschen (Offb 20, 4—6; vgl. Offb 1, 6; 5, 10).

Am Ende des Millenniums wird der Satan aus seinem Gefängnis freigelassen werden (Offb 20, 7), wenn auch nur »für kurze Zeit« (Offb 20, 3). Die Völker von den vier Weltenden, »den Gog und den Magog«[100], wird er verführen und zusammenholen zum eschatologischen Krieg um die »geliebte Stadt« Jerusalem; Feuer vom Himmel wird die Belagerungstruppen vernichten (Offb 20, 8 f), und auf ewig wird der teuflische Verführer in den feurigen Schwefelsee geworfen, wo schon das Tier und der falsche Prophet (vgl. Offb 13, 1—18; 16, 13; 19, 20) ihren einstigen Herrscher erwarten werden (Offb 20, 10).

Zu dem nunmehr stattfindenden Weltgericht (Offb 20, 11—15) erfolgt eine zweite, diesmal allgemeine Totenauferstehung (Offb 20, 12 f). Das Gericht ergeht nach den Werken (Offb 20, 13 b). Tod und Hades werden entmachtet (Offb 20, 13 a) und, zusammen mit den nicht im Lebensbuch Verzeichneten (Offb 20, 15; vgl. Offb 17, 8), ebenfalls dem Feuersee überantwortet. Dies ist der »zweite Tod« (Offb 20, 14 f; vgl. Offb 2, 11; 21, 8); als »erster Tod« hat offenbar der Ausschluß von der ersten Auferstehung (Offb 20, 5 f) zu gelten. Unter einem neuen Himmel und auf einer neuen Erde (Offb 21, 1) beginnt dann für die Freigesprochenen das ewige Leben in der neuen Stadt Jerusalem (Offb 21, 2—22, 17).

Der Apokalyptiker hat in Offb 20—22 die Stationen des eschatologischen Dramas bewußt systematisiert und dabei, ähnlich wie das 4. Esra-Buch und die syrische Baruch-Apokalypse, die ursprünglich selbständigen altjüdischen Erwartungen einer Messiaszeit für die dann lebenden (bzw. wiederbelebten)

---

[99] Dagegen möchte *H. Giesen*, Heilszusage angesichts der Bedrängnis. Zu den Makarismen in der Offenbarung des Johannes: *Ders.*, Glaube und Handeln. Beiträge zur Exegese und Theologie des Neuen Testaments II, (EHS. T 215), Frankfurt a. M. u. a. 1983, 71—97, bes. 92—95, die erste Auferstehung (Offb 20, 6) und damit die Teilhabe am tausendjährigen Reich nicht auf die Märtyrer beschränken, sondern ausweiten auf »alle Christen, die sich in der Bedrängnis bewähren« (95).

[100] Zufolge Ez 38, 2 wohnt der Fürst Gog im Lande Magog; für den Apokalyptiker sind »Gog und Magog« zwei gleichgeartete, apokalyptisch-dämonische Mächte.

Frommen und eines Weltgerichts mit allgemeiner Totenauferstehung so verzahnt, daß einem befristeten messianischen Zwischenreich Weltgericht und ewige Heilszeit der Frommen folgen; eine partielle Totenauferstehung leitet die Zwischenzeit, eine allgemeine Totenauferstehung das Weltgericht ein.[101] Da zufolge Offb 20, 4 f nur die Märtyrer — allenfalls noch die Konfessoren, d. h. diejenigen Christen, die durch Standhaftigkeit in der Verfolgung ihre Bereitschaft zum Märtyrertod bewiesen haben — von der »ersten Auferstehung« betroffen sind,[102] befinden sich unter den von der »zweiten Auferstehung« Wiederbelebten (Offb 20, 12 f) auch die nicht als Märtyrer verstorbenen Christen, die also für die Dauer des Millenniums als Bewohner des Hades (vgl. Offb 20, 13) vorgestellt werden müssen.

Überhaupt bestimmt die Treue im Martyrium Paränese und Eschatologie der Johannes-Apokalypse außerordentlich weitgehend. Die von den kleinasiatischen Gemeinden bereits erduldeten Christenverfolgungen (vgl. Offb 2, 3. 13; 3, 4. 8) haben erste Martyrien gebracht (Offb 2, 13; 3, 4); weitere Drangsale stehen bevor (Offb 2, 10). Ein vor Jesu herrlicher Wiederkunft (vgl. Offb 1, 7; 19, 11—21) erfolgender »normaler« Tod kommt dem Apokalyptiker kaum in den Blick, zumal die Parusie »in Kürze« erwartet wird *(ἐν τάχει* bzw. *ταχύ,* Offb 1, 1; 2, 16; 3, 11; 22, 6 f. 12. 20; vgl. Offb 22, 17). Die »Sieger« der sieben Sendschreiben (Offb 2, 7. 11. 17. 26; 3, 5. 12. 21) sind die Märtyrer, die durch ihren Bekennertod am Schicksal des getöteten und auferweckten (Offb 5, 6) Siegers Christus (Offb 3, 21; 5, 5; 17, 14; 19, 11—16) Anteil erhalten.

Von den Seelen solcher, die »wegen des Wortes Gottes und wegen des Zeugnisses, das sie abgelegt hatten«, hingeschlachtet wurden, erfahren wir in der fünften Siegelvision (Offb 6, 9—11); weiße Gewänder kennzeichnen sie zusätzlich als Märtyrer (vgl. Offb 3, 4; 7, 9 f. 13—17; 22, 14).[103] Der häufig als befremdlich empfundene Abschnitt meint mit den nach Rache rufenden Gottesmännern (Offb 6, 10) höchstwahrscheinlich die ermordeten Propheten der vorchristlichen Zeit (vgl. Mt 5, 12 par. Lk 6, 23; Mk 12, 1—12 parr.; Hebr 11, 32—40); die »Mitknechte und Brüder«, deren Märtyrertod noch abgewartet werden soll, bis das Gericht ergehen kann (Offb 6, 11), sind dann die christlichen Blutzeugen.[104]

---

[101] Siehe oben Anm. 13.

[102] Vgl. aber anderslautende Forschungsmeinungen und ihre Diskussion bei *Giesen,* Heilszusage (s. o. Anm. 99).

[103] Vermutlich steht hinter Offb 6,11; 22, 14 die Vorstellung von der reinigenden Kraft des Märtyrerbluts (»Bluttaufe«, vgl. Mk 10, 38 f; Lk 12, 50): *Böcher,* Christus 99 mit Anm. 209.

[104] So etwa *H. Kraft,* Die Offenbarung des Johannes, (HNT XVIa), Tübingen 1974, 118—120; *Aland,* Ende 155. Die »erste Auferstehung« sowie die Teilhabe am Millennium stehen den altte-

Während die Märtyrer des fünften Siegels unter dem himmlischen Altar ruhen (Offb 6,9), stehen die Weißgekleideten mit Palmzweigen in den Händen (Offb 7,9f. 13—17), nach Offb 7,14 gleichfalls Märtyrer, im himmlischen Thronsaal;[105] wer auf systematische Geschlossenheit Wert legt, wird diese Szene in das tausendjährige Reich oder gar in die Zeit nach dem Weltgericht verlegen.[106] Christus selbst, in der Gestalt des messianischen Widders bzw. Lammes, wird »alle Tränen von ihren Augen abwischen« (Offb 7,17).

Die 24 thronenden Ältesten (Offb 11,16) singen im Hymnus der siebenten Posaune:

»Da kam dein Zorn und die Zeit, die Toten zu richten: die Zeit, deine Knechte zu belohnen, die Propheten und die Heiligen und alle, die deinen Namen fürchten, die Kleinen und die Großen, die Zeit, alle zu verderben, die die Erde verderben« (Offb 11,18).

Die deutlichen Anklänge an Offb 20,12 zeigen, daß es sich um eine Voraussage der allgemeinen Totenauferstehung und des Weltgerichts (Offb 20,11—15) handelt. Falls die 24 Ältesten des Thronsaals (mit Offb 11,16 vgl. Offb 4,4. 10f) mit den thronenden Gerichtsbeisassen von Offb 20,4 gleichgesetzt werden dürfen,[107] ist die Szene im tausendjährigen Reich angesiedelt, für das »zweite Auferstehung« und Gericht noch ausstehen.

In den Zusammenhang unserer Fragestellung gehört auch die Perikope Offb 14,9—13. Diese Warnung vor der Anbetung des Tieres und seines Bildes (vgl. Offb 13,14—18) klingt aus in eine grundsätzliche Aufforderung zu Standhaftigkeit und Treue, gefolgt von einer Seligpreisung der »Toten, die im Herrn sterben, von jetzt an« (Offb 14,13).[108] Der Tenor dieses Abschnitts entspricht demjenigen der Sendschreiben; den Siegern von Offb 2,7. 11. 17. 26; 3,5. 12. 21 entsprechen die νεκροὶ οἱ ἐν κυρίῳ ἀποθνῄσκοντες ἀπ' ἄρτι. Ob es sich bei ihnen wiederum um Märtyrer oder viel-

---

stamentlichen bzw. altjüdischen Propheten also noch bevor; auch nach Mt 27,52f sind die der ersten Auferstehung Gewürdigten offensichtlich Fromme des Alten Bundes (s. o. mit Anm. 75—78).

[105] Zum religionsgeschichtlichen Hintergrund vgl. *G. A. Deißmann*, Die weißen Kleider und die Palmen der Vollendeten: *Ders.*, Bibelstudien, Marburg 1895, 285—287.

[106] Für die letztgenannte Annahme spricht die vorangegangene, Offb 20,11—15 vorwegnehmende Gerichtsszene des sechsten Siegels (Offb 6,12—17); vgl. *U. B. Müller*, Die Offenbarung des Johannes, (ÖTK.NT 19), Gütersloh/Würzburg 1984, 180—184; *J. Roloff*, Die Offenbarung des Johannes, (ZBK.NT 18), Zürich 1984, 90—92.

[107] Siehe oben mit Anm. 99; der erwogenen Identifikation steht die von Mt 19,28 par. Lk 22,30 her naheliegende apostolische Zwölfzahl der Thronenden entgegen. Andererseits wird in Offb 20,4 keine Zahl genannt (vgl. 1 Kor 6,2f); der Zwölfzahl der Stämme Israels entsprechen auch die 24 Ältesten. Zum Ganzen vgl. u. a. *Müller*, Offenbarung 221—225, bes. 224.

[108] Vgl. *Aland*, Ende 157.

leicht doch, entsprechend den νεκροὶ ἐν Χριστῷ (1 Thess 4, 16),[109] um verstorbene Christen schlechthin handelt, ist in der Forschung umstritten.[110].

Vielleicht kann der Vergleich mit einer qumranischen Parallele weiterhelfen. Den beiden Versen Offb 14, 12f entspricht bis in Einzelheiten 1 QpHab 8, 1—3: Die »Täter des Gesetzes« (1 QpHab 8, 1; vgl. οἱ τηροῦντες τὰς ἐντολάς, Offb 14, 12) werden wegen ihrer »Mühsal« (1 QpHab 8, 2; vgl. die κόποι, Offb 14, 13 b) und wegen ihrer »Treue zum Lehrer der Gerechtigkeit« (1 QpHab 8, 2 f; vgl. die πίστις Ἰησοῦ, Offb 14, 12) aus dem »Hause des Gerichtes« errettet. Die πίστις zu Jesus (Offb 14, 12), die zu den »Werken« von Offb 14, 13 gehört (vgl. Offb 2, 19; 12, 17 b; 13, 10), ist nicht der »Glaube an«, sondern die »Treue zu Jesus«. Selbstverständlich wird solche Treue besonders durch das Martyrium bewährt; dennoch können auch Konfessoren und schlichte Normalchristen in solcher Treue zu ihrem Herrn sterben. Der Kontext von 1 QpHab 8, 1—3, 1 QpHab 7, 1—8, ist wie Offb 14, 9—13 eschatologisch ausgerichtet, handelt jedoch nicht vom Martyrium. So darf der Beleg vielleicht doch, mit der gebotenen Vorsicht[111], als Seligpreisung aller in Christus Verstorbenen gedeutet werden, auch wenn nicht allen die Teilhabe am Millennium, sondern »nur« der Freispruch im Weltgericht bevorsteht.

Unbeschadet der Tatsache, daß die Johannes-Apokalypse, wenn sie von Toten spricht, immer zuerst an Märtyrer denkt, hat die alte Kirche ihre Vorstellungen über Tod, Auferstehung, Zwischenreich (Millennium), Gericht und ewiges Leben aus der Offenbarung des Johannes bezogen. Das war schon deshalb möglich, weil das Bekenntnis zu Jesus als dem Herrn noch lange die Bereitschaft zum Martyrium einschloß. Mit dem Lehrstück des tausendjährigen Reichs ging ein wesentliches Element der altjüdischen Apokalyptik für immer in die christliche Dogmatik ein.[112] Präsentische und futurische Eschatologie stehen, ähnlich wie im Evangelium des Johannes und doch charakteristisch von diesem verschieden, auch in der Apokalypse des Johannes nebeneinander.[113] Wer Treue und Standhaftigkeit bewahrt, gehört schon jetzt zu den Siegern und braucht Tod und Gericht nicht mehr zu fürchten (Offb 14, 12f). Noch immer ist die Naherwartung nicht erloschen;[114] die Bedrängnisse der Gegenwart werden in Kürze ein Ende haben. Der Erhöhte verheißt seine baldige Ankunft (Offb 1, 1; 2, 16; 3, 11; 22, 6f. 12. 20), und die Gemeinde erfleht, zusammen mit dem Geist, die Parusie (Offb 22, 17). Tausendjähriges Heil erwartet die Märtyrer, ewiges Heil alle Anhänger Jesu.

---

[109] Siehe oben mit Anm. 37—40.

[110] Für die Deutung auf Märtyrer tritt zuletzt ein *Müller*, Offenbarung 268. *Giesen*, Heilszusage 85 mit Anm. 57 f nimmt »die Christen insgesamt« als Subjekt des Makarismus an (hier weitere Lit.). *Roloff*, Offenbarung 153 f denkt an Glaubende, die ihrem Herrn bedingungslos die Treue hielten, »wohin er sie auch führte (14, 4)« (154).

[111] Vgl. etwa *Roloff*, Offenbarung 153 f.

[112] Vgl. *Hoffmann*, »Auferstehung« 463.

[113] Vgl. *Böcher*, Bürger der Gottesstadt 163—167.

[114] *Aland*, Ende 154—158.

III. Zusammenfassung

Mit der Systematisierung des eschatologischen Vorstellungsgutes durch die Johannes-Apokalypse hat die frühchristliche Lehre *de extremis* ihre endgültige Form gefunden. Die Deutung der kirchlichen Gegenwart als Endzeit, die Hoffnung auf Teilhabe am tausendjährigen Reich, die Erwartung von Totenauferstehung und Gericht sowie die Zuversicht, durch göttlichen Freispruch zum ewigen Leben zu gelangen, sind bis heute die bestimmenden Faktoren der christlichen Eschatologie geblieben.

Die im Neuen Testament mehrfach erkennbare Spiritualisierung der futurischen Eschatologie im Sinne eines präsentischen Heilszeitbewußtseins (Johannes-Evangelium, teilweise auch Lukas-Evangelium und Johannes-Apokalypse) hat sich trotz der ausbleibenden Parusie nicht durchsetzen können, sondern wurde entweder mit immanenter und futurischer Eschatologie zu einem spannungsvollen Ineinander verbunden (Johannes-Evangelium) oder als Häresie abgelehnt.

Schon um die Mitte des ersten nachchristlichen Jahrhunderts wendet sich Paulus gegen eine von Christen in Korinth vertretene Leugnung der Totenauferstehung (1 Kor 15, 12); es dürfte sich bei der gegnerischen Position um die enthusiastische Deutung der Taufe als einer Auferstehung vom Tode handeln, die das Warten auf die künftige Auferstehung überflüssig macht. Paulus hat solche »Eschatologie« nicht auszurotten vermocht; sie begegnet noch fünf Jahrzehnte später expressis verbis im 2. Timotheus-Brief als Irrlehre des Hymenäus und des Philetus (2 Tim 2, 18).

Andererseits warnt der — deuteropaulinische — 2. Thessalonicher-Brief vor eschatologischer Naherwartung und Verwirrung, offenbar im Blick auf mitreißende Prediger einer unmittelbar bevorstehenden Parusie (2 Thess 2, 1—12; vgl. Mk 13, 21—23 parr.). Der Toten wird dabei, anders als in 1 Thess 4, 13—18 und 1 Kor 15, mit keinem Wort gedacht; die Erwartung ihrer Auferstehung vor dem Gericht (2 Thess 2, 12) ist längst selbstverständlich geworden, desgleichen die Mahnung zur Standhaftigkeit in den eschatologischen Bedrängnissen (2 Thess 2, 8—10. 15; vgl. Offb 2, 1—3, 22 u. ö.).

Sowohl denjenigen, die spöttisch das Ausbleiben der Parusie registrieren (2 Petr 3, 3f), als auch denjenigen, die sich nach der baldigen Parusie sehnen (Jak 5, 7), begegnet die christliche Predigt an der Wende vom ersten zum zweiten nachchristlichen Jahrhundert mit dem Hinweis auf Gottes Barmherzigkeit, die dem Sünder die Möglichkeit der Bekehrung gibt (2 Petr 3, 9. 15), aber den Frommen in der endzeitlichen Drangsal nicht versinken läßt (Jak 5, 11; vgl. Mk 13, 19f parr.). Die Erwartung der Parusie wird nicht aufgegeben, sondern, gerade in ihrer Dringlichkeit, nachdrücklich eingeschärft (Jak 5,9; 2 Petr 3,10; vgl. Mt 24,43; 1 Thess 5,2.4; Offb 3,3; 16,15).

Das Ausbleiben der Parusie hatte für die Christen der zweiten Hälfte des ersten Jahrhunderts eine doppelte Folge. Zum einen wurde die Tatsache des leiblichen Todes zum Problem; der Befürchtung, die Verstorbenen könnten vom Reich Christi ausgeschlossen sein, begegnet erstmals Paulus und nach ihm die gesamte neutestamentliche Eschatologie mit dem Hinweis auf die Auferweckung der Toten.

Die zweite Folge ist eine über die Eschatologie Johannes des Täufers und Jesu hinausführende Übernahme apokalyptisch-jüdischer Motive in den Komplex frühchristlicher Endzeitvorstellungen. Daß am Ende des Jahrhunderts die christliche Apokalypse des Johannes weitgehend mit den gleichzeitig entstandenen jüdischen Apokalypsen des 4. Esra und des syrischen Baruch übereinstimmt, zeigt, wie eng das Christentum auch nach Synagogenbann (vgl. Joh 9,22; 12,42; 16,2), gegenseitiger Verteufelung (vgl. Joh 8,37—59; Offb 2,9; 3,9) und, nicht zuletzt, der Katastrophe des Jahres 70 n. Chr. noch mit seiner jüdischen Mutter verbunden war.

Daß die Nöte der Gegenwart mit den Bildern der altjüdischen Apokalyptik als Zeichen oder »Wehen« der Endzeit erklärt werden (Offb passim; vgl. Mt 24,8 par. Mk 13,8), soll die in Verfolgungen Leidenden trösten, nicht aber eine Berechnung des Termins der Parusie ermöglichen; darin ist das Neue Testament nüchterner als viele spätere Ausleger, insbesondere der Offenbarung des Johannes. Es gilt, täglich der Parusie gewärtig zu sein und niemals zu erlahmen in der »Wachsamkeit« (Mt 24,42—51; 25,13; Mk 13,33—37; Lk 12,39f.46; 1 Kor 16,13; 1 Thess 5,1f.6; 1 Petr 5,8; Offb 3,2f.; 16,15 u.ö.). Daß solche Wachsamkeit in einem Leben nach Gottes und Jesu Geboten besteht, ist überall deutlich; der 2. Petrus-Brief rechnet gar mit der Möglichkeit, durch heiligen Wandel und Frömmigkeit die Parusie beschleunigen zu können (2 Petr 3,11f). Auch dem Autor dieser jüngsten Schrift des Neuen Testaments war offenbar selbstverständlich, daß die Toten am Herrentag auferweckt werden, damit sie gerichtet werden können (vgl. 2 Petr 3,7.13).

In der Geschichte der Kirche hat besonders das Lehrstück vom tausendjährigen Reich (Offb 20,1—6) eine starke, wenn auch zumeist bedauerliche Wirkung entfaltet; Schwärmer aller Jahrhunderte haben für ihre nahe Zukunft das Ende oder den Anbruch des Millenniums erwartet und mitunter sogar, wie die Wiedertäufer von Münster (1532—1535), das tausendjährige Reich (und damit letztendlich auch die ewige Heilszeit) gewaltsam herbeizuzwingen versucht.

Freilich ist der Chiliasmus in die großen altkirchlichen Glaubensbekenntnisse ebenso wenig eingegangen wie die nachbiblische, erstmals bei Origenes begegnende Vorstellung vom Fegfeuer. Die spätere römisch-katholische Lehre kennt fünf Aufenthaltsorte der Verstorbenen: Paradies, Hölle, Fegfeuer, Limbus infantium und Limbus patrum; diese Systematisierung wird vom neutestamentlichen Befund nicht gedeckt.

Allen christlichen Konfessionen gemeinsam ist das Bewußtsein, daß die Zeit der Kirche vom Eschaton begrenzt, also schon jetzt (und von Anfang an) Endzeit ist. Diese Welt wird nicht ewig bestehen, sondern zu einem ihr von Gott bestimmten Zeitpunkt ihr Ende finden. Solches Ende beschreibt die Kirche in ererbter, altjüdischer Bildhaftigkeit als Gericht. Im Rahmen dieses Bildes lebt der Christ nach den Geboten des Dekalogs und der Bergpredigt, um im Gericht zu bestehen und ewigen Heils teilhaftig zu werden; als Kriterien dieses Heils nennt die Johannes-Apokalypse Freude (Offb 21, 4), Harmonie (Offb 21, 16) und Schönheit (Offb 21, 18—21). Über das Ergehen der Toten bis zur Parusie versagen sich die Autoren des Neuen Testament alle Spekulationen; mit ihnen wissen auch wir die »Toten in Christus« geborgen in Gottes gnädiger Hand.

C. Bibliographie

Aland, Kurt, Das Ende der Zeiten. Über die Naherwartung im Neuen Testament und in der Alten Kirche: *Ders.*, Neutestamentliche Entwürfe, (TB 63), München 1979, 124—182.

Ders., Das Verhältnis von Kirche und Staat nach dem Neuen Testament und den Aussagen des 2. Jahrhunderts: Ebd. 26—123.

Becker, Jürgen, Auferstehung der Toten im Urchristentum, (SBS 82), Stuttgart 1976.

Bietenhard, Hans, Das tausendjährige Reich. Eine biblisch-theologische Studie, Zürich ²1955.

Billerbeck, Paul, Allgemeine oder teilweise Auferstehung der Toten? (Zu Joh 5,28): Bill. IV/2 (1928) 1166—1198.

Blank, Josef, Krisis. Untersuchungen zur johanneischen Christologie und Eschatologie, Freiburg i. Br. 1964.

Böcher, Otto, Art. »Chiliasmus I. Judentum und Neues Testament«: TRE 7 (1981) 723—729.

Brandenburger, Egon, Die Auferstehung der Glaubenden als historisches und theologisches Problem: WuD 9 (1967) 16—33.

Cavallin, Hans C., Leben nach dem Tode im Spätjudentum und im frühen Christentum I. Spätjudentum: ANRW II, 19/1 (1979) 240—345.

Cullmann, Oscar, Heil als Geschichte. Heilsgeschichtliche Existenz im Neuen Testament, Tübingen 1965.

Ders., Parusieverzögerung und Urchristentum. Der gegenwärtige Stand der Diskussion: ThLZ 83 (1958) 1—12.

Fischer, Ulrich, Eschatologie und Jenseitserwartung im hellenistischen Diasporajudentum, (BZNW 44), Berlin/ New York 1978.

Gräßer, Erich, Das Problem der Parusieverzögerung in den synoptischen Evangelien und in der Apostelgeschichte, (BZNW 22), Berlin/ New York ³1977.

Harnisch, Wolfgang, Eschatologische Existenz. Ein exegetischer Beitrag zum Sachanliegen von 1. Thessalonicher 4, 13—5, 11, (FRLANT 110), Göttingen 1973.

Hoffmann, Paul, Art. »Auferstehung I. Auferstehung der Toten 3. Neues Testament«: TRE 4 (1979) 450—467.

Ders., Die Toten in Christus. Eine religionsgeschichtliche und exegetische Untersuchung zur paulinischen Eschatologie, (NTA. NF 2), Münster ³1978.

Hunzinger, Claus-Hunno, Die Hoffnung angesichts des Todes im Wandel der paulinischen Aussagen: Leben angesichts des Todes (FS Helmut Thielicke), Tübingen 1968, 69—88.

Käsemann, Ernst, Zum Thema der urchristlichen Apokalyptik: *Ders.*, Exegetische Versuche und Besinnungen II, Göttingen ³1968, 105—131.

Klein, Günter, Apokalyptische Naherwartung bei Paulus: *Hans Dieter Betz/Luise Schottroff* (Hgg.), Neues Testament und christliche Existenz (FS Herbert Braun), Tübingen 1973, 241—262.

Ders., »Reich Gottes« als biblischer Zentralbegriff: EvTh 30 (1970) 642—670.

Knoch, Otto, Die eschatologische Frage, ihre Entwicklung und ihr gegenwärtiger Stand. Versuch einer knappen Übersicht: BZ. NF 6 (1962) 112—120.

Lüdemann, Gerd, Paulus, der Heidenapostel I. Studien zur Chronologie, (FRLANT 123), Göttingen 1980.

Schade, Hans-Heinrich, Apokalyptische Christologie bei Paulus. Studien zum Zusammenhang von Christologie und Eschatologie in den Paulusbriefen, (GTA 18), Göttingen 1981.

Schweitzer, Albert, Das Messianitäts- und Leidensgeheimnis. Eine Skizze des Lebens Jesu, Tübingen 1901. ³1956.

Siber, Peter, Mit Christus leben. Eine Studie zur paulinischen Auferstehungshoffnung, (AThANT 61), Zürich 1971.

Spieß, Edmund, Entwicklungsgeschichte der Vorstellungen vom Zustande nach dem Tode, Jena 1877 (repr. Graz 1975).

Stählin, Gustav, Zum Problem der johanneischen Eschatologie: ZNW 33 (1934) 225—259.

Stemberger, Günter, Art. »Auferstehung I. Auferstehung der Toten 2. Judentum«: TRE 4 (1979) 443—450.

Strobel, August, Art. »Naherwartung«: BHH 2 (1964) 1281 f.

Ders., Konsequenzen der apokalyptischen Reichsverkündigung Jesu. Gedanken zur Neuorientierung in der kerygmatischen Frage: JMLB 10 (1962) 15—60.

Ders., Untersuchungen zum eschatologischen Verzögerungsproblem auf Grund der spätjüdisch-urchristlichen Geschichte von Habakuk 2,2ff, (NT. S 2), Leiden/Köln 1961.

Werner, Martin, Die Entstehung des christlichen Dogmas problemgeschichtlich dargestellt, Bern/Tübingen ²1954.

Wilckens, Ulrich, Auferstehung. Das biblische Auferstehungszeugnis historisch untersucht und erklärt, (ThTh 4), Stuttgart/Berlin ²1975.